MANUAL DE GESTÃO DOS REGIMES PRÓPRIOS DE PREVIDÊNCIA SOCIAL:

Foco na Prevenção e Combate à Corrupção

Rosana Cólen Moreno

Rosana Cólen Moreno nasceu em Belo Horizonte-MG e bacharelou-se pela Faculdade de Direito Milton Campos de Minas Gerais. É Procuradora do Estado de Alagoas, desde 2001, exercendo suas funções especialmente na área da previdência pública, desde que ingressou na carreira. É especialista em regimes próprios de previdência social e direito público, possuindo mais de 1.500 hs de cursos na área. Foi conselheira do Conselho Nacional de Dirigentes de Previdência – Conaprev, onde integrou várias comissões de estudos técnicos. Foi membro do grupo de trabalho Conaprev-Brasil/Cofepres-Argentina. Participou de todas as reformas estruturantes do sistema previdenciário alagoano a partir de 2002. Exerceu a função de Diretora Jurídica da AL Previdência. Coordenou e produziu a revista Transparência Previdenciária. É advogada, consultora, professora, instrutora e palestrante. Contato: rosanacolen@ig.com.br

MANUAL DE GESTÃO DOS REGIMES PRÓPRIOS DE PREVIDÊNCIA SOCIAL:

Foco na Prevenção e Combate à Corrupção

EDITORA LTDA.
© Todos os direitos reservadosw

Rua Jaguaribe, 571
CEP 01224-003
São Paulo, SP — Brasil
Fone (11) 2167-1151
www.ltr.com.br
Abril, 2016

Versão impressa — LTr 5438.4 — ISBN 978-85-361-8804-1
Versão digital — LTr 8918.5 — ISBN 978-85-361-8795-2

Dados Internacionais de Catalogação na Publicação (CIP)
(Câmara Brasileira do Livro, SP, Brasil)

Moreno, Rosana Cólen
Manual de gestão dos regimes próprios de previdência social : foco na prevenção e combate à corrupção / Rosana Cólen Moreno.– São Paulo : LTr, 2016.

Bibliografia
1. Anticorrupção - Leis e legislação 2. Corrupção administrativa 3. Previdência social 4. Previdência social - Brasil 5. Previdência social - Leis e legislação - Brasil I. Título.

16-02675   CDU-34:368.4(81)(094)

Índice para catálogo sistemático:

1. Brasil : Leis : Previdência social : Direito previdenciário 34:368.4(81)(094)
2. Leis : Previdência social : Brasil : Direito previdenciário 34:368.4(81)(094)

Ao meu pai, Raimundo do Serro Moreno, pelo legado de que o justo triunfa sobre o injusto e por sempre ter acreditado em mim, mesmo nos momentos em que ninguém mais acreditava.

Às minhas filhas, Roberta e Daniela, simplesmente por serem a razão da minha existência. Meu amor é incondicional.

À minha irmã Raíssa Cólen Moreno, aos meus sobrinhos, aos meus amigos e a todos aqueles que acreditam na honestidade como virtude.

A todos os meus amigos do Conaprev, sem exceção, os que foram e os que estão, pelos inúmeros momentos em que passamos juntos discutindo os rumos da previdência pública do Brasil.

A todos os meus amigos do Cofepres/Argentina, em especial o Dr. Daniel Antônio Elias, Dr. Fabian Jayat e Dr. Mariano Mendes.

A todos os meus amigos do atual Ministério do Trabalho e Previdência Social, em especial aos que compõem a Secretaria de Políticas de Previdência Social e a Secretaria de Políticas de Previdência Complementar, em nome do Dr. Benedito Adalberto Brunca e Dr. Jaime Mariz (que deixou de ocupar o cargo em dez.2015).

Ao meu amigo Dr. Narlon Gutierre Nogueira, diretor do Departamento dos Regimes de Previdência no Serviço Público MPS/SPPS/DRPSP, uma pessoa que merece todo o respeito pelo conhecimento e pela dedicação à previdência pública.

À minha amiga Silvana do Socorro Machado Rodrigues (MTPS), uma pessoa que não mede esforços para interagir com todos os RPPS do Brasil.

Aos meus colegas procuradores e amigos Dr. Francisco Malaquias de Almeida Júnior, Dr. Omar Coelho de Mello, Dr. Alex Ramires de Almeida, Dr. José Cláudio Ataíde Acioli, Dr. Arnaldo Pinto Guedes de Paiva Filho e Drª Rita de Cássia Lima Andrade, que verdadeiramente me estimularam e acreditaram na minha capacidade.

Ao Dr. Bruno Victor Batista Maia (Alagoas), que por ser um advogado preocupado com valores éticos abraçou minha causa, ajudando-me sobretudo na elaboração de fórmulas matemáticas, e à Dra. Thainan Ribeiro Limeira (Alagoas), por me ajudar a organizar e formatar os textos.

Ao meu amigo Dr. Marcello Lourenço de Oliveira, um gestor probo, competente, eficiente e justo nas suas decisões. Um exemplo a ser seguido.

Aos meus amigos Ms, sem os quais não conseguiria realizar esse trabalho: Dr. Márcio de Jesus Chagas, Dr. Mauro Guilherme Alcântara Marques e Drª Marlene Pereira de Freitas.

Aos amigos que fiz e que não fiz na AL Previdência, destacando que o fato de eu ser exigente ao extremo não faz de mim uma pessoa desmerecedora de respeito.

NOTA DA AUTORA

A ideia de escrever este livro, impulsionada pela atual conjuntura brasileira, partiu da premissa de se reunir numa só obra o maior número possível de assuntos afetos à previdência pública brasileira, de forma atualizada e tentando "dialogar" com as normas e posições jurisprudenciais.

Longe de exaurir a matéria, que é altamente complexa, tentamos eleger e abordar temas que nos afiguram de suma relevância para a busca da solvabilidade dos fundos previdenciários, mas com aplicação de justiça social. Alguns temas destacados têm o nítido propósito de promover um amplo debate acerca de matérias que foram "esquecidas", no seio doutrinário e que em muito podem contribuir para a provisão de reservas.

A ciência avança, as pessoas cada vez estão mais longevas. Dizem por aí que a mulher que vai viver 150 anos já nasceu. Esta realidade está a inverter a pirâmide etária, trazendo sérias consequências para o sistema da seguridade social. O mundo, de forma globalizada, passa por profundas reflexões acerca da temática, tendo em vista que a longevidade afeta diretamente a potencialidade, na seara da previdência, de se manter benefícios.

Não é sem razão que hodiernamente umas das principais pautas da agenda política do governo brasileiro é a previdência (seja pública ou privada). Muito se tem discutido sobre políticas que visem a impedir a total falência da previdência (e aqui em especial a pública), focadas principalmente na mitigação das formas de ingresso ao sistema e aumento de alíquotas. Entretanto o cenário sombrio que tomou conta da matéria envolve muitas outras facetas, notadamente no que diz respeito à responsabilidade de governantes e gestores para com a saúde dos fundos previdenciários.

Mas o tema não é novo. Na década de 80, para manter o equilíbrio fiscal, vários países instituíram complementação de aposentadoria, criando entidades privadas (como veremos em tópico próprio, isso aconteceu inclusive no Brasil). Os sistemas complementares, de caráter facultativo, nos últimos anos têm se tornado mais significativos, em função da alta rentabilidade de suas aplicações no setor financeiro e como forma de desafogar os sistemas de repartição simples. Em outra via, alguns países simplesmente preferiram privatizar suas previdências públicas, como foi o caso do Chile.

No Brasil a década foi marcada por uma série de debates para minimizar o grave problema previdenciário, que no caso da previdência pública não se importava com a contribuição patronal e dos segurados, numa relação mantida por décadas a fio, entre o Estado e o servidor público, *pro labore*. Ou seja, bastava o simples fato de o servidor público manter vínculo com o Estado que já estavam garantidos os seus benefícios previdenciários. Chegou o momento em que se percebeu que nenhum sistema previdenciário se sustentaria sem ingresso de receitas, nem tampouco com falta de regulamentação de como essas receitas teriam de ser geridas.

A década seguinte foi de grandes avanços na matéria e na forma de condução do sistema, que se mostrava sôfrego e sucateado. A linha mestra introduzida pela EC n. 20/1998 foi acabar com a relação puramente *pro labore* para substituí-la pela relação contributiva. Limitou-se também a filiação, passando a ser obrigatória para o servidor público exclusivamente efetivo.

Antes porém da edição da EC n. 20/1998, várias propostas foram aventadas. Com a previsão da previdência complementar, pensou-se, de início, ter a mesma, filiação compulsória e não ser uma opção do servidor. Entretanto a aposentadoria complementar ingressou no ordenamento jurídico como uma opção do servidor de complementar sua aposentadoria, além do limite máximo estabelecido pelo regime geral de previdência social. Como veremos, recentemente houve uma inversão, numa clara demonstração de que a filiação obrigatória é necessária.

Alguns dias antes da edição da EC 20, foi editada a Lei n. 9.717, de 27 de novembro de 1998, que ingressou no cenário jurídico instituindo regras gerais para a previdência pública, reafirmando e coordenando a ideia de manutenção do Estado como responsável pela gestão e organização do sistema previdenciário público.

Posteriormente, a segunda Reforma da Previdência, promovida pela EC n. 41, de 31 de dezembro de 2003, introduziu novas regras (para alguns, draconianas), acabando com os institutos da paridade e integralidade, bem como com as aposentadorias especiais (retomadas pela benevolente EC 47/2005). A segunda Reforma veio preencher o vazio deixado pela primeira, que não se mostrava suficiente para dar sustentabilidade ao sistema. Agora estamos a temer a terceira Reforma da Previdência, que não tardará a fazer parte do ordenamento jurídico.

Conquanto a relação entre o servidor e o Estado tenha sofrido uma forte mudança, e apesar do discurso pregado pelo neoliberalismo, certo é que a Constituição Federal tem forte tendência baseada na ideologia do *Welfare State*, ao proclamar o bem-estar comum, a erradicação da pobreza e da marginalização, com redução das igualdades sociais e regionais, de forma a ser construída uma sociedade livre, justa e solidária. Neste sentido, é de suma importância que o direito previdenciário "converse" com a Constituição, onde estão fincadas suas raízes.

Apesar da chamada crise do *Welfare State*, a nossa Magna Carta, na parte em que ampliou consideravelmente o rol de direitos humanos e sociais, reafirmou sua posição paternalista e não puramente neoliberal, o que tem gerado amplas discussões doutrinárias e jurisprudenciais. É o maniqueísmo travado entre o *Welfare State* e o neoliberalismo, que, tomando emprestado a linguagem popular do poeta/compositor/cantor Zé Ramalho, é a peleja do diabo com o Dono do Céu, conforme o ponto de vista de quem está dialogando com as normas constitucionais.

No que concerne à gestão dos RPPS, uma das mais significativas tendências trazidas pela EC n. 19/1998 foi alçar o princípio da eficiência a um dos cânones da Administração Pública, proclamando ser direito dos cidadãos serem governados com ética e moral, com o agir conforme o manto legal. Passou então a ser um pressuposto fundamental ser fiel às instituições que formam o corpo da Administração Pública.

Seguindo esse princípio que passou a nortear a Constituição, elegemos como um dos temas fulcrais do presente trabalho a garantia do exercício dos direitos sociais, através do conhecimento, do discernimento e da conduta proba. Como diz a máxima acadêmica, *não existe homem meio honesto, como não existe mulher meio grávida*. Ou se é honesto ou não é, é uma consequência do caráter. Bem assim pensa o ministro do Supremo Tribunal Federal Ricardo Lewandowski, quando afirma que *No direito penal, não há mais ou menos. Ou o comportamento é típico ou não é*.

Conquanto a eficiência foi proclamada um cânone basilar, a cegueira axiológica tem nos conduzido a um cenário assustador, onde a confiança cedeu espaço para a desconfiança. Não se acredita mais nas instituições públicas, nem nos homens que as gerem. Entretanto uma nova tendência está surgindo: a responsabilização efetiva daqueles responsáveis por gerir recursos públicos, com participação proativa da sociedade, que está a cobrar mudanças.

E é a conscientização de que os recursos públicos pertencem à coletividade que tem conduzido a uma atuação mais significativa, por parte inclusive do Poder Judiciário, que, vendo o Estado doentio, ultrapassa seus limites naturais de conduta, na busca por dar cumprimento aos direitos básicos garantidos pela Magna Carta. Dessarte, já precipuamente afirmamos que quando se baseia nas ideias neoconstitucionalistas, que centralizam os direitos fundamentais, não há como acusar o Poder Judiciário de se imiscuir nas políticas públicas.

Política pública não é decisão unilateral. O Brasil, que adotou como regime de governo a democracia, deve ser governado em nome do povo, e este deve ter participação ativa na condução dos negócios públicos. Políticas públicas devem ser vistas como a prevalência dos fins constitucionais, a razão de ser do Estado Democrático de Direito e não favorecimento de uma minoria que se julga senhora do poder. A tarefa maior do homem público é concretizar o texto constitucional e não apenas um pedaço dele. Na posse para cumprimento de mandato jura-se obediência à Constituição Federal, e no primeiro instante que se depara com o poder, esquece-se do livro maior das leis e passa-se a atuar guiado pelo próprio individualismo, esquecendo-se de que os gastos públicos são vinculados às normas positivadas. A escolha do administrador entre o fazer e o não fazer não é livre, posto que submetida à lei.

Historicamente a previdência pública brasileira representa forma de seguro social, onde a renda suprimida é reposta por meio de benefícios. No entanto o que vemos é sua função primária ser transmudada em atos de favoritismos. A corrupção (em sua terminologia ampliada, para designar qualquer crime de ordem pública) tem contribuído de forma vertente e consubstancial para a falência dos fundos previdenciários públicos, a qual, se não for combatida e eficazmente repelida, pode significar incapacidade de transferência de renda àqueles que dela precisam para manter sua vital sobrevivência.

A corrupção é hoje um tema recorrente na mídia, em debates acadêmicos, em publicações doutrinárias, nas conversas de botecos, nos pesadelos dos políticos. A idoneidade moral e a reputação retilínea passaram a ser exigência. Não mais existe espaço para o homem público ímprobo, inclusive daquele que "rouba mais faz." Interesses escusos, financiamentos ilegais de campanhas eleitorais, desvios de recursos públicos, tráfico de influências, nepotismo, exploração de prestígio, abuso de poder, falsificações, fraudes e continuidade delitiva são alguns desmandos que têm sido severamente questionados.

O servidor público, e aqui em especial o gestor de Regime Próprio de Previdência, é um mandatário da sociedade, deve atuar com vistas ao interesse público, e não com base em interesses particulares. Contudo o que vemos é o serviço público criminalmente abarrotado de servidores incompetentes, não comprometidos com a *res publica*, mas que foram nomeados para atender a interesses escusos de políticos que ainda têm o desplante de verborrar que o critério adotado foi unicamente meritocrático, como se os administrados fossem ovelhas num grande pasto.

A cobrança que hoje se faz é de se ter pessoas eficientes na condução dos negócios públicos. Por isso, estão colocadas em xeque todas as formas de ingerências políticas (favoritismos, posição social, nepotismo). O mau gestor, aquele que apresenta elevado grau de nocividade social, deve ser repelido, e compete à sociedade essa mudança (voto, manifestações populares, leis de iniciativa popular, controle, fiscalização, medidas judiciais).

Governos corruptos e que exercem ingerência política diretamente sobre os fundos previdenciários não são surpresa. A previdência pública é deficitária, e o Estado segue cumprindo com a obrigação do pagamento de insuficiências financeiras, geradas primordialmente, por incompetência e corrupção, quer seja por falta de repasses, quer seja por falta de conhecimento no que tange ao financiamento dos fundos – com correta aplicação de investimentos –, quer seja por desmandos de toda natureza – crimes.

Somos cônscios de que gerir fundos previdenciários com proficiência não é tarefa simples. Todavia o gestor tem de ser necessariamente um agente multidisciplinar, conhecedor das inúmeras filigranas que compõem o sistema previdenciário próprio, além de ser uma pessoa hígida, que se compraz com os anseios da coletividade. Da mesma forma, temos ciência de que muitos crimes ocorridos no âmbito das unidades de gestoras de RPPS poderiam ser evitados, caso houvesse uma atuação mais incisiva por parte dos seus gestores.

Infelizmente um dos maiores fatores para essa atuação fria e não vibrante é a falta de conhecimento por parte de alguns atores envolvidos no processo previdenciário. Muito pouco se tem feito com assunto tão sério. O gestor precisa saber adequadamente onde e como atuar, qual sua missão, seu objetivo, seus valores. É com consciência, adquirida através da efetiva educação previdenciária, que paradigmas podem ser efetivamente mudados.

Muito se tem a fazer. O Brasil tornou-se um país culturalmente corrupto, mas a população tem sentido no bolso, no estômago, no coração e no cérebro essa falta de responsabilidade para com a coisa pública. A nosso ver, uma das principais providências a serem adotadas é o combate ao nepotismo, uma prática abjeta que deve ser expurgada do serviço público, de forma premente e urgente, podendo significar um expressivo alívio nas contas previdenciárias públicas.

Para melhor digressão da temática, nos valemos de uma metáfora, comparando a previdência pública com um grande rio, apontando as dificuldades em mantê-lo caudaloso, límpido e frutífero, bem assim como se podem adotar práticas para livrá-lo da escassez permanente.

Alfim, atrevemo-nos a apresentar algumas soluções, enveredamo-nos pela tese da possibilidade de instituição no Brasil da previdência pública universal e única para o servidor público efetivo, sob olhar crítico, mas consciente. A conclusão a que chegamos é fruto de nossas pesquisas na área, e em resposta ao percentual elevado de irresponsabilidade previdenciária, seja por falta de educação, seja por má formação de caráter.

Sumário

CAPÍTULO 1 ▶ ASSIM CAMINHA A PREVIDÊNCIA 23
1.1. UMA BREVE HISTÓRIA DA PREVIDÊNCIA 23
1.2. ACORDOS INTERNACIONAIS EM MATÉRIA PREVIDENCIÁRIA 41

CAPÍTULO 2 ▶ PRINCIPIOLOGIA 43
2.1. INTRODUÇÃO 43
2.2. PRINCÍPIOS DA ADMINISTRAÇÃO PÚBLICA – APLICABILIDADE NA PREVIDÊNCIA PÚBLICA 45
    2.2.1. Legalidade 45
    2.2.2. Impessoalidade 45
    2.2.3. Moralidade 46
    2.2.4. Publicidade 47
    2.2.5. Eficiência 48
    2.2.6. Supremacia do interesse público sobre o interesse particular 49
    2.2.7. Finalidade 49
    2.2.8. Razoabilidade e proporcionalidade 50
    2.2.9. Motivação 50
    2.2.10. Devido processo legal 51
    2.2.11. Controle judicial dos atos administrativos 52
    2.2.12. Segurança jurídica 52
2.3. PRINCÍPIOS DA PREVIDÊNCIA PÚBLICA 53
    2.3.1. Boa-fé do segurado 53
    2.3.2. Dignidade da pessoa humana 53
    2.3.3. *In dubio pro misero* 54
    2.3.4. Solidariedade 55
    2.3.5. Equidade na forma de tratamento entre os segurados 55
    2.3.6. Direito adquirido 56
    2.3.7. Caráter contributivo e compulsoriedade de filiação 58
    2.3.8. Previsão no orçamento 59
    2.3.9. Proteção exclusiva 60
    2.3.10. Direito a um regime próprio de previdência 61
    2.3.11. Obrigatoriedade da prévia fonte de custeio 61
    2.3.12. Aplicabilidade das normas do RGPS em caráter supletivo 62
    2.3.13. Direito às prestações 63
    2.3.14. *Tempus regit actum* 63
    2.3.15. Vedação de contagem de tempo fictício e tempo concomitante 64
    2.3.16. Preservação do valor real e irredutibilidade dos benefícios 65
    2.3.17. Paridade e integralidade 66
    2.3.18. Equilíbrio financeiro-atuarial 67
    2.3.19. Indisponibilidade dos recursos 68
    2.3.20. Pleno acesso às informações relativas à gestão do regime 70

2.3.21. Dever de prestar contas 71
CAPÍTULO 3 ▶ SISTEMA PREVIDENCIÁRIO PRÓPRIO 73
3.1. INTRODUÇÃO 73
3.2. REGIME PRÓPRIO DE PREVIDÊNCIA...73
3.3. UNIDADE GESTORA ÚNICA 75
   3.3.1. Antecedentes...75
      3.3.2. Conceito 76
      3.3.3. Natureza Jurídica...78
3.4. PANORAMA DOS RPPS NO BRASIL..81
3.5. BASE POPULACIONAL..83
3.6. SERVIDOR PÚBLICO..84
   3.6.1. Conceito de servidor público para fins de filiação ao RPPS...84
   3.6.2. Estabilidade e o direito ao regime previdenciário público...84
   3.6.3. Ascensão funcional e o direito ao regime previdenciário público 90
   3.6.4. Quadros, carreiras e cargos. Evolução funcional..92
   3.6.5. Proibição de acumulação de cargos 94
   3.6.6. Proventos e teto remuneratório 96
   3.6.7. Tempo de serviço e tempo de contribuição 99
   3.6.7.1. Tempo de contribuição – marco temporal 101
3.7. A PREVIDÊNCIA DOS MILITARES ESTADUAIS...103
3.8. OBRIGATORIEDADE DE INSTITUIÇÃO DE RPPS PELOS Municípios 107
3.9. A SITUAÇÃO DA UNIÃO 111
3.10. OBRIGATORIEDADE DA UNIDADE GESTORA ÚNICA 114
3.11. REGIME PRÓPRIO E VITALICIAMENTO..119
CAPÍTULO 4 ▶ PLANO DE CUSTEIO..125
4.1. INTRODUÇÃO 125
4.2. CONTRIBUIÇÕES PREVIDENCIÁRIAS...126
   4.2.1. Conceito de contribuição previdenciária 126
   4.2.2. Art. 40, §§ 18 e 21 da CRFB/88: imunidade ou isenção?..128
   4.2.3. Contribuição dos servidores cedidos, afastados ou licenciados...................................130
   4.2.4. Alíquotas progressivas..133
   4.2.5. A contribuição dos inativos e pensionistas e a PEC 555 134
   4.2.6. Certidão de Tempo de Contribuição – CTC...136
4.3. EQUILÍBRIO FINANCEIRO-ATUARIAL 138
4.4. MODELOS DE FINANCIAMENTO...139
   4.4.1. Regime financeiro de repartição simples 140
   4.4.2. Regime Financeiro de Capitalização..141
   4.4.3. Regime Financeiro de Repartição de Capitais de Cobertura 141
   4.4.4. Regime Financeiro de Repartição Simples com Segregação de Massas 141
   4.4.5. Regime Financeiro de Repartição Simples com Segregação de Massas e Previdência Complementar...........142
4.5. SEGREGAÇÃO DE MASSAS X CUSTO DE TRANSIÇÃO 143

4.6. FONTES DE RECEITAS 145
    4.6.1. Novas fontes de receitas 145
4.7. A NECESSIDADE DE REFORMAS..146
4.8. PREVIDÊNCIA COMPLEMENTAR 148
    4.8.1. Críticas à previdência complementar 151
    4.8.2. Prev-Federação..153
4.9. COMPENSAÇÃO PREVIDENCIÁRIA 153
CAPÍTULO 5 ▶ PLANO DE BENEFÍCIOS..157
5.1. CARACTERÍSTICAS 157
5.2. DEPENDÊNCIA ECONÔMICA PARA FINS PREVIDENCIÁRIOS 159
5.3. APOSENTAÇÃO OU APOSENTAMENTO..166
    5.3.1. Ato de aposentação..166
    5.3.2. Aposentação: ato complexo ou composto?...167
    5.3.3. Direito adquirido 171
    5.3.4. Regras de aposentadoria após a CRFB/88...172
    5.3.5. Regras transitórias 174
    5.3.6. Aposentadoria por invalidez 175
    5.3.6.1. A pessoa com deficiência 176
    5.3.6.2. Reabilitação profissional...177
    5.3.7. Aposentadoria compulsória..178
    5.3.7.1. Aposentadoria compulsória dos policiais civis...179
    5.3.7.2. Aposentadoria compulsória da EC 88 180
    5.3.7.3. Aposentadoria compulsória de magistrados como forma de penalidade 182
    5.3.8. Aposentadorias voluntárias especiais 184
    5.3.8.1. Aposentadoria de professor não é especial...184
    5.3.8.2. Aposentadorias especiais do § 4º do artigo 40 da CF/88..................................186
    5.3.8.3. A questão da competência concorrente. E se o ente federativo editou lei complementar para suprir a matéria? 189
    5.3.8.4. Não poderá haver conversão de tempo especial em comum 191
    5.3.9. Paridade e integralidade...192
    5.3.10. A regra do art. 3º da EC 47/05..195
    5.3.11. Desaposentação ou desaposentamento 196
    5.3.12. Cassação de aposentação ou desaposentamento como penalidade.....................198
    5.3.13. Igualdade de regras entre homens e mulheres 198
    5.3.14. Aposentadoria e diversidade de gêneros..201
    5.3.15. Cálculos de aposentadorias..203
5.4. AUXÍLIO-DOENÇA 205
5.5. SALÁRIO-FAMÍLIA 206
5.6. AUXÍLIO-MATERNIDADE 207
5.7. PENSIONAMENTO 207
    5.7.1. Pensão por morte 207

5.7.2. Pensão por morte e pensão alimentícia 207
5.7.3. Pensão civil e pensão de ex-governadores...208
5.7.4. Pensão por ausência 211
5.7.5. Paridade e integralidade...212
5.7.6. Guarda para fins previdenciários..213
5.7.7. Despensionamento (Despensão) 216
5.7.8. Esposa x companheira x concubina 216
5.7.9. Cancelamento do benefício 218
5.7.10. Cálculos da pensão 220
5.7.11. Base de cálculo das contribuições previdenciárias incidentes sobre as pensões...........221
5.8. Auxílio-reclusão 222
5.9. ABONO DE PERMANÊNCIA 223
5.10. PRESCRIÇÃO E DECADÊNCIA EM MATÉRIA PREVIDENCIÁRIA 225
5.11. PROCESSO ADMINISTRATIVO PREVIDENCIÁRIO..227
5.12. IMPORTÂNCIA DO CONSELHO DE RECURSOS 229
PARTE III CONTROLE DA GESTÃO DOS RPPS..231
CAPÍTULO 6 ▶ GESTÃO DOS RPPS 233
6.1. INTRODUÇÃO 233
6.2. CONCEITO DE GESTOR..233
6.3. MULTIDISCIPLINARIDADE X ROTATIVIDADE 234
6.4. AGENDA POLÍTICA E PLANEJAMENTO ESTRATÉGICO......................................236
6.5. GOVERNANÇA..237
6.5.1. Pilares da governança 238
6.5.1.1. Ética 238
6.5.1.2. *Compliance*..239
6.5.1.3. Transparência 239
6.5.1.4. Accountability 240
6.6. ATOS DE GESTÃO 241
6.6.1. Considerações 241
6.6.2. Atributos 241
6.6.3. Requisitos de existência..242
6.6.4. Atos discricionários e vinculados 243
6.6.5. Revogação, anulação e convalidação..244
6.7. GESTÃO FRAUDULENTA E GESTÃO TEMERÁRIA..246
CAPÍTULO 7 ▶ ÓRGÃOS DE CONTROLE 249
7.1. INTRODUÇÃO...249
7.2. O CONTROLE INTERNO 250
7.3. FISCALIZAÇÃO EXERCIDA PELOS TRIBUNAIS DE CONTAS.............................251
7.4. IMPORTÂNCIA DAS PROCURADORIAS ESPECIALIZADAS...............................253
7.5. FISCALIZAÇÃO EXERCIDA PELO MPS 255
7.5.1. Certificado de Regularidade Previdenciária - CRP 256

7.5.2. Diferença entre CRP e CND 262
7.5.3. Pró-Gestão 262
7.5.4. O Conaprev 264
7.5.5. O PLV n. 25/2015 da MP n. 696/2015 264
7.6. O PAPEL DAS INSTITUIÇÕES FINANCEIRAS 266
7.6.1. O porquê da fiscalização 266
7.6.2. CPA-10, CPA-20, CEA, CGA 267
7.7. SISTEMAS DE INFORMAÇÕES 268
7.7.1. Cadprev 268
7.7.2. CAUC e Cadin 269
7.7.3. Siafi e Siafem 269
7.7.4. CNEP e CEIS 270
7.7.5. Bacen Jud 270
CAPÍTULO 8 ▶ CONTROLE DA GESTÃO PELO PODER JUDICIÁRIO 271
8.1. *RATIO QUAESTIO* DO CONTROLE 271
8.1.1. Platão e a *Politeia* 271
8.1.2. *Check and Balances* 272
8.2. CONTROLE JUDICIAL DA GESTÃO DOS RPPS 273
8.2.1. Posições doutrinárias 273
8.2.2. Controle sobre os atos discricionários 274
8.2.3. Ativismo judicial 275
8.2.4. Formas de controle 276
8.3. CONTROLE EXERCIDO POR MEIO DOS REMÉDIOS CONSTITUCIONAIS 276
8.3.1. Considerações Iniciais 276
8.3.2. *Habeas Corpus* 277
8.3.3. Mandado de Segurança 277
8.3.3.1. Mandado de Segurança Individual 278
8.3.3.2. Mandado de Segurança Coletivo 280
8.3.3.3. Liminar em Mandado de Segurança 281
8.3.3.4. Suspensão de Liminar e de Segurança 281
8.3.4. *Habeas Data* 282
8.3.5. Mandado de Injunção 284
8.3.6. Ação Popular 287
8.4. CONTROLE DE CONSTITUCIONALIDADE 288
8.4.1. Modulação dos efeitos 288
8.4.2. Controle difuso 289
8.4.3. Controle concentrado 290
8.4.4. Ação Direta de Inconstitucionalidade 291
8.4.4.1. A Ação Penal 470 (Mensalão) e as ADIs que questionam a EC 41/03 293
8.4.4.2. Reclamação 295
8.4.5. Ação Direta de Constitucionalidade 296

8.4.6. Ação Direta de Inconstitucionalidade por Omissão 297
8.4.6.1. Diferença entre ADO e MI 298
8.4.7. Arguição de Descumprimento de Preceito Fundamental 299
8.5. PRINCIPAIS ALTERAÇÕES DO NCPC 300
8.6. IMPOSSIBILIDADE DE CUMPRIMENTO DE DECISÕES JUDICIAIS E O PRINCÍPIO DA RESERVA DO MÍNIMO POSSÍVEL 301
CAPÍTULO 9 ▶ LEGISLAÇÃO REPRESSIVA À MÁ GESTÃO 303
9.1. INTRODUÇÃO 303
9.2. LEI DE RESPONSABILIDADE FISCAL 304
9.2.1. As Resoluções do Senado Federal 304
9.3. LEI DE IMPROBIDADE ADMINISTRATIVA 306
9.4. LEIS COMPLEMENTARES 108 E 109 308
9.5. LEI 9.717/1998 E LEI 10.887/2004 308
9.6. AÇÃO CIVIL PÚBLICA 309
9.6.1. Ação Civil Pública de Extinção de Domínio 310
9.7. DIREITO CONSTITUCIONAL DE PETIÇÃO 312
9.7.1. Direito de Petição e de Obtenção de Certidões 312
9.7.2. *Notitia Criminis* 312
CAPÍTULO 10 ▶ CRIMINOLOGIA 315
10.1. INTRODUÇÃO 315
10.1.1. Conceito de servidor público para fins penais 317
10.1.2. Conceito de crime 318
10.2. CRIMES INTRODUZIDOS PELA LEI 9.993/00 321
10.2.1. Apropriação Indébita Previdenciária - art. 168-A do CPB 321
10.2.2. Inserção de dados falsos – art. 313-A do CPB 322
10.2.3. Modificação ou alteração não autorizada de sistemas de informação – art. 313-B do CPB 323
10.2.4. Sonegação de Contribuição Previdenciária - art. 337-A do CPB 323
10.2.5. Divulgação de informações sigilosas ou reservadas – art. 153, § 1º A e § 2º do CPB 324
10.2.6. Violação do sigilo funcional – art. 325 § 1º, I, II e § 2º do CPB 325
10.2.7. Falsificação de selo ou sinal – art. 296, § 1º, III, do CPB 325
10.2.8. Falsificação de documento público – art. 297, § 3º do CPB 326
10.3. CRIMES DA REDAÇÃO ORIGINÁRIA DO CP 326
10.3.1. Estelionato Previdenciário – art. 171, §3º do CPB 326
10.3.2. Falsidade ideológica – art. 299 do CPB 327
10.3.3. Peculato - art. 312 do CPB 328
10.3.4. Peculato mediante erro de outrem – art. 313 do CPB 329
10.3.5. Extravio, sonegação ou inutilização de livro ou documento – art. 314 do CPB 329
10.3.6. Emprego irregular de verbas públicas – art. 315 do CPB 329
10.3.7. Concussão – art. 316 do CPB 330
10.3.8. Excesso de exação - art. 316, §§ 1º e 2º do CPB 330
10.3.9. Corrupção passiva – art. 317 do CPB e Corrupção ativa – art. 333 do CPB 331

10.3.10. Prevaricação – art. 319 do CPB 331

10.3.11. Condescendência criminosa – art. 320 do CPB 331

10.3.12. Advocacia administrativa – art. 321 do CPB..332

10.3.13. Violência arbitrária – art. 322 do CPB..332

10.3.14. Abandono de função – art. 323 do CPB..332

10.3.15. Exercício ilegalmente antecipado ou prolongado – art. 324 do CPB 332

10.3.16. Violação de sigilo de proposta de concorrência – art. 326 do CPB..333

10.4. LEIS ESPECIAIS 333

10.4.1. Lei Geral de Licitações 333

10.4.2. Crimes de Responsabilidade..333

10.4.3. Crimes de Responsabilidade dos prefeitos e vereadores 334

10.4.4. Crimes contra a ordem tributária, econômica e contra as relações de consumo......................334

10.4.5. Crimes contra o sistema financeiro nacional – Crimes do Colarinho Branco – Evasão de Divisas 334

10.4.6. Lavagem de dinheiro 335

10.4.7. Organizações Criminosas 336

10.5. CONVENÇÕES INTERNACIONAIS 337

10.5.1. Convenção das Nações Unidas contra a corrupção...337

10.5.2. Convenção das Nações Unidas contra o Crime Organizado Transnacional – Convenção de Palermo 339

10.5.3. Convenção Interamericana contra a corrupção...339

10.6. SOLUÇÕES APRESENTADAS PARA O COMBATE À CORRUPÇÃO 340

10.6.1. Os números da corrupção 340

10.6.2. Opinião de especialistas 342

10.6.3. As dez medidas sugeridas pelo MPF de combate à corrupção..343

10.7. FORÇAS-TAREFAS 345

10.7.1. Núcleos especiais de prevenção e combate às fraudes previdenciárias....................................345

10.8. RESPONSABILIDADE OBJETIVA POR ATOS DE CORRUPÇÃO 347

10.8.1. Incomunicabilidade de instâncias 349

10.9. PARCELAMENTO DE DÉBITOS 349

CAPÍTULO 11 ▶ HIGIDEZ DA FOLHA DE PAGAMENTO 353

11.1. INTRODUÇÃO 353

11.2. AUDITORIA 353

11.2.1. Conceito e importância..353

11.2.2. O auditor previdenciário..358

11.2.3. Auditoria e o favorecimento às políticas públicas..360

11.2.4. Auditoria e o favorecimento às políticas remuneratórias dos servidores públicos 361

11.3. OBRIGATORIEDADE DE SE DIAGNOSTICAR FOLHA DE PAGAMENTO 362

11.4. CENSO PREVIDENCIÁRIO...364

11.5. IMPORTÂNCIA DA TECNOLOGIA DA INFORMAÇÃO – TI..365

11.6. FERRAMENTAS TECNOLÓGICAS DE CRUZAMENTO DE DADOS 366

11.6.1. Fundamento 366

11.6.2. Siprev/gestão 366

11.6.3. Proprev 367
11.6.4. CAGED 367
11.6.5. RAIS 368
11.6.6. CNIS 368
11.6.7. SIM 368
11.6.8. Sisobi 368
11.6.9. SUB 368
11.6.10. CADÚNICO 369
CAPÍTULO 12 ▶ EDUCAÇÃO PREVIDENCIÁRIA 371
12.1. UM RIO CHAMADO PREVIDÊNCIA PÚBLICA 371
12.2. O PAPEL DOS *STAKEHOLDERS* 373
12.3. COMO PROMOVER A EDUCAÇÃO PREVIDENCIÁRIA 374
CAPÍTULO 13 ▶ A NOVA PREVIDÊNCIA PÚBLICA 379
13.1. IRRESPONSABILIDADE PREVIDENCIÁRIA 379
13.2. RESPONSABILIDADE PREVIDENCIÁRIA 380
13.3. CORRUPÇÃO: OPRESSÃO DE UM POVO 382
13.4. INEFICIÊNCIA COMO ATO DE CORRUPÇÃO 383
13.4.1. Código Internacional de Conduta do Servidor Público 386
13.5. O CONTROLE DO NEPOTISMO COMO FORMA DE MINIMIZAR OS EFEITOS DA CORRUPÇÃO 395
13.6. MUDANÇAS DE PARADIGMAS 402
13.7. UMA PREVIDÊNCIA PÚBLICA JUSTA E IGUALITÁRIA 404
REFERÊNCIAS BIBLIOGRÁFICAS 411

PARTE I

INTRODUÇÃO AO ESTUDO DA PREVIDÊNCIA PÚBLICA

> A vida é como uma estrada.
> Não adianta você dizer que foi na reta certinho, por mil quilômetros,
> se depois entra na contramão e pega alguém.
> Você tem que ser reto pela sua vida inteira.
>
> **Ministra Rosa Weber**

> No Estado de direito, muito mais quando
> se apura o espaço público, o ilícito há de ser processado, verificado e, se comprovado,
> punido, porque estamos vivendo um Estado que foi duramente conquistado.
>
> **Ministra Cármen Lúcia**

CAPÍTULO 1 ▶ ASSIM CAMINHA A PREVIDÊNCIA

> Anda, quero te dizer nenhum segredo
> Falo desse chão da nossa casa, vem que tá na hora de arrumar
> Tempo, quero viver mais duzentos anos
> Quero não ferir meu semelhante, nem por isso quero me ferir
> ...
> Vamos precisar de todo mundo, um mais um é sempre mais que dois
> Pra melhor juntar as nossas forças é só repartir melhor o pão
> Recriar o paraíso agora para merecer quem vem depois
> (Sal da Terra, Beto Guedes e Ronaldo Bastos)

1.1. UMA BREVE HISTÓRIA DA PREVIDÊNCIA

A ideia de seguridade social é inerente à própria ideia de ser humano. Em tempos imemoriais, quando o homem começou a viver em bandos, percebeu que tinha de amparar. A manutenção de idosos, inválidos e crianças dependia do grupo. Sem o grupo não conseguiriam viver. Nos primórdios da humanidade, homens saíam para caçar e levavam o produto da caça para quem os esperavam: mulheres, crianças, inválidos e idosos. Alguma semelhança? Isto mesmo: os que eram ativos para o trabalho eram responsáveis pelos inativos.

Mas a ideia de seguridade, em sua acepção tripartite previdência/assistência/saúde, tal como a conhecemos hoje, percorreu um longo caminho...

Na Roma Antiga surge a figura do *pater familias*, que numa tradução livre quer dizer poder familiar. O patriarca exercia jurisdição em determinado território, e, além dos familiares, também os escravos estavam sob sua proteção (sic).

Os *Collegia Fabrorum*, ou associações funerárias, garantiam sepultura digna para os ancestrais, o que nos liga à ideia de auxílio funeral. Nascia, assim, a tradição de se construir urnas funerárias em respeito aos mortos. Os antigos acreditavam na perpetuidade. Tal exegese explica as tumbas funerárias dos egípcios, onde os mausoléus, morada eterna das múmias, exalavam a ideia de proteção aos mortos.

A Idade Média foi marcada pelo domínio dos feudos, onde cada um dos senhores feudais exercia uma jurisdição, através das guildas – corporações de ofício. As guildas eram associações de pessoas para trabalhar numa determinada função (assemelhando-se ao que hoje denominamos categorias de empregados/servidores). Podemos citar como exemplos as corporações de tecelões, tintureiros, ferreiros, carpinteiros, ourives e entalhadores de pedras. Esse tipo de associação favorecia as classes trabalhadoras dos seus infortúnios.

Foi também na Idade Média que surgiram as confrarias. Dentre as mesmas, destacaram-se algumas irmandades, que se dedicavam a combater a pobreza e a doença. Mantinham casas de abrigo, hospitais e leprosários. As irmandades de socorro em muito se assemelham aos montepios.

O primeiro contrato de seguro foi firmado em Gênova, em 1.347, para proteger os navegadores.

As Santas Casas de Misericórdia brasileiras praticamente nasceram junto com o Brasil. A primeira de que se tem notícia data de 1.539 e sua sede era em Olinda, Pernambuco. As Santas Casas, cuja origem é portuguesa (a primeira Santa Casa do mundo foi criada em 15 de agosto de 1498, em Lisboa), eram instituições de natureza assistencialista. Neste sentido, prestavam socorro aos pobres, tanto na doença como na morte, além de abrigarem crianças, velhos e os criminosos doentes (física e mentalmente).

A primeira Lei Assistencialista de que se tem notícia no mundo é a Lei dos Pobres, de 1601 – Poor Relief Act, instituída devido ao elevado êxodo rural que se instaurou na Inglaterra e que causou enorme desemprego, uma vez que os campos de trabalho não suportaram a demanda. A instituição da norma se fez necessária como verdadeiro combate à fome e à pobreza. O valor do benefício era irrisório e cobria apenas a alimentação com gêneros alimentícios básicos da época, como milho e trigo, e o beneficiário apto era obrigado a trabalhar para o Estado e a Igreja.

Os salários (esmolas), que provinham da "taxa dos pobres" eram pagos de forma proporcional, levando-se em consideração o número de filhos da família. Referida taxa – imposto da caridade era paga por contribuintes, donos de terras.

No Brasil, a origem do regime previdenciário público está relacionada à relação de trabalho *prolabore facto*, isto é, uma extensão do fato de trabalharem para o serviço público e não porque contribuíram para o sistema. Nessa linha elucubrativa, os cargos são considerados doações do soberano, sendo, em geral, vitalícios, e cuja remuneração da atividade é convertida, automaticamente, em proventos de inatividade. Como a aposentadoria era assim vista, foram criados os montepios, que garantiam pensão aos dependentes.

Os montepios eram instituições mutualistas por meio das quais cada um de seus membros poderia deixar, em caso de morte, pensão por morte para quem escolhessem. No Brasil, os montepios foram responsáveis pelas pensões deixadas por militares e servidores públicos.

A primeira normatização acerca da responsabilidade do funcionário público surgiu com o Decreto de 1º de outubro de 1821, que determinou a forma de Administração Pública e Militar das Províncias do Brasil e que assim dispunha em sua redação original:

8º As Juntas fiscalisarão o procedimento dos Empregados Publicos Civis, e poderão suspendel-os dos seus empregos, quando comettam abusos de jurisdicção, precedendo informações, e mandando depois formar-lhes culpas no termo de oito dias, que será remettida á competente Relação para ser ahi julgada na fórma das Leis, dando as mesmas Juntas immediatamente conta de tudo ao Governo do Reino para providenciar como fôr justo, e necessario.

O sistema de previdência público no Brasil, ainda no século XIX, começou a se destacar. A Constituição outorgada em 1824 previa como amparo social os *soccorros públicos*. Vale ressaltar que, à época, as categorias que exerciam funções ligadas à defesa do território, ao policiamento, à justiça, aos servidores da fazenda, aos servidores das secretarias, aos tesoureiros e aos diplomatas contavam com proteção social antes mesmo das categorias dos empregados da iniciativa privada.

A Lei n. 16, de 12 de agosto de 1834, que alterou a Constituição de 1824, dizia textualmente quais servidores eram considerados empregados municipais e provinciais. Senão vejamos:

Art. 10. Compete às mesmas Assembléias legislar:
[...]
§ 7º Sobre a creação e suppressão dos empregos municipaes e provinciaes, e estabelecimento dos seus ordenados.

São empregos municipaes e provinciaes todos os que existirem nos egócioss e provincial, á excepção dos que dizem respeito á administração, arrecadação, e contabilidade da Fazenda Nacional; á administração da guerra e marinha, e dos correios geraes; dos cargos de Presidente de Provincia, Bispo, Commandante Superior da Guarda Nacional, membro das Relações e tribunaes superiores, e empregados das Faculdades de Medicina, Cursos Juridicos e Academias, em conformidade da doutrina do § 2º deste artigo[1].

Destarte, a Constituição de 1824, sob os reflexos do liberalismo político, trouxe um tratamento severo no que tange à responsabilização do funcionário público no exercício de suas funções, bem como dos ministros de Estado e juízes, conforme se depreende da dicção dos dispositivos a seguir colacionados, em sua redação original:

Art. 131. Haverá differentes Secretarias de Estado. A Lei designará os egócios pertencentes a cada uma, e seu numero; as reunirá, ou separará, como mais convier.
[...]
Art. 133. Os Ministros de Estado serão responsáveis
I - Por traição.
II. Por peita, suborno, ou concussão.
III - Por abuso do Poder.
IV. Pela falta de observancia da Lei
V. Pelo que obrarem contra a Liberdade, segurança, ou propriedade dos Cidadãos.
VI. Por qualquer dissipação dos bens publicos.
Art. 134. Uma Lei particular especificará a natureza destes delictos, e a maneira de proceder contra elles.
Art. 135. Não salva aos Ministros da responsabilidade a ordem do Imperador vocal, ou por escripto.
[...]
Art. 156. Todos os Juizes de Direito, e os Officiaes de Justiça são responsaveis pelos abusos de poder, e prevaricações, que commetterem no exercicio de seus Empregos; esta responsabilidade se fará effectiva por Lei regulamentar.
Art. 157. Por suborno, peita, peculato, e concussão haverá contra elles acção popular, que poderá ser intentada dentro de anno, e dia pelo proprio queixoso, ou por qualquer do Povo, guardada a ordem do Processo estabelecida na Lei.
[...[
Art. 170. A Receita, e despeza da Fazenda Nacional será encarregada a um Tribunal, debaixo de nome de 'Thesouro Nacional" aonde em diversas Estações, devidamente estabelecidas por Lei, se regulará a sua administração, arrecadação e contabilidade, em reciproca correspondencia com as Thesourarias, e Autoridades das Provincias do Imperio.
[...]
Art.179. A inviolabilidade dos Direitos Civis, e Politicos dos Cidadãos Brazileiros, que tem por base a liberdade, a segurança individual, e a propriedade, é garantida pela Constituição do Imperio, pela maneira seguinte:
[...]
XXIX. Os Empregados Publicos são strictamente responsaveis pelos abusos, e omissões praticadas no exercicio das suas funcções, e por não fazerem effectivamente responsaveis aos seus subalternos.[2]

Na Alemanha, em 1883, o chanceler Otto Von Bismarck criou o seguro de doença universal, em resposta às greves e pressões dos trabalhadores. Foram editadas leis instituindo seguro-doença, acidente de trabalho e seguro de invalidez e velhice. O modelo bismarckiano associava um regime de benefícios definidos com a capitalização coletiva. Além disso, previa progressividade nas alíquotas de contribuição, promovendo, assim, a redistribuição de recursos – dos mais para os menos afortunados.

---

(1) Portal da Câmara dos Deputados. Disponível em: <http://www2.camara.leg.br/legin/fed/lei/1824-1899/lei-16-12-agosto-1834-532609-publicacaooriginal-14881-pl.html>. Acesso em 24 de outubro de 2015.

(2) Palácio do Planalto. Disponível em <http://www.planalto.gov.br/ccivil_03/constituicao/constituicao24.htm. >. Acesso em 15 de junho de 2015.

Para o financista José Matias-Pereira, o modelo de Bismarck pode ser assim caracterizado:

"O modelo de Estado do Bem-Estar criado pelo chanceler alemão Otto Von Bismarck, ou modelo bismarckiano (Estado Corporativo), pode ser considerado o precursor do *Welfare State*. Implantado no final do século XIX, sua aprovação contou com o apoio efetivo da elite daquele país, para evitar uma revolução popular. É um modelo seletivo, corporativo – beneficiava exclusivamente os operários da indústria – e fortemente associado à ideia de seguridade social. Registre-se que as principais medidas propostas por Bismarck foram: as legislações previdenciárias, aprovada em 1883, a Lei do Seguro-Doença, em 1884, a Lei do Seguro de Acidentes e, em 1889, a Lei do Seguro de Invalidez e Velhice[3]."

Cinco anos após a reforma instituída por Bismarck, em terras brasileiras, o Decreto n. 9.912-A, de 26 de março de 1888, reformulou os correios do Império, regulamentando o art. 194 e ss, aposentadoria para os funcionários dos correios. Neste sentido (redação original):

Art. 194. É concedida aposentadoria, ordinaria ou extraordinaria, aos empregados do Correio.

Art. 195. São condições indispensaveis para obter aposentadoria ordinaria: 1º, ter completado 60 annos de idade e trinta de serviço effectivo; 2º, absoluta incapacidade, physica ou moral, para continuar no exercicio do emprego.

§ 1º Ma contagem do tempo de serviço não serão attendidos os dias de suspensão e de faltas não justificadas, nem as licenças por mais de 60 dias em cada anno.

§ 2º A incapacidade physica ou moral verifica-se pelo exame de tres facultativos e parecer fundamentado do Director Geral.

Art. 196. A aposentadoria extraordinaria póde ser concedida: 1º, ao empregado que, contando 10 annos de serviço postal, se impossibilite de continuar no desempenho do emprego; 2º, ao empregado que, independentemente de qualquer outra condição, torne-se inhabil para o serviço por desastre resultante do exercidio de suas funcções, por ferimento ou mutilação em luta no desempenho do cargo, por molestia adquirida no serviço ou na pratica de algum acto humanitario ou de dedicação á causa publica.

§ 1º A's causas de impossibilidade previstas neste artigo são applicaveis as disposições do § 2º do art. 195.

§ 2º Cessando a impossibilidade e verificado que seja este facto pelo modo indicado no § 2º do art. 195, o empregado será restituido á actividade do serviço no mesmo logar que exercia ou em outro equivalente, na primeira vaga que houver.

Art. 197. Para os effeitos das aposentadorias só póde contar-se o tempo do serviço nos Correios e em outros empregos que deem direito á aposentadoria ou reforma.

Art. 198. Na aposentadoria ordinaria o empregado terá direito ao ordenado do logar por elle occupado durante tres annos.

Art. 199. No caso de aposentadoria extraordinaria e na hypothese do n. 1º do art. 196, o empregado terá direito ao ordenado proporcional ao seu tempo de serviço, contado nos termos do art. 197; e na hypothese do n. 2 do art. 196, terá direito a todo o ordenado.

Art. 200. A melhoria de vencimentos só aproveitará para a aposentadoria dous annos depois de tornar-se effectiva.

Art. 201. O empregado postal, quando aposentado, poderá optar entre o vencimento da aposentadoria pelo Correio e o de outra aposentadoria ou reforma, não podendo em caso algum accumular vencimentos de duas aposentadorias.

Art. 202. A aposentadoria póde ser dada a requerimento do interessado, ou por determinação do Governo, independentemente de solicitação.

Art. 203. Aos agetnes de 2ª classe, praticantes e carteiros tambem poderá o Governo conceder aposentadoria, ordinaria ou extraordinaria, considerando-se como ordenado duas terças partes das respectivas gratificações ou diarias[4].

A Lei n. 3.397, de 24 de novembro de 1888, publicada em 31/12/88 (Fixa a Despeza Geral do Império para o exercicio de 1889 e dá outras providências), uma lei orçamentária que autorizou a criação de fundo de aposentadoria e pensão por morte para o pessoal das estradas de ferro do Estado. Neste contexto, vale colacionar o § 6º do art. 7º da aludida norma (redação original):

Art. 7º....

§ 6º E› o Governo autorizado:

1º Para crear uma caixa de soccorros para o pessoal de cada uma das estradas de ferro do Estado, sobre as seguintes bases:

I. O fundo desta caixa será formado:

a) Pela contribuição mensal de 1% dos vencimentos de todo o pessoal, quer do quadro, quer jornaleiro;

b) Pela renda proveniente das multas impostas ao mesmo pessoal e das que forem arrecadadas por infracção dos regulamentos da estrada e contractos com ella celebrados;

c) Pela renda proveniente das armazenagens cobradas;

d) Pelos donativos feitos á caixa.

II. Esta caixa se comporá de dous fundos, um destinado a soccorrer o pessoal durante as suas enfermidade e outro para soccorrer a invalidez, estabelecendo pensão para o pessoal inutilisado para o serviço, e bem assim para as familias dos empregados do quadro, que fallecerem[5].

A promulgada Constituição Federal de 1891, publicada em 24 de fevereiro de 1891, durante o Governo de Deodoro da Fonseca, assim determinava em seu artigo 82 (redação original):

---

(3) MATIAS-PEREIRA, José. *Finanças Públicas:* Foco na Política Fiscal, no Planejamento e Orçamento Público. 6ª. ed. São Paulo: Atlas, 2012. p. 74.

(4) Portal da Câmara dos Deputados, Disponível em <http://www2.camara.leg.br/legin/fed/decret/1824-1899/decreto-9912-a-26-marco-1888-542383-publicacaooriginal-50955-pe.html>. Acesso em 10 de junho de 2015.

(5) Portal da Câmara dos Deputados. Disponível em <http://www2.camara.leg.br/legin/fed/lei/1824-1899/lei-3397-24-novembro-1888-542068-publicacaooriginal-49329-pl.html>. Acesso em 10 de junho de 2015.

"Art. 82. Os funccionarios publicos são extrictamente responsaveis pelos abusos e omissões em que incorrerem no exercicio de seus cargos, assim como pela indulgencia, ou negligencia em não responsabilisarem effectivamente os seus subalternos.

Paragrapho unico. O funccionario publico obrigar-se-ha por compromisso formal, no acto da posse, ao desempenho dos seus deveres legaes[6].

Vê-se, portanto, que a normatização da época já era severa, no que tange à responsabilidade funcional. Com efeito, e nos termos do parágrafo único copiado, passou a ser exigido compromisso para o desempenho dos seus deveres legais.

Em 1897 foi criado na Inglaterra através do *Workmen's Compensation Act*, o seguro obrigatório contra acidentes de trabalho; em 1907, sistema de assistência à velhice e acidentes de trabalho; em 1908, o *Old Age Pensions Act*, objetivando a concessão de pensões a maiores de 70 anos; e em 1911, *National Insurance Act*, tratando do estabelecimento de um sistema compulsório de contribuições sociais a cargo do empregador, dos empregados e do Estado.

A Organização Internacional do Trabalho (OIT) foi criada em 1919, com a assinatura do Tratado de Versalhes, que pôs fim à Primeira Guerra Mundial. A Guerra das Guerras foi responsável pela morte de mais de 9 milhões de soldados combatentes, o que abriu caminho para várias transformações políticas, notadamente na seara previdenciária.

A partir da primeira década do século XX, constituições nacionais passaram a prever direitos sociais, sendo exemplos pioneiros a Constituição do México de 1917 e, logo depois, a de Weimar, de 1919.

A *Constitución Politica de los Estados Unidos Mexicanos* incluiu em seu corpo normativo medidas de proteção social trabalhista bem evoluídas para a época. Dentre essas podemos citar jornada de trabalho de oito horas, direito à associação em sindicatos, direito de greve, salário mínimo.

Já a *Verfassung des Deutschen Reichs* (Constituição do Império Alemão) é o marco da crise do Liberalismo (século XVIII) e é responsável pelas mudanças no pensamento social. Com ela, surgem os direitos sociais de segunda geração: igualdade (*égalité*)[7]. À segunda dimensão são atribuídos os direitos econômicos, sociais e culturais. O surgimento deu-se principalmente em função da Revolução Industrial e dos problemas por ela causados. Um deles nitidamente seria a necessidade de amparo aos trabalhadores da indústria (produção em massa), que substituiu a fase artesanal das corporações de ofícios.

Com a Constituição de Weimar, o Estado passa a atuar em favor da sociedade, em detrimento ao individualismo. Ou seja, o Estado passa a se preocupar com o Bem-Estar Social. O Estado passa a ter maior abrangência, em contraprestação ao Estado mínimo, instituído pelo liberalismo. A prevalência do público sobre o privado passa a ser uma vertente. Este fator foi o responsável pelo aumento de sobrecarga do aparato administrativo, o que gerou aumento de impostos. Matias-Pereira, ao analisar o período, assim se manifesta:

Fundamentada na tese da necessidade de subordinação do interesse pessoal ao público, ocorre no século XIX a reação contra a concepção liberal e o Estado mínimo. Dessa forma, tem início uma intervenção maior do Estado no comportamento dos indivíduos e dos grupos, ou seja, o caminho inverso ao da emancipação da sociedade civil em relação ao Estado.

(...) Essa crescente intervenção do Estado na economia, com o objetivo de conter e corrigir as grandes desigualdades sociais geradas pela competição sem limites criada pelo mercado, típica do liberalismo praticado no século XIX, foi a solução que as democracias ocidentais passaram a adotar desde a década de 1930, por meio do Estado-providência[8].

No Brasil, o Decreto 3.724, de 15 de janeiro de 1.919, DOU de 18.1.1919, previu uma indenização aos operários, por acidente de serviço ou morte, neste caso a ser recebida por sua família (cônjuge sobrevivente e herdeiros). Para os efeitos do Decreto, eram considerados operários:

Art. 3º São considerados operarios, para o effeito da indemnização, todos os individuos, de qualquer sexo, maiores ou menores, uma vez que trabalhem por conta de outrem nos seguintes serviços: construcções, reparações e demolições de qualquer natureza, como de predios, pontes, estradas de ferro e de rodagem, linhas de tramways electricos, rêdes de esgotos, de illuminação, telegraphicas e telephonicas, bem como na conservação de todas essas construcções; de transporte carga e descarga; e nos estabelecimentos industriaes e nos trabalhos agricolas em que se empreguem motores inanimados[9].

Entretanto foi apenas com o Decreto n. 4.682, de 24 de janeiro de 1923, publicado no Diário Oficial da União

---

(6) Portal da Câmara dos Deputados. Disponível em <http://www2.camara.leg.br/legin/fed/consti/1824-1899/constituicao-35081-24-fevereiro-1891-532699-publicacaooriginal-15017-pl.html≥. Acesso em 16 de junho de 2015

(7) Sinteticamente, os direitos sociais de primeira geração são os fundamentais à liberdade (liberté): direitos civis e políticos (revoluções burguesas) e os de terceira geração (fraternité), são baseados na fraternidade: paz, desenvolvimento e meio ambiente (após a Segunda Guerra Mundial). Hodiernamente sobrevieram os direitos sociais de quarta geração, englobando o biodireito e o direito à informação. Alguns autores ainda consideram o direito à democracia planetária. E o de quinta geração, que é o direito à paz universal. Segundo Paulo Bonavides, "direito a uma convivência pacífica e harmoniosa entre os sujeitos e entre as nações, a fim de evitar a terceira Guerra Mundial." (BONAVIDES, Paulo. Curso de Direito Constitucional. 28 ed. São Paulo: Malheiros, 2013).

(8) Ob. citada. p. 77 - 78.

(9) Portal da Câmara dos Deputados. Disponível em <http://www2.camara.leg.br/legin/fed/decret/1910-1919/decreto-3724-15-janeiro-1919-571001-publicacaooriginal-94096-pl.html>. Acesso em 16 de junho de 2015.

de 28 de janeiro do mesmo ano, que essa realidade veio à tona. Referido decreto é considerado o marco do início da previdência social no Brasil e seguia o modelo bismarckiano[10]. O decreto, conhecido como Lei Eloy Chaves, foi a primeira norma a instituir, conjuntamente, os institutos de pensão e aposentadoria (por isso é considerado o marco do sistema previdenciário).

Eloy Chaves, que era advogado, percebeu a necessidade de se amparar os ferroviários, quando em uma de suas viagens de trem ouviu dos mesmos as dificuldades as quais passavam notadamente os foguistas, que eram submetidos a temperaturas absurdamente altas. E mesmo com idade avançada, tinham que continuar trabalhando em prol do sustento de suas famílias.

A lei, que criou em cada uma das empresas de estradas de ferro existentes no país uma Caixa de Aposentadorias e Pensões para seus respectivos empregados, foi o embrião de normas de planos de custeio e de benefícios tal como os conhecemos hoje.

Com a edição do marco regulatório, as aposentadorias foram subdivididas em ordinárias ou por invalidez, sendo que esta última somente era concedida se a invalidez fosse decorrente de serviços prestados em prol da Nação.

A aposentadoria ordinária era calculada pela média dos salários percebidos durante os últimos cinco anos e era integral aos empregados que tivessem trinta anos de serviço e 50 anos de idade. Abaixo desse limitador, a aposentadoria era concedida de forma proporcional.

Para a concessão da aposentadoria por invalidez, exigia a norma, em seu art. 14, exame médico prévio, por médicos designados pela própria Caixa. Quando concedida, não tinha caráter permanente e era sujeita à revisão. Se a incapacidade fosse parcial, a aposentadoria seria concedida de forma proporcional e de forma alguma seria concedida se requerida após o empregado deixar o trabalho.

As pensões eram concedidas em caso de falecimento do empregado aposentado ou quando oriundas de servidor ativo, desde que contasse com mais de dez anos de serviço efetivo em sua empresa, à viúva, ao viúvo inválido, aos filhos, aos pais e às irmãs enquanto solteiras, obedecida ordem sucessória e sempre calculadas de forma proporcional.

A extinção do benefício de pensão por morte se dava em consequência de: dependente viúva/viúvo ou pais, quando contraíssem novas núpcias; ii) para os filhos que completassem 18 (dezoito) anos; iii) para as filhas ou irmãs solteiras, desde que contraíssem matrimônio; e iv) em caso de vida desonesta ou vagabundagem do pensionista. Com exceção do item 4, as regras ainda continuam sendo previstas. Já naquela época, entendia-se como efeito do novo casamento a supressão da dependência econômica.

A pensão nasceu e deve permanecer com a *ratio quaestio* da necessidade. Pensionamento é reposição de renda, com o fito de garantir uma sobrevivência digna daquele que necessitar. Essa é a ideia fulcral. Mas, como veremos no decorrer desta obra, o benefício previdenciário é confundido com herança.

Subtrai-se que a preocupação do legislador à época com a dependência econômica já era uma vertente. E um dos fatores preponderantes para a descaracterização da dependência econômica era justamente a contração de novas núpcias.

Na época de criação das caixas de aposentadorias e pensões, os empregados ferroviários da ativa em muito suplantavam os inativos. As contribuições eram compulsórias tanto da parte do empregado como do empregador e havia a obrigação de recolhimento das contribuições, por parte da empresa, em banco escolhido pela administração da Caixa.

Como não existia desequilíbrio financeiro e atuarial, a contribuição era baixa, representando 3% (três por cento) dos ganhos mensais do empregado, 1% (um por cento) dos ganhos anuais da empresa e 1.5% (um ponto cinco por cento) da "somma que produzir um augmento de 1,5% sobre as tarifas da estrada de ferro."

Importante destacar que, àquela época, a primeira lei previdenciária já instituiu algo parecido com o que hoje denominamos de Política de Investimentos[11], bem como expressamente proibia que se utilizassem os recursos dos fundos para outros fins que não os benefícios ali previstos. Neste contexto, eis o teor do seu art. 6º:

Art. 6º Os fundos e as rendas que se obtenham por meio desta lei serão de exclusiva propriedade da Caixa e se destinarão aos fins nella determinados.

Em nenhum caso e sob pretexto algum poderão esses fundos ser empregados em outros fins, sendo nullos os actos que isso determinarem **sem prejuizo das responsabilidades em que incorram os administradores da Caixa**. (Sem grifos no original).[12]

Da exegese do dispositivo supra, denota-se que, àquela época, já havia previsão expressa acerca da responsabilidade dos gestores dos fundos previdenciários pela malversação na aplicabilidade dos recursos previdenciários, com imposição de sanções. Já se previa a "blindagem dos

---

(10) "Art. 11. A importancia da aposentadoria ordinaria se calculará pela média dos salarios percebidos durante os ultimos cinco annos de serviço, o será regulada do seguinte modo: 1º, até 100$ de salario, 90/100; 2º, salario entre 100$ e 300$, 90$ mais 75/100 da differença entre 101 e 300$000; 3º, salario de mais de 300$ até 1:000$, 250$ e mais 70/100 da differença entre 301$ e 1:000$000;

(11) "Art. 7º Todos os fundos da Caixa ficarão depositados em conta especial do Banco, escolhido de accôrdo com o art. 4º, salvo as sommas que o Conselho de Administração fixar como indispensaveis para os pagamentos correntes, e serão applicados, com prévia resolução do Conselho de Administração para cada caso na acquisição de titulos de renda nacional ou Estadoal, ou que tenha a garantia da Nação ou dos Estados.
Paragrapho unico. Não serão adquiridos titulos de Estado que tenha em atrazo o pagamento de suas dividas."

(12) Fonte: Biblioteca do Palácio do Planalto. Disponível em <http://www.planalto.gov.br/ccivil_03/decreto/Historicos/DPL/DPL4682.htm>. Acesso em 13 de junho de 2015.

fundos", como forma de garantir a solvabilidade dos mesmos e garantir os pagamentos dos benefícios, que se resumiam em assistência médica, compra de medicamentos por preços mais acessíveis, aposentadorias e pensões.

Como mencionado, a partir da Lei Eloy Chaves, foi criada em cada uma das empresas de Estradas de Ferro existentes no país uma Caixa de Aposentadoria e Pensões (CAP), para seus respectivos empregados. Com as CAPs, passaram a ser concedidos os benefícios de aposentadoria e pensão para os dependentes, além de assistência médica e auxílio farmacêutico. Antes, cada empresa concedia um ou outro benefício, mas não todos concomitantemente.

As CAPs operavam em regime de capitalização, porém eram estruturalmente frágeis por terem um número pequeno de contribuintes e seguirem hipóteses demográficas de parâmetros duvidosos; **outro fator de fragilidade era o elevado número de fraudes na concessão de benefícios.** Em 1930, o presidente do Brasil Getúlio Vargas suspendeu as aposentadorias das CAPs durante seis meses e promoveu uma reestruturação que acabou por substituí-las por Institutos de Aposentadorias e Pensões (IAPs), que eram autarquias de nível nacional centralizadas no governo federal. Dessa forma, a filiação passava a se dar por categorias profissionais, diferente do modelo das CAPs, que se organizavam por empresas[13].

No Brasil, a década de 30 foi marcada pela ascensão do proletariado urbano, que definiu o sistema previdenciário, baseado no corporativismo. O novo grupo social seria responsável por determinar os novos rumos econômicos do país, que desde sempre foi marcado por desigualdades sociais.

No mundo, a década de 30 foi marcada pela Crise de 1929, ou Grande Depressão, terminando apenas com a Segunda Guerra Mundial (1945). O pior e mais longo período de recessão do século XX deixou marcas profundas na economia, com número elevado de desempregos, quedas aceleradas do Produto Interno Bruto (PIB) e na produção industrial. Foi a guerra mais letal da história da humanidade, resultando aproximadamente 70 milhões de mortes.

O chamado *crack* da Bolsa de Valores de Nova York ocasionou deflação, queda na venda de produtos que obrigaram ao fechamento de fábricas e pontos comerciais. No Brasil a consequência foi o processo de aceleração da industrialização, tendo em vista que à época era pouco industrializado e não conseguia vender seu café a outros países.

Em alguns países, o principal efeito da Grande Depressão foi o surgimento de regimes ditatoriais, como nazistas e fascistas, na Alemanha e na Itália, respectivamente.

Independentemente da corrente doutrinária econômica a ser adotada, pode-se afirmar, resumidamente, que a Grande Depressão foi fruto de superprodução – oferta maior do que a demanda. E, com ela, as indústrias muito produziam, não havia saída esperada dos produtos, as indústrias começaram a dispensar seus empregados, o desemprego foi acelerado. Os bancos foram afetados porque não conseguiam receber dos produtores os empréstimos concedidos.

Por causa do processo de industrialização, no Brasil proliferaram os Institutos de Aposentadorias e Pensões, restritos aos trabalhadores urbanos. Segundo o compêndio editado pelo Ministério da Previdência Social, destacaram-se: Instituto de Aposentadoria e Pensões dos Marítimos (IAPM), em 1933, Instituto de Aposentadoria e Pensões dos Comerciários (IAPC), em 1933, Instituto de Aposentadoria e Pensões dos Bancários (IAPB), em 1934, Instituto de Aposentadoria e Pensões dos Industriários (IAPI), em 1936, Instituto de Previdência e Assistência dos Servidores do Estado (IPASE), em 1938[14].

Os institutos, porém, tinham uma característica bem marcante: a desigualdade, pois cada um deles tinha uma estrutura específica de benefícios e contribuições, o que criava uma grande disparidade entre os níveis qualitativos e quantitativos de proteção social. Nos anos 30, a relação entre Estado e classe operária foi organizada, mediante a interligação de três sistemas: sindicato, Justiça do Trabalho e política previdenciária. A política adotada contribuiu para que a cobertura previdenciária aumentasse enormemente. Ao final da década de 40, tínhamos dez vezes mais segurados do que em 1934[15].

Em 1933, o presidente Franklin Delano Roosevelt aprovou o *New Deal* (novo acordo), uma série de medidas econômicas que previa programas de ajuda social, com o fito de minimizar os efeitos da Grande Depressão. Franklin acreditava na intervenção estatal como forma de "salvar" a economia.

Como reflexo do pensamento da intervenção estatal, no Brasil, em 1934, foi promulgada a Constituição Republicana de 1934, que foi bastante influenciada pela Constituição alemã de Weimar. A concepção de intervenção do Estado na economia veio a substituir a antiga ideia liberal do *laissez-faire*, com a implantação da política do *new deal* nos Estados Unidos da América e o planejamento nos países socialistas.[16]

A referida Carta Magna instituiu a Justiça do Trabalho e deu aos direitos sociais cunho de direitos fundamentais, o que representava uma prestação positiva do Estado.

A origem do termo segurança social é dada à *Social Security Act* – lei da segurança social norte-americana,

---

(13) Wikipédia, a enciclopédia livre. Disponível em <https://pt.wikipedia.org/wiki/Instituto_Nacional_de_Previd%C3%AAncia_Social>. Acesso em 24 de outubro de 2015.

(14) Panorama da Previdência Social brasileira. 2. ed. Brasília: MPS, SPS, SPC, ACS, 2007.

(15) Panorama da Previdência Social brasileira. 2. ed. Brasília: MPS, SPS, SPC, ACS, 2007.

(16) PINHO, Rodrigo César Rebello. Da Organização do Estado, dos Poderes e Histórico das Constituições (Coleção Sinopses Jurídicas, volume 18). São Paulo: Saraiva, 2000. p. 149.

votada pelo Congresso dos Estados Unidos em 14 de agosto de 1935.

Entretanto, em fevereiro de 1819, Simon Bolivar, militar e líder venezuelano, já havia proclamado que "o sistema de governo mais perfeito é aquele que reúne a maior soma de bem-estar, a maior soma de segurança social e a maior soma de segurança política."

Na Itália, em 1894, o 1º Congresso Nacional do Partido dos Trabalhadores Italianos, em carta destacada, deixou registrado que "todos os homens que contribuem para criar e manter o bem-estar social têm direito a desfrutar de tais benefícios e, sobretudo, da segurança social da existência."

A então União das Repúblicas Socialistas Soviéticas, URSS, num decreto exarado em 31 de outubro de 1918, deixou registrado que "os cidadãos da URSS têm direito à segurança material na velhice e em caso de doença ou de perda da sua capacidade para o trabalho."

Com o início da Era Vargas (1930 a 1945), o presidente Getúlio Vargas, chamado de "pai dos pobres", foi responsável por inúmeras mudanças na área social brasileira. A CR/34 tratou da previdência do funcionário público, bem como de sua responsabilização frente à Fazenda Nacional (art. 171), conforme se depreende dos dispositivos a seguir relacionados (redação original):

Art 170. O Poder Legislativo votará o Estatuto dos Funccionarios Publicos, obedecendo ás seguintes normas, desde já em vigor:

1º o quadro dos funccionarios publicos comprehenderá todos os que exerçam cargos publicos, seja qual fôr a fórma do pagamento;

2º a primeira investidura nos postos de carreira das repartições administrativas, e nos demais que a lei determinar, effectuar-se-á depois de exame de sanidade e concurso de provas ou titulos;

3º salvo os casos previstos na Constituição, serão aposentados, compulsoriamente os funccionarios que attingirem 68 annos de idade;

4º a invalidez para o exercício do cargo ou posto determinará a aposentadoria ou reforma, que, nesse caso, se contar o funccionario mais de trinta annos de serviço publico effectivo, nos termos da lei, será concedida com os vencimentos integraes;

5º o prazo para a concessão da aposentadoria com vencimentos integraes, por invalidez, poderá ser excepcionalmente reduzido nos casos que a lei determinar;

6º o funccionario que se invalidar em conseqüencia de accidente ocorrido no serviço será aposentado com vencimentos integraes, qualquer que seja o seu tempo de serviço; serão tambem aposentados os atacados de doença contagiosa ou incuravel, que os inhabilite para o exercício do cargo;

7º os proventos da aposentadoria ou jubilação não poderão exceder os vencimentos da actividade;

8º todo funccionario publico terá direito a recurso contra decisão disciplinar, e, nos casos determinados, a revisão de processo em que se lhe imponha penalidade, salvo as excepções da lei militar;

9º o funccionario que se valer da sua autoridade em favor de partido politico, ou exercer pressão partidaria sobre os seus subordinados, será punido com a perda do cargo, quando provado o abuso, em processo judiciario;

10. os funccionarios terão direito a férias annuaes, sem desconto; e a funccionaria gestante, tres mezes de licença com vencimentos integraes.

Art 171. Os funccionarios publicos são responsaveis solidariamente com a Fazenda Nacional, Eestadual ou Municipal, por quaesquer prejuizos decorrentes de negligencia, omissão ou abuso no exercicio dos seus cargos.

§ 1º Na ação proposta contra a Fazenda Publica, e fundada em lesão praticada por funccionario, este será sempre citado como litisconsorte.

§ 2º Executada a sentença contra a Fazenda, esta promoverá execução contra o funccionario culpado.

Art 172. É vedada a accumulação de cargos publicos remunerados da União, dos Estados e dos Municipios.

§ 1º Exceptuam-se os cargos do magisterio e technico-scientificos, que poderão ser exercidos cumulativamente, ainda que por funccionario administrativo, desde que haja compatibilidade dos horarios de serviço.

§ 2º As pensões de montepio e as vantagens, da inatividade só poderão ser accumuladas, se, reunidas, não excederem o maximo fixado por lei, ou se resultarem de cargos legalmente accumulaveis[17]. (Grifos nossos).

A Constituição de 1937, que ficou conhecida como "Polaca", devido às fortes influências da Constituição da Polônia, destinou um capítulo próprio ao servidor público e estabeleceu regras de aposentadoria, bem como previu responsabilização solidária em caso de quaisquer prejuízos decorrentes de negligência, omissão ou abuso no exercício do cargo. Para melhor compreensão, vale trazer à colação as disposições contidas no art. 156, d, e, f, g, e art. 158, respectivamente e *in verbis*:

Art. 156 - O Poder Legislativo organizará o Estatuto dos Funcionários Públicos, obedecendo aos seguintes preceitos desde já em vigor:

[...]

d) serão aposentados compulsoriamente com a idade de sessenta e oito anos; a lei poderá reduzir o limite de idade para categorias especiais de funcionários, de acordo com a natureza do serviço;

e) a invalidez para o exercício do cargo ou posto determinará aposentadoria ou reforma, que será concedida com vencimentos integrais, se contar o funcionário mais de trinta anos de serviço efetivo; o prazo para a concessão da aposentadoria ou reforma com vencimentos integrais, por invalidez, poderá ser excepcionalmente reduzido nos casos que a lei determinar;

f) o funcionário invalidado em consequência de acidente ocorrido no serviço será aposentado com vencimentos integrais, seja qual for o seu tempo de exercício;

g) as vantagens da inatividade não poderão, em caso algum, exceder às da atividade;

[...]

Art. 158 - Os funcionários públicos são responsáveis solidariamente com a Fazenda nacional, estadual ou municipal por quaisquer prejuízos decorrentes de negligência, omissão ou abuso no exercício dos seus cargos[18].

Relevante registrar que a referida constituição foi insculpida sob as fortes influências de regimes ditatoriais

---

(17) Portal da Câmara dos Deputados. Disponível em http://www2.camara.leg.br/legin/fed/consti/1930-1939/constituicao-1934-16-julho-1934-365196-publicacaooriginal-1-pl.html. Acesso em 24 de outubro de 2015

(18) Palácio do Planalto. Disponível em http://www.planalto.gov.br/ccivil_03/constituicao/constituicao37.htm. Acesso em 24 de outubro de 2015.

da época, e seguia as doutrinas fascistas de organização política.

Por meio do Decreto-Lei n. 288, de 23 de fevereiro de 1938, foi criado o Instituto de Previdência e Assistência dos Servidores do Estado, o IPASE, com sede no Distrito Federal, que previu a concessão de aposentadoria (seguro de renda), pensão (seguro de morte) e indenização via pecúlio, com contribuições obrigatórias para os funcionários civis efetivos, interinos, ou em comissão; os extranumerários que executem serviços de natureza permanente e os empregados do próprio instituto.

As alíquotas de contribuição eram progressivas, numa clara demonstração da política socialista que marcou a Era Vargas. Neste diapasão, vale registrar o teor do art. 22:

> Art. 22. Os contribuintes obrigatórios pagarão à Fazenda Nacional, mediante desconto em folha, uma percentagem sobre a sua remuneração, na seguinte base:
>
> a) até o máximo de 4% quando a remuneração for inferior ou igual à correspondente ao padrão "D" de vencimentos (art. 20 da lei n. 284, de 28 de outubro de 1936);
>
> b) até o máximo de 5% quando a remuneração for superior à correspondente ao padrão «D» e inferior, ou igual, à correspondente ao padrão «H»;
>
> c) até o máximo de 6% quando a remuneração for superior à correspondente ao padrão H e inferior ou igual, à correspondente ao padrão «K»;
>
> d) até o máximo de 7% quando a remuneração for superior à correspondente ao padrão «K».
>
> Parágrafo único. Para os efeitos desde artigo compreendem-se como remuneração os vencimentos dos cargos públicos e os salários dos extranumerários[19].

Interessante deixar registrado que a Comissão Deliberativa (hoje a nomenclatura refere-se à Conselho Deliberativo) obrigatoriamente teria de ser constituída por **pessoas que exerciam funções públicas**, designadas pelo presidente da República. Com reuniões previstas quatro vezes por mês, tinham mandato de cinco anos, renovável. A lei não tinha o caráter de rigidez como era da CAP, apenas fazia uma vaga referência dentre as competências do presidente, no que concerne a penalizar o funcionário que faltasse com seu dever de ofício.

O IPASE veio substituir o Montepio Geral de Economia dos Servidores do Estado (Mongeral), criado em 10 de janeiro de 1835, que concedia pensão por morte [20].

Em 1939 foi deflagrada a Segunda Guerra Mundial, com a invasão da Alemanha na Polônia, o evento mais sangrento da história da humanidade, que acabou devastando economias, com exceção nítida dos Estados Unidos, que paradoxalmente se tornaram a maior potência mundial, devido à ocorrência do "baby boom", ou explosão populacional.

Em 1941, foi emitida a *Atlantic Charter* – Carta do Atlântico, um prenúncio para a formação da Organização das Nações Unidas (ONU). Dentre seus pontos, destaca-se: "Há de ser uma cooperação econômica global e avanço do bem-estar social."

Em 1942 foi formulado na Inglaterra o Plano Beveridge, que apresenta críticas ao modelo bismarckiano vigente até então e reforça a tendência do *Welfare State*. O modelo beveridgiano inglês tinha por escopo livrar o homem da necessidade. Instituído pelo Barão de Beveridge, um renomado economista da época, previa que todo aquele em idade de trabalhar deveria contribuir para que futuramente tivesse direito a auxílio-doença e auxílio-desemprego, bem como as viúvas poderiam ter uma renda.

Segundo a Wikipédia, Beveridge "recomendou que o governo inglês deveria encontrar formas de combater os cinco grandes males da sociedade: a escassez, a doença, a ignorância, a miséria e a ociosidade."[21]

Na realidade, o primeiro ministro Beveridge queria fazer uma política de contraposição à política da URSS, que trabalhava para atrair outros países durante a Guerra Fria.

No Brasil, foi marcante a decisão de Getúlio Vargas, que em 1942 expediu o Decreto n. 10.358, de 31 de agosto de 1942, declarando o Estado de guerra em todo o território nacional.

Também em 1942, na Primeira Conferência Interamericana de Segurança Social, tem destaque trechos da Declaração de Santiago do Chile: "Todas as nações devem criar, manter e acrescer o valor intelectual, moral e físico das suas gerações ativas, preparar o caminho das gerações vindouras e sustentar as gerações eliminadas da vida produtiva. É este o significado da segurança social numa economia genuína e racional dos recursos e valores humanos."

A Segunda Grande Guerra terminou com a vitória dos Aliados, que oficialmente, em 1945, formaram a Organização das Nações Unidas (ONU), e em 1948, aprovaram a Declaração Universal dos Direitos Humanos, que assim disciplina em seu art. 25:

> 1.Toda a pessoa tem direito a um nível de vida suficiente para lhe assegurar e à sua família a saúde e o bem-estar, principalmente quanto à alimentação, ao vestuário, ao alojamento, à assistência médica e ainda quanto aos serviços sociais necessários, e tem direito à segurança no desemprego, na doença, na invalidez, na viuvez, na velhice ou noutros casos de perda de meios de subsistência por circunstâncias independentes da sua vontade.

---

(19) Dataprev. Disponível em <http://www3.dataprev.gov.br/sislex/paginas/24/1941/..%5C1938%5C288.htm>. Acesso em 24 de outubro de 2015.

(20) Mongeral Aegon Seguros e Previdência. Disponível em <https://www.mongeralaegon.com.br/mongeral-aegon/mongeral-aegon/nossa-historia/>. Acesso em 24 de outubro de 2015.

(21) Wikipédia, a enciclopédia livre. Disponível em <https://pt.wikipedia.org/wiki/William_Beveridge>. Acesso em 24 de outubro de 2015.

2. A maternidade e a infância têm direito a ajuda e a assistência especiais. Todas as crianças, nascidas dentro ou fora do matrimônio, gozam da mesma protecção social[22].

A Declaração Universal dos Direitos Humanos previu expressamente que todo homem teria direito a uma previdência social, como forma de proteção social, alterando significativamente a estrutura social mundial.

Em 1947, foi implantado, com objetivo de acelerar a economia dos países participantes, o Plano Marshall, conhecido oficialmente como Programa de Recuperação Europeia, com exceção da Alemanha. O plano foi o prelúdio do que hoje conhecemos como Comunidade Europeia.

O milagre econômico alemão – *Wirtschaftswunder* – foi um capítulo à parte do pós-guerra na Europa e levou Alemanha e Áustria de países totalmente arrasados pela guerra a países desenvolvidos, graças à reforma monetária adotada.

Merecem destaques ainda a União Soviética e o Japão, que rapidamente recuperaram a produção e o capital.

A Segunda Guerra Mundial teve impactos transformadores nas relações sociais. No Brasil da "Era Vargas", houve forte regulação estatal das relações de trabalho, com destaque para o Decreto-Lei n. 5.452, de 1° de maio de 1943, que aprovou a Consolidação das Leis do Trabalho, entendido por muitos como o sistema trabalhista mais avançado do mundo. O sistema político populista de Vargas foi responsável pela concessão de benefícios previdenciários de forma paternalista, em meio à onda da dignidade humana, uma vez que era adotada a política do Bem-Estar Social.

Em 1945, ano que marcou o fim da guerra, foi editado o Decreto-Lei n. 7.835, de 6 de agosto de 1945, estabelecendo que as aposentadorias e pensões não poderiam ser inferiores a 70% e 35% do salário mínimo.

Com a edição do Decreto n. 7.526, de 7 de maio de 1945 – Lei Orgânica dos Serviços Sociais do Brasil e da Lei n. 593, de 24 de dezembro de 1948 –, foi restaurada a aposentadoria para os ferroviários aos trinta e cinco anos de serviço.

A quinta Constituição do Brasil, fruto de uma Assembleia Nacional Constituinte, foi promulgada em 1946, que reafirmou a democratização do país, iniciada em 1945. Após a vitória dos Aliados na Segunda Guerra Mundial, não fazia mais sentido manter a constituição de 1937, uma vez que o Brasil lutara ao lado das nações aliadas. No Título destinado à Ordem Econômica e Social, a CB/46 assim afirmou em seu art. 145, *verbis*:

> Art. 145. A ordem econômica deve ser organizada conforme os princípios da justiça social, conciliando a liberdade de iniciativa com a valorização do trabalho humano.

> Parágrafo único. A todos é assegurado trabalho que possibilite existência digna. O trabalho é obrigação social.[23]

Já no Título destinado aos funcionários públicos, proclamou no art. 187 que: "são vitalícios somente os magistrados, os Ministros do Tribunal de Contas, titulares de ofício de justiça e os professores catedráticos." Os dois últimos citados hodiernamente não gozam de vitaliciedade.

A aposentadoria era assim disciplinada:

> Art. 191. O funcionário será aposentado:
> I - por invalidez;
> II - compulsoriamente, aos 70 anos de idade.
> § 1º Será aposentado, se o requerer, o funcionário que contar 35 anos de serviço.
> § 2º Os vencimentos da aposentadoria serão integrais, se o funcionário contar 30 anos de serviço; e proporcionais, se contar tempo menor.
> § 3º Serão integrais os vencimentos da aposentadoria, quando o funcionário se invalidar por acidente ocorrido no serviço, por moléstia profissional ou por doença grave contagiosa ou incurável especificada em lei.
> § 4º Atendendo à natureza especial do serviço, poderá a lei reduzir os limites referidos em o n. II e no § 2º dêste artigo.
> Art. 192. O tempo de serviço público, federal, estadual ou municipal computar-se-á integralmente para efeitos de disponibilidade e aposentadoria.
> Art. 193. Os proventos da inatividade serão revistos sempre que, por motivo de alteração do poder aquisitivo da moeda, se modificarem os vencimentos dos funcionários em atividade.
> Art. 194. As pessoas jurídicas de direito público interno são civilmente responsáveis pelos danos que os seus funcionários, nessa qualidade, causem a terceiros.
> Parágrafo único. Caber-lhes-á ação regressiva contra os funcionários causadores do dano, quando tiver havido culpa dêstes[24].

Conforme se depreende da dicção do art. 194, pela primeira vez foi prevista constitucionalmente a responsabilidade objetiva do Estado, com a possibilidade de ação regressiva contra o servidor causador do dano.

Em 1945, teve início a Guerra Fria, a Era da Bipolaridade, onde Estados Unidos da América e União Soviética, os dois blocos econômicos mais importantes da época, entraram em conflito e dividiram o mundo entre capitalistas e socialistas. A guerra foi chamada de fria devido à impossibilidade de um confronto direto, uma vez que ambos eram os únicos que dispunham de armamentos nucleares. Entretanto, era notória a superioridade econômica americana, pelo sucesso do Plano Marshall.

A Guerra Fria foi responsável pela deflagração de outras guerras pontuais ao redor do mundo, como a

---

(22) UNESDOC Database. Disponível em <http://unesdoc.unesco.org/images/0013/001394/139423por.pdf>. Acesso em 24 de outubro de 2015.

(23) Portal da Câmara dos Deputados. Disponível em <http://www2.camara.leg.br/legin/fed/consti/1940-1949/constituicao-1946-18-julho-1946-365199-publicacaooriginal-1-pl.html>. Acesso em 24 de outubro de 2015.

(24) Portal da Câmara dos Deputados. Disponível em http://www2.camara.leg.br/legin/fed/consti/1940-1949/constituicao-1946-18-julho-1946-365199-publicacaooriginal-1-pl.html. Acesso em 24 de outubro de 2015.

Guerra das Malvinas em 1982, a Guerra do Vietnã, em 1962, a Guerra da Coreia em 1950, Crise dos mísseis em Cuba, em 1962, Revolução Húngara de 1956 e Guerra de Suez, de 1956.

O Regime Jurídico Único dos Funcionários Civis da União e dos Territórios foi inaugurado pela Lei 1.711, de 28 de outubro de 1952, em plena Guerra Fria, com o Brasil recebendo subsunções dos Estados Unidos e sob o manto da política do *Welfare State*.

Assim, a norma não fez qualquer menção a valores de alíquota de contribuição. Merecem destaques os seguintes dispositivos (redação original):

> Art. 176. O funcionário será aposentado:
> I – compulsóriamente, aos 70 anos de idade;
> II – a pedido, quando contar 35 anos de serviço;
> III – por invalidez.
> [...]
> Art. 179. O funcionário com 40 ou mais anos de serviço que, no último decênio da carreira, tenha exercido de maneira relevante, oficialmente consignada, cargo isolado, interinamente, como substituto, durante um ano ou mais, sem interrupção poderá aposentar-se com os vencimentos dêsse cargo, com as alterações, proventos e vantagens pertinentes ao mesmo cargo, na data da aposentadoria.
> [...]
> Art. 182. O provento da inatividade será revisto:
> a) sempre que houver modificação geral de vencimentos ou remuneração, não podendo sua elevação se inferior a dois terços do aumento concedido ao funcionário em atividade;
> b) quando o funcionário inativo fôr acometido de tuberculose ativa, alienação mental, neoplasia maligna, cegueira, lepra ou paralisia, positivada em inspeção médica, passará, a ter como provento o vencimento ou a remuneração que percebia na atividade.
> Art. 183. O funcionário aposentado que vier a exercer cargo público em comissão, que não seja de direção, terá, ao retornar à inatividade, proventos iguais ao vencimento do cargo em comissão, desde que o tenha exercido por mais de 10 anos e já completado mais de 35 de serviço público.
> Art. 184. O funcionário que contar 35 anos de serviço será aposentado:
> I – com provento correspondente ao vencimento ou remuneração da classe imediatamente superior;
> II – com provento aumentado de 20% quando ocupante da última classe da respectiva carreira;
> III – com a vantagem do inciso II, quando ocupante de cargo isolado se tiver permanecido no mesmo durante três anos[25].

Entretanto, dispensou um título próprio acerca da responsabilização do servidor público, conforme art. 188 e ss. Pela primeira vez, detalhou as condutas reprováveis, bem como as penalidades administrativas, sem prejuízo das penalidades cíveis e criminais, e previu a prisão administrativa. Para os efeitos do art. 207, as penalidades de demissão seriam aplicadas nos seguintes casos:

> Art. 207. A pena de demissão será aplicada nos casos de:
> I – crime contra a administração pública;
> II – abandono do cargo;
> III – incontinência pública e escandalosa, vício de jogos proibidos e embriaguez habitual;
> IV – insubordinação grave em serviço;
> V – ofensa física em serviço contra funcionário, ou particular, salvo em legítima defesa;
> VI – aplicação irregular do dinheiro público;
> VII – revelação de segredo que o funcionário conheça em razão do cargo;
> VIII – lesão aos cofres públicos e dilapidação do patrimônio nacional;
> IX – corrupção passiva nos têrmos da lei penal;
> X – transgresso de qualquer dos itens IV a XI do art. 195.
> § 1º Considera-se abandono do cargo a ausência do serviço, sem justa causa, por mais de 80 dias consecutivos.
> § 2º Será ainda demitido o funcionário que, durante o período de 12 meses, faltar ao serviço 60 dias interpoladamente, sem causa justificada[26].

Getúlio Vargas voltou ao poder em 31 de janeiro de 1951 e, durante seu mandato, que iria terminar tragicamente em 24 de agosto de 1954, as então existentes Caixas de Aposentadorias e Pensões foram unificadas através do Decreto n. 34.586, de 12 de novembro de 1953, em uma caixa única, sob a natureza jurídica de autarquia. O § 1º do seu artigo 1º trouxe a seguinte redação:

> Art. 1º...
> § 1º A Caixa de Aposentadoria e Pensões dos Ferroviários e Empregados em Serviços Públicos, com personalidade jurídica própria, de natureza autárquica, sob a jurisdição do. Ministério do Trabalho, Indústria e Comércio, por intermédio do Departamento Nacional da Previdência Social, terá sede no Distrito Federal e ação em todo o território nacional.

Em 1954, foi editado o Decreto n. 35.448, de 1º de maio de 1954, aprovando o Regulamento Geral dos Institutos de Aposentadorias e Pensões. Logo no artigo 1º, o referido decreto faz menção expressa à política vigente, do Bem-Estar Social. Senão vejamos:

> Art. 1º Os Institutos de Aposentadoria e Pensões têm por fim assegurar aos seus beneficiários os meios indispensáveis de manutenção, quando não se achem em condições de angariá-los por motivo de idade avançada, incapacidade, ou morte daqueles de quem dependiam economicamente, bem como a prestação de serviços que visem à proteção de sua saúde e concorram para o seu bem-estar.

Destarte, a norma, em seu art. 54, determinou que as contribuições da União seriam vertidas para o "Fundo Único da Previdência Social."

Em 26 de agosto de 1960, a Lei n. 3.807 criou a Lei Orgânica de Previdência Social (LOPS), que unificou a legislação referente aos institutos de aposentadorias e pensões.

---

(25) DATAPREV. Disponível em<http://www3.dataprev.gov.br/sislex/paginas/42/1990/..%5C1952%5C1711.htm>. Acesso em 24 de outubro de 2014.
(26) DATAPREV. Disponível em<http://www3.dataprev.gov.br/sislex/paginas/42/1990/..%5C1952%5C1711.htm>. Acesso em 24 de outubro de 2015.

Em 31 de janeiro de 1956, tomava posse o presidente Juscelino Kubitschek, perdurando no poder até 31 de janeiro de 1961, que inaugurou Brasília, a nova capital da República, em 21 de abril de 1960.

Brasília começou a ser planejada em 1956, uma obra gigantesca, que custou aos cofres da previdência bilhões de dólares. Para custear a obra monstruosa, o Poder Público utilizou recursos da Previdência Social numa época em que não se pensava em equilíbrio financeiro e atuarial.

Pode-se afirmar que as arrecadações da previdência foram utilizadas para outros fins que não o previdenciário. Não existia norma que expressamente determinasse que os recursos da previdência somente poderiam ser utilizados para pagamentos de benefícios e cobrir taxa de administração do instituto.

Não se tem notícias de que os recursos utilizados na construção de Brasília tenham sido devolvidos aos cofres da previdência. É de fato o maior "rombo" da história da previdência no Brasil.

Antônio Henrique Chagas, com supedâneo nos esclarecimentos de Sérgio Pinto Martins, acerca de como os recursos previdenciários foram gastos para custear as obras de Brasília, fez o seguinte registro:

> "No ano de 1962, afirma Martins, o débito da União para com o sistema Previdenciário era, em moeda da época, CR$ 200 bilhões (duzentos bilhões de cruzeiros). Mais uma vez, não se tem noticias de que esta dívida tenha sido resgatada pelo governo. MARTINS (2006, p.23). lembra ainda que no Distrito Federal:
> Estima-se que os institutos de aposentadorias tenham gastado em torno de US$ 20 bilhões de recursos previdenciários para construir Brasília. Ib Teixeira afirma que o total gasto teria sido de US$ 52,2 bilhões, desviados do sistema previdenciário. Muitos desses imóveis foram vendidos pelo governo, mas o dinheiro não retornou ao sistema. O dinheiro da previdência ainda financiou a Ponte Rio-Niterói e até a Transamazônica (sic). A usina de Itaipu foi construída com numerário do IAPAS."[27]

Henrique Chagas ainda nos adverte que os valores da Previdência Social foram, ainda, usados para manutenção de saldos na rede bancária como compensação pela execução de serviços de arrecadação de contribuições e de pagamentos de benefícios. Esse sistema era chamado de "caixa dupla." A operação consistia no seguinte: a Previdência Social mantinha com a rede bancária um convênio para evitar burocracias e acelerar o pagamento dos benefícios aos segurados. A Previdência Social pagava à rede bancária uma taxa de administração pela prestação dos serviços. Na chamada conta de "entrada" eram depositadas as contribuições previdenciárias arrecadadas das empresas e dos segurados. Na conta de "saída" o banco pagava os benefícios. (CHAGAS, 2012).

Em 27 de agosto de 1962, foi editada a Lei n. 4.121, que dispôs sobre a situação jurídica da mulher casada, e modificou a redação do art. 246 do CC/1916, regulamentando o direito da mulher de exercer profissão lucrativa, distinta da do marido. Desta forma, o trabalho remunerado da mulher casada passou a ter tratamento jurídico, consistindo em um avanço para a época.

Importante trazer à baila as ingerências da Guerra Fria, uma vez que teve influência direta no sistema previdenciário brasileiro. Para combater o comunismo na América Latina, os Estados Unidos lançaram, em 1961, a Aliança para o Progresso, uma série de medidas para apoio econômico. Governos que não eram simpatizantes das medidas adotadas pelos Estados Unidos foram depostos, a exemplo do que ocorreu no Brasil, com a queda de João Goulart, em 1964, quando começou o regime militar.

Jango, como era conhecido, não formalizou seu apoio aos Estados Unidos, estabelecendo políticas sociais internas, com o fortalecimento de movimentos sindicais, estudantis e populares, além de fomentar uma aproximação com a União Soviética, motivo pelo qual não se manteve no poder, fato que ocorreu justamente após anunciar reformas de base, em fevereiro de 1964.

Em 9 de abril de 1964, a Junta Militar editou o primeiro Ato Institucional, mantendo a CR/46 e legitimando o Golpe Militar de 31 de março. A principal mudança que aqui nos interessa foi a extinção dos institutos da estabilidade e da vitaliciedade dos servidores públicos (em todos os níveis), com possibilidade de demissão após "investigação sumária", ou verdade sabida.

Em 24 de janeiro de 1967, 146º da Independência e 79º da República, era outorgada a Constituição Brasileira de 1967. Subsistiu apenas por dois anos, quando foi substituída pela CR/69.

Acerca da responsabilidade do servidor, manteve a responsabilidade objetiva com ação regressiva. Uma novidade, influenciada pela inserção da mulher no mercado de trabalho, foi a instituição de regras de aposentadorias diferenciadas para homens e mulheres. Senão vejamos o disposto no art. 101, *verbis*:

> Art 101 - Os proventos da aposentadoria serão:
> I - integrais, quando o funcionário:
> a) contar trinta e cinco anos de serviço, se do sexo masculino; ou trinta anos de serviço, se do feminino;
> b) invalidar-se por acidente ocorrido em serviço, por moléstia profissional ou doença grave, contagiosa ou incurável, especificada em lei;
> II - proporcionais ao tempo de serviço, quando o funcionário contar menos de trinta e cinco anos de serviço[28].

---

(27) CHAGAS, Antônio Henrique. Desvios de Recursos na Previdência Brasileira: Recursos previdenciários para construir Brasília, Transamazônica, ponte Rio-Niterói e outras obras. Disponível em <http://antoniohenriquechagas.blogspot.com.br/2012/11/desvios-de-recursos-na-previdencia.html>. Acesso em 29 de julho de 2015.

(28) Palácio do Planalto. Disponível em <http://www.planalto.gov.br/ccivil_03/constituicao/constituicao67.htm#art189>. Acesso em 24 de outubro de 2015.

O regime autoritário militarista, pós-golpe de 1964, não pôs fim à estrutura híbrida então existente entre celetistas e estatutários. O Decreto-Lei n. 200, de 25 de fevereiro de 1967, a conhecida Reforma Administrativa de 67, tinha como principal objetivo a modernização do aparelho estatal, passando a prever legalmente a administração indireta composta de autarquias, fundações públicas, empresas públicas e sociedades de economia mista. Interessante a leitura de seu art. 14: "O trabalho administrativo será racionalizado mediante simplificação de processos e supressão de contrôles que se evidenciarem como puramente formais ou cujo custo seja evidentemente superior ao risco." Outra curiosidade é o número de ministérios instituídos à época: apenas 16, contra 39 hoje existentes (incluindo, aí, dez secretarias ligadas à presidência e cinco órgãos, todos com status de ministério).

Com o Decreto n. 200/67, as aposentadorias e pensões dos servidores públicos, das carreiras típicas de Estado, continuaram sendo responsabilidade direta do Tesouro. Os demais servidores foram alocados no Instituto Nacional de Previdência.

Com fundamento no Ato Institucional n. 4, de 7 de dezembro de 1966, o Decreto-Lei n. 201, de 27 de fevereiro de 1967, instituiu normas acerca da responsabilidade dos prefeitos e vereadores, elencando 23 espécies normativas penais.

A Constituição de 1969 foi originada do Ato Institucional n. I à CR/67. Foram tantas as mudanças patrocinadas pela emenda constitucional referida que o STF adotou o entendimento de cuidar-se de uma nova carta política.

Interessante mostrar as disposições contidas nos arts. 109, 110 e 111, conforme se verifica abaixo:

Art. 109. Lei federal, de iniciativa exclusiva do Presidente da República, respeitado o disposto no artigo 97 e seu § 1º e no § 2º do artigo 108, definirá:

I - o regime jurídico dos servidores públicos da União, do Distrito Federal e dos Territórios;

II - a forma e as condições de provimento dos cargos públicos; e

III - as condições para aquisição de estabilidade.

Art. 110. Os litígios decorrentes das relações de trabalho dos servidores com a União, inclusive as autarquias e as emprêsas públicas federais, qualquer que seja o seu regime jurídico, processar-se-ão e julgar-se-ão perante os juízes federais, devendo ser interposto recurso, se couber, para o Tribunal Federal de Recursos.

Art. 111. A lei poderá criar contencioso administrativo e atribuir-lhe competência para o julgamento das causas mencionadas no artigo anterior[29].

As décadas de 60 e 70 foram marcadas pela tentativa de solucionar problemas sociais, com a criação de programas voltados para a erradicação da pobreza. Entretanto, sem considerar os gastos com as políticas sociais como investimentos e sim como meras políticas assistencialistas, deixando de lado a produção de riquezas.

O modelo de repartição simples com capitalização foi mantido no Brasil até a unificação da previdência em um único instituto, o INPS, vinculado ao Ministério do Trabalho e da Previdência Social, por meio do Decreto-Lei n. 72, de 21 de novembro de 1966. O regime financeiro passa a ser, então, exclusivamente de repartição simples.

No período pós-64, os governos militares ampliaram as políticas sociais, com maiores gastos e a gestão não democrática, permitindo que os recursos fossem aplicados em setores e empreendimentos diretamente relacionados com a "Política do Milagre Brasileiro."

O Decreto-Lei n. 66, de 21 de novembro de 1966, alterou substancialmente dispositivos da Lei Orgânica da Previdência Social, no que concerne às prestações e ao custeio. Destarte, deu nova redação ao art. 155 da Lei 3.807, de 26 de agosto de 1960 – LOPS –, que passou a vigorar com o seguinte texto:

Art. 155. Constituem crimes:

I - de sonegação fiscal, na forma da Lei n. 4.739, de 15 da julho de 1965[30], deixar de:

a) incluir, na folha de pagamento dos salários, empregados sujeitos ao desconto das contribuições previstas nesta lei, conforme determinação do item I do artigo 80;

b) lançar, em títulos próprios de sua escrituração mercantil, cada mês, o montante das quantias descontadas de seus empregados e o da correspondente contribuição da empresa, conforme estabelece o Item II do artigo 80;

c) escriturar nos livros e elementos discriminativos Próprios as quantias recolhidas a título de «Quota de Previdência» dos respectivos contribuintes.

II - de apropriação indébita, definido no artigo 168 do Código Penal, além dos atos previstos no artigo 86, a falta de pagamento do salário-família aos empregados quando as respectivas quotas tiverem sido reembolsadas à empresa pela previdência social;

III - de falsidade ideológica, definido no artigo 299 do Código Penal, Inserir ou fazer Inserir:

a) nas folhas de pagamento a que se refere o item I do artigo 80, pessoas que não possuam, efetivamente, a condição de segurado,.

b) na carteira profissional de empregado, declaração falsa ou diversa da que devia ser escrita;

c) em quaisquer atEstados necessários à concessão ou pagamento de prestações aos beneficiários da previdência social declaração falsa ou diversa da que devia ser escrita

IV - de estelionato, definido no artigo 171 do Código Penal:

a) receber ou tentar receber, dolosamente, qualquer prestação de benefício da previdência social;

b) praticar qualquer ato que acarrete prejuízo à previdência social visando a usufruir vantagens ilícitas;

---

(29) Palácio do Planalto. Disponível em <http://www.planalto.gov.br/ccivil_03/Constituicao/Emendas/Emc_anterior1988/emc01-69.htm>. Acesso em 24 de outubro de 2015

(30) Dispõe sobre o exercício da profissão de estatístico e dá outras providências.

c) emitir e apresentar, para pagamento pela previdência social, fatura de serviços não executados ou não prestados[31].

O Fundo de Garantia do Tempo de Serviço (FGTS), que veio substituir a estabilidade no emprego, foi instituído pela Lei n. 5.107, de 13 de setembro de 1966.

Em 1968, o Decreto-Lei n. 367, de 19 de dezembro de 1968, dispôs sobre a contagem de tempo de serviço dos funcionários públicos civis da União e das autarquias.

Durante o regime militar, três importantes programas foram criados: I) o Programa de Integração Social (PIS), pela Lei Complementar n. 7, de 7 de setembro de 1970; II) o Programa de Formação do Patrimônio do Servidor Público (PASEP), pela Lei Complementar n. 8, de 3 de dezembro de 1970; e III) o Programa de Assistência ao Trabalhador Rural (PRÓ-RURAL), por meio da Lei Complementar n. 11, de 25 de maio de 1971.

O Ministério da Previdência e Assistência Social foi criado pela Lei n. 6.036, de 1º de maio de 1974, quando se desmembrou do Ministério do Trabalho.

Por meio da Lei n. 6.125, de 4 de novembro de 1974, ficou o Poder Executivo autorizado a constituir a Empresa de Processamento de Dados da Previdência Social.

A Lei n. 6.226, de 14 de julho de 1975, dispôs sobre a contagem recíproca, para efeito de aposentadoria, do tempo de serviço público federal e de atividade privada.

Já a Lei Complementar n. 26, de 11 de setembro de 1975, unificou o Programa de Integração Social e o Programa de Formação do Patrimônio do Servidor Público e criou o Fundo de Participação (PIS/PASEP).

O Decreto n. 77.077, de 24 de janeiro de 1976, expediu a Consolidação das Leis da Previdência Social.

A Lei n. 6.435, de 15 de julho de 1977, dispõe sobre previdência privada aberta e fechada (complementar).

O Chile, a partir de 1981, torna-se o principal paradigma de mudanças previdenciárias no mundo, notadamente para países do continente sul-americano, rompendo com a ordem previdenciária anterior ao mudar radicalmente do sistema de repartição mantido pelo governo para um modelo de capitalização direcionado à iniciativa privada. Destarte, o que se tem visto no Chile é a oligopolização do mercado.

A Guerra Fria teve seu término em 1991, com a extinção da União Soviética e a implantação das políticas da *perestroika* (reforma econômica) e a *glasnost* (liberdade de expressão). Alguns historiadores atribuem a extinção da guerra à derrubada da Cortina de Ferro (muro de Berlim), em 9 de novembro de 1989.

Já estava em curso a crise do *Welfare State*. Nos anos 80, a Organização para a Cooperação e Desenvolvimento Econômico (OCDE) realizou a Conferência sobre as Políticas Sociais, com a participação dos países consignatários. A pauta era a discussão sobre a crise do Estado Protetor. Nascia a ideia da Sociedade Protetora, ou seja, os direitos sociais não poderiam permanecer nas mãos exclusivas do Estado.

No pós-guerra, as políticas econômicas (crescimento econômico) e sociais (minimização dos conflitos sociais) se fundiram. Foi experimentado um crescimento econômico e expansão dos programas sociais. Mas a sustentabilidade do binômio estava em xeque.

Deixando de lado as teorias que tentam explicar a crise do Estado Benfeitor no plano mundial, especificamente no Brasil vários fatores contribuíram para a crise, com destaque para o envelhecimento da população (fator global), desemprego (que reduz o ingresso de contribuições previdenciárias), má gestão, malversação dos recursos públicos (incluindo desvios, fraudes e crimes), dívida pública externa a patamares impagáveis.

O Brasil, que nos últimos 150 anos experimentou um satisfatório crescimento, se viu às voltas com sua maior crise fiscal, com três pilares: estagnação da renda *per capita*, redução das taxas de investimentos e inflação alta e acelerada. O auge do Estado Protetor se dera no período do regime militar (1964-1985), mas os grandes beneficiados foram os empresários brasileiros e estrangeiros (destacam-se gastos públicos nas áreas de telecomunicações, energia elétrica, estradas) e construções de grandes empresas.

Na década de 70, os empresários mais influentes começaram a exigir a desestatização como forma de impedir o intervencionismo estatal. Surgia, assim, a política do neoliberalismo. Com a dissolução da União Soviética, o capitalismo consolidava-se como sistema superior e passava a ditar as regras da economia, e com a livre concorrência, veio redução dos investimentos na área social – educação, saúde, previdência e assistência.

No Brasil, na década de 1980, Jorgina Maria de Freitas Fernandes foi formalmente acusada de desviar R$ 1,2 bilhão dos cofres públicos, uma fraude compartilhada com uma quadrilha formada por 25 pessoas – entre juízes, advogados, procuradores do INSS, contadores e peritos.

Em 27 de fevereiro de 1986, foi lançado o Plano Cruzado.

Por força da crise que assolava o mundo e com as novas medidas econômicas lançadas, foi editado o Decreto n. 92.654, de 15 de maio de 1986, que instituiu no âmbito do Ministério da Previdência e Assistência Social grupo de trabalho para "realizar estudos e propor medidas para reestruturação das bases de financiamento da previdência social e para reformulação dos planos de benefícios previdenciários."

---

(31) Redação original do dispositivo: Art. 155. A infração de qualquer dispositivo desta lei para a qual não haja penalidade expressamente cominada, sujeitará os responsáveis à multa de Cr$ 1.000,00 (mil cruzeiros) a Cr$ 10.000,00 (dez mil cruzeiros), conforme a gravidade da infração, imposta e cobrada nos têrmos dos arts. 85 e 86.

Em 5 de novembro de 1988, era promulgada a Carta Republicana de 1988, que no Título VIII cuidou da Ordem Social, com capítulo destinado à Seguridade Social. A CF/88 definiu seguridade através do trinômio previdência/saúde/assistência social e expressamente definiu as fontes de financiamento no *caput* do art. 195, *in verbis*:

> Art. 195. A seguridade social será financiada por toda a sociedade, de forma direta e indireta, nos termos da lei, mediante recursos provenientes dos orçamentos da União, dos Estados, do Distrito Federal e dos Municípios, e das seguintes contribuições sociais:
>
> I - dos empregadores, incidente sobre a folha de salários, o faturamento e o lucro;
>
> II - dos trabalhadores;
>
> III - sobre a receita de concursos de prognósticos[32].

Da simples leitura do dispositivo denota-se claramente a política neoliberal, retirando das mãos do Estado a exclusividade pelos programas da seguridade social.

A nova Constituição Republicana também cuidou de regulamentar a situação da pessoa jurídica em débito com o sistema da seguridade social. Neste diapasão, merece destaque a redação original dos §§ 3º e 5º do mesmo dispositivo constitucional, *in litteris* e sucessivamente:

> Art. 195...
>
> [...]
>
> § 3º A pessoa jurídica em débito com o sistema da seguridade social, como estabelecido em lei, não poderá contratar com o Poder Público nem dele receber benefícios ou incentivos fiscais ou creditícios.
>
> [...]
>
> § 5º Nenhum benefício ou serviço da seguridade social poderá ser criado, majorado ou estendido sem a correspondente fonte de custeio total.

A nova ordem constitucional inaugurada reafirmou o sistema de repartição simples, com complemento do orçamento fiscal em caso de déficit do sistema. Foi também adotado um regime jurídico único por cada ente federativo. Todos os servidores passaram a se aposentar com a totalidade da remuneração.

Em 15 de março de 1990, tomava posse o presidente Fernando Collor de Mello, primeiro presidente eleito após o regime militar e que lançou o Plano Brasil, nome que foi popularmente apelidado de Plano Collor. Após sofrer processo de *impeachment*, renunciou à presidência em 29 de dezembro de 1992, sendo sucedido pelo vice Itamar Franco, que governou o país até 1º de janeiro de 1995, quando passou a faixa presidencial para Fernando Henrique Cardoso (de 1995 a 1998 e de 1999 a 2003).

O Instituto Nacional do Seguro Social (INSS) foi criado mediante a fusão do IAPAS com o INPS, por meio do Decreto n. 99.350, de 27 de junho de 1990.

Em 1992, o Chile privatizou por completo seu sistema previdenciário. Outros sete países do continente americano engendraram o mesmo caminho: Bolívia, El Salvador, México, Peru, Colômbia, Argentina e Uruguai. Os sistemas seguiram a linha de capitalização em diferentes modalidades de implantação. Os países que assim procederam seguiram sugestões patrocinadas pelo Banco Mundial, que lançou o manual *Envelhecer sem Crise*, em 2001.

A Emenda Constitucional n. 03, de 17 de março de 1993, deu nova redação ao art. 40, § 6º, da CF/88, passando a exigir contribuição previdenciária de todos os servidores públicos federais, nos seguintes termos: *as aposentadorias e pensões dos servidores públicos federais serão custeadas com recursos provenientes da União e das contribuições dos servidores, na forma da lei*.

A partir de 1993, o servidor público federal passou a contribuir com alíquotas progressivas (mínimo de 9% e máximo de 12%), sobre o total da remuneração, e a com previsão expressa de pagamento de insuficiências financeiras por parte da União, conforme Lei n. 8.688, de 21 de julho de 1993. Com a promulgação da Lei n. 9.630, de 23 de abril de 1998, todos passaram a contribuir com 11% do total da remuneração.

A instituição por lei das contribuições foi de suma importância para o sistema previdenciário público, tendo em vista que até 1993 os servidores estatutários, através da relação *pro labore facto*, não contribuíam para a previdência pública. As alíquotas então criadas garantiam o benefício de pensão por morte.

Destarte, a falta de repasses por parte dos responsáveis patronais é um capítulo à parte e foi um dos fatores que originaram o desequilíbrio financeiro e atuarial.

No início da década de 90, três importantes leis (com vigência até os dias atuais, com suas alterações posteriores) foram editadas: I) Lei 8.112, de 11 de dezembro de 1990, que dispôs sobre o Regime Jurídico Único dos Servidores da União – com capítulo próprio sobre seguridade social; II) Lei n. 8.212, de 24 de julho de 1991, que dispôs sobre a organização da Seguridade Social e instituiu seu novo Plano de Custeio; e III) Lei n. 8.213, de 24 de julho de 1991, que instituiu o Plano de Benefícios da Previdência Social.

Pelo novo RJU, 80% (oitenta por cento) dos servidores civis da União que eram celetistas passaram para o regime estatutário. Fato semelhante aconteceu com os Estados, que tiveram de abarcar uma gama significativa de servidores no Regime Jurídico Único sem que houvessem contribuído com o sistema. E as aposentadorias, que eram integrais e com paridade vencimental, passaram a ser pagas pelos RPPSs. Aqueles servidores que gozavam de estabilidade, pelo art. 19 do ADCT, também foram incorporados. Com certeza, isso acabou contribuindo para a fragilidade dos RPPSs, que eram mantidos exclusivamente à custa do Erário Público.

---

(32) Redação original.

Após analisar o tema, Calino Pacheco Filho e Carlos Roberto Winckler explicam que:

"A passagem de um expressivo contingente de celetistas para o regime estatutário, com aposentadoria integral e paridade dos benefícios dos inativos com os salários dos ativos, representou um significativo aumento de gastos, não só para a União como também para Estados e Municípios. Como resultado, tem-se que, em 2002, a necessidade de financiamento da previdência dos servidores públicos da União, dos Estados e dos Municípios foi, respectivamente, de R$ 22,1 bilhões, R$ 14,5 bilhões e de R$ 2,4 bilhões, totalizando R$ 39 bilhões (Amaro, 2003). Entende-se como necessidade de financiamento a diferença entre a receita advinda das contribuições dos entes públicos e dos servidores e os gastos com os benefícios de inativos e pensionistas."[33]

Na seara criminal, o Decreto n. 982, de 12 de novembro de 1993, dispôs sobre a comunicação, ao Ministério Público Federal, de crimes de natureza tributária e conexos, relacionados com as atividades de fiscalização e lançamento de tributos e contribuições.

E o Decreto n. 1.317, de 29 de novembro de 1994, estabeleceu que a fiscalização das entidades fechadas de previdência privada seja exercida pelos fiscais de Contribuições Previdenciárias do INSS.

O real foi criado em 20 de janeiro de 1995, por meio da Lei n. 8.981, marco do início da série de transformações econômicas promovidas durante o governo FHC.

Dando seguimento à política neoliberal, o Decreto n. 1.744, de 18 de dezembro de 1995, regulamentou a concessão de benefício de prestação continuada à pessoa portadora de deficiência ou idosa e extinguiu o auxílio-natalidade, o auxílio-funeral e a renda mensal vitalícia.

A partir do governo Fernando Henrique Cardoso, teve início tratativas para o enfrentamento da crise no setor previdenciário, causada pelo envelhecimento da população, por desvio de verbas, aposentadorias precoces e especiais, contagem de tempo fictício, falta de recenseamento, dentre outros fatores.

Em 27 de novembro de 1998, foi editada a Lei n. 9.717, que dispõe sobre regras gerais para a organização e o funcionamento dos regimes próprios de previdência social dos servidores públicos da União, dos Estados, do Distrito Federal e dos Municípios, dos militares dos Estados e do Distrito Federal, e dá outras providências. Referida norma ainda se encontra em vigência, com algumas modificações em sua redação original.

Referida norma estabeleceu visivelmente a competência concorrente inserta no art. 24, XII, da CF/88, e assim dispõe no *caput* do seu art. 1º, *verbis*:

Art. 1º Os regimes próprios de previdência social dos servidores públicos da União, dos Estados, do Distrito Federal e dos Municípios, dos militares dos Estados e do Distrito Federal deverão ser organizados, baseados em normas gerais de contabilidade e atuária, de modo a garantir o seu equilíbrio financeiro e atuarial, observados os seguintes critérios:[...]

A lei estabeleceu vários critérios com vistas a reorganizar os regimes próprios existentes, com políticas atuarias mais pontuais, que permitiriam a equilíbrio financeiro e atuarial dos RPPSs. Neste sentido, determinou que os recursos da previdência deveriam ser depositados em contas separadas e a constituição de fundos integrados de bens, direitos e ativos, com finalidade previdenciária.

E ainda determinou, dentre outras, a aplicação de recursos, conforme diretrizes do Conselho Monetário Nacional (CMN); a vedação da utilização de recursos do fundo de bens, direitos e ativos para empréstimos de qualquer natureza, inclusive à União, aos Estados, ao Distrito Federal e aos Municípios, a entidades da administração indireta e aos respectivos segurados; a vedação à aplicação de recursos em títulos públicos, com exceção de títulos do Governo Federal; a avaliação de bens, direitos e ativos de qualquer natureza integrados ao fundo, em conformidade com a Lei 4.320, de 17 de março de 1964 e alterações subsequentes; o estabelecimento de limites para a taxa de administração, conforme parâmetros gerais; constituição e extinção do fundo mediante lei.

E como medidas coercitivas pelo descumprimento das disposições legais, assim dispôs em seu art. 7º:

Art. 7º O descumprimento do disposto nesta Lei pelos Estados, Distrito Federal e Municípios e pelos respectivos fundos, implicará, a partir de 1º de julho de 1999:

I - suspensão das transferências voluntárias de recursos pela União;

II - impedimento para celebrar acordos, contratos, convênios ou ajustes, bem como receber empréstimos, financiamentos, avais e subvenções em geral de órgãos ou entidades da Administração direta e indireta da União;

III - suspensão de empréstimos e financiamentos por instituições financeiras federais.

IV - suspensão do pagamento dos valores devidos pelo Regime Geral de Previdência Social em razão da Lei nº 9.796, de 5 de maio de 1999. (Redação dada pela Medida Provisória n. 2.187-13, de 2001).

Impende destacar a redação do art. 8º da lei em comento, que expressamente prevê a responsabilidade dos dirigentes das unidades gestoras. Senão vejamos:

Art. 8º Os dirigentes do órgão ou da entidade gestora do regime próprio de previdência social dos entes estatais, bem como os membros dos conselhos administrativo e fiscal dos fundos de que trata o art. 6º, respondem diretamente por infração ao disposto nesta Lei, sujeitando-se, no que couber, ao regime repressivo da Lei nº 6.435, de 15 de julho de 1977[34], e alterações subseqüentes, conforme diretrizes gerais.

Parágrafo único. As infrações serão apuradas mediante processo administrativo que tenha por base o auto, a representação ou a denúncia

---

(33) PACHECO FILHO, Calino; WINCKLER, Carlos Roberto. Reforma da Previdência: o ajuste no serviço público. Disponível em <http://revistas.fee.tche.br/index.php/indicadores/article/viewFile/1040/1355>. Acesso em 19 de junho de 2015.

(34) Revogada pela Lei Complementar n. 109, de 29.5.2001.

positiva dos fatos irregulares, em que se assegure ao acusado o contraditório e a ampla defesa, em conformidade com diretrizes gerais.

A Emenda Constitucional n. 19, de 4 de junho de 1998, promoveu a Reforma Administrativa. Dentre as modificações introduzidas, podemos citar o estabelecimento de subsídio para o servidor público, criação de teto constitucional e proibição do chamado "efeito repicão."

Referida emenda reformada instituiu o Princípio da Eficiência, até então não previsto no *caput* do art. 37 da CF/88 e ao qual nos reportaremos mais adiante, em capítulo apartado.

Por sua vez, a Emenda Constitucional n. 20, de 15 de dezembro de 1998, estabeleceu o eixo da Reforma da Previdência Social. As principais mudanças nas aposentadorias foram: limite de idade nas regras de transição para a aposentadoria integral no setor público – fixado em 53 anos para o homem e 48 para a mulher –, novas exigências para as aposentadorias especiais, mudança na regra de cálculo de benefício, com introdução do fator previdenciário, e instituição da isenção previdenciária.

No serviço público, acabou com o tempo de serviço e deu lugar ao tempo de contribuição, proibiu qualquer forma de contagem de tempo ficto. Até então, o servidor contava tempo de licenças em dobro para se aposentar, tinha um *plus* quando passava para a inatividade (20% sobre os vencimentos, depois 10%) e podia se aposentar com as vantagens de cargo em comissão, quando havia exercido – geralmente se aposentavam com as vantagens de cargos como secretários de Estado, diretores de escolas, superintendentes, etc.

Citada emenda constitucional passou a prever a previdência complementar para o servidor público e, pela primeira vez, inseriu-se a expressão "equilíbrio financeiro e atuarial" numa carta constitucional. Assim extraímos do *caput* do art. 40 da CF/88, na redação dada pela EC n. 20/98:

> Art. 40 - Aos servidores titulares de cargos efetivos da União, dos Estados, do Distrito Federal e dos Municípios, incluídas suas autarquias e fundações, é assegurado regime de previdência de caráter contributivo, observados critérios que preservem o equilíbrio financeiro e atuarial e o disposto neste artigo.

A Lei de Responsabilidade Fiscal entrou no cenário político/jurídico brasileiro em 4 de maio de 2000. E segundo a cátedra de José Matias-Pereira:

> "Buscou-se alcançar com a aprovação da LRF – que deu eficácia a vários dispositivos da Constituição Federal, especialmente a seus arts. 163 e 169 – o equilíbrio entre receita e despesa, a transparência da gestão fiscal e responsabilidade dos dirigentes. Esses princípios – austeridade, economicidade e seriedade – são os referenciais para orientar o princípio da eficiência na gestão pública contida na Constituição Federal do Brasil (Emenda Constitucional n. 19, de 1998)."[35]

O Certificado de Regularidade Previdenciária, do qual faremos análise percuciente no decorrer deste trabalho, foi instituído em 11 de abril de 2001, por meio do Decreto 3.788.

Em 29 de maio de 2001, duas importantes leis complementares foram editadas: I) Lei Complementar n. 108, que dispõe sobre a relação entre a União, os Estados, o Distrito Federal e os Municípios, suas autarquias, fundações, as sociedades de economia mista e outras entidades públicas e suas respectivas entidades fechadas de previdência complementar; e II) Lei Complementar n. 109, que dispõe sobre o Regime de Previdência Complementar.

A chamada Lei de Improbidade Administrativa, Lei n. 8.429, de 2 de junho de 1992, no governo de Fernando Henrique Cardoso, foi editada para dispor "sobre as sanções aplicáveis aos agentes públicos nos casos de enriquecimento ilícito no exercício de mandato, cargo, emprego ou função na administração pública direta, indireta ou fundacional."

O presidente Luiz Inácio Lula da Silva tomou posse em 1º de janeiro de 2003. Lula lançou o Programa Fome Zero. Foi também no seu governo que começou uma série de escândalos de corrupção.

O equacionamento da questão previdenciária, além de preocupante, se fazia necessário e urgente quando foi editada a Emenda Constitucional n. 41, de 31 de dezembro de 2003. Eram necessárias soluções estruturais, com vistas a dar garantias a gerações futuras.

Profundas modificações foram inseridas no corpo da CR/88 pela EC n. 41/2003: aumentou o teto do RGPS (numa clara tendência de se buscar soluções através da previdência complementar), alterou regras de concessão de aposentadoria, instituiu cálculos para a concessão de pensão por morte, acabou com a paridade e a integralidade – prevendo cálculos de aposentadoria por média aritmética, remodelou o teto constitucional, estabeleceu o abono de permanência, com natureza jurídica remuneratória (em substituição à isenção previdenciária), isentou de contribuição os servidores que recebem acima do teto do RGPS e até o dobro do mesmo para os portadores de deficiência e deu nova redação ao § 20 do art. 40, passando a vigorar nos seguintes termos: "fica vedada a existência de mais de um regime próprio de previdência social para os servidores titulares de cargos efetivos, e de mais de uma unidade gestora do respectivo regime em cada ente estatal, ressalvado o disposto no art. 142, § 3º, X."

Para melhor compreensão da necessidade de reforma, mister trazer à baila parte do relatório exarado pela comissão Especial destinada a apreciar e proferir parecer à Proposta de Emenda à Constituição n. 40-A, de 2003, que "modifica os arts. 37, 40, 42, 48, 96, 142 e 149 da Constituição Federal, o art. 8º da Emenda Constitucional n. 20, de 15 de dezembro de 1998, e dá outras providências" (Reforma da Previdência):

---

(35) MATIAS-PEREIRA, José. Finanças Públicas: Foco na Política Fiscal, no Planejamento e Orçamento Público. 6. ed. São Paulo: Atlas, 2012.

O reconhecimento da complexidade do tema "previdenciário" em suas múltiplas implicações é uma necessidade preliminar para o estabelecimento de um debate que, ao seu final, resulte em uma síntese capaz de resgatar a imensa dívida social acumulada em nosso País.

A construção política e o resultado da tramitação democrática desta Reforma hão de ser generosos com as gerações atuais e, principalmente, com as gerações futuras – para além dos nossos filhos e dos nossos netos. O rompimento de paradigmas históricos verificado nas relações de trabalho, assim como o paulatino aumento da expectativa média de vida das populações mundiais e as mudanças na estrutura familiar têm requerido modificações nos sistemas previdenciários em todo o mundo, até mesmo em países cuja capacidade de financiamento social é superior à dos países do terceiro mundo. Sobre a realidade brasileira propriamente dita alguns dados e fatos precisam ser repostos, com realismo, porque condicionam em alguma medida as iniciativas governamentais.

A Reforma da Previdência Social é um compromisso de campanha do presidente Luiz Inácio Lula da Silva e uma exigência do País que tem o orçamento público comprometido com despesas que dificultam a extensão de benefícios básicos à população socialmente desprotegida. O desequilíbrio na destinação orçamentária não pode prosseguir. Para entender esse desequilíbrio, é importante conhecer melhor os dois grandes sistemas previdenciários obrigatórios existentes no país. Sem desconhecer as experiências internacionais, nossa proposição tem a originalidade própria das condicionalidades nacionais.

O Regime Próprio dos Servidores Públicos que atende aos servidores de 2.140 Municípios, os funcionários públicos da Administração Direta, Autárquica e Fundacional da União, dos 26 Estados e do Distrito Federal contabiliza arrecadação de apenas 36% dos gastos, consideradas as contribuições de servidores e da União, dos Estados, do Distrito Federal e dos Municípios, na base de duas vezes a contribuição do servidor.

Porém, os regimes próprios dos servidores públicos não podem ser qualificados de adequados e sustentáveis diante da realidade nacional. Nem mesmo estão em conformidade com a realidade das políticas previdenciárias no mundo. Um sistema previdenciário deve buscar sempre o equilíbrio permanente (de curto, médio e longo prazos), relacionando direitos e contribuições, pelo tempo e com valores suficientes para se sustentar. Quando exige "equilíbrio financeiro e atuarial" a Constituição mostra-se previdente. Não é justo que nossos filhos e netos herdem uma conta de nossas aposentadorias, que exorbite suas possibilidades de pagamento. Afinal, previdência requer solidariedade entre participantes e entre as futuras gerações. Fora dessa ótica, a perspectiva será o crescimento da inflação, mais desemprego, a ineficiência ou mesmo a falência do sistema. É preciso mudar.

Para o sistema de Previdência do setor público, as mudanças de regras têm como objetivo fazer com que esses servidores recebam suas aposentadorias com base na contribuição que fizeram buscando-se, de maneira criativa, similitude com o regime do INSS. Essa semelhança deve ser aferida menos pela forma e mais pelo conteúdo. Materializam-se mudanças pontuais nas regras válidas para os atuais servidores. Para os futuros servidores, que ingressarem no serviço público após a Reforma, pretende-se fixar o mesmo teto de benefícios estabelecido para o Regime Geral de Previdência Social e permitir a constituição de fundos de pensão fechados, sem fins lucrativos e administrados de forma paritária pelos entes federados e por representantes dos servidores. Com isso, busca-se proteger a poupança previdenciária desses trabalhadores, que estará também sob sua administração, e evitar desvios políticos que tanto comprometeram a Previdência no passado.

Hoje, o Governo Federal gasta R$ 23 bilhões por ano para subsidiar o sistema de previdência dos servidores públicos civis e militares (considerando contribuição aproximada de R$ 4 bilhões dos servidores e R$ 8 bilhões da União). Os Estados e o DF gastam R$ 14 bilhões, pelo mesmo critério, e os Municípios, cerca de R$ 2,5 bilhões. São recursos públicos arrecadados de todos, mas que são concentrados em subsídios a programas previdenciários que atingem pouco mais de seis milhões de pessoas, entre ativos, aposentados e pensionistas que merecem todo o nosso respeito, assim como merecem ser respeitados os cidadãos que precisam de políticas públicas na área de moradia, saneamento, saúde, educação, segurança e infra-estrutura. Uma nova cultura administrativa há de ser construída como condição para que a Nação se encontre com seus servidores[36].

Em 20 de outubro de 2003 foi lançado o Programa Bolsa Família (programa de transferência de renda), que posteriormente foi convertido na Lei n. 10.836, de 9 de janeiro de 2004.

Com o fito de regulamentar a EC n. 41/03, foi editada, em 20 de fevereiro de 2004, a Medida Provisória n. 167, posteriormente convertida na Lei Federal n. 10.887, de 18 de junho de 2004.

Ficou assim regulamentado o cálculo das aposentadorias pela média aritmética, bem foi disciplinada a base de cálculo para as contribuições, dentre outras providências.

A EC n. 47, de 5 de julho de 2005, a chamada PEC PARALELA, amenizou as regras de concessão para os servidores que ingressaram no serviço público antes da EC n. 20/98, além de dispor expressamente que os dependentes do servidor que tivesse se aposentado segundo o § 3º teriam direito à pensão por morte com paridade.

Enquanto o Brasil editava norma mais benéfica para servidores, estava para estourar a grande crise financeira mundial, a maior da história do capitalismo, desde o *crash* da bolsa de Nova York em 1929, que veio à tona em 2008. Se antes os Estados Unidos injetaram recursos financeiros na Europa, com a nova crise o cenário passaria a ser diferente. A falência do banco Lehman Brothers, decretada em 15 de setembro de 2008, gerou descrédito no mercado financeiro e deflagrou a crise mundial.

Segundo o professor José Luís Oreiro, do Departamento de Economia da Universidade de Brasília:

> A crise financeira de 2008 foi a maior da história do capitalismo desde a grande depressão de 1929. Começou nos Estados Unidos após o colapso da bolha especulativa no mercado imobiliário, alimentada pela enorme expansão de crédito bancário e potencializada pelo uso de novos instrumentos financeiros, a crise financeira se espalhou pelo mundo todo em poucos meses. O evento detonador da crise foi a falência do banco de investimento Lehman Brothers no dia 15 de setembro de 2008, após a recusa do Federal Reserve (Fed, banco central americano) em socorrer a instituição. Essa atitude do Fed teve um impacto tremendo sobre o Estado de confiança dos mercados financeiros, rompendo a convenção dominante de que a autoridade monetária norte-americana iria socorrer todas as instituições financeiras afetadas pelo estouro da bolha especulativa no mercado imobiliário.
>
> O rompimento dessa convenção produziu pânico entre as instituições financeiras, o que resultou num aumento significativo da sua

---

(36) PIMENTEL, José. Comissão Especial destinada a apreciar e proferir parecer à Proposta de Emenda à Constituição n. 40-A, de 2003, que "modifica os arts. 37, 40, 42, 48, 996, 142 e 149 da Constituição Federal, o art. 8º da Emenda Constitucional n. 20, de 15 de dezembro de 1998, e dá outras providências" (Reforma da Previdência). Disponível em <http://www.camara.gov.br/sileg/integras/148817.pdf>. Acesso em 29 de julho de 2015.

preferência pela liquidez, principalmente no caso dos bancos comerciais. O aumento da procura pela liquidez detonou um processo de venda de ativos financeiros em larga escala, levando a um processo Minskiano de "deflação de ativos", com queda súbita e violenta dos preços dos ativos financeiros, e contração do crédito bancário para transações comerciais e industriais. A "evaporação do crédito" resultou numa rápida e profunda queda da produção industrial e do comércio internacional em todo o mundo.

Com efeito, no último trimestre de 2008 a produção industrial dos países desenvolvidos experimentou uma redução bastante significativa, apresentando, em alguns casos, uma queda de mais de 10 pontos base com respeito ao último trimestre de 2007. Mesmo os países em desenvolvimento, que não possuíam problemas como seus sistemas financeiros, como o Brasil, também constataram uma fortíssima queda na produção industrial e no Produto Interno Bruto (PIB). De fato, no caso brasileiro, a produção industrial caiu quase 30% no último trimestre de 2008 e o PIB apresentou uma contração anualizada de 14% durante esse período.[37]

Por causa da crise, novas políticas de ajuste fiscal teriam de ser implantadas, inclusive na área previdenciária. Em 2009, a crise começou a ser amenizada e não se instalou nos mercados uma grande recessão. O Brasil começou a apresentar sua recuperação em 2010.

Vários países europeus estão implementando novas regras para concessão de suas aposentadorias, com aumento do tempo de contribuição e/ou da idade. Como exemplo, podemos citar o caso da França, que, em 2010, aumentou a idade mínima da aposentadoria de 60 (sessenta) para 62 (sessenta e dois) anos. Uma medida que não agradou aos franceses, que foram às ruas protestar.

Apesar do cenário econômico, foi editada em 29 de março de 2012 a EC n. 70, que disciplinou a aposentadoria por invalidez, garantindo paridade para os servidores que ingressaram no serviço público antes da EC n. 41/03.

Como base do ajuste fiscal anunciado pela presidente Dilma Vana Rousseff (que iniciou seu primeiro governo em 1º de janeiro de 2011), em 30 de dezembro de 2014 foram editadas as Medidas Provisórias n. 664 e 665, alterando regras de concessão de benefícios.

A MP n. 664 foi convertida na Lei n. 13.135 de 17 de junho de 2015, trazendo várias modificações na Lei n. 8.213/91 (Plano de Benefícios do RGPS), na Lei n. 8.112/90 (RJU do servidor público federal) e alterando dispositivos da Lei n. 10.876/04 (perícia médica) e na Lei n. 10.666/03 (aposentadoria especial). Com a nova lei, as pensões para cônjuges e companheiros(as) sofreram profundas modificações, passando a ser vitalícias apenas para aqueles maiores de 44 anos.

A MP n. 665 foi convertida na Lei n. 13.134, de 16 de junho de 2015, alterando a Lei n. 7.998/90 (seguro desemprego, abono salarial e criação do Fundo de Amparo ao Trabalhador – FAT), Lei n. 10.779/03 (seguro–desemprego para o pescador artesanal) e dispositivos da Lei n. 8.213/91 (Plano de Benefícios do RGPS), revogando ainda dispositivos da Lei n. 7.998/90 (FAT), da Lei n. 7.859/89 (abono anual) e Lei n. 8.900/94 (seguro–desemprego).

Em 30 de abril de 2015 foi editado o Decreto n. 8.443, instituindo o Fórum de Debates sobre Políticas de Emprego, Trabalho e Renda e de Previdência Social. Sobre as políticas afetas à previdência, o Fórum ficou encarregado de debater, analisar e propor, entre outras, ações sobre os seguintes temas: I) sustentabilidade do sistema; II) ampliação de cobertura; III) fortalecimento dos mecanismos de financiamento; e IV) regras de acesso, idade mínima, tempo de contribuição e fator previdenciário.

A última Emenda Constitucional, até a conclusão do presente trabalho, em matéria de previdência pública, foi a EC n. 88, de 7 de maio de 2015, modificando a redação do art. 40, § 1º, II, da CF/88, prevendo nova modalidade de aposentadoria compulsória, aos 75 (setenta e cinco) anos de idade, conforme dispuser lei complementar e ainda acrescentando o artigo 100, ao Ato das Disposições Constitucionais Transitórias, permitindo a nova compulsória, de forma imediata, aos ministros do Supremo Tribunal Federal, dos Tribunais Superiores e do Tribunal de Contas da União.

A PEC da Bengala, como ficou conhecida, segundo projeções, ao ser estendida a todos os funcionários públicos civis, tende a gerar uma economia na ordem de R$ 1 bilhão (um bilhão de reais) aos cofres públicos nas três esferas governamentais. Entretanto a Lei Complementar PLC n. 274/2015, que cuidou de regulamentá-la, aprovada pelo Plenário do Senado Federal por unanimidade e que previa a aposentadoria aos 75 anos para todos os servidores públicos, foi vetado pela presidenta Dilma Rousseff. Porém, o veto foi impugnado pelo Congresso, acabou sendo editada a Lei Complementar n. 152, de 3 de dezembro de 2015 (DOU do dia seguinte), instituindo a aposentadoria compulsória para todos os servidores públicos efetivos.

A última Medida Provisória encaminhada ao Congresso Nacional foi a MP n. 676, publicada no Diário Oficial da União do dia 18 de junho de 2015, que introduziu a regra 85/95 de forma progressiva, no intuito de acompanhar a transição demográfica no Brasil. A lógica é simples: aumento de tempo de vida, aumento de contribuição e idade mínima para aposentação. Destarte, as regras somente valem para o empregado da iniciativa privada.

Na exposição de motivos da MP n. 676, o então ministro Carlos Eduardo Gabas (da Previdência), juntamente com os ministros Joaquim Vieira Ferreira Levy (da Fazenda) e Nelson Barbosa (do Planejamento, Orçamento e Gestão), deixaram consignado que a regra 85/95, desacompanhada da progressão, "levaria as despesas da Previdência Social a patamares insustentáveis no médio e longo prazo, por ignorar o processo de transição demográfica com o envelhecimento acelerado da população e o aumento crescente da expectativa de sobrevida."

---

(37) OREIRO, José Luís. Origem, causas e impacto da crise. Disponível em <https://jlcoreiro.wordpress.com/2011/09/13/origem-causas-e-impacto-da-crise-valor-economico-13092011/>. Acesso em 24 de outubro de 2015.

Ressalte-se que à MP 676 foi apensado o Projeto de Lei de Conversão (PLV n. 15/2015), em que se prevê, dentre outros, a filiação automática do servidor federal ao regime de previdência complementar.

A MP 676 foi convertida na Lei 13.183, de 4.11.2015, publicada no Diário Oficial da União de 5.11.2015. Entretanto, foi vetado o artigo que previa a desaposentação e com poucas modificações no que concerne à progressividade da regra 85/95.

Por meio da Portaria n. 185, de 14 de maio de 2015 (DOU do dia seguinte), o Ministério da Previdência instituiu o certificado institucional Pró-Gestão, que, como veremos mais adiante, é uma poderosa ferramenta para modernização e qualificação da gestão do RPPS.

A Frente Parlamentar dos Fundos de Pensão, RPPS e Previdência Aberta foi instituída no âmbito da Câmara Federal em 10 de junho de 2015 e com a adesão de 221 deputados federais e tem como coordenador o deputado João Henrique Caldas (Solidariedade/Alagoas). O objetivo da frente é contribuir para a expansão, o fortalecimento e o aperfeiçoamento desses regimes de previdência, além de acompanhar as políticas do governo relacionadas ao setor e aprimorar a legislação do setor.

O Executivo encaminhou ao Congresso Nacional, em agosto de 2015, a Proposta de Emenda Constitucional n. 139/2015, que acaba com o abono de permanência, que assim é ementada: "Revoga o § 19 do art. 40 da Constituição e o § 5º do art. 2º e o § 1º do art. 3º da Emenda Constitucional n. 41, de 19 de dezembro de 2003." Se a proposta for aprovada, trará um novo horizonte ao serviço público.

Sem o incentivo do abono de permanência, a maioria dos servidores públicos, com certeza, optará por aposentar-se mais cedo. As categorias que detêm privilégios (como o defenestrável auxílio-moradia), com certeza, permanecerão até a idade de 74 anos, 11 meses e 29 dias no serviço público, seguindo o exemplo do ministro Sepúlveda Pertence (que se aposentou uma semana antes de completar 70 anos – regra da aposentadoria compulsória então vigente).

Em outubro de 2015 foi apresentada a Proposta de Emenda Constitucional – PEC 110, que restringe a a quantidade de cargos em comissão na administração pública e estabelecer processo seletivo público.

Com a reforma ministerial ocorrida em outubro de 2015, o Ministério da Previdência Social foi fundido com o Ministério do Trabalho, passando o novo ministério a se denominar Ministério do Trabalho e da Previdência Social, como dantes.

Atualmente a reforma da previdência é uma das principais pautas da agenda política, como também era na década de 90. Parece que estamos caminhando em círculos.

1.2. ACORDOS INTERNACIONAIS EM MATÉRIA PREVIDENCIÁRIA

De acordo com o artigo 84, VIII, da CF/88, compete privativamente ao presidente da República celebrar tratados, convenções e atos internacionais, sujeitos a referendo do Congresso Nacional. O *referendum* do Congresso tem espeque no artigo 49, I, da CF/88: É da competência exclusiva do Congresso Nacional resolver definitivamente sobre tratados, acordos ou atos internacionais que acarretem encargos ou compromissos gravosos ao patrimônio nacional. Ratificar tratado significa confirmar o pacto perante a ordem internacional, obrigando o Estado signatário a cumprir as disposições insertas no acordo.

Na linha da jurisprudência prevalecente no Supremo Tribunal Federal, os tratados internacionais que não versem sobre matéria concernente aos direitos humanos estão de acordo com o sistema jurídico brasileiro, hierarquicamente subordinados à autoridade da Constituição da República. Em consequência, nenhum valor jurídico terão os tratados internacionais, que, incorporados ao sistema de direito positivo interno, transgredirem, formal ou materialmente, o texto da Carta Política. (STF, ADI 1.480-MC/DF, Rel. Min. Celso de Mello, j. 27-06-2001 e p. 08-08-2001).

A EC 45/2004 inseriu o § 3º ao artigo 5º da CF/88, passando o dispositivo a prever que "os tratados e convenções internacionais sobre direitos humanos que forem aprovados, em cada Casa do Congresso Nacional, em dois turnos, por três quintos dos votos dos respectivos membros, serão equivalentes às emendas constitucionais." Reafirmando, portanto, a jurisprudência do STF.

Assim temos que tratados e convenções internacionais que versem sobre direitos humanos, e desde que aprovados por 3/5 dos votos dos membros de cada casa do Congresso Nacional (artigo 60, § 2º da CF/88), e em dois turnos de votação, terão força de emenda constitucional. Já os demais tratados e convenções internacionais têm força de lei ordinária.

A seu turno, assim dispõe o artigo 85-A, da Lei n. 8.212, de 24 de julho de 1991, na redação dada pela Lei n. 9.876, de 26.11.1999:

Art. 85-A. Os tratados, convenções e outros acordos internacionais de que Estado estrangeiro ou organismo internacional e o Brasil sejam partes, e que versem sobre matéria previdenciária, serão interpretados como lei especial.

Da dicção do dispositivo temos então que em matéria envolvendo previdência, os tratados, convenções e acordos internacionais devem ser interpretados como lei especial. De acordo com o posicionamento jurisprudencial, a lei especial prevalece sobre o regramento geral. (Como exemplo: STJ, RHC 40837 MG)

A Instrução Normativa INSS/PRES n. 77, de 21 de janeiro de 2015, DOU de 22-01-2015, destinou uma seção especial para tratar de benefícios em acordos internacionais, conforme dicção do artigo 637 e ss. da instrução.

Nos termos do artigo 638 da IN 77, "os Acordos Internacionais de Previdência Social aplicar-se-ão ao regime de Previdência de cada País, cabendo a cada uma das partes analisar os pedidos de benefícios apresentados e decidir quanto ao direito e às condições, conforme legislação própria aplicável e as especificidades de cada Acordo. Para o artigo 639, os períodos de contribuição cumpridos no país acordante poderão ser totalizados com os períodos de contribuição cumpridos no Brasil, para efeito de aquisição, manutenção e recuperação de direitos, com a finalidade de concessão de benefício brasileiro por totalização, no âmbito dos Acordos de Previdência Social."

De acordo com o Ministério da Previdência (hoje MTPS), o governo brasileiro já firmou vários Acordos Internacionais com outros países em matéria previdenciária, tendo em vista: I) o elevado volume de comércio exterior; II) recebimento no País de investimentos externos significativos; III) acolhimento, no passado, de fluxo migratório intenso; e IV) relações especiais de amizade.

Conforme o Ministério, "os Acordos Internacionais têm por objetivo principal garantir os direitos de seguridade social previstos nas legislações dos dois países aos respectivos trabalhadores e dependentes legais, residentes ou em trânsito no país. E também que estabelecem uma relação de prestação de benefícios previdenciários, não implicando na modificação da legislação vigente no país, cumprindo a cada Estado contratante analisar os pedidos de benefícios apresentados e decidir quanto ao direito e condições, conforme sua própria legislação aplicável, e o respectivo Acordo."[38]

Dentre os acordos multilaterais firmados, destacam-se o Mercosul (desde 2005) e a Convenção Multilateral Ibero-americana de Segurança Social (desde 2011).

O Brasil ainda firmou acordos bilaterais com Alemanha, Bélgica, Cabo Verde, Canadá, Chile, Espanha, França, Grécia, Itália, Japão, Luxemburgo, Portugal. Em vias de ratificação pelo Congresso Nacional, encontram-se acordos com Coreia, Quebec e Suíça, bem como a Convenção Multilateral de Segurança Social da Comunidade de Países de Língua Portuguesa (CPLP).

Em 30 de junho de 2015, o Brasil assinou o Acordo Bilateral de Previdência Social com os Estados Unidos, que garantirá proteção previdenciária aos cerca de 1,4 milhão de brasileiros que para lá migraram. Com o acordo será permitida a soma dos períodos de contribuição nos dois países com o fito do contribuinte poder requerer sua aposentadoria, em qualquer dos signatários.

Nos Estados Unidos, o trabalhador alcançado pelo acordo multilateral terá direito aos benefícios dispostos na legislação que rege o Programa Federal de Seguro Social por idade, sobrevivência (morte) e invalidez. No Brasil, terão direito à aposentadoria por idade, pensão por morte e aposentadoria por invalidez, que constam do Regime Geral de Previdência Social, do Regime Próprio de Previdência Social de Servidores Públicos e do Regime dos Militares.

Hoje existe um elevado número de brasileiros vivendo no exterior, sendo que a recíproca é verdadeira. E esse cenário é de crescimento, o que faz com que se busquem mecanismos de proteção ao trabalhador emigrante (que sai do país) e imigrante (o que entra no país).

De acordo com o Ministério das Relações Exteriores, por via do relatório Diplomacia Consular 2007-2012, estima-se que hoje 2.547.079 (dois milhões, quinhentos e quarenta e sete mil e setenta e nove) brasileiros estejam no exterior. E conforme dados da Divisão de Cadastro e Registro de Estrangeiros (DICRE), do Departamento de Polícia Federal (DPF), existem no Brasil cerca de 850 mil estrangeiros cadastrados e em situação regular.

De acordo com Benedito Adalberto Brunca, secretário de Políticas da Previdência Social, da SPPS/MTPS, e presidente do Conselho Nacional de Dirigentes de Previdência (Conaprev), o instrumento de acordo internacional e similares, que serão aplicadas a pessoas que estejam ou tenham Estado sujeitas à legislação de um Estado contratante, bem como aos seus dependentes:

> Inserem-se na política externa brasileira, conduzida pelo Ministério das Relações Exteriores e resultam dos esforços do Ministério da Previdência Social e dos entendimentos diplomáticos entre governos;
>
> Proporcionam a totalização dos período de contribuição no Brasil e nos países acordantes para fins de concessão de benefícios em um ou mais países, sempre proporcionalmente ao respectivo tempo de contribuição;
>
> Protegem os direitos previdenciários dos trabalhadores migrantes;
>
> Evitam dupla-contribuição previdenciária em relação aos trabalhadores temporariamente transferidos[39].

Ainda segundo Brunca, os acordos e similares geralmente preveem: a) totalização dos períodos contributivos, especialmente para as prestações relacionadas com a velhice, a invalidez e a morte; b) regras para a apuração do valor teórico com base no total dos períodos contributivos e para o cálculo do valor da prestação devida *pro-rata temporis*; c) regras especiais de filiação dos trabalhadores nos casos de deslocamentos para o desempenho de atividades temporárias. Sendo os principais benefícios previstos: aposentadoria por idade, por invalidez e pensão por morte.

Com efeito, no novo mundo cada vez mais globalizado, a proteção previdenciária tende a seguir uma sistemática universal.

CAPÍTULO 2 ▶ PRINCIPIOLOGIA

> É!
> A gente quer viver pleno direito
> A gente quer viver todo respeito
> A gente quer viver uma nação
> A gente quer é ser um cidadão
> A gente quer viver uma nação.
>
> É, Gonzaguinha

2.1. INTRODUÇÃO

Princípio é o alvorecer da existência, é o começo do todo, servindo de raiz, de base para decisões. Um conjunto de princípios induz à própria ideia do sistema, e quando bem empregados, à ideia de justiça social.

Princípios devem ser sentidos como parte indissolúvel de um todo organizacional. São como o cérebro da estrutura, que, após o mecanismo de sinapse, passa a atuar coordenando todo o organismo, pensando na solução de problemas, relevantemente na área social. Nenhum corpo vivo se mantém sem centro nevrálgico. Neste contexto, princípios são as diretrizes agudas e conexas do organismo operacional. Conjuntamente analisados, diagnosticam doenças e curam-nas, expurgando patologias cancerosas que, em função diametralmente oposta, destroem o sistema, colocando em risco a própria existência do Estado Democrático de Direito, aniquilando assim a justiça social. Princípios devem ter um diálogo permanente entre si, emprestando-se mutuamente.

Os governantes e seus assessores diretos, em matéria de previdência pública, devem ter sensibilidade principiológica, ser cônscios de que é o cérebro quem comanda a constituição corporal (apesar de muitos acharem que é o próprio umbigo). É o pensamento que coordena a razão. E esse pensamento deve ser do homem probo, íntegro, justo, tal como Platão se referia em seu discurso socrático "A Politeia."

A cognição do sistema como um todo parte desse raciocínio lockeano, ou seja, a origem das ideias no sentido. É necessário sentir o sistema, sua razão de existência; sem essa concepção, tudo não passa de mero ato sem conteúdo finalístico. Sob esse manto deve se acobertar o gestor. A sua lucidez é que vai ser determinante para os seus atos. O grande poeta russo Maiakovski nos adverte em prosa que: cada um ao nascer traz sua dose de amor, mas os empregos, o dinheiro, tudo isso, nos ressaca o solo do coração. (Vladimir Maiakovski, "Comumente é Assim").

Estudar princípios assume feição importante na medida em que os atos de gestão podem ser atacados por infringências às normas jurídicas bem como aos princípios que norteiam a Administração Pública. Também deve se pautar pelos princípios gerais que regem a previdência social e notadamente por aqueles princípios peculiares da previdência pública.

Um dos princípios a que as políticas públicas devem reverência, e, portanto, não pode ficar em segundo plano é o direito constitucionalmente garantido à previdência social, insculpido no *caput* do artigo 6º da CF/88. O princípio reverenciado deve ser acompanhado e fiscalizado por meio de programas e ações concretas que visam ao seu atendimento. A Constituição Federal de 1988 tem ideologias desenvolvimentistas do serviço público. Seu corpo atrai um plexo de deveres a serem cumpridos.

Apesar da crise do *Welfare State*, o olhar da Constituição Federal de 1988 integra sua ideologia, ao se posicionar expressamente sobre o bem-estar social, a erradicação da pobreza, a promoção do desenvolvimento. A CF/88 mesclou o papel do Estado com o papel da iniciativa privada. Desta forma, a Magna Carta não pode ser vista apenas pelo olhar neoliberal, como tem desejado muitos. O papel do Estado nas políticas sociais é de suma importância e, como tal, deve assumir uma posição ativa.

Não se retrocede em matéria de direitos fundamentais. Sob a óptica constitucional, as políticas públicas sociais devem ser implementadas para resguardar direitos humanos, de forma a atingir o seu fim maior.

Como discursado em capítulo próprio, o gestor, no exercício da administração de uma unidade gestora única, pratica verdadeiros atos administrativos e, como tal, deve se guiar pelos princípios insculpidos no *caput* do art. 37 da CF/88 – legalidade, impessoalidade, moralidade, publicidade e eficiência. Também deve observar os princípios da supremacia do interesse público sobre o interesse particular, da finalidade, da razoabilidade, da proporcionalidade, da motivação, do devido processo legal – contraditório e ampla defesa, do controle judicial dos atos administrativos, da segurança jurídica. Muitos desses princípios elencados, além dos que são previstos na Constituição Federal, vêm arrolados na Lei 9.784/99, que regula o processo administrativo no âmbito da Administração Pública Federal e nas leis que instituem os regimes jurídicos únicos dos servidores estaduais e municipais, além de várias leis infraconstitucionais, a exemplo da Lei Geral de Improbidade Administrativa, Lei 8.429/92.

Deve o gestor também ser guiado pelos princípios que regem a Seguridade Social e os atinentes à previdência pública.

Para Carvalho Santos, princípios administrativos:

"São os postulados fundamentais que inspiram todos os modos de agir da Administração Pública. Representam cânones pré-normativos, norteando a conduta do Estado quando no exercício de atividades administrativas. Bem observa CRETELLA JÚNIOR que não se pode encontrar qualquer instituto do Direito Administrativo que não seja informado pelos respectivos princípios."[40]

É de Miguel Reale a máxima de que princípios são "verdades fundantes." Como tal, inauguram uma ordem jurídica. No preâmbulo, a Constituição Federal de 1988, ao dispor sobre uma nova ordem jurídica, traz ínsitos princípios a serem adotados, de forma a assegurar o exercício dos direitos sociais e individuais.

Direitos sociais foram elevados à condição de direitos fundamentais na CF/88, onde se insere o direito à previdência social. Ao Estado incumbe garantir um mínimo de existência digna, e isso quer dizer, quando na incapacidade de renda própria, deve o segurado, como a própria terminologia diz, ser assegurado pelo Poder Público. Contudo, no campo da previdência pública, esse "asseguramento" se dá por meio de contrapartida de contribuições previdenciárias. É o cerne do nosso sistema contributivo.

Carlos de Castro e João Lazzari, na análise dos princípios norteadores da previdência social, relevam:

"É certo que princípio é uma ideia, mais generalizada, que inspira outras ideias, a fim de tratar especificamente de cada instituto. É o alicerce das normas jurídicas de certo ramo do Direito; é fundamento da construção escalonada da ordem jurídico-positiva em certa matéria".[41]

Para os citados autores, o estudo principiológico do direito previdenciário assume importância vital e atua na defesa da autonomia científica do mesmo (e nessa premissa nos inserimos). Hodiernamente o conjunto de princípios, institutos jurídicos, normas, doutrina, jurisprudência afetos ao Direito Previdenciário é único e como tal, deve ser alçado a um ramo autônomo do Direito, não apenas como um apêndice do Direito Administrativo, apesar de com o mesmo ter estrita ligação. Por certo o Direito Previdenciário é um braço do Direito Administrativo, mas deve ser erigido à condição de ramo independente.

É a própria Constituição Federal que define a autonomia do Direito Previdenciário, cuidando de separá-lo do Direito Administrativo, abraçando-o em dispositivo próprio. É a Carta Maior que reconhece os princípios e traça as diretrizes peculiares do Direito Previdenciário. Com a instituição do caráter contributivo, a relação jurídica do servidor público desvinculou-se da relação *pro labore* que tinha com a Administração Pública, o que fez com que o Direito Previdenciário alçasse novos voos. Neste diapasão, a relação jurídica do segurado inativo e seus dependente, não pode ser confundida com a relação jurídica do servidor ativo, que é estatutária, e não previdenciária.

Há autores, como Sérgio Pinto Martins, que preferem a terminologia Direito da Seguridade Social, em vez de Direito Previdenciário. Seja como for, o estudo das peculiaridades do Direito Previdenciário, como conjunto de princípios e regras próprios, tem por objeto o campo da seguridade social. Entrementes, ao se denominar Direito da Seguridade Social, estar-se-á incluindo no conceito a assistência e a saúde, o que após a EC n. 20/1998 não nos parece ser de todo apropriado. O Direito Previdenciário deve ser tomado em uma acepção única, como espécie do gênero Direito da Seguridade Social.

O Direito Previdenciário cuida de uma parcela específica dos administrados, o segurado e seus dependentes, assim como o direito tributário cuida dos contribuintes, o direito financeiro, das finanças, do Estado etc. E, como tal, tem estreita ligação com outros ramos do direito: constitucional, financeiro, tributário, econômico, processual, civil, penal, orçamentário, trabalhista, comercial, internacional público, além do próprio direito administrativo.

A autonomia de um ramo do direito, tal como traduzida por Alfredo Rocco, refere-se ao conjunto vasto de estudos e pesquisas a ele direcionados. Com o marco regulatório introduzido pela EC n. 20/1998, que passou a tratar o Direito Previdenciário com mais acento, os estudos e pesquisas na área tomaram feição única e peculiar.

Para os citados autores, a fixação da autonomia do Direito Previdenciário:

"Reveste-se de importância, uma vez que é necessário estabelecer critérios de análise das relações jurídicas específicas que ocorrem neste campo tão complexo de atuação estatal que é a segurança social. Para tanto, há que se reconhecer seus princípios, diferenciados dos demais ramos do Direito, bem como a tipicidade das relações jurídicas a serem normatizadas, únicas no espectro da ordem jurídica: a relação jurídica de custeio, entre o contribuinte ou responsável e o ente arrecadador; e a relação jurídica do seguro social, entre o beneficiário e o ente previdenciário."[42]

---

(40) CARVALHO FILHO, José dos Santos. Manual de Direito Administrativo. 27. ed. São Paulo: Atlas, 2014. p. 18.
(41) DE CASTRO, Carlos Alberto Pereira; LAZZARI, João Batista. Manual de Direito Previdenciário. 8. ed. Florianópolis: Conceito Editorial, 2007. p. 95.
(42) Ibidem. p. 76.

A autonomia do Direito Previdenciário, assim, tem facetas próprias, que devem ser analisadas conjuntamente com os ramos do direito indicados e não separadamente, como é praxe se fazer. O custeio do sistema deve ser analisado em sintonia com as possibilidades de elegibilidade de segurados e concessão dos benefícios. Os planos de custeio e benefícios devem caminhar juntos, devem ter leitura sistêmica e não míope ou estrábica.

Outrossim, como o ato de gestão dos RPPS é em sua essência um ato administrativo, discorremos sobre os princípios que regem a Administração Pública, com espeque na aplicabilidade dos mesmos na previdência pública, para então perscrutarmos os princípios da previdência pública.

2.2. PRINCÍPIOS DA ADMINISTRAÇÃO PÚBLICA – APLICABILIDADE NA PREVIDÊNCIA PÚBLICA

2.2.1. Legalidade

O princípio da legalidade determina que o administrador público só pode fazer o que a lei determina, ao contrário do particular, que pode fazer o que não é defeso por lei. A diferença reside nos poderes limitados da Administração Pública, que não pode inovar seus atos quando não há previsão legal para tal. A Administração Pública é subalterna à lei, com isso, não dando espaço para atos despóticos e tirânicos, que violam direitos constitucional e legalmente garantidos.

Por exemplo, no ato de concessão de benefício previdenciário, somente poderá haver concessão aos beneficiários legalmente previstos em leis. Uma concessão a um filho com idade de 20 anos, quando a lei do regime próprio prevê que o benefício somente poderá ser concedido ao filho menor de 18 anos, não é abrangida pela legalidade. É a lei do ente que vai ditar as formas de concessão, atendendo, logicamente, ao que determina a Constituição Federal e as normas gerais sobre previdência pública.

É por força do princípio da legalidade que o ente instituidor de regime próprio de previdência não pode conceder benefícios além dos previstos no regime geral (artigo 5º da Lei n. 9.717/1998).

Também por força do princípio, qualquer reajuste ou majoração nos benefícios somente pode ser implantado com base em lei. Por outro lado, diante do princípio da legalidade, a Administração Pública não pode excluir de um reajuste qualquer parcela remuneratória sem a existência de um comando normativo que determine tal providência. (TRF 2, AC 383312/RJ, Rel. Des. Federal Ricardo Regueira, Sétima Turma Especializada, j. 31-01-2007 e DJU 22-03-2007).

2.2.2. Impessoalidade

O princípio da impessoalidade significa que o gestor não deve adotar a conduta de favoritismos, que atender interesses políticos, de agir com mais celeridade quando a pessoa por trás do processo é uma figura de relevo na sociedade capitalista. Perseguições também devem ser sufragadas. O gestor tem que tratar todos com igualdade, sem discriminações de qualquer monta. Por exemplo, dentro de uma unidade gestora não devem figurar ideologias, quer sejam políticas, quer sejam religiosas. Se o gestor, como homem comum que é, não aceitar a evolução da sociedade, e como consequência, não conceder benefício previdenciário a um dependente homossexual, estará descumprindo o princípio em testilha.

O princípio guarda é intima sintonia com os princípios da igualdade e da isonomia, bem como, em matéria previdenciária, com os princípios da universalidade de cobertura e do atendimento.

Segundo os Tribunais Superiores, não há ofensa ao princípio da impessoalidade quando se trata de políticas públicas. Como vimos em capítulo próprio, com o movimento do neoconstitucionalismo, o Poder Judiciário tem tido uma postura mais proativa. Neste contexto, as políticas públicas essenciais devem acompanhar o crescimento populacional, pelo que é inaceitável que o Estado se distancie das suas responsabilidades, especialmente quando se trata do direito à saúde, que deve ser observado independentemente de dificuldades administrativas e contingências orçamentárias. A realização de procedimento específico individual não fere o princípio da isonomia e impessoalidade. (TJ/DF, AGI 20150020112170, Rel. Des. Maria de Lourdes Abreu, 5ª Turma Cível, j. 26-08-2015 e DJe 02-09-2015).

Para melhor ilustrar a aplicabilidade do princípio, podemos colacionar parte de recente julgado proferido pelo Superior Tribunal de Justiça:

"No caso dos autos, ficou comprovada a utilização de recursos públicos em publicidade, para promoção pessoal, uma vez que a veiculação da imagem do agravante não teve finalidade informativa, educacional ou de orientação, desviando-se do princípio da impessoalidade. 5. Caso em que a conduta do agente se amolda ao disposto no art. 11 da Lei 8.429/1992, pois atenta contra os princípios da Administração Pública, em especial a impessoalidade, além de ofender frontalmente a norma contida no art. 37, § 1º, da Constituição da República, que veda a publicidade governamental para fins de promoção pessoal. 6. As considerações feitas pelo Tribunal de origem NÃO afastam a prática do ato de improbidade administrativa por violação de princípios da Administração Pública, uma vez que foi constatado o elemento subjetivo dolo na conduta do agente, mesmo na modalidade genérica, o que permite o reconhecimento de ato de improbidade administrativa. (STJ, AgRg no AREsp 634908 MG, Rel. Ministro Humberto Martins, T2, j. 14-04-2015 e DJe 20-04-2015)."

Na previdência pública, mais precisamente na gestão, o princípio tem sido corriqueira e cotidianamente violado, na medida em que vertente nas unidades gestoras únicas de RPPS a prática do malsinado nepotismo. A teor do assentado no julgamento da ADC n. 12/DF, em decorrência direta da aplicação dos princípios da impessoalidade, da eficiência, da igualdade e da moralidade, a cláusula vedadora da prática de nepotismo no seio da Administração Pública, ou de qualquer dos Poderes da República, tem incidência verticalizada e imediata, independentemente de previsão expressa em diploma legislativo. (STF, ADI 3745, Rel. Min. Dias Toffoli, Tribunal Pleno, j. 15-05-2013 e DJe 01-08-2013).

Para ilustrar, temos que o Supremo Tribunal Federal se manifestou no sentido de que, e em atenção aos princípios da impessoalidade e isonomia, que regem a admissão por concurso público, a dispensa do empregado de empresas públicas e sociedades de economia mista que prestam serviços públicos deve ser motivada, assegurando-se, assim, que tais princípios, observados no momento daquela admissão, sejam também respeitados por ocasião da dispensa. A motivação do ato de dispensa, assim, visa a resguardar o empregado de uma possível quebra do postulado da impessoalidade por parte do agente estatal investido do poder de demitir. Recurso extraordinário parcialmente provido para afastar a aplicação, ao caso, do art. 41 da CF, exigindo-se, entretanto, a motivação para legitimar a rescisão unilateral do contrato de trabalho. (RE 589.998, Rel. Min. Ricardo Lewandowski, julgamento em 20-3-2013, Plenário, *DJE* de 12-9-2013, com repercussão geral).

2.2.3. Moralidade

A moralidade administrativa refere-se ao homem probo, ético, aquele que estabelece sua conduta com lealdade e boa-fé. Como vimos em capítulo outro, atentar contra a probidade da administração configura-se crime de responsabilidade. O princípio está atrelado ao princípio da legalidade, posto que não se trata da moral comum, mas da moral social que protege um bem jurídico.

Neste sentido, vale colacionar entendimento jurisprudencial:

"SERVIDOR PÚBLICO - VENCIMENTO - AUSÊNCIA DO PAGAMENTO - VERBA DEVIDA INDEPENDENTE DO EMPENHO. APLICAÇÃO DOS PRINCÍPIOS DA MORALIDADE ADMINISTRATIVA E DO NÃO ENRIQUECIMENTO SEM CAUSA. SERVIDOR PÚBLICO - VENCIMENTO - AUSÊNCIA DO PAGAMENTO - VERBA DEVIDA INDEPENDENTE DO EMPENHO.- APLICAÇÃO DOS PRINCÍPIOS DA MORALIDADE ADMINISTRATIVA E DO NÃO ENRIQUECIMENTO SEM CAUSA. Reclamando o servidor por valores relativos a seus vencimentos verba de natureza alimentar, não honradas pelo Município, incumbe a este a prova de haver realizado os pagamentos, sem a qual se tem por incontestável o direito daquele em reavê-las, não podendo se escudar o ente público no argumento de má gestão da coisa pública pelo anterior prefeito. (TJ/MG, AC 10487130016479001, Rel. Geraldo Augusto, 1ª Câmara Cível, j. 01-07-2014 e p. 11-07-2014)".

Os atos de improbidade administrativa, que atentam contra a moral pública, foram expressamente regulamentados pela Lei 8.429, de 2 de junho de 1992, sobre as sanções aplicáveis aos agentes públicos nos casos de enriquecimento ilícito no exercício de mandato, cargo, emprego ou função na administração pública direta, indireta ou fundacional.

O princípio da moralidade administrativa – enquanto valor constitucional revestido de caráter ético-jurídico – condiciona a legitimidade e a validade dos atos estatais. A atividade estatal, qualquer que seja o domínio institucional de sua incidência, está necessariamente subordinada à observância de parâmetros ético-jurídicos que se refletem na consagração constitucional do princípio da moralidade administrativa. Esse postulado fundamental, que rege a atuação do Poder Público, confere substância e dá expressão a uma pauta de valores éticos sobre os quais se funda a ordem positiva do Estado. (STF, ADI 2.661-MC, Rel. Min. Celso de Mello, julgamento em 5-6-2002, Plenário, DJ de 23-8-2002).

A probidade administrativa é o mais importante conteúdo do princípio da moralidade pública. Donde o modo particularmente severo como a Constituição reage à violação dela, probidade administrativa (...). É certo que esse regramento constitucional não tem a força de transformar em ilícitos penais práticas que eventualmente ofendam o cumprimento de deveres simplesmente administrativos. Daí por que a incidência da norma penal depende da presença de um claro elemento subjetivo – a vontade livre e consciente (dolo) – de lesar o interesse público. Assim que se garante a distinção, entre atos próprios do cotidiano político-administrativo (controlados, portanto, administrativa e judicialmente nas instâncias competentes) e atos que revelam o cometimento de ilícitos penais. E de outra forma não pode ser, sob pena de se transferir para a esfera penal a resolução de questões que envolvam a ineficiência, a incompetência gerencial e a responsabilidade político-administrativa. Questões que se resolvem no âmbito das ações de improbidade administrativa, portanto. (STF, AP 409, voto do Rel. Min. Ayres Britto, julgamento em 13-5-2010, Plenário, *DJE* de 1º-7-2010).

Os atos de improbidade administrativa são tipificados como crime de responsabilidade na Lei 1.079/1950, delito de caráter político-administrativo. Distinção entre os regimes de responsabilização político-administrativa. O sistema constitucional brasileiro distingue o regime de responsabilidade dos agentes políticos dos demais agentes públicos. A Constituição não admite a concorrência entre dois regimes de responsabilidade político-administrativa para os agentes políticos: o previsto no art. 37, § 4º (regulado pela Lei 8.429/1992) e o regime fixado no art. 102, I, c (disciplinado pela Lei 1.079/1950). Se a competência para processar e julgar a ação de improbidade (CF, art. 37, § 4º) pudesse abranger também atos praticados pelos agentes políticos, submetidos a regime de responsabilidade especial, ter-se-ia uma interpretação ab-rogante do disposto no art. 102, I, c, da CF. (...) Os ministros de Estado, por estarem regidos por normas especiais de responsabilidade (CF, art. 102, I, c; Lei 1.079/1950), não se submetem ao modelo de competência previsto no regime comum da Lei de Improbidade Administrativa (Lei 8.429/1992). (STF, Rcl 2.138, Rel. p/ o Ac. Min. Gilmar Mendes, julgamento em 13-6-2007, Plenário, DJE de 18-4-2008). (Vide: STF, AI 809.338-AgR, Rel. Min. Dias Toffoli, julgamento em 29-10-2013, Primeira Turma, DJE de 24-3-2014; STF, Rcl 4.119-AgR, Rel. Min. Cármen Lúcia, julgamento em 6-10-2011, Plenário, DJE de 28-10-2011).

O Plenário do STF, no julgamento do MS 26.210, da relatoria do ministro Ricardo Lewandowski, decidiu pela imprescritibilidade de ações de ressarcimento de danos ao erário. (STF, RE 578.428-AgR, Rel. Min. Ayres Britto, julgamento em 13-9-2011, Segunda Turma, DJE de 14-11-2011. No mesmo sentido: STF, AI 712.435-AgR, Rel. Min. Rosa Weber, julgamento em 13-3-2012, Primeira Turma, DJE 12-4-2012).

Os tribunais vêm entendendo que a improbidade administrativa não se confunde com ilegalidade, mormente ante o caráter repressivo das sanções aplicadas pela Lei n. 8.429/92. A configuração do ato ímprobo depende da prova do elemento subjetivo da conduta do agente público, não se admitindo a sua responsabilização objetiva. O ônus de provar os fatos imputados ao réu na ação de improbidade é do autor. Caso em que o Prefeito Municipal deixou de realizar os repasses das contribuições previdenciárias em razão das dificuldades orçamentárias do município, o que impedia a satisfação integral das obrigações legais. Não caracteriza ato de improbidade o cumprimento apenas parcial do dever de realizar os repasses previdenciários, quando ele decorre de indisponibilidadindisponibilidade financeira. (TJ/RS, AC 70064877020, Rel. Denise Oliveira Cezar, j. 01-09-2015, Vigésima Segunda Câmara Cível, p. 08-09-2015).

Já o Supremo Tribunal Federal entendeu que os valores arrecadados com tributos servem para custear atividades de interesse público. Porém, a circunstância não imuniza o Estado de assumir responsabilidades e a responder por sua conduta. Os princípios da moralidade, da legalidade e da propriedade impedem que o argumento seja levado às últimas consequências, de modo a impedir pura a simplesmente qualquer restituição de indébito tributário. Dessa forma, compete ao ente federado demonstrar com exatidão numérica o risco à continuidade do serviço público, causada pela reparação devida. Meras conjecturas ou ilações caem na vala das falácias *ad terrorem*. Aliás, o último argumento também é um apelo à catástrofe. Como os entes federados atuam no contexto republicano, todos os custos são repartidos pelos administrados. A opção pelo aumento da carga tributária ou pela gestão mais eficiente é, antes de tudo, política e que deve ser partilhada com os administrados pelos caminhos próprios do sistema político-legislativo. Abstraídos outros tipos de problema, a escolha pelo aumento da carga tributária para custeio da correção de erros imputáveis à administração, se legitimada pelo processo legislativo correto, não interfere no direito de ressarcimento das pessoas lesadas pelos erros. (STF, AI 607.616-AgR, voto do Rel. Min. Joaquim Barbosa, julgamento em 31-8-2010, Segunda Turma, DJE de 1º-10-2010).

Bacharel em Direito que exerce o cargo de assessor de desembargador: incompatibilidade para o exercício da advocacia. Lei n. 4.215, de 1963, arts. 83 e 84. Lei 8.906/1994, art. 28, IV. Inocorrência de ofensa ao art. 5º, XIII, que deve ser interpretado em consonância com o art. 22, XVI, da CF, e com o princípio da moralidade administrativa imposto à administração pública (CF, art. 37, *caput*). (STF, RE 199.088, Rel. Min. Carlos Velloso, julgamento em 1º-10-1996, Segunda Turma, DJde 16-4-1999. No mesmo sentido: STF, RE 550.005-AgR, Rel. Min. Joaquim Barbosa, julgamento em 8-5-2012, Segunda Turma, DJE de 25-5-2012. Vide: STF, ADI 3.541, Rel. Min. Dias Toffoli, julgamento em 12-2-2014, Plenário, DJE de 24-3-2014).

2.2.4. Publicidade

O princípio da publicidade é corolário ao princípio da transparência dos atos administrativos. Assim determina a CF/88, em seu art. 5º, inciso LX: "a lei só poderá restringir a publicidade dos atos processuais quando a defesa da intimidade ou o interesse social o exigirem." Os assuntos afetos à gestão de fundos previdenciários remontam diretamente a todos os segurados – servidores ativos e inativos e pensionistas, bem como aos *stakeholders*, como partes interessadas no processo. E a coletividade como um todo, já que o sucesso do plano interessa a todos os administrados, posto que os valores repassados à unidade gestora, sob a rubrica de insuficiências financeiras, deixam de ser aplicados em outras esferas da administração. Todos os atos administrativos (inclusive os afetos a investimentos e contratos) devem ser publicados, com exceção dos atos administrativos protegidos legalmente por segredo.

A Lei n. 12.527, de 18 de novembro de 2011, trouxe um marco regulatório no que diz respeito à transparência das contas públicas, dispondo sobre os procedimentos a serem observados pela União, pelos Estados, pelo Distrito Federal e pelos Municípios, com o fim de garantir o acesso a informações previsto no inciso XXXIII do art. 5º, no inciso II do § 3º do art. 37 e no § 2º do art. 216 da Constituição Federal.

O acesso à informação é um direito fundamental e segundo o artigo 3º, I, da norma sob testilha, a publicidade deve ser observada como preceito geral e o sigilo como exceção. Ressalte-se que o sigilo vem regulamentado por meio do Decreto n. 7.845, de 14 de novembro de 2012.

De acordo com o artigo 1º, VI, da Lei 9.717/1998, é assegurado o pleno acesso dos segurados às informações relativas à gestão do regime e participação de representantes dos servidores públicos e dos militares, ativos e inativos, nos colegiados e instâncias de decisão em que os seus interesses sejam objeto de discussão e deliberação.

Nesta esteira, o Supremo Tribunal Federal decidiu que a Lei Federal n. 9.755/1998, que autoriza que o TCU crie sítio eletrônico denominado Contas Públicas, para a divulgação de dados tributários e financeiros dos entes federados, é legítima. O sítio eletrônico gerenciado pelo

TCU tem o escopo de reunir as informações tributárias e financeiras dos diversos entes da federação em um único portal, a fim de facilitar o acesso dessas informações pelo público. Os documentos elencados no art. 1º da legislação já são de publicação obrigatória nos veículos oficiais de imprensa dos diversos entes federados. A norma não representa desrespeito ao princípio federativo, inspirando-se no princípio da publicidade, na sua vertente mais específica, a da transparência dos atos do poder público. Enquadra-se, portanto, no contexto do aprimoramento da necessária transparência das atividades administrativas, reafirmando e cumprindo, assim, o princípio constitucional da publicidade da administração pública (art. 37, *caput*, CF/1988). (STF, ADI 2.198, Rel. Min. Dias Toffoli, julgamento em 11-4-2013, Plenário,*DJE* de 19-8-2013)

Direito à informação de atos estatais, neles embutida a folha de pagamento de órgãos e entidades públicas. (...) Não cabe, no caso, falar de intimidade ou de vida privada, pois os dados, objeto da divulgação em causa, dizem respeito a agentes públicos enquanto agentes públicos mesmos; ou, na linguagem da própria Constituição, agentes estatais agindo 'nessa qualidade' (§ 6º do art. 37). E quanto à segurança física ou corporal dos servidores, seja pessoal, seja familiarmente, claro que ela resultará um tanto ou quanto fragilizada com a divulgação nominalizada dos dados em debate, mas é um tipo de risco pessoal e familiar que se atenua com a proibição de se revelar o endereço residencial, o CPF e a CI de cada servidor. No mais, é o preço que se paga pela opção por uma carreira pública no seio de um Estado republicano. A prevalência do princípio da publicidade administrativa outra coisa não é senão um dos mais altaneiros modos de concretizar a República enquanto forma de governo. Se, por um lado, há um necessário modo republicano de administrar o Estado brasileiro, de outra parte é a cidadania mesma que tem o direito de ver o seu Estado republicanamente administrado. O 'como' se administra a coisa pública a preponderar sobre o 'quem' administra – falaria Norberto Bobbio –, e o fato é que esse modo público de gerir a máquina estatal é elemento conceitual da nossa República. O olho e a pálpebra da nossa fisionomia constitucional republicana. A negativa de prevalência do princípio da publicidade administrativa implicaria, no caso, inadmissível situação de grave lesão à ordem pública." (STF, SS 3.902-AgR-segundo, Rel. Min. Ayres Britto, julgamento em 9-6-2011, Plenário, DJEde 3-10-2011. No mesmo sentido: STF, RE 586.424-ED, Rel. Min. Gilmar Mendes, julgamento em 24-2-2015, Segunda Turma, DJE de 12-3-2015)

2.2.5. Eficiência

O princípio da eficiência foi uma inovação trazida pela EC n. 19/98, que reformulou a administração pública. No projeto da referida emenda, foi denominado de "qualidade do serviço prestado." Alguns autores tratam o princípio como princípio da boa administração, como o fez Celso Antônio Bandeira de Mello.

Para o mestre do direito administrativo, o princípio significa, como resultado das lições de Guido Falzone, desenvolver a atividade administrativa do modo mais congruente, mais oportuno e mais adequado aos fins a serem alcançados, graças à escolha dos meios e da ocasião de utilizá-los, concebíveis como os mais idôneos para tanto[43].

A inserção do princípio no *caput* do artigo 37 da Constituição de 1988 foi fruto do descontentamento da sociedade com o serviço público, que além de se mostrar por vezes inacessível à coletividade, mostra-se sucateado, defasado e gerando prejuízos, pela má condução dos negócios públicos.

De acordo com o magistério de Carvalho Filho, que pontifica ser o princípio responsável por trazer meios efetivos para assegurar aos usuários seus direitos, "o princípio prevê para o futuro maior oportunidade para os indivíduos exercerem sua real cidadania contra tantas falhas e omissões do Estado"[44].

No escólio de Fernanda Marinela, temos que:

"[...] o núcleo do princípio é a procura de produtividade e economicidade e, o que é mais importante, a exigência de reduzir os desperdícios de dinheiro público, o que impõe a execução dos serviços públicos com presteza, perfeição e rendimento profissional".[45]

A conduta omissiva da administração, sem justificativas relevantes, afronta direito do administrado à razoável duração do processo administrativo e, em decorrência, o princípio da eficiência, estando, portanto, sujeita à omissão da Administração ao controle do Poder Judiciário, que tem o dever de preservar lesões ou ameaça a direitos. Não é lícito a Administração Pública prorrogar indefinidamente a duração de seus processos, pois é direito do administrado ter seus requerimentos apreciados em tempo razoável. O inciso LXXVIII do art. 5º da CF/88 prevê que a todos, no âmbito judicial e administrativo, são assegurados a razoável duração do processo e os meios que garantam a celeridade de sua tramitação. O transcurso de quase um ano sem a conclusão do processo administrativo afigura-se, a toda evidência, excessivo e demonstra violação aos princípios constitucionais da razoabilidade e da eficiência, bem como o desrespeito à garantia de duração regular do processo. (TRF 2, REO 201251020009320, Rel. Des. Federal Marcus Abraham, Quinta Turma Especializada, j. 05-02-2013 e p. 27-02-2013. Neste mesmo sentido: TRF 4, AC 7100 RS, Rel. Des. Federal Sérgio Renato Tejada Garcia, T4, j. 03-03-2010 e p. 22-02-2010.)

---

(43) BANDEIRA DE MELLO, Celso Antônio. Curso de Direito Administrativo. 32. ed. São Paulo: Malheiros, 2015. p. 126.
(44) CARVALHO FILHO, José dos Santos. Manual de Direito Administrativo. 27. ed. São Paulo: Atlas, 2014. p.31.
(45) MARINELA, Fernanda. Direito Administrativo. São Paulo: Jus Podium, 2005. p. 41.

Uma das grandes dificuldades para manutenção saudável de um RPPS é a rotatividade de seu pessoal, notadamente o diretivo. O gestor tem de ser uma pessoa com perfil multidisciplinar, não basta ter essa ou aquela formação de nível superior, nem pós-graduação, nem doutorado "na lua." A capacidade do gestor vem com sua experiência na área e através de cursos e treinamentos específicos.

O gestor deve ter conhecimento, ainda que perfunctório, das principais áreas que envolvem o RPPS: direito constitucional, administrativo, previdenciário, financeiro, orçamentário, tributário, penal, civil, processual; políticas públicas; ética profissional; ciência política; economia, economia política, economia empresarial; sistemas previdenciários (plano de custeio – sistemas de financiamento e plano de benefícios); evolução funcional dos servidores públicos; contabilidade pública; questões atuariais, parcelamentos e déficit público; mercado financeiro e de capitais; tecnologia da informação (TI); controladoria; auditoria; planejamento estratégico; gestão pública (gestão de processos, gestão de qualidade e custos, gestão financeira, gestão de pessoal); governança; comitê de investimentos; comunicação previdenciária; compensação previdenciária; controles internos e externos; português previdenciário; práticas de concessão e perícias médicas; responsabilidade social; dentre outros.

À vista do aqui exposto, pode-se afirmar que o maior desafio do gestor público não é de ordem econômica, ou social, mas sim gerencial. Falta-lhe, na grande maioria das vezes, competência para lidar com área tão sensível da Administração Pública.

As ingerências políticas, que transformam as unidades gestoras em meros "cabides de empregos", com nomeação de pessoas sem o mínimo de conhecimento na área ("vou colocar Fulano como diretor porque foi indicação do político tal, ou porque Beltrano não segue a linha adotada por esse governo"), são responsáveis pela falência do RPPS, quiçá a maior delas.

O gestor do RPPS deve atuar com independência e acima de tudo ter responsabilidade social, o que só pode ser obtida quando se tem ética profissional.

Os RPPS são responsáveis por gerir grandes volumes financeiros, e conforme mencionado no capítulo destinado à análise dos crimes previdenciários, quando não se tem consciência ética a ocorrência dos ilícitos é facilitada.

A falência de um fundo previdenciário pode ser oriunda da má gestão tanto do plano de benefícios como do plano de custeio. No primeiro, com a ocorrência de pagamentos indevidos, no segundo, pela malversação dos recursos.

2.2.6. Supremacia do interesse público sobre o interesse particular

A supremacia do interesse público sobre o interesse particular é o cânone basilar de toda administração pública e tem reflexos diretos decorrentes dos atos de gestão de RPPS. Importa a toda a coletividade a regular e eficiente gestão dos fundos, posto que, como dito e redito, uma gestão desastrosa implica na transferência de recursos, que deixarão de ser utilizados em outras áreas sensíveis, como saúde, educação, segurança, assistência social.

Para o mestre Celso Antônio Bandeira de Mello, o princípio da supremacia do interesse público sobre o interesse privado:

"[...] é princípio geral de Direito inerente a qualquer sociedade. É a própria condição de sua existência. Assim, não se radica em dispositivo específico algum da Constituição, ainda que inúmeros aludam ou impliquem manifestações concretas dele [...]. Afinal, o princípio em causa é um pressuposto lógico do convívio social".[46]

Com efeito, o preâmbulo da Constituição Federal de 1988 diz textualmente que a carta foi promulgada no sentido de "instituir um Estado Democrático, destinado a assegurar o exercício dos direitos sociais e individuais, a liberdade, a segurança, o bem-estar, o desenvolvimento, a igualdade e a justiça como valores supremos de uma sociedade fraterna, pluralista e sem preconceitos, fundada na harmonia social e comprometida, na ordem interna e internacional, com a solução pacífica das controvérsias."

É a coletividade soberana, dona da *res publica*, opondo-se a interesses privados escusos que não compactuam com o interesse coletivo. Um bom exemplo da supremacia do interesse público sobre o particular é o direito de propriedade, estatuído nos incisos XXII e XXIII do artigo 5º da CF/88: "é garantido o direito de propriedade; a propriedade atenderá a sua função social." O direito de propriedade não é ilimitado, deve atender a sua função social. Como atender a função social, a propriedade obtida por meio de práticas criminosas? Qual interesse público está efetivamente sendo atendido? É apenas o interesse particular. Como veremos no tópico que comentamos, a ação de extinção de domínio, toda a propriedade, produto de crime, deve ser revestida em prol da sociedade.

No Habeas Corpus 102.819, o Supremo Tribunal Federal decidiu que, o princípio da publicidade (espécie) norteia a Administração Pública (gênero) e que deságua na busca da eficiência, ante o acompanhamento pela sociedade. Estando em jogo valores, há de ser observado o coletivo em detrimento, até mesmo, do individual. (STF, HC 102.819, Rel. Min. Marco Aurélio, julgamento em 5-4-2011, Primeira Turma, DJe de 30-5-2011).

2.2.7. Finalidade

A finalidade deve ser vista como o fim que deve ser alcançado, e em matéria previdenciária, o fim é social. O caráter da norma previdenciária é social. A palavra previdência não pode ser concebida isoladamente, pois está intrinsecamente ligada à palavra social.

---

(46) MELLO. Celso Antônio Bandeira de. Curso de Direito Administrativo. 32. ed. São Paulo: Malheiros, 2014. p. 99

Sendo assim, a finalidade principal da Seguridade Social é a cobertura dos riscos sociais. Esse amparo social deve ser mantido por receita tributária (contribuições).

O eminente professor Celso Antônio Bandeira de Mello assim nos esclarece:

"Em rigor, o princípio da finalidade não é uma decorrência do princípio da legalidade. É mais que isso: é uma inerência dele; está nele contido, pois corresponde à aplicação da lei tal qual é; ou seja, na conformidade de sua razão de ser, do objetivo em vista do qual foi editada. Por isso se pode dizer que tomar uma lei como suporte para a prática de ato desconforme com sua finalidade não é aplicar a lei; é desvirtuá-la; é burlar a lei sobre pretexto de cumpri-la. Daí porque os atos incursos neste vício – denominado 'desvio de poder' ou 'desvio de finalidade' – são nulos. Quem desatende ao fim legal desatende à própria lei". [47] (Grifos do autor).

O gestor do RPPS deve compreender e dar execução ao fim visado pela norma previdenciária e no sentido de que se evitem decisões teratológicas, absurdas. Pode haver, e.g., desvio de finalidade na destinação dos recursos arrecadados e oriundos das contribuições previdenciárias.

Em atenção ao princípio da finalidade, o Supremo Tribunal Federal se posicionou no sentido de que a prática de nepotismo cruzado é ato formalmente lícito. Contudo, no momento em que é apurada a finalidade contrária ao interesse público, qual seja, uma troca de favores entre membros do Judiciário, o ato deve ser invalidado, por violação ao princípio da moralidade administrativa e por estar caracterizada a sua ilegalidade, por desvio de finalidade. (STF, MS 24.020, Rel. Min. Joaquim Barbosa, julgamento em 6-3-2012, Segunda Turma, DJE de 13-6-2012.)

2.2.8. Razoabilidade e proporcionalidade

O princípio da razoabilidade opera a favor dos administrados, uma vez que está ínsito no bom-senso jurídico do administrador. É a busca do justo, do que é razoável, possível. A administração pode e deve atuar segundo critérios aceitáveis sobre o ponto de vista racional, em consonância com o senso moral comum. A razoabilidade, a ser aplicada pelo gestor previdenciário, assume importância fulcral, nitidamente no que diz respeito à aplicabilidade do entendimento acerca da dependência econômica.

Havendo regra a tutelar o direito, não deve o administrador adotar exegese restritiva da norma, de modo a amesquinhar o postulado da dignidade da pessoa humana e inibir a plena eficácia do princípio da proteção integral da norma previdenciária.

O princípio da proporcionalidade, quando corretamente aplicado através dos atos administrativos, equilibra os direitos individuais com os anseios da sociedade. Dirley da Cunha Júnior assim defende: "é um importante princípio constitucional que limita a atuação e a discricionariedade dos poderes públicos e, em especial, veda que a Administração Pública aja com excesso ou valendo-se de atos inúteis, desvantajosos, desarrazoados e desproporcionais."[48]

Os princípios indicados estão estreitamente relacionados com o princípio da solidariedade. O princípio da razoabilidade (de construção estadunidense) e do da proporcionalidade (de origem alemã) surgiram com a finalidade precípua de impedir restrições desproporcionais e descabidas aos direitos fundamentais, aí inseridos os direitos sociais. Não basta que a lei diga o que fazer. Esse fazer deve ser proporcional e razoável ao interesse público, que é aplicação do mínimo de justiça social.

A razoabilidade está, assim, afeita à aplicação da igualdade a proporcionalidade à ponderação dos direitos fundamentais aplicados ao caso concreto. Destoa-se que são princípios fundamentais para auxiliar na busca de decisões justas. Podemos citar, como exemplo, o servidor que perdeu a sua qualidade de segurado, mas que se encontrava incapacitado para o trabalho. Neste contexto, há a ilação entre a aplicabilidade pura e simples da lei posta, numa interpretação meramente literal, ou a ponderação e racionalidade da aplicação da lei, numa interpretação sistemática. Bem assim é com o servidor que no dia posterior ao complementar idade limítrofe no serviço público é obrigado a se aposentar compulsoriamente quando tinha cumprido todos os requisitos para se aposentar por regra de aposentadoria mais benéfica. Não há razão e justiça na aplicabilidade da regra mais maléfica.

Cabe ao Poder Judiciário verificar a regularidade dos atos normativos e de administração do poder público em relação às causas, aos motivos e à finalidade que os ensejam. Pelo princípio da proporcionalidade, há que ser guardada correlação entre o número de cargos efetivos e em comissão, de maneira que exista estrutura para atuação do Poder Legislativo local. (STF, RE 365.368-AgR, Rel. Min. Ricardo Lewandowski, julgamento em 22-5-2007, Primeira Turma, DJ de 29-6-2007. No mesmo sentido: STF, ADI 4.125, Rel. Min. Cármen Lúcia, julgamento em 10-6-2010, Plenário, DJE de 15-2-2011.)

2.2.9. Motivação

O princípio da motivação impõe à Administração Pública o dever de justificar seus atos, ou seja, fundamentá-los com indicação dos fatos e do direito. A motivação deve ser prévia ou contemporânea ao ato, ou seja, não pode ser feita a destempo, após a expedição do ato. Para os atos discricionários, a motivação deve ser fundamentação aprofundada, não bastando a simples indicação. Motivação, assim, é a explanação, a fundamentação, que conduz o agente à prática do ato. Já o motivo é o próprio conteúdo do ato.

---

(47) Ibidem. p. 109.
(48) CUNHA JÚNIOR, Dirley da. Curso de Direito Administrativo. 7ª ed. São Paulo: Podium, 2009, p. 50.

Pela teoria dos motivos determinantes, uma vez declarado o motivo do ato, este deve ser cumprido como tal, uma vez que se torna vinculante. Mas o motivo deve ser legal e juridicamente possível. Ou seja, a validade do ato administrativo, ainda que discricionário, vincula-se aos motivos apresentados pela Administração.

Desta forma, os atos administrativos praticados sem motivação, ou com motivação serôdia, são passíveis de impugnação pelo Poder Judiciário.

O indeferimento de benefício previdenciário imotivado acarreta injusta privação de verba alimentar, colocando em risco a subsistência do segurado, sobretudo em casos de pessoas de baixa renda. (STJ, AgRg no AREsp 193163 SE, Rel. Min. Napoleão Nunes Maia Filho, T1, j. 24-04-2014 e DJe 08-05-2014).

2.2.10. Devido processo legal

O princípio do devido processo legal – *due process of Law*–, está insculpido no art. 5º, LIV da Constituição Federal de 1988: "ninguém será privado da liberdade ou de seus bens sem o devido processo legal." Já os princípios do contraditório e da ampla defesa são tratados no inciso LV do mesmo diploma: "aos litigantes, em processo judicial ou administrativo, e aos acusados em geral são assegurados o contraditório e a ampla defesa, com os meios e recursos a ela inerentes." Ou ser definido pela expressão *audiatur et altera pars*, que significa "ouça-se também a outra parte." É caracterizado pela possibilidade de resposta e pela utilização de todos os meios de defesa admitidos pelo Ordenamento Jurídico.

Antes que a Administração adote uma decisão mais gravosa para o administrado, deve-lhe assegurar um processo legal, onde este poderá exercer o seu direito ao contraditório e ampla defesa. É firme a jurisprudência do Supremo Tribunal Federal no que concerne ao entendimento de que os atos administrativos cujos efeitos tenham repercussão negativa na esfera de interesses individuais ou afetem direitos patrimoniais do administrado não prescindem, para sua validade, do absoluto respeito ao contraditório e à ampla defesa, conforme a seguir verificamos:

CONSTITUCIONAL E ADMINISTRATIVO. MANDADO DE SEGURANÇA. APOSENTADORIA DECLARADA ILEGAL PELO TRIBUNAL DE CONTAS DA UNIÃO. PRINCÍPIO DA SEGURANÇA JURÍDICA. GARANTIAS CONSTITUCIONAIS DO CONTRADITÓRIO E DA AMPLA DEFESA. 1. Nos termos da jurisprudência desta Corte, é necessário cientificar o interessado para assegurar o contraditório e ampla defesa nos casos de controle externo de legalidade pelo Tribunal de Contas da União, quando ultrapassado sem decisão o prazo de cinco anos contado da chegada a esse órgão do processo administrativo de concessão de aposentadoria ou pensão. Nesse sentido: MS 26.053 ED-segundos, Rel. Min. Ricardo Lewandowski, Pleno, DJe de 23/05/2011; MS 24.781, Rel. p/ o acórdão Min. Gilmar Mendes, Pleno, DJe de 09/06/2011. 2. Agravo regimental desprovido. (STF, MS 24790 AgR / DF, Rel. Min. Teori Zavascki, julgado pela Segunda Turma em 02-12-2014 e acórdão publicado no DJe de 17-12-2014)".

Destarte, Celso Antônio Bandeira de Mello nos adverte que os princípios aludidos "não devem ser tomados de maneira tão desatada que impeçam a adoção imediata de providências da mais extrema urgência requeridas insubstituivelmente para salvaguardar interesses públicos relevantes que, de outra sorte, ficariam comprometidos."[49]

A Administração Pública pode e deve rever, de ofício, seus próprios atos, sejam discricionários ou vinculados, mas com observância do contraditório e da ampla defesa. Assim é que a suspensão de um benefício previdenciário somente poderá ser determinada após a conclusão de regular Processo Administrativo Previdenciário (PAP).

Entendemos, destarte, com esteio nas averbações de Bandeira de Melo, que se tratar de um caso de estelionato previdenciário, por exemplo, em que constata-se que o beneficiário faleceu e um terceiro que não integra a relação jurídica está sacando os valores, deve ser suspenso de imediato o benefício.

Corolários do princípio são os princípios do contraditório e da ampla defesa. Todos têm o direito de se defender de imputações, com todos os meios e recursos em direito admitidos.

A suspensão de benefício, antes que se esgote a via recursal administrativa, viola o direito ao contraditório e à ampla defesa, de observância obrigatória também no processo administrativo, conforme o art. 5º, LV, da Constituição Federal. (TRF 3, AMS 5384 SP 0005384-83.2004.4.03.6110, Rel. juíza convocada Carla Rister, T7, j. 08-04-2013).

O cancelamento de benefício previdenciário depende de prévio processo administrativo em que se resguarde ao beneficiário o direito ao contraditório e à ampla defesa. (TRF5, AC 324452 CE 2000.81.00.006025-9, Rel. Des. Federal Francisco Wildo, T1, j. 11-12-2003).

É dever da Previdência Social efetuar a cassação, suspensão ou revisão do valor de benefício previdenciário, desde que precedida de regular processo administrativo, para a apuração de eventuais irregularidades, assegurada a ampla defesa ao beneficiário, sem o que haverá violação do preceito constitucional do contraditório, configurando abuso de poder. Essa prerrogativa consiste no exercício do poder-dever de autotutela da Administração sobre seus próprios atos. II. O art. 69, da Lei n. 8.212/91, determina em seu § 1º que, havendo indício de irregularidade na concessão ou na manutenção de benefício, a Previdência Social notificará o beneficiário para apresentar defesa,

---

(49) MELLO. Celso Antônio Bandeira de. Curso de Direito Administrativo. 32. ed. São Paulo: Malheiros, 2014. p. 119.

provas ou documentos de que dispuser, no prazo de trinta dias. Esse tipo de revisão não pode ser feito inquisitorialmente. Constatada a suspeita de fraude a viciar o ato concessório de um benefício, há que se realizar um prévio procedimento, no qual a parte interessada possa se defender e comprovar que satisfaz os requisitos necessários à concessão e manutenção do mencionado benefício, conforme confirma jurisprudência do Superior Tribunal de Justiça. (TRF 3, AC 12638 SP 0012638-80.2004.4.03.9999, Rel. juiz convocado Nilson Lopes, T8, j. 07-10-2003).

Para o STF, para o cumprimento dos princípios constitucionais insculpidos na CF, artigo 37, faz-se num devido processo legal, vale dizer, num processo disciplinado por normas legais. Fora daí, tem-se violação à ordem pública, considerada esta em termos de ordem jurídico-constitucional, jurídico-administrativa e jurídico-processual. (STF, Pet 2.066-AgR, Rel. Min. Carlos Velloso, julgamento em 19-10-2000, Plenário, DJ de 28-2-2003).

A Corte Máxima também se orienta no sentido de que a alteração de proventos de servidor público somente pode ocorrer oportunizando-se o direito de defesa, ou seja, instaurando-se processo administrativo. (STF, AI 541.949-AgR, Rel. Min. Marco Aurélio, julgamento em 13-4-2011, Primeira Turma,DJE de 18-5-2011. Vide: STF, RE 501.869-AgR, Rel. Min. Eros Grau, julgamento em 23-9-2008, Segunda Turma, DJE de 31-10-2008)

2.2.11. Controle judicial dos atos administrativos

O princípio do controle dos atos administrativos traz ínsita a unidade de jurisdição que impera no seio do nosso sistema jurídico, conforme vem estabelecido no art. 5º, XXXV da CF/88: "a lei não excluirá da apreciação do Poder Judiciário lesão ou ameaça a direito." Ou seja, somente ao Poder Judiciário cabe a resolução de conflitos.

A responsabilidade pelos atos administrativos é do Estado, que tem direito de regresso contra o agente causador do dano, nos termos do art. 37, § 6º da CR/88: "as pessoas jurídicas de direito público e as de direito privado prestadoras de serviços públicos responderão pelos danos que seus agentes, nessa qualidade, causarem a terceiros, assegurado o direito de regresso contra o responsável nos casos de dolo ou culpa."

A responsabilidade do Estado é objetiva, independe da demonstração de culpa, já a do servidor é subjetiva, sendo imprescindível para sua caracterização a demonstração dos elementos ensejadores da culpa. Neste sentido, o Tribunal Regional da 5ª Região, ao se manifestar na Apelação Cível – AC n. 200985000053565, julgado em 09-05-2013, pela sua Terceira Turma, deixou registrado que:

"A Constituição Federal, que garante aos administrados ressarcimento por danos a eles causados por ato do Poder Público ou suas concessionárias e permissionárias, assegurando, ainda, ao ente público direito de regresso contra o servidor causador do dano – art. 37, parágrafo 6. 2 – Não se pode confundir a forma de responsabilizar cada um desses personagens: a responsabilidade do ente público é objetiva, prescindindo de dolo ou culpa para se configurar; já a do servidor público, subjetiva, sendo necessário um desses elementos para o seu reconhecimento."

Para o ministro do Supremo Tribunal Federal Luís Roberto Barroso "há uma renitente resistência ao controle judicial do mérito dos atos do Poder Público, aos quais se reserva um amplo espaço de atuação autônoma, discricionária, onde as decisões do órgão ou do agente público são insindicáveis quanto à sua conveniência e oportunidade"[50].

Em capítulo próprio, discorremos minuciosamente sobre o controle judicial dos atos administrativos e suas implicações na previdência pública.

2.2.12. Segurança jurídica

A segurança jurídica é um princípio geral do direito, por meio do qual objetivamente dá estabilidade às relações jurídicas, nos termos do art. 5º, XXXVI da CF/88: "a lei não prejudicará o direito adquirido, o ato jurídico perfeito e a coisa julgada." Sob o enfoque subjetivo, é a proteção à confiança do administrado nos atos administrativos. É a boa-fé do cidadão que presume os atos administrativos revestidos de veracidade.

O seguinte julgado, exarado pelo Tribunal de Justiça de Minas Gerais, traduz a ilação acerca do princípio da coisa julgada:

"APELAÇÃO CÍVEL – AÇÃO DE COBRANÇA – COMPLEMENTAÇÃO DE APOSENTADORIA - MATÉRIA OBJETO DE ACORDO HOMOLOGADO POR SENTENÇA – COISA JULGADA MATERIAL – SEGURANÇA JURÍDICA. Acordo homologado, por sentença, produz os efeitos da coisa julgada material, sendo inadmissível a reapreciação daquilo que já foi decidido definitivamente, nos termos do art. 467, do Código de Processo Civil. A finalidade do instituto da coisa julgada é assegurar a segurança jurídica das decisões que, além de pacificar a sociedade, impede a infinitude da demanda entre as partes. O art. 5º, XXXVI, da Constituição Federal, consagra a segurança jurídica das decisões como garantia fundamental do indivíduo, ao estabelecer que "a lei não prejudicará o direito adquirido, o ato jurídicoperfeito e a coisa julgada." (TJ/MG, AC 10145130610598001, julgado em 22-05-2014 pela 13ª Câmara Cível)."

É inadmissível a revisão administrativa por erro na concessão de um benefício ocorrido há mais de dez anos,

---

(50) BARROSO, Luis Roberto. Interpretação e aplicação da constituição. 6 ed., revista, atual. e ampl. São Paulo: Saraiva, 2006. p. 312.

reduzindo a renda mensal do segurado. Além disso, levando-se em consideração o Princípio da Segurança Jurídica, deve ser mantido o valor inicial da renda mensal inicial, uma vez já ter ocorrido a prescrição administrativa. (TRF 2, REEX 201051018010651, Rel. Des. Federal Marcello Ferreira de Souza Granado, Primeira Turma Especializada, j. 29-03-2011 e p. 08-04-2011).

2.3. PRINCÍPIOS DA PREVIDÊNCIA PÚBLICA

A Previdência Pública tem seus próprios princípios, de observância obrigatória pelos entes federados, que tenham instituído RPPS. Destaque-se que alguns deles são princípios universais da seguridade social.

Contudo, o Supremo Tribunal firmou o entendimento de que, dentre os princípios de observância obrigatória pela Constituição e pelas leis dos Estados-membros, se encontram os contidos no art. 40 da Carta Magna Federal (STF, ADI 101, ADI 178 e ADI 755, ADI 369, ADI 4.698-MC, Rel. Min. Joaquim Barbosa, julgamento em 1º-12-2011, Plenário, *DJE* de 25-4-2012).

Daí a necessidade dos princípios a seguir serem analisados, de forma exclusiva, sob o olhar da previdência pública. Princípios devem "conversar" entre si, de forma a se alcançar justiça social, sempre atendendo ao princípio maior que rege toda a Administração Pública, qualquer que seja sua área de atuação: o interesse público primário, que é a razão de existência do Estado Democrático de Direito; governo atuando pelo povo e para o povo de forma a alcançar o ideal de justiça social.

2.3.1. Boa-fé do segurado

O princípio em pauta é corolário do princípio da presunção de veracidade dos atos administrativos. O segurado, que recebe valores de boa-fé, não é obrigado a devolver os valores pagos. Entretanto, se os recebe de má-fé, sob o singelo argumento de desconhecimento das normas positivadas, não é destinatário legítimo dos valores e deve ressarcir os cofres públicos. Na prática de crimes contra a administração previdenciária, não há espaço para alegação de boa-fé.

Boa-fé é a retidão ou pureza de intenções, a sinceridade como age o segurado. É a convicção de agir de acordo com a justiça, sob o manto da legalidade e dos princípios norteadores do sistema.

É inviável a devolução pelos segurados do Regime Geral de Previdência Social de valores recebidos em decorrência de erro da Administração Pública. Entendimento sustentado na boa-fé do segurado, na sua condição de hipossuficiência e na natureza alimentar dos benefícios previdenciários. (TRF 4, APELREEX 163451420134049999 RS, Rel. Des. Federal João Batista Pinto Silveira, T6, j. 24-06-2014 e DE 10-07-2014).

Neste sentido:

"DEVOLUÇÃO DOS BENEFÍCIOS RECEBIDOS INDEVIDAMENTE PELO SEGURADO DE BOA-FÉ. OS VALORES AUFERIDOS A MAIOR FORAM RECEBIDOS PELA AUTORA DE BOA-FÉ E POR ERRO EXCLUSIVO DO INSS. IMPOSSIBILIDADE DE DEVOLUÇÃO. NATUREZA ALIMENTAR DOS BENEFÍCIOS PREVIDENCIÁRIOS. PRINCÍPIO DA IRREPETIBILIDADE DOS ALIMENTOS. INCIDENTE CONHECIDO E PROVIDO. (TNU, PEDILEF 200772590034304 SC, Rel. Juiz Federal José Eduardo do Nascimento, j. 02-08-2011 e DJ 18-11-2011)."

O pagamento originado de decisão administrativa devidamente motivada à luz das razões de fato e de direito apresentadas quanto do requerimento tem presunção de legitimidade. Evidenciada a boa-fé, o beneficiário não pode ficar jungido à contingência de devolver valores que já foram consumidos, dada a finalidade de prover os meios de subsistência a que se destina o benefício previdenciário. (TRF 4, AC 50418921020144047000 PR, Rel. Luiz Antônio Bonat, T 5, j. 21-07-2015 e DE 22-07-2015).

Para o Supremo Tribunal Federal, o julgamento pela ilegalidade do pagamento do benefício previdenciário não importa na obrigatoriedade da devolução das importâncias recebidas de boa-fé. (STF, AI 746.442-AgR, Rel. Min. Cármen Lúcia, julgamento em 25-8-2009, Primeira Turma, DJEde 23-10-2009.)

A Corte ainda adotou o entendimento de que é imprescindível a comprovação da má-fé do administrado para a configuração do dever de ressarcimento de valores indevidamente recebidos por erro da administração. (STF, ARE 696.316, Rel. Min. Joaquim Barbosa, decisão monocrática, julgamento em 10-8-2012, DJE de 16-8-2012).

2.3.2. Dignidade da pessoa humana

O princípio da dignidade da pessoa humana é um dos fundamentos do Estado Democrático de Direito e tem assento no art. 1º, III, da Magna Carta, sendo que todo ser humano é dotado desse preceito. Como cânone constitucional, é princípio norteador de vários outros, como direito à vida, à liberdade, à participação na vida social, à segurança, à saúde, à educação, à assistência, ao trabalho, à previdência social, etc.

A dignidade é essencialmente um atributo da pessoa humana pelo simples fato de alguém ser humano, centro de direitos, independentemente de sua origem, raça, sexo, idade, Estado civil ou condição social-econômica. A ordem econômica deve assegurar a todos uma existência digna e a ordem social deve ser responsável pela justiça social, para cumprimento do exercício pleno da cidadania. A ordem social-econômica deve garantir um mínimo de dignidade para o ser humano viver em sociedade.

Para Ingo Sarlet, o princípio da dignidade da pessoa humana deve ser entendido da seguinte forma:

"A qualidade intrínseca e distintiva de cada ser humano que o faz merecedor do mesmo respeito e consideração por parte do Estado e da comunidade, implicando, neste sentido, um complexo de direitos e deveres fundamentais que assegurem a pessoa tanto contra todo e qualquer ato de cunho degradante e desumano, como venham a lhe garantir as condições existenciais mínimas para uma vida saudável, além de propiciar e promover sua participação ativa e corresponsável nos destinos da própria existência e da vida em comunhão com os demais seres humanos".[51]

O princípio está diretamente relacionado com a ideia de inclusão previdenciária: diminuir a informalidade e erradicar a falta de alguma proteção previdenciária. Com a Declaração Universal dos Direitos Humanos, proclamada pela Assembleia Geral das Nações Unidas, em 10 de dezembro de 1948, a Previdência Social alçou a condição de direito fundamental. Vejamos seu XXV:

"1. Todo homem tem direito a um padrão de vida capaz de assegurar a si e a sua família saúde e bem-estar, inclusive alimentação, vestuário, habitação, cuidados médicos e os serviços sociais indispensáveis, e direito à segurança em caso de desemprego, doença, invalidez, viuvez, velhice ou outros casos de perda dos meios de subsistência em circunstâncias fora de seu controle.
2. A maternidade e a infância têm direito a cuidados e assistência especiais. Todas as crianças, nascidas dentro ou fora do matrimônio, gozarão da mesma proteção social."

É a garantia do mínimo existencial. Deve, assim, servir de parâmetro interpretativo para concessão de benefícios, notadamente daqueles que dizem respeito às condições incapacitantes.

A interpretação sistemática da legislação permite a concessão da aposentadoria por invalidez se, diante do caso concreto, os fatores pessoais e sociais impossibilitarem a reinserção do segurado no mercado de trabalho, conforme livre convencimento do juiz que, conforme o brocardo *judex peritus peritorum*[52], é o perito dos peritos, ainda que a incapacidade seja parcial. Na concessão do benefício de aposentadoria por invalidez, a incapacidade para o trabalho deve ser avaliada do ponto de vista médico e social. Interpretação sistemática da legislação. [...] A aplicação do princípio da dignidade da pessoa humana e a interpretação sistemática da legislação que trata da incapacidade conduzem à aposentadoria por invalidez, ainda que atestada a capacidade parcial do ponto de vista estritamente médico. (TNU, PEDILEF 200872510023131 SC, Rel. Juiz Federal José Antônio Savaris, j. 19-10-2009).

É incompatível com a Constituição norma que institui contribuição à saúde incidente sobre o valor de proventos e pensões de servidores públicos, no interregno das EC 20/1998 e 41/2003. (STF, AI 831.223-RG, Rel. Min. Cezar Peluso, julgamento em 16-6-2011, Plenário, *DJE* de 6-10-2011, com repercussão geral).

2.3.3. *In dubio pro misero*

O princípio *in dubio pro misero* consiste na possibilidade de o juiz, em caso de dúvida, interpretar a demanda versando sobre direito previdenciário, a favor do segurado. Ou seja, quando a norma propiciar vários sentidos interpretativos, deve-se acolher a interpretação que for mais benéfica ao segurado. No direito trabalhista, é chamado de *in dubio pro operario*. O princípio *in dubio pro misero,* modernamente, tem a finalidade intrínseca de proteger a parte mais frágil na relação jurídica, ou seja, o segurado e seus dependentes.

Serve, assim, como meio interpretativo de assegurar ao segurado, como parte hipossuficiente na relação Estado-segurado, a garantia do seu direito fundamental à previdência social. Contudo, a aplicação do princípio não pode se dar de forma indiscriminada, inobservando a vontade do legislador. Devem assim estar presentes I) duas ou mais normas jurídicas válidas em conflito e, deve II) existir dúvida acerca da aplicabilidade das normas.

Os tribunais têm aplicado o princípio notadamente quando há divergência entre provas periciais, no que concerne à incapacidade da pessoa. (TJ/SC, AC20130308102, Rel. José Volpato de Souza, 4ª Turma de Direito Público, j. 14-08-2013).

Diante da ocorrência de divergência quanto ao real Estado de saúde da paciente, tem-se como razoável a aplicação do princípio *in dubio pro misero* para conceder-lhe o benefício. (TJ/PE, AGV 2662222, Rel. Luiz Carlos Figueiredo, 1ª Câmara de Direito Público, j. 15-05-2012).

Em matéria previdenciária, os tribunais têm aplicado justiça com base no princípio, inclusive alargando meios de provas. Tanto é verdade que o Superior Tribunal de Justiça acabou por editar a Súmula n. 149, admitindo prova exclusivamente testemunhal para fins de reconhecimento de tempo de serviço.

O Tribunal Federal da 5º Região assim se posicionou:

"Considerando que os pais da autora exerceram, durante toda a sua vida em comum, a atividade rural, é dado presumir que, ao mudar o seu domicílio, continuaram a laborar no campo, sobretudo, quando inexistem nos autos provas de que exerceram outra atividade. Aplicação do princípio do *in dubio pro misero*.

---

(51) SARLET, Ingo Wolfgang. Dignidade da Pessoa Humana e Direitos Fundamentais na Constituição Federal de 1988. 8.ed. Porto Alegre: Livraria do Advogado Editora, 2010. p. 70.
(52) Julgamento por peritos qualificados.

(TRF 5, AC 401584, Rel. Des. Federal Edilson Nobre, 2T, j. 11-03-2007 e p 11-04-2007)".

A reprovável, voluntária e inescusável ausência de repasse das contribuições previdenciárias, que enseja a não concessão de um benefício previdenciário, indubitavelmente caracteriza abuso, porque configura exercício de direito contra sua normal finalidade, não admitido no nosso ordenamento jurídico nem mesmo para direito potestativo, constituindo-se em ato ilícito, violando os direitos do empregado, provocando evidente constrangimento, humilhação, dor e sofrimento, por subjugar o mais fraco e hipossuficiente, pela força econômica e pela força decorrente do poder diretivo patronal indevida e ilegalmente utilizadas. (TRF 1, RO 1119520125010038 RJ, Rel. Paulo Marcelo de Miranda Serrano, T7, j. 12-09-2012 e p. 25-09-2012).

2.3.4. Solidariedade

Tal princípio impõe a obrigação de todos os segurados (servidores ativos e inativos e pensionistas) e o respectivo ente público contribuírem para a mantença do sistema. Vem expressamente estabelecido no *caput* do artigo 40 da CF/88, quando diz textualmente que é assegurado aos servidores titulares de cargos efetivos regime de previdência de caráter contributivo e solidário, mediante contribuição do respectivo ente público, dos servidores ativos e inativos e dos pensionistas.

O sistema público de previdência social é fundamentado no princípio da solidariedade (art. 3º, I, da CF/88), contribuindo os ativos para financiar os benefícios pagos aos inativos. Se todos, inclusive inativos e pensionistas, estão sujeitos ao pagamento das contribuições, bem como aos aumentos de suas alíquotas, seria flagrante a afronta ao princípio da isonomia se o legislador distinguisse, entre os beneficiários, alguns mais e outros menos privilegiados, eis que todos contribuem, conforme as mesmas regras, para financiar o sistema. Se as alterações na legislação sobre custeio atingem a todos, indiscriminadamente, já que as contribuições previdenciárias têm natureza tributária, não há que se estabelecer discriminação entre os beneficiários, sob pena de violação do princípio constitucional da isonomia. (STF, RE 450.855-AgR, Rel. Min. Eros Grau, julgamento em 23-8-2005, Primeira Turma, *DJ* de 9-12-2005).

O princípio da solidariedade se presta a universalizar o âmbito de potenciais contribuintes, mitigando a referibilidade que é própria das contribuições. Não se presta o referido postulado a legitimar distorções na base de cálculo das contribuições, as quais, no intuito desmedido de arrecadar, acarretam o desvirtuamento da natureza retributiva que deve marcar os regimes de previdência. (STF, ARE 669.573-AgR, Rel. Min. Roberto Barroso, julgamento em 4-8-2015, Primeira Turma, *DJE* de 26-8-2015.)

2.3.5. Equidade na forma de tratamento entre os segurados

Equidade é um termo que deriva do latim *aequitatem*, que significa igualdade, imparcialidade e traduz o respeito à igualdade de direitos como forma de se obter um julgamento justo.

O princípio vem expressamente previsto no § 4º do artigo 40 da CF/88: "§ 4º É vedada a adoção de requisitos e critérios diferenciados para a concessão de aposentadoria aos abrangidos pelo regime de que trata este artigo, ressalvados, nos termos definidos em leis complementares, os casos de servidores [...]" (Redação da EC 47/2005).

O sistema público de previdência social é fundamentado no princípio da solidariedade (art. 3º, I, da CB/1988), contribuindo os ativos para financiar os benefícios pagos aos inativos. Se todos, inclusive inativos e pensionistas, estão sujeitos ao pagamento das contribuições, bem como aos aumentos de suas alíquotas, seria flagrante a afronta ao princípio da isonomia se o legislador distinguisse, entre os beneficiários, alguns mais e outros menos privilegiados, eis que todos contribuem, conforme as mesmas regras, para financiar o sistema. Se as alterações na legislação sobre custeio atingem a todos, indiscriminadamente, já que as contribuições previdenciárias têm natureza tributária, não há que se estabelecer discriminação entre os beneficiários, sob pena de violação do princípio constitucional da isonomia. (STF, RE 450.855-AgR, Rel. Min. Eros Grau, julgamento em 23-8-2005, Primeira Turma, *DJ* de 9-12-2005).

São expressamente proibidas quaisquer distinções entre os segurados do sistema, notadamente no que tange à concessão de benefícios previdenciários. Para melhor ilustrar, colacionamos o seguinte julgado:

"Pensão por morte de servidora pública estadual, ocorrida antes da EC 20/1998: cônjuge varão: exigência de requisito de invalidez que afronta o princípio da isonomia. Considerada a redação do art. 40 da CF antes da EC 20/1998, em vigor na data do falecimento da servidora, que não faz remissão ao regime geral da previdência social, impossível a invocação tanto do texto do art. 195, § 5º – exigência de fonte de custeio para a instituição de benefício –, quanto o do art. 201, V – inclusão automática do cônjuge, seja homem ou mulher, como beneficiário de pensão por morte. No texto anterior à EC 20/1998, a Constituição se preocupou apenas em definir a correspondência entre o valor da pensão e a totalidade dos vencimentos ou proventos do servidor falecido, sem qualquer referência a outras questões, como, por exemplo, os possíveis beneficiários da pensão por morte (Precedente: MS 21.540, Gallotti, *RTJ* 159/787). No entanto, a lei estadual mineira, violando o princípio da igualdade do art. 5º, I, da Constituição, exige do marido, para que perceba a pensão por morte da mulher, um requisito – o da invalidez – que, não se presume em relação à viúva, e que não foi objeto do acórdão do RE 204.193, 30-5-2001, Carlos Velloso, *DJ* de 31-10-2002. Nesse precedente, ficou evidenciado que o dado sociológico que se presume em favor da mulher é o da dependência econômica, e não a de invalidez, razão pela qual também não pode ela ser exigida do marido. Se a condição de invalidez revela, de modo inequívoco, a dependência econômica, a recíproca não é verdadeira; a condição de dependência econômica não implica declaração de invalidez. (STF, RE 385.397-AgR, Rel. Min.Sepúlveda Pertence, julgamento em 29-6-2007, Plenário, *DJ* de 6-9-2007. No mesmo sentido: STF, RE 607.907-AgR, Rel. Min. Luiz Fux, julgamento em 21-6-2011, Primeira Turma, *DJE* de 1º-8-2011)".

Forte nas balizas fixadas pelo STF, de ser constitucional a incidência de contribuição previdenciária sobre os proventos e pensões relativas aos servidores inativos, tal como qual estabelecido pela EC41/2003, a exação somente poderá ocorrer em relação ao montante que ultrapassar o teto do regime geral de previdência. Embora os militares possuam regime próprio de previdência social, inexistindo motivos constitucionalmente relevantes para se promover qualquer desequiparação em relação ao tema específico, em observância ao princípio da isonomia, a eles se aplicam as mesmas limitações constitucionais pertinentes ao regime previdenciário dos servidores civis. (TJ/MG, AC/Reex Necessário 10024132428004001, Rel. Des. Selma Marques, 6ª Câmara Cível, j. 03-06-2014 e p. 13-06-2014).

A interpretação do instituto da aposentadoria especial mais consentânea com o texto constitucional é aquela que conduz a uma proteção efetiva do trabalhador, considerando o benefício da aposentadoria especial excepcional, destinado ao segurado que efetivamente exerceu suas atividades laborativas em 'condições especiais que prejudiquem a saúde ou a integridade física'. Consectariamente, a primeira tese objetiva que se firma é: o direito à aposentadoria especial pressupõe a efetiva exposição do trabalhador a agente nocivo à sua saúde, de modo que, se o EPI for realmente capaz de neutralizar a nocividade, não haverá respaldo constitucional à aposentadoria especial. A Administração poderá, no exercício da fiscalização, aferir as informações prestadas pela empresa, sem prejuízo do inafastável *judicial review*. Em caso de divergência ou dúvida sobre a real eficácia do Equipamento de Proteção Individual, a premissa a nortear a Administração e o Judiciário é pelo reconhecimento do direito ao benefício da aposentadoria especial. Isto porque o uso de EPI, no caso concreto, pode não se afigurar suficiente para descaracterizar completamente a relação nociva a que o empregado se submete. (...). Desse modo, a segunda tese fixada neste Recurso Extraordinário é a seguinte: na hipótese de exposição do trabalhador a ruído acima dos limites legais de tolerância, a declaração do empregador, no âmbito do Perfil Profissiográfico Previdenciário (PPP), no sentido da eficácia do Equipamento de Proteção Individual - EPI, não descaracteriza o tempo de serviço especial para aposentadoria. (ARE 664.335, Rel. Min. Luiz Fux, julgamento em 4-12-2014, Plenário, DJE de 12-2-2015, com repercussão geral).

2.3.6. Direito adquirido

Direito adquirido, é o direito incorporado ao patrimônio do segurado, aquele que não pode ser revisto, uma vez que, para alcançá-lo, houve o cumprimento dos requisitos legalmente exigíveis. Só se adquire o direito quando o seu titular preenche todas as exigências previstas no ordenamento jurídico vigente, de modo a habilitá-lo ao seu exercício.

Para ilustrar a assertiva, vale colar entendido exarado pelo Supremo Tribunal Federal, que bem expressa a conclusão sobre a aplicabilidade do direito em testilha.

"CONSTITUCIONAL. PREVIDENCIÁRIO. ART. 2º E EXPRESSÃO '8º' DO ART. 10, AMBOS DA EMENDA CONSTITUCIONAL N. 41/2003. APOSENTADORIA. *TEMPUS REGIT ACTUM*. REGIME JURÍDICO. DIREITO ADQUIRIDO: NÃO-OCORRÊNCIA.

1. A aposentadoria é direito constitucional que se adquire e se introduz no patrimônio jurídico do interessado no momento de sua formalização pela entidade competente.

2. Em questões previdenciárias, aplicam-se as normas vigentes ao tempo da reunião dos requisitos de passagem para a inatividade.

3. Somente os servidores públicos que preenchiam os requisitos estabelecidos na Emenda Constitucional 20/1998, durante a vigência das normas por ela fixadas, poderiam reclamar a aplicação das normas nela contida, com fundamento no art. 3º da Emenda Constitucional 41/2003.

4. Os servidores públicos, que não tinham completado os requisitos para a aposentadoria quando do advento das novas normas constitucionais, passaram a ser regidos pelo regime previdenciário estatuído na Emenda Constitucional n. 41/2003, posteriormente alterada pela Emenda Constitucional n. 47/2005.

5.Ação Direta de Inconstitucionalidade julgada improcedente. (STF, ADI 3104, Rel. Min. Cármen Lúcia, Tribunal Pleno, j. 26/09/2007 e DJe 09/11/2007). Precedentes: ADI 3105/DF e ADI 3128/DF (DJU de 18.2.2005); RE 269407 AgR/RS (DJU de 2.8.2002); RE 258570/RS (DJU de19.4.2002); RE 382631 AgR/RS (DJU de 11.11.2005)."

No ordenamento jurídico vigente, não há norma, expressa nem sistemática, que atribua à condição jurídico-subjetiva da aposentadoria de servidor público o efeito de lhe gerar direito subjetivo como poder de subtrair *ad aeternum* a percepção dos respectivos proventos e pensões à incidência de lei tributária que, anterior ou ulterior, os submeta à incidência de contribuição previdencial. Noutras palavras, não há, em nosso ordenamento, nenhuma norma jurídica válida que, como efeito específico do fato jurídico da aposentadoria, lhe imunize os proventos e as pensões, de modo absoluto, à tributação de ordem constitucional, qualquer que seja a modalidade do tributo eleito, donde não haver, a respeito, direito adquirido com o aposentamento. (...) Não é inconstitucional o art. 4º, *caput*, da EC 41, de 19-12-2003, que instituiu contribuição previdenciária sobre os proventos de aposentadoria e as pensões dos servidores públicos da União, dos Estados, do Distrito Federal e dos Municípios, incluídas suas autarquias e fundações. (...) São inconstitucionais as expressões 'cinquenta por cento do' e 'sessenta por cento do', constantes do parágrafo único, I e II, do art. 4º da EC 41, de 19-12-2003, e tal pronúncia restabelece o caráter geral da regra do art. 40, § 18, da CR, com a redação dada por essa mesma Emenda." (STF, ADI 3.105 e ADI 3.128, Rel. p/ o Ac. Min. Cezar Peluso, julgamento em 18-8-2004, Plenário, *DJ* de 18-2-2005).

O Supremo Tribunal Federal debateu se, sob a vigência de uma mesma lei, teria o segurado direito a escolher, com fundamento no direito adquirido, o benefício mais vantajoso, consideradas as diversas datas em que o direito poderia ter sido exercido. Em outras palavras, sobre a existência ou não de direito adquirido ao cálculo da renda mensal inicial com base em data anterior a do desligamento do emprego ou da entrada do requerimento por ser mais vantajoso ao beneficiário. O STF considerou não estar frente a uma questão de direito intertemporal, mas diante da preservação do direito adquirido frente a novas circunstâncias de fato. Cabe, com fundamento no Enunciado 359, distinguir a aquisição do direito do seu exercício. Cumpridos os requisitos mínimos (tempo de serviço e carência ou tempo de contribuição e idade, conforme o regime jurídico vigente à época), o segurado adquire o direito ao benefício. (...) O segurado pode exercer o seu direito assim que preenchidos os requisitos para tanto (assim que adquirido) ou fazê-lo mais adiante, normalmente por optar em prosseguir na ativa, inclusive com vista a obter aposentadoria integral ou, atualmente, para melhorar o fator previdenciário aplicável. (...) Uma vez incorporado o direito à aposentação ao patrimônio do segurado, sua permanência na ativa não pode prejudicá-lo. Efetivamente, ao não exercer seu direito assim que cumpridos os requisitos mínimos para tanto, o segurado deixa de perceber o benefício mensal desde já e ainda prossegue contribuindo para o sistema. Não faz sentido que, ao requerer o mesmo benefício posteriormente (aposentadoria), o valor da sua renda mensal inicial seja inferior àquela que já poderia ter obtido. Admitir que circunstâncias posteriores possam implicar renda mensal inferior àquela garantida no momento do cumprimento dos requisitos mínimos é permitir que o direito adquirido não possa ser exercido tal como adquirido. Afinal, o benefício – previdenciário constitui-se na fruição de proventos mensais que amparam o segurado em situação de inatividade. O direito ao benefício é o direito a determinada renda mensal, calculada conforme os critérios jurídicos e pressupostos fáticos do momento em que cumpridos os requisitos para a sua percepção. (...) O direito adquirido ao melhor benefício implica a possibilidade de o segurado ver o seu benefício deferido ou revisado de modo que corresponda à maior renda possível no cotejo entre a renda mensal inicial obtida e as rendas mensais que estaria percebendo, naquele momento, se houvesse requerido em algum momento anterior o benefício, desde quando possível a aposentadoria proporcional. (STF, RE 630.501, Rel. p/ o Ac. Min. Marco Aurélio, voto da Min. Ellen Gracie, julgamento em 21-2-2013, Plenário, DJE de 26-8-2013, com repercussão geral)

Conforme o STF, não ofende o ato jurídico perfeito a aplicação imediata do art. 14 da EC 20/1998 e do art. 5º da EC 41/2003 aos benefícios previdenciários limitados a teto do regime geral de previdência estabelecido antes da vigência dessas normas, de modo que passem a observar o novo teto constitucional. (STF, RE 564.354, Rel. Min. Cármen Lúcia, julgamento em 8-9-2010, Plenário, *DJE* de 15-2-2011, com repercussão geral).

Inexiste direito adquirido a determinado regime jurídico, razão pela qual não é lícito ao segurado conjugar as vantagens do novo sistema com aquelas aplicáveis ao anterior. A superposição de vantagens caracteriza sistema híbrido, incompatível com a sistemática de cálculo dos benefícios previdenciários. (STF, RE 575.089, Rel. Min. Ricardo Lewandowski, julgamento em 10-9-2008, Plenário, *DJE* de 24-10-2008, com repercussão geral).

É firme a jurisprudência do STF no sentido de que o aposentado tem direito adquirido ao *quantum* de seus proventos calculado com base na legislação vigente ao tempo da aposentadoria, mas não aos critérios legais com base em que esse *quantum* foi estabelecido, pois não há direito adquirido a regime jurídico. (STF, AI 145.522-AgR, Rel. Min. Sepúlveda Pertence, julgamento em 15-12-1998, Primeira Turma, *DJ* de 26-3-1999).

O óbito do instituidor é o marco temporal para definição do regime jurídico a que está sujeita a concessão do benefício: MS 21.540, Rel. Min. Octavio Gallotti. Neste sentido, configura-se inexistente preterição a direito adquirido de receber benefício com base em normas não recepcionadas pelo atual sistema constitucional. (STF, RE 436.995-AgR, Rel. Min. Ellen Gracie, julgamento em 11-11-2008, Segunda Turma, *DJE* de 28-11-2008).

De acordo com a orientação firmada pelo STF, o servidor que completou o tempo de serviço para usufruir da licença-prêmio em momento anterior à vigência da EC 20/1998 e não o fez tem direito a computar em dobro o tempo correspondente à licença para fins de aposentadoria. (STF, AI 725.444-AgR, Rel. Min. Joaquim Barbosa, julgamento em 7-2-2012, Segunda Turma, DJE de 23-2-2012.)

Os servidores que ingressaram no serviço público antes da EC 41/2003, mas que se aposentaram após a referida emenda, têm direito à paridade remuneratória e à integralidade no cálculo de seus proventos, desde que observadas as regras de transição especificadas nos artigos 2º e 3º da EC 47/2005. (STF, RE 590.260, Rel. Min. Ricardo Lewandowski, julgamento em 24-6-2009, Plenário, DJE de 23-10-2009, com repercussão geral).

O Supremo Tribunal Federal fixou jurisprudência no sentido de que não há direito adquirido à regime jurídico-funcional pertinente à composição dos vencimentos ou à permanência do regime legal de reajuste de vantagem, desde que eventual modificação introduzida por ato legislativo superveniente preserve o montante global da remuneração, não acarretando decesso de caráter pecuniário. (STF, RE 593.304-AgR, Rel. Min. Eros Grau, julgamento em 29-9-2009, Segunda Turma, DJE de 23-10-2009. No mesmo sentido: STF, RE 464.946-AgR, Rel. Min. Dias Toffoli, julgamento em 3-5-2011, Primeira Turma, DJE de 5-8-2011. Vide: STF, RE 599.618-ED, Rel. Min.Cármen Lúcia, julgamento em 1º-2-2011, Primeira Turma, DJE de 14-3-2011).

A Corte Suprema pacificou a sua jurisprudência sobre a constitucionalidade do instituto da estabilidade financeira e sobre a ausência de direito adquirido a regime jurídico. Nesta linha, não ofende a Constituição da República de 1988, por dar cumprimento ao princípio da irredutibilidade da remuneração. (STF, RE 563.965, Rel. Min. Cármen Lúcia, julgamento em 11-2-2009, Plenário, DJE de 20-3-2009, com repercussão geral).

Neste contexto, a redução de proventos de aposentadoria, quando concedida em desacordo com a lei, não ofende o princípio da irredutibilidade de vencimentos. (STF, MS 25.552, Rel. Min. Cármen Lúcia, julgamento em 7-4-2008, Plenário, DJE de 30-5-2008). E ainda: a absorção de vantagem pecuniária por reajustes sucessivos não viola o princípio da irredutibilidade de vencimentos. (STF, AI 318.209-AgR-ED-ED, Rel. Min. Cezar Peluso, julgamento em 7-8-2007, Primeira Turma, DJ de 24-8-2007).

É da jurisprudência do Supremo Tribunal que não pode o agente público opor, à guisa de direito adquirido, a pretensão de manter determinada fórmula de composição de sua remuneração total se da alteração não decorre a redução dela. (STF, MS 24.875, Rel. Min. Sepúlveda Pertence, julgamento em 11-5-2006, Plenário, DJ de 6-10-2006. No mesmo sentido: STF, AO 1.509-ED, Rel. Min. Ricardo Lewandowski, julgamento em 27-2-2014, Plenário, DJE de 26-3-2014).

2.3.7. Caráter contributivo e compulsoriedade de filiação

A previdência social, qualquer que seja o regime adotado (geral, público ou complementar) e qualquer que seja sua base de financiamento, sustenta-se ordinariamente por contribuições sociais.

Na previdência pública, a obrigatoriedade de contribuição e filiação vem expressamente prevista no *caput* do artigo 40 da CF/88:

> "Aos servidores titulares de cargos efetivos da União, dos Estados, do Distrito Federal e dos Municípios, incluídas suas autarquias e fundações, é assegurado regime de previdência de caráter contributivo e solidário, mediante contribuição do respectivo ente público, dos servidores ativos e inativos e dos pensionistas, observados critérios que preservem o equilíbrio financeiro e atuarial e o disposto neste artigo."

Não há que se confundir obrigatoriedade de filiação em regime próprio de previdência com a filiação em regime de caráter complementar a planos de saúde instituídos para servidores públicos. Neste contexto, não é permitido aos entes criarem planos de assistência à saúde com caráter obrigatório de contribuição pelos servidores, como ocorre no caso dos autos, porquanto inexiste amparo constitucional para impor vinculação compulsória, pois consistiria em violação ao princípio da ampla liberdade de contratar e, além disso, apenas a União tem competência para criar tal tipo de tributo. (TJ/RS, Apelação e Reexame Necessário n. 70053469003, Vigésima Quinta Câmara Cível, Rel. Adriana da Silva Ribeiro, julgado em 10/12/2013)

O servidor público efetivo ocupante de cargo público não tem a discricionariedade entre participar ou não do sistema previdenciário público quando instituído no âmbito da unidade federal da qual se insere.

O princípio vem expressamente previsto no § 1º do artigo 149 da CF/88, com a seguinte redação:

> Art. 149...
> § 1º Os Estados, o Distrito Federal e os Municípios instituirão contribuição, cobrada de seus servidores, para o custeio, em benefício destes, do regime previdenciário de que trata o art. 40, cuja alíquota não será inferior à da contribuição dos servidores titulares de cargos efetivos da União. (Redação dada pela Emenda Constitucional n. 41, 19.12.2003).

A Lei 9.717/98 prevê o princípio em seu artigo 2º, na redação dada pela Lei n. 10.887/04 – que regulamentou a EC n. 41/03 –, com a seguinte redação:

> Art. 2º A contribuição da União, dos Estados, do Distrito Federal e dos Municípios, incluídas suas autarquias e fundações, aos regimes próprios de previdência social a que estejam vinculados seus servidores não poderá ser inferior ao valor da contribuição do servidor ativo, nem superior ao dobro desta contribuição.

O artigo 3º da norma sob comento, também com redação dada pela Lei n. 10.887/04, assim prescreve:

> Art. 3º As alíquotas de contribuição dos servidores ativos dos Estados, do Distrito Federal e dos Municípios para os respectivos regimes próprios de previdência social não serão inferiores às dos servidores titulares de cargos efetivos da União, devendo ainda ser observadas, no caso das contribuições sobre os proventos dos inativos e sobre as pensões, as mesmas alíquotas aplicadas às remunerações dos servidores em atividade do respectivo ente estatal.

Da exegese dos dispositivos temos que as contribuições não poderão ser inferiores a 11%, uma vez que é esta a alíquota fixada para os servidores da União.

A contribuição instituída a ser cobrada dos servidores também não poderá ter efeito confiscatório por expressa violação ao artigo 150, IV, da CF/88: "Sem prejuízo de outras garantias asseguradas ao contribuinte, é vedado à União, aos Estados, ao Distrito Federal e aos Municípios utilizar tributo com efeito de confisco."

Os §§ 18 e 21 do artigo 40 da CF/88 trazem espécie de isenção parcial para os inativos e pensionistas:

Art. 40...

[...]

§ 18. Incidirá contribuição sobre os proventos de aposentadorias e pensões concedidas pelo regime de que trata este artigo que superem o limite máximo estabelecido para os benefícios do regime geral de previdência social de que trata o art. 201, com percentual igual ao estabelecido para os servidores titulares de cargos efetivos. (Incluído pela Emenda Constitucional n. 41, 19.12.2003).

[...]

§ 21. A contribuição prevista no § 18 deste artigo incidirá apenas sobre as parcelas de proventos de aposentadoria e de pensão que superem o dobro do limite máximo estabelecido para os benefícios do regime geral de previdência social de que trata o art. 201 desta Constituição, quando o beneficiário, na forma da lei, for portador de doença incapacitante. (Incluído pela Emenda Constitucional n. 47, de 2005).

Não existe isenção absoluta em matéria de contribuição previdenciária. No entanto, está em pauta a PEC 555, que, se for convertida em emenda constitucional, isentará inativos e pensionistas da obrigatoriedade de contribuição para o sistema previdenciário público.

A Proposta de Emenda Constitucional n. 555 tem por escopo revogar o artigo 4º da EC n. 41/03, que expressamente dispôs sobre a obrigatoriedade de contribuição dos servidores inativos e os pensionistas que já estavam em gozo de benefícios na data de publicação da emenda, bem como os alcançados pelo disposto no seu art. 3º.

O artigo foi declarado constitucional, com exceção dos seus incisos I e II, pela ADI 3.105 (STF, Tribunal Pleno, Rel. Min. Ellen Gracie, j. 18-08-2004 e DJe de 18-02-2005). Nas palavras da relatora, não há, em nosso ordenamento, nenhuma norma jurídica válida que, como efeito específico do fato jurídico da aposentadoria, lhe imunize os proventos e as pensões, de modo absoluto, à tributação de ordem constitucional, qualquer que seja a modalidade do tributo eleito, donde não haver, a respeito, direito adquirido com o aposentamento.

Não é inconstitucional o art. 4º, *caput*, da EC 41, de 19-12-2003, que instituiu contribuição previdenciária sobre os proventos de aposentadoria e as pensões dos servidores públicos da União, dos Estados, do Distrito Federal e dos Municípios, incluídas suas autarquias e fundações. (STF, ADI 3.105 e ADI 3.128, Rel. p/ o Ac. Min. Cezar Peluso, julgamento em 18-8-2004, Plenário, *DJ* de 18-2-2005. No mesmo sentido: STF, MS 24.777-AgR, Rel. Min. Teori Zavascki, julgamento em 19-9-2013, Plenário, *DJE* de 16-10-2013. Vide: STF, AI 594.104-AgR, Rel. Min. Ellen Gracie, julgamento em 4-5-2010, Segunda Turma, *DJE* de 21-5-2010; STF, RE 475.076-AgR, Rel. Min. Eros Grau, julgamento em 25-11-2008, Segunda Turma, *DJE* de 19-12-2008.)

Magistrados e pensionistas de magistrados aposentados que entraram na magistratura quando vigente a CR de 1946. Reiteração dos argumentos de que a EC 20/1998 e a EC 41/2003 não alcançariam os servidores que ingressaram na carreira antes da promulgação da CR de 1988. Ausência de norma de imunidade tributária absoluta que assegure aos agravantes o direito adquirido de não se sujeitarem à contribuição previdenciária. Descumprimento da ADI 3.105. (STF, Rcl 4.486-MC-AgR, Rel. Min. Cármen Lúcia, julgamento em 28-8-2008, Plenário, *DJE* de 26-9-2008.)

Se o servidor contribuiu para a Previdência Social no período trabalhado além da data em que poderia ter se aposentado – o que não fez porque ao tempo do requerimento houve controvérsia a respeito da contagem do tempo de serviço, posteriormente dirimida em juízo a favor do servidor –, faz jus à devolução dos valores recolhidos, nos termos da isenção prevista no § 5º do art. 8º da EC 20/1998. (STF, RE 568.377, Rel. Min. Eros Grau, julgamento em 7-10-2008, Segunda Turma, *DJE* de 14-11-2008).

Impossibilidade da incidência de contribuição previdenciária sobre o terço constitucional de férias. A jurisprudência do STF firmou-se no sentido de que somente as parcelas que podem ser incorporadas à remuneração do servidor para fins de aposentadoria podem sofrer a incidência da contribuição previdenciária. (STF, AI 710.361-AgR, Rel. Min. Cármen Lúcia, julgamento em 7-4-2009, Primeira Turma, *DJE* de 8-5-2009. No mesmo sentido: STF, AI 712.880-AgR, Rel. Min. Ricardo Lewandowski, julgamento em 26-5-2009, Primeira Turma, *DJE* de 11-9-2009.)

A norma que fixa alíquota mínima (contribuição dos servidores titulares de cargos efetivos na União) para a contribuição a ser cobrada pelos Estados, pelo Distrito Federal e pelos Municípios de seus servidores, para o custeio, em benefício destes, do regime previdenciário de que trata o art. 40 da CR não contraria o pacto federativo ou configura quebra de equilíbrio atuarial. A observância da alíquota mínima fixada na EC 41/2003 não configura quebra da autonomia dos Estados Federados. O art. 201, § 9º, da CR, ao estabelecer um sistema geral de compensação, há de ser interpretado à luz dos princípios da solidariedade e da contributividade, que regem o atual sistema previdenciário brasileiro. (STF, ADI 3.138, Rel. Min. Cármen Lúcia, julgamento em 14-9-2011, Plenário, DJE de 13-2-2012).

2.3.8. Previsão no orçamento

A receita da Seguridade Social constará de orçamento próprio, conforme estatuído pelos artigos 165, § 5º, III, e 195, §§ 1º e 2º, da CF/88. É vedada a utilização de recursos provenientes das contribuições sociais de que trata o art. 195, I, "a", para realização de despesas distintas do pagamento de benefícios.

A Lei Complementar n. 101, de 4 de maio de 2000 – LRF, que estabelece normas de finanças públicas voltadas para a responsabilidade na gestão fiscal, estabelece em seu artigo 4º, § 2º, IV, "a", que avaliação da situação financeira e atuarial, dos regimes próprios de previdência social, deverá constar do anexo que acompanha a lei de diretrizes orçamentárias.

O artigo 5º, I, § 6º, da mesma norma, diz que integrarão as despesas da União, e serão incluídas na lei orçamentária, as despesas relativas a pessoal e encargos sociais, custeio administrativo, inclusive os destinados a benefícios e assistência aos servidores, e a investimentos.

Para os fins da LRF, entende-se como despesa total com pessoal o somatório dos gastos do ente da Federação com os ativos, os inativos e os pensionistas, relativos a mandatos eletivos, cargos, funções ou empregos, civis, militares e de membros de Poder, com quaisquer espécies remuneratórias, tais como vencimentos e vantagens, fixas e variáveis, subsídios, proventos da aposentadoria, reformas e pensões, inclusive adicionais, gratificações, horas extras e vantagens pessoais de qualquer natureza, bem como encargos sociais e contribuições recolhidas pelo ente às entidades de previdência (art. 18).

De acordo com o artigo 19, § 1º, VI, para fins de limites de percentuais da receita corrente líquida (limite prudencial), não serão computadas as despesas com inativos, ainda que por intermédio de fundo específico, custeadas por recursos provenientes: a) da arrecadação de contribuições dos segurados; b) da compensação financeira de que trata o § 9º do art. 201 da Constituição; e c) das demais receitas diretamente arrecadadas por fundo vinculado a tal finalidade, inclusive o produto da alienação de bens, direitos e ativos, bem como seu superávit financeiro.

De acordo com os números apresentados no orçamento da União para 2016, benefícios previdenciários e funcionalismo representam mais de 60% de toda a despesa do governo federal, sendo a despesa previdenciária a que apresenta maior crescimento.

2.3.9. Proteção exclusiva

Como forma de seguro social, a previdência pública tem, dentre suas funções, a proteção contra infortúnios (velhice, incapacidade, invalidez, morte) ou reposição de renda para dependentes econômicos.

Entretanto, na previdência pública existe um limitador para a universalidade de cobertura, qual seja, a de ser servidor público titular de cargos efetivos da União, dos Estados, do Distrito Federal e dos Municípios, incluídas suas autarquias e fundações. Nos termos da Orientação Normativa MPS/SPS n. 02, de 31 de março de 2009 - DOU de 2/4/2009, considera-se cargo efetivo o conjunto de atribuições, deveres e responsabilidades específicas definidas em estatutos dos entes federativos cometidas a um servidor aprovado por meio de concurso público de provas ou de provas e títulos.

A Lei n. 9.717, de 27 de novembro de 1998, dispõe em seu artigo 1º, inciso V, que a cobertura exclusiva do sistema será direcionada aos servidores públicos titulares de cargos efetivos, aos militares, bem como a seus respectivos dependentes, de cada ente estatal.

Não há cobertura universal, para qualquer pessoa que não ostente a condição de servidor público e seus dependentes. Servidores temporários, comissionados e empregados públicos são vinculados obrigatórios do RPPS, conforme alínea g, ao artigo 11, da Lei n. 8.213/91.

Bem como são vinculados ao RGPS os servidores ocupantes de cargo efetivo que não tenha vínculo previdenciário com o ente federativo do qual é vinculado, por não ter sido instituído seu RPPS, conforme expressamente previsto no artigo 12 da Lei n. 8.213/91: "O servidor civil ocupante de cargo efetivo ou o militar, [...] são excluídos do Regime Geral de Previdência Social consubstanciado nesta Lei, desde que amparados por regime próprio de previdência social."

O art. 40, § 1º, II, da CB, na redação que lhe foi conferida pela EC 20/1998, está restrito aos cargos efetivos da União, dos Estados-membros, do Distrito Federal e dos Municípios – incluídas as autarquias e fundações. Os serviços de registros públicos, cartorários e notariais são exercidos em caráter privado por delegação do Poder Público – serviço público não privativo. Os notários e os registradores exercem atividade estatal, entretanto não são titulares de cargo público efetivo, tampouco ocupam cargo público. Não são servidores públicos, não lhes alcançando a compulsoriedade imposta pelo mencionado art. 40 da CF/1988 – aposentadoria compulsória aos setenta anos de idade. (STF, ADI 2.602, Rel. p/ o Ac. Min. Eros Grau, julgamento em 24-11-2005, Plenário, DJ de 31-3-2006. No mesmo sentido: STF, AI 494.237-AgR, Rel. Min. Joaquim Barbosa, julgamento em 23-11-2010, Segunda Turma, DJE de 7-12-2010. Vide: STF, RE 556.504-ED, Rel. Min. Dias Toffoli, julgamento em 10-8-2010, Primeira Turma, DJE de 25-10-2010.)

Não tem direito à aposentadoria estatutária o servidor detentor de cargo em comissão aposentado após a EC 20, de 16-12-1998. (STF, AI 578.458-AgR, Rel. Min.Gilmar Mendes, julgamento em 14-8-2007, Segunda Turma, DJ de 14-9-2007).

O sistema previdenciário dos ocupantes de cargos comissionados foi regulado pela Lei 8.647/1993. Posteriormente, com a EC 20/1998, o art. 40, § 13, da CF determinou a filiação obrigatória dos servidores sem vínculo efetivo ao regime geral de previdência. Como os detentores de cargos comissionados desempenham função pública a título precário, sua situação é incompatível com o gozo de quaisquer benefícios que lhes confira vínculo de caráter permanente, como é o caso da aposentadoria. Inadmissível, ainda, o entendimento segundo o qual, à míngua de previsão legal, não se deva exigir o preenchimento de requisito algum para a fruição da aposentadoria por parte daqueles que desempenham a função pública a título precário, ao passo que, para os que mantêm vínculo efetivo com a administração, exige-se o efetivo exercício no cargo por cinco anos ininterruptos ou dez intercalados (art. 193 da Lei 8.112/1990). (STF, RMS 25.039, Rel. Min. Joaquim Barbosa, julgamento em 14-2-2006, Segunda Turma, DJE de 18-4-2008. No mesmo sentido: RE 409.295-AgR, Rel. Min. Dias Toffoli, julgamento em 3-5-2011, Primeira Turma, DJE de 1º-8-2011).

É entendimento pacificado no Supremo Tribunal Federal no sentido de que o Estado-membro não pode conceder aos serventuários da Justiça aposentadoria em regime idêntico ao dos servidores públicos (art. 40, *caput*, da CF). (STF, ADI 2.791, Rel. Min. Gilmar Mendes, julgamento em 16-8-2006, Plenário, DJ de 24-11-2006. No mesmo sentido: STF, ARE 705.633-AgR, Rel. Min. Marco Aurélio, julgamento em 8-10-2013, Primeira Turma,DJE de 28-10-2013).

Tabeliães e oficiais de registros públicos: aposentadoria: inconstitucionalidade da norma da Constituição local que – além de conceder-lhes aposentadoria de servidor público – que, para esse efeito, não são – vincula os respectivos proventos às alterações dos vencimentos da magistratura: precedente (ADI 139, RTJ 138/14). (STF, ADI 575, Rel. Min. Sepúlveda Pertence, julgamento em 25-3-1999, Plenário, DJ de 25-6-1999. No mesmo sentido: STF, AI 668.533-AgR, Rel. Min. Cármen Lúcia, julgamento em 25-10-2011, Primeira Turma, DJE de 23-11-2011. Vide: STF, RE 565.936-AgR, Rel. Min. Ellen Gracie, julgamento em 26-10-2010, Segunda Turma, DJE de 29-11-2010.)

Como o regime próprio de previdência é destinado exclusivamente ao servidor público titular de cargo efetivo, vincula-se ao regime de previdência do órgão de origem quando cedido a órgão ou entidade de outro ente da federação. (STF, MS 27.215-AgR, Rel. Min. Luiz Fux, julgamento em 10-4-2014, Plenário, DJE de 5-5-2014).

A filiação é, assim, obrigatória, tendo em vista que, uma vez o regime próprio sendo instituído pelo ente, não poderá haver filiação do RGPS. Além de obrigatória, é automática, processando-se a partir da data em que o servidor público adquire sua efetividade, que ocorre com a aprovação em concurso público e a posse no cargo. Sem um e outro não há que se falar em filiação a regime próprio de previdência.

Com o marco regulatório introduzido pela EC n. 20/1998, NÃO EXISTEM SEGURADOS FACULTATIVOS EM RPPS, uma vez que o sistema somente comporta os segurados servidores públicos efetivos e estes são obrigados a aderir ao sistema, caso o ente o tenha implantado.

2.3.10. Direito a um regime próprio de previdência

Conforme exaustivamente debatido no tópico referente à obrigatoriedade do município de instituir RPPS, somos de opinião que CF/88, quando diz textualmente no *caput* do seu artigo 40 que "aos servidores titulares de cargos efetivos da União, dos Estados, do Distrito Federal e dos Municípios, incluídas suas autarquias e fundações, é assegurado regime de previdência de caráter contributivo e solidário", não diz ser uma mera faculdade, mas sim uma obrigatoriedade. Não é uma faculdade do servidor público efetivo ser filiado a um regime próprio de previdência, é um direito garantido constitucionalmente.

O *caput* do artigo 40 da CF/88 garante este direito, não fazendo nenhuma ressalva, nem deixando margens para interpretações diversas. A Constituição diz que é assegurado, não que é facultado ao servidor, regime de previdência de caráter contributivo e solidário, com a observância das normas estatuídas pelo citado artigo 40.

Em tomo próprio defendemos essa tese, ressaltando que o direito a um regime próprio de previdência é um verdadeiro princípio da previdência pública. E quando se fala em regime próprio, deve ser entendido como o regime autossustentável, que se mantém equilibrado financeiramente e atuarialmente.

O servidor público tem o direito inconteste de ter seus benefícios previdenciários garantidos pelo Poder Público, com total respeitabilidade pelo tempo em que se manteve ativo na Administração Pública. É o servidor público os músculos e os ossos da máquina administrativa. É ele quem impulsiona essa máquina, é a mola propulsora. A garantia de um regime próprio de previdência de forma com solvabilidade, liquidez e higidez dos fundos é um direito irrefreável.

E una-se a esse direito o direito de ter a prestação mais vantajosa. O Supremo Tribunal Federal firmou o convencimento de que deve ser considerado o dever legal de conceder a prestação mais vantajosa possível ao segurado do sistema. (STF, RE 631.240, Rel. Min. Roberto Barroso, julgamento em 3-9-2014, Plenário, *DJE* de 10-11-2014, com repercussão geral).

O direito à previdência social constitui direito fundamental e, uma vez implementados os pressupostos de sua aquisição, não deve ser afetado pelo decurso do tempo. Como consequência, inexiste prazo decadencial para a concessão inicial do benefício previdenciário. (STF, RE 626.489, Rel. Min. Roberto Barroso, julgamento em 16-10-2013, Plenário, *DJE* de 23-9-2014, com repercussão geral).

A ADI 5302, de relatoria do ministro Dias Toffoli, questiona a Lei 14.643/2014, do Estado do Rio Grande do Sul, que institui regime próprio de previdência para deputados estaduais ou suplentes. A ação sustenta que a lei, ao instituir o plano de seguridade social para os parlamentares estaduais, constituindo benefício de aposentadoria e pensão, violou princípios da Constituição Federal, como o da impessoalidade e da moralidade (artigo 37, *caput*), patrocinando "grave instituição de privilégios e tratamento desigual sem base racional para tanto." A partir da Emenda Constitucional 20/98, os agentes políticos (membros de Poder e detentores de mandato eletivo) e os servidores comissionados, passaram a contribuir para o Regime Geral de Previdência Social. Segundo a OAB, responsável pela impugnação, "é irrazoável e irracional a criação de benesse a determinada classe política sem que haja suficiente fundamento constitucional para tal discriminação em relação aos demais servidores do Estado do Rio Grande do Sul."

2.3.11. Obrigatoriedade da prévia fonte de custeio

O artigo 195, § 5º, da CF/88, determina que "nenhum benefício ou serviço da seguridade social poderá ser criado, majorado ou estendido sem a correspondente fonte de custeio total." Ou seja, é a própria Constituição Federal que determina a obrigatoriedade de indicação prévia da fonte de custeio que irá suportar a criação de um benefício previdenciário, sua majoração ou sua extensão, de forma a que se preserve o equilíbrio financeiro-atuarial do sistema, tal como previsto no *caput* do artigo 40 da CF/88.

Com a imposição, evita-se a concessão ou o aumento irresponsável de benefícios, tais como os criados para atender às pressões de certas categorias de servidores.

Ressalte-se que o princípio, em sua origem, não proíbe a criação de novos benefícios, nem tampouco a majoração e extensão dos já existentes. O que se proíbe é a criação, majoração e extensão sem fundamento, sem ter a correspondente fonte de custeio que haverá de suportar o aumento da despesa.

O artigo 17, §§ 1º, 2º e 3º, da LRF dizem textualmente que:

> Art. 17. Considera-se obrigatória de caráter continuado a despesa corrente derivada de lei, medida provisória ou ato administrativo normativo que fixem para o ente a obrigação legal de sua execução por um período superior a dois exercícios.
>
> § 1º Os atos que criarem ou aumentarem despesa de que trata o *caput* deverão ser instruídos com a estimativa prevista no inciso I do art. 16 e demonstrar a origem dos recursos para seu custeio.
>
> § 2º Para efeito do atendimento do § 1º, o ato será acompanhado de comprovação de que a despesa criada ou aumentada não afetará as metas de resultados fiscais previstas no anexo referido no § 1º do art. 4º, devendo seus efeitos financeiros, nos períodos seguintes, ser compensados pelo aumento permanente de receita ou pela redução permanente de despesa.
>
> § 3º Para efeito do § 2º, considera-se aumento permanente de receita o proveniente da elevação de alíquotas, ampliação da base de cálculo, majoração ou criação de tributo ou contribuição.

Fonte de custeio deve ser entendida como os meios econômicos e financeiros obtidos e determinados à concessão e à manutenção das prestações da previdência.

Com base no artigo 195, § 4º, "a lei poderá instituir outras fontes destinadas a garantir a manutenção ou expansão da seguridade social, obedecido o disposto no art. 154, I", com a remissão feita ao artigo 154, I, da CF/88: "a União poderá instituir: mediante lei complementar, impostos não previstos no artigo anterior, desde que sejam não-cumulativos e não tenham fato gerador ou base de cálculo próprios dos discriminados nesta Constituição", o Supremo Tribunal Federal firmou o entendimento no sentido de que nova fonte de custeio somente poderá ser instituída por lei complementar. (STF, RE 595838/SP, Rel. Min. Dias Toffoli, Tribunal Pleno, j. 23-04-2014 e DJe 08-10-2014).

O STF também firmou o entendimento de que a concessão de aposentadoria aos servidores públicos em razão de atividade exercida exclusivamente sob condições que prejudiquem a saúde ou a integridade física não cria novo benefício previdenciário sem a correspondente fonte de custeio, mas apenas remove, mediante a aplicação integrativa das regras estabelecidas no art. 57 da Lei 8.213/91, o óbice à análise do pedido administrativo de aposentadoria especial. (STF MI 3370/DF, Rel. Min. Ricardo Lewandowski, Tribunal Pleno, j. 17-10-2013 e DJe de 29-11-2013, com base no Precedente: MI 1.169-AgR/DF, Rel. Min. Cármen Lúcia).

Por sua vez, o Superior Tribunal de Justiça, ao analisar a extensão de benefícios do fundo de previdência complementar, definiu que, na falta de fonte de custeio correspondente, não se revela possível haver a extensão dos aumentos reais concedidos pela previdência oficial ao benefício suplementar. Para a Corte Superior, o objetivo do fundo de previdência complementar "não é propiciar ganho real ao trabalhador aposentado, mas manter o padrão de vida para o assistido semelhante ao que desfrutava em atividade, devendo, para tanto, gerir os numerários e as reservas consoante o plano de benefícios e os cálculos atuariais." Se a entidade de previdência privada aplicou a seus assistidos o reajuste correspondente à perda inflacionária nos termos da previsão normativa estatutária que atrelou o reajustamento aos índices aplicados pelo INSS nos benefícios da previdência social, não podem ser estendidos os aumentos reais, ante a ausência de previsão no plano contratado. (STJ, REsp 1510689/MG, Rel. Min. Ricardo Villas Bôas Cueva, T3, j. 10-03-2015 e DJe 16-03-2015).

De acordo com o STF, o servidor público é associado obrigatório do instituto previdencial. A inclusão do cônjuge como dependente após a EC 20/1998 independe da indicação de fonte de custeio, pelo servidor público, como seu dependente para fins previdenciários. (STF, RE 207.282, Rel. Min. Cezar Peluso, julgamento em 2-3-2010, Segunda Turma, *DJE* de 19-3-2010.)

Também segundo o STF, compete ao ente federado a que se vincula o servidor cobrir eventual insuficiência financeira decorrente do pagamento de benefícios previstos nos regimes próprios de previdência dos servidores públicos, lógica que se aplica ao custeio das aposentadorias especiais, afastando-se a incidência do art. 195, § 5º, da CF. (STF, MI 1.271-AgR, Rel. Min. Luiz Fux, julgamento em 24-10-2013, Plenário, *DJE* de 21-11-2013).

2.3.12. Aplicabilidade das normas do RGPS em caráter supletivo

A EC n. 20/1998 incluiu o § 12 ao artigo 40 da CF/88, passando a prever que o regime de previdência dos servidores públicos titulares de cargo efetivo observará, no que couber, os requisitos e critérios fixados para o regime geral de previdência social.

Com a nova tratativa, o RGPS passou a servir de parâmetro para a previdência pública, naquilo que esta não disponha de forma expressa.

Com base na premissa, o Supremo Tribunal Federal entendeu pela aplicabilidade do artigo 57, da Lei

n. 8.213/1991 – Lei Geral de Benefícios, no que couber, para definir a possibilidade de concessão de aposentadoria especial ao servidor público, conforme previsão no artigo 40, § 4º, da CF/88, na falta de regulamentação específica. (STF MI 795, Relatora Ministra Cármen Lúcia, Tribunal Pleno, j. 15-4-2009 e DJe 22-5-2009).

A Súmula Vinculante STF n. 33 bem retrata a aplicabilidade do princípio: "Aplicam-se ao servidor público, no que couber, as regras do regime geral da previdência social sobre aposentadoria especial de que trata o artigo 40, § 4º, inciso III da Constituição Federal, até a edição de lei complementar específica."

De acordo com entendimento esposado pelo STF, os parâmetros alusivos à aposentadoria especial, enquanto não editada a lei exigida pelo texto constitucional, são aqueles contidos na Lei 8.213/1991, não cabendo mesclar sistemas para, com isso, cogitar-se de idade mínima. (STF, MI 758-ED, Rel. Min. Marco Aurélio, julgamento em 8-4-2010, Plenário, *DJE* de 14-5-2010)

2.3.13. Direito às prestações

O direito à previdência social é um direito fundamental, e como tal, não pode o Poder Público se esquivar de cumprir com o pagamento das prestações, quando devidas.

Quando o servidor público ingressa na inatividade, não é mais ocupante de cargo público, seus subsídios são transformados em proventos. São os proventos que garantem a sobrevivência do segurado, dado seu caráter alimentar.

Provento é a contraprestação devida pelo Estado ao seu inativo, possuindo caráter alimentar, assim como qualquer outro benefício previdenciário que tenha como fundamento de existência a reposição de renda.

Por assim ser, vem decidindo os tribunais que o atraso no pagamento de benefício previdenciário, bem como descontos indevidos, são passíveis de indenização.

O cálculo do *quantum debeatur* deve incidir sobre o valor bruto dos vencimentos pagos em atraso, já que este é o valor devido pelo Estado aos seus servidores. *Ipso facto*, verificada a hipótese de incidência do imposto de renda e da contribuição previdenciária, no momento do respectivo pagamento será procedido ao competente desconto e repasse ao ente estatal titular do crédito tributário. (TJ/SC AC 368990, Rel. Des. Francisco Oliveira Filho, Segunda Câmara de Direito Público, j. 18-04-2006).

O atraso nos pagamentos por falha da administração é suficiente para acarretar danos morais, principalmente em relação a inativos de baixa renda, que dependem dos proventos para adquirir remédios e sobreviver. (TJ/DF, EIC 20000110457662, Rel. Des. Sandra de Santis, 1ª Câmara Cível, j. 20-10-2004)

O atraso no pagamento de proventos de aposentadoria devido a servidor público enseja a aplicação de correção monetária, uma vez que se trata de dívida de valor de natureza alimentar. (STJ, REsp 47838 SP, Rel. Ministro Vicente Leal, T6, j. 28-05-1996 e DJ 24-06-1996).

O STJ vem reafirmando esse posicionamento. Outrossim, vem se manifestando no sentido de que descontos indevidos nos proventos de aposentadoria enseja responsabilidade civil do Estado, passível de indenização por danos morais. (STJ, AgRg no AREsp 226768 RS, Rel. Min. Humberto Martins, T2, j. 02-04-2013 e DJe 12-04-2013).

2.3.14. *Tempus regit actum*

O princípio do *tempus regit actum* (o tempo rege o ato, ou na tradução literal, tempo de agir conforme as regras) foi firmado pela Súmula 359 do STF: "Ressalvada a revisão prevista em lei, os proventos da inatividade regulam-se pela lei vigente ao tempo em que o militar, ou o servidor civil reuniu os requisitos necessários."

O benefício de pensão por morte segue a mesma sistemática, tendo em vista a Súmula 340 do STJ: "A lei aplicável à concessão de pensão previdenciária por morte é aquela vigente na data do óbito do segurado."

A sistemática dos benefícios previdenciários se rege pela lei vigente à época em que os pressupostos para concessão ocorreram.

A aposentadoria é direito constitucional que se adquire e se introduz no patrimônio jurídico do interessado no momento de sua formalização pela entidade competente. Em questões previdenciárias, aplicam-se as normas vigentes ao tempo da reunião dos requisitos de passagem para a inatividade. Somente os servidores públicos que preenchiam os requisitos estabelecidos na EC 20/1998, durante a vigência das normas por ela fixadas, poderiam reclamar a aplicação das normas nela contidas, com fundamento no art. 3º da EC 41/2003. Os servidores públicos, que não tinham completado os requisitos para a aposentadoria quando do advento das novas normas constitucionais, passaram a ser regidos pelo regime previdenciário estatuído na EC 41/2003, posteriormente alterada pela EC 47/2005. (STF ADI 3.104, Rel. Min. Cármen Lúcia, julgamento em 26-9-2007, Plenário, *DJ* de 9-11-2007).

É firme a jurisprudência do STF, no sentido que o aposentado tem direito adquirido ao *quantum* de seus proventos calculado com base na legislação vigente ao tempo da aposentadoria, mas não aos critérios legais com base em que esse *quantum* foi estabelecido, pois não há direito adquirido a regime jurídico. (RE 92.511, Moreira Alves, *RTJ* 99/1267). (STF, AI 145.522-AgR, Rel. Min. Sepúlveda Pertence, julgamento em 15-12-1998, Primeira Turma, *DJ* de 26-3-1999).

É firme a orientação jurisprudencial dos Tribunais Superiores no sentido de que a lei que rege o benefício de pensão por morte é aquela vigente ao tempo do fato gerador, qual seja, o óbito do instituidor, em atendimento ao Princípio *Tempus Regit Actum*. Comprovado que a autora/apelada tornou-se pensionista em 1996, na vigência da Lei

Estadual n. 7.551/77, posteriormente passou a condição de filho universitário ou equiparado, sendo indubitável o seu direito à pensão até completar 25 (vinte e cinco) anos de idade, nos exatos termos tracejados na referida lei, de sorte que há de se afastar a incidência da malsinada legislação posterior, por imposição do princípio da irretroatividade da lei, uma vez que a sucessão da lei no tempo não possui o condão de afetar a segurança das relações jurídicas e a estabilidade dos direitos subjetivos. Evidente que estamos diante de um inegável direito adquirido em prol daquele beneficiário, e não de mera expectativa de direito. (TJ/PE, AGV 3446895, Rel. Des. Rafael Machado da Cunha Cavalcanti, 4ª Câmara de Direito Público, j. 14-08-2013 e p. 08-09-2013)

Destarte, o STF se posicionou no sentido de que não ofende o ato jurídico perfeito a aplicação imediata do art. 14 da EC 20/1998 e do art. 5º da EC 41/2003 aos benefícios previdenciários limitados a teto do regime geral de previdência estabelecido antes da vigência dessas normas, de modo que passem a observar o novo teto constitucional. (STF, RE 564.354, Rel. Min. Cármen Lúcia, julgamento em 8-9-2010, Plenário, DJE de 15-2-2011, com repercussão geral)

2.3.15. Vedação de contagem de tempo fictício e tempo concomitante

A vedação de contagem de tempo fictício vem expressamente prevista no § 10 do artigo 40 da CF/88, incluído pela EC n. 20/1998: "A lei não poderá estabelecer qualquer forma de contagem de tempo de contribuição fictício."

O Decreto n. 3.112, de 6 de julho de 1999, que dispõe sobre a regulamentação da Lei n. 9.796, de 5 de maio de 1999 (compensação financeira entre regimes), em seu art. 5º, § 1º, estabelece:

Art. 5º...

§ 1º Entende-se como tempo de contribuição fictício todo aquele considerado em lei anterior como tempo de serviço, público ou privado, computado para fins de concessão de aposentadoria sem que haja, por parte de servidor ou segurado, cumulativamente, a prestação de serviço e a correspondente contribuição social.

De acordo com o artigo 76, § 1º da ON MPS/SPS N. 02/2009, *não se considera fictício o tempo definido em lei como tempo de contribuição para fins de concessão de aposentadoria quando tenha havido, por parte do servidor, a prestação de serviço ou a correspondente contribuição.*

De acordo com a orientação firmada no STF, o servidor que completou o tempo de serviço para usufruir da licença-prêmio em momento anterior à vigência da EC 20/1998, e não o fez, tem direito a computar em dobro o tempo correspondente à licença para fins de aposentadoria. (STF, AI 725.444-AgR, Rel. Min. Joaquim Barbosa, julgamento em 7-2-2012, Segunda Turma, DJE de 23-2-2012).

O caráter contributivo do regime geral da previdência social (*caput* do art. 201 da CF) a princípio impede a contagem de tempo ficto de contribuição. O § 5º do art. 29 da Lei 8.213/1991 é exceção razoável à regra proibitiva de tempo de contribuição ficto com apoio no inciso II do art. 55 da mesma lei. E é aplicável somente às situações em que a aposentadoria por invalidez seja precedida do recebimento de auxílio-doença durante período de afastamento intercalado com atividade laborativa, em que há recolhimento da contribuição previdenciária. Entendimento, esse, que não foi modificado pela Lei 9.876/1999. O § 7º do art. 36 do Decreto 3.048/1999 não ultrapassou os limites da competência regulamentar porque apenas explicitou a adequada interpretação do inciso II e do § 5º do art. 29 em combinação com o inciso II do art. 55 e com os arts. 44 e 61, todos da Lei 8.213/1991. A extensão de efeitos financeiros de lei nova a benefício previdenciário anterior à respectiva vigência ofende tanto o inciso XXXVI do art. 5º quanto o § 5º do art. 195 da CF. (RE 583.834, Rel. Min. Ayres Britto, julgamento em 21-9-2011, Plenário, DJE de 14-2-2012, com repercussão geral), por força de disposição nela expressamente prevista. Tal regra incide, inclusive, sobre benefícios concedidos anteriormente, sem que isso importe em retroatividade vedada pela Constituição. Inexiste direito adquirido a regime jurídico não sujeito à decadência. (STF, RE 626.489, Rel. Min. Roberto Barroso, julgamento em 16-10-2013, Plenário, DJE de 23-9-2014, com repercussão geral).

É vedado o cômputo de tempo de serviço privado, concomitante com serviço público, para efeito de obtenção de uma segunda aposentadoria estatutária. (TRF 4 AMS 5370 RS, Rel. Des. Federal Rômulo Pizzolatti, T5, j. 29-01-2008 e p. 24-04-2008).

A Constituição Federal de 1988, ao disciplinar a vedação de contagem de tempo de contribuição na atividade privada com a do serviço público ou de mais de uma atividade no serviço público, quando concomitantes, dispôs que é ressalvado o exercício de atividades concomitantes nos casos de acumulação de cargos ou empregos públicos, conforme estabelecido no preceito legal contido no próprio Regulamento da Previdência Social, no § 12º do Art. 130 do Decreto n. 3.048/99, quando trata da Contagem Recíproca entre Regimes de Previdência Social. O artigo 96, inciso II, da Lei 8213/91, dispõe que é vedada a contagem em dobro do tempo de serviço público com o de atividade privada quando concomitantes. Evidentemente, se o segurado exercer durante o tempo necessário para o reconhecimento da aposentadoria de tempo de serviço uma atividade em regime jurídico próprio e outra no regime geral, implementando condições nas duas atividades, poderá se aposentar no serviço público e na atividade privada se essa cumulação for permitida constitucionalmente. O exercício de atividades concomitantes pelo segurado não é proibido por lei, sendo que a própria lei previdenciária autoriza a cumulação de uma aposentadoria pelo regime estatutário e outra pelo regime geral, desde que não seja computado o mesmo tempo de serviço ou de contribuição em mais de um regime. (TJ/SP, AC 7027 SP. Rel. Juiz Convocado Fernando Gonçalves, Nona Turma, j. 27-08-2012).

2.3.16. Preservação do valor real e irredutibilidade dos benefícios

O legislador de 1988 preocupou-se com o princípio tendo em vista o período inflacionário antes da implantação do real, mais nitidamente visível na década de 80, quando os proventos não conseguiam acompanhar os índices inflacionários e acabavam totalmente defasados.

Hodiernamente, o princípio da irredutibilidade do valor dos benefícios é um dos pilares da seguridade social e encontra-se expressamente previsto no artigo 194, parágrafo único, inciso IV, da Constituição Federal. E nos termos do seu artigo 201, § 4º, aduz textualmente que "é assegurado o reajustamento dos benefícios para preservar-lhes, em caráter permanente, o valor real, conforme critérios definidos em lei", na redação dada pela Emenda Constitucional n. 20, de 1998.

A CF ainda assevera no § 17 do artigo 40 que "todos os valores de remuneração considerados para o cálculo do benefício previsto no § 3º serão devidamente atualizados, na forma da lei."

Pelo princípio, o benefício legalmente concedido não pode ter seu valor nominal reduzido por ato da Administração Pública, uma vez que tem natureza alimentar. Via transversa, o benefício que não for legalmente concedido pode sofrer redução.

Sendo uma garantia constitucional, cabe à legislação ordinária estabelecer os parâmetros para reajuste, devendo os benefícios refletir sempre o poder aquisitivo original da data em que foram implantados.

A garantia constitucional da irredutibilidade do estipêndio funcional traduz conquista jurídico-social outorgada, pela Constituição da República, a todos os servidores públicos (CF, art. 37, XV), em ordem a dispensar-lhes especial proteção de caráter financeiro contra eventuais ações arbitrárias do Estado. Essa qualificada tutela de ordem jurídica impede que o poder público adote medidas que importem, especialmente quando implementadas no plano infraconstitucional, em diminuição do valor nominal concernente ao estipêndio devido aos agentes públicos. A cláusula constitucional da irredutibilidade de vencimentos e proventos – que proíbe a diminuição daquilo que já se tem em função do que prevê o ordenamento positivo (RTJ 104/808) – incide sobre o que o servidor público, a título de estipêndio funcional, já vinha legitimamente percebendo (RTJ 112/768) no momento em que sobrevém, por determinação emanada de órgão estatal competente, nova disciplina legislativa pertinente aos valores pecuniários correspondentes à retribuição legalmente devida. (STF, ADI 2.075-MC, Rel. Min. Celso de Mello, julgamento em 7-2-2001, Plenário, DJ de 27-6-2003. No mesmo sentido: STF, RE 426.491-AgR, Rel. Min. Ricardo Lewandowski, julgamento em 8-2-2011, Primeira Turma, DJE de 10-3-2011.)

A jurisprudência do STF é no sentido de que é inviável estender a servidores inativos as vantagens pecuniárias decorrentes de reposicionamento, na carreira, de servidores ativos, com fundamento no art. 40, § 8º, da Constituição. (STF, RE 522.570-AgR, Rel. Min. Ricardo Lewandowski, julgamento em 5-5-2009, Primeira Turma, DJE de 5-6-2009. No mesmo sentido: STF, RE 606.199, Rel. Min. Teori Zavascki, julgamento em 9-10-2013, Plenário, DJE de 7-2-2014, com repercussão geral).

O Supremo Tribunal Federal reafirmou entendimento no sentido da validade de índices fixados em normas que reajustaram benefícios pagos pelo Instituto Nacional do Seguro Social (INSS). De acordo com decisão, os índices adotados entre os anos de 1997 e 2003 foram superiores ao Índice Nacional de Preços ao Consumidor (INPC) e, dessa forma, não se pode falar em desrespeito ao parágrafo 4º do artigo 201 da Constituição Federal, que garante a manutenção do valor real do benefício. A jurisprudência foi reafirmada pelo Plenário Virtual da Corte na análise do Recurso Extraordinário com Agravo – ARE 808107, relatado pelo ministro Teori Zavascki e que teve repercussão geral reconhecida.

Conforme o entendimento proferido pelo Supremo Tribunal Federal no julgamento do RE n. 376.846/SC, os índices de reajustes dos benefícios previdenciários, previstos na Lei n. 9.711/98, Lei n. 9.971/2000, Medida Provisória n. 2.187-13/2001 e Decreto n. 3.826/2001, aplicáveis para o período compreendido entre os anos de 1997 e 2001, são válidos, porque seus percentuais, superiores ao do INPC naqueles anos, resultaram em maior vantagem aos beneficiários do INSS, garantindo a efetividade da norma prevista no art. 201, § 4º, da Constituição Federal.

O Plenário do Supremo Tribunal Federal, ao apreciar o RE 376.846, da relatoria do ministro Carlos Velloso, decidiu que as normas que promoveram reajustes nos benefícios previdenciários nos períodos de 1997, 1999, 2000 e 2001 não ofendem o § 4º do art. 201 da Constituição Federal. A redação do § 2º do art. 201 do Texto Constitucional não foi alterada pela EC 20/1998. Na verdade, a referida emenda apenas promoveu o deslocamento da norma dentro do próprio art. 201, reposicionando-a no § 4º. Pelo que sua regulamentação por medida provisória não afronta o art. 246 da Carta Magna. (STF, AI 570849 RJ, Rel. Min. Ayres Britto, T2, j. 15-02-2011 e DJe 27-04-2011).

O STF definiu que o disposto no art. 201, § 4º, da Constituição do Brasil, assegura a revisão dos benefícios previdenciários conforme critérios definidos em lei, ou seja, compete ao legislador ordinário definir as diretrizes para conservação do valor real do benefício. (STF, AI 668.444-AgR, Rel. Min. Eros Grau, julgamento em 13-11-2007, Segunda Turma, DJ de 7-12-2007. No mesmo sentido: AI 689.077-AgR, Rel. Min. Ricardo Lewandowski, julgamento em 30-6-2009, Primeira Turma, DJE de 21-8-2009).

A presunção de constitucionalidade da legislação infraconstitucional realizadora do reajuste previsto no art. 201, § 4º, CF, somente pode ser elidida mediante demonstração da impropriedade do percentual adotado para o reajuste. Os percentuais adotados excederam os índices do INPC ou destes ficaram abaixo, num dos exercícios, em percentual desprezível e explicável, certo que o INPC é o índice mais adequado para o reajuste dos benefícios, já que o IGP-DI melhor serve para preços no atacado, porque retrata, basicamente, a variação de preços do setor empresarial brasileiro. (STF, RE 376.846, Rel. Min. Carlos Velloso, julgamento em 24-9-2003, Plenário, DJ de 2-4-2004. No mesmo sentido: STF, AI 676.547-AgR, Rel. Min. Joaquim Barbosa, julgamento em 26-6-2012, Segunda Turma, DJE de 24-9-2012).

A redução de proventos de aposentadoria, quando concedida em desacordo com a lei, não ofende o princípio da irredutibilidade de vencimentos. (STF, MS 25.552, Rel. Min. Cármen Lúcia, julgamento em 7-4-2008, Plenário, DJE de 30-5-2008.)

2.3.17. Paridade e integralidade

Antes da edição da EC n. 41, publicada no Diário Oficial da União em 31 de dezembro de 2003, tendo, portanto, entrado em vigor no dia 1º de janeiro de 2004, os benefícios previdenciários de aposentadoria e pensão eram sempre reajustados toda vez em que o servidor ativo tinha seus vencimentos/subsídios majorados. Desta forma, os benefícios guardavam estreita ligação com o sistema remuneratório dos servidores em atividade.

Também não existia forma de cálculo tanto nas aposentadorias como nas pensões. Era a última remuneração do servidor em atividade que ditava o valor a ser pago no benefício.

Entretanto a EC n. 41/2003 extinguiu as duas formas de vinculação, acabando com a paridade e a integralidade. Paridade é o instituto que garante a vantagem de majoração nos proventos e pensões sempre que houver aumento para o servidor ativo. Pela paridade, o servidor inativo e o pensionista acompanham os aumentos dados à categoria de servidores na qual se inseriram. Integralidade é o instituto que garante o pagamento integral do benefício, sem cálculo de média aritmética e sem o cálculo nas pensões previsto no § 7º do artigo 40 da CF/88.

Após a vigência da EC n. 20, em 16 de dezembro de 1998 (ou seja, cinco anos antes da EC 41), que instituiu expressamente o caráter contributivo do sistema previdenciário público (e para a Administração Federal o fato se deu com a EC 3, de 1993: "As aposentadorias e pensões dos servidores públicos federais serão custeadas com recursos provenientes da União e das contribuições dos servidores, na forma da lei"), surgiu a indagação: se o sistema público é de caráter contributivo, como cumprir a determinação constitucional? Foi assim que a EC 41 inovou a ordem jurídica, no sentido de priorizar esse caráter contributivo, com a implantação do sistema de média aritmética.

Com relação às pensões, após a análise percuciente do instituto, chegou-se à conclusão de que, como o segurado, instituidor do benefício, vem a falecer, sua parte na renda familiar (gastos com o próprio segurado) não mais existe, qual o sentido de a pensão acompanhar a remuneração que o segurado recebia quando vivo? Foi através dessa indagação que se chegou aos cálculos impostos pelo § 7º do artigo 40 da CF/88.

Contudo, a interpretação dos dispositivos trazidos pela EC 41 não foi unânime. Tem RPPS que entende ser a EC 41 autoaplicável, ou seja, a partir de 1º de janeiro de 2004 não mais se aplica a paridade/integralidade em todos os casos. Tem RPPS que não aplica a paridade a partir de 1º de janeiro de 2004 e não aplica a integralidade a partir de 20 de janeiro de 2004 (data da vigência da MP 167, convertida na Lei 10.887/2004) e tem RPPS que não aplica os institutos a partir de 20 de fevereiro de 2004, sustentando que a EC 41 não seria autoaplicável no que diz respeito à paridade/integralidade.

De acordo com decisão do Plenário do Tribunal de Contas da União exarada no Acórdão n. 2553/2013, as pensões só terão a equiparação com os valores pagos a servidores em atividade se o óbito que originou o benefício tiver ocorrido até 31 de dezembro de 2003, data da publicação da emenda. Para casos de benefícios com base em óbito posteriores a essa data, os reajustes seguirão o índice usado pelo Regime Geral da Previdência Social.

Seja como for, a EC 41/03 instituiu regra de transição, respeitando o servidor que ingressou no sistema antes de sua edição, bem como da edição da EC 20/98. Posteriormente, a EC 47/05 e a EC 70/12 trouxeram novas regras de transição.

O artigo 7º da EC 41 assim dispôs:

> Art. 7º Observado o disposto no art. 37, XI, da Constituição Federal, os proventos de aposentadoria dos servidores públicos titulares de cargo efetivo e as pensões dos seus dependentes pagos pela União, Estados, Distrito Federal e Municípios, incluídas suas autarquias e fundações, em fruição na data de publicação desta Emenda, bem como os proventos de aposentadoria dos servidores e as pensões dos dependentes abrangidos pelo art. 3º desta Emenda, serão revistos na mesma proporção e na mesma data, sempre que se modificar a remuneração dos servidores em atividade, sendo também estendidos aos aposentados e pensionistas quaisquer benefícios ou vantagens posteriormente concedidos aos servidores em atividade, inclusive quando decorrentes da transformação ou reclassificação do cargo ou função em que se deu a aposentadoria ou que serviu de referência para a concessão da pensão, na forma da lei.

Ou seja, de forma expressa, resguardou os servidores inativos e pensionistas com paridade/integralidade, nos termos previstos no dispositivo acima mencionado. A paridade e a integralidade, que antes eram regras gerais e únicas, passaram a ser exceção.

Os servidores que ingressaram no serviço público antes da EC 41/2003, mas que se aposentaram após a referida emenda, têm direito à paridade remuneratória e à integralidade no cálculo de seus proventos, desde que observadas as regras de transição especificadas nos arts. 2º e 3º da EC 47/2005. (STF, RE 590.260, Rel. Min. Ricardo

Lewandowski, julgamento em 24-6-2009, Plenário, *DJE* de 23-10-2009, com repercussão geral).

Conforme o Supremo Tribunal Federal, a paridade de reajuste não se transmite para o beneficiário de pensão, pelo fato de o servidor ter se aposentado com esse direito. O benefício previdenciário rege-se pela lei do tempo em que reunidas as condições para sua concessão. (STF, RE n. 602.012/MG, Rel. Min. Cármen Lúcia, T1, j. 24-08-2010 e DJe 24-09-2010).

Neste sentido, o Superior Tribunal de Justiça acabou editando a Súmula 340: "A lei aplicável à concessão de pensão previdenciária por morte é aquela vigente na data do óbito do segurado."

No RE 603580/RJ, o Supremo Tribunal Federal se manifestou no sentido de que a pensão sobrevinda de instituidor aposentado antes da EC n. 41/2003, porém falecido após seu advento, não dá direito à paridade. A exceção prevista para a hipótese é o artigo 3º da EC 47/2005. De acordo com a Corte Suprema, o benefício previdenciário da pensão por morte deve ser regido pela lei vigente à época do óbito de seu instituidor. As pensões derivadas de óbito de servidores aposentados conforme termos do art. 3º da EC 47/2005 é garantido o direito à paridade. (STF, RE 603580/RJ, Rel. Min. Ricardo Lewandowski, Tribunal Pleno, julgado mérito de tema com repercussão geral em 20-05-2015 e DJe de 04-08-2015, opostos embargos declaratórios).

Autoaplicabilidade da norma inscrita no art. 40, § 8º, da CF (na redação anterior à promulgação da EC 41/2003) – correspondência do valor dos proventos da aposentadoria à totalidade dos vencimentos dos servidores em atividade – revisão dos valores na mesma data e na mesma proporção – diretriz jurisprudencial firmada pelo STF. (AI 512.023-AgR, Rel. Min. Celso de Mello, julgamento em 3-2-2009, Segunda Turma, *DJE* de 13-3-2009. No mesmo sentido: ARE 651.456-AgR, Rel. Min. Cármen Lúcia, julgamento em 22-11-2011, Primeira Turma, *DJE* de 14-12-2011).

A Emenda Constitucional n. 70/12 restabeleceu o benefício da paridade entre o valor do benefício de aposentadoria por invalidez ou pensão dela decorrente e o valor que seria recebido pelo servidor acaso ainda na ativa. (TJ/RJ, REEX 00008502320138190025, Rel. Des. Adolpho Correa de Andrade Mello Júnior, Nona Câmara Cível, j. 29-09-2014 e p. 01-10-2014).

O Tribunal de Justiça do Estado de São Paulo tem garantido o direito à paridade e integralidade aos servidores públicos policiais civis, que preencham os requisitos da Lei Complementar n. 51/85. (TJ/SP, APL 00077123720148260071, Rel. Des. Sidney Romano dos Reis, 6ª Câmara de Direito Público, j. 14-09-2015 e p. 17-09-2015).

De acordo com o Tribunal de Justiça do Estado do Rio Grande do Sul, prescrevem em cinco anos as ações contra a Fazenda Pública, nos termos do art. 1º, do Decreto 20.910/32, portanto, decorrido este prazo, entre a conversão da aposentadoria especial, com direito ao recebimento de proventos integrais, em aposentadoria voluntária, com proventos proporcionais, e a propositura da ação, prescrito está o próprio fundo de direito. (TJ/RS, Apelação Cível n. 70055057079, Quarta Câmara Cível, Rel. Des. Eduardo Kraemer, j. 17-09-2014).

2.3.18. Equilíbrio financeiro-atuarial

Equilíbrio financeiro é a equivalência entre as receitas auferidas e as obrigações devidas pelos regimes próprios em cada exercício (equilíbrio entre receita e despesa). Equilíbrio atuarial é a garantia dessa equivalência em longo prazo, entre as receitas estimadas e as despesas projetadas.

Para garantia desse princípio, há que se ter consciência na correta aplicabilidade dos recursos previdenciários, que não podem ter outro fim senão o pagamento de benefícios previdenciários.

Conforme entendimento do ministro Gilmar Mendes, o princípio do equilíbrio financeiro e atuarial é decorrente do postulado da responsabilidade, destinando-se a assegurar a viabilidade do sistema previdenciário por meio da necessária correlação entre os benefícios e serviços prestados e as respectivas fontes de custeio. Vale conferir:

"Ligado direta e imediatamente ao princípio da responsabilidade, do qual em verdade é uma decorrência, o princípio do equilíbrio financeiro e atuarial aponta para a necessária correlação entre os benefícios e serviços da previdência social. Como sistema de seguro, e as respectivas fontes de custeio, em ordem a lhe garantir continuidade e certeza de longo alcance. Noutras palavras, à luz desse princípio – ou equilibramos a relação receitas/despesas do sistema previdenciário, para tanto exigindo mais rigor nos cálculos atuariais e corrigindo as gritantes distorções em matéria de benefícios, ou inviabilizaremos a nossa mais extensa rede de proteção social, com efeitos que não podem ser antevistos nem pelos mais clarividentes cientistas sociais".[53]

Com efeito, o princípio do equilíbrio financeiro-atuarial é o postulado indicativo para a solvabilidade dos fundos previdenciários. Tanto assim que o princípio inaugura toda a sistemática da previdência pública, ao ser expressamente previsto no *caput* do artigo 40 da CF/88, na redação dada pela EC 41/03:

"Aos servidores titulares de cargos efetivos da União, dos Estados, do Distrito Federal e dos Municípios, incluí-

---

(53) MENDES, Gilmar Ferreira. Curso de Direito Constitucional. 2. ed. São Paulo: Saraiva. 2008. p. 1366.

das suas autarquias e fundações, é assegurado regime de previdência de caráter contributivo e solidário, mediante contribuição do respectivo ente público, dos servidores ativos e inativos e dos pensionistas, observados critérios que preservem o equilíbrio financeiro e atuarial e o disposto neste artigo".

A Lei de Responsabilidade Fiscal reza em seu artigo 69 que "o ente da Federação que mantiver ou vier a instituir regime próprio de previdência social para seus servidores, conferir-lhe-á caráter contributivo e o organizará com base em normas de contabilidade e atuária que preservem seu equilíbrio financeiro e atuarial."

Por seu turno o *caput* do artigo 1º da Lei Geral de Previdência Pública – Lei 9.717/98, assim prescreve:

> Art. 1º Os regimes próprios de previdência social dos servidores públicos da União, dos Estados, do Distrito Federal e dos Municípios, dos militares dos Estados e do Distrito Federal deverão ser organizados, baseados em normas gerais de contabilidade e atuária, de modo a garantir o seu equilíbrio financeiro e atuarial.

A alegação de que os critérios de cálculo de alíquota de contribuição previdenciária relativos a equilíbrio financeiro e atuarial deveriam ser necessariamente estabelecidos por lei em sentido formal foi rechaçada pelo Plenário do STF no julgamento da ADI 2.034-MC, Rel. Min. Sydney Sanches. (STF, RE 517.288-AgR, voto da Rel. Min Cármen Lúcia, julgamento em 22-2-2011, Primeira Turma, *DJE* de 18-3-2011).

Destarte, o princípio em testilha vem sendo cotidianamente desrespeitado pelos governantes e gestores diretos de RPPS. Segundo notícia vinculada no sítio do Supremo Tribunal Federal em 10 de junho do corrente ano, o Partido dos Trabalhadores (PT) ajuizou no Supremo Tribunal Federal (STF) Ação Direta de Inconstitucionalidade – ADI 5330 (cuja relatoria coube ao ministro Celso de Mello), contra o artigo 2º, inciso II, da Lei 18.469/2015, do Estado do Paraná, que alterou norma sobre as regras para concessão de benefícios pelo Fundo de Previdência estadual, o Paranaprevidência. Para o partido, a norma lesa "direta e insofismavelmente" os artigos 40, 149, parágrafo 1º, e 201 da Constituição Federal (CF), "todos fundados na ideia do princípio da contributividade para todos os regimes previdenciários em nosso país, seja do regime geral, seja dos regimes próprios de previdência complementar." Segundo a legenda, a regra questionada deixa de observar os critérios de manutenção do equilíbrio econômico, financeiro e atuarial do fundo de previdência, anotados no artigo 40 da CF, ao estabelecer que todos os servidores com no mínimo 73 anos de idade ou mais, completados até a data de 30 de junho de 2015, passem a ser remunerados pelo Paranaprevidência, inclusive com efeitos retroativos, mesmo sem ter jamais contribuído para a formação deste. "Tal medida transfere mais de 33,5 mil servidores, aposentados ou pensionistas e que antes eram remunerados pelo fundo financeiro, para o fundo previdenciário", afirma. A inclusão desses pensionistas e aposentados, de acordo com o partido, gera um déficit nas contas do fundo e dilui seu potencial de arcar com as futuras aposentadorias de seus efetivos contribuintes. "A transferência de beneficiários não foi acompanhada de uma transferência de reservas financeiras, e muito menos de uma capitalização de recursos. O impacto mensal no fundo será de aproximadamente R$ 142,2 milhões, retroativos até janeiro, o que caracteriza uma situação de exponencial descapitalização", explica. De acordo com o partido, o equilíbrio financeiro diz respeito à correlação entre a receita e a despesa inseridos no regime previdenciário. Por sua vez, o equilíbrio atuarial é a paridade entre a previsão de gastos futuros e os ativos que compõem o fundo, de modo que sejam suficientes para arcar com os gastos. "Inexiste correlação entre a oneração recebida pelo fundo e a necessária – e no caso inexistente – compensação financeira, pois tais servidores não trazem consigo capital para auxiliar na manutenção de seus benefícios", sustenta. A lei também não fixou a formulação do cálculo atuarial requisitado pelo artigo 40 e repetido no artigo 201. A norma não traz real estudo de impacto financeiro em razão das alterações que promove, única forma de analisar a viabilidade da sustentação do plano, de forma a evitar o déficit. A relação entre o segurado e o regime previdenciário é de natureza meramente contributiva/retributiva. O segurado tem a obrigação de contribuir financeiramente com a formação do fundo para, no momento em que tiver preenchido os requisitos, ser remunerado. "A regra de ouro, especificada pelo texto constitucional para tais situações, é simples: quem não contribui não usufrui", explica, em referência ao previsto no parágrafo 1º do artigo 149 da Carta Magna. Dessa forma, o PT requer a concessão da liminar para suspender os efeitos dos dispositivos legais questionados, tendo em vista que sua manutenção "compromete, desde logo e gravemente", a saúde financeira do regime de previdência do Estado do Paraná[54].

A alegação de que os critérios de cálculo de alíquota de contribuição previdenciária relativos a equilíbrio financeiro e atuarial deveriam ser necessariamente estabelecidos por lei em sentido formal foi rechaçada pelo Plenário do STF no julgamento da ADI 2.034-MC, Rel. Min. Sydney Sanches. (RE 517.288-AgR, voto da Rel. Min Cármen Lúcia, julgamento em 22-2-2011, Primeira Turma, *DJE* de 18-3-2011.)

2.3.19. Indisponibilidade dos recursos

O princípio da indisponibilidade dos recursos previdenciários está intimamente ligado ao princípio do interesse público e ao equilíbrio financeiro-atuarial do sistema. Para o Supremo Tribunal, ao princípio da responsabilidade dos gastos públicos. (Vide ADI 3.853, Rel. Min. Eros Grau, Tribunal Pleno, j. 12-09-2007 e DJe 26-10-2007).

---

(54) STF – Supremo Tribunal Federal.Partido questiona alterações nas regras de benefícios do fundo previdenciário do Paraná. Disponível em <http://www.stf.jus.br/portal/cms/verNoticiaDetalhe.asp?idConteudo=293321>. Acesso em 25 de setembro de 2015.

Com razão, os princípios caminham de mãos atadas e mantêm um diálogo harmônico entre si mesmos. Assim considerados e indissociáveis, refletem a sustentabilidade do sistema, ou seja, sua própria sobrevivência.

Os recursos previdenciários, notadamente aqueles advindos de contribuições para o custeio do sistema e por terem natureza tributária com destinação específica (pagamento de contribuições previdenciárias), são indisponíveis e não podem ficar ao alvedrio do governante, a pretexto de cumprir sua agenda política no que se refere às políticas sociais (inclusive cumprimento de folhas de pagamentos de ativos e inativos e pensionistas).

Neste diapasão é o inciso V do artigo 1º da Lei n. 9.717/1998, que expressamente veda a utilização de recursos do fundo de bens, direitos e ativos para empréstimos de qualquer natureza, inclusive à União, aos Estados, ao Distrito Federal e aos Municípios, a entidades da administração indireta e aos respectivos segurados. No mesmo lógico, o inciso II do mesmo dispositivo aduz que a conta de fundo previdenciário deve ter existência distinta da conta do Tesouro da unidade federativa.

É a própria Lei Geral da Previdência Pública que faz uma blindagem expressa dos recursos previdenciários. Os recursos previdenciários têm natureza pública e, como tal, não podem sofrer constrição judicial (penhora, sequestro). É por esse fundamento que não se admite a instituição de unidade gestora única fora do componente estrutural da Administração Pública (o que acaba por confundir gestão de entidade com gestão de fundos previdenciários).

A vantagem da "blindagem" dos fundos é que os recursos não podem ser desviados de sua finalidade essencial, ou seja, quitar débitos diversos. Os recursos permanecem intactos e com a característica de indisponibilidade, que induz à impossibilidade de serem transferidos.

Uma vez aportados os recursos, qualquer que seja a procedência dos mesmos (por exemplo, empréstimos advindos de organismos internacionais – leia-se Banco Mundial), não poderão ser "desaportados" para cumprimento de outras obrigações financeiras que não sejam exclusivamente pagamento de benefícios previdenciários.

Também não importa a maquiagem que se dê ao ingresso de recursos no sistema, se devidamente aportados ou contabilizados de outra maneira, como rubrica de antecipação de receitas. O que é juridicamente relevante é a defesa desses fundos, que não podem servir à propósitos imediatistas de governantes e seus asseclas. Recursos previdenciários são a garantia de todo o sistema; em longo prazo, pertencem aos segurados, não a A ou B.

Aportar recursos financeiros significa dar destinação certa aos mesmos, uma vez que sua finalidade é subsidiar, dar sustentação ao sistema. O desvio de finalidade de recursos previdenciários aportados caracteriza-se como ato de improbidade administrativa, e como tal, deve (m) o (s) gestor (es) ser devidamente responsabilizado (s), tanto na esfera administrativa como na cível e na penal.

Devido à crise fiscal que se instalou no Brasil em 2015, os aportes de recursos destinados a fundos de previdência (capitalizados e com massa específica de servidores) têm se mostrado vulneráveis a ingerências políticas, sob alegação de se fazer cumprir com o pagamento de servidores ativos, inativos e pensionistas. Olvidam-se, portanto, que as reservas de contingência desses recursos são provenientes de estudos atuariais, destinados à solvabilidade dos fundos em longo prazo. E que o desvirtuamento desses recursos caracteriza verdadeiro risco fiscal ao sistema, dada a possibilidade de impactar negativamente as contas previdenciárias, gerando, via de consequência, uma contingência passiva.

Tal operação não nos afigura legítima, tendo em vista as disposições contidas no artigo 1º, III (as contribuições e os recursos vinculados ao Fundo Previdenciário da União, dos Estados, do Distrito Federal e dos Municípios e as contribuições do pessoal civil e militar, ativo, inativo, e dos pensionistas, somente poderão ser utilizadas para pagamento de benefícios previdenciários dos respectivos regimes, ressalvadas as despesas administrativas estabelecidas no art. 6º, inciso VIII, desta Lei, observados os limites de gastos estabelecidos em parâmetros gerais) combinadas com as prescrições do artigo 6º, V, ambos da Lei Geral de Previdência Pública – Lei n. 9.717/98. E este último expressamente veda a utilização de recursos do fundo de bens, direitos e ativos para empréstimos de qualquer natureza, inclusive à União, aos Estados, ao Distrito Federal e aos Municípios, a entidades da administração indireta e aos respectivos segurados.

Saliente-se que as infrações cometidas em desatenção às normas instituídas pelo artigo 6º da norma sob comento implicam, conforme previsto no artigo subsequente, I - suspensão das transferências voluntárias de recursos pela União, II - impedimento para celebrar acordos, contratos, convênios ou ajustes, bem como receber empréstimos, financiamentos, avais e subvenções em geral de órgãos ou entidades da Administração direta e indireta da União; III - suspensão de empréstimos e financiamentos por instituições financeiras federais; e V - suspensão do pagamento dos valores devidos pelo Regime Geral de Previdência Social em razão da Lei n. 9.796, de 5 de maio de 1999 (compensação previdenciária).

Além disso, o artigo 8º da lei geral diz textualmente que os dirigentes do órgão ou da entidade gestora do regime próprio de previdência social dos entes estatais, bem como os membros dos conselhos administrativo e fiscal dos fundos de que trata o art. 6º, respondem diretamente por infração ao disposto nesta Lei, sujeitando-se, no que couber, ao regime repressivo da Lei n. 6.435, de 15 de julho de 1977, e alterações subsequentes, conforme diretrizes gerais.

Uma das ideias mais profícuas que surgiram em relação à blindagem de fundos foi no tocante à nomeação de gestores não coincidir com o primeiro ano de mandato de governantes, bem como limitar as indicações e exigir a faceta multidisciplinar e a experiência comprovada dos mesmos. Para tanto, a indicação dos nomes precisaria ter aprovação fundamentada do Conselho de Administração (ou Deliberativo), com representação paritária, representando assim a vontade dos segurados.

O Estado de Goiás foi além, exigindo, através da Lei/GO n. 66, de 27 de janeiro de 2009, que instituiu a GoiasPrev, a escolha dos representantes do conselho diretor mediante listas sêxtuplas e tríplices, conforme dispõe e por indicação dos representantes de cada um dos Poderes, órgãos autônomos e das corporações diretamente interessadas.

A confiabilidade no gestor é um dos principais fantasmas que assombram os segurados, que ainda guardam em suas memórias a falência de montepios.

Prudente registrar que o Supremo Tribunal Federal, para resguardar recursos públicos, acabou por vedar a transferência de recursos para entidades diversas da previdência pública, definindo que a imposição de imediato aporte de recursos a um sistema previdenciário fechado provoca lesão à ordem pública, considerada em termos de ordem econômica, por afronta ao disposto nos arts. 100 e 202, § 3º da Constituição Federal. (STF, SL-AgR 164/DF, Rel. Min. Ellen Gracie, Tribunal Pleno, j. 16-04-2008 e DJe 13-06-2008).

E também que compete ao ente federado a que se vincula o servidor cobrir eventual insuficiência financeira decorrente do pagamento de benefícios previstos nos regimes próprios de previdência dos servidores públicos, lógica que se aplica ao custeio das aposentadorias especiais, afastando-se a incidência do art. 195, § 5º, da CF. (STF, MI 1.271-AgR, Rel. Min. Luiz Fux, julgamento em 24-10-2013, Plenário, *DJE* de 21-11-2013).

Em nossa leitura, o desvio de recursos previdenciários, qualquer que seja a forma como ingressaram no sistema (aporte expresso, transferências, etc.) e qualquer que seja a forma como foram cooptados (contribuições ou qualquer outra fonte de receita), caracteriza apropriação indébita e, para o Código Penal, é um crime previsto em seu artigo 168.

2.3.20. Pleno acesso às informações relativas à gestão do regime

O princípio em destaque é um verdadeiro postulado do Estado Democrático de Direito, sendo alçado à categoria de direito fundamental pela Constituição Federal de 1988, conforme texto do artigo 5º, XXXIII: "todos têm direito a receber dos órgãos públicos informações de seu interesse particular, ou de interesse coletivo ou geral, que serão prestadas no prazo da lei, sob pena de responsabilidade, ressalvadas aquelas cujo sigilo seja imprescindível à segurança da sociedade e do Estado." O dispositivo foi regulamentado pela Lei Federal n. 12.527/2011 – Lei de Acesso à Informação Pública – LAIP.

É ainda uma consequência natural do princípio da transparência. O artigo 1º, VI, da Lei 9.717/98, diz ser um direito o "pleno acesso dos segurados às informações relativas à gestão do regime e participação de representantes dos servidores públicos e dos militares, ativos e inativos, nos colegiados e instâncias de decisão em que os seus interesses sejam objeto de discussão e deliberação."

De acordo com o artigo 11 da Lei 8.429/1992, IV, "constitui ato de improbidade administrativa que atenta contra os princípios da administração pública qualquer ação ou omissão que viole os deveres de honestidade, imparcialidade, legalidade, e lealdade às instituições: IV - negar publicidade aos atos oficiais."

Manuella Maia Ribeiro, ao elaborar Manual sobre Acesso à Informação Pública, pontuou que:

"O acesso à informação pública é um direito humano que permite o exercício da liberdade de expressão. Nos padrões internacionais de direitos humanos há a compreensão de que o direito à informação é inerente ao direito de liberdade de expressão, já que é necessário estar informado para poder assumir posições e promover ideias. Além disso, permite a concretização de uma democracia em que a sociedade pode fiscalizar e participar da Administração Pública. Sem o acesso à informação não é possível que haja controle das ações do Poder Público ou condições de participação nas questões públicas. Assim, para haver plena liberdade de expressão e informação em uma democracia, existe, por um lado, uma obrigação sobre os governos de serem transparentes, ou seja, darem condições para e facilitarem o acesso à informação pública, e, por outro, a responsabilidade do cidadão de reivindicar e utilizar esses instrumentos para que sua opinião, informação ou ideia seja levada em consideração na condução da coisa pública".[55]

A Lei de Acesso à Informação constitui importante propulsor da cultura da transparência na Administração Pública brasileira, intrinsecamente conectada aos ditames da cidadania e da moralidade pública, sendo legítima a divulgação dos vencimentos dos cargos, empregos e funções públicas, informações de caráter estatal, e sobre as quais o acesso da coletividade é garantido constitucionalmente (art. 5º, XXXIII, art. 37, § 3º, II e art. 216, § 2º, da CF/88). (STJ, MS 18847/DF, Rel. Min. Mauro Campbell Marques, S1, j. 12-11-2014 e DJe 17-11-2014).

Não cabe, no caso, falar de intimidade ou de vida privada, pois os dados objeto da divulgação em causa dizem respeito a agentes públicos enquanto agentes públicos mesmos; ou, na linguagem da própria Constituição, agentes estatais agindo 'nessa qualidade' (§ 6º do art. 37). E quanto à segurança física ou corporal dos

---

(55) Ribeiro, Manuella Maia. Lei de acesso à informação pública: Um guia prático para políticos, autoridades e funcionários da Administração Pública. Disponível em <http://artigo19.org/wp-content/uploads/2013/04/LEI_DE_ACESSO_%C3%80_INFORMA%C3%87%C3%83O_P%C3%9ABLICA.pdf. Acesso em 15-10-2015>. Acesso em 24 de outubro de 2015.

servidores, seja pessoal, seja familiarmente, claro que ela resultará um tanto quanto fragilizada com a divulgação nominalizada dos dados em debate, mas é um tipo de risco pessoal e familiar que se atenua com a proibição de se revelar o endereço residencial, o CPF e a CI de cada servidor. No mais, é o preço que se paga pela opção por uma carreira pública no seio de um Estado republicano. 3. A prevalência do princípio da publicidade administrativa outra coisa não é senão um dos mais altaneiros modos de concretizar a República enquanto forma de governo. (STF, SS 3902 AgR-segundo, Min. Ayres Britto, Tribunal Pleno, DJe 30/09/2011).

A Lei 12.527/2011 (Lei de Acesso à Informação Pública - LAIP) foi introduzida no ordenamento jurídico pátrio para regular o direito de acesso dos cidadãos às informações públicas, previsto nos artigos 5°, XXXIII, 37, parágrafo 3°, II, e 216, parágrafo 2°, da Constituição Federal. Assim, em consonância com as modernas tendências de pensamento acerca da função estatal no Estado democrático de direito, e da sua relação com a sociedade, já despidas do ranço deixado após décadas de regime autoritário, verifica-se a intenção do legislador de conferir total transparência aos atos estatais, bem como à destinação das receitas públicas, em cumprimento aos princípios da moralidade, impessoalidade, eficiência e publicidade, de modo que a atuação se dê sob o estrito marco da legalidade. (TRF 2, RO 00014041920125020444 SP, Rel. Des. Fed. Ricardo Artur Costa e Trigueiros, 4ª T, j. 29-07-2014 e p. 08-08-2014).

2.3.21. Dever de prestar contas

Todo aquele que gere recursos públicos tem a obrigação de prestar contas acerca da correta aplicação dos mesmos, sendo o princípio consectário da existência da República – *res publica*.

A prestação de contas (*accountability*) é um dos pilares da governança, ao lado da *compliance*, da ética e da transparência. A Constituição Federal expressamente determina no parágrafo único do seu artigo 70 que "prestará contas qualquer pessoa física ou jurídica, pública ou privada, que utilize, arrecade, guarde, gerencie ou administre dinheiros, bens e valores públicos ou pelos quais a União responda, ou que, em nome desta, assuma obrigações de natureza pecuniária."

O artigo 9º, parágrafo único da Lei 9.717/1998 diz textualmente que a União, os Estados, o Distrito Federal e os Municípios prestarão ao Ministério da Previdência e Assistência Social, quando solicitados, informações sobre regime próprio de previdência social e fundo previdenciário previsto no art. 6o da mesma Lei.

Tem o dever de prestar contas todo aquele que administrar bens, valores ou interesses de outrem. No caso da previdência pública, o gestor que administra os recursos dos fundos previdenciários, que não lhe pertencem, pertence à classe de segurados e via transversa à própria sociedade.

Deixar de prestar contas é um ato de improbidade administrativa, conforme artigo 22, VI, da Lei 8.429/92: deixar de prestar contas quando esteja obrigado a fazê-lo.

O Código de Ética do Servidor Público Civil do Poder Executivo Federal, regulamentado através do Decreto n. 1.171, de 22 de junho de 1994, dispõe no item XIV, alíneas "c" e "d", do seu Anexo, que:

> XIV. São deveres fundamentais do servidor público: [...] c) ser probo, reto, leal e justo, demonstrando toda a integridade do seu caráter, escolhendo sempre, quando estiver diante de duas opções, a melhor e a mais vantajosa para o bem comum; d) jamais retardar qualquer prestação de contas, condição essencial da gestão dos bens, direitos e serviços da coletividade a seu cargo.

A obrigatoriedade da prestação de contas pode ser mitigada, tendo em vista que planejamento e controle são princípios norteadores básicos a serem seguidos por qualquer gestor, desde a edição do Decreto-Lei n. 200/1967 (reforma administrativa).

Como órgão de controle, ao Tribunal de Contas compete apreciar e julgar as contas dos administradores e demais responsáveis por dinheiros, bens e valores públicos das unidades dos poderes da União e das entidades da administração indireta, incluídas as fundações e sociedades instituídas e mantidas pelo poder público federal, e as contas daqueles que derem causa a perda, extravio ou outra irregularidade de que resulte dano ao Erário, conforme expressamente previsto no artigo 1º da Lei n. 8.443, de 16 de julho de 1992, que dispõe sobre a Lei Orgânica do Tribunal de Contas da União.

O *caput* do artigo 8º da lei sob comento aduz que

> Art. 8º Diante da omissão no dever de prestar contas, da não comprovação da aplicação dos recursos repassados pela União, na forma prevista no inciso VII do art. 5º desta Lei, da ocorrência de desfalque ou desvio de dinheiros, bens ou valores públicos, ou, ainda, da prática de qualquer ato ilegal, ilegítimo ou antieconômico de que resulte dano ao Erário, a autoridade administrativa competente, sob pena de responsabilidade solidária, deverá imediatamente adotar providências com vistas à instauração da tomada de contas especial para apuração dos fatos, identificação dos responsáveis e quantificação do dano.

A Tomada de Contas Especial (TCE) é um instrumento de que dispõe a Administração Pública para ressarcir-se de eventuais prejuízos que lhe forem causados. O processo tem rito próprio e somente pode ser instaurado após esgotadas as medidas administrativas para reparação do dano. Neste sentido, orienta a IN/TCU n. 71/2012, tendo em vista que a TCE é medida excepcional e não regra.

A TCE visa apurar os fatos que resultaram em prejuízo ao erário, identificar e qualificar os agentes causadores do dano e quantificar o prejuízo sofrido pelos cofres públicos. O objetivo fulcral é, pois, o ressarcimento de valores aos cofres públicos. Ao final do processo condenatório de TCE, tem-se a formalização de título executivo extrajudicial, para cobrança dos valores em juízo, conforme previsão expressa do artigo 71, § 3º da CF/88: As decisões do Tribunal de que resulte imputação de débito ou multa terão eficácia de título executivo.

Em relação à imposição da penalidade, incide, em regra, o prazo quinquenal. (STJ, RESP 894539, Segunda Turma, Relator: Ministro Herman Benjamin, DJE de 27.08.2009).

CAPÍTULO 3 ▶ SISTEMA PREVIDENCIÁRIO PRÓPRIO

> Coisas que a gente se esquece de dizer
> Frases que o vento vem às vezes me lembrar
> Coisas que ficaram muito tempo por dizer
> Na canção do vento não se cansam de voar
> Você pega o trem azul, o sol na cabeça
> O sol pega o trem azul, você na cabeça
> Um sol na cabeça
>
> O Trem Azul, Lô Borges

3.1. INTRODUÇÃO

Previdência Social é um seguro público que tem como principal função garantir que as fontes de renda do trabalhador e de sua família sejam mantidas quando ele perde a capacidade laboral de forma temporária (doença, acidente, maternidade) ou de forma permanente (invalidez, velhice). E para os seus dependentes, no caso de condenação criminal (auxílio–reclusão), morte (pensão por morte) ou ausência/desaparecimento (pensão por ausência). Sua *ratio quaestio* é, pois, **reposição de renda** e não criação de privilégios.

A Previdência Social é instrumento de política social do governo, sendo certo que sua finalidade primeira é a manutenção do nível de renda do trabalhador em casos de infortúnios ou de aposentadoria, abrangendo atividades de seguro social definidas como aquelas destinadas a amparar o trabalhador nos eventos previsíveis ou não, como velhice, doença, invalidez: aposentadorias, pensões, auxílio-doença e auxílio-acidente do trabalho, além de outros benefícios ao trabalhador. Impossibilidade de oferecimento dos benefícios sem uma contraprestação que assegure essa fonte de custeio. O fato ensejador da contribuição previdenciária não é a relação custo-benefício, e sim a natureza jurídica da parcela percebida pelo servidor, que encerra verba recebida em virtude de prestação do serviço. (STJ, RMS 14715, Rel. Min. Luiz Fux, T1, j. 18-06-2002 e DJ 19-08-2002).

A Constituição Federal atual, em seu artigo 194, dispõe que a seguridade social compreende um conjunto integrado de ações de iniciativa dos Poderes Públicos e da sociedade. Pela Constituição, numa conceituação tripartite o sistema de seguridade brasileira integra as ações de saúde, assistência e previdência social. No artigo 195, dispõe que a seguridade social será financiada por toda a sociedade, mediante recursos provenientes dos orçamentos da União, dos Estados, do Distrito Federal e dos Municípios.

No marco regulatório promovido pela Carta Republicana de 1988, notadamente após o advento da EC n. 20, de 15 de dezembro de 1998 (DOU de 16-12-1998), os recursos destinados à saúde, previdência e assistência não mais se confundem. No caso da previdência, a nova regulamentação passou a dispor que seria custeada com recursos provenientes de contribuições sociais e outros diretamente ligados ao sistema.

Anteriormente às imposições regulatórias introduzidas pela EC n. 20/1998, a decisão de quais servidores seriam abarcados pelo regime próprio competia ao próprio ente instituidor. A curto prazo, significa economia para os cofres, na ordem de 30% (trinta por cento), uma vez que desobrigava ao recolhimento de contribuições ao INSS e ao Fundo de Garantia do Tempo de Serviço (FGTS).

Hodiernamente não faz qualquer sentido a previdência pública acobertar o servidor que não é efetivo, nem tampouco que não contribui para o sistema. Da mesma forma, e seguindo a exegese do sistema, a dependência econômica do dependente deve ser comprovada em todos os casos.

O atual modelo adotado pelos entes federativos em alguns aspectos fere a Constituição Federal, privilegia algumas categorias de servidores e causa injustiças para outras, como veremos a seguir.

3.2. REGIME PRÓPRIO DE PREVIDÊNCIA

Com o novo marco regulatório na previdência pública, isto é, o conjunto de normas, leis e diretrizes que regulam o funcionamento do sistema, foram editadas em especial as Leis 9.717, de 27 de novembro de 1998, e Lei 10.887, de 18 de junho de 2004, com vistas a estabelecer critérios mais rígidos para garantir a saúde econômico-financeira do sistema, com a continuidade do sistema segural.

A regulamentação ainda se preocupou com a confiabilidade dos participantes no sistema, instituindo regras rígidas e de observância obrigatória para controle e aperfeiçoamento da gestão dos regimes.

Nesse trabalho, cuidamos exclusivamente do Regime Próprio de Previdência Social (RPPS), que é o sistema de previdência destinado aos servidores públicos civis e militares (sic), que lhes garantam no mínimo os benefícios de aposentadoria e pensão por morte. Neste sentido, assim prescreve o art. 2º, II, da Orientação Normativa MPS/SPS n. 02, de 31 de março de 2009 – DOU de 02/04/2009:

> Art. 2º Para os efeitos desta Orientação Normativa, considera-se:
> [...]
> II - Regime Próprio de Previdência Social - RPPS: o regime de previdência, estabelecido no âmbito de cada ente federativo, que assegure, por lei, a todos os servidores titulares de cargo efetivo, pelo menos os benefícios de aposentadoria e pensão por morte previstos no art. 40 da Constituição Federal.

O artigo 40 da Constituição Federal traça as diretrizes básicas para funcionamento do sistema, bem como para a concessão dos dois principais e obrigatórios benefícios a serem instituídos pelo RPPS. A redação original sofreu profundas modificações com emendas reformadoras, notadamente as Emendas Constitucionais 20 e 41. A principal modificação introduzida pela EC n. 20/98 foi a substituição de tempo de serviço por tempo de contribuição. Para os servidores federais, a EC n. 3, de 17 de março de 1993, já previa expressamente, na redação que deu ao § 6º do artigo 40, que "as aposentadorias e pensões dos servidores públicos federais serão custeadas com recursos provenientes da União e das contribuições dos servidores, na forma da lei." A norma então inserida no corpo da CF/88 destinava-se apenas aos servidores públicos federais.

Com a edição da EC n. 20/98, todos os servidores públicos, da União, dos Estados, do Municípios e do Distrito Federal, passaram a ser obrigados a contribuir com o sistema próprio de previdência, não podendo as leis estaduais, municipais ou distritais disporem de outra maneira. Referida emenda ainda acabou com o tempo de contribuição ficto, ou seja, aquele tempo computado para aposentadoria em que não houve contribuição efetiva, como no caso das licenças-prêmio. Como instituiu novas regras para aposentadoria, foram estabelecidas regras de transição, destinadas aos servidores que já haviam ingressado no sistema, mas que não haviam cumprido as exigências para aposentação de acordo com as regras até então vigentes. A sistemática de regras de transição foi seguida pelas emendas subsequentes, e sua legitimidade, acolhida pela doutrina e jurisprudência pátria.

A EC n. 20/98 passou a assegurar para todos os servidores públicos titulares de cargos efetivos regime de previdência de caráter contributivo. Com a exclusividade de direção da norma, para servidor público efetivo, todas as leis, com previsão em sentido contrário, passaram a ser inconstitucionais. A partir daí não mais seria permitida a inclusão de segurados que não fossem servidores públicos (governadores, prefeitos, deputados etc.).

Importante destacar ainda que foi a EC n. 20/98 que proibiu expressamente a percepção de mais de uma aposentadoria à conta do regime próprio, quando não provenientes de cargos acumuláveis. Também foi a responsável pela introdução da previsão de previdência complementar para os servidores públicos.

Com a evolução da problemática da previdência pública (crise fiscal), foram necessárias novas regras impositivas e restritivas de direitos, o que culminou com a edição da EC n. 41, em 31 de dezembro de 2003. A emenda acabou com os institutos da paridade e integralidade, bem como impôs contribuição aos aposentados e pensionistas. Instituiu novas regras de cálculos tanto para aposentadorias (média aritmética) como para as pensões. Foi a responsável por instituir o que se passou a denominar teto remuneratório.

Para regulamentar as disposições da EC n. 41/03, foi editada a Medida Provisória – MP n. 167, em 20 de fevereiro de 2004, que posteriormente foi convertida na Lei 10.887, de 18 de junho de 2004, de natureza jurídica híbrida, pois em vários pontos é lei nacional, em vários pontos é lei federal. Lei nacional e lei federal, embora sejam ambas expedidas pelo Congresso Nacional, com vigência em todo o território nacional, se distinguem. A primeira é de observância obrigatória para todos os entes federados (União, Estados, Municípios e Distrito Federal), como exemplo, podemos citar o Código Civil, a Lei Geral de Licitações, o Estatuto da Criança e do Adolescente. A lei federal tem alcance restrito, posto que abrange apenas as pessoas que são vinculadas à União. Como exemplo, podemos citar o Regime Jurídico Único da União – Lei n. 8.112/91.

A EC n. 47/05 minimizou as consequências da EC n. 41/03 para os servidores que haviam ingressado no sistema antes da edição da EC n. 20/98, trazendo regras de transição mais benéficas. Na sequência, a EC n. 70/12 trouxe regra de transição para as aposentadorias por invalidez, contemplando com paridade e integralidade os servidores públicos que haviam ingressado no sistema até a edição da EC n. 41/03. Por sua vez, a EC n. 88/15 passou a prever aposentadoria compulsória aos 75 anos de idade, nos termos por ela estabelecidos.

Podemos sistematizar, de forma bem reduzida, a linha evolutiva da previdência pública da seguinte forma:

1º Período – antes da CF/88	Pós–CF/88	Pós–EC n. 20/98	Pós–EC 41/03
Relação servidor-Estado pró-labore	Definição de seguridade social	Caráter contributivo e solidário	Unidade Gestora Única
Aposentadorias concedidas sem vínculo contributivo	Inexistência de estudos e cálculos atuariais	Equilíbrio financeiro e atuarial	Regras de cálculos (pensão e aposentadoria)
Privilégios, aposentadorias precoces	Inexistência de repasses	Novas regras – limitação dos benefícios	Fim da paridade e integralidade
Regras de aposentadorias dispostas nos regimes jurídicos únicos	Recursos previdenciários usados para outros fins	Previdência Complementar	Estipulação de teto remuneratório tomando-se como base subsídios dos ministros do STF[1]
	Recursos insuficientes	Fim da contagem de tempo de contribuição fictício	Regras de transição para abrandar os efeitos da EC 41/03 (EC n. 47/05 e EC 70/12)
	Fragilidade das regras de concessão	Exclusividade de RPPS para servidor público	Estipulação de percentual mínimo e base de cálculo das contribuições
		Mecanismos de controle	Contribuição de inativos e pensionistas

3.3. UNIDADE GESTORA ÚNICA

3.3.1. Antecedentes

As aposentadorias e pensões de servidores públicos foram previstas já no Império, por intermédio do Montepio, sem nenhuma contrapartida de contribuição. Os custos dos benefícios eram previstos no orçamento fiscal.

Em 1938, por meio do Decreto-Lei n. 288, foi criado o Instituto de Pensões e Assistência dos Servidores do Estado (IPASE), com sede no Distrito Federal, com objetivo de realizar as funções de órgão de assistência aos servidores do Estado e praticar operações de previdência e assistência a favor de seus contribuintes. Todos os funcionários civis efetivos, interinos ou em comissão eram segurados obrigatórios do IPASE, e seus dependentes teriam direito à pensão vitalícia e a pecúlio em dinheiro, por intermédio da pessoa que fosse designada pelo contribuinte.

Em 1958, por meio da Lei n. 3.373, a União dispôs sobre o Plano de Assistência ao Funcionário e a sua família, com objetivo de possibilitar aos seus segurados obrigatórios definidos em leis especiais e peculiares a cada instituição de previdência meios de proporcionar, depois de sua morte, recursos para a manutenção de sua respectiva família.

Entretanto, a partir da Lei n. 1.711, de 1952, que introduziu disciplinamento sobre o regime jurídico dos servidores da União, os Estados e muncipios passaram a adotar a mesma sistemática. Com a nova tratativa, as aposentadorias de todos os servidores públicos (União, Estados e Municípios) passaram a ser previstas em estatutos próprios, instituidores dos respectivos regimes jurídicos únicos.

O IPASE foi formalmente extinto com a Lei n. 6.439/1977, que instituiu o sistema Nacional de Previdência e Assistência Social, passando a competir ao INPS a concessão e manutenção dos benefícios que ainda estavam a cargo do IPASE e do FUNRURAL. Com a criação do INSS, os benefícios do IPASE passaram a ser geridos pela autarquia.

Com a crise fiscal desencadeada no início dos anos 90, buscou-se "desinchar" a máquina administrativa, com incremento nas formas de gestão, fator que foi preponderante para a criação de agências reguladoras, com atuação indireta do Estado no domínio econômico e outras entidades que atuassem em cooperação com o Estado. O conceito de crise fiscal introduzido por James O'Connor (1973) é definido como sendo a crescente incapacidade do Estado de atender às demandas cada vez maiores dos vários setores da economia e grupos correspondentes.

A Reforma Administrativa de 1998, que foi expressa por meio da EC n. 19, de 4 de junho de 1998, trouxe a possibilidade de celebração de contratos, com órgãos regulatórios gerenciais, como se depreende da leitura do § 8º do artigo 37, introduzido pela referida emenda:

"A autonomia gerencial, orçamentária e financeira dos órgãos e entidades da administração direta e indireta poderá ser ampliada mediante contrato, a ser firmado entre seus administradores e o poder público, que tenha por objeto a fixação de metas de desempenho para o órgão ou entidade".

Seis meses após a edição da EC n. 19/98, o Estado do Paraná, por meio da Lei n. 12.398, de 30 de dezembro de 1998, criou a ParanaPrevidência, um serviço social autônomo, com personalidade jurídica de direito privado, ente autônomo paradministrativo, com patrimônio e receitas próprios e autonomia técnica e financeira. Buscou-se retirar das mãos diretas do Estado a previdência social, até

---

(1) Redação original do art. 37, XI, da CF/88: a lei fixará o limite máximo e a relação de valores entre a maior e a menor remuneração dos servidores públicos, observados, como limites máximos e no âmbito dos respectivos Poderes, os valores percebidos como remuneração, em espécie, a qualquer título, por membros do Congresso Nacional, Ministros de Estado e Ministros do Supremo Tribunal Federal e seus correspondentes nos Estados, no Distrito Federal e nos Territórios, e, nos Municípios, os valores percebidos como remuneração, em espécie, pelo Prefeito.

então deficitária, com segregação de massas e criação de fundo capitalizado. Uma inovação à época.

A ideia básica era fomentar as atividades do Estado, entretanto, através da administração de recursos exclusivamente públicos, promovendo o desenvolvimento econômico da área. Antes da criação da ParanaPrevidência, e antes mesmo da Reforma Administrativa, o Paraná já havia instituído por lei a ParanaEducação, também sob a forma de serviço social autônomo, conforme Lei Estadual/PR n. 15.211, de 17 de julho de 2006. Ambas (o Paraná ainda instituiu outras) criadas para atuar em cooperação com o Estado, vinculadas a este por meio de contrato de gestão.

A obrigatoriedade de uma unidade gestora única para gerir benefícios de aposentadorias e pensões somente veio à tona com a edição da EC n. 41/03. Entretanto, a União não implantou sua unidade gestora única, sendo as aposentadorias dos seus atuais servidores regulamentadas pela Lei n. 8.112/90, que dispõe sobre o regime jurídico único dos seus servidores.

3.3.2. Conceito

Unidade Gestora é a unidade operacional de um determinado setor da Administração Pública, inserida dentro de sua estrutura organizacional, que é responsável por gerir recursos orçamentários e financeiros da qual é parte integrante.

A Emenda Constitucional n. 41, de 2003, foi responsável por incluir o § 20, no artigo 40, da CF/88, dispondo que: "Fica vedada a existência de mais de um regime próprio de previdência social para os servidores titulares de cargos efetivos, e de mais de uma unidade gestora do respectivo regime em cada ente estatal, ressalvado o disposto no art. 142, § 3º, X."

A ressalva refere-se unicamente à Unidade Gestora e ao Regime Próprio dos Militares.

Com a edição da norma, procurou-se acabar com a segregação existente entre as diversas categorias de servidores, que tinham suas aposentadorias gerenciadas pelos vários órgãos de controle de pessoal. Historicamente, somente as pensões eram instituídas e mantidas pelos institutos de previdência.

Com a segregação, com interpretações de dispositivos legais de forma divergente, não havia cumprimento do princípio da isonomia. Outro fator preponderante que se procurou atacar foi a falta de profissionalismo e competência dos encarregados de gerir os recursos previdenciários, em sua origem, recursos públicos. Além do mais, a segregação facilita a ocorrência de fraudes, uma vez que o controle é difuso.

Daí, dentre outros, a instituição da obrigatoriedade de uma unidade gestora única, em cada ente federativo.

O conceito de Unidade Gestora de RPPS nos é dado pelo artigo 10, § 1º, da Portaria MPS n. 402/2008:

Art. 10...

§ 1º - **Entende-se por unidade gestora a entidade ou órgão integrante da estrutura da Administração Pública de** cada ente federativo, que tenha por finalidade a administração, o gerenciamento e a operacionalização do RPPS, incluindo a arrecadação e gestão de recursos e fundos previdenciários, a concessão, o pagamento e a manutenção dos benefícios.

O conceito é reafirmado pela Orientação Normativa MPS/SPS n. 02, de 31 de março de 2009 – DOU de 02/04/2009, em seu artigo 2º, V, *verbis*:

Art. 2º Para os efeitos desta Orientação Normativa, considera-se:

[...]

V - unidade gestora: a entidade ou órgão integrante da estrutura da administração pública de cada ente federativo que tenha por finalidade a administração, o gerenciamento e a operacionalização do RPPS, incluindo a arrecadação e gestão de recursos e fundos previdenciários, a concessão, o pagamento e a manutenção dos benefícios;

Dos conceitos subtrai-se que a gestão de um regime próprio de previdência envolve diversas áreas e atividades, além de sua administração própria. Envolve áreas relacionadas à arrecadação das contribuições previdenciárias (segurado e patronal), com observância das normas impostas pelo artigo 149, *caput* e § 1º, da CF/88. Como arrecada compete à unidade gestora única a gestão dos recursos previdenciários, inclusive com aplicação dos mesmos no mercado financeiro, quando for o caso.

É a unidade gestora única responsável pela compensação previdenciária, conforme previsão no artigo 201, § 9º, da CF/88, regulamentada pela Lei n. 9.796/99 e pelas portarias do MPS.

A arrecadação e gestão dos recursos previdenciários envolve uma série de atividades que somente podem ser desenvolvidas por pessoas capazes e probas, sempre lembrando que a unidade gestora única é a responsável pela segunda folha de pagamento do ente, somente perdendo para a folha de servidores ativos (assim, por enquanto, tendo em vista a possibilidade de inversão da pirâmide que representa servidores ativos e inativos). Não se pode olvidar que a gestão nessa seara envolve a busca pelo equilíbrio financeiro-atuarial ditado pelo *caput* do artigo 40 da CF/88.

É responsável pela concessão, manutenção, revisão, suspensão e pelo cancelamento de benefícios previdenciários. Daí a importância de se ter servidores que entendam de direito constitucional, administrativo, econômico, orçamentário, tributário, financeiro, trabalhista, comercial, civil, penal, processual, além do próprio direito previdenciário, que não pode hodiernamente ser tomado como um braço do direito administrativo. As atividades dessa área envolvem várias facetas, como o entendimento da evolução nas carreiras dos servidores públicos, seu histórico, a legalidade do valor dos proventos, dentre muitas outras. Também é responsável pelo cumprimento de decisões judiciais e elaboração de teses jurídicas para enfrentamento das matérias relacionadas às áreas. O sistema previdenciário é complexo, não apenas atinente à interpretação das normas ditadas pelo artigo 40 da CF/88. Envolve questões das mais relevantes, que demandam aperfeiçoamento e atualizações constantes.

Na unidade gestora única ainda hão de estar presentes conselho diretivo, conselho deliberativo ou de administração e conselho fiscal, além do Comitê de Investimentos. Segundo o artigo 15 da ON MPS n. 02/09:

> Art. 15. O RPPS da União, dos Estados, do Distrito Federal e dos Municípios será administrado por unidade gestora única vinculada ao Poder Executivo que:
> I - contará com colegiado ou instância de decisão, no qual será garantida a representação dos segurados, cabendo-lhes acompanhar e fiscalizar sua administração;
> II - procederá a recenseamento previdenciário, com periodicidade não superior a cinco anos, abrangendo todos os aposentados e pensionistas do respectivo regime; e
> III - disponibilizará ao público, inclusive por meio de rede pública de transmissão de dados, informações atualizadas sobre as receitas e despesas do respectivo regime, bem como os critérios e parâmetros adotados para garantir o seu equilíbrio financeiro e atuarial.

É através da paridade nos conselhos que assegura a participação ativa dos servidores segurados que terão oportunidade de deliberar sobre suas reivindicações, atendendo desta forma ao preceituado no artigo 10 da CF/88: "É assegurada a participação dos trabalhadores e empregadores nos colegiados dos órgãos públicos em que seus interesses profissionais ou previdenciários sejam objeto de discussão e deliberação."

Sem paridade nos conselhos, o funcionalismo público fica enfraquecido frente às imposições governamentais. É de suma importância então, notadamente quando houver divergências de posicionamentos, devendo prevalecer as deliberações democráticas, de forma a se ter equilíbrio entre o governo e seus servidores. É uma imposição constitucional.

Ressalte-se que a garantia de participação nos conselhos é prevista na Lei n. 9.717, de 27 de novembro de 1998 – Lei Geral de Previdência Pública, conforme podemos aperceber pela leitura do seu artigo 1º, *caput* e inciso VI, respectivamente e *in verbis*:

> Art. 1º Os regimes próprios de previdência social dos servidores públicos da União, dos Estados, do Distrito Federal e dos Municípios, dos militares dos Estados e do Distrito Federal deverão ser organizados, baseados em normas gerais de contabilidade e atuária, de modo a garantir o seu equilíbrio financeiro e atuarial, observados os seguintes critérios:
> [...]
> VI - pleno acesso dos segurados às informações relativas à gestão do regime e participação de representantes dos servidores públicos e dos militares, ativos e inativos, nos colegiados e instâncias de decisão em que os seus interesses sejam objeto de discussão e deliberação.

E ainda ratificada através do artigo 9º, I, da Lei n. 10.887/2004:

> Art. 9º A unidade gestora do regime próprio de previdência dos servidores, prevista no art. 40, § 20, da Constituição Federal: I - contará com colegiado, com participação paritária de representantes e de servidores dos Poderes da União, cabendo-lhes acompanhar e fiscalizar sua administração, na forma do regulamento.

É ainda responsável a Unidade Gestora pelo censo previdenciário, que segundo o artigo 9º, II, da Lei 10.887/2004, deve ser realizado a cada cinco anos, abrangendo todos os aposentados e pensionistas do respectivo regime.

Por derradeiro, sem exaurir o rol de responsabilidades da unidade gestora única, é a mesma obrigada a disponibilizar ao público, inclusive por meio de rede pública de transmissão de dados, informações atualizadas sobre as receitas e despesas do respectivo regime, bem como os critérios e parâmetros adotados para garantir o seu equilíbrio financeiro e atuarial (art. 9º, III).

A definição de unidade gestora vem bem acentuada no excelente trabalho desenvolvido pela Escola de Administração Fazendária, em 2011, sob a coordenação de Marcelo Abi-Ramia Caetano, intitulado "A importância da entidade gestora única nos regimes próprios de previdência social: o caso dos Estados–membros da federação", que assim deixou em registro:

> "Pode-se conceituá-la como sendo a entidade/órgão integrante da estrutura da administração pública do ente federado, com existência individualizada, com exceção dos militares, cuja competência é administrar o RPPS, mediante realização consolidada das atividades de arrecadação e gestão de recursos, inclusive os derivados da compensação financeira com o RGPS; concessão, pagamento e manutenção de, no mínimo, aposentadorias e pensões por morte concedidas a partir da vigência da EC 41/2003; e que mantenha conselhos administrativo e fiscal que garantam a representação paritária dos servidores públicos."[2]

---

(2) CAETANO, Marcelo Abi-Ramia (coordenador). A importância da entidade gestora única nos regimes próprios de previdência social: o caso dos Estados–membros da federação. Escola de Administração Fazendária – ESAF: Brasília, 2011. Disponível em <http://www.esaf.fazenda.gov.br/a_esaf/biblioteca/textos-para-dissertacao/arquivo.2013-04-17.1616666768>. Acesso em 30 de setembro de 2015.

Seguindo os parâmetros adotados pela Esaf, podemos conceituar unidade gestora única de regime próprio de previdência social como a entidade vinculada ao Poder Executivo, responsável diretamente pelo recolhimento e pela retenção das contribuições previdenciárias, bem como de outros recursos previdenciários, devendo promover a aplicação desses recursos no mercado financeiro de investimentos quando for o caso e ainda possibilitando de todas as formas a transparência dos gastos; responsável pela concessão, manutenção, revisão, suspensão e pelo cancelamento de benefícios previdenciários, devendo promover censo previdenciário a cada cinco anos ao menos; responsável pela compensação previdenciária com outros regimes previdenciários; responsável pela garantia de paridade nos conselhos deliberativo e fiscal e por ter dentro de seus quadros diretivos, de preferência, servidores públicos com formação e experiência comprovadas na área, de caráter multidisciplinar e que sejam probos e competentes para gestão da segunda maior folha de pagamento do ente federativo ao qual servem, sempre buscando alcançar o equilíbrio financeiro-atuarial dos fundos previdenciários e respeitando o interesse público, com acentuada probidade e moralidade administrativa.

3.3.3. Natureza Jurídica

A criação de entidades, fora do denominado núcleo estratégico da administração, mas com encargos típicos do Estado, ou seja, transferindo para o setor privado atividades-fim do Estado, abriu margens para discussões doutrinárias e jurisprudenciais. Não era a simples alocação de atividades, mas verdadeiro descarte por parte do Estado de serviços essenciais, como previdência e educação. No caso da primeira, não foi apenas a transferência de serviços, mas da própria gestão dos recursos públicos previdenciários. O terceiro setor, que engloba os serviços sociais autônomos, é destinado a atividades não exclusivas do Estado. A educação básica e a previdência social (CF/88, art. 194, par. único: Compete ao Poder Público, nos termos da lei, organizar a seguridade social) são funções exclusivas do Estado, dele não podendo se furtar. Essas entidades acabaram por ter natureza híbrida, se confundindo o caráter simultâneo do público e do privado.

É de se ressaltar que os serviços sociais autônomos recebem recursos do Estado, e a previdência social, obrigatoriamente, é custeada por recursos advindos de contribuições sociais, apesar de comportar outras fontes de receitas. São as contribuições sociais o fim do sistema. Nos serviços sociais típicos do Sistema S (Sesi, Sesc, Sest, Senac, Senai, Senar e Sebrae), não existe a obrigatoriedade de contribuições. Não existe a obrigatoriedade de ingresso no sistema. Para a previdência pública, ao contrário, a filiação é obrigatória para todo servidor público efetivo que compulsoriamente tem que contribuir para o sistema. A obrigatoriedade ainda é direcionada ao Poder Público, como ente patrocinador do sistema (regime de previdência de caráter contributivo e solidário, mediante contribuição do respectivo ente público, dos servidores ativos e inativos e dos pensionistas).

Em artigo de correção reprovável, a professora Leila Cuéllar, após analisar de forma profunda, não perfunctória, fez a diferenciação entre os serviços sociais típicos, os denominados serviços sociais do Sistema S, e os novos serviços sociais autônomos, com enfoque no Serviço Social Autônomo da Associação das Pioneiras Sociais, criado pela Lei n. 8.246, de 22 de outubro de 1991.

Ao diferençar os serviços sociais autônomos, Cuéllar diz que os serviços sociais autônomos do segundo tipo em nada se assemelham com os do Sistema S, apenas guardam o mesmo rótulo. Para a criação de um serviço social autônomo do segundo tipo, há a necessidade de extinção da entidade prestadora da atividade de interesse público que passará a ser exercida pelo serviço social autônomo. Ou seja, há a substituição de uma entidade pública por outra privada. Para Cuéllar:

> "Diante do exposto, é possível, agora, fixar a distinção entre os dois tipos de serviços sociais autônomos: nas entidades do Sistema 'S', a autonomia é muito mais acentuada, uma vez que seus recursos têm origem distinta da orçamentária; já no caso das entidades do segundo modelo, existe um rótulo de 'serviço social autônomo', mas não há autonomia frente ao orçamento público. Aliás, a dependência deste segundo tipo de serviço social autônomo dos recursos orçamentários é bastante acentuada."[3]

Neste diapasão, a Lei Complementar n. 101, de 4 de maio de 2000 – Lei de Responsabilidade Fiscal, expressamente determina, no artigo 4º, § 2º, inciso IV, "a", que deve integrar o projeto de Lei de Diretrizes Orçamentárias o Anexo de Metas Fiscais, onde serão estabelecidas metas anuais, em valores correntes e constantes, relativas a receitas, despesas, resultados nominal e primário e montante da dívida pública, para o exercício a que se referirem e para os dois seguintes, devendo conter a avaliação da situação financeira e atuarial dos regimes gerais de previdência social e próprios dos servidores públicos e do Fundo de Amparo ao Trabalhador. Ou seja, a LRF obriga o ingresso das receitas dos regimes próprios de previdência no orçamento público.

A LRF ainda prevê que integrarão as despesas da União, e serão incluídas na lei orçamentária, as do Banco Central do Brasil relativas a pessoal e encargos sociais,

---

(3) CUÉLLAR, Leila. Os Novos Serviços Sociais Autônomos: Estudo de um caso. Disponível em <http://www.direitodoEstado.com/revista/RERE-14-JUNHO-2008-LEILA%20CUELLAR.PDF>. Acesso em 16 de agosto de 2015.

custeio administrativo, inclusive os destinados a benefícios e assistência aos servidores, e a investimentos (art. 5º, § 6º). E que constituem requisitos essenciais da responsabilidade na gestão fiscal a instituição, previsão e efetiva arrecadação de todos os tributos da competência constitucional do ente da Federação (art. 11).

Para os efeitos da LRF, reza o seu artigo 18 que se entende como despesa total com pessoal: o somatório dos gastos do ente da Federação com os ativos, os inativos e os pensionistas, civis, militares e de membros de Poder, [...] bem como encargos sociais e contribuições recolhidas pelo ente às entidades de previdência. Já o artigo 69 aduz que o ente federativo que mantiver ou vier a instituir regime próprio de previdência social para seus servidores deve conferir-lhe caráter contributivo e organização com base em normas de contabilidade e atuária que preservem seu equilíbrio financeiro e atuarial.

Acerca do serviço social autônomo, como órgão gestor de regime previdenciário, o Ministério da Previdência não reconhece a legalidade de sua natureza jurídica. Para o MPS, o serviço social autônomo não obedece ao estatuído no § 20 do art. 40 da CF/88, na redação dada pela EC n. 41/03, que veda a existência de mais de um regime próprio de previdência social para os servidores titulares de cargos efetivos, e de mais de uma unidade gestora do respectivo regime em cada ente estatal, ressalvado o disposto no art. 142, § 3º, X.

Os serviços sociais autônomos gestores de regimes próprios não integram o Sistema S. São um híbrido de público com privado, uma vez que exercem atividade primária do Estado, com natureza jurídica de direito privado. Por meio do Parecer n. 439/2012/CONJUR – MPS/CGU/AGU/CGPRE – Coordenação Geral de Direito Administrativo, assim se manifestou o Ministério da Previdência:

EMENTA: DIREITO PREVIDENCIÁRIO. REGIME PRÓPRIO DE PREVIDÊNCIA SOCIAL – RPPS. CONSULTA FORMULADA PELA SPPS/MPS QUANTO À NATUREZA JURÍDICA DA ENTIDADE GESTORA E À REMISSÃO DE DÍVIDA PROMOVIDA PELA LEI ESTADUAL N. 7.114/2009 (ART. 87). A unidade gestora do RPPS estadual não pode ser instituída na forma de serviço social autônomo, pessoa jurídica de direito privado, que exerce mera atividade de interesse público, uma vez que a prestação do serviço público essencial de previdência social dos servidores públicos efetivos do Estado de Alagoas constitui um direito fundamental assegurado pela Constituição Federal, devendo ser prestado necessariamente pelo Estado ou por suas autarquias/fundações. O comando normativo que coloca em risco a previdência funcional local, ao interferir no equilíbrio financeiro e atuarial do sistema e na sua própria sustentabilidade, embora não tenha sido formalmente declarado inconstitucional, enseja a incidência da Lei n. 9.717/98 e das Portarias MPS n.s 204 e 402, ambas de 2008, permitindo a aplicação de penalidades administrativas, desde que afastada a decisão proferida nos autos da Ação Cautelar n. 1875.

Sobre a questão levantada pelo MPS, ou seja, a contrariedade do estatuído no § 20 do art. 40, da CF/88, verifica-se ainda que o poder ou órgão independente do instituidor (Legislativo e Judiciário) em tese não teriam a obrigatoriedade de ingressar no sistema, pela existência de contrato de gestão, que é o contrato celebrado pelo Poder Público com órgãos e de entidades da Administração Pública direta, indireta e de entidades privadas (organizações sociais), para ampliar a autonomia gerencial, orçamentária e financeira. Contrato é instituto de direito civil e diz respeito à autonomia de vontade.

Contudo, o ingresso no sistema previdenciário próprio é de natureza compulsória, sendo este o sentido da norma estatuída pelo § 20 do artigo 40 da CF/88. A norma não dá liberdade de ingresso no sistema através do contrato de gestão. O contrato de gestão, exteriorizado com termo de adesão, somente é possível na previdência de caráter facultativo, tal como acontece na previdência complementar.

Acerca da matéria, assim se posicionou o STF, no julgamento da ADI 1864/PR, do qual colacionamos parte da ementa:

EMENTA: CONSTITUCIONAL. ADMINISTRATIVO. EDUCAÇÃO. ENTIDADES DE COOPERAÇÃO COM A ADMINISTRAÇÃO PÚBLICA. LEI 11.970/1997 DO Estado DO PARANÁ. PARANAEDUCAÇÃO. SERVIÇO SOCIAL AUTÔNOMO. POSSIBILIDADE. RECURSOS PÚBLICOS FINANCEIROS DESTINADOS À EDUCAÇÃO. GESTÃO EXCLUSIVA PELO Estado. AÇÃO DIRETA JULGADA PARCIALMENTE PROCEDENTE. [...] 5. Por fim, ao atribuir a uma entidade de direito privado, de maneira ampla, sem restrições ou limitações, a gestão dos recursos financeiros do Estado destinados ao desenvolvimento da educação, possibilitando ainda que a entidade exerça a gerência das verbas públicas, externas ao seu patrimônio, legitimando-a tomar decisões autônomas sobre sua aplicação, a norma incide em inconstitucionalidade. De fato, somente é possível ao Estado o desempenho eficaz de seu papel no que toca à educação se estiver apto a determinar a forma de alocação dos recursos orçamentários de que dispõe para tal atividade. Esta competência é exclusiva do Estado, não podendo ser delegada a entidades de direito privado. (STF, ADI 1864/PR, Tribunal Pleno, em que foi Relator o Min. Maurício Correia e Relator p/ Acórdão o Min. Joaquim Barbosa, j. 08/08/2007).

Da exegese do entendimento denota-se que assiste razão ao Ministério da Previdência Social. A previdência social, erigida como direito fundamental, é função essencial do Estado, não podendo ser delegada ao particular. A natureza jurídica dos fundos previdenciários é pública. Sob essa óptica, o Estado do Paraná, em dezembro de 2012, editou a Lei n. 17.435, que, reconhecendo a natureza jurídica pública dos fundos previdenciários, promoveu a reestruturação do Plano de Custeio e Financiamento do Regime Próprio de Previdência Social do Paraná. Referida norma foi declarada constitucional pelo Tribunal de Justiça do Estado do Paraná, nos Incidentes de Declaração de Inconstitucionalidade n. 1.039.460-2/01 e n. 990.709- 3/02.

Ao se admitir a natureza privada da gestão, conjugada com a natureza pública dos fundos, estar-se-á admitindo um regime próprio de natureza jurídica hídrica.

Sobre as garantias processuais que seriam abarcadas pelos serviços sociais autônomos, o STF não reconhece os serviços sociais autônomos como aptos a gozarem das prerrogativas da Fazenda Pública. Ademais, cabe registrar que a jurisprudência da Corte assentou o entendimento, no que concerne às prerrogativas processuais destinadas à Fazenda Pública, ser inviável a extensão dos prazos para contestar e recorrer (art. 188,CPC) às pessoas jurídicas de direito privado. Confira-se:

> RECURSO – APLICABILIDADE ESTRITA DA PRERROGATIVA PROCESSUAL DO PRAZO RECURSAL EM DOBRO (CPC, ART. 188)- PARANAPREVIDÊNCIA – ENTIDADE PARAESTATAL (ENTE DE COOPERAÇÃO) – INAPLICABILIDADE DO BENEFÍCIO EXTRAORDINÁRIO DA AMPLIAÇÃO DO PRAZO RECURSAL - INTEMPESTIVIDADE . RECURSO NÃO CONHECIDO. As empresas governamentais (sociedades de economia mista e empresas públicas) e os entes de cooperação (serviços sociais autônomos e organizações sociais) qualificam-se como pessoas jurídicas de direito privado e, nessa condição, não dispõem dos benefícios processuais inerentes à Fazenda Pública (União, Estados-membros, Distrito Federal, Municípios e respectivas autarquias), notadamente da prerrogativa excepcional da ampliação dos prazos recursais (CPC, art. 188). Precedentes (STF, AI 349.477-AgR, Rel. Min. Celso de Mello, Segunda Turma, DJ 28.2.2003).

Ou ainda, para melhor ilustrar, o seguinte precedente:

> AGRAVO REGIMENTAL NO AGRAVO DE INSTRUMENTO. PROCESSUAL CIVIL. ENTIDADE PARAESTATAL. LEI ESTADUAL N. 12.398/98. PARANAPREVIDÊNCIA. INAPLICABILIDADE DE EXECUÇÃO PELO RITO DOS PRECATÓRIOS [ART. 730, CPC]. O Supremo Tribunal Federal fixou entendimento no sentido de que as entidades paraestatais que possuem personalidade de pessoa jurídica de direito privado não fazem jus aos privilégios processuais concedidos à Fazenda Pública. Precedentes. Agravo regimental a que se nega provimento (STF, AI 783.136-AgR, Rel. Min. Eros Grau, Segunda Turma, DJe 14.5.2010).

Por sua vez, o Superior Tribunal de Justiça também se posiciona no mesmo sentido, conforme se depreende da ementa a seguir colacionada:

> DIREITO TRIBUTÁRIO E PROCESSUAL CIVIL. AÇÃO DE REPETIÇÃO DE INDÉBITO EM FACE DE EXECUÇÃO. PARANAPREVIDÊNCIA. PESSOA JURÍDICA DE DIREITO PRIVADO. INAPLICABILIDADE DO RITO PREVISTO NO ART. 730 DO CPC.
> 1. A conclusão do aresto impugnado, de que a agravante não pode usufruir das prerrogativas processuais destinadas à Fazenda Pública, mormente aquela prevista no art. 730 do CPC, tendo em vista tratar-se de pessoa jurídica de direito privado, está em harmonia com o entendimento desta Corte, o que inviabiliza o conhecimento do recurso especial, nos termos da Súmula 83/STJ. 2. Agravo de instrumento não provido. (STJ, AG 1133350, Relator Min. Castro Meira, j. 25-03-2011 e DJe de 29-03-2011).

Para o STF e o STJ, a pessoa jurídica de direito privado, ainda que seja prestadora de serviços públicos, não pode usufruir do rito processual reservado à Fazenda Pública, inclusive no que tange aos pagamentos via precatórios judiciais.

Por todos esses fundamentos, concluímos que os serviços sociais autônomos, mesmo se considerados como do segundo tipo, para gestão de recursos previdenciários, esbarra na legislação vigente. A desestatização, ou seja, a transferência de execução do serviço, no que tange à previdência pública, para uma entidade privada, não tem guarita no Ordenamento Jurídico Brasileiro. A melhor forma de se constituir uma unidade gestora de RPPS é na forma de autarquia especial, com maior autonomia gerencial, mas sob o crivo das Procuradorias Gerais dos Estados. Seus servidores devem ser efetivos e estatutários, seus dirigentes devem ser pessoas altamente especializadas, com experiência efetivamente comprovada na áreafim e, os cargos comissionados devem seguir a mesma sistemática.

Neste sentido, andou bem a GoiasPrev, que prevê a nomeação dos diretores executivos pelo governador do Estado, desde que indicados em listas sêxtuplas (diretor-presidente e diretor financeiro) e listas tríplices (diretor de previdência). Ainda faz a exigência de que os diretores executivos tenham experiência comprovada de no mínimo cinco anos, nas áreas de administração, economia, finanças, direito, contabilidade, atuária ou auditoria. A escolha de dirigente deve recair sobre aquele mais bem capacitado, assim reconhecido pelos próprios segurados, que são os destinatários diretos do sistema e os maiores interessados na solvabilidade dos fundos previdenciários.

Os Conselhos devem seguir sistemática eletiva, onde são os próprios segurados que devem escolher seus representantes. O pequeno município de Pacatuba, no Ceará, nos fornece um bom exemplo de como isso é possível. Por meio da Resolução n. 001/2015 de 4 de agosto de 2015, tornou público processo eleitoral para escolha de diretoria do Conselho de Previdência Municipal de Pacatuba/CE. Segundo o artigo 70, § 1º, da Lei Paracatuba/CE n. 951, de 10-12-2008, que instituiu o fundo de previdência no município, os representantes dos segurados que comporão o Conselho Previdenciário serão escolhidos dentre os servidores municipais, por eleição, garantida participação de servidores inativos.

Vale aqui destacar que conselhos previdenciários deveriam ser instituídos em todos os entes federativos com unidade gestora de RPPS, como instância superior de decisões, de forma a comportar uma gestão participativa e garantia de direitos, além de decidir, em grau de recurso, os rumos a serem adotados. Mas o que vemos são conselheiros alheios aos problemas financeiros-atuariais do regime próprio, sem incentivo para capacitação, preocupados apenas em ir às sessões apenas para garantir jetons.

Entretanto e lamentavelmente o que vemos hoje são unidades gestoras de RPPS tratadas como verdadeiros cabides de cargos comissionados, com pessoal sem a mínima experiência na área, dando cumprimento às promessas de campanhas eleitorais. O que vemos são leis criadas para atender a interesses escusos, com nepotismo visível. Tudo isso conduzindo à ineficiência dos trabalhos por falta de capacitação e compromisso com os recursos públicos. E pior, mesmo quando o Estado tem pessoal qualificado para as funções, essa mão de obra qualificada acaba por não ser aproveitada, e suas experiências e os conhecimentos específicos acabam se perdendo. Isso porque não fazem parte do governo atual (não fazem parte de partidos, não são apadrinhados políticos, agem com independência ideológica).

Os dirigentes e principais assessores de uma unidade gestora têm de ser escolhidos por critérios eletivos e não apenas por livre-arbítrio dos governantes. Têm que ser sabatinados em audiências públicas, onde se constate de maneira verídica a capacidade para assunção dos cargos. A previdência pública, da qual exaustivamente trataremos, está na UTI, e alguns dos grandes fatores que a levou a esse Estado terminal foram as ingerências políticas, a falta de compromisso dos governantes. Esse câncer infesto tem que ser tratado, porque pode matar.

Até quando a sociedade vai aceitar essa política nefasta de troca de favores? Entra governo, sai governo, os segurados permanecem, porque são "os verdadeiros donos do negócio."

3.4. PANORAMA DOS RPPS NO BRASIL

No Brasil, temos três tipos de sistemas previdenciários: o Regime Geral de Previdência Social (RGPS), previsto no artigo 201 da CF/88 e que contempla todos os trabalhadores da iniciativa privada, servidores públicos não amparados por regime próprio, empregados públicos, ocupantes de cargos comissionados e as pessoas que estão a exercer mandato eletivo. O Regime Próprio de Previdência Social, que abrange exclusivamente os servidores efetivos ocupantes de cargos públicos, conforme disposição expressa no artigo 40 da CF/88. E o Regime de Previdência Complementar (RPC), que, como o próprio nome está a dizer, complementa os dois primeiros, é de caráter facultativo e tem previsão na Constituição no artigo 202 (iniciativa privada) e nos §§ 14 e 15 do artigo 40 (servidores públicos).

Hoje o Brasil conta com 2.065 regimes próprios municipais, 26 regimes próprios estaduais e um regime próprio distrital (DF), que são responsáveis pela gestão de recursos acumulados na ordem de 170 bilhões de reais.

O quadro abaixo retrata a evolução do número de RPPS municipais no Brasil, demonstrando que a tendência é de crescimento.

ANO	QUANTIDADE DE RPPS
2009	1.913
2011	1.953
2013	2.000
2015	2.065

Os números são altos, o que comprova a necessidade de se estudar os RPPS não apenas pelo aspecto da concessão de benefícios, mas em todas as suas nuances, como veremos no decorrer deste trabalho. Ressalte-se que, antes da Constituição de 1988, existiam apenas 251 RPPS no Brasil.

Nem todos os Estados têm unidades gestoras únicas, conforme manda a Constituição Federal. Em pesquisa por nós realizada por ocasião da 45ª Reunião Ordinária do Conaprev, nos dias 28 e 29 de maio de 2013, na cidade de Teresina (PI), este é o quadro geral da situação das unidades gestoras nos Estados, ou seja, o Quadro de Adesão dos Poderes e Órgãos ao RPPS, por Estado:

ESTADO	EXECUTIVO	JUDICIÁRIO	LEGISLATIVO	MINISTÉRIO PÚBLICO	TRIBUNAL DE CONTAS	DEFENSORIA
Acre	Sim					Sim
Alagoas	Sim					Sim
Amapá	Sim	Sim	Sim	Sim	Sim	Sim
Amazonas	Sim		Sim			Sim
Bahia	Sim	Sim	Sim	Sim	Sim	Sim
Ceará	Sim					Sim
Distrito Federal	Sim		Sim		Sim	Sim
Espírito Santo	Sim	Sim	Sim	Sim	Sim	Sim
Goiás	Sim					Sim
Maranhão	Sim	Sim	Sim	Sim	Sim	Sim
Mato Grosso	Sim					Sim
Mato Grosso do Sul	Sim	Sim	Sim	Sim	Sim	Sim
Minas Gerais	Sim	Sim	Sim	Sim	Sim	Sim
Pará	Sim					Sim

Paraíba	Sim	Sim	Sim	Sim	Sim	Sim
Paraná	Sim	Sim	Sim	Sim	Sim	Sim
Pernambuco	Sim					Sim
Piauí	Sim	Sim	Sim	Sim	Sim	Sim
Rio de Janeiro	Sim	Sim	Sim	Sim	Sim	Sim
Rio Grande do Norte	Sim	Sim		Sim	Sim	Sim
Rio Grande do Sul	Sim	Sim	Sim	Sim	Sim	Sim
Rondônia	Sim		Sim			Sim
Roraima	Sim	Sim	Sim	Sim	Sim	Sim
Santa Catarina	Sim	Sim	Sim	Sim	Sim	Sim
São Paulo	Sim	Sim	Sim	Sim	Sim	Sim
Sergipe	Sim	Sim	Sim	Sim	Sim	Sim
Tocantins	Sim	Sim	Sim	Sim	Sim	Sim

Da análise do quadro, percebemos que a maioria (quinze) dos Estados cumpre a determinação constitucional, sendo que no Estado do Rio Grande do Norte, apenas não há a inclusão do Poder Legislativo, na unidade gestora única.

A maioria dos RPPSs no Brasil é gerida por autarquias, que são pessoas jurídicas de direito público, criadas por lei específica (art. 37, XIX, da Constituição Federal), que dispõem de patrimônio próprio e realizam atividades típicas do Estado, de forma descentralizada. As Unidades Federadas que são regidas por autarquias: Acre – AC; Alagoas – AL (recentemente, com a Lei Estadual n. 7.751, de 10.11.2015); Distrito Federal – DF; Espírito Santo – ES; Goiás – GO; Mato Grosso – MT; Mato Grosso do Sul – MS; Minas Gerais – MG; Pará – PA; Paraíba – PB; Piauí – PI; Rio de Janeiro – RJ; Rio Grande do Norte – RN; Rio Grande do Sul – RS; Rondônia – RO; Roraima – RR; Santa Catarina – SC; Sergipe – SP; São Paulo – SP e Tocantins – TO. Estados que têm a unidade gestora de RPPS com a natureza jurídica de serviço social autônomo: Amapá – AP e Paraná – PR. Estados que preferiram adotar a natureza jurídica de fundação para gerir seus regimes próprios: Amazonas – AM e Pernambuco – PE. Estados que têm unidades gestoras como órgãos vinculados às Secretarias de Estado: Bahia, BA; Ceará – CE; Maranhão – MA.

Para melhor visualização, fizemos a seguinte esquematização:

Estado	UNIDADE GESTORA	NATUREZA JURÍDICA
Acre	ACRE-PREVIDÊNCIA	Autarquia
Amapá	AMPREV	Serviço Social Autônomo
Alagoas	ALAGOASPREVIDÊNCIA	Autarquia
Amazonas	AMAZONPREV	Fundação Pública
Bahia	SUPREV	Secretaria de Administração (órgão)
Ceará	SUPSEC	Secretaria de Planejamento e Gestão (órgão)
Distrito Federal	IPREV/DF	Autarquia
Espírito Santo	IPAJM	Autarquia
Goiás	GOIASPREV	Autarquia
Maranhão	FEPA	Secretaria de Estado da Administração e Previdência (órgão)
Mato Grosso	MTPREV	Autarquia
Mato Grosso do Sul	AGPREV	Autarquia

Minas Gerais	IPSEMG	Autarquia
Pará	IGPREV	Autarquia
Paraíba	PBPREV	Autarquia
Piauí	IAPEP	Autarquia
Paraná	PARANAPREVIDÊNCIA	Serviço Social Autônomo
Pernambuco	FUNAPE	Fundação
Rio de Janeiro	RIOPREVIDÊNCIA	Autarquia
Rio Grande do Norte	IPERN	Autarquia
Rio Grande do Sul	IPERGS	Autarquia
Rondônia	IPERON	Autarquia
Roraima	IPER	Autarquia
Santa Catarina	IPREV	Autarquia
Sergipe	SERGIPEPREVIDÊNCIA	Autarquia
São Paulo	SPREV	Autarquia
Tocantins	IGPREV-TO	Autarquia

3.5. BASE POPULACIONAL

De acordo com o último levantamento do MTPS, em 2014, o número de segurados dos RPPS é de 9.745.607 (nove milhões, setecentos e quarenta e cinco mil, seiscentos e sete). Sendo que 6.253.084 (seis milhões, duzentos e cinquenta e três mil e oitenta e quatro) são de servidores ativos; 2.458.260 (dois milhões, quatrocentos e cinquenta e oito mil, duzentos e sessenta) são de servidores inativos e 1.034.263 (um milhão, trinta e quatro mil, duzentos e sessenta e três) são de dependentes.

A União, entre servidores ativos, inativos e pensionistas, soma 2.173.717, numa relação de dependência de 1,22 (um servidor ativo contribuindo para 0,22 aposentados/pensionistas); os Estados e o Distrito Federal somam 4.611.073 (quatro milhões, seiscentos e onze mil e setenta e três), numa relação de 1,39 e os Municípios, 2.960.817 (dois milhões, novecentos e sessenta mil, oitocentos e dezessete), numa relação de dependência de 4,09.

Como visto, a relação de ativos/inativos e pensionistas dos Municípios ainda se encontra na margem ideal do sistema de repartição simples, cujo limite é de quatro servidores ativos contribuindo para um servidor inativo/pensionista.

Para fazer uma breve comparação, em 2012, com pouco mais de 9 milhões de segurados, a relação era de 1,18 (um virgula dezoito) na União; de 1,64 (um vírgula sessenta e quatro) nos Estados e de 3,86 (três vírgula oitenta e seis) nos Municípios.

Segundo pesquisa realizada pela Revista Época, o Brasil tem 11,1 milhões de servidores públicos. Um em cada dez brasileiros em idade de trabalhar está empregado em algum governo. Somente a União tem hoje mais de 2 milhões de servidores públicos federais, o que representa em torno de pagamentos, segundo dados do Ministério do Planejamento, aproximadamente R$ 180 bilhões/ano. Quase metade dos gastos de servidores públicos federais é com aposentadorias[4]. Estudo promovido pela Escola Nacional de Administração Pública (Enap) mostra que os inativos dos Três Poderes e do Ministério Público Federal representam 48% do total de servidores. Entre os servidores civis do Poder Executivo Federal a proporção é ainda maior, de 52%. Não podendo se olvidar que a proporção de inativos tende a crescer, notadamente devido ao envelhecimento do quadro de servidores.

Também de acordo com dados do MTPS, a expectativa de vida ao nascer era de 34,6 anos em 1910; de 52,3 anos em 1960, e de 73,4 anos em 2014. Em três décadas será superior a 80 anos. Hoje a expectativa de sobrevida da pessoa com 60 anos é de 21,8 anos. A população idosa

---

(4) CORONATO, Marcos; IMÉRCIO, Aline. Revista Época: O Brasil gasta demais com funcionários públicos. Ed. 2 de outubro de 2014. Disponível em <http://epoca.globo.com/ideias/noticia/2014/10/brasil-gasta-demais-com-bfuncionarios-publicosb.html>. Acesso em 30 de setembro de 2015.

vai saltar do atual patamar de cerca de 22 milhões de pessoas com 60 anos ou mais para cerca de 41,5 milhões em 2030, e 73,5 milhões em 2060 (população estimada total do Brasil em 2060: 218,1 milhões). Em termos de proporção da população, no mesmo período, a participação dos idosos na população total vai saltar do patamar atual de 10% para cerca de 18,6% em 2030, e 33,7% em 2060. Hoje, uma em cada dez pessoas é idosa. Em 2060, uma em cada três será idosa.

Ainda conforme dados do MTPS, os RPPS apresentaram no exercício de 2014, despesas na ordem de 210 bilhões de reais, ativos de 185,6 bilhões de reais e déficit financeiro de 80,7 bilhões de reais.

A certeza que se tem é que o déficit com a previdência pública é estrondoso, uma vez que as despesas superam em muito as receitas, notadamente quando não se tem a contrapartida do ente (patronal). A conta não fecha!

3.6. SERVIDOR PÚBLICO

3.6.1. Conceito de servidor público para fins de filiação ao RPPS

Para analisar toda a sistemática previdenciária, necessário se faz estudar o servidor público, suas peculiaridades e como seu histórico funcional e financeiro pode influenciar na concessão de sua aposentadoria e via reflexa, na concessão de pensão ao seu dependente.

São servidores públicos, para fins de filiação ao RPPS, todos os servidores públicos titulares de cargos efetivos da União, dos Estados, do Distrito Federal e dos Municípios, incluídas suas autarquias e fundações (CF/88, *caput* do artigo 40).

Somente podem ser considerados servidores públicos para fins de filiação ao Regime Próprio de Previdência os servidores efetivos e que são regidos por regime jurídico único. Do conceito são extraídos os servidores celetistas, empregados públicos, temporários e comissionados, uma vez que são obrigatoriamente vinculados ao Regime Geral de Previdência Social.

Para enquadramento no conceito de servidor público efetivo filiado ao RPPS, deve ser nomeado em virtude de aprovação em concurso público de provas ou de provas e títulos (CF/88, artigo 37, II), fator determinante para a efetividade no serviço público.

O Supremo Tribunal Federal, quando da apreciação da ADI 231, firmou o entendimento de que o ingresso no serviço público via concurso público só pode se dar na classe inicial da carreira. Não há, portanto, possibilidade de ingresso em classe intermediária de carreira, nem tampouco em cargos intermediários. (Cf. STF, ADI 231, Rel. Min. Moreira Alves, Pleno, j. 05-08-1992 e DJ 13-08-1992).

De acordo com o artigo 2º, VI e VII, da ON MPS n. 02/2009, cargo efetivo é o conjunto de atribuições, deveres e responsabilidades específicas definidas em estatutos dos entes federativos cometidas a um servidor aprovado por meio de concurso público de provas ou de provas e títulos; e carreira é a sucessão de cargos efetivos, estruturados em níveis e graus segundo sua natureza, complexidade e o grau de responsabilidade, de acordo com o plano definido por lei de cada ente federativo.

Também são considerados filiados ao regime próprio de previdência nos termos do artigo 12, da ON MPS n. 02/2009:

> Art. 12. São filiados ao RPPS, desde que expressamente regidos pelo estatuto dos servidores do ente federativo, o servidor estável, abrangido pelo art. 19 do Ato das Disposições Constitucionais Transitórias, e o admitido até 05 de outubro de 1988, que não tenha cumprido, naquela data, o tempo previsto para aquisição da estabilidade no serviço público.

Destarte, conforme veremos nos itens a seguir, não coadunamos com o posicionamento do Ministério da Previdência, tendo em vista que servidor público, para fins de filiação ao regime próprio de previdência, é o servidor público efetivo ocupante de cargo público, nomeado após submissão a concurso público de provas ou de provas e títulos, prescindindo do atributo da estabilidade, tendo em vista a possibilidade de aposentadoria por invalidez (que não exige tempo mínimo de contribuição), bem como a compulsória (que exige somente idade máxima). Não há, portanto, no regime próprio período de carência.

Como esmiuçaremos, segurado do Regime Próprio de Previdência é o servidor ativo ou inativo que mantém ou manteve vínculo de efetividade com a Administração Pública, e os dependentes oriundos dessa relação de efetividade, os quais são os pensionistas do sistema.

3.6.2. Estabilidade e o direito ao regime previdenciário público

Com a introdução das regras estabelecidas pela EC n. 20/1998 no corpo constitucional, travou-se uma discussão acerca de quais servidores teriam direito ao regime próprio de previdência.

O artigo 40 da redação original da CF/88 nada dispunha sobre a qualificação do servidor para fins de previdência pública. Simplesmente dizia que ao servidor eram garantidos os direitos atinentes ao regime próprio, conforme elencados no dispositivo. Nada dizia sobre efetividade. A própria CF/88 permitia essa interpretação, deixando, assim, a cargo dos entes instituidores a discricionariedade para decidir.

Contudo, a redação do dispositivo sofreu forte alteração com a edição da EC n. 20/98, passando a exigir a efetividade para fins de direito ao regime próprio de previdência:

Art. 40. Aos servidores titulares de cargos efetivos da União, dos Estados, do Distrito Federal e dos Municípios, incluídas suas autarquias e fundações, é assegurado regime de previdência de caráter contributivo, observados critérios que preservem o equilíbrio financeiro e atuarial e o disposto neste artigo. (Redação dada pela EC 20/98).

A partir de 16 de dezembro de 1998 (data de publicação da EC n. 20/98), passou a não ser mais permitido ao servidor estável, mas não efetivo, o direito de ingresso em regime próprio de previdência.

Com a nova sistemática instituída pela EC n. 20/1998, travou-se uma discussão acerca de qual servidor teria direito ao RPPS. O então Ministério da Previdência e Assistência Social (MPAS) adotou entendimento que divergia do Ministério do Planejamento. O primeiro lançou, em 24 de maio de 2000, a Nota Técnica n. 27/2000, que assim dispunha:

> 10. A efetividade se dá por meio de concurso público. Somente o servidor investido em cargo público por meio de concurso público, na forma da Lei Maior, pode ser considerado titular de cargo efetivo. A estabilidade se dá com a aprovação em estágio probatório e depende de decurso do tempo de exercício no cargo.
>
> 11. Dessa forma, o servidor que não cumpriu o estágio probatório e que ocupa cargo em razão de provimento regular, leia-se concurso público, é efetivo, mas não é estável. Essa diferença é feita pelos grandes estudiosos do Direito Administrativo.
> [...]
> 20. Em conclusão, o servidor estável não é efetivo e por isso não pode estar vinculado ao Regime Próprio de previdência social, da União, dos Estados, do Distrito Federal ou dos Municípios, estando vinculado ao RGPS.

Para o Ministério da Previdência, somente poderiam ser considerados servidores, para fins de ingresso nos regimes próprios, os servidores efetivos, excluídos, portanto, os servidores estáveis e não efetivos, nos termos do artigo 19 do ADCT.

Contudo, e em sentido oposto, o Ministério do Planejamento lançou posteriormente, menos de dois meses após, em 4 de julho de 2000, o Parecer Jurídico n. 1408, que assim deixou asseverado:

> 16. Sobreleva notar que as regras introduzidas no ordenamento jurídico pelo art. 40 da Constituição Federal, com redação determinada pela Emenda Constitucional n. 20, de 15 de dezembro de 1998, tratam da implantação da nova sistemática de previdência social, aplicando-se aos que ingressarem na Administração Pública, das três esferas de Governo, a partir da publicação da Emenda Constitucional n. 20. Esta, no entanto, nas suas disposições transitórias, não fez nenhuma ressalva quanto à vinculação de possíveis servidores não ocupantes de cargos efetivos, razão pela qual a expressão 'aos servidores titulares de cargos efetivos da União, dos Estados, do Distrito Federal e dos Municípios, incluídas suas autarquias e fundações ...' não afeta as situações constituídas na forma de lei, anteriormente.
>
> 18. Em conclusão, tendo em vista que não comungamos com a tese defendida pelo MPAS de que os servidores estáveis e não efetivos não podem ser ou continuar vinculados à regime próprio de previdência social, somos de parecer que a Nota Técnica n. 27, de 24 de maio de 2000, merece reparo, vez que a vinculação de servidores à regime próprio de previdência social da União, dos Estados, do Distrito Federal e dos Municípios, incluídas suas autarquias e fundações, atinge todos aqueles abrangidos por seus Regimes Jurídicos próprios (específicos), vedada, portanto, a vinculação destes ao Regime Geral de Previdência Social – RGPS.

Com a devida vênia, entendemos que o Ministério do Planejamento, à época, deu mais um entendimento político do que técnico, propriamente dito, tendo em vista que milhares de servidores se encontravam sob o enfoque do artigo 19 do ADCT, e por pressões aos entes instituidores dos regimes próprios, por diversas categorias de servidores, além da economia, como dito, de contribuições ao INSS e ao FGTS, acabou cedendo e alargando o conceito introduzido pela EC n. 20/1998.

O parecer do Ministério do Planejamento, exarado à época, inclusive ia de encontro às manifestações do Supremo Tribunal Federal, que em diversos momentos posicionou-se no sentido de diferençar o servidor estável do efetivo. Vejamos:

> RECURSO EXTRAORDINÁRIO EM MANDADO DE SEGURANÇA. FUNCIONÁRIO PÚBLICO ESTADUAL ADMITIDO SEM CONCURSO PÚBLICO E REDISTRIBUÍDO PARA ASSEMBLEIA LEGISLATIVA DO ESTADO. EFETIVAÇÃO POR RESOLUÇÃO DA MESA. FORMA DERIVADA DE INVESTIDURA EM CARGO PÚBLICO. DESFAZIMENTO DO ATO ADMINISTRATIVO PELA MESA DIRETORA DA ASSEMBLEIA LEGISLATIVA. ILEGALIDADE DO ATO QUE DECLAROU A NULIDADE DA INVESTIDURA DO SERVIDOR. IMPROCEDÊNCIA. EFETIVIDADE E ESTABILIDADE. 1. (…) 3. Estabilidade: artigos 41 da Constituição Federal e 19 do ADCT.(…) Preenchidas as condições insertas no preceito transitório, o servidor é estável, mas não é efetivo, e possui somente o direito de permanência no serviço público no cargo em que fora admitido, todavia sem incorporação na carreira, não tendo direito a progressão funcional nela, ou a desfrutar de benefícios que sejam privativos de seus integrantes. (STF, RE 163.715, Rel. Min. Maurício Corrêa, Segunda Turma, DJ 19.12.1996).

> RECURSO EXTRAORDINÁRIO. CONSTITUCIONAL. ESTABILIDADE EXCEPCIONAL: ART. 19 DO ADCT-CF/88. EFETIVIDADE: NECESSIDADE DE CONCURSO PÚBLICO. 1. O preceito do art. 19 do ADCT-CF/88 deferiu a estabilidade aos servidores que não foram admitidos no serviço público na forma do art. 37, II da Carta Federal, mas a efetividade somente se adquire mediante aprovação em concurso público. 2. A Lei Estadual n. 11.171, de 10 de abril de 1986, que conferiu estabilidade provisória a agentes públicos, tinha como destinatários os servidores efetivos, em exercício de cargo em comissão por oito anos completos, consecutivos ou não. 3. Promulgada a Constituição Federal de 1988, aos servidores, a quem a lei local conferiu o direito excepcional, aplica-se o preceito do art. 19 do ADCT, sendo estáveis no cargo em que se encontravam se preenchidos os seus requisitos, mas tornar-se-ão efetivos somente após aprovação em concurso público. Recurso extraordinário conhecido e provido (STF, RE 181.883/CE, Rel. Min. Maurício Corrêa, Segunda Turma, DJ 27.02.1998).

Entendemos que os atos normativos posteriores, com finalidade de migrar o servidor estável não efetivo para regime próprio de previdência, são vertiginosamente inconstitucionais. A transposição de servidor celetista para o regime estatutário passou a ser expressamente proibida pela CF/88. A efetividade, conforme expressamente disposto no § 1º do artigo 19 do ADCT, somente poderia ser adquirida via concurso público, o que não ocorreu. De acordo com o dispositivo, o tempo de serviço (mais de cinco anos) seria contado como título, quando os servidores que adquiriram a estabilidade excepcional fossem submetidos a **concurso de efetivação**. O concurso de efetivação, contudo, nunca ocorreu, e aos servidores puramente estáveis foi garantido o ingresso no regime próprio de previdência.

Posteriormente a Advocacia-Geral da União, através do Parecer GM 030/02, cedeu à interpretação dada pelo Ministério do Planejamento e acabou definindo que "o servidor estável abrangido pelo art. 19 do Ato das Disposições Constitucionais Transitórias e ao admitido até 5 de outubro de 1988, que não tenha cumprido, naquela data, o tempo previsto para aquisição da estabilidade no serviço público, podem ser filiados ao regime próprio, dede que expressamente regidos pelo estatuto dos servidores do respectivo ente."

Destarte, ousamos discordar do posicionamento. De acordo com o artigo 41 da CF/88, na redação dada pela Emenda Constitucional n. 19, de 1998 (Reforma Administrativa), são estáveis após três anos de efetivo exercício os servidores nomeados para cargo de provimento efetivo em virtude de concurso público. De acordo com o § 1º e seus incisos do mesmo dispositivo constitucional, o servidor público estável só perderá o cargo: I – em virtude de sentença judicial transitada em julgado; II – mediante processo administrativo em que lhe seja assegurada ampla defesa; III – mediante procedimento de avaliação periódica de desempenho, na forma de lei complementar, assegurada ampla defesa.

O atributo da estabilidade confere ao servidor público garantia contra demissões (penalidade) arbitrárias e infundadas. Entretanto, para adquiri-la, necessariamente deve o servidor ser avaliado em seu desempenho, durante o estágio probatório por comissão instituída especialmente para essa finalidade. Caso o cargo que ocupa seja extinto ou seja declarada sua desnecessidade, o servidor estável ficará em disponibilidade, com remuneração proporcional ao tempo de serviço, até seu adequado aproveitamento em outro cargo. E caso a demissão do servidor estável seja invalidada por sentença judicial, será ele reintegrado, e o eventual ocupante da vaga, se estável, será reconduzido ao cargo de origem, sem direito à indenização, aproveitado em outro cargo ou posto em disponibilidade com remuneração proporcional ao tempo de serviço.

A estabilidade é adquirida pelo decurso do tempo. A efetividade é atributo do cargo, conferida aos servidores que ingressaram no sistema via concurso público. Somente a forma original de investidura no cargo, via concurso público, confere efetividade.

O direito à estabilidade, conferido pelo artigo 19, do Ato das Disposições Constitucionais Transitórias – ADCT, não permite a transposição do servidor celetista para regime estatutário, por manifesta violação à ordem constitucional. Assim reza o dispositivo aludido:

Art. 19. Os servidores públicos civis da União, dos Estados, do Distrito Federal e dos Municípios, da administração direta, autárquica e das fundações públicas, em exercício na data da promulgação da Constituição, há pelo menos cinco anos continuados, e que não tenham sido admitidos na forma regulada no art. 37, da Constituição, são considerados estáveis no serviço público.

§ 1º O tempo de serviço dos servidores referidos neste artigo será contado como título quando se submeterem a concurso para fins de efetivação, na forma da lei.

§ 2º O disposto neste artigo não se aplica aos ocupantes de cargos, funções e empregos de confiança ou em comissão, nem aos que a lei declare de livre exoneração, cujo tempo de serviço não será computado para os fins do *"caput"* deste artigo, exceto se se tratar de servidor.

§ 3º O disposto neste artigo não se aplica aos professores de nível superior, nos termos da lei.

O dispositivo exigiu para o servidor que fosse estabilizado no serviço público de forma excepcional, mas também exigiu concurso de efetivação. Entretanto, vários entes não promoveram a regulamentação, simplesmente editaram normas que "transpuseram" o servidor celetista para o regime estatutário, confundindo estabilidade com efetividade, dando-lhes todas as garantias e privilégios dos legítimos detentores dos cargos públicos, ou seja, aqueles verdadeiramente efetivos, que se submeteram à sistemática do concurso público, que traz ínsito o princípio da igualdade de todos perante à lei.

Como cediço, a relação do servidor público com a Administração Pública antes da edição da EC n. 20/98, era *pro labore*, ou seja, não havia obrigatoriedade de contribuição previdenciária, o simples fato de o servidor ter vínculo funcional já lhe garantia os benefícios do regime próprio de previdência. Além disso, milhares (milhões talvez) de servidores que não haviam prestado concurso público para ingresso nos quadros funcionais da Administração Pública foram transferidos do regime geral de previdência, quando eram celetistas, para o regime próprio de previdência, posto que passaram a ser estatutários. As normas infraconstitucionais de transposição de um regime para o outro não exigiam outra coisa do servidor além do vínculo com a Administração Pública, qualquer que fosse a natureza jurídica. Bastava para tanto atender ao comando temporal do *caput* do artigo 19 do ADCT, sem atendimento aos seus parágrafos.

O Supremo Tribunal Federal em diversos momentos rechaçou a possibilidade de se tratar o servidor puramente estável como efetivo, conforme podemos comprovar pelas ementas a seguir colacionadas:

RECURSO EXTRAORDINÁRIO. AGRAVO REGIMENTAL. LEI ESTADUAL N. 11.171/86 DO Estado DO CEARÁ. GRATIFICAÇÃO DE REPRESENTAÇÃO. INCORPORAÇÃO. ESTABILIDADE. EFETIVIDADE. ART. 19 DO ADCT. 1. A vantagem prevista na Lei estadual 11.171, de 10.4.1986, tinha por destinatários os servidores efetivos, em exercício de cargo, não se incluindo nesse conceito os servidores estáveis por força do art. 19 do ADCT, não efetivados por meio de concurso público. Precedente. 2. Agravo regimental improvido. (STF, RE 383.576-AgR/CE, Rel. Min. Ellen Gracie, Segunda Turma, DJ 5.8.2005).

AGRAVO REGIMENTAL NO RECURSO EXTRAORDINÁRIO. ADCT, ARTIGO 19. INCORPORAÇÃO. GRATIFICAÇÃO DE REPRESENTAÇÃO. LEI N. 11.171/86 DO Estado DO CEARÁ. 1. É necessário que o servidor público possua --- além da estabilidade --- efetividade no cargo para ter direito às vantagens a ele inerentes. 2. **O Supremo fixou o entendimento de que o servidor estável, mas não efetivo, possui somente o direito de permanência no serviço público no cargo em que fora admitido. Não faz jus aos direitos inerentes ao cargo ou aos benefícios que sejam privativos de seus integrantes. Precedentes. Agravo regimental a que se nega provimento.** (STF, RE 400.343-AgR/CE, Rel. Min. Eros Grau, Segunda Turma, DJ 1º.8.2008). (Grifamos).

Segundo o STF, efetividade e estabilidade não se confundem. A primeira é atributo do cargo, designando o funcionário desde o instante da nomeação; a estabilidade é aderência, é integração no serviço público, depois de preenchidas determinadas condições fixadas em lei, e adquirida pelo decurso de tempo. (STF, RE 167.635, Rel. Min. Maurício Corrêa, julgamento em 17-9-1996, Segunda Turma, DJ de 7-2-1997).

Ainda segundo entendimento firmado no âmbito do Pretório Excelso, a vigente Constituição Federal estipulou duas modalidades de estabilidade no serviço público: a primeira, prevista no art. 41, que traduz ser a nomeação em caráter efetivo uma condição primordial para a aquisição da estabilidade, que é conferida ao funcionário público investido em cargo, para o qual foi nomeado em virtude de concurso público. A segunda, prevista no art. 19 do ADCT, é um favor constitucional conferido àquele servidor admitido sem concurso público há pelo menos cinco anos da promulgação da Constituição. Preenchidas as condições insertas no preceito transitório, o servidor é estável, mas não é efetivo, e tem somente o direito de permanência no serviço público no cargo em que fora admitido, todavia sem incorporação na carreira, não tendo direito à progressão funcional nela, ou a desfrutar de benefícios que sejam privativos de seus integrantes. O servidor que preencher as condições exigidas pelo art. 19 do ADCT-CF/1988 é estável no cargo para o qual fora contratado pela Administração Pública, mas não é efetivo. Não é titular do cargo que ocupa, não integra a carreira e goza apenas de uma estabilidade especial no serviço público, que não se confunde com aquela estabilidade regular disciplinada pelo art. 41 da CF. Não tem direito à efetivação, a não ser que se submeta a concurso público, quando, aprovado e nomeado, fará jus à contagem do tempo de serviço prestado no período de estabilidade excepcional, como título. (STF, RE 167.635, Rel. Min. Maurício Corrêa, julgamento em 17-9-1996, Segunda Turma, DJ de 7-2-1997. No mesmo sentido: STF, ADI 114, Rel. Min. Cármen Lúcia, julgamento em 26-11-2009, Plenário, DJE de 3-10-2011).

De forma didática, o STF assim define: a) o servidor é estável por força do art. 19 do ADCT e não ocupa cargo de provimento efetivo; b) o servidor que se tornou estável nos termos do art. 19 do ADCT ocupa cargo de provimento efetivo após ter sido aprovado em concurso público para o provimento deste cargo; c) o servidor ocupa cargo de provimento efetivo em razão de aprovação em concurso público e é estável nos termos do art. 41 da CR. O STF já se manifestou sobre essas hipóteses e, quanto às listadas nos itens *a* e *b*, firmou o entendimento de que, independentemente da estabilidade, a efetividade no cargo será obtida pela imprescindível observância do art. 37, II, da CR. (ADI 114, voto da Rel. Min. Cármen Lúcia, julgamento em 26-11-2009, Plenário, DJE de 3-10-2011.) No mesmo sentido a ADI 100, Rel. Min. Ellen Gracie, julgamento em 9-9-2004, Plenário, DJ de 1º-10-2004.

Ocorre que a exigência de concurso público para a investidura em cargo garante o respeito a vários princípios constitucionais de direito administrativo, entre eles, o da impessoalidade e o da isonomia. O constituinte, todavia, inseriu no art. 19 do ADCT norma transitória criando uma estabilidade excepcional para servidores não concursados da União, dos Estados, do Distrito Federal e dos Municípios que, quando da promulgação da CF, contassem com, no mínimo, cinco anos ininterruptos de serviço público. Dessarte, a jurisprudência da Corte Suprema tem considerado inconstitucionais normas estaduais que ampliam a exceção contida na regra da exigência de concurso para o ingresso no serviço público, já estabelecida no ADCT Federal. (STF, ADI 100, Rel. Min. Ellen Gracie, julgamento em 9-9-2004, Plenário, DJ de 1º-10-2004. No mesmo sentido: STF, RE 356.612-AgR, Rel. Min. Joaquim Barbosa, julgamento em 31-8-2010, Segunda Turma, DJE de 16-11-2010. Vide: STF, ADI 114, Rel. Min. Cármen Lúcia, julgamento em 26-11-2009, Plenário, DJE de 3-10-2011.)

E o STF vai mais além, se posicionando no sentido de que o ato de 'redistribuição' ou 'enquadramento', assim como o de 'transferência' ou 'aproveitamento', que propicia o ingresso do servidor na carreira, sem concurso público, quando esse era excepcionalmente estável no cargo para o qual fora contratado inicialmente (art. 19, ADCT), é nulo, por inobservância ao art. 37, II, da CF. Legítimo é ato administrativo que declara a nulidade da efetivação de servidor público, pois a administração pode anular seus próprios atos, quando eivados de vícios que os tornem ilegais, porque deles não se originam direitos, nos temos da Súmula 473. (STF, RE 167.635, Rel. Min. Maurício Corrêa, julgamento em 17-9-1996, Segunda Turma, DJ de 7-2-1997).

Apesar do firme entendimento adotado pelo Supremo, vários entes federativos ainda promoveram enquadramentos de servidores em carreiras diversas, pelo fato de que, quando da edição da CF/88, estavam à disposição de órgão diferente da sua lotação de origem, permitindo que optassem pelo enquadramento definitivo no órgão em que estivessem servindo, em cargo equivalente. Entretanto, ao julgar a ADI 351, o STF julgou inconstitucional norma do Rio Grande do Norte, que dispunha sobre essa forma de reenquadramento de servidores. (STF, ADI 351, Rel. Min. Marco Aurélio, Tribunal Pleno, j. 14-05-2014 e Dje de 15-08-2014).

Os dispositivos constitucionais potiguares, declarados inconstitucionais, foram os artigos 15 e 17 do ADCT da CE/RN:

Art. 15. É assegurado ao servidor público estadual, da administração direta, autárquica e fundacional, com tempo igual ou superior a cinco (5) anos de exercício que, na data da promulgação da Constituição, estiver à disposição, por tempo igual ou superior a dois (2) anos de órgão diferente daquele de sua lotação de origem, ainda que de outro Poder, o direito de optar pelo enquadramento definitivo no órgão que estiver servindo, em cargo ou emprego equivalente, quanto à remuneração, e assemelhado, quanto às atribuições, desde que o faça no prazo de trinta (30) dias.

Art. 17. Ao servidor público da administração direta, fundacional e autárquica, em pleno exercício de suas funções, fica assegurado o acesso ao cargo ou emprego de nível superior identificado ou equivalente à formação do curso de nível superior que conclua.

Não há, portanto, que se falar de opção por carreira da qual o servidor não foi investido por concurso público. Neste diapasão, vale lembrar que diversos servidores puderam optar por carreiras diferentes, das quais não foram investidos por concurso público. É o caso, por exemplo, de procuradores de Estado que atuavam como defensores públicos. Como as defensorias públicas são instituições regulamentadas recentemente, algumas leis estaduais permitiram o reenquadramento de procuradores como defensores, em total afronta à Constituição Federal. Ao se criar a carreira, em nível estadual, somente são legítimos detentores de seus cargos os servidores que prestaram concurso para o provimento do cargo específico. Assim é o entendimento do STF.

O ministro Marco Aurélio, em seu voto na ADI 351, lembrou que, em reiteradas ocasiões, o STF tem assentado a indispensabilidade da prévia aprovação em concursos públicos para investidura em cargo público efetivo. Nesse sentido, conforme assinalou, o Supremo editou a Súmula 685, que considera inconstitucional "toda modalidade de provimento que propicie ao servidor investir-se, sem prévia aprovação em concurso público destinado ao seu provimento, em cargo que não integra a carreira na qual anteriormente investido."

Por ocasião do julgamento da ADI 1150, o ministro Néri da Silveira deixou asseverado que:

É certo, porém, que, mesmo estabilizados pelo art. 19 do ADCT, não podem esses servidores, que estão amparados pelo regime único dos servidores, conforme a regra geral do caput do art. 276 da Lei gaúcha n. 10.098/1994, ser providos em cargo de provimento efetivo, sem aprovação no concurso especial de efetivação a que se refere o parágrafo 1º do art. 19 do ADCT, ou seja, o denominado 'concurso de efetivação'. São estáveis e sujeitos ao regime estatutário, não podendo, destarte, ser dispensados, sem o procedimento, a tanto, garantido ao servidor estável. Essa dificuldade bem realçada no voto do Relator decorre do art. 37, II, e do art. 19, § 1º, da Constituição. Esses servidores não são mais celetistas, mas estatutários, embora fiquem, sem prover cargo, até o concurso de efetivação para os cargos novos resultantes da transformação a que se refere o § 2º do art. 276 em foco.

(...)

Não há falar, aqui, em retorno à condição de celetistas e assim não obrigação do Estado a recolher o FGTS, desde janeiro de 1994, porque esses servidores estáveis, mas não efetivos, porque não provêm cargos de provimento efetivo, estão enquadrados no regime único dos servidores estaduais civis, ut art. 276, caput, que continua em vigor,

eis que não impugnado na presente ação direta de inconstitucionalidade. (STF, ADI 1150, Rel. Min. Moreira Alves, DJ 17-4-1998). (Grifos no original).

Coadunamos, *ipsis litteris*, com as conclusões do ministro Moreira Alves. Efetividade é sinônimo de aprovação em concurso público (quer seja o previsto no artigo 37, II, da CF/88, quer seja o previsto no artigo 19, § 1º do ADCT da CF/88 – concurso de efetivação). Não sendo o servidor público submetido a um ou outro, não há que se falar em efetividade, apesar da submissão às regras estatutárias.

Entretanto esse não é o posicionamento atual do Ministério da Previdência, que por meio da ON MPS/SPS n. 01/2007 disse textualmente em seu artigo 11 que:

Art. 11. O servidor estável abrangido pelo art. 19 do Ato das Disposições Constitucionais Transitórias e o admitido até 05 de outubro de 1988, que não tenha cumprido, naquela data, o tempo previsto para aquisição da estabilidade no serviço público, são filiados ao RPPS, desde que expressamente regidos pelo estatuto dos servidores do ente federativo.

Posteriormente a tratativa foi confirmada pelo artigo 12 da ON MPS/SPS n. 02/2009, que revogou a primeira:

Art. 12. São filiados ao RPPS, desde que expressamente regidos pelo estatuto dos servidores do ente federativo, o servidor estável, abrangido pelo art. 19 do Ato das Disposições Constitucionais Transitórias, e o admitido até 05 de outubro de 1988, que não tenha cumprido, naquela data, o tempo previsto para aquisição da estabilidade no serviço público.

Data venia, não concordamos com as orientações exaradas pelo Ministério da Previdência no que diz respeito à filiação do servidor estável amparado pelo artigo 19 do ADCT da CF/88, pelas razões aduzidas e por não estarem de acordo com a jurisprudência firmada pelo Supremo Tribunal Federal.

Em recente decisão, em 19 de dezembro de 2014, o ministro Dias Toffoli, relator da ADI 5111 MC/RR, concedeu a medida cautelar pleiteada *ad referendum* do Plenário, para suspender, com efeito *ex nunc*, a eficácia da expressão "bem como, os servidores declarados estáveis, nos termos da Constituição estadual", do inciso I do art. 3º da Lei Complementar n. 54, de 31/12/2001 do Estado de Roraima (redação conferida pela Lei Complementar n. 138, de 26/6/2008), e do artigo 28 da Resolução n. 49/2005, aprovada pela Assembleia Legislativa do Estado de Roraima.

A referida Ação Direta de Inconstitucionalidade, ajuizada pelo governador do Estado de Roraima, objetiva a declaração de inconstitucionalidade de dispositivos da Lei Complementar Estadual 54/2001, que trata do Regime Próprio de Previdência do Estado. O governador argumenta que a alteração realizada na norma pela Lei Complementar 138/2008, que permite a participação dos servidores declarados estáveis pela Constituição estadual no regime próprio, está em desacordo com parâmetros estabelecidos pela Constituição Federal. Aduz ainda que a inclusão de servidores declarados estáveis pela Carta Estadual entre os integrantes do regime próprio permitiria a participação de servidores da Assembleia Legislativa que, mesmo sem concurso público, comprovaram ter prestado serviços por prazo mínimo e ininterrupto de cinco anos, entre janeiro de 1991 e dezembro de 2003. Segundo a ADI, essa permissão representa afronta direta a dois dispositivos da Constituição Federal: o artigo 40 (*caput*), que assegura a participação apenas de titulares de cargos efetivos da União, dos Estados, do Distrito Federal e dos Municípios, e ao artigo 41 (*caput*), que define como estáveis servidores nomeados para cargo efetivo, por meio de concurso público, após três anos de efetivo exercício. "Patente, pois, o vício material, que incluiu como participantes do Regime Próprio de Servidores Públicos do Estado de Roraima servidores que estão em desacordo com os critérios estabelecidos constitucionalmente tanto para o âmbito federal, estadual e municipal", alega. O governador aponta também ofensa ao artigo 37, que proíbe a investidura em cargo público sem aprovação prévia em concurso público; ofensa ao artigo 22, que garante à união competência privativa para legislar sobre seguridade social; e ao artigo 25, que determina aos Estados-membros a observância à Constituição Federal.[5]

As normas impugnadas referem-se à parte final do artigo 3º, inciso I, da Lei Complementar Roraimense n. 54, de 31-12-2001, na redação dada pela LC/RR n. 138, de 26-6-2008, com o seguinte texto:

> Art. 3º Para os efeitos desta Lei Complementar, definem-se como:
> I – participante: o servidor público civil titular de cargo efetivo integrante dos Poderes Executivo, Legislativo e Judiciário, de suas autarquias e fundações, da Defensoria Pública, do Ministério Público Estadual e do Tribunal de Contas do Estado; os membros da Magistratura, do Ministério Público Estadual, da Defensoria Pública, da Procuradoria-Geral do Estado, do Tribunal de Contas do Estado, da Polícia Militar e do Corpo de Bombeiros; os aposentados, os pensionistas, os militares da reserva remunerada e os reformados, bem como, **os servidores declarados estáveis, nos termos da Constituição estadual.** (Grifamos)

E ao artigo 28, parágrafo único, da Resolução n. 49/2005, aprovada pela Assembleia Legislativa do Estado de Roraima, que contém o seguinte teor:

> Art. 28...
> [...]
> Parágrafo único. Os servidores constantes do § 2º do artigo 1º desta Resolução são aqueles que comprovada ou reconhecidamente exerceram regularmente suas funções, prestando serviços ao poder legislativo, por prazo e ininterrupto de 05 (cinco) anos no período compreendido entre 1º de Janeiro de 1991 a 31 de Dezembro de 2003 e que estejam no seu quadro de pessoal.

Em suas manifestações, a Procuradoria Geral da República, por intermédio de seu procurador-geral, deixou expressamente consignado que:

> A Constituição da República, a partir das reformas previdenciárias promovidas pelas Emendas Constitucionais 20, de 15 de dezembro de 1998, e 41, de 19 de dezembro de 2003, restringiu a manutenção, em regime próprio de previdência social da União, dos Estados, do Distrito Federal e dos Municípios, aos servidores titulares de cargos efetivos dos respectivos entes federativos. É o que resulta da atual redação do art. 40, *caput*, combinado com o § 13 [...]. A restrição também está expressamente prevista em norma geral editada pela União em matéria de previdência de servidores públicos. Trata-se da Lei 9.717, de 27 de novembro de 1998, que estabelece regras para organização e funcionamento dos regimes próprios de previdência social dos servidores públicos da União, dos Estados, do Distrito Federal e dos Municípios e dos militares dos Estados e do Distrito Federal [...]. **Aos não titulares de cargo efetivo – ocupantes exclusivamente de cargo em comissão, cargo temporário, emprego público, que exerçam função pública sem vínculo com a administração ou estabilizados na forma do art. 19 do Ato das Disposições Constitucionais Transitórias –, restou a vinculação ao regime geral de previdência social (RGPS), segundo o art. 201 da Constituição de 1988.** (Grifamos).

Com efeito, assim reza o artigo 1º, *caput* e inciso V, da Lei n. 9.717/98 – Lei Geral de Previdência Pública:

> Art. 1º. Os regimes próprios de previdência social dos servidores públicos da União, dos Estados, do Distrito Federal e dos Municípios, dos militares dos Estados e do Distrito Federal deverão ser organizados, baseados em normas gerais de contabilidade e atuária, de modo a garantir o seu equilíbrio financeiro e atuarial, observados os seguintes critérios:
> [...]
> V – **cobertura exclusiva a servidores públicos titulares de cargos efetivos e a militares, e a seus respectivos dependentes,** de cada ente estatal, vedado o pagamento de benefícios, mediante convênios ou consórcios entre Estados, entre Estados e Municípios e entre Municípios; [...]. (Grifamos).

Em análise sobre o tema, o professor José dos Santos Carvalho Filho assim se posiciona:

> "O regime jurídico da previdência dos servidores públicos estatutários e efetivos, que são a grande massa dos agentes administrativos, é o regime previdenciário especial, encontrando-se sua disciplina no art. 40 e parágrafos da CF. São regras específicas por terem como destinatários servidores com situação funcional própria: devem ser estatutários e efetivos. Significa dizer que essa disciplina abrange os servidores que sejam não somente regidos pelos estatutos funcionais, mas também que ocupem cargo público de provimento efetivo. Ambos são requisitos necessários e cumulativos".[6]

---

(5) STF-Supremo Tribunal Federal. Questionada lei de RR sobre participação em regime próprio de previdência. 24 de abril de 2014. Disponível em <http://www.stf.jus.br/portal/cms/verNoticiaDetalhe.asp?idConteudo=265378>. Acesso em 1º de outubro de 2015.

(6) CARVALHO FILHO, José dos Santos. Manual de Direito Administrativo. 24. ed. Rio de Janeiro: Lumen Juris, 2011. p. 624.

As disposições normativas roraimenses impugnadas, por força da concessão da medida cautelar pelo ministro Dias Toffoli, encontram-se suspensas, com efeitos *ex nunc*. Com certeza, a decisão de mérito, a ser proferida na ADI 5111, que foi colocada em pauta para julgamento, trará uma série de consequências. Contudo, se forem adotadas as razões preliminares, significará um alívio nas contas da previdência pública. Lembrando que a declaração de inconstitucionalidade pelo Supremo Tribunal Federal tem efeitos *erga omnes*, ou seja, é de observância obrigatória para a Administração Pública.

Quando muito, os servidores estabilizados pelo artigo 19 do ADCT deveriam ter seus benefícios contabilizados em fundo apartado, de caráter transitório e em extinção, diverso do fundo destinado aos pagamentos de benefícios dos servidores públicos efetivos, de forma a dar maior transparência à gestão desses fundos. Da forma como foi feita, simplesmente se fundiu servidor estabilizado pelo artigo 19 do ADCT com o servidor público efetivo contemplado pelo artigo 40 da CF/88, em total afronta aos comandos constitucionais.

Ao se propiciar uma economia aos entes instituidores de RPPS, com amparo ao contingente de servidores que se encontravam na situação de estabilidade e não efetividade, com acolhimento do entendimento exarado pelo Ministério do Planejamento em 2000, cuidou-se de, em curto prazo, resolver uma situação de despesa financeira e renúncia de receita correspondente às contribuições até então vertidas ao RGPS. Entretanto, já estava em vigência a Lei n. 9.796/1999 – compensação financeira entre os regimes.

É, portanto, mais uma questão que nos filia ao pensamento de instituição de uma previdência única e universal para todos os servidores públicos efetivos, deixando a cargo dos entes o pagamento dos servidores abrangidos pelos RPPS por força do artigo 19 do ADCT, com fundo específico para tal, uma vez cuidar-se de fundo em extinção.

3.6.3. Ascensão funcional e o direito ao regime previdenciário público

A ascensão funcional era o instituto de direito administrativo relativo ao servidor público, que permitia a transposição de uma carreira para outra. Por exemplo, milhares de agentes policiais ingressaram na carreira de delegado sem, contudo, terem prestado concurso público para esta última. A ascensão caracteriza-se assim como forma de provimento derivado em cargo público.

Já o acesso, que também é uma forma de provimento derivado, consistia na passagem do servidor de um cargo para outro de nível escolar superior ao que se encontrava posicionado, como exemplo, nível auxiliar para nível intermediário. O Supremo Tribunal Federal já se manifestou, em momentos distintos, assentando que a promoção por acesso de servidor constitui forma de provimento derivado e não representa ascensão a cargo diferente daquele em que já estava efetivado (AI 768.895, Rel. Min. Cármen Lúcia).

Usamos os conceitos com verbos no pretérito porque um como outro o instituto, foram banidos pela Constituição Federal de 1988. Os dispositivos da Lei n. 8.112/90 que cuidavam da matéria foram declarados inconstitucionais pela ADI 837.

A partir do julgamento da ADI 231, a Corte Suprema firmou o entendimento de que são inconstitucionais as formas de provimento derivado representadas pela ascensão ou acesso, transferência e aproveitamento no tocante a cargos ou empregos públicos. Outros precedentes: ADIN 245 e ADIN 97. Contudo, os atos praticados antes da declaração de inconstitucionalidade foram declarados inimpugnáveis, inclusive pelo Tribunal de Contas da União. Os atos praticados com base na lei inconstitucional que não mais se afigurem suscetíveis de revisão não são afetados pela declaração de inconstitucionalidade, em observância ao princípio da segurança jurídica.

A ascensão funcional, que é a progressão funcional entre cargos de carreiras distintas, foi declarada inconstitucional pelo Supremo Tribunal Federal em 1992, quando julgamento da ADI 231, da qual extraímos sua ementa:

> Ação Direta de Inconstitucionalidade – Ascensão ou acesso, transferência e aproveitamento no tocante a cargos ou empregos públicos.
>
> – O critério do mérito aferível por concurso público de provas ou de provas e títulos, no atual sistema constitucional, ressalvados os cargos em comissão de livre nomeação e exoneração, indispensável para cargo ou emprego público isolado ou de carreira. Para o isolado, em qualquer hipótese; para o em carreira, para o ingresso nela, o que só se fará na classe inicial e pelo concurso público de provas ou de provas títulos, não o sendo, porém, para os cargos subsequentes que nela se escalonam até o final dela, pois, para estes, a investidura se fará pela forma de provimento que é a "promoção."
>
> Estão, pois, banidas das formas de investidura admitidas pela Constituição a ascensão e a transferência, que são formas de ingresso em carreira diversa daquela para a qual o servidor público ingressou por concursso, e que não são, por isso mesmo, ínsitas ao sistema de provimento em carreira, ao contrário do que sucede com a promoção, sem a qual obviamente não haverá carreira, mas, sim, uma sucessão ascendente de cargos isolados.
>
> – O inciso II do artigo 37 da Constituição Federal também não permite o "aproveitamento", uma vez que, nesse caso, há igualmente o ingresso em outra carreira sem o concurso exigido pelo mencionado dispositivo. (STF, ADI 231, Rel. Min. Moreira Alves, Tribunal Pleno, j. 05-08-1992 e p. 13-08-1992).

O ministro Octávio Gallotti, no seu voto proferido na ADI supra mencionada, deixou assentado que:

> "Ora, o que temos agora em vista é a chamada ascensão funcional, que pressupõe, necessariamente, a existência de duas carreiras: a carreira de origem e aquela outra para a qual ascende o funcionário. Uma carreira, no serviço público, pode ter cargos de atribuições diferentes, geralmente mais complexas, à medida que se aproximam as classes finais. Nada impede, também, que a partir de

certa classe da carreira, seja exigido, do candidato à promoção, um nível mais alto de escolaridade, um concurso interno, um novo título profissional, um treinamento especial ou o aproveitamento em algum curso, como acontece, por exemplo, com a carreira de diplomata. O que não se compadece com a noção de carreira – bem o esclareceu o eminente relator, – é a possibilidade de ingresso direto num cargo intermediário. Se há uma série auxiliar de classes e outra principal, sempre que exista a possibilidade do ingresso direto na principal não se pode considerar que se configure uma só carreira."

Após o advento da Constituição Federal de 1988, não é mais possível o provimento de cargo ou emprego público mediante ascensão funcional, espécie de provimento derivado vertical, tanto que vem sendo declarada a inconstitucionalidade de leis e de Constituições estaduais que admitem essa forma de provimento derivado, tendo em vista que foi instituído o concurso público como forma universal de acesso aos cargos públicos, nos termos do artigo 37, II, da CF/88. (TRF1, AR 35739 DF, Rel. Des. Federal Néviton Guedes, Primeira Seção, j. 30-04-2013 e DJF1 de 13-06-2013).

Na ADI 245, o Supremo Tribunal deixou expressamente consignada a proibição de agentes policiais às carreiras de delegados de polícia, não sendo possível as constituições estaduais estabelecerem uma carreira única nas polícias civis, dentro da qual se incluam os delegados, ainda que escalonados em categorias ascendentes. Para o STF a Constituição exige a existência de carreira específica de delegado de polícia como membro de direção da polícia civil, haja vista a formação necessária para o desempenho dos cargos dessa carreira.

Contudo, e em observância ao princípio da segurança jurídica, o Supremo Tribunal firmou o entendimento de que as ascensões, ocorridas há mais de cinco anos, devem ser mantidas, posto que o direito de anular os atos é atacado pelo instituto da decadência. (Cf. STF, MS 28953/DF, Rel. Min. Cármen Lúcia, Primeira Turma, jl. 28-02-2012 e Dje de 28-03-2012). É atualmente considerada inconstitucional.

Para o STF deve ser respeitado o prazo decadencial quinquenal, com aplicação do art. 5º, inciso LV, da CF/88 e art. 54 da Lei federal n. 9.784/99: "o direito da Administração de anular os atos administrativos de que decorram efeitos favoráveis para os destinatários decai em cinco anos, contados da data em que foram praticados, salvo comprovada má-fé." (STF, MS 26893, Relator Ministro Cezar Peluso, Tribunal Pleno, j. 17-12-2007 e DJE de 22-0202008). Esse é inclusive o entendimento adotado hodiernamente pelo Tribunal de Contas da União, que não tem negado registro às aposentadorias derivadas de atos de ascensão ocorridos há mais de cinco anos.

Destarte, como vimos, o servidor que não é investido em cargo público por concurso público não adquire efetividade, requisito primordial adotado pela Constituição Federal de 1988 para filiação em RPPS. A ascensão funcional, como qualquer outra forma de provimento derivado, não tem o condão de atribuir efetividade ao servidor no novo cargo. Se o servidor era um agente de polícia e por ascensão foi transposto para o cargo de delegado de polícia, neste último ele adquiriu estabilidade (e aí entra o respeito ao princípio da segurança jurídica), mas não adquiriu efetividade.

Novos pedidos de ascensão jurídica, promoções e enquadramentos dela derivados não encontram amparo na jurisprudência brasileira, conforme ilustramos a seguir.

"AGRAVO REGIMENTAL EM RECURSO EXTRAORDINÁRIO. ADMINISTRATIVO. ASCENSÃO FUNCIONAL. INCONSTITUCIONALIDADE. OFENSA À REGRA DO CONCURSO PÚBLICO. PRECEDENTES. SEGURANÇA JURÍDICA E BOA-FÉ. INAPLICABILIDADE AO CASO. PLEITO QUE REVELA A PRETENSÃO DE CONSTITUIR NOVA SITUAÇÃO JURÍDICA E NÃO A PRESERVAÇÃO DE UMA POSIÇÃO CONSOLIDADA. AGRAVO IMPROVIDO. I – A jurisprudência do Supremo Tribunal Federal firmou-se no sentido de que a promoção do servidor por ascensão funcional constitui forma de provimento derivado incompatível com a determinação prevista no art. 37, II, da Constituição de que os cargos públicos devem ser providos por concurso. II – Inviável a invocação dos princípios da segurança jurídica e da boa-fé no caso em que se pretende o reconhecimento de uma nova posição jurídica incompatível com a Constituição e não a preservação de uma situação concreta sedimentada. III – Agravo regimental improvido. (STF, RE 602264 DF, Rel. Min. Ricardo Lewandowski, Segunda Turma, j. 07-05-2013 e DJE de 31-05-2013)".

Ementa: AGRAVO REGIMENTAL NA RECLAMAÇÃO. ALEGAÇÃO DE AFRONTA AO QUE DECIDIDO POR ESTA CORTE NOS AUTOS DA ADI N. 837/DF. IMPROCEDÊNCIA. DECISÃO EM PERFEITA CONSONÂNCIA COM O ENTENDIMENTO FIRMADO POR ESTA CORTE. AGRAVO REGIMENTAL A QUE SE NEGA PROVIMENTO. 1. A transposição, transformação ou ascensão funcional, de servidores públicos de uma categoria para outra, posto consubstanciar modalidades de provimento derivado, sem prévia aprovação em concurso público de provas e títulos, não se coadunam com a nova ordem constitucional (CRFB/88, art. 37, II). 2. In casu, a decisão reclamada não divergiu dessa orientação, haja vista que anulou todos os atos de provimento de cargo público ancorados em disposições flagrantemente inconstitucionais, que estabeleciam a transposição, transformação ou ascensão funcional de uma categoria a outra, sem prévia aprovação em concurso público de provas e títulos. 3. Agravo regimental desprovido. (STF, Rcl 8222 AgR/MG, Rel. Min. Luiz Fux, Primeira Turma, j. 28-04-2015 e Dje 13-05-2015)

Sobre a matéria, o Supremo Tribunal Federal editou a Súmula 685: "É inconstitucional toda modalidade de provimento que propicie ao servidor investir-se, sem prévia aprovação em concurso público destinado ao seu provimento, em cargo que não integra a carreira na qual anteriormente investido."

O Egrégio Tribunal também se posiciona, no sentido de que inexiste violação de literal dispositivo de lei, na decisão em que não se reconhece direito adquirido a ascensão realizada após o advento da Constituição Federal de 1988, uma vez que é pacífico na Corte o entendimento de que é inconstitucional a forma de provimento derivado de cargos ou empregos públicos por ascensão. (Precedentes: ADI n. 368/ES, ADI n. 231/RJ e ADI n. 837/DF, Rel. Min. Moreira Alves; ADI n. 3.582/PI, Rel. Min. Sepúlveda Pertence; ADI n. 3.030/AP, Rel. Min. Carlos Velloso; ADI n. 1.345/ES, Rel. Min. Ellen Gracie; RE n. 602.264/DF-AgR, Rel. Min. Ricardo Lewandowski, Segunda Turma, Dje de 31-5-13).

Ao analisar a Lei 10.961/92 do Estado de Minas Gerais, que autoriza que cargos sujeitos a preenchimento por concurso público sejam providos por 'acesso', ficando preferencialmente destinados à categoria de pretendentes que já têm vínculo com a Administração Estadual, o STF definiu que com tal destinação, o instituto do acesso é, portanto, incompatível com o princípio da ampla acessibilidade, preconizado pelo art. 37, II, da Constituição. (STF, ADI 917, Rel. p/ o Ac. Min. Teori Zavascki, julgamento em 6-11-2013, Plenário, DJE de 30-10-2014.)

Para o Superior Tribunal de Justiça, mesmo havendo núcleo entre cargos, a transposição de um cargo de nível médio para nível superior (este com âmbito maior de atuação) não caracteriza identidade de funções, sendo que pedido de isonomia neste sentido caracteriza transposição, o que é vedado pelo ordenamento do período vigente, uma vez que a CF/88 exige concurso público. Além do mais, encontra óbice na Súmula Vinculante n. 37 do STF: "Não cabe ao Poder Judiciário, que não tem função legislativa, aumentar vencimentos de servidores públicos, sob o fundamento de isonomia." (STJ, RMS 30586/DF, Rel. Min. Jorge Mussi, T5, j. 28-04-2015 e Dje 07-05-2015).

O mesmo STJ ainda firmou o entendimento de que ocorre a suspensão do prazo prescricional enquanto a Administração estiver examinando os cálculos da impugnação administrativa (art.4º do Decreto n. 20.910/32). (STJ, Edcl no Resp 912145/AP, Rel. Min. Rogério Schietti Cruz, T6, j. 03-02-2015 e Dje 09-02-2015).

No tocante à ascensão funcional ao cargo de delegado, vale colacionar julgado:

PROCESSUAL CIVIL E ADMINISTRATIVO. AGRAVO REGIMENTAL NO RECURSO EM MANDADO DE SEGURANÇA. INVESTIDURA AO CARGO PÚBLICO DE DELEGADO DE POLÍCIA. ACESSO FUNCIONAL. IMPOSSIBILIDADE. ART. 37, II, DA CONSTITUIÇÃO FEDERAL. CONCURSO PÚBLICO. EXIGÊNCIA. DIREITO ADQUIRIDO A REGIME JURÍDICO. INEXISTÊNCIA. 1. Nos termos do entendimento sufragado pelo Supremo Tribunal Federal, inexiste direito adquirido a regime jurídico frente à nova ordem constitucional, que baniu do ordenamento jurídico as figuras da ascensão e progressão funcionais como formas de provimento de cargo público, não podendo situações conflitantes com a Constituição Federal servir como fundamento para aplicação do princípio da isonomia. 2. Agravo regimental não provido. (STJ, AgRg no RMS 33817/RJ, Rel. Min. Benedito Gonçalves, T1, j. 23-09-2014 e Dje 30-09-2014).

O STJ é firme no seu posicionamento de que a Constituição Federal de 1988 proíbe toda modalidade de provimento que invista o servidor em cargo público diverso do anteriormente ocupado sem que tenha havido prévia aprovação em certame realizado para esse fim, na forma de seu art. 37, II, 3. Ascensão funcional, isto é, enquadramento em cargo com remuneração mais elevada, instituto que não mais existe no direito administrativo pátrio como forma de investidura em cargo público, porquanto o acesso a cargos públicos, conforme dispõe o art. 37 da Constituição Federal, somente pode se dar por aprovação em concurso público de provas, ou de provas e títulos. A jurisprudência dos Tribunais Superiores também é uniforme no sentido de que o vínculo funcional entre o servidor e a Administração Pública é de direito público, não havendo direito adquirido a regime jurídico. (STJ, AgRg no RMS 37925, Rel. Min. Herman Benjamin, T2, j. 18-03-2014 e Dje de 27-03-2014).

Concluindo, entendemos, s.m.j., que todos os servidores que não são efetivos não são destinatários de RPPS. E aqueles servidores que ocupam cargos diferentes, por alguma forma de transposição (provimento derivado), devem ter sua aposentadoria calculada com base no cargo efetivo originário. Como existem situações consolidadas no tempo, a diferença entre o valor do cargo efetivo e o cargo para o qual o servidor foi transposto deve ser arcada com recursos do Tesouro, em forma de complementação de aposentadoria com natureza jurídica de indenização e não como benefício previdenciário, a ser arcado com recursos previdenciários, que somente podem cobrir, conforme estatuído pelo *caput* do artigo 40 da CF/88, os valores atinentes ao cargo efetivo.

Malgrados entendimentos em sentido contrário, a solução que se propõe encontra guarita nos pronunciamentos do STF e do STJ, que em diversos momentos se manifestaram neste sentido, como exaustivamente anotado.

3.6.4. Quadros, carreiras e cargos. Evolução funcional

Para a comprovação de legalidade de pagamento de benefício previdenciário, notadamente aposentadoria e pensão, quer seja em sede de concessão, manutenção ou revisão, imprescindível que se faça a evolução na carreira do servidor segurado. É o histórico das leis funcionais que vai determinar a legalidade de promoções, progressões, mudanças de níveis e classes, além do correto posicionamento vencimental.

De proêmio reprise-se que a ascensão funcional, que é a progressão funcional entre cargos de carreiras distintas, foi declarada inconstitucional pelo Supremo Tribunal Federal em 1992, quando julgamento da ADI 231.

Já a legítima progressão na carreira é o escalonamento, onde o servidor público vai galgando os degraus de sua carreira até o topo da mesma. É legítima na medida que requer um plano de carreiras, cargos e subsídios, sem o qual não há escalonamento.

A progressão pode ser vertical, quando o servidor alcança classe superior a que se encontra, por meio de merecimento (p. ex.: nova titulação – especialização, mestrado, doutorado, contagem de pontos por participações em congressos e similares, trabalhos relevantes, etc.). Já a progressão no plano horizontal é a mudança de nível, ocorre com o cumprimento de interstícios mínimos (p. ex.: cinco anos no mesmo nível, dando direito ao escalonamento em nível superior). Um e outro podem ser conjugados, mas não se confundem.

Teoricamente, progressão horizontal é a movimentação do servidor dentro de seu nível de complexidade, ou seja, a mudança é apenas de grau (antiguidade). A Progressão Vertical é a movimentação do servidor de um nível de complexidade para outro, imediatamente superior – gestão do conhecimento (merecimento). Na primeira, o servidor permanece dentro da mesma classe na carreira, já na segunda, há mudança de classe.

A verdadeira promoção é aquela que acumula os requisitos de merecimento (títulos), com interstício de tempo, o que somente pode ser verificado na progressão vertical.

Assim, um servidor pode alcançar o nível máximo dentro de sua carreira, no entanto, permanecer na primeira classe. O inverso não é verdadeiro.

Nos casos de desvio de função, conquanto não tenha o servidor direito à promoção para outra classe da carreira, mas apenas às diferenças de vencimentos decorrentes do exercício desviado, tem ele direito aos valores correspondentes aos padrões que, por força de progressão funcional, gradativamente se enquadraria caso efetivamente fosse servidor daquela classe, e não ao padrão inicial, sob pena de ofensa ao princípio constitucional da isonomia e de enriquecimento sem causa do Estado. (STJ, AgRg nos EDcl nos EDcl no AgRg no Ag 1382874/RS, Rel. Min. Humberto Martins, T2, j. 06-02-2014 e DJe 17-02-2014).

Algumas carreiras, contudo, não têm as duas espécies de progressão, limitando-se à progressão vertical, o que é uma lástima e uma injustiça, uma vez que servidores altamente capacitados são colocados no mesmo pé de igualdade de servidores que estagnaram seus conhecimentos, que não promoveram meios de capacitação e que alcançam progressão na carreira simplesmente pelo critério de antiguidade. É um desestímulo ao conhecimento.

Apesar da orientação estabelecida pela Constituição Federal por meio da EC n. 19/1998, para a fixação de vencimentos do servidor público, que deve levar em conta certos critérios, ainda hoje há flagrante desrespeito ao artigo 39 da CF/88, com a seguinte dicção:

Art. 39. A União, os Estados, o Distrito Federal e os Municípios instituirão conselho de política de administração e remuneração de pessoal, integrado por servidores designados pelos respectivos Poderes.[7]

§ 1º A fixação dos padrões de vencimento e dos demais componentes do sistema remuneratório observará:

I - a natureza, o grau de responsabilidade e a complexidade dos cargos componentes de cada carreira;

II - os requisitos para a investidura;

III - as peculiaridades dos cargos.

Sabe-se que ainda hoje existem carreiras que não atentam para os comandos constitucionais, permitindo que servidores ingressem na última classe simplesmente pelo critério da antiguidade. Uma carreira bem estruturada, com critérios objetivos que estimulem promoção por merecimento e por antiguidade, é um dos pilares do princípio da eficiência. Aquele servidor que não se capacitou ao longo de sua jornada laboral não pode estar no mesmo patamar daquele servidor que se estagnou, que não procurou formas de tornar-se mais eficiente para o serviço público.

Entendemos que todas as carreiras, sem exceção, devem ser escalonadas por níveis e classes. A passagem de um nível para outro invoca o cumprimento de interstício e a passagem de uma classe para outra deve levar em conta o cumprimento de critérios objetivos de merecimento.

Devido à estrutura precária da Administração Pública e da dificuldade da mesma em manter cursos de especialização (pós-graduação, mestrado e doutorado), entendemos que podem ser adotados outros critérios, que não unicamente o da especialização, como participação em comissões, conselhos, relevantes serviços para a AP, autoria de livros, cartilhas-manuais, etc. Critérios que estimulam o crescimento profissional do servidor público são muitos e devem ser adotados. O que não se pode é permitir o alcance da última classe em uma carreira simplesmente pelo decurso de tempo.

No que tange à análise sistêmica, levando em consideração todo o histórico do servidor, temos que é de suma importância para a higidez das folhas de pagamentos de inativos e pensionistas. É por meio do estudo do histórico do servidor que se pode chegar à premissa de que o seu pagamento está legitimamente correto.

Infelizmente a grande maioria das consultorias hoje existentes no Brasil sequer sabem diferençar as duas espécies de progressão, adotando simplesmente o critério da parametrização de processos, a partir de casos isolados, por amostragem. Revisar benefícios previdenciários, quando se sabe que antigamente não se tinha qualquer tipo de controle após o ato de aposentação não é tarefa das mais fáceis e exige amplos conhecimentos técnicos, notadamente na área de legislação de servidor público.

---

(7) Cumpre ressaltar que o *caput* do aludido artigo 39 está com sua eficácia suspensa tendo em vista o julgamento proferido na Medida Cautelar na ADI 2135-4/DF, suprimindo do texto constitucional a expressa menção ao sistema de regime jurídico único dos servidores da Administração Pública, pela maioria dos membros do STF, que reconheceram vício formal por ofensa ao disposto no artigo 60, § 2º, da CF/88 (votação de proposta de emenda constitucional em cada Casa do Congresso Nacional, em dois turnos e considerando-se aprovada se obtiver, em ambos, três quintos dos votos dos respectivos membros). Conquanto o *caput* do dispositivo se encontra com eficácia suspensa por decisão do STF, a sistemática instituída pelos incisos do § 1º não foram objeto de impugnação e encontram-se em plena vigência.

3.6.5. Proibição de acumulação de cargos

O acúmulo ilícito de cargos é uma das questões que devem ser analisadas com bastante cuidado quando se fala em higidez de folhas de pagamentos de servidores ativos e inativos e pensionistas.

A proibição tem assento nos incisos XVI e XVII do artigo 37 da CF/88, sucessivamente e *in verbis*:

> Art. 37...
> [...]
> XVI - é vedada a acumulação remunerada de cargos públicos, exceto, quando houver compatibilidade de horários, observado em qualquer caso o disposto no inciso XI: (Redação dada pela Emenda Constitucional n. 19, de 1998)
> a) a de dois cargos de professor; (Redação dada pela Emenda Constitucional n. 19, de 1998)
> b) a de um cargo de professor com outro técnico ou científico; (Redação dada pela Emenda Constitucional n. 19, de 1998)
> c) a de dois cargos ou empregos privativos de profissionais de saúde, com profissões regulamentadas; (Redação dada pela Emenda Constitucional n. 34, de 2001)
> XVII - a proibição de acumular estende-se a empregos e funções e abrange autarquias, fundações, empresas públicas, sociedades de economia mista, suas subsidiárias, e sociedades controladas, direta ou indiretamente, pelo poder público; [...]

Com a reforma administrativa promovida pela EC n. 19/1998, e que inseriu no *caput* do artigo 37 da CF/88 o princípio da eficiência, buscou-se formas de dar cumprimento do aludido princípio. Esse é o fundamento basilar da proibição de acumulação de cargos, ou seja, impedir que uma pessoa assuma vários cargos, e pelo excesso de carga horária, não pode ser eficiente em nenhum deles.

Noutro revés, buscou-se valorizar a capacidade técnica e científica de alguns profissionais, excetuando a regra geral da proibição. Todavia, a acumulação de cargos não comporta interpretação extensiva, como por exemplo cargo de médico com perito criminal (STF, RE 248248/RJ, Rel. Min. Menezes Direito, 2-09-2008).

Em todos os casos, as acumulações lícitas devem respeitar o teto constitucional disposto no inciso XI do artigo 37 da CF/88, bem como a carga horária máxima de 60 horas semanais.

A Advocacia Geral da União (AGU), por meio do Parecer n. GQ-145, que recomenda a carga horária máxima de 60 horas semanais, firmou o entendimento de que "por mais apto e dotado, física e mentalmente, que seja o servidor, não se concebe razoável entenderem-se compatíveis os horários cumpridos cumulativamente de forma a remanescer, diariamente, apenas oito horas para atenderem-se à locomoção, higiene física e mental, alimentação e repouso."

Destarte, referida peça opinativa, sem caráter normativo, é rechaçada pela jurisprudência pátria. Neste sentido:

> AGRAVO REGIMENTAL NO RECURSO ESPECIAL. DECISÃO MANTIDA POR SEUS PRÓPRIOS FUNDAMENTOS. TÉCNICO EM ENFERMAGEM. CUMULAÇÃO DE CARGOS. COMPATIBILIDADE DE HORÁRIOS. CARGA HORÁRIA. LIMITAÇÃO. PARECER AGU GQ-145/1998. AFASTAMENTO. INEXISTÊNCIA DE FORÇA NORMATIVA.
> [...] 2. A jurisprudência desta Corte firmou-se no sentido de que o parecer AGU GQ-145/1998, relativamente à limitação da carga horária máxima permitida nos casos em que há cumulação de cargos deve ser afastado, na medida em que não possui força normativa para regular a matéria.
> 3. Inexistindo limitação de carga horária na legislação que rege a matéria, qual seja, a Constituição Federal e a Lei n. 8.112/90, deve ser afastada a orientação constante do parecer AGU GQ-145/1998 sobre o tema. Precedentes.
> 4. Agravo regimental a que se nega provimento.
> (STJ. AgRg no REsp n. 1131768/RJ. Rel. Min. Haroldo Rodrigues - Desembargador Convocado do TJ/CE. Sexta Turma. DJe 26/10/2011).

Para o Superior Tribunal de Justiça, cumpre à Administração Pública comprovar a existência de incompatibilidade de horários em cada caso específico, não bastando tão somente cotejar o somatório de horas, com o padrão derivado de um parecer ou mesmo de um Decreto. (STJ. MS n. 15.415/DF. Rel. Min. Humberto Martins. Primeira Seção. DJe de 04/05/2011).

Contudo o Supremo Tribunal Federal firmou o posicionamento de que não é possível tripla acumulação:

> CONSTITUCIONAL. ADMINISTRATIVO. SERVIDOR PÚBLICO. PROFESSOR. TRIPLA ACUMULAÇÃO DE CARGOS. INVIABILIDADE. TRANSCURSO DE GRANDE PERÍODO DE TEMPO. IRRELEVÂNCIA. DIREITO ADQUIRIDO. INEXISTÊNCIA.
> 1. Esta Corte já afirmou ser inviável a tripla acumulação de cargos públicos. Precedentes: RE 141.376 e AI 419.426-AgR.
> 2. Sob a égide da Constituição anterior, o Plenário desta Corte, ao julgar o RE 101.126, assentou que "as fundações instituídas pelo Poder Público, que assumem a gestão de serviço estatal e se submetem a regime administrativo previsto, nos Estados-membros, por leis estaduais são fundações de direito público, e, portanto, pessoas jurídicas de direito público". Por isso, aplica-se a elas a proibição de acumulação indevida de cargos.
> 3. Esta Corte rejeita a chamada "teoria do fato consumado". Precedente: RE 120.893-AgR 4. Incidência da primeira parte da Súmula STF n. 473: "a administração pode anular seus próprios atos, quando eivados de vícios que os tornam ilegais, porque deles não se originam direitos". 5. O direito adquirido e o decurso de longo tempo não podem ser opostos quanto se tratar de manifesta contrariedade à Constituição. 6. Recurso extraordinário conhecido e provido. (STF. RE 381204/RS. Rel Min. Ellen Gracie. Segunda Turma. DJ 11-11-2005).
> EMENTA: AGRAVO REGIMENTAL NO RECURSO EXTRAORDINÁRIO. ADMINISTRATIVO. SERVIDOR PÚBLICO. CUMULAÇÃO TRÍPLICE. VENCIMENTOS E DOIS PROVENTOS. CARGOS DE MÉDICO. IMPOSSIBILIDADE. PRECEDENTES. AGRAVO IMPROVIDO.
> I - O Supremo Tribunal Federal entende que somente se admite a acumulação de proventos e vencimentos quando se tratar de cargos, empregos ou funções acumuláveis na atividade. II - Incabível, portanto, a acumulação de dois proventos de inatividade com vencimentos de cargo efetivo, uma vez que a vedação à cumulação de três cargos ou

empregos de médico já existia quando o servidor se encontrava na ativa. III -Agravo regimental improvido. (STF. AgR no RE 613399/RJ, Rel. Min. Ricardo Lewandowski. Segunda Turma. DJ 14-08-2012).

O STF ainda se manifesta no sentido de que o fato de o servidor encontrar-se licenciado para tratar de interesses particulares não descaracteriza o seu vínculo jurídico, já que a referida licença somente é concedida a critério da administração e pelo prazo fixado em lei, podendo, inclusive, ser interrompida, a qualquer tempo, no interesse do serviço ou a pedido do servidor. (STF. RE 180597/ CE. Rel. Min. Ilmar Galvão. Primeira Turma. DJ 18.11.1997). No mesmo sentido: RE n. 120.133, RMS n. 24.347, RE 399475.

Com fundamento nas decisões exaradas pelo STF, o Tribunal de Contas da União acabou por editar a Súmula n. 246, com o seguinte teor:

> O fato de o servidor licenciar-se, sem vencimentos, do cargo público ou emprego que exerça em órgão ou entidade da administração direta ou indireta não o habilita a tomar posse em outro cargo ou emprego público, sem incidir no exercício cumulativo vedado pelo artigo 37 da Constituição Federal, pois que o instituto da acumulação de cargos se dirige à titularidade de cargos, empregos e funções públicas, e não apenas à percepção de vantagens pecuniárias.

Portanto, mesmo na licença para tratar de interesses particulares deve ser observada a proibição da acumulação, até mesmo porque o servidor não perde o vínculo efetivo, continuando como segurado do RPPS respectivo (com as devidas contraprestações previdenciárias).

No que concerne especificamente à acumulação de cargos por servidores inativos, esta deve observar a sistemática instituída para os servidores em atividade e notadamente a regra ditada pelo § 10 do artigo 37 da CF/88:

> Art. 37...
> [...]
> § 10. É vedada a percepção simultânea de proventos de aposentadoria decorrentes do art. 40 ou dos arts. 42 e 142 com a remuneração de cargo, emprego ou função pública, ressalvados os cargos acumuláveis na forma desta Constituição, os cargos eletivos e os cargos em comissão declarados em lei de livre nomeação e exoneração. (Incluído pela Emenda Constitucional n. 20, de 1998)

Ressalte-se que o art. 11 da EC n.20/98 excetuou o comando do dispositivo acima mencionado, ao estabelecer que a vedação prevista no art. 37, § 10, da CF/88, não se aplica aos membros de poder e aos inativos, servidores e militares, que, até a publicação desta Emenda, tenham ingressado novamente no serviço público por concurso público de provas ou de provas e títulos, e pelas demais formas previstas na Constituição Federal, sendo-lhes proibida a percepção de mais de uma aposentadoria pelo regime de previdência a que se refere o art. 40 da Constituição Federal, aplicando-lhes, em qualquer hipótese, o limite de que trata o § 11 deste mesmo artigo.

Outrossim, o § 6º do artigo 40 da CF/88, na redação dada pela EC n. 20/98, dispõe expressamente que, ressalvadas as aposentadorias decorrentes dos cargos acumuláveis na forma desta Constituição, é vedada a percepção de mais de uma aposentadoria à conta do regime de previdência previsto neste artigo.

Sobre a matéria, assim se posicionou o Supremo Tribunal Federal:

> CONSTITUCIONAL. SERVIDOR PÚBLICO APOSENTADO. REINGRESSO NO SERVIÇO PÚBLICO ANTES DA EDIÇÃO DA EC 20/98 E FALECIMENTO POSTERIOR À EMENDA. DUPLA ACUMULAÇÃO DE PENSÕES POR MORTE. IMPOSSIBILIDADE. PRECEDENTES. RECURSO IMPROVIDO.
> I - A Carta de 1988 veda a percepção simultânea de proventos de aposentadoria com remuneração de cargo, emprego ou função pública, ressalvadas hipóteses - inocorrentes na espécie - de cargos acumuláveis na forma da Constituição, cargos eletivos e cargos em comissão (art. 37, § 10, da Constituição).
> II - Mesmo antes da EC 20/1998, a acumulação de proventos e vencimentos somente era admitida quando se tratasse de cargos, funções ou empregos acumuláveis na atividade, na forma permitida pela CF.
> III - Com o advento da EC 20/98, que preservou a situação daqueles servidores que retornaram ao serviço público antes da sua promulgação, proibiu, em seu art. 11, a percepção de mais de uma aposentadoria pelo regime de previdência a que se refere o art. 40 da Constituição.
> IV - Se era proibida a percepção de dupla aposentadoria estatutária não há é possível cogitar-se de direito à segunda pensão, uma vez que o art. 40, § 7º, da Constituição subordinava tal benefício ao valor dos proventos a que o servidor faria jus.
> V – Recurso extraordinário conhecido e improvido. (STF, RE 584388, Rel. Ministro Ricardo Lewandowski, Tribunal Pleno, j. 31-08-2011 e DJe de 27-09-2011).

O Plenário da Corte Suprema reconheceu a repercussão geral da controvérsia e fixou entendimento no sentido de que o servidor inativo que reingressou no serviço público, mediante concurso público de provas e/ou títulos, antes da publicação da Emenda Constitucional n. 20/98 pode acumular os proventos da aposentadoria com a remuneração do novo cargo, sendo-lhe vedado, entretanto, a percepção de mais de uma aposentadoria. Não há, portanto, óbice legal para a acumulação de duas aposentadorias com outro cargo público, desde que as aposentadorias tenham sido implantadas antes da Emenda Constitucional n. 20 de 1998.

Com as recentes decisões do Superior Tribunal de Justiça, em matéria de desaposentação, é possível a renúncia de proventos para ingresso em cargo público do qual o servidor tenha prestado concurso público, afastando as regras de ilicitude de acumulação de cargos.

O Supremo Tribunal Federal também se posicionou no sentido de que a eleição de servidor público aposentado para o exercício de cargo público permite-lhe o recebimento dos proventos do cargo eletivo cumulativamente com aqueles decorrentes de sua aposentadoria. Irrelevante se mostra, para tal conclusão, que esse reingresso do aposentado no serviço público não tenha ocorrido por meio de concurso, já que inexiste norma constitucional impondo a vedação dessa cumulação de proventos. (STF, AI 264.217-AgR, Rel. Min. Dias Toffoli, julgamento em 20-3-2012, Primeira Turma, DJE de 26-4-2012).

Para o STF, é correto concluir que a permissão constante do art. 11 da EC 20/1998 deve ser interpretada de forma restritiva. Trata-se de possibilidade de acumulação de um provento de aposentadoria com a remuneração de um cargo na ativa, no qual se tenha ingressado antes da publicação da referida emenda, ainda que inacumuláveis os cargos. Com efeito, nessas condições, é vedada, em qualquer hipótese, a acumulação tríplice de remunerações, sejam proventos ou vencimentos, bem como a percepção de mais de uma aposentadoria. (STF, RE 328.109-AgR, voto do Rel. Min. Gilmar Mendes, julgamento em 22-2-2011, Segunda Turma, DJE de 11-3-2011. No mesmo sentido: STF, RE 237.535-AgR, Rel. Min. Roberto Barroso, julgamento em 7-4-2015, Primeira Turma, DJE de 23-4-2015; ARE 642.861, Rel. Min. Ricardo Lewandowski, decisão monocrática, julgamento em 29-5-2012, DJE de 4-6-2012).

Conforme assentado pelo Plenário do STF no julgamento do RE 163.204, mesmo antes da EC 20/98, já era proibida a acumulação de cargos públicos. Pouco importava se o servidor estava na ativa ou aposentado nos cargos, salvo as exceções previstas na própria Constituição. Entendimento que se tornou expresso com a EC 20/1998, que preservou a situação daqueles servidores que retornaram ao serviço público antes da sua promulgação, nos termos do art. 11. A dupla acumulação de proventos foi expressamente vedada no citado art. 11, além de não ter sido aceita pela jurisprudência da Corte, sob a égide da CF/1988. (STF, RE 463.028, Rel. Min. Ellen Gracie, julgamento em 14-2-2006, Segunda Turma, DJ de 10-3-2006. No mesmo sentido: STF, RE 584.388, rel. Min. Ricardo Lewandowski, julgamento em 31-8-2011, Plenário, DJE de 27-9-2011, com repercussão geral. Vide: STF, AI 264.217-AgR, Rel. Min. Dias Toffoli, julgamento em 20-3-2012, Primeira Turma, DJE de 26-4-2012).

O art. 11 da EC 20 convalidou o reingresso – até a data da sua publicação – do inativo no serviço público, por meio de concurso. A convalidação alcança os vencimentos em duplicidade se os cargos são acumuláveis na forma do disposto no art. 37, XVI, da CB, vedada, todavia, a percepção de mais de uma aposentadoria. (STF, RE 489.776-AgR, Rel. Min. Eros Grau, julgamento em 17-6-2008, Segunda Turma,DJE de 1º-8-2008. No mesmo sentido: STF, RE 547.900-AgR, Rel. Min. Marco Aurélio, julgamento em 13-12-2011, Primeira Turma, DJE de 15-2-2012).

A acumulação de proventos e vencimentos somente é permitida quando se trata de cargos, funções ou empregos acumuláveis na atividade, na forma permitida na Constituição. Não é permitida a acumulação de proventos de duas aposentadorias com os vencimentos de cargo público, ainda que proveniente de aprovação em concurso público antes da EC 20/1998. (STF, AI 479.810-AgR, Rel. Min. Carlos Velloso, julgamento em 6-12-2005, Segunda Turma, DJ de 3-2-2006. No mesmo sentido: STF, RE 595.713-AgR, Rel. Min. Ricardo Lewandowski, julgamento em 8-2-2011, Primeira Turma, DJE de 10-3-2011).

A Carta de 1988 veda a percepção simultânea de proventos de aposentadoria com remuneração de cargo, emprego ou função pública, ressalvadas hipóteses – inocorrentes na espécie – de cargos acumuláveis na forma da Constituição, cargos eletivos e cargos em comissão (art. 37, § 10, da Constituição). Mesmo antes da EC 20/1998, a acumulação de proventos e vencimentos somente era admitida quando se tratasse de cargos, funções ou empregos acumuláveis na atividade, na forma permitida pela CF. Com o advento da EC 20/1998, que preservou a situação daqueles servidores que retornaram ao serviço público antes da sua promulgação, proibiu, em seu art. 11, a percepção de mais de uma aposentadoria pelo regime de previdência a que se refere o art. 40 da Constituição. Se era proibida a percepção de dupla aposentadoria estatutária, não é possível cogitar-se de direito à segunda pensão, uma vez que o art. 40, § 7º, da Constituição subordinava tal benefício ao valor dos proventos a que o servidor faria jus. (STF, RE 584.388, Rel. Min. Ricardo Lewandowski, julgamento em 31-8-2011, Plenário, DJE de 27-9-2011, com repercussão geral).

3.6.6. Proventos e teto remuneratório

Proventos é a designação adotada para pagamento, em parcela única, aos servidores inativos. Aos dependentes do ex-segurado devem ser adotadas as rubricas: I) pensão por morte; II) pensão por ausência; III) pensão especial – quando proveniente de verba indenizatória e não previdenciária; e IV) auxílio-reclusão.

As corretas terminologias no contracheque do segurado, com rubricas claras e objetivas, contribuem para o controle do sistema de folhas de pagamentos. Entretanto, há uma dificuldade enorme em se manter a rubrica proventos, dado o histórico do servidor na atividade, notadamente quando proveniente de uma categoria que não é remunerada por subsídio (com penduricalhos).

Destarte, entendemos que o contracheque deve ser o mais objetivo possível, facilitando a vida do segurado. Os penduricalhos devem ser devidamente explicitados. É o contracheque que retrata toda a situação atual de composição vencimental. Chamado também de holerite (termo advindo de Herman Hollerith, empresário estadunidense responsável pelo uso de máquinas leitoras de cartões perfurados para o processamento de dados em massa), deve apresentar a listagem da composição dos proventos, com créditos e descontos do mês em referência, ao final dispondo sobre o total do líquido a receber.

Hoje a Administração Pública usa ainda outro documento, designado ficha financeira. Referido documento deve vir esmiuçado, com todas as rubricas relativas aos proventos, com indicação de quais rubricas se subsumem àquele servidor inativo respectivo. É direito do servidor público, quer seja ativo ou inativo, conhecer as rubricas adotadas pelo Poder Público e qual o fundamento legal para tal.

Holerites evasivos com padrões omissivos são uma afronta ao princípio da transparência. Entretanto, pode a Administração Pública optar por adotar no contracheque uma forma simplificada, desde que a ficha financeira guarde estrita relação com o histórico vencimental e a fundamentação legal, sendo que ambos os documentos podem ser requeridos a qualquer momento pelo servidor, sem pagamentos de taxas.

Apesar de os proventos guardarem estrita consonância com subsídios, os institutos não devem ser confundidos. Proventos são as parcelas remuneratórias do servidor inativo que quando ingressa na inatividade pode sofrer decréscimo do que vinha recebendo quando no exercício do cargo. O servidor inativo não tem direito a certas parcelas que eram pagas quando se encontrava ativo, como abono de permanência, hora extra, adicionais (insalubridade, periculosidade – *pro labore faciendo*) ou qualquer parcela dita temporária ou transitória.

Há ainda decréscimo quando a aposentação é fruto de alguma regra de aposentadoria que não guarda similitude com o instituto da integralidade e proventos integrais. Integralidade quer dizer que o cálculo dos proventos não foi submetido à média aritmética. Já a terminologia proventos integrais quer dizer que são pagos a razão de 100% (cem por cento), ou seja, à razão de 35/35 (trinta e cinco trinta e cinco avos) para o servidor inativo homem e 30/30 (trinta trinta avos) para a servidora inativa. Vejamos: Fulano foi aposentado compulsoriamente após completar 25 anos de serviço. Seus proventos vão ser calculados por média aritmética e com a proporção de 25/35 (vinte e cinco trinta e cinco avos). Após os cálculos, chega-se ao valor dos proventos.

A ficha financeira do servidor inativo deve indicar todas as peculiaridades dos proventos, inclusive se foram implantados com paridade, bem como refletir com exatidão todas as bases legais das rubricas adotadas pela Administração Pública, sem exceção. O servidor e a sociedade têm o direito inconteste de saber tudo o que é pago com o dinheiro público.

A par da liquidez e da transparência que devem, ter uma ficha financeira e seu correspondente holerite, temos que muita polêmica gira em torno da aplicabilidade do teto remuneratório, exigência contida no artigo 37, XI da CF/88, cuja redação atual foi dada pela EC n. 41/2003:

Art. 37...
[...]
XI - a remuneração e o subsídio dos ocupantes de cargos, funções e empregos públicos da administração direta, autárquica e fundacional, dos membros de qualquer dos Poderes da União, dos Estados, do Distrito Federal e dos Municípios, dos detentores de mandato eletivo e dos demais agentes políticos e os proventos, pensões ou outra espécie remuneratória, percebidos cumulativamente ou não, incluídas as vantagens pessoais ou de qualquer outra natureza, não poderão exceder o subsídio mensal, em espécie, dos Ministros do Supremo Tribunal Federal, aplicando-se como limite, nos Municípios, o subsídio do Prefeito, e nos Estados e no Distrito Federal, o subsídio mensal do Governador no âmbito do Poder Executivo, o subsídio dos Deputados Estaduais e Distritais no âmbito do Poder Legislativo e o subsídio dos Desembargadores do Tribunal de Justiça, limitado a noventa inteiros e vinte e cinco centésimos por cento do subsídio mensal, em espécie, dos Ministros do Supremo Tribunal Federal, no âmbito do Poder Judiciário, aplicável este limite aos membros do Ministério Público, aos Procuradores e aos Defensores Públicos.

Teto remuneratório constitucional é o limite máximo de remuneração a ser aplicado ao servidor público, em todas as esferas e todos os níveis de governo. Entretanto, as disposições constitucionais não foram regulamentadas, o que tem gerado decisões conflitantes.

Destarte, no que respeita ao subteto dos servidores estaduais, a Constituição estabeleceu a possibilidade de o Estado optar entre: a definição de um subteto por poder, hipótese em que o teto dos servidores da Justiça corresponderá ao subsídio dos desembargadores do Tribunal de Justiça (art. 37, XI, CF, na redação da Emenda Constitucional 41/2003); e a definição de um subteto único, correspondente ao subsídio mensal dos desembargadores do Tribunal de Justiça, para todo e qualquer servidor de qualquer poder, ficando de fora desse subteto apenas o subsídio dos deputados (art. 37, § 12, CF, conforme redação da Emenda Constitucional 47/2005). Afigura-se, entretanto, como inconstitucional a desvinculação entre o subteto dos servidores da Justiça e o subsídio mensal dos desembargadores do Tribunal de Justiça, por violação ao art. 37, XI e § 12, CF. Há ainda incompatibilidade entre a opção pela definição de um subteto único, nos termos do art. Art. 37, § 12, CF, e definição de 'subteto do subteto', em valor diferenciado e menor, para os servidores do Judiciário, uma vez que trata-se, na espécie de tratamento injustificadamente mais gravoso para esses servidores, caracterizando violação ao princípio da isonomia. (STF, ADI 4.900, Rel. p/ o Ac. Min. Roberto Barroso, julgamento em 11-2-2015, Plenário, DJE de 20-4-2015.)

Importante registrar que o aposentado no serviço público não perde sua condição de servidor. Para o Supremo Tribunal Federal, ao contrário dos trabalhadores da iniciativa privada, que nenhum liame conservam com seus empregadores após a rescisão do contrato de trabalho pela aposentadoria, preservam os servidores aposentados um remarcado vínculo de índole financeira com a pessoa jurídica de direito público para quem hajam trabalhado. Não é por outro motivo que interdições, tais como a imposição do teto de remuneração e as proibições de vinculação ou equiparação de vencimentos, do cômputo de acréscimos pecuniários percebidos ao mesmo título, bem como a de acumulação remunerada (incisos XI, XIII, XIV e XVI do art. 37 da Constituição), são por igual aplicáveis tanto a servidores ativos como a inativos, no silêncio da Constituição. (STF, ADI 1.441 – MC, Rel. Min. Octávio Gallotti, liminar julgada pelo Pleno em 28-06-1996).

Também adotou o Plenário do Supremo Tribunal Federal um importante posicionamento, ao admitir que o teto de retribuição estabelecido pela Emenda Constitucional 41/03 possui eficácia imediata, submetendo às referências de valor máximo nele discriminadas todas as verbas de natureza remuneratória percebidas pelos servidores públicos da União, dos Estados, do Distrito Federal e dos Municípios, ainda que adquiridas de acordo com regime legal anterior. A observância da norma de teto de retribuição representa verdadeira condição de legitimidade para o pagamento das remunerações no serviço público. Os valores que ultrapassam os limites preestabelecidos para cada nível federativo na Constituição Federal constituem excesso cujo pagamento não pode ser reclamado com amparo na garantia da irredutibilidade de vencimentos. A incidência da garantia constitucional da irredutibilidade exige a presença cumulativa de pelo menos dois requisitos: (a) que o padrão remuneratório nominal tenha sido obtido conforme o direito, e não de maneira ilícita, ainda que por equívoco da Administração Pública; e (b) que o padrão remuneratório nominal esteja compreendido dentro do limite máximo predefinido pela Constituição Federal. O pagamento de remunerações superiores aos tetos de retribuição de cada um dos níveis federativos traduz exemplo de violação qualificada do texto constitucional. (STF, RE 609.381, Rel. Min. Teori Zavascki, julgamento em 2-10-2014, Plenário, DJE de 11-12-2014, com repercussão geral).

Impende registrar que o Recurso Extraordinário contou com a participação de 25 Estados e o Distrito Federal como *amicus curiae*, sendo que o Estado de Goiás foi o responsável pela impugnação direta, tomada contra decisão do TJ/GO, que impediu o corte de vencimentos de um grupo de aposentados e pensionistas militares que recebiam acima do teto. Segundo a decisão do TJ/GO, o corte dos salários ofenderia o direito adquirido e a regra da irredutibilidade dos vencimentos. Com isso, o tribunal estadual não determinou o corte das remunerações, que seriam mantidas até serem absorvidas pela evolução da remuneração fixada em lei.

Em seu voto, o ministro Teori Zavascki, relator do processo, fez um histórico da evolução do teto remuneratório do funcionalismo na Constituição Federal, e ao final, se posicionou no sentido de dar provimento ao recurso, fixando a tese de que o teto de remuneração estabelecido pela Emenda Constitucional 41/2003 é de eficácia imediata, submetendo às referências de valor máximo nela fixadas todas as verbas remuneratórias percebidas pelos servidores da União, dos Estados e do Municípios, ainda que adquiridas sob o regime legal anterior.

Contudo, na linha de entendimento firmado pelo STF, não é devida a restituição dos valores já recebidos pelos servidores em questão, tendo em vista a circunstância do recebimento de boa-fé.

Destarte, o ministro Marco Aurélio iniciou a divergência quanto ao posicionamento fixado pelo relator, entendendo que o corte dos vencimentos implicaria agredir direitos individuais – contrariando cláusula pétrea da Constituição Federal. "Os servidores públicos são os bodes expiatórios responsáveis por todos os males do país", afirmou. No mesmo sentido votaram os ministros Celso de Mello e o presidente da Corte, ministro Ricardo Lewandowski.

A recente decisão do STF também diz respeito à limitação no que se refere a vantagens de caráter individual (como quinquênios), que foram retiradas da imposição pela ADI 14 e pelo MS 24.875, que excluiu os servidores em 31 de dezembro de 2003 (data da entrada em vigor da EC 41/03).

Com o novo posicionamento do STF, todas as verbas de natureza remuneratória recebidas pelos servidores públicos estão sujeitas ao teto constitucional, sendo que a observância ao inciso XI do artigo 37 da CF/88 representa condição de legitimidade para pagamento de remunerações no serviço público (vencimentos, remunerações e subsídios). Os excessos recebidos não podem mais ser reclamados com base no princípio da irredutibilidade de vencimentos.

Para melhor ilustrar, segue decisão recente proferida pelo STF, constante do Tema 639:

EMENTA: RECURSO EXTRAORDINÁRIO. CONSTITUCIONAL. ART. 37, INC. XI, DA CONSTITUIÇÃO DA REPÚBLICA, ALTERADO PELA EMENDA CONSTITUCIONAL N. 41/2003. A BASE DE CÁLCULO PARA A INCIDÊNCIA DO TETO REMUNERATÓRIO PREVISTO NO ART. 37, INC. IX, DA CONSTITUIÇÃO É A RENDA BRUTA DO SERVIDOR PÚBLICO PORQUE: A) POR DEFINIÇÃO A REMUNERAÇÃO/PROVENTOS CORRESPONDEM AO VALOR INTEGRAL/BRUTO RECEBIDO PELO SERVIDOR; B) O VALOR DO TETO CONSIDERADO COMO LIMITE REMUNERATÓRIO É O VALOR BRUTO/INTEGRAL RECEBIDO PELO AGENTE POLÍTICO REFERÊNCIA NA UNIDADE FEDERATIVA (PRINCÍPIO DA RAZOABILIDADE). A ADOÇÃO DE BASE DE CÁLCULO CORRESPONDENTE À REMUNERAÇÃO/PROVENTOS DO SERVIDOR PÚBLICO ANTES DO DESCONTO DO IMPOSTO DE RENDA E DAS CONTRIBUIÇÕES PREVIDENCIÁRIAS CONTRARIA O FUNDAMENTO DO SISTEMA REMUNERATÓRIO INSTITUÍDO NO SISTEMA CONSTITUCIONAL VIGENTE. RECURSO AO QUAL SE NEGA PROVIMENTO. (STF, RE 675978 RG – Leading Case, Rel. Min. Cármen Lúcia, Tribunal Pleno, j. 15-04-2015, DJe. 29-06-2015).

Em posicionamento posterior, exarado por ocasião do julgamento do Recurso Extraordinário 606.358, o Plenário do STF entendeu que, para efeito de observância do teto remuneratório, computam-se também os valores que eram percebidos antes da EC n. 41/2003, a título de vantagens pessoais. O *decisum* traz o seguinte teor: "Computam-se para efeito de observância do teto remuneratório do art. 37, XI, da Constituição da República, também os valores percebidos anteriormente à vigência da Emenda Constitucional n. 41/2003 a título de vantagens pessoais pelo servidor público, dispensada a restituição dos valores recebidos em excesso e de boa-fé até o dia 18 de novembro de 2015." (STF, RE 606358, Rel. Min. Rosa Weber, julgado mérito de tema com repercussão geral, Tribunal Pleno, j. 18-11-2015).

Segundo a ministra Rosa Werber, relatora do processo, a CF/88 assegura a irredutibilidade dos subsídios e dos vencimentos dos exercentes de cargos e empregos públicos que se inserem nos limites impostos pelo artigo 37, XI, da Lei Fundamental. Contudo, "ultrapassado o teto, cessa a garantia oferecida pelo artigo 37, XV, que textualmente tem sua aplicabilidade vinculada aos montantes correspondentes." Para a ministra, "a adoção do teto remuneratório foi um mecanismo moralizador da folha de pagamentos na Administração Pública."

Para acabar de vez com a polêmica instaurada, bem como atender ao preceituado no artigo 4º da EC n. 47/2005 ("Enquanto não editada a lei a que se refere o § 11 do art. 37 da Constituição Federal, não será computada, para efeito dos limites remuneratórios de que trata o inciso XI do *caput* do mesmo artigo, qualquer parcela de caráter indenizatório, assim definida pela legislação em vigor na data de publicação da Emenda Constitucional n. 41, de 2003"), a Presidência da República se propôs a disciplinar, em âmbito nacional, a aplicação do limite máximo remuneratório mensal de agentes políticos e públicos de que tratam o inciso XI do artigo 37 da CF/88, encaminhando para o Congresso Nacional o PL 3.123/2015.

O projeto se destina a todos os servidores públicos, de forma ampla (incluídas todas as subsidiárias do Poder Público), e compreende todas as parcelas pagas ao servidor, a qualquer título, com exceção de algumas parcelas pagas a título de indenização (aí não se compreendendo horas extras) e decorrentes do ressarcimento de despesas incorridas no exercício das atribuições funcionais e que tenham uma das seguintes naturezas, valores recebidos de entidade de previdência complementar, fechada ou aberta; licença-prêmio convertida em pecúnia; gratificação para exercício da função eleitoral, prevista no art. 1º e art. 2º da Lei no 8.350, de 1991, quando se tratar de ministro do Supremo Tribunal Federal; adicional ou auxílio-funeral; valor de contribuições efetivamente pago pela pessoa jurídica relativo à programa de previdência complementar, aberto ou fechado, desde que disponível à totalidade de seus empregados e dirigentes; parcelas indenizatórias, consideradas como tais, exclusivamente, aquelas definidas em lei.

3.6.7. Tempo de serviço e tempo de contribuição

Como amplamente mencionado, anteriormente à edição da EC n. 20/1998, a relação jurídica do servidor para com a Administração Pública era *pro labore*, não havia a obrigatoriedade de contribuição previdenciária.

A partir da promulgação da referida emenda, vários conceitos tiveram que ser revistos, nitidamente os conceitos de tempo de serviço e tempo de contribuição.

Para facilitar a compreensão do tema, a Orientação Normativa MPS/SPS n. 02/2009 assim se posicionou:

> Art. 71. O tempo de carreira exigido para concessão dos benefícios previstos nos arts. 68 e 69 deverá ser cumprido no mesmo ente federativo e no mesmo poder.
>
> § 1º Na hipótese de o cargo em que se der a aposentadoria não estar inserido em plano de carreira, o requisito previsto no inciso IV do art. 68 e no inciso III do art. 69 deverá ser cumprido no último cargo efetivo.
>
> § 2º Será também considerado como tempo de carreira o tempo cumprido em emprego, função ou cargo de natureza não efetiva até 16 de dezembro de 1998.
>
> Art. 72. Será considerado como tempo no cargo efetivo, tempo de carreira e tempo de efetivo exercício no serviço público o período em que o servidor estiver em exercício de mandato eletivo; cedido, com ou sem ônus para o cessionário, a órgão ou entidade da administração direta ou indireta, do mesmo ou de outro ente federativo, ou afastado do país por cessão ou licenciamento com remuneração.
>
> Art. 73. Para efeito do cumprimento dos requisitos de concessão das aposentadorias previstas nos art. 58, 59, 67, 68 e 69, o tempo de efetivo exercício no cargo em que se dará a aposentadoria deverá ser cumprido no cargo efetivo do qual o servidor seja titular na data imediatamente anterior à da concessão do benefício.
>
> Art. 74. Na contagem do tempo no cargo efetivo e do tempo de carreira para verificação dos requisitos de concessão de aposentadoria, deverão ser observadas as alterações de denominação efetuadas na legislação aplicável ao servidor, inclusive no caso de reclassificação ou reestruturação de cargos e carreiras.

Hoje o tempo de serviço púbico deve ser apurado conjuntamente com o tempo de contribuição, uma vez que a Constituição Federal expressamente veda a contagem de tempo fictício, sem contribuição (CF/88, art. 40, § 10). No entanto, as licenças-prêmio, contadas em dobro, são permitidas até a edição da EC n. 20/98, que acabou com o tempo fictício. (STF, ADI n. 2.887/SP. Outros precedentes: AI 745.905, da relatoria do ministro Dias Toffoli; e RE 600.096, da relatoria do ministro Ricardo Lewandowski. De acordo com a orientação firmada pelo Supremo Tribunal Federal, "o servidor que completou o tempo de serviço para usufruir da licença-prêmio em momento anterior à vigência da EC 20/1998, e não o fez, tem direito a computar em dobro o tempo correspondente à licença para fins de aposentadoria". (STF, AI 725.444-AgR, Rel. Min. Joaquim Barbosa, julgamento em 7-2-2012, Segunda Turma, DJe de 23-2-2012).

É a lei do ente que vai definir os eventos de exercício ficto para fins de contagem de tempo para aposentadoria, tais como faltas, afastamentos, licenças médicas, licença para capacitação, etc., tendo em vista que a instituição do regime jurídico único estatutário é de competência do ente. Caso o ente não haja instituído seu RJU, pode aplicar, por analogia, as regras estabelecidas na Lei n. 8.112/90 – RJU da União.

É vedado o cômputo de tempo prestado a outro ente e outro poder para fins de contagem de tempo na carreira e no cargo (TJ/SP, AC 0126309.29.2008.8.26.0053, 6ª Câmara de Direito Público, j.22.8.2011).

Ressalve-se que o cômputo se refere ao cargo e não ao nível do cargo. A divisão em níveis é feita para fins remuneratórios. (TJSP, AC 0017353.45.2010.8.26.0053, 3ª Câmara de Direito Público, j. 24.09.2011).

A Constituição Federal não exige que os cinco anos de efetivo exercício no cargo em que se dará a aposentadoria sejam ininterruptos. Não há previsão constitucional para a exigência do tempo ininterrupto. (STF, RE 591.467-AgR, Rel. Min. Gilmar Mendes, j. 10-04-2012, DJe 25-04-2012).

A Constituição Federal, nos exatos termos dos seus artigos 40, § 5º, e 201, § 8º, que tratam respectivamente do regime de previdência dos servidores públicos e do regime de previdência privada, prevê a redução em cinco anos para o professor que comprove exclusivamente tempo de efetivo exercício das funções de magistério na educação infantil e no ensino fundamental e médio. Ou seja, independentemente do regime previdenciário adotado, há a previsão constitucional da disciplina especial de aposentadoria para o professor. O intento constitucional foi justamente agraciar o profissional do magistério em razão das peculiaridades do seu labor, tais como a jornada extraclasse que exerce, a exemplo da correção de provas, preparação de material e aulas, desenvolvimento de pesquisas, atendimento aos alunos, dentre várias outras atividades de extrema responsabilidade, de modo a valorizar o desgaste físico e psicológico a que se sabe ser submetido o profissional docente. (STF, AI 621801, Rel. Min. Dias Toffoli, j. 27-04-2011 e DJe 10-05-2011).

O Plenário do STF, no julgamento da ADI n. 3.772, consolidou o entendimento de que a aposentadoria especial[8] deve ser concedida aos professores ainda que estes não desenvolvam a atividade de magistério exclusivamente em sala de aula, estando também abrangidas atividades outras, inclusive administrativas, tais como funções de direção, coordenação e assessoramento pedagógico, desde que desempenhadas em estabelecimento de ensino. (Cf. ainda STF, AI 623097/SP, Rel. Min. Dias Toffoli, Primeira Turma, j. 30-10-2012 e DJe 14-02-2013).

O servidor tem direito à contagem de tempo de serviço prestado como celetista antes da passagem para o regime estatutário, inclusive para fins de contagem de tempo especial, desde que comprovado o exercício de atividade considerada insalubre, perigosa ou penosa pela legislação à época aplicável. (STF, AI n. 763.683/MG-AgR, Segunda Turma, Rel. Min. Ayres Britto, DJe de 8-10-2010).

O tempo de serviço prestado à Empresa Pública Federal (ex; Caixa Econômica Federal) e em Sociedade de Economia Mista Federal (ex; Banco do Brasil) somente pode ser contado para aposentadoria e disponibilidade, e não para adicional de tempo de serviço e licença–prêmio. (STJ, REsp 960200, Rel.Min. Arnaldo Esteves Lima, j.10.03.2009 e RMS 46070/MS, Rel. Min. Og Fernandes, T2, jl. 02-09-2014 e DJe 10-09-2014). Segundo o Acórdão 2636/08 do TCU, o conceito de serviço público abrange as empresas públicas e sociedades anônimas de economia mista.

O tempo de exercício na função readaptada de 'auxiliar de biblioteca' deve ser computado como tempo de serviço para fins de aposentadoria especial, eis que tal função se enquadra no conceito de 'funções de magistério'. (STF: AI 831.266 AgR/SC, Rel. Min. Cármen Lúcia, 1ª T, j. 22-02-2011 e DJe 24.03.2011).

O Mandado de Injunção 4204, em tramitação no STF, discute o direito à contagem diferenciado do tempo de serviço para fins de aposentadoria especial. De acordo com o ministro Luís Roberto Barroso, a jurisprudência apresenta entendimentos diferentes. O STF reconheceu a existência de lacuna normativa na disciplina da aposentadoria especial em relação às atividades exercidas sob condições especiais que prejudiquem a saúde ou a integridade física. Sobre a matéria, a Corte editou a Súmula vinculante n. 33, segundo a qual "aplicam-se ao servidor público, no que couber, as regras do Regime Geral da Previdência Social sobre aposentadoria especial de que trata o artigo 40, parágrafo 4º, inciso III, da Constituição Federal, até a edição de lei complementar específica." Há farta jurisprudência do Plenário no sentido da aplicação do artigo 57, *caput* e parágrafo 1º, da Lei 8.213/91, que preveem aposentadoria integral em 15, 20 ou 25 anos de atividade a depender do grau de insalubridade. Contudo, foi excluída a possibilidade de averbação do tempo de serviço em condições especiais e sua conversão em tempo comum, mediante a incidência de um fator multiplicador, como a meu ver está contemplado no artigo 57, parágrafo 5º da Lei 8.213/91. A jurisprudência, portanto, afasta para os servidores públicos a aplicação de parte das regras previstas para os trabalhadores em geral.

Segundo o ministro Barroso, em diversos precedentes, a Corte decidiu pela impossibilidade de contagem diferenciada de tempo especial por servidor público. Bem como que a vontade da Constituição é no sentido de que "quem trabalha em condições especiais de risco tem o direito de trabalhar por menos tempo. Se essa pessoa não trabalhou 25 anos em condições de risco para poder se aposentar, mas trabalhou 20 anos, então esses 20 anos têm que estar sujeitos a uma contagem mais abrangente desse tempo de serviço, pois foi um serviço prestado em condições de insalubridade. De modo que proibir a averbação é retirar, a meu ver, um direito que foi assegurado pela Constituição."

O ministro Gilmar Mendes concedeu parcialmente o Mandado de Segurança (MS) 28.965 para determinar que o Tribunal de Contas da União considere, para efeito de concessão de aposentadoria, o tempo em que um professor adjunto da Universidade Federal de Alagoas (UFAL)

---

(8) Ao apreciar o ARE 742.005-AgR, o ministro Teori Zavaski deixou assentado que "no regime anterior à Emenda Constitucional 18/81, a atividade de professor era considerada como especial (Decreto 53.831/64, Anexo, Item 2.1.4). Foi a partir dessa Emenda que a aposentadoria do professor passou a ser espécie de benefício por tempo de contribuição, com o requisito etário reduzido, e não mais uma aposentadoria especial." (STF, ARE 742.005-AgR, Rel. Min. Teori Zavascki, julgamento em 18-3-2014, Segunda Turma, DJE de 1º-4-2014).

trabalhou na condição de aluno-aprendiz. O relator aplicou ao processo o entendimento do STF no sentido da "legalidade do cômputo do tempo de serviço prestado como aluno-aprendiz, nos casos em que a aposentadoria foi concedida sob a égide do entendimento anteriormente consolidado pelo TCU, consubstanciado na Súmula 96, em respeito aos princípios da segurança jurídica e da confiança legítima."

Em 2005, o TCU mudou a interpretação até então conferida à Súmula 96 e passou a entender que o tempo trabalhado como aluno-aprendiz poderia ser averbado, desde que comprovada a efetiva prestação de serviços. O ministro Gilmar Mendes verificou que a certidão de tempo de serviço comprova que o professor cumpriu os requisitos questionados pelo TCU. No documento, está consignado que o então aluno-aprendiz recebeu parcela da renda auferida com a execução de encomendas recebidas de terceiros e não gozou férias para cumprir plenamente a carga horária estabelecida.

No mesmo sentido, no Mandado de Segurança 29.069/DF, de Relatoria do ministro Celso de Mello, julgado em 25-3-2014 (DJe 6-8-2014), pela Segunda Turma, o STF se posicionou no sentido de que há possibilidade jurídica da contagem de tempo prestada em escola técnica, na qualidade de aluno-aprendiz, para fins de aposentação. A Súmula 96 do TCU prevê a possibilidade de contagem, para efeito de tempo de serviço, do trabalho prestado por aluno-aprendiz, desde que comprovada sua retribuição pecuniária, para cálculo de concessão do benefício de aposentadoria. (STF, MS 27.615-AgR, Rel. Min. Ricardo Lewandowski, julgamento em 22-5-2014, Plenário, DJE de 13-6-2014).

Após o julgamento da Ação Rescisória AR 3401/PR, em 24-10-2012 (DJe 19-11-2012), a Terceira Seção do Superior Tribunal de Justiça, por intermédio do relator ministro Sebastião Reis Júnior, deixou consignado que dispensa-se o recolhimento de contribuição para averbação do tempo de serviço rural em regime de economia familiar relativo a período anterior à Lei n.8.213/1991, para fins de aposentadoria por tempo de contribuição pelo Regime Geral da Previdência Social.

Já o Tribunal de Justiça de São Paulo na Apelação/Reexame Necessário – REEX 00015398020128260357/SP, relator des. Ricardo Dip, em 10-9-2013, pela 11ª Câmara de Direito Público, se posicionou no sentido de que, com a vigência da EC n. 20/1998, a clave fundamental para a contagem de tempo propício à aposentadoria passou a ser a do tempo de contribuição e não mais a do serviço. E exatamente por isso, como não se suspende a contribuição previdenciária durante o período de licença para tratamento de saúde, é que esse tempo se conta para os fins de jubilação.

Impende ainda deixar registrado que a jurisprudência do STF firmou o posicionamento no sentido de que a revisão do ato de aposentadoria para a contagem especial do tempo de serviço insalubre exercido durante o regime celetista submete-se ao prazo prescricional de cinco anos contados da concessão do benefício, nos termos do art.

1º do Decreto 20.910 /1932. Precedentes: AgRg no AREsp 232.845/PR, Rel. Min. Benedito Gonçalves, Primeira Turma, DJe 17/09/2013; AgRg no AREsp 228.972/SC, Rel. Ministra Diva Marlerbi (Desembargadora convocada do TRF 3ª Região), Segunda Turma, DJe 11/3/2013; AgRg no AREsp 11.331/RS, Rel. Ministro Humberto Martins, Segunda Turma, DJe 4/6/2012.

Ressalte-se que, de acordo com o posicionamento do Supremo Tribunal Federal firmado quando do julgamento da ADI 2010, o regime contributivo é por essência um regime de caráter eminentemente retributivo, pelo que deve haver, necessariamente, correlação entre custo e benefício.

De acordo ainda com o STF, a contagem recíproca é um direito assegurado pela Constituição do Brasil. O acerto de contas que deve haver entre os diversos sistemas de previdência social não interfere na existência desse direito, sobretudo para fins de aposentadoria. Tendo exercido suas atividades em condições insalubres à época em que submetido aos regimes celetista e previdenciário, o servidor público tem direito adquirido à contagem desse tempo de serviço de forma diferenciada e para fins de aposentadoria. Não seria razoável negar esse direito à recorrida pelo simples fato de ela ser servidora pública estadual e não federal. E isso mesmo porque condição de trabalho, insalubridade e periculosidade são matérias afeta à competência da União (CB, art. 22, I [direito do trabalho])." (STF, RE 255.827, Rel. Min. Eros Grau, julgamento em 25-10-2005, Primeira Turma, DJ de 2-12-2005. No mesmo sentido: RE 333.246-AgR, Rel. Min. Marco Aurélio, julgamento em 8-11-2011, Primeira Turma,DJE de 7-12-2011).

Decidiu ainda o STF que a contagem do tempo de serviço como advogado e estagiário para fins de aposentadoria e disponibilidade no cargo de procurador municipal (...). Regra de transição do art. 4º da EC 20/1998. Possibilidade. Admissão de que o tempo de serviço considerado pela legislação vigente para efeito de aposentadoria, cumprido até que a lei discipline a matéria, seja contado como tempo de contribuição. (STF, AI 727.410-AgR, Rel. Min. Gilmar Mendes, julgamento em 20-3-2012, Segunda Turma,DJE de 2-4-2012).

3.6.7.1. Tempo de contribuição – marco temporal

Questão interessante surge quando se debate o marco temporal para contagem do tempo de serviço como tempo de contribuição. Acontece que, quando da edição da EC n.20/1998, que deu nova redação ao *caput* do artigo 40 da CF/88, passando a exigir tempo de contribuição, não mais permitindo a contagem apenas do tempo pro-labore, restou consignado, pela redação do § 10, do artigo 40 da CF/88 que "A lei não poderá estabelecer qualquer forma de contagem de tempo de contribuição fictício", incluído pela referida emenda constitucional.

Vale lembrar que a redação original do artigo 39 da CF/88 diz textualmente que "A União, os Estados, o Distrito Federal e os Municípios instituirão, no âmbito de sua competência, regime jurídico único e planos de carreira para os servidores da administração pública direta, das autarquias e das fundações públicas"[9]. Desta forma, é da competência de cada ente federativo dispor sobre a política de seus servidores públicos. Conjungando o dispositivo com o artigo 24, XII c/c artigo 40, ambos do Mandamento Maior, temos que é da competência de cada ente federativo também dispor sobre a política previdenciária de seus servidores. E ainda, de acordo com o artigo 24, I, c/c artigo 40, c/c artigo 149, § 1º, todos da CF/88, temos que é da competência de cada ente federativo instituir as alíquotas de contribuição para o custeio da previdência pública, ressalvados os limites impostos pela Lei 10.887/2004.

Neste diapasão e fazendo-se uma singela digressão histórica das normas constitucionais, temos que o artigo 149, parágrafo único, na redação original da CF/88, trazia a seguinte redação: "Os Estados, o Distrito Federal e os Municípios poderão instituir contribuição, cobrada dos seus servidores, para o custeio, em benefício destes, de sistemas de previdência e assistência social".[10] Ou seja, era uma faculdade a instituição da contribuição. Entretanto, a EC n. 20/1998, passou a determinar a obrigatoriedade do caráter contributivo, modificando substancialmente o *caput* do artigo 40 da CF/88.

Com o advento da EC n. 41/2003, o § 1º do artigo 149, com a nova remuneração dada pela EC n.33/2001, passou a vigorar com a seguinte redação: "Os Estados, o Distrito Federal e os Municípios instituirão contribuição, cobrada de seus servidores, para o custeio, em benefício destes, do regime previdenciário de que trata o art. 40, cuja alíquota não será inferior à da contribuição dos servidores titulares de cargos efetivos da União".

Pela dicção dos dispositivos, poder-se-ia, num primeiro momento, entender que somente com a entrada em vigor da EC n. 41/2003, passaram os entes federativos a serem obrigados a instituir contribuição de seus servidores. Malgrados entendimentos em sentido contrário, temos que, a obrigatoriedade nasceu com a EC n.20/1998, que expressamente vedou a contagem de tempo fictício, ou seja, o período sem contribuição.

Para uns, o marco temporal legal para a vedação de contagem do tempo sem contribuição foi a própria EC n. 20/1998, ou seja, a partir de sua vigência, independentemente de lei local regulando a matéria, não mais poderia ser computado tempo sem a contrapartida da contribuição.

No entanto, celeuma foi instaurada pela seguinte situação fática: em vários entes, quando da edição da EC n. 20/1998, apesar de terem regime próprio de previdência, os benefícios de aposentadoria e pensão coexistiam em leis separadas. Acontece que as aposentadorias eram regidas pelos estatutos dos servidores, onde não havia caráter contributivo. O caráter contributivo era disposto nas leis que regiam as pensões e outros benefícios. Não havia instituição de lei local que regulamentasse as alíquotas de contribuição com vistas às aposentadorias. Destarte, a EC n. 3/1993, já havia deixado claro que "As aposentadorias e pensões dos servidores públicos federais serão custeadas com recursos provenientes da União e das contribuições dos servidores, na forma da lei." (Redação do então § 6º do art. 40, da CF/88).

Ou seja, a EC n. 3/1993, reafirmou o entendimento da necessidade de lei para disciplinar a matéria. E como somente foi dirigida à União, entende-se que a obrigatoriedade a ser imposta aos demais entes federativos, demandaria de lei local. Neste sentido, a Lei Federal n. 9.783, de 28 de janeiro de 1999 [11], dispôs sobre a contribuição para o custeio da previdência social dos servidores públicos, ativos e inativos e dos pensionistas dos três Poderes da União, fixando a alíquota de 11% (onze por cento).

Desta forma, temos que o marco temporal para o caráter contributivo, quando se cuida da contagem de tempo para a aposentadoria, é da lei do ente instituidor do regime de previdência pública, nele compreendidos os planos de custeio e de benefícios, com previsão do benefício de aposentadoria.

Acontece que é a exigência do recolhimento das contribuições previdenciárias e o produto da arrecadação são de responsabilidade do ente instituidor do seu RPPS, uma vez que, assim não o fazendo, o servidor é direcionado para as regras do regime geral. E assim o é porque a competência para legislar sobre previdência pública e direito tributário é concorrente, nos termos do artigo 24, I e XII, da CF/88.

A Lei Geral de Previdência Pública, Lei 9.717/1998, assim proclama em seu artigo 1º, *caput* e inciso II, verbis:

> Art. 1º Os regimes próprios de previdência social dos servidores públicos da União, dos Estados, do Distrito Federal e dos Municípios, dos militares dos Estados e do Distrito Federal deverão ser organizados, baseados em normas gerais de contabilidade e atuária, de modo a garantir o seu equilíbrio financeiro e atuarial, observados os seguintes critérios:
>
> [...]
>
> II - financiamento mediante recursos provenientes da União, dos Estados, do Distrito Federal e dos Municípios e das contribuições do pessoal civil e militar, ativo, inativo e dos pensionistas, para os seus respectivos regimes.

Da exegese de todos os dispositivos colacionados, numa interpretação sistemática, temos que somente após

---

(9) A redação do dispositivo, dada pela Emenda Constitucional n. 19/1998 (Reforma Administrativa), teve sua eficácia suspensa, por força de decisão liminar exarada na ADI 2135.
(10) O parágrafo foi remunerado pela EC n. 33/2001.
(11) Revogada pela Lei n.10.887/2004

a instituição pelo ente federado de seu regime próprio com previsão legal expressa da incidência de contribuição previdenciária para alcance do benefício de aposentadoria, é que se pode falar em obrigatoriedade do tempo contributivo, aqui entendido o interstício entre a EC n. 20/98 e a EC n. 41/03. Depois desta última, se o ente que instituiu seu RPPS, mas não disciplinou as contribuições, com respectivas alíquotas, tanto para os servidores ativos e inativos e seus pensionistas, está descumprindo mandamentos constitucionais, nitidamente o *caput* do artigo 40 e o § 1º do artigo 149, ambos da CF/88.

Além disso, ao exercer sua competência de instituir as alíquotas de contribuição, deve o ente federado observar o chamado prazo nonagesimal, estabelecido por meio do artigo 150, III, "c", da CF/88.

Desta forma, temos dois momentos distintos. O primeiro refere-se à instituição do RPPS, que segundo o artigo 3º da ON MPS/SPS n. 02/2009 dar-se-á:

> Art. 3º Considera-se instituído o RPPS a partir da entrada em vigor da lei que assegurar a concessão dos benefícios de aposentadoria e pensão, conforme previsto no inciso II do art. 2º, independentemente da criação de unidade gestora ou do estabelecimento de alíquota de contribuição, observadas as condições estabelecidas na própria lei de criação, vedada a instituição retroativa.
>
> § 1º Quando os benefícios de aposentadoria e pensão estiverem previstos em leis distintas, considerar-se-á instituído o RPPS na data da vigência da lei mais recente que estabeleça a concessão de um desses benefícios.
>
> § 2º A lei instituidora do RPPS poderá prever que a sua entrada em vigor dar-se-á depois de decorridos noventa dias da data da sua publicação, intervalo de tempo necessário para a cobrança das contribuições dos segurados, mantendo-se, nesse período, a filiação dos servidores e o recolhimento das contribuições ao Regime Geral de Previdência Social - RGPS.
>
> § 3º Os servidores titulares de cargo efetivo do ente federativo que não tenha editado lei instituidora de RPPS são vinculados obrigatoriamente ao RGPS.

O segundo momento refere-se à obrigatoriedade do recolhimento das contribuições, que demanda lei local específica e que, após a edição da EC n. 20/1998, passou a contemplar também a concessão de aposentadoria, e com a vigência da EC n. 41/2003, tornou-se vinculante em relação a todos os servidores ativos e inativos e pensionistas. Desta forma, o marco temporal para considerar tempo de contribuição é a lei do ente federado, que instituiu a contribuição previdenciária, para a concessão de qualquer benefício previdenciário, inclusive aposentadoria, atendendo assim a exigência do caráter contributivo e solidário, imposto pelo artigo 40 da CF/88.

Mas atenção! No tocante ao cômputo de outros tempos fictícios, que não provenientes da relação *pro labore*, a exemplo das licenças-prêmios, o marco temporal é a própria EC n. 20/1998.

3.7. A PREVIDÊNCIA DOS MILITARES ESTADUAIS

A nova sistemática adotada pela Constituição de 1988 atingiu, inclusive, a previdência militarista. Em sua redação original, a CF/88, no bojo do *caput* do seu artigo 42, tratava os militares como servidores militares: "São servidores militares federais os integrantes das Forças Armadas e servidores militares dos Estados, Territórios e Distrito Federal os integrantes de suas polícias militares e de seus corpos de bombeiros militares."

Com a edição da EC n. 18, de 5 de fevereiro de 1988, a redação do dispositivo foi modificada: "Os membros das Policias Militares e Corpos de Bombeiros Militares, instituições organizadas com base na hierarquia e disciplina, são militares dos Estados, do Distrito Federal e dos Territórios."

A separação entre as categorias de servidores civis e militares foi nitidamente observada no novo texto do artigo 61, § 1º, II, da CF/88. Na redação original, o dispositivo dizia textualmente, na alínea "c", que é de iniciativa privativa do presidente da República as leis que disponham sobre aposentadorias de civis, reforma e transferência de militares para a inatividade. Com a emenda reformadora, foi acrescentada a alínea "f", ao dispositivo, ficando com a seguinte redação:

> Art. 61....
> § 1º....
> II - ....
> c) servidores públicos da União e Territórios, seu regime jurídico, provimento de cargos, estabilidade e aposentadoria;
> [...]
> f) militares das Forcas Armadas, seu regime jurídico, provimento de cargos, promoções, estabilidade, remuneração, reforma e transferência para a reserva."

Polêmica então passou a existir. Alguns entendem que a previdência dos militares se constitui em um quarto tipo de regime, uma vez que as regras a eles destinadas não estão contidas no artigo 40 da Constituição Federal de 1988. Outros entendem que são servidores públicos, portanto, só existe um regime próprio de previdência, que é direcionado aos servidores públicos civis e aos servidores públicos militares, guardadas as especificidades da carreira castrense.

Existe uma celeuma em termos de aplicabilidade das disposições contidas no artigo 40 da CF/88 aos militares. O § 1º do artigo 42 da CF/88 diz textualmente que o único dispositivo a ser aplicado é o § 9º do artigo 40 da CF/88 (o tempo de contribuição federal, estadual ou municipal será contado para efeito de aposentadoria e o tempo de serviço correspondente para efeito de disponibilidade).

Para o Superior Tribunal de Justiça o militar é um servidor público especial. (STJ, RMS 32903, T2, Rel. Min. Mauro Campbell Marques, 05-04-2011, Dje de 13-04-2011).

Para o Supremo Tribunal Federal, as categorias de servidores civis e militares não se confundem:

> "2. O Plenário desta Corte, de fato, reconheceu a aplicação da lei geral da previdência para os casos de aposentadoria especial de servidor público civil (MI 721, Rel. Min. Marco Aurélio). Ocorre que a referida conclusão não pode ser aplicada indistintamente aos servidores públicos militares, porquanto há para a categoria disciplina constitucional própria (ARE 722.381-AgR, Rel. Min. Gilmar Mendes). 3. Com efeito, nos termos do art. 42 da Carta, não são aplicáveis aos servidores militares dos Estados, do Distrito Federal e dos Territórios as regras relativas aos critérios diferenciados de aposentadoria de servidores civis que exerçam atividades de risco ou sob condições especiais que prejudiquem a saúde ou a integridade física. Isso porque, nesses casos, cabe à lei própria fixar o regime jurídico de aposentadoria dos servidores militares. E, existindo norma específica (Lei Complementar n. 51/1985 ou Decreto-Lei estadual n. 260/1970), não há que se falar em omissão legislativa. Nesse sentido, veja-se o MI 5.390- AgR, Rel. Min. Cármen Lúcia; e o MI 2.283-AgR, julgado sob a relatoria do Ministro Dias Toffoli, (...)" (STF, ARE 775070 AgR, Relator Ministro Roberto Barroso, Primeira Turma, julgamento em 30.9.2014, Dje de 22.10.2014).

Alguns Estados, a exemplo de São Paulo e Goiás, têm dado tratamento diferenciado aos regimes de previdência dos servidores militares, posto que instituíram o Regime Próprio dos Militares (RPM).

Neste sentido, a Lei Complementar/São Paulo, n. 1010, de 1º de junho de 2007, traz em sua ementa: Dispõe sobre a criação da São Paulo Previdência (SPPREV), entidade gestora do Regime Próprio de Previdência dos Servidores Públicos (RPPS) e do Regime Próprio de Previdência dos Militares do Estado de São Paulo (RPPM), e dá providências correlatas.

Já a Lei Complementar/Goiás n. 77, de 22 de janeiro de 2010, ficou assim ementada: Dispõe sobre a adequação do Regime Próprio de Previdência dos Servidores(RPPS) e Regime Próprio de Previdência dos Militares (RPPM) de que trata a Lei Complementar n. 66, de 27 de janeiro de 2009, e dá outras providências.

Foi amplamente discutido, no âmbito do Conaprev, projeto de lei revogando a Lei Geral de Previdência Pública, Lei n. 9.717/98. Entretanto a iniciativa não logrou êxito. Dentre as preposições, encontrava-se a seguinte:

> Os Regimes Próprios dos Membros das Polícias Militares e Corpo de Bombeiros Militares dos Estados e do Distrito Federal – RPPM serão regidos por lei do ente federativo a que estejam vinculados, assegurada a separação de recursos e obrigações entre o RPPS e o RPPM de cada ente e observado o disposto no art. 21, inciso XIV da Constituição Federal.

Está em tramitação no Supremo Tribunal Federal a Ação Direta de Inconstitucionalidade – ADI n. 5154, em que se discute a validade de dispositivos da Lei Complementar (LC) n. 39/2002, que instituiu o Regime de Previdência dos Servidores do Estado do Pará. Na ação, ajuizada pelo Partido Democrático Trabalhista (PDT), discute-se a exigência de lei específica para tratar do regime previdenciário dos militares. O relator ministro Luiz Fux, afirmou que a norma impugnada viola dispositivo da Constituição Federal (CF) que exige lei específica para a normatização da carreira dos militares e seu regime previdenciário (artigo 42, parágrafo 1º). Segundo o relator, "A lei complementar estabelece em um único diploma regras jurídico-previdenciárias aplicáveis a servidores públicos civis e militares daquele ente federativo, contrariando a letra expressa da Constituição Federal." Ainda segundo o Ministro Fux, "a expressão 'lei específica' aparece em dez ocasiões no texto da Carta Magna, o que revela, a seu ver, a vontade do constituinte de que esses casos sejam tratados em leis monotemáticas." O relator votou pela parcial procedência da ação, com interpretação conforme a Constituição, para excluir do texto da LC n. 39/2002 todas as expressões "e aos militares."

Entretanto, o ministro Teori Zavascki proferiu voto divergente, no sentido de julgar improcedente a ADI 5154. Para o ministro, do ponto de vista material, foi dado, na lei complementar questionada, o tratamento específico aos militares, "embora inserido formalmente em uma lei que trata também do regime jurídico de servidores civis." "Quando a Constituição Federal, no artigo 42, parágrafo 1º, fala em lei estadual específica, ela está falando no sentido material, e não no sentido formal de uma lei autônoma e monotemática", concluiu. As ministras Cármen Lúcia e Rosa Weber e o ministro Dias Toffoli votaram no mesmo sentido do relator, pela parcial procedência do pedido. O ministro Gilmar Mendes pediu vista do processo.

Em 22 de abril de 2015, foi proferida na ADI 5154 a seguinte decisão, pelo Plenário da Corte:

> Após o voto do Ministro Gilmar Mendes, do Ministro Dias Toffoli, ora reajustado, e do Ministro Celso de Mello, julgando improcedente a ação, e os votos dos Ministros Marco Aurélio e Ricardo Lewandowski (Presidente), julgando-a parcialmente procedente, o julgamento foi sobrEstado para aguardar o voto do Ministro Roberto Barroso e do novo ministro a integrar a Corte. Ausente, justificadamente, o Ministro Roberto Barroso, que representa o Tribunal na "Brazil Conference", na Universidade de Harvard, e na "Brazilian Undergraduate Student Conference", na Universidade de Columbia, Estados Unidos.

Desta forma, a polêmica persiste, até decisão final do STF. Destarte, entendemos que seria temerário qualquer Estado da Federação estabelecer, antes do pronunciamento do Supremo, lei específica monotemática para seus servidores militares, sob pena de ser impugnada posteriormente por ação direta de inconstitucionalidade.

Neste viés, concordamos com as conclusões daqueles que entendem serem desnecessárias leis em sentido formal específica para tratar da previdência dos militares, posto que os dois regimes jurídicos previdenciários – civis e militares podem coexistir em uma única lei, e o regime ser gerido por uma única unidade gestora de RPPS, como acertadamente o fez os Estados de São Paulo e Goiás. Entendemos que os regimes próprios são distintos, pela leitura das normas constitucionais, que merecem tratamento diferenciado e expresso, mas não necessariamente com lei específica monotemática. A previdência pública dos servidores é uma para os entes federativos, mas deve ser subdividida, tal como prescreve a Constituição Federal.

No seio do Conaprev foi instituído um grupo de trabalho específico intitulado GT MILITARES, do qual fazemos parte, para discutir e tratar a previdência dos militares. Em 6 de novembro de 2012, foi realizada uma grande reunião, no edifício sede do Ministério da Previdência, com representantes do próprio Ministério, com o Conselho Nacional dos Comandantes Gerais (CNCG), comandantes-gerais das polícias militares e dos corpos de bombeiros e componentes do grupo de trabalho, com o fito de elaboração de propostas de modificação na legislação atual.

Na ocasião foi relatada a dificuldade do Ministério em tratar as questões previdenciárias militares, posto que as mesmas são internas no Ministério da Defesa (neste sentido, vale destacar que o Tribunal de Contas da União, através do Acórdão n. 1176/2015 – TCU – Plenário, reconheceu "a primazia do MPS para editar normativos com orientações sobre os procedimentos a serem observados no que se refere aos regimes próprios de previdência social dos servidores públicos", o que entendemos ser também direcionado aos militares, posto que são servidores públicos).

O ponto fulcral da sobredita reunião foi ressaltar os caminhos que poderão ser trilhados no futuro para sustentabilidade das aposentadorias e pensões, dos servidores civis e militares. No tocante a esta última categoria, foi destacado que alguns Estados já avançaram em suas tratativas, contudo, ressaltou-se que o regime de previdência dos militares deve ser apartado do regime de previdência dos civis, com fundos separados e entrada única, tendo em vista que a própria Constituição Federal fez a segregação.

Um dos pontos que foram amplamente destacados foi a preocupação em não se alterar regras de acesso, garantindo assim, os direitos conquistados pelos militares ao longo dos séculos. Contudo, para a manutenção dos direitos, é primordial buscar alternativas para manutenção do equilíbrio financeiro-atuarial.

Outra preocupação apresentada por ocasião da reunião foi a constatação de que o quadro de servidores militares está defasado, com consequências diretas para a sociedade, que se encontra com segurança deficitária. Neste aspecto, foi lembrado, que como os Estados se encontram no limite prudencial da Lei de Responsabilidade Fiscal, ficam impedidos de contratar novos servidores e promover políticas salariais justas. Daí a necessidade de instituição de fundo capitalizado também para os militares, uma vez que a capitalização evita o risco de não se ter receita para pagamento e tira do cálculo da LRF aposentados e pensionistas, constituindo em uma forma de conseguir aumentos reais para o funcionalismo público. Neste diapasão foi aventada a necessidade de remunerar melhor os servidores militares, mas na contramão, com garantia de responsabilidade previdenciária.

Uma das maiores preocupações do Conselho Nacional dos Comandantes Gerais foi no sentido de não se criarem regras que ocasionem o desestímulo para ingresso na carreira militar, bem como ferir direitos adquiridos.

A divergência de tratamento entre as leis estaduais também foi ponto de destaque. Contudo, entendeu-se que a geografia do Brasil não permite tratamento totalmente igualitário, mas a padronização é necessária. Ousamos discordar desta última conclusão, tendo em vista que regras igualitárias promovem justiça social.

Foi aventada a possibilidade de encaminhamento de proposta de emenda constitucional, com adoção de regras mínimas e consequente regulamentação por lei geral previdenciária militar. Nesse ínterim, foi levantado que as regras de previdência dos militares estão inseridas em seus estatutos. Contudo, os estatutos, cunhados em décadas passadas, não têm visão previdenciária. Regras previdenciárias não podem ser confundidas com questões previdenciárias. Hoje o enfoque não é garantir previdência ao servidor *pro labore facto* (extensão do fato de trabalharem para o serviço público), e sim pelas suas contribuições ao sistema previdenciário.

A reunião, que foi um marco na história do Conaprev, resultou num consenso geral no que tange à necessidade de modernização da legislação previdenciária militar, com encaminhamento de PEC e posterior lei geral no sentido de regulamentá-la. Entendeu-se que devem ser buscadas alternativas para preservação do equilíbrio financeiro/atuarial e soluções efetivas para a sustentabilidade do regime previdenciário militar.

Dadas dificuldades geradas por resistências no âmbito dos Estados, no sentido de não se enfrentar as questões dos militares, inclusive por parte de servidores civis responsáveis pela elaboração das leis instituidoras de regimes próprios, a tentativa restou frustrada. Entretanto há necessidade premente de se tratar a previdência dos militares, notadamente no que tange à elaboração de leis específicas, com criação de fundos previdenciários próprios, apartando regime jurídico único e regime previdenciário.

Por meio dos trabalhos do GT Militares, foi possível traçar um panorama nacional contemplando a situação dos militares, conforme dados daquele ano. Acerca da inclusão dos militares na unidade gestora única e das alíquotas de contribuição, o panorama ficou assim delimitado:

Unidade Federada	Militares estão inclusos na unidade gestora única?	As alíquotas dos servidores civis são as mesmas dos militares?	Alíquota referente ao servidor militar	Alíquota referente à parte patronal
Forças Armadas	Não	Não	7,5%	Não há
Acre	Sim	Sim	11%	22%
Alagoas	Sim	Sim	11%	22%
Amapá	Sim	Sim	11%	22%
Amazonas	Sim	Sim	11%	13%
Bahia	Sim	Sim	12%	24%
Ceará	Sim	Sim	11%	22%
Distrito Federal	Não	Não	7,5%	20%
Espírito Santo	Sim	Sim	11%	22%
Goiás	Sim	Sim	11%	22%
Maranhão	Sim	Sim	11%	15%
Minas Gerais	Não	Não	11,5%	20%
Mato Grosso	Não foi informado	Não foi informado	Não foi informado	Não foi informado
Mato Grosso do Sul	Sim	Sim	11%	22%
Pará	Não foi informado	Não foi informado	Não foi informado	Não foi informado
Paraíba	Sim	Sim	11%	22%
Paraná	Sim	Sim	11%	22%
Pernambuco	Sim	Sim	13,5%	27%
Piauí	Sim	Sim	11%	22@
Rio de Janeiro	Sim	Sim (a base não é a mesma)	11%	22%
Rio Grande do Norte	Sim	Sim	11%	22%
Rio Grande do Sul	Sim	Sim	11%	22% (não há contribuição para o fundo previdenciário)
Rondônia	Sim	Sim	11%	11,5%
Roraima	Sim	Sim	11%	14%
Santa Catarina	Sim	Sim	11%	Fundo financeiro 22% e fundo previdenciário 11%
São Paulo	Sim	Sim	11%	22%
Sergipe	Sim	Sim	13%	20% mais insuficiências
Tocantins	Sim	Não	11%	12%

Da pesquisa realizada, destacaram-se as seguintes ocorrências em alguns entes federados: contagem de tempo fictício; promoção ao ser transferido para a reserva remunerada; adicional de inatividade; auxílio–invalidez; na reforma por invalidez, promoção para posto superior; promoção *post mortem*; idade mínima para a reserva remunerada e reforma (totalmente diferenciada dos servidores civis); ausência de contribuição previdenciária dos inativos e ausência de contribuição previdenciária patronal dos militares afastados sem remuneração.

Ocorre que os dispositivos de promoções são tratados como benefícios previdenciários, quando na realidade são benefícios de natureza estritamente assistencialista, com caráter indenizatório. Benefício previdenciário é reposição de renda. O plus do reconhecimento dos atos de bravura e assemelhados deve ser pago diretamente pelo Tesouro e não através dos fundos previdenciários. Contribuições previdenciárias só podem ser vertidas para o pagamento de benefícios previdenciários.

Infelizmente a previdência dos militares do Brasil não é tema recorrente de seminários, o que é lamentável, posto que a questão merece e deve ser amplamente debatida, uma vez que a categoria também faz parte das insuficiências financeiras previdenciárias apresentadas pelos Estados.

A legislação proposta pode trazer benefícios como a regulamentação do abono de permanência para os militares, que hoje é tratada apenas no âmbito judicial. Vários tribunais têm reconhecido o direito, ou seja, em clara aproximação das regras com os servidores civis. O Superior Tribunal Militar, ao apreciar Questão Administrativa, deixou assim consignado:

> QUESTÃO ADMINISTRATIVA. CONCESSÃO DE ABONO DE PERMANÊNCIA. REQUISITOS PARA APOSENTADORIA VOLUNTÁRIA. 5 (CINCO) ANOS DE EXERCÍCIO NO CARGO DE JUIZ-AUDITOR. PROMOÇÃO DE JUIZ-AUDITOR SUBSTITUTO A JUIZ-AUDITOR. AUSÊNCIA DE ÓBICE. DIREITO RECONHECIDO.
>
> Consoante preceituado no art. 40, § 19, da Constituição da República, o servidor público que preencher todos os requisitos para a aposentadoria voluntária fará jus à concessão do abono de permanência com valor equivalente à contribuição previdenciária que efetua mês a mês. Um dos requisitos é o exercício mínimo de 5 (cinco) anos no cargo

em que se der a aposentadoria. A promoção de magistrado do cargo de Juiz-Auditor Substituto ao cargo de Juiz-Auditor [12] não pode constituir obstáculo ao indeferimento administrativo de abono de permanência, sob a alegação isolada de o interessado não contar com mais de 5 (cinco) anos de exercício no cargo em que se daria a aposentadoria. Perfilhar tal entendimento representaria flagrante contrassenso, na medida em que a ascensão na carreira se traduziria em penalidade para o magistrado que optar por permanecer em atividade no serviço público, mesmo após implementados os requisitos para a aposentadoria. Reconhecido o direito ao abono de permanência. Decisão majoritária. (STM, QA 464520137000000 DF 0000046-45.2013.7.00.0000, j. 23-05-2013).

Da ilação da decisão, denota-se claramente que são os próprios militares que reconhecem a aplicabilidade de dispositivos do artigo 40 da CF/88 à categoria. O STF não se manifestou sobre o direito, entendendo que o exame de lei local, com eventual violação reflexa à Constituição Federal, não enseja Recurso Extraordinário. (STF, ARE 700697 SP, Relatora Ministra Rosa Weber, 13/08/2013).

Em Alagoas tentou-se instituir uma comissão específica (mista entre os militares e representantes da Procuradoria Geral do Estado) para tratar do assunto e servir de base para que outros Estados fizessem o mesmo. Com as comissões, iniciar-se-ia uma discussão mais consistente e ampla. Entretanto, por motivos políticos, a proposta ficou só no mundo das ideias.

Pela estagnação da matéria, temos que prevalece a principal providência apontada pelo grupo de trabalho instituído no seio do Conaprev, que é a possibilidade de se remeter à União, competência para legislar sobre as regras gerais de previdência dos militares, com o objetivo de que as regras possam ser aproximadas tanto no que concerne à inativação que tanto no que diz respeito à elegibilidade dos dependentes. Ou seja, a busca de um RPPM de forma equânime, atendendo aos preceitos de direitos da categoria, de maneira igualitária.

3.8. OBRIGATORIEDADE DE INSTITUIÇÃO DE RPPS PELOS MUNICÍPIOS

De proêmio destaque-se que a competência para legislar sobre previdência, que é concorrente, vem inserta no art. 24, XII, da CF/88:

Art. 24. Compete à União, aos Estados e ao Distrito Federal legislar concorrentemente sobre:
[...]
XII – previdência social, proteção e defesa da saúde.

Questão intrigante seria a competência dos Municípios, já que o dispositivo se reportou expressamente à União, aos Estados e ao Distrito Federal.

Hoje existem no Brasil 2.065 regimes próprios de previdência municipais. Se acaso não lhes fosse garantia competência para instituí-los, teriam de extingui-los e remanejar seus servidores públicos para o regime geral?

Data venia opiniões em sentido contrário, entendemos que por força do artigo 40, *caput* c/c artigo 149, § 1º, ambos da CF/88 e combinados com o *caput* do art. 6º da Lei n. 9.717/98, os Municípios são competentes para instituir seus RPPS. Vejamos as redações dos dispositivos informados:

Art. 40. Aos servidores titulares de cargos efetivos da União, dos Estados, do Distrito Federal e dos Municípios, incluídas suas autarquias e fundações, é assegurado regime de previdência de caráter contributivo e solidário, mediante contribuição do respectivo ente público, dos servidores ativos e inativos e dos pensionistas, observados critérios que preservem o equilíbrio financeiro e atuarial e o disposto neste artigo. (Redação dada pela Emenda Constitucional n. 41, 19.12.2003)

Art 149...
§ 1º Os Estados, o Distrito Federal e os Municípios instituirão contribuição, cobrada de seus servidores, para o custeio, em benefício destes, do regime previdenciário de que trata o art. 40, cuja alíquota não será inferior à da contribuição dos servidores titulares de cargos efetivos da União. (Redação dada pela Emenda Constitucional n. 41, 19.12.2003)

Art. 6º Fica facultada à União, aos Estados, ao Distrito Federal e aos Municípios, a constituição de fundos integrados de bens, direitos e ativos, com finalidade previdenciária, desde que observados os critérios de que trata o artigo 1º e, adicionalmente, os seguintes preceitos:

Ao analisar a competência do município para instituição de RPPS, assim se posiciona Marcelo Barroso:

Conclui-se que a norma do art. 22, XXIII, da Constituição de 1988 refere-se à competência privativa da União para legislar sobre seguridade social no âmbito geral, não excluindo a competência dos demais entes federados para legislar sobre a previdência de seu respectivo servidor público, em face dos princípios do federalismo, da autonomia, da paridade entre as unidades da federação e das normas expressas nos arts. 1º, 18, 24, 35, 30, 32, 149 § 1º, e 195, § 1º, todos da Constituição de 1988 [13].

Entretanto, caso o município não institua seu regime próprio de previdência, ele é obrigado a fazê-lo? Como fica a situação dos servidores que não têm regime próprio?

O *caput* do art. 40 da Constituição Federal de 1988, na redação dada pela EC n. 41/03, é de leitura cristalina ao

---

(12) O juiz-auditor é um magistrado de carreira com todas as prerrogativas que são asseguradas aos juízes da Justiça Comum, *vitaliciedade, irredutibilidade de vencimentos, e inamovibilidade*. Nos Estados de Minas Gerais, São Paulo e Rio Grande do Sul, existe concurso próprio de provas e títulos para o provimento do cargo de juiz-auditor substituto. O art. 192 da Lei Complementar n º 59, de 18 de janeiro de 2001, do Estado de Minas Gerais, preceitua que "A magistratura da Justiça Militar Estadual constitui-se em carreira, compreendendo os cargos de Juiz-Auditor Substituto, Juiz-Auditor Titular e Juiz Civil do Tribunal".

(13) CAMPOS, Marcelo Barroso de Lima Brito de. Regime Próprio de Previdência Social dos Servidores Públicos. 5. ed. Curitiba: Juruá, 2014.

assegurar aos servidores titulares de cargos efetivos dos Municípios "regime de previdência de caráter contributivo e solidário, mediante contribuição do respectivo ente público, dos servidores ativos e inativos e dos pensionistas, observados critérios que preservem o equilíbrio financeiro e atuarial e o disposto neste artigo."

O direito de se aposentar por meio de um regime próprio é garantido constitucionalmente. Entretanto, hodiernamente, somente 2.065 Municípios brasileiros instituíram RPPS, num universo de 5.570, segundo dados de 2013. Menos da metade dos Municípios instituíram RPPS, ou seja, 3.505 Municípios não têm RPPS.

Esse último universo de servidores é filiado ao Regime Geral de Previdência Social. Embora titulares de cargos efetivos, regidos pelo regime jurídico único do município, sejam aposentados pelo regime geral, que contêm regras e critérios diferenciados (cálculo pela média, teto, fator previdenciário). Em vez de se aposentarem pelas regras estatuídas pelo art. 40 da CF/88, são submetidos às regras do art. 201 da CF/88 c/c com Lei n. 8.213/91.

Com certeza, a criação de um regime próprio de previdência demanda viabilidade financeira e atuarial. Entretanto, rogando vênia aos que entendem em sentido contrário, entendemos que os Municípios são obrigados a instituir regimes próprios. A CF/88 diz textualmente: "aos servidores titulares de cargos efetivos da União, dos Estados, do Distrito Federal e dos Municípios, incluídas suas autarquias e fundações, é assegurado regime de previdência de caráter contributivo e solidário." Ela não diz é facultado, ela diz é assegurado. Não é uma faculdade do servidor público efetivo, ser filiado a um regime próprio de previdência, é um direito garantido constitucionalmente, repise-se.

Diz ainda a Magna Carta na parte final do dispositivo que deve ser observado o disposto neste artigo. Ocorre que é no art. 40 que se encontra o regime jurídico de previdência do servidor público, com regras constitucionais de aposentadoria e pensão, bem como benefícios a serem usufruídos pelo servidor, como abono de permanência.

Vale ainda invocar o § 4º do artigo 40 da CF/88, que diz textualmente: "é vedada a adoção de requisitos e critérios diferenciados para a concessão de aposentadoria aos abrangidos pelo regime de que trata este artigo, ressalvados, nos termos definidos em leis complementares, {...]."

Por sua vez, o artigo 149 da CF/88, § 1º, traz o seguinte comando:

Art. 149....

§ 1º Os Estados, o Distrito Federal e os Municípios instituirão contribuição, cobrada de seus servidores, para o custeio, em benefício destes, do regime previdenciário de que trata o art. 40, cuja alíquota não será inferior à da contribuição dos servidores titulares de cargos efetivos da União. (Redação dada pela Emenda Constitucional n. 41, 19.12.2003).

Da dicção dos dispositivos supra, temos que a Constituição Federal dispensa um caráter de obrigatoriedade à questão. Os comandos são imperativos, expressam ordem e não facultatividade, não deixando margem para qualquer outra interpretação.

E no caso de município que não instituiu seu RPPS, como fica a aposentadoria do servidor que recebe subsídio acima do teto instituído pelo RGSP, hoje fixado em R$ 4.663,75 (quatro mil, seiscentos e sessenta e três reais e setenta e cinco centavos)? Suponhamos que um servidor receba subsídio de R$ 8.500,00 (oito mil e quinhentos reais) e tenha ingressado no serviço público, por concurso público, antes da EC n. 20/98. Ele vai se aposentar somente com o valor do teto do RGPS? O município poderá instituir uma rubrica de pagamento a título de complementação da aposentadoria?

Uma vez havendo transferência dos servidores públicos para filiação ao Regime Geral, o ônus sobre os futuros benefícios a serem concedidos são transferidos ao INSS, o que implica o repasse das contribuições, calculadas sobre a folha de pagamento, atendendo aos critérios estabelecidos para o empregado da iniciativa privada. Nessa premissa, caberia aos entes municipais complementação dos valores dos benefícios.

Vários Municípios optaram pela complementação da aposentadoria ou pensão. Entretanto, o art. 195, § 5º, da CF/88, determina que "nenhum benefício ou serviço da seguridade social poderá ser criado, majorado ou estendido sem a correspondente fonte de custeio total." Desta forma, se o município que não instituir legalmente seu RPPS resolver complementar a aposentadoria ou as pensões decorrentes de óbitos de servidores, estará obrigado a indicar a fonte de custeio para pagamento da complementação. Neste sentido, assim entendeu o e. Tribunal de Justiça do Estado de São Paulo, ao apreciar pedido de inconstitucionalidade de dispositivo de lei local municipal:

Ação Direta de Inconstitucionalidade. [...]. Dispositivos que asseguram aos aposentados e pensionistas do serviço público municipal local o direito à complementação de seus vencimentos. Ausência da indicação da fonte de custeio. Afronta ao art. 218 da Constituição do Estado de São Paulo, c.c art. 195, $ 5º da Constituição Federal, que se aplicam aos Municípios por força do art. 144 da Carta Bandeirante. Inconstitucionalidade reconhecida. Ação julgada procedente, com modulação de efeito. (TJ/SP, ADI 2216022-33.2014.8.26.0000, Acórdão de 13-05-2015).

Entendemos que há imposição legal expressa, no que toca a compulsoriedade de instituição de regime próprio por parte dos entes municipais. Em sentido contrário ao que determina a Constituição Federal, a extinção de RPPS tem previsão legal, conforme lei 9.717/98, art. 6º, inciso IX: "constituição e extinção do fundo mediante lei."

Ocorre que, em havendo conflitos de normas, devem prevalecer as regras impostas pela Constituição Federal, que é o ápice na escala da hierarquia de normas do Ordenamento Jurídico Brasileiro.

A Lei 9.717/98 é anterior à edição da EC n. 20/98 e EC n. 41/03. Quando da edição da Lei 9.717, em 27 de novembro de 1998, estava vigente a redação original do *caput* do artigo 40 da CF/88, que apenas dizia: O servidor será aposentado: [...]. Posteriormente a Emenda Constituição n. 20, de 16 de dezembro de 1998, deu a seguinte redação ao *caput* do artigo 40:

> Art. 40. Aos servidores titulares de cargos efetivos da União, dos Estados, do Distrito Federal e dos Municípios, incluídas suas autarquias e fundações, é assegurado regime de previdência de caráter contributivo observados critérios que preservem o equilíbrio financeiro e atuarial e o disposto neste artigo.

Por sua vez, a Emenda Constitucional n. 41, de 31 de dezembro de 2003, novamente modificou a redação do dispositivo, entretanto, mantendo a obrigatoriedade, ou seja, mantendo a expressão "é assegurado".

Concluímos, portanto, que a obrigação de instituição de regime próprio por parte dos Municípios existe desde a EC n. 20/98, e o dispositivo da Lei n. 9.717/98, que prevê a extinção de fundo, não foi recepcionada pela CF/88 reformada. Como extinguir o que a Constituição Federal manda existir?

A alínea g, no artigo 11 da Lei n. 8.213/91, não prevê o servidor público ocupante de cargo efetivo dentre os beneficiários do regime geral de previdência: "o servidor público ocupante de cargo em comissão, sem vínculo efetivo com a União, Autarquias, inclusive em regime especial, e Fundações Públicas Federais." (Incluída pela Lei n. 8.647, de 1993).

Contudo, seu artigo 12 faz a seguinte ressalva:

> Art. 12. O servidor civil ocupante de cargo efetivo ou o militar da União, dos Estados, do Distrito Federal ou dos Municípios, bem como o das respectivas autarquias e fundações, são excluídos do Regime Geral de Previdência Social consubstanciado nesta Lei, desde que amparados por regime próprio de previdência social. (Redação dada pela Lei n. 9.876, de 26.11.99).

É, pois, com base nesse dispositivo que se encontra a "brecha" para não instituição de RPPS. *Concessa venia* posicionamentos em sentido contrário, que entendem pela facultatividade da instituição de RPPS por parte do ente federado, reafirmamos a obrigatoriedade. O dispositivo é anterior à EC n. 41/03, que além de reforçar o que a EC n. 20/98 (que já dispunha de forma cristalina a expressão é assegurado), trouxe ao mundo jurídico o § 1º do artigo 149 da CF/88, que definitivamente obrigou os Estados, o Distrito Federal e os Municípios instituírem contribuição, a ser cobrada de seus servidores, para o custeio do RPPS.

A EC n. 20/98 assegurou aos servidores titulares de cargo efetivo regime de previdência conforme as disposições do artigo 40 da CF/88. E sobre a inconstitucionalidade da nova redação do artigo 40 da CF/88, dada pela EC n. 20/98, assim se posicionou o Supremo Tribunal Federal, quando do julgamento da ADI 2024, de cuja ementa colacionamos alguns trechos:

> 2. À vista do modelo ainda acentuadamente centralizado do federalismo adotado pela versão originária da Constituição de 1988, o preceito questionado da EC 20/98 nem tende a aboli-lo, nem sequer a afetá-lo.
>
> 3. Já assentou o Tribunal (MS 23047-MC, Pertence), que no novo art. 40 e seus parágrafos da Constituição (cf. EC 20/98), nela, pouco inovou sob a perspectiva da Federação, a explicitação de que aos servidores efetivos dos Estados, do Distrito Federal e dos Municípios, é assegurado regime de previdência de caráter contributivo, observados critérios que preservem o equilíbrio financeiro e atuarial", assim como as normas relativas às respectivas aposentadorias e pensões, objeto dos seus numerosos parágrafos: afinal, toda a disciplina constitucional originária do regime dos servidores públicos — inclusive a do seu regime previdenciário — já abrangia os três níveis da organização federativa, impondo-se à observância de todas as unidades federadas, ainda quando — com base no art. 149, parág. único — que a proposta não altera — organizem sistema previdenciário próprio para seus servidores": análise da evolução do tema, do texto constitucional de 1988, passando pela EC 3/93, até a recente reforma previdenciária. (STF, ADI 2024, Relator Ministro Sepúlveda Pertence, Plenário, em 03-05-2007 e Dje de 22-06-2007). (Grifos originais).

A EC n. 41/03 reformou a tese, mantendo a garantia, na nova redação que deu ao aludido artigo 40, ou seja, manteve a obrigatoriedade ou não de instituição de RPPS por parte de todos os entes federados, aos seus servidores efetivos titulares de cargos efetivos.

O ex-ministro Luiz Gushiken, do Governo Lula, fez a seguinte análise crítica acerca de extinção de regimes próprios preexistentes:

> Além disso, considerando-se a hipótese de extinção de Regime Próprio preexistente, a filiação de todos os servidores ao INSS acarretará, também, a interrupção do recebimento das eventuais contribuições cobradas dos servidores da ativa, que passarão a ser destinadas, exclusivamente, ao RGPS, sobrecarregando o caixa do Tesouro, pois este terá que continuar efetuando o pagamento dos benefícios em manutenção, porém sem contar com aquelas contribuições. Além disso, no futuro responderá pelos valores a serem transferidos ao Regime Geral decorrentes de eventual compensação previdenciária conveniada.[14]

Deve-se ter em mente que a fonte de custeio é proveniente das contribuições patronais e do servidor. E que

---

(14) Gushiken, Luiz et all. *Regime Próprio de Previdência dos Servidores: Como implementar? Uma Visão Prática e Teórica*. Brasília, Ministério da Previdência Social. Coleção Previdência Social, Volume 17. p. 54.

não existe regime jurídico híbrido previdenciário entre o RGPS e o RPPS. Ou se é filiado ao regime geral, ou se é filiado ao regime próprio. A mescla desses dois tipos de regime não é possível. A exceção é do regime de previdência complementar.

Quando se complementam as aposentadorias e pensões, estar-se-á criando um regime previdenciário híbrido, ou seja, parte do benefício a ser pago pelo RGPS e parte do benefício a ser pago pelo RPPS, em total afronta às disposições constitucionais atinentes à matéria e sem indicação de fonte de custeio.

Como pode o servidor atender às regras estatutárias de seu município e quando de sua aposentação ser submetido às regras gerais de previdência? Ao servidor público ocupante de cargo efetivo é assegurado regime jurídico único estatutário e regime próprio de previdência, que são distintos entre si, mas indissociáveis para o servidor. O servidor público se submete a um concurso público, passa a integrar a estrutura orgânica do ente do qual é vinculado, se submete às regras próprias de direito público, inclusive no tocante a penalidades, e quando, por fim, cumpre os requisitos para aposentadoria, tem de ser migrado para o regime geral, porque seu município não promoveu a instituição de RPPS.

O servidor público titular de cargo efetivo tem o direito inconteste de se aposentar com as regras estabelecidas pela Constituição Federal e emendas reformadoras. Ele tem direito a benefícios conforme as regras do regime próprio. Ou seja, a nosso ver, sob o comando constitucional, há, sim, a obrigatoriedade de instituição do RPPS.

A questão não é apenas financeira-econômica-atuarial, mas acima de tudo é uma questão social, vez que preza pela garantia do servidor de se aposentar pelas regras que lhe são facultadas constitucionalmente.

Se o município ainda não instituiu seu RPPS, o desafio de instituí-lo deve ser enfrentado pelo governante municipal, de forma a atender aos comandos constitucionais. Não se descurando, assim, da adoção de políticas públicas previdenciárias.

As vantagens de se instituir um regime próprio, para o município, podem ser assim resumidas: redução de demandas judiciais (ações de mandado de injunção, ações pleiteando complementação, abono de permanência, etc.); recebimento de compensação financeira junto ao INSS; existência de um plano de benefícios e de um plano de custeio; maior economia para o município; base de cálculo diferenciada do RGPS (no INSS, a base de cálculo é sobre toda a remuneração, ao passo que no RPPS não se aplica a parcelas temporárias e não incorporáveis); investimento dos recursos financeiros pelo próprio município; controle das aposentadorias concedidas e das que virão a ser concedidas; não obrigatoriedade de pagamento de FGTS (economia de 8%); transparência na gestão; acompanhamento e orientação pelo Ministério da Previdência; fiscalização pelos Tribunais de Contas; atendimento aos comandos normativos; garantia ao servidor de aposentadoria segundo regras mais benéficas, bem como outros benefícios.

Já as vantagens para o servidor podem ser assim resumidas: não subsunção ao teto do RGPS; ausência de carência; inexistência do fator previdenciário; concessão de abono de permanência; observância dos §§ 18 e 21 da CF/88 (isenções de contribuição previdenciária); acompanhamento da gestão, com participação nos conselhos deliberativos; maior agilidade e qualidade na concessão de benefícios.

É de se verificar que vários Municípios têm previsão legal de regime próprio em seus estatutos de servidores (assegurando, no mínimo: aposentadoria e pensão). Entretanto, não instituíram fundos e unidades gestoras, não havendo, portanto, a separação das contas nem o recolhimento das contribuições para este.

Com efeito, deve ser verificada a viabilidade da instituição do RPPS municipal. Entretanto, o problema deve ser eficazmente resolvido, tendo em vista que o prejudicado é o servidor público municipal impedido de se aposentar com fundamento em regras mais benéficas. Via de consequência, trazendo prejuízos à própria sociedade, uma vez que é o servidor público o responsável pela impulsão da máquina administrativa.

Pelas razões apresentadas, entendemos que a previsão legal de extinção de Regime Próprio, conforme artigo 6º, inciso IX, da Lei n. 9.717/98, conflita o *caput* do artigo 40 da Constituição Federal, que, como visto, assegura, e não faculta, aos servidores ativos e inativos e pensionistas regime de previdência de caráter contributivo e solidário, conforme suas disposições. Também afronta o § 1º do artigo 149 da CF/88. Ou seja, a CF/88 determina a instituição de regime próprio. E as normas contrárias às suas disposições não foram recepcionadas pelas emendas reformadoras.

Ou se exclui via ação direta de inconstitucionalidade a expressão "assegurado" do *caput* do art. 40 e o § 1º do artigo 149, ambos da CF/88, ou os Municípios promovem a instituição dos seus RPPS. Não nos parece possível a complementação de aposentadorias e pensões sem sua correspondente fonte de custeio. A complementação pelos entes que não instituíram seus RPPS é custeada através de despesas orçamentárias e não previdenciárias. Afiguram-se assim como verdadeiras indenizações para os servidores prejudicados pela inércia do ente federativo ao qual se encontra vinculado. A solução de remeter esses pagamentos para a União, por intermédio da Receita Federal do Brasil, como entendem alguns, também nos afigura ilegítima. Como poderia a RFB pagar indenizações a servidores públicos efetivos de entes que não instituíram seus RPPS?

Uma solução poderia ser a união de Municípios, em consórcio, para criação de unidade gestora comum, e conforme disposições da Lei n. 11.107, de 6 de abril de 2005 (dispõe sobre normas gerais de contratação de consórcios públicos e dá outras providências).

Entendemos que a instituição de consórcios não afronta ao estatuído no artigo 40, § 20 da CF/88, uma vez que o dispositivo veda a existência de mais de uma unidade gestora e de mais de um regime próprio em cada ente federativo, nada dispondo sobre consórcios entre os entes.

A unidade gestora dos regimes seria a mesma, ou seja, uma gestão única. Entretanto, entendemos que os planos de benefícios e de custeio não poderiam ser diversos. As contas seriam separadas, com a responsabilidade de cada Tesouro pelo pagamento das insuficiências financeiras. A unidade gestora única advinda de consórcio seria responsável por gerenciar a concessão, o pagamento, a revisão e a manutenção dos benefícios previstos.

Contudo, o artigo 1º, V, da Lei n. 9.717/98, veda a instituição de consórcios: "cobertura exclusiva a servidores públicos titulares de cargos efetivos e a militares, e a seus respectivos dependentes, de cada ente estatal, vedado o pagamento de benefícios, mediante convênios ou consórcios entre Estados, entre Estados e Municípios e entre Municípios."

Por sua vez, o artigo 42 da Orientação Normativa MPS/SPS N. 02, de 31 de março de 2009, assim dispõe:

> Art. 42. É vedado o pagamento de benefícios previdenciários mediante convênio, consórcio ou outra forma de associação entre Estados, entre Estados e Municípios e entre Municípios, após 27 de novembro de 1998.
>
> § 1º Os convênios, consórcios ou outra forma de associação, existentes até 27 de novembro de 1998, deverão garantir integralmente o pagamento dos benefícios já concedidos, daqueles cujos requisitos necessários a sua concessão foram implementados até aquela data, bem como os deles decorrentes.
>
> § 2º O RPPS deve assumir integralmente os benefícios cujos requisitos necessários a sua concessão tenham sido implementados após 27 de novembro de 1998.

Destarte, a Lei n. 9.717, de 27 de novembro de 98, foi editada quando vigente a redação original do artigo 40 da CF/88, que apenas dispunha: "O servidor será aposentado."

Foi somente com a edição da EC n. 20, de 15 de dezembro de 1998, que o regime próprio ao servidor público veio a ser assegurado. A EC n. 20/98 ainda incluiu o artigo 249 no corpo da CF/88, cuja redação é a seguinte:

> Art. 249. Com o objetivo de assegurar recursos para o pagamento de proventos de aposentadoria e pensões concedidas aos respectivos servidores e seus dependentes, em adição aos recursos dos respectivos tesouros, a União, os Estados, o Distrito Federal e os Municípios poderão constituir fundos integrados pelos recursos provenientes de contribuições e por bens, direitos e ativos de qualquer natureza, mediante lei que disporá sobre a natureza e administração desses fundos. (Incluído pela Emenda Constitucional n. 20, de 1998).

Ou seja, a partir da EC n. 20/98, entendemos que os consórcios são permitidos. A redação do artigo 249 não carece de nenhum esforço hercúleo de hermenêutica. É claro. Poderão ser constituídos fundos integrados (que se integraram, se incorporaram). Logicamente com contas distintas. O que deve ser comum, além da gestão, são as alíquotas de contribuição (base e percentual), designação de segurados e dependentes, e rol de benefícios.

O que a Constituição Federal assegura norma infraconstitucional alguma pode contrariar. O Supremo Tribunal Federal, guardião da Constituição Federal, já pacificou o entendimento de ser assegurado RPPS a servidor público ocupante de cargo efetivo: "Já se firmou na jurisprudência desta Corte que, entre os princípios de observância obrigatória pela Constituição e pelas leis dos Estados-membros, se encontram os contidos no art. 40 da Carta Magna Federal (assim, nas ADI 101, ADI 178 e ADI 755)." (STF, ADI 369, Rel. Min. Moreira Alves, julgamento em 9-12-1998, Plenário, DJ de 12-3-1999. No mesmo sentido: ADI 4.698-MC, Rel. Min. Joaquim Barbosa, julgamento em 1º-12-2011, Plenário, DJE de 25-4-2012. E ainda: "a competência concorrente dos Estados em matéria previdenciária não autoriza que se desatendam os fundamentos básicos do sistema previdenciário, de origem constitucional." (ADI 2311-MC, rel. Min. Néri da Silveira, DJ 07.06.2002).

Mais de 3.500 Municípios brasileiros hoje não asseguram RPPS para os seus servidores, em total afronta aos comandos constitucionais. São milhares de servidores prejudicados.

A negativa de assegurar ao servidor público efetivo seu direito consagrado em sede constitucional de se aposentar segundo as regras estabelecidas no artigo 40 da CF/88 não pode ter sequência.

Essa deve ser mais uma das razões pelas quais vem ganhando força a ideia de instituição de uma previdência pública única e universal, a contemplar todos os entes federados, Estados e Municípios, a exemplo do que acontece com o Regime Geral.

A ideia de previdência pública universal não se afigura remota, tendo em vista a reformulação de políticas para compilação da legislação da previdência pública e a disposição de regras gerais. A previdência pública única teria a missão de acabar com injustiças como aqui apresentadas, além de tornar equânime a disparidade de interpretações hoje existentes na concessão, manutenção e revisão de benefícios.

Em última análise, essa nos afigurando ainda inacessível de ser absorvida, é a privatização da previdência do servidor público, que, conforme entendemos, seria o rompimento de direitos adquiridos ao longo do tempo.

3.9. A SITUAÇÃO DA UNIÃO

Nos termos da redação atual do *caput* do artigo 40 da CF/88, e como vimos esmiuçadamente no tópico anterior, existe a obrigatoriedade de instituição de regime próprio de previdência, para todos os servidores públicos titulares de cargos efetivos, sem discriminação.

Acontece que não podemos afirmar com exatidão que a União instituiu regime próprio de previdência (nem tampouco unidade gestora única de RPPS). A previdência dos servidores federais é regida por normas estatutárias. Além disso, a relação jurídica dos servidores federais para com a previdência é de natureza estatutária, não previdenciária, tendo em vista que a União não separou o regime jurídico previdenciário dos servidores do regime jurídico único. Ambos instituídos são previstos na Lei 8.112/90. Contudo, um não pode se confundir com o outro. A partir da EC n. 20/98, o regime jurídico do servidor público passou a ser contributivo; e mais, a Lei 9.717/98 passou a impor a separação em conta apartada.

Os benefícios previdenciários para os servidores públicos da União são assegurados através da Lei n. 8.112, de 11 de dezembro de 1990, conforme disposições contidas no artigo 183 e seguintes. Referida lei é de natureza jurídica estatutária, não previdenciária. A natureza jurídica estatutária revela o vínculo do servidor para com o Estado, definindo seus direitos e suas obrigações.

Em suas manifestações proferidas por ocasião do julgamento da ADI 492, a Procuradoria Geral da República assim se posicionou:

> O regime jurídico único tem caráter estatutário, objetivo, pois os direitos, deveres, garantias e vantagens dos servidores públicos – seus status enfim – são definidos unilateralmente pelo Estado-legislador, que pode, também unilateralmente, alterá-lo a qualquer momento, sem se cogitar de direito do servidor à manutenção do regime anterior (...). A superioridade jurídica do Estado nas relações com seus servidores (e com os administrados em geral) também objetiva única e exclusivamente a satisfação do interesse público. Portanto, aos entes públicos é vedado renunciar a ela e aos privilégios dela decorrente. (STF, ADI 492/DF, Rel. Ministro Carlos Velloso, DJ 12-03-1993).

Não há que se confundir, portanto, regime estatutário com regime previdenciário, uma vez que a natureza jurídica é diversa. Os princípios e regras constantes do artigo 40 da CF/88 somente podem ser direcionados aos servidores públicos cujos entes tenham efetivamente instituído RPPS. Regime jurídico é o complexo de direitos e deveres, é o conjunto de normas que regem uma relação jurídica. Regime jurídico estatutário, como dito, rege a relação do servidor com a Administração Pública do qual é vinculado. Regime próprio de previdência é o conjunto de leis que define plano de benefícios e plano de custeio, e que rege a relação previdenciária entre o servidor e a Administração Pública do qual é vinculado.

Ao se instituir apenas regime estatutário, a União e demais entes municipais que não instituíram regime próprios não podem, sob qualquer hipótese, dar tratamento aos seus servidores, adotando as normas estabelecidas pelo artigo 40 da CF/88, por expressa determinação constitucional. O *caput* do artigo 183 da Lei 8.112/90 diz textualmente que "a União manterá Plano de Seguridade Social para o servidor e sua família."

Ora, Plano de Seguridade não tem feição de regime próprio de previdência. A própria Receita Federal do Brasil, órgão do Ministério da Fazenda, reconhece a inexistência de RPPS para os servidores da União, conforme se subtrai do artigo 1º da Instrução Normativa RFB n. 1332, de 14 de fevereiro de 2013, DOU de 15-02-2013, p. 24, com a seguinte redação:

> Art. 1º A normatização, a cobrança, a fiscalização e o controle da arrecadação da Contribuição para o Plano de Seguridade Social do Servidor (CPSS), de qualquer dos Poderes da União, incluídas suas autarquias e fundações, competem à Secretaria da Receita Federal do Brasil (RFB) e deverão seguir as normas estabelecidas nesta Instrução Normativa.

Há, portanto, uma severa antinomia entre o estabelecido pela Constituição Federal de 1988 e as normas de hierarquia inferior que cuidam da previdência do servidor público da União. Neste sentido, não pode a lei infraconstitucional e seus regulamentos disporem sem sentido contrário do que dispõe a Carta Maior. A CF/88 diz de forma cristalina que as normas contidas no artigo 40 são direcionadas aos servidores que estejam sob a regência de um regime próprio de previdência, não de um plano de seguridade (que em última análise comporta assistência, previdência e saúde).

Um plano é um instrumento jurídico que estabelece normas e princípios, no caso em testilha, plano que visa a garantir aposentadoria e pensão para o servidor público. Regime Jurídico, na definição da enciclopédia livre Wikipédia, é o conjunto de direitos, deveres, garantias, vantagens, proibições e penalidades aplicáveis a determinadas relações sociais qualificadas pelo Direito.

O regime estatutário do servidor público é definido pela existência de um Estatuto, ao qual o servidor se submete, com normas de direito público, podendo ser unilateralmente modificadas pela vontade da Administração Pública e sempre sob o enfoque de atender ao interesse público primário. Podemos definir o regime jurídico dos servidores como o conjunto de princípios e regras atinentes a direitos e deveres que regem a vida funcional do servidor, reunidos num Estatuto próprio. Da ilação temos que cada ente federativo tem o seu próprio regime jurídico único a ser aplicado aos seus servidores. Tem-se também que os Estados federados instituíram seus regimes próprios de previdência, para atender aos comandos constitucionais.

Acerca do regime próprio de previdência social dos servidores titulares de cargos públicos, a Lei 9.717/1998 – Lei Geral de Previdência Pública – assim determina e explica em seu artigo 1º:

> Art. 1º Os regimes próprios de previdência social dos servidores públicos da União, dos Estados, do Distrito Federal e dos Municípios,

dos militares dos Estados e do Distrito Federal deverão ser organizados, baseados em normas gerais de contabilidade e atuária, de modo a garantir o seu equilíbrio financeiro e atuarial, observados os seguintes critérios:

I – realização de avaliação atuarial inicial e em cada balanço utilizando-se parâmetros gerais, para a organização e revisão do plano de custeio e benefícios;(Redação dada pela Medida Provisória n. 2.187-13, de 2001)

II – financiamento mediante recursos provenientes da União, dos Estados, do Distrito Federal e dos Municípios e das contribuições do pessoal civil e militar, ativo, inativo e dos pensionistas, para os seus respectivos regimes;

III – as contribuições e os recursos vinculados ao Fundo Previdenciário da União, dos Estados, do Distrito Federal e dos Municípios e as contribuições do pessoal civil e militar, ativo, inativo, e dos pensionistas, somente poderão ser utilizadas para pagamento de benefícios previdenciários dos respectivos regimes, ressalvadas as despesas administrativas estabelecidas no art. 6º, inciso VIII, desta Lei, observado os limites de gastos estabelecidos em parâmetros gerais; (Redação dada pela Medida Provisória n. 2.187-13, de 2001)

IV – cobertura de um número mínimo de segurados, de modo que os regimes possam garantir diretamente a totalidade dos riscos cobertos no plano de benefícios, preservando o equilíbrio atuarial sem necessidade de resseguro, conforme parâmetros gerais;

V – cobertura exclusiva a servidores públicos titulares de cargos efetivos e a militares, e a seus respectivos dependentes, de cada ente estatal, vedado o pagamento de benefícios, mediante convênios ou consórcios entre Estados, entre Estados e Municípios e entre Municípios;

VI – pleno acesso dos segurados às informações relativas à gestão do regime e participação de representantes dos servidores públicos e dos militares, ativos e inativos, nos colegiados e instâncias de decisão em que os seus interesses sejam objeto de discussão e deliberação;

VII – registro contábil individualizado das contribuições de cada servidor e dos entes estatais, conforme diretrizes gerais;

VIII – identificação e consolidação em demonstrativos financeiros e orçamentários de todas as despesas fixas e variáveis com pessoal inativo civil, militar e pensionistas, bem como dos encargos incidentes sobre os proventos e pensões pagos;

IX – sujeição às inspeções e auditorias de natureza atuarial, contábil, financeira, orçamentária e patrimonial dos órgãos de controle interno e externo.

X – vedação de inclusão nos benefícios, para efeito de percepção destes, de parcelas remuneratórias pagas em decorrência de local de trabalho, de função de confiança ou de cargo em comissão, exceto quando tais parcelas integrarem a remuneração de contribuição do servidor que se aposentar com fundamento no art. 40 da Constituição Federal, respeitado, em qualquer hipótese, o limite previsto no § 2o do citado artigo; (Redação dada pela Lei n. 10.887, de 2004)

XI – vedação de inclusão nos benefícios, para efeito de percepção destes, do abono de permanência de que tratam o § 19 do art. 40 da Constituição Federal, o § 5º do art. 2º e o § 1º do art. 3º da Emenda Constitucional n. 41, de 19 de dezembro de 2003. (Redação dada pela Lei n. 10.887, de 2004)

Parágrafo único. Aplicam-se, adicionalmente, aos regimes próprios de previdência social dos entes da Federação os incisos II, IV a IX do art. 6o. (Redação dada pela Medida Provisória n. 2.187-13, de 2001)

Da exegese dos dispositivos suso mencionados, combinados com o artigo 183 e seguintes da Lei 8.112/1990, temos que não existe na União um regime próprio de previdência para seus servidores efetivos. O Plano de Seguridade a que se refere a Lei n. 8.112/1990 não tem características legais de um regime próprio de previdência, o que nos induz à ilação de que os comandos insertos no artigo 40 da CF/88 não são dirigidos aos servidores da União.

Como dito e repisado, hoje coexistem no Brasil três tipos de regimes previdenciários: o regime próprio (RPPS), o regime geral (RGPS) e o regime de previdência complementar (RPC). Na União, tem-se um quarto tipo de regime previdenciário, que é o regime estatutário previdenciário, uma mescla de regime estatutário com regime previdenciário, não sendo apartados um do outro, sendo regidos ambos pela Lei n. 8.112/1990.

Ao apreciar a ADI 4639, o Plenário do Supremo Tribunal se manifestou no seguinte sentido:

EMENTA: PREVIDENCIÁRIO E CONSTITUCIONAL. LEI 15.150/05, DO Estado DE GOIÁS. CRIAÇÃO DE REGIME DE PREVIDÊNCIA ALTERNATIVO EM BENEFÍCIO DE CATEGORIAS DE AGENTES PÚBLICOS NÃO REMUNERADOS PELOS COFRES PÚBLICOS. INADMISSIBILIDADE. CONTRASTE COM OS MODELOS DE PREVIDÊNCIA PREVISTOS NOS ARTS. 40 (RPPS) E 201 (RGPS) DA CF.

1. A Lei estadual 15.150/05 estabeleceu regime previdenciário específico para três classes de agentes colaboradores do Estado de Goiás, a saber: (a) os delegatários de serviço notarial e registral, que tiveram seus direitos assegurados pelo art. 51 da Lei federal 8.935, de 18 de novembro de 1994; (b) os serventuários do foro judicial, admitidos antes da vigência da Lei federal 8.935, de 18 de novembro de 1994; e (c) os antigos segurados facultativos com contribuição em dobro, filiados ao regime próprio de previdência estadual antes da publicação da Lei 12.964, de 19 de novembro de 1996.

2. No julgamento da ADI 3106, Rel. Min. Eros Grau, DJe de 29/9/10, o Plenário invalidou norma que autorizava Estado-membro a criar sistema previdenciário especial para amparar agentes públicos não efetivos, por entender que, além de atentatória ao conteúdo do art. 40, § 13, da Constituição Federal, tal medida estaria além da competência legislativa garantida ao ente federativo pelo art. 24, XII, do texto constitucional.

3. Presente situação análoga, é irrecusável a conclusão de que, ao criar, no Estado de Goiás, um modelo de previdência extravagante – destinado a beneficiar agentes não remunerados pelos cofres públicos, cujo formato não é compatível com os fundamentos constitucionais do RPPS (art. 40), do RGPS (art. 201) e nem mesmo da previdência complementar (art. 202) – o poder legislativo local desviou-se do desenho institucional que deveria observar e, além disso, incorreu em episódio de usurpação de competência, atuando para além do que lhe cabia nos termos do art. 24, XII, da CF, o que resulta na invalidade de todo o conteúdo da Lei 15.150/05.

4. Ação direta de inconstitucionalidade julgada procedente, com modulação de efeitos, para declarar a inconstitucionalidade integral da Lei 15.150/2005, do Estado de Goiás, ressalvados os direitos dos agentes que, até a data da publicação da ata deste julgamento, já houvessem reunido os requisitos necessários para obter os correspondentes benefícios de aposentadoria ou pensão. (STF, ADI 4639, Rel. Min. Teori Zavascki, Tribunal Pleno, j. 11-03-2015 e DJe de 08-04-2015).

A Advocacia-Geral, ao se manifestar na ADI 5302, cuja relatoria está com o ministro Dias Toffoli, e com base na jurisprudência firmada no âmbito do STF, se posicionou no sentido de "não ser possível entes federativos criarem modelos de previdência diversos dos previstos na Constituição Federal."

O Tribunal Regional Federal da 1ª Região entende que a Seguridade Social é integrada por um sistema de custeio e de benefícios, mas a criação e a implementação de um regime próprio somente podem se dar após a criação da respectiva fonte de custeio. Antes desse momento, permanece a vinculação dos servidores ao regime geral de previdência, ou seja, não há instituição de RPPS. Neste diapasão, vale colacionar entendimento:

> TRIBUTÁRIO. CONTRIBUIÇÃO PREVIDENCIÁRIA. SERVIDORES DA CÂMARA MUNICIPAL DE APARECIDA DE GOIÂNIA. INEXISTÊNCIA DE REGIME PRÓPRIO DE PREVIDÊNCIA. VINCULAÇÃO AO REGIME GERAL. 1. O servidor civil ocupante de cargo efetivo ou o militar da União, dos Estados, do Distrito Federal ou dos Municípios, bem como o das respectivas autarquias e fundações, são excluídos do Regime Geral de Previdência Social (RGPS), desde que amparados por regime próprio de previdência (art. 13, da Lei n.8.212/91). 2. No caso concreto, embora o Município autor defenda a existência de um Regime Próprio de Previdência – Fundo de Previdência e Assistência Social dos Servidores do Município de Aparecida de Goiânia, reconhece não ter havido recolhimento das contribuições (por ambas as partes: empregador e empregado) durante o período compreendido entre março/1993 e maio/1999. 3. A mera previsão legal não é suficiente para desobrigar o Município do recolhimento da contribuição ao INSS, sendo necessária a efetiva implementação do regime previdenciário municipal para os servidores da Câmara, o que não restou comprovado nestes autos. 4. Caracterizando a seguridade social por um sistema de custeio e de benefícios, apenas após a criação de fonte de custeio, é que se pode reputar como implementado o regime próprio. Antes desse momento, permanece a vinculação dos servidores municipais ao regime geral de previdência, o que justifica a cobrança dos valores em discussão. 5. Apelação não provida. (TRF 1, AC 213935020044013500/GO, Rel. Juiz Federal Miguel Ângelo de Alvarenga Lopes, 6ª T Suplementar, j. 12-08-2013 e DJF de 28-08-2013).

O Tribunal de Justiça do Estado da Bahia também se pronunciou no mesmo sentido, conforme se depreende da ementa a seguir colacionada:

> "Ementa: APELAÇÃO CÍVEL EM MANDADO DE SEGURANÇA. ALEGAÇÃO DE ERRO JURÍDICO NA SENTENÇA QUE DENEGOU A SEGURANÇA PLEITEADA. INOCORRÊNCIA. EMPREGADA PÚBLICA APOSENTADA POR TEMPO DE SERVIÇO. INEXISTÊNCIA DE REGIME PRÓPRIO DO MUNICÍPIO, POR EXPRESSA DISPOSIÇÃO DO ESTATUTO DOS SERVIDORES DAQUELA MUNICIPALIDADE. ILEGALIDADE NO PAGAMENTO POR PARTE DO ENTE PÚBLICO CONSTATADA. ANULAÇÃO DE ATO BAIXADO PELA ADMINISTRAÇÃO PÚBLICA. POSSIBILIDADE. INCIDÊNCIA DAS SÚMULAS DE N. 343 E 473 DA SUPREMA CORTE. RECURSO IMPROVIDO. SENTENÇA QUE DEVE SER MANTIDA POR SEUS PRÓPRIOS FUNDAMENTOS. "A Administração Pública, segundo entendimento pacífico da jurisprudência e inclusive sumulado pelo Supremo Tribunal Federal, dispõe, verificada a ilegalidade de atos por ela baixados, do poder/dever de anulá-los, respeitados os direitos adquiridos e ressalvada a apreciação judicial. (TJ/BA, APL 00002047620118050185, p. 17-11-2012)." (Grifos nossos).

Não existe na União um plano de custeio específico, posto que o artigo 231 da Lei 8.112/90, que dele cuidava, foi expressamente revogado, o que reforça tese aqui defendida. Deve ainda ser levado em consideração que o Plano de Seguridade do servidor federal, instituído através da Lei n. 8.112/90, inclui a assistência à saúde, o que é vedado em termos de regime próprio de previdência. Assistência, previdência e saúde não se comunicam e não se confundem. Regime próprio somente pode garantir e pagar benefícios previdenciários. Neste sentido é o artigo 5º da Lei n. 9.717/1998:

> Art. 5º Os regimes próprios de previdência social dos servidores públicos da União, dos Estados, do Distrito Federal e dos Municípios, dos militares dos Estados e do Distrito Federal não poderão conceder benefícios distintos dos previstos no Regime Geral de Previdência Social, de que trata a Lei n. 8.213, de 24 de julho de 1991, salvo disposição em contrário da Constituição Federal. (Grifamos).

Ou seja, regime próprio de previdência somente pode pagar benefícios previdenciários, não pode pagar benefícios de natureza assistencial nem benefícios ligados à área de saúde do servidor. Ademais, a própria RFB, por meio da IN n. 1332/2013, assevera que não existe no plano de seguridade da União uma unidade gestora única de previdência, conforme texto extraído do seu artigo 7º:

> Art. 7º A responsabilidade pela retenção e pelo recolhimento das contribuições de que trata esta Instrução Normativa é do dirigente e do ordenador de despesas do órgão ou da entidade que efetuar o pagamento da remuneração ao servidor ativo, ou do benefício ao aposentado ou pensionista.
>
> § 1º Para fins do disposto nesta Instrução Normativa, considera-se dirigente do órgão ou ordenador de despesas:
>
> I – no Poder Executivo, o responsável pelo órgão setorial ou seccional dos Sistemas de Pessoal Civil da Administração Federal (Sipec);
>
> II – no Poder Judiciário, o responsável pelo setor de pagamento do Tribunal ou da seção judiciária; e
>
> III – no Poder Legislativo, o Diretor-Geral do Senado Federal ou da Câmara dos Deputados.

Melhor seria que a União instituísse seu RPPS, bem como sua unidade gestora única, de forma a cumprir os mandamentos constitucionais e legais, para assegurar aos seus servidores uma previdência própria, que não ocasione interpretações divergentes.

3.10. OBRIGATORIEDADE DA UNIDADE GESTORA ÚNICA

A obrigação do ente federativo de ter uma única unidade gestora de RPPS, nasceu com o advento da EC n. 41/03, que foi a responsável pela inclusão do § 20 no artigo 40 da CF/88, assim determinando: "Fica vedada a existência de mais de um regime próprio de previdência social para os servidores titulares de cargos efetivos, e de mais de uma unidade gestora do respectivo regime em cada ente estatal, ressalvado o disposto no art. 142, § 3º, X."

Nos termos do artigo 10 da Portaria MPS n. 402, de 10 de dezembro de 2008, DOU de 11/12/2008, entende-se por unidade gestora:

> Art. 10. É vedada a existência de mais de um RPPS para os servidores titulares de cargos efetivos e de mais de uma unidade gestora do respectivo regime em cada ente federativo.
> § 1º Entende-se por unidade gestora a entidade ou órgão integrante da estrutura da Administração Pública de cada ente federativo, que tenha por finalidade a administração, o gerenciamento e a operacionalização do RPPS, incluindo a arrecadação e gestão de recursos e fundos previdenciários, a concessão, o pagamento e a manutenção dos benefícios.
> § 2º A unidade gestora única deverá gerenciar, direta ou indiretamente, a concessão, o pagamento e a manutenção, no mínimo, dos benefícios de aposentadoria e pensão concedidos a partir da publicação da Emenda Constitucional n. 41, de 2003, de todos os poderes, órgãos e entidades do ente federativo.
> § 3º A unidade gestora única contará com colegiado ou instância de decisão, no qual será garantida a representação dos segurados.

Por sua vez, a Orientação Normativa MPS/SPS n. 02, de 31 de março de 2009 – DOU de 02/04/2009, assim explica, através do seu artigo 2º, inciso V:

> Art. 2º Para os efeitos desta Orientação Normativa, considera-se:
> [...]
> V – unidade gestora: a entidade ou órgão integrante da estrutura da administração pública de cada ente federativo que tenha por finalidade a administração, o gerenciamento e a operacionalização do RPPS, incluindo a arrecadação e gestão de recursos e fundos previdenciários, a concessão, o pagamento e a manutenção dos benefícios;

Ou seja, em cada ente estatal (União, Estados e Municípios), somente poderá uma unidade gestora, quer seja sob a forma de fundo, autarquia ou fundação.

Na excelente monografia "A importância da Entidade Gestora Única nos Regimes Próprios de Previdência Social: o caso dos Estados membros da Federação", restou expressamente consignado que:

> Segundo Caetano (2010, p. 11), a instituição da entidade gestora única 'amplia os ganhos obtidos por meio das economias de escala e sinergias em decorrência do fim da execução das mesmas tarefas por diferentes equipes. Ademais, a fragmentação torna o RPPS mais suscetível a fraudes'.[...]
> Para que certo órgão seja considerado entidade gestora única de RPPS, este deve atender aos seguintes requisitos: integrar a estrutura da administração pública do ente federado; ter existência única, com exceção dos militares; ser responsável pela administração do RPPS; consolidar a execução das atribuições do RPPS; administrar, arrecadar e gerir os recursos do RPPS, inclusive os oriundos da compensação financeira como Regime Geral de Previdência Social; conceder, pagar e manter os benefícios; responsabilizar-se pelo gerenciamento direto ou indireto da concessão, do pagamento e da manutenção, no mínimo, das aposentadorias e das pensões por morte concedidas a partir da EC n. 41 de todos os Poderes e entidades do ente federado; possuir conselhos administrativo e fiscal; garantir a representação paritária dos servidores nos conselhos administrativo e fiscal com a finalidade de acompanhar e fiscalizar a gestão do RPPS.[15]

As principais razões para a instituição e o pleno funcionamento de unidades gestoras únicas podem ser assim consideradas: I) obediência às normas legais; II) obtenção do Certificado de Regularidade Previdenciária (CRP) e do Certificado Institucional Pró-Gestão (os quais detalharemos em capítulo próprio); III) padronização e uniformização de procedimentos na concessão, revisão e manutenção de benefícios; IV) melhoria no atendimento, por pessoal capacitado; V) compensação previdenciária; VI) controle da gestão e dos ativos; VII) auditoria de forma igualitária; VIII) censo previdenciário simultâneo e periódico; XIX) maior transparência e eficiência na gestão do RPPS; X) representação de todos os segurados nos conselhos (administrativo e fiscal); e XI) evitar fraudes.

Entretanto, a norma esculpida pelo § 20 do artigo 40, da CF/88, foi motivo de impugnação no Supremo Tribunal Federal. A Associação dos Magistrados Brasileiros (ABM) protocolou, em 31 de agosto de 2004, a ADI n. 3297, questionando a matéria. Para a ABM, "os dispositivos impugnados violam a autonomia e a independência financeira e administrativa dos Poderes do Estado, repercutindo diretamente sobre o princípio da separação dos poderes (CF, art. 2º c/c art. 60, § 4º, III), que é um dos pilares do Estado Democrático de Direito."

Para a Associação dos Magistrados Brasileiros, a segregação é a melhor opção (regimes diversos e mais de uma unidade gestora de RPPS por Estado), em clara evidência de não ser afeta a mudanças de paradigmas.

Destarte, referida ADI encontra-se sob o crivo do relator, ministro Teori Zavascki, desde 30 de abril de 2014, não se tendo um posicionamento até o presente momento.

Apesar de ter a constitucionalidade questionada, o dispositivo está vigente e vários entes federativos encontram-se contrariando a norma, que, a nosso ver, é de eficácia imediata. Assim, em vários Estados/Municípios, não observamos a completude da unidade gestora, posto que, em muitos, nem a Assembleia Legislativa (ou Câmara

---

(15) SOUZA, Marcus Vinícius de. et all. *A importância da Entidade Gestora Única nos Regimes Próprios de Previdência Social: o caso dos Estados membros da Federação*. Brasília: Informe de Previdência Social, 2012.

Municipal), nem o Poder Judiciário, nem o Ministério Público, nem o Tribunal de Contas aderiram à unidade gestora única. Nos entes em que não foram implantados o regime próprio e a unidade gestora única, os benefícios previdenciários continuam sendo implantados e revisados no âmbito de cada Poder/órgão que não aderiu à sistemática imposta pelo § 20 do artigo 40 da CF/88.

Entretanto, as pensões continuam sendo implantadas e pagas pelas unidades gestoras únicas.

Com todo o respeito às razões esposadas pela ABM na ADI 3297, o fato maior é de que a unidade gestora única fora inserida no corpo da CF/88, pela EC n. 41/03, com o intuito de se ter um centro capacitado para preservação de direitos futuros, de forma igualitária. Não entendemos como simples imposição, mas necessidade. Ao não se instituir um centro comum, interpretações divergentes ferem o princípio da isonomia.

A unidade gestora única traz ínsito em sua missão contribuir para a solvabilidade dos fundos previdenciários (logicamente com uma gestão qualificada e proba), com aplicação de justiça e tratamento igualitário entre os segurados. Os conselhos (diretor, administrativo e fiscal) têm de ser estruturados, com participação paritária, e ser compostos por servidores públicos altamente capacitados e comprometidos com sua previdência. Como exaustivamente defendido por nós ao longo deste trabalho, quem deve cuidar da previdência pública são os seus segurados.

Relevante destacar que a fragmentação (poderes e órgãos gerindo seus próprios benefícios previdenciários, em especial suas aposentadorias) impede a transparência liquida do sistema, além do descumprimento de preceitos constitucionais. Ademais, o controle na forma de concessão não se mostra igualitário, permitindo abusos das mais diversas formas.

Destarte, uma das causas da segregação é a confusão hoje existente em torno do instituto do vitaliciamento, que nada mais é que forma qualificada de estabilização no serviço público. Senão vejamos o teor do artigo 95, I, artigo 128, § 5º, "a", ambos da CF/88:

> Art. 95. Os juízes gozam das seguintes garantias:
> I – vitaliciedade, que, no primeiro grau, só será adquirida após dois anos de exercício, dependendo a perda do cargo, nesse período, de deliberação do tribunal a que o juiz estiver vinculado, e, nos demais casos, de sentença judicial transitada em julgado.

> Art. 128.....
> [...]
> § 5º Leis complementares da União e dos Estados, cuja iniciativa é facultada aos respectivos Procuradores-Gerais, estabelecerão a organização, as atribuições e o estatuto de cada Ministério Público, observadas, relativamente a seus membros:
> I – as seguintes garantias:
> 2. vitaliciedade, após dois anos de exercício, não podendo perder o cargo senão por sentença judicial transitada em julgado.

Para facilitar a análise, de forma sistêmica, eis o disposto no artigo 41 da CF/88, que cuida do servidor público em geral:

> Art. 41. São estáveis após três anos de efetivo exercício os servidores nomeados para cargo de provimento efetivo em virtude de concurso público. (Redação dada pela Emenda Constitucional n. 19, de 1998)
> § 1º O servidor público estável só perderá o cargo: (Redação dada pela Emenda Constitucional n. 19, de 1998)
> I – em virtude de sentença judicial transitada em julgado; (Incluído pela Emenda Constitucional n. 19, de 1998)
> II – mediante processo administrativo em que lhe seja assegurada ampla defesa; (Incluído pela Emenda Constitucional n. 19, de 1998)
> III – mediante procedimento de avaliação periódica de desempenho, na forma de lei complementar, assegurada ampla defesa. (Incluído pela Emenda Constitucional n. 19, de 1998)

Da simples leitura dos dispositivos, tem-se que o vitaliciamento diz respeito à estabilização no serviço público, entretanto, de forma qualificada, posto próprio da magistratura e membros do Ministério Público e requer tempo menor – dois anos em vez de três anos, como é a exigência para os demais servidores públicos.

Efetividade, de acordo com o Supremo Tribunal Federal, é atributo do cargo, designando o funcionário desde o instante da nomeação. Por sua vez, a estabilidade é a aderência, a integração no serviço público, depois de preenchidas determinadas condições fixadas em lei, e adquirida pelo decurso de tempo. (STF, RE 167.635, Rel. Min. Maurício Corrêa, julgamento em 17-9-1996, Segunda Turma, DJ de 7-2-1997. No mesmo sentido: ADI 114, Rel. Min. Cármen Lúcia, julgamento em 26-11-2009, Plenário, DJE de 3-10-2011).

Antes de serem vitaliciados, os membros da magistratura e do Ministério Público são avaliados quanto à idoneidade para o exercício do cargo, competência funcional, zelo, disciplina, assiduidade, comportamento social, etc. O desempenho é acompanhado pelas Corregedorias-Gerais, que, após relatórios consubstanciados, concluem pelo vitaliciamento ou não. Para tanto, são realizados cursos para os novos membros, daí a importância das Escolas de magistratura e do MP.

De acordo com o Tribunal de Justiça do Rio Grande do Sul, a atividade de avaliação de desempenho dos juízes em vitaliciamento é feita da seguinte forma:

> "São formados expedientes individuais, controlados pelo SERAJ (Serviço de Estatística e Registro da Atividade dos Juízes), sob a supervisão do Juiz–Corregedor encarregado da matéria, onde reúnem-se informações referentes à avaliação do desempenho do Juiz vitaliciando levando em conta o período compreendido entre o ingresso no exercício da função até 120 (cento e vinte) dias antes de findar o biênio para aquisição da vitaliciadade. Neste período, são avaliados o desempenho jurisdicional, incluída

a idoneidade moral, bem como a adaptação psicológica ao cargo e às funções. Para efeito de orientação do vitaliciando, haverá um Juiz–Orientador, que o acompanhará durante todo o período de vitaliciamento. A avaliação do desempenho jurisdicional observará aspectos qualitativos e quantitativos do trabalho desenvolvido pelo magistrado. A qualidade do trabalho é avaliada sob dois enfoques: estrutura do ato sentencial e das decisões em geral; presteza e segurança no exercício da função. A avaliação da qualidade tem como universo as cópias de trabalhos escolhidos remetidos mensalmente pelo magistrado vitaliciando (sentenças e outros atos). Tais trabalhos são examinados pelo Juiz–Avaliador, que preenche, mensalmente, as planilhas correspondentes contendo a precisa indicação do ato analisado e observações concretas sobre o trabalho, as quais são remetidas trimestralmente ao avaliado. A avaliação da presteza e segurança no exercício da função é resultante das observações e informações colhidas pelo Juiz–Corregedor-Orientador em visitas ao vitaliciando na comarca em que estiver atuando. O Juiz vitaliciando, sempre que possível, integra equipe de trabalho que realiza inspeções em varas e cartórios onde estiver designado. A avaliação quantitativa do desempenho jurisdicional do magistrado baseia-se na sua capacidade de contração ao trabalho e eficiência no exercício da função, levando em conta especialmente: sentenças de mérito encaminhadas pelo vitaliciando durante o período em exame; demais decisões; despachos; audiências realizadas; número de partes testemunhas ouvidas; outras atividades eventualmente exercidas (Pequenas Causas, Eleitoral, Juizado da Infância e Juventude, Direção do Foro,...). A adaptação psicológica do magistrado em vitaliciamento ao cargo e às funções é avaliada a partir dos exames psicológicos aos seis, doze e dezoito meses do exercício da judicância, permanecendo os laudos à disposição da Corregedoria até 30 dias após a última entrevista. Os fatos relevantes são comunicados pelo Departamento Médico Judiciário ao Corregedor-Geral da Justiça, de forma reservada, para fins de acompanhamento e orientação quando possível. O Juiz-Orientador, trimestralmente, elabora relatório sobre o desenvolvimento do desempenho jurisdicional do vitaliciando, abordando análise da judicância sob a ótica da qualidade e quantidade do trabalho realizado, sempre considerando o universo em que exercida a função, fazendo apreciações, críticas e sugestões que entender oportunas e convenientes ao aperfeiçoamento da atividade do magistrado, os quais são levados, de imediato, ao conhecimento do Juiz vitaliciando" [16].

O vitaliciamento constitui-se assim na efetivação da passagem do estágio probatório para a estabilização no cargo. Não tem nada a ver com regra extra e especial de aposentadoria. Coadunando com a assertiva, assim se posicionou o Superior Tribunal de Justiça:

RECURSO EM MANDADO DE SEGURANÇA. ADMINISTRATIVO. MAGISTRADO. PROCESSO DE VITALICIAMENTO. NULIDADE.

1. O Excelso Supremo Tribunal Federal, na letra do enunciado 21 de sua Súmula, estabeleceu que o "funcionário em estágio probatório não pode ser exonerado nem demitido sem inquérito ou sem as formalidades legais de apuração de sua capacidade", entre as quais, como é da doutrina e da jurisprudência de nossos Tribunais e deste Superior Tribunal de Justiça, estão o direito ao contraditório e à ampla defesa, na exata medida em que, embora não seja penalidade a exoneração do servidor público de desempenho ineficaz ou que não satisfaça as exigências legais, objetivas e subjetivas, da função pública, constitui induvidosa perda material e, até, moral, precisamente porque se lhe nega almejado exercício de função pública.

2. É do Estado o poder-dever de apurar e demonstrar a inaptidão para a função judicante do agente político, em processo de vitaliciamento.

3. Recurso parcialmente provido. (STJ, RMS 13967/PE, Rel. Min. Hamilton Carvalhido, T6, j. 04-02-2003 e DJ 10-03-2003).

Durante o estágio probatório, o magistrado não está sob o abrigo da garantia constitucional da vitaliciedade, podendo ser exonerado desde que não demonstrados os requisitos próprios para o exercício da função jurisdicional, tais como idoneidade moral, aptidão, disciplina, assiduidade, eficiência e outros, circunstância aferível por processo especial de vitaliciamento. (STJ, RMS 6675/MG, Rel. Min. Vicente Leal, T6, j. 25-11-1996 e DJ 01-09-1997).

Em recente manifestação, o Tribunal de Justiça do Estado do Ceará assim se posicionou através da análise de processo administrativo:

ADMINISTRATIVO. JUÍZA EM ESTÁGIO PROBATÓRIO. PROCEDIMENTO DE VITALICIAMENTO. REQUISITOS INTEGRALMENTE PREENCHIDOS. PROCEDÊNCIA DO PEDIDO.

1.Tendo a requerente preenchido os requisitos necessários para aquisição da vitaliciedade, previstos no art. 158 da Lei Estadual n. 12.342/94, e comprovado estar apta ao exercício da magistratura, há de ser reconhecida sua vitaliciedade, com a consequente investidura no cargo de Juíza de Direito.

2.Pedido julgado procedente. ACÓRDÃO ACORDAM os Desembargadores integrantes do ÓRGÃO ESPECIAL deste e. TRIBUNAL DE JUSTIÇA DO Estado DO CEARÁ, por unanimidade, em julgar procedente o pedido formulado no presente processo administrativo, nos termos do voto do relator, parte integrante deste. (TJ/CE, PA 85000706420158060126, Rel. Des. Antônio Abelardo Benevides Moraes, Órgão Especial, p. 20-08-2015).

Vê-se comprovadamente que não assiste razão àqueles que pensam que o vitaliciamento é uma modalidade de aposentadoria. Mesmo no caso do vitaliciamento previsto no artigo 22, I, da Lei Orgânica da Magistratura, Lei Complementar n. 35, de 14-3-1979, continua sendo forma de estabilização na função, apesar de não requerer o requisito tempo, uma vez que se presumem idôneos e capacitados para o mister institucional os ministros do STF, do STJ, STM, TST, TSE e os desembargadores, tendo em vista que as indicações para os cargos envolvem uma série de exigências.

---

(16) Tribunal de Justiça do Rio Grande do Sul: *Sistema de Vitaliciamento de Juízes*. Disponível em http://www.tjrs.jus.br/site/poder_judiciario/tribunal_de_justica/corregedoria_geral_da_justica/projetos/projetos/sistema_de_vitaliciamento_de_juizes.html. Acesso em 30-09-2015.

Outrossim, o artigo 93, VI, da Constituição Federal de 1988 é claro quando diz textualmente e imperativamente que a aposentadoria dos magistrados seguirá a sistemática do artigo 40. Eis o teor do dispositivo invocado: "A aposentadoria dos magistrados e a pensão de seus dependentes observarão o disposto no art. 40." (Redação dada pela Emenda Constitucional n. 20, de 1998). O dispositivo está presente no corpo constitucional desde a edição da EC n. 20/98.

Não, como está asseverado no capítulo que trata da aposentadoria compulsória de magistrados, antinomia entre as disposições constituições, tendo em vista que a regra contida no inciso VIII do artigo 93 da CF/88 não cria regra de benefício previdenciário, mas sim modalidade de penalidade.

Desta forma, não há que se falar em aposentação pelas regras estabelecidas pela LOMAN em seu artigo 73 e ss., posto que contrariam as disposições estatuídas pela CF/88, notadamente através da Reforma da Previdência I (EC n. 20/98) e Reforma da Previdência II (EC n. 41/03). A Magna Carta de 88 é de clareza ímpar ao determinar que as aposentadorias de magistrados devem seguir toda a sistemática contida em seu artigo 40, não excepcionando qualquer dispositivo.

No mesmo sentido é o artigo 73, § 3º da CF/88, no que tange à sistemática de aposentadorias e pensões para os membros dos Tribunais de Contas:

> Art. 73...
> [...]
> § 3º Os Ministros do Tribunal de Contas da União terão as mesmas garantias, prerrogativas, impedimentos, vencimentos e vantagens dos Ministros do Superior Tribunal de Justiça, aplicando-se-lhes, quanto à aposentadoria e pensão, as normas constantes do art. 40. (Redação dada pela Emenda Constitucional n. 20, de 1998).

Os dispositivos estão em plena vigência, e não se entende o porquê do não cumprimento. Entretanto, várias impugnações foram feitas no âmbito do Supremo Tribunal Federal, que se reportam à inconstitucionalidade de alguns dispositivos da EC n. 41/03, por parte da magistratura e do Ministério, a exemplo da ADI 3297 – inconstitucionalidade da aplicação da unidade gestora única (RPPS) e o teto do RGPS aos magistrados; ADI 3308 – inconstitucionalidade da unificação do regime previdenciário dos magistrados e fim da aposentadoria integral; ADI 3310 – inconstitucionalidade da inclusão do Ministério Público na unidade gestora única e ADI 3593 – inconstitucionalidade a inclusão dos magistrados na unidade gestora única.

A AMB também ajuizou a ADI 4803 no STF, contra dispositivos das Emendas Constitucionais (EC) 20/98 e 41/03 sobre as aposentadorias de magistrados. A entidade pede para excluir os membros da magistratura da reforma da previdência iniciada pela EC 20/98 e continuada pela EC 41/03. Para a associação, alguns dispositivos são manifestamente inconstitucionais na medida em que submetem a magistratura ao regime geral de aposentadoria dos servidores públicos e, ainda, possibilitam a extinção da paridade entre proventos e vencimentos, "que é consequência inafastável da vitaliciedade conjugada com a irredutibilidade de vencimentos."

Para a AMB, a vitaliciedade é uma prerrogativa que o magistrado detém por toda a vida, motivo pelo qual, salvo no que diz respeito ao cumprimento dos requisitos previstos na redação originária do artigo 93, inciso VI, da Constituição, jamais se poderia cogitar que os proventos fossem inferiores aos seus vencimentos enquanto no exercício do cargo, "sendo a vitaliciedade uma garantia fundamental para a independência da magistratura e do próprio Poder Judiciário, é inequívoco que não poderia ser alterada pelo constituinte derivado, sob pena de violação à separação dos poderes e aos direitos e garantias individuais dos magistrados." Conforme a ADI, a redação anterior do inciso VI do artigo 93 da CF assegurava aos magistrados a aposentadoria com proventos integrais. A regra geral, portanto, era a de que o magistrado seria aposentado com proventos integrais, seja de forma compulsória, seja de forma facultativa, desde que preenchidos dois requisitos: trinta anos de serviço e cinco anos de exercício efetivo da judicatura. Com a EC 20/98, prossegue a associação, o inciso VI do artigo 93 da CF passou a dispor que a aposentadoria dos magistrados e a pensão dos seus dependentes observarão o disposto no artigo 40. "Consequentemente, a magistratura foi submetida ao regime geral de aposentadoria dos servidores públicos, sendo que este regime foi posteriormente modificado pela recente EC 41/03." De acordo com a AMB, a inconstitucionalidade da submissão dos magistrados ao regime geral da previdência também é material, na medida em que viola cláusulas pétreas relacionadas aos direitos e às garantias individuais dos magistrados, estabelecidos nos incisos III e IV do parágrafo 4º do artigo 60 da CF. "A garantia de integralidade da aposentadoria, nos termos previstos na anterior redação do artigo 93, VI, da Constituição, está intrinsicamente relacionada à vitaliciedade e aos direitos e garantias institucionais dos magistrados, motivo pelo qual não poderia ser modificada nem mesmo por emenda constitucional", argumenta a AMB. Requer ao final que seja julgada procedente a ação a fim de que seja declarada a nulidade, com efeitos retroativos, dos dispositivos questionados, sendo restabelecida a redação original do inciso VI do artigo 93 da CF. O Relator da Ação é o ministro Gilmar Mendes. Como se trata do mesmo tempo, a Associação pediu o apensamento da ADI 3363, também de relatoria do ministro Gilmar Mendes.[17]

Ou seja, para a Associação dos Magistrados do Brasil, o vitaliciamento não é forma qualificada de estabilização no serviço público, mas forma diferenciada de aposentação para os magistrados, que por serem "vitalícios", no sentido de serem eternos no serviço público, totalmente equidistantes dos demais servidores públicos, não

---

(17) STF-Supremo Tribunal Federal. *AMB ajuíza ação contra atual regime previdenciário dos magistrados*. 28 de junho de 2012. Disponível em <http://www.stf.jus.br/portal/cms/verNoticiaDetalhe.asp?idConteudo=211056>. Acesso em 30 de setembro de 2015.

podendo serem confundidos e "rebaixados" aos servidores em geral, não se submetem às regras de aposentadorias próprias dos servidores públicos.

Também se encontra no STF, para decisão final, o Mandado de Segurança n. 31.299 – contagem de tempo anterior à EC 20/98 com acréscimo de 17% para quaisquer regras de aposentadoria dos magistrados, membros do Ministério Público e com reflexos inevitáveis aos professores. O MS foi impetrado pela Associação dos Magistrados Brasileiros (AMB), pela Associação Nacional dos Magistrados da Justiça do Trabalho (Anamatra) e pela Associação dos Juízes Federais do Brasil (Ajufe), em face do presidente da República e do Tribunal de Contas da União, objetivando o cumprimento de decisão do Conselho Nacional de Justiça que assegurou o acréscimo de 17% previsto no § 3º do art. 8º da EC 20/1998 aos magistrados do sexo masculino. Acontece que o Conselho Nacional de Justiça assentou o direito ao acréscimo e tal providência do Conselho não foi acatada.

Em decisão monocrática, o então ministro Joaquim Barbosa, em 20-6-2012, indeferiu o pedido cautelar, acertadamente destacando, dentre outras, que as decisões proferidas pelo CNJ, no exercício da competência de fiscalização administrativa, é "vinculativa a todos os Tribunais brasileiros, não se podendo *a priori* extrair o entendimento de que se trata de decisão vinculativa à Presidência da República e ao Tribunal de Contas da União."

Merece ainda destaque a ADI 4885, em que a AMB e a Anamatra questionam o artigo 1º da Emenda Constitucional (EC) 41/2003, na parte em que alterou a redação do parágrafo 15 do artigo 40 da Constituição Federal (CF). Contestam também a Lei 12.618/2012, que autorizou a criação de entidade fechada de previdência complementar do regime próprio de previdência dos servidores públicos civis, incluídos os do Poder Judiciário e os próprios magistrados. As duas entidades alegam vício nas alterações introduzidas pela EC 41/2003 (chamada Reforma da Previdência 2), pois seriam fruto de corrupção praticada pelo Poder Executivo junto a membros do Congresso Nacional. Nessa afirmação, apoiam-se no julgamento da Ação Penal (AP) 470, em que foram condenados diversos parlamentares e ex-membros do Poder Executivo na época da aprovação da proposta de emenda constitucional (PEC) que resultou na promulgação da EC 41.

Com veemência, compete a mais alta Corte de Justiça Brasileira definir, com todas as nuances, se os magistrados são servidores públicos como outro qualquer, detentores de cargos públicos com o mister institucional de atender ao interesse público, o maior pilar da Administração Pública. Ou se são servidores "especiais", que não podem ser confundidos com os servidores "comuns."

3.11. REGIME PRÓPRIO E VITALICIAMENTO

Primeiramente, antes de adentrar na analise meritória do tema, impende registrar que não se está querendo adentrar na seara de discricionariedade de escolha de ministros e conselheiros. Como veremos, trata-se de uma análise sistêmica com o propósito de transparecer o sentido da instituição do regime próprio de previdência pela Constituição Federal. Não se cuida, assim, de se querer limitar a zona de escolha, que tem sua razão de existência e é um parâmetro por nós respeitado.

Ocorre que há confusão generalizada de interpretação acerca da correta separação entre os institutos do vitaliciamento e da efetividade, que em essência não se confundem, apesar de poderem se fundir. O artigo 73, § 3º da Constituição Federal, na redação dada pela EC n. 20/1998, diz textualmente que "Os Ministros do Tribunal de Contas da União terão as mesmas garantias, prerrogativas, impedimentos, vencimentos e vantagens dos Ministros do Superior Tribunal de Justiça, aplicando-se-lhes, quanto à aposentadoria e pensão, as normas constantes do art. 40." A regra, pelo princípio da simetria, aplica-se também aos membros dos Tribunais de Contas Estaduais.

Em 2005, o Supremo Tribunal Federal, ao analisar um mandado de segurança, se posicionou no sentido de que a aposentadoria de magistrado (no caso específico com proventos de juiz togado do TRT da 12ª Região) era possível, uma vez havendo o preenchimento dos requisitos necessários previstos no primitivo art. 93, VI, da Constituição, antes da promulgação da EC 20/1998. Retificada pela Justiça Trabalhista a data da posse do impetrante para a data em que se dera a rejeição ilegal de seu acesso ao TRT da 12ª Região, tem-se que, para efeitos de aposentadoria, desde a mesma data deve ele ser considerado como integrante daquela Corte. Preencheu, portanto, todos os requisitos para a sua aposentadoria (trinta anos de serviço e cinco de magistratura) antes da EC20/1998, aplicando-se-lhe o seu art. 3º, que assegura a concessão de aposentadoria aos que – até a data da publicação da Emenda – tenham cumprido os requisitos previstos na legislação antes vigente (antigo art. 93, VI, CF), sem a exigência atual de cinco anos no cargo (art. 40, § 1º, III, CF): donde o direito do impetrante aos proventos de juiz togado do Tribunal. (MS 24.008, Rel. Min. Sepúlveda Pertence, julgamento em 2-3-2005, Plenário, DJ de 18-3-2005).

Antes da edição da EC n. 20/1998, a CF/88 não fazia qualquer exigência no tocante à efetividade. Bastava que o aposentando fosse servidor público (o que era tomado na sua acepção ampla). A redação original do *caput* do artigo 40 da CF/88 apenas dizia: "O servidor será aposentado." Não fazia qualquer menção à exigência de ser estável, nem tampouco se preocupou com equilíbrio financeiro-atuarial. Atrelado à disposição do artigo 19 do ADCT, entendeu-se que o servidor estabilizado tinha direito às regras do artigo 40, na sua redação primitiva.

Ocorre que, como exaustivamente debatido, a EC 20/1998 veio dar um novo sentido ao artigo 40 da CF/88, ampliando sua linha de exigências, ao dispor que: "Aos servidores titulares de cargos efetivos da União, dos Estados, do Distrito Federal e dos Municípios, incluídas suas autarquias e fundações, é assegurado regime de previdência de caráter contributivo, observados critérios que preservem o equilíbrio financeiro e atuarial e o disposto neste artigo."

A primeira reforma substancial da previdência pública, promovida pela EC 20/1998, passou a exigir a efetividade como requisito intrínseco para que o servidor pudesse se aposentar pelas regras instituídas pelo artigo 40. Todo servidor que tinha preenchido todos os requisitos para aposentação antes da EC 20/1998, sem, contudo, ser efetivo, havia garantido o direito de se aposentar pelas regras do artigo 40.

A partir da EC 20/1998, passou a não ser mais possível a aposentadoria para servidores estabilizados e não efetivos, conforme já debatido no tópico que trata da estabilização do servidor público.

Hoje o *caput* do artigo 40 tem redação dada pela EC 41/2003, que vigora nos seguintes termos:

> Art. 40. Aos servidores titulares de cargos efetivos da União, dos Estados, do Distrito Federal e dos Municípios, incluídas suas autarquias e fundações, é assegurado regime de previdência de caráter contributivo e solidário, mediante contribuição do respectivo ente público, dos servidores ativos e inativos e dos pensionistas, observados critérios que preservem o equilíbrio financeiro e atuarial e o disposto neste artigo.

Vê-se, portanto, que o dispositivo é claro, de interpretação mediana, quando limita o regime próprio de previdência a servidor público efetivo. A filiação ao regime próprio somente pode ocorrer quando o servidor público ostenta a qualidade de ser efetivo e não apenas estável. O mestre previdencialista Wladimir Novaes Martinez nos explica que:

> "Filiação, repete-se, deve ser interpretada extensivamente. Evidentemente, tal postura não se presta à criação de direito (aplicação), papel exclusivo do legislador. A perquirição cinge-se aos limites da lei. Exemplificativamente, se a norma cuida de trabalhadores que exerçam atividade remunerada, exclui os sem-remuneração ou pagos sem trabalho. A extensibilidade referida é imposta quando os instrumentos básicos são obscuros ou omissos".[18]

Contanto generalizou-se a inserção de ministros e conselheiros sem possuírem o atributo da efetividade, a norma mandamental insculpida no *caput* do artigo 40 da CF/88, é como dito, limitadora e de leitura cristalina. Ao fazer referência à aplicabilidade do artigo 40, o § 3º do artigo 73 da CF/88 não comporta interpretação extensiva, criando nova forma de filiação que não seja a de servidor público efetivo ao regime próprio de previdência.

Tem-se com isso que a própria Constituição Federal cuidou de abarcar exclusivamente o servidor público efetivo. Se os ministros ou conselheiros dos Tribunais de Contas forem servidores públicos efetivos, na origem, a eles se aplicarão as normas estabelecidas pelo artigo 40 da CF/88. Acaso sejam pessoas estranhas aos quadros do serviço público, nomeadas por atos de governando para assunção das funções, neste caso específico não há que se lhes aplicar a regra do comando do referido artigo 40.

O que fez o legislador originário (mesmo que não fosse essa sua intenção subjetiva) foi valorizar o servidor público efetivo. Não há sequer interpretação manipulativa que contrarie a premissa. É o próprio *caput* do artigo 40 que, ao impor limitação, não abre espaço para interpretação extensiva.

É princípio basilar de hermenêutica que a lei não contém palavras inúteis – *Verba cum effectu sunt accipienda* –, as palavras têm efeito. Ou no dizer de Carlos Maxiliano, "Prefira-se a inteligência dos textos que torne viável o seu objetivo, ao invés da que os reduza à inutilidade". Ou seja, as disposições legais devem ser interpretadas de modo que não pareça haver palavras inúteis.

A Lei não contém palavras inúteis e, assim, não se pode pretender em relação à Constituição Federal. Porque a Lei não traz termos inúteis e porque não se pode ignorar diretriz traçada pela Constituição Federal, resta óbvio que a inobservância da forma exigível conduzirá à ineficácia qualquer preceito pertinente à matéria reservada. (TRF1, AG 34047 DF 2008.01.00.034047-4, Rel. Des. Federal Tourinho Neto, Terceira Turma, j. 09-09-2008 e DJF1 17-09-2008. No mesmo sentido: TST, RR 6931555620005095555 693155-56.2000.5.09.5555, Rel. Min. Alberto Luiz Bresciani de Fontan Pereira, Terceira Turma, j.0-03-008, DJ 04-04-2008).

Ao não conter palavras inúteis, a Constituição Federal não pode ser ignorada em suas diretrizes; a inobservância de suas normas, resta óbvio, conduzirá à ineficácia de qualquer preceito pertinente à matéria.

A premissa de que a lei não contém palavras inúteis deve ser adotada pelo intérprete e aplicador. Havendo regramento legal, é ele que deve ser aplicado. A Constituição não disciplina a sistemática do seu artigo 40, de forma diversa. O comando inserto no dispositivo é restritivo.

O ministro ou conselheiro, ao ser indicado para conselhos de contas ou tribunais judiciais, se não for servidor público efetivo, não pode se aposentar com as regras estatuídas pelo artigo 40 da CF/88. Como dito e comprovado, **vitaliciamento é forma qualificada de estabilização no serviço público e não se confunde com efetividade.**

Vejamos alguns exemplos coletados no Supremo Tribunal Federal: 1) a ministra Cármen Lúcia, na origem, é uma servidora pública efetiva, tendo em vista que, antes da nomeação para o cargo de ministra do STF, era procuradora do Estado de Minas Gerais.

O ministro Celso de Mello ingressou no Ministério Público do Estado de São Paulo em 1970, mediante concurso público de provas e títulos no qual foi classificado em primeiro lugar, permanecendo nessa instituição até 1989, quando foi nomeado para o Supremo Tribunal Federal. O ministro Roberto Barroso ingressou no serviço público como procurador do Estado do Rio de Janeiro. O ministro Gilmar Mendes foi procurador da República com atuação em processos do Supremo Tribunal Federal

–outubro de 1985 a março de 1988. O ministro Luiz Fux foi promotor de Justiça do Estado do Rio de Janeiro e juiz do Tribunal de Justiça do mesmo Estado. A ministra Rosa Weber ingressou nos quadros do serviço público como juíza substituta do TRT-4ª Região, após aprovação em concurso público de provas e títulos. O ministro professor Luiz Edson Fachin é titular de Direito Civil da Universidade Federal do Paraná (UFPR).

Todos eles, *in tese*, guardam o atributo da efetividade, não o perdendo pela nova nomeação. *In tese* porque, se antes da nomeação já haviam se desligado do serviço público, perderam o atributo, uma vez que, na hipótese, houve solução de continuidade. Ao reverso, se nunca se desligaram do serviço público, não houve solução de continuidade, levando consigo a efetividade. Deve haver, portanto, continuidade de permanência do vínculo da efetividade.

Assim é, por exemplo, o servidor que vai cumprir mandato eletivo. Ele não se desvincula do cargo de origem (desde que no período respectivo do mandato haja contribuições para o regime próprio). Ele não perde sua efetividade. Ele pode exercer mandatos sucessivos, até obtenção de tempo para aposentação. Isso em nome da democracia, que é o regime de governo adotado pelo Brasil.

Ao contrário do exposto, conselheiros dos Tribunais de Contas dos Estados (e Municípios, onde houver Cortes de Contas Municipais) são nomeados sem nunca terem tido vínculo efetivo com o serviço público, apenas por serem políticos ou parentes de políticos. Ganham vitaliciedade e, pela interpretação literal do artigo 73, § 3º da CF/88, são aposentados pelo regime próprio de previdência. Várias leis estaduais preveem que são eles segurados do sistema, em total afronta, s.m.j., à Constituição Federal.

A prática de nomear conselheiros dos Tribunais de Contas pelo simples critério do nepotismo e do favoritismo é uma triste realidade brasileira. A Constituição Federal de 1988 não é vermelha, azul, laranja, roxa, preta, branca, etc. Ela é verde-amarela. E, por assim estar vestida, os preceitos contidos em seus artigos 37, II e *caput* do artigo 40 não devem ser afastados, não devem ser pintados por outras cores que não o verde-amarelo.

É muita injustiça para o servidor público efetivo, que se submeteu a um concurso público, ter que suportar o déficit da previdência pública, quando sabemos que várias pessoas, com altos proventos, não poderiam sequer ter sido aposentadas pelo regime próprio.

É muita injustiça mais de 3.500 Municípios brasileiros não terem implementado seus regimes próprios, deixando seus servidores, abarcados pelo *caput* do artigo 40 da CF/88, aposentarem-se pelo regime geral.

Mais uma vez nos posicionamos pela instituição da previdência pública única e universal para todos os servidores públicos efetivos, de forma a corrigir injustiças praticadas pelo Brasil afora.

PARTE II

PLANOS PREVIDENCIÁRIOS

A corrupção prejudica a capacidade das nações de prosperar e de crescer. Esse quadro de anomalia revela as gravíssimas consequências que derivam dessa aliança profana entre corruptos e corruptores. O fato é um só: quem tem o poder e a força do Estado em suas mãos não tem o direito de exercer, em seu próprio benefício, a autoridade que lhe é conferida pela República.

Ministro Celso de Mello

CAPÍTULO 4 ▶ PLANO DE CUSTEIO

> Acho que os anos
> Irão se passar
> Com aquela certeza
> Que teremos no olho
> Novamente a ideia
> De sairmos do poço
> Da garganta do fosso
> Na voz de um cantador...
> **A Terceira Lâmina, Zé Ramalho**

4.1. INTRODUÇÃO

Historicamente podemos afirmar que a concessão de aposentadorias do servidor público, até a edição da EC n. 20/98, sempre foi assumida pelo Estado como um item de despesa previsto no orçamento público. Não existia a obrigatoriedade de contribuição. Bastava o servidor ter vínculo com o Estado – relação pro labore–para ter direito à aposentação. Ou seja, passava da condição de servidor ativo para inativo, sem ter vertido qualquer contribuição para sua aposentadoria. A contraprestação cingia-se ao simples fato da relação jurídica entre o servidor e o Estado, que protegia sua incapacidade posterior ao trabalho. Além do mais, não havia limitador no que concerne à elegibilidade de segurados. Assim, servidores comissionados, temporários, estabilizados anômalos (que cumprissem determinado tempo) eram agraciados com aposentadorias pagas pelo Estado.

E ainda, muitas vezes, o servidor recebia um plus pela passagem à condição de inativo, além de lhe ser garantida a integralidade da remuneração, bem como paridade com os servidores da ativa.

Conforme Gilberto Guerzoni, "a aposentadoria do servidor ter-se-ia caracterizado, em termos jurídicos, como pro labore facto, isto é, seria vista como uma extensão do fato de trabalharem para o serviço público e não porque contribuíram para tal"[1]. A situação, assim, seria estatutária e não contributiva. Neste aspecto, pode-se afirmar que o problema gerado era orçamentário, advindo de uma despesa pública. Não existia, no termo correto, um sistema de financiamento. Os benefícios eram custeados diretamente através de recursos orçamentários e não de contribuições previdenciárias. Não existia nem mesmo uma separação de contas, ou seja, a conta era única para saúde, educação, previdência, assistência, etc.

Era pois a nítida visão do Estado-protetor, o *Welfare State*, o Estado-providência, que não se sustentou ao longo do tempo. Relembrando, as políticas públicas protetivas, iniciadas ainda na Idade Média, eram voltadas para cobrir eventos de invalidez, morte, infortúnios. O Estado passou a ser o único responsável, numa época em que não se tinha ideia de financiamento, a não ser com recursos do Poder Público.

No Brasil, ser servidor público passou a ser um privilégio, antes de ser um mister, um múnus público. A tratativa do Estado com o servidor público era ainda mais gravosa na medida em que não era exigido concurso público para ingresso nos quadros da Administração Pública. A época de favoritismos (que hoje está mais vertente do que nunca) foi (é) responsável pela troca de favores, colocando-se no serviço público pessoas que de certa forma eram ligadas ao governante, quer seja por relação de parentesco, amizade ou indicação política. A institucionalização do concurso público foi um grande avanço, mas tem sido mitigada pela quantidade de cargos comissionados.

Durante muito tempo a relação *pro labore* foi a responsável pela concessão de benefícios previdenciários, como dito, sem outra contraprestação por parte do servidor que não a de ter vínculo laboral com a Administração Pública. Como recursos financeiros não nascem em árvores, o Poder Público se viu mergulhado em crise fiscal, que demandava mudanças drásticas no sistema, com responsabilidade financeira-econômica-orçamentária.

---

[1] GUERSONI, Gilberto. A Previdência dos Servidores Públicos: A Questão Contributiva e os Institutos e Fundos de Pensão. Coleção Debates. São Paulo: Fundação Konrad Adenauer, 1999. p. 59.

Com a necessidade premente de mudanças, situação normativa passou a ser diferente com a edição da Lei n. 9.717/98, que disciplinou os planos de custeio. Com a novel lei, o plano de custeio passou a ser um programa de arrecadação dos recursos previdenciários, em conta distinta da do tesouro e com a exigência de que esses recursos somente sejam utilizados para pagamento de benefícios previdenciários. A lei ainda determinou que se acaso fossem detectadas insuficiências financeiras, estas seriam custeadas pelo Tesouro. Assim, o Tesouro ficou com a obrigatoriedade de cobrir as insuficiências financeiras dos fundos e não dos pagamentos dos benefícios em si mesmo. Com isso, a previdência do servidor público foi separada da assistência e da saúde, estas últimas a serem custeadas diretamente com recursos do Tesouro.

Para entender as mudanças de um plano de custeio, deve-se ter em mente que as demandas da sociedade moderna (o público prevalecendo sobre o privado) têm gerado aumentos de despesas, muitas vezes insuportáveis aos cofres públicos, gerando déficits astronômicos. A saída imediatista encontrada pela maioria dos governos é simplesmente o aumento de alíquotas de tributos, aí inclusos a contribuição previdenciária.

Hodiernamente, vários Estados têm alíquotas superiores aos 11% instituídos pela União, a exemplo de Pernambuco e Rio Grande do Sul. Entretanto, aumentos de tributos não são bem quistos pela sociedade, que passa, de uma maneira ou de outra (ex., greves, paralisações, manifestações) a repudiá-los. Daí a importância de construir um plano de custeio de forma sustentável em longo tempo.

Feitas essas observações preliminares, podemos conceituar Plano de Custeio como o plano que gere os recursos financeiros de um fundo de previdência, quer seja financeiro, quer seja capitalizado. Nesta premissa, destaque-se que o Plano de Custeio da Previdência Complementar, quando instituída, é desvinculado do plano de previdência de um regime próprio, que é um plano único em si mesmo.

É o Plano de Custeio que define o ingresso de receitas, as alíquotas de contribuição (servidor e patronal), a base de cálculo das alíquotas, o regime financeiro e os fundos que o integram. É ainda responsável pela definição das pessoas que ficarão obrigadas a efetuar o recolhimento das contribuições (segurados e patrocinadores).

O caráter contributivo do Plano de Custeio foi inserido no corpo da CF/88, pela EC n. 20/98, e significa que o servidor deve contribuir para fazer jus a sua aposentadoria e para garantia do equilíbrio financeiro e atuarial (relação matemática entre o que se arrecada – contribuições e o que se paga – benefícios). A base de cálculo da contribuição previdenciária está, pois, relacionada ao financiamento do sistema.

Na relação jurídica contributiva, ou o contribuinte (segurado) ao longo de seu período laboral vai constituindo reservas matemáticas para garantir sua aposentadoria no futuro (e, via de regra, as pensões decorrentes) ou contribui diretamente para pagamento das aposentadorias que estão sendo pagas.

Destaque-se que, nessa linha de ilação, o regime contributivo deve ser observado não apenas em prol do Fisco, mas também a favor do segurado, que tem o direito de ter o valor do seu benefício relacionado às contribuições vertidas ao sistema.

4.2. CONTRIBUIÇÕES PREVIDENCIÁRIAS

4.2.1. Conceito de contribuição previdenciária

Contribuição previdenciária é espécie do gênero contribuição social, que é a transferência patrimonial compulsória em favor do Estado. No caso das contribuições previdenciárias, que são vertidas aos fundos previdenciários, o servidor ativo e inativo e os pensionistas são compelidos a entregar parte do seu patrimônio (remuneração, subsídio, proventos e pensões) para financiamento do sistema de previdência.

Também se obrigam ao recolhimento todos os Poderes e órgãos envolvidos: Executivo, Legislativo, Judiciário, Ministério Público, Tribunal de Contas e Defensoria Pública. O não recolhimento das contribuições caracteriza crime de sonegação fiscal e o não repasse das contribuições recolhidas à unidade gestora única caracteriza crime de apropriação indébita, como veremos esmiuçadamente em capítulo próprio.

Conquanto as contribuições para os regimes próprios de previdência social (RPPS) e para o regime geral de previdência social (RGPS) são compulsórias, o mesmo não se pode dizer das contribuições para a previdência complementar, uma vez que sua filiação é facultativa (como textualmente diz a CF/88).

Desta forma, sendo a filiação aos RPPS e ao RGPS de natureza compulsória, e divergências doutrinarias à parte, as contribuições sociais vertidas para os aludidos regimes têm natureza jurídica tributária. No caso do sistema previdenciário público, o parágrafo 1º do artigo 149 da Constituição Republicana de 1988, na redação dada pela EC n. 41/03, assim disciplina:

Art. 149....

§ 1º Os Estados, o Distrito Federal e os Municípios instituirão contribuição, cobrada de seus servidores, para o custeio, em benefício destes, do regime previdenciário de que trata o art. 40, cuja alíquota não será inferior à da contribuição dos servidores titulares de cargos efetivos da União.

Há necessidade de lei complementar para instituir a contribuição previdenciária a ser cobrada dos servidores? O Supremo Tribunal Federal fixou entendimento no sentido da dispensabilidade de lei complementar para a criação das contribuições de intervenção no domínio econômico e de interesse das categorias profissionais.

(STF, AI 739.715-AgR, Rel. Min. Eros Grau, julgamento em 26-5-2009, Segunda Turma, *DJE* de 19-6-2009).

Contudo, o STF adotou entendimento no sentido de que nova fonte de custeio somente poderá ser instituída por lei complementar, com base no art. 195, § 4º – com a remissão feita ao art. 154, I, da Constituição. (STF, RE 595838/SP, Rel. Min. Dias Toffoli, Tribunal Pleno, j. 23-04-2014 e DJe 08-10-2014).

Como as contribuições sociais são modalidades de tributo que não se enquadram na de imposto, por isso não estão abrangidas pela limitação constitucional inserta no art. 155, § 3, da Constituição Federal. (STF, AIAgR/ AP 174540, Rel. Min. Maurício Côrrea, DJ, 26-4-1996).

De natureza tributária, **as contribuições previdenciárias se submetem ao regime jurídico-tributário previsto na Constituição**. O STF reiteradamente reconhece a natureza tributária das contribuições previdenciárias. Neste sentido: RE 138284/CE (Pleno, Rel. Min. Carlos Velloso, j. 01/07/1992, *DJ* 28/08/1992, p. 13456), RE 556664/RS (Pleno, Rel. Min. Gilmar Mendes, j. 12/06/2008, *DJe* 13/11/2008), AI 650.107 (Rel. Min. Celso de Mello, julgamento em 26-8-2008, Segunda Turma, *DJE* de 3-10-2008) e RE 565.498-AgR (Rel. Min. Cezar Peluso, julgamento em 6-10-2009, Segunda Turma, *DJE* de 27-11-2009).

E como são tributos com finalidade vinculada (pagamento de benefícios), as contribuições previdenciárias caracterizam-se pela correspondente finalidade e não pela simples destinação. Neste sentido, uma vez recolhidas as contribuições previdenciárias, sua destinação é específica: financiar os fundos previdenciários para consequente pagamento dos benefícios. A atuação do Poder Público, assim, está diretamente vinculada ao segurado.

Como o direito tributário é orientado pelo princípio da legalidade, a instituição de contribuição deve dar-se por meio de lei, bem como sua majoração. Neste diapasão, as condições estabelecidas no artigo 150, I, da CF/8, que proíbe expressamente à União, aos Estados, ao Distrito Federal e aos Municípios *exigir ou aumentar tributo sem lei que o estabeleça*.

No Brasil, desde a Constituição de 1891, não se pode cobrar do contribuinte um tributo que não tenha sido instituído por lei, da mesma forma, nem a majoração de sua alíquota.

Às contribuições previdenciárias também se aplica o princípio da anterioridade nonagesimal, conforme estatuído no artigo 150, I, "c" da Constituição Federal: "antes de decorridos noventa dias da data em que haja sido publicada a lei que os instituiu ou aumentou, observado o disposto na alínea b." Desta forma, uma lei que preveja a instituição ou majoração de uma contribuição previdenciária somente pode ter vigência a partir de 90 dias de sua publicação, o chamado prazo nonagesimal.

Com a edição da Súmula Vinculante n. 8, o Supremo Tribunal Federal entendeu que "são inconstitucionais o parágrafo único do artigo 5º do Decreto-Lei n. 1.569/1977 e os artigos 45 e 46 da Lei n. 8.212/1991, que tratam da prescrição e decadência do crédito tributário."

Referidos dispositivos previam prazos decadencial e prescricional de dez anos para as contribuições devidas à seguridade social. O fundamento da decisão foi que lei ordinária não pode dispor sobre prazos de decadência e prescrição de tributo, questões reservadas à lei complementar (art. 146, III, "b", da Constituição Federal):

> As normas relativas à prescrição e à decadência tributárias têm natureza de normas gerais de direito tributário, cuja disciplina é reservada a lei complementar, tanto sob a Constituição pretérita (art. 18, § 1º, da CF de 1967/69) quanto sob a Constituição atual (art. 146, b, III, da CF de 1988). Interpretação que preserva a força normativa da Constituição, que prevê disciplina homogênea, em âmbito nacional, da prescrição, decadência, obrigação e crédito tributários. (...) O Código Tributário Nacional (Lei 5.172/1966), promulgado como lei ordinária e recebido como lei complementar pelas Constituições de 1967/69 e 1988, disciplina a prescrição e a decadência tributárias. (STF, RE 556664, Relator Ministro Gilmar Mendes, Tribunal Pleno, julgamento em 12.6.2008, *DJe* de 14.11.2008).

Em assim sendo, para a decadência do direito à constituição dos créditos tributários, inclusive das contribuições previdenciárias, o prazo é de cinco anos, a teor dos arts. 150, § 4º e 173, I, ambos da Lei n. 5.172, de 25 de outubro de 1966 (Código Tributário Nacional), recepcionada pela CF/88 como lei complementar. A Fazenda Pública, assim, fica impedida de exigir as contribuições fora dos prazos de decadência e prescrição previstos no CTN.

O regime de arrecadação de contribuições deve observar o disposto no artigo 149, § 1º da CF/88:

> Art. 149...
> § 1º Os Estados, o Distrito Federal e os Municípios instituirão contribuição, cobrada de seus servidores, para o custeio, em benefício destes, do regime previdenciário de que trata o art. 40, cuja alíquota não será inferior à da contribuição dos servidores titulares de cargos efetivos da União. (Redação dada pela Emenda Constitucional n. 41, 19.12.2003).

No que diz respeito ao valor das alíquotas da contribuição social cobrada dos servidores ativos e inativos e pensionistas, temos que a mesma não poderá ser inferior à alíquota de contribuição determinada para a União, conforme ratificado pelo art. 2º da Lei n. 9.717/98, na redação dada pela Lei n. 10.887/04:

> Art. 2º A contribuição da União, dos Estados, do Distrito Federal e dos Municípios, incluídas suas autarquias e fundações, aos regimes próprios de previdência social a que estejam vinculados seus servidores não poderá ser inferior ao valor da contribuição do servidor ativo, nem superior ao dobro desta contribuição.

Hoje a alíquota cobrada dos servidores da União é de 11%. A maioria dos Estados mantém esse valor, no entanto, alguns Estados (v. g., Rio Grande do Sul e Pernambuco) têm alíquotas diferenciadas, superiores à alíquota instituída pela União.

Os valores relativos à contribuição previdenciária decorrem de lei, incidindo no momento do pagamento, sobre o valor da RPV/do precatório, pois o fato gerador é o efetivo recebimento dos valores. Em relação aos inativos e pensionistas, o desconto sobre o salário de contribuição incidirá sobre o que exceder ao limite máximo estabelecido para os benefícios do Regime Geral de Previdência Social (RGPS), conforme expressamente previsto no § 18 do artigo 40 da CF/88 ou quando for o caso de o servidor inativo ou pensionista ser portador de doença incapacitante prevista em lei, o valor a incidir a contribuição previdenciária será o que suplantar o dobro do limite máximo do RGPS, nos termos indicados pelo § 21 do artigo 40 da CF/88.

No tocante à contribuição previdenciária, o cálculo deve observar as diferentes alíquotas vigentes no período abrangido, calculando-se mês a mês se necessário. (TJ RS, AI 70057286874, Vigésima Quinta Câmara Cível, Rel. Angela Maria Silveira, j. 25/03/2014).

De acordo com a Súmula 688 do STF, "é legítima a incidência da contribuição previdenciária sobre o 13º salário."

Por outro lado, há impossibilidade da incidência de contribuição previdenciária sobre o terço constitucional de férias. A jurisprudência do STF firmou-se no sentido de que "somente as parcelas que podem ser incorporadas à remuneração do servidor para fins de aposentadoria podem sofrer a incidência da contribuição previdenciária." (STF, AI 710.361-AgR, Rel. Min. Cármen Lúcia, julgamento em 7-4-2009, Primeira Turma, DJE de 8-5-2009. No mesmo sentido: STF, AI, Rel. Min. Ricardo Lewandowski, julgamento em 26-5-2009, Primeira Turma, DJE de 11-9-2009. No mesmo sentido: STF, RE 467.624-AgR, Rel. Min. Cármen Lúcia, julgamento em 26-5-2009, Primeira Turma, DJE de 1º-7-2009).

É constitucional a cobrança anterior ao advento da EC 20/1998, de contribuição previdenciária sobre os proventos de inativos e pensionistas, conforme jurisprudência firmada neste STF, restringindo-se a devolução das parcelas indevidamente descontadas ao período posterior ao da referida emenda. Essa orientação aplica-se até o advento da EC 41/2003, cujo artigo 4º foi declarado constitucional pela Corte de Justiça, no julgamento das ADIs 3.105 e 3.128. (STF, AI 283.491-AgR-ED, Rel. p/ o Ac. Min. Joaquim Barbosa, julgamento em 14-3-2006, Segunda Turma, DJE de 29-5-2009. No mesmo sentido: STF, AI 534.184-AgR, Rel. Min. Ayres Britto, julgamento em 13-12-2011, Segunda turma Turma, DJE de 17-2-2012; STF, RE 580.871-QO-RG, Rel. Min. Gilmar Mendes, julgamento em 17-11-2010, Plenário, DJE de 13-12-2010, com repercussão geral.)

A base de cálculo sobre a qual incidirão os descontos previdenciários e o imposto de renda é a remuneração/ subsídios/proventos/pensões ou outras espécies remuneratórias dos servidores públicos (valor bruto) fixada após a definição do valor a ser recebido por força da observância do teto/subteto constitucional, definidos em lei. (STF, RE 675.978, voto da Rel. Min. Cármen Lúcia, julgamento em 15-4-2015, Plenário, DJE de 29-6-2015, com repercussão geral). Neste sentido, primeiramente define-se o valor bruto que o servidor ativo e inativo ou pensionista irá efetivamente receber após o corte do limite imposto pelo artigo 37, XI da CF/88. O valor obtido após o corte é que servirá de base para o cálculo das contribuições previdenciárias. E assim o é porque deve ser levado em consideração o ganho efetivamente auferido e não o que poderia ser auferido.

Há ainda que se destacar que a contribuição previdenciária patronal não se confunde com a quota suplementar paga pelo ente a título de dar cobertura às insuficiências financeiras apresentadas pelo plano de custeio. Ambas são fontes de custeio, todavia com características próprias. A contribuição previdenciária (segurado e patronal) é matéria de natureza tributária. Já o aporte necessário à amortização do déficit apresentado pelo plano tem natureza financeira, uma vez que é transferência de recursos.

4.2.2. Art. 40, §§ 18 e 21 da CRFB/88: imunidade ou isenção?

A diferença entre imunidade e isenção é clara. A imunidade é uma limitação constitucional ao poder tributar, tem previsão na própria Constitucional Federal, ao passo que a isenção opera no âmbito do exercício da competência legiferante, ou seja, tem previsão em lei – matéria de ordem infraconstitucional.

Nesta linha elucubrativa, a previsão contida nos §§ 18 e 21 do art. 40, da CF/88, é imunidade ao poder de tributar. Eis os dispositivos constitucionais citados:

> Art. 40. Aos servidores titulares de cargos efetivos da União, dos Estados, do Distrito Federal e dos Municípios, incluídas suas autarquias e fundações, é assegurado regime de previdência de caráter contributivo e solidário, mediante contribuição do respectivo ente público, dos servidores ativos e inativos e dos pensionistas, observados critérios que preservem o equilíbrio financeiro e atuarial e o disposto neste artigo. (Redação dada pela Emenda Constitucional n. 41, 19.12.2003)
>
> [...]
>
> § 18. Incidirá contribuição sobre os proventos de aposentadorias e pensões concedidas pelo regime de que trata este artigo que superem o limite máximo estabelecido para os benefícios do regime geral de previdência social de que trata o art. 201, com percentual igual ao estabelecido para os servidores titulares de cargos efetivos. (Incluído pela Emenda Constitucional n. 41, 19.12.2003).
>
> [...]
>
> § 21. A contribuição prevista no § 18 deste artigo incidirá apenas sobre as parcelas de proventos de aposentadoria e de pensão que superem o dobro do limite máximo estabelecido para os benefícios do regime geral de previdência social de que trata o art. 201 desta Constituição, quando o beneficiário, na forma da lei, for portador de doença incapacitante. (Incluído pela Emenda Constitucional n. 47, de 2005. (Sem grifos no original).

No entanto, é a lei do próprio ente federativo que institui o regime próprio de previdência e define as alíquotas de contribuição. Neste sentido, vale trazer à baila o disposto no art. 195, I, a, da Magna Carta:

Art. 195. A seguridade social será financiada por toda a sociedade, de forma direta e indireta, **nos termos da lei**, mediante recursos provenientes dos orçamentos da União, dos Estados, do Distrito Federal e dos Municípios, e das seguintes contribuições sociais:

I - do empregador, da empresa e da entidade a ela equiparada na forma da lei, incidentes sobre: (Redação dada pela Emenda Constitucional n. 20, de 1998)

a) a folha de salários e demais rendimentos do trabalho pagos ou creditados, a qualquer título, à pessoa física que lhe preste serviço, mesmo sem vínculo empregatício; (Incluído pela Emenda Constitucional n. 20, de 1998).

Também vale colacionar o art. 1º, II c/c art. 3ª da Lei 9.717/98:

Art. 1º Os regimes próprios de previdência social dos servidores públicos da União, dos Estados, do Distrito Federal e dos Municípios, dos militares dos Estados e do Distrito Federal deverão ser organizados, baseados em normas gerais de contabilidade e atuária, de modo a garantir o seu equilíbrio financeiro e atuarial, observados os seguintes critérios:

II - financiamento mediante recursos provenientes da União, dos Estados, do Distrito Federal e dos Municípios e das contribuições do pessoal civil e militar, ativo, inativo e dos pensionistas, para os seus respectivos regimes;

[...]

Art. 3º As alíquotas de contribuição dos servidores ativos dos Estados, do Distrito Federal e dos Municípios para os respectivos regimes próprios de previdência social não serão inferiores às dos servidores titulares de cargos efetivos da União, devendo ainda ser observadas, no caso das contribuições sobre os proventos dos inativos e sobre as pensões, as mesmas alíquotas aplicadas às remunerações dos servidores em atividade do respectivo ente estatal. (Redação dada pela Lei n. 10.887, de 2004)

Como é a própria lei do ente federativo que institui a exação – cobrança da contribuição –, quando se cuida de Regime Próprio de Previdência, entendemos como correto o posicionamento adotado pelo Supremo Tribunal Federal, que entende ser caso de isenção, e não de imunidade tributária, quando se trata da não incidência de contribuição. Neste diapasão, vale trazer à baila entendimento do Pretório Excelso:

"AGRAVO REGIMENTAL NO AGRAVO DE INSTRUMENTO. ADMINISTRATIVO. SERVIDORES PÚBLICOS ESTADUAIS. CONTRIBUIÇÃO PREVIDENCIÁRIA INSTITUÍDA PELA LEI COMPLEMENTAR 954/2003 DO Estado DE SÃO PAULO. MATÉRIA REGULADA POR LEGISLAÇÃO INFRACONSTITUCIONAL LOCAL. SÚMULA 280 DO STF. DECISÃO QUE SE MANTÉM POR SEUS PRÓPRIOS FUNDAMENTOS. 1. O acórdão recorrido resolveu a controvérsia com fundamento na legislação infraconstitucional local (Lei Complementar Estadual 954/2003). Súmula 280 do STF, verbis: Por ofensa a direito local não cabe recurso extraordinário. Precedentes: AI 661.559-AgR, Rel. Min. Cármen Lúcia, DJe 03.04.2009; AI 669.223-AgR, Rel. Min. Ellen Gracie, 2ª Turma, DJe 21.08.2009; RE 629.780, Relatora Min. Cármen Lúcia, Primeira Turma, Dje de 02.12.2010. 2. A verificação, em cada caso concreto, da ocorrência, ou não, de violação do direito adquirido, do ato jurídico perfeito e da coisa julgada não desafia a instância extraordinária, visto situar-se no âmbito infraconstitucional. Precedentes: AI n. 135.632-AgR, Relator o Ministro CELSO DE MELLO, 1ª Turma, DJ de 03/09/99 e AI n. 551.002-AgR, Relator o Ministro CARLOS VELLOSO, 2ª Turma, DJ de 16.12.05. 3. In casu, o acórdão recorrido assentou: Mandado de segurança impetrado por servidores aposentados, postulando a cessação do desconto mensal sobre seus proventos da contribuição previdenciária de 11%, efetuada por força da Lei Complementar n. 954/2003. Contribuição previdenciária. Lei Complementar n. 954/2003. Legalidade do desconto reconhecida pelo Egrégio Supremo Tribunal Federal quando do julgamento das ações diretas de inconstitucionalidade n. 3105. Exegese do artigo 28, parágrafo único, da Lei n. 9.868/99 (LADIN). Manutenção da sentença nesse ponto. Apelação da Fazenda do Estado de São Paulo desconexa com a R. Sentença apelada. Não conhecimento do recurso. Limites de isenção da contribuição previdenciária corrigidos pelo MM. Juízo a quo– Sentença *extra petita* – Redução aos termos do pedido, com anulação da parte em que proferida decisão extra petita –Recurso oficial provido. Nega-se provimento ao recurso dos impetrantes, não se conhece do recurso da Fazenda do Estado de São Paulo e dá-se provimento ao recurso oficial 4. Agravo regimental a que se NEGA PROVIMENTO. (STF, AI 789139 AgR/SP, Relator o Ministro Luiz Fux, julgado pela Primeira Turma em 11.12.2012 e DJe de 07.02.2013). (Os grifos são nossos)".

A EC n. 20/98 tratou da isenção de contribuição previdenciária, em seu art. 3º, § 1º, com a seguinte redação:

Art. 3º - É assegurada a concessão de aposentadoria e pensão, a qualquer tempo, aos servidores públicos e aos segurados do regime geral de previdência social, bem como aos seus dependentes, que, até a data da publicação desta Emenda, tenham cumprido os requisitos para a obtenção destes benefícios, com base nos critérios da legislação então vigente.

§ 1º - **O servidor de que trata este artigo, que tenha completado as exigências para aposentadoria integral e que opte por permanecer em atividade fará jus à isenção da contribuição previdenciária até completar as exigências para aposentadoria contidas no art. 40, § 1º, III, "a", da Constituição Federal.** (Grifamos).

E a par da norma constitucional instituidora da isenção, assim se pronunciou o Superior Tribunal de Justiça, conforme verfica-se no seguinte excerto:

"PROCESSUAL CIVIL. TRIBUTÁRIO. AGRAVO REGIMENTAL NO AGRAVO DE INSTRUMENTO. CONTRIBUIÇÃO PREVIDENCIÁRIA. SERVIDOR PÚBLICO. ISENÇÃO. PERMANÊNCIA NA ATIVIDADE APÓS IMPLEMENTAÇÃO DOS REQUISITOS PARA APOSENTADORIA. REVISÃO. SÚMULA 7/STJ.

1. Caso em que a Corte de origem afirmou expressamente que a recorrida "[...] já em janeiro de 1999, preenchia os requisitos para a aposentadoria voluntária, mas continuou na atividade", motivo pelo qual reconheceu o direito à isenção das contribuições previdenciárias.

2. A desconstituição da conclusão do acórdão recorrido acerca da data a partir da qual a agravada teria direito à isenção pleiteada demanda o revolvimento do conjunto fático probatório dos autos, o que é vedado a esta Corte, por força do disposto na Súmula 7/STJ.

3. Agravo regimental não provido. (STJ, AgRg no Ag 1392551 / SC, Rel. Min. Benedito Gonçalves, Primeira Turma, julgado em 15/03/2012 e DJe 21/03/2012)".

Não é o simples fato de constar no texto constitucional a não incidência de contribuição previdenciária que determina ser caso de imunidade. Trata-se de verdadeira isenção, posto que o fato gerador é determinado pela própria lei do ente, como dito.

Relevante destacar que o Supremo Tribunal Federal definiu que, enquanto não editada a lei a que se refere o § 21 do art. 40 da CF/1988, vigem os diplomas estaduais que regem a matéria, que só serão suspensos se, e no que, forem contrários à lei complementar nacional (CF, art. 24, § 3º e § 4º). (STF, SS 3.679-AgR, Rel. Min. Gilmar Mendes, julgamento em 4-2-2010, Plenário, DJE de 26-2-2010).

4.2.3. Contribuição dos servidores cedidos, afastados ou licenciados

Uma das grandes dificuldades dos entes federativos que possuem RPPS diz respeito à contribuição dos servidores cedidos, licenciados e afastados do serviço público por motivos legalmente previstos, como no caso do afastamento para tratar de interesses particulares.

No entanto o Plenário do Supremo Tribunal Federal definiu que o servidor titular de cargo efetivo se vincula ao regime de previdência do órgão de origem quando cedido a órgão ou entidade de outro ente da federação. (STF, MS 27.215-AgR, Rel. Min. Luiz Fux, julgamento em 10-4-2014, Plenário, DJe de 5-5-2014).

Destarte, certas situações concretas não são de fácil deslinde. Como já mencionado, a relação jurídica do servidor para com o Estado a que estivesse vinculado, antes da edição da EC n. 20/98, era meramente estatutária e não contributiva. Com isso, os servidores em suspensão do exercício de seus cargos não contribuíam para o RPPS (nem mesmo para as pensões).

Quando em situação de afastamento, licença ou cedência, como por exemplo para o exercício de cargo em comissão, nem o ente federativo repassava sua parte patronal, nem fazia o recolhimento da parte do servidor. Desta forma, quando da aposentadoria, o período contributivo operava-se em claro. Entendemos, *data venia* em sentido contrário, que os períodos antes da edição da EC n. 20/98 e da edição da lei do ente devem ser computados como contributivos.

Ocorre que, nestes casos, não houve a perda da qualidade de segurado, ou seja, o servidor continuou vinculado ao RPPS de origem, mesmo que numa relação puramente *pro labore*. A perda da qualidade de segurado no RPPS/AL se dá: I) em face do óbito e II) pela perda da titularidade do cargo, mesmo na inatividade.

A intolerância à contagem de tempo de contribuição ficto, ou seja, sem o devido recolhimento das contribuições previdenciárias, foi uma novidade introduzida no mundo jurídico pela EC n. 20/98. Referida emenda *não criou a contribuição previdenciária*, mas passou a exigi-la para fins de contagem de tempo para aposentação.

O caráter contributivo e solidário, tal como determinado pela EC n. 20/1998 e Lei n. 9.717/1998, solidificou a base normativa para o cálculo do custo previdenciário, no que concerne à definição de servidor público como segurado obrigatório do sistema, o que possibilitaria, assim, a realização dos cálculos atuariais.

Neste contexto, a EC n. 20/1998 imprimiu caráter contributivo aos regimes próprios de previdência social, alterando substancialmente o conceito de previdência, como uma retribuição do Estado ao servidor que dedicou sua vida laborativa à administração pública, desde que contribuísse para o sistema. Alterou ainda o conceito de segurado, determinando que o sistema somente poderia abranger o servidor público efetivo.

Para melhor compreensão do tema, vale colacionar as explicações de José dos Santos Carvalho Filho, para quem:

Não há a menor dúvida de que os benefícios previdenciários são, como regra, caracterizados pela onerosidade, o que significa que sua concessão implica utilização de recursos públicos, normalmente vultosos em face do quantitativo de beneficiários. Sendo assim, é natural que tais benefícios devam refletir a contraprestação pelos valores que o servidor vai paulatinamente pagando a título de contribuição. Por essa razão, a Constituição foi bem clara ao estabelecer, para os servidores públicos, "regime de previdência de caráter contributivo", de forma a ser preservado o equilíbrio financeiro e atuarial, como consta do art. 40, *caput*, da CF, com a redução da EC n. 20/98[2].

Neste diapasão, a Nota Técnica n. 04/2012/CGNAL-CGACI/DRPSP/SPPS/MPS, exarada em 18 de dezembro de 2012, pela Secretaria de Políticas Previdenciárias, do MPS, assim nos esclarece:

"A base de cálculo é a grandeza econômica sobre a qual se aplica a alíquota para apuração de determinada quantia a pagar, cuja definição depende da edição de lei, em respeito ao princípio da legalidade.

No que se refere à contribuição devida aos RPPS, cujo fundamento é o princípio do caráter contributivo e solidário, encontrado no *caput* do art. 40 da Constituição Federal, a Portaria MPS n. 402/2008 estabelece em seu art. 4º, *caput* que:

"A lei do ente federativo definirá as parcelas que comporão a base de cálculo da contribuição."

Portanto, **compete ao ente federativo definir em lei própria a base de cálculo da contribuição previdenciária destinada ao seu RPPS, sobre a qual deverão incidir as alíquotas de contribuição.**" (Os grifos são nossos).

Para corroborar, trazemos à colação recente entendimento do Superior Tribunal de Justiça, firmado no AgRg no REsp 1392368/ES, com o seguinte excerto:

"ADMINISTRATIVO E PROCESSUAL CIVIL. AGRAVO REGIMENTAL NO RECURSO ESPECIAL. SERVIDOR PÚBLICO ESTADUAL.

---

(2) CARVALHO FILHO, José dos Santos. Manual de direito administrativo. 22. ed., Rio de Janeiro: Lumen Juris, 2009.

REGIME PRÓPRIO DE PREVIDÊNCIA DE Estado DA FEDERAÇÃO. INSTITUTO DE PREVIDÊNCIA DOS SERVIDORES DO ESTADO DO ESPÍRITO SANTO – IPAJM. ART. 4º, § 1º, DA LEI 10.887/2004. INAPLICABILIDADE.

1. A contribuição previdenciária para o custeio do regime próprio de previdência dos servidores públicos do Estado do Espírito Santo bem como sua respectiva base de cálculo **são definidas pela legislação estadual** (LCs 282/2004 e 46/94). Inaplicabilidade, neste ponto, da Lei Federal n. 10.887/2004, que trata especificamente dos servidores da União, de suas autarquias e fundações. Incidência da Súmula 280/STF (v.g. AgRg no REsp 1383837/ES, Rel. Ministra Assusete Magalhães, Segunda Turma, DJe 24/06/2014, dentre outros).

2. Agravo regimental não provido. (STJ, REsp 1392368/ES, Rel. Min. Benedito Gonçalves, Primeira Turma, julgamento 23/09/2014 e DJe de 01/10/2014)".

Desta forma, o caráter contributivo, de *per si*, não pode ser considerado a partir da EC n. 20/1998 uma vez que a mesma não definiu para todos os entes federados, a alíquota de contribuição. É a lei do ente que define a alíquota e a base de cálculo. Para ilustrar, de bom alvitre colacionar o artigo 3º, I, II e III c/c *caput* do art. 4º da Portaria n. 402, de 10 de dezembro de 2008, do Ministério da Previdência Social:

Art. 3º Os RPPS terão caráter contributivo e solidário, mediante contribuição do ente federativo, dos servidores ativos, inativos e pensionistas, observando-se que:

I - a alíquota de contribuição dos segurados ativos destinada ao RPPS não poderá ser inferior à dos servidores titulares de cargos efetivos da União;

II - as contribuições sobre os proventos de aposentadoria e sobre as pensões observarão a mesma alíquota aplicada ao servidor ativo do respectivo ente federativo e incidirá sobre a parcela dos proventos e pensões concedidas pelo RPPS que supere o limite máximo estabelecido para os benefícios do RGPS;

III - a contribuição do ente federativo não poderá ser inferior ao valor da contribuição do servidor ativo nem superior ao dobro desta, observado o cálculo atuarial inicial e as reavaliações atuariais anuais.

Art. 4º A lei do ente federativo definirá as parcelas que comporão a base de cálculo da contribuição. (Destaques nossos).

Saliente-se que, da leitura do *caput* do artigo 40, solidariedade significa a obrigatoriedade da contribuição previdenciária dos segurados, aliada à contribuição dos entes patronais.

No que concerne à análise do instituto da cessão, sem contraprestação de recolhimento e repasse de contribuição previdenciária, temos que muitos servidores cedidos eram filiados compulsoriamente ao RGPS ou outro RPPS, e supostamente poderiam obter uma CTC daqueles regimes de previdência, ou seja, o servidor poderia obter duas certidões referentes ao mesmo período. Por isso, normatizou-se o instituto da cessão, ficando o servidor público cedido obrigatoriamente filiado ao RPPS de origem. Tal previsão já constava da Orientação Normativa MPS/SPS n. 3, de 13 de agosto de 2004[3]. Vejamos:

Art. 13. O servidor público titular de cargo efetivo da União, Estados, Distrito Federal e Municípios filiado a regime próprio permanecerá vinculado ao regime previdenciário de origem nas seguintes situações:

I - quando cedido a órgão ou entidade da administração direta e indireta de outro ente federativo, com ou sem ônus para o cessionário;

II – quando licenciado, observando-se o disposto no art. 31;

III - durante o afastamento do cargo efetivo para o exercício de mandato eletivo; e

IV – durante o afastamento do país por cessão ou licenciamento com remuneração.

Parágrafo único. O segurado exercente de mandato de vereador que ocupe, concomitantemente, o cargo efetivo e o mandato filia-se ao regime próprio, pelo cargo efetivo, e ao RGPS, pelo mandato eletivo.

A entidade que fica obrigada a arcar com o ônus da cessão deve efetuar o repasse das contribuições ao RPPS de origem. Caso não efetue, deverá ser buscado o reembolso. A solução é ditada pelo art. 8º-A, da Lei Federal n. 10.887/2004, notadamente seu § 3º, incluído pela Lei n. 12.688, de 2012, com a seguinte redação:

Art. 8º-A. A responsabilidade pela retenção e recolhimento das contribuições de que tratam os arts. 4º a 6º e 8º será do dirigente e do ordenador de despesa do órgão ou entidade que efetuar o pagamento da remuneração ou do benefício. (Incluído pela Lei n. 12.350, de 2010)

§ 3º A não retenção das contribuições pelo órgão pagador sujeita o responsável às sanções penais e administrativas, **cabendo a esse órgão apurar os valores não retidos e proceder ao desconto na folha de pagamento do servidor ativo, do aposentado e do pensionista, em rubrica e classificação contábil específicas**, podendo essas contribuições ser parceladas na forma do art. 46 da Lei n. 8.112, de 11 de dezembro de 1990, observado o disposto no art. 56 da Lei nº 9.784, de 29 de janeiro de 1999. (Grifamos).

Entretanto não é correto ficar o interessado desamparado financeiramente, até que a situação seja regularizada com o órgão ou a entidade que deixou de recolher, inviabilizando sua aposentadoria. Ou seja, a aposentadoria deve ser concedida e, *pari passu*, a Unidade Gestora deve buscar os valores que não foram recolhidos e repassados. Para tal, devem ser observadas as disposições contidas na Nota Técnica CGNAL/DRPSP/SPS N. 01/2010[4].

No que concerne ao tempo de contribuição durante a licença ou o afastamento com prejuízo de vencimentos, temos que o recolhimento das contribuições é facultativo.

---

(3) As orientações normativas exaradas pelo Ministério da Previdência Social, através da Secretaria de Políticas Previdenciárias, também devem ser observadas levando-se em consideração a época em que estavam em vigência, de acordo com o brocardo jurídico Tempus Regit Actum. Neste sentido: EMENTA: EMBARGOS DE DECLARAÇÃO NO RECURSO EXTRAORDINÁRIO COM AGRAVO. EFEITOS INFRINGENTES. CONVERSÃO EM AGRAVO REGIMENTAL. PREVIDENCIÁRIO. SERVIDOR PÚBLICO. APOSENTADORIA. APLICAÇÃO DA LEI VIGENTE AO TEMPO EM QUE REUNIDAS AS CONDIÇÕES À OBTENÇÃO DO BENEFÍCIO. TEMPUS REGIT ACTUM.PRECEDENTES. AGRAVO REGIMENTAL AO QUAL SE NEGA PROVIMENTO. (STF, ARE 832443 ED / RN, Rel. Min. Cármen Lúcia, T2, j. 28-10-2014)

(4) Ministério da Previdência Social. Disponível em <http://www.previdencia.gov.br/arquivos/office/3_120604-175217-532.pdf>. Acesso em 26 de outubro de 2015.

Entretanto, se optar por fazer a contribuição, contando assim o tempo para a aposentadoria, deve fazer o recolhimento mensal referente tanto à sua própria contribuição (11%) quanto à do Estado (22%), que totalizam a alíquota de 33%, incidente sobre a remuneração total do cargo a que faz jus no exercício de suas atribuições, computando-se, para esse efeito, inclusive as vantagens pessoais, se for o caso.

Destarte, e de acordo com o artigo 35 da Orientação Normativa MPS/SPS n. 02/2009, o servidor afastado ou licenciado sem remuneração ou subsídio pelo ente federativo somente contará o respectivo tempo de afastamento ou licenciamento para fins de aposentadoria – mediante o recolhimento mensal das contribuições, conforme lei do respectivo ente e, na omissão da lei quanto ao ônus pelo recebimento da parcela do ente federativo, a responsabilidade continuará sendo do ente[5]. Neste sentido, assim se manifestou a Receita Federal do Brasil, na Solução de Consulta n. 13 – Cosit, em 8 de janeiro de 2014, com a seguinte ementa:

> ASSUNTO: CONTRIBUIÇÕES SOCIAIS PREVIDENCIÁRIAS. SERVIDOR PÚBLICO. UNIÃO. FUNDAÇÕES. AUTARQUIAS. SEGURIDADE SOCIAL. CONTRIBUIÇÃO. CPSS. ATRASO. LICENÇA. ASSUNTOS PARTICULARES. QUITAÇÃO. OPÇÃO. MORA. JUROS. MULTA.
>
> **O servidor público ocupante de cargo efetivo pode optar pela quitação de Contribuição para o Plano de Seguridade Social do Servidor (CPSS) em atraso, referente a período de apuração em que esteve licenciado para tratar de assuntos particulares,** calculada sobre a mesma base e no mesmo percentual devido pelos servidores ativos, desde que acresça, ao principal da dívida, juros de mora e multa de mora previstos para a cobrança e a execução de tributos federais. Nessas condições, a União e as suas autarquias e fundações estão autorizadas a recolher, sem acréscimos moratórios, a CPSS correspondente à quota patronal, até o décimo dia útil do mês posterior àquele em que o órgão ou entidade foi informado(a) do recolhimento mensal da CPSS, pelo servidor optante pela manutenção de seu vínculo ao Plano de Seguridade do Servidor Público (PSS). Dispositivos Legais: Lei n. 8.112, de 1990, art. 183; Lei n. 10.887, de 2004, art. 8º; IN RFB n. 1.332, de 2013, arts. 7º, 16 e 17. (Grifamos).

Com relação ao período de afastamento para cumprimento de mandato eletivo, o TCE/MG assim se manifestou em relação à Consulta n. 835.942, da lavra do Conselheiro Antônio Carlos Andrada:

> EMENTA: CONSULTA – CÂMARA MUNICIPAL – REGIME PREVIDENCIÁRIO – CONTRIBUIÇÃO SOCIAL – SERVIDOR EFETIVO – I. EXERCÍCIO DE MANDATO ELETIVO – AFASTAMENTO DO CARGO EFETIVO – CONTRIBUIÇÃO PARA O RPPS – SEGURADO NÃO OBRIGATÓRIO DO RGPS – II. EXERCÍCIO CONCOMITANTE DE CARGO EFETIVO E DE MANDATO ELETIVO – APLICABILIDADE DO ART. 13, § 1º, DA LEI N. 8.212/91 COM A REDAÇÃO DADA PELA LEI N. 9.876/99 – CONTRIBUIÇÃO PARA O RGPS E PARA O RPPS.
>
> 1. **O servidor público afastado do seu cargo efetivo para o exercício de mandato eletivo não é segurado obrigatório do regime geral de previdência, estando vinculado ao regime próprio de previdência; ele pode, todavia, optar pela contribuição ao regime geral como segurado facultativo.**
>
> 2. O exercício concomitante de cargo efetivo e de mandato de vereador determina a filiação do servidor público ao RPPS, em razão do cargo efetivo, e ao RGPS, em razão do mandato eletivo. (Os destaques são nossos).

Nesta hipótese, o servidor se mantém vinculado ao regime adotado para seu cargo de origem, para o qual as contribuições recolhidas devem ser direcionadas, consoante a Orientação Normativa MPS/SPS n. 02/2009 da Secretaria de Políticas de Previdência Social ligada ao Ministério da Previdência Social, *in verbis*:

> Art. 13. O servidor público titular de cargo efetivo da União, dos Estados, do Distrito Federal e dos Municípios, mantém o vínculo ao regime previdenciário adotado pelo ente do qual é servidor nas seguintes situações:
>
> I – quando cedido, com ou sem ônus para o cessionário, a órgão ou entidade da administração direta ou indireta de quaisquer dos entes federativos;
>
> II – quando licenciado;
>
> **III – durante o afastamento do cargo efetivo para o exercício de mandato eletivo em quaisquer dos entes federativos; e**
>
> § 1º O recolhimento das contribuições relativas aos servidores cedidos, afastados e licenciados observará ao disposto nos arts. 31 a 35.
>
> § 2º O segurado de RPPS, investido de mandato de Vereador, que exerça, concomitantemente, o cargo efetivo e o mandato filia-se ao RPPS, pelo cargo efetivo, e ao RGPS, pelo mandato eletivo. (Grifos nossos).

Tal conclusão, ademais, pode ser alcançada com base no artigo 38, V, da CF/88, que assim determina:

> Art. 38. Ao servidor público da administração direta, autárquica e fundacional, no exercício de mandato eletivo, aplicam-se as seguintes disposições:
>
> [...]
>
> **V – para efeito de benefício previdenciário, no caso de afastamento, os valores serão determinados como se no exercício estivesse.** (Grifamos).

Da leitura do dispositivo supramencionado, denota-se que o servidor público, em caso de afastamento para o exercício de mandato eletivo federal, estadual ou distrital, deve continuar contribuindo para o regime ao qual esteja vinculado por força do cargo efetivo, uma vez que o recolhimento se mantém "como se no exercício estivesse." Ou seja: I) o servidor público que se afasta do seu cargo efetivo para exercer mandato eletivo deve contribuir somente para o regime próprio, como se em exercício estivesse, não sendo segurado obrigatório do regime geral de previdência; e II) o servidor público, investido de mandato de vereador, que exerça concomitantemente o cargo efetivo e o mandato filia-se ao RPPS, pelo cargo efetivo, e ao RGPS, pelo mandato eletivo.

---

[5] Cf. Acórdão n. 347/11 - Tribunal Pleno, TCE/PR, Processo n. 211329/10.

Ante o exposto, entendemos que todo o período em que não houve contribuição pode ser contado como tempo contributivo, levando-se em consideração que: a) os períodos antes da edição da EC n. 20/1998 devem ser computados, sem qualquer questionamento, desde que o servidor mantenha vínculo com o ente federativo respectivo; b) o período compreendido entre a EC n. 20/1998 e a EC n. 41/2003 deve ser computado sem ter havido contraprestação, até a edição da lei do ente instituidora da alíquota de contribuição; b) os períodos após a lei instituidora podem ser computados, todavia observando-se: 1) que sejam buscados os valores repassados a outro regime previdenciário, uma vez que a operação financeira que deixou de ser realizada deve ser efetuada, nos termos ditados pelo art. 8º-A, da LF n.10.887/2004; e 2) caso não tenha havido recolhimento e repasse a nenhum regime, o interessado poderá fazê-lo, com descontos diretos em seus proventos, podendo acionar o ente pela parte patronal que deixou de ser repassada.

Para melhor fundamentar as conclusões, servimo-nos das disposições contidas nos §§ 2º e 3º do artigo 11 da Portaria MPS/2008:

Art. 11......

[...]

§ 2º O tempo de serviço considerado para efeito de aposentadoria por lei e cumprido até 16 de dezembro de 1998 será contado como tempo de contribuição.

§ 3º Poderão constar na CTC os períodos de filiação a RPPS posteriores a 16 de dezembro de 1998 em que tenha havido a prestação de serviço sem ocorrência de contribuição por falta de alíquota de contribuição instituída pelo ente.

Desta forma, em todas as situações, deve ser garantido o direito à aposentação, quer seja compulsória, por invalidez ou por voluntariedade do próprio servidor, desde que atendidos os requisitos apontados. Tendo em vista a competência concorrente em matéria previdenciária estabelecida pelo inc. XII do art. 24 da CF/88, deve-se buscar meios legais, valendo-se da hermenêutica, no sentido de não se prejudicar servidores que não concorreram para o erro perpetrado pela própria Administração Pública do qual eram vinculados. Não pode ter guarita o pensar diferente, uma vez que se cuida de proteção a ser exercida pelo Estado aos seus servidores, a uma aposentadoria certa.

Para orientar sobre o conteúdo da matéria e não restarem dúvidas, a ON MPS/SPS n. 02/09, em seus artigos 31 a 35[6], veio explicitar, de forma detalhada, a forma como deverão ser vertidas as contribuições previdenciárias quando o servidor se encontrar cedido, licenciado ou afastado.

Em 31 de agosto de 2015 foi editada a MP n. 689, alterando a Lei n. 8.112/90 e regulamentando a contribuição do servidor licenciado ou afastado sem remuneração. Contudo, a MP somente é dirigida aos servidores públicos da União. Com a medida provisória, o artigo 183, § 3º da Lei 8.112/90, passou a assim estabelecer:

Art. 183. ...

[...]

§ 3º Será assegurada ao servidor licenciado ou afastado sem remuneração a manutenção da vinculação ao regime do Plano de Seguridade Social do Servidor Público, mediante o recolhimento mensal da contribuição própria, no mesmo percentual devido pelos servidores em atividade, acrescida do valor equivalente à contribuição da União, suas autarquias ou fundações, incidente sobre a remuneração total do cargo a que faz jus no exercício de suas atribuições, computando-se, para esse efeito, inclusive, as vantagens pessoais. (NR).

Com efeito, a regulamentação deverá ser adotada, notadamente se houver a conversão da medida provisória em lei, pelos demais entes da federação, uma vez que se cuida, na espécie, de proteção ao servidor público, cujo tempo de afastamento poderá ser legalmente considerado para fins de aposentação.

4.2.4. Alíquotas progressivas

Já vimos que é a própria lei do ente que institui as alíquotas de contribuição, com a ressalva de não poder

---

(6) Art. 31. Nas hipóteses de cessão, licenciamento ou afastamento de servidor, o cálculo da contribuição ao RPPS será feito com base na remuneração do cargo efetivo de que o servidor for titular, observado o disposto nesta Subseção.

Art. 32. Na cessão de servidores ou no afastamento para exercício de mandato eletivo em que o pagamento da remuneração ou subsídio seja ônus do cessionário ou do órgão de exercício do mandato, será de responsabilidade desse órgão ou entidade:

I - o desconto da contribuição devida pelo segurado;

II - o custeio da contribuição devida pelo órgão ou entidade de origem; e

III - o repasse das contribuições, de que tratam os incisos I e II, à unidade gestora do RPPS a que está vinculado o cedido ou afastado.

§ 1º Caso o cessionário ou o órgão de exercício do mandato, não efetue o repasse das contribuições à unidade gestora no prazo legal, caberá ao órgão ou entidade de origem efetuá-lo, buscando o reembolso de tais valores.

§ 2º O termo, ato, ou outro documento de cessão ou afastamento do servidor com ônus para o cessionário ou o órgão de exercício do mandato, deverá prever a responsabilidade deste pelo desconto, recolhimento e repasse das contribuições previdenciárias ao RPPS, conforme valores informados mensalmente pelo órgão ou entidade de origem.

§ 3º O disposto neste artigo se aplica a todos os casos de afastamento do cargo para exercício de mandato eletivo com ônus para o órgão ou entidade de exercício do mandato, inclusive no caso de afastamento para o exercício do mandato de prefeito ou de vereador em que haja opção pelo recebimento do subsídio do cargo eletivo.

Art. 33. Na cessão ou afastamento de servidores sem ônus para o cessionário ou para o órgão de exercício do mandato, continuará sob a responsabilidade do órgão ou entidade de origem, o recolhimento e o repasse, à unidade gestora do RPPS, das contribuições correspondentes à parcela devida pelo servidor e pelo ente.

ser inferior à alíquota de 11% cobrada pela União. No que se refere a alíquotas progressivas, o STF havia se manifEstado pela constitucionalidade, através da decisão tomada no RE 467.929-AgR (Rel. Min. Gilmar Mendes, julgamento em 30-9-2008, Segunda Turma, DJE de 21-11-2008).

Destarte, posteriormente a Corte Superior se manifestou desfavoravelmente à matéria, conforme se extrai da conclusão adiante colacionada:

> "EMENTA: AGRAVO REGIMENTAL EM RECURSO EXTRAORDINÁRIO. CONTRIBUIÇÃO DE SEGURIDADE SOCIAL DE SERVIDORES PÚBLICOS. **ALÍQUOTAS PROGRESSIVA. INCONDICIONALIDADE.** PRECENTES.1 a **Jurisprudência do Supremo Tribunal Federal é firme no sentido de que a instituição de alíquota progressiva para contribuição previdenciária de servidores públicos fere o texto da Constituição Federal.** Precedentes. 2. Agravo regimental desprovido. (STF, RE 581500 AgR/PR, em que foi Relator o Min. Ayres Brito, julgado pela Segunda Turma, em 08.02.2011 e DJe de 16.05.2011). (Destaques são nossos)".

Noutro norte, o Supremo Tribunal entende como constitucional a norma que fixa alíquota mínima, proveniente do ente federativo instituidor. Neste sentido, trazemos à baila a conclusão exarada quando da análise da ADI 3138/DF, proposta pela Associação dos Magistrados Brasileiros (AMB), com a seguinte ementa:

> EMENTA: AÇÃO DIRETA DE INCONSTITUCIONALIDADE. ART. 149, § 1º, DA CONSTITUIÇÃO DA REPÚBLICA (ALTERADO PELA EMENDA CONSTITUCIONAL N. 41/2003). 1. **A norma que fixa alíquota mínima (contribuição dos servidores titulares de cargos efetivos na União) para a contribuição a ser cobrada pelos Estados, pelo Distrito Federal e pelos Municípios de seus servidores, para o custeio, em benefício destes, do regime previdenciário de que trata o art. 40 da Constituição da República não contraria o pacto federativo ou configura quebra de equilíbrio atuarial. 2. A observância da alíquota mínima fixada na Emenda Constitucional n. 41/2003 não configura quebra da autonomia dos Estados Federados.** O art. 201, § 9º, da Constituição da República, ao estabelecer um sistema geral de compensação, há ser interpretado à luz dos princípios da solidariedade e da contributividade, que regem o atual sistema previdenciário brasileiro. 3. Ação julgada improcedente. (STF, ADI 3138/DF, Rel. Mni. Cármen Lúcia, julgada pelo Tribunal Pleno em 14.09.2011 e DJe de 10.02.2012 (Os destaques são nossos).

Com efeito, a fixação da alíquota mínima compete ao ente federativo instituidor do seu RPPS, notadamente quando a própria Constituição Federal em seu art. 24, XII, estabelece que a competência para legislar sobre previdência social é concorrente. Entretanto, deve ser observada a alíquota mínima instituída pela União, tomando-se como base estudos atuariais para preservação do equilíbrio financeiro-atuarial dos sistemas próprios de previdência. É a ingerência da União na busca por responsabilidade previdenciária e equidade nos sistemas.

As alíquotas devem ser definidas através de laudo atuarial, representando os valores que deverão ser recolhidos. É o laudo atuarial que deve apontar o percentual de contribuição a ser cobrado para a formação de provisão matemática de benefícios a serem concedidos. O não recolhimento das alíquotas gera a formação do passivo atuarial e financeiro, desequilibrando todo o sistema, agravando a crise fiscal.

Por força dos princípios constitucionais da correlação (art. 195, §5º, da CF), da finalidade (art. 149, §1º, da CF), do equilíbrio financeiro e atuarial (art. 40 da CF) e da vedação ao confisco (art. 150, inciso IV, da CF), a majoração de alíquota incidente sobre contribuição previdenciária descontada dos servidores públicos para custeio do Regime Próprio de Previdência Social depende da apresentação prévia de minucioso cálculo atuarial. (STF, SL 700/GO, Min. Presidente, j. 22-05-2013, referência ADI/GO 92447-30.2013.8.09.000). Prevalece assim, o entendimento no âmbito do Supremo Tribunal que majoração de alíquota de contribuição previdenciária somente é possível se for baseada em cálculos atuariais consistentes e recentes.

Certo é que o servidor público não deve responder por erros cometidos pelo ente federativo do qual é vinculado, erros esses de gestão errônea em suas políticas previdenciárias. Erros esses que sofismaram a previdência, fazendo desta um estorvo nas contas públicas.

4.2.5. A contribuição dos inativos e pensionistas e a PEC 555

Uma das grandes discussões travadas com a edição da EC n. 41/03 no âmbito do Supremo Tribunal Federal

---

Parágrafo único. O disposto neste artigo se aplica aos casos de afastamento do cargo para exercício de mandato eletivo de prefeito ou de vereador em que haja opção pelo recebimento da remuneração do cargo efetivo de que o servidor seja titular.

Art. 34. Não incidirão contribuições para o RPPS do ente de origem, para o RPPS do ente cessionário ou de exercício do mandato, nem para o RGPS, sobre as parcelas remuneratórias não componentes da remuneração do cargo efetivo, pagas pelo ente cessionário ou de exercício do mandato, ao servidor cedido ou licenciado para exercício de mandato eletivo em outro ente federativo exceto na hipótese em que houver a opção pela contribuição facultativa ao RPPS do ente de origem, na forma prevista em sua legislação, conforme *caput* do art. 29.

Parágrafo único. Aplica-se ao servidor cedido ou afastado para exercício de mandato eletivo no mesmo ente, a base de cálculo de contribuição estabelecida em lei conforme art. 29.

Art. 35. O servidor afastado ou licenciado temporariamente do exercício do cargo efetivo sem recebimento de remuneração ou de subsídio pelo ente federativo, somente contará o respectivo tempo de afastamento ou licenciamento para fins de aposentadoria, mediante o recolhimento mensal das contribuições, conforme lei do respectivo ente.

§ 1º A contribuição efetuada pelo servidor na situação de que trata o *caput* não será computada para cumprimento dos requisitos de tempo de carreira, tempo de efetivo exercício no serviço público e tempo no cargo efetivo para concessão de aposentadoria.

§ 2º Na omissão da lei quanto ao ônus pelo recolhimento da contribuição da parcela do ente federativo durante o período de afastamento ou licenciamento, o repasse à unidade gestora do RPPS do valor correspondente continuará sob a responsabilidade do ente.

diz respeito à contribuição previdenciária de inativos e pensionistas, notadamente através da ADI 3.105/DF, que declarou a constitucionalidade do artigo 4º da referida emenda constitucional, que instituiu a exigência de contribuição previdenciária sobre as pensões e aposentadorias, aos servidores sob o comando da norma, que assim prescreve:

> Art. 4º Os servidores inativos e os pensionistas da União, dos Estados, do Distrito Federal e dos Municípios, incluídas suas autarquias e fundações, em gozo de benefícios na data de publicação desta Emenda, bem como os alcançados pelo disposto no seu art. 3º, contribuirão para o custeio do regime de que trata o art. 40 da Constituição Federal com percentual igual ao estabelecido para os servidores titulares de cargos efetivos.

Desta forma, o recolhimento das contribuições, a partir de 1º de janeiro de 2004, passou a ser legítimo e obrigatório, inclusive para os servidores inativos e pensionistas, que foram abarcados pela norma supramencionada, independentemente de o ente federativo ter disciplinado a sua alíquota de contribuição.

O *caput* do artigo 40, da CF/88, na redação que lhe foi dado pelo artigo 1º da EC n. 41/03, não foi questionado em sede de ADI. Desta forma, a contribuição dos servidores inativos e pensionistas que não foram enquadrados no artigo 4º da CF/88 nunca foi alvo de questionamento em seara de controle concentrado de constitucionalidade.

Para melhor ilustrar o tema em debate, vale trazer à colação a ementa, em sua íntegra, exarada por ocasião do julgamento da ADI n. 3.105:

> 1. Inconstitucionalidade. Seguridade social. Servidor público. Vencimentos. Proventos de aposentadoria e pensões. Sujeição à incidência de contribuição previdenciária. Ofensa a direito adquirido no ato de aposentadoria. Não ocorrência. Contribuição social. Exigência patrimonial de natureza tributária. Inexistência de norma de imunidade tributária absoluta. Emenda Constitucional n. 41/2003 (art. 4º, *caput*). Regra não retroativa. Incidência sobre fatos geradores ocorridos depois do início de sua vigência. Precedentes da Corte. Inteligência dos arts. 5º, XXXVI, 146, III, 149, 150, I e III, 194, 195, II e § 6º, da CF, e art. 4º, *caput*, da EC n. 41/2003. No ordenamento jurídico vigente, não há norma, expressa nem sistemática, que atribua à condição jurídico-subjetiva da aposentadoria de servidor público o efeito de lhe gerar direito subjetivo como poder de subtrair *ad aeternum* a percepção dos respectivos proventos e pensões à incidência de lei tributária que, anterior ou ulterior, os submeta à incidência de contribuição previdencial. Noutras palavras, não há, em nosso ordenamento, nenhuma norma jurídica válida que, como efeito específico do fato jurídico da aposentadoria, lhe imunize os proventos e as pensões, de modo absoluto, à tributação de ordem constitucional, qualquer que seja a modalidade do tributo eleito, donde não haver, a respeito, direito adquirido com o aposentamento.
>
> 2. Inconstitucionalidade. Ação direta. Seguridade social. Servidor público. Vencimentos. Proventos de aposentadoria e pensões. Sujeição à incidência de contribuição previdenciária, por força de Emenda Constitucional. Ofensa a outros direitos e garantias individuais. Não ocorrência. Contribuição social. Exigência patrimonial de natureza tributária. Inexistência de norma de imunidade tributária absoluta. Regra não retroativa. Instrumento de atuação do Estado na área da previdência social. Obediência aos princípios da solidariedade e do equilíbrio financeiro e atuarial, bem como aos objetivos constitucionais de universalidade, equidade na forma de participação no custeio e diversidade da base de financiamento. Ação julgada improcedente em relação ao art. 4º, *caput*, da EC n. 41/2003. Votos vencidos. Aplicação dos arts. 149, 150, I e III, 194, 195, II e § 6º, e 201, *caput*, da CF. Não é inconstitucional o art. 4º, *caput*, da Emenda Constitucional n. 41, de 19 de dezembro de 2003, que instituiu contribuição previdenciária sobre os proventos de aposentadoria e as pensões dos servidores públicos da União, dos Estados, do Distrito Federal e dos Municípios, incluídas suas autarquias e fundações.
>
> 3. Inconstitucionalidade. Ação direta. Emenda Constitucional (EC n. 41/2003, art. 4º, § únic, I e II). Servidor público. Vencimentos. Proventos de aposentadoria e pensões. Sujeição à incidência de contribuição previdenciária. Bases de cálculo diferenciadas. Arbitrariedade. Tratamento discriminatório entre servidores e pensionistas da União, de um lado, e servidores e pensionistas dos Estados, do Distrito Federal e dos Municípios, de outro. Ofensa ao princípio constitucional da isonomia tributária, que é particularização do princípio fundamental da igualdade. Ação julgada procedente para declarar inconstitucionais as expressões "cinquenta por cento do" e "sessenta por cento do", constante do art. 4º, § único, I e II, da EC n. 41/2003. Aplicação dos arts.145, § 1º, e 150, II, cc. art. 5º, § 1º, e 60, § 4º, IV, da CF, com restabelecimento do caráter geral da regra do art. 40, § 18. São inconstitucionais as expressões "cinqüenta por cento do" e "sessenta por cento do", constantes do § único, incisos I e II, do art. 4º da Emenda Constitucional n. 41, de 19 de dezembro de 2003, e tal pronúncia restabelece o caráter geral da regra do art. 40, § 18, da Constituição da República, com a redação dada por essa mesma Emenda. (STF, ADI 3105/DF, Tribunal Pleno, Rel. Min. Ellen Gracie, j. 18-08-2004 e p. 18-02-2005).

Entretanto, está em tramitação a PEC 555/06, que, se for aprovada, revoga apenas o artigo 4º da EC n. 41/03 (não revoga a redação dada ao *caput* do artigo 40 da CF/88), criando assim uma situação de desigualdade, tendo em vista que somente os servidores inativos e pensionistas que já estavam em gozo do benefício quando da edição da EC n. 41/03, e os alcançados pela regra de transição disposta no seu artigo 3º ("É assegurada a concessão, a qualquer tempo, de aposentadoria aos servidores públicos, bem como pensão aos seus dependentes, que, até a data de publicação desta Emenda, tenham cumprido todos os requisitos para obtenção desses benefícios, com base nos critérios da legislação então vigente"), ficarão isentos de contribuição. Os demais servidores inativos e pensionistas continuarão a contribuir. Teremos, assim, duas espécies de aposentados e pensionistas: os que contribuem para o sistema e os que não contribuem.

Ideologias e injustiças à parte, verdade é que a grande maioria dos aposentados e pensionistas não contribui para o sistema, *ex vis* das isenções previstas nos §§ 18 e 21 do art. 40 da CF/88, nas redações dadas pelas emendas constitucionais 41 e 47, respectivamente.

Desta forma, somente o que supera o limite máximo do Regime Geral de Previdência, ou o dobro do mesmo, é que serve de base de cálculo para o recolhimento das contribuições. Vejamos os exemplos abaixo:

1. Aposentado com proventos de R$ 5.000,00 que não é portador de doença incapacitante: 5.000 – 4.663,75 = 336,25 (valor da base de cálculo). Valor real da contribuição: R$ 37,00 (trinta e sete reais), (valor arredondado). Se estivesse na ativa, sua contribuição seria de R$ 550,00 (quinhentos e cinquenta reais), considerando a alíquota de 11%.

2. Aposentado com doença elencada em lei com proventos de R$ 10.000,00: 10.000,00 – 9.327,50 (dobro do LMRGPS) = 672,50 (base de cálculo para a contribuição). Valor real da contribuição: R$ 74,30 (setenta e quatro reais e trinta centavos). Se estivesse na ativa, mesmo sendo portador de doença elencada em lei, sua contribuição seria de R$ 1.100,00 (um mil e cem reais). Se esse mesmo aposentado tiver proventos de até R$ 9.327,50 (nove mil, trezentos e vinte e sete reais e cinquenta centavos), estará isento de contribuir.

Concessa vênia, entendemos que a proposição da PEC 555 não pode prosperar. O sistema de benefício definido não se sustenta mais e a contribuição dos aposentados e pensionistas, como vimos, é mínima e somente contempla as categorias que têm um maior padrão vencimental. Além disso, a referida proposta de emenda constitucional privilegia apenas uma parte de servidores inativos e pensionistas.

4.2.6. Certidão de Tempo de Contribuição – CTC

Com o regime contributivo inaugurado pelas EC n. 3 e 20, passou a ser exigido um documento que ateste o histórico de contribuições do servidor público. A Certidão de Tempo de Contribuição(CTC) é esse documento. A certidão permite a utilização de tempo de contribuição em outro regime para soma de tempo exigido para aposentação no órgão onde se encontra vinculada.

Afigura-se, assim, como um direito do servidor público ao reconhecimento do seu tempo de filiação e contribuição em outro regime previdenciário. De posse do documento, o servidor fará a averbação do tempo disponibilizado para fins de utilização quando de sua aposentadoria.

A CTC pode ser requerida junto ao Instituto Nacional do Seguro Social (INSS), quando o servidor houver trabalhado na iniciativa privada, ou junto a outro regime próprio.

A expedição de CTC por regime jurídico único é regulamentada pela Portaria MPS n. 154, de 15 de maio de 2008, que orienta os Regimes Próprios de Previdência Social, dos servidores públicos titulares de cargos efetivos (incluindo magistrados, ministros e conselheiros dos Tribunais de Contas, membros do Ministério Público), de qualquer dos poderes da União, dos Estados, dos Municípios e do Distrito Federal, incluídas suas autarquias e fundações.

Nos termos da portaria, o tempo de contribuição para RPPS deverá ser provado com CTC fornecida pela unidade gestora do RPPS ou, excepcionalmente, pelo órgão de origem do servidor, desde que devidamente homologada pela respectiva unidade gestora do RPPS.

Na CTC, deverá ser indicada a lei que assegure ao servidor aposentadorias voluntárias por idade e por tempo de contribuição e idade, aposentadorias por invalidez e compulsória e pensão por morte, com aproveitamento de tempo de contribuição prestado em atividade vinculada ao RGPS ou a outro RPPS.

Para fins de emissão de CTC, são vedadas: I) a contagem de tempo de contribuição de atividade privada com a de serviço público ou de mais de uma atividade no serviço público, quando concomitantes; II) emissão de CTC para período que já tiver sido utilizado para a concessão de aposentadoria, em qualquer regime de previdência social; III) emissão de CTC para período fictício, salvo se o tempo fictício tiver sido contado até 16 de dezembro de 1998 como tempo de serviço para efeito de aposentadoria, conforme previsão legal; e IV) a emissão de CTC com conversão de tempo de serviço exercido em condições especiais em tempo de contribuição comum.

O tempo fictício é aquele considerado em lei como tempo de contribuição para fins de concessão de aposentadoria sem que tenha havido, por parte do servidor, a prestação de serviço ou a correspondente contribuição, como por exemplo licença–prêmio por assiduidade. Contudo, se esse tempo tiver sido cumprido até a data de edição da EC n. 20/98, poderá ser computado.

Como antes da edição da EC n. 20/98 não havia a exigência formal para contribuição, o tempo de efetivo exercício no cargo poderá ser computado como tempo de contribuição. Caso o ente instituidor do RPPS não tenha promovido modificação na sua legislação, após a vigência da referida emenda, disciplinando a obrigatoriedade de contribuição e o percentual da alíquota, os períodos de filiação a RPPS posteriores a 16 de dezembro de 1998 em que tenha havido a prestação de serviço sem ocorrência de contribuição por falta de alíquota de contribuição instituída pelo ente poderão ser constados na CTC, sendo que, para esses períodos, as informações das remunerações de contribuições deverão corresponder aos valores das respectivas remunerações do cargo efetivo.

O artigo 12 da Portaria expressamente determina que a CTC somente poderá ser emitida para ex-servidor. Informação de tempo de serviço e contribuição é ato declaratório e deve ser informado por outro tipo de documento. Na hipótese de vinculação do servidor ao RGPS por força de lei do ente federativo, poderá ser emitida a CTC relativamente ao período de vinculação ao RPPS mesmo que o servidor não esteja exonerado ou demitido do cargo efetivo na data do pedido. No caso de acumulação lícita de cargos efetivos no mesmo ente federativo, só poderá ser emitida CTC relativamente ao tempo de contribuição no cargo do qual o servidor se exonerou ou foi demitido.

Na apuração das remunerações de contribuições deverá ser observada a legislação vigente em cada competência a ser discriminada, bem com as alterações das remunerações de contribuições que tenham ocorrido, em relação às competências a que se referirem. Por remuneração de contribuição entendem-se os valores da remuneração ou o subsídio utilizado como base para o cálculo da contribuição do servidor ao RPPS a que esteve vinculado.

Assim que o benefício for concedido, o órgão concessor deverá comunicar o fato, por ofício, ao regime previdenciário emitente da CTC, para os registros e as providências cabíveis. Os entes federativos e o INSS devem disponibilizar na rede mundial de computadores – internet – as respectivas CTCs emitidas, digitalizadas, para permitir a confirmação da veracidade por parte do regime previdenciário destinatário.

Para o servidor detentor exclusivamente de cargo de livre nomeação e exoneração, e ao servidor titular de cargo, emprego ou função amparado pelo RGPS, as unidades gestoras deverão disponibilizar documento comprobatório do vínculo funcional, para fins de concessão de benefícios ou para emissão de CTC pelo RGPS, sem prejuízo da apresentação da Guia de Recolhimento do Fundo de Garantia do Tempo de Serviço e Informações à Previdência Social (GFIP).

A Instrução Normativa INSS/PRES n. 77, de 21 de janeiro de 2015 – DOU de 22.1.2015, alterada pela IN INSS/PRES n. 79, de 1.4.2015, trouxe uma série de orientações em matéria de CTC.

Segundo o artigo 437 da IN, a CTC relativa ao militar, tanto o integrante da Força Armada quanto o militar dos Estados e do Distrito Federal, por ter regras constitucionais previdenciárias diferenciadas do servidor titular de cargo efetivo, não se submete às normas definidas na Portaria MPS n. 154, de 15 de maio de 2008.

Para fins de contagem recíproca, nos termos do artigo 438, o tempo de contribuição para RPPS ou para RGPS, no que couber, deverá ser provado com certidão fornecida: I - pela unidade gestora do RPPS ou pelo setor competente da Administração Federal, Estadual, do Distrito Federal e Municipal, suas Autarquias e Fundações, desde que devidamente homologada pela unidade gestora do Regime Próprio, relativamente ao tempo de contribuição para o respectivo RPPS; ou II - pelo setor competente do INSS, relativamente ao tempo de contribuição para o RGPS.

A CTC deve conter a indicação da lei que assegure, aos servidores do Estado, do Distrito Federal ou do Município, aposentadorias por invalidez, idade, tempo de contribuição e compulsória, e pensão por morte, com aproveitamento de tempo de contribuição prestado em atividade vinculada ao RGPS; e documento anexo quando emitido pelo RPPS, contendo informação dos valores das remunerações de contribuição a partir de julho de 1994, por competência, a serem utilizados no cálculo dos proventos da aposentadoria.

A CTC emitida pelo Estado, pelo Distrito Federal ou pelo Município deverá conter a informação da lei instituidora do RPPS no respectivo ente federativo, na forma do inciso IX do § 1º deste artigo. O tempo de serviço considerado para efeito de aposentadoria por lei e cumprido até 15 de dezembro de 1998, véspera da vigência da Emenda Constitucional n. 20, de 15 de dezembro de 1998, será contado como tempo de contribuição. É vedada a contagem de tempo de contribuição de atividade privada com a do serviço público ou de mais de uma atividade no serviço público, quando concomitantes, ressalvados os casos de acumulação de cargos ou empregos públicos previstos nas alíneas "a" a "c" do inciso XVI do art. 37 e no inciso III do art. 38, ambos da Constituição Federal. A contagem do tempo de contribuição para certificação em CTC observará o mês de 30 e o ano de 365 dias.

Já nos termos do artigo 439 da IN, a CTC será única e emitida constando o período integral de contribuição ao RGPS, as remunerações a partir de 1º de julho de 1994, e o órgão de lotação que se destina, em duas vias, das quais a primeira via será fornecida ao interessado, mediante recibo passado na segunda via, implicando sua concordância quanto ao tempo certificado. Para efeito do disposto no *caput* do artigo, a pedido do interessado, a CTC poderá ser emitida para períodos fracionados; o pedido deverá indicar os períodos que deseja aproveitar no órgão de vinculação, observando que o fracionamento poderá corresponder à totalidade do vínculo empregatício ou apenas parte dele. Entende-se por período a ser aproveitado, o tempo de contribuição indicado pelo interessado para utilização junto ao RPPS ao qual estiver vinculado. Poderá ser impressa uma nova via da CTC, sempre que solicitado pelo interessado ou órgão de destino com a devida justificativa, sem necessidade de apresentação de qualquer documento de comprovação do tempo já certificado, presumindo-se a validade das informações nela contidas.

O artigo 443 da IN ressalva que é permitida a aplicação da contagem recíproca de tempo de contribuição no âmbito dos acordos internacionais de Previdência Social, somente quando neles prevista.

Segundo o § 3º do artigo 445, toda e qualquer solicitação procedente de órgãos da Administração Pública de ratificação/retificação de CTC, além de informar sobre a legalidade/regularidade da expedição do documento, com indicação da legislação vigente à época, deverá expressamente informar se houve o recolhimento das contribuições respectivas, mesmo que em data posterior ao período de exercício das atividades. E o § 4º do mesmo dispositivo aduz que a base de cálculo para a incidência da contribuição previdenciária para fins de indenização necessária à contagem recíproca do tempo de serviço/contribuição, no caso previsto no § 3º deste artigo, será o valor do provento recebido como aposentado na data do requerimento da indenização.

Já nos termos do artigo 447 da mesma IN, §§ 1º, 2º e 3º, será permitida, por força do Parecer MPS/CJ n. 46, de 16 de maio de 2006, a emissão de CTC com conversão de período trabalhado exercido em condições especiais no serviço público federal, referente ao contrato que teve o regime de previdência alterado de RGPS para RPPS. Aplicam-se as orientações contidas no Parecer MPS/CJ n. 46, de 2006, extensivamente aos servidores públicos municipais, estaduais e distritais, considerando-se instituído o Regime Próprio destes servidores a partir da vigência da lei que institui o RPPS em cada ente federativo correspondente, cabendo a emissão da CTC ser realizada pelas APS. Excluindo-se a hipótese de atividade exercida em condições especiais previstas nos §§ 1º e 2º deste artigo, é vedada a contagem de tempo de contribuição fictício, entendendo-se como tal todo aquele considerado em lei anterior como tempo de serviço, público ou privado, computado para fins de concessão de aposentadoria sem que haja, por parte do servidor ou segurado, cumulativamente, a prestação de serviço e a correspondente contribuição social.

O artigo 448 dispõe que, observado o disposto no art. 447, quando for solicitada CTC com conversão do tempo de serviço prestado em condições perigosas ou insalubres, o servidor deverá providenciar a análise do mérito da atividade cujo reconhecimento é pretendido como atividade especial e deixar registrado no processo se o enquadramento seria devido ou não, ainda que a CTC não seja emitida com a conversão na forma do inciso I do art. 96 da Lei n. 8.213, de 1991.

Por sua vez, o artigo 450 faz uma importante ressalva: se o segurado estiver em gozo de abono de permanência em serviço, auxílio-acidente e auxílio-suplementar e requerer CTC referente ao período de filiação ao RGPS para efeito de aposentadoria junto ao RPPS, poderá ser atendido em sua pretensão, porém o benefício será encerrado na data da emissão da respectiva certidão. E o parágrafo único do dispositivo reza que é permitida a emissão de CTC para períodos de contribuição posteriores à data da aposentadoria no RGPS, desde que tais contribuições não tenham sido restituídas ao segurado em forma de pecúlio.

Nos termos expressos pelo artigo 451, o órgão concessor de benefício com contagem recíproca deverá emitir ofício ao órgão público emitente da CTC, para que este proceda às anotações nos registros funcionais e/ou na segunda via da certidão ou efetue os registros cabíveis, conforme o disposto no art. 131 do RPS.

O artigo 452 e seguintes cuidam da revisão de CTC, informando que a CTC que não tiver sido utilizada para fins de averbação no RPPS ou, uma vez averbada, o tempo certificado, comprovadamente não tiver sido utilizado para obtenção de aposentadoria ou vantagem no RPPS, será revista, a qualquer tempo, a pedido do interessado, inclusive para incluir novos períodos ou para fracionamento, mediante a apresentação dos seguintes documentos: I - solicitação do cancelamento da certidão emitida; II - certidão original; e III - declaração emitida pelo órgão de lotação do interessado, contendo informações sobre a utilização ou não dos períodos certificados pelo INSS, e para quais fins foram utilizados. Serão consideradas como vantagens no RPPS as verbas de anuênio, quinquênio, abono de permanência em serviço ou outras espécies de remuneração, pagas pelo ente público. Em caso de impossibilidade de devolução pelo órgão de RPPS, caberá ao emissor encaminhar a nova CTC com ofício esclarecedor, cancelando os efeitos da anteriormente emitida. Os períodos de trabalho constantes na CTC serão analisados de acordo com as regras vigentes na data do pedido, para alteração, manutenção ou exclusão, e consequente cobrança das contribuições devidas, se for o caso.

Por derradeiro, o artigo 453 da IN cientifica que caberá revisão da CTC de ofício, observado o prazo decadencial, em caso de erro material e desde que tal revisão não importe em dar à certidão destinação diversa da que lhe foi dada originariamente, mediante informação do ente federativo quanto à possibilidade ou não da devolução da original, e na impossibilidade, será adotado o procedimento contido no § 2º do art. 452.

4.3. EQUILÍBRIO FINANCEIRO-ATUARIAL

A expressão equilíbrio financeiro-atuarial foi introduzida no corpo da Carta Magna pela EC n. 20/98 ("aos servidores titulares de cargos efetivos da União, dos Estados, do Distrito Federal e dos Municípios, incluídas suas autarquias e fundações, é assegurado regime de previdência de caráter contributivo, observados critérios que preservem o equilíbrio financeiro e atuarial") e visa garantir a subsistência do plano previdenciário.

Entretanto, à época, a grande maioria dos entes federativos já apresentava déficits financeiros-atuariais significativos. Para alcançarem o equilíbrio, que somente seria possível a médio e longo prazos, os entes federativos começaram a promover uma série de estudos com vistas a sua viabilização, ou seja, garantir o pagamento de benefícios futuros.

A EC n. 41/03 manteve a exigência, mas acrescentou que o caráter contributivo e solidário será assegurado mediante contribuição do respectivo ente público, dos servidores ativos e inativos e dos pensionistas.

A garantia do equilíbrio financeiro e atuarial pressupõe um plano sem déficit, ou seja, sem a necessidade de pagamento de insuficiências financeiras. Para tal, hão de ser observados os cálculos financeiros e atuariais, que envolvem a programação de saúde do plano, como por exemplo a previsão de pagamento dos benefícios não programáveis.

Para o alcance do equilíbrio financeiro-atuarial, são levadas em consideração, dentre outras, a expectativa de vida, a taxa de crescimento salarial (paridade e indexação geral), a taxa de rotatividade do servidor (ingresso e saída no serviço público, de muita visibilidade em algumas carreiras), a projeção de aposentadoria por invalidez (sua frequência, quais categorias são mais afetadas), a realização das aposentadorias ordinárias, a incidência de aposentadorias compulsórias, etc. O profissional atuário é o responsável pelo estudo estatístico completo do plano.

É esse estudo que vai determinar o custo do plano a longo prazo, sendo, portanto, de extrema relevância para a sua sustentabilidade. Até a EC n. 20/98, não se cogitava desse estudo. O plano era simplesmente, como dito, de responsabilidade do Tesouro e com seus recursos se confundia.

As definições claras de equilíbrio financeiro e atuarial nos são fornecidas pela Portaria MPS n. 403, de 10 de dezembro de 2008, conforme se extrai do seu art. 2º, incisos I e II:

> Art. 2º Para os efeitos desta Portaria considera-se:
> I - Equilíbrio Financeiro: garantia de equivalência entre as receitas auferidas e as obrigações do RPPS em cada exercício financeiro;
> II - Equilíbrio Atuarial: garantia de equivalência, a valor presente, entre o fluxo das receitas estimadas e das obrigações projetadas, apuradas atuarialmente, a longo prazo.

Referida Portaria, responsável pela definição de vários outros conceitos, também nos esclarece, de forma didática, o que se entende por atuário, avaliação atuarial, nota técnica atuarial, demonstrativo de resultado da avaliação atuarial, parecer atuarial e tábuas biométricas. Senão vejamos em seus incisos V, VI, VII, VII, XIX e X:

> Art. 2º...
> [...]
> V - Atuário: profissional técnico com formação acadêmica em ciências atuariais e legalmente habilitado para o exercício da profissão;
> VI - Avaliação Atuarial: estudo técnico desenvolvido pelo atuário, baseado nas características biométricas, demográficas e econômicas da população analisada, com o objetivo principal de estabelecer, de forma suficiente e adequada, os recursos necessários para a garantia dos pagamentos dos benefícios previstos pelo plano;
> VII - Nota Técnica Atuarial: documento exclusivo de cada RPPS que descreve de forma clara e precisa as características gerais dos planos de benefícios, a formulação para o cálculo do custeio e das reservas matemáticas previdenciárias, as suas bases técnicas e premissas a serem utilizadas nos cálculos, contendo, no mínimo, os dados constantes do Anexo desta Portaria;
> VIII - Demonstrativo de Resultado da Avaliação Atuarial - DRAA: documento exclusivo de cada RPPS que registra de forma resumida as características gerais do plano e os principais resultados da avaliação atuarial;
> IX - Parecer Atuarial: documento que apresenta, de forma conclusiva, a situação financeira e atuarial do plano, certifica a adequação da base de dados e das hipóteses utilizadas na avaliação e aponta medidas para a busca e manutenção do equilíbrio financeiro e atuarial;
> X - Tábuas Biométricas: instrumentos estatísticos utilizados na avaliação atuarial que expressam as probabilidades de ocorrência de eventos relacionados com sobrevivência, invalidez ou morte de determinado grupo de pessoas vinculadas ao plano.

Por sua vez, as alíquotas de contribuição – suficientes para a manutenção dos futuros benefícios do sistema – são resultantes da aplicação de metodologias de financiamento reguladas em lei e universalmente convencionadas. O conceito de equilíbrio financeiro está relacionado ao fluxo de caixa, em que as receitas arrecadadas sejam suficientes para cobertura de despesas.

4.4. MODELOS DE FINANCIAMENTO

Os modelos de financiamento ou sistemas de custeio compreendem o estudo das contribuições (bases e alíquotas), dos recolhimentos, dos obrigados ao custeio e dos tipos de custeio a cargo de cada pessoa. São estudados e elaborados pela Ciência Atuarial, que é a responsável pela análise de riscos e expectativas de vida, notadamente no que diz respeito a fundos de pensão. É a partir da atuária que se adéqua a estrutura e manutenção dos benefícios.

Para digressão da matéria envolvendo modelos de financiamento de um regime próprio de previdência, primeiramente se faz necessário definir o que é um plano BD e um plano CD. No plano de Benefício Definido, como o próprio nome está a indicar, o benefício é previamente definido, e todos os participantes são responsáveis por todo o plano, num sistema explicitamente mutualista. Já no segundo, o valor do benefício é variável, dependendo dos acúmulos de reserva feitos de forma individualizada: quanto maiores as reservas, maior o valor do benefício a ser pago e vice-versa.

Nos planos de benefícios definidos, o valor do benefício a ser recebido está previamente pactuado, não existe risco financeiro para o participante, sendo o risco assumido integralmente pelo instituidor do plano. No caso da previdência pública, a União, dos Estados e dos Municípios respondem pelas insuficiências financeiras. Via transversa, se o plano for superavitário, os ganhos ficarão com o instituidor. O participante tem direito única e exclusivamente ao seu benefício. Por assim ser, demanda avaliações atuariais constantes, sofre modificações legislativas periódicas e, além do mais, pode haver a necessidade de aumento de alíquotas.

Já na contribuição definida, os participantes são envolvidos nos riscos financeiros, de forma proporcional. Não há garantia do montante a ser recebido no futuro, o que vai depender das variações do mercado financeiro (como taxa de juros, índices inflacionários, etc.). Na CD, o sistema operado é individualista, não há solidariedade entre os participantes.

A modalidade de contribuição definida é expressamente prevista para a previdência complementar dos servidores públicos, nos termos do § 15 do artigo 40 da CF/88: "O regime de previdência complementar de que trata o § 14 [...] que oferecerão aos respectivos participantes planos de benefícios somente na modalidade de contribuição definida."

O artigo 4º da Portaria MPS n. 403/2008 estabelece o seguinte:

> Art. 4º Os RPPS poderão adotar os seguintes regimes de financiamento de seu plano de benefícios para observância do equilíbrio financeiro e atuarial:
> I - Regime Financeiro de Capitalização;
> II - Regime Financeiro de Repartição de Capitais de Cobertura;
> III - Regime Financeiro de Repartição Simples.
> § 1º O Regime Financeiro de Capitalização será utilizado como o mínimo aplicável para o financiamento das aposentadorias programadas e pensões por morte de aposentado. (Redação dada pela Portaria MPS n. 21, de 16/01/2013) Original: §1º O Regime Financeiro de Capitalização será utilizado como mínimo aplicável para o financiamento das aposentadorias programadas.
> § 2º O Regime Financeiro de Repartição de Capitais de Cobertura será utilizado como o mínimo aplicável para o financiamento dos

benefícios não programáveis de aposentadoria por invalidez e pensão por morte de segurados em atividade. (Redação dada pela Portaria MPS n. 21, de 16/01/2013) Original: § 2º O Regime Financeiro de Repartição de Capitais de Cobertura será utilizado como mínimo aplicável para o financiamento dos benefícios de risco de aposentadoria por invalidez e pensão por morte.

§ 3º O Regime Financeiro de Repartição Simples será utilizado como mínimo aplicável para o financiamento dos benefícios de auxílio-doença, salário-maternidade, auxílio-reclusão e salário-família.

§ 4º O método de financiamento atuarial mínimo para apuração do custo normal dos benefícios avaliados no Regime Financeiro de Capitalização será o Crédito Unitário Projetado, devendo constar a perspectiva de crescimento das alíquotas na Nota Técnica Atuarial e no Relatório da Avaliação Atuarial. (Incluído pela Portaria MPS n. 21, de 16/01/2013)

Superados esses conceitos básicos, temos que os modelos de financiamento dos Regimes Próprios de Previdência existentes hoje no Brasil são: I) repartição simples (*pay as you go*, ou regime de caixa); II) capitalização (*funding*); III) capitais de cobertura; IV) repartição simples (fundo financeiro) com segregação de massa capitalizada (fundo capitalizado); e V) repartição simples com segregação de massas e previdência complementar. Ou seja, adotam-se os modelos de financiamento previstos, que são três: I) Regime Financeiro de Capitalização; II - Regime Financeiro de Repartição de Capitais de Cobertura; e III - Regime Financeiro de Repartição Simples, com algumas nuances, a despeito das quais passaremos a discorrer.

4.4.1. Regime financeiro de repartição simples

O regime financeiro de repartição simples é financiado com recursos advindos dos servidores ativos, parte dos inativos e parte dos pensionistas (*ex vi* dos §§ 18 e 21 do art. 40 da CF/88), e recursos advindos do patronal (o ente federativo como um todo). Antes da EC n. 41/03, não havia contribuição de parte dos inativos e parte de pensionistas. Ou seja, o regime financeiro era financiado exclusivamente pelos servidores ativos e pelo ente patronal.

Denomina-se comumente de **pacto de gerações**, uma vez que os servidores da ativa são os grandes responsáveis pelo pagamento dos benefícios. Neste plano, é nítida a solidariedade das gerações atuais com as gerações precedentes. Entretanto, tal modelo se reveste de risco iminente, tendo em vista a inversão da pirâmide entre servidores ativos e inativos, ou seja, o número de aposentados cresce desproporcionalmente ao número de contribuintes, o que tem levado a um aumento expressivo no orçamento público.

De acordo com o art. 2º, XIII, da Portaria/MPS n. 403, de 10 de dezembro de 2008, que dispõe sobre as normas aplicáveis às avaliações e reavaliações atuariais dos Regimes Próprios de Previdência Social (RPPS) da União, dos Estados, do Distrito Federal e dos Municípios, define parâmetros para a segregação da massa e dá outras providências, pode ser considerado Regime Financeiro de Repartição Simples:

Art. 2º...

[...]

XIII - Regime Financeiro de Repartição Simples: regime em que as contribuições estabelecidas no plano de custeio, a serem pagas pelo ente federativo, pelos servidores ativos e inativos e pelos pensionistas, em um determinado exercício, sejam suficientes para o pagamento dos benefícios nesse exercício, sem o propósito de acumulação de recursos, admitindo-se a constituição de fundo previdencial para oscilação de risco.

Até a edição da EC n. 41/03, os servidores inativos e pensionistas não contribuíam para o sistema. Após a edição da referida emenda, ficaram isentos de contribuição os servidores inativos e pensionistas que recebem proventos e pensões aquém do limite máximo do Regime Geral de Previdência, que no exercício de 2015 foi fixado em R$ 4.663,75 (quatro mil, seiscentos e sessenta e três reais e setenta e cinco centavos), conforme Portaria Interministerial MPS/MF N. 13 de 09.01.2015 – DOU de 12.01.2015. Com a edição da EC n. 47/05, ficaram isentos os servidores inativos e pensionistas com doenças incapacitantes (hipóteses previstas na lei do ente), até o dobro do teto, que em 2015 está fixado em R$ 9.327,50 (nove mil, trezentos e vinte e sete reais e cinquenta centavos). Com as isenções, as contribuições dessa massa de contribuintes acabam por ser mínimas, uma vez que a grande maioria dos servidores inativos recebe proventos aquém do limite.

Esse pacto de gerações, com o atual envelhecimento populacional, não tem como ter sustentabilidade. A simples transferência de renda dos servidores ativos para os inativos e pensionistas não gera formação de reservas, sendo assim incapaz de assumir compromissos futuros.

Segundo Sérgio Pinto Martins, assim pode ser entendido o sistema de repartição simples:

"O sistema brasileiro de Previdência Social é um modelo de repartição simples (*pay as you go system*). Os ativos contribuem para o benefício dos inativos. Há solidariedade entre as pessoas na cotização dos sistemas para a concessão do futuro benefício. Existe um contrato entre gerações: a geração atual custeia a geração anterior. A massa de recursos arrecadada de todos é que paga os benefícios dos trabalhadores."[7]

Por um período longo da história do funcionalismo público sequer houve contribuição. Tanto União como Estados e Municípios não faziam o "dever de casa." Hoje o que vemos são fundos financeiros com exorbitantes insuficiências financeiras, a serem suportadas pelo Tesouro. Com isso, o ente federativo deixa de aplicar seus recursos em áreas sensíveis, como educação, segurança e saúde.

---

(7) MARTINS. Sérgio Pinto. Direito da Seguridade Social: Custeio da Seguridade Social, Benefícios, Acidente do Trabalho, Assistência Social, Saúde. 35. ed. São Paulo: Atlas, 2015. p. 304.

4.4.2. Regime Financeiro de Capitalização

Como o próprio nome diz, tem por base a constituição de reservas durante a vida ativa do servidor. Ou seja, o servidor estará contribuindo para a sua própria aposentadoria, no sistema CD, ou seja, de contribuição definida.

A capitalização consiste em uma forma de antecipação de riscos futuros e gera rendimentos. Os fundos são rentáveis à medida que os recursos que os compõem não são estanques, são investidos no mercado de capitais.

De acordo com o art. 2º, XI, da Portaria/MPS n. 403/08, considera-se Regime Financeiro de Capitalização:

> Art. 2º...
> [...]
> XI - Regime Financeiro de Capitalização: regime em que as contribuições estabelecidas no plano de custeio, a serem pagas pelo ente federativo, pelos servidores ativos e inativos e pelos pensionistas, acrescidas ao patrimônio existente, às receitas por ele geradas e a outras espécies de aportes, sejam suficientes para a formação dos recursos garantidores a cobertura dos compromissos futuros do plano de benefícios e da taxa de administração.

Para melhor compreensão, nos valemos das lições de Dânae Dal Bianco, Heraldo Gilberto de Oliveira, Iran Siqueira Lima e José Cechin (ex-ministro da Previdência) que assim sintetizaram:

> "Capitalização: tem por base a constituição de reservas durante a vida ativa do indivíduo, que serão posteriormente utilizadas no pagamento dos benefícios previdenciários desse mesmo indivíduo. Os recursos aportados durante o período contributivo, em conjunto com os rendimentos por ele propiciados, constituem a fonte da qual serão sacados os valores necessários ao pagamento dos benefícios. A capitalização é, portanto, uma forma de antecipar riscos futuros, fazendo-se, no presente, a reserva financeira para os compromissos que acontecerão no futuro. É a forma de financiamento adotada pela Previdência Complementar, e que será obrigatória para os regimes de Previdência Complementar de servidores públicos."[8]

A capitalização subdivide-se em duas fases: 1) a fase contributiva e 2) a fase do benefício. Na primeira, há o fluxo de pagamentos, onde são estabelecidos os valores a serem vertidos ao plano, constituindo-se as reservas financeiras. Importante destacar que neste tipo de financiamento há a aplicação (ao menos *in tese*) dos recursos no mercado financeiro de capitais e imobiliários – valor a ser agregado ao plano. A fase do benefício é quando o participante passa à condição de beneficiário das prestações.

4.4.3. Regime Financeiro de Repartição de Capitais de Cobertura

Neste tipo de regime, as contribuições pagas por todos os participantes do plano (servidores e patrocinador – União, Estados, Distrito Federal ou Municípios), em um determinado período, deverão ser suficientes para constituir as provisões matemáticas de benefícios concedidos, decorrentes dos eventos ocorridos neste período. Neste tipo de regime financeiro há a constituição de um fundo reservado ao pagamento de eventos não programados, mas com probabilidade de ocorrência, como a invalidez, a morte ou a reclusão. Ainda, todos os participantes contribuem para o fundo.

Vale registrar que nos termos do art. 2º, XIV, da Portaria/MPS n. 403, de 10 de dezembro de 2008, considera-se Reserva Matemática o "montante calculado atuarialmente, em determinada data, que expressa, em valor presente, o total dos recursos necessários ao pagamento dos compromissos do plano de benefícios ao longo do tempo." E de acordo com o inciso XII, do mesmo dispositivo, considera-se Regime Financeiro de Repartição de Capitais de Cobertura:

> Art. 2º...
> [...]
> XII - Regime Financeiro de Repartição de Capitais de Cobertura: regime em que as contribuições estabelecidas no plano de custeio, a serem pagas pelo ente federativo, pelos servidores ativos e inativos e pelos pensionistas, em um determinado exercício, sejam suficientes para a constituição das reservas matemáticas dos benefícios iniciados por eventos que ocorram nesse mesmo exercício, admitindo-se a constituição de fundo previdencial para oscilação de risco.

Vê-se portanto que se cuida na espécie de uma forma diferenciada de constituição de reservas para cobrir eventos imprevisíveis.

4.4.4. Regime Financeiro de Repartição Simples com Segregação de Massas

É a mescla de dois regimes, com uma data de corte. Assim, alguns dos servidores ficam alocados no regime financeiro de repartição simples e outra parte deles fica alocada no regime de capitalização.

Para melhor dicção do tema, mister entender o que é **segregação de massas**: é a separação dos servidores em dois planos de previdência, denominados de Plano (ou fundo) Financeiro e Plano (ou fundo) Previdenciário.

Com a segregação, uma parte dos servidores continua sob regime financeiro de repartição simples e a outra

---

(8) BIANCO, Dânae Dal et al. Previdência de Servidores Públicos. São Paulo: Atlas, 2009. p. 12

parte sob regime financeiro de capitalização ou cobertura de capitais. O Ministério da Previdência, em seu portal na web, assim nos esclarece:

> "Segregação da massa de segurados é uma separação desses segurados em dois grupos distintos, a partir da definição de uma data de corte, sendo um grupo intitulado de Plano Financeiro e o outro de Plano Previdenciário. Esta data de corte não poderá ser superior à data de implementação da segregação. Os servidores admitidos anteriormente à data de corte integrarão o Plano Financeiro e os admitidos após, integrarão o Plano Previdenciário. Os beneficiários de aposentadorias e pensões concedidas entre a data de corte e a data de implementação da segregação da massa, se admitidos após a data de corte, poderão ser alocados ao Plano Previdenciário ou destinados em sua totalidade ao Plano Financeiro. <u>A segregação da massa será considerada implementada a partir do seu estabelecimento em lei do ente federativo, acompanhado pela separação orçamentária, financeira e contábil dos recursos e obrigações correspondentes a cada grupo</u> (grifado pela relevância)[9]. (Grifos originais)".

E de acordo com o art. 2º, XIX, da Portaria/MPS n. 403/08, caracteriza-se segregação de massas:

> Art. 2º...
> [...]
> XIX - Segregação da Massa: a separação dos segurados vinculados ao RPPS em grupos distintos que integrarão o Plano Financeiro e o Plano Previdenciário.

A segregação de massas depende de estudos atuariais, com a separação de recursos acumulados com a dos recursos a serem recebidos por contribuições previdenciárias passadas (aquelas que deixaram de ser recolhidas). É o atuário quem vai determinar o valor do déficit e o montante a ser aportado no novo plano previdenciário.

Com esse tipo de regime, o fundo financeiro tem vida limitada, passando a ser um regime em extinção, uma vez que acoberta massa de servidores inativos e seus dependentes que, com o tempo (óbito), deixarão de existir. Com a extinção do fundo financeiro, no futuro, apenas sobreviveria o fundo capitalizado.

A nosso ver, hoje, o melhor regime a ser adotado nos RPPS está na fusão entre o regime financeiro de repartição simples, com garantia do Estado do mínimo possível, com a instituição da previdência complementar, que como veremos, tem a finalidade de proporcionar ao servidor a opção por alargar seus ganhos. O modelo de capitalização, com segregação de massas e aportes, poderia vir a ser uma grande solução, contudo, não há no Brasil responsabilidade previdenciária para sua sustentação (a premissa parte das recentes reformas patrocinadas por alguns entes, que descapitalizaram seus fundos previdenciários, sob alegação de depender dos recursos para cumprir suas agendas).

As experiências nos têm demonstrado que não existe responsabilidade previdenciária por parte dos gestores. Quase que diuturnamente nos deparamos com noticiários envolvendo desvios dos fundos de capitalização para outros pagamentos que não benefícios. Com a descapitalização, não há como sobreviver aos fundos, desfigurando-se a garantia inicialmente calculada atuarialmente. Com o desfalque na capitalização, não há que se falar em equilíbrio financeiro-atuarial no sistema.

Infelizmente o que se tem percebido é a prática de governantes e gestores de atuarem de forma imediatista e mediática, com o intuito de resolver problemas atuais, olvidando-se de que os problemas que envolvem previdência somente podem ser solucionados em longo prazo, e é para isso que se fazem cálculos atuariais de projeção futura.

O equacionamento de déficit previdenciário requer planejamento e responsabilidade em cumpri-lo. Não é uma ação isolada e momentânea. O sistema capitalizado foi pensado justamente nesse sentido. Uma vez extinto o fundo financeiro, não há que se ter remanescências do serviço passado. No regime capitalizado não há, portanto, que se falar em quota suplementar do ente (cobertura de insuficiências financeiras).

Entretanto, num país onde se impera a irresponsabilidade previdenciária, o regime capitalizado fica no mundo das ideias, e não no mundo das ações.

4.4.5. Regime Financeiro de Repartição Simples com Segregação de Massas e Previdência Complementar

Neste tipo de regime se faz a segregação de massas com vistas a alocar parte dos servidores na previdência complementar. De acordo com as regras da previdência complementar pública, somente serão alocados no seu regime os servidores que ingressaram no serviço público após sua instituição, conforme § 14 do art. 40 da CF/88:

> Art. 40...
> [...]
> § 14 - A União, os Estados, o Distrito Federal e os Municípios, desde que instituam regime de previdência complementar para os seus respectivos servidores titulares de cargo efetivo, poderão fixar, para o valor das aposentadorias e pensões a serem concedidas pelo regime de que trata este artigo, o limite máximo estabelecido para os benefícios do regime geral de previdência social de que trata o art. 201. (Incluído pela Emenda Constitucional n. 20, de 15/12/98)

---

(9) Ministério da Previdência Social. Disponível em <http://www.previdencia.gov.br/acesso-a-informacao-perguntas-frequentes-regime-proprio-matematicas-previdenciarias/>. Acesso em 26 de outubro de 2015.

Desta forma, neste tipo de regime de financiamento, os servidores que ingressaram no serviço público antes da edição da lei instituidora da previdência complementar permanecem no fundo financeiro, e os que ingressaram após, obrigatoriamente, vão para o fundo de previdência complementar. Mas, neste último caso, os servidores são segurados do plano de regime financeiro até o limite máximo do regime geral de previdência social, e o que ultrapassar esse limite é de responsabilidade do fundo de previdência complementar.

Exemplificando: um servidor ingressa no serviço público após a edição da lei complementar X, que instituiu o plano de previdência complementar. Suponha-se que este servidor ganhe subsídio mensal no valor de R$ 10.000,00 (dez mil reais) e que a alíquota do plano financeiro seja de 11% e do plano de previdência complementar seja de 8%. Ele vai contribuir com 11% sobre o valor de R$ 4.663,75 (quatro mil, seiscentos e sessenta e três reais e setenta e cinco centavos) e sobre o restante, R$ 5.336,25 (cinco mil, trezentos e trinta e seis reais e vinte e cinco centavos), com os 8%.

Suas contribuições ficam assim distribuídas e definidas:

11% para o fundo financeiro: R$ 513,01 (quinhentos e treze reais e um centavo).
8% para o fundo de previdência complementar: R$ 426,90 (quatrocentos e vinte e seis reais e noventa centavos).
Total: R$ 939,91 (novecentos e trinta e nove reais e noventa e um centavos)

Se fosse contribuir unicamente para o fundo financeiro, sua contribuição totalizaria R$ 1.100,00 (um mil e cem reais). Se acaso a alíquota de contribuição para a previdência complementar também fosse de 11%, ele pagaria R$ 586,99 (quinhentos e oitenta e seis reais e noventa e nove centavos), totalizando R$ 1.100,00 (um mil e cem reais). Note-se que não há nenhum prejuízo financeiro no que se refere ao *quantum* de contribuição a ser pago.

Vale salientar que a Lei n. 12.618, de 30 de abril de 2012, que instituiu a previdência complementar para o servidor público federal, estipulou, em seu art. 16, § 3º, que a alíquota de contribuição não poderá ser superior a 8,5% (oito inteiros e cinco décimos por cento), nos seguintes termos: "§ 3º A alíquota da contribuição do patrocinador será igual à do participante, observado o disposto no regulamento do plano de benefícios, e não poderá exceder o percentual de 8,5% (oito inteiros e cinco décimos por cento)."

Em síntese, acerca dos regimes financeiros, temos o seguinte quadro:

Regime Financeiro de Repartição Simples	Regime Financeiro de Capitalização	Regime Financeiro de Repartição de Capitais de Cobertura	Regime Financeiro de Repartição Simples (fundo financeiro) com Segregação de Massa Capitalizada (fundo capitalizado)	Regime Financeiro de Repartição Simples com Segregação de Massas e Previdência Complementar

4.5. SEGREGAÇÃO DE MASSAS X CUSTO DE TRANSIÇÃO

Segregação de massas, como dito, é a separação dos servidores em dois planos de previdência, denominados de Plano (ou fundo) Financeiro e Plano (ou fundo) Previdenciário.

Com a segregação, uma parte dos servidores continua sob regime financeiro de repartição simples e a outra parte sob regime financeiro de capitalização ou cobertura de capitais.

São os estudos atuariais, que determinarão o valor do déficit e o montante a ser aportado no novo plano. É o atuário quem vai determinar o valor do déficit e o montante a ser aportado no novo plano previdenciário, estimando o passivo previdenciário, na situação atual e no sistema proposto e calculando o custo de transição entre os dois sistemas.

O Ministério da Previdência (atual Ministério do Trabalho e Previdência Social) tratou do instituto através da Portaria MPS n. 403/2008. Senão vejamos:

> Art. 20. Na hipótese da inviabilidade do plano de amortização previsto nos art. 18 e 19 para o equacionamento do déficit atuarial do RPPS, será admitida a segregação da massa de seus segurados, observados os princípios da eficiência e economicidade na realocação dos recursos financeiros do RPPS e na composição das submassas, e os demais parâmetros estabelecidos nesta Portaria. (Redação dada pela Portaria MPS n. 21, de 16/01/2013)
>
> § 1º A segregação da massa existente na data de publicação da lei que a instituir poderá tomar por base a data de ingresso do segurado no ente federativo na condição de servidor titular de cargo efetivo vinculado ao RPPS, a idade do segurado ou a sua condição de servidor em atividade, aposentado ou pensionista, admitindo-se a conjugação desses parâmetros, para fins de alocação dos segurados ao Plano Financeiro e ao Plano Previdenciário. (Redação dada pela Portaria MPS n. 21, de 16/01/2013).
>
> § 2º O Plano Financeiro deve ser constituído por um grupo fechado em extinção sendo vedado o ingresso de novos segurados, os quais serão alocados no Plano Previdenciário. (Redação dada pela Portaria MPS n. 21, de 16/01/2013).
>
> § 3º - Revogado pela Portaria MPS n. 21, de 16/01/2013.
>
> § 4º A proposta de segregação da massa dos segurados do RPPS deverá ser submetida à aprovação da SPPS, acompanhada da avaliação atuarial e justificativa técnica apresentada pelo ente federativo. (Incluído pela Portaria MPS n. 21, de 16/01/2013)

§ 5º A justificativa técnica de que trata o parágrafo anterior deverá demonstrar a viabilidade orçamentária e financeira da segregação para o ente federativo, por meio dos fluxos das receitas e despesas do Plano Financeiro e do Plano Previdenciário, inclusive os impactos nos limites de gastos impostos pela Lei Complementar n. 101, de 04 de maio de 2000. (Incluído pela Portaria MPS n. 21, de 16/01/2013)

§ 6º Não serão admitidos como forma de equacionamento do déficit atuarial quaisquer outros modelos de agrupamentos ou desmembramentos de massas ou submassas de segurados ou a adoção de datas futuras, que contrariem o disposto neste artigo. (Incluído pela Portaria MPS n. 21, de 16/01/2013)

Art. 21. A segregação da massa será considerada implementada a partir do seu estabelecimento em lei do ente federativo, mediante a separação orçamentária, financeira e contábil dos recursos e obrigações correspondentes. (Redação dada pela Portaria MPS n. 21, de 16/01/2013).

§ 1º O relatório da avaliação atuarial deverá demonstrar como se dará a separação dos recursos entre o Plano Financeiro e o Plano Previdenciário, devendo ser observado que todos os recursos já acumulados pelo RPPS deverão ser destinados ao Plano Previdenciário. (Redação dada pela Portaria MPS n. 21, de 16/01/2013.)

§ 2º Uma vez implementada a segregação da massa, fica vedada qualquer espécie de transferência de segurados, recursos ou obrigações entre o Plano Financeiro e o Plano Previdenciário, não se admitindo, também, a previsão da destinação de contribuições de um grupo para o financiamento dos benefícios do outro grupo.

§ 3º A avaliação atuarial que indicar a segregação da massa e as reavaliações atuariais anuais posteriores deverão apurar separadamente, sem prejuízo de outras informações solicitadas em conformidade com o art. 15 desta Portaria: (Redação dada pela Portaria MPS n. 21, de 16/01/2013)

I - Para o Plano Financeiro: o resultado atuarial e as projeções atuariais de receitas e despesas avaliados a taxa real de juros referencial de 0% (zero por cento). (Redação dada pela Portaria MPS n. 21, de 16/01/2013).

Art. 22. Observado o disposto no artigo 25, o RPPS que implementar a segregação da massa, somente poderá alterar os seus parâmetros ou desfazê-la, mediante prévia aprovação da SPS.

Da dicção dos dipostivos tem-se que, com a segregação de massas, passa o fundo financeiro a ser um fundo em extinção, sem razão de existência, posto que não haverá mais ingresso de segurados.

Entrementes, resultados mostram que o custo de transição é elevado, embora esteja distribuído ao longo do tempo, tendo em vista o agravamento da situação da previdência nos anos 90, ocasionando um dos maiores problemas das finanças públicas envolvendo os entes federativos. O serviço passado, ou seja, o déficit dos sistemas, foi sendo gerado ao longo dos anos e hoje se faz premente adotar políticas de equacionamento deste déficit.

Ao se equacionar o déficit previdenciário, estar-se-á promovendo o equilíbrio nas contas públicas, o que, via de consequência, gera possibilidade de crescimento, uma vez que os recursos destinados a cobrir insuficiências financeiras passarão a ser destinados a outras áreas, como saúde, educação, assistência, segurança, infraestrutura etc.

As reformas instituídas nos governos FHC e Lula não foram capazes de sanar o problema. Com certeza, as reformas minimizaram o déficit, mas o desequilíbrio financeiro-atuarial persiste, exigindo outras formas de reajustes.

Para a ocorrência da transposição de modo de financiamento, é de se quantificar gastos e receitas, para que se visualize a viabilidade econômica das mudanças sugeridas. Ou seja, sem um estudo atuarial e financeiro profundo, levando em consideração o perfil dos segurados que migrarão para o novo sistema, não há que se falar em transição.

Há de ser feita a identificação de todos os beneficiários do plano, que somados significam o monte a ser gasto pelo plano e quantificar os valores que são arrecadados com as contribuições. Essa projeção, custos x arrecadação, é a base para a formalização da transição.

O custo de transição pode então ser definido como a parcela dos dispêndios previdenciários, não financiada pelas contribuições, depois de feita a reforma previdenciária. É o que sobra dessa operação e que será suportado pelos cofres públicos. Entretanto, o custo de transição inicial acaba sendo absorvido futuramente, quando a reforma começa a surtir seus desejáveis efeitos.

Outrossim, o custo da transição pode ser financiado, através de empréstimos, títulos públicos, ou outras formas de repasse para o novo sistema. A ideia é tratar o serviço passado como um benefício proporcional diferido que seria pago pelo governo quando do momento da aposentadoria do servidor. (BELLUZO: Previdência ou Imprevidência, 2003).

Hoje, existem muitas distorções no sistema previdenciário público. Uma delas é a aplicabilidade das normas concessivas de benefícios, que, em muitos casos, variam de Estado para Estado e de Município para Município. Até mesmo as regras instituídas pela Constituição Federal e suas reformas possuem variantes, tendo em vista a larga gama de interpretações jurídicas dadas às mesmas.

Por isso mesmo, tem-se pensado num sistema previdenciário público único, como acontece com o regime geral. Seria uma forma de se aplicar equidade na forma de concessão, manutenção e cancelamento dos benefícios, tal como acontecia no antigo Ipase.

Segundo pesquisa realizada e traduzida no excelente artigo Reforma da Previdência Social e Custo de Transição: Simulando um Sistema Universal para o Brasil, elaborado por Hélio Zylberstajn, Luís Eduardo Afonso e André Portela Souza, uma reforma previdenciária deve ser pautada por seis princípios básicos: I) Equilíbrio atuarial; II) Justiça atuarial; III) Simplificação do sistema previdenciário; IV) Aspectos distributivos no sentido progressivo; V) Incentivo à formalização e VI) Redução nas alíquotas de contribuição[10].

Quiçá seja mesmo uma solução para a solvabilidade dos fundos, contemplando Municípios que não têm

---

(10) ZYLBERSTAJN, Hélio; AFONSO, Luís Eduardo; SOUZA, André Portela. Reforma da previdência social e custo de transição: simulando um sistema universal para o Brasil. XXXIII Encontro Nacional de Economia (2005). Disponível em <http://www.anpec.org.br/encontro2005/artigos/A05A052.pdf>. Acesso em 27 de maio de 2015.

condições de manter um RPPS, tampouco de ter uma unidade gestora única. Ao estabelecer regras universais, a justiça previdenciária estará sendo promovida.

Entretanto deve ser estabelecida uma estrutura de governança capaz de minimizar os riscos da malversação dos recursos públicos previdenciários.

4.6. FONTES DE RECEITAS

4.6.1. Novas fontes de receitas

Comumente os RPPS possuem as seguintes fontes de receitas: a) contribuição dos segurados ativos e inativos e pensionistas; b) contribuição patronal; c) compensação previdenciária com outros regimes; e d) resultado de investimentos, aplicações.

No entanto, tem-se buscado incansavelmente outras fontes de receitas, como royalties, prêmios de loterias estaduais (PL 472/2007), loteria federal, inspeções veiculares, Pasep (MP 574/2012), DPVAT, redução das taxas de juros das dívidas públicas estaduais, ICMS sobre operações eletrônicas, CID de (bebidas alcoólicas), financiamento internacional, são bons exemplos.

Destarte, as receitas adicionais, de maneira geral, somente poderão ser concedidas ao RPPS que esteja regular perante o Ministério da Previdência Social (CRP e Pró-Gestão, dos quais nós cuidaremos mais detalhadamente no transcorrer desta obra). Acaso o ente não apresente regularidade junto ao MPS, os recursos obtidos serão redistribuídos às demais entidades gestoras.

O DPVAT é um seguro que indeniza vítimas de acidentes causados por veículos automotores e que circulam nas vias terrestres. Foi criado por Lei 6.194/74 – CTB – e determina que todos os veículos nas condições ditas paguem o seguro. A obrigatoriedade do pagamento garante às vítimas de acidentes com veículos o recebimento de indenizações, ainda que os responsáveis pelos acidentes não arquem com essa responsabilidade.

A receita do DPVAT, atualmente, gira em torno de R$ 3.500.000.000,00 (três bilhões e quinhentos milhões) por ano. Com base nesses dados, o Ministério da Previdência engendrou todos os esforços no sentido de que parte dessa receita fosse destinada aos RPPS. O Projeto de Lei do Senado – PLS 16/2008 – DPVAT foi apresentado para alterar a Lei n. 8.212, de 24 de julho de 1991[11], no sentido de instituir rateio dos recursos oriundos do Seguro Obrigatório de Danos Pessoais causados por veículos automotores de vias terrestres e destinados ao custeio da assistência médico-hospitalar dos vitimados.

A distribuição proposta seria para o Ministério da Saúde, destinado ao Sistema Único de Saúde (SUS), para custeio dos serviços pré-hospitalares e hospitalares de urgência, inclusive dos vitimados em acidentes de trânsito; para o Ministério da Previdência Social, destinados ao Regime Geral de Previdência Social para serem aplicados em programas de habilitação e reabilitação física e profissional; para as entidades gestoras dos regimes próprios de previdência social, instituídos no âmbito dos Estados, Municípios e do Distrito Federal, destinados à composição dos recursos garantidores de benefícios de riscos concedidos e a conceder; para o Ministério das Cidades, destinados ao Departamento Nacional de Trânsito, para aplicação exclusiva em programas de prevenção de acidentes de trânsito. Sendo que os percentuais a serem aplicados levariam em consideração cada peculiaridade dos Ministérios a serem agraciados com a medida.

Entretanto, o PLS referido foi arquivado em 26 de dezembro de 2014; ao final da legislatura, em data de 30 de março de 2015, se encontrava na Secretaria de Arquivo do Senado.

Porém voltou a ser pauta de reivindicações a destinação de parte do DPVAT para a previdência. Na carta extraída do Encontro dos Governadores do Nordeste, que ocorreu em 16 e 17 de julho do corrente ano, foi sugerida a utilização de parte do recurso do seguro DPVAT para compensar aposentadorias de servidores do Estado por invalidez decorrentes de acidentes automobilísticos.

Também entrou na pauta a destinação de parte dos recursos captados pelas loterias para Estados e Municípios que tenham RPPS. As medidas servem para compensar o déficit previdenciário corrente dos Estados nordestinos – que pode passar de 12 bilhões de reais no ano de 2015. Foi ainda cogitada a criação de Varas Especializadas em Regime Próprio de Previdência Social.

Os representantes dos Estados nordestinos solicitaram ainda apoio do Ministério da Previdência ao Projeto de Resolução do Senado n. 26/2015[12], apresentado pela senadora Regina Sousa, que prevê a antecipação de créditos da dívida ativa.

Novas receitas para o RPPS são de extrema importância para a sobrevivência dos mesmos. No Brasil, em 1950, havia 2,6 milhões de idosos. Hoje, são 20,5 milhões de idosos. Em 2050, a estimativa é de uma população de 65 milhões. A pirâmide que exprime o equilíbrio dos fundos, com base no sistema de benefício definido e modelo de financiamento de repartição simples (ativos contribuindo para inativos, conforme veremos a seguir), está se invertendo.

A busca por novas fontes alternativas de receitas significa a oportunidade de redução das despesas previdenciárias, ao passo que autoriza o ingresso de novos recursos.

---

(11) Que dispõe sobre a organização da Seguridade Social, institui Plano de Custeio e dá outras providências.

(12) Altera a Resolução n. 43, de 2001, que dispõe sobre as operações de crédito interno e externo dos Estados, do Distrito Federal e dos Municípios, inclusive concessão de garantias, seus limites e condições de autorização, e dá outras providências, para permitir que as estruturas de FIDC (Fundo de Investimento em Direitos Creditórios), com base em recebíveis originados pelo parcelamento da dívida ativa, não sejam considerados e enquadrados como operação de crédito

Uma das sugestões que têm sido aventadas seria a autorização de realização de empréstimos consignados, sendo que o *spread* bancário, ou seja, a diferença entre a remuneração paga ao aplicador para captar um recurso e o quanto deve ser cobrado para emprestar o mesmo dinheiro ficaria com a própria unidade gestora. Hoje não existe esta previsão legal, mas está sendo devidamente estudada para viabilização futura.

Estados como o Acre têm buscado fontes alternativas de receitas dentro dos seus próprios territórios. Segundo o diretor-presidente da Acreprevidência, José de Anchieta, nunca houve uma poupança garantidora de benefícios e ele analisa o ingresso de novas receitas da seguinte forma:

"O Acreprevidência foi criado já com cerca de 3.500 benefícios e sem qualquer reserva financeira. O que se arrecadava no mês era usado para cobrir o próprio mês. O Estado não tinha como fazer um aporte. Hoje temos mais de 10.000 benefícios. A futura falta de recursos é uma realidade. As contribuições serão cada vez mais insuficientes para cobrir os pagamentos. Tudo isso tem sido uma preocupação nossa. Já está em andamento um grande projeto de captação de recursos por meio de fontes alternativas, como é o caso da transferência de imóveis para monetização pelo Fundo de Previdência. Também estão adiantados os estudos para implementarmos projetos inovadores que venham gerar novos recursos, oriundos de: carbono, florestamento, reflorestamento, manejo, compensação de florestas etc."[13]

Em 6 de agosto de 2015, entrou em vigor a Lei Complementar n. 151, de 5 de agosto de 2015, que dispõe sobre os depósitos judiciais e administrativos no âmbito dos Estados, do Distrito Federal e dos Municípios e revoga a Lei n. 10.819, de 16 de dezembro de 2003, e a Lei n. 11.429, de 26 de dezembro de 2006. A proposta permite aos Estados e Municípios utilizarem os recursos dos depósitos judiciais e administrativos para pagar precatórios judiciais, dívida pública, investimentos e despesas previdenciárias. É vedado o uso para custeio.

Apesar dos vetos, a lei complementar manteve a transferência de 70% do dinheiro dos depósitos judiciais e administrativos para os cofres da União, dos Estados e dos Municípios. Os outros 30% serão destinados ao para custeio de litígios judiciais

Foi vetado, por exemplo, o dispositivo que permitia a utilização de até 10% do fundo de reserva pelo Estado para a remuneração de parcerias público-privadas nas áreas de infraestrutura e logística.

A LC n. 151/15, cuja proposta partiu do senador José Serra (PSDB-SP), permitirá aos Estados e Municípios recursos imediatos na ordem de 21,5 bilhões de reais (vinte e um bilhões e quinhentos milhões de reais). A partir de 2016, está previsto 1, 6 bilhão de reais (um bilhão e seiscentos milhões de reais) por ano. Como os Estados têm perdas até que os novos indexadores entrem em vigor, a proposta é uma alternativa rápida para ampliar o caixa dos entes federados, uma vez que prevê a liberação de 70% dos recursos referentes aos depósitos judiciais e administrativos, pelas instituições financeiras, para uma conta única do Tesouro do Estado ou do Município. Os demais 30% seguiriam para um fundo de reserva para evitar perdas nos casos em decisões desfavoráveis aos Estados e Municípios, em que os contribuintes saiam vitoriosos.

Durante o 4º Encontro dos Governadores do Nordeste, o ministro da Previdência Carlos Eduardo Gabas destacou que "o sistema de previdência tem consumido cada vez mais recursos, o que pode levar à invalidez dos Estados pois restringe o poder de investimento."

Em Minas Gerais, a Lei Estadual n. 21.720, de 15 de julho de 2015, permite a utilização pelo Estado de 75% de todo o dinheiro depositado em juízo no fundo de reserva do Tribunal de Justiça de Minas Gerais (TJMG), incluindo os valores de ações particulares e das ações que envolvem os Municípios. Entretanto, a Procuradoria Geral da República (PGR) ajuizou Ação Direta de Inconstitucionalidade, tombada sob o número ADI 5353, no Supremo Tribunal Federal, sob o argumento de que a norma destina os depósitos judiciais para despesas ordinárias do Estado, e não aos titulares de direitos sobre esses créditos.

Para o procurador–geral da República, a norma questionada fere a Constituição Federal, notadamente o *caput* do artigo 5º (direito de propriedade), o artigo 22, inciso I, (invasão de competência legislativa da União para legislar sobre Direito Civil e Processo Civil), e o artigo 148, incisos I e II e parágrafo único (empréstimo compulsório). Em 31 de julho de 2015, os autos se encontravam conclusos ao relator, ministro Teori Zavascki.

De um ou de outro jeito, as novas fontes de receitas devem servir de base para alocação de recursos nos fundos previdenciários, numa tentativa de saldar o serviço passado e buscar livrar o ente federativo do cumprimento de pagamento com insuficiências financeiras.

4.7. A NECESSIDADE DE REFORMAS

Antes da reforma da previdência pública promovida pela EC 20/1998, o sistema não tinha o caráter contributivo obrigatório (contribuía-se para pensões); as pensões eram benevolentes, não existia avaliação atuarial, e quando era feita, era inconsistente; não havia repasse de contribuições previdenciárias e também não existiam

---

(13) BATISTA, José de Anchieta. Entrevista sobre déficit na previdência estadual. Disponível em <http://www.acreprevidencia.ac.gov.br/eventos/2015/4_entrevista_anchieta_deficit_previdencia_estadual.php>. Acesso em 30 de julho de 2015.

normas que regulamentassem de forma expressa e direta a responsabilidade dos responsáveis pelos aludidos repasses. Além do mais, as gestões ineficientes não eram aptas a lidar com os problemas da previdência pública.

Todas as reformas estruturais, com destaque para a EC n. 20/98 e a EC n. 41/03, não surtiram os efeitos desejados, no que tange ao déficit previdenciário e o equilíbrio financeiro e atuarial está longe de ser alcançado. O Brasil, como a maioria do mundo, está deixando de ser um país de jovens. No passado, existiam muito mais contribuintes do que beneficiários. Hoje, a inversão da pirâmide etária é algo preocupante. Num futuro próximo, haverá muito mais beneficiários do que contribuintes.

Somam-se ao aumento da expectativa de vida a concessão de aposentadorias precoces. Ainda tem o fato de que as mulheres têm expectativa de vida 7,6 (sete ponto seis) anos maior que a dos homens, mas ainda se aposentam com 5 (cinco) anos a menos, quer seja no tempo de contribuição, quer seja na idade.

Desta forma, o modelo de financiamento do tipo benefício definido, ou pacto de gerações, como costuma ser chamado, nao tem como se sustentar.

Paradoxalmente do que aqui vem acontecendo, alguns países já igualam as regras previdenciárias para homens e mulheres, como, v.g., França, Alemanha, Espanha, Itália, Suíça e muitos outros estão em fase de transição, pela afirmação da isonomia pelo gênero.

Como cediço, com a crise financeira mundial de 2008, iniciada nos Estados Unidos e que abalou a Europa, começou-se uma corrida no ajustamento das contas, notadamente nos sistemas previdenciários. Vários países europeus mexeram drasticamente em suas regras previdenciárias e muitos estão em fase de implantação gradativa, tudo por força de endividamento público. Para citar exemplos, tomemos o caso: 1) do Reino Unido: entre 2010 e 2020 a idade para mulheres aumentará para 65 anos. Entre 2024 e 2028 a idade para ambos aumentará para 66 anos. Entre 2034 e 2036 aumentará para 67 anos. Entre 2044 e 2046 aumentará para 68 anos; e 2) França: em 2003 o período mínimo de contribuição aumentou de 37,5 para 40 anos e será elevado gradualmente até 42 anos até 2020. Em 2010, foi aprovada reforma que aumenta a idade mínima para 62 anos até 2018. A aposentadoria antecipada sem redução do benefício é possível com 41 anos de contribuição. Para aqueles que não atingiram o tempo mínimo, a aposentadoria é possível a partir dos 60 anos de idade com redução proporcional no benefício.

Sem nenhum esforço hercúleo, vê-se que a questão não pode ser vista com frieza e descaso. O aumento da expectativa de vida é um fator percebido no mundo todo, motivador da necessidade de mudanças. A lógica aristotélica é simples. Premissa maior: mudanças no sistema; premissa menor: melhoria da proteção social; conclusão: sustentabilidade fiscal de longo prazo. Há necessidades prementes de se modificar o ingresso no sistema, logicamente com a preservação daqueles direitos que realmente devam ser preservados.

Como a expectativa de vida das mulheres está muito acima da dos homens, a tendência é que as regras de aposentadoria sejam igualadas de forma globalizada, inclusive no Brasil, já que a tendência é que essa diferença aumente (em 1980, a diferença entre as expectativas de vida de homens e mulheres era de 6,1 anos a mais para as mulheres, em 2013, foi de 7,3 anos)[14]. Em termos atuariais, sobrevida maior significa maiores custos, e continuar fechando os olhos para essa realidade não faz hodiernamente qualquer sentido.

A previdência complementar tem sofrido críticas. Sabe-se que a previdência complementar do servidor público (Executivo, Legislativo e Judiciário), desde a implantação em 2012, tem tido pouca adesão. Alguns economistas entendem que a poupança gerada pela previdência complementar é bem inferior a outros tipos de investimentos.

Uma das ideias que têm sido mais difundidas ultimamente é a de uma previdência única, conforme trabalho já mencionado dos exponenciais economistas Hélio Zylberstajn (USP), Luís Eduardo Afonso (FGV) e André Portela Souza (FGV). Vale trazer à colação parte dos seus estudos:

"A complexidade de nosso sistema previdenciário, as altas alíquotas de contribuição e os elevados déficits, tanto para os servidores públicos quanto para os trabalhadores do setor privado, são um retrato de um desenho institucional inadequado. Partindo desse diagnóstico e tendo-se como referencial as boas normas da doutrina previdenciária, propõe-se aqui uma reforma pautada por seis princípios básicos: i) Equilíbrio atuarial; ii) Justiça atuarial; iii) Simplificação do sistema previdenciário; iv) Aspectos distributivos no sentido progressivo; v) Incentivo à formalização; e vi) Redução nas alíquotas de contribuição."[15]

O Sistema Universal, como denominado pelos professores, se fosse adotado, aproximar-se-ia de outros sistemas, como o dos Estados Unidos. Para chegar às suas conclusões, os pesquisadores analisaram o passivo previdenciário e o custo de transição. Sobre o primeiro, afirmam que com a medida sofreriam redução quantitativa, fazendo com que as necessidades de financiamento do setor público diminuam, reduzindo o esforço fiscal feito no país.

---

(14) Portal Brasil. Disponível em <http://www.brasil.gov.br/economia-e-emprego/2014/12/expectativa-de-vida-dos-brasileiros-sobe-para-74-9-anos-de-acordo--com-ibge>. Acesso em 26 de outubro de 2015.

(15) ZYLBERSTAJN, Hélio et all. Reforma da Previdência Social e Custo de Transição: Simulando um Sistema Universal para o Brasil. Artigo originalmente apresentado no XXXIII Encontro Nacional de Economia (ANPEC), Natal-RN, dezembro -2005. Disponível em <http://www.fea.usp.br/feaecon/incs/download.php?i=162&file=../...%20Em%20cache>. Acesso em 05 de agosto de 2015.

Não conseguimos visualizar o Sistema Universal e suas consequências. Entretanto, começamos a vislumbrar a possibilidade de existência da previdência pública una para todos os servidores públicos ocupantes de cargos efetivos, inclusive para aqueles dos mais de 3.500 Municípios que não instituíram seus RPPS, em fragrante prejuízo aos seus servidores.

Uma previdência única, além de acabar com a desigualdade nas concessões, manutenções e revisões de benefícios, poderá, se for bem gerida, contribuir para o equacionamento dos déficits. Seria como começar o que de fato nunca teve início efetivo.

4.8. PREVIDÊNCIA COMPLEMENTAR

A primeira lei regulatória de previdência complementar no Brasil foi a Lei n. 6.435, de 15 de julho de 1977, que dispôs sobre as entidades de previdência privada. Editada em plena década de 70, que foi marcada pela crise do petróleo, desencadeada a partir de 1974 e que levou o Brasil, ao lado dos Estados Unidos, da Suécia e do Reino Unido, à recessão. O Brasil necessitava, para fomentar sua área econômica, de aumentar sua poupança interna, ficando famosa a frase do então ministro da Fazenda Antônio Delfim Netto (17-3-1967 a 15-3-1974): "É preciso primeiro aumentar o 'bolo', para depois reparti-lo." O bolo a que se referia era a renda nacional.

Desta forma, com vistas a incrementar a política econômica é que surgiu a primeira lei de previdência complementar, meses após ser editada a Lei n. 6.404, de 15 de dezembro de 1976, que dispôs sobre as Sociedades Anônimas. Estava em decadência o "milagre econômico brasileiro", e o Brasil, com a queda de seu desenvolvimento econômico, passa a utilizar suas reservas cambiais e seus empréstimos internacionais para equilibrar sua balança comercial.

O projeto de criação da Fundação Petrobras de Seguridade Social (Petros) começou a ser elaborado em meados da década de 60 e oficialmente iniciou suas atividades, como entidade de previdência complementar de natureza privada, em 1º de julho de 1970.

Outra grande fundação criada à época foi a Fundação de Assistência aos Empregados da CESP - FAEC, hoje conhecida como Funcesp, que foi oficialmente instituída como entidade fechada de previdência complementar, multipatrocinada, em 1979.

Outra grande previdência complementar surgida na década de 70 foi a Caixa dos Empregados das Usinas Siderúrgicas de Minas Gerais – Usiminas, em 28 de agosto de 1972. Em 29 de março de 2012, por meio da Portaria Previc n. 165, de 29-3-2012, foi incorporada à Caixa a Fundação de Seguridade Social (Fenco), criada em agosto de 1975 pela Companhia Siderúrgica Paulista – Cosipa. A fusão das duas entidades deu origem à Previdência Usiminas – Usiprev.

Esses são apenas alguns exemplos que marcam a década de 70, como marco regulatório inicial da previdência complementar no Brasil.

Com a rigidez, higidez e liquidez dos planos, o governo brasileiro percebeu a importância da regulamentação da previdência complementar, tendo a mesma sido uma das pautas do grupo de estudos instituído pelo Decreto n. 92.654, de 15 de maio de 1986, no âmbito do Ministério da Previdência e Assistência Social, com o objetivo de propor medidas para reestruturação das bases de financiamento da previdência social e reformulação dos planos de benefícios previdenciários. O artigo 3º do decreto continha as seguintes diretrizes:

> Art. 3º. O Grupo de Trabalho considerará, em seus estudos e proposições, os seguintes temas de relevante interesse para a reestruturação do Sistema Previdenciário:
>
> I - quanto às bases de financiamento:
>
> estrutura atual da receita – orçamento previdenciário, orçamento social e alternativas de financiamento fiscal; diversificação das bases de incidência da contribuição previdenciária; pisos e tetos de contribuições de terceiros; alternativas de financiamento parafiscal;
>
> plano de custeio da Previdência Social, urbana e rural – planos atuariais e regimes financeiros alternativos; sistema de segurança social básica e supletiva.

Contudo, a previdência complementar do servidor público somente veio a ser introduzida no corpo da Constituição Federal em 16 de dezembro de 1998, data de publicação da Emenda Constitucional n. 20, de 15-12-1998.

A EC n. 20/98 deu nova redação ao art. 202 da CF/88, que assim passou a vigorar:

> Art. 202. O regime de previdência privada, de caráter complementar e organizado de forma autônoma em relação ao regime geral de previdência social, será facultativo, baseado na constituição de reservas que garantam o benefício contratado, e regulado por lei complementar. (Redação dada pela Emenda Constitucional n. 20, de 1998)
>
> § 1º A lei complementar de que trata este artigo assegurará ao participante de planos de benefícios de entidades de previdência privada o pleno acesso às informações relativas à gestão de seus respectivos planos. (Redação dada pela Emenda Constitucional n. 20, de 1998)
>
> § 2º As contribuições do empregador, os benefícios e as condições contratuais previstas nos estatutos, regulamentos e planos de benefícios das entidades de previdência privada não integram o contrato de trabalho dos participantes, assim como, à exceção dos benefícios concedidos, não integram a remuneração dos participantes, nos termos da lei. (Redação dada pela Emenda Constitucional n. 20, de 1998)
>
> § 3º É vedado o aporte de recursos a entidade de previdência privada pela União, Estados, Distrito Federal e Municípios, suas autarquias, fundações, empresas públicas, sociedades de economia mista e outras entidades públicas, salvo na qualidade de patrocinador, situação na qual, em hipótese alguma, sua contribuição normal poderá exceder a do segurado. (Incluído pela Emenda Constitucional n. 20, de 1998)
>
> § 4º Lei complementar disciplinará a relação entre a União, Estados, Distrito Federal ou Municípios, inclusive suas autarquias, fundações, sociedades de economia mista e empresas controladas direta ou indiretamente, enquanto patrocinadoras de entidades fechadas de previdência privada, e suas respectivas entidades fechadas de previdência privada. (Incluído pela Emenda Constitucional n. 20, de 1998)

§ 5º A lei complementar de que trata o parágrafo anterior aplicar-se-á, no que couber, às empresas privadas permissionárias ou concessionárias de prestação de serviços públicos, quando patrocinadoras de entidades fechadas de previdência privada. (Incluído pela Emenda Constitucional n. 20, de 1998)

§ 6º A lei complementar a que se refere o § 4º deste artigo estabelecerá os requisitos para a designação dos membros das diretorias das entidades fechadas de previdência privada e disciplinará a inserção dos participantes nos colegiados e instâncias de decisão em que seus interesses sejam objeto de discussão e deliberação. (Incluído pela Emenda Constitucional n. 20, de 1998)

No que tange especificamente a parte do servidor público, a EC n. 20/98 incluiu o § 14 no art. 40 da CF/88 e a EC n. 41 modificou a redação do § 15, do mesmo artigo, passando os dispositivos citados a vigorarem com a seguinte redação:

Art. 40...
[...]
§ 14 - A União, os Estados, o Distrito Federal e os Municípios, desde que instituam regime de previdência complementar para os seus respectivos servidores titulares de cargo efetivo, poderão fixar, para o valor das aposentadorias e pensões a serem concedidas pelo regime de que trata este artigo, o limite máximo estabelecido para os benefícios do regime geral de previdência social de que trata o art. 201. (Incluído pela Emenda Constitucional n. 20, de 15/12/98)

§ 15. O regime de previdência complementar de que trata o § 14 será instituído por lei de iniciativa do respectivo Poder Executivo, observado o disposto no art. 202 e seus parágrafos, no que couber, por intermédio de entidades fechadas de previdência complementar, de natureza pública, que oferecerão aos respectivos participantes planos de benefícios somente na modalidade de contribuição definida. (Redação dada pela Emenda Constitucional n. 41, 19.12.2003)

Em 29 de maio de 2001, são editadas as Leis Complementares n.º 108 e n.º 109. A primeira regulamentando as Entidades Fechadas de Previdência Complementar – EFCP (para os servidores públicos da União, Estados e Municípios) e a segunda, as Entidades Abertas de Previdência Complementar – EAPC e as EFCP, para funcionários de empresas ou grupos de empresas.

Ambas foram editadas com espeque no mercado de capitais, canalizando, assim, investimentos para as Bolsas de Valores.

A Emenda Constitucional n. 40, de 29 de maio de 2003, deu nova redação ao artigo 142 da Carta Republicana, passando a vigorar com o seguinte texto:

Art. 142. O sistema financeiro nacional, estruturado de forma a promover o desenvolvimento equilibrado do País e a servir aos interesses da coletividade, em todas as partes que o compõem, abrangendo as cooperativas de crédito, será regulado por leis complementares que disporão, inclusive, sobre a participação do capital estrangeiro nas instituições que o integram.

Abriu-se assim, com as normatizações, o cenário profícuo para inserção da previdência complementar na política econômica brasileira.

A Previdência Complementar permite ao participante/beneficiário a garantia de uma renda futura e complementar, com um padrão de vida melhor. O participante, ao longo do tempo, vai acumulando reservas, como uma verdadeira poupança previdenciária.

Para melhor compreensão do tema, impede registrar os conceitos de entidade fechada e entidade aberta de previdência.

Entidades fechadas administram programas previdenciários de uma única empresa ou de empresas pertencentes a um mesmo grupo econômico. Pode ainda ser multipatrocinada, agrupando diversas empresas entre si, com redução de custos operacionais. Como exemplo de uma multipatrocinada, podemos citar a Fundação Libertas, patrocinada por empresas que operam em diversos setores. São patrocinadoras da fundação: a Companhia de Desenvolvimento Econômico de Minas Gerais – Codemig; A Companhia de Habitação do Estado de Minas Gerais – Cohab-MG; A Companhia de Saneamento de Minas Gerais – Copasa; o Instituto Mineiro de Agropecuária – IMA; a Minas Gerais Administração e Serviços S/A – MGS; a Companhia de Tecnologia da Informação do Estado de Minas Gerais – Prodemge; e a própria Fundação Libertas, que é resultado da fusão da Fundação de Seguridade Social da Caixa Econômica do Estado de Minas Gerais – Previcaixa – e da Fundação de Seguridade Social de Minas Gerais – Fundasemg.

As Entidades Fechadas de Previdência Complementar (EFPC) são também conhecidas como fundos de pensão. Operam planos de benefícios e podem ser constituídas na forma de fundação ou sociedade civil, sem fins lucrativos (art. 8º, par. único da LC n. 108/01 c/c art. 31, § 1º, da LC n. 109/01).

Nas EFPC a rentabilidade e o superávit revertem integralmente ao plano de previdência. Com isso, o participante acumula um saldo de conta de aposentadoria maior e, consequentemente, obtém um benefício maior.

São supervisionadas pelo Ministério da Previdência Social, por intermédio da Superintendência Nacional de Previdência Complementar (Previc), uma autarquia vinculada à Secretaria de Políticas de Previdência Complementar, do MPS (Decreto n. 7.078, de 26 de janeiro de 2010 – define a estrutura regimental do MPS). Compete à Previc, por meio do Departamento de Políticas e Diretrizes de Previdência Complementar (DPDPC), dentre outros, realizar estudos técnicos e preparar os subsídios necessários ao estabelecimento das políticas e diretrizes para o regime de previdência complementar operado pelas entidades fechadas de previdência complementar; elaborar projetos de racionalização e simplificação do ordenamento normativo da previdência complementar fechada; organizar e sistematizar dados e informações gerais sobre o regime de previdência complementar e as atividades e operações das entidades fechadas de previdência complementar; realizar estudos e subsidiar a atividade de regulação e normatização da previdência complementar fechada; análise de propostas de alteração de legislação e impactos financeiros.

Para instituição da previdência complementar para os servidores públicos, devem ser observadas as disposições contidas no artigo 202, *caput* e § 4º c/c artigo 40, §§ 14 e 15, todos da CF/88. Neste diapasão, vale colacionar os textos normativos:

Art. 40....
[...]
§ 14 - A União, os Estados, o Distrito Federal e os Municípios, desde que instituam regime de previdência complementar para os seus respectivos servidores titulares de cargo efetivo, poderão fixar, para o valor das aposentadorias e pensões a serem concedidas pelo regime de que trata este artigo, o limite máximo estabelecido para os benefícios do regime geral de previdência social de que trata o art. 201. (Incluído pela Emenda Constitucional n. 20, de 15/12/98)

§ 15. O regime de previdência complementar de que trata o § 14 será instituído por lei de iniciativa do respectivo Poder Executivo, observado o disposto no art. 202 e seus parágrafos, no que couber, por intermédio de entidades fechadas de previdência complementar, de natureza pública, que oferecerão aos respectivos participantes planos de benefícios somente na modalidade de contribuição definida. (Redação dada pela Emenda Constitucional n. 41, 19.12.2003)

Art. 202. O regime de previdência privada, de caráter complementar e organizado de forma autônoma em relação ao regime geral de previdência social, será facultativo, baseado na constituição de reservas que garantam o benefício contratado, e regulado por lei complementar. (Redação dada pela Emenda Constitucional n. 20, de 1998). (Vide Emenda Constitucional n. 20, de 1998)

[...]

§ 4º Lei complementar disciplinará a relação entre a União, Estados, Distrito Federal ou Municípios, inclusive suas autarquias, fundações, sociedades de economia mista e empresas controladas direta ou indiretamente, enquanto patrocinadoras de entidades fechadas de previdência privada, e suas respectivas entidades fechadas de previdência privada. (Incluído pela Emenda Constitucional n. 20, de 1998)

A disciplina por lei complementar de que cuida o § 4º do artigo 202 da CF/88 foi regulamentada por meio da Lei Complementar n. 108/01.

Nas entidades abertas, os planos de cobertura são comercializados por bancos e seguradoras e podem ser adquiridos por qualquer pessoa física ou jurídica. São instituídos na forma de sociedade anônima (SA) e a relação com os participantes é contratual. Parte da rentabilidade vai para o plano, e a outra parte, para os bancos ou seguradoras.

São supervisionadas pela Superintendência de Seguros Privados (Susep), autarquia ligada ao Ministério da Fazenda, órgão responsável pelo controle e pela fiscalização dos mercados de seguro, previdência privada aberta, capitalização e resseguro, e que foi criada por meio do artigo 8º, "b", do Decreto-Lei n. 73, de 21 de novembro de 1966 (Dispõe sobre o Sistema Nacional de Seguros Privados, regula as operações de seguros e resseguros e dá outras providências).

Podemos assim sistematizar os regimes de previdência hoje existentes no país, conforme quadro a seguir exposto:

Regime	Previsão Legal	Natureza Jurídica	Relação Jurídica	Entidade	Fiscalização
Regime Geral de Previdência Social – RGPS	CF/88, art. 201 c/ Lei 8.212/91 e Lei 8.213/91	Pública	Obrigatória – lei	Autarquia	MPS/SPS
Regime Próprio de Previdência Social – RPPS	CF/88, art. 40. Leis dos entes	Pública	Obrigatória – lei	Autarquia, fundação, superintendência, serviço social autônomo	MPS/SPS
Previdência Complementar Fechada – PCF	CF/88, art. 40, §§ 14 e 15 e art. 202 e LC 108/01	Privada	Facultativa – contrato (termo de adesão)	Fundações privadas, sociedade civil sem fins lucrativos	MPS/SPC
Previdência Complementar Aberta – PCA	CF/88, art. 202 e LC n. 109/01	Privada	Facultativa – contrato (termo de adesão)	Sociedades Anônimas	MF/Susep

Em alguns países o sistema complementar, de caráter facultativo, sempre foi significativo, evoluindo nos últimos anos, principalmente em função da alta rentabilidade dos fundos. Contudo, na América Latina a ideia de previdência complementar é mais recente. A proteção social sempre se apresentou de forma mais precária, não contemplando toda a população e muitas vezes não dispondo de um sistema unificado. Na Argentina, por exemplo, os servidores públicos são abarcados pelo regime geral e pelo regime próprio, dependendo da província onde estão inseridos. Das 26 províncias, somente 13, ou seja, a metade, têm regimes próprios.

Com as crises fiscais e o baixo crescimento econômico, alguns países latino-americanos promoveram profundas reformas em seus sistemas previdenciários. Seguindo as orientações do Banco Mundial, em 1982, o Chile privatizou por completo sua previdência. Outros sete países da América–Latina, Bolívia, El Salvador, México, Peru, Colômbia, Argentina e Uruguai – reformularam seus sistemas previdenciários, com privatização e capitalização, com modelos e implantação diversos.

Destarte, a Argentina tem feito estudos para mudar seu sistema previdenciário. Ultimamente, participa de um grupo de trabalho instituído pelo Cofepres e pelo Conaprev. O objetivo do grupo de trabalho é a troca de experiências entre os dois países, na busca de soluções. Em 16 de agosto de 2013, os dois países assinaram a

Carta de Iguaçu/Iguazu. No documento ficou registrado que os participantes do Encontro Binacional assumem o compromisso de trabalhar sobre os seguintes desafios: I) aposentadorias precoces; II) sustentabilidade dos regimes de pensões e aposentadorias; III) lograr o equilíbrio financeiro-atuarial; e IV) convidar a somar-se a estes encontros os demais países integrantes da UNASUL.

O certo de se afirmar é que o problema da previdência é um problema de ordem mundial. Apesar de ter sido introduzida no Ordenamento Jurídico Brasileiro em 1998, com a edição da EC n. 20/98, somente agora, passados mais de quinze anos, é que a previdência complementar começa a ganhar forma. Com ela, pretende-se começar o que de fato nunca teve início.

Com o intuito de "salvar os cofres previdenciários" da União, foi editada a Lei n. 12.618, de 30 de abril de 2012, que instituiu o regime de previdência complementar para os servidores públicos titulares de cargo efetivo da União, incluindo os membros do Poder Legislativo e do Poder Judiciário. Para isso foram criadas três instituições: I) a Fundação de Previdência Complementar do Servidor Público Federal do Poder Executivo (Funpresp-Exe); II) a Fundação de Previdência Complementar do Servidor Público Federal do Poder Legislativo (Funpresp-Leg); e III) a Fundação de Previdência Complementar do Servidor Público Federal do Poder Judiciário (Funpresp-Jud).

O sistema capitalizado da previdência complementar é uma aposta em contraponto ao sistema de repartição simples que hoje é estabelecido nos fundos financeiros. Os Estados de São Paulo, Rio de Janeiro, Minas Gerais, Espírito Santo, Ceará, Pernambuco e Rondônia já implementaram previdência complementar para os servidores públicos que ingressaram no serviço público após a edição de suas leis específicas. E vários outros estão em vias de implantação. Com a medida, espera-se que em vinte ou trinta anos o Brasil possa extinguir o déficit financeiro hoje existente nas contas da previdência dos servidores públicos.

Para exemplificar, São Paulo instituiu sua previdência complementar por meio da Lei Estadual/SP n. 14.653, em 22 de dezembro de 2011, que fixou o limite máximo para a concessão de aposentadorias e pensões de que trata o artigo 40 da Constituição Federal, autorizando a criação de entidade fechada de previdência complementar. Em março de 2015, a SPPrevcom já contava com 16.208 participantes, sendo 1.779 do RPPS[16].

Ao encaminhar projeto de Lei que cria a previdência complementar do Iprev/DF, assim se posicionou o seu diretor presidente, Roberto Moisés:

No estudo atuarial, o que se observa hoje é que temos no fundo financeiro uma proporção de 1,2 servidor ativos para cada servidor aposentado, sendo que o ideal é de 4 para 1. Já no fundo capitalizado a relação é de 464 ativos para cada um aposentado, porém a maioria dos ativos está entre 26 e 30 anos de idade. Não podemos subestimar o reflexo no futuro. Os ajustes têm que ocorrer agora.[17]

Hoje, o que se espera com a previdência complementar dos servidores públicos é a garantia de pagamento do benefício até o limite máximo estabelecido pelo RGPS e, a partir daí, uma opção do servidor de "complementar sua aposentadoria."

E a medida, vista em longo prazo, pode minimizar o rombo dos RPPSs. Somente a União registrou, em 2014, um déficit de 66,9 bilhões (sessenta e seis bilhões e novecentos milhões) de reais, de acordo com o Ministério da Fazenda.

4.8.1. Críticas à previdência complementar

A previdência complementar não é uma criação doméstica. Países como Holanda e Suíça cobrem benefícios até um teto limitador e a partir daí oferecem aos seus empregados planos complementares. A regra é simples: garantia de um sistema público de repartição para garantia de um benefício mínimo necessário. Se a economia do país avança, aos servidores são garantidos melhores benefícios por meio do sistema capitalizado (da previdência complementar), à medida que representam um importante papel na poupança nacional (investimentos de longo prazo).

O pacto de gerações não é extinto, mas passa a representar fator de justiça social, tendo em vista a unicidade dos valores de contribuição. A nosso ver, o Estado é, sim, responsável pela previdência dos seus servidores, que não pode simplesmente ser direcionada para a iniciativa privada. Ao Estado incumbe a política pública previdenciária do mínimo possível e sustentável, como um dos fundamentos do Estado Democrático de Direito e como um dos objetivos da República Federativa do Brasil.

Conquanto tenha sido considerada como alternativa para equacionar déficit previdenciário, a previdência complementar tem apresentado problemas, sendo o principal a baixa cobertura do sistema, tendo em vista que, na realidade, a previdência complementar alcança apenas os servidores com alta capacidade contributiva e, ainda, que são cônscios da importância de ingresso no sistema previdenciário complementar. Além do mais, os custos de transição são muito elevados, o que impacta as políticas fiscais, atreladas à deficiência nos mercados financeiros. Em alguns países, os títulos públicos são a única forma de receitas, o que torna os sistemas dependentes dos governos. A capitalização, assim, hoje é vista como insuficiente, quando é a única forma de sistema de financiamento.

---

(16) SPPREV – São Paulo Previdência. Disponível em <https://www.spprevcom.com.br>. Acesso em 26 de outubro de 2015.
(17) Referência: Página do IPREV/DF no facebook.

As fundações criadas pela Lei 12.618, de 30 de abril de 2012 (instituiu do regime de previdência complementar para os servidores públicos federais titulares de cargos efetivos), a Funpresp-Exe, a Funpresp-Leg e a Funpresp-Jud, contam com baixíssima adesão. Por conta disso, foi elaborado o Projeto de Lei de Conversão (PLV) n. 15, de 2015 (proveniente da MP n. 676/2015), que prevê em seu artigo 4º a modificação da Lei n. 12.618, de 30 de abril de 2012 (previdência complementar do servidor público federal), com o seguinte texto:

Art. 4º O art. 1º da Lei n. 12.618, de 30 de abril de 2012, passa a vigorar acrescido dos seguintes parágrafos, renumerando-se o atual parágrafo único para §1º:

"Art. 1º .....

§ 1º ....

§ 2º Os servidores e os membros referidos no *caput* deste artigo com remuneração superior ao limite máximo estabelecido para os benefícios do Regime Geral de Previdência Social, que venham a ingressar no serviço público a partir do início da vigência do regime de previdência complementar de que trata esta Lei, serão automaticamente inscritos no respectivo plano de previdência complementar desde a data de entrada em exercício.

§ 3º Fica assegurado ao participante o direito de requerer, a qualquer tempo, o cancelamento de sua inscrição, nos termos do regulamento do plano de benefícios.

§ 4º Na hipótese do cancelamento ser requerido no prazo de até noventa dias da data da inscrição, fica assegurado o direito à restituição integral das contribuições vertidas, a ser paga em até sessenta 10 dias do pedido de cancelamento, corrigidas monetariamente.

§ 5º O cancelamento da inscrição previsto no § 4º não constitui resgate.

§ 6º A contribuição aportada pelo patrocinador será devolvida à respectiva fonte pagadora no mesmo prazo da devolução da contribuição aportada pelo participante. (NR)

Todavia, em 5 de novembro de 2015, foi sancionada a lei 13.183, de 4 de novembro de 2015, que referendou o texto do PLV n. 15/2015, colacionado acima. Com a nova tratativa, a filiação passa a ser obrigatória. A regra nos afigura padecer de inconstitucionalidade, uma vez que traz a obrigatoriedade de filiação a um sistema de complementação de previdência que a própria Constituição Federal diz ser facultativo.

Noutro viés, especialistas têm feito críticas severas à previdência complementar, não somente pelo fato de esta ter tido baixa adesão, descumprindo assim seu propósito inicial, mas também pelo fato de investimentos em outras áreas poderem ser mais rentáveis.

Para o professor de sociologia do Instituto Federal da Bahia Daniel Romero, citado pelo jornalista Hélcio Duarte Filho, em matéria hospedada no *site* do **Sindicato dos Trabalhadores do Judiciário Federal no Estado de São Paulo (Sintrajud)**, a previdência complementar, nos moldes em que foi instituída, não pode ser associada à previdência social, uma vez que não é disso que se trata, mas de uma aplicação com alto risco e baixa perspectiva de rendimentos até mesmo em comparação a outros fundos similares. Para o professor, é o pior fundo de pensão do país. Romero debate que o servidor não poderá reclamar no futuro se as opções de investimento o levarem a ficar sem aposentadoria complementar ao final de quinze, vinte ou trinta anos de contribuições.

Neste sentido, a professora Sara Granemann, da Universidade Federal do Rio de Janeiro, alerta sobre a impossibilidade de o fundo se manter com tão baixo número de segurados e atribui esse 'fracasso' a uma conscientização dos servidores de que o plano não é uma boa opção e não atende às necessidades de previdência do trabalhador. Para a professora, há questionamentos sobre a legalidade do uso de instrumentos internos das instituições públicas para promover o fundo de previdência de direito privado. Mas, independentemente disso, os estudiosos do tema não ligados ao mercado de previdência privada consideram a adesão um mal negócio para quem está entrando agora e não tem mais direito à aposentadoria integral. *A necessidade de uma previdência complementar não é uma necessidade dos trabalhadores, é uma necessidade posta pelos limites dos negócios lucrativos, de crescimento do mercado e de mercadorias. As caixas do Estado não serão aliviadas. Esse é um argumento ideológico para justificar uma transferência de um gigantesco recurso para os interesses privados*, argumenta[18].

Para Fábio Broder, da *Broker Invest Asset Management*, não só no Brasil, mas no mundo inteiro, os modelos de previdência social patrocinada ou administrada pelo governo provaram ser algo inviável no longo prazo. Seja pela famosa ineficiência do setor público, seja pela alteração dos perfis populacionais de expectativa de vida e crescimento vegetativo, os sistemas públicos de seguridade social encontram-se falidos ou caminham para uma situação de insustentabilidade. Os países desenvolvidos também não escapam da terrível e infalível equação matemática por meio da qual um número cada vez maior de inativos tem que ser sustentado por um número decrescente de contribuintes ativos. Surge então a crescente necessidade de cada indivíduo garantir sua aposentadoria através de sistemas de previdência privada. A previdência privada é viável à medida que os parâmetros são flexíveis. O prazo e a forma de contribuição, o tipo de benefício, a idade de aposentadoria e outras variáveis são mutáveis, negociáveis caso a caso. Assim sendo, as alterações das estatísticas populacionais são sempre levadas em consideração e os planos vão mudando conforme mudam os padrões sociais. Desta forma as instituições privadas que prestam este tipo de serviço não ficam reféns de leis e direitos garantidos em constituição, o que engessa os sistemas previdenciários públicos. [...] Com a falência do sistema público, as instituições financeiras estão investindo muito e tentando explorar rapidamente o potencial deste setor, que ainda se encontra embrionário. Porém, tão grande é a quantidade de produtos sendo ofertados quanto a dificuldade das pessoas de saber como medir se

---

(18) GRANEMANN, Sara. Não há nenhuma razão para trabalhador algum entrar numa forma de investimento tão perigosa. Associação dos Docentes da Universidade Federal de Pelotas (ADUFPel), 09-10-2015. Disponível em http://adufpel.org.br/site/noticias/sara-granemann-no-h-nenhuma-razo-para-trabalhador-algum-entrar-numa-forma-de-investimento-to-perigosa. Acesso em 25-10-2015.

é um bom negócio. O principal argumento de venda dos gestores de previdência privada reside no fato de que se uma pessoa contribuir mensalmente com um pouco de dinheiro desde jovem, poderá facilmente acumular um patrimônio que garanta uma aposentadoria financeiramente tranquila. Se uma pessoa começar a se preocupar desde cedo a acumular uma reserva destinada à velhice, o custo deste plano poderá ser bastante baixo. Isto é uma grande verdade, mas, se analisarmos mais de perto os números, concluiremos que os atuais planos de previdência privada no Brasil podem ser um péssimo negócio. [...] Apesar de parecer sedutor, um plano de previdência privada pode ser extremamente caro. Caso sejamos disciplinados, podemos acumular muito mais dinheiro administrando a aposentadoria por conta própria. Obviamente, manter a disciplina por trinta anos não é algo tão simples para todas as pessoas, porém é necessário que saibam o quão caro estarão pagando para que uma instituição financeira os mantenham disciplinados. [...] Além disso, quando compramos um plano de previdência, estamos comprando um produto de longuíssimo prazo, ou seja, se os fundamentos macroeconômicos não se mantiverem razoavelmente estáveis e previsíveis por trinta anos todo o planejamento de acumulação de renda pode não se concretizar. Nos últimos trinta anos o Brasil teve sete moedas, 36 ministros da fazenda, confisco, moratória, onze planos econômicos, hiperinflação, maxidesvalorização, expurgo de indexadores e mais outras muitas surpresas. Isso significa que, apesar de estarmos vivenciando um período de relativo controle inflacionário, o Brasil ainda representa um porto extremamente instável para se planejar prazos muito longos[19].

Seja como for, se para enriquecer instituições financeiras ou para dar sustentabilidade ao sistema previdenciário como um todo, ou ainda a conjugação desses dois fatores, não pode ser negado que a previdência complementar é a concretização da leitura neoliberal que se faz da Constituição Federal de 1988, na medida em que retira das mãos do Estado-partede suas obrigações, transferindo-as para a iniciativa privada. Conquanto prevista no governo neoliberalista que se encontrava presente em 1998 (ano de edição da EC 20/1998), tem ganhado força significativa no atual cenário político-sócioeconômico, que demanda uma série de ajustes fiscais.

4.8.2. Prev-Federação

No âmbito da Secretaria de Políticas da Previdência Complementar, cujo atual secretário é Jaime Mariz de Faria Júnior, iniciaram-se estudos para viabilização da Prev Federação. Como cediço, os Municípios e alguns Estados não têm estrutura (orçamentária, financeira, estrutural e de pessoal capacitado) para instituírem suas previdências complementares. A opção, assim, seria o rateio de custos e a possibilidade de gestão qualificada, com *know how* em matéria de previdência. A PrevFederação, que será conduzida pela Caixa Econômica Federal (banco de controle estatal, de natureza pública) será o multipatrocinador para todo e qualquer ente federativo que dela fizer parte.

Vários Estados já se manifestaram favoráveis à instituição da Prev Federação, dentre os quais Pernambuco, Ceará, Rondônia, Sergipe e Rio Grande do Norte.

Hoje, os Estados e capitais somam um déficit atuarial de 1,7 trilhão (um trilhão e setecentos milhões) de reais. A Prev Federação representará uma queda de gastos para os governos, em médio e longo prazo. Além do mais, possibilitará aos aderentes a separação da conta previdenciária das despesas orçamentárias.

O assunto é atualmente uma das prioridades do Ministério do Trabalho e Previdência Social, dada a realidade da previdência pública, que pode se tornar inviável no futuro, com os impactos da longevidade, dentre outros fatores. Segundo pronunciamento do secretário da Secretaria de Previdência Complementar Jayme Mariz, durante a 53ª reunião ordinária do Conaprev e com base em informações de especialistas, nos "próximos trinta anos ninguém morrerá mais de câncer, é uma parcela expressiva de mortalidade. Quando a cura for descoberta, os regimes deverão ser recalculados e os déficits previdenciários serão absolutamente aumentados."

Com razão, o homem longevo, com possibilidade natural de viver muito mais que cem anos, é algo que assombra a previdência e tira o sono de especialistas. E, com efeito, a PrevFederação nos afigura como a proximidade de concreção da ideia de uma previdência pública universal e única para todos os servidores públicos efetivos.

4.9. COMPENSAÇÃO PREVIDENCIÁRIA

Como vimos, a Lei 8.112/90 (RJU dos servidores públicos federais), as leis estaduais e municipais abarcaram uma gama enorme de servidores celetistas e temporários, o que gerou forte desequilíbrio nas contas da previdência pública. Se antes esses servidores estavam atrelados ao Regime Geral, com as normas passaram a integrar as folhas de pagamento da União, Estados e Municípios.

Acontece que um contingente significativo de servidores é proveniente da iniciativa privada, e o tempo de serviço correspondente é contado para fins de aposentadoria, conforme o § 9º do artigo 40 da CF/88, incluído pela EC n. 20/1998: "O tempo de contribuição federal, estadual ou municipal será contado para efeito de aposentadoria e o tempo de serviço correspondente para efeito de disponibilidade."

---

(19) BRODER, Fábio. Previdência Privada: uma visão crítica. Portal do Sócio e da Sociedade. Disponível em http://www.portaldosocioedasociedade.com.br/index.php/estudos/administrativos/100-previdencia-privada-uma-visao-critica. Acesso em 25-10-2015

Por sua vez, o § 9º do artigo 201 da CF/88, também incluído pela EC n. 20/1998, estabelece: "Para efeito de aposentadoria, é assegurada a contagem recíproca do tempo de contribuição na administração pública e na atividade privada, rural e urbana, hipótese em que os diversos regimes de previdência social se compensarão financeiramente, segundo critérios estabelecidos em lei."

O dispositivo foi regulamentado pela Lei n. 9.796, de 5 de maio de 1999, que tratou da compensação financeira entre o Regime Geral de Previdência e os regimes de previdência dos servidores da União, dos Estados, do Distrito Federal e dos Municípios, nos casos de contagem recíproca de tempo de contribuição para efeito de aposentadoria.

A compensação previdenciária visa à compensação de contagem recíproca de tempo de contribuição, permitindo que um segurado possa contribuir por um tempo em um regime e se aposentar à conta de outro regime. Sem a compensação, o regime que concede a aposentadoria fica com o ônus do período em que houve contribuição para outro regime, tendo que arcar com toda a despesa, sem contrapartida. Com a compensação, o ônus é distribuído de forma igualitária, não causando prejuízos ao ente responsável pela concessão do benefício.

Pode ser considerado um grande avanço para a consolidação dos regimes previdenciários, pois, antes da promulgação da Carta de 1988, como não havia a previsão de compensação financeira, cada regime previdenciário assumia integralmente o custo dos benefícios previdenciários concedidos, independentemente da contagem recíproca de tempo de serviço.

Para fins de compensação previdenciária, considera-se, nos termos do artigo 2º da Lei n. 9.796/99: I - regime de origem: o regime previdenciário ao qual o segurado ou servidor público esteve vinculado sem que dele receba aposentadoria ou tenha gerado pensão para seus dependentes; e II - regime instituidor: o regime previdenciário responsável pela concessão e pelo pagamento de benefício de aposentadoria ou pensão dela decorrente a segurado ou servidor público ou a seus dependentes com cômputo de tempo de contribuição no âmbito do regime de origem.

Regime de Origem (RO), é aquele ao qual o servidor esteve vinculado, por força de contribuições e relação de emprego, sem que dele venha receber aposentadoria ou gerar benefícios aos seus dependentes.

Já o Regime Instituidor (RI), é aquele responsável pela concessão e pelo pagamento de benefício de aposentadoria, ou ainda por pensão decorrente, com o cômputo do tempo trazido pelo Regime de Origem.

Caso o RPPS seja o Regime Instituidor, terá direito ao recebimento das diferenças relativas ao pagamento de contribuições vertidas ao RGPS, uma vez que será responsável pela integralidade do pagamento de aposentadoria e pensão.

Destarte, aquele servidor que esteve vinculado ao RPPS, sem, contudo, ter tendo contributivo, poderá se aposentar pelo RGPS mas com a contrapartida do ente. Na compensação previdenciária, não há, portanto, tempo que possa ser efetivamente considerado sem contribuição. Para os entes que instituíram RPPS, mas que não recolheram as contribuições devidas é despesa.

Segundo o *caput* do art. 455 da Instrução Normativa INSS/PRES n. 77, de 21 de janeiro de 2015, entende-se por compensação previdenciária o acerto de contas entre o RGPS e os RPPS referente ao tempo de contribuição utilizado na concessão de benefícios nos termos da contagem recíproca na forma da Lei n. 6.226, de 14 de junho de 1975 – Dispõe sobre a contagem recíproca de tempo de serviço público federal e de atividade privada, para efeito de aposentadoria.

Segundo o § 1º do mesmo dispositivo, os procedimentos relativos à compensação deverão observar as disposições contidas na Lei n. 9.796, de 1999, no Decreto n. 3.112, de 1999 e na Portaria MPAS n. 6.209, de 1999. E, nos termos do § 2º, a compensação previdenciária não se aplica aos RPPS que não atendam aos critérios e limites previstos na Lei n. 9.717, de 27 de novembro de 1998, exceto quanto aos benefícios concedidos por esses regimes no período de 5 de outubro de 1988 a 7 de fevereiro de 1999, véspera da publicação da Portaria MPAS n. 4.992, de 5 de fevereiro de 1999, desde que estes estejam mantidos em 6 de maio de 1999, data da publicação da Lei n. 9.796, de 1999.

Por sua vez, o § 3º do mesmo dispositivo traz uma importante ressalva, ao dispor que não será devida, pelo RGPS, a compensação previdenciária em relação aos servidores civis e militares dos Estados, do Distrito Federal e dos Municípios quanto aos períodos em que tinham garantida apenas aposentadoria pelo ente e foram inscritos em regime especial de contribuição para fazer jus aos benefícios de família, na forma do parágrafo único do art. 3º da Lei Orgânica de Previdência Social (LOPS), Lei n. 3.807, de 26 de agosto de 1960, e legislação posterior pertinente. O artigo 475, § 1º, explica que;

Considera-se Regime Especial o período em que os servidores civis e militares dos Estados, do Distrito Federal e dos Municípios contribuíam, com o percentual de 4,0 a 4,8%, apenas para fazer jus aos benefícios de família.

É, portanto, uma penalidade aos entes que se desobrigaram de recolher contribuições previdenciárias de seus segurados para fins de aposentadoria, somente o fazendo para fins de benefícios em relação aos seus dependentes. Com razão, se não houve contribuição, não há que se falar em compensação, tendo em vista que, se assim considerada, importaria em enriquecimento ilícito por parte do ente à custa do RGPS. Esse tipo de concessão deve ser arcado em sua integralidade pelo ente responsável.

Para efeitos de compensação previdenciária e nos termos do artigo 456 da aludida Instrução Normativa, somente serão considerados os seguintes benefícios: a) aposentadoria por invalidez, quando não decorrente de acidente de trabalho; b) aposentadoria por idade; c) aposentadoria por tempo de serviço/contribuição; e

d) pensões precedidas das aposentadorias citadas nas alíneas "a" a "c" deste artigo.

Segundo o § 1º do mesmo dispositivo, e nos termos do artigo 4º do Decreto n. 3.112, de 6 de julho de 1999, está excluída da alínea "a" a aposentadoria por invalidez decorrente de acidente em serviço, moléstia profissional ou doença grave, contagiosa ou incurável, especificada em Lei n. 8.213, de 1991, e a pensão dela decorrente.

Nos termos do § 2º, no caso de aposentadoria especial, somente haverá compensação previdenciária quando o regime instituidor for o RGPS, considerando o disposto no parágrafo único do art. 5º da Lei n. 9.717, de 1998, com as alterações introduzidas pela Medida Provisória n. 2.187-13, de 24 de agosto de 2001.

E, conforme ressalva contida no § 3º, somente terão direito à compensação previdenciária os benefícios citados no *caput* que estavam em manutenção em 6 de maio de 1999, data da publicação da Lei n. 9.796, de 1999.

Impende relevar que nos termos do artigo 457 da mesma orientação aplica-se compensação previdenciária aos períodos de contribuição certificados e utilizados para fins de aposentadoria pelo INSS em decorrência de Acordos Internacionais, sendo que não cabe ao RGPS pagar compensação previdenciária referente a períodos de contribuições que forem efetuadas para a previdência de outro país.

A Instrução Normativa INSS/PRES n. 77, de 21 de janeiro de 2015, também traz limitação expressa, ao dispor que, para fins de compensação previdenciária, considera-se, conforme seu artigo 458, II, Regimes Próprios de Previdência Social: os regimes de previdência constituídos exclusivamente por servidores públicos titulares de cargos efetivos da União, dos Estados, do Distrito Federal e dos Municípios. O que, como visto, entendemos como correto.

Por sua vez, o artigo 459 da mesma instrução dispõe sobre os períodos que não podem ser considerados: I - de contagem em dobro ou em outras condições especiais; II - de concomitância do tempo de serviço público com o de atividade privada; III - o tempo de serviço utilizado para concessão de aposentadoria pelo outro regime; IV - o tempo de serviço anterior ou posterior à obrigatoriedade de filiação à Previdência Social, salvo se houver indenização da contribuição correspondente ao período respectivo; V - da parcela adicional do tempo de contribuição resultante de conversão de tempo especial em comum, salvo em relação ao tempo de serviço público federal sob regime da Consolidação das Leis Trabalhistas (CLT) prestado até 11 de dezembro de 1990, desde que tenha sido aproveitado para a concessão de aposentadoria ou de pensão, dela decorrente, conforme § 3º do art. 4º da Portaria MPAS n. 6.209, de 1999; VI - da parcela adicional do tempo de contribuição resultante de conversão do tempo cumprido pelo segurado com deficiência, reconhecida na forma do art. 70-D do Decreto n. 3.048, de 1999, em tempo de contribuição comum; VII - o período em que o segurado contribuinte individual e facultativo tiver contribuído com base na alíquota reduzida de 5% ou 11% na forma do § 2º do art. 21 da Lei n. 8.212, de 24 de julho de 1991, salvo se efetuar a complementação das contribuições para o percentual de 20%, conforme § 3º do respectivo artigo; VIII - o tempo de serviço fictício, salvo se o tempo tiver sido contado até 15 de dezembro de 1998, como tempo de serviço para efeito de aposentadoria; IX - o de aluno aprendiz, exceto o período certificado por meio de Certidão de Tempo de Contribuição, na forma da Lei n. 6.226, de 14 de junho de 1975 e do Decreto n. 85.850, de 30 de março de 1981.

Para fins de compensação, entende-se como tempo fictício aquele considerado em lei como tempo de contribuição para fins de concessão de aposentadoria sem que tenha havido, por parte do servidor, a prestação de serviço ou a correspondente contribuição.

Conforme disposto no artigo 460, para o cálculo do percentual de participação de cada regime de origem, será considerado o tempo de contribuição total computado na concessão da aposentadoria, ainda que superior a trinta anos para mulher, e 35 (trinta e cinco) anos para homens.

Por sua vez, o artigo 461 diz textualmente que os requerimentos de compensação previdenciária, tanto do RGPS quanto do RPPS, devem ser enviados, por meio do Sistema Comprev, acompanhados dos documentos previstos no Manual de Compensação Previdenciária constante da Portaria MPAS n. 6.209, de 1999, bem como, para fins do requerimento previsto no *caput*, os documentos deverão ser devidamente digitalizados.

Ocorre que, na realidade, não há estrutura (tanto de mão de obra como de material), no INSS, para processamento da grande quantidade de pedidos de compensação previdenciária. Saliente-se que nos termos do artigo 465 da IN INSS/PRES n. 77/2015, o acesso ao Sistema Comprev, que operacionaliza a compensação previdenciária, será realizado por meio de cadastramento dos operadores no Sistema de Autorização de Acesso (SAA), tanto para servidores do INSS quanto para os representantes dos entes federativos, cujo acesso se dará por meio de endereços eletrônicos distintos para os servidores do INSS (w3b8.prevnet/CV3) e para os representantes dos entes federativos (www6.dataprev.gov.br/CV3).

Sabe-se que a União tem um déficit enorme com os Estados, mas a compensação financeira enfrenta entraves, inviabilizando a demanda dos Estados. E ainda surge um problema maior: por força do art. 1º do Decreto 20.910/32 c/c art. 88 da Lei 8.212/91 e do art. 488 da Instrução Normativa INSS/PRES n. 77, de 21 de janeiro de 2015, aplica-se a prescrição quinquenal, para fins de compensação previdenciária, a partir do decreto/portaria de aposentação. Desta forma, milhares de processos não são compensados.

CAPÍTULO 5 ▶ PLANO DE BENEFÍCIOS

> Debulhar o trigo
> Recolher cada bago do trigo
> Forjar no trigo o milagre do pão
> E se fartar de pão
> Decepar a cana
> Recolher a garapa da cana
> Roubar da cana a doçura do mel
> Se lambuzar de mel
> Afagar a terra
> Conhecer os desejos da terra
> Cio da terra, a propícia estação
> E fecundar o chão
>
> **Cio da Terra, Milton Nascimento e Chico Buarque**

5.1. CARACTERÍSTICAS

Plano de benefícios é o conjunto de direitos que garante ao segurado do sistema, no mínimo, os benefícios de aposentadoria e pensão.

A *ratio quaestio* de qualquer plano de benefícos é garantir a reposição da renda do segurado, quando de sua retirada do mercado de trabalho, como, por exemplo, quando adquire idade para aposentação ou quando venha a falecer e deixa uma pensão para seus dependentes.

Um Plano de Benefícios deve ser bem estruturado não apenas no aspecto econômico, mas também jurídico. Deve conter benefícios que atendam às necessidades do segurado e não de terceiros. Como veremos em capítulo próprio, a má gestão de um plano de benefícios também é fonte geradora de fraudes no sistema previdenciário.

Para que não houvesse deliberada e ilimitadamente a concessão de benefícios, o legislador ordinário fez por bem estabelecer um rol de benefícios a serem concedidos pelos RPPS. Neste sentido, o *caput* do art. 5º da Lei n. 9.717/98, com a seguinte redação:

> Art. 5º Os regimes próprios de previdência social dos servidores públicos da União, dos Estados, do Distrito Federal e dos Municípios, dos militares dos Estados e do Distrito Federal não poderão conceder benefícios distintos dos previstos no Regime Geral de Previdência Social, de que trata a Lei n: 8.213, de 24 de julho de 1991, salvo disposição em contrário da Constituição Federal.

Neste sentido, e no que diz respeito às espécies de benefícios, o art. 51 da Orientação Normativa MPS/SPS n. 02/2009 assim elenca quais os benefícios que poderão ser concedidos pelos RPPS:

> Art. 51. Salvo disposição em contrário da Constituição Federal, da Emenda Constitucional n. 20, de 1998, da Emenda Constitucional n. 41, de 19 de dezembro de 2003, e da Emenda Constitucional n. 47, de 06 de julho de 2005, o regime próprio não poderá conceder benefício distinto dos previstos pelo RGPS, ficando restrito aos seguintes:
> I - quanto ao servidor:
> a) aposentadoria por invalidez;
> b) aposentadoria compulsória;
> c) aposentadoria voluntária por idade e tempo de contribuição;
> d) aposentadoria voluntária por idade;
> e) aposentadoria especial;
> f) auxílio-doença;
> g) salário-família; e
> h) salário-maternidade.
> II - quanto ao dependente:
> a) pensão por morte; e
> b) auxílio-reclusão.

Coadunamos com a premissa que não se pode conceder benefícios distintos do Regime Geral, mas com a ressalva de que os benefícios seriam gênero, e os beneficiários, espécie.

As regras de aposentadoria são ditadas pela própria Constituição Federal, não tendo os entes federativos liberdade para criar novas regras. A pensão também tem previsão constitucional, e não há que se criar outra modalidade de pensão, a não ser a pensão por morte. Os benefícios sofrem limitações constitucionais.

No caso específico da pensão e a título de exemplo, veja-se que a MP 664/15, transformada na Lei Ordinária 13.135/15, lhe deu regulamentação própria em âmbito federal, contudo, têm os entes liberdade para dispor nas suas legislações sobre as fórmulas de cálculo, como veremos adiante.

A "família padrão", a formada por pai, mãe e filho, que serve de embasamento para a realização dos cálculos atuariais, vem perdendo o significado, haja vista o seu novo conceito, com base nos laços afetivos e não apenas consanguíneos. Com o surgimento da família eudemonista, o núcleo familiar não raras vezes é diverso do núcleo familiar padrão. E é com base nesse novo conceito que a previdência deve evoluir, inclusive no que tange às previsões atuariais.

A previdência social não deve se pautar por conceitos pretéritos, ditados por normas canônicas, que outrora influenciaram a concessão de benefícios. Vejamos como exemplo as relações homoafetivas e as ligadas ao conceito de companheirismo. Até pouco tempo, homens e mulheres tinham tratamento diferenciado na concessão de benefícios, posto que os homens somente poderiam usufruir do benefício quando inválidos. A CRFB/88 trouxe, em seu artigo 5º, I, a determinação de que "homens e mulheres são iguais em direitos e obrigações, nos termos desta Constituição." Qualquer regra que não observe o preceito é inconstitucional e, portanto, descabida qualquer forma de discriminação.

Através da ideia inserida no corpo da Constituição, não faz mais sentido tomar o homem como único provedor do lar e consequentemente como único instituidor de benefício previdenciário. Tampouco faz sentido a certidão de casamento civil ser tomada como prova irrefutável de dependência econômica. Hoje as unidades gestoras de RPPS devem dispor de ferramentas capazes de investigar com proficiência a dependência econômica. Um casal, por exemplo, de magistrados não tem qualquer dependência econômica entre si. A ideia de benefício previdenciário ser tomado como uma herança a ser provida pelo Estado não tem mais razão de existência. O que deve ser usado é o critério da proporcionalidade para caracterização da dependência econômica.

Andou bem o legislador brasileiro através da edição da Lei 13.135/15. A ideia de Estado provedor já deu azo a pensões indevidas, ao apego ao ócio remunerado, a desvalorização do trabalho. Uma jovem de vinte anos é totalmente capaz para os atos da vida civil, tem capacidade laborativa, pode contribuir para o futuro da nação. Manter uma pensão nessas condições é rechaçar o valor do trabalho, do próprio desenvolvimento do ser humano. O exemplo dado pela União deve ser seguido pelos demais entes federativos em suas legislações específicas.

O apego aos conceitos legais, à interpretação puramente literal dos conceitos previdenciários, não pode servir unicamente de base para a concessão de benefícios. Estamos diante de uma nova previdência, com novos conceitos, com novos horizontes. O Direito Previdenciário deve ser definitivamente elegido como ramo de direito autônomo, com regras, conceitos e fundamentos próprios, conforme discorreremos com mais vagar adiante.

Entendemos que a CFRB/88 e legislação geral sobre previdência pública são claras no que tange à concessão de benefícios, nada dispondo sobre beneficiários.

Assim é que alguns entes contemplam, como beneficiário da pensão por morte, o filho estudante universitário. Nada mais justo num momento da civilização em que a capacitação é fator preponderante para sucesso profissional. Um jovem de dezoito anos que fica órfão de pai e mãe (segurados) não tem condições de ser inserido no mercado de trabalho de forma satisfatória. Nada como valorizar os estudos e atender ao comando do art. 227 da CF/88, na redação dada pela EC n. 65, de 2010, que determina ser dever da família, da sociedade e do Estado assegurar à criança, ao adolescente e ao jovem com prioridade absoluta "o direito à vida, à saúde, à alimentação, à educação, ao lazer, à profissionalização, à cultura, à dignidade, ao respeito, à liberdade e à convivência familiar e comunitária."

Destarte, o rol de beneficiários do ente instituidor do benefício deve ser claro, transparente, taxativo e não genérico. Não deve deixar margens para dúvidas. O § 12 do artigo 40 da CFRB ("Além do disposto neste artigo, o regime de previdência dos servidores públicos titulares de cargo efetivo observará, no que couber, os requisitos e critérios fixados para o regime geral de previdência social") tem sido invocado para a concessão de benefícios a dependentes não previstos no elenco de dependentes instituídos pela lei do ente. A expressão *no que couber* não induz a ideia de imposição. Não significa que todos os dependentes previstos no Regime Geral são automaticamente transportados para o regime próprio do ente.

Tanto é assim que alguns entes somente contemplam os beneficiários da primeira classe instituída pelo artigo 16 da Lei do Regime Geral de Benefícios, Lei n. 8.213/91. Ou seja, somente asseguram pensão ao cônjuge, ao companheiro e aos filhos (e os equiparados). Não contemplam pais e irmãos. Entretanto, contemplam como beneficiários os estudantes universitários, cuja previsão não faz parte do aludido artigo 16.

Os benefícios previdenciários regem-se pela lei vigente ao tempo em que foram preenchidos os requisitos necessários à sua concessão (Súmula 359 STF e Súmula 340 STJ). Há assim incidência do princípio do *tempus regit actum* (o tempo rege o ato), que indica qual o estatuto que deverá ser observado na análise do pedido de concessão do benefício de caráter previdenciário.

Antes da nova sistemática previdenciária, notadamente após o advento da EC n. 41/03, que deu nova redação do § 20 do artigo 40 da CF/88 (exigência de um único regime próprio de previdência e de uma única unidade gestora em cada ente federativo), a quase totalidade dos entes dispunha em seus regimes jurídicos únicos de servidores (RJU), acerca das regras de aposentadoria, deixando à cargo da legislação previdenciária outros benefícios (pensão, saúde, carteiras mobiliárias, auxílios doença e funeral).

Hoje todos os Estados têm legislação previdenciária própria, contendo regras de aposentadorias. Os servidores da União ainda são regidos, no que toca a benefícios previdenciários, pela Lei 8.112/90. Não tem, portanto, a União uma unidade gestora única de RPPS.

O Supremo Tribunal Federal em diversos momentos já se pronunciou que deve ser observado o princípio da reserva legal, "não se revela constitucionalmente possível, ao Poder Judiciário, sob fundamento de isonomia, estender, em sede jurisdicional, majoração de benefício previdenciário, quando inexistente, na lei, a indicação da correspondente fonte de custeio total, sob pena de o Tribunal, se assim proceder, atuar na anômala condição de legislador positivo, transgredindo, desse modo, o princípio da separação de poderes." (STF, RE 567.360-ED / MG, Rel. Ministro Celso de Mello, T2, j. 09-06-2009 e DJe 07-08-2009).

Todos os atos ligados a benefícios previdenciários (concessão, revisão, manutenção, majoração e cancelamento) têm se serem previamente estabelecidos em lei.

5.2. DEPENDÊNCIA ECONÔMICA PARA FINS PREVIDENCIÁRIOS

Certo é que não se devem confundir dependentes civis e tributários com dependentes previdenciários. As naturezas jurídicas dos benefícios não se confundem, são distintas. Não há qualquer vinculação entre um e outro. Por certo, pode-se usar de interpretação supletiva para reforço de fundamentação, mas nunca para criar beneficiários não existentes nas leis originárias de regimes próprios dos entes. Não se pode olvidar que a competência para legislar sobre previdência é concorrente (CR/88, art. 24, XII), e tem o ente liberdade para dispor sobre seus benefícios, desde que o rol de benefícios não conflita com o Regime Geral.

A relação previdenciária, como veremos mais detalhadamente no decorrer desse trabalho, é de dependência econômica mais acentuada, não podendo o dependente dispor de qualquer renda, ou seja, que não tenha capacidade laborativa (vitalícia ou temporária). A *ratio quaestio* do benefício previdenciário, sua natureza jurídica primária, é a reposição de renda, por morte do instituidor do benefício (pensão), ou perda (sic) da capacidade laborativa (aposentadoria).

Neste contexto, entendemos que não existe dependente facultativo. Ou se é dependente previdenciário ou não é. Os benefícios devem ser dirigidos exclusivamente àqueles que dependiam economicamente do instituidor. Nesta linha de elucubração, nos posicionamos no sentido de que, com exceção do filho menor, a dependência econômica deve ser sempre comprovada. Não faz sentido cônjuge e companheiro (dependentes preferenciais), em pleno século XXI, quando as mulheres estão inseridas no mercado de trabalho, buscando condições de igualdade com os homens, manter a premissa de que são dependentes presumidos (presunção esta absoluta, para a maioria dos autores previdencialistas).

Existe uma antinomia entre os conceitos de dependentes obrigatórios e facultativos. No nosso entendimento, dependente, para fins previdenciários, deve ser sempre obrigatório. As condições de elegibilidade é que são diferenciadas. Ser dependente previdenciário quer dizer que aquela outra pessoa vivia exclusivamente às expensas do ex-segurado e não tem condições laborativas (temporária, como no caso do filho menor; ou vitalícia, como no caso do filho inválido) para todo e qualquer trabalho.

Os critérios de elegibilidade dos beneficiários devem levar em conta, em primeiro lugar, a dependência econômica e oferecer meios objetivos para a realização dos estudos atuariais, que servirão de base para a concessão e a manutenção dos benefícios, quando do fato gerador do benefício, que no caso da pensão por morte é o óbito do ex-segurado (conforme Súmula 340 do Superior Tribunal de Justiça: "A lei aplicável à concessão de pensão previdenciária por morte é aquela vigente na data do óbito do segurado") e no caso da aposentadoria, o cumprimento dos requisitos para desligamento do serviço público. É por meio dos cálculos atuariais que serão definidos o percentual do valor do benefício, bem como o tempo médio de pagamento dos mesmos.

A dependência econômica é um dos requisitos para a concessão de pensão. Para o(a) esposo(a), companheiro(a) e filho(a) menor, ela não é exigida no momento de análise do requerimento. A presunção, nestes casos, é tida como absoluta, *juris et de jure*, ou seja, que significa de direito e a respeito do direito, não admitindo prova em contrário. Ao revés, a presunção *juris tantum* significa resultante do direito, apenas do direito. Sendo relativa, admite prova em contrário.

Entretanto, o pensamento em relação à dependência econômica do cônjuge ou companheiro está tomando novos contornos. A Lei n. 13.135, de 17 de junho de 2015 (conversão da Medida Provisória n. 664, de 2014), espelha bem essa tendência. Ao incluir novos critérios no art. 77, V, da Lei n. 8.213/91, estabeleceu um plano de progressividade para a cessação do benefício em relação ao cônjuge ou companheiro:

Art. 77. A pensão por morte, havendo mais de um pensionista, será rateada entre todos em parte iguais. (Redação dada pela Lei n. 9.032, de 1995).

[...]

§ 2º O direito à percepção de cada quota individual cessará: (Redação dada pela Lei n. 13.135, de 2015):

[...]

V - para cônjuge ou companheiro: (Incluído pela Lei n. 13.135, de 2015)

a) se inválido ou com deficiência, pela cessação da invalidez ou pelo afastamento da deficiência, respeitados os períodos mínimos decorrentes da aplicação das alíneas "b" e "c"; (Incluído pela Lei n. 13.135, de 2015)

b) em 4 (quatro) meses, se o óbito ocorrer sem que o segurado tenha vertido 18 (dezoito) contribuições mensais ou se o casamento ou a união estável tiverem sido iniciados em menos de 2 (dois) anos antes do óbito do segurado; (Incluído pela Lei n. 13.135, de 2015)

c) transcorridos os seguintes períodos, estabelecidos de acordo com a idade do beneficiário na data de óbito do segurado, se o óbito ocorrer depois de vertidas 18 (dezoito) contribuições mensais e pelo menos 2 (dois) anos após o início do casamento ou da união estável: (Incluído pela Lei n. 13.135, de 2015)

1) 3 (três) anos, com menos de 21 (vinte e um) anos de idade; (Incluído pela Lei n. 13.135, de 2015)

2) 6 (seis) anos, entre 21 (vinte e um) e 26 (vinte e seis) anos de idade; (Incluído pela Lei n. 13.135, de 2015)

3) 10 (dez) anos, entre 27 (vinte e sete) e 29 (vinte e nove) anos de idade; (Incluído pela Lei n. 13.135, de 2015)

4) 15 (quinze) anos, entre 30 (trinta) e 40 (quarenta) anos de idade; (Incluído pela Lei n. 13.135, de 2015)

5) 20 (vinte) anos, entre 41 (quarenta e um) e 43 (quarenta e três) anos de idade; (Incluído pela Lei n. 13.135, de 2015)

6) vitalícia, com 44 (quarenta e quatro) ou mais anos de idade. (Incluído pela Lei n. 13.135, de 2015)

A progressividade estabelecida pela lei nova está em perfeita consonância com a questão da dependência econômica. O cônjuge ou companheiro tem um tempo para inserção no mercado de trabalho, tempo para se capacitar, tempo para organizar sua vida. Não faz sentido uma pensão vitalícia para uma pessoa jovem que pode ser inserida normalmente no mercado de trabalho. A ociosidade, tomada como termo de inatividade, tem que ser combatida. A evolução de uma nação está intimamente ligada aos seus meios de produção.

A lei em testilha também se preocupou com o casamento-fraude, ao incluir o § 2º no artigo 74 da Lei n. 8.213/91, adotando o seguinte texto:

Art. 74...
[...]
§ 2º Perde o direito à pensão por morte o cônjuge, o companheiro ou a companheira se comprovada, a qualquer tempo, simulação ou fraude no casamento ou na união estável, ou a formalização desses com o fim exclusivo de constituir benefício previdenciário, apuradas em processo judicial no qual será assegurado o direito ao contraditório e à ampla defesa. (Incluído pela Lei n. 13.135, de 2015)

Para os professores Bruno Sá Freire Martins e Theodoro Vicente Agostino, "a pensão por morte se constitui em benefício de prestação continuada de natureza alimentícia destinada à manutenção dos economicamente dependentes do segurado falecido. [...] Desde a sua concepção, o benefício teve por objetivo garantir o sustento dos familiares do segurado falecido, cabendo à Lei a definição de quem venha a integrar o conjunto de dependentes do servidor falecido"[20].

As medidas restritivas introduzidas no Ordenamento Jurídico Pátrio coadunam-se com o atual conceito de dependência econômica.

Destarte, entendemos que o tema deve ser tratado com mais rigor. Não faz o menor sentido, no século em que vivemos, no país em que vivemos, um casal, em que ambos trabalham, em que ambos são completamente independentes financeiramente um do outro, terem direito à pensão por morte.

Por muito tempo, homens mais velhos se uniam a jovens mulheres[21] e, como não queriam dividir patrimônio (que pelo pensamento era devido unicamente aos filhos e via de consequência ao primeiro cônjuge), mantinham relacionamento com a promessa de deixar "uma gorda pensão." Acontece que, quando o relacionamento está na seara cível, o dinheiro pertence ao particular, e este pode fazer dele o que bem entender. Agora, manter um relacionamento para, depois do falecimento, ser ônus do Estado não tem mais razão de existência.

O fato de o homem (ou mulher) ser funcionário público, de alto escalão, era um atrativo para união estável. A possibilidade de ser detentor de uma pensão por morte era algo que atraía milhares de jovens sem perspectivas de sustento próprio. Esse pensamento ainda impera nos rincões do Brasil, onde segundo relacionamento é pautado com a promessa de o Estado ser provedor de uma pensão. Em muitas de nossas andanças, pudemos verificar essa triste realidade. Mulheres jovens, atraídas por essa promessa, unindo-se a homens bem mais velhos, na esperança de serem sustentadas pelos cofres da previdência vitaliciamente.

Permitir tal desiderato é o mesmo que concordar com o ócio. A educação e a inserção no mercado de trabalho devem ser postos em primeiro plano. A pensão por morte deve ser vista como reposição de renda àqueles que comprovadamente não dispõem de condições para *de per si*, terem uma vida sustentável e digna.

O Estado não pode ser compelido a fatores tais como o discutido. A pensão por morte não pode ser vista como um patrimônio do instituidor. A ideia de Estado provedor, neste período conturbado da história das finanças previdenciárias, deve ser abandonada.

A lei nova pode ser usada como parâmetro para aplicação de suas regras pelos Estados e Municípios? O artigo 40, § 12 da CF expressamente dispõe que "além do disposto neste artigo, o regime de previdência dos servidores públicos titulares de cargo efetivo observará, no que couber, os requisitos e critérios fixados para o regime geral de previdência social." Tal dispositivo pode levar à conclusão equivocada de que uma vez que o ente, não havendo regulamentado pensão para cônjuge/companheiro (a), de

---

(20) MARTINS, Bruno Sá Freire; AGOSTINHO, Theodoro Vicente. Regime Próprio: Impactos da MP n. 664/2014: Aspectos Teóricos e Práticos. 1. ed. São Paulo: LTR, 2015. p. 15.

(21) Nada contra a forma de amar das pessoas, o que se está querendo mostrar são as implicações para a previdência.

forma progressiva, poder-se-á buscar os comandos insertos na Lei 13.135/15.

Instada a se pronunciar, a Coordenação-Geral de Normatização e Acompanhamento Legal (CGNAL), do Departamento dos Regimes de Previdência no Serviço Público (DRPSP), da Secretaria de Políticas de Previdência Social (SPPS), do Ministério da Previdência Social (MPS), exarou a Nota Explicativa n. 04/2015 CGNAL/DRPSP/SPPS/MPS, em 3 de fevereiro de 2015.

No mesmo sentido também exarou a Nota Técnica n. 11/2015/CGNAL/DRPSP/SPPS, de 14 de agosto de 2015, com o escopo de esclarecer questionamentos recebidos dos entes federativos, pela Secretaria de Políticas de Previdência Social (SPPS), acerca da aplicação, pelos Regimes Próprios de Previdência Social (RPPS), das regras estabelecidas para o Regime Geral de Previdência Social - RGPS na Lei n. 13.135, de 17, de junho de 2015.

As notas concluíram que as alterações promovidas não se aplicam automaticamente aos servidores dos Estados e Municípios amparados por regime próprio e que há necessidade de lei local para regular a matéria, apesar de haver teses em que as novas regras se aplicam aos regimes próprios por força do § 12 do artigo 40 da CF/88.

Andou bem a CGNAL, uma vez que reconheceu a autonomia dos entes federados, que detêm competência legislativa sobre previdência pública, quando a União não edita normas gerais (CF/88, artigo 12, XII). Neste sentido, observe-se que a Lei n. 9.717/98 é lei de caráter nacional, de observância obrigatória para todos os entes da federação. Já a Lei n. 10.887/05, ora contém comandos nacionais, ora contém comandos federais, e por sua vez, a Lei n. 13.135/15, conversão da MP n. 664/14, é uma lei federal.

Lei nacional é a lei válida em todo o território nacional, por exemplo a Lei n. 8.069 de 13 de julho de 1999 – Estatuto da Criança e do Adolescente – ECA. Por seu turno, a lei federal é aquela que regula assuntos relativos à União, por exemplo a Lei n. 8.112/90 – Regime Jurídico Único dos Servidores da União.

Entretanto, sugere-se que os demais entes federativos (Estados e Municípios) promovam suas alterações legislativas, uma vez que a progressividade nas pensões é fruto de estudos técnicos e o seu ponto fulcral é coibir o casamento-fraude. Para Henrique Amoroso:

"A fraude é um fato social que existe desde os tempos mais remotos. Ela é endêmica. Trata-se da prática de um subterfúgio para alcançar um fim ilícito. E, nas relações familiares, sempre que apenas um dos cônjuges contribui para o orçamento familiar, enquanto o outro cuida dos afazeres domésticos, a incidência da fraude patrimonial é ainda maior."[22]

O casamento-fraude é recorrente e acontece em todos os entes federados. Tomemos como exemplo o caso do servidor Beltrano, que era ocupante de cargo na cúpula do Judiciário local. Ele tinha 76 anos quando descobriu que era portador de Alzheimer em alto grau e quando se casou com sua nora. Não tinha discernimento para a concordância com o casamento. Quando faleceu, deixou uma viúva com trinta anos de idade, recebendo uma pensão vultosa, pelo resto de sua vida. Para não perder a pensão, ela manteve, de forma discreta, com o filho do de cujus, uma união estável, sem contrair casamento civil.

A manutenção desse tipo de fraude deve ser combatida. E não é só o casamento-fraude que preocupa os especialistas e gestores previdenciários.

Como cediço, leis previdenciárias de décadas passadas contemplavam, dentre seus beneficiários, as filhas maiores solteiras. Entretanto, previam como requisito para manutenção do benefício a condição de que se mantivessem sem renda e solteiras.

Acontece que frequentemente vemos, nos noticiários, filhas maiores que vivem em verdadeiras uniões estáveis e que estão recebendo normalmente pensões. Num determinado Estado, uma filha maior, advogada regularmente inscrita nos quadros da Ordem dos Advogados do Brasil, postou na internet seu casamento, onde estava vestida de noiva, com festa para vários convidados. Ao se manifestar, o Poder Judiciário manteve o benefício de pensão por morte, oriundo do seu falecido pai. Ou seja, a pessoa tem renda, vive em matrimônio, mas a ideia que o Estado é provedor-pai falou mais alto. No julgado, ficou consignado que a entidade de previdência, ao cancelar o benefício, não cuidou em verificar se havia ou não melhoria na situação econômico-financeira da pensionista advinda da nova união. E que o companheiro não tinha capacidade de manter a mesma condição vivida pela pensionista ao tempo em que a pensionista era solteira, entendendo ser esse o alcance da lei.

Quando há pensionamento alimentício, quando a ex-esposa contrai novas núpcias, o ex-marido é desobrigado da pensão alimentícia. Foi escolha da ex-esposa casar-se novamente, mesmo sabendo que iria perder a pensão alimentícia. O direito pátrio protege o patrimônio particular. Mas, quando o "ex-marido passa a ser o Estado", a interpretação doutrinária e jurisprudencial passa a ser totalmente inversa. O patrimônio público não tem a mesma proteção do patrimônio privado. Não se quer saber de onde provêm os recursos, se há um sistema solidário. Afirmar categoricamente que uma pensão por morte é devida porque o companheiro não tem condições de manter um padrão de vida nas mesmas condições da pensionista é uma aberração. E o Estado não tem que ser compelido a manter padrões de vida. Ao Estado cabe

---

(22) **AMOROSO, Henrique Von Ancken Erdmann. Da fraude patrimonial no casamento e na união estável – medidas jurídicas cabíveis.** Disponível em <http://www.migalhas.com.br/dePeso/16,MI146202,31047-Da+fraude+patrimonial+no+casamento+e+na+uniao+estavel+medidas>. **Acesso em 04 de agosto de 2015**

suprir uma renda perdida, ou seja, dar subsistência ao dependente que vivia às expensas do ex-segurado.

Famoso é o caso da atriz Maitê Proença, que conseguiu do Tribunal de Justiça de São Paulo a manutenção de seu benefício de pensão por morte de seu pai Augusto Carlos Eduardo da Rocha Monteiro, que foi juiz e procurador de justiça pelo Estado de São Paulo. A pensionista nunca se casou civilmente, mas manteve uma união estável com o empresário Paulo Marinho, por doze anos, sendo que dessa relação teve uma filha. Ela também viveu em união estável, nos anos 90, com o cineasta Edgard Moura.

Além do benefício indevido (contraiu união estável e tem renda declarada e conhecida), o Tribunal de Justiça de São Paulo, mantendo medida liminar, concedeu à atriz o direito de receber seu benefício sem observância do limite estabelecido pelo teto constitucional, previsto no artigo 37, XI, da CF/88.

A revista *Época* publicou, em 19 de novembro de 2013, matéria intitulada "As filhas de servidores que ficam solteiras para ter direito à pensão do Estado." No semanário ficou citado um caso típico de fraude à previdência, nos seguintes moldes:

> "Era um sábado nublado. No dia 10 de novembro de 1990, a dentista Márcia Machado Brandão Couto cobriu-se de véu, grinalda e vestido de noiva branco com mangas bufantes para se unir a João Batista Vasconcelos. A celebração ocorreu na Igreja Nossa Senhora do Brasil, no bucólico bairro carioca da Urca. A recepção, num clube próximo dali, reuniu 200 convidados. No ano seguinte, o casal teve seu primeiro filho. O segundo menino nasceu em 1993. Para os convidados do casamento, sua família e a Igreja Católica, Márcia era desde então uma mulher casada. Para o Estado do Rio de Janeiro, não. Até hoje, Márcia Machado Brandão Couto recebe do Estado duas pensões como "filha solteira maior", no total de R$ 43 mil mensais. Um dos benefícios é pago pela Rioprevidência, o órgão previdenciário fluminense. O outro vem do Fundo Especial do Tribunal de Justiça. A razão dos pagamentos? Márcia é filha do desembargador José Erasmo Couto, que morreu oito anos antes da festa de casamento na Urca.[23]
>
> Segundo levantamento inédito feito pela publicação jornalística, as pensões para filhas solteiras de funcionários públicos custam aos cofres públicos cerca de 4,35 bilhões (quatro bilhões, trezentos e cinquenta milhões) de reais, ao ano. O valor é correspondente ao pensionamento de 139.402 (cento e trinta e nove mil, quatrocentas e duas) mulheres, o que supera os orçamentos anuais de vinte capitais do país, dentre elas, Salvador, Bahia e Recife.
>
> Ainda segundo a matéria, o Rio de Janeiro é o Estado com mais casos: 30.239 (trinta mil, duzentos e trinta e nove), a um custo anual de 567 milhões (quinhentos e sessenta e sete milhões) de reais, um terço dos benefícios da Rioprevidência. Em São Paulo, 15.551 (quinze mil, quinhentas e cinquenta e uma) mulheres consomem 451,7 milhões (quatrocentos e cinquenta e um milhões e setecentos mil) de reais por ano.

Na São Paulo Previdência (SPPrev), há recadastramento anual obrigatório, e as pensionistas que mantêm união estável não informada praticam fraude e estão sujeitas ao cancelamento do benefício, além de ficarem sujeitas ao ressarcimento dos valores.

As alegações de que a revisão do ato de concessão de pensão é fulminada pelo instituto da prescrição não procedem. Segundo o Supremo Tribunal Federal, benefícios previdenciários são de prestação continuada, e a fraude no recebimento só é atacada pela prescrição, após o recebimento da última parcela: "o crime de estelionato previdenciário, quando praticado pelo próprio beneficiário das prestações, tem caráter permanente, cessando a atividade delitiva apenas com o fim da percepção das prestações." (HC 107.385, Rel. Min. Rosa Weber)

Como veremos em capítulo próprio, cuida-se de verdadeiro estelionato previdenciário, na medida em que induz a unidade gestora a erro (CP, art. 171. Obter, para si ou para outrem, vantagem ilícita, em prejuízo alheio, induzindo ou mantendo alguém em erro, mediante artifício, ardil, ou qualquer outro meio fraudulento).

E o Código de Processo Penal expressamente determina em seu artigo 40: "quando, em autos ou papéis de que conhecerem, os juízes ou tribunais verificarem a existência de crime de ação pública, remeterão ao Ministério Público as cópias e os documentos necessários ao oferecimento da denúncia."

Lamentavelmente, essas situações continuam sob a proteção judicial, sendo o artigo 40 do CPP letra morta em face ao corporativismo que impera no seio do nosso Poder Judiciário. No Estado do Maranhão, para ilustrar a premissa, todas as pensões de filhas maiores solteiras são pagas às filhas de magistrados e integrantes do Tribunal de Contas do Estado.

Além de infringência aos princípios do contraditório e da ampla defesa (vez que os benefícios são suspensos quando há forte indícios de fraudes), os advogados das pensionistas ainda invocam a não observância da Súmula 170 do antigo Tribunal Federal de Recursos – TFR: "Não se extingue a pensão previdenciária, se do novo casamento não resulta melhoria na situação econômico-financeira da viúva, de modo a tornar dispensável o benefício."

Ocorre que a edição da Súmula é de 4 de dezembro de 1984, época em que não se analisava a situação financeira-atuarial do regime próprio, tampouco eram regulados a retenção e o repasse de contribuições previdenciárias.

---

(23) GOMIDE, Raphael. Revista Época. *As filhas de servidores que ficam solteiras para ter direito a pensão do Estado*. Disponível em <http://epoca.globo.com/vida/noticia/2013/11/filhas-de-servidores-que-ficam-solteiras-para-ter-direito-bpensao-do-Estadob.html≥. Acesso em 04 de agosto de 2015.

No atual Ordenamento Jurídico Brasileiro, referida súmula perdeu sua razão de existência. Hoje o que se professa é a igualdade de homens e mulheres, com valorização do trabalho, com medidas engendradas para a inserção no mercado de trabalho. Tais desideratos têm o condão de gerar parasitismo social – o ócio remunerado, uma vez que, ao invés de produzir, de trabalhar, de dar sua contribuição para o país, as pessoas deixam de trabalhar para viver exclusivamente às custas das entidades de previdência.

Nesta linha de ilação, o Tribunal de Contas da União tem entendido que, caso haja o recebimento de algum benefício por parte do requerente-pensionista, a pensão há de ser negada.

"Sumário: Representação. Acumulação de aposentadoria por invalidez com pensão instituída pelo pai. Aposentadoria em cargo que proporciona condição financeira adequada, no caso concreto. Afastada a presunção de dependência econômica. Benefícios de aposentadoria e pensão concedidos com base no mesmo motivo. Ilegalidade da acumulação. Procedência desta representação. Determinação. Ciência. Arquivamento." (TC 021.253/2003-1)

Lamentavelmente podemos afirmar que alguns membros do Poder Judiciário Brasileiro não estão preparados para enfrentar questões previdenciárias. São de cunho estritamente assistencialistas e ainda pensam no Estado provedor, apesar da falência do *Welfare State*.

Alguns Estados passaram a exigir termo consubstanciado de declaração nos requerimentos de concessão de benefícios, onde a requerente tem que declarar, sob as penas da lei (CP, art. 299: Art. 299 - Omitir, em documento público ou particular, declaração que dele devia constar, ou nele inserir ou fazer inserir declaração falsa ou diversa da que devia ser escrita, com o fim de prejudicar direito, criar obrigação ou alterar a verdade sobre fato juridicamente relevante), que não vive em matrimônio ou união estável.

Outras providências são realizadas, como a realização de investigação social, com o fito de detectar fraudes. Num determinado Estado, um fato absurdo aconteceu: casaram um servidor público militar, ocupante do cargo de coronel, com sua cunhada, uma vez que a primeira esposa já havia falecido. Ocorre que, à época do casamento, o militar JÁ HAVIA FALECIDO, conforme ficou detectado através de investigação social realizada. Contudo, a pensão continua a ser paga.

A presunção de dependência econômica para o cônjuge supérstite, de forma absoluta, não admitindo prova em contrário, nos afigura uma aberração jurídica. Ora, em tempos atuais, homens e mulheres estão se igualando. Veja-se, por questões ilustrativas, um casal de magistrados, em que em nenhum momento poder-se-á falar em dependência econômica. Um dos dois vem a óbito. A pensão servirá para manter um padrão de vida elevado, e não como fonte de reposição de renda. O instituto da pensão por morte não foi cunhado para ostentação de luxos e supérfluos. Ele foi construído para ser um benefício direcionado aos dependentes do segurado falecido, visando à manutenção da família.

Quando muito, deve ser adotado o princípio da proporcionalidade. No caso, por exemplo de salários totalmente desiguais, em que há comprovação de dependência econômica não de forma integral, mas de forma complementar. Por exemplo, o caso de um casal em que o falecido é um procurador de Estado, casado com uma professora da rede municipal. Vivem de aluguel, a prefeitura vive atrasando os salários. O trabalho da mulher é mais um *hobby* do que tratamento em sua acepção conceitual. Neste caso, não há sentido em deixar a mulher desamparada. Neste caso hipotético existe, sim, proteção legal.

Se não houver posicionamento consistente por parte do Poder Judiciário, as pensões indevidas continuarão a ser pagas, descaracterizando o instituto da pensão por morte, que é a reposição de renda para os dependentes do ex-segurado.

Neste contexto, a dependência econômica deve ser regulamentada e passar a ser exigida, em todos os casos, com exceção do filho menor. A presunção absoluta em favor do cônjuge/companheiro não mais se sustenta no atual cenário previdenciário.

Aqui vale o adendo de que a instituição diferenciada de idade para os filhos menores, pelos regimes próprios, não encontra óbice legal, tendo em vista que a limitação imposta é com relação ao rol de dependentes (cônjuge, companheiro, filhos, pais e irmãos), não importando condicionamento para a qualificação destes dependentes. E é lei previdenciária que define a idade previdenciária, não se confundindo com as idades instituídas pela lei civil e pela lei penal.

Paradoxalmente, muitas legislações preferiram restringir a idade dos filhos menores, passando de 21 para 18 anos, confundindo a idade previdenciária com a idade civil. Acontece que, num mundo capitalista, e num país onde o primeiro emprego é algo que assusta, entendemos que tais medidas não atendem às disposições contidas no art. 6º c/c art. 227, ambos da CF/88, que alçaram a educação como direito fundamental.

Como permitir que a lei previdenciária seja usada para motivos escusos e via transversa para impedir o acesso à educação e consequentemente a um emprego melhor?

Nesta liça, vale exemplificar com a seguinte situação: dois jovens adultos, gêmeos, com a idade de 20 anos, ambos estudantes universitários, sendo que um deles trabalhava em uma empresa, ganhando salário mínimo; foram tragicamente surpreendidos com a morte prematura de seus pais, num sinistro envolvendo automóveis. Os pais eram segurados da previdência pública.

Num primeiro momento, entendeu-se que somente faria jus ao benefício previdenciário o primeiro. Com relação ao segundo, como estava recebendo salário mínimo, não lhe foi concedido o benefício. Pelo simples fato de estar trabalhando e recebendo renda mensal mínima. O trabalho era, em essência, um estágio, em que o jovem estava aprendendo um ofício. Entretanto, ambos viviam na casa dos pais, e o salário recebido era empregado para compra de livros e ajudar nas despesas com a faculdade.

Ocorre que, quando do fato gerador do benefício de pensão por morte – óbito de ex-segurado – , nos termos da Súmula 340 do STJ, o interessado encontra-se cumprindo aviso prévio.

Primeiramente temos que a relação de emprego é caracterizada pelo recebimento de benefício de prestação continuada, e os critérios a serem auferidos para estabelecer a dependência econômica para fins previdenciários são dois: Econômico e Familiar.

No presente caso, de forma superficial e açodada, apenas fora analisado o critério econômico puramente, olvidando-se do contexto familiar. Cumpre acrescentar ainda uma nota a este último precedente: como qualquer benefício previdenciário, a pensão por morte deve ser vista não apenas na perspectiva de providenciar a manutenção do beneficiário, mas igualmente na sua potencialidade para encaminhá-lo à autonomia e ao desenvolvimento pessoal. Vital para o ser humano não é apenas sobreviver, mas ter a condição de inserir-se socialmente.

A dependência econômica pode ser lida como uma relação que, acaso extinta, trará prejuízos em termos de bem-estar ou de utilidade ao destinatário daquele habitual auxílio, mas ainda aí não teremos uma ameaça à subsistência do beneficiário e, parece-nos, aqui se encontra a nota distintiva da dependência econômica previdenciária: o auxílio constante, substancial para a manutenção digna do dependente, de maneira que sua abrupta cessação conduza a uma redução de nível de bem-estar a ponto de ameaçar a subsistência do dependente.

Para a configuração da dependência econômica previdenciária, o auxílio deve ser considerado substancial, permanente e necessário a evitar desequilíbrio dos meios de subsistência do dependente (Súmula 13 do Conselho de Recursos da Previdência Social). De fato, a dependência econômica reclama que o dependente viva às expensas do segurado, e que precise permanentemente de sua ajuda para sobreviver. A noção de dependência não se liga, pois, a uma melhor condição econômica, mas à carência de recursos para auxiliar no provimento adequado da alimentação, da moradia, do vestuário, da educação, da assistência médica, questões estas ligadas à sobrevivência decente do favorecido.

Neste diapasão, mister estabelecer que a pensão é benefício que se posterga no tempo, de caráter continuado, de natureza substitutiva e de caráter alimentar. Ou seja, substitui os ingressos do trabalho, destinando-se à manutenção dos dependentes do segurado falecido. E, por assim ser, exige relação de dependência econômica também de forma continuada. É preciso considerar o caráter assecuratório do benefício, para o qual o segurado contribuiu durante toda a sua vida com vistas a garantir, no caso de seu falecimento, o sustento e o pleno desenvolvimento profissional de seus descendentes que, se vivo fosse, manteria com o resultado de seu trabalho, por meio do salário ou da correspondente pensão.

Não há, no ordenamento jurídico pátrio, norma que conceitue a dependência econômica para efeitos previdenciários. A dependência econômica não exige comprovação de miserabilidade do dependente. A dependência se faz entendida pelo auxílio substancial prestado pelo ex-segurado, cuja falta, decorrente da morte deste, mantenedor do dependente, acarreta desequilíbrio nos meios de subsistência do assistido.

Nesta linha de elucubração, temos a correlação entre dependência econômica e o direito à proteção previdenciária, principalmente tendo em vista que essa proteção visa à manutenção do nível de vida de seus beneficiários.

As leis previdenciárias, quando preveem a condição de estudante universitário para fins previdenciários, impõem o limitador – sem renda. Daí ser imprescindível que o dependente comprove que vivia exclusivamente às expensas do ex-segurado quando de seu falecimento.

Entretanto, a legislação ordinária deve ser interpretada à luz das disposições constitucionais vigentes. Ou seja, a interpretação não é puramente literal, devendo ser sistemática e teleológica, com o escopo de ser atingido o fim social a que se destina.

O conceito de dependência econômica é factual e não se define puramente por meio de abstrações contábeis ou jurídicas. Para o silogismo adequado, deve ser observando o princípio da razoabilidade, sob o cânone de garantia de vida digna e respeitando-se o disposto no art. 205 da Magna Carta: "A educação, direito de todos e dever do Estado e da família, será promovida e incentivada com a colaboração da sociedade, visando ao pleno desenvolvimento da pessoa, seu preparo para o exercício da cidadania e sua qualificação para o trabalho."

Já o art. 227 do mesmo diploma traz a seguinte diretriz:

> Art. 227. É dever da família, da sociedade e do Estado assegurar à criança, ao adolescente e ao jovem, com absoluta prioridade, o direito à vida, à saúde, à alimentação, à educação, ao lazer, à profissionalização, à cultura, à dignidade, ao respeito, à liberdade e à convivência familiar e comunitária, além de colocá-los a salvo de toda forma de negligência, discriminação, exploração, violência, crueldade e opressão. (Redação dada Pela Emenda Constitucional n. 65, de 2010).

Deve-se ter em vista o avanço social, patrocinando o não engessamento da premissa maior da previdência social – fim social, amparo aos beneficiários.

A Constituição Federal de 1988, ao estabelecer sistema de proteção social (*ex vis* art. 40 c/c art. 201), o fez no sentido de proteção familiar face ao óbito do ex-segurado. É cristalina a intenção de fazer ingressar recursos no ambiente familiar, com vistas à proteção de seus membros, que, com o óbito, deixam de ter seu sustento provido (contingência social). Para ilustrar, vale colacionar entendimento exarado pelo TRF da 3ª Região:

"PENSÃO POR MORTE – DEPENDÊNCIA ECONÔMICA – REVISÃO – DEFERIMENTO. Previdenciário – Pensão por morte – Filho maior de 21 anos – Estudante de curso técnico ou superior – Dependência econômica – Manutenção do benefício. É de ser mantido o pagamento de pensão por morte ao filho maior de 21 anos de idade até a conclusão do curso técnico ou superior que esteja frequentando ou até completar 24 anos, considerando a proteção social a que se destina o benefício em questão. Apelação da impetrante improvida. (TRF-3ª Região – 10ª T; ACi 0000985-08.2009.4.03.6119; Mogi das Cruzes/SP, Rel. Des. Federal Diva Malerbi; j. 22-06-2010)."

Neste contexto, temos que as normas que cuidam expressamente da exigência de dependência econômica – com conceito aberto e abstrato – não podem ser interpretadas de forma exclusivamente restritiva, sob pena de confrontar com os princípios da previdência, notadamente o da proteção social. Os parâmetros a serem observados devem ser pautados em situações particulares, daí a importância da investigação social no âmbito da unidade gestora.

Acresça-se que não se está a perquirir o afastamento completo dos limites objetivos legalmente postos, mas que o ordenamento infraconstitucional preveja mecanismos de averiguação da real necessidade econômica diante do caso concreto. A estipulação de cláusulas objetivas, fechadas, nestes casos, engessa o aplicador da norma (notadamente a administração pública na figura do órgão concessor dos benefícios) e, por este motivo, necessária se faz a arquitetura de uma válvula dosadora para que o aplicador, diante da concretude diária, possa ter certa margem de aplicação da norma, legalidade e a razoabilidade na concessão do benefício.

Cumpre ter em mente que o risco de não concluir o curso superior afeta não apenas o dependente, mas igualmente a coletividade, a quem se destina, em simultâneo, a capacitação intelectual e profissional das pessoas. Nesta linha elucubrativa, trazemos à discussão o seguinte julgado:

"Os dependentes fazem jus à proteção social por direito próprio, em virtude da necessidade econômica instaurada pela morte, cuja contingência social exprime falta ou diminuição de meios de subsistência que lhes proporcionava o segurado, instituidor da pensão.

Lado a lado com outras contingências sociais eleitas pelo art. 201 da Constituição, todas essas situações constituem corolário da dignidade humana, que nesse quadro social assume, como valor, a posição de fundamento normativo de nossa Constituição (art. 1º, III).

(...)

Aliás, cumpre ter em mente que o risco de não concluir o curso superior afeta não apenas o dependente, mas igualmente a coletividade, a quem se destina, em simultâneo, a capacitação intelectual e profissional das pessoas, segundo acentua Jorge Miranda:

(...)

Não se concebe situação dessa ordem que ameace o pleno exercício da dignidade humana, ao limitar, pela idade, o livre desenvolvimento da personalidade, por não ser possível ao dependente de 21 anos realizar ele próprio suas necessidades ou por acarretar sensível desequilíbrio dos meios de subsistência.

(...)

Sob outro ângulo, ao remeter a Constituição à mediação legislativa ("nos termos da lei") a concretização do direito dos dependentes, não autorizou à lei ordinária sacrificar legítimos direitos de libertação das necessidades sociais que impeçam o desenvolvimento de potencialidades destinadas ao alcance de uma vida melhor.

É que o acesso a níveis superiores de ensino do dependente, como é intuitivo não fez desaparecer a necessidade que decorre da contingência social (morte), pois, aqui, a dependência identifica-se com o que o segurado (pai, etc.) faria, se não tivesse falecido.

(...)

É, portanto, indispensável vincular o direito à proteção social aos objetivos de pleno desenvolvimento das faculdades da pessoa humana, com a garantia de a pensão por morte perdurar até o dependente universitário completar a idade de 24 (vinte e quatro), consentânea e razoável com o que faria o segurado, se não tivesse falecido, e estimam outras legislações a tal respeito." (TRF da 3ª Região (9ª Turma). Agravo de Instrumento n. 276.408. Julgamento em 12.11.07 (maioria). DJU 13.12.2007. Rel. Des. Fed. Nelson Bernardes)."

Por certo, não se está aqui arguindo inconstitucionalidade de dispositivo de lei, mas, sim, a averiguação da real dependência econômica tal como posta nos autos. Ocorre que a interpretação teleológica e sistemática é a produção prática do direito caso a caso, não existindo, assim, soluções previamente estruturadas no texto normativo, sendo, consequentemente, de extrema relevância o relato dos fatos, bem como das respectivas circunstâncias.

O imbróglio acerca da dependência econômica, no caso sob comento, residiu no fato de que, quando do fato gerador do benefício – evento óbito de ex-segurado, a parte interessada encontra-se sob aviso prévio, situação que não tem o condão de afastar a dependência econômica pelo simples argumento de haver relação de trabalho.

Acerca do conceito de aviso-prévio, recorremos às lições de Luiz Eduardo Gunther e Cristina Maria Navarro Zornig, que assim destacaram:

"Para chegar a uma ilação profícua, mister traçar o conceito de aviso-prévio. Para uns, dentre os quais se incluem Orlando Gomes e Elson Gottschalk, o aviso prévio é um ato receptício, eis que, recebida a denúncia, originária do empregador (despedida) ou do empregado (demissão), traduz-se, imediatamente, em ato jurídico perfeito e acabado, aceitando ou não as partes, e, ainda, de um ato constitutivo, cujo efeito se produz para o futuro. Outros, como o professor Russomano, classificam-na como conversão do contrato de duração indeterminada em de duração determinada. E também há quem a diga como termo suspensivo ou inicial da efetiva extinção do contrato (o professor Catharino, por exemplo)."[24]

Neste contexto, não é falacioso afirmar que o aviso prévio é comunicação da extinção do contrato de trabalho, sendo ato constitutivo do rompimento da relação jurídica, mesmo que a efetivação se dê no futuro. Nesta vertente, o aviso prévio tem por finalidade evitar a surpresa na ruptura do contrato de trabalho, possibilitando ao empregador o preenchimento do cargo vago e ao empregado uma nova colocação no mercado de trabalho.

Vale contextualizar que o aviso prévio é a comunicação da rescisão do contrato de trabalho por uma das partes, empregador ou empregado, que decide extingui-lo, com a antecedência que estiver obrigada por força de lei. É apenas um pré-anúncio de uma nova relação jurídica.

Sendo o aviso prévio o anúncio do termo final do contrato de trabalho, vinculando manifestação de vontade de rescisão do vínculo, não gera estabilidade (com exceção da gestante), o que significa não importar em continuidade da relação até então estabelecida. Seu objetivo é efetivamente avisar à outra parte que a contraprestação dos serviços não mais ocorrerá.

Ora, nesta linha evolutiva de raciocínio lógico, pode-se questionar: como caracterizar independência econômica a partir do aviso de rompimento de uma relação jurídica econômica?

Para fins previdenciários, a dependência econômica deve ser entendida sob a óptica da prestação continuada, ou seja, como o benefício previdenciário é pago em parcelas mensais, sendo que a dependência econômica deve acompanhar a mesma formatação, ou seja, deve ser auferida durante todo o tempo de vigência do benefício.

É de se ressaltar que, no presente caso, como já existia de fato e de direito um rompimento formal do contrato de trabalho, a se materializar no futuro, a legitimidade da concessão do benefício passou a ser concreta.

As leis previdenciárias devem ser interpretadas não apenas com a letra fria da lei, mas por meio do *"in dubio pro misero"*, o que literalmente significa na dúvida, a favor da parte hipossuficiente da relação previdenciária, devendo ser considerado como um dos pilares do direito previdenciário[25].

Por todo o exposto, temos que hodiernamente não faz sentido considerar a dependência econômica com presunção absoluta em certas situações (cônjuge, companheiro e filhos – menores e inválidos) e relativa para os demais casos. Como dito, a única presunção de dependência econômica que pode ser efetivamente considerada como absoluta, não admitindo prova em contrário, é do filho menor. Melhor ainda se houvesse consenso no diz respeito à menoridade do filho ser considerada até os 18 anos como absoluta e dos 18 aos 21 anos como presumida.

Em todos os casos, a dependência de dependente inválido e incapacitado totalmente para o trabalho deve ser comprovada de tempos em tempos, até uma idade limite. A falta de controle de dependência é um dos grandes fatores que acabam contribuindo para o "inchaço" nas folhas de pagamentos de inativos e pensionistas.

5.3. APOSENTAÇÃO OU APOSENTAMENTO

5.3.1. Ato de aposentação

Aposentação é o ato ou efeito de aposentar ou se aposentar. É o aposentamento do servidor. É o ato que traduz a mudança de uma situação jurídica (servidor ativo) para nova situação jurídica (servidor inativo). É, pois, o ato que transmuda a situação jurídica do servidor com a Administração Pública.

Aposentadoria é o instituto da aposentação, e no serviço público, assume várias formas, e a cada uma são exigidos requisitos. Com a implementação dos mesmos, tem-se a subsunção a uma regra específica que determina a forma como se dará a aposentação, com proventos integrais ou proporcionais, com ou sem paridade.

Quando na inatividade, o servidor público passa a receber proventos que, segundo o magistério da ministra Ellen Gracie, "a percepção dos proventos é a retribuição do Estado pelas contribuições anteriormente pagas" (ADIN 3.105). A aposentadoria caracteriza-se assim pelo recebimento de um seguro pago ao Estado em forma de proventos.

Na mesma ADI 3105, o ministro Marco Aurélio deixou consignado que a aposentadoria não é o pagamento ao cidadão aposentado, jubilado ou reformado por serviços que esteja prestando, mas sim a "retribuição de serviços que já prestou, e cujas contas se liquidaram e encerraram com um saldo a seu favor, saldo reconhecido pelo Estado com a estipulação legal de lhe mortizar mediante uma renda vitalícia na pensão, na reforma, na jubilação ou na aposentadoria."

Seriam, portanto, os aposentados (leia-se inclusive jubilados e reformados) credores do Poder Público, situação adquirida por meio de títulos à primeira vista

---

(24) GUNTHER Luiz Eduardo; ZORNIG Cristina Maria Navarro. Aspectos Essenciais Sobre o Aviso Prévio na Justiça do Trabalho. Disponível em <http://webcache.googleusercontent.com/search?q=cache:gJkJ4aNF308J:www.trt9.jus.br/internet_base/arquivo_download.do%3Fevento%3DBaixar%26idArquivoAnexadoPlc%3D1499485+&cd=1&hl=pt-BR&ct=clnk&gl=br>. Acesso em 07 de agosto de 2015.

(25) Tal como acontece em direito processual penal – *in dubio pro reo* (na dúvida a favor do réu). O princípio *in dubio pro reo*, aplica-se sempre que se caracterizar uma situação duvidosa, notadamente em matéria de provas, pois a dúvida em relação a existência ou não de determinado fato deve ser resolvida em favor do acusado.

definitivos, perenes e irretratáveis. A afirmação de ser à primeira vista vem definidamente explicada no tópico em que discorremos sobre o instituto da cassação de aposentadoria. Assim, a nosso ver, não é direito inatacável, incensurável, imutável ou incontestável.

Contudo, a aposentadoria é um bem patrimonial, que entra no ativo do credor (beneficiário), que passa a receber uma renda mensal ao longo de sua vida, de forma personalíssima e intransferível. Neste contexto, a aposentadoria não é uma herança que se recebe do Estado, mas uma renda vitalícia, não podendo ser transmitida a terceiros. Na pensão, não se transmite uma aposentadoria, mas se inicia uma nova relação jurídica, desta feita com dependentes do ex-beneficiário.

E qual o ato administrativo capaz de mudar a natureza jurídica de servidor ativo para servidor inativo? Entendemos que a aposentação somente pode ser exteriorizada por decreto, não podendo ser por meio de portaria ou outro ato com o propósito. Neste sentido, ousamos afirmar que a autoridade competente para nomear, exonerar, demitir, aplicar penalidade de cassação de aposentadoria, é a autoridade competente para aposentar o servidor. E, sendo decreto, é ato exclusivo do Chefe do Poder Executivo. Contudo, o ato pode ser delegado. Neste sentido, assim dispõe o artigo 84, XXV e parágrafo único da Constituição Federal de 1988:

Art. 84. Compete privativamente ao Presidente da República:
[...]
XXV - prover e extinguir os cargos públicos federais, na forma da lei;
[...]
Parágrafo único. O Presidente da República poderá delegar as atribuições mencionadas nos incisos VI, XII e XXV, primeira parte, aos Ministros de Estado, ao Procurador-Geral da República ou ao Advogado-geral da União, que observarão os limites traçados nas respectivas delegações.

Pela produção simétrica do art. 84, XXV, e parágrafo único da Constituição Federal – Princípio da Simetria, temos que a competência originária para exarar ato de aposentação é do governador ou do prefeito, uma vez que se trata de forma de desprovimento de cargo público. De acordo com o permissivo contido no parágrafo único, este ato pode ser delegado como forma de descontração das funções e em atenção aos princípios da eficiência e da celeridade dos atos.

Ao analisar as exceções previstas no aludido parágrafo único, que limitou as pessoas a quem competeria os atos de delegação, o Supremo Tribunal Federal se posicionou no sentido de que "se se trata de um texto da Carta a encerrar exceção, devo cingir-me às regras de hermenêutica, de aplicação do Direito, e interpretar esse preceito de forma estrita" (STF, RMS 24.128/DF, Rel. Min. Marco Aurélio, Plenário, DJ 07-04-2005). Neste contexto, se a Constituição Federal quisesse dispor de maneira diferente, o tinha feito expressamente, não indicando as autoridades passíveis de receber os atos de delegação.

No tocante à delegação, entende o Supremo Tribunal que o presidente da República, pela competência para prover cargos públicos (CF, art.84, XXV, primeira parte), abrange a de desprovê-los, a qual, portanto, é susceptível de delegação a ministro de Estado (CF, art. 84, parágrafo único). Precedentes. (STF, MS 25518/DF, Rel. Min. Sepúlveda Pertence, Tribunal Pleno, j. 14-06-2006 e DJ de 10-08-2006).

Já no que concerne à subdelegação, o Superior Tribunal de Justiça se posicionou no seguinte sentido (parte da ementa):

"3. Nas hipóteses de demissão e cassação de aposentadoria ou disponibilidade de servidores, a competência para julgar processos administrativos disciplinares e aplicar penalidades poderá ser subdelegada pelo Ministro de Estado da Educação aos dirigentes das instituições federais de ensino vinculadas àquele Ministério (art. 1º, 3º, do Decreto n. 3.035/1999).

4. Todavia, tal subdelegação não pode ser considerada como uma excludente de competência do Ministro de Estado da Educação. Se uma determinada competência pode ser delegada, automaticamente, esta poderá ser avocada, porquanto são dois institutos jurídicos conexos e de "mão dupla", em decorrência da própria disposição do princípio da hierarquia que estrutura a Administração Pública.

5. A competência do Ministro de Estado da Educação para a instauração de PAD resulta não só do Decreto n. 3.669/2000, mas também do Decreto n. 3.035/1999, uma vez que são dois regramentos normativos que não se colidem, pois o art. 1º daquele Decreto determina a delegação de competência do Ministro de Estado da Educação, mas sem prejuízo do disposto no Decreto n. 3.035/1999. (STJ, MS 15.165/DF, Rel. Min. Humberto Martins, Primeira Seção, j. 08-02-2012, DJe 05-03-2012)."

Desta forma, conclui-se que os atos de aposentação não demandam concentração nas mãos do chefe do Poder Executivo, que poderá delegá-los às pessoas legitimadas, que por sua vez poderão subdelegar a competência aos presidentes de autarquias, sem, contudo, se eximirem da competência.

5.3.2. Aposentação: ato complexo ou composto?

Podemos dividir os benefícios previdenciários em programáveis (voluntários) e não programáveis ou de risco (involuntários). No primeiro caso temos como exemplos as aposentadorias ordinárias, e no segundo, as aposentadorias extraordinárias (por invalidez) e as pensões por morte.

Aposentação, de forma singular, é o ato que indica a passagem do servidor da atividade para a inatividade. Seu fundamento é a reposição de renda, quando o servidor deixa o exercício do cargo. É, pois, a reposição de renda do segurado de um plano de benefícios quando o mesmo se retira voluntariamente ou involuntariamente da relação jurídica trabalho-renda.

O ato que concede aposentadoria (benefício) é um ato administrativo, posto que exarado pela Administração Pública, e tem por fim imediato adquirir, resguardar, transferir, modificar ou extinguir direitos. Os requisitos para a legitimidade do ato administrativo se traduzem em: I) competência – deve ser expedido pelo agente administrativo investido em suas funções; II) finalidade – o interesse público a ser atingido; III) forma – a forma pela qual se reveste o ato administrativo é vinculante para a Administração Pública, que não tem a liberdade de exteriorizar o ato; IV) motivo – ou causa, é a situação de fato e/ou de direito que autoriza a realização do ato; e V) objeto – que deve ser lícito e juridicamente possível. É o próprio conteúdo do ato.

O conceito clássico de ato complexo e ato composto nos é fornecido por Hely Lopes Meirelles:

"Ato complexo é o que se forma pela conjugação de vontades de mais de um órgão administrativo. O essencial, nesta categoria de atos, é o concurso de vontades de órgãos diferentes para a formação de um ato único.

Ato composto é o que resulta da vontade única de um órgão, mas depende da verificação por parte de outro, para se tornar exequível."[26]

Para melhor fixação, segue a tabela abaixo:

ATO COMPLEXO	ATO COMPOSTO
Um ato administrativo	Um ato administrativo
duas ou mais vontades – dois ou mais órgãos	uma única vontade – um único órgão
Manifestação de órgãos diversos para se tornar exequível.	Exarado por um órgão e manifestação de outro para se tornar exequível.

O ato administrativo de aposentação sempre foi considerado um ato complexo, uma vez que expedido pelo Poder Executivo (decreto do governador ou portaria de dirigente de órgão), é encaminhado ao Tribunal de Contas para fins de homologação (confirmação) e registro. Assim, depende da manifestação de dois órgãos para ser exequível. Essa linha é a seguida pelos Tribunais Superiores, conforme se abstrai do excerto seguinte:

"ADMINISTRATIVO. SERVIDOR PÚBLICO. APOSENTADORIA. ATO COMPLEXO QUE SOMENTE SE APERFEIÇOA COM A ANÁLISE PELO TRIBUNAL DE CONTAS. DECADÊNCIA NÃO CONFIGURADA. OFENSA AOS PRINCÍPIOS DO CONTRADITÓRIO E DA AMPLA DEFESA. INEXISTÊNCIA. APLICAÇÃO DA SÚMULA VINCULANTE 3/STF. 1. A jurisprudência desta Corte é pacífica no sentido de que o ato de aposentadoria é um ato complexo, que somente se perfectibiliza após a sua análise pelo Tribunal de Contas, começando a fluir o prazo decadencial de que trata o art. 54 da Lei n. 9.784/99 após a análise da Corte de Contas. 2. Quanto à alegação de violação do contraditório e da ampla defesa, cumpre destacar que a observância aos indigitados princípios constitucionais é excetuada quando se trata da apreciação da legalidade do ato de concessão inicial de aposentadoria, reforma e pensão, conforme disposto na Súmula Vinculante n. 3 do STF. Agravo regimental improvido. (STJ, AgRgno REsp1371576 SC 2013/0059437-1 Relator (a): Ministro HUMBERTO MARTINS. Julgamento:11/02/2014. Órgão Julgador: T2 -SEGUNDA TURMA. Publicação: DJe 21/02/2014)".

Assim, quando o ato de aposentação é considerado um ato complexo, depende da manifestação de vontade do Tribunal de Contas respectivo para se aperfeiçoar e ter exequibilidade. A importância do conceito se resume na aplicabilidade da prescrição/decadência para revisão ou anulação do ato, ou seja, a incidência ou não do disposto no art. 54 da Lei n. 9.784/99[27].

Vale destacar que o Tribunal de Contas não concede aposentadoria, reforma ou pensão. A Corte de Contas examina a legalidade do ato, para efeitos financeiros, registrando a despesa correspondente. Não há, no sentido jurídico estrito, aprovação do ato da administração, mas, apenas, forma de controle da legalidade do ato acabado, cuja executoriedade fica suspensa até que se opere o julgamento do ente fiscalizador.

O Supremo Tribunal Federal, a partir do julgamento do RMS 3.881, Pleno, rel. min. Nelson Hungria (RTJ 4/85), consagrou a premissa de que a aposentação é ato Administrativo complexo que somente se aperfeiçoa com o registro perante o Tribunal de Contas, de modo que não se operam os efeitos da decadência antes da integração da vontade final da Administração, razão pela qual não há falar em aplicação do art. 54 da Lei n. 9.784/99 antes da publicação do registro na imprensa oficial (STF, MS 30.830-AgR, Rel. Min. Dias Toffoli, DJe de 13.12.2012; MS 24.781, Rel. Min. Gilmar Mendes, DJe de 09.06.2011).

---

(26) MEIRELLES, Hely Lopes. Direito Administrativo Brasileiro. 34. ed. São Paulo: Malheiros, 2008. p. 174.

(27) Art. 54. O direito da Administração de anular os atos administrativos de que decorram efeitos favoráveis para os destinatários decai em cinco anos, contados da data em que foram praticados, salvo comprovada má-fé.

§1º No caso de efeitos patrimoniais contínuos, o prazo de decadência contar-se-á da percepção do primeiro pagamento.

§2º Considera-se exercício do direito de anular qualquer medida de autoridade administrativa que importe impugnação O Tribunal de Contas não concede a aposentadoria, reforma ou pensão, nem tão pouco lhes confirma ou ratifica a concessão. Apenas examina a legalidade do ato, para efeitos financeiros, registrando a despesa correspondente. Não há, no sentido jurídico estrito, aprovação do ato da administração, mas, apenas, forma de controle da legalidade do ato acabado, cuja executoriedade fica suspensa até que se opere o julgamento do ente fiscalizador à validade do ato.

Na prescrição administrativa o que se fulmina, se expurga do mundo jurídico, são os efeitos patrimoniais. Já na decadência administrativa, é fulminado o próprio ato, sua razão de existência.

Nos termos da Súmula Vinculante n. 3 do STF, o contraditório e a ampla defesa são assegurados nos processos perante o Tribunal de Contas. Isso quer dizer que a prescrição e decadência começam a ser contadas a partir da entrada do processo na Corte de Contas. Eis o teor da súmula:

"Súmula Vinculante n. 3-STF: Nos processos perante o Tribunal de Contas da União asseguram-se o contraditório e a ampla defesa quando da decisão puder resultar anulação ou revogação de ato administrativo que beneficie o interessado, excetuada a apreciação da legalidade do ato de concessão inicial de aposentadoria, reforma e pensão".

Entretanto, a linha de elucubração, que acolhe o ato de aposentação como ato complexo, não é acolhida pela Procuradoria Geral da República, que se posicionou em sentido contrário, por meio do Parecer PGR 8569, exarado no RE n. 636.553, de relatoria do ministro Gilmar Mendes, com Repercussão Geral reconhecida, concluindo, o ato administrativo de aposentadoria é um ato composto.

A Repercussão Geral foi reconhecida em relação à obrigatoriedade de o Tribunal de Contas da União observar os princípios do contraditório e da ampla defesa no exame da legalidade de atos concessivos de aposentadoria, reformas e pensões, após o decurso do prazo de cinco anos.

Em seu arrazoado, a PGR assim se manifestou:

"1. A aposentadoria, ainda que sujeita a registro pelo TCU, não constitui ato administrativo complexo. É que o conceito de ato administrativo complexo pressupõe a conjugação de vontades de órgãos diversos para a produção de um ato único ou de uma única finalidade administrativa. O TCU apenas aprecia a legalidade do ato concessivo (CF, art. 71, III). A vontade do TCU não integra o ato concessivo, que se consuma na esfera administrativa, não se conformando, portanto, à concepção unitária de ato complexo. 2. O controle de legalidade exercido pelo TCU sobre os atos de concessão inicial de aposentadoria, reforma e pensão, para fins de registro, se dá sobre o ato já praticado pela autoridade administrativa competente, **razão pela qual a aposentadoria se qualifica como ato administrativo composto e não complexo.** Por se tratar de controle de legalidade *a posteriori* de ato administrativo acabado, não há que se falar em inoperância dos efeitos da decadência. Aplicação do prazo decadencial do art. 54 da Lei n. 9.784/99 aos processos de contas que tenham por objeto a apreciação de legalidade dos atos concessivos de aposentadoria, reforma e pensão, a contar da data da publicação do ato de concessão inicial. Doutrina e precedentes. 3. O efeito atípico preliminar ou prodrômico impõe a manutenção dos efeitos do ato de concessão inicial da aposentadoria, reforma e pensão, quando presentes a boa-fé do beneficiário e o longo decurso de tempo entre o ato concessivo e a decisão da Corte de Contas, a evidenciar a confiança dos cidadãos nos atos do Poder Público como projeção subjetiva do princípio da segurança jurídica. 4. A proteção da confiança, enquanto um valor constitucional de ordem ético-jurídica e enquanto projeção subjetiva do princípio da segurança jurídica, desautoriza a Administração Publica a exercer o seu *imperium* de desconstituir ou anular as situações administrativas desconformes com o postulado da legalidade administrativa, quando revestidas de aparência de legalidade, de boa-fé e consolidadas no tempo por inércia do próprio ente público que as originou ou lhes deu causa. Doutrina e precedentes. 5. O controle externo exercido pelo TCU, caracterizado pela atividade de auditoria entre a Corte de Contas e a Administração Pública, está sujeito aos princípios da boa-fé objetiva, da proteção da confiança e da segurança jurídica que se afirma em favor do administrado quando não observada a duração razoável do processo (CF, art. 5º, LXXVIII), fazendo incidir sobre tal atividade a indispensabilidade de observância do *due process of law*. 6. Ultrapassado o prazo razoável de cinco anos para a apreciação, pelo TCU, da legalidade do ato de concessão inicial de aposentadoria, reforma ou pensão, contado a partir da concessão administrativa, deve ser oferecido aos interessados o contraditório e a ampla defesa."

Para a Procuradoria Geral da República, o decurso do prazo decadencial deve ser contado a partir da data de concessão inicial do ato. A esta corrente, nos filiamos. O atípico preliminar ou prodrômico do ato de concessão inicial de aposentadoria, reserva/reforma e pensão observa o Princípio da Segurança Jurídica, protegendo a boa-fé do administrado-segurado, tendo em vista que o efeito prodrômico surge antes da conclusão do ato, com o registro pelo Tribunal de Contas.

Ora, o ato administrativo de concessão da aposentadoria, decreto ou portaria, começa a surtir efeitos desde então. O servidor é transferido para a folha de inativos, seu cargo fica vago, assume o status de aposentado (inclusive para penalização de cassação de aposentadoria), começa a receber proventos em vez de subsídios, deixa de receber verbas que poderia estar recebendo quando em atividade (abono de permanência, adicionais de periculosidade e insalubridade ou outras verbas ditas de caráter transitório). Para a categoria de procuradores de Estado, ainda deixam de receber honorários, pelo fato de estarem aposentados.

Então, como não reconhecer o efeito prodrômico nos atos de aposentação? O controle *a posteriori* exercido pela Corte de Contas não pode ser tomado como o fim do ato em si. O controle é de homologação e registro, e deve respeitar a duração normal do processo, princípio estabelecido pelo inciso LXXVIII do art. 5º da CF/88: "a todos, no âmbito judicial e administrativo, são assegurados a razoável duração do processo e os meios que garantam a celeridade de sua tramitação."

O ato homologatório e registral confirma uma situação preexistente, já incorporada ao patrimônio do segurado inativo. Desta forma, transcorrido o prazo quinquenal, deve ser mantido e convalidado quando contiver irregularidades (convalidação pressupõe ato anulável e não nulo. Não pode ser convalidado, por exemplo, um benefício decorrente de fraude).

Atento a esse entendimento, o Tribunal de Contas do Acre, editou a Resolução n. 78, de 17 de janeiro de 2013, regulando a concessão de registros das aposentadorias, reformas e pensões em trâmite há mais de cincos. De acordo com o TCE/AC, considerando as decisões do STF, manifestadas no MS 24781-DF[28] e MS 25403-DF, no que tange à necessidade de assegurar o contraditório e a ampla defesa quando o controle dos referidos atos ultrapassar o prazo de cinco anos, além dos princípios da segurança jurídica, da dignidade da pessoa humana e da presunção de boa-fé, resolveu "reconhecer a legalidade e, consequentemente, determinar, em caráter excepcional e sumário, para fins de compensação entre regimes previdenciários distintos, o registro das aposentadorias, reformas e pensões que tenham ingressado há mais de cinco anos nesta Corte de Contas."

A iniciativa coaduna com a prescrição determinada para compensação previdenciária, ou seja, para fins de compensação previdenciária entre regimes, a prescrição começar a contar exatamente da data de concessão do ato de aposentadoria e não do registro pelo Tribunal de Contas. Sabe-se que os tribunais de contas estão abarrotados de processos de aposentadorias, reservas, reformas e pensões sem conclusão. E quando finalmente homologados e registrados, não podem mais ser compensados. Além disso, o beneficiário do ato já o incorporou em seu patrimônio, e essa situação jurídica merece ser respeitada.

Para resolver esse problema, que se alastra pelo Brasil, deveriam as unidades gestoras, em conjunto com os Tribunais de Contas, promoverem mutirões para análise dos processos, com pessoas capacitadas, detentoras de conhecimentos técnicos/previdenciários e colocar fim à insegurança jurídica dos milhares de aposentados que não tiveram seus benefícios registrados. Não são necessárias novas contratações de servidores, posto que é uma situação anômala, de acúmulo de serviço.

Data vênia disposições em sentido contrário, coadunamos com o posicionamento exarado pela Procuradoria Geral da República. O ato de aposentação é ato composto e não complexo. A reafirmação do ato pelo Tribunal de Contas diz respeito à conclusão de sua legalidade, não tem o condão de paralisar seus efeitos, que se manifestam quando da edição do decreto de aposentação. Seus efeitos, assim, independem das conclusões das Cortes de Contas.

O ato exarado pelo Tribunal de Contas é reflexo, não direto, após a conclusão do ciclo do ato (requerimento, manifestação do órgão jurídico, decreto, implantação), ou seja, quando o servidor já tem modificada sua relação jurídica com a administração. O ato de aposentação, assim, não depende da manifestação de vontade do órgão de controle externo para se tornar exequível. O efeito prodrômico do ato administrativo de aposentação é uma vertente, e, como tal, designa os efeitos preliminares do ato, caracterizando, outrossim, o ato como composto e não complexo. O efeito preliminar atinge terceiros e determina a sua observância. Além do mais, insere-se que traduz efeitos patrimoniais, não podendo ser desfeito pelo decurso do tempo.

Nos termos do artigo 71, III, da CF/88, compete aos Tribunais de Contas apreciar, para fins de registro, a legalidade dos atos de concessões de aposentadorias, reformas e pensões, ressalvadas as melhorias posteriores que não alterem o fundamento legal do ato concessório. Ou seja, a Corte de Contas examina a legalidade, confirma o ato, não tendo, portanto, competência para a feitura do ato. Acaso fosse o ato de aposentadoria complexo, teria que haver a manifestação supletiva e posterior para que o mesmo se tornasse exequível.

Destarte, apesar do conciso e bem fundamentado parecer da Procuradoria Geral da República, em suas manifestações recentes, o STF tem mantido o entendimento de ser o ato de aposentação um ato administrativo complexo, com base na doutrina clássica, não se manifestando sobre o efeito prodrômico do ato. Neste diapasão, para ilustrar, trazemos parte do julgamento proferido no MS 30537 ED / DF - Distrito Federal, de relatoria do ministro Luiz Fux, em 10-2-2015 e DJe de 4-3-2015:

"5. A decadência prevista no art. 54 da Lei 9.784/99 não se consuma no período compreendido entre o ato administrativo concessivo de aposentadoria ou pensão e o posterior julgamento de sua legalidade e registro pelo Tribunal de Contas da União, que consubstancia o exercício da competência constitucional de controle externo (CRFB/88, art. 71, III) -, porquanto o respectivo ato de aposentação é juridicamente complexo, e, apenas, se aperfeiçoa com o registro na Corte de Contas. Precedentes: STF, MS 30.916, Rel. Min. Cármen Lúcia, 1ª Turma, DJe 8/6/2012; MS 25.525, Rel. Min. Marco Aurélio, Tribunal Pleno, DJe 19/3/2010; STF, MS 25.697, Rel. Min. Cármen Lúcia, Tribunal Pleno, DJe 12/3/2010)."

Podemos assim conceituar o ato de aposentação como ato administrativo-previdenciário complexo qualificado pelo efeito prodrômico, que se aperfeiçoa com o decreto concessório, mas sujeito a registro pelo tribunal de contas respectivo para fins de homologação do ato inicial concessório.

---

(28) Nesses casos, conforme o entendimento fixado no presente julgado, o prazo de 5 (cinco) anos deve ser contado a partir da data de chegada ao TCU do processo administrativo de aposentadoria ou pensão encaminhado pelo órgão de origem para julgamento da legalidade do ato concessivo de aposentadoria ou pensão e posterior registro pela Corte de Contas. (STF, Rel. Min. Ellen Grace e Rel, p/ Acórdão Min. Gilmar Mendes, DJe de 09-06-2011).

5.3.3. Direito adquirido

Com a edição das emendas modificadoras previdenciárias, as regras de aposentadoria contidas no corpo original da CF/88 sofreram profundas modificações. Importante aqui destacar que, uma vez cumpridos os requisitos, ao servidor é garantida a regra que lhe for mais benéfica. As regras de transição existem para corrigir injustiças, uma vez que, quando da edição de nova emenda, o servidor aguardava alcançar o direito, o que denominamos de expectativa de direito que não se confunde com direito adquirido. Este último pressupõe o cumprimento das regras.

Vale salientar que nossos tribunais superiores, em diversos momentos, já se manifestaram no sentido de que não existe direito adquirido a regime jurídico, quer seja estatutário, quer seja previdenciário (inexistência de direito adquirido a regime jurídico – RE 606.199-RG). Assim como não há direito adquirido para a forma de cálculo. Assim, o entendimento pacificado é o de que "o direito adquirido, ou seja, aquele que já se incorporou ao patrimônio jurídico de seu titular, de modo que norma ou fato posterior não podem altar a situação consolidada sob sua égide, não se confunde com a expectativa de direito, que é mera possibilidade de aquisição de um direito, dependente de acontecimento futuro para que, concretizada a esperança, o direito efetivamente se constitua." (STJ - Agravo Regimental No Recurso Especial AgRg no REsp 885134 SP 2003/0141249-8).

A despeito da inexistência de direito adquirido para regime jurídico e forma de cálculo de aposentadoria, a ministra Cármen Lúcia assim se posicionou no julgamento do ARE 805570 AgR/RS em data de 3/2/2015, julgamento proferido pela Segunda Turma do STF: "Administrativo e Previdenciário. Servidor Público. Aposentadoria por invalidez. Revisão de proventos. Forma de cálculo. Inexistência de direito adquirido a regime jurídico."

A aposentadoria rege-se pela lei da data do preenchimento dos requisitos para sua concessão, daí não se poder falar em direito adquirido quando nova norma entra no mundo jurídico e os requisitos da norma anterior não foram preenchidos. Neste sentido, vale colacionar o entendimento esposado no MS 26646/DF, com a seguinte ementa:

"EMENTA: MANDADO DE SEGURANÇA. ATO DO PROCURADOR-GERAL DA REPÚBLICA. INDEFERIMENTO DO PEDIDO DE REVISÃO DE CONTAGEM DE TEMPO DE SERVIÇO E CONTRIBUIÇÃO. AUSÊNCIA DE PREENCHIMENTO DOS REQUISITOS PARA APOSENTADORIA NA VIGÊNCIA DA EMENDA CONSTITUCIONAL N. 20/1998. INEXISTÊNCIA DE DIREITO ADQUIRIDO A REGIME JURÍDICO. DENEGADA A SEGURANÇA. 1. A aposentadoria rege-se pela lei vigente à época do preenchimento de todos os requisitos conducentes à inatividade. 2. Destarte, consoante o art. 3º da Emenda Constitucional 41/2003, somente os servidores públicos que preencheram os requisitos para aposentadoria estabelecidos na vigência da Emenda Constitucional 20/1998 poderiam solicitar o benefício com fundamento na mesma regra editada pelo constituinte derivado. 3. O cômputo do acréscimo de dezessete por cento do período exercido como membro do Ministério Público para a aposentadoria segundo os ditames da Emenda Constitucional n. 20/1998 apenas alcança aqueles que incorporaram o direito de se aposentar pelas regras da aludida emenda. a) *In casu*, **os membros do Ministério Público que não tinham preenchido os requisitos para a aposentadoria quando do advento das novas normas constitucionais passaram a ser regidos pelo regime previdenciário estatuído na Emenda Constitucional n. 41/2003**. b) O impetrante, nascido em 23/3/1951, completou os 53 anos de idade apenas em 23/3/2004, posteriormente, portanto, à Emenda Constitucional n. 41/2003, que revogara a EC n. 20/1998, não se aplicando ao caso a emenda constitucional revogada. **É o momento em que preenchidos os requisitos para aposentadoria que define a legislação que será aplicada ao caso, não cabendo falar-se em direito adquirido a regime jurídico anterior ao tempo em que preenchidos tais requisitos. 4. Outrossim, é cediço na Corte que não há direito adquirido a regime jurídico, aplicando-se à aposentadoria a norma vigente à época do preenchimento dos requisitos para sua concessão**. 5. Mandado de segurança denegado. (Destaques nossos). (STF, MS 26646/DF, Rel. Min. Luiz Fux, Primeira Turma, j.12-05-2015 e DJe de 01-06-2015)".

O entendimento de que os proventos se regulam pela lei vigente ao tempo em que são cumpridos os requisitos para aposentação foi sumulado pelo Supremo Tribunal Federal em 13 de dezembro de 1963. Eis o teor da Súmula 359, com a alteração promovida pelo julgamento dos RE 72509 embargos (RTJ 64/408): "Ressalvada a revisão prevista em lei, os proventos da inatividade regulam-se pela lei vigente ao tempo em que o militar, ou o servidor civil, reuniu os requisitos necessários."

As regras atinentes ao direito adquirido, em consonância com a jurisprudência do STF, estão dispostas nos artigos 81 e 82 da ON MPS/SPS n. 02/09, nos seguintes termos:

Art. 81. É assegurada a concessão de aposentadoria e pensão a qualquer tempo, aos segurados e seus dependentes que, até 31 de dezembro de 2003, tenham cumprido os requisitos para a obtenção destes benefícios, com base nos critérios da legislação então vigente, observado o disposto no inciso XI do art. 37 da Constituição Federal.

Parágrafo único. Os proventos da aposentadoria a ser concedida aos segurados referidos no *caput*, em termos integrais ou proporcionais ao tempo de contribuição já exercido até 31 de dezembro de 2003, bem como as pensões de seus dependentes, serão calculados de acordo com legislação em vigor à época em que foram atendidas as prescrições nela estabelecidas para a concessão desses benefícios ou nas condições da legislação vigente, conforme opção do segurado.

Art. 82. No cálculo do benefício concedido de acordo com a legislação em vigor à época da aquisição do direito, será utilizada a remuneração do servidor no cargo efetivo no momento da concessão da aposentadoria.

Parágrafo único. Em caso de utilização de direito adquirido à aposentadoria com proventos proporcionais, considerar-se-á o tempo de contribuição cumprido até 31 de dezembro de 2003, observando-se que o cômputo de tempo de contribuição posterior a essa data, somente será admitido para fins de cumprimento dos requisitos exigidos para outra regra vigente de aposentadoria, com proventos integrais ou proporcionais.

Quando do julgamento da ADI 3105 (contribuição de aposentados e pensionistas pós – EC n. 41/03), o Supremo Tribunal Federal acabou por flexionar o entendimento de direito adquirido em matéria previdenciária, consagrando que "não há, em nosso ordenamento, nenhuma norma jurídica válida que, como efeito específico do fato jurídico da aposentadoria, lhe imunize os proventos e as pensões, de modo absoluto, à tributação de ordem constitucional, qualquer que seja a modalidade do tributo eleito, donde não haver, a respeito, direito adquirido com o aposentamento" (STF, ADI 3105, Rel. Min. Ellen Gracie, Tribunal Pleno, j. 18-08-2004 e DJ 18-02-2005).

Para a Corte Suprema, não há direito adquirido a regime previdenciário, tampouco à fórmula de cálculos de proventos. O Supremo Tribunal consagrou de forma visivelmente principiológica que "não há direito adquirido a regime jurídico" (RE 227755 AgR/CE). Não há, portanto, afronta a direitos e garantias individuais no que se refere à mudança de regime jurídico previdenciário.

O instituto do direito adquirido, em alguns Estados, foi invocado por servidores que se aposentavam nos cargos efetivos, mas com proventos calculados com base no cargo em comissão. Acontece que a legislação da época previa que o servidor que tivesse ocupado cargo em comissão, por determinado período (cinco anos consecutivos ou dez intercalados), poderia se aposentar com o valor do cargo em comissão. Vale trazer à colação o disposto no art. 273 da Constituição do Estado de Alagoas, que teve sua eficácia suspensa, com efeitos *ex nunc*, por ocasião do julgamento da ADI-MC n. 1380-7, pelo Pleno do STF, à unanimidade, em 3.2.1997, publicada no DJ de 20.2.1998. Todavia, decisão monocrática final de 20/11/2001 julgou prejudicada a ação pelo advento da Emenda à Constituição Federal n. 20, de 15 de dezembro de 1998.

> Art. 273. O servidor público estadual da administração direta, autárquica e fundacional pública que, por cinco anos consecutivos ou dez anos intercalados, haja exercido cargos de provimento em comissão, será aposentado com proventos calculados com base naquele a que corresponder maior remuneração, desde que o tenha exercido por pelo menos 03 (três) anos e integrante da estrutura do Poder a que pertença o servidor, sem prejuízo das vantagens de natureza pessoal a que faça jus. (Redação dada pela Emenda Constitucional n. 13/1995.)

Por força de dispositivos como tal, muitos servidores que haviam ocupado cargo em comissão de secretário de Estado (para ilustrar, tendo em vista que os subsídios são maiores) levavam o valor para os cálculos dos proventos. E ainda lhes eram computados adicionais de tempo de serviço, gratificações das carreiras de origem, etc. Posteriormente, o art. 75 da Lei Estadual/AL n. 7.114/09 assim disciplinou a matéria: "Os proventos e benefícios concedidos com base no cargo em comissão serão reajustados de forma a preservar, em caráter permanente, seu valor real, pelos mesmos índices aplicados à revisão anual dos servidores públicos."

Desta forma, a partir da lei, a vinculação acabou. E o Pretório Excelso, por meio do julgamento adiante colacionado, entendeu pela impossibilidade de vinculação de vencimentos de cargos distintos. Senão vejamos:

"Recurso extraordinário. Repercussão geral da questão constitucional reconhecida. Reafirmação de jurisprudência. 2. Direito Administrativo e Direito Previdenciário. Vinculação de pensões e proventos de aposentadoria de servidores públicos efetivos a subsídios de agentes políticos. Impossibilidade. 3. Alteração de padrão remuneratório. Matéria de iniciativa privativa do chefe do Poder Executivo. Inconstitucionalidade formal. 4. Impossibilidade de vinculação de vencimentos de cargos distintos. Inconstitucionalidade material. 5. Declarada a inconstitucionalidade do artigo 273 da Constituição do Estado de Alagoas, tanto na sua redação atual como na original. Recurso extraordinário provido. (STF, Repercussão Geral no RE, Relator Min. Gilmar Mendes, julgamento em 29-05-2014 e DJe de 24-11-2014)".

Com o recente posicionamento do Supremo, o ente que ainda continua pagando benefício de aposentadoria com cálculo baseado em cargo comissionado anteriormente ocupado deve rever sua legislação e reformular os cálculos.

Deve-se ter em mente a orientação do Supremo Tribunal Federal de que não há direito adquirido a regime jurídico (aí inclusos estatutário e previdenciário), tampouco a forma de cálculo de proventos e pensões.

5.3.4. Regras de aposentadoria após a CRFB/88

A passagem do servidor público para a inatividade dava-se exclusivamente pela sua relação pró-labore com o Poder Público, ou seja, bastava a comprovação de contraprestação laboral para o direito à aposentadoria e aos demais benefícios previdenciários.

Entretanto, essa não é a realidade dos dias atuais. Como cediço, o aumento da idade para se aposentar é uma realidade mundial, e no Brasil tem sido marcada pelas várias reformas previdenciárias promovidas nos últimos tempos. O principal fator é o aumento da longevidade, que tem reflexo direto na solvabilidade dos fundos previdenciários. Antigas fórmulas vêm sendo abolidas para dar espaço a novas regras, mais austeras, com critérios mais rígidos de elegibilidade.

Que a população mundial está envelhecendo, não resta a menor sombra de dúvidas. Especula-se até que a mulher que vai viver 150 anos já nasceu e vive entre nós. As consequências para a previdência são desastrosas. Se antes as projeções eram de que um aposentado receberia benefício por 20 anos, no futuro pode vir a receber por 50 anos ou muito mais.

Se antes o servidor público se aposentava levando em consideração apenas idade e tempo de serviço mínimo, hoje temos outros requisitos, como tempo de contribuição, tempo no serviço público, tempo na carreira, tempo no cargo e idade mínima.

No Brasil ainda se permite a aposentadoria com idade inferior a 60 anos, como é o caso da aplicabilidade da regra estatuída pelo artigo 3º da EC n. 47/05. Entretanto, vários países ao redor do mundo estão promovendo reformas previdenciárias, aumentou vertiginosamente a idade mínima para aposentação.

Entre os anos de 1980 e 2013, a expectativa de vida do brasileiro pulou de 62,5 anos para 74,9 anos. Ou seja, em 33 anos, a expectativa de vida aumentou mais de 12 anos. E a tendência é que venha a aumentar cada vez mais, notadamente com os avanços da ciência, que busca incessantemente curas para as mais diversas doenças que outrora eram simplesmente caracterizadas como incuráveis.

A fórmula 85/95, que passou a ser adotada no Brasil, não foi invenção do legislador brasileiro. A fórmula já existe em alguns países da Europa. A progressividade da fórmula, como proposta no Brasil, permite atrasar o recebimento do benefício, aumentando-se o requisito temporal para aquisição do direito. Entretanto essa progressividade ainda não alcançou o serviço público.

Alemanha, França, Holanda, Portugal, Reino Unido e Japão são alguns exemplos de países que adotaram a evolução da idade mínima para aposentadoria. Nos Estados Unidos, hoje a idade mínima é de 66 anos e a partir de 2022 passará para 67 anos.

É imperioso que se adotem novas fórmulas de ingresso na inatividade, sem as quais não há que se falar em garantia de direitos.

Feitas essas considerações preliminares, elencamos as regras de aposentadoria existentes após a promulgação da Carta de 1988, totalizando 42 possibilidades, conforme a seguir exposto.

1. Invalidez – art. 40, I, CF/88, na redação dada pela EC 41/03 – segurado ingressou no serviço público a partir de 1º de janeiro de 2004.
2. Invalidez – EC 70/2012 – segurado ingressou no serviço público até 31/12/2003.
3. Compulsória – art. 40, II, CF/88 – Lei Complementar n. 152/2015 (*sub judice*)
4. Compulsória – EC n. 88/2015 – Lei Complementar n. 152/2015 (*sub judice*)
5. Aposentadoria compulsória de policiais civis – LC 144/2014 (*sub judice*)
6. Voluntária por idade e tempo de contribuição – art. 40, III, a, CF/88, na redação dada pela EC 41/03 – homem.
7. Voluntária por idade e tempo de contribuição – art. 40, III, a, c/c art. 5º, CF/88, na redação dada pela EC 41/03 – homem professor.
8. Voluntária por idade e tempo de contribuição – art. 40, III, a, CF/88, na redação dada pela EC 41/03 – mulher.
9. Voluntária por idade e tempo de contribuição – art. 40, III, a, c/c art. 5º, CF/88, na redação dada pela EC 41/03 – mulher professora
10. Voluntária por idade – art. 40, III, b, CF/88 – homem.
11. Voluntária por idade – art. 40, III, b, CF/88 – mulher
12. Transição – art. 2º da EC 41/03 – homem.
13. Transição – art. 2º da EC 41/03 – homem professor.
14. Transição – art. 2º da EC 41/03 – homem magistrado, membro MP e TC.
15. Transição – art. 2º da EC 41/03 – mulher.
16. Transição – art. 2º da EC 41/03 – mulher professora.
17. Transição – art. 6º da EC 41/03 – homem
18. Transição – art. 6º da EC 41/03 – homem professor
19. Transição – art. 6º da EC 41/03 – mulher
20. Transição – art. 6º da EC 41/03 – mulher professora
21. Transição – art. 3º da EC 47/05 – homem
22. Transição – art. 3º da EC 47/05 – mulher
23. Transição – Direito adquirido – art. 3º da EC 41/03 – homem
24. Transição – Direito adquirido – art. 3º da EC 41/03 – homem professor
25. Transição – Direito adquirido – art. 3º da EC 41/03 – mulher
26. Transição – Direito adquirido – art. 3º da EC 41/03 – mulher professora
27. Transição – Direito adquirido – por idade e tempo de contribuição – art. 40, III, a, da CF/88, na redação dada pela EC 20/98 – homem
28. Transição – Direito adquirido – por idade e tempo de contribuição – art. 40, III, a, da CF/88, na redação dada pela EC 20/98 – homem professor
29. Transição – Direito adquirido por idade e tempo de contribuição – art. 40, III, a, da CF/88, na redação dada pela EC 20/98 – mulher
30. Transição – Direito adquirido por idade e tempo de contribuição – art. 40, III, a, da CF/88, na redação dada pela EC 20/98 – mulher professora
31. Transição – Direito adquirido – por idade – art. 40, III, b, da CF/88, na redação dada pela EC 20/98 – homem
32. Transição – Direito adquirido por idade – art. 40, III, b, da CF/88, na redação dada pela EC 20/98 – mulher
33. Transição – Direito adquirido - *caput* do art. 8º da EC 20/98 – homem
34. Transição – Direito adquirido - *caput* do art. 8º da EC 20/98 – homem professor.

35. Transição – Direito adquirido - art. 8º, § 3º, da EC 20/98 – homem magistrado, membro MP e TC (acréscimo de 17%)
36. Transição – Direito adquirido – *caput* do art. 8º da EC 20/98 – mulher
37. Transição – Direito adquirido – *caput* do art. 8º da EC 20/98 – mulher professora
38. Transição – Direito adquirido – art. 8º, § 1º, da EC 20/98 – homem (proventos proporcionais).
39. Transição – Direito adquirido – art. 8º, § 1º, da EC 20/98 – mulher (proventos proporcionais).
40. Aposentadoria Especial – art. 40, § 4º, I, da CF/88, na redação dada pela EC n. 47/05 c/c Lei Complementar n. 142/2013.
41. Aposentadoria Especial – art. 40, § 4º, II, da CF/88, na redação dada pela EC n. 47/05 c/c Lei Complementar n. 51/85, na redação dada pela Lei Complementar n. 144/2014.
42. Aposentadoria Especial – art. 40, § 4º, III, da CF/88, na redação dada pela EC n. 47/05 c/c artigo 57 da Lei 8.213/1991 (Súmula Vinculante STF n. 33).

Para este trabalho, destacamos algumas observações pertinentes sobre hipóteses de aposentadoria, cujos temas ainda não são pacíficos na doutrina e jurisprudência ou se encontram pendentes de julgamento ou que foram recentemente regulamentados.

Outrossim, desde já deixamos acentuado que, por decisão do Supremo Tribunal Federal, servidor público não tem direito à aposentadoria voluntária no cargo em que esteja submetido a estágio probatório, ainda que tenha completado o tempo de serviço exigido pela CF antes do advento da EC 20/98, porquanto o estágio probatório é etapa final do processo seletivo para aperfeiçoamento da titularidade do cargo público. (STF, MS 24744/DF, Rel. Ministro Carlos Velloso, j. 19-5-2004). Precedentes: MS 22947/BA (DJU de 8.3.2002); MS 23577/DF (DJU de 14.6.2002); MS 24543/DF (DJU de 12.9.2003).

5.3.5. Regras transitórias

As regras transitórias de aposentadorias podem ser tomadas como o reconhecimento do legislador a uma expectativa de direito do servidor em se aposentar, mas com a edição de novas regras de elegibilidade do benefício, são prejudicados com novas sistemáticas.

Contudo, ao serem editadas novas regras, o legislador constituinte originário se preocupou em oportunizar aos servidores já ingressos no sistema regras mais benéficas. Foi assim com todas as emendas reformadoras.

Quando da edição da EC n. 20/98, que trouxe uma nova realidade para a previdência pública, passando a determinar o caráter contributivo, deu garantia aos servidores que já haviam ingressado no serviço público de se aposentarem com menor tempo, abrandando as regras e respeitando a expectativa de aposentação que tinham esses servidores. O mesmo aconteceu com a edição da EC n. 41/03 e teve ainda mais acento com a promulgação da EC n. 47/05.

A EC n. 20/98 ainda estabeleceu algumas formas de cálculo com pedágio, ou seja, um acréscimo no tempo que faltaria para cumprimento do requisito tempo de contribuição. Vejamos o conteúdo do seu artigo 9º:

> Art. 9º - Observado o disposto no art. 4º desta Emenda e ressalvado o direito de opção a aposentadoria pelas normas por ela estabelecidas para o regime geral de previdência social, é assegurado o direito à aposentadoria ao segurado que se tenha filiado ao regime geral de previdência social, até a data de publicação desta Emenda, quando, cumulativamente, atender aos seguintes requisitos:
> I - contar com cinquenta e três anos de idade, se homem, e quarenta e oito anos de idade, se mulher; e
> II - contar tempo de contribuição igual, no mínimo, à soma de:
> a) trinta e cinco anos, se homem, e trinta anos, se mulher; e
> b) um período adicional de contribuição equivalente a vinte por cento do tempo que, na data da publicação desta Emenda, faltaria para atingir o limite de tempo constante da alínea anterior.

Assim, se uma servidora, na data de publicação da EC n. 20/98, possuía o tempo de contribuição equivalente a 20 anos de contribuição: a) tempo que lhe faltava: 10 anos de contribuição; b) tempo com pedágio: 8 anos (20% de 10 é igual a 2).

Outra possibilidade é o disposto no § 1º do mesmo artigo 9º da EC n. 20/98:

> § 1º - O segurado de que trata este artigo, desde que atendido o disposto no inciso I do "*caput*", e observado o disposto no art. 4º desta Emenda, pode aposentar-se com valores proporcionais ao tempo de contribuição, quando atendidas as seguintes condições:
> I - contar tempo de contribuição igual, no mínimo, à soma de:
> a) trinta anos, se homem, e vinte e cinco anos, se mulher; e
> b) um período adicional de contribuição equivalente a quarenta por cento do tempo que, na data da publicação desta Emenda, faltaria para atingir o limite de tempo constante da alínea anterior.

Da exegese do dispositivo temos que, se um homem, na data da edição da EC n. 20/98, tinha 20 anos de contribuição, tendo, portanto, mais 10 anos para completar a exigência de tempo de serviço, teria a computar, a seu favor, um tempo adicional de 4 anos (40% de 10 anos). Necessitando, portanto, trabalhar mais 6 anos em vez de 10 anos.

O pedágio fora, como visto e exemplificado, instituído de forma a amenizar os reflexos da EC n. 20/98, aos servidores que já estavam sob a sistemática anterior e teriam de cumprir novas regras.

Entretanto, deve-se sempre atentar que hoje a melhor regra de transição é a disposta no artigo 3º da EC n. 47/05, para aqueles servidores que ingressaram no serviço público antes da EC n. 20/98. Não sendo o caso, a melhor opção é a regra disposta no artigo 6º da EC 41/03.

5.3.6. Aposentadoria por invalidez

De acordo com o art. 40, § 1º, I, da CF/88, "a aposentadoria dar-se-á por invalidez permanente, sendo os proventos proporcionais ao tempo de contribuição, exceto se decorrente de acidente em serviço, moléstia profissional ou doença grave, contagiosa ou incurável, na forma da lei." Ainda segundo a CF/88, "os proventos decorrentes de aposentadorias por invalidez devem ser calculados observando-se as disposições contidas nos §§ 3º, 8º e 17 do art. 40, da CF/88."

Entretanto, a EC n. 70/12 redefiniu o conceito, acrescentando o art. 6º-A à redação originária da EC n. 41/03, determinando que aqueles servidores que ingressaram no serviço público antes da edição da EC n. 41/03 teriam garantidos os proventos calculados de forma integral (sem aplicação da média aritmética), com base na remuneração do cargo efetivo em que se der a aposentadoria.

Acerca da matéria, o Supremo Tribunal Federal entendeu que a aposentadoria por invalidez decorrente de doença grave especificada em lei implica o direito à integralidade dos proventos, considerada a última remuneração, mesmo após a vigência da EC 41/2003. Afastou-se a apuração do valor dos proventos pela média aritmética das contribuições, forma preconizada na Lei 10.887/2004, porquanto a citada norma diz respeito à regra geral da aposentadoria, não versando sobre as exceções indicadas na Constituição aposentadoria por invalidez permanente decorrente de acidente em serviço, moléstia profissional ou doença grave. (STF, ARE 653.084-AgR, voto do Rel. Min. Marco Aurélio, julgamento em 5-11-2013, Primeira Turma, DJE de 28-11-2013. No mesmo sentido: STF, ARE 855.515-AgR, Rel. Min. Teori Zavascki, julgamento em 24-2-2015, Segunda Turma, DJE de 10-3-2015).

No que tange ao elenco de doenças graves, contagiosas ou incuráveis, o primeiro ponto a ser destacado é no que diz respeito ao rol que deve ser estabelecido pela lei do ente. E acaso não o fazendo, deve se valer da permissão contida no § 12 do art. 40 da CF/88 (além do disposto neste artigo, o regime de previdência dos servidores públicos titulares de cargo efetivo observará, no que couber, os requisitos e critérios fixados para o regime geral de previdência social). O rol de doenças do RGPS encontra-se estabelecido em seu art. 151 da Lei n. 8.213/91 (a MP n. 664/14 havia previsto sua revogação, o que não ocorreu com sua conversão na Lei n. 13.135, de 17 de junho de 2015).

De acordo com decisão recente do STF, esse rol de doenças é taxativo. Senão vejamos no excerto a seguir destacado:

"Ementa: CONSTITUCIONAL. ADMINISTRATIVO. SERVIDOR PÚBLICO. APOSENTADORIA POR INVALIDEZ COM PROVENTOS INTEGRAIS. ART. 40, § 1º, I, DA CF. SUBMISSÃO AO DISPOSTO EM LEI ORDINÁRIA. 1. O art. 40, § 1º, I, da Constituição Federal assegura aos servidores públicos abrangidos pelo regime de previdência nele estabelecido o direito a aposentadoria por invalidez com proventos proporcionais ao tempo de contribuição. O benefício será devido com proventos integrais quando a invalidez for decorrente de acidente em serviço, moléstia profissional ou doença grave, contagiosa ou incurável, "na forma da lei." 2. Pertence, portanto, ao domínio normativo ordinário a definição das doenças e moléstias que ensejam aposentadoria por invalidez com proventos integrais, **cujo rol, segundo a jurisprudência assentada pelo STF, tem natureza taxativa**. 3. Recurso extraordinário a que se dá provimento. (STF, RE 656860 / MT - MATO GROSSO -RECURSO EXTRAORDINÁRIO Relator(a): Min. TEORI ZAVASCKI - Julgamento: 21/08/2014 - Órgão Julgador: Tribunal Pleno). (Sem grifos no original)".

De acordo com o Informativo n. 557, período compreendido entre 5 a 18 de março do 2015, a aposentadoria de servidor público com doença não prevista no art. 186 da Lei n. 8.112/1990, nem indicada em lei, terá proventos proporcionais e não integrais. A jurisprudência do STJ firmara-se no sentido de que o rol de doenças constantes do § 1º do art. 186 da Lei n. 8.112/1990 para fins de aposentadoria integral não seria taxativo, mas exemplificativo, tendo em vista a impossibilidade de a norma prever todas as doenças consideradas pela medicina como graves, contagiosas ou incuráveis. No entanto, o STF, reconhecendo a repercussão geral da matéria, entendeu que "pertence, portanto, ao domínio normativo ordinário a definição das doenças e moléstias que ensejam aposentadoria por invalidez com proventos integrais, cujo rol, segundo a jurisprudência assentada pelo STF, tem natureza taxativa" (RE 656.860-MT, Tribunal Pleno, DJe 18/9/2014). Ref.: REsp 1.324.671-SP, Rel. Min. Humberto Martins, julgado em 3/3/2015, DJe 9/3/2015

O laudo médico-pericial determina a incapacidade permanente para o trabalho. A lei do ente, além de prever o rol de doenças incapacitantes, ainda deve disciplinar o conceito de acidente em serviço, a garantia de um percentual mínimo para o valor inicial dos proventos, quando concedidos de forma proporcional ao tempo de contribuição e a periodicidade das revisões (avaliações periódicas das condições de saúde que geraram a incapacidade). O inativo que voltar a exercer qualquer atividade laboral terá sua aposentadoria cassada, inclusive em caso de exercício de mandato eletivo.

Vale destacar que o laudo médico exarado é vinculante para a Administração, ou seja, serve de base para a análise da concessão, que deve observar a lei vigente na data em que o laudo médico-pericial definir como início da incapacidade.

Nesta esteira, o STF entende que o descompasso entre o conteúdo de atEstado médico oficial e atEstado médico particular resolve-se com a predominância do primeiro, do oficial. (...) A repercussão de doença no cálculo dos proventos ou de pensão pressupõe encontrar-se em vigor lei prevendo-a. (STF, RMS 24.640, Rel. p/ o Ac. Min. Marco Aurélio, julgamento em 23-9-2008, Primeira Turma, DJE de 27-3-2009).

E também que o direito aos proventos integrais pressupõe lei em que é especificada a doença. (STF, RE 353.595, Rel. Min. Marco Aurélio, julgamento em 3.5.2005, Primeira Turma, DJ de 27-5-2005. No mesmo sentido: STF, AI 767.931-AgR, Rel. Min. Ayres Britto, julgamento em 14.12.2010, Segunda Turma, DJE de 21.3.2011. Vide: STF, ARE 653.084-AgR, voto do Rel. Min. Marco Aurélio, julgamento em 5.11.2013, Primeira Turma, DJE de 28.11.2013).

Caso a aposentadoria por invalidez seja oriunda de incapacidade mental, somente o curador estar apto a receber o benefício. Neste sentido, a curatela deve ser apresentada no processo de concessão, mesmo que de forma provisória.

Ultimamente tem-se discutido muito sobre as formas de concessão das aposentadorias por invalidez. Acontece que os elencos de doenças graves, contagiosas ou incuráveis foram estabelecidos no século passado e várias dessas doenças hoje não são incapacitantes e são curáveis. A necessidade de se reformular os elencos se faz premente e urgente, tendo em vista a gama de injustiças que têm ocasionado. Com a evolução da medicina, surgiram novas patologias, como algumas patologias passaram a ser totalmente curáveis.

A forma de concessão de aposentadoria afigura-nos totalmente defasada. Na Argentina, a concessão de aposentadoria por invalidez é mais bem analisada. No país dos *hermanos*, o servidor tem de cumprir pontos para a concessão. Ou seja, não é o simples fato de ter uma doença elencada em lei que possibilitará a concessão da aposentadoria. Ele é analisado com critérios que realmente determinem a incapacidade total e permanente para o trabalho.

Desta forma, está em discussão a incapacidade total para o trabalho. Acaso o servidor não seja considerado definitivamente incapaz, deve ser reintegrado/ recapacitado/relocalizado. A pessoa com deficiência não deve ser confundida com a pessoa com incapacidade para o trabalho. Lei n. 10.098/00 – Lei de Acessibilidade, define e diferencia a pessoa portadora de deficiência e a pessoa com mobilidade reduzida. A diferença é de suma importância, tendo em vista que a deficiência, depois de analisados os contextos sociais em que a pessoa está inserida, pode gerar aposentadoria por invalidez.

Duas análises devem ser concomitantes para o diagnóstico: CID-10 e CIF. A CID-10 é a Classificação Internacional de Doenças e Problemas Relacionados à Saúde, publicada pela Organização Mundial de Saúde(OMS), e visa padronizar a codificação de doenças e outros problemas relacionados à saúde.

A CIF é um novo sistema de classificação inserido na Família de Classificações Internacionais da Organização Mundial de Saúde (OMS) e tem como objeto avaliar e medir a saúde e a incapacidade quer no nível individual quer ao nível da população.

As duas classificações têm objetivos distintos e podem ser utilizadas complementarmente. A CID-10 fornece uma estrutura de base etiológica, proporciona um diagnóstico de doenças, perturbações ou outras condições de saúde. A CIF classifica a funcionalidade e a incapacidade, associadas a uma condição de saúde.

O art. 2º da Lei Complementar n. 142, de 8 de maio de 2013, define a pessoa com deficiência como aquela que "tem impedimentos de longo prazo de natureza física, mental, intelectual ou sensorial, os quais, em interação com diversas barreiras, podem obstruir sua participação plena e efetiva na sociedade em igualdade de condições com as demais pessoas." Referida norma ainda especifica as condições de tempo de contribuição, para os casos de deficiência grave, moderada e leve.

Já a Portaria Interministerial AGU/MPS/MF/SEDH/MP n. 1, de 27 de janeiro de 2014, aprova o instrumento destinado à avaliação do segurado da Previdência Social e à identificação dos graus de deficiência.

Desta forma, e com supedâneo no art. 40, § 12, da CF/88, entendemos que o simples laudo médico não tem mais o condão de determinar a aposentadoria por invalidez sem levar em consideração os graus de deficiência e sem indicação expressa se a incapacidade for absoluta, para todo e qualquer trabalho.

Vale ainda salientar que encontra-se em tramitação o projeto de lei PL n. 4.082/12, que amplia o rol de doenças incapacitantes.

5.3.6.1. A pessoa com deficiência

Em 6 de julho de 2015, foi editada a Lei n. 13.146, que institui a Lei Brasileira de Inclusão da Pessoa com Deficiência. A lei trata de verdadeira inclusão social e desmitifica o pensamento de que a pessoa com deficiência não é apta para os atos da vida civil. No seu artigo 2º, define a pessoa com deficiência nos seguintes termos:

> Art. 2º Considera-se pessoa com deficiência aquela que tem impedimento de longo prazo de natureza física, mental, intelectual ou sensorial, o qual, em interação com uma ou mais barreiras, pode obstruir sua participação plena e efetiva na sociedade em igualdade de condições com as demais pessoas.
>
> § 1º A avaliação da deficiência, quando necessária, será biopsicossocial, realizada por equipe multiprofissional e interdisciplinar e considerará:
>
> I - os impedimentos nas funções e nas estruturas do corpo;
>
> II - os fatores socioambientais, psicológicos e pessoais;
>
> III - a limitação no desempenho de atividades; e
>
> IV - a restrição de participação.

É um grande avanço, tendo em vista que ainda se considera a pessoa com deficiência como inválida, a se aposentar sem nenhum critério.

Seu artigo 41 reza que a pessoa com deficiência segurada do Regime Geral de Previdência Social (RGPS) tem direito à aposentadoria nos termos da Lei Complementar no 142, de 8 de maio de 2013. Esta última faz escalonamento para aposentadoria segundo critérios médicos e funcionais, relativamente à deficiência leve, moderada e grave. De qualquer maneira, tem um tempo mínimo para a concessão de aposentadoria.

Lamentavelmente os Estados/Municípios ainda estão longe de alcançarem as medidas. O que se vê são pessoas capazes, com algumas limitações, serem aposentadas por invalidez. Uma das obrigações do Estado/Município é promover inclusão social e preservar o direito à cidadania.

Aposentadorias precoces não apenas têm o condão de insuflar o déficit previdenciário, mas estimulam a desaposentação. Ocorre que as pessoas que se aposentam precocemente continuam trabalhando e depois demandam por desaposentação.

Podem também gerar um aumento relevante de carga tributária para as gerações futuras. Hoje há muita resistência por parte da geração atual em implementar reajustes, para que no futuro não sejam permitidas aposentadorias abaixo dos 60 anos (o que devia ser um indicador tanto para homens como para mulheres).

Além dos gastos extras com a previdência, as aposentadorias precoces representam a perda de servidores experientes e de investimentos públicos com formação dos mesmos, já que deixam de contribuir para o serviço público.

5.3.6.2. Reabilitação profissional

Aposentadorias precoces são um problema de caixa para os governos, que se veem compelidos a arcar com benefícios mais cedo, deflagrados pela baixa qualidade de vida do brasileiro. Muitas vezes, o aposentado não se encontra inválido para todo e qualquer trabalho, ingressando na atividade quando poderia ser reaproveitado em outro setor. Esse reaproveitamento não só é benéfico para as contas públicas, mas para o próprio aposentado, que continua sendo produtivo.

Aposentadoria, como reposição de renda, é um prêmio por um período trabalhado e contributivo, sem a menor dúvida. É a garantia de vida digna quando a pessoa não se encontra mais apta para o exercício de suas funções. Quando o servidor se afasta de suas funções, quando ainda poderia estar dando sua contribuição laborativa, entrega-se ao ócio, ao alcoolismo, ao sedentarismo. É um problema social. No Brasil não existem políticas de inserção das pessoas aposentadas, que simplesmente são "esquecidas" pelo Poder Público. Alguns entes têm procurado trabalhar esse grave problema social, com programas voltados para combate à depressão de pessoas inativas. A inatividade, se não for devidamente cuidada, pode se tornar um caminho sombrio. Cabe à gestão previdenciária o estabelecimento de políticas públicas para I) prevenção de doenças e II) implementação de programas pós–aposentadorias.

Acerca desse grave problema social, muito se tem discutido sobre o instituto da reabilitação profissional, que pode ser definido como o conjunto de medidas que visam o aproveitamento do servidor, portador de incapacidades a um outro cargo compatível com sua situação. A reabilitação visa à valorização do servidor, quando o mesmo apresentar aptidões para produtividade em outra atividade, que lhe seja compatível com suas condições especiais.

A partir de avaliação médica consubstanciada, o servidor que anteriormente seria considerado inapto definitivamente para o trabalho passa a ser considerado apto com restrições, contudo, não sendo definitivamente excluído do serviço público.

Esse aproveitamento pode se dar por: I) remanejamento, ou seja, mudança para outro local de trabalho, com condições mais favoráveis à situação peculiar do servidor (mudança de lotação); II) readequação, que seria redução das atividades próprias do cargo; e III) readaptação, mudança de cargo. Segundo o artigo 24 da Lei 8112/90, "readaptação é a investidura do servidor público em cargo de atribuições e responsabilidades compatíveis com a limitação que tenha sofrido em sua capacidade física ou mental, verificada por inspeção médica."

Contudo, a readaptação, tal como prevista no RJU do servidor público federal, é inconstitucional, por se cuidar de investimento em cargo público de forma derivada. Conquanto seja inconstitucional por ferir o disposto no artigo 37, II, da CF/88, a expressão tem sido comumente usada para se referir ao remanejamento e à readequação que são viáveis legalmente.

Não há readaptação com nova investidura. A readaptação (em sua acepção ampla) somente pode se dar em novas funções, mas nunca investidura em outro cargo do qual o servidor não foi investido originariamente por concurso público.

Também não poderá ser caracterizada como desvio de função, que ocorre quando há assunção de encargos não previstos dentre os possíveis no cargo. De acordo com a Súmula 378 STJ, reconhecido o desvio de função, o servidor faz jus às diferenças salariais decorrentes.

Na situação de excepcionalidade, tendo em vista o servidor encontrar-se impossibilitado de cumprir com suas funções originais, poderá então assumir novas funções, com as observações postas. É o caso, por exemplo, do professor que se encontra impossibilitado de cumprir sua jornada de trabalho em sala de aula. A limitação é parcial, não total, podendo o servidor ser readaptado a novas funções, p. ex., administrativas.

Neste sentido, assim se manifestou o e. Supremo Tribunal Federal:

"SERVIDOR PÚBLICO. MAGISTÉRIO. APOSENTADORIA ESPECIAL. CONTAGEM DO TEMPO DE SERVIÇO PRESTADOS FORA DE SALA DE AULA. READAPTAÇÃO. POSSIBILIDADE. PRECEDEN-

TE. 1. O Plenário desta Corte, no julgamento da ADI n. 3.772, consolidou o entendimento de que a aposentadoria especial deve ser concedida aos professores ainda que esses não desenvolvam a atividade de magistério exclusivamente em sala de aula, estando também abrangidas atividades outras, inclusive administrativas, tais como funções de direção, coordenação e assessoramento pedagógico, desde que desempenhadas em estabelecimento de ensino. 2. Agravo regimental não provido. (STF, AI 623097 AgR-segundo / SP, Rel. Min. Dias Toffoli, Primeira Turma, j. 30-10-2012 e DJe 14-02-2013)".

No Senado Federal, funciona o Serviço de Qualidade de Vida e Reabilitação Funcional (SEQVR), que combate o absenteísmo, buscando comportamento adequado no trabalho, avaliando o servidor e promovendo seu bem-estar, sem ter que aposentá-lo. Tudo com acompanhamento médico e psicológico. As experiências vivenciadas pelo serviço têm gerado bons resultados, com servidores eficazmente aproveitados e reconduzidos a atividades laborais. O SEQVR ainda promove recapacitação, ou seja, promove oficinas e treinamentos para que a nova atividade profissional possa ser desenvolvida, como por exemplo cursos na área de informática.

Analisando um caso concreto, a SEQVR, assim se manifestou:

"Esse caso relata a experiência positiva de um profissional que, após sofrer um revés, deu a volta por cima, com o apoio substancial do SEQVR, e tem evoluído em vários aspectos nessa nova trajetória de sua carreira. Segundo o serviço, o servidor analisado encontra-se satisfeito com o seu trabalho atual, enriquecido em termos de variedade, autonomia, inter-relacionamento, identidade e reconhecimento, sobretudo, quanto ao equilíbrio entre a vida pessoal e o trabalho."[29]

A readaptação profissional, em seu sentido amplo, é imprescindível para que possa ocorrer um redirecionamento na adequação às limitações sofridas pelo servidor, permitindo que o mesmo possa desenvolver níveis físicos e mentais para o retorno ao trabalho, beneficiando-se da produtividade. Há, porém, a necessidade de acompanhamento da evolução do quadro de saúde do servidor no sentido de verificar a sua adaptabilidade à nova função.

Contudo, a jurisprudência pátria tem se manifEstado no sentido de que a readaptação profissional não pode implicar em decesso remuneratório. Neste sentido, "a readaptação não importa em decesso remuneratório e, enquanto perdurar o afastamento do professor readaptado por motivo de saúde, impõe-se a continuidade do pagamento da gratificação de regência de classe" (TJ/SC, Apelação Cível n. 2010.027984-0, Rel. Des. Pedro Manoel Abreu, 28-09-2010).

Nem tampouco pode implicar em transferência, concurso interno, ascensão funcional ou qualquer forma de progressão horizontal ou vertical na carreira. Neste diapasão, vale colacionar parte da decisão proferida na ADI 231, julgada pelo Plenário do STF em 5 de agosto de 1992:

"O critério do mérito aferível por concurso público de provas ou de provas e títulos é, no atual sistema constitucional, ressalvados os cargos em comissão declarados em lei de livre nomeação e exoneração, indispensável para cargo ou emprego público isolado ou em carreira. Para o isolado, em qualquer hipótese; para o em carreira, para o ingresso nela, que só se fará na classe inicial e pelo concurso público de provas ou de provas e títulos, não o sendo, porém, para os cargos subsequentes que nela se escalonam até o final dela, pois, para estes, a investidura se fará pela forma de provimento que é a 'promoção'.

Estão, pois, banidas das formas de investidura admitidas pela Constituição a ascensão e a transferência, que são formas de ingresso em carreira diversa daquela para a qual o servidor público ingressou por concurso, e que não são, por isso mesmo, ínsitas ao sistema de provimento em carreira, ao contrário do que sucede com a promoção, sem a qual obviamente não haverá carreira, mas, sim, uma sucessão ascendente de cargos isolados' (STF – ADIN 231-RJ – RTJ 144/24)."

Desta forma, qualquer espécie de ingresso em cargo público, que viole as regras do concurso público, conforme previsão do artigo 37, II, da CF/88, é terminantemente proibida, mesmo em se tratando de readaptação funcional. Existindo cargo vago na administração, deve ele ser posto em concurso público a todos os brasileiros que preencham os requisitos legais, não podendo haver distinção para privilegiar ou para prejudicar. O mérito é, pois, a única forma de acesso aos cargos públicos, e a forma determinada pelo legislador constituinte para fazê-lo é por concurso público de provas ou de provas e títulos.

5.3.7. Aposentadoria compulsória

Aposentadoria compulsória é a regra que prevê a passagem do servidor da atividade para a inatividade devido a um único fator: implemento de idade–limite.

Na Constituição Federal de 1934, era determinada para os servidores que completassem 68 anos de idade, conforme estabelecido em seu art. 170, item 3.

A Constituição Federal de 1937 manteve a idade de 68 anos. Contudo, fez uma ressalva, conforme dicção do artigo 156, d: "serão aposentados compulsoriamente com a idade de sessenta e oito anos; a lei poderá reduzir o limite de idade para categorias especiais de funcionários, de acordo com a natureza do serviço." Ou seja, em 1937, já se previa a excepcionalidade da aposentadoria compulsória para certas categorias de servidores.

---

[29] SENADO FEDERAL. A readaptação funcional dignifica o funcionalismo. Disponível em <http://www.senado.gov.br/senado/portaldoservidor/jornal/jornal105/qualivida_readapta%C3%A7ao.aspx>. Acesso em 25 de agosto de 2015.

A Constituição Federal de 1946 elevou a idade para 70 anos, conforme se subtrai da leitura do seu artigo 191. Passados mais de 69 [30] da edição da Carta de 1946, até 2015, a idade–limite permaneceu a mesma, apesar da evolução dos níveis de longevidade.

A Constituição Federal de 1988 prevê aposentadoria compulsória aos 70 anos de idade, conforme disposto em seu artigo 40, § 1º, II. Entretanto, como veremos adiante, a idade foi aumentada para 75 anos.

A concessão de aposentadoria compulsória não exige carência e nem há discriminação entre homens e mulheres no tocante ao tempo de serviço e tempo de contribuição, a não ser para o cálculo da proporcionalidade. Basta o servidor público completar a idade–limite de 70 anos e, um dia após o seu aniversário, não pode mais ocupar cargo público. O ato de aposentação é automático e deve ser processado *ex officio*, independentemente da vontade do servidor. Como o próprio nome está a dizer, não é regra de aposentadoria voluntária, mas sim compulsória. Neste sentido, a regra de aposentadoria por invalidez também não é voluntária, mas compulsória e, da mesma forma, deve ser impulsionada *ex officio* (de escritório, ou seja, através do ato da autoridade competente).

Nenhum ato praticado pelo servidor após a data-limite no serviço público é válido, não podendo ser aproveitado. Se continuar no serviço público após a idade–limite, sua atuação deverá ser considerada de fato, não de direito. Nem são válidas as concessões e os pagamentos de verbas transitórias, abono de permanência, horas extras, etc. A regra é clara.

Infelizmente, devido à falta de organização das administrações públicas, muitos servidores continuam em plena atividade após complementarem a idade–limite, recebendo rubricas indevidas. E ainda, o tempo extra, servindo de base para o cálculo da proporcionalidade. O tempo de contribuição deve ser contado rigorosamente até a idade–limite. Assim, se ao completar 70 anos, o servidor homem cumpriu o tempo de contribuição equivalente a dez anos, vai se aposentar com proventos calculados à razão de 10/35 (dez trinta e cinco avos), o que corresponde a 0,29%[31] (zero vírgula vinte e nove por cento) da razão do todo (100% – cem por cento que é igual a um). Se é servidora mulher, vai se aposentar à razão de 10/30 (dez trinta avos), o que corresponde a 0,33% (zero ponto trinta e três por cento) da razão do todo.

Como vemos, em qualquer regra de aposentadoria, sem exceção, a mulher é beneficiada.

Vale salientar que as regras de aposentadoria compulsória são submetidas aos cálculos da média aritmética, com exceção da aposentadoria por invalidez concedida com base na EC n. 70/2012.

5.3.7.1. Aposentadoria compulsória dos policiais civis

Com a edição da Lei Complementar n. 144/14, instalou-se verdadeira polêmica em torno da aposentadoria compulsória dos policiais civis. Com a nova lei, o artigo 1º, I, da Lei Complementar n. 51/85 passou a prever aposentadoria compulsória para policiais civis aos 65 anos de idade.

Em 12 de maio de 2015 foi protocolada junto ao Supremo Tribunal Federal a Ação Declaratória de Constitucionalidade – ADC n. 37, onde se pede a declaração de constitucionalidade da LC n. 144/14, sem manifestação até o presente momento (28 de setembro de 2015). A ADC sob comento foi proposta pela Confederação dos Servidores Públicos do Brasil (CSPB), que sustenta que a LC 144/2014 apenas corrigiu a referência legislativa da Lei Complementar 51/1985, que trata da aposentadoria do funcionário policial. Foi requerida medida liminar, tendo em vista a divergência entre os tribunais do país quanto à aplicabilidade da LC 144/14. Inclusive alguns tribunais, *ex vis* TJ/RJ e TJ/RS, estão declarando a inconstitucionalidade da norma via controle difuso de constitucionalidade. Já o Tribunal de Justiça de São Paulo determinou a suspensão cautelar de todas as liminares e execuções em mandados de segurança relativos à aposentadoria compulsória de policiais aos 65 anos, conforme determina a LC 144/2014, até a conclusão de mérito a ser proferida nas ADIs 5129 e 5241.

A ADI 5129, de relatoria do ministro Gilmar Mendes e que se encontra em tramitação no STF, foi impetrada com o propósito de que seja julgada a inconstitucionalidade da Lei Complementar n. 144/14. Na ação direta de inconstitucionalidade, a Procuradoria Geral da República se manifestou, resumidamente, pela improcedência parcial da ação, para se declarar inconstitucionalidade da expressão "qualquer que seja a natureza dos serviços prestados", contida na parte final do art. 1º, I, da Lei Complementar 51/1985, na redação conferida pela Lei Complementar 144/2014.

Também no sentido de se declarar a inconstitucionalidade da norma sob testilha, foi impetrada a ADI 5241, também de relatoria do ministro Gilmar Mendes. Na ação direta também houve o pronunciamento da PGR, no mesmo sentido, tombada sob n. 178.003/2015-AsJConst/SAJ/PGR, que extraímos a ementa:

"CONSTITUCIONAL E PREVIDENCIÁRIO. AÇÃO DIRETA DE INCONSTITUCIONALIDADE. ART. 1º, I, DA LEI COMPLEMENTAR 51/1985, NA REDAÇÃO DA LEI COMPLEMENTAR 144/2014. APOSENTADORIA DE SERVIDORES POLICIAIS. 1. A Lei Complementar 144, de 15 de maio de 2014, possui caráter nacional, sendo-lhe inaplicável a exceção do art. 61, § 1º, II, c, da Constituição da República, sobre competência privativa do Presidente da República para dispor regras

---

(30) A CF/46 foi promulgada em 18-09-1946.
(31) Número arredondado de 0,28571428571

específicas sobre regime jurídico de servidores públicos. 2. Tratamento específico em favor de servidores policiais pode ser justificado pelas peculiaridades da atividade. 3. Previsão de regra de aposentadoria mais benéfica em lei complementar é condicionada a efetivo exercício de atividade sob condições especiais que o justifiquem (art. 40, § 4º, da CR), ou seja, no caso dos servidores policiais, o de atividade policial em sentido estrito, particularmente sujeita a agravos à saúde física e mental. 4. Parecer pela procedência parcial do pedido, para se declarar inconstitucionalidade da expressão "qualquer que seja a natureza dos serviços prestados", contida na parte final do art. 1º, I, da Lei Complementar 51/1985, na redação da Lei Complementar 144/2014."

Apesar de as ADIs se encontrarem pendentes de julgamento, em 29 de junho de 2015, o ministro Marco Aurélio proferiu decisão monocrática ao apreciar a liminar no Mandado de Segurança n. 33.656, concedendo a um agente de polícia o direito de permanência no serviço público após complementar 65 anos de idade. Na concessão da liminar suso, o ministro Marco Aurélio deixou consignado que: "A iniciativa parlamentar e a idade máxima versada no dispositivo impugnado sinalizam contrariedade aos parâmetros constitucionais vigentes, surgindo a relevância da fundamentação apresentada, de forma a viabilizar o implemento da medida acauteladora, nos termos do artigo 7º, inciso III, da Lei n. 12.016/2009."

Vê-se, portanto, que uma verdadeira celeuma se instalou após a edição da Lei Complementar n. 144/14. Particularmente entendemos que assiste razão ao ministro Marco Aurélio, posto que a nova redação do artigo 1º da LC n. 51/85, na redação dada pela LC n. 144/14, contraria o disposto no artigo 40, § 1º, II, da CF/88, que somente pode ser modificado por norma da mesma hierarquia, ou seja, por meio de emenda constitucional.

Em 3 de dezembro de 2015 foi editada a Lei Complementar n. 152, que expressamente revogou o inciso I do art. 1º da Lei Complementar n. 51, de 20 de dezembro de 1985, passando o servidor público policial civil a poder se aposentar aos 75 anos de idade. Conforme veremos a seguir, a LC n. 152/2015, encontra-se *sub judice*.

5.3.7.2. Aposentadoria compulsória da EC 88

A Emenda Constitucional n. 88, de 7 de maio de 2015, alterou o artigo 40, § 1º, II, da CF/88, ao dispor que o servidor público poderá se aposentar aos 70 anos de idade, ou aos 75 anos de idade, na forma de lei complementar.

Entretanto, até que fosse editada a lei complementar requerida no dispositivo, a aposentadoria compulsória aos 75 anos de idade foi limitada aos ministros do Supremo Tribunal Federal, dos Tribunais Superiores e do Tribunal de Contas da União, nas condições do art. 52 da Constituição Federal, segundo o artigo 100 do Ato das Disposições Constitucionais Transitórias (ADCT), acrescentado pela referida emenda constitucional.

Em 4 de setembro de 2015, foi protocolada no Supremo Tribunal Federal a ADI 5378, que foi distribuída ao ministro Edson Fachin. A norma atacada é a Emenda Constitucional n. 40/2015, que modificou o artigo 57, inciso II, da Constituição do Estado de Alagoas e também determinou, por meio do artigo 45 do ADCT, que, até que entre em vigor a lei complementar mencionada no dispositivo, os desembargadores e juízes de Direito do Tribunal de Justiça do Estado de Alagoas poderão se aposentar compulsoriamente aos 75 anos de idade. A ADI 5378 foi requerida pela Associação dos Magistrados Brasileiros (AMB), sob o argumento de que a alteração do limite de idade para os magistrados somente é possível por meio de lei complementar prevista no *caput* do artigo 93 da CF. No caso da magistratura, a lei é de iniciativa do Supremo, o que afasta a possibilidade de alteração por meio de qualquer outra norma.

Ainda contra a emenda constitucional n. 40/2015, do Estado de Alagoas, a Associação Nacional dos Membros do Ministério Público (Conamp) ajuizou no STF a Ação Direta de Constitucionalidade 5379, também de relatoria do ministro Edson Fachin. De acordo com a Conamp, a Assembleia Legislativa do Estado de Alagoas quer ampliar os efeitos da emenda constitucional n. 88/2015, aprovada pelo Congresso Nacional, que alterou o limite máximo da aposentadoria para 75 anos de idade, somente para magistrados dos Tribunais Superiores. E para que a aposentadoria compulsória seja aplicada a qualquer outro servidor público, deve-se aguardar a edição da lei complementar mencionada na redação do inciso II do 1º parágrafo do artigo 40 da Constituição Federal. Enquanto isso não ocorre, não podem os Estados–membros legislar sobre o tema.

A Conamp já havia contEstado, por meio de ação direta de inconstitucionalidade – ADI 5304, com pedido de liminar, a Emenda Constitucional 59/2015, do Estado do Rio de Janeiro, que trata das regras para aposentadoria dos servidores públicos estaduais. A entidade alegou que a norma viola os artigos 40, parágrafo 1º, inciso II, e 93, inciso VI, da Constituição Federal (CF), ao alterar a idade para aposentadoria compulsória de 70 para 75 anos. E que a emenda contraria o previsto na Lei Orgânica Nacional do Ministério Público (Lei 8.625/1993). Ressaltou a entidade que há afronta ao texto constitucional, uma vez que a Carta da República "impõe a todos os entes federados o limite de idade para aposentadoria compulsória dos servidores públicos, aí incluídos os membros do Ministério Público da União e de todos os Estados da Federação." No caso, não há autonomia do Estado-membro, tendo em vista que o limite de idade para aposentadoria para o servidor público é estabelecido pela própria Constituição Federal e nenhuma outra norma pode contradizer o que lá está explícito. Não há margem para que se entenda de outra forma. A norma é clara e objetiva ao dispor como limite de idade para aposentadoria 70 anos e por isso deve ser respeitada e acolhida, inclusive pelas Constituições Estaduais. O relator da ação, ministro Luiz Fux, determinou a tramitação conjunta das ADIs 5304 e 5298, por tratarem do mesmo tema. À ADI 5378 foi apensada a ADI 5379.

Em outro momento, por meio da análise da ADI 5316, por maioria de votos, o Supremo Tribunal Federal concedeu liminar para suspender a aplicação da expressão constante da Emenda Constitucional 88/2015, que condicionava a uma nova sabatina no Senado Federal a permanência no cargo de ministros do Supremo, dos Tribunais Superiores e do Tribunal de Contas da União (TCU), após os 70 anos de idade. Numa análise preliminar do caso, o Plenário entendeu que a expressão apresenta inconstitucionalidade, uma vez que viola o núcleo essencial do princípio da separação dos Poderes, constituindo uma interferência política imprópria que colocaria em risco a liberdade e a independência dos magistrados.

Segundo o relator do processo, ministro Luiz Fux, a expressão contida na parte final do artigo 100 do ADCT, na redação introduzida pela EC 88/2015, vulnera as condições materiais necessárias ao exercício imparcial e independente da função jurisdicional, ultrajando a separação de Poderes, cláusula pétrea inscrita no artigo 60, parágrafo 4º, inciso III, da Constituição Federal. Também foi suspensa a tramitação de todos os processos que envolvam a aplicação da nova idade para aposentadoria compulsória a magistrados, até o julgamento definitivo desta ADI. O Plenário ainda declarou sem efeito todo e qualquer pronunciamento judicial e administrativo que tenha interpretado a emenda para assegurar a qualquer outro agente público o exercício das funções relativas a cargo efetivo após os 70 anos de idade. (STF, ADI 5.316-MC, Rel. Min. Luiz Fux, julgamento em 21-5-2015, Plenário, DJE de 6-8-2015).

A partir da EC n. 88/2015, tramitou na Câmara Federal o projeto de lei complementar PLS 274/2015, que estende para 75 anos a aposentadoria compulsória para todos os servidores públicos, de autoria do senador José Serra (PSDB-SP). O projeto foi aprovado com expressiva votação no Senado.

Entretanto o projeto, que ficou conhecido como a PL da Bengalinha, foi vetado pela presidenta Dilma Rousseff, por vício formal, uma vez que não partiu da iniciativa do Poder Executivo, e sim do Poder Legislativo (DOU de 23-10-2015). Ou seja, o Projeto de Lei do Senado foi vetado porque foi proposto pelo Senado Federal, e de acordo com o artigo 61 da CF/88, a proposta teria que partir do Executivo, o que não aconteceu.

Conquanto essa seja de fato a justificativa legal para o veto, vários segmentos do setor econômico entendem que a elevação de idade na aposentadoria compulsória significa aumento expressivo nas contas públicas previdenciárias e que o servidor aos 70 anos já se mostra menos produtivo.

Seja como for, ocorre que, apesar de ter se elevado sobremaneira a expectativa de vida, hoje não contamos, infelizmente, com políticas públicas de valorização do servidor inativo. O que vemos são institutos promovendo eventos esporádicos, aproveitando-se de dias consagrados, como o dia do idoso, para promoverem suas imagens frente à sociedade. Mas não dispõem de tratamentos psicossociais que visem à saúde do idoso (física e mental) e sua adequada inserção social, após o rompimento com as suas atividades laborativas.

O servidor inativo precisa se sentir útil, ter atividades. O número de servidores inativos que são acometidos por depressão e alcoolismo é assustador. A saúde do trabalhador é um tema que merece destaque, de forma preventiva, com respeito àquele servidor que laborou anos e anos em prol do serviço público. Via transversa, com sua inatividade é simplesmente "esquecido", entendendo os governos que a eles basta garantir pagamento dos proventos.

Malgrado o veto da presidenta Dilma, o Congresso Nacional acabou por derrubá-lo, o que deu origem à edição da Lei Complementar n. 152, de 3 de dezembro de 2015 (DOU do dia seguinte). Pela novel lei, todos os servidores públicos podem se aposentar aos 75 anos de idade, inclusive os policiais civis. Neste sentido, vale colacionar seu artigo 2º:

> Art. 2º Serão aposentados compulsoriamente, com proventos proporcionais ao tempo de contribuição, aos 75 (setenta e cinco) anos de idade:
>
> I - os servidores titulares de cargos efetivos da União, dos Estados, do Distrito Federal e dos Municípios, incluídas suas autarquias e fundações;
>
> II - os membros do Poder Judiciário;
>
> III - os membros do Ministério Público;
>
> IV - os membros das Defensorias Públicas;
>
> V - os membros dos Tribunais e dos Conselhos de Contas.

No entanto, a LC n. 152/2015 está sendo objeto de questionamento no âmbito do Supremo Tribunal Federal, por meio da ADI 5430. A ação foi proposta pela Associação dos Magistrados Brasileiros (AMB) e pela Associação Nacional dos Magistrados da Justiça do Trabalho - Anamatra, que pedem a declaração de inconstitucionalidade do inciso II do artigo 2º da LC n. 152/2015. As associações entendem que, na parte que toca aos membros do Poder Judiciário, o Congresso Nacional antecipou-se ao Supremo Tribunal Federal quanto à iniciativa de lei complementar e resolveu, invadindo a competência privativa da Corte, aprovar projeto de lei complementar apresentado por senador da República, alegando ainda que o dispositivo afronta entendimento do STF no julgamento da ADI 5316.

Na contramão da edição da LC n. 152/2015, está para ser votado o projeto de emenda constitucional que acaba com o abono de permanência. (Cf. no tópico que trata da matéria).

5.3.7.3. Aposentadoria compulsória de magistrados como forma de penalidade

O artigo 42, V, da Lei Orgânica da Magistratura – Loman, Lei Complementar n. 35, de 14 de março de 1979, disciplina que dentre as penas disciplinares a serem aplicadas aos magistrados se encontra a aposentadoria compulsória com vencimentos proporcionais ao tempo de serviço. O inciso VI do mesmo dispositivo prevê a pena de demissão.

No mundo, em 1979, o Irã era marcado pelo regime dos aiatolás. O xá Reza Pahlavi perdeu o controle da nação e acabou deixando o Irã. Ao mesmo tempo o aiatolá Khomeini voltava do exílio em 1º de fevereiro pondo fim a 15 anos de exílio. Com a queda do xá foi instalado o regime fundamentalista islâmico, estabelecendo leis inspiradas no Alcorão e proibindo modismos como minissaias, música ocidental, jogos e cinema, entre outros, e introduzindo os castigos corporais. Khomeini assumia o poder em 11 de fevereiro, demonstrando logo sua força, dirigindo seu alvo aos Estados Unidos, que para o aiatolá era o Grande Satã. E os americanos começaram a sentir na pele a força do país islâmico. Em novembro, tropas leais a Khomeini invadiram a embaixada americana no país e 52 americanos ficaram reféns por mais de um ano, sendo libertados em janeiro de 1981[32].

O ano também foi marcado pela queda do ditador de Uganda Idi Amin, derrubado do poder pela Tanzânia e do ditador da Nicarágua Anastazio Somoza, assumindo o poder Daniel Ortega.

Em 1974, Portugal vivenciava a Revolução dos Cravos, que colocou fim ao seu regime ditatorial.

Em 1975, era iniciada a operação Condor, que foi uma campanha de repressão política para "eliminar a subversão marxista" na Argentina, no Uruguai, no Brasil, no Chile, no Paraguai e na Bolívia.

Estes são apenas alguns exemplos de como a década de 70 teve enorme influência sobre os regimes ditatoriais.

Com todos esses movimentos acontecendo ao redor do mundo, a Loman foi editada um dia antes da posse do presidente João Baptista Figueiredo, o último presidente da ditadura militar. Seu mandato ficou marcado pela continuação da abertura política do governo de Ernesto Geisel.

Entrelinhas, era natural que essa abertura política fosse paulatina e sem interferências. Assim, o inciso V do artigo 42 da Loman foi editado como forma de controle governamental sobre aqueles que detinham o poder de "dizer o direito." Era um verdadeiro controle do Poder Executivo sobre o Poder Judiciário. Note-se que a aposentadoria compulsória como forma de penalidade na Loman não tem qualquer regulamentação, apenas previsão.

Ao reverso, a pena de demissão prevista no inciso VI do mesmo artigo 42 tem regulamentação e é prevista, conforme artigo 47, I, c/c artigo 26, I e II, nos casos em que o magistrado vitalício for condenado em ação penal por crime comum ou de responsabilidade e em procedimento administrativo que prevê a perda do cargo em caso de I) exercício, ainda que em disponibilidade, de qualquer outra função, salvo um cargo de magistério superior, público ou particular; II) recebimento, a qualquer título e sob qualquer pretexto, de percentagens ou custas nos processos sujeitos a seu despacho e julgamento; e III) exercício de atividade político-partidária.

A EC n. 45/2004 deu nova redação ao inciso VIII do artigo 93 da CF/88, que passou a dispor: "o ato de remoção, disponibilidade e aposentadoria do magistrado, por interesse público, fundar-se-á em decisão por voto da maioria absoluta do respectivo tribunal ou do Conselho Nacional de Justiça, assegurada ampla defesa."

À primeira vista, pode parecer que há antinomia entre as regras constitucionais. De um lado, a CF/88 determina que magistrados sigam as regras do artigo 40, conforme artigo 93, VI. Por outro lado, o inciso VIII do mesmo artigo 93 cria uma regra de aposentadoria não prevista para os demais servidores públicos.

Destarte, entendemos que a aposentadoria compulsória de magistrados, como está alocada na CF/88, cuida de espécie de penalidade que não pode ser suportada por fundos previdenciários, porque não é espécie de benefício previdenciário. Quando o artigo 93, VIII da CF/88 diz textualmente que "o ato de remoção, disponibilidade e aposentadoria do magistrado, por interesse público, fundar-se-á em decisão por voto da maioria absoluta do respectivo tribunal ou do Conselho Nacional de Justiça, assegurada ampla defesa"; está se referindo a concessões estatutárias, não previdenciárias. O argumento é reforçado através da dicção do artigo 42, V, da Lei Complementar n. 35, de 1979 – Loman, que aduz ser uma das penas disciplinares, a serem aplicadas aos magistrados, aposentadoria compulsória com vencimentos proporcionais ao tempo de serviço.

Benefício previdência em sua essência não é penalidade, é a passagem do servidor ativo para a inatividade, devido: I) ao alcance de idade limítrofe; II) ao cumprimento de idade e idade e tempo de contribuição; e III) à incapacidade para o trabalho.

Não há, pois, antinomia entre as disposições das constituições, tendo em vista que a regra contida no inciso VIII do artigo 93 da CF/88 não cria regra de benefício previdenciário, mas sim modalidade de penalidade. Além do mais, a penalidade de aposentadoria compulsória não pode ser aplicada de forma vitalícia, posto tratar-se de uma espécie de disponibilidade do magistrado, até conclusão dos autos de processo penal (quando for o caso).

---

[32] Contando a história. O Brasil e o Mundo em 1979. Disponível em <http://contandohistoria1977.blogspot.com.br/2013/07/o-brasil-e-o-mundo-em-1979-surge-um.html>. Acesso em 05 de janeiro de 2015.

Conquanto a aposentadoria compulsória "por interesse público" merece ser regulamentada, o Supremo Tribunal Federal não atendeu ao disposto no *caput* do artigo 93 da CF/88: lei complementar, de iniciativa do Supremo Tribunal Federal, disporá sobre o Estatuto da Magistratura, observados os seguintes princípios [...], permanecendo, portanto, em vigor a Loman de 1979.

Talvez um dos maiores receios da magistratura seja perder esse privilégio, que, como historiado, não tem razão de existência no atual contexto normativo. A expressão "aposentadoria compulsória por interesse público" deve ser substituída por disponibilidade remunerada, em atenção ao interesse público.

Com 36 anos de existência e cunhada num momento histórico totalmente diverso, visto que a partir de 1988 a Constituição Federal afirmou nossa forma pura de governo como democracia, e quando em 1979, vivíamos sob o manto de um sistema ditatorial, com eleição do presidente da República via sufrágio de um colégio eleitoral, a Loman continua vigente.

Entretanto, o que temos hoje são decisões dos tribunais, de forma corporativa, aplicando penas de aposentadoria compulsória a magistrados, quando na realidade deveriam ser aplicadas penas de demissões, contrariando todos os princípios da Administração Pública, com especque para os princípios da legalidade e da moralidade, sem qualquer interesse público, e sim interesse específico particular e, por vezes, coletivo da própria categoria. O interesse público é de que o magistrado seja punido com pena de demissão, a bem do serviço público, como qualquer outro servidor público que maneja a *res publica*.

Em 2010, o ex-ministro do STJ, Paulo Medina, foi punido com aposentadoria compulsória pelo Conselho Nacional de Justiça (CNJ), pela participação em esquema de venda de sentença judicial em favor de bicheiros e donos de bingos.

Outro caso semelhante é do ex-senador Demóstenes Torres, cassado em 2012, acusado de mentir sobre suas relações com Carlinhos Cachoeira e de usar seu cargo para beneficiar os negócios do empresário. O Conselho Nacional do Ministério Público decidiu que não pode demitir Demóstenes no processo administrativo em que ele é investigado. A pena máxima que o próprio órgão pode aplicar é a aposentadoria compulsória.

Em junho de 2015, o CNJ adiou o julgamento do ex-presidente do TJ/PR, Clayton Camargo, afastado de suas funções em 2013 pelo fato de se ter constado que possuía renda incompatível com as funções exercidas na magistratura, denunciado pelo Ministério Público Federal, que levou em conta dados da Receita Federal entre os anos de 2006 e 2009, obtidos no Conselho de Controle de Atividades Financeiras (Coaf). O desembargador foi acusado de venda de sentenças, lavagem de dinheiro, tráfico de influência, corrupção passiva e crimes tributários. Clayton Camargo também foi alvo de outro pedido de providências no CNJ, por suspeita de tráfico de influência praticada por ele na eleição de seu filho, Fábio Camargo, ao cargo de conselheiro do Tribunal de Contas do Estado (TC-PR), há dois anos. O pedido foi arquivado sumariamente em novembro do ano passado por determinação da corregedora nacional de Justiça, ministra Nancy Andrighi, que alegou falta de provas.[33]

O juiz federal Flávio Roberto de Souza, flagrado dirigindo um Porsche apreendido na casa do empresário Eike Batista, está afastado das funções, recebendo aposentadoria compulsória. Ele teve prisão pedida pelo Ministério Público Federal, mas negada pelo Tribunal Regional Federal do Rio.

Para o ex-corregedor do CNJ, Francisco Falcão, "a punição de juízes, com aposentadoria compulsória é um prêmio, o que vai de encontro aos anseios da sociedade, que repugna a tratativa dada à magistrados que deveriam ser expurgados do serviço público, por demonstrarem que não têm aptidão moral para lidar com a res publica, e sequer sabem o que é interesse público."

Com as pressões da sociedade para que a aposentadoria compulsória deixe de ser punição para juízes condenados por crimes e práticas nefastas à Administração Pública, foi encaminhada duas propostas de emendas constitucionais: a PEC 53/2011 e a PEC 75/2011, ambas originárias do Senado Federal.

A primeira altera a redação do art. 93 da Constituição Federal para excluir a pena de aposentadoria do magistrado, por interesse público. Na sessão de 6 de agosto de 2013, foi aprovada em primeiro turno, no Senado Federal. Na mesma sessão, os senadores aprovaram também a PEC 75/2011, que, incorporada à PEC 53, propõe modificações similares para a carreira do Ministério Público. A PEC 75 propõe que magistrados e membros do Ministério Público sejam colocados em disponibilidade, com subsídios proporcionais, durante o período da ação judicial nos casos de crime hediondo, corrupção ativa e passiva, peculato, na modalidade dolosa, concussão e outros ilícitos graves definidos em lei complementar.

A aprovação das PECs tem como objetivo acabar com o privilégio dos magistrados e dos membros do Ministério Público que tinham, como punição máxima, pelos crimes cometidos, a aposentadoria compulsória com vencimentos integrais. E ao invés de serem aposentados sumariamente e compulsoriamente, serão afastados de suas funções, com recebimento de proventos proporcionais, até que sejam concluídas ações penais. Caso sejam inocentados, receberão as diferenças em seus subsídios, com a contagem do tempo de afastamento; caso condenados, serão demitidos e ingressarão no regime geral de previdência social.

---

(33) Gazeta do Povo: Investigado pelo CNJ, Clayton Camargo é reconduzido ao Tribunal de Justiça do Paraná. Ex-presidente do TJ-PR é acusado de vender sentença, tráfico de influência e por evolução patrimonial incompatível com as funções de magistrado. Disponível em <http://www.gazetadopovo.com.br/vida-publica/investigado-pelo-cnj-clayton-camargo-e-reconduzido-ao-tribunal-de-justica-do-parana-0tuvkr8x3f4iiu80pdrd5h73x>. Acesso em 05 de outubro de 2015.

Enquanto as PECs não são definitivamente votadas e transformadas em emendas constitucionais, membros da magistratura e do Ministério Público continuam se beneficiando das benesses. Através da Reclamação RCL n. 19722, foram suspensos os efeitos de decisão do Tribunal de Justiça da Paraíba (TJ-PB), que impôs pena de aposentadoria compulsória a uma juíza estadual. Segundo a petição inicial, o tribunal teria aplicado a punição sem observar o *quorum* de maioria absoluta previsto na Constituição Federal (artigo 93, incisos VIII e X). No caso dos autos, a magistrada respondeu a processo administrativo disciplinar (PAD), sob a acusação de ter determinado a apreensão de RS 5.013.231,87 das contas bancárias da Cia. de Bebidas das Américas – AMBEV, para em seguida liberar a quantia em favor de supostos beneficiários, o que teria resultado em prejuízo para as partes, especialmente a Fazenda Pública estadual. O TJ-PB entendeu que a gravidade dos atos e das consequências por eles provocadas afrontou deveres basilares da magistratura e aplicou pena de aposentadoria compulsória com vencimentos proporcionais ao tempo de serviço.

Por todo o exposto, é forçoso reafirmar que a aposentadoria compulsória "por interesse" público é penalidade administrativa, equiparando-se à disponibilidade, e não deve ser confundida com benefício previdenciário, que não tem natureza punitiva.

Entretanto, e enquanto permanece a dúvida, são aposentados compulsoriamente (e "esquecidos" nessa condição) indivíduos que praticaram crimes hediondos, como pedofilia e estupro, mas que detêm o privilégio de serem "servidores públicos especiais" pagos com dinheiro público, com altos subsídios (não podemos chamar de proventos, porque, como sustentado, a aposentadoria compulsória como penalidade não é benefício previdenciário). Basta pesquisar. A internet está recheada de casos.

5.3.8. Aposentadorias voluntárias especiais

As regras hoje existentes para a concessão de aposentadorias ordinárias, ou seja, aquelas advindas da vontade do servidor, subdividem-se em: por idade e tempo de contribuição, por idade e especiais.

Aposentação especial é a passagem do servidor para a inatividade com regras especiais e específicas, e visa compensar, com redução de idade e tempo de contribuição, o servidor que exerce cargo público sob condições especiais, exposto a agentes nocivos à saúde, à integridade física ou sob risco inerente à profissão, nos termos legalmente definidos.

5.3.8.1. Aposentadoria de professor não é especial

Nos termos do § 5º do artigo 40 da CF/88, na redação dada pela EC n. 20/1998, os requisitos de idade e de tempo de contribuição serão reduzidos em cinco anos, em relação ao disposto no § 1º, III, "a", para o professor que comprove exclusivamente tempo de efetivo exercício das funções de magistério na educação infantil e no ensino fundamental e médio.

E nos termos do artigo 6º da Emenda Constitucional n. 41/2003:

> Art. 6º Ressalvado o direito de opção à aposentadoria pelas normas estabelecidas pelo art. 40 da Constituição Federal ou pelas regras estabelecidas pelo art. 2º desta Emenda, o servidor da União, dos Estados, do Distrito Federal e dos Municípios, incluídas suas autarquias e fundações, que tenha ingressado no serviço público até a data de publicação desta Emenda poderá aposentar-se com proventos integrais, que corresponderão à totalidade da remuneração do servidor no cargo efetivo em que se der a aposentadoria, na forma da lei, quando, observadas as reduções de idade e tempo de contribuição contidas no § 5º do art. 40 da Constituição Federal, vier a preencher, cumulativamente, as seguintes condições:
>
> I - sessenta anos de idade, se homem, e cinquenta e cinco anos de idade, se mulher;
>
> II - trinta e cinco anos de contribuição, se homem, e trinta anos de contribuição, se mulher;
>
> III - vinte anos de efetivo exercício no serviço público; e
>
> IV - dez anos de carreira e cinco anos de efetivo exercício no cargo em que se der a aposentadoria. (Grifamos).

Da dicção dos dispositivos chega-se à conclusão de que a aposentadoria do servidor professor não é especial, mas uma forma de aposentadoria voluntária por tempo de serviço e contribuição, com diminuição de tempo de idade e contribuição.

Ao apreciar o ARE 742.005-AgR, o ministro Teori Zavaski deixou assentado que "no regime anterior à Emenda Constitucional 18/81, a atividade de professor era considerada como especial" (Decreto 53.831/64, Anexo, Item 2.1.4). Foi a partir dessa Emenda que a aposentadoria do professor passou a ser espécie de benefício por tempo de contribuição, com o requisito etário reduzido, e não mais uma "aposentadoria especial." (STF, ARE 742.005-AgR, Rel. Min. Teori Zavascki, julgamento em 18-3-2014, Segunda Turma, DJE de 1º-4-2014).

Em seu voto, o ministro Teori Zavasccki explicou que existem dois períodos distintos na natureza jurídica da atividade de magistério no Regime Geral de Previdência Social (RGPS): (a) até 8 de julho de 1981, dia anterior à data da publicação da Emenda Constitucional 18/81, em que era considerada atividade especial; (b) e a partir de 9 de julho de 1981, quando passou a ser tratada como uma espécie de benefício por tempo de contribuição. Inicialmente, o Decreto 53.831/64, que regulamentava a aposentadoria especial, inseriu a atividade de professor em seu Anexo, na relação das atividades profissionais submetidas à aposentadoria especial. A atividade de professor era presumidamente considerada como nociva à saúde, motivo pelo qual gerava direito à aposentadoria especial, com o consequente direito subsidiário à conversão de tempo especial em comum para aproveitamento em outro benefício.

Com a publicação da Emenda Constitucional 18/81, que alterou o inciso XX do art. 165 da Constituição de 1969, a aposentadoria do professor passou a ser uma espécie de benefício por tempo de contribuição com o requisito etário reduzido: "XX - a aposentadoria para o professor após 30 anos e, para a professora, após 25 anos de efetivo exercício em funções de magistério, com salário integral."

Seguindo essa mudança, as normas da Constituição de 1988 que asseguram o direito dos professores a uma aposentadoria com idade reduzida fazem remissão à aposentadoria voluntária (nos Regimes Próprios de Previdência Social) e à aposentadoria por tempo de contribuição (no Regime Geral de Previdência Social). Para melhor visualização, eis o teor do § 7º do artigo, I e do § 8º, ambos do 201 da CF/88:

> Art. 201...
> [...]
> § 7º É assegurada aposentadoria no regime geral de previdência social, nos termos da lei, obedecidas as seguintes condições:
> I - trinta e cinco anos de contribuição, se homem, e trinta anos de contribuição, se mulher;
> [...]
> § 8º Os requisitos a que se refere o inciso I do parágrafo anterior serão reduzidos em cinco anos, para o professor que comprove exclusivamente tempo de efetivo exercício das funções de magistério na educação infantil e no ensino fundamental e médio.

O fundamento legal no RGPS para regra de aposentadoria de professor encontra respaldo no art. 56 da Lei 8.213/91, que se encontra inserido na subseção que cuida das regras da aposentadoria por tempo de serviço:

> Art. 56. O professor, após 30 (trinta) anos, e a professora, após 25 (vinte e cinco) anos de efetivo exercício em funções de magistério poderão aposentar-se por tempo de serviço, com renda mensal correspondente a 100% (cem por cento) do salário-de-benefício, observado o disposto na Seção III deste Capítulo.

Via transversa, a aposentadoria especial está contida na Subseção IV da Lei 8.213/91, que contém o artigo 57, que serve de parâmetro para as concessões de aposentadorias especiais.

Através da interpretação sistemática dos dispositivos, pode-se afirmar, coadunando com as conclusões do ministro Teori Zavascki, que à aposentadoria de professor não incidem as regras da aposentadoria especial, uma vez que aquela é aposentadoria voluntária com redução temporal. Em consequência, não é possível efetuar a "conversão" de tempo trabalhado como professor para aproveitamento em outras espécies de aposentadoria, porque não mais se trata de tempo especial. O tempo especial somente pode ser considerado quando exercido até o dia anterior da data da publicação da Emenda Constitucional 18/81, em 9 de julho de 1981.

Não se trata apenas de adoção terminológica, mas diferençar fundamentalmente uma da outra, que tem aspectos diversos. A aposentadoria voluntária de servidor professor dá direito a abono de permanência, integralidade e proventos integrais, além de paridade, ao contrário do que ocorre com as aposentadorias especiais.

O Supremo Tribunal Federal decidiu pela modificação da Súmula 726, que garantia aposentadoria especial apenas para professores com tempo de serviço em sala de aula. Com a decisão, fruto da Ação Direta de Inconstitucionalidade (ADI 3772), a redução em cinco anos nos requisitos de idade e tempo de contribuição para a aposentadoria será estendida também para diretores e coordenadores de unidade escolar, além de assessores pedagógicos na educação infantil e nos ensinos fundamental e médio.

Com a reformulação da súmula, a professora que, readaptada em razão de doença adquirida no trabalho, continuou exercendo atividades pedagógicas em funções correlatas às do magistério, como as de auxílio pedagógico, faz jus ao cômputo desse tempo de serviço para fins de aposentadoria especial, prevista no artigo 40, § 5º, da Carta Magna. (TJ/DF, APO 20100110157717, Rel. Des. Flávio Rostirola, 1ª TC, j. 19-02-2014 e DJe 25-02-2014).

Contudo, o ministro Luís Roberto Barroso deferiu pedido de liminar na Reclamação (RCL) 17426, ajuizada pelo Estado de Santa Catarina, para suspender efeitos de decisão que reconheceu o direito de obter aposentadoria especial a professores que exerciam unicamente atividades administrativas. Ao conceder a liminar, o ministro observou que "atividades meramente administrativas não podem ser consideradas magistério, sob pena de ofensa à autoridade da decisão proferida pelo Plenário do STF, na Ação Direta de Inconstitucionalidade (ADI) 3772."

Acerca da aposentadoria de professor, impende registrar que o Supremo Tribunal Federal pacificou entendimento no sentido de que, na aposentadoria proporcional de professores públicos que exerçam função exclusiva de magistério, os proventos deverão ser calculados com base no tempo exigido para a aposentadoria com proventos integrais dos professores. (STF, RE 717.701-ED, Rel. Min. Ricardo Lewandowski, julgamento em 26-2-2013, Segunda Turma, DJE de 11-3-2013. No mesmo sentido: STF, ARE 738.222-AgR, Rel. Min. Luiz Fux, julgamento em 27-5-2014, Primeira Turma, DJE de 12-6-2014).

Nesta linha de elucubração, o Tribunal de Justiça de Minas Gerais entendeu que a benesse relativa à redução do tempo de cinco anos de contribuição, para os professores, acobertada pelo § 5º do art. 40 da Constituição da República, abrange não apenas as hipóteses de aposentadoria com proventos integrais, mas também com proventos proporcionais ao tempo de contribuição, sendo que, nesses casos, a proporcionalidade no cálculo dos proventos deve ser obtida mediante a consideração do divisor reduzido exigido para a aposentadoria com proventos integrais – 30 anos para homem e 25 para mulher. (TJ/MG, AI 10024130421696001, Rel. Des. Corrêa Júnior, 6ª Câmara Cível, j. 06-08-2013 e p. 14-08-2013.

Para melhor ilustrar, assim também firmou sua jurisprudência o Tribunal de Justiça do Estado do Paraná, definindo que o fator de cálculo é a aplicação da regra do artigo 40, § 5º, da Constituição da República, e que a licença para tratamento de saúde é computada como tempo de serviço. (TJ/PR, AC 7851623 PR 785162-3, Rel. Des. Carlos Henrique Licheski Klein, j. 02-10-2012 pela 7ª Câmara Cível).

Data venia, não coadunamos com as decisões. Acontece que o § 5º do artigo 40 da CF/88 é claro ao remeter a redução de idade à regra disposta no § 1º, III, "a", do mesmo artigo: Os requisitos de idade e de tempo de contribuição serão reduzidos em cinco anos, em relação ao disposto no § 1º, III, "a", para o professor que comprove exclusivamente tempo de efetivo exercício das funções de magistério na educação infantil e no ensino fundamental e médio.

Ao se admitir a redução de idade também na aposentadoria por invalidez, prevista expressamente no § 1º, I, da CF/88, estar-se-á mesclando regras de aposentadorias, o que não é cabível para o sentido, fim de cogitar-se de idade mínima, conforme firmou entendimento o Plenário do STF. (MI 758-ED, Rel. Min. Marco Aurélio, julgamento em 8-4-2010, Plenário, DJE de 14-5-2010).

Para reforçar o aludido, invocamos o artigo 201, § 7º, I e 8º, da CF/88:

> Art. 201...
>
> [...]
>
> § 7º É assegurada aposentadoria no regime geral de previdência social, nos termos da lei, obedecidas as seguintes condições: (Redação dada pela Emenda Constitucional n. 20, de 1998)
>
> I - trinta e cinco anos de contribuição, se homem, e trinta anos de contribuição, se mulher; (Incluído dada pela Emenda Constitucional n. 20, de 1998).
>
> [...]
>
> § 8º Os requisitos a que se refere o inciso I do parágrafo anterior serão reduzidos em cinco anos, para o professor que comprove exclusivamente tempo de efetivo exercício das funções de magistério na educação infantil e no ensino fundamental e médio. (Redação dada pela Emenda Constitucional n. 20, de 1998).

Conforme se apercebe, a tratativa é a mesma no regime geral. A proporcionalidade, conforme entendemos, na aposentadoria por invalidez é denominador 35 para homem e 30 para mulher. A aposentadoria de professor, conforme decisão exarada pelo ministro Teori Zavascki no ARE 742.005-AgR, é espécie de benefício por tempo de contribuição, com requisito etário reduzido, e não mais uma aposentadoria especial, repise-se.

Toda razão assiste ao ministro Zavascki. Neste diapasão, não há que se confundir regras de aposentadoria, tampouco mesclar regras. Conforme o Supremo Tribunal Federal, a proporcionalidade a ser calculada em sua totalidade para o professor refere-se à regra de idade e tempo de contribuição. Nesta linha de elucidação, segue a jurisprudência do STF:

> "ADMINISTRATIVO. PROFESSORA PÚBLICA. APOSENTADORIA AOS SESSENTA ANOS DE IDADE, COM PROVENTOS PROPORCIONAIS. ART. 40, III, D, DA CONSTITUIÇÃO FEDERAL (REDAÇÃO ORIGINAL). Proventos que deverão ser calculados com base nos 25 anos de serviço em funções de magistério, exigidos dos membros do magistério público, do sexo feminino, pela alínea b do dispositivo constitucional sob enfoque. Recurso não conhecido. (STF, RE 214.852/SP, Rel. Min. Ilmar Galvão). Nesse mesmo sentido, cito os seguintes precedentes, entre outros: AI 732.600/SP, Rel. Min. Marco Aurélio; RE 594.486/SP, Rel. Min. Ayres Britto; RE 249.829-AgR/SP, Rel. Min. Celso de Mello; RE 562.034, Rel. Min. Cármen Lúcia; AI 736.345/SP, Rel. Min. Dias Toffoli; AI 732.031/SP, Rel. Min. Gilmar Mendes; AI 692.213/SP, Rel. Min. Menezes Direito.
>
> Professor do Estado de São Paulo: aposentadoria proporcional especial. Proventos. Art. 40, III, b, da CF/88 (redação original). 'Se o servidor faz jus a se aposentar com proventos proporcionais ao seu tempo de serviço, a proporcionalidade no cálculo de seus proventos só pode ser obtida mediante a consideração, como um dos termos da equação, do tempo de serviço exigido para a aposentadoria com proventos integrais (...), sendo o outro termo da equação, necessariamente, o tempo de efetivo exercício em funções de magistério' (cf. RE 214.852, 28.03.00, Ilmar Galvão, DJ 26.5.2000) " (STF, RE 459.188/SP, Rel. Min. Sepúlveda Pertence).
>
> ADMINISTRATIVO. PROFESSORA PÚBLICA. APOSENTADORIA AOS SESSENTA ANOS DE IDADE, COM PROVENTOS PROPORCIONAIS. ART. 40, III, D, DA CONSTITUIÇÃO FEDERAL (REDAÇÃO ORIGINAL[34]. Proventos que deverão ser calculados com base nos 25 anos de serviço em funções de magistério, exigidos dos membros do magistério público, do sexo feminino, pela alínea b do dispositivo constitucional sob enfoque. Recurso não conhecido" (STF, RE 214.852/SP, Rel. Min. Ilmar Galvão)".

Ressalte-se que a regra contida no § 5º do artigo 40 da CF/88 é regra de exceção, razão pela qual sua interpretação deve ser restritiva, e não ampliativa. Quando a norma aduz expressamente que a redução se dará de forma exclusiva na regra prevista no § 1º, III, "a", da CF/88, não deixa possibilidade para que seja ampliada para a regra prevista no § 1º, I (aposentadoria por invalidez).

A EC 20/98 não previu mesclagem de regras, ao contrário, especificou regras. É necessário entender as decisões do STF, lendo seus votos, conversando com suas decisões. O STF está correto. Redução de idade e tempo de contribuição com fincas no § 5º do artigo 40 da CF/88, somente com fundamento na regra prevista no § 1º, III, "a" da CF/88, quer seja integral, quer seja proporcional.

5.3.8.2. Aposentadorias especiais do § 4º do artigo 40 da CF/88

Muita polêmica tem surgido em torno das aposentadorias especiais, estabelecidas no § 4º do art. 40 da

---

(34) Aos sessenta e cinco anos de idade, se homem, e aos sessenta, se mulher, com proventos proporcionais ao tempo de serviço.

CF/88, na redação dada pela EC n. 47/05, que englobam: I) servidores portadores de deficiência, II) que exerçam atividades de risco e III) cujas atividades sejam exercidas sob condições especiais que prejudiquem a saúde ou a integridade física. Como o citado dispositivo remete a regulamentação da matéria a leis complementares, o Supremo acabou abarrotado de mandados de injunção.

Acontece que o *caput* do dispositivo remeteu a regulamentação da matéria para leis complementares: "é vedada a adoção de requisitos e critérios diferenciados para a concessão de aposentadoria aos abrangidos pelo regime de que trata este artigo, ressalvados, nos termos definidos em leis complementares [...]."

Para o STF, cabível é o mandado de injunção quando a autoridade administrativa se recusa a examinar requerimento de aposentadoria especial de servidor público, com fundamento na ausência da norma regulamentadora do art. 40, § 4º, da CR. (STF, MI 4.842-AgR, Rel. Min. Cármen Lúcia, julgamento em 6-3-2013, Plenário, DJE de 1º-4-2013).

Impende registrar que, para o STF, o mandado de injunção busca neutralizar as consequências lesivas decorrentes da ausência de regulamentação normativa de preceitos constitucionais revestidos de eficácia limitada, cuja incidência – necessária ao exercício efetivo de determinados direitos neles diretamente fundados – depende, essencialmente, da intervenção concretizadora do legislador. O mandado de injunção é assim a ferramenta processual adequada para impugnar injusta mora legislativa, geradora de manifesta lesividade à posição jurídica dos beneficiários da cláusula constitucional inadimplida (CF, art. 40, § 4º). Justifica-se, portanto, a intervenção plena do Poder Judiciário, notadamente a do STF. Não tem sentido que a inércia dos órgãos estatais, evidenciadora de comportamento manifestamente inconstitucional, possa ser paradoxalmente invocada, pelo próprio Poder Público, para frustrar, de modo injusto (e, portanto, inaceitável), o exercício de direito expressamente assegurado pela Constituição. (STF, MI 1.967, Rel. Min. Celso de Mello, decisão monocrática, julgamento em 24-5-2011, DJE de 27-5-2011).

Por conta do crescimento em escala dos mandados de injunção, impetrados por servidores em condições especiais e situação de risco, e devido à continuidade da omissão legislativa, o STF, em 24 de abril de 2014, acabou editando a Súmula Vinculante n. 33, com o seguinte teor: "aplicam-se ao servidor público, no que couber, as regras do regime geral da previdência social sobre aposentadoria especial de que trata o artigo 40, § 4º, inciso III da Constituição Federal, até a edição de lei complementar específica."

Houve uma limitação no entendimento do STF, ao direcionar sua SV 33, apenas à hipótese prevista no artigo 40, § 4º, III, da CF/88, que cuida das aposentadorias especiais dos servidores "cujas atividades sejam exercidas sob condições especiais que prejudiquem a saúde ou a integridade física."

Destaque-se que, a partir da edição da Súmula Vinculante n. 33, a Administração Pública é obrigada a analisar os pedidos de aposentadorias especiais, de servidores que exerçam atividades em condições especiais que prejudiquem a saúde ou a integridade física. Na orientação do Supremo, não foram alcançados os servidores portadores de deficiência e os que exercem atividades de risco. Neste sentido, vale colacionar decisão pelo Pleno do STF, com a seguinte ementa:

"Agravo regimental no mandado de injunção. Aposentadoria especial. Súmula Vinculante n. 33. Perda superveniente de objeto. Agravo regimental ao qual se nega provimento. 1. No que tange ao regime próprio do servidor público, além dos servidores submetidos a condições especiais de trabalho que prejudiquem sua saúde ou sua integridade física e dos portadores de deficiência (art. 40, § 4º, incisos I e III, da CF/88) – à semelhança dos trabalhadores vinculados ao RGPS (§ 1º do art. 201 da CF/88) -, o legislador constituinte optou por destacar os servidores públicos "que exerçam atividades de risco" (inciso II do § 4º do art. 40 da CF/88), tendo em vista a atividade policial (atualmente regulamentada pela LC n. 51/85). 2. No mandado de injunção, embora se faça alusão ao art. 40, § 4º, inciso II, da CF/88, se pretende aplicar, analogicamente, a Lei n. 8.213/91 na regulamentação do direito de servidor público à aposentadoria em regime especial. 3. Não se discute, no caso, se a regulamentação do art. 57 da Lei n. 8.213/91 compreende ou não a atividade ou a função do servidor público. A omissão perpetrada na peça autoral não resulta em provimento além do pedido formulado nos autos. 4. A edição da Súmula Vinculante n. 33 esvaziou o objeto da pretensão, porquanto tornou insubsistente o obstáculo ao exercício pelo servidor do direito de aposentar-se nos termos do art. 57 da Lei n. 8.213/91. 5. Agravo regimental não provido. (STF, MI 5873 AgR-AgR/DF, Rel. Min. Dias Toffoli, Tribunal Pleno, j. 19-11-2014 e DJe 19-12-2014)."

No julgamento acima indicado, o STF, deixou consignado que se aplicam ao servidor público, no que couber, as regras do regime geral de previdência, sobre aposentadoria especial que trata o artigo 40, § 4º, inciso III, da Constituição Federal, até a edição de lei complementar específica. Para o Supremo, o vácuo normativo não mais representa inviabilidade do gozo do direito à aposentadoria em regime especial pelos servidores públicos cujas atividades sejam exercidas em condições especiais que prejudiquem a sua saúde ou a sua integridade física. Na sessão plenária de 9-4-2014, na qual foi votada a PSV n. 45/DF (que deu origem à SV n. 33), deliberaram os ministros da Suprema Corte pela limitação do alcance do enunciado vinculante à hipótese do inciso II, I do § 4º do art. 40 da CF/88, uma vez que para os servidores portadores de deficiência (inciso I), ante a edição da LC n.142/13 – a qual regulamenta a aposentadoria da pessoa com deficiência segurada do Regime Geral de Previdência Social –, a jurisprudência do STF ainda não se encontrava consolidada sobre o tema, não se justificando, naquele momento, a aprovação de súmula vinculante respectiva. E, para os servidores que exerçam atividades de risco, está vigente a LC n. 51/85, como já afirmado.

Com intuito de esclarecer sobre os efeitos da Súmula Vinculante n. 33 do STF, o MPS, publicada a Instrução Normativa SPPS n. 3, de 23.5.2014, bem como editou a Nota Técnica n. 02/2014/CGNAL/DRPSP/SPPS/MPS, através de sua Coordenadoria–Geral de Normatização e Acompanhamento Legal (CGNAL), na Diretoria do Departamento dos Regimes de Previdência no Serviço Público (DRPSP), na Secretaria de Políticas de Previdência Social (SPPS), no exercício de sua competência regimental de orientar os entes federativos.

Posteriormente à edição das orientações emanadas pelo MPS, no Supremo foi protocolada a Reclamação n. 18.868, na qual 31 associações representativas de servidores federais alegaram violação à Súmula Vinculante n. 33, no que concerne à I) vedação da conversão de tempo especial, a partir da Lei n. 8.112/90, para fins de contagem de tempo para cálculo de aposentadoria comum; II) vedação da utilização de prova já formalizada no âmbito administrativo quanto à exposição aos agentes nocivos; III) vedação da extensão da integralidade de proventos calculados a partir da última remuneração em atividade; e IV) vedação da garantia de paridade como forma de reajuste aos proventos originados da aposentadoria especial de servidores que ingressaram no serviço público antes da Emenda Constitucional 41.

Na Reclamação, o ministro relator Gilmar Mendes concluiu que os atos da impugnados não afrontam o entendimento firmado na súmula, uma vez que a mesma não dispôs sobre contagem diferenciada para fins de cômputo de aposentadoria especial, meios de provas, referentes à exposição à agente nocivo, extensão de proventos e, ainda, paridade como forma de reajuste aos proventos originados da aposentadoria especial de servidores que ingressaram no serviço público antes da EC n. 41/03.

Neste contexto, vale colacionar o entendimento exarado pelo STF após a edição da SV n. 33:

"Agravo regimental no recurso extraordinário com agravo. Servidor público. Atividade insalubre. Contagem especial de tempo de serviço. Averbação para fins de pleito futuro de aposentadoria. Impossibilidade. Precedentes. 1. A jurisprudência do STF é no sentido da possibilidade da aplicação do art. 57 da Lei n. 8.213/91 para regular situações em que haja omissão legislativa referente às condições para a concessão da aposentadoria especial. 2. Esse entendimento não se aplica aos casos em que o servidor requer a conversão do tempo especial em comum para fins de averbação e pleito futuro de aposentadoria. 3. Agravo regimental não provido. (STF, ARE 841148 AgR/SP, Rel. Min. Dias Toffoli, Segunda Turma, j. 07-04-2015, DJe de 30-04-2015)".

A Corte Suprema apenas assentou, em caráter mandamental, o direito das partes impetrantes à contagem diferenciada do tempo de serviço em decorrência de atividades exercidas em trabalho especial, aplicando-se o regime da Lei n. 8.213/91, para fins da aposentadoria de que cogita o § 4º do artigo 40 da Constituição Federal, cabendo ao órgão a que integra o exame do atendimento ao requisito "tempo de serviço." Remeteu, portanto, a análise dos pedidos às unidades gestoras de RPPS. Caso houvesse o cumprimento dos requisitos, a aposentadoria especial poderia então ser concedida.

No que diz respeito à aposentadoria especial prevista no inciso I do § 4º do artigo 40 da Constituição, nos casos dos servidores portadores de deficiência, entendem alguns que a omissão legislativa foi suprida com a Lei Complementar n. 142, que regulamentou a matéria. Entretanto a norma é dirigida para a pessoa com deficiência, segurada do Regime Geral de Previdência Social – RGPS e expressamente regulamenta o § 1º do artigo 201 da Constituição Federal.

No entender do Ministério da Previdência, a omissão não foi suprida, conforme se extrai da Nota Técnica n. 02/2014/CGNAL/DRPSP/SPPS/MPS, onde, de forma detalhada, discorre sobre a extensão da Súmula Vinculante n. 33/04:

"Dessa forma, não pode ser aplicado administrativamente ao servidor com deficiência, amparado em RPPS, o que dispõe a Lei Complementar n. 142, de 8 de maio de 2013, sobre a concessão de aposentadoria especial a pessoa com deficiência filiada ao RGPS. Somente por meio de ordem concedida pelo STF em Mandado de Injunção, a Administração poderá examinar os pleitos de aposentadoria especial dos servidores, prevista no artigo 40, § 4º, inciso I, da Constituição Federal, à luz das normas do RGPS".

Em sentido oposto, o Supremo Tribunal Federal, firmou entendimento no sentido de ser aplicável, por analogia, a aposentadoria especial do servidor público portador de deficiência, à Lei Complementar 142/2013, editada para disciplinar a aposentação de pessoa com deficiência ou com necessidades especiais. (STF, MI 3322 AgR-segundo-ED-ED-AgR, Relator Ministro Celso de Mello, Tribunal Pleno, julgamento em 1º.8.2014, DJe de 30.10.2014. Vide MI 1.885-AgR, Rel. Min. Cármen Lúcia, julgamento em 22-5-2014, Plenário, DJE de 13-6-2014).

Noutro viés, o Plenário do STF sustentou o posicionamento de que apesar de a competência legislativa ser concorrente, a matéria deve ser regulamentada uniformemente, em norma de caráter nacional, de iniciativa do presidente da República, razão pela qual os mandados de injunção que questionam a mora legislativa do § 4º do artigo 40 da CF/88, são de competência do STF para julgamento. (STF, RE 797905 RG, Rel. Min. Gilmar Mendes, Plenário Virtual, j. 16-05-2014 e DJe 29-05-2014). Precedentes: MI-ED 4.366, Rel. Min. Dias Toffoli, Pleno, DJe 12.2.2014; MI-AgR 1.328, Rel. Min. Ricardo Lewandowski, Pleno, DJe 2.12.2013; RE-AgR 745.628, Rel. Min. Cármen Lúcia, Segunda Turma, DJe 4.11.2013; MI-AgR 1.545, Rel. Min. Joaquim Barbosa, Pleno, DJe 08.06.2012; MI-AgR 1.832, Rel. Min. Cármen Lúcia, Pleno, DJe de 18.05.2011.

Ou seja, a Corte firmou entendimento no sentido de que a competência concorrente para legislar sobre previdência dos servidores públicos não afasta a necessidade da edição de norma regulamentadora de caráter nacional, cuja competência é da União. Por esse motivo, a Corte assentou a legitimidade do presidente da República para figurar no polo passivo de mandado de injunção sobre esse tema. Precedentes. (STF, MI 1.898-AgR/DF, Rel. Min. Joaquim Barbosa, Pleno, j. 16-12-2012 e DJe 1-06-2012).

Ainda no RE 797905, com repercussão geral, o Pretório Excelsior deixou assentado que, para a aposentadoria especial por exercício de atividade insalubre, com espeque no inciso III do parágrafo 4º do artigo 40 da Constituição, "sequer será necessária a impetração de mandado de injunção", pois o Supremo, na sessão plenária do dia 9 de abril de 2014, aprovou a Súmula Vinculante (SV) 33, segundo a qual "aplicam-se ao servidor público, no que couber, as regras do Regime Geral de Previdência Social sobre aposentadoria especial de que trata o artigo 40, parágrafo 4º, inciso III, da Constituição Federal, até edição de lei complementar específica."

Somos de opinião de que a omissão não se encontra suprida, apesar do disposto no § 12 do artigo 40 da CF/88: "além do disposto neste artigo, o regime de previdência dos servidores públicos titulares de cargo efetivo observará, no que couber, os requisitos e critérios fixados para o regime geral de previdência social." Acontece que a Lei Complementar n. 142/2013 foi expressamente direcionada no sentido de regulamentar o § 1º do art. 201 da Constituição Federal, no tocante à aposentadoria da pessoa com deficiência segurada do Regime Geral de Previdência Social – RGPS, conforme sua ementa e conteúdo finalístico. Já a LC 51/85, com as alterações patrocinadas pela LC 144/2014, é mais incisiva, dispondo expressamente sobre a aposentadoria do servidor público policial, nos termos do § 4º do art. 40 da Constituição Federal.

Para a concessão de aposentadoria especial dos servidores que exercem atividade de risco, o Supremo Tribunal Federal entende que a Lei Complementar n. 51, de 20 de dezembro de 1985, foi recepcionada pela CF/88, através das decisões proferidas na ADI n. 3.817 e RE n. 567.110. Conforme já mencionado, firmou o STF o entendimento de que a autoridade administrativa não necessita de decisão em mandado de injunção em favor de servidor público para simples verificação se ele preenche, ou não, os requisitos necessários para a aposentadoria especial (art. 57 da Lei 8.213/1991). (STF, MI 5.071-AgR, Rel. Min. Cármen Lúcia, julgamento em 8-5-2013, Plenário, DJE de 28-5-2013).

Importante deixar registrado que o STF expressamente definiu que há impossibilidade de conjugação do sistema da Lei Complementar 51/1985 com o do art. 57 da Lei 8.213/1991, para, com isso, cogitar-se de idade mínima para aposentação. (STF, MI 4.528-AgR, Rel. Min. Cármen Lúcia, julgamento em 13-6-2012, Plenário, DJE de 1º-8-2012. No mesmo sentido: STF, MI 2.787-AgR-segundo, Rel. Min. Teori Zavascki, julgamento em 24-4-2013, Plenário, DJE de 27-5-2013).

Ainda no que tange à atividade de risco (art. 40, § 4º II, da CF/88), houve grandes debates, notadamente após a edição da Lei Complementar n. 144, de 15 de maio de 2014. Referida norma reafirmou a vigência da Lei Complementar n. 51, de 20 de dezembro de 1985, dando nova redação ao artigo 1º da norma, passando a estabelecer aposentadoria aos 30 anos de contribuição, desde que o servidor conte, pelo menos, 20 anos de exercício em cargo de natureza estritamente policial, se homem (30 e 20) ; e após 25 anos de contribuição, desde que conte, pelo menos, 15 anos de exercício em cargo de natureza estritamente policial, se mulher (25 e 15).

Outras categorias pleitearam a incidência da referida LC, com o argumento de que as atividades de risco não eram privativas dos policiais civis, a exemplo dos oficiais de justiça. A categoria ingressou no STF com os MI n. 833 e 844. No entanto, a Corte, ao analisar os Mandados de Injunção, se posicionou contrária à demanda, em sessão realizada no dia 11 de junho de 2015. O Plenário considerou não haver risco permanente da atividade policial, o que não justificaria a aposentadoria especial aos oficiais de justiça. No julgamento ficou assentado que a definição da atividade de risco deve ser definida pelo Legislativo, pois não há como o Judiciário estabelecer os requisitos que enquadrem determinada atividade profissional e permitam a análise de pedidos de aposentadoria. Desta forma, entendeu o Pleno que a matéria deve ser regulamentada através de lei. Também foi ventilado que somente há omissão legislativa, quando há omissão que justifique a concessão de aposentadoria especial por meio de mandado de injunção quando a periculosidade for inequivocamente inerente à atividade profissional.

Por derradeiro, resta consignar que o STF se manifestou no sentido de que o art. 40, § 4º, da CR não dispõe sobre o suposto direito à revisão do ato de aposentadoria, tampouco exige a sua regulamentação. Os ministros do Supremo Tribunal têm negado seguimento a mandados de injunção impetrados por servidor público inativo com o propósito de obter a revisão de suas aposentadorias, por faltar a essas impetrações a demonstração da inviabilidade do exercício de direito constitucional, em razão da inexistência da norma que lhe dê eficácia plena. (STF, MI 3.319-AgR-segundo, voto da Rel. Min. Cármen Lúcia, julgamento em 7-12-2011, Plenário, DJE de 6-2-2012. No mesmo sentido: STF, MI 5.874-AgR, Rel. Min. Teori Zavascki, julgamento em 17-10-2013, Plenário, DJE de 18-11-2013).

5.3.8.3. A questão da competência concorrente. E se o ente federativo editou lei complementar para suprir a matéria?

Alguns Estados editaram suas próprias leis complementares, entendendo que as leis complementares, a que se refere o § 4º do artigo 40 da Constituição Federal, seriam leis complementares locais. No entanto o parágrafo único do artigo 5º da Lei Geral de Previdência Pública, Lei n. 9.717/98, diz textualmente ser lei complementar federal: Parágrafo único. Fica vedada a concessão de aposentadoria especial, nos termos do § 4º do art. 40 da Constituição Federal, até que lei complementar federal discipline a matéria. (Redação dada pela Medida Provisória n. 2.187-13, de 2001).

Destarte, há uma antinomia no dispositivo quando se refere à lei federal e não lei de abrangência nacional. Tomemos como exemplos a Lei Complementar n. 142, de 8 de maio de 2013, que regulamenta o § 1º do art. 201 da Constituição Federal, no tocante à aposentadoria da pessoa com deficiência segurada do Regime Geral de Previdência Social (RGPS) e a Lei Complementar n. 144, de 15 de maio de 2014, que atualiza a ementa e altera o art. 1º da Lei Complementar no 51, de 20 de dezembro de 1985, que dispõe sobre a aposentadoria do funcionário policial, nos termos do artigo 103, da Constituição Federal, para regulamentar a aposentadoria da mulher servidora policial. Ambas são leis que regulamentam aposentadorias especiais. A primeira é dirigida aos segurados do Regime Geral, e a segunda, aos servidores públicos policiais civis. Entretanto a primeira é uma lei federal, posto que somente dirigida aos servidores da União, e a segunda é uma lei de abrangência nacional.

A competência para legislar sobre previdência social é concorrente, ou seja, cabe à União editar normas gerais, e aos Estados, normas suplementares (suplementar complementar ou suplementar supletiva, neste último caso, na falta de lei federal exercendo competência plena).

Caso a União não edite a lei complementar, os Estados poderão editar suas próprias leis, com base na competência concorrente, inserta no artigo 24, XII, da CF/88. Ao analisar a matéria sobre competência concorrente, assim se posicionou Pedro Lenza:

"Em caso de inépcia da União, inexistindo lei federal elaborada pela União sobre norma geral, os Estados e o Distrito Federal (artigo 24, *caput*, c/c o art. 32, § 1º) poderão suplementar a União e legislar, também, sobre as normas gerais, exercendo a competência legislativa plena. Se a União resolver legislar sobre norma geral, a norma geral que o Estado (ou o Distrito Federal) havia elaborado terá a sua eficácia suspensa, no ponto em que for contrária à nova lei federal sobre norma geral. Caso não seja conflitante, passam a conviver, perfeitamente, a norma geral federal e a estadual (ou distrital)."[35]

O entendimento do renomado autor constitucionalista guarda consonância com o posicionamento adotado pelo Supremo Tribunal Federal, que se manifesta no sentido de que, inexistindo lei federal, os Estados exercerão competência suplementar, editando tanto as normas gerais quanto as específicas. (ADI n. 3.645, 2006).

Como vimos, a Lei n. 9.717/98, no parágrafo único do artigo 5º, diz expressamente que a matéria acerca das aposentadorias especiais tem que ser regulada por lei federal. Ou seja, existe uma orientação, de caráter geral. A competência suplementar dos Estados não pode contrariar disposições editadas pela União. Neste sentido, é inconstitucional, por vício formal, lei estadual que inaugura relação jurídica contraposta à legislação federal que regula normas gerais sobre o tema, substituindo os critérios mínimos estabelecidos pela norma competente. (STF, ADI n. 5163/GO, Tribunal Pleno, Relator Ministro Luiz Fux, julgamento em 08-04-2015 e DJe de 18-05-2015).

Desta forma, uma vez tendo a Lei n. 9.717/98 disposto que a matéria seria regulamentada por lei complementar de caráter nacional, entendemos que os Estados não podem legislar sobre a matéria – aposentadorias especiais. A vedação é expressa, uma vez que remete a disciplina da matéria à lei complementar federal. A partir dos parâmetros mínimos estabelecidos na lei federal, poderão os demais entes federativos disporem sobre a matéria. A Corte firmou entendimento no sentido de que a competência concorrente para legislar sobre previdência dos servidores públicos não afasta a necessidade da edição de norma regulamentadora de caráter nacional, cuja competência é da União. Por esse motivo, a Corte assentou a legitimidade do presidente da República para figurar no polo passivo de mandado de injunção sobre esse tema. Precedentes. (STF, MI n. 1.545/DF – AgR, Rel. Min. Joaquim Barbosa, Tribunal Pleno, 16-05-2012 e DJe 04-06-2012).

Tanto é verdade que vários mandados de injunção foram sumariamente desconhecidos porque não colocaram como autoridade passiva o presidente da República, ou seja, foram extintos, sem resolução de mérito, com fulcro no artigo 267, VI, do Código de Processo Civil, por ilegitimidade passiva ad causam.

Por força da legitimidade passiva do presidente da República, entendeu-se pela aplicabilidade do artigo 57 da Lei n. 8.213/91 ("a aposentadoria especial será devida, uma vez cumprida a carência exigida nesta Lei, ao segurado que tiver trabalhado sujeito a condições especiais que prejudiquem a saúde ou a integridade física, durante 15 (quinze), 20 (vinte) ou 25 (vinte e cinco) anos, conforme dispuser a lei"), na falta de norma regulamentadora de abrangência nacional. Neste sentido, segue o seguinte julgado:

DIREITO CONSTITUCIONAL E ADMINISTRATIVO. MANDADO DE INJUNÇÃO. SERVIDORA PÚBLICA. ATIVIDADES EXERCIDAS EM CONDIÇÕES DE RISCO OU INSALUBRES. APOSENTADORIA ESPECIAL. § 4º DO ARTIGO 40 DA CONSTITUIÇÃO FEDERAL. AUSÊNCIA DE LEI COMPLEMENTAR. MORA LEGISLATIVA. REGIME GERAL DA PREVIDÊNCIA SOCIAL. 1. Ante a prolongada mora legislativa, no tocante à edição da lei complementar reclamada pela parte final do § 4º do artigo 40 da Magna Carta, impõe-se ao caso a aplicação das normas correlatas previstas no artigo 57 da Lei n. 8.213/91, em sede de processo administrativo. 2. Precedente: MI 721, da relatoria do Ministro Marco Aurélio. 3. Mandado de injunção deferido nesses termos. (STF, MI 788/DF, Rel. Min. Carlos Ayres Britto, Tribunal Pleno, acórdão publicado no Diário da Justiça de 8 de maio de 2009). (Grifamos).

---

(35) LENZA, Pedro. Direito Constitucional Esquematizado. 15. ed. São Paulo: Saraiva, 2011. p. 392.

Para o Supremo Tribunal Federal, a falta de norma regulamentadora não poderia ser suprida em âmbito estadual/municipal. Neste diapasão, se posicionou, em diversos momentos, firmando o entendimento de que a competência concorrente para legislar sobre previdência dos servidores públicos não afasta a necessidade da edição de norma regulamentadora de caráter nacional, cuja competência é da União. Neste diapasão, vale colacionar decisão exarada pelo Pretório Excelsior:

"EMENTA: AGRAVO REGIMENTAL NO MANDADO DE INJUNÇÃO. APOSENTADORIA ESPECIAL DE SERVIDOR PÚBLICO DISTRITAL. ART. 40, § 4º, INC. III, DA CONSTITUIÇÃO DA REPÚBLICA. COMPETÊNCIA CONCORRENTE DA UNIÃO, DOS Estados E DO DISTRITO FEDERAL PARA LEGISLAR SOBRE PREVIDÊNCIA SOCIAL. NECESSIDADE DE TRATAMENTO UNIFORME DA MATÉRIA. 1. A competência concorrente para legislar sobre previdência social não afasta a necessidade de tratamento uniforme das exceções às regras de aposentadoria dos servidores públicos. Necessidade de atuação normativa da União para a edição de norma regulamentadora de caráter nacional. 2. O Presidente da República é parte legítima para figurar no pólo passivo de mandado de injunção em que se discute a aposentadoria especial de servidor público. Precedente. 3. Agravo regimental ao qual se nega provimento. (STF, MI 1832 AgR, Rel. Min. Cármen Lúcia, Tribunal Pleno, j. 24.03.2011, DJe 17-05-2011)". (Sem grifos no original).

Entretanto o dispositivo emendado (§ 4º do artigo 40 da CF/88) foi interpretado de várias maneiras, inclusive em alguns Estados entendeu-se que por ter a Constituição feito referência a leis complementares, poderiam ser leis complementares estaduais. No entanto, através do RE 797.905, com Repercussão Geral, o Supremo deixou consignado que no caso da aposentadoria especial do servidor público, a competência concorrente para legislar sobre previdência social, conforme art. 24, XII, da Constituição, não afastaria a necessidade de edição de norma regulamentar uniforme de caráter nacional, pela União. Confirmou-se a linha de jurisprudência dominante da Corte até então proferida nos mandados de injunção em que não se admitia outro agente no polo passivo que não o Presidente da República, notadamente quando se cuida na espécie de impetração contra falta de regulamentação de matérias versadas sobre previdência pública. (STF, RE 795.905 RG, Rel. Min. Gilmar Mendes, Tribunal Pleno, j. 15-05-2014).

Em seu voto, o ministro Gilmar Mendes deixou consubstanciado que:

"O Tribunal de origem, ao assentar que detém competência para julgar mandado de injunção, fundamentado na mora legislativa em se aprovar a lei complementar que cuide da aposentadoria especial de servidor público (artigo 40, § 4º, da Constituição Federal), destoou da jurisprudência desta Corte, a qual é firme no sentido de que a competência para julgar tal ação é do Supremo Tribunal Federal. Sobre o tema, esta Corte assentou que, apesar de a competência legislativa ser concorrente, a matéria deve ser regulamentada uniformemente, em norma de caráter nacional, de iniciativa do Presidente da República.

A propósito, cito os seguintes precedentes: MI-ED 4.366, Rel. Min. Dias Toffoli, Pleno, DJe 12.2.2014; MI-AgR 1.328, Rel. Min. Ricardo Lewandowski, Pleno, DJe 2.12.2013; RE-AgR 745.628, Rel. Min. Cármen Lúcia, Segunda Turma, DJe 4.11.2013; MI-AgR 1.545, Rel. Min. Joaquim Barbosa, Pleno, DJe 08.06.2012; MI-AgR 1.832, Rel. Min. Cármen Lúcia, Pleno, DJe de 18.05.2011; e MI 1.898-AgR/DF, Rel. Min. Joaquim Barbosa, Pleno, DJe 1.6.2012".

Desta forma, Estados, Distrito Federal e Municípios não podem, por lei local, disciplinar a aposentadoria especial antes que haja uma lei complementar geral. A lei complementar deve ser nacional de forma que as mesmas regras se apliquem a todos os servidores amparados pelo § 4º, do artigo 40 da Constituição Federal.

Neste contexto, entendemos, com esteio nos pronunciamentos da Suprema Corte e s. m. j., que as leis estaduais que regulamentaram a matéria padecem de inconstitucionalidade. O intuito da vedação é criar normas hegemônicas, regulamentando as aposentadorias especiais igualmente para as categorias de servidores a serem agraciadas, em todas as esferas de governo, com tratamento uniforme, afastando, assim, a possibilidade de os Estados/Municípios disporem sobre a matéria de forma diversa, atendendo seus interesses locais. Como por exemplo, garantirem em suas leis locais, atendendo política remuneratória de servidor, os institutos da paridade, integralidade e conversão de tempo especial em comum. Ressalvados, contudo, se lei de caráter geral dispuser sobre a validade das aposentadorias especiais concedidas com base em leis estaduais (previsão contida no PLP 554/2010).

É mais um tema que nos remete à ideia de uma previdência pública una e universal no Brasil.

5.3.8.4. Não poderá haver conversão de tempo especial em comum

De acordo com a Nota Técnica n. 02/2014/CGNAL/DRPSP/SPPS/MPS, o tempo não poderá ser convertido: I) não é possível ampliar os efeitos da SV n. 33; II) não há, no art. 40 da Constituição, a previsão de que seja editada lei garantindo a conversão de tempo especial em comum na aposentadoria do servidor; e III) a conversão implica em contagem de tempo fictício.

Para o Supremo, os pedidos que não se referem unicamente à concessão do benefício, extrapolam o âmbito de aplicação do Mandado de Injunção. Não cabendo a Corte exorbitar os limites do remédio jurídico. Neste diapasão, decisão proferida no MI 3489 AgR/DF, de relatoria da ministra Cármen Lúcia, julgado pelo Tribunal Pleno em 08-05-2013 e DJe de 28-05-2013, com a seguinte ementa:

AGRAVO REGIMENTAL NO MANDADO DE INJUNÇÃO. CONSTITUCIONAL. SERVIDOR PÚBLICO. CONTAGEM DE PRAZO DIFERENCIADO. IMPOSSIBILIDADE.

1. O art. 40, § 4º, da Constituição da República não assegura a contagem de prazo diferenciado ao servidor público, mas a aposentadoria especial dos servidores: I) portadores de deficiência; II) que exerçam atividades de risco; e III) cujas atividades sejam exercidas sob condições especiais que prejudiquem a saúde ou a integridade física, nos termos a serem definidos por leis complementares. Precedentes.

2. A inexistência do direito constitucional pleiteado evidencia o não cabimento do mandado de injunção.

3. Agravo regimental ao qual se nega provimento.

Vale também colacionar a decisão proferida no MI 1596 AgR:

> MANDADO DE INJUNÇÃO. APOSENTADORIA ESPECIAL DE SERVIDOR PÚBLICO. ART. 40, § 4º, DA CONSTITUIÇÃO FEDERAL, APLICAÇÃO DAS NORMAS DO REGIME GERAL DE PREVIDÊNCIA SOCIAL. AGRAVO IMPROVIDO. 1. Segundo a jurisprudência do STF, a omissão legislativa na regulamentação do art. 40, § 4º, da Constituição, deve ser suprida mediante a aplicação das normas do Regime Geral de Previdência Social previstas na Lei 8.213/91 e no Decreto 3.048/99. Não se admite a conversão de períodos especiais em comuns, mas apenas a concessão da aposentadoria especial mediante a prova do exercício de atividades exercidas em condições nocivas. (STF, MI 1596 AgR, Rel. Min. Teori Zavascki, Tribunal Pleno, j. 16-05-2013, DJe 31-05-2013). (Grifamos).

À vista das decisões e não sendo possível a contagem de tempo de contribuição fictício no serviço público, ex vi, artigo 40, § 10, da Constituição Federal (a lei não poderá estabelecer qualquer forma de contagem de tempo de contribuição fictício), entendemos que, mesmo com superveniência de leis reguladoras específicas para os servidores públicos, acerca das aposentadorias especiais, entendemos não ser possível a conversão de tempo especial em comum, uma vez que gera um tempo maior daquele em que houve efetivamente contribuição. Esse é o entendimento adotado no âmbito do STF, conforme podemos subtrair de parte do trecho do voto da ministra relatora Rosa Weber, proferido no MI 1.481 AgR:

> Agrego que o art. 40, § 10, da Magna Carta veda a edição de lei para a contagem de tempo ficto de contribuição. Assim, embora admitida no Regime Geral de Previdência Social, a conversão de tempo especial em comum é prática constitucionalmente vedada no âmbito do serviço público. A propósito, recordo trecho do voto condutor do eminente Ministro Teori Zavascki, ao julgamento do MI 1.508 AgR /DF: Ainda segundo a jurisprudência firmada no STF, não se admite a conversão de períodos especiais em comuns, mas apenas a concessão da aposentadoria especial mediante a prova do exercício de atividades exercidas em condições nocivas. Apesar de ser permitida no RGPS, no serviço público é expressamente vedada a contagem de tempo ficto, com fundamento no art. 40, § 10, da Constituição ('A lei não poderá estabelecer qualquer forma de contagem de tempo de contribuição fictício'). (STF, MI 1.481 AgR, Rel. Min. Rosa Weber, Plenário, j. 23-05-2013 e DJe de 24-06-2013). (Grifamos).

O Supremo ainda se posicionou no sentido de que a autoridade administrativa não necessita de decisão em mandado de injunção em favor de servidor público para simples verificação se ele preenche, ou não, os requisitos necessários para a aposentadoria especial (art. 57 da Lei n. 8.213/1991). E que o mandado de injunção somente é cabível quando a autoridade administrativa se recusa a examinar requerimento de aposentadoria especial de servidor público, com fundamento na ausência da norma regulamentadora do art. 40, § 4º, da Constituição da República. (STF, AgRg em MI 4842 Rel. Min. Carmem Lúcia, decisão 06/03/2013).

5.3.9. Paridade e integralidade

Questão tormentosa e que tem servido para concessão de privilégios diz respeito aos institutos da paridade e integralidade a incidirem sobre as aposentadorias após a edição da EC n. 41/2003.

Com a edição da referida emenda, não é mais possível estender a servidores inativos os reajustes específicos concedidos a categoria dá qual pertenciam enquanto em atividade, nem a aposentadoria ser implantada com base na última remuneração, com exceção das aposentadorias concedidas com fundamento em regras de transição.

Com efeito, assim dispõe os §§ 3º, 8º e 17, do artigo 40 da Constituição Federal, todos com redação dada pela EC n. 41/2003:

> Art. 40...
>
> [...]
>
> § 3º Para o cálculo dos proventos de aposentadoria, por ocasião da sua concessão, serão consideradas as remunerações utilizadas como base para as contribuições do servidor aos regimes de previdência de que tratam este artigo e o art. 201, na forma da lei.
>
> [...]
>
> § 8º É assegurado o reajustamento dos benefícios para preservar-lhes, em caráter permanente, o valor real, conforme critérios estabelecidos em lei.
>
> [...]
>
> § 17. Todos os valores de remuneração considerados para o cálculo do benefício previsto no § 3º serão devidamente atualizados, na forma da lei.

Contudo, não houve consenso entre os regimes próprios no que concerne à aplicação das novas sistemáticas trazidas pela EC n. 41/2003. Alguns Estados aplicam a nova sistemática a partir da vigência da EC n. 41/2003, posto que entendem serem suas regras autoaplicáveis. Outros entendem que a partir de sua vigência não é mais possível aplicar a paridade, no entanto, em relação à integralidade, entendem que somente após a edição da MP 167 (transformada na Lei 10.887/2004), de 20 de fevereiro de 2004, é possível o cálculo dos proventos pela média aritmética. Por fim, alguns entendem que, antes de 20 de fevereiro de 2004, os institutos da paridade e integralidade são garantidos.

A Lei 10.887/2004, fruto da MP 167/2004, regulamentou a EC n. 41/2003, trazendo, dentre outros, ínsito no *caput* do seu artigo 1º, que:

> Art. 1º No cálculo dos proventos de aposentadoria dos servidores titulares de cargo efetivo de qualquer dos Poderes da União, dos Estados, do Distrito Federal e dos Municípios, incluídas suas autarquias e

fundações, previsto no § 3o do art. 40 da Constituição Federal e no art. 2º da Emenda Constitucional no 41, de 19 de dezembro de 2003, será considerada a média aritmética simples das maiores remunerações, utilizadas como base para as contribuições do servidor aos regimes de previdência a que esteve vinculado, correspondentes a 80% (oitenta por cento) de todo o período contributivo desde a competência julho de 1994 ou desde a do início da contribuição, se posterior àquela competência.

O Ministério da Previdência, atual Ministério do Trabalho e Previdência Social, firmou seu entendimento no sentido de que a nova sistemática, no que se refere aos cálculos dos proventos, deve ser observada a partir da MP 167/2004. Neste diapasão, vale invocar o texto do *caput* do artigo 61, da Orientação Normativa MPS/SPS n. 02, de 31 de março de 2009 - DOU de 02/04/2009:

> Art. 61. No cálculo dos proventos das aposentadorias referidas nos art. 56, 57, 58, 59, 60 e 67, concedidas a partir de 20 de fevereiro de 2004, será considerada a média aritmética simples das maiores remunerações ou subsídios, utilizados como base para as contribuições do servidor aos regimes de previdência a que esteve vinculado, correspondentes a oitenta por cento de todo o período contributivo desde a competência julho de 1994 ou desde a do início da contribuição, se posterior àquela competência.

No que concerne à paridade, o MPS também se reportou a data de edição da MP 167/2004, conforme dicção do § 9º, do mesmo artigo 61 da ON MPS/SPS/2009, verbis:

> Art. 61...
> [...]
> § 9º O valor inicial do provento, calculado de acordo com o *caput*, por ocasião de sua concessão, não poderá exceder a remuneração do respectivo servidor no cargo efetivo em que se deu aposentadoria, conforme definição do inciso IX do art. 2º, sendo vedada a inclusão de parcelas temporárias conforme previsto no art. 43.

Seja como for, certo é que, após a edição da MP 167, em 20 de fevereiro de 2004, restou, sem dúvidas, terminantemente proibido aplicar paridade e integralidade na concessão de aposentadoria e nos cálculos dos proventos, excepcionadas as regras de transição, tal como expressamente previsto nas EC 41/2003, EC 47/2005 e EC 70/2012. Aposentadorias concedidas com base nas regras gerais, não são mais implantadas e calculadas com base em paridade e integralidade.

Após a edição da Súmula Vinculante n. 20[36], o Supremo Tribunal Federal tem se manifEstado no sentido de que as vantagens de caráter geral, concedidas aos servidores da ativa, são extensíveis aos inativos e pensionistas, conforme disposto no art. 40, § 8º, da Constituição Federal. (STF, RE 752493 AgR, Relatora Ministra Rosa Weber, Primeira Turma, julgamento em 12.8.2014, DJe 27.8.2014).

As vantagens de caráter geral, para o STF, se incorporam aos proventos, uma vez que se cuidam de aumentos gerais, e não aumentos específicos, atendendo ao disposto no § 8º do artigo 40 da CF/88, já colacionado. O que em essência preserva o valor real dos benefícios.

O STF também se posiciona no sentido de que após a implementação dos critérios de avaliação de desempenho, não se afigura possível a manutenção, para os servidores inativos, do mesmo percentual das gratificações concedidas aos servidores em atividade. (RE 736909 AgR, Relatora Ministra Rosa Weber, Primeira Turma, julgamento em 12.8.2014, DJe de 4.9.2014. No mesmo sentido: RE 631389, Relator Ministro Marco Aurélio, Tribunal Pleno, julgamento em 25.9.2013, DJe de 3.6.2014).

Os aumentos gerais, também com base nos entendimentos do STF, são extensíveis a todas as categorias de servidores. No que concerne às vantagens específicas, a Corte Suprema pacificou sua jurisprudência no sentido de que a análise sobre a extensão de gratificação concedida a determinada categoria aos inativos depende de exame da legislação local, o que é inviável nesta sede recursal. (...). Ressalte-se que no julgamento do AI 846.912-RG/BA, rel. Min. Cezar Peluso, Tribunal Pleno, DJe 15.9.2011, este Tribunal reconheceu a inexistência de repercussão geral da matéria. (STF, AI 830765 AgR, Relatora Ministra Rosa Weber, Primeira Turma, julgamento em 22.5.2012, DJe de 6.6.2012).

Com fundamento nas recentes decisões do STF, não há que se confundir paridade com preservação do valor real do benefício.

Vários Estados adotaram política remuneratória de servidores no sentido de dar cumprimento ao § 8º artigo 40 da CF/88, instituindo leis gerais de aumento de servidores, em cada exercício financeiro. As leis gerais, com base, por exemplo, no Índice de Preços ao Consumidor Amplo (IPCA), são direcionadas a todas as categorias de servidores, sem distinção, e têm reflexos nos proventos e nas pensões. As categorias que, porventura, tenham aumentos específicos, diferenciados, não podem ser agraciados com um e outro, por não atender aos comandos constitucionais.

Assim, se determinado Estado edita, no exercício de 2015, lei geral que tem incidência indiscriminada, não pode, no mesmo exercício, conceder aumento diferenciado para determinada categoria, que já teve o aumento geral. Ou um ou outro, os aumentos não podem ser cumulativos.

No entanto o que temos visto é uma verdadeira confusão entre aplicação de aumento geral e aumento de subsídios. Alguns Estados simplesmente têm adotado o entendimento de que, se a lei local prevê a extensão aos inativos e pensionistas de aumento de subsídios, concedidos aos servidores da ativa, estará atendendo à Constituição Federal. Não é

---

(36) SV 20 STF: A Gratificação de Desempenho de Atividade Técnico-Administrativa – GDATA, instituída pela Lei n. 10.404/2002, deve ser deferida aos inativos nos valores correspondentes a 37,5 (trinta e sete vírgula cinco) pontos no período de fevereiro a maio de 2002 e, nos termos do artigo 5º, parágrafo único, da Lei n. 10.404/2002, no período de junho de 2002 até a conclusão dos efeitos do último ciclo de avaliação a que se refere o artigo 1º da Medida Provisória no 198/2004, a partir da qual passa a ser de 60 (sessenta) pontos.

assim, Extensão a inativos que não foram aposentados com regra de aposentadoria que não prevê paridade, de aumentos específicos e não gerais, não é possível.

Para o Superior Tribunal de Justiça, o tema do direito adquirido ao modo de reajuste de gratificação incorporada (tema 41) já foi pacificado no Supremo Tribunal Federal, em sede de repercussão geral, quando consignou que, em não havendo expressa previsão legal, não é possível haver direito ao regime jurídico de revisão. Nesse caso, o modo de reajuste é aquele previsto no art. 37, X da Constituição Federal[37], ou seja, a revisão geral: RE 563.965/RN, Relatora Min. Cármen Lúcia, Tribunal Pleno, publicado no DJe-053 em 20.3.2009 e no Ement. vol. 2353-06, p. 1099 e na RTJ vol. 208-03, p. 1254. (STJ, RMS 40639/RO, Rel. Ministro Humberto Martins, T2, j. 03-09-2015 e DJe 14-09-2015).

Outro tema que tem gerado polêmicas é a possibilidade de as aposentadorias especiais serem concedidas com paridade e integralidade. No Estado de São Paulo foi editada a Instrução Conjunta da SPPrev e a Unidade Central dos Recursos Humanos da Secretaria de Gestão Pública, que versa sobre a concessão de aposentadoria especial aos policiais civis, seja ela de forma voluntária ou compulsória. A instrução, desde que preenchidos os requisitos autorizadores da lei 51/85, com as alterações da Lei 144/14, reconhece a aposentadoria especial. Contudo, o conceito de proventos integrais não deve ser equiparado com a última remuneração do servidor, aplicando-se a média aritmética, conforme já determinado pelo parecer CJ/SPPREV 788/2014. Ainda segundo a instrução, a paridade só será reconhecida, em caráter excepcional, para os policiais que tenham completado os requisitos para a aposentadoria voluntária com base nas regras de transição e direito adquirido das emendas constitucionais 41/03 e 47/05.

No PLP 554/2010, em tramitação na Câmara dos Deputados, que trata da regulamentação do inciso II do § 4º do art. 40 da Constituição, e que dispõe sobre a concessão de aposentadoria especial a servidores públicos que exerçam atividade de risco, e que expressamente revoga a LC n. 51/85, tem previsão de cálculo por média aritmética e não aplicação do instituto da paridade, conforme parágrafo único do seu artigo 3º: Aplica-se o disposto nos §§ 2º, 3º, 8º e 17 do art. 40 da Constituição às aposentadorias especiais concedidas de acordo com esta Lei Complementar.

A Instrução Normativa n. 03, de 23 de maio de 2014 (DOU de 26-05-2014), do Ministério da Previdência, que altera a Instrução Normativa MPS/SPS n. 01/2010 e estabelece instruções para o reconhecimento pelos Regimes Próprios do direito à aposentadoria dos servidores públicos com requisitos e critérios diferenciados, de que trata o art. 40, § 4º, inciso III da Constituição Federal, com fundamento na Súmula Vinculante n. 33 ou por ordem concedida em Mandado de Injunção, assim disciplina: "No cálculo e no reajustamento dos proventos de aposentadoria especial aplica-se o disposto nos §§ 2º, 3º, 8º, 14, 15, 16 e 17, do art. 40 da Constituição Federal."

Ou seja, o Ministério da Previdência orienta que os cálculos das aposentadorias especiais sejam realizados com base em média aritmética e que não haja incidência de paridade nos proventos a serem concedidos.

Concordamos com as decisões exaradas pela Secretaria de Políticas de Previdência Social, do Ministério da Previdência (atual Ministério do Trabalho e Previdência Social). É a própria Constituição Federal que posiciona as aposentadorias especiais dentro do contexto das normas que determinam a aplicabilidade de média aritmética. Quando a CF/88 quer excepcionar alguma regra, faz através de emenda constitucional. A EC n. 41/2003, que acabou com a integralidade e paridade, não excepcionou as regras das aposentadorias especiais, conquanto o fez para as aposentadorias de professores. Bem assim o fez a EC n. 70/2012, acerca das aposentadorias por invalidez ocorridas antes da edição da EC n. 41/2003.

As aposentadorias especiais estão contidas em toda a sistemática do § 1º do artigo 40 da CF/88. Não há como interpretar, de forma extensiva, o que a emenda reformuladora fez questão de limitar.

Entretanto e via transversa, o Tribunal de Justiça de São Paulo tem se manifEstado, em diversos momentos, acerca da possibilidade de concessão de aposentadoria especial, com paridade e integralidade, para os servidores que ingressaram no sistema antes da edição da EC n. 41/2003, conforme exemplificamos com a extração da ementa a seguir colacionada:

"MANDADO DE SEGURANÇA. POLICIAL CIVIL. APOSENTADORIA ESPECIAL. CONCESSÃO DA SEGURANÇA. APOSENTADORIA ESPECIAL. PARIDADE E INTEGRALIDADE DE PROVENTOS.

Cômputo de período superior a 30 (trinta) anos de contribuição, somando mais de 24 (vinte e quatro) no exercício de atividade estritamente policial. Atendimento dos pressupostos da impetração. Certeza jurídica e certeza material. Reconhecimento do direito à aposentadoria especial, em favor de perito criminal da polícia civil que ingressou na carreira antes da vigência da EC41/2003. Inexigibilidade de idade mínima. Inteligência da LC Federal 51/1985 da LC Estadual n.. 1.062/2008. Precedentes. INTEGRALIDADE DOS PROVENTOS E PARIDADE. Tratamento transitório dos benefícios previdenciários dos servidores. Prevalência da integralidade e paridade dos proventos. Ingresso no serviço público antes da Emenda Constitucional n.41/03. Inaplicabilidade da Lei Federal n. 10.887/04, que somente se aplica àqueles que se aposentarem na forma do artigo 2º da Emenda Constitucional n.41/03. Apelante pretende a aposentadoria na forma do artigo 6º da EC n.º 41/03. Manutenção da sentença. Concessão da segurança. NEGADO PROVIMENTO AO RECURSO. (TJ/SP, APL 00299487120138260053, Rel. Des. José Maria Câmara Junior, 9ª Câmara de Direito Público, j. 15/04/2015, p. 16-04-2015)". (Os grifos são nossos).

Por sua vez, o Superior Tribunal de Justiça reconhece que a discussão da matéria é de competência do Supremo Tribunal Federal. A discussão acerca da

---

(37) CF/88, art. 37, X: a remuneração dos servidores públicos e o subsídio de que trata o § 4º do art. 39 somente poderão ser fixados ou alterados por lei específica, observada a iniciativa privativa em cada caso, assegurada revisão geral anual, sempre na mesma data e sem distinção de índices;

paridade e igualdade entre servidores ativos e inativos, bem como a constitucionalidade das disposições contidas no Decreto n. 3.970/2001, envolve matéria reservada ao Supremo Tribunal Federal, nos termos dos arts. 102, III e 105, III, da Carta Magna. (AgRg no REsp 1375085/CE, Rel. Min. Humberto Martins, T2, j. 18-03-2014 e DJe 24-03-2014). E ainda: "não compete ao Superior Tribunal de Justiça, em sede de recurso especial, analisar eventual contrariedade a preceito contido na Constituição Federal, nem tampouco uniformizar a interpretação de matéria constitucional, sob pena de invasão da competência exclusiva do STF." (AgRg no AREsp 519.390/RS, Rel. Ministro Mauro Campbell Marques, T2, julgado em 07-08-2014, DJe 14-08-2014).

O Supremo Tribunal Federal firmou sua jurisprudência no sentido de que compete à autoridade administrativa analisar questões referentes aos requisitos de (I) idade, (II) tempo de carência, (III) integralidade do pagamento e (IV) paridade entre ativos e inativos nos futuros reajustes são questões que "devem (...) ser solucionadas pela autoridade competente, que o fará mediante a aplicação do art. 57 da Lei n. 8.213/1991 em conjunto com as regras que regem a aposentadoria do servidor público". (STF, MI n. 1.286/DF-ED, Relatora Ministra Cármen Lúcia, Tribunal Pleno DJe de 19/2/10).

Contudo, ao apreciar o RE 596962/MT, o Plenário do Supremo Tribunal Federal, acompanhando o voto do relator ministro Dias Toffoli, foi bem incisivo, entendendo que os servidores que não cumpriram os requisitos para a aposentadoria antes da edição da EC n. 41/2003, não estão aptos a reclamarem o direito à paridade e integralidade. Senão vejamos:

"Recurso extraordinário. Repercussão geral reconhecida. Direito Administrativo e Constitucional. Mandado de segurança. Pretendida extensão a servidora inativa de gratificação atribuída a professores em efetivo exercício da docência na rede pública estadual de ensino. Possibilidade de extensão da verba aos servidores inativos, por ser ela dotada de caráter geral. Inteligência do art. 40, § 8º, da Constituição Federal. Precedentes do Supremo Tribunal Federal aplicáveis ao caso. Fixação das teses. Recurso não provido. 1. A Verba de Incentivo de Aprimoramento à Docência, instituída pela LC n. 159, de 18/3/04, do Estado de Mato Grosso, constitui vantagem remuneratória concedida indistintamente aos professores ativos, sendo, portanto, extensível aos professores inativos e pensionistas, nos termos do art. 40, § 8º, da CF. 2. A recorrida, na condição de professora aposentada antes da EC n. 41/2003, preencheu os requisitos constitucionais para que seja reconhecido o seu direito ao percebimento dessa verba. 3. Recurso extraordinário a que se nega provimento. 4. Fixação das teses do julgado, para que gerem efeitos *erga omnes* e para que os objetivos da tutela jurisdicional especial alcancem de forma eficiente os seus resultados jurídicos, nos seguintes termos: i) as vantagens remuneratórias legítimas e de caráter geral conferidas a determinada categoria, carreira ou, indistintamente, a servidores públicos, por serem vantagens genéricas, são extensíveis aos servidores inativos e pensionistas; ii) nesses casos, a extensão alcança os servidores que tenham ingressado no serviço público antes da publicação das Emendas Constitucionais n.s 20/1998 e 41/2003 e se aposentado ou adquirido o direito à aposentadoria antes da EC n. 41/2003; iii) com relação àqueles servidores que se aposentaram após a EC n. 41/2003, deverão ser observados os requisitos estabelecidos na regra de transição contida no seu art. 7º, em virtude da extinção da paridade integral entre ativos e inativos contida no art. 40, § 8º, da CF para os servidores que ingressaram no serviço público após a publicação da referida emenda; iv) por fim, com relação aos servidores que ingressaram no serviço público antes da EC n. 41/2003 e se aposentaram ou adquiriram o direito à aposentadoria após a sua edição, é necessário observar a incidência das regras de transição fixadas pela EC n. 47/2005, a qual estabeleceu efeitos retroativos à data de vigência da EC n. 41/2003, conforme decidido nos autos do RE n. 590.260/SP, Plenário, Rel. Min. Ricardo Lewandowski, julgado em 24/6/09. (RE 596962 / MT, Rel. Min. Dias Toffoli, Tribunal Pleno, j. 21-08-2014 e DJe 30-1-2014). (Grifamos).

Com base no recente entendimento exarado pelo STF, concluímos que não há incidência de paridade e integralidade nos proventos concedidos com base nas regras de aposentadorias especiais indicadas no § 4º do artigo 40 da C/88, na redação dada pela EC n. 47/2005. A própria EC n. 47/2005 excepciona os casos de paridade/integralidade, conforme dicção do seu artigo 2º:

> Art. 2º Aplica-se aos proventos de aposentadorias dos servidores públicos que se aposentarem na forma do *caput* do art. 6º da Emenda Constitucional n. 41, de 2003, o disposto no art. 7º da mesma Emenda. E da dicção do seu artigo 3º, parágrafo único: Parágrafo único. Aplica-se ao valor dos proventos de aposentadorias concedidas com base neste artigo o disposto no art. 7º da Emenda Constitucional n. 41, de 2003, observando-se igual critério de revisão às pensões derivadas dos proventos de servidores falecidos que tenham se aposentado em conformidade com este artigo.

O direito do servidor somente pode ser reclamado como adquirido se antes da edição da EC n. 41/2003 ele houvesse preenchido todos os requisitos para se aposentar de forma especial. Não há direito adquirido a regime jurídico, conforme se firmou na jurisprudência do STF.

As decisões exaradas pelo Tribunal de Justiça de São Paulo nos afiguram temerárias, posto que qualquer servidor que ingressou no sistema antes da edição da EC n. 41/2003 pode suscitar a incidência de paridade/integralidade, em qualquer regra de aposentadoria até então prevista.

5.3.10. A regra do art. 3º da EC 47/05

Muito se tem discutido acerca da aplicabilidade da regra contida no artigo 3º da EC n. 47/05, no que tange ao servidor que, tendo concluído os requisitos para aposentação por esta regra, continua em atividade. O teor da regra tem a seguinte redação:

> Art. 3º Ressalvado o direito de opção à aposentadoria pelas normas estabelecidas pelo art. 40 da Constituição Federal ou pelas regras estabelecidas pelos arts. 2º e 6º da Emenda Constitucional n. 41, de 2003, o servidor da União, dos Estados, do Distrito Federal e dos Municípios, incluídas suas autarquias e fundações, que tenha ingressado no serviço público até 16 de dezembro de 1998 poderá aposentar-se com proventos integrais, desde que preencha, cumulativamente, as seguintes condições:
>
> I) trinta e cinco anos de contribuição, se homem, e trinta anos de contribuição, se mulher;
>
> II) vinte e cinco anos de efetivo exercício no serviço público, quinze anos de carreira e cinco anos no cargo em que se der a aposentadoria;
>
> III) idade mínima resultante da redução, relativamente aos limites do art. 40, § 1º, inciso III, alínea "a", da Constituição Federal, de um ano de idade para cada ano de contribuição que exceder a condição prevista no inciso I do *caput* deste artigo. (Destaques nossos).

Entendemos que a regra é clara, que deve haver necessariamente a redução de idade. Vários Estados têm entendimento no sentido de que, uma vez cumpridos os requisitos, o servidor pode invocar a regra a qualquer tempo. O fundamento para a exegese é a Súmula 359 do Supremo Tribunal Federal: "Ressalvada a revisão prevista em lei, os proventos da inatividade regulam-se pela lei vigente ao tempo em que o militar, ou o servidor civil, reuniu os requisitos necessários."

Entretanto, mesmo em casos em que o servidor não tenha cumprido a regra na sua integralidade, em nenhum momento, alguns Estados têm sistematicamente aplicado a regra do art. 3º da EC n. 47/05, porque é a regra que garante paridade às pensões.

A aplicabilidade indiscriminada, em total confronto ao estatuído pelo inciso III do art. 3º da EC n. 47/05, fere de morte o dispositivo, haja vista que o *caput* do mesmo diz textualmente que os requisitos têm de ser cumulados (de forma conjunta).

Suponhamos que uma servidora, ao se aposentar, tenha a idade de 61 anos e 30 anos de contribuição. Com essa idade e esse tempo, a regra seria a do art. 6º da EC n. 41/03 (se cumpridos os demais requisitos). Não há qualquer redução de idade. Entretanto, hipoteticamente, se essa mesma servidora, em 2008, tinha 53 anos de idade e 32 anos de contribuição e resolveu permanecer em atividade. Ao completar 60 anos de idade e 39 de contribuição em 2015, vai ter direito a se aposentar pela regra do art. 3º da EC n. 47/05, uma vez que adquiriu o direito em 2008.

Em algum momento do seu histórico previdenciário o servidor deve ter preenchido os requisitos para aposentação conforme determina o artigo 3º da EC n. 47/05, para invocar seu direito adquirido. E isso implica no cumprimento do inciso III, ou seja, em algum momento ele poderia se aposentar com redução de idade. Ou seja, em algum tempo o homem deve ter cumprido a soma de idade e tempo de contribuição igual a 95 e a mulher a soma igual a 85. É conhecida regra 95/85. Para o homem, por exemplo, podem ser 59/36, 58/37, 57/38, 56/39, 55/40, 54/41, etc.

Neste sentido, o Tribunal de Contas do Estado do Paraná editou a Súmula n. 11 – Interpretação e aplicação do art. 3º da Emenda Constitucional n. 47:

> Aposentadoria - art. 3º da EC n. 47/05 - necessário o preenchimento cumulativo dos três requisitos constantes dos incisos do dispositivo constitucional: (I) tempo de contribuição; (II) tempo de serviço público, na carreira e no cargo; e (III) redução da idade em função do tempo de contribuição excedente do mínimo exigido ou o implemento da idade de 60 anos se homem e 55 anos se mulher.

Direito adquirido é o direito subjetivo incorporado (adquirido) ao patrimônio do servidor (titular do direito). Como invocar direito adquirido se não houve o cumprimento do direito? O § 2º do artigo 6º da Lei de Introdução ao Código Civil – Decreto-Lei n. 4.657, de 4 de setembro de 1942, assim estabelece como direito adquirido: "Consideram-se adquiridos assim os direitos que o seu titular, ou alguém por ele, possa exercer, como aqueles cujo começo do exercício tenha termo pré-fixo, ou condição preestabelecida inalterável, a arbítrio de outrem."

O que não se pode conceber é a aplicabilidade da regra para quem nunca cumpriu o requisito, ou seja, não se subsumiu a regra 95/85, com redução de idade. A PEC Paralela, como ficou conhecida a EC n. 47/05, veio trazer regras menos draconianas para o servidor que foi atingido pelos efeitos da EC n. 41/03, desde que haja observância às suas disposições e não para prática de favoritismos.

5.3.11. Desaposentação ou desaposentamento

Outra matéria que tem suscitado debates diz respeito ao Instituto da Desaposentação. A matéria é de suma importância, uma vez que prevê a possibilidade de o servidor renunciar sua aposentadoria de origem para aproveitar o tempo para se aposentar em outro cargo, com proventos mais vantajosos.

Na desaposentação, cuja natureza jurídica é desconstitutiva, o servidor renuncia ao benefício que vem recebendo, para que suas contribuições sejam integradas ao novo benefício. Assim, por exemplo, um servidor que tenha se aposentado no cargo de escrivão de polícia, ao se aposentar, ingressa novamente no serviço, por meio de concurso de provas e títulos, no cargo de delegado. Ressalvados requisitos de tempo de carreira e cargo, ele poderá aproveitar todo o tempo para se aposentar, por exemplo, compulsoriamente no cargo de delegado.

Não há previsão expressa para concessão do benefício, contudo, não há regra que o proíba. O Supremo Tribunal Federal reconheceu a Repercussão Geral do tema, conforme se subtrai da decisão proferida no RE 661256 RG/DF, com o seguinte excerto:

> EMENTA: CONSTITUCIONAL. PREVIDENCIÁRIO. § 2º do ART. 18 DA LEI 8.213/91.DESAPOSENTAÇÃO. RENÚNCIA A BENEFÍCIO DE APOSENTADORIA. UTILIZAÇÃO DO TEMPO DE SERVIÇO/CONTRIBUIÇÃO QUE FUNDAMENTOU A PRESTAÇÃO PREVIDENCIÁRIA ORIGINÁRIA. OBTENÇÃO DE BENEFÍCIO MAIS VANTAJOSO. MATÉRIA EM DISCUSSÃO NO RE 381.367, DA RELATORIA DO MINISTRO MARCO AURÉLIO. PRESENÇA DA

REPERCUSSÃO GERAL DA QUESTÃO CONSTITUCIONAL DISCUTIDA. Possui repercussão geral a questão constitucional alusiva à possibilidade de renúncia a benefício de aposentadoria, com a utilização do tempo se serviço/contribuição que fundamentou a prestação previdenciária originária para a obtenção de benefício mais vantajoso. (STF, RE 661256 RG/DF, Rel. Min. Ayres Brito, j. 17-11-2011 e DJe 26-04-2012).

Destaque-se que o tema era divergente entre o Superior Tribunal de Justiça e a Turma Nacional de Uniformização – TNU. Esta última entendia que para a possibilidade de desaposentação para a obtenção de novo benefício mais vantajoso, era necessária a devolução dos proventos. O STJ entendia que não era cabível as devoluções. Em 2011, através do processo Pedilef 2007.83.00.50.5010-3, a TNU entendeu que "é possível a renúncia à aposentadoria, bem como o cômputo do período laborado após a sua implementação para a concessão de novo benefício, desde que houvesse a devolução dos proventos já recebidos." Ocorre que a obrigatoriedade de devolução dos valores inviabilizaria muitos pedidos.

No Pedido de Uniformização de Interpretação de Lei Federal (Pedilef) mencionado, ficou consignado em sua ementa que:

"PEDIDO DE UNIFORMIZAÇÃO DE JURISPRUDÊNCIA. PREVIDENCIÁRIO. DESAPOSENTAÇÃO. EFEITOS EX TUNC. NECESSIDADE DE DEVOLUÇÃO DOS VALORES JÁ RECEBIDOS. DECISÃO RECORRIDA ALINHADA COM A JURISPRUDÊNCIA DESTA TNU. RECURSO CONHECIDO E NÃO PROVIDO.

1. Cabe Pedido de Uniformização quando demonstrado que o acórdão recorrido contraria jurisprudência dominante do Superior Tribunal de Justiça.

2. A possibilidade de renúncia à aposentadoria deve estar condicionada à devolução dos proventos já recebidos, pela preservação do próprio sistema previdenciário e seus princípios norteadores. Precedentes no PUn.. 2007.83.00.50.5010-3 e n.. 2007.72.55.00.0054-3, ambos desta TNU.

3. Incidente conhecido e não provido. (TNU, Pedilef 2007.83.00.50.5010-3, Rel. Juíza Federal Rosana Noya W. Kaufmann, julgamento ocorreu em 02-12-2010, DOU 08-07-2011)".

Posteriormente a Turma Nacional modificou sua posição para aderir ao pensamento do STJ, conforme emanado na Petição – PET n. 9231/DF, do qual se extrai a seguinte ementa:

PREVIDENCIÁRIO. INCIDENTE DE UNIFORMIZAÇÃO DE INTERPRETAÇÃO DE LEI FEDERAL. POSSIBILIDADE DE RENÚNCIA DA APOSENTADORIA A FIM DE SE APROVEITAR O TEMPO DE CONTRIBUIÇÃO NO CÁLCULO DE NOVA APOSENTADORIA NO MESMO REGIME PREVIDENCIÁRIO OU EM REGIME DIVERSO. DESNECESSIDADE DE RESTITUIÇÃO AOS COFRES PÚBLICOS DO NUMERÁRIO DESPENDIDO PELA ADMINISTRAÇÃO COM O PAGAMENTO DO BENEFÍCIO OBJETO DA RENÚNCIA. PARECER DO MPF PELO PROVIMENTO DO INCIDENTE. INCIDENTE DE UNIFORMIZAÇÃO PROVIDO.

1. Esta Corte Superior, no julgamento do Recurso Especial Representativo da Controvérsia 1.334.488/SC, pacificou o entendimento de que é possível ao segurado renunciar à sua aposentadoria e reaproveitar o tempo de contribuição para fins de concessão de benefício no mesmo regime previdenciário ou em regime diverso, estando dispensado de devolver os proventos já recebidos.

2. Incidente de Uniformização provido para fazer prevalecer a orientação ora firmada e, por consequência, reformar a decisão recorrida para julgar procedente o pedido de reconhecimento da desaposentação do autor e a concessão de nova aposentadoria, computando-se os salários de contribuição subsequentes à aposentadoria a que se renunciou, sem necessidade de devolução dos valores da aposentadoria renunciada. (TNU, PET n. 9231/DF, Rel. Ministro Ubaldo Bezerra, julgado em 12/03/2014).

Como não há uma lei que permita a desaposentação, a única maneira de consegui-la é por via judicial. A Advocacia-Geral da União (AGU), estima que existam 24 mil ações sobre o assunto em tramitação atualmente. Esse número disparou depois que o STJ começou a decidir favoravelmente à renúncia. A Corte ainda se manifestou no sentido de que a existência de recurso com repercussão geral pendente de apreciação pelo STF não implica o necessário sobrestamento dos feitos no STJ.

Desta forma, o STJ pacificamente firmou o entendimento no sentido de que a aposentadoria, por se tratar de direito patrimonial disponível, pode ser renunciada pelo servidor, com o propósito do mesmo obter benefício mais vantajoso, tanto no Regime Geral de Previdência como nos Regimes Próprios, mediante a utilização do tempo de contribuição, sem a necessidade de valores percebidos a título de proventos. Neste sentido, vale colacionar entendimento.

"RECURSO ESPECIAL. MATÉRIA REPETITIVA. ART. 543-C DO CPC E RESOLUÇÃO STJ 8/2008. RECURSO REPRESENTATIVO DE CONTROVÉRSIA. DESAPOSENTAÇÃO E REAPOSENTAÇÃO. RENÚNCIA A APOSENTADORIA. CONCESSÃO DE NOVO E POSTERIOR JUBILAMENTO. DEVOLUÇÃO DE VALORES. DESNECESSIDADE. 1. Trata-se de Recursos Especiais com intuito, por parte do INSS, de declarar impossibilidade de renúncia a aposentadoria e, por parte do segurado, de dispensa de devolução de valores recebidos de aposentadoria a que pretende abdicar. 2. A pretensão do segurado consiste em renunciar à aposentadoria concedida para computar período contributivo utilizado, conjuntamente com os salários de contribuição da atividade em que permaneceu trabalhando, para a concessão de posterior e nova aposentação. 3. Os benefícios previdenciários são direitos patrimoniais disponíveis e, portanto, suscetíveis de desistência pelos seus titulares, prescindindo-se da devolução dos valores recebidos da aposentadoria a que o segurado deseja preterir para a concessão de novo e posterior jubilamento. Precedentes do STJ. [...] (STJ, Primeira Seção, RESP 1.334.488/SC. Relator Ministro Herman Benjamin, DJE 14-05-2013)"

Para regulamentar a matéria, o Senado apresentou o Projeto de Lei do Senado – PLS n. 91, de 2010, que permite a renúncia do benefício da aposentadoria e prevê a possibilidade de solicitação de aposentadoria com fundamento em nova contagem de tempo de contribuição, que ainda se encontra em tramitação na Casa Legislativa.

O PLS foi aprovado pela Câmara dos Deputados, com vistas a possibilitar ao servidor inativo que continuou trabalhando fazer novo cálculo do benefício, tomando por base o novo período de contribuição e o valor dos salários. Pelo texto inserido pelos deputados e aprovado pela maioria da Câmara, haverá uma carência de 60 novas contribuições após a primeira aposentadoria para que o trabalhador possa solicitar o "recálculo" do benefício.

Contudo, na conversão da Medida Provisória n. 676/2015, através da Lei 13.183, de 4.11.2015, publicada no Diário Oficial da União de 5.11.2015, foi vetado o artigo que previa a desaposentação. Na justificativa do veto, o governo se manifestou no sentido de que a medida contraria os pilares do sistema previdenciário brasileiro, cujo financiamento é intergeracional e adota o regime de repartição simples.

Com o veto, a matéria voltou a sua polêmica inicial. Resta saber se o mesmo vai ter o poder de coibir o ativismo judicial na matéria. A decisão final caberá ao STF, quando se pronunciar definitivamente no RE 661.256 RG/DF.

5.3.12. Cassação de aposentação ou desaposentamento como penalidade

A cassação do ato concessório de aposentadoria é sanção administrativa aplicada ao servidor aposentado que praticou algum ilícito quando em atividade, no exercício de seu cargo. Tem previsão no artigo 127, IV, da Lei 8.112/1990, que ainda fala em cassação de disponibilidade.

Apesar de posicionamentos em sentido contrário, em recente manifestação, o Superior Tribunal de Justiça, reafirmando jurisprudência do STF e do próprio STJ, entendeu pela possibilidade de aplicabilidade da medida. Senão vejamos:

> "ADMINISTRATIVO. RECURSO ORDINÁRIO EM MANDADO DE SEGURANÇA. SERVIDOR PÚBLICO. PROCESSO ADMINISTRATIVO DISCIPLINAR. PENA DE CASSAÇÃO DE APOSENTADORIA. POSSIBILIDADE. INDEPENDÊNCIA DAS INSTÂNCIAS ADMINISTRATIVA E PENAL. PROVIMENTO NEGADO.
>
> 1. A despeito das teses que se tem levantado acerca da inconstitucionalidade da aplicação da pena de cassação de aposentadoria de servidor público em processo administrativo disciplinar, seja em razão do caráter contributivo dos benefícios previdenciários, seja à luz dos princípios do direito adquirido e do ato jurídico perfeito, prevalece nesta Corte e no Supremo Tribunal Federal o entendimento de que é possível a aplicação da referida pena, desde que haja expressa previsão legal e que o ilícito administrativo tenha sido cometido pelo servidor ainda na atividade.
>
> 2. A sentença proferida no âmbito criminal somente repercute na esfera administrativa quando reconhecida a inexistência material do fato ou a negativa de sua autoria.
>
> 3. Recurso ordinário em mandado de segurança não provido, com a revogação da liminar deferida nos autos da MC n. 13.883/RJ. (STJ, RMS 27216/RJ, Relator Ministro Rogério Schietti Cruz, julgado pela T6 em 28-04-2015 e DJe de 07-05-2015)". (Grifamos).

Nas razões recursais, o recorrente afirmou que, desde 19 de fevereiro de 2003, se encontra aposentado por invalidez, por ter sido acometido de cardiopatia grave, no cargo de delegado de polícia. E que em 12 de dezembro de 2003, foi condenado como incurso nas penas do art. 316 do Código Penal, fixada a pena restritiva de liberdade em 3 anos e 6 meses de reclusão, além de 30 dias-multa, substituída a pena de reclusão por prestação de serviços à comunidade. Teve a sua aposentadoria cassada por ato administrativo do Poder Executivo Estadual, publicado em 11 de março de 2005.

Defendeu que a aposentadoria foi mantida na Constituição Federal de 1988 como direito absoluto, dentro das regras relativas ao tempo de serviço e de contribuição, observado o caráter contributivo do regime de previdência social, de modo que não se pode extirpar tal direito, quer como sanção imposta pela Justiça, quer como pena administrativa de caráter disciplinar. Pontuou que, uma vez implementadas as condições necessárias ao deferimento da aposentadoria, passa ela a deter o status de direito absoluto, tornando-se, pois, direito adquirido e ato jurídico perfeito.

Em outro momento já havia se pronunciado o STF pela legalidade da cassação de aposentadoria, dizendo que não pode prosperar, aqui, contra a demissão, a alegação de possuir o servidor mais de 37 anos de serviço público. A demissão, no caso, decorre da apuração de ilícito disciplinar perpetrado pelo funcionário público, no exercício de suas funções. Não é, em consequência, invocável o fato de já possuir tempo de serviço público suficiente à aposentadoria. A lei prevê, inclusive, a pena de cassação da aposentadoria, aplicável ao servidor já inativo, se resultar apurado que praticou ilícito disciplinar grave, em atividade. (STF, MS 21.948, Rel. Min. Néri da Silveira, julgamento em 29-9-1994, Plenário, DJ de 7-12-1995. No mesmo sentido: STF, RE 552.682-AgR, Rel. Min. Ayres Britto, julgamento em 26-4-2011, Segunda Turma, DJE de 18-8-2011).

Dessarte, nos filiamos à corrente jurisprudencial que afirma a possibilidade da cassação de aposentadoria. Na realidade, as contribuições não são perdidas, uma vez que podem ser reaproveitadas posteriormente, para nova aposentadoria. A cassação de aposentadoria, assim, se assemelha à demissão. Em ambas, o período contributivo é mantido.

Além disso, cuida-se na espécie de penalidade administrativa, independente das penalidades aplicadas pela legislação penal e civil. O servidor responde nas três esferas punitivas pelos atos que pratica em detrimento da Administração Pública. A cassação de aposentadoria guarda estrita consonância com a demissão e não pode deixar de ser aplicada. Neste contexto, vale dizer que o servidor, ao preencher requisitos para aposentação, pratica um ilícito, pede aposentadoria, aposenta-se e fica ileso às punições disciplinares. Por isso mesmo, o servidor público não pode se aposentar quando estiver respondendo a processo administrativo disciplinar. Em outro viés, se o PAD ainda não foi instaurado, aposenta-se e, só após a conclusão do processo aposentatório, vem a Administração Pública tomar ciência do ilícito praticado. Neste último caso, deve haver a punição após o transcurso do processo de aposentação. Não tem sentido, frente ao interesse público, o servidor garantir uma aposentadoria vitalícia após praticar ilícito contra a Administração Pública passível de ser punido com pena de demissão.

O servidor público serve ao público, e não o reverso.

5.3.13. Igualdade de regras entre homens e mulheres

Numa tentativa de elucidar a questão posta, nós recorremos da um breve escorço histórico. Até o Código

Civil de 1916, a mulher tinha tratamento jurídico completamente inferior ao homem. Ela era relativamente incapaz e, sem o consentimento do marido, não podia exercer vários atos da vida civil, inclusive exercer uma profissão. A mulher daquela época era criada para servir ao marido, aos filhos e cuidar do lar. Tudo o que fosse diferente disso não era bem quisto pela sociedade da época. Ou, em outras palavras, os direitos e deveres dos gêneros eram jurídica e culturalmente diversos. Homens e mulheres eram claramente diferentes em direitos e obrigações.

Em 27 de agosto de 1962, foi editada a Lei n. 4.121, que dispôs sobre a situação jurídica da mulher casada e modificou a redação do art. 246 do CC/1916, regulamentando o direito da mulher de exercer profissão lucrativa, distinta da do marido. Desta forma, o trabalho remunerado da mulher casada passou a ter tratamento jurídico, consistindo em um avanço para a época.

Destarte, a lei que cuidava da matéria previdenciária, à época da edição da norma suso mencionada, era a Lei n. 3.807, de 26/08/1960 – Lei Orgânica da Previdência Social, e seu art. 11, quando relacionava os dependentes do segurado, era nitidamente discriminatório ao considerar a esposa como dependente, e o marido, apenas quando ostentasse a condição de ser inválido.

Com a Carta Republicana de 1988, a condição de igualdade entre homens e mulheres passou a se constituir cláusula pétrea, imutável, intangível e inalienável. Contudo, num país de dimensão territorial como o é o caso do Brasil, não em aplicação consubstancial o novo texto do artigo 5º, I: "homens e mulheres são iguais em direitos e obrigações, nos termos desta Constituição." A CF/88 ainda acentua a igualdade no § 5º do artigo 226: "os direitos e deveres referentes à sociedade conjugal são exercidos igualmente pelo homem e pela mulher."

A assertiva é de fácil comprovação, bastando lembrar que na iniciativa privada, por meio da qual os trabalhadores estão amparados pelo Regime Geral de Previdência Social (RGPS), as mulheres ainda recebem salários bem inferiores aos pagos aos homens, na ordem de 18%. Via transversa, no serviço público, a situação é de igualdade, uma vez que é o cargo que dita regras da remuneração. E essa igualdade, em regra, foi patrocinada pelo Instituto do Concurso Público, que notadamente aboliu a discriminação. Assim, no serviço público, pode-se afirmar que não existe diferenciação de remuneração quanto se trata de homem ou mulher.

Mas quando se fala em aposentadoria... Não existe igualdade, tanto no RGPS, quanto no RPPS quanto no RPC, sendo mantido o diferencial. As regras no Brasil preveem que a mulher se aposentará com cinco anos a menos em relação ao homem, quer seja na idade, quer seja no tempo de contribuição, quando se tratar de benefício que não seja proveniente de invalidez ou complemento de idade que gere a compulsoriedade de saída do sistema. Mas, mesmo nesses últimos, quando proporcionais ao tempo de contribuição, o denominador do homem é 35 e o da mulher, 30.

Certo é que a mulher continua a ser fragilizada, com leis que enfatizam essa condição, *ex vi* Lei Maria da Penha. O Brasil ainda é um país de redutos machistas, com certeza! E, por assim ser, a mulher ainda é tida como a "rainha do lar." Para o olhar previdenciário, significa que ela tem dupla jornada, que se consiste no binômio: casa/trabalho/casa. E nessa dupla jornada estão inclusos marido e filhos. A mulher é responsável pelo cuidado com a prole e subserviente ao seu companheiro. Essa é a mulher ainda espelhada pela previdência nas terras tupiniquins. E, por ser assim, tinha de lhe dar recompensas, mantendo sua fama de ser paternalista, mantendo a diferença.

Entretanto isso não faz mais sentido. Com a evolução da medicina, a taxa de mortalidade das mulheres no parto baixou consideravelmente, bem como as oportunidades de trabalho aumentaram, uma vez que, cada vez mais, o número de filhos é menor. Hoje, a escolha de ter ou não filhos começa a fazer parte dos planos do casal, o que outrora era simplesmente desígnio divino. O que realmente falta, e é bom frisar, são políticas públicas na área da educação, ou seja, dentre inúmeros outros, creches para os filhos.

Em dados atuais, temos que as mulheres estão mais escolarizadas, com a tendência de assumirem cada vez mais postos significantes de chefia. Vale aqui lembrar que hoje, inclusive, o posto de presidente da República não é mais privativo dos homens (na prática), não só no Brasil, mas em vários outros países de origem ibero-americana, o que não nos permite permanecer com a expressão "sexo frágil", em sua acepção integral.

Vale destacar que o novo Plano Nacional de Educação (PNE), que está tramitando no Congresso, prevê uma educação voltada para a promoção da igualdade de gênero. Com certeza, com a promoção de debates calorosos, mas refletindo a realidade atual.

De fácil constatação ainda o fato de que, principalmente nos grandes centros urbanos e quanto maior o grau de escolaridade, os homens estão assumindo a postura de igualdade da dupla jornada com suas companheiras, cuidando da casa e da prole na mesma proporção. Essa é a tendência, longe ainda de se concretizar. Mas a realidade de hoje não pode ser medida pela realidade de dantes. Os parâmetros culturais precisam ser atacados e modificados, na busca pela igualdade de gêneros, que pode ter como leitura a equivalência social entre os gêneros.

Paradoxalmente do que aqui acontece, alguns países já igualam as regras previdenciárias para homens e mulheres, como, v.g., França, Alemanha, Espanha, Itália, Suíça e muitos outros estão em fase de transição, pela afirmação da isonomia pelo gênero.

Como cediço, com a crise financeira mundial de 2008, iniciada nos Estados Unidos e que abalou a Europa, começou-se uma corrida no ajustamento das contas, notadamente nos sistemas previdenciários. Vários países europeus mexeram drasticamente em suas regras previdenciárias e muitos estão em fase de implantação gradativa, tudo por força de endividamento público. Para citar exemplos, tomemos o caso: 1) do Reino Unido – entre 2010 e 2020 a idade para mulheres aumentará para 65 anos. Entre 2024 e 2028 a idade para ambos aumentará para 66 anos. Entre 2034 e 2036 aumentará para 67 anos. Entre 2044 e 2046 aumentará para 68 anos; e 2) da França – Em 2003 o período mínimo de contribuição aumentou de 37,5 para 40 anos e será elevado gradualmente até 42 anos até 2020. Em 2010, foi aprovada reforma que aumenta a idade mínima para 62 anos até 2018. A aposentadoria antecipada sem redução do benefício é possível com 41 anos de contribuição. Para aqueles que não atingiram o tempo mínimo, a aposentadoria é possível a partir dos 60 anos de idade com redução proporcional no benefício.

Sem nenhum esforço hercúleo, percebe-se que a questão não pode ser vista com frieza e descaso. O aumento da expectativa de vida é um fator percebido no mundo todo, motivador da necessidade de mudanças. A lógica aristotélica é simples. Premissa maior: mudanças no sistema; premissa menor: melhoria da proteção social; conclusão: sustentabilidade fiscal de longo prazo. Há necessidades prementes de se modificar o ingresso no sistema, logicamente com a preservação daqueles direitos que realmente devam ser preservados.

Por tudo o que ficou dito, e tomando-se por base que as mulheres vivem, em média, sete anos e dois meses a mais que os homens, segundo dados do IBGE, a tendência é que as regras venham a ser igualadas de forma globalizada. Em termos atuariais, sobrevida maior significa maiores custos, e continuar fechando os olhos para essa realidade não faz hodiernamente qualquer sentido.

O Princípio da Isonomia entre homens e mulheres, para fins previdenciários, encontra-se em discussão no Supremo Tribunal Federal, com Repercussão Geral, e com o seguinte excerto:

Ementa: Direito Constitucional e Previdenciário. 2. Previdência Complementar. Cálculo da aposentadoria. 3. Contrato que prevê a aplicação de percentuais distintos para homens e mulheres. 4. Fator de discrímen constitucional aplicado aos regimes geral e próprio de previdência. Extensão a contratos de planos de previdência privada. 5. Discussão acerca da observância do princípio da isonomia. 6. Relevância do tema. Repercussão geral reconhecida. (STF, RE 639138 RG/RS, Rel, Min. Gilmar Mendes, j. RG em 30-06-2011, DJe de 29-05-2-13 (Grifamos).

No referido RE, a Superintendência Nacional de Previdência Complementar (Previc), ingressou no feito na condição de *amicus curiae*, no sentido de poder colaborar com o julgamento.

No caso concreto, uma aposentada ajuizou demanda contra a Fundação dos Economiários Federais (Funcef), requerendo tratamento isonômico com os homens. Aos homens que se inativam proporcionalmente, com 30 anos, a Fundação complementa 80% da diferença entre o que paga a Previdência oficial e o que o funcionário recebia na atividade. Para as mulheres que se aposentam proporcionalmente, com 25 anos de contribuição, a respectiva complementação é de 70%. Fato que gerou o descontentamento da autora.

Em suas manifestações, exaradas através do Parecer n. 2304 /2014 – PGGB, a Procuradoria Geral da República invocou o Princípio da Isonomia Substancial, de forma a justiçar o tratamento diferenciado dado pela Constituição Federal a homens e mulheres no que toca especificamente à previdência. Confira-se:

"Esse dado é particularmente significativo. O constituinte, ele mesmo, cuidou de impor essa típica medida compensatória, contemplando a mulher vantajosamente em face dos homens. Daí se infere também que o constituinte não tomou a diferença de requisito etário nem a de tempo de contribuição como impróprios ao modelo atuarial que imprimiu à Previdência. Para o sistema constitucional, pois, é dado, e é até imperioso, tendo em vista o mais aperfeiçoado respeito desejado à mulher, que a ela se reconheçam situações favoráveis de que não se beneficiam os homens. Isso não significa detrimento ao princípio da isonomia, entendido sob o ângulo substancial, de que não se pode prescindir num Estado democrático e social de direito. Além disso, especificamente com relação ao tema da aposentadoria, é também correto afirmar que o constituinte quer que se trate a mulher diferentemente, dela se exigindo menos tempo de contribuição para se aproveitar de benefícios de ordem previdenciária – e isso, não obstante o sistema previdenciário ser de cariz atuarial." [38]

Com efeito, a Carta Republicana de 1988 protege a mulher (licença-gestação para a mulher, com duração superior à da licença-paternidade, art. 7°, incisos XVIII e XIX; 2. incentivo ao trabalho da mulher, mediante normas protetoras, art. 7°, inciso XX; 3. prazo mais curto para a aposentadoria por tempo de serviço da mulher, art. 40, inciso III, letras a, b, c e d; art. 202, I, II, III e § 1°).

O sexo das pessoas, salvo disposição constitucional expressa ou implícita em sentido contrário, não se presta como fator de desigualação jurídica (ADI 4277).

Parece que a igualdade entre homens e mulheres é uma realidade ainda distante no Brasil, que culturalmente ainda reconhece a fragilidade da mulher. Entretanto, como a previdência caminha seguindo os passos dos acontecimentos globais, essa realidade ainda há de se instalar em nossas terras tupiniquins. Dizem por aí que a mulher que vai viver 150 anos já nasceu. O mundo será povoado por matusaléns. E como preparar a previdência para esse fator global?

---

(38) STF – Supremo Tribunal Federal. Disponível em <http://www.stf.jus.br/portal/processo/verProcessoAndamento.asp?incidente=4062504>. Acesso em 14 de agosto de 2015.

5.3.14. Aposentadoria e diversidade de gêneros

O conceito de família eudemonista está distante do conceito tradicional, que se resume no pai, na mãe e no filho. A moderna família está baseada no afeto, e não na procriação propriamente dita. Ser família hoje significa estar dentro de um núcleo doméstico, qualquer que seja sua formação: homem e mulher, homem e homem, mulher e mulher, homem e transexual, dois homossexuais, homem e homossexual, etc.

A jurisprudência já se manifestou favoravelmente à adoção do conceito. Neste diapasão, a ministra Nancy Andrighi, do Superior Tribunal de Justiça, assim se posicionou:

"Somos todos filhos agraciados da liberdade do ser, tendo em perspectiva a transformação estrutural por que passa a família, que hoje apresenta molde eudemonista, cujo alvo é a promoção de cada um de seus componentes, em especial da prole, com o insigne propósito instrumental de torná-los aptos de realizar os atributos de sua personalidade e afirmar a sua dignidade como pessoa humana. (STJ, REsp 1008398 / SP, Terceira Turma, julgamento 15/10/2009, DJe de 18/11/2009)".

Com base na transformação do conceito de família, temos que um dos temas da atualidade, de forma globalizada, é no que se refere ao pagamento de benefício previdenciário quando a questão é diversidade de gêneros.

No que se refere ao casal de homossexuais, desde o ano de 2000, com a IN 25/00, editada pelo INSS, após a decisão exarada na Ação Civil Pública n. 2000.71.00.009347-0, a união homoafetiva é reconhecida para fins previdenciários, desde que comprovada a dependência econômica. E a celeuma definitivamente teve fim com a edição da Resolução n. 175/2013 do CNJ, que dispôs sobre a habilitação, celebração de casamento civil ou de conversão de união estável em casamento entre pessoas do mesmo sexo.

Com o posicionamento do STF, parece que não restam mais dúvidas, apesar de muitos institutos ainda resistirem e não concederem o benefício, o que acaba sendo feito por via judicial. Para ilustrar, colacionamos a seguinte decisão:

"Ementa: AGRAVO REGIMENTAL NO RECURSO EXTRAORDINÁRIO. BENEFÍCIO DE PENSÃO POR MORTE. UNIÃO HOMOAFETIVA. LEGITIMIDADE CONSTITUCIONAL DO RECONHECIMENTO E QUALIFICAÇÃO DA UNIÃO CIVIL ENTRE PESSOAS DO MESMO SEXO COMO ENTIDADE FAMILIAR. POSSIBILIDADE. APLICAÇÃO DAS REGRAS E CONSEQUÊNCIAS JURÍDICAS VÁLIDAS PARA A UNIÃO ESTÁVEL HETEROAFETIVA. DESPROVIMENTO DO RECURSO. 1. O Pleno do Supremo Tribunal Federal, no julgamento da ADI 4.277 e da ADPF 132, ambas da Relatoria do Ministro Ayres Britto, Sessão de 05/05/2011, consolidou o entendimento segundo o qual a união entre pessoas do mesmo sexo merece ter a aplicação das mesmas regras e consequências válidas para a união heteroafetiva. 2. Esse entendimento foi formado utilizando-se a técnica de interpretação conforme a Constituição para excluir qualquer significado que impeça o reconhecimento da união contínua, pública e duradoura entre pessoas do mesmo sexo como entidade familiar, entendida esta como sinônimo perfeito de família. Reconhecimento que deve ser feito segundo as mesmas regras e com idênticas consequências da união estável heteroafetiva. 3. O direito do companheiro, na união estável homoafetiva, à percepção do benefício da pensão por morte de seu parceiro restou decidida. No julgamento do RE n. 477.554/AgR, da Relatoria do Ministro Celso de Mello, DJe de 26/08/2011, a Segunda Turma desta Corte, enfatizou que "ninguém, absolutamente ninguém, pode ser privado de direitos nem sofrer quaisquer restrições de ordem jurídica por motivo de sua orientação sexual. Os homossexuais, por tal razão, têm direito a receber a igual proteção tanto das leis quanto do sistema político-jurídico instituído pela Constituição da República, mostrando-se arbitrário e inaceitável qualquer estatuto que puna, que exclua, que discrimine, que fomente a intolerância, que estimule o desrespeito e que desiguale as pessoas em razão de sua orientação sexual. (...) A família resultante da união homoafetiva não pode sofrer discriminação, cabendo-lhe os mesmos direitos, prerrogativas, benefícios e obrigações que se mostrem acessíveis a parceiros de sexo distinto que integrem uniões heteroafetivas." (Precedentes: RE n. 552.802, Relator o Ministro Dias Toffoli, DJe de 24.10.11; RE n. 643.229, Relator o Ministro Luiz Fux, DJe de 08.09.11; RE n. 607.182, Relator o Ministro Ricardo Lewandowski, DJe de 15.08.11; RE n. 590.989, Relatora a Ministra Cármen Lúcia, DJe de 24.06.11; RE n. 437.100, Relator o Ministro Gilmar Mendes, DJe de 26.05.11, entre outros). 4. Agravo regimental a que se nega provimento. (STF, RE 687432 - AgR/MG, Rel. Min. Luiz Fux, Primeira Turma, j.18/09/2012 e DJe de 01/10/2012)".

Ressalte-se que os julgamentos proferidos na ADI 4.277 e na ADPF 132 têm eficácia *erga omnes* e efeito vinculante, além de autorizar os ministros a decidirem monocraticamente sobre a mesma questão, independentemente da publicação do acórdão.

Vencida essa questão, nos deparamos hodiernamente com outra e que tem gerado debates acadêmicos: a mudança de gênero, ou seja, a transexualidade.

Com vênia da classe médica, aqui tomamos o termo transexual numa definição simples, como alguém que se identifica no sexo oposto. Ou seja, aquele indivíduo que se identifica diferentemente de sua condição civil. E, hoje, a mudança se opera de forma mais consistente, tendo em vista a medicina ter desenvolvido técnicas para mudança de sexo.

Recentemente, no Estado de Goiás, o delegado Thiago comemorou ao conseguir se transmudar em delegada Laura. Para ele, hoje, ela, foi uma conquista e tanto. Mas para previdencialistas, atuários, economistas, gestores, enfim, para a chamada equipe multidisciplinar que deve cuidar dos fundos de previdência, bem para os operadores do direito, restou a dúvida: se era homem, com regras de aposentação normais que se resumem em 35 anos de contribuição e 60 anos de idade, poderá se aposentar como mulher, com regras resumidas em 30 anos de contribuição e 55 anos de idade?

A questão não é nada simples e começa a gerar debates. Urge que três pontos de vista podem ser aqui levantados: I) aposentadoria no gênero de ingresso no serviço público – homem; II) aposentadoria no gênero atual – mulher; e III) aposentadoria por proporcionalidade de gêneros – mesclagem das duas.

A questão não é simplesmente de mudança de Estado civil, mas mudança de gênero, que requer não apenas mudança no registro civil, com novos documentos. A mudança de gênero faz nascer um novo indivíduo, com nova identidade.

E como resolver a questão atacada? Várias delegadas Lauras buscarão os seus direitos. Certo é que a regra anterior, quando do ingresso no serviço público, não pode ser mantida, ou seja, qualquer que seja a mudança operada *a posteriori*, fica como está: se entro Maria e viro João, aposento Maria. Se ingresso no serviço público como João e saio como Maria, aposento João. Entendemos que a conclusão desrespeita a situação presente conquistada e fere o Princípio da Dignidade da Pessoa Humana (art. 1º, III, da CR/88). Entretanto, muitos advogam neste sentido, fundamentadamente na ilação de que não há previsão legal que assegure mudança de regras quando há mudança de gênero. Puro positivismo não tem o condão de acolher mudanças! E radicalismos devem ser afastados dos pensadores previdenciários, uma vez que previdência é ínsita à ideia de amparo.

Com a mudança de gênero e nome, a situação invertida poderia levar à conclusão de aplicação de regra de aposentadoria na situação atual. Entretanto, por tudo o que ficou dito, não nos parece ser a situação sustentável. Se eu ingresso no sistema como João e saio como Maria, ganho cinco anos, porque minhas exigências serão amenizadas, porque minha regra passará a ser mais branda. Mas se entro como Maria e saio como João, perco cinco anos, porque minhas exigências serão aumentadas, porque minha regra passará a ser mais severa. Tudo isso porque resolvi assumir minha verdadeira identidade. Tudo bem, tem o seu preço, vão pensar. Mas, no nosso entender, afronta o Princípio da Isonomia, consagrado no *caput* do art. 5º da CR/88.

A solução que nos parece constitucionalmente aceita, apesar das claras distinções estabelecidas no art. 40 da CF/88, é a terceira, ou seja, quando há mudança de gênero, deve haver proporcionalidade entre as regras, garantindo-se, assim, o ideal de justiça e dando cumprimento ao estabelecido no *caput* do art. 5º da CF/88 e seu inciso I: "homens e mulheres são iguais em direitos e obrigações, nos termos desta Constituição."

Aqui estamos falando de transexualidade – homem e mulher, em épocas distintas. A solução que nos afigura plausível é a seguinte: deve ser considerado o tempo em que a pessoa esteve como homem e o tempo em que esteve como mulher, com seus respectivos denominadores indicadores do cálculo do benefício. Para cada ano que a mulher passa trabalhando, o homem passa 1.166 (um ponto cento e sessenta e seis) anos, aproximadamente, trabalhando. Suponhamos que a pessoa ingressou no sistema como mulher e trabalhou quinze anos de contribuição, ela vai contabilizar a razão de 15 como mulher. Neste caso, precisaria de mais 15 anos de contribuição. Entretanto, depois desses 15 anos, mudou de gênero. Como homem, com a razão de 1.166, vai precisar de mais 17.49 (dezessete ponto quarenta e nove) para se aposentar. Efetuados os cálculos, essa pessoa iria se aposentar com 32,5 (trinta e dois e meio) anos de contribuição. Ou seja, será considerado o período que passou como mulher e o período em que passou como homem.

Para que não pairem dúvidas acerca da tese adotada, exemplificaremos de forma mais sintética, conforme a seguir exposto:

Aposentadoria – tempos básicos

Homem: 35 anos de contribuição e 60 anos de idade

Mulher: 30 anos de contribuição e 55 anos de idade

Tempo de contribuição: dividir 35 por 30 - Razão: 1.166

Idade: dividir 60 por 55 - Razão: 1.091

Exemplos:

Homem com idade de 47 anos e 27 de contribuição mudou de gênero

Idade: 47 X 1.091 + 8 = 51.27 + 8 = 59 anos

Contribuição: 3 + 27 X 1.166 = 3 + 31.48 = 35 anos

Vai se aposentar com 59 anos de idade e 35 anos de contribuição como mulher

Homem com idade de 32 anos e 5 de contribuição mudou de gênero

Idade: 32 + 23 X 1.091 = 32 + 25.09 = 32 + 25 + 57 anos

Contribuição: 5 + 25 X 1.166 = 5 + 29.15 = 34 anos

Vai se aposentar com 57 anos de idade e 34 de contribuição como mulher

Homem com idade de 38 anos e 14 anos de contribuição mudou de gênero

Idade: 38 + 17 X 1.091 = 38 + 18.54 = 38 + 19 = 57 anos

Contribuição: 14 + 16 X 1.166 = 14 + 18.65 = 14 + 19 = 33 anos

Vai se aposentar com 57 anos de idade e 33 anos de contribuição como mulher

Mulher com idade de 50 anos e 26 de contribuição, mudou de gênero

Idade = 50 + 5 X 1.091 = 50 + 5.45 = 55 anos

Contribuição = 26 + 4 X 1.166 = 26 + 4.66 = 26 + 5 = 31

Vai se aposentar com 55 anos de idade e 31 de contribuição como homem

Mulher com idade de 50 anos e 16 de contribuição mudou de gênero

Idade = 50 + 5 X 1.091 = 50 + 5.45 = 50 + 6 + 56 anos

Contribuição = 16 + 14 X 1.166 = 16 + 16.32 = 32 anos

Vai se aposentar com 56 anos de idade e 32 de contribuição como homem

Mulher com idade de 47 anos e 21 de contribuição mudou de gênero

Idade: 47 + 8 X 1.091 = 47 + 8.72 = 47 + 9 = 56 anos

Contribuição: 21 + 9 X 1.166 = 21 + 10.49 = 21 + 11 = 32 anos

Vai se aposentar com 56 anos de idade e 32 de contribuição como homem

E como ficaria a regra do 85/95? Como não seria exato, é entender que nunca será inferior que 85.

Em países onde as regras entre homens e mulheres são igualadas, não há quaisquer questionamentos: ingressei como homem e saí como mulher, ou vice-versa, a regra é a mesma. Ou seja, **não há discriminação, há justiça, há isonomia**. A tese da isonomia substancial aqui não se aplica – tratar desigualmente os desiguais. Homens e mulheres são iguais em direitos e obrigações e PONTO – prevalecendo o bom senso, claro, para ingresso em certos cargos (carcereira de um presídio masculino, p. ex., mas aqui a discussão é outra).

No Brasil, onde em matéria previdenciária ainda impera a desigualdade entre os gêneros, enquanto não modificadas as regras, é feita interpretação conforme a Constituição Federal, de forma a permitir aplicação de justiça e garantia do respeito à opção sexual do ser humano. Por isso, entendemos que a aplicação da proporcionalidade, aliada à razoabilidade, princípios norteadores da Administração Pública, é, sem sombras de dúvidas, a forma ideal de concessão de aposentadoria para aquelas pessoas que fizeram uma mudança não ortodoxa – e por que não dizer radical em suas vidas e que devem ser tratadas com igualdade e respeito. Afinal, todos somos seres humanos, independentemente do gênero que ostentamos.

5.3.15. Cálculos de aposentadorias

Inovação introduzida pela Medida Provisória n. 167, em 20 de fevereiro de 2004, convertida posteriormente na Lei Federal n. 10.887/04, foi em relação ao cálculo dos proventos, que passou a ser levando-se em consideração média aritmética das maiores remunerações, utilizadas como base para as contribuições do servidor aos regimes de previdência a que esteve vinculado, correspondentes a 80% de todo o período contributivo desde a competência julho de 1994 ou desde a do início da contribuição, se posterior àquela competência e com relação às aposentadorias previstas no § 3º do art. 40 da Constituição Federal e no art. 2º da Emenda Constitucional nº 41, de 19 de dezembro de 2003. Ou seja, aposentadoria por invalidez (sem incidência da EC n. 70/12), aposentadoria compulsória, aposentadoria voluntária por idade e tempo de contribuição (excetuando-se as regras transitórias previstas na EC n. 20/98, EC n. 41/03 e ED n. 47/05), aposentadoria voluntária por idade, aposentadoria voluntária do professor (quando da impossibilidade da aplicabilidade do art. 6º da EC n. 41/03) e art. 2º da EC n. 41/03, para os servidores que ingressaram antes da EC n. 20/98 e que, cumulativamente, I) estiverem com 53 anos de idade, se homem, e quarenta e oito anos de idade, se mulher; II) tiver cinco anos de efetivo exercício no cargo em que se der a aposentadoria; e III) contar tempo de contribuição igual, no mínimo, à soma de: a) 35 anos, se homem, e 30 anos, se mulher; e b) um período adicional de contribuição equivalente a 20% do tempo que, na data de publicação da EC n. 20/98, faltaria para atingir o limite de tempo constante da alínea *a* deste inciso.

O cálculo, de acordo com o art. 61 da ON MPS/SPS, considera a média aritmética simples das maiores remunerações ou subsídios, utilizados como base para as contribuições do servidor aos regimes de previdência a que esteve vinculado, correspondentes a 80% de todo o período contributivo desde a competência julho de 1994 ou desde a do início da contribuição, se posterior àquela competência. Para tal, serão utilizados os valores das remunerações que constituíram a base de cálculo das contribuições do servidor aos regimes de previdência, independentemente do percentual da alíquota estabelecida ou de terem sido estas destinadas para o custeio de apenas parte dos benefícios previdenciários. Nas competências a partir de julho de 1994 em que não tenha havido contribuição do servidor vinculado a regime próprio, a base de cálculo dos proventos será a remuneração do servidor no cargo efetivo, inclusive nos períodos em que houve isenção de contribuição ou afastamento do cargo, desde que o respectivo afastamento seja considerado como de efetivo exercício.

Questão interessante diz respeito à forma de cálculo com média aritmética e proporcionalidade. Através do Acórdão n. 1.176-17, de 13 de maio de 2015, julgado pelo Plenário, o Tribunal de Contas da União reafirmou o entendimento de que primeiro deve ser feita a média aritmética e depois a proporcionalidade. A regra da proporcionalidade deve ser aplicada somente após a confrontação do valor da média com o da última remuneração do cargo efetivo.

O referido acórdão analisou: a) inclusão do valor da gratificação natalina no cálculo da média das maiores remunerações; b) inclusão do valor do adicional de 1/3 sobre as férias no cálculo da média; c) não inclusão das vantagens pessoais no cálculo da média, as quais são somadas ao valor médio apurado, distorcendo o valor final; d) utilização do valor da remuneração do servidor como base para o cálculo da aposentadoria proporcional, quando o resultado obtido no cálculo da média das maiores remunerações for maior.

Primeiramente diga-se que o TCU considera a data da extinção da paridade a data da edição da MP n. 167/04, ou seja, a partir de 20.2.2004.

No tocante à utilização da gratificação natalina para composição dos cálculos da média aritmética, a Corte de

Contas assim entendeu:

> "Seria incoerente utilizar o valor da gratificação natalina para calcular os proventos de aposentadoria que servirão de base de cálculo para o seu pagamento pela média das remunerações, pois o aposentado terá direito de recebê-la uma vez por ano, e o seu valor será equivalente ao valor dos seus proventos a que fizer jus no mês de dezembro. Se assim fosse permitido, não seria errado utilizá-la como base de cálculo para o pagamento dela mesma, conforme consta no art. 13 do Decreto-Lei 2.310/1986. Esse raciocínio está consignado na proibição prevista no § 7º do art. 28 da Lei 8.212/1991, § 3º do art. 29 da Lei 8.213/1991, bem como no § 6º do art. 214 do Decreto 3.048/1999, aplicáveis ao cálculo dos proventos devidos no âmbito do RGPS. Esses dispositivos também se aplicam ao RPPS, por força do comando constitucional constante no § 12 do art. 40 da CF de 1988[...]. (TCU, Acórdão n. 1.176-17, de 13 de maio de 2015, Plenário)".

No mesmo julgado, o TCU deixou consignado que:

> "7. Diante disso, propomos a adoção, pelos regimes próprios, de regra similar àquela adotada pelo Regime Geral de Previdência Social, ou seja, que, no cálculo, seja considerada a média das maiores remunerações utilizadas como base para as contribuições do servidor a todos os regimes de previdência a que esteve filiado, correspondente a 80% de todo o período contributivo. A exemplo do Regime Geral, deverá ser levado em conta o período decorrido desde a competência julho de 1994, quando houve maior estabilidade da moeda brasileira, o que minimizará a ocorrência de distorções, ou a competência do início da contribuição, se posterior àquela".

E, concluindo sobre a questão, a Corte de Contas deixou em registro que: "Assim, pode-se afirmar que gratificação natalina não é remuneração, apesar de ter caráter remuneratório, para fins tributários, e não pode ser utilizada no cálculo dos proventos de aposentadoria pela média." O valor correspondente à gratificação natalina, {...} "não pode ser incluído no cálculo da média das maiores remunerações, por falta de amparo legal."

No que tange ao adicional de férias, a Colenda Corte de Contas entendeu que este também não integra a base de cálculo da média aritmética, "pois se trata de vantagem permanente devida apenas aos servidores em atividade, não extensível aos inativos."

A despeito do cálculo da proporcionalidade, foi tratado especificamente sobre qual valor deve ser utilizado para calcular a proporção; e a não inclusão das vantagens pessoais no cálculo da média.

O valor que deve ser utilizado para o cálculo dos proventos proporcionais já foi decidido pelo TCU, quando da apreciação do TC-005.279/2004-7. Na prolação do Acórdão 2.212/2008-TCU-Plenário, ficou consignado que: "(...) na aplicação do § 2º do art. 40 da Constituição Federal, observe o limite ali estabelecido, a saber, o valor da remuneração do cargo efetivo em que se der a inativação, independentemente de ser a aposentadoria deferida com proventos integrais ou proporcionais ao tempo de contribuição."

Após análise do Acórdão n. 2.212/2008-TCU-Plenário, o Tribunal deixou consignado que:

> "6. Todavia, a partir da prolação do Acórdão n. 2.212/2008 - TCU - Plenário, a orientação desta Corte passou a ser no sentido de que apenas a média das remunerações, calculada na forma da Lei n. 10.887/2004, está sujeita à proporcionalização, e de que o limite máximo do benefício corresponderá ao valor integral da última remuneração, uma vez que o art. 40, § 2º, da Constituição Federal contempla expressamente esse parâmetro, sem distinguir entre as hipóteses de aposentadoria com proventos integrais ou proporcionais."

Desta forma, primeiramente se faz a média aritmética, do seu valor resultante se faz a proporcionalidade ao tempo de contribuição, para posteriormente se fazer a constatação se o valor obtido for superior ao do cargo efetivo em que se der a aposentadoria. A limitação imposta pelo § 2º do art. 40 da CF só deverá ser verificada após a realização dos cálculos da proporcionalização do valor obtido pela média aritmética simples das maiores remunerações, conforme previsão contida no art. 1º da Lei 10.887/2004.

Impende registrar que o TCU entendeu que "a Lei não previu o valor dos proventos proporcionais, visto que seria despiciendo, tratando-se de uma simples operação matemática. Somente pode ser calculada a proporção de determinado valor depois de conhecido qual seria seu montante integral. Portanto, **ao valor da média deve ser previamente aplicado o limite da remuneração no cargo para, em seguida, calcular-se a proporção equivalente no caso individual.**" (Grifamos)

Em duas situações o valor da aposentadoria calculada sobre a média aritmética e proporcional é superior à remuneração do cargo efetivo: I) quando o índice de atualização das remunerações utilizadas na média forem maiores que os índices ou valores utilizados para reajustar a remuneração do cargo efetivo ocupado pelo servidor e II) quando o servidor optar por incluir na sua base de contribuição valores relativos ao local de trabalho e pelo exercício de cargo em comissão ou função de confiança, nos termos do § 2º do art. 4º da Lei n. 10.887, de 2004.

No que concerne à inclusão de vantagens pessoais no cálculo da média, no TCU restou asseverado que: as vantagens pessoais que serviram de base de cálculo para o pagamento de contribuição previdenciária devem ser consideradas no cálculo da média das maiores remunerações e não somadas à média obtida, sob pena de violar não só a Lei n. 10.887/2004 como também o princípio contributivo, insculpido no art. 40 do texto constitucional.

Resumidamente, a Corte de Contas definiu: 1) parcelas que devem ser computadas: a) remunerações utilizadas como base para as contribuições do servidor aos regimes de previdência a que esteve vinculado, correspondentes a 80% de todo o período contributivo desde a competência de julho de 1994 ou desde a do início da contribuição, se posterior àquela competência (art. 1º da Lei 10.887/2004); b) remuneração do servidor no cargo efetivo nas competências a partir de julho de 1994 em que não tenha havido contribuição para o regime próprio (art. 1º, § 2º, da Lei 10.887/2004), considerando vantagens pessoais, mas que não podem ser somadas ao final; 2) parcelas que podem ser computadas: a) parcelas remuneratórias percebidas em decorrência de local de trabalho, do exercício de cargo em comissão ou de função de confiança, para efeito de cálculo do benefício a ser concedido com fundamento no art. 40 da Constituição Federal e art. 2º da Emenda Constitucional 41, de 19 de dezembro de 2003, respeitada, em qualquer hipótese, a limitação estabelecida no § 2º do art. 40 da Constituição Federal, desde que o servidor opte por incluí-las na sua base de contribuição (art. 4º, § 2º, da Lei 10.887/2004); 3) parcelas que não podem ser computadas: a) gratificação natalina e b) adicional de férias; e 4) calculada a média das maiores remunerações, aplicar-se-á a proporcionalidade da aposentadoria para se obter o valor dos proventos, quando cabível, que não poderá ser superior à última remuneração do cargo efetivo, consoante estabelecido pelo § 2º do art. 40 da Constituição Federal.

Também foi analisado, pelo TCU, acerca da inclusão de parcelas decorrentes de planos econômicos, tais como Plano Collor, URV, URP e outros, no cálculo da média aritmética. Para o Tribunal, somente podem integrar de decorrentes de sentenças judiciais, para garantia de suporte jurídico. Há que se considerar apenas o período em que foram legalmente recebidas. Parcelas indevidas não podem compor essa média, independentemente de o servidor ter contribuído sobre elas. Já as diferenças salariais devidas em razão de pagamentos atrasados ou de adiantamentos devem compor a base de cálculo.

Atualmente, os proventos da aposentadoria são ditos integrais quando correspondem a 100% do valor da média, com limite na última remuneração do servidor no cargo. Nos demais casos, a proporção individual será aplicada sobre o valor que seria o integral.

Para melhor ilustrar e concluir, podemos criar a seguinte situação hipotética: servidor com remuneração no cargo efetivo de R$ 5.000,00 (cinco mil reais) e vai se aposentar com a proporcionalidade de 30/35 (trinta trinta e cinco anos); após a feitura da média aritmética, encontrou-se o valor de R$ 6.000,00 (seis mil reais). No posicionamento anterior, a proporcionalidade era aplicada sobre o valor encontrado depois da média aritmética, uma vez que não havia a confrontação do valor da remuneração recebida quando do pedido de aposentadoria com o valor encontrado após a média aritmética. No presente caso hipotético, aplicar-se-ia a proporcionalidade de 30/35 sobre R$ 6.000,00 (seis mil reais), o que daria R$ 5.142,86 (cinco mil, cento e quarenta e dois reais e oitenta e três centavos). Contudo, como os proventos não podem exceder a remuneração do respectivo servidor no cargo efetivo em que se deu a aposentadoria (art. 1º, § 5º, da Lei n. 10.887/04), seus proventos finais ficam limitados à R$ 5.000,00 (cinco mil reais). Ou seja, o valor dos proventos proporcionais ficaria igual aos proventos se fossem integrais.

Conforme o novo posicionamento adotado pelo TCU, a proporcionalidade vai ser aplicada sobre a remuneração então recebida quando do pedido de aposentadoria, caso a média aritmética seja superior. Assim, aplicando-se a proporcionalidade sobre R$ 5.000,00 (cinco mil reais), termos proventos de R$ 4.285,71 (quatro mil, duzentos e oitenta e cinco reais e setenta e um centavos), o que de fato é proporcional.

O posicionamento anterior permitiu que vários servidores se aposentassem mais cedo, de forma proporcional, haja vista que nenhum prejuízo tiveram.

Ressalte-se que, no tocante à forma de calcular as aposentadorias, os cálculos devem ser feitos em dias, e a forma correta de fazê-los vem expressamente explicada na ON MPS/SPS n. 01/2007. A ON esclarece como devem ser calculadas as aposentadorias com base em regras ordinárias, transitórias e ainda como calcular pedágio e proporcionalidade.

A Controladoria Geral da União (CGU) desenvolveu um programa específico para cálculo de aposentadorias, demonstrando, ao final, as possibilidades de concessão, abrangendo, inclusive, regras de transição e o indicativo do valor dos proventos a serem calculados. O sistema pode ser acessado por meio do site: www.cgu.gov.br/simulador/scap. Ressalte-se que o simulador não faz cálculo de média aritmética.

5.4. AUXÍLIO-DOENÇA

No Brasil a primeira previsão legal do auxílio-doença adveio com a edição do Código Comercial de 1.850 (em vigência), que tratou do instituto em seu artigo 79, nos seguintes termos:

> Art. 79. Os acidentes imprevistos e inculpados, que impedirem aos prepostos o exercício de suas funções, não interromperão o vencimento do seu salário, com tanto que a inabilitação não exceda a três meses contínuos."

Com a revolução industrial, buscaram-se mecanismos de proteção ao trabalhador. Nossos montepios também já previam o auxílio, e a Lei n. 3.807, de 26 de agosto de 1960 – Lei Orgânica da Previdência Social (LOPS), tratou expressamente do benefício.

Em sua evolução histórica, o instituto visou assegurar proteção ao segurado, quando vítima de acidente ou quando incapacitado temporariamente para o trabalho, por motivo de doença. Para sua concessão, há de ser exarado laudo médico, por meio da Junta Médica do próprio ente. É a lei do ente que define a concessão, forma de cálculo e o período de afastamento, dentre outros. Neste sentido, o disposto no artigo 52 da ON/MPS/SPS n. 02/09:

Art. 52. O auxílio-doença será devido ao segurado que ficar incapacitado para o trabalho, com base em inspeção médica que definirá o prazo de afastamento.

§ 1º Cabe ao ente federativo disciplinar:

I - a forma de cálculo do auxílio-doença;

II - o período do afastamento custeado pelo ente e pelo RPPS;

III - as prorrogações e o período máximo para manutenção do benefício;

IV - a condições para readaptação e retorno à atividade;

V - obrigatoriedade do segurado se submeter às avaliações e reavaliações periódicas pela perícia-médica.

§ 2º A concessão e a cessação do auxílio-doença, o retorno do servidor à atividade ou a concessão de aposentadoria por invalidez, serão determinadas por decisão da perícia médica.

Instituto que tem gerado grandes debates é o da readaptação. Ou seja, o servidor que, não sendo considerado inválido para todo e qualquer serviço, pode ser readaptado em outra função, não precisando ser assim aposentado.

Ao contrário do que muitos pensam, o instituto pode vir a trazer benefícios para o servidor, posto que nem sempre a aposentadoria por invalidez é concedida de forma integral. E, ao patrocinar ao servidor, continuar com suas atividades laborais, de forma adaptada às suas condições peculiares, estar-se-á contribuindo para sua saúde mental. Destarte, o instituto tem recebido críticas de todos os lados, inclusive por servidores que não entendem a sua real intenção. Para muitos, é um castigo o adiamento de suas aposentadorias.

Filiamo-nos à corrente daqueles que defendem o instituto da readaptação, principalmente quando é notório que a grande maioria dos servidores aposentados por invalidez retorna à atividade laboral na iniciativa privada, numa clara demonstração de capacidade laborativa. E outro tanto de servidores, quando na inatividade ou se tornam pessoas depressivas ou alcoólatras.

Não existem políticas sérias a dar tratamento ao servidor inativo. Os governos estão mais preocupados com grandes obras, que dão retorno nas urnas e engordam caixas dois.

5.5. SALÁRIO-FAMÍLIA

É um valor adicional pago ao segurado de baixa renda, por número de filhos. É um **benefício nitidamente assistencial, sem conteúdo previdenciário, posto que tem natureza complementar de renda e não reposição de renda**. Benefício previdenciário tem a natureza jurídica de reposição de renda, seja de caráter vitalício (aposentadoria), seja de caráter transitório (auxílio-doença, salário-maternidade, auxílio-reclusão). Por isso mesmo, entendemos que o salário-família deve ser pago diretamente pelo Tesouro, e não por meio de fundos previdenciários.

O auxílio tem caráter temporário, posto que a previsão é para pagamento ao segurado que tiver filho menor de quatorze anos. Nos termos do artigo 53 da ON/MPS/SPS n. 02/09, assim se compreende o salário-família:

Art. 53. O salário-família será pago, em quotas mensais, em razão dos dependentes do segurado de baixa renda nos termos da lei de cada ente.

Parágrafo único. Até que a lei discipline o acesso ao salário-família para os servidores, segurados e seus dependentes, esse benefício será concedido apenas àqueles que recebam remuneração, subsídio ou proventos mensal igual ou inferior ao valor limite definido no âmbito do RGPS.

Vê-se a nítida natureza assistencialista do benefício, que não pode ser confundido com benefício previdenciário.

O Plenário Virtual do Supremo Tribunal Federal reconheceu a existência de repercussão geral no tema debatido no RE 657989, no qual uma servidora pública municipal questiona decisão do Tribunal de Justiça do Estado do Rio Grande do Sul (TJ-RS), que afastou o direito ao recebimento de salário-família.

Em decisão proferida no aludido Recurso Extraordinário, o relator ministro Marco Aurélio negou a intervenção da União no feito. De acordo com a União, caso o Supremo venha a decidir pela existência de direito adquirido ao salário-família conforme a redação original do artigo 7º, inciso XII, da Carta da Republica, haverá o risco de servidores públicos federais ingressarem em juízo visando ao recebimento de tal benefício, inclusive com o pagamento de valores retroativos. Daí o impacto no orçamento federal e a possibilidade de desequilíbrio financeiro e atuarial do Regime Próprio de Previdência dos Servidores Públicos. Ressalta que, se o recurso for provido, a tese quanto à ausência de direito adquirido a regime jurídico será relativizada, podendo repercutir em outros temas alusivos a servidores públicos.

O Tribunal, em 11 de maio de 2012, assentou a repercussão geral da matéria suscitada, acerca da controvérsia da existência de direito adquirido à percepção de salário-família ante a alteração promovida pela Emenda Constitucional n. 20/98. Segundo o ministro Marco Aurélio, a demanda do RE 657989 cuida de processo de natureza subjetiva, envolvendo servidora e município. Mais do que isso, a simples possibilidade de acionar-se terceiro visando ao reconhecimento do direito nele retratado não respalda a intervenção desse. Além do mais, faz-se em jogo o artigo 7º, incisos XII e XIII, da Emenda Constitucional n. 20, no que versa parcela a ser satisfeita a título de salário-família, considerados servidores, segurados e dependentes de baixa renda. Os padrões remuneratórios existentes no âmbito da União afastam, de início, a possível repercussão maior do que for decidido pelo Plenário. (STF, RE 657989 RS, Rl. Min. Marco Aurélio, j. 28-12-2012 e DJe 08-04-2013).

Outrossim, o STF já deixou assentado que o salário-família é um direito incorporado ao patrimônio do servidor público. (STF, RE 379199, Rel. Min. Carlos Velloso, T2, j. 18-10-2005 e DJe 18-11-2005).

5.6. AUXÍLIO-MATERNIDADE

O auxílio-maternidade é benefício previdenciário (reposição de renda) pago à servidora em caso de nascimento de filho (vivo ou natimorto), aborto não criminoso e nos casos de adoção (contemplando neste caso a guarda provisória com vistas à adoção), e tem assento na Constituição Federal no artigo 7º, XVIII.

A ON/MPS/SPS n. 02/09, disciplina o instituto em seu artigo 54, que guarda o seguinte teor:

> Art. 54. Será devido salário-maternidade à segurada gestante, por 120 (cento e vinte) dias consecutivos.
>
> § 1º À segurada que adotar ou obtiver a guarda judicial para adoção de criança, será devido o salário-maternidade nos prazos e condições estabelecidos em lei do ente federativo.
>
> § 2º O salário-maternidade consistirá numa renda mensal igual à última remuneração da segurada.
>
> § 3º O pagamento da remuneração correspondente a ampliação da licença-maternidade além do prazo previsto no caput deverá ser custeado com recursos do Tesouro do ente.

Pouco conhecido pelos institutos de RPPS e servidores estaduais e municipais é o Decreto n. 6.690, de 11 de dezembro de 2008, que institui, no âmbito da Administração Federal, o Programa de Prorrogação da Licença à Gestante e à Adotante, pelo prazo de até sessenta dias, contabilizando, ao final, cento e oitenta dias, ou seja, seis meses. Referido decreto foi editado com supedâneo na Lei n. 11.770, de 9 de setembro de 2008, que criou o Programa Empresa Cidadã, destinado à prorrogação da licença-maternidade mediante concessão de incentivo fiscal, e alterou a Lei no 8.212, de 24 de julho de 1991.

O direito da mulher à licença-maternidade foi introduzido pela Consolidação das Leis do Trabalho (CLT) em 1º de maio de 1943, cuja previsão era de que a licença seria concedida à gestante por quatro semanas antes e oito semanas depois do parto, e que neste período a mulher teria direito ao salário integral.

No RE 576967, tomado como *leading case*, o STF reconheceu repercussão geral acerca da inclusão do salário-maternidade na base de cálculo da contribuição social previdenciária. De acordo com o então relator ministro Joaquim Barbosa (hoje o RE encontra-se na relatoria do min. Roberto Barroso), entendeu que a matéria transcende o interesse subjetivo das partes e tem grande densidade constitucional. (STF, RE 576967, Rel. Ministro Roberto Barroso, decisão da existência de Repercussão Geral, Plenário Virtual, j. 26-04-2008 e DJe 27-06-2008).

5.7. PENSIONAMENTO

5.7.1. Pensão por morte

A pensão por morte é o benefício pago ao dependente do ex-segurado quando este falece. É a reposição de renda daquele que dependia economicamente do ex-segurado, por meio de relação de parentesco.

É uma das matérias que mais geram polêmicas e favoritismos em seara previdenciária. Por séculos entendeu-se que a pensão se assemelhava a uma herança deixada pelo ex-segurado, a ser paga pelo Estado paternalista, de forma vitalícia. Era o meio que, na consciência do segurado, dispunha para deixar um recurso para suprir sua falta. Assim é que, por muito tempo, "alguém da família era escolhido para ser filho inválido", de forma a manter o benefício por mais tempo no grupo familiar.

É também uma das matérias que mais exigem mudanças de paradigmas, como veremos em tópico próprio.

Regula-se pela lei da data do óbito, de acordo com a Súmula STJ 340, e tem previsão no artigo 40, § 7º da CF/88, conforme detalharemos oportunamente.

5.7.2. Pensão por morte e pensão alimentícia

Para iniciarmos o estudo envolvendo a pensão por morte, primeiramente urge necessário diferençar os institutos de pensão por morte e pensão alimentícia, que até hoje se confundem. Entretanto, a natureza jurídica de um e outro é totalmente distinta, ressalvado que ambos têm caráter alimentar.

A pensão alimentícia serve de base para a concessão de pensão por morte, mas os dois institutos não se comunicam e não se confundem.

A primeira diferença existente entre ambos consiste no fato de que a pensão alimentícia, é de natureza civil, regula-se por lei civil, no caso a Lei n. 5.478, de 25 de julho de 1968, e se dá *inter vivos*. É de natureza privada, e estabelecida pelo binômio necessidade/possibilidade.

Em 2008, o STJ editou a Súmula 358, com o seguinte teor: "o cancelamento de pensão alimentícia de filho que atingiu a maioridade está sujeito à decisão judicial, mediante contraditório, ainda que nos próprios autos."

Com a súmula, a pensão alimentícia não se extingue automaticamente aos 18 anos, dependendo da situação do alimentando, pode se estender até os 25 anos, a critério do juiz e de acordo com o que ficar comprovado nos autos. O magistrado ainda, verificando as possibilidades do alimentante, pode fixar o quantum a ser pago mensalmente.

A pensão por morte é de natureza previdenciária e regula-se por leis previdenciárias. Tem caráter público, e o magistrado não tem liberdade para estabelecer o *quantum* a ser pago, tampouco estabelecer como beneficiário pessoa que não esteja dentro do rol taxativo da lei do ente.

A CF/88 trata da pensão por morte no § 7º do seu art. 40, da seguinte forma:

> Art. 40..
>
> [...]

§ 7º Lei disporá sobre a concessão do benefício de pensão por morte, que será igual: (Redação dada pela Emenda Constitucional n. 41, 19.12.2003)

I - ao valor da totalidade dos proventos do servidor falecido, até o limite máximo estabelecido para os benefícios do regime geral de previdência social de que trata o art. 201, acrescido de setenta por cento da parcela excedente a este limite, caso aposentado à data do óbito; ou (Incluído pela Emenda Constitucional n. 41, 19.12.2003)

II - ao valor da totalidade da remuneração do servidor no cargo efetivo em que se deu o falecimento, até o limite máximo estabelecido para os benefícios do regime geral de previdência social de que trata o art. 201, acrescido de setenta por cento da parcela excedente a este limite, caso em atividade na data do óbito. (Incluído pela Emenda Constitucional n. 41, 19.12.2003)

A lei referida na Carta Magna é a lei do ente federativo. Assim, a União, os Estados e Municípios têm liberdade de dispor sobre o benefício, observados os parâmetros estabelecidos pelo Regime Geral, nos termos do art. 5º da Lei n. 9.717/98: "Os regimes próprios de previdência social [...] não poderão conceder benefícios distintos dos previstos no Regime Geral de Previdência Social, de que trata a Lei n. 8.213, de 24 de julho de 1991, salvo disposição em contrário da Constituição Federal."

A pensão por morte regula-se pela lei da data da ocorrência do óbito, nos termos da Súmula 340 do STJ: "a lei aplicável à concessão de pensão previdenciária por morte é aquela vigente na data do óbito do segurado." E tem nítido caráter previdenciário, uma vez que repõe a renda dos dependentes que viviam às expensas do ex-segurado.

5.7.3. Pensão civil e pensão de ex-governadores

Também urge necessário estabelecer diferença entre a pensão por morte e a pensão civil, ou estatutária, ou especial, como preferem alguns.

A pensão civil não tem natureza previdenciária, tem natureza assistencialista. Era pensão concedida para dependentes de ex-governadores, ex-deputados, ex-autoridades, ex-cidadãos honoríficos, etc. Apesar de ainda hoje continuarem deliberadamente a ser concedidas, não encontram respaldo legal. E ainda mais se forem pagas pelos fundos previdenciários. Os regimes próprios de previdência social dos servidores públicos da União, dos Estados, do Distrito Federal e dos Municípios, dos militares dos Estados e do Distrito Federal não poderão conceder benefícios distintos dos previstos no Regime Geral de Previdência Social, de que trata a Lei n. 8.213, de 24 de julho de 1991, salvo disposição em contrário da Constituição Federal (artigo 5º da Lei 9.717/1998).

Com a introdução dos dispositivos da EC n. 20/1998, o regime próprio de previdência somente pode conceder benefícios a dependentes de servidores públicos efetivos, passando as pensões "graciosas" a serem terminantemente proibidas.

A título de exemplo, podemos citar como pensões especiais o benefício específico para os portadores da Síndrome de Talidomida, nascidos a partir de 1958, data do início da comercialização da droga no Brasil. Ou ainda as pensões especiais concedidas a seringueiros, amparados pelo Decreto-Lei n. 9.882, de 16 de setembro de 1946, que recebem, quando carentes, pensão mensal vitalícia no valor de dois salários mínimos.

Também podemos citar, a título de exemplo, o Decreto–Lei n. 5.060, de 9 de dezembro de 1942, que concedeu pensão vitalícia a D. Maria Augusta, viúva de Ruy Barbosa, 'que não possui recursos bastantes para viver e nem pode exercer qualquer atividade que lhe garanta a subsistência'. A Lei n. 7.705/88, que concedeu pensão especial à Jacira Braga de Oliveira, Rosa Braga e Belchior Beltrão Zica, trinetos de Tiradentes, e a Lei n. 6.038/74, que concedeu pensão especial à filha de Delmiro Gouveia.

Neste diapasão, o STF faz clara distinção entre os benefícios de pensão por morte e pensão especial:

"O benefício honorífico outorgado pela Lei 9.255/1996 é, portanto, de natureza reparadora, e que pretende homenagear a memória de Tiradentes, e, portanto, não há de se confundir com os pagamentos feitos à agravada, a título previdenciário, que representam contrapartida às contribuições feitas ao Erário pelo pai da agravada. No que se refere à pensão por morte, a agravada adquiriu referido direito em decorrência do falecimento de seu pai, em 1967". (STF, AI 623.655-AgR, voto do Rel. Min. Gilmar Mendes, julgamento em 11-9-2007, Segunda Turma, DJ de 28-9-2007).

No tocante à pensão paga a ex-governadores, o STF declarou constitucionais dispositivos de Cartas Estaduais que asseguravam aos ex-governadores subsídio mensal e vitalício, cessada a investidura no cargo, por estarem em sintonia com o modelo federal. (Representações 948, Moreira Alves, RTJ 82/51-56; 893, Bilac Pinto, RTJ 69/638; e RE 89515, Leitão de Abreu, RTJ 91/1.087. Acontece que havia previsão expressa na EC/69 (que alguns entendem como verdadeira Constituição) e, pelo princípio da simetria, vários Estados adotaram a concessão de pensão a ex-governadores. A jurisprudência do STF assim a admite, tendo em vista o parâmetro federal.

Entretanto, tal concessão não se manteve prevista na Constituição Federal de 1988, no que tange às pensões de ex-presidentes da República. Contudo, várias constituições estaduais instituíram o benefício, apesar da ausência da norma no âmbito federal.

Na ADI 1.461/AP, sem julgamento de mérito (perda do objeto), o relator min. Maurício Corrêa concedeu medida liminar, entendendo pela inconstitucionalidade de dispositivo da Constituição do Estado do Amapá, com previsão de concessão de pensão para ex-governador, sob o argumento de que, "diferente do que ocorria sob a égide da Emenda Constitucional n. 1/1969, atualmente inexiste parâmetro constitucional correspondente, suscetível de ser reproduzido em constituição estadual." (STF, ADI 1.461, Rel. Min. Maurício Corrêa, Tribunal Pleno, j. 26-06-1996).

No julgamento da ADI n. 3.853/MS, o STF declarou inconstitucional norma do ADCT da Constituição do Estado do Mato Grosso do Sul com o mesmo propósito. Na ação direta, ficou consignado que:

> "2. No vigente ordenamento republicano e democrático brasileiro, os cargos políticos de chefia do Poder Executivo não são exercidos nem ocupados 'em caráter permanente', por serem os mandatos temporários e seus ocupantes, transitórios.
>
> 3. Conquanto a norma faça menção ao termo 'benefício', não se tem configurado esse instituto de direito administrativo e previdenciário, que requer atual e presente desempenho de cargo público.
>
> 4. Afronta o equilíbrio federativo e os princípios da igualdade, da impessoalidade, da moralidade pública e da responsabilidade dos gastos públicos (arts. 1º, 5º, *caput*, 25, § 1º, 37, *caput* e inc. XIII, 169, § 1º, inc. I e II, e 195, § 5º, da Constituição da República). (ADI 3.853, Rel. Min. Eros Grau, Tribunal Pleno, j. 12-09-2007 e DJe 26-10-2007).

A sessão de julgamento da referida ADI foi marcada por calorosos debates tanto por aqueles que defendiam a constitucionalidade da norma como por aqueles que entendiam em sentido contrário. Certo é que a tese vencedora foi no sentido da inconstitucionalidade, face à ausência de parâmetro federal como fundamento para a invalidade da norma.

A discussão, que parecia encerrada, foi reacendida, tendo o Supremo Tribunal Federal concedido liminar para suspender dispositivo da CE/PA que concedia pensão vitalícia a seus ex-governadores. A decisão foi tomada no julgamento cautelar da ADI 4.552, de relatoria da ministra Cármen Lúcia. A maioria dos ministros acompanhou o voto da relatora, entendendo que a previsão de concessão da pensão especial – com salário equivalente ao de desembargador do Tribunal de Justiça do Estado – fere o princípio da isonomia. Para os ministros, não há uma justificativa razoável para que seja prevista genericamente a concessão da pensão para ex-governadores, configurando um tratamento privilegiado sem haver fundamento legítimo.

A decisão ficou assim ementada:

> "EMENTA: MEDIDA CAUTELAR NA AÇÃO DIRETA DE INCONSTITUCIONALIDADE. ART. 305 DA CONSTITUIÇÃO DO ESTADO DO PARÁ. PENSÃO VITALÍCIA PARA EX-GOVERNADORES.
>
> 1. No vigente ordenamento republicano e democrático brasileiro, os cargos políticos de chefia do Poder Executivo não são exercidos nem ocupados 'em caráter permanente', por serem os mandatos temporários e seus ocupantes, transitórios.
>
> 2. Ex-governador não é mais agente público, pelo que não se poderia cogitar de vinculação de categoria remuneratória afeta à desembargador do Estado, do Tribunal de Justiça do Estado. A remissão ao vencimento do governador em exercício ou, na espécie, de desembargador, para fixação do padrão de subsídio, patenteia estender-se o subsídio a quem não mais trabalha no Estado e, por isso, não teria razão para ser remunerado, menos ainda em idêntica situação a quem está no cargo.
>
> 3. A carência de parâmetro constitucional nacional e a inauguração de padrão normativo estadual em desacordo com os princípios da Constituição da República, especialmente aqueles referentes às regras orçamentárias e aos princípios constitucionais da Administração Pública, evidenciam a relevância jurídica da questão posta e os gravames jurídicos e sociais que a preservação dos efeitos da norma poderia acarretar.
>
> 4. Precedentes.
>
> 5. Medida cautelar deferida para suspender a eficácia do art. 305, *caput* e § 1º, da Constituição do Estado do Pará, até julgamento de mérito da presente ação. (STF, ADI 4552, Rel. Min. Cármen Lúcia, liminar deferida, Tribunal Pleno, j. 09-04-2015 e DJe 09-06-2015).

Para facilitar a compreensão do tema, e deslinde das conclusões a que chegaremos ao final, transcrevemos trecho do voto-vista do ministro Dias Toffoli (cujo voto-vista merecer ser lido na íntegra), que de forma técnica, imparcial e consciente deu uma verdadeira aula sobre o instituto da pensão:

> "De fato, há de se reconhecer que **ex-governador não é mais servidor público nem agente político**, não fazendo jus a subsídio na sua acepção técnico-constitucional e para os efeitos do art. 37, incisos X e XI, e do § 4º do art. 39 da Constituição do Brasil.
>
> Por outro lado, **também não se trata de benefício previdenciário a ser custeado pelo regime próprio de previdência estadual**, uma vez que o detentor de mandato eletivo não é segurado do regime contributivo estadual, a teor do que dispõe o art. 40, § 13, da Constituição Federal.
>
> Tampouco se tem benefício previdenciário regulado pelo Regime Geral de Previdência Social e pelo disposto no art. 201 da Constituição, o que impede a análise da sua constitucionalidade com base nos arts. 195, § 5º; e 201, §§ 1º e 7º, da Lei Maior, invocados pelo autor da ação.
>
> No entanto, a impossibilidade de enquadramento da pensão de ex-governador aos desenhos normativos acima referidos não constitui, por si só, fundamento para sua declaração de inconstitucionalidade, visto que estamos diante de **benefício pecuniário de natureza jurídica definida**.
>
> O caso em análise é típico de **pensão especial**, como bem detalhado pelo eminente professor e ministro **Eros Grau** em seu voto-vista na ADI n. 3.853/MS (DJ de 26/10/07).
>
> "Estamos em face, aqui, de uma pensão, porém especial, pensão especial. O pagamento, mensal e vitalício, igual ao percebido pelo governador em exercício, feito a quem tiver exercido o cargo de governador, é uma pensão especial, como tal caracterizando-se também a pensão devida, se vier a falecer casado, à viúva do ex-governador. É pensão especial porque não é previdenciária. **A ela bem se aplica o que disse o ministro Francisco Rezek em seu voto no RE n. 121.840, ao afirmar que pensão especial a viúva ou companheira de ex-prefeito não pertence ao gênero das pensões previdenciárias e dos montepios; não é figura análoga a elas. Em voto proferido no RE n. 77.453, referindo pensão atribuída à viúva de ex-deputado paranaense, o ministro Thompson Flores observou: '[a] pensão em apreço deflui de ato de liberalidade; é, assim, graciosa, embora possa ter sido bem inspirada. É diversa, pois, daquelas que defluem de contraprestação, como o montepio civil ou

militar, o meio soldo, as previdenciárias de um modo geral, as quais visam o seguro social.'."

Com efeito, é corrente no ordenamento jurídico pátrio a instituição de pensões especiais, que, a exemplo da questionada, não têm natureza previdenciária, sendo **concedida de maneira graciosa a determinada pessoa ou a um grupo de pessoas, com fundamento em situação especial.**

Em seu voto na ADI n. 3.853/MS, o ministro **Eros Grau** apresentou extenso rol de pensões dessa natureza, as quais têm como característica comum não terem caráter previdenciário, constituindo **ato de liberalidade fundado numa justificativa razoável, aferível caso a caso.**

[...] Embora boa parte das pensões especiais seja *intuito personae* ou nominalmente identificáveis, como as constantes da lista do ministro **Eros Grau**, não é esta uma característica inerente às pensões especiais, nem condição para sua regularidade constitucional.

O caráter geral da pensão de ex-governador foi questão debatida na ADI n. 3.853/MS e também na primeira assentada de julgamento desta ação, ocasião em que alguns ministros consideraram ser esse fator suficiente para afastar o enquadramento do benefício da categoria das pensões especiais.

[...] Concluo, portanto, que **o que caracteriza a pensão como especial não é o fato de ela ser conferida para uma pessoa determinada ou para certo grupo de pessoas, mas sim o fato de ela não ser previdenciária e ser conferida de forma graciosa, sem necessidade de contraprestação, em virtude de uma situação especial que justifique o tratamento jurídico diferenciado.**

[...] Parece-me não residir no princípio da moralidade o foco da análise a ser realizada pelo Tribunal. **Na realidade, a meu ver, a problemática posta nesta ADI apenas aparentemente perpassa o debate sobre a moralidade e a impessoalidade, <u>incidindo, mais diretamente, sobre a temática do princípio da igualdade</u>**. Tanto é que o autor da ação, na exordial, ao invocar os princípios constitucionais aqui tratados, acentua a questão do tratamento "privilegiado" dispensado aos ex-governadores.

Tal fato foi ressaltado pelos ministros Gilmar Mendes e Teori Zavascki no julgamento do RE n. 405.386, pela Segunda Turma, em fevereiro de 2013, relativo à lei do Município de Porciúncula, que concedeu pensão à viúva de ex-prefeito. Naquele caso, os ministros destacaram que, subjacente ao argumento de ofensa à moralidade, havia um questionamento a respeito do tratamento privilegiado dispensado à viúva. O ministro Teori Zavascki, em voto-vista, consignou que tal tratamento discriminatório não configuraria, por si só, ato ofensivo à moralidade, sendo necessário perquirir se tal tratamento estaria fundado em motivo razoável.

Penso ser esta a linha de raciocínio mais adequada à análise do presente caso. Isso porque é próprio das pensões especiais conceder tratamento especial a determinada pessoa ou classe de pessoas, tendo em vista uma situação especial. Entendo que é justamente esta situação diferenciada que torna a pensão especial, seja ela geral ou pessoal, compatível com o princípio da isonomia. Tal situação especial funciona como fator de discrímen, justificando o tratamento privilegiado dispensado pelo Estado a determinada pessoa ou determinado grupo.

[...] Entendo que, no caso dos ex-governadores, o que justifica a concessão de pensão especial é a **relevância dos serviços prestados ao Estado pelo chefe do Poder Executivo. No entanto, aliado a esse fator de discrímen, é indispensável que o ex-mandatário necessite de auxílio financeiro, sob pena de a pensão especial configurar privilégio indevido.**

Vide, por exemplo, o caso do "auxílio especial mensal" concedido "aos jogadores, titulares ou reservas das seleções brasileiras campeãs das copas mundiais masculinas da FIFA nos anos de 1958, 1962 e 1970" pela Lei Geral da Copa, o qual foi julgado constitucional por este Tribunal na ADI n. 4.976/DF. Naquele caso, o auxílio especial é destinado a jogadores "sem recursos ou com recurso limitados", conforme dicção do art. 37 da referida lei. A norma alia o critério de reconhecimento do contributo dos ex-jogadores para o futebol brasileiro no cenário internacional com a necessidade financeira desses, a qual justifica a concessão de um auxílio mensal.

O mesmo raciocínio deve-se aplicar ao caso dos ex-governadores.

[...] Diante de episódios como esse, é impossível não refletir a respeito do quão problemático seria considerar inconstitucional, em termos gerais, benefícios dessa natureza. Não por outra razão, no julgamento da ADI n. 3.853/MS, o ministro Sepúlveda Pertence manifestou preocupação em "deixar os ex-presidentes da República a pé", a depender do resultado daquele julgamento.

Não podemos deixar de reconhecer a relevância da função exercida por um chefe do poder executivo. No que tange aos ex-presidentes da República, observo que tanto no ordenamento jurídico pátrio quanto em outras ordens constitucionais, confere-se a eles uma série de benefícios, todos fundados na dignidade da função outrora exercida e no reconhecimento da relevância de suas ações para o país

[...] Sob essa perspectiva, **não vejo como considerar inconstitucional a concessão de benefício dessa natureza aos ex-governantes, eleitos democraticamente, que, durante considerável período, se dedicaram à árdua e complexa tarefa de gerir um Estado da Federação e, findo o mandato, se encontrem em situação de impotência financeira. Seria pouco razoável que alguém que já exerceu uma função de Estado tão relevante não possa contar com o apoio desse mesmo Estado.**

Nesses termos, **entendo que, embora seja constitucional a previsão, nas constituições estaduais, de pensão especial aos ex-governadores, a concessão da referida pensão deve estar aliada a uma situação de comprovada insuficiência financeira por parte do beneficiário.**

[...] Em relação ao § 1º da norma questionada, nota-se que o dispositivo traz um critério que remete à limitação que estamos propondo, ao determinar a suspensão do pagamento da pensão durante o período em que o beneficiário estiver no exercício de mandato eletivo ou cargo em comissão. Contudo, entendo que esse critério não é suficiente, tendo em vista a interpretação conforme aqui sugerida, pois **a suspensão também deve ocorrer no caso do exercício de outras atividades remuneradas, temporárias ou permanentes (e.g. cargo efetivo, emprego público, atividade empresarial, emprego), que descaracterizem a necessidade do benefício e, consequentemente, a insuficiência econômica.**

Ademais, entendo como inconstitucional o **direito de opção** pelo ex-governador entre a remuneração do cargo público ou do mandato eletivo que venha a assumir e a pensão especial, pois, como deveras salientado aqui, tal pensão deve estar fundada na necessidade financeira do beneficiário. Se o sujeito está recebendo determinada remuneração e não necessita da pensão, não é ela uma opção a seu favor. Eventual possibilidade de opção equivaleria a ardil destinado a obter remuneração superior à devida pelo exercício do cargo que ocupa ou pela atividade exercida.

Dessa forma, também deve ser conferida interpretação conforme à Constituição à primeira parte do § 1º do art. 305, para explicitar que o pagamento da pensão será suspenso durante o período em que o beneficiário estiver no **exercício de atividade remunerada que afaste o critério da insuficiência econômica. Também deve ser declarada a inconstitucionalidade da expressão "salvo direito de opção"** do mencionado dispositivo.

[...] No entanto, deve-se reconhecer a inconstitucionalidade da norma ao determinar o pagamento da pensão especial em valor equivalente ao subsídio de desembargador do Tribunal de Justiça local.

[...] Entendo, assim, que **o valor da pensão deve ser fixado pelo legislador estadual em patamar não necessariamente igual ao do subsídio do governador, mas necessariamente não superior a ele**. Penso que só assim ter-se-ia valor justificável e razoável, além de se evitar as distorções aqui cogitadas. (STF, ADI 4552 MC, Rel. Min. Cármen Lúcia, liminar deferida, Tribunal Pleno, j. 09-04-2015 e DJe 09-06-2015 – Voto-vista do Min. Dias Toffoli). (Todos os grifos são do original)".

Concordamos com as conclusões exaradas pelo ministro Dias Toffoli, conforme exposto acima e especialmente quando diz que "a pensão fixada em favor de ex-governadores nas hipóteses de comprovada insuficiência financeira do ex-mandatário, aferida a partir de critérios razoáveis a serem definidos na legislação ordinária. Consequentemente, a aplicabilidade do referido preceito deve ficar condicionada à edição de legislação infraconstitucional, fixadora dos critérios para se aferir a necessidade financeira do ex-governador."

Não nos parece razoável que o agente político, quando não tem recursos para a própria mantença, não pode deixar de ser amparado pelo Poder Público. A questão cinge-se assim à seara de cunho estritamente assistencialista. Como visto, não se pode ter o benefício como previdenciário, a ser custeado por fundos previdenciários.

Destarte, a questão deve ser regulamentada, de forma objetiva, que atenda aos preceitos do caráter assistencialista do benefício, não podendo ficar ao alvedrio dos entes federativos a concessão sem parâmetros objetivos. Tomemos como exemplo uma situação hipotética, em que um governador é eleito aos trinta anos (idade mínima) e cumpre o seu mandato de quatro anos. Suponha-se que esse cidadão não trabalhava e, ao perder o mandato, continue sem trabalho (o que é até difícil de aceitar no campo das ideias). Ele pode vir a receber uma pensão especial vitalícia, começando aos 34 anos. A situação ainda se agrava quando o exemplo parte da figura de ex-prefeito, que pode ser eleito aos vinte e um anos de idade.

No atual ordenamento jurídico, é defeso qualquer ato jurídico que não promova o cidadão para o trabalho. No *caput* do artigo 6º da CF/88, é assegurada, como uns dos direitos sociais, a assistência aos desamparados. Temos assim que a pensão especial, seja de qual espécie for e para quem for, somente pode ser concedida com o intuito de amparar o agente político, seu dependente direto, ou classe de pessoas (seringueiros, ex-combates, etc.), que comprovadamente dependam desse benefício para manter existência digna.

A pessoa que por quatro anos (oito, no caso de um segundo mandato) exerce um mandato e perde esse mandato, quando jovem, capaz para o trabalho, não apresenta nenhuma patologia que o considere como inválido, não pode ficar *ad eternum* recebendo uma pensão paga pelos cofres públicos, pelo simples fato de ter exercido um *munus publico*.

Somente quando disciplinados os critérios objetivos para a concessão é que esta tem razão de existência. E melhor seria que esses critérios fossem regulamentos em caráter nacional. O trabalho dignifica o homem e o ostracismo não pode levar à ociosidade.

5.7.4. Pensão por ausência

Apesar de não ter previsão expressa na maioria das legislações de regimes próprios, a pensão por ausência é uma espécie de pensão por morte, mas com esta não se confunde. Na pensão por morte, há de fato comprovação do óbito. Na segunda, pela ausência prolongada, o óbito é presumido, somente podendo ser concedida de forma temporária. Esta última deve atender certos requisitos, como comprovação de tempos em tempos de que o ex-segurado continua desaparecido. A não comprovação pode ensejar fraudes (como por exemplo e hipoteticamente, segurado que esteja respondendo a processo administrativo disciplinar e que "desaparece", no sentido de garantir uma pensão a dependente, que na realidade vai servir para o próprio "desaparecido").

Na pensão por morte, o fato gerador do benefício é o óbito do ex-segurado. Já na pensão por ausência, o fato gerador é a ausência do servidor, o que muitas vezes não é de fácil elucidação. Segundo Mauro Ribeiro Borges:

"De regra, a inclusão dessa espécie, no rol de benefícios do Regime Previdenciário, advém da necessidade de se oferecer cobertura àquelas situações em que o segurado, por decorrência de acidentes ou catástrofes, desaparece sem que se reúnam elementos suficientes para o reconhecimento de sua morte, tanto é assim que o Regime Geral não prevê, expressamente, essa espécie de benefício"[...].[39]

Desta forma, quando o Poder Judiciário declara que o segurado está desaparecido, é devida a pensão para os seus dependentes. Mas somente o Poder Judiciário pode determinar a implantação em caráter vitalício, o que nos afigura como uma possibilidade remota, dada a presunção de que sem corpo não há prova de óbito. As provas são de difícil constatação, demandam ilação probatória consciente e demorada.

A matéria tem previsão no artigo 22 do Código Civil Brasileiro, nos seguintes termos:

> Art. 22. Desaparecendo uma pessoa do seu domicílio sem dela haver notícia, se não houver deixado representante ou procurador a quem caiba administrar-lhe os bens, o juiz, a requerimento de qualquer interessado ou do Ministério Público, declarará a ausência, e nomear-lhe-á curador.

A pensão será paga aos dependentes a partir da decisão judicial declaratória de ausência e será equivalente ao cálculo da pensão por morte. A presunção (relativa) da morte, de certa forma, é uma consequência da ausência, do desaparecimento do segurado.

Mais uma vez frisamos que, por ter conteúdo material de reposição de renda, os requerimentos de pensão por morte, quando em situações anômalas, devem ser analisados caso a caso e não apenas por meio de interpretação literal das leis previdenciárias.

E se, quando o segurado "desaparecer do mapa", tiver sido indiciado em processo administrativo disciplinar (PAD), por abandono de cargo, é devida a pensão por ausência aos seus dependentes? Entendemos que sim. O segurado somente perde essa condição através de: I) demissão, II) exoneração e III) falecimento. E o artigo 5º, LVII, é taxativo ao dispor que "ninguém será considerado culpado até o trânsito em julgado de sentença penal condenatória."

Desta forma, estando em curso PAD, sem conclusão, não há perda da qualidade de segurado. Entretanto, compete ao depende adimplir o período em que não houve as contribuições, de forma a garantir o equilíbrio financeiro-atuarial do sistema, bem como cumprir seu caráter contributivo.

Caso o segurado "resolva aparecer", a pensão por ausência, que tem caráter temporário, é cancelada.

Dada a natureza peculiar do instituto, vislumbramos a necessidade de os entes federados fazer em previsão expressa em suas leis instituidoras de RPPS, regulamentando a pensão por ausência, inclusive prevendo prazos para renovação da comprovação de ausência.

5.7.5. Paridade e integralidade

A EC n. 41/2003 a acabou com a paridade e integralidade nas pensões por morte. Dúvidas surgiram no tocante à aplicabilidade dos institutos. Referida emenda foi regulamentada pela MP n. 167, de 20 de fevereiro de 2004, confirmada pela Lei n. 10.887, de 18 de junho de 2004. Alguns Estados estão aplicando a regra que acaba com a paridade e a integralidade, a partir do óbito do ex-segurado, da seguinte forma: 1) a partir de 1º de janeiro de 2004 e a integralidade a partir de 20 de fevereiro de 2004 (por exemplo, a Paraíba); 2) a partir de 1º de janeiro de 2004 não se podem aplicar a paridade e nem a integralidade; e 3) a partir de 20 de fevereiro de 2004 não se aplicam e paridade nem a integralidade (caso de Alagoas).

Controvérsias à parte, nos filiamos a corrente daqueles que entendem que o marco para não se aplicar paridade e integralidade é da ocorrência do óbito do ex-segurado a partir de 20 de fevereiro de 2004. Esse é o pensamento do Ministério da Previdência, conforme verificamos no art. 66 da ON/MPS/SPS n. 02/2009:

> Art. 66. A pensão por morte, conferida ao conjunto dos dependentes do segurado falecido a partir de 20 de fevereiro de 2004, data de publicação da Medida Provisória n. 167, de 19 de fevereiro de 2004, corresponderá a:
>
> I - totalidade dos proventos percebidos pelo aposentado na data anterior à do óbito, até o limite máximo estabelecido para os benefícios do RGPS, acrescida de setenta por cento da parcela excedente a esse limite; ou
>
> II - totalidade da remuneração do servidor no cargo efetivo na data anterior à do óbito, conforme definido no inciso IX do art. 2º, até o limite máximo estabelecido para os benefícios do RGPS, acrescida de setenta por cento da parcela excedente a esse limite, se o falecimento ocorrer quando o servidor ainda estiver em atividade.
>
> § 1º Na hipótese de cálculo de pensão oriunda de falecimento do servidor na atividade, é vedada a inclusão de parcelas remuneratórias pagas em decorrência de local de trabalho, de função de confiança, de cargo em comissão, de outras parcelas de natureza temporária, ou do abono de permanência de que trata o art. 86, bem como a previsão de incorporação de tais parcelas diretamente no valor da pensão ou na remuneração, apenas para efeito de concessão do benefício, ainda que mediante regras específicas.
>
> § 2º O direito à pensão configura-se na data do falecimento do segurado, sendo o benefício concedido com base na legislação vigente nessa data, vedado o recálculo em razão do reajustamento do limite máximo dos benefícios do RGPS.
>
> § 3º Em caso de falecimento de segurado em exercício de cargos acumuláveis ou que acumulava proventos ou remuneração com proventos decorrentes de cargos acumuláveis, o cálculo da pensão será feito individualmente, por cargo ou provento, conforme incisos I e II do *caput* deste artigo.

---

(39) BORGES, Mauro Ribeiro. Previdência Funcional: Teoria Geral e Critérios de Elegibilidade aos Benefícios Previdenciários à Luz das Reformas Constitucionais. 1. ed. Curitiba: Juruá, 2008. p. 179.

Destarte, o STF, instado a se pronunciar sobre o RE 603580, com repercussão geral e que foi instaurado para definir sobre o direito à paridade e integralidade à pensão, quando decorrente de aposentadoria anterior ao advento da EC n. 41/03 e falecimento após sua promulgação, assim se manifestou:

"Decisão: O Tribunal, apreciando o tema 396 da repercussão geral, deu parcial provimento ao recurso extraordinário, nos termos do voto ora reajustado do Relator, Ministro Ricardo Lewandowski (Presidente), fixando-se a tese nos seguintes termos: Os pensionistas de servidor falecido posteriormente à EC n. 41/2003 têm direito à paridade com servidores em atividade (EC n. 41/2003, art. 7º), caso se enquadrem na regra de transição prevista no art. 3º da EC n. 47/2005. Não tem, contudo, direito à integralidade (CF, art. 40, § 7º, inciso I)".

Desta forma, o STF somente reconheceu o direito à paridade para as pensões oriundas de ex-segurados que se aposentaram conforme a regra de transição prevista no art. 3º da EC n. 47/05. Acerca da data da aplicabilidade, se 1º de janeiro de 2004 ou 20 de fevereiro de 2004, nada foi dito.

Questão interessante diz respeito à previsão estabelecida no inciso I do § 7º do art. 40 da CF/88, no que se refere à diferenciação quando o ex-segurado faleceu quando na inatividade, uma vez que diretamente influencia os cálculos. Ocorre que, quando da atividade, é o subsídio que vai orientar os cálculos da pensão, e quando o falecimento ocorrer quando o servidor já se encontrar na inatividade, a base de cálculo serão os proventos. Andou bem o legislador ordinário, uma vez que seria incongruente basear os cálculos de pensão levando-se em consideração o subsídio da categoria em todas as hipóteses.

O servidor, por exemplo, pode ter se aposentado proporcionalmente, e nenhum sentido teria de levar em consideração o subsídio de sua categoria para fins de cálculo de pensão. A relação jurídica da atividade e da inatividade é distinta. Na primeira, o servidor é detentor de cargo efetivo; na segunda, ele perde essa qualidade.

Outrossim, coadunamos com a vedação expressa contida no § 1º do art. 66 da ON MPS/SPS n. 02/09, que diz textualmente ser vedada a inclusão de quaisquer parcelas remuneratórias de origem transitória e abono de permanência para fins de cálculos da pensão. Esta deve ser calculada nos estritos limites de remuneração a que faria jus o servidor, não se podendo computar parcelas de origem transitória.

5.7.6. Guarda para fins previdenciários

Durante muito tempo a guarda para fins exclusivamente previdenciários foi largamente usada no país. Os avós, quando servidores e segurados do RPPS, promoviam ação de guarda e sustento, demonstrando que os seus salários eram bem superiores aos dos genitores e assim garantiam uma vida para os filhos indiretamente.

Entretanto, os abusos eram muitos, resultando na edição da Lei n. 9.528, de 10 de dezembro de 1997, que deu nova redação ao § 2º do artigo 16 da Lei n. 8.213/91, passando o dispositivo a vigorar com a seguinte redação: "o enteado e o menor tutelado equiparam-se a filho mediante declaração do segurado e desde que comprovada a dependência econômica na forma estabelecida no Regulamento."

A medida legislativa foi seguida e, hoje, somente a tutela é vista como meio hábil para a concessão de pensão. A diferença básica entre os institutos é que na guarda não há perda do pátrio poder, ao passo que na tutela os pais perdem o pátrio poder. Tutela é o encargo que alguém recebe para zelar pelos interesses do menor. Tutela é amparo, proteção e auxílio, e é o que ocorre quando crianças ficam órfãs ou não têm pais presentes.

Como a tutela implica na perda do poder familiar, o artigo 23 do Estatuto da Criança e do Adolescente assim disciplina: "a falta ou carência de recursos materiais não constitui motivo suficiente para a perda ou suspensão do poder de família."

A tutela, assim, supre as necessidades materiais e afetivas do menor, ao passo que a guarda supre as primeiras.

O Tribunal de Contas da União acabou firmando seu posicionamento através do Acórdão TCU n. 2.515/2011, de que "o art. 5° da Lei 9.717/98 excluiu do regime próprio de previdência social dos servidores públicos da União, entre outras, a pensão por morte concedida a menor sob guarda e a pessoa designada, previstas no art. 217, 11, "b" e "d", da Lei 8.112.90."

Em diversos momentos o Supremo Tribunal Federal se manifestou no sentido de prevalecer a lei da data do óbito, não podendo o benefício ser cancelado pelo advento de lei posterior. Neste sentido, a ministra Rosa Weber deferiu o MS 32914, determinado ao Tribunal de Contas da União, o registro de pensão temporária a uma menor que estava sob a guarda de servidor público federal à época de sua morte. O TCU havia considerado a concessão ilegal sob o fundamento de que, na data do óbito, a Lei Federal 9.717/1998, que trata de regras gerais para os regimes próprios de previdência dos servidores, teria revogado o dispositivo do Estatuto dos Servidores Públicos Civis da União (Lei 8.112/1990), que previa a concessão do benefício. A relatora destacou ainda que, embora a Medida Provisória 664/2014 (convertida na Lei 13.135/2015) tenha excluído o menor sob guarda do rol de dos beneficiários de pensão por morte no regime próprio dos servidores civis da União, deve ser observada a legislação em vigor na época do fato. Vide também MS 31803 e MS 32907, Rel. Min. Cármen Lúcia.

Por seu turno, o Superior Tribunal de Justiça havia consubstanciado seu entendimento de que "não é possível conferir-se a guarda de menor à avó para fins exclusivamente previdenciários e financeiros, tendo os pais plena possibilidade de permanecer no seu exercício." (STJ - REsp 402031/CE). Ou então: "são inúmeros os precedentes da Corte no sentido do que a 'conveniência de garantir benefício previdenciário ao neto não caracteriza a situação excepcional que justifica, nos termos do ECA (artigo 33, parágrafo 2º), o deferimento de guarda à avó'. (REsp n. 82.474/RJ, DJ de 29/9/97).

Entretanto, ao que nos parece, mudou seu posicionamento, conforme se abstrai da parte inicial da ementa adiante colacionada:

"PROCESSUAL CIVIL E ADMINISTRATIVO. RECURSO EM MANDADO DE SEGURANÇA. PENSÃO POR MORTE. MENOR SOB GUARDA JUDICIAL. APLICABILIDADE DO ESTATUTO DA CRIANÇA E DO ADOLESCENTE (ECA). INTERPRETAÇÃO COMPATÍVEL COM A DIGNIDADE DA PESSOA HUMANA E COM O PRINCÍPIO DE PROTEÇÃO INTEGRAL DO MENOR.

1. Caso em que se discute a possibilidade de assegurar benefício de pensão por morte a menor sob guarda judicial, em face da prevalência do disposto no artigo 33, § 3º, do Estatuto da Criança e do Adolescente - ECA, sobre norma previdenciária de natureza específica.

2. Os direitos fundamentais da criança e do adolescente têm seu campo de incidência amparado pelo status de prioridade absoluta, requerendo, assim, uma hermenêutica própria comprometida com as regras protetivas estabelecidas na Constituição Federal e no Estatuto da Criança e do Adolescente.

3. A Lei 8.069/90 representa política pública de proteção à criança e ao adolescente, verdadeiro cumprimento da ordem constitucional, haja vista o artigo 227 da Constituição Federal de 1988 dispor que é dever do Estado assegurar com absoluta prioridade à criança e ao adolescente o direito à vida, à saúde, à alimentação, à educação, ao lazer, à profissionalização, à cultura, à dignidade, ao respeito, à liberdade e à convivência familiar e comunitária, além de colocá-los a salvo de toda forma de negligência, discriminação, exploração, violência, crueldade e opressão.

4. Não é dado ao intérprete atribuir à norma jurídica conteúdo que atente contra a dignidade da pessoa humana e, consequentemente, contra o princípio de proteção integral e preferencial a crianças e adolescentes, já que esses postulados são a base do Estado Democrático de Direito e devem orientar a interpretação de todo o ordenamento jurídico.

5. Embora a lei complementar estadual previdenciária do Estado de Mato Grosso seja lei específica da previdência social, não menos certo é que a criança e adolescente tem norma específica, o Estatuto da Criança e do Adolescente que confere ao menor sob guarda a condição de dependente para todos os efeitos, inclusive previdenciários (art. 33, § 3º, Lei n.º 8.069/90), norma que representa a política de proteção ao menor, embasada na Constituição Federal que estabelece o dever do poder público e da sociedade na proteção da criança e do adolescente (art. 227, caput, e § 3º, inciso II).

6. Havendo plano de proteção alocado em arcabouço sistêmico constitucional e, comprovada a guarda, deve ser garantido o benefício para quem dependa economicamente do instituidor.

7. Recurso ordinário provido. (STJ, RMS 36.034/MT, Relator o Ministro Benedito Gonçalves, Primeira Seção, julgado em 26/2/2014, DJe, 15-04-2014)".

A situação que outrora parecia pacificada foi reacendida com novas decisões. Encontra-se para julgamento a ADI 5083, protocolizada pelo Conselho Federal da Ordem do Brasil (CFOAB), em 6 de janeiro de 2014, que ficou sob a relatoria do ministro Dias Toffoli. Em suas manifestações, a Procuradoria Geral da República se posicionou favorável à demanda. Neste diapasão, vale colacionar parte da ementa produzida no Parecer número 4.412/2015-AsJConst/SAJ/PGR:

"CONSTITUCIONAL E PREVIDENCIÁRIO. AÇÃO DIRETA DE INCONSTITUCIONALIDADE. ART. 2º DA LEI 9.528/1997. EXCLUSÃO DE CRIANÇA E ADOLESCENTE SOB GUARDA JUDICIAL DO ROL DE DEPENDENTES DO ART. 16, § 2º, DA LEI 8.213/1991. SUPRESSÃO DE DIREITO SOCIAL CONQUISTADO PELA POPULAÇÃO INFANTO-JUVENIL. MEDIDA RETROCESSIVA QUE ATENTA CONTRA O PRINCÍPIO DA PROTEÇÃO INTEGRAL, CRIA SITUAÇÃO ANTI-ISONÔMICA E NÃO SUPERA O TESTE DA PROPORCIONALIDADE".

Ponderou a PGR que o fato de se reconhecer direitos previdenciários às crianças e aos adolescentes representa conquista social, tal como previsto na Declaração Universal dos Direitos da Criança e no artigo 227, § 3º da CF/88. Para a PGR, a exclusão do menor sob guarda do rol de dependentes cria situação anti-isonômica, "pois distingue, sem amparo constitucional, crianças e adolescentes colocados em família substituta e em condição de vulnerabilidade, tão somente pelo caráter de estabilidade ou precariedade do instrumento que os vincula à nova realidade familiar."

Conforme ainda entendimento da PGR, medidas legislativas para evitar fraudes têm que guardar proporcionalidade, não podendo, entretanto, suprimir direitos fundamentais de crianças e adolescentes. Para coibir fraudes, "existem instrumentos judiciais e administrativos menos gravosos ao direito protegido, aptos a identificar desvirtuamento de guarda judicial para gerar pensão por morte de avós em favor de netos."

Em suas conclusões ementárias finais, a Procuradoria Geral da República se posiciona no sentido de que deva ser dada interpretação conforme a Constituição, no sentido de que "a falta de menção do menor sob guarda no rol de dependentes do art. 16, § 2º, da Lei 8.213/1991, na redação dada pela Lei 9.528/1997, não lhe retira a condição de dependente, nos termos do art. 33, § 3º, da Lei 8.069/1990." Não afastando, contudo, a exigência de comprovação de dependência econômica.

Data venia em sentido contrário, entendemos que assiste razão à Procuradoria Geral de Justiça e ao Superior Tribunal de Justiça. Ocorre que a interpretação a ser dada aos artigos das leis instituidoras de regimes previdenciários, no que concerne à proteção do menor, deve ser feita de maneira sistemática e teleológica.

Para tal, devem ser verificadas as peculiaridades de cada caso, fatos e provas, a fim de que o menor impúbere possa ser beneficiado por uma vida digna. Nos termos do artigo 33 da Lei 8.069 de 13 de julho de 1990 – ECA, a guarda visa à prestação de assistência material, moral e educação e "excepcionalmente, deferir-se-á a guarda, fora dos casos de tutela e adoção, para atender a situações peculiares ou suprir a falta eventual dos pais ou responsável, podendo ser deferido o direito de representação para a prática de atos determinados." O § 3º do mesmo dispositivo legal "confere à criança ou ao adolescente a condição de dependente, para todos os fins e efeitos de direito, inclusive previdenciários."

O ECA é uma lei nacional e deve ser usado quando as particularidades da demanda assim a ensejarem. As unidades gestoras devem dispor de serviços sociais, para investigação social de cada caso, não podendo se omitirem atrás de dispositivos legais interpretados isoladamente.

A situação de milhares de crianças demanda a medida, e o Princípio da Proteção Integral guarda estrita consonância com o Princípio do Interesse Público. Para transparecer nossas elucubrações, nos atamos ao seguinte caso hipotético: um servidor público inativo cria sua neta desde o seu nascimento, uma vez que os pais eram muito jovens e não possuíam renda. Criou então sua neta como se filha fosse. Com o passar do tempo, ficou viúvo. A neta passou então a ser a única a cuidar dele. Por um desafio do destino, a neta engravida. O pai, dessa criança, que parecia um sujeito sensato, mostra sua verdadeira face depois da notícia. Some, não quer saber do filho, tem ausência financeira e afetiva. Não para em nenhum emprego, não dá pensão alguma. A neta se vê numa situação delicada: cuidar do avô e do filho, não tem como trabalhar. As despesas da casa são custeadas exclusivamente pelos recursos provenientes da aposentadoria. O bisneto começa a apresentar uma série de problemas psicológicos, tem que tomar medicação controlada e ter supervisão médica constante (psiquiatra e psicólogo).

Nessa situação, seria abuso o bisneto ter direito à pensão do seu bisavô? Entendemos que não. Como por diversas vezes afirmado no decorrer deste trabalho, pensão tem a natureza jurídica de reposição de renda, atendendo ao binômio possibilidade/necessidade. Neste ínterim, indaga-se: É possível ao Estado conceder o benefício?

Nesse caso específico não se trata de "manter padrão de vida", mas sim de proporcionar uma vida digna, a uma um menor necessitado, atendendo ao preceituado no *caput* do artigo 227 da Constituição Federal:

> Art. 227. É dever da família, da sociedade e do Estado assegurar à criança, ao adolescente e ao jovem, com absoluta prioridade, o direito à vida, à saúde, à alimentação, à educação, ao lazer, à profissionalização, à cultura, à dignidade, ao respeito, à liberdade e à convivência familiar e comunitária, além de colocá-los a salvo de toda forma de negligência, discriminação, exploração, violência, crueldade e opressão.

Tanto as unidades gestoras como o Poder Judiciário detêm meios de comprovar o binômio possibilidade/necessidade. Em sendo atendido, conforme entendeu a Procuradoria Geral da República, deve ser dada interpretação conforme a Constituição. Antes de indeferir sumariamente os pedidos sob a alegação de falta de previsão legal previdenciária, deve-se adentrar o mundo das provas.

Se a criança ou o adolescente esteve sob guarda de fato do avô, mas com a proteção dos pais (e aí inclui assistência material) e ingressou com ação de guarda, nitidamente e exclusivamente para fins previdenciários, não há que se falar em concessão do benefício. Por isso não devem ser aceitos meros pedidos de justificação de guarda e sustento em sede judicial. Ao contrário, a ação declaratória de guarda e sustento demanda instrução probatória.

Atendendo-se ao fim social do instituto, a guarda especial pode ser deferida, de modo a se evitar a ocorrência de violação a direitos fundamentais: à vida, à saúde, à educação, à previdência social.

Encontra-se em tramitação na Câmara dos Deputados o Projeto de Lei 6399/13, do Senado, que dá ao menor sob guarda judicial do segurado da Previdência Social os mesmos benefícios que têm seus filhos, seus enteados e todos os que estão sob sua tutela.

De acordo com o autor do projeto, o senador Paulo Paim, a legislação atual é discriminatória, pois "qualquer criança ou adolescente deve ter direito ao respeito e à dignidade inerente à sua condição de ser humano em vias de formação, e que necessita, em igualdade de condições, de alimentação, de habitação, de educação, de higiene e de todos os demais meios para se tornar cidadão."

Além disso, segundo o senador, a legislação vigente ofende a Convenção Internacional dos Direitos Humanos da Criança, que determina que todas as crianças devem usufruir da Previdência Social e que os Estados precisam adotar as medidas necessárias para isso.

O Congresso Nacional aprovou pelo Decreto Legislativo n. 28, de 14 de setembro de 1990, a Convenção Internacional dos Direitos Humanos da Criança, que foi promulgada por meio do Decreto n. 99.710, de 21-11-1990.

No seu artigo 26, a referida Convenção diz que: 1. Os Estados–Partes reconhecerão a todas as crianças o direito de usufruir da previdência social, inclusive do seguro social, e adotarão as medidas necessárias para lograr a plena consecução desse direito, em conformidade com sua legislação nacional; e 2. Os benefícios deverão ser concedidos, quando pertinentes, levando-se em consideração os recursos e a situação da criança e das pessoas responsáveis pelo seu sustento, bem como qualquer outra consideração cabível no caso de uma solicitação de benefícios feita pela criança ou em seu nome.

Vale frisar que a dependência econômica é fator preponderante e determinante, com a comprovada impossibilidade de a criança ser mantida pelos pais.

Por derradeiro, destaque-se que o Supremo Tribunal Federal havia adotado o entendimento de que é possível a permanência de pensão por morte a neto sob guarda do ex-segurado: "ato do presidente do STF, que extinguiu pagamento de pensão à neta de ex-servidora. O menor que, na data do óbito do servidor, estiver sob a guarda deste último tem direito à pensão temporária até completar 21 anos de idade (alínea b do inciso II do art. 217 da Lei 8.112/1990). Irrelevante o fato de a guarda ser provisória ou definitiva." (MS 25.823, Rel. p/ o Ac. Min. Ayres Britto, julgamento em 25-6-2008, Plenário, DJE de 28-8-2009). (MS 31.770, de minha relatoria, Segunda Turma, DJe 19.11.2014). (MS 31.934-AgR, Relator o Ministro Dias Toffoli, Primeira Turma, DJe 1º.7.2014).

Contudo, em recente decisão, o STF reafirmou a sua jurisprudência anterior, confirmada na decisão tomada no MS 31.770, por meio da qual a relatora ministra Cármen Lúcia deixou expressamente consignado que:

"[...] Enfatizo, ao final, que as normas dos sistemas de proteção social devem ser fundadas na ideia de garantia aos menos favorecidos, quando colocados em situação de desamparo pela ocorrência de risco social. A preocupação com os indivíduos quanto a eventos que lhes possam causar dificuldade ou até mesmo impossibilidade de prover sua subsistência está na gênese da proteção social buscada pelo Estado contemporâneo, objetivando garantir a todos a dignidade da vida. Entre as situações constitucionalmente inseridas na previdência social brasileira, está a morte do segurado provedor econômico de determinada pessoa, conforme expresso na parte final do inc. V do art. 201 da Constituição da República.

[...] Nesses termos, a interpretação conferida ao art. 5º da Lei n. 9.717/1998 pelo Tribunal de Contas da União, com base na qual se exclui da ordem dos beneficiários, tradicionalmente consagrados pela previdência social, pessoa em comprovada situação de dependência econômica do segurado, divorcia-se do sistema de proteção estabelecido constitucionalmente, afrontando-se, ainda, os princípios da vedação do retrocesso social e da proteção ao hipossuficiente. (STF, MS 31.770, voto da Min. Rel. Cármen Lúcia, T2, j. 04-11-2014 e DJe 20-11-2014). **No mesmo sentido**: MS 31.803-AgR, Rel. Min. **Cármen Lúcia**, julgamento em 17-3-2015, Segunda Turma, *DJE* de 30-3-2015".

Na decisão, entendeu a Segunda Turma do STF, por unanimidade, concedendo o mandado de segurança, pela anulação do Acórdão n. 4.665/2012-TCU-1ª Câmara, proferido pelo Tribunal de Contas da União no Processo TC 010.238/2012-3.

Como visto, o posicionamento hoje adotado pela Segunda Turma do STF é no sentido de concessão de pensão por morte ao dependente instituído que esteja sob guarda do segurado, bem como pela Primeira Seção do STJ.

Com efeito, a tendência é pela concessão do benefício. Entretanto, se o benefício for considerado, deve ser efetivamente regulamentado. O que se espera e o que deve ser feito é a efetiva comprovação de dependência econômica, na falta dos genitores e não a tentativa de se garantir uma pensão que acoberte o parasitismo dos demais membros do núcleo familiar originário.

5.7.7. Despensionamento (Despensão)

Despensionamento seria a possibilidade jurídica de o dependente do ex-segurado promover a desaposentação para depois, pedir a revisão do benefício de pensão (morte ou ausência).

Entretanto, a pretensão não foi acolhida no âmbito do Superior Tribunal de Justiça, conforme ementa a seguir colacionada:

"PREVIDENCIÁRIO. DESAPOSENTAÇÃO. DIREITO PERSONALÍSSIMO. BENEFÍCIO NÃO REQUERIDO PELO TITULAR DO DIREITO. ILEGITIMIDADE ATIVA DE SUCESSOR PREVIDENCIÁRIO. CONFIGURAÇÃO. 1. A autora, titular do benefício de pensão por morte de seu marido, pretende renunciar à aposentadoria do *de cujus* e requerer outra mais vantajosa, computando-se o tempo em que o instituidor da pensão, embora aposentado, continuou a trabalhar. 2. A desaposentação constitui ato de desfazimento da aposentadoria, pela própria vontade do titular, para fins de aproveitamento do tempo de filiação para concessão de nova e mais vantajosa aposentadoria. 3. Trata-se de direito personalíssimo do segurado aposentado, porquanto não se vislumbra mera revisão do benefício de aposentadoria, mas, sim, de renúncia, para que novo e posterior benefício, mais vantajoso, seja-lhe concedido. 4. Os sucessores não têm legitimidade para pleitear direito personalíssimo, não exercido pelo instituidor da pensão (renúncia e concessão de outro benefício), o que difere da possibilidade de os herdeiros pleitearem diferenças pecuniárias de benefício já concedido em vida ao instituidor da pensão (art. 112 da Lei 8.213/91). Recurso especial improvido. (STJ, Recurso Especial n. 1.515.929 – RS, Rel. Min. Humberto Martins, j. 19-05-2015 e DJe 26-05-2015)".

Toda razão assiste ao entendimento exarado pelo ministro Humberto Martins, tendo em vista que a renúncia a uma aposentadoria para obtenção de outra mais vantajosa, com o cômputo do tempo da primeira para a segunda, é direito personalíssimo, intransferível a terceiros estranhos à relação jurídica originária. Os benefícios previdenciários são direitos patrimoniais disponíveis e, portanto, suscetíveis de desistência pelos seus titulares, prescindindo-se da devolução dos valores recebidos da aposentadoria a que o segurado deseja preterir para a concessão de novo e posterior jubilamento. Precedentes do STJ. (STJ, REsp 1.334.488/SC, Rel. Ministro Herman Benjamin, Primeira Seção, DJe de 14/05/2013).

O entendimento foi mantido pelo STJ, conforme AgRg no AREsp 436.056-RS, Rel. Min. Assusete Magalhães, julgado em 3/3/2015, DJe 10/3/2015.

5.7.8. Esposa x companheira x concubina

A discussão em torno do rateio de pensão por morte entre esposa e companheira não é recente. O Supremo Tribunal Federal há muito tempo vem sendo instado a se pronunciar. O certo é que a Colenda Corte sempre protegeu a união estável, não o fazendo com o concubinato. Para melhor dicção do tema, mister esclarecer a diferença entre os institutos. Concubinato é a união espúria, não protegida legalmente, quando uma das pessoas envolvidas na relação tem impedimento para o casamento e nem ao menos é separada de fato. Hodiernamente está previsto no art. 1.727 do Código Civil de 2002: "As relações não eventuais entre o homem e a mulher, impedidos de casar, constituem concubinato." Já a União Estável é protegida por lei, e assegura direitos sucessórios e previdenciários ao casal envolvido na relação e está regulamentada no art. 1.723 e ss do CCB/2002 e pela Lei 9.278/96. Para o CC, a entidade familiar a ser reconhecida como união estável deve ser configurada na convivência pública, notória e duradoura, com o objetivo de constituir família e desde que não haja impedimento para o casamento.

A união entre pessoas desimpedidas ou desquitadas/divorciadas ou ainda separadas de fato não encontrou empecilhos de reconhecimento nas decisões da Suprema Corte. Para melhor ilustrar, colacionamos alguns julgados antigos:

"RECURSO EXTRAORDINÁRIO. PECÚLIO. A CONCUBINA NÃO TEM DIREITO AO PECÚLIO DEIXADO PELO DE CUJUS, CASADO PELO REGIME DE COMUNHÃO DE BENS. INTERPRETAÇÃO DOS ARTIGOS 1.177 E 1.421 DO CÓDIGO CIVIL. (RE 29576, Relator Min. Lafayette de Andrada, Julgamento: 08/05/1956- Órgão Julgador: Segunda Turma).

SEGURO DE VIDA EM FAVOR DA COMPANHEIRA DE SEGURADO CASADO. DISTINÇÃO ENTRE CONCUBINA E COMPANHEIRA. VALIDADE DA CLÁUSULA INSTITUINDO BENEFICIÁRIA CONCUBINA QUE MORAVA COM O SEGURADO HÁ LONGOS ANOS. (RE 49195 - Relator(a): Min. GONÇALVES DE OLIVEIRA - Julgamento: 30/11/1961 - Órgão Julgador: Primeira Turma).

PENSÃO. CONCUBINA DESQUITADA INSCRITA COMO BENEFICIÁRIA DE SEGURADO DESQUITADO. CONCESSÃO. RECURSO NÃO CONHECIDO. (RE 58966 / DF. Relator(a): Min. Gonçalves de Oliveira, Julgamento: 05/05/1967 - Órgão Julgador: 03 Terceira Turma)

MONTEPIO MILITAR. SEU CARÁTER ALIMENTAR. INTERPRETAÇÃO LIBERAL DAS LEIS, QUE O CONSAGRAM. CONTEMPLAÇÃO, IN CASU, DA CONCUBINA DE ACORDO COM A L. 3 765/60, DESDE QUE INEXISTAM BENEFICIÁRIOS LEGÍTIMOS DO TEstadoR. AUSÊNCIA DE INFRAÇÃO DA LEI FEDERAL E DE DISSÍDIO JURISPRUDENCIAL. (RE 67975 / GB – GUANABARA, Relator(a): Min. ADALÍCIO NOGUEIRA, Julgamento: 04/09/1970 - Órgão Julgador: Segunda Turma)"

Interessante o seguinte posicionamento do Superior Tribunal de Justiça, que em 2000 reconheceu o direito da concubina, uma vez que, na realidade, o *de cujus* mantinha duas famílias:

"CIVIL E PROCESSUAL. SEGURO DE VIDA REALIZADO EM FAVOR DE CONCUBINA. HOMEM CASADO. SITUAÇÃO PECULIAR, DE COEXISTÊNCIA DURADOURA DO DE CUJUS COM DUAS FAMÍLIAS E PROLE CONCOMITANTE ADVINDA DE AMBAS AS RELAÇÕES. INDICAÇÃO DA CONCUBINA COMO BENEFICIÁRIA DO BENEFÍCIO. FRACIONAMENTO. CC, ARTS. 1.474, 1.177 E 248, IV. PROCURAÇÃO. RECONHECIMENTO DE FIRMA. FALTA SUPRÍVEL PELA RATIFICAÇÃO ULTERIOR DOS PODERES.

[...] II. Inobstante a regra protetora da família, consubstanciada nos arts. 1.474, 1.177 e 248, IV, da lei substantiva civil, impedindo a **concubina** de ser instituída como beneficiária de seguro de vida, porque casado o *de cujus*, a particular situação dos autos, que demonstra espécie de "bigamia", em que o extinto mantinha-se ligado à família legítima e concubinária, tendo prole concomitante com ambas, demanda solução isonômica, atendendo-se à melhor aplicação do Direito.

III. Recurso conhecido e provido em parte, para determinar o fracionamento, por igual, da indenização securitária. (STJ, REsp 100888 / BA, Ministro Aldir Passarinho Junior, T4 - QUARTA TURMA, julgamento em 14/12/2000, DJ 12/03/2001 p. 144)".

Com certeza, essa nos parece ser a melhor solução a ser aplicada. Na nossa experiência do dia a dia, analisando pedidos de pensão por morte, nos deparamos com várias situações em que a concubina era verdadeira companheira, muitas das vezes enganadas pelo seu consorte, vivendo como se casadas fossem, com prole em comum e total dependência econômica. Entendemos que são situações peculiares e devem ser valorizadas as provas coletadas no bojo do processo. A concubina de homem casado sempre foi discriminada, pelo simples fato de estar vivendo uma situação não protegida legalmente. Entretanto, quando comprovadamente vive, mesmo sendo ilusória, uma verdadeira relação marital, deve ser amparada legalmente. Se vive às expensas exclusivas de seu companheiro, se vive como sua mulher, por que não proteger a relação?

Muitos homens fixam domicílio conjugal em um lugar e trabalham em outro. E acabam por firmar duas famílias distintas, uma em cada localidade onde transita. E a "outra" só vai ter notícias de que seu "marido" era casado quando da tramitação do processo. Por muito tempo nem os filhos eram amparados legalmente, sendo que hoje, por força do art. 227, § 6º da CF/88, "§ 6º Os filhos, havidos ou não da relação do casamento, ou por adoção, terão os mesmos direitos e qualificações, proibidas quaisquer designações discriminatórias relativas à filiação."

Apesar de todos os avanços culturais, a concubina ainda continua a ser discriminada. Em 2009, o Supremo Tribunal Federal, analisando situação em que esposa e concubina pleiteavam pensão por morte, por intermédio do ministro Marco Aurélio, restringiu o direito à esposa, conforme verificamos do seguinte julgado:

"COMPANHEIRA E CONCUBINA - DISTINÇÃO. Sendo o Direito uma verdadeira ciência, impossível é confundir institutos, expressões e vocábulos, sob pena de prevalecer a babel. UNIÃO ESTÁVEL - PROTEÇÃO DO Estado. A proteção do Estado à união estável alcança apenas as situações legítimas e nestas não está incluído o concubinato. PENSÃO - SERVIDOR PÚBLICO - MULHER - CONCUBINA - DIREITO. A titularidade da pensão decorrente do falecimento de servidor público pressupõe vínculo agasalhado pelo ordenamento jurídico, mostrando-se impróprio o implemento de divisão a beneficiar, em detrimento da família, a concubina. (**RE 397762 / BA – BAHIA, Rel. Min. Marco Aurélio, Julgamento: 03/06/2008**-Órgão Julgador: Primeira Turma-DJe-172 DIVULG 11-09-2008 PUBLIC 12-09-2008)".

Em voto divergente o ministro Carlos Ayres Brito assim se posicionou:

"À luz do Direito Constitucional brasileiro, o que importa é a formação em si de um novo e duradouro núcleo doméstico. A concreta disposição do casal para construir um lar com um subjetivo ânimo de permanência que o tempo objetivamente confirma. Isto é família, pouco importando se um dos parceiros mantém uma concomitante relação sentimental a dois."

Para o ministro Ayres Brito, pensamento este que coadunamos, "a Constituição Federal, em diversos artigos, não faz distinção quanto a casais formais – que ele chamou de papel passado, e os casais impedidos de contrair matrimônio." Não se cuidou, *in casu*, de uma mera relação eventual, e sim de uma verdadeira comunhão de vida.

Não estamos fazendo ideologia ao adultério, ao contrário, entendemos que a família deve ser protegida pelo Estado. Entretanto o que não se pode admitir é deixar ao talante, sem amparo, a pessoa que viveu por longos anos em uma situação concreta nos fatos e imaginária no direito.

Para reforçar o aludido, tomemos a seguinte situação hipotética: até pouco tempo, o cruzamento de dados não era realizado, por conta da escassez de recursos tecnológicos. Levando em consideração que os proclamas de casamento eram apenas uma forma de dar visibilidade ao matrimônio a ser contraído, não gerando segurança em relação a possíveis fraudes, uma pessoa se casa no Estado de Sergipe. Como sua profissão (caixeiro viajante, por exemplo) exigia do mesmo viagens constantes, ele acaba se casando também no Estado de Alagoas. E não satisfeito, acaba se casando também em Pernambuco. Para facilitar a análise, tomemos cidades do interior desses Estados. Quando o sujeito, adúltero, três casamentos formais, vem a falecer, pergunta-se: com qual mulher deve ficar o direito ao percebimento de pensão por morte? Simplesmente com a primeira porque os dois últimos casamentos são nulos à vista do Ordenamento Jurídico? E se ele convivia de fato com a última? E se teve mais filhos com a segunda? É para se manter o primeiro vínculo em todas as hipóteses?

O posicionamento atual do STF continua a ser desfavorável em relação à concubina (que, para nós, em situações verdadeiras de comunhão de vida, é um termo pejorativo, já que a palavra concubinato – do latim, *concubere* – significa compartilhar o leito). Entrementes, foi reconhecida Repercussão Geral no RE 669465, com a seguinte ementa:

"PREVIDENCIÁRIO. PENSÃO POR MORTE. CONCUBINATO IMPURO DE LONGA DURAÇÃO. EFEITOS PARA FINS DA PROTEÇÃO DO Estado À QUE ALUDE O ARTIGO 226, § 3º, DA CONSTITUIÇÃO FEDERAL. EXISTÊNCIA DE REPERCUSSÃO GERAL. (STF, RE 669465 RG/ES, Rel. Min. Luiz Fux, j. 08-03-2012)".

Vê-se, portanto, que a discussão ainda não teve fim. E pela luz da hermenêutica atual, a tendência é o reconhecimento do concubinato, de longa duração, para efeitos previdenciários. Com efeito, a manifestação favorável no Recurso Extraordinário, colocará um termo à celeuma,

que, como vimos, existiaantes mesmo do advindo da Lei do Divórcio – Lei n. 6.515, de 26 de dezembro de 1977.

Interessante ainda deixar em destaque que o STJ tem adotado a terminologia "namoro qualificado", conforme expresso no REsp n. 1.454.643. O relator do processo, ministro Marco Aurélio Bellizze, entendeu que o namoro qualificado, que não tem objetivo de constituir família, não pode gerar efeitos patrimoniais. O namoro qualificado seria, pois, a projeção futura de constituição de família, e não a própria constituição familiar. Para o ministro relator, "a constituição de família requer o compartilhamento de vidas e de esforços, com integral e irrestrito apoio moral e material entre os conviventes." (STJ, REsp 1454643/RJ, Rel. Ministro Marco Aurélio Bellizze, Terceira Turma, julgado em 03/03/2015, DJe 10/03/2015).

Por oportuno, temos hoje, então, cinco conceitos a serem observados quando da concessão de uma pensão por morte ao companheiro supérstite (em sentido amplo, abrangendo o cônjuge): I) casamento; II) união estável; III) concubinato; IV) namoro qualificado; e V) separação de fato. Por isso entendemos que os casos devem ser analisados individualmente, sendo que, como profetizava Teotônio Vilela Filho, quando governador do Estado de Alagoas: *por detrás de todo processo existe uma pessoa*.

E é pensando assim que entendemos que uma das maiores ferramentas que deve dispor a unidade gestora única é a investigação social, tanto para aplicar justiça ao caso concreto como para detectar fraudes.

Entendemos, por fim, que conceitos limitadores de família não podem ter efeitos previdenciários, haja vista que a proteção previdenciária é baseada na dependência econômica e proteção social; não no *status* civil da pessoa.

5.7.9. Cancelamento do benefício

A pensão por morte pode ser cancelada: 1) pela descaracterização da dependência econômica; 2) pelo implemento de idade (caso dos filhos menores); 3) pela conclusão de curso de ensino superior. 4) pela contração de novas núpcias ou união estável; e 5) pela morte do dependente.

Entretanto os tribunais têm concedido a manutenção do benefício, mesmo após a comprovação dos requisitos 1 e 4.

Segundo a *Revista Época* as pensões a filhas solteiras de funcionários públicos consomem por ano 4,35 bilhões de reais do contribuinte – e muitas já se casaram, tiveram filhos, mas ainda recebem os benefícios[40].

De acordo com o semanário, esse tipo de pensão vem de uma época em que as mulheres não trabalhavam e dependiam do pai ou do marido e a pensão para filhas solteiras maiores de 21 anos pretendia não deixar

---

(40) GOMIDE, Raphael. Revista Época: As filhas de servidores que ficam solteiras para ter direito à pensão. Disponível em <http://epoca.globo.com/vida/noticia/2013/11/filhas-de-servidores-que-ficam-solteiras-para-ter-direito-bpensao-do-Estadob.html>. Acesso em 05 de outubro de 2015.

desassistidas filhas de servidores mortos. Hoje, a medida dá margem a diversas fraudes. Para ter o direito, a mulher não pode se casar ou viver em união estável. Para driblar a lei e seguir recebendo os benefícios, muitas se casam na prática. Moram com o marido, têm filhos, mas não registram a união oficialmente. O governo federal concentra 76.336 casos. Isso corresponde a 55% dos benefícios do país, só entre filhas de servidores civis mortos até dezembro de 1990. Os militares da União descontam mensalmente 1,5% do salário para deixar pensão para as filhas. O custo anual aos cofres federais é de 2,8 bilhões de reais. Segundo o Ministério do Planejamento, trata-se de direito adquirido. O total diminuiu 12% desde 2008. Houve 3.131 mortes, 1.555 mudanças de Estado civil, e 1.106 assumiram cargo público – pela lei federal, motivo de perda. As "renúncias espontâneas" foram apenas 518. O governo afirma que "as exclusões decorrem do trabalho de qualificação contínua da base de dados de pessoal" e que a busca por inconsistências na folha é permanente. A partir de 2014, a Pasta centralizará a lista de pensionistas filhas solteiras, hoje dispersas.

Contudo, a legislação evoluiu, não se concedendo mais pensões deste jaez, já que não são mais previstas pelo regime geral. As pensões que são pagas atualmente obedecem a legislações passadas, nas quais o benefício era permitido. Como a lei aplicável à concessão de pensão previdenciária por morte é aquela vigente na data do óbito do segurado (Súmula 340 do STJ), os entes são obrigados a manter os benefícios, concedidos com base na lei vigente ao óbito do segurado. Desta forma, não é ilegal a concessão do benefício, desde que com base na legislação vigente quando do óbito do ex-segurado, que determinava: desde que permaneça solteira e sem renda.

O que é ilegal e imoral, que contraria o interesse público, que afronta os anseios da sociedade, são decisões de manutenção do benefício, quando comprovadamente a beneficiária não se manteve solteira e sem renda.

Sobre a matéria, o Tribunal de Contas da União (TCU), acabou editando, em 2014, a Súmula 285 com o seguinte teor: "A pensão da Lei 3.373/1958 somente é devida à filha solteira maior de 21 anos enquanto existir dependência econômica em relação ao instituidor da pensão, falecido antes do advento da Lei 8.112/1990."

A nova súmula revoga a Súmula 168, que assim dispunha:

"Para a concessão da pensão prevista na Lei n.º 6.782/80, a restrição constante do art. 5º, parágrafo único, da Lei n.º 3.373, de 12/03/58, que estabeleceu o Plano de previdência e Assistência ao funcionário e à sua Família, só abrange a filha solteira, maior de 21 anos e ocupante de cargo público permanente, na Administração Direta ou Centralizada, sem embargo de seu direito de opção, a qualquer tempo, pela situação mais vantajosa".

Ocorre que na data de edição da Súmula 168 a dependência econômica era presumida, o que não mais subsiste. Hoje a dependência econômica deve ser devidamente comprovada, não se admitindo ainda a opção pela situação mais vantajosa à beneficiária, como, por exemplo, renúncia a um cargo público para ficar com o benefício.

De acordo com o Acórdão n. 1.843/2006, Acórdão n. 3.055/2008, Acórdão n. 1.661/2009 e Acórdão n. 2.321/2009, todos da Primeira Câmara do TCU, a ocupação de cargo público efetivo por filha solteira, maior de 21 anos, de ex-servidor, constitui causa extintiva do direito ao recebimento da pensão prevista no parágrafo único do art. 5º da Lei n. 3.373/58.

Nos termos do Acórdão n. 3.359/2008, da Segunda Câmara do TCU, a concessão de pensão civil à beneficiária deve ser considerada ilegal, diante da demonstração de que a interessada exerce cargo público permanente, em clara violação às disposições do parágrafo único, do art. 5º da Lei 3.373/1958.

No Acórdão TC 028.017/2009-5 – Plenário, o TCU, respondendo à consulta com várias indagações, assim deixou registrado:

"**Questão n. 1:** a filha solteira maior de 21 anos, para fazer jus à pensão da Lei n. 3.373/1958, c/c a Lei n. 6.782/1980, deverá comprovar a dependência econômica em relação ao instituidor da pensão?

Resposta: SIM, lembrando que a dependência econômica constitui requisito cujo atendimento é indispensável tanto para a concessão da pensão quanto para a sua manutenção, ou seja, a eventual perda de tal dependência por parte da pensionista significará a extinção do direito à percepção do benefício em referência.

Questão n. 2: a filha solteira maior de 21 anos poderá acumular os proventos de aposentadoria percebidos sob o Regime Geral de Previdência Social com a pensão deferida com fundamento na Lei n. 3.373, de 1958?

Resposta: NÃO, salvo se os proventos de aposentadoria percebidos sob o Regime Geral de Previdência Social representarem renda incapaz de proporcionar subsistência condigna, situação a ser verificada mediante análise caso a caso, conforme explicação constante dos itens 29 a 39 do voto que fundamenta este acórdão.

Questão n. 3: o simples fato de a filha solteira maior de 21 anos titularizar cargo público ou ser aposentada sob o Regime do Plano de Seguridade Social do Servidor Público enseja, imediatamente, a extinção do direito à percepção do benefício instituído com fulcro no parágrafo único do art. 5º da Lei n. 3.373, de 1958?

Resposta: SIM, cumprindo esclarecer que se incluem ainda entre as razões para a extinção do direito à percepção de tal benefício qualquer outro fato que descaracterize a dependência econômica da beneficiária em relação ao instituidor da pensão, consoante resposta dada à questão n. 1.

Questão n. 4: uma vez constatada a situação da questão anterior, deverá a administração facultar à beneficiária de pensão a possibilidade de, a qualquer tempo, optar pela situação mais vantajosa, consoante disposto na Súmula n. 168 do Tribunal de Contas da União?

Resposta: NÃO, posto que inexiste amparo legal

para que a administração faculte à beneficiária a opção cogitada, cabendo reiterar que, conforme a resposta dada à questão anterior, qualquer uma das situações ali aventadas, ou algum outro fato que descaracterize a dependência econômica da pensionista em relação ao instituidor da pensão, enseja a extinção irreversível do direito à percepção do sobredito benefício.

Questão n. 5: o fator impeditivo para a percepção do benefício previsto no parágrafo único do art. 5º da Lei n. 3.373, de 1958, qual seja, "ocupante de cargo público permanente" estará caracterizado se a filha solteira maior de 21 anos for nomeada para cargo em comissão, tiver sido contratada com supedâneo na Lei n. 8.745, de 1993, ou for empregada de empresa pública ou sociedade de economia mista, e, por conseguinte, deverá ser suspensa a pensão?

Resposta: SIM, mas não em razão de as ocupações mencionadas se equipararem a cargo público permanente, e sim por causa da percepção de renda própria, desde que o ganho auferido, não só pelo exercício das ocupações aí indicadas, como também de algum outro trabalho regularmente remunerado, resultar em rendimento capaz de proporcionar subsistência condigna, conforme verificação a ser procedida caso a caso (v. itens 29 a 39 do voto precedente), porquanto isso descaracterizaria a dependência econômica, requisito que, conforme já dito, deverá ser atendido por parte da filha solteira maior de 21 anos tanto para a concessão da pensão quanto para a sua manutenção.

Questão n. 6: para que seja beneficiária da pensão prevista no parágrafo único do art. 5º da Lei n. 3.373, de 1958, a filha solteira deve ser menor de 21 anos na data do óbito do instituidor da pensão?

Resposta: NÃO.

Da jurisprudência, coletamos que tribunais têm sistematicamente se posicionado no sentido de que deve permanecer caracterizada a dependência econômica, para que o benefício possa continuar sendo fruído. Para o TRF 2, a sua jurisprudência predominante vai no sentido de que a união estável, por ser equiparada ao casamento para todos os efeitos legais, descaracteriza a condição de solteira, autorizando, por conseguinte, o cancelamento da pensão temporária. (TRF 2, AC 200951010265236, Rel. Des. Federal Marcelo Pereira da Silva, Oitava Turma Especializada, j. 21-05-2014 e p. 29-05-2014).

O Superior Tribunal de Justiça, analisando situação concreta de pensão estatutária repartida entre a viúva e duas filhas maiores, solteira, uma, e outra, ao tempo do óbito, separada, se manifestou no sentido de assistir razão o TCU, negando registro no exame da legalidade do ato, em relação ao benefício negado à filha separada, em razão de não haver ficado comprovada a dependência econômica com o instituidor. (TRF 2, AgRg no REsp, 1098961 RJ, Rel. Des.. Leopoldo de Arruda Raposo - Desembargador convocado do TJ/PE, T5, j. 28-04-2015 e DJe 11-05-2015).

Para o Tribunal de Justiça de São Paulo, a partir da interpretação sistemática e finalística dos valores constitucionais, a pensão por morte deve continuar sendo paga enquanto perdurar a dependência econômica. (TJ/SP APL 10056254820148260053 SP 1005625-48.2014.8.26.0053, Rel. Des. Vicente de Abreu Amadei, 1ª Câmara de Direito Público, j. 19-05-2015, p. 26-05-2015).

Em relação à lei a ser observada, o Tribunal de Justiça do Rio Grande do Sul se posicionou no sentido de que o direito à pensão por morte rege-se pelo princípio do "tempus regit actum", consoante Súmula 340 do STJ. "Considerando que o falecimento do instituidor do benefício ocorreu posteriormente à vigência da Lei Estadual n. 11.443/00, que revogou o art. 73 da Lei Estadual n. 7.672/82, inexiste permissivo legal para a concessão de pensão por morte à filha solteira e, dessa forma, não se cogita de direito adquirido." (TJ/RS, Apelação Cível n. 70059786343, Segunda Câmara Cível, Rel. Des, Ricardo Torres Hermann, j. 02-07-2014).

5.7.10. Cálculos da pensão

Para os cálculos de pensão por morte, primeiramente deve-se atentar para o fato de que deve ser calculada com base no índice do limite máximo do Regime Geral de Previdência Social (LMRGPS), vigente à época.

A nova sistemática para cálculo de pensões foi introduzida pela EC n. 41/03. A intenção dos cálculos foi retirar da relação de amparo dependente-valor do benefício a parte que caberia ao instituidor quando componente do núcleo familiar[41]. Andou bem o legislador, uma vez que não fazia sentido a totalidade do benefício quando um de seus membros deixou de fazer parte do núcleo. Essa é a explicação para a nova sistemática de forma de calcular as pensões por morte, conforme vem disposto no § 7º do artigo 40 da CF/88.

Muita confusão ainda gira em torno da correta aplicabilidade dos cálculos. Para facilitar, utilizamos a seguinte fórmula:

R − LMRGPS = X

70% DE X = Y

VP = LMRGPS + Y

R = REMUNERAÇÃO (SUBSÍDIOS, VENCIMENTOS)

LMRGPS = LIMITE MÁXIMO DO REGIME DE GERAL DE PREVIDÊNCIA SOCIAL

VP = VALOR DA PENSÃO

Obs.: Usar o valor do LMRGPS do exercício financeiro em que é calculada a pensão inicial.

Exemplo: Servidor faleceu na atividade em 30 de março de 2015[42] e recebia subsídio no valor de R$ 10.000,00 (dez mil reais).

---

(41) Núcleo familiar, pelo conceito de família eudemonista, não é formado apenas pelo pai-mãe-filho, mas por pai-filho, mãe-filho, pais-filhos, mães-filhos, etc. O conceito é ligado à afetiva, não apenas laços consanguíneos, ou seja, independente do vínculo biológico.

(42) A Portaria Interministerial MPS/MF n. 13 de 09.01.2015 – DOU de 12.01.2015, estabeleceu novo LMRGPS, fixando-o em R$ 4.663,75 (quatro mil, seiscentos e sessenta e três reais e setenta e cinco centavos).

> 10.000,00 - 4.663,75 = 5.336,25. 2) 70% de 5.336,25 = 3.735,38. 3) 4.663,75 + 3.735,38 = 8.399,13

Se o óbito ocorreu em 30 de março de 2014:

> 10.000,00 – 4.390,24 = 5.609,76. 2) 70% de 5.609,76 = 3.926,83. 3) 4.390,24 + 3.926,83 = 8.317,07

Se o óbito ocorreu em agosto de 2011:

> 10.000,00 – 3.691,74 = 6.308,26. 2) 70% de 6.308,26 = 4.415,78. 3) 3.691,74 + 4.415,78 = 8.107,52

Uma vez calculada e concedida a pensão, ela não é recalculada. O montante auferido deve ser reajustado. A previsão de reajustamento vem estabelecida no art. 15 da Lei n. 10.887/2004. Entretanto, o dispositivo está suspenso por força de medida cautelar exarada na ADI 4582, provocada pelo Estado do Rio Grande do Sul, em 28.9.2011, cuja decisão cautelar somente foi publicada no Diário de Justiça Eletrônico de 9.2.2012.

A concessão da medida cautelar levou em consideração os recursos orçamentários do Estado – lesão à ordem econômica, bem como observância à Súmula 681 do STF– que assim preceitua: "É inconstitucional a vinculação do reajuste de vencimentos de servidores estaduais ou municipais a índices federais de correção monetária."

Nesse sentido, acórdão no qual foi afirmado que a regência dos vencimentos dos servidores estaduais decorre de normas do próprio Estado, descabendo, sob o ângulo da isonomia, acionar legislação federal. (STF, RE 459.128/AL – Recurso Extraordinário, Rel. Min. Marco Aurélio, julgamento em 7.4.2009, Primeira Turma, DJe de 21.8.2009).

O *decisium* reitera o entendimento há muito firmado pelo STF no RE 177.599, Rel. Min. Celso de Mello, julgamento em 30.8.1994, Primeira Turma, DJ de 20.4.1995). Ainda afirmado pelo STF:

> "Revela-se inconstitucional, porque ofensivo aos postulados da Federação e da separação de poderes, o diploma legislativo estadual, que, ao estabelecer vinculação subordinante do Estado-membro, para efeito de reajuste da remuneração do seu funcionalismo, torna impositiva, no plano local, a aplicação automática de índices de atualização monetária editados, mediante regras de caráter heterônomo, pela União Federal. Precedentes. (STF, AO 366, Rel. Mm. Celso de Mello, julgamento em 22.4.1997, Primeira Turma, DJ de 8.9.2006.)"

Ressalve-se que o art. 15 da Lei n 10.887/2004, na redação conferida pela Lei 11.784/2008, tem cunho federal, em sentido restrito, aplicando-se apenas aos aposentados e pensionistas federais. Portanto, a sua sistemática não deve ser seguida pelos demais entes da federação, a menos se dispuserem de forma expressa em suas próprias leis.

5.7.11. Base de cálculo das contribuições previdenciárias incidentes sobre as pensões

Para os cálculos da alíquota de contribuição na pensão por morte, deve ser levada em consideração a base da pensão-mãe, ao passo que o imposto de renda deve ser calculado sobre a quota-parte. Explicamos: quando feito o cálculo da pensão de acordo com o § 7º do art. 40 da CF/88, a contribuição previdenciária deve incidir sobre o montante encontrado, descontado o valor do limite máximo do RGPS. Assim:

> 1) Pensão por morte = 8.000,00. 2) 8.000,00 - 4.663,75 = 3.336,25. 3) 11% de 3.336,25 = 366,99. 4) Valor da contribuição = 366,99

Se o (a)pensionista for portador(a) de doença incapacitante, ficará isento(a), uma vez que o valor da pensão é inferior ao dobro do LMRGPS.

Destarte, suponhamos que o valor da pensão seja fixado em R$ 10.000,00 (dez mil reais) e a pensionista seja portadora de invalidez. Assim ficará o valor da contribuição:

> 1) Pensão por morte = 10.000,00. 2) 10.000,00 – 9.327,50 = 672,50. 3) 11% de 672,50 = 73,98. 4) Valor da contribuição = 73,98

Se for um único pensionista, o Imposto de Renda deverá ser calculado sobre o montante efetivamente auferido. Mas, se houver mais de um pensionista, o IR deve ser calculado sobre a quota-parte efetivamente recebida.

Assim, supondo-se que a pensão será rateada por dois pensionistas:

> 1º passo: calcular o valor da pensão (§ 7º do art. 40). Valor encontrado: 8.000,00
>
> 2º passo: subtrair o valor do LMRGPS = 8.000,00 - 4.663,75 = 3.336,25
>
> 3º passo: calcular o valor da contribuição: 11% de 3.336,25 = 366,99
>
> 4º passo: dividir o valor da contribuição por 2: 183,50
>
> 5º passo: encontrar o valor da quota-parte: 8.000,00 divididos por 2 = 4.000,00
>
> 6º passo: da quota-parte retirar o valor da contribuição: 4.000,00 – 183,50 = 3.816,50
>
> Valor da quota-parte com desconto previdenciário: 3.816,50

Agora suponhamos que o valor da pensão encontrado após os cálculos do art. 40 seja de R$ 12.000,00 e que será dividido entre um pensionista que não goza da isenção do § 21 do art. 40 da CF/88 e outro que tem direito à referida isenção, por ser portador de cardiopatia grave:

1ª quota-parte:

1º passo: calcular o valor da pensão (§ 7º do art. 40). Valor encontrado: 12.000,00

2º passo: subtrair o valor do LMRGPS = 12.000,00 - 4.663,75 = 7.336,25

3º passo: calcular o valor da contribuição: 11% de 7.336,25 = 807,00 (valor arredondado. Valor encontrado: 806,98)

4º passo: dividir o valor da contribuição por 2: 403,50

5º passo: encontrar o valor da 1ª quota-parte: 12.000,00 divididos por 2 = 6.000,00

6º passo: da 1ª quota-parte retirar o valor da contribuição: 6.000,00 – 403,50 = 5.596,50

Valor da 1ª quota-parte com desconto previdenciário: 5.596,50

2ª quota-parte:

1º passo: calcular o valor da pensão (§ 7º do art. 40). Valor encontrado: 12.000,00

2º passo: subtrair o valor do dobro do LMRGPS = 12.000,00 – 9.327,50 = 2.672,50

3º passo: calcular o valor da contribuição: 11% de 2.672,50 = 294,00 (valor arredondado. Valor encontrado: 293,97)

4º passo: dividir o valor da contribuição por 2: 147,00

5º passo: encontrar o valor da 2ª quota-parte: 12.000,00 divididos por 2 = 6.000,00

6º passo: da 2ª quota-parte retirar o valor da contribuição: 6.000,00 – 147,00 = 5.853,00

Valor da quota-parte com desconto previdenciário: 5.853,00

Vale consignar que hoje a quota-parte da pensão tem reversão, isto é, quando um beneficiário falece, a sua quota-parte vai para os beneficiários remanescentes. Tal reversão, a nosso ver, não condiz com a situação econômica de dependência. Ora, se o ex-segurado tinha, por exemplo, cinco filhos e uma esposa, a pensão inicial vai ser dividida em seis quotas. Se um dos filhos alcança a maioridade e passa a não ter mais dependência econômica, sua quota é revertida. Ora, se ele saiu da relação jurídica previdenciária, e os remanescentes viviam com suas quotas, não faz sentido passarem usufruir de uma quota maior. A quota-parte deveria se extinguir com a situação do seu beneficiário primevo.

Se a remuneração do segurado, quando vivo, era de 6 mil reais, por exemplo, com seu falecimento, o legislador levou em conta que, como a sua parte de despesas não mais existe, não seria lógico que o (s) pensionista (s). Por conta disso, a pensão foi regulamentada através do art. 40, § 7º da Constituição Federal. Ora, a dedução lógica deve ser mesma quando se trata de exclusão de beneficiário. Mas como ainda no Brasil se entende o benefício previdenciário como herança, ainda hoje existe a reversão de quotas.

5.8. Auxílio-reclusão

Ao contrário do que vem sendo postado em redes sociais por vários "entendidos" no assunto, o auxílio–reclusão não é destinado ao condenado, e sim a sua família. Olvidam-se os que são contrários à medida de que a Constituição Federal garante, no seu artigo 5º, inciso XLV, que nenhuma pena passará da pessoa do condenado.

A razão de existência do auxílio–reclusão é proteger o núcleo familiar, quando seu provedor estiver impedido de exercer suas atividades e consequentemente sua remuneração. Protege-se assim a família do segurado condenado à pena que deva ser cumprida em regime fechado ou semiaberto (que impossibilitam o exercício laboral externo remunerado).

O benefício foi instituído pelo extinto Instituto de Aposentadoria e Pensões dos Marítimos (IAPM) e já tinha previsão na Lei 3.807, de 26 de agosto de 1960 – Lei Orgânica da Previdência Social (LOPS). Entretanto, para o servidor público, somente veio a ganhar status constitucional a partir da edição da EC n. 20/98, passando a ser então regulamentado nos seguintes termos, conforme previsão do artigo 13:

> Art. 13 - Até que a lei discipline o acesso ao salário-família e auxílio-reclusão para os servidores, segurados e seus dependentes, esses benefícios serão concedidos apenas àqueles que tenham renda bruta mensal igual ou inferior a R$ 360,00 (trezentos e sessenta reais), que, até a publicação da lei, serão corrigidos pelos mesmos índices aplicados aos benefícios do regime geral de previdência social.

No exercício de 2015, esse valor estava fixado em R$ 1.089,72 (um mil e oitenta e nove reais e setenta e dois centavos).

No entanto, vários RPPS ainda continuam pagando o auxílio–reclusão com lastro na última remuneração do servidor, tendo em vista que os regimes jurídicos únicos dos servidores, que foram os primeiros a cuidar da matéria, previam que à família do servidor ativo seria pago o auxílio–reclusão, com o valor de 2/3 (dois terços) da remuneração, quando afastado por motivo de prisão, em flagrante ou prisão preventiva; ou metade da remuneração, durante o afastamento, em virtude de condenação definitiva, à pena que não importasse em perda do cargo. Neste sentido, vale ilustrar com o artigo 229 da Lei n. 8.112/90 – Regime Jurídico Único dos Servidores da União (copiado pelos outros entes federados):

> Art. 229. À família do servidor ativo é devido o auxílio-reclusão, nos seguintes valores:
>
> I – dois terços da remuneração, quando afastado por motivo de prisão, em flagrante ou preventiva, determinada pela autoridade competente, enquanto perdurar a prisão;
>
> II – metade da remuneração, durante o afastamento, em virtude de condenação, por sentença definitiva, a pena que não determine a perda de cargo.
>
> §1º. Nos casos previstos no inciso I deste artigo, o servidores terá direito à integralização da remuneração, desde que seja absolvido.
>
> §2º. O pagamento do auxílio-reclusão cessará a partir do dia imediato àquele em que o servidor for posto em liberdade, ainda que condicional.

A ON/MPS/SPS n. 02/2009 orienta os Regimes Próprios acerca da concessão do auxílio–reclusão em seu artigo 55, nos seguintes termos:

> Art. 55. Fará jus ao auxílio-reclusão o dependente do servidor de baixa renda, recolhido à prisão, nos termos da lei de cada ente.
>
> § 1º Até que a lei discipline o acesso ao auxílio-reclusão para os dependentes do segurado, esses benefícios serão concedidos apenas àqueles que recebam remuneração, subsídio ou proventos mensal igual ou inferior ao valor limite definido no âmbito no RGPS.
>
> § 2º O valor do auxílio-reclusão corresponderá à última remuneração do cargo efetivo ou subsídio do servidor recluso, observado o valor definido como baixa renda.
>
> § 3º O benefício do auxílio-reclusão será devido aos dependentes do servidor recluso que não estiver recebendo remuneração decorrente do seu cargo e será pago enquanto for titular desse cargo.
>
> § 4º O benefício concedido até 15 de dezembro de 1998 será mantido na mesma forma em que foi concedido, independentemente do valor da remuneração do servidor.

Caso venha a falecer o segurado preso, o auxílio-reclusão pago aos seus dependentes deve ser automaticamente convertido em pensão por morte, constituindo exceção ao princípio da inércia na concessão dos benefícios previdenciários e dada a natureza jurídica similar de ambos os institutos. E por ter natureza de pensionamento, entendemos que não incide contribuição previdenciária sobre o auxílio–reclusão, uma vez que está limitado a valores abaixo do limite máximo do Regime Geral de Previdência Social.

E como fica o tempo de afastamento do servidor que fora recolhido à prisão e que não perdeu o seu cargo, mas ficou com sua remuneração suspensa? Neste caso, entendemos que as contribuições previdenciárias atinentes ao período poderão ser computadas de forma a assegurar esse tempo para a contagem de tempo de contribuição para a sua aposentadoria, desde que o segurado pague as contribuições tanto da parte do segurado como da parte patronal, tal como ocorre na licença sem vencimentos.

Acerca do auxílio–reclusão, o Supremo Tribunal Federal firmou entendimento de que, segundo decorre do art. 201, IV, da Constituição, a renda do segurado preso é que deve ser utilizada como parâmetro para a concessão do benefício e não a de seus dependentes. Tal compreensão se extrai da redação dada ao referido dispositivo pela EC 20/1998, que restringiu o universo daqueles alcançados pelo auxílio-reclusão, a qual adotou o critério da seletividade para apurar a efetiva necessidade dos beneficiários. Diante disso, o art. 116 do Decreto 3.048/1999 não padece do vício da inconstitucionalidade. (STF, RE 587.365, Rel. Min. Ricardo Lewandowski, julgamento em 25-3-2009, Plenário, DJE de 8-5-2009, com repercussão geral. No mesmo sentido: STF, AI 767.352-AgR-segundo, Rel. Min. Ellen Gracie, julgamento em 14-12-2010, Segunda Turma, DJE de 8-2-2011).

5.9. ABONO DE PERMANÊNCIA

A EC n. 20/1998 trazia, no bojo do § 5º do artigo 8º, espécie de isenção tributária:

> "O servidor de que trata este artigo, que após completar as exigências para aposentadoria estabelecidas no *caput*, permanecer em atividade, fará jus à isenção da contribuição previdenciária até completar as exigências para aposentadoria contidas no art. 40, § 1º, III, "a", da Constituição Federal."

O dispositivo foi revogado pela EC n. 41/2003, que passou a prever a figura do abono de permanência.

A isenção, num sistema de contribuição, como o sistema previdenciário público, não tinha razão de existência, posto que feria vários princípios da previdência social, notadamente o da compulsoriedade das prestações.

Além do mais, a CF/88 prevê em seu artigo 150, II, que é vedado à União, aos Estados, ao Distrito Federal e aos Municípios instituir tratamento desigual entre contribuintes que se encontrem em situação equivalente, proibida qualquer distinção em razão de ocupação profissional ou função por eles exercida, independentemente da denominação jurídica dos rendimentos, títulos ou direitos. Bem como em seu artigo 151, III, dispor expressamente ser vedado à União instituir isenções de tributos da competência dos Estados, do Distrito Federal ou dos Municípios.

Como a isenção de contribuição previdenciária esbarrava nos dispositivos constitucionais regentes da matéria, e como era interesse manter servidores na ativa, mesmo após o cumprimento de regras para aposentação, instituiu-se o abono de permanência, como forma de dar incentivo aos servidores que se encontrassem nessa situação.

Com o abono de permanência, o servidor contribui normalmente, mas por uma benesse da Administração, que o quer em atividade, a ele é dada uma forma de gratificação, que não se confunde com isenção previdenciária.

Segundo o Superior Tribunal de Justiça, o abono de permanência, instituído pela Emenda Constitucional n.41/2003, é o reembolso da contribuição previdenciária, devido ao servidor público que, já tendo cumprido todas as exigências legais para se aposentar, decide permanecer em atividade. Assim, para a sua concessão, impõe-se ao servidor público implementar todas as condições para aposentadoria voluntária. (STJ, REsp 1277616 PR, Rel. Min. Mauro Campbell Marques, T2, j. 07-02-2012 e DJe 14-02-2012).

Ainda de acordo com o STJ, o abono de permanência é indubitavelmente uma vantagem pecuniária permanente, pois essa contraprestação se incorpora ao patrimônio jurídico do servidor de forma irreversível ao ocorrer a reunião das condições para a aposentadoria, associada à continuidade do labor. Não é, portanto, possível atribuir eventualidade ao pagamento da citada vantagem, pois somente com o implemento da aposentadoria ela cessará. (STJ, REsp 1.489.904 RS, Rel. Min. Herman Benjamin, T2, DJe 4-12-2014).

O Supremo Tribunal Federal firmou o entendimento de que é possível a concessão de abono de permanência para o servidor militar, apesar de ele não estar inserido no artigo 40 da CF/88: Ao militar integrante das fileiras da Polícia Militar do Estado do Maranhão que já tenha reunido os requisitos para transferência à reserva remunerada, e que ainda permaneça em serviço, é assegurado o abono de permanência de que trata o art. 59 da Lei Complementar estadual n. 73/94 (STF, ARE 700403 MA, Rel. Min. Luiz Fux, Primeira Turma, j. 18-12-2012 e DJe 20-02-2013). E ainda que é devido o abono de permanência, na forma da legislação, quando o segurado militar, mesmo tendo implementado as exigências do regime especial para obter a aposentadoria voluntária, prefere continuar na atividade. (STF, ARE 696734 MA, Rel. Min. Luiz Fux, Primeira Turma, j. 05-02-2013 e DJe 28-02-2013).

Destarte, coadunamos, *ipsis litteris,* com a tese defendida pelo desembargador Torres de Carvalho, do Tribunal de Justiça de São Paulo:

"ABONO DE PERMANÊNCIA. Policiais militares. Permanência em atividade depois de completado o prazo para aposentadoria voluntária. CF, art. 142, § 3º, X. LCE n. 1.013/07. – 1. Abono de permanência. Militares. A EC n. 41/03 previu o abono de permanência somente para o servidor civil (art. 40, § 19), sem fazer-lhe referência no art. 42 § 1º, que cuida dos militares dos Estados. Os policiais militares são regidos por lei específica, a LCE n. 1.013/07, que dispôs integralmente sobre o regime previdenciário dos militares do Estado e não previu o abono, **sendo indevido o seu pagamento**. – 2. Abono de permanência. Militares. A Seção de Direito Público acabou se inclinando em outra direção e vem reconhecendo o direito dos policiais militares ao pagamento do abono com base no art. 13, § único da LCE n. 1.012/07. **Curvo-me ao entendimento pacificado da Seção, com a ressalva de meu entendimento**. – Segurança concedida em parte. Recurso oficial e da Fazenda desprovidos. (TJ/SP, APL 00243114220138260053 SP, Rel. Des. Torres de Carvalho, 10ª Câmara de Direito Público, j. 04-05-2015, p. 05-05-2015)".

No tocante à data de aquisição do Direito, a Turma Nacional de Uniformização de Jurisprudência uniformizou o entendimento de que, mesmo sob a vigência da ECn. 41/2003, o abono de permanência é devido desde o momento em que o servidor público que permanece em atividade completa os requisitos para a aposentadoria, independentemente de formalização de requerimento. (TNU, PEDILEF 200871500338945 RS, Rel. Juiz Federal Rogério Moreira Alves, j. 17-10-2012 e DJ. 26-10-2012).

Tem o abono de permanência natureza indenizatória, de cunho remuneratório. É devido aos servidores que se subsumem à regra estabelecida pelo § 19 do artigo 40, da CF/88 ("O servidor de que trata este artigo que tenha completado as exigências para aposentadoria voluntária estabelecidas no § 1º, III, a, e que opte por permanecer em atividade fará jus a um abono de permanência equivalente ao valor da sua contribuição previdenciária até completar as exigências para aposentadoria compulsória contidas no § 1º, II"), à regra do § 5º do artigo 2º, da EC n. 41/2003 ("O servidor de que trata este artigo, que tenha completado as exigências para aposentadoria voluntária estabelecidas no *caput*, e que opte por permanecer em atividade, fará jus a um abono de permanência equivalente ao valor da sua contribuição previdenciária até completar as exigências para aposentadoria compulsória contidas no art. 40, § 1º, II, da Constituição Federal") e à regra do § 1º do artigo 3º da EC n. 41/2003 ("O servidor de que trata este artigo que opte por permanecer em atividade tendo completado as exigências para aposentadoria voluntária e que conte com, no mínimo, vinte e cinco anos de contribuição, se mulher, ou trinta anos de contribuição, se homem, fará jus a um abono de permanência equivalente ao valor da sua contribuição previdenciária até completar as exigências para aposentadoria compulsória contidas no art. 40, § 1º, II, da Constituição Federal.").

Nenhuma outra regra dá direito ao abono de permanência. Como a aposentadoria do professor não é regra especial, mas sim espécie de aposentadoria voluntária com redução de idade e tempo de contribuição, o abono de permanência é legalmente concedido à categoria.

Destarte, o que acontece nos regimes próprios de previdência é a concessão de abono de permanência que não obedece às limitações impostas pela EC n. 41/2003, concedendo-se o benefício para o servidor que pode se aposentar por qualquer outra regra.

No tocante ao abono de permanência para policiais civis, o Supremo Tribunal Federal manifestou-se no sentido de que, quanto ao preenchimento dos requisitos para concessão do abono de permanência, seria necessário o reexame do conjunto fático-probatório constante dos autos, o que é vedado pela Súmula 279 do STF, bem como seria imprescindível a interpretação da legislação infraconstitucional aplicável à espécie (Lei Complementar 51/1985). (STF, ARE 798.574-AgR, Rel. Min. Ricardo Lewandowski, Segunda Turma, DJe 8.5.2014). O tema, assim, não se encontra pacificado.

Para o servidor público que recebe subsídio até o limite máximo estabelecido pelo regime geral de previdência social, hoje fixado, nos termos da Portaria Interministerial MPS/MF n. 13, de 9.1.2015 – DOU de 12.1.2015, em R$ 4.663,75 (quatro mil, seiscentos e sessenta e três reais e setenta e cinco centavos), o abono de permanência não faz qualquer sentido.

Ocorre que o servidor público que se encontra dentro do parâmetro estabelecido pelo LMRGPS, quando vai para a inatividade, deixa de contribuir para com a previdência pública, conforme previsão no § 18 do artigo 40 da CF/88: Incidirá contribuição sobre os proventos de aposentadorias e pensões concedidas pelo regime de que trata este artigo que superem o limite máximo estabelecido para os benefícios do regime geral de previdência social de que trata o art. 201, com percentual igual ao estabelecido para os servidores titulares de cargos efetivos.

Vejamos a preposição na ilustração a seguir (que não levou em consideração incidência de imposto de renda ou outras rubricas, nem regra e forma de cálculo de aposentadoria):

SERVIDOR ATIVO	SERVIDOR INATIVO
Subsídio: R$ 3.000,00	Proventos: R$ 3.000,00
CP: R$ 330,00	CP: não incide
AP: R$ 330,00	AP: não tem
Total: R$ 3.000,00	Total: R$ 3.000,00

Ou seja, o servidor não tem nenhuma vantagem em estar em atividade, a não ser que receba outras verbas, como adicionais de insalubridade, periculosidade, etc.

É vantagem para esse servidor aposentar-se. O abono de permanência é vantajoso para categorias que recebem além do estipulado pelo LMRGPS. Vejamos:

SERVIDOR ATIVO	SERVIDOR INATIVO
Subsídio: R$ 10.000,00	Proventos: R$ 10.000,00
CP: R$ 1.100,00	CP: R$ 586,98*
AP: R$ 1.100,00	AP: não tem
Total: R$ 10.000,00	Total: R$ 9.413,02

*Refere-se ao seguinte cálculo: R$ 10.000,00 – R$ 4.663,75 = R$ 5.336,25. 11% de R$ 5.336,25 = R$ 586,98.

Ou seja, quanto maior é o subsidio do servidor, maior o seu proveito em permanecer em atividade. Ainda tem o agravante de que no abono de permanência há incidência de Imposto de Renda, conforme definido pelo Superior Tribunal de Justiça: Incide imposto de renda sobre abono de permanência, uma vez que este possui natureza remuneratória, caracterizando acréscimo patrimonial em benefício do trabalhador que permanece em atividade, mesmo após completados os requisitos legais para a concessão da aposentadoria. Matéria firmada no julgamento do REsp n.º 1.119.556/PE, submetido à sistemática dos recursos repetitivos. (STJ, REsp 1268154 SC, Rel. Min. Eliana Calmon, T2, j. 15-08-2013 e DJe 22-08-2013).

Dessarte, não incide contribuição previdenciária sobre abono de permanência, conforme disposto no artigo 4º, § 1º, IX, da Lei n. 10.887/2004, uma vez que tem caráter indenizatório de natureza temporária. Por outro lado, a contribuição incidente sobre o abono de permanência caracterizaria *bis in idem*, tendo em vista que a base de incidência da contribuição previdenciária é o valor total da remuneração. Após o cálculo da incidência é achado o valor do valor do abono de permanência, que é igual ao valor da contribuição.

O governo encaminhou ao Congresso Nacional a Proposta de Emenda Constitucional – PEC n. 139/2015, que acaba com o abono de permanência. Como visto, nenhum prejuízo trará ao "pequeno" servidor público. Referida PEC traz em sua ementa: "Revoga o § 19 do art. 40 da Constituição e o § 5º do art. 2º e o § 1º do art. 3º da Emenda Constitucional n. 41, de 19 de dezembro de 2003."

Alguns desavisados estão comentando a proposta, de forma leviana, tendo em vista que com os "pequenos" servidores não há representação expressiva de economia aos cofres públicos, porque os valores a serem pagos, como visto, são coincidentes. A grande maioria dos servidores aí se insere. Ao comentarem a proposta, dizem que o governo vai prejudicar servidores, olvidando-se de que, ao contrário, irá beneficiar a grande massa de servidores que hoje são iludidos com o abono de permanência.

Melhor fosse que o governo realmente instituísse, com fundamento no princípio da eficiência, outras formas de permanência no serviço público, tais como gratificações prêmios de produtividade e bônus de eficiência, de forma a valorizar aquele servidor público que tem efetivo compromisso com a Administração Pública.

5.10. PRESCRIÇÃO E DECADÊNCIA EM MATÉRIA PREVIDENCIÁRIA

Existe muita confusão entre os institutos de prescrição e decadência em matéria previdenciária, inclusive no que toca aos efeitos e prazos de aplicação.

Prescrição é a perda do direito a uma pretensão, caracterizando-se pela inércia do titular desse direito em promover a ação respectiva que lhe assegure esse direito. O instituto visa garantir a estabilidade das relações, em cumprimento ao princípio da segurança jurídica. Regula-se pelo Decreto n. 20.910, de 6 de janeiro de 1932, que trata da prescrição quinquenal em relação às dívidas passivas da União, dos Estados e dos Municípios, bem assim a todo e qualquer direito ou ação contra a Fazenda federal, estadual ou municipal, seja qual for a natureza.

O *caput* do seu artigo 1º prevê o prazo de cinco anos de prescrição, contados da data do ato ou fato do qual originaram as dívidas e/ou direitos.

Por sua vez, a decadência é o instituto que prevê a perda do próprio direito, criado anteriormente por alguma norma, mas não exercível durante um lapso temporal. Para que haja decadência é imperioso que o direito seja previsto, tendo em vista que *nisi ius exstinguit ius*, ou seja, somente o direito extingue o direito.

Em matéria previdenciária, de natureza pública, podemos afirmar que a decadência é a prescrição do fundo de direito e a prescrição é de trato sucessivo, cuidando de averiguar relações patrimoniais. A diferença reinante entre os institutos diz respeito à relação entre o direito ao benefício previdenciário em si considerado – fundo do direito, que tem caráter fundamental – e o cumprimento pecuniário das prestações.

Revela-se que, acerca da prescrição das prestações pecuniárias, há um complexo sistema legal que é marcado por circunstâncias econômico-financeiras-atuariais. Bem assim o disposto no artigo 100 da CF/88, que regulamenta os chamados precatórios. Acontece que as variáveis são fortemente determinadas por dado momento histórico. Desde as consequências geradas pela pirâmide etária até a conjuntura macroeconômica do momento.

Desta forma, temos que decadência é o prazo máximo fixado em lei para o pedido de revisão de benefício e prescrição é o prazo máximo fixado em lei, para o pedido que se cinge de reaver valores.

Os artigos 103 e 103-A da Lei n. 8.213/91 traz ínsita a diferença:

> Art. 103. É de dez anos o prazo de decadência de todo e qualquer direito ou ação do segurado ou beneficiário para a revisão do ato de concessão de benefício, a contar do dia primeiro do mês seguinte ao do recebimento da primeira prestação ou, quando for o caso, do dia em que tomar conhecimento da decisão indeferitória definitiva no âmbito administrativo. (Redação dada pela Lei n. 10.839, de 2004)
>
> Parágrafo único. Prescreve em cinco anos, a contar da data em que deveriam ter sido pagas, toda e qualquer ação para haver prestações vencidas ou quaisquer restituições ou diferenças devidas pela Previdência Social, salvo o direito dos menores, incapazes e ausentes, na forma do Código Civil. (Incluído pela Lei n. 9.528, de 1997)
>
> Art. 103-A. O direito da Previdência Social de anular os atos administrativos de que decorram efeitos favoráveis para os seus beneficiários decai em dez anos, contados da data em que foram praticados, salvo comprovada má-fé. (Incluído pela Lei n. 10.839, de 2004)
>
> § 1º No caso de efeitos patrimoniais contínuos, o prazo decadencial contar-se-á da percepção do primeiro pagamento. (Incluído pela Lei n. 10.839, de 2004)
>
> § 2º Considera-se exercício do direito de anular qualquer medida de autoridade administrativa que importe impugnação à validade do ato. (Incluído pela Lei n. 10.839, de 2004)

Destaque-se que, no tocante ao direito à obtenção de benefício previdenciário, a disciplina legislativa não introduziu prazo algum. Ou seja, o direito ao benefício previdenciário pode ser exercido a qualquer tempo, sem que seja fulminado pelo instituto da decadência. Neste sentido, assim se posicionou o Supremo Tribunal Federal:

> "EMENTA: DIREITO PREVIDENCIÁRIO. REGIME GERAL DE PREVIDÊNCIA SOCIAL (RGPS). REVISÃO DO ATO DE CONCESSÃO DE BENEFÍCIO. DECADÊNCIA. 1. **O direito à previdência social constitui direito fundamental e, uma vez implementados os pressupostos de sua aquisição, não deve ser afetado pelo decurso do tempo. Como consequência, inexiste prazo decadencial para a concessão inicial do benefício previdenciário.** 2. É legítima, todavia, a instituição de prazo decadencial de dez anos para a revisão de benefício já concedido, com fundamento no princípio da segurança jurídica, no interesse em evitar a eternização dos litígios e na busca de equilíbrio financeiro e atuarial para o sistema previdenciário. 3. O prazo decadencial de dez anos, instituído pela Medida Provisória 1.523, de 28.06.1997, tem como termo inicial o dia 1º de agosto de 1997, por força de disposição nela expressamente prevista. Tal regra incide, inclusive, sobre benefícios concedidos anteriormente, sem que isso importe em retroatividade vedada pela Constituição. 4. Inexiste direito adquirido a regime jurídico não sujeito a decadência. (STF, RE 629.489 RG, Rel. Min. Roberto Barroso, Tribunal Pleno, j. 16-10-2013 e DJe 23-09-2014)."(Grifos nossos).

A decadência instituída pela MP n. 1.523-9/1997 atinge apenas a pretensão de rever benefício previdenciário e não a pretensão da obtenção do direito em si, que, como vimos, é imprescritível. A instituição de um limite temporal para rever o benefício destina-se a resguardar a segurança jurídica, bem como o equilíbrio atuarial e financeiro do sistema. A limitação tanto incide sobre o direito de rever o benefício como o direito às prestações pecuniárias. Sem limitação temporal, instaura-se verdadeira insegurança jurídica nas relações entre a Administração Pública e o segurado, gerando eternização do direito de pleitear revisão de benefícios. Não é razoável que o ato administrativo que concedeu o benefício possa ficar *ad eternum* sujeito à impugnação, o que descaracteriza a previsibilidade do sistema como um todo.

Há quem entenda que decisão judicial, como as proferidas em sede de mandado de injunção acerca das aposentadorias especiais, fere o princípio da fonte de custeio (meios econômico-financeiros obtidos e determinados à concessão e à manutenção das prestações), insculpido no artigo 195, § 5º da CF/88.

O direito da Previdência Social de anular os atos administrativos de que decorram efeitos favoráveis para os seus beneficiários decai em dez anos, contados da data em que foram praticados, salvo comprovada má-fé.

Segundo o STF, é de dez anos o prazo de decadência de todo e qualquer direito ou ação do segurado ou beneficiário para a revisão do ato de concessão de benefício, a contar do dia primeiro do mês seguinte ao do recebimento da primeira prestação ou, quando for o caso, do dia em se que tomar conhecimento da decisão indeferitória definitiva no âmbito administrativo. (STF, MS 9.112/DF Min. Eliana Calmon, DJ 14/11/2005; MS 9.115, Min. César Rocha (DJ de 07/08/06, MS 11123, Min. Gilson Dipp, DJ de 05/02/07, MS 9092, Min. Paulo Gallotti, DJ de 06/09/06, MS (AgRg) 9034, Min. Félix Ficher, DL 28/08/06).

Após ampla discussão, o Pretório Excelso chegou ao consenso de que, relativamente aos benefícios anteriormente concedidos, o termo inicial do prazo de decadência do direito ou da ação visando à sua revisão tem como termo inicial a data em que entrou em vigor a norma fixando o referido prazo decenal, ou seja, a Medida Provisória n. 1.523-10, de 28 de julho de 1997, que tem como termo inicial o dia 1º de agosto de 1997, tendo em vista que convalidou os termos da MP 1.523-9, de 28 de junho do mesmo ano. Entretanto a última reedição da MP 1.523 foi a de número 13, em outubro/1997. Antes da MP, o segurado podia a qualquer tempo de pleitear a revisão do seu benefício.

Contudo, a disposição não tem eficácia retroativa, ou seja, não pode retroagir para discutir direitos antes de sua edição. O Supremo Tribunal Federal firmou entendimento no sentido de que a lei aplicável para a concessão de benefício, bem como para fixar os critérios de seu cálculo, é a que estava em vigor no momento em que os pressupostos da prestação previdenciária se aperfeiçoaram, aplicando a máxima *tempus regit actum*. (STF, RE 415.454, Rel. Min. Gilmar Mendes, Plenário, j. 08-02-2007 e DJe 26-10-2007).

Ressalte-se que nos termos estabelecidos pelo artigo 198 do Código Civil, não corre a prescrição contra os absolutamente incapazes; contra os ausentes do País em serviço público da União, dos Estados ou dos Municípios; e contra os que se acharem servindo nas Forças Armadas, em tempo de guerra.

De acordo com o artigo 3º do Código Civil, não corre prescrição contra os absolutamente incapazes, assim entendidos: I - os menores de dezesseis anos não emancipados; II - os que, por enfermidade ou deficiência mental, não tiverem o necessário discernimento para a prática desses atos; e III - os que, mesmo por causa transitória, não puderem exprimir sua vontade.

Para os menores que completarem dezesseis anos de idade, a data do início da prescrição será o dia seguinte àquele em que tenha completado esta idade.

Na restituição de valores pagos indevidamente em benefícios será observada a prescrição quinquenal, salvo se comprovada má-fé.

Impende deixar registrado que durante o período de tramitação de processo administrativo no qual se discute sobre o direito do dependente ou segurado, o prazo prescricional fica suspenso (art. 4º do Decreto 20.910/32). E a não ocorrência da prescrição em relação a alguns dos dependentes não beneficiaria os demais, ou seja, consumada a prescrição em relação ao dependente capaz, ao incapaz deve ser assegurado somente o pagamento de sua quota-parte. Neste sentido: AC n. 2003.04.01.051040-1/SC, TRF da 4ª Região, Relator Des. Federal Ricardo Teixeira do Valle Pereira, j. 27.8.2007.

O prazo decadencial deve ser contado a partir do primeiro dia do mês seguinte ao do recebimento da primeira prestação ou, quando for o caso, do dia em que tomar conhecimento da decisão indeferitória definitiva, no âmbito administrativo. Em se tratando de pedido de revisão de benefícios com decisão indeferitória definitiva no âmbito administrativo, em que não houver a interposição de recurso, o prazo decadencial terá início no dia em que o requerente tomar conhecimento da referida decisão.

Deve também ser contado da data de chegada do processo ao Tribunal de Contas. (STF, MS n. 24.781, Relatora Ministra Ellen Gracie, Plenário, Dje 08-06-2011).

O direito da Previdência Social de rever os atos administrativos decai em dez anos, contados da data em que foram praticados, salvo comprovada má-fé (artigo 569 da IN INSS/PRES N. 77, de 2015).

Aplica-se a decadência na hipótese de manutenção indevida de benefícios decorrentes de divergência cadastral ou inacumulação legal, não desdobramento de quotas ou outras situações decorrentes de manutenção de benefícios, exceto nos casos de ocorrência de dolo, fraude ou má-fé. (artigo 570 da IN INSS/PRES N. 77, de 2015).

A revisão iniciada com a devida ciência do segurado dentro do prazo decadencial impedirá a consumação da decadência, ainda que a decisão definitiva do procedimento revisional ocorra após a extinção de tal lapso. (artigo 571 da IN INSS/PRES N. 77, de 2015).

A revisão de uma CTC para inclusão de novos períodos ou para fracionamento de períodos de trabalho não utilizados no órgão de destino da mesma poderá ser processada, a qualquer tempo, não se aplicando o prazo decadencial. (Artigo 572 da IN INSS/PRES N. 77, de 2015).

Prescreve em cinco anos, a contar da data em que deveria ter sido paga, toda e qualquer ação para haver prestações vencidas ou quaisquer restituições ou diferenças devidas pela Previdência Social. (artigo 573 da IN INSS/PRES N. 77, de 2015).

No que toca à prescritibilidade dos repasses das contribuições previdenciárias, o Tribunal de Justiça do Maranhão adotou o posicionamento de que, se tratando de pedido de ressarcimento de dano ao erário, tal pedido é imprescritível. (TJ/MA, APL 0527062014, Rel. Des. Jorge Rachid Mubarack Maluf, Primeira Câmara Cível, j. 17-09-2015 e p. 23-09-2015).

O Plenário do STF, no julgamento do MS 26.210, da relatoria do ministro Ricardo Lewandowski, decidiu pela imprescritibilidade de ações de ressarcimento de danos ao erário. (STF, RE 578.428-AgR, Rel. Min. Ayres Britto, julgamento em 13-9-2011, Segunda Turma, DJE de 14-11-2011. No mesmo sentido: STF, AI 712.435-AgR, Rel. Min. Rosa Weber, julgamento em 13-3-2012, Primeira Turma, DJe 12-4-2012).

5.11. PROCESSO ADMINISTRATIVO PREVIDENCIÁRIO

O processo administrativo previdenciário deve seguir as normas de direito público e obedecer aos princípios da Administração Pública e aos princípios norteadores de direitos fundamentais, bem como aqueles específicos da previdência social e previdência pública.

De acordo com o Manual de Processo Administrativo Previdenciário, elaborado pela Advocacia-Geral da União(AGU), o PAP deve ser regido pelo: a) Princípio da Isonomia (art. 5º da CF/1988): significa que nenhum administrado (segurado, dependente, procurador, etc.)

deverá ser tratado de maneira distinta de outro; b) Princípio da Legalidade (art. 37, CF/88): de acordo com esse princípio, a Administração somente pode fazer o que a lei a autoriza; diferentemente dos particulares, que poderão fazer qualquer coisa que a lei não proíba; c) Princípio do Devido Processo Legal (art. 5º, LIV, CF/88): é o princípio que assegura a todos o direito a um processo com todas as etapas previstas em lei e todas as garantias constitucionais; d) Princípio do Contraditório e Ampla Defesa (art. 5º, LV, CF/88): e) Princípio da Oficialidade: significa que a Administração Pública tem o dever de dar prosseguimento ao processo, podendo, por sua conta, providenciar a produção de provas, solicitar laudos e pareceres, enfim, fazer tudo aquilo que for necessário para que se chegue a uma decisão final conclusiva; f) Princípio do Informalismo procedimental: Dispensa ritos sacramentais e formas rígidas para o processo administrativo, principalmente para os atos a cargo do particular. O princípio deve ser aplicado em benefício do administrado. Em suma, um mero erro formal não pode prejudicar o administrado, desde que seja possível aproveitar seu ato e fazê-lo atingir sua finalidade; g) Princípio da Verdade Material: No processo administrativo o julgador deve sempre buscar a verdade, ainda que, para isso, tenha que se valer de outros elementos além daqueles trazidos aos autos pelos interessados. Legitima, por exemplo, a Pesquisa Externa e a Justificação administrativa e qualquer outra solicitação de documentos ou informações feita pela Administração que tenha por objetivo registrar nos autos algum fato; h) Princípio da Motivação (art. 50, Lei 9.784/1999 e art. 564, X, da IN 45/2010): Esse Princípio determina que a autoridade administrativa deve apresentar as razões que a levaram a tomar uma decisão. O Princípio da Motivação deve ser sempre observado pelos servidores públicos, pois, além de ser da essência do próprio ato administrativo, ajuda a resguardar aqueles que praticaram os atos. Isso porque, ao deixar registrados os motivos que o levou a praticar aquele ato, o servidor poderá evitar ações de controle interno e externo, bem como poderá sempre se recordar facilmente das razões que o conduziram a determinada decisão à época; i) Princípio da Celeridade (art. 5º, LXXVIII, CF/88): Princípio segundo o qual os atos processuais devem ser praticados tão prontamente quanto possível. Não mais se admite que um processo demore um período não razoável para ser solucionado. Por isso, a Administração deve trabalhar para solucionar os processos no menor prazo possível – sem prejuízo da qualidade do serviço.

Como é um processo específico, deve ser nitidamente visualizado, não podendo ser confundido com os demais processos da Administração Pública. É, contudo, espécie do gênero processo administrativo.

Apesar da importância e do volume de processos, não existe lei específica ou decreto regulamentar que discipline o processo administrativo previdenciário. Por conta disso, deve-se utilizar de dispositivos esparsos existentes na Constituição, na Lei n. 8.212/91 (custeio), Lei n. 8.213/91 (Lei Geral de Benefícios), Decreto n. 3.048/99 (regulamento da previdência social), Lei n. 9.784/99 (processo administrativo federal) e atos normativos produzidos pelo INSS e pelo Ministério da Previdência Social (MPS), notadamente a Instrução Normativa INSS/PRES n. 77, de 21 de janeiro de 2015 - DOU de 22-01-2015, que no seu Capítulo XIV traça todos os procedimentos a serem adotados.

De acordo com o artigo 658 da IN, considera-se processo administrativo previdenciário o conjunto de atos administrativos praticados nos Canais de Atendimento da Previdência Social, iniciado em razão de requerimento formulado pelo interessado, de ofício pela Administração ou por terceiro legitimado, e concluído com a decisão definitiva no âmbito administrativo. O processo administrativo previdenciário contemplará as fases inicial, instrutória, decisória e recursal.

Nos termos do artigo 659, nos processos administrativos previdenciários serão observados, entre outros, os seguintes preceitos: I - presunção de boa-fé dos atos praticados pelos interessados; II - atuação conforme a lei e o Direito; III - atendimento a fins de interesse geral, vedada a renúncia total ou parcial de poderes e competências, salvo autorização em lei; IV - objetividade no atendimento do interesse público, vedada a promoção pessoal de agentes ou autoridades; V - atuação segundo padrões éticos de probidade, decoro e boa-fé; VI - condução do processo administrativo com a finalidade de resguardar os direitos subjetivos dos segurados, dependentes e demais interessados da Previdência Social, esclarecendo-se os requisitos necessários ao benefício ou serviço mais vantajoso; VII - o dever de prestar ao interessado, em todas as fases do processo, os esclarecimentos necessários para o exercício dos seus direitos, tais como documentação indispensável ao requerimento administrativo, prazos para a prática de atos, abrangência e limite dos recursos, não sendo necessária, para tanto, a intermediação de terceiros; VIII - publicidade dos atos praticados no curso do processo administrativo restrita aos interessados e seus representantes legais, resguardando-se o sigilo médico e dos dados pessoais, exceto se destinado a instruir processo judicial ou administrativo; IX - adequação entre meios e fins, vedada a imposição de obrigações, restrições e sanções em medida superior àquelas estritamente necessárias ao atendimento do interesse público; X - fundamentação das decisões administrativas, indicando os documentos e os elementos que levaram à concessão ou ao indeferimento do benefício ou serviço; XI - identificação do servidor responsável pela prática de cada ato e a respectiva data; XII - adoção de formas e vocabulário simples, suficientes para propiciar adequado grau de certeza, segurança e respeito aos direitos dos usuários da Previdência Social, evitando-se o uso de siglas ou palavras de uso interno da Administração que dificultem o entendimento pelo interessado; XIII - compartilhamento de informações com órgãos públicos, na forma da lei; XIV - garantia dos direitos à comunicação, à apresentação de alegações finais, à produção de provas e à interposição de recursos, nos processos de que possam resultar sanções e nas situações de litígio; XV - proibição de cobrança de despesas processuais, ressalvadas as prevista em lei;

XVI - impulsão, de ofício, do processo administrativo, sem prejuízo da atuação dos interessados; e XVII - interpretação da norma administrativa da forma que melhor garanta o atendimento do fim público a que se dirige, vedada aplicação retroativa de nova interpretação.

Já nos termos do artigo 660, são legitimados para realizar o requerimento do benefício ou serviço: I - o próprio segurado, dependente ou beneficiário; II - o procurador legalmente constituído; III - o representante legal, assim entendido o tutor, curador, detentor da guarda ou administrador provisório do interessado, quando for o caso; IV - a empresa, o sindicato ou a entidade de aposentados devidamente legalizada, na forma do art. 117 da Lei n. 8.213, de 1991; e V - o dirigente de entidade de atendimento de que trata o art. 92, § 1º, do Estatuto da Criança e do Adolescente (ECA). No caso de auxílio-doença, a Previdência Social deve processar de ofício o benefício quando tiver ciência da incapacidade do segurado, mesmo que este não o tenha requerido.

Os casos de suspeição e impedimento são tratados no artigo 662 usque 664, que se encontram de acordo com as normas aplicáveis à espécie previstas no Código de Processo Civil.

De acordo com o artigo 671 da IN, a apresentação de documentação incompleta não constitui motivo para recusa do requerimento do benefício ou serviço, ainda que, de plano, se possa constatar que o segurado não faz jus ao benefício ou serviço que pretende requerer, sendo obrigatória a protocolização de todos os pedidos administrativos, cabendo, se for o caso, a emissão de carta de exigência ao requerente. (Direito Constitucional de Petição, CF/88, artigo 5º, XXXIV).

Conforme previsto no artigo 687 da IN, o INSS deve conceder o melhor benefício a que o segurado fizer jus, cabendo ao servidor orientar nesse sentido. No nosso entender, a orientação contida no dispositivo deve ser seguida por todos os entes instituidores de RPPS, por atender ao princípio da justiça social. Com efeito, compete ao servidor orientar ao beneficiando sobre o melhor benefício a ser concedido, o que implica em regras de aposentadorias. A sistemática é alongada pelo artigo 688: quando, por ocasião da decisão, for identificado que estão satisfeitos os requisitos para mais de um tipo de benefício, cabe ao INSS oferecer ao segurado o direito de opção, mediante a apresentação dos demonstrativos financeiros de cada um deles.

Todas as decisões tomadas nos processos administrativos que versem sobre solicitações ou reclamações devem ser devidamente fundamentadas, com análise das provas constantes nos autos, bem como conclusão deferindo ou indeferindo o pedido formulado, sendo insuficiente a mera justificativa do indeferimento. A motivação deve ser clara e coerente, indicando quais os requisitos legais que foram ou não atendidos, podendo fundamentar-se em decisões anteriores, bem como notas técnicas e pareceres do órgão consultivo competente, os quais serão parte integrante do ato decisório. Todos os requisitos legais necessários à análise do requerimento devem ser apreciados no momento da decisão, registrando-se no processo administrativo a avaliação individualizada de cada requisito legal. (artigo 691 da IN).

5.12. IMPORTÂNCIA DO CONSELHO DE RECURSOS

A previdência social, desde 2012, conta com uma ferramenta, o e-recursos, para agilizar a tramitação processual dos julgamentos feitos pelo Conselho de Recursos da Previdência Social(CRPS).

O Conselho de Recursos da Previdência Social (CRPS) é um órgão colegiado, integrante da estrutura do Ministério da Previdência Social, que funciona como um tribunal administrativo e tem por função básica mediar os litígios entre segurados e o INSS, conforme dispuser a legislação, e a Previdência Social. Das decisões proferidas pelo INSS poderão os interessados, quando não conformados, interpor recurso ordinário às Juntas de Recursos do CRPS.

É vedado ao INSS escusar-se de cumprir diligências solicitadas pelo CRPS, bem como deixar de dar efetivo cumprimento às decisões definitivas daquele colegiado, reduzir ou ampliar o seu alcance ou executá-las de maneira que contrarie ou prejudique o seu evidente sentido.

Observado o disposto no Regimento Interno do CRPS, a matéria julgada pela Junta de Recurso em matéria de alçada e pela Câmara de Julgamento não será objeto de novas discussões por parte do INSS, ressalvadas as seguintes hipóteses: I - oposição de embargos de declaração; II - revisão de acórdão; III - alegação de erro material; ou IV - pedido de uniformização de jurisprudência.

O CRPS é responsável por dirimir dúvidas em matéria controversa, assim entendida como a divergência de interpretação de lei, decreto ou pareceres da Consultoria Jurídica do MPS, bem como do Advogado Geral da União, entre órgãos ou entidades vinculadas ao MPS. O INSS poderá suscitar junto ao Conselho Pleno do CRPS a uniformização em tese da jurisprudência administrativa previdenciária, mediante a prévia apresentação de estudo fundamentado sobre a matéria a ser uniformizada, no qual deverá ser demonstrada a existência de relevante divergência jurisprudencial ou de jurisprudência convergente reiterada, nos termos do Regimento Interno do CRPS.

O CRPS é formado por quatro Câmaras de Julgamento (CaJ), localizadas em Brasília (DF), que julgam em segunda e última instância matéria de Benefício, e por 29 Juntas de Recursos (JR) nos diversos Estados que julgam matéria de benefício em primeira instância.

O CRPS é presidido por representante do governo com notório conhecimento da legislação previdenciária, nomeado pelo ministro de Estado da Previdência Social.

De acordo com dados do Conselho de Recursos da Previdência Social (CRPS), em 20% dos casos, a Junta de Recursos reconheceu o direito dos segurados.

Vê-se que cuida na espécie de uma importante ferramenta para "desafogar" o Poder Judiciário, uma vez que as demandas previdenciárias poderiam ser resolvidas na origem, não precisando o segurado recorrer das decisões judicialmente.

De acordo com o § 3º da Lei n. 13.105, de 16 de março de 2015, novo Código de Processo Civil, não se excluirá da apreciação jurisdicional ameaça ou lesão a direito, no entanto, é permitida a arbitragem, na forma da lei, devendo o Estado, sempre que possível, promover a solução consensual dos conflitos. A conciliação, a mediação e outros métodos de solução consensual de conflitos deverão ser estimulados por juízes, advogados, defensores públicos e membros do Ministério Público, inclusive no curso do processo judicial.

Infelizmente a quase totalidade dos entes federativos que instituíram seus RPPS não contam com um conselho recursal de natureza previdenciária. Existem conselhos de segurança, de tributação, de economia, de educação, de defesa do consumidor, dentre outros, mas não há cultura suficiente para instalação de conselhos de previdência, tão necessários para composição de conflitos que envolvam matéria previdenciária. Hoje as demandas previdenciárias são as principais, em números, de demandas que tramitam nos tribunais superiores, o que poderia ser evitado na origem.

PARTE III

CONTROLE DA GESTÃO DOS RPPS

A inoperância das instituições causa um nefasto efeito sistêmico, que fomentado pela impunidade, causa pobreza atrás de pobreza, para o enriquecimento indevido de alguns poucos.
O fato delituoso é tanto mais grave na medida em que, a cada desvio de dinheiro público, mais uma criança passa fome, mais uma localidade desse imenso Brasil fica sem saneamento, o povo sem segurança e sem educação e os hospitais sem leito.

Ministro Luiz Fux

Insistir no que não funciona, não faz sentido.

Ministro Luís Roberto Barroso

CAPÍTULO 6 ▶ GESTÃO DOS RPPS

Minha dor é perceber
Que apesar de termos feito tudo o que fizemos
Ainda somos os mesmos e vivemos
Ainda somos os mesmos e vivemos
Como os nossos pais...
Nossos ídolos ainda são os mesmos
E as aparências não enganam não
Você diz que depois deles não apareceu mais ninguém
Você pode até dizer que eu tô por fora
Ou então que eu tô inventando...
Mas é você que ama o passado e que não vê
É você que ama o passado e que não vê
Que o novo sempre vem...

Como Nossos Pais, Belchior

6.1. INTRODUÇÃO

O gestor de uma entidade previdenciária não pratica meros atos de gestão, mas verdadeiros atos administrativos, como por exemplo o ato de concessão de pensão, que pode ser exteriorizado através de portaria, que é ato administrativo interno próprio de dirigentes de órgãos. Decreto é ato privativo do Chefe do Poder Executivo em todas as esferas de governo. Assim, se a aposentadoria é concedida pelo governador ou prefeito, será via decreto. Mas se for da competência do presidente do órgão previdenciário, será via portaria. Sob esse prisma, entendemos que o ato de aposentadoria somente pode ser emanado de ato do chefe do Poder Executivo, uma vez que é dele a competência para nomeação, exoneração e demissão. Sendo a aposentadoria um ato que modifica a relação jurídica entre o servidor e a administração pública, tornando vago o cargo então ocupado, entendemos que somente pode ser exarado através de um ato de mesma hierarquia. O ato de aposentadoria será exteriorizado mediante portaria quando emanado de chefe de outro poder, Legislativo ou Judiciário. No Executivo, entretanto, somente pode ser exteriorizado mediante decreto.

E na prática de atos administrativos, deve observar princípios e normas (internas e externas), como veremos a seguir.

6.2. CONCEITO DE GESTOR

Para referendar várias proposições por nós aludidas no decorrer do presente trabalho, cumpre-nos analisar o conceito de gestor, qual o seu perfil na atualidade e quais suas responsabilidades no âmbito das unidades gestoras.

É do engenheiro de minas e administrador francês Henry Fayot o consenso clássico acerca do conceito de gestor:

"É a pessoa a quem compete a interpretação dos objetivos propostos pela organização e atuar, através do planejamento, da organização, da liderança ou direção e do controlo ou verificação, afim de atingir os referidos objetivos. Daqui se pode concluir que o gestor é alguém que desenvolve planos estratégicos e operacionais que julga mais eficazes para atingir os objetivos organizacionais, concebe as estruturas e estabelece as regras, políticas e procedimentos mais adequados aos planos desenvolvidos e, por fim, implementa e coordena a execução dos planos através de um determinado tipo de comando ou liderança e de controlo ou verificação."[1]

Fayol foi dos pioneiros no tocante à análise da atividade empresarial, a formular uma teoria completa de gestão e definir as suas principais atividades: **planejar, organizar, comandar, coordenar e controlar.**

Já Frederick Taylor, um dos grandes precursores da Teoria Clássica da Administração, definiu a empresa como uma organização e elencou quatorze pilares básicos sobre gestão:

"1. Divisão do trabalho (especialização); 2. Autoridade e responsabilidade; 3. Disciplina; 4. Unidade de comando; 5. Unidade de direção (um único plano para cada conjunto de atividades, com o mesmo objetivo); 6. Subordinação dos interesses individuais aos da organização; 7. Remuneração do pessoal (justa e garantida); 8. Centralização (da autoridade no nível superior); 9. Cadeia escolar (considerando a linha de autoridade desde

---

(1) Equipa knoow.net. Disponível em <http://www.knoow.net/cienceconempr/gestao/fayolhenri.htm. Acesso em 27 de outubro de 2015.

os níveis mais elevados); 10. Ordem (para cada coisa e lugar); 11. Equidade (amabilidade e justiça para conquistar lealdade); 12. Estabilidade do pessoal (pois a rotatividade é prejudicial); 13. Iniciativa (assegurar pessoalmente que um plano será realizado); 14. Espírito de equipe[2].

O gestor público de uma unidade gestora que atua no cumprimento das leis a favor da máquina administrativa, precisa ser eficiente, eficaz, efetivo, econômico, transparente e acima de tudo, ser um homem probo, no sentido mais amplo da palavra. Ou seja, precisa ser íntegro, incorruptível, pautado por conduta ética. Os gestores têm sob suas responsabilidades, bens que não lhes pertencem, uma vez que é da própria sociedade a *res publica* ou coisa pública. Do gestor público se espera padrões éticos e acompanhamento das políticas públicas desenvolvidas pelo Estado. O princípio da eficiência, introduzido no universo jurídico brasileiro a partir da edição da EC n. 19/98, que promoveu a reforma administrativa, deve ser fulcrado na busca da economia, ou seja, elevar o nível de desempenho para atingir melhores resultados com o menor custo possível. Em outras palavras, pode ser tomado como o dever de boa administração.

O que se espera do gestor no âmbito da unidade gestora de RPPS? Além dos três pilares básicos e inerentes à sua administração: eficiência, eficácia e economicidade, podemos destacar ao menos oito elementos comportamentais: I) habilidade de compreender o sistema em todas as suas nuances (jurídica, financeira e operacional), de forma a administrar riscos; II) consciência para definir como os recursos devem ser alocados; III) sapiência para aproveitar pessoas onde se mostram mais eficientes; IV) saber repreender e oferecer meios no tocante à cobrança de capacitação (monitoramento da avaliação de desempenho); V) criar um ambiente salutar para o desenvolvimento dos trabalhos, não apenas de forma estrutural, mas harmônica entre os servidores; VI) não permitir ingerências políticas; VII) ser transparente; e VIII) ser responsável na prestação de contas.

O principal papel do gestor é saber transformar informação em conhecimento, saber usá-lo adequadamente e dividi-lo com seus colegas sempre que preciso. O foco tem que ser sempre nos resultados. O exercício deve ser o seguinte: transformar dados em informações, informações em conhecimentos e conhecimentos em resultados (MATIAS-PEREIRA, 2010)

O modelo de gestão atual não permite condutas diversas, uma vez que tem ênfase na qualidade da prestação dos serviços. E nessa busca de qualidade, com a sociedade cada vez mais cônscia do papel dos gestores, o respeito à coisa pública e aos direitos dos administradores (no caso em espeque aos direitos dos segurados) deve ser fazer parte da agenda do gestor.

A administração pública da previdência é financiada com recursos públicos, oriundos das contribuições previdenciárias. As decisões tomadas pelos gestores geram efeitos não apenas individuais, mas para a massa de segurados (princípio da solidariedade).

Os atos praticados quando no exercício da gestão podem ser atos de mera gestão, ou seja, atos puramente de administração (como p. ex., atos de mero expediente) ou atos administrativos próprios da Administração Pública. Da diferença podemos acentuar que os atos meramente de gestão são praticados sem conteúdo decisório, sem caráter vinculante, uma vez que são atos de rotina.

No que concerne ao ato administrativo próprio, temos que é toda manifestação de vontade da Administração Pública, que tem for fim adquirir, modificar, resguardar, extinguir e declarar direitos ou impor obrigações, aos administrados e a si mesma. Os atos de concessão e implantação de benefício previdenciário são atos administrativos, assim como os atos de investimentos dos recursos do fundo administrativo.

A nova gestão pública requer que ações planejadas reflitam as intenções do Estado junto à sociedade, com políticas públicas (medidas e procedimentos), traduzindo de forma límpida a vontade do Estado. A gestão das políticas públicas é compreendida como interação entre Estado e sociedade, o serviço público e a sociedade, visando ao fortalecimento da cidadania (SANTOS, Maria das Graças, 2010).

6.3. MULTIDISCIPLINARIDADE X ROTATIVIDADE

O gestor deve ser primordial e essencialmente técnico e, repise-se, deve ter uma visão multidisciplinar. Essa ideia que ainda paira no pensamento dos governantes, de colocar para gerir um centro tão complexo como é uma unidade gestora, de pessoas que julgam inteligentes, mas sem um mínimo de experiência na área, deve ser posta de lado. Assim, o Fulano que é colocado para assumir as funções porque tem um vasto currículo, foi um aluno brilhante na faculdade, tem bons relacionamentos, mas que é carente de experiência, *data venia*, não é a melhor indicação para a assunção de função tão relevante. Pior ainda quando o Fulano é cabo eleitoral, ou é apadrinhado de políticos, ministros, desembargadores, etc. O Fulano, ou o Beltrano, ou o Cicrano, tem que ser TÉCNICO. A sociedade não aguenta mais a falta de compromisso, não aguenta mais sustentar servidores públicos comissionados que só preenchem espaços.

É muito mais produtivo investir na pessoa experiente, corrigir suas falhas, mas aproveitá-la. O comando de uma unidade gestora exige, como dito e redito, multidisciplinariedade. Não adianta apenas a formação acadêmica. A experiência é viga mestra nesta missão tão espinhosa.

---

(2) Idem.

E pela rotatividade, pela falta de compromisso, pela falta de experiência, pela falta de conhecimento na matéria, é que muitas unidades gestoras hoje se veem à volta com um serviço passado assustador. A herança da irresponsabilidade gerou insuficiências financeiras que hoje sufocam, que arrastam os problemas, muitas vezes pensados insolúveis.

A rotatividade, notadamente nas unidades gestoras, representa um desperdício de investimentos públicos com servidores. Ocorre que, por ser uma matéria de ampla complexidade e que demanda capacitação, aquele servidor que foi capacitado para lidar com previdência, acaba saindo e indo atuar na iniciativa privada. As perdas para o serviço público são inarráveis. A rotatividade há de ser feita dentro da própria unidade gestora. Uma pessoa, por exemplo, que ocupa uma coordenação na diretoria financeira pode ser removida para a diretoria de benefícios, por exemplo. Além de estar sendo colocada para assumir novos desafios, seu aprendizado tornar-se-á mais profundo.

Entretanto, o que vemos a cada mudança de governo são novas pessoas investidas em cargos comissionados, sem a mínima noção do que seja previdência pública, apenas porque os governantes querem atender pedidos políticos e porque essas pessoas têm bons currículos.

A rotatividade, e não é nosso pensamento, é conclusão de especialistas, é prejudicial ao serviço público e deve ser efetivamente combatida. Nesta seara, as associações de servidores deveriam ficar mais atentas, posto que representam os interesses dos segurados ligados ao sistema.

Para o especialista em administração pública Denis Alcides Rezende, as organizações públicas são perenes, mas as pessoas não. Em sua avaliação, perde-se capacitando as pessoas sem um plano de retenção de talentos ou de guarda desse conhecimento e perde-se com o retreinamento dos que *entram*[3] .

Está mais do que na hora de se parar de brincar com o dinheiro público. Os princípios da economicidade, eficiência, eficácia e efetividade se encontram atrelados ao novo modelo de gestão pública e dela são indissociáveis. Em outra linguagem textual, a redução de custos, o gastar bem e o alcance dos resultados pretendidos devem ser vistos como missão.

O pai da moderna gestão de empresas, o austríaco Peter Drucker, nos ensina que "uma empresa não se define pelo seu nome, estatuto ou produto que faz; ela se define pela sua missão. Somente uma definição clara da missão é a razão de existir da organização e torna possíveis, claros e realistas os objetivos da empresa". E que "a administração moderna é a ciência que trata sobre pessoas nas organizações". (DRUCKER, 2003).

Outras duas frases visionárias do pensador merecem ser destacadas: a administração é um processo operacional composto de funções como: Planejamento, organização, direção e controle. E o planejamento não diz respeito às decisões futuras, mas às implicações futuras de decisões presentes. (DRUCKER, 2003)

A multidisciplinariedade requerida para uma gestão de RPPS é adversa da rotatividade. Não há como conceder a primeira com a presença da segunda. Certo é que não se está a defender a permanência na gestão de forma perpétua, o que nos afigura também nefasto. O poder, qualquer que seja seu nível, tem que ser renovado. O que se está querendo demonstrar são as constantes mudanças significativas em órgãos sensíveis da Administração Pública, promovidas de forma descabida e impensada, apenas pelo critério político.

Mas se defende ainda o preenchimento de cargos em comissão por servidores públicos, que não perdem o vínculo com a Administração Pública quando o governante perde o seu mandato pelo cumprimento do prazo nele estabelecido ou por razões outras. Os cargos comissionados devem ser preenchidos por 70% de servidores públicos efetivos e o restante por servidores estranhos aos quadros da Administração Pública, e não o contrário.

Capacitar servidor é gasto de dinheiro público, e este pertence ao povo, não ao servidor considerado individualmente. Uma vez assim capacitado, deve dar sua contrapartida, ou seja, usar dos meios que lhe foram oferecidos em prol da coletividade. Infelizmente a realidade tem nos mostrado cotidianamente que aos servidores comissionados são dispensados tratamentos próprios de servidores públicos efetivos, detentores de cargos públicos. O que vemos são comissionados em constantes viagens a trabalho (que mais se assemelham a pacotes turísticos), com diárias e passagens pagas com recursos públicos e que nada oferecem em troca, a não ser para si mesmos.

Valorizar o servidor público, dando-lhe oportunidades e condições dignas de trabalho, parece que não consta dos planos governamentais. Ao contrário, o que vemos são servidores públicos desmotivados, sem treinamento de reciclagem, sem brilho, cumprindo seu papel mirando num único objetivo: sua aposentadoria. Ao revés, vemos servidores comissionados sendo capacitados para a função (como haveria de ser, uma vez que entram despidos de conhecimento, uma vez que não se submeteram a um concurso público, muitas das vezes sem a mínima noção do que seja serviço público) e, quando o padrinho sai, seguem o mesmo caminho.

Rotatividade é nefasta, e em muitos casos, chega a ser vergonhosa e é vertiginosamente oposta ao conceito de multidisciplinari que quer dizer o conjunto de disciplinas a serem trabalhadas simultaneamente, sem fazer aparecer as relações que possam existir entre elas, destinando-se a um sistema de um só nível e de objetivos únicos, sem

---

(3) BARAN, Katina. Saída de Barbosa gera debate sobre perdas com aposentadorias 'precoces'. Gazeta do Povo, 11 de julho de 2014. Disponível em http://www.gazetadopovo.com.br/vida-publica/saida-de-barbosa-gera-debate-sobre-perdas-com-aposentadorias-precoces-eas9eth9e5qnpte9gci2m2edq. Acesso em 11-08-2015.

nenhuma cooperação. Na multidisciplinaridade, recorre-se a informações de várias matérias para estudar um determinado elemento. Segundo Piaget, a multidisciplinaridade ocorre quando "a solução de um problema torna necessário obter informação de duas ou mais ciências ou setores do conhecimento sem que as disciplinas envolvidas no processo sejam elas mesmas modificadas ou enriquecidas". A multidisciplinaridade foi considerada importante para acabar com um ensino extremamente especializado, concentrado em uma única disciplina. A origem da multidisciplinaridade encontra-se na ideia de que o conhecimento pode ser dividido em partes (disciplinas), resultado da visão cartesiana e depois cientificista na qual a disciplina é um tipo de saber específico e possui um objeto determinado e reconhecido, bem como conhecimentos e saberes relativos a este objeto e métodos próprios. Constitui-se, então, a partir de uma determinada subdivisão de um domínio específico do conhecimento. A tentativa de estabelecer relações entre as disciplinas é que daria origem à chamada interdisciplinaridade [4].

Neste contexto, a gestão de um RPPS deve contar com pessoas com alto grau de conhecimento técnico, com experiência na área e com coragem para a tomada de decisões, possibilitando, assim, maior nível de controle dos gastos públicos e a liquidez da folha de pagamento. No entendimento do Ministério da Previdência Social, a Diretoria Executiva: i) deve ter unidade de execução dos planos estratégicos traçados pelo Conselho Superior; ii) deve ser composta de pessoas com formação e conhecimentos compatíveis com as áreas operacionais do RPPS, com capacidade de gestão, liderança e boa reputação; e iii) é recomendável que sejam servidores efetivos [5].

Cada diretor deve ter sua faceta multidisciplinar, sem a qual não há que se falar em órgão colegiado, mas sim órgão composto. A função precípua desse colegiado é cumprir a agenda política no que diz respeito às políticas públicas ligadas à área da previdência pública, que envolve, como dito em diversas passagens, uma série de ciências que se interligam e que são indissociáveis. A multidisciplinariedade vem, em linha direta e reta, cumprir com a ratio quaestio da previdência social, que não é pagar benefícios previdenciários, mas assistir aqueles que por incapacidade não possam ter expensas próprias e precisam de reposição de renda. É esse o sentido de os servidores públicos efetivos dispensarem parte da parcela de suas remunerações, através de contribuições, na busca de garantia de um futuro digno.

E ser multidisciplinar significa ter experiência. E esta tem que ser tomada como o conhecimento adquirido pelo transcurso de um tempo. É por isso que do gestor deve ser exigido, além dos seus conhecimentos técnicos, experiência comprovada na área de atuação, por pelo menos cinco anos. Com certeza, o gestor que cumpre com esses atributos ainda tem que ser aquele compromissado com a coisa pública, o que envolve permanentes estudos e capacitação.

O dia em que o servidor público for efetivamente valorizado, o dia em que os cargos comissionados deixarem de ser preenchidos pelo critério exclusivo da vontade do governante, o serviço público será outro. Quem está sentado na cadeira do governante é o povo, e o servidor público, inclusive o agente político, é representante do povo e, como tal, deve atuar para proteger o patrimônio público.

Políticas públicas devem ser desenhadas para atender um fim social, ou em outras palavras, aos fins ditados pela Constituição Federal, a partir das necessidades coletivas. A escolha pública não é livre, é definida pela Carta Suprema, que traz insita seu dirigismo constitucional: prover direitos sociais.

6.4. AGENDA POLÍTICA E PLANEJAMENTO ESTRATÉGICO

O planejamento estratégico hoje é visto como tema multidisciplinar, como um verdadeiro princípio jurídico, na medida em que obriga o Poder Público a alcançar metas e resultados. É por meio do PE que se define o objetivo a ser traçado, os caminhos que vão ser perseguidos. Define ainda como o Estado planeja seus programas sociais e a partir de como pode realizar esses programas, dentro de sua infraestrutura. Neste contexto, o planejamento estratégico deve diferençar políticas puramente governamentais das verdadeiras políticas sociais.

A ideia de planejamento estratégico é historicamente antiga (estratégias de guerras), como coletamos na célebre e sempre atual obra de Sun Tzu, "A Arte da Guerra". Sempre permeou o universo subjetivo humano, na busca de organização pré-elaborada para conseguir alcançar objetivos. Com Maquiavel, em "O Príncipe", de 1513, temos noções básicas acerca da importância de se planejar estrategicamente as ações. O Príncipe, guiado estrategicamente, tinha missão tríplice: tomar o poder, assegurar a estabilidade política e construir uma sociedade sob os fundamentos da república.

Conquanto remoto em sua origem, tem evoluído com o passar dos tempos, apesar de guardar intacta sua acepção natural, que é a necessidade de se decidir antecipadamente o que fazer e como fazer, bem como o porquê de se adotar essa ou outra ação, com vista a resultados duradouros.

No entender de Philip Kotler (1992), o planejamento estratégico é uma metodologia gerencial que permite estabelecer a direção a ser seguida pela organização, visando maior grau de interação com o ambiente.

---

(4) Agência EducaBrasil: Multidisciplinariedade; Disponível em <http://www.educabrasil.com.br/eb/dic/dicionario.asp?id=90>. Acesso em 19 de outubro de 2015.
(5) Conclusões exaradas na palestra proferida pelo Sec. de Políticas Previdenciárias, Dr. Benedito Brunca, no 2º Congresso Brasileiro de Conselheiros de RPPSs Brasília/DF, dias 5 a 7 de novembro de 2014.

Planejamento estratégico é, assim, o conjunto de regras (comportamentais e legais) a serem adotadas para as tomadas de decisões (políticas públicas), com foco na sustentabilidade do sistema, bem como atingir a concretização dos direitos garantidos pela Constituição Federal de 1988, e não apenas uma parte desses direitos. Com certeza, os recursos públicos são finitos e não ilimitados como pensa a maioria, por isso mesmo demandam responsabilidade do gestor na aplicação.

E sob o enfoque organizacional, o planejamento estratégico deve percorrer as seguintes etapas: I) diagnóstico (análise do ambiente externo e interno); II) estabelecimento das diretrizes; III) elaboração da estratégia; IV) implementação e efetivo controle. Temos assim que a ação estratégica é vinculada a um contexto previamente elaborado.

As prioridades das questões públicas são estabelecidas através de uma agenda, onde são definidas metas, objetivos e recursos a serem despendidas para realização das tarefas previamente delimitadas. A previdência no Brasil encontra-se no topo da agenda política, que pode ser entendida como o conjunto de prioridades de um ator no processo, que vai atuar com destaque na construção de meios para cumprimento das metas que demandam relevância e urgência.

Para formalização da agenda é feita uma pesquisa elaborada sobre o tema (em seus aspectos técnicos, políticos, jurídicos, históricos, contextual); a definição do público a ser atingido (no caso da previdência, posto que diretamente ligada à economia da Nação, a sociedade como um todo); é feita campanha de esclarecimento e conscientização (note-se que a previdência está ocupando papel de destaque na mídia nacional); e apresentação de relatórios, baseados na repercussão da medida.

A agenda política funciona, assim, como um meio para sensibilizar os atores envolvidos no processo, quanto à existência real de um problema público, e este problema tem extrema relevância e requer urgência de tratamento para solução de problemas.

Com base na definição da agenda, o segundo passo é a realização de um planejamento estratégico, que é o processo gerencial onde se formulam os programas e as ações para execução dos objetivos predeterminados. O papel do planejamento estratégico é prever o futuro, em relação ao longo prazo. Consiste em saber o que deve ser executado e como deve ser executado. Definindo, assim, graus de responsabilidades nas tomadas de decisões. No planejamento, têm que ser delimitadas a visão e a missão da entidade gestora, seus objetivos, caminhos a serem trilhados e seus valores, de forma a se saber para onde se quer ir e por onde ir. Constitui-se assim em um exponencial da execução das políticas públicas. Ohme (1985) nos cientifica que não basta sabermos aonde queremos chegar (o objetivo); é vital escolher o caminho (a estratégia).

Hodiernamente a função do gestor não mais se baseia no nível hierárquico da organização, mas no nível de conhecimento, que deve servir de base para o aprendizado dos servidores que lhe apoiam. Equipes multifuncionais reclamam treinamentos constantes, além de motivação (ambiente de trabalho), remuneração e formas de incentivo que recompensem postura diferenciada (pagamento diferenciado por produção). A liderança tem que estar afeta a mudanças comportamentais, e no caso específico da previdência, tem que ser visionária.

Vê-se que a baixa tolerância a mudanças, notadamente pelos segurados do sistema, é fruto de um egocentrismo provinciano, onde vale o que posso ter. Os segurados estão limitados a pensar em seus próprios benefícios, não nos problemas comuns do sistema. É a visão cega de pensar em previdência como sequência do tempo trabalhado que ainda permeia a mente dos atores do processo, que são os principais nesse contexto histórico que reclama mudanças urgentes.

Para melhor compreensão do tema, remetemos ao capítulo que trata sobre as mudanças de paradigmas e sua importância para a previdência pública.

Com a flexibilidade para mudanças de paradigmas, fica mais fácil traçar metas: O que temos? Para onde vamos? Qual o melhor caminho a ser trilhado? O que pode ser mantido e o que não pode para alcance dos objetivos? Qual o resultado finalístico previsível com a adoção das medidas traçadas?

6.5. GOVERNANÇA

Para lograr êxito nos objetivos traçados pelo planejamento estratégico, fundamental que se tenha governo apto para formulá-los e implementá-los. Para o Banco Mundial, governança pode ser aceita como a forma com que os recursos econômicos e sociais de um país são gerenciados, com vistas a promover o desenvolvimento.

Do conceito extraímos que é a maneira pela qual o poder é exercido na administração dos recursos sociais e econômicos de uma país, visando seu desenvolvimento sustentável e a capacidade dos governos de planejar, formular e programas políticas e cumprir funções.

Matias-Pereira (2011), com acerto técnico, diferencia a governabilidade da governança, destacando que a primeira é a legitimidade que vem da capacidade do governo de representar os interesses de suas próprias instituições; por sua vez, no conceito de governança, parcela de sua legitimidade que vem do processo do entendimento de que grupos específicos da população, quando participam da elaboração e implantação de uma política pública, têm maior possibilidade de obter sucesso nos seus objetivos. Para o autor, o ponto de convergência entre os conceitos reside na defesa da participação institucionalizada como meio para se atingir a estabilidade política.

De acordo com o Banco Mundial (Governance and Development, 1992), "governança é a maneira pela qual o poder é exercido na administração dos recursos sociais e econômicos de um país visando ao desenvolvimento, e a capacidade dos governos de planejar, formular e programar políticas e cumprir funções".

Hodiernamente o foco da atenção da ação estatal não pode ser exclusivamente as implicações financeiras, mas deve ser direcionada para as dimensões sociais e as políticas que envolvem a gestão pública.

6.5.1. Pilares da governança

A governança no âmbito de uma unidade gestora, envolve bons relacionamentos entre Conselhos (Diretivo, Fiscal e de Administração), com órgãos externos, o que induz sejam os comportamentos de seus gestores sejam estabelecidos em regramentos objetivos, de forma a contribuir para o desenvolvimento sustentável da entidade.

A boa governança encontra-se alicerçada em cinco pilares básicos: ética, subsunção ao ordenamento jurídico, compliance, transparência e prestação de contas (accountability).

6.5.1.1. Ética

A palavra ética vem do grego ethos (caráter, modo de ser de uma pessoa). É definida como sendo um conjunto de valores morais e princípios que norteiam a conduta humana na sociedade. O objetivo é o bom funcionamento social e neste sentido se relaciona com o sentimento de justiça social.

Na obra aristotélica Ética a Nicômaco, Aristóteles entende a ética como parte da política que precede a própria política, e está relacionada com o indivíduo, enquanto a política retrata o homem na sua vertente social.

Apesar de serem temas diretamente relacionados, ética não se confunde com moral, tendo em vista que esta última tem seu fundamento na observância a normas e costumes. A ética busca fundamentar o modo de viver, através do pensamento.

No serviço público, está diretamente relacionada com as condutas funcionais. Funcionários públicos (em sua acepção ampla, tal como visto no capítulo onde analisados os crimes) devem agir conforme padrão ético preestabelecido.

A sociedade deposita no servidor público (seja eletivo, escolhido ou concursado) parcela de confiança no que tange a impulsionar a máquina administrada, a condução dos negócios públicos. Em sendo assim, espera que cumpram um mínimo de padrão ético, seguindo valores e princípios da Administração Pública. Todo servidor deveria fazer juramento formal de cumprir os deveres para os quais foi eleito, escolhido ou nomeado. Ética, assim, está relacionada com o compromisso que se deve ter com a coisa pública. O compromisso deve ser muito superior do que a simples prestação do serviço, do cumprimento de horários. São todos responsáveis pela sociedade, pelo desenvolvimento econômico e social, guardadas as proporções relacionadas a cada cargo. Neste contexto, o servidor público deve ser capaz de pensar estrategicamente (inovar, cooperar e aprender sempre, mudar paradigmas quando necessário).

No serviço público federal, as condutas referentes à ética são supervisionadas pela Comissão de Ética Pública (CEP), criada através do Decreto de 26 de maio de 1999, e é um órgão vinculado à Presidência da República. Dentre suas funções se encontra a de dar cumprimento ao Código de Conduta da Alta Administração Federal e ao Código de Ética Profissional do Servidor Público Civil do Poder Executivo Federal de que trata o Decreto n. 1.171/1994.

A função primária dos códigos de ética é promover a lealdade dos princípios éticos e morais, que devem estar acima dos interesses financeiros que o cargo pode oferecer (desvio de verbas, edição de leis que violam ordenamento jurídico, corrupção, apadrinhamentos, nepotismo, etc.). Além disso os servidores públicos devem obediência aos regramentos legais; devem saber usar corretamente do sigilo de informações (quando assim for exigido); não podem aceitar presentes de forma desproporcional (a Controladoria Geral da União já firmou o entendimento de que pequenos agrados são permitidos); não podem desviar suas funções para uso indevido dos seus cargos; devem agir com imparcialidade, lealdade e boa-fé; devem preservar e proteger o patrimônio público; dentre outras condutas éticas.

A Lei de Responsabilidade Fiscal é um verdadeiro código de ética, na medida em que estabelece normas de finanças públicas voltadas para a responsabilidade na gestão fiscal. Pela LRF, a responsabilidade na gestão fiscal pressupõe a ação planejada e transparente, em que se previnem riscos e corrigem desvios capazes de afetar o equilíbrio das contas públicas, mediante o cumprimento de metas de resultados entre receitas e despesas e a obediência a limites e condições no que tange a renúncia de receita, geração de despesas com pessoal, da seguridade social e outras, dívidas consolidada e mobiliária, operações de crédito, inclusive por antecipação de receita, concessão de garantia e inscrição em Restos a Pagar (artigo 1º, § 1º, da LC n. 101/00).

Além de ditar as condutas a serem adotadas pela gestão fiscal, a LRF infere que qualquer cidadão, partido político, associação ou sindicato é parte legítima para denunciar ao respectivo Tribunal de Contas e ao órgão competente do Ministério Público o descumprimento das prescrições estabelecidas na Lei (LRF, artigo 73-A, Incluído pela Lei Complementar n. 131, de 2009).

O Ministério da Previdência, através da Portaria n. 185/15, orienta os gestores de RPPS a instituírem seus próprios códigos de ética, como um dos parâmetros da governança corporativa.

6.5.1.2. Compliance

Já que a Administração Pública em todos os seus níveis e esferas de governo somente pode fazer o que é determinado pela lei, uma entidade gestora de RPPS, qualquer que seja o seu montante de capital, deve atuar sob um conjunto de disciplinas para fazer cumprir as normas legais e regulamentares.

O compliance, cujo termo tem origem na expressão inglesa to comply (para cumprir), significa agir de acordo com as regras, tanto legais como as provenientes de instrução interna, que fazem parte das políticas e diretrizes traçadas no âmbito da instituição. O objetivo é detectar qualquer desvio ou inconformidade com a disciplina normativa da instituição, para que possa ser eficazmente combatida. Assim, qualquer desvio (legal, comportamental, operacional) em relação à política interna é detectado, podendo ser evitado ou tratado.

Quando a unidade gestora está agindo corretamente (interna e externamente), sob o manto legal, sem infringência aos comandos principiológicos, normativos e morais, podemos dizer que a mesma está funcionando em compliance.

E agir dessa maneira traz maior segurança ao gestor, aos segurados, aos conselheiros, aos representantes dos Comitês de Investimentos, aos investidores, aos Stakeholders, à sociedade como um todo. É através da compliance que os investidores têm segurança de suas aplicações e estão de acordo com suas orientações.

Como vimos, após a edição da Lei n.12.486, de 29 de janeiro de 2013, a responsabilidade da empresa (pública ou privada) passou a ser objetiva, passando assim a responsabilizar as empresas por irregularidades cometidas pelos funcionários (de qualquer nível dentro da hierarquia). Para não serem alvo dessa responsabilidade objetiva, as entidades públicas e privadas começaram a investir em práticas de governança corporativa e administrativa, com criação de auditorias (como órgão colegiado) internas e elaboração de cartilhas (códigos de éticas e códigos de normas internas).

A compliance passa assim a ser um vetor para a coibição de práticas danosas às entidades, preservando sua higidez comportamental. Faz, portanto, parte indissolúvel e completa o gerenciamento ético e está intimamente ligada com a transparência.

6.5.1.3. Transparência

A transparência, em sentido lato, pode ser tomada como a forma como as questões relacionadas com a gestão pública (que deve sempre ser respaldada na lei) são transmitidas à sociedade. A transparência induz à ideia de visibilidade, tornar claro o que é escuro, fazendo-se conhecer com detalhes como está sendo executado o orçamento do Estado, demonstrando como anda sua saúde financeira.

A transparência é um dos pilares do Estado Democrático de Direito, onde é a sociedade que detém o controle dos gastos do Estado.

A Constituição Federal dispõe em seu artigo 5º, inciso XIV, que é assegurado a todos o acesso à informação e resguardado o sigilo da fonte, quando necessário ao exercício profissional. No artigo 37, § 3º, II, estabelece que a lei disciplinará as formas de participação do usuário na administração pública direta e indireta, inclusive no que concerne ao acesso dos usuários a registros administrativos e a informações sobre atos de governo, observado o disposto no art. 5º, X e XXXIII e no § 2º do artigo 216, que cabem à administração pública, na forma da lei, a gestão da documentação governamental e as providências para franquear sua consulta a quantos dela necessitem.

Os dispositivos são regulamentados pela Lei n. 12.527, de 18 de novembro de 2011 – Lei da Transparência, que considera como informação dados, processados ou não, que podem ser utilizados para produção e transmissão de conhecimento, contidos em qualquer meio, suporte ou formato.

Em seu artigo 3º, são enumerados os procedimentos que se destinam a assegurar o direito fundamental de acesso à informação, que devem ser executados em conformidade com os princípios básicos da administração pública e com as seguintes diretrizes: I - observância da publicidade como preceito geral e do sigilo como exceção; II - divulgação de informações de interesse público, independentemente de solicitações; III - utilização de meios de comunicação viabilizados pela tecnologia da informação; IV - fomento ao desenvolvimento da cultura de transparência na administração pública; V - desenvolvimento do controle social da administração pública.

A Lei de Responsabilidade Fiscal prevê expressamente a incidência do princípio no seu artigo 48, que assevera serem instrumentos de transparência da gestão fiscal, aos quais será dada ampla divulgação, inclusive em meios eletrônicos de acesso público: os planos, orçamentos e leis de diretrizes orçamentárias; as prestações de contas e o respectivo parecer prévio; o Relatório Resumido da Execução Orçamentária e o Relatório de Gestão Fiscal; e as versões simplificadas desses documentos. No § único, II, do mesmo dispositivo legal, vem determinado que a transparência será assegurada também mediante a liberação ao pleno conhecimento e acompanhamento da sociedade, em tempo real, de informações pormenorizadas sobre a execução orçamentária e financeira, em meios eletrônicos de acesso público. Ressalte-se que o referido parágrafo único foi incluído pela Lei Complementar 131, de 27 de maio de 2009, que alterou a redação da Lei de Responsabilidade Fiscal no que se refere à transparência da gestão fiscal, inovando ao determinar a disponibilização, em tempo real, de informações pormenorizadas sobre a execução orçamentária e financeira da União, dos Estados, do Distrito Federal e dos Municípios.

No portal da transparência, http://www.portaldatransparencia.gov.br, estão disponibilizadas questões relativas aos meios de aplicação das leis de regência. A Controladoria Geral da União (CGU) elaborou manual explicativo sobre a lei de transparência, que pode ser consultado no seu sitio eletrônico. De acordo com a CGU:

> "A informação sob a guarda do Estado é, via de regra, pública, devendo o acesso a ela ser restringido apenas em casos específicos. Isto significa que a informação produzida, guardada, organizada e gerenciada pelo Estado em nome da sociedade é um bem público. O acesso a essas informações – que compõem documentos, arquivos, estatísticas – constitui-se em um dos fundamentos para o aprofundamento e consolidação da democracia, ao fortalecer a capacidade dos cidadãos de participar mais efetivamente do processo de tomada de decisões que os afetam."[6]

Segundo a CGU, o acesso às informações públicas possibilita uma participação ativa da sociedade nas ações governamentais, e consequentemente traz inúmeros ganhos, como: I) prevenção da corrupção; II) respeito aos direitos fundamentais; III) fortalecimento da democracia; IV) melhoria da gestão pública; e V) melhoria do processo decisório.

Por sua vez, a Lei Geral de Previdência Pública também cuidou de dispor regramento sobre o princípio da transparência, conforme se extrai da leitura do inciso VI do seu artigo 1º, que garante pleno acesso dos segurados às informações relativas à gestão do regime e participação de representantes dos servidores públicos e dos militares, ativos e inativos, nos colegiados e instâncias de decisão em que os seus interesses sejam objeto de discussão e deliberação.

Do exposto, subtrai-se que o direito à informação não é uma faculdade, mas um dever imposto ao gestor.

6.5.1.4. Accountability

Accountability (prestação de contas) remete à ideia de responsabilidade, consubstanciando-se na obrigação de membros de um órgão administrativo ou representativo de prestar contas a instâncias controladoras ou a seus representados. É um conceito da esfera ética e na Administração Pública é considerado um aspecto central da *governança*.

Em se tratando da esfera pública, o termo Accountability encontra-se frequentemente relacionado à fiscalização, avaliação e, muitas vezes, à ética no trato do bem público, visto que seu significado remete à obrigação da prestação de contas de membros de um órgão administrativo ou instituição representativa a instâncias controladoras ou a seus representados.

A doutrina classifica a accountability entre vertical, no sentido de referir-se às atividades de fiscalização dos cidadãos e da sociedade civil (controle ascendente) que temos como exemplo, instrumentos de democracia direta como plebiscitos e consultas públicas; e horizontal, que se dá por meio dos mecanismos institucionalizados de controle e fiscalização mútua, na forma de freios e contrapesos, entre os Poderes (Checks and Balances), como por exemplo a fiscalização exercida pelos Tribunais de Contas.

A Constituição Federal expressamente determina no parágrafo único do seu artigo 70 que "prestará contas qualquer pessoa física ou jurídica, pública ou privada, que utilize, arrecade, guarde, gerencie ou administre dinheiros, bens e valores públicos ou pelos quais a União responda, ou que, em nome desta, assuma obrigações de natureza pecuniária".

A prestação de contas, como o dever de transparecer as contas, é exercício de democracia e tem caráter impositivo. É pois um dever constitucional de todo e qualquer gestor público. Neste diapasão, assim se manifestou o Tribunal de Contas do Estado de Roraima:

> "Prestar contas é dever constitucional de qualquer administrador público. Como administrador do erário tenho em mente que, além de um dever constitucional, prestar contas é um dever moral e cívico. A palavra administrador traz em si o conceito oposto de proprietário, pois indica aquele que gere interesses alheios. A honrosa função de administrar bens e recursos públicos traz ínsita a ideia de zelo e conservação. Daí correto inferir que os poderes normais de um administrador são simplesmente de conservar e utilizar os bens e recursos confiados à sua gestão, buscando sempre um fim único: o bem comum da coletividade administrada."[7]

Do Tribunal de Justiça do Estado do Maranhão tomamos emprestado o seguinte julgado:

> CONSTITUCIONAL. MANDADO DE SEGURANÇA. CONVÊNIO FIRMADO ENTRE ESTADO E MUNICÍPIO. IRREGULARIDADE NA PRESTAÇÃO DE CONTAS. AJUIZAMENTO DE AÇÃO DE RESSARCIMENTO CONTRA EX-GESTOR. POSSIBILIDADE. INSCRIÇÃO DO ENTE MUNICIPAL COMO INADIMPLENTE. IRRAZOABILIDADE.
>
> 1. É dever constitucional de o gestor público prestar contas dos recursos públicos recebidos. Todavia, não se mostra razoável inscrever o ente municipal como inadimplente, impossibilitando-o de receber novos convênios por ausência de prestação de contas de ex-gestor que agiu com falha ou má-fé na prestação dos convênios realizados durante a sua gestão.
>
> 2. Se o gestor atual tomou as providências legais e judiciais objetivando sanar as irregularidades apontadas pelo órgão responsável pelo recebimento das contas, deve-se afastar a inadimplência do ente municipal.
>
> 3. Prevalência do interesse público em receber os recursos que são destinados constitucionalmente ou oportunizados via convênios. Ademais, não é razoável privar a população do município de recursos que muitas vezes são essenciais ao desenvolvimento local.

---

(6) CONTROLADORIA-GERAL DA UNIÃO, Secretaria de Prevenção da Corrupção e Informações Estratégicas. Manual da Lei de Acesso à Informação para Estados e Municípios. 1. ed. Brasília, 2013. p. 6. Disponível em <http://www.cgu.gov.br/Publicacoes/transparencia-publica/brasil-transparente/arquivos/manual_lai_Estadosmunicipios.pdf>. Acesso em 18 de agosto de 2015.

(7) Tribunal de Contas do Estado de Roraima. Apresentação da prestação de contas do Tribunal de Contas do Estado de Roraima. Disponível em: <www.tce.rr.gov.br>. Acesso em 18 de agosto de 2015.

4. Segurança concedida.(TJ/MA, MS 0610212013 MA 0012935-68.2013.8.10.0000, Relator Des. Lourival de Jesus Serejo Souza, julgado pelas Segundas Câmaras Cíveis Reunidas em 25-04-2014 e acórdão publicado em 10-10-2014).

A Lei n. 9.717/98 expressamente impõe no parágrafo único do seu artigo 9º que: "A União, os Estados, o Distrito Federal e os Municípios prestarão ao Ministério da Previdência e Assistência Social, quando solicitados, informações sobre regime próprio de previdência social e fundo previdenciário previsto no art. 60 desta Lei, o que se dará através do envio de demonstrativos financeiros, orçamentários, contábeis, etc."

Já a Lei 10.887/04 expressamente determina, em seu artigo 9º, III, que a unidade gestora do regime próprio de previdência disponibilizará ao público, inclusive por meio de rede pública de transmissão de dados, informações atualizadas sobre as receitas e despesas do respectivo regime, bem como os critérios e parâmetros adotados para garantir o seu equilíbrio financeiro e atuarial.

Constitui-se assim o dever de prestar contas, principalmente no que concerne à aplicação de recursos financeiros e orçamentários, uma obrigação constitucional e legalmente determinada.

A finalidade da prestação de contas é demonstrar que os objetivos propostos foram cumpridos, que metas foram atingidas. Neste sentido, as contas são demonstradas às partes interessadas, que aqui devem ser tratadas como a coletividade em sua acepção geral. É à coletividade como um todo que interessa a lisura das contas num sistema previdenciário público e não somente aos segurados do sistema. Como exaustivamente nos referimos, a malversação dos recursos previdenciários reflete diretamente nas políticas sociais, uma vez que os recursos alocados para cobrir insuficiências financeiras do sistema poderiam ser vertidos para outras áreas sensíveis, como saúde, educação, segurança e infraestrutura.

A prestação de contas deve, assim, refletir os resultados alcançados com a gestão dos recursos, traduzindo as ações desempenhadas para o fiel cumprimento das leis e dos atos normativos que regem todo o sistema previdenciário público e que não podem deixar de ser atendidas pelo gestor. Prestação de contas não é um emaranhado de papéis de conteúdo indelével para a maioria. Deve ser legível e compreensível, com relatórios de leitura fácil.

Neste sentido, não basta a exposição de gráficos, são necessárias explicações plausíveis e detalhadas acerca dos gastos públicos.

É dizer o que se está fazendo e por que se está fazendo.

6.6. ATOS DE GESTÃO

6.6.1. Considerações

Gestores de RPPS não praticam somente de expediente, praticam atos administrativos, que diferenciam dos atos privados, no sentido de que o administrador somente pode fazer o que a lei determina, ao passo que na esfera privada se permite que se faça tudo o que não é defeso em lei.

Ato Administrativo é toda manifestação de vontade praticada pela Administração Pública ou por quem lhe faça as vezes, sob o regime de direito público, com prerrogativas em relação ao particular e com submissão ao controle judicial.

6.6.2. Atributos

Os atos administrativos trazem ínsitos os atributos da presunção de legitimidade e veracidade; da imperatividade; da tipicidade e da autoexecutoriedade.

Através da presunção de legitimidade, temos que os atos administrativos são presumidos verdadeiros e legais até que se prove o contrário. O ônus da prova de ilegitimidade do ato administrativo não é da Administração Pública, e sim do destinatário, do ato que se sente lesado pela prática do ato. A presunção de legitimidade é, assim, relativa e não absoluta. Até sua desconstituição, o ato permanece válido e gerando seus efeitos jurídicos. Considerando que um dos atributos dos atos administrativos é a presunção de legalidade, cabe ao autor o ônus da prova acerca da existência de vício em relação ao ato administrativo (TJ/DF, APC 20120110617215, p. 25-08-2015).

Por meio do atributo da imperatividade, temos que os atos administrativos são impostos a todos os administrados, independentemente da vontade do destinatário, de forma unilateral. Ou seja, cria obrigações ou impõe restrições, sem que o administrativo tenha que manifestar sua concordância.

A tipicidade traduz a máxima de que o administrador só pode fazer o que a lei previamente determina. É pela tipicidade do ato administrativo que se revela a garantia de impedir que a Administração Pública aja com absoluta discricionariedade, sob seu bel-prazer. A lei estabelece os limites de atuação do administrador.

O atributo só está presente nos atos unilaterais, tendo em vista que nos atos bilaterais (como nos contratos), deve permanecer a manifestação de vontade.

E por sua vez, a autoexecutoriedade se resume no poder da Administração Pública de executar seus atos, independentemente da autorização de outros poderes e sem necessidade de intervenção do Poder Judiciário.

Nos atos meramente de gestão ou de expediente, não existem os atributos relacionados, notadamente o da coercibilidade, ou seja, sem que a Administração Pública use de sua supremacia sobre os destinatários. São atos internos da Administração Pública, que visam dar andamento aos serviços desenvolvidos no organismo, não criando direitos e obrigações. Podem servir de exemplo a formalização de processos e cadastramento de processos (serviços de protocolos).

6.6.3. Requisitos de existência

Requisitos de existência dos atos administrativos são os elementos que compõem o ato, sem os quais não adentram ao mundo jurídico. São eles: competência, objeto, forma, finalidade e motivo.

O primeiro atributo refere-se à **competência** do agente para expedição do ato. O agente necessariamente precisa estar imbuído de capacidade para sua realização. Assim, é competente para exarar um ato de concessão de pensão o diretor-presidente da autarquia. Este ato, contudo, pode ser delegado, desde que haja previsão legal expressa. Em assim sendo, um diretor de benefícios pode ter delegação expressa para a prática do ato mencionado.

Contudo, se o ato for praticado por outro agente, será nulo e não terá validade no mundo jurídico. Daí a máxima eternizada por Caio Tácito: não é competente quem quer, mas quem pode. (TÁCITO, 1959, p. 27). E assim o é porque a competência para a prática do ato decorre da lei e com esta não pode conflitar.

A Lei 9.784, de 1999, que regula o processo administrativo no âmbito da Administração Pública, diz textualmente em seu artigo 11 que "a competência é irrenunciável e se exerce pelos órgãos administrativos a que foi atribuída como própria, salvo os casos de delegação e avocação legalmente admitidos."

Já no artigo 12, determina que a delegação somente é possível, mesmo que não haja subordinação hierárquica, quando não houver impedimento legal. E no artigo 13 adverte que não podem ser objeto de delegação: I - a edição de atos de caráter normativo; II - a decisão de recursos administrativos; III - as matérias de competência exclusiva do órgão ou autoridade.

Avocação de ato administrativo é quando um órgão superior evoca uma atribuição de um órgão inferior. Neste sentido, o diretor-presidente de uma unidade gestora pode avocar para si uma atribuição que originariamente competia a um seu subordinado. Mas atenção! Nem todos os atos podem ser avocados, uma vez que existem atos que somente podem ser praticados por servidores que detêm a função institucional para fazê-lo. Assim, por exemplo, não pode avocar a defesa em um processo judicial, porque a defesa técnica compete a advogado, conforme o poder de representação, estabelecido pelo artigo 38 do Estatuto Processual Civil: "A parte será representada em juízo por advogado legalmente habilitado. Ser-lhe-á lícito, no entanto, postular em causa própria, quando tiver habilitação legal ou, não a tendo, no caso de falta de advogado no lugar ou recusa ou impedimento dos que houver."

O objeto do ato é a criação, modificação ou comprovação de uma relação jurídica concernente a pessoas, coisas ou atividades sujeitas à atuação do Poder Público. O objeto, assim, identifica-se com o próprio conteúdo do ato e por meio dele a administração manifesta o seu poder e a sua vontade. No ato de concessão de pensão, por exemplo, o objeto é a criação de uma obrigação ao Estado, do pagamento da pensão a uma determinada pessoa. É o próprio conteúdo do ato.

A **forma** é a maneira como a Administração Pública exterioriza sua vontade. Todo ato administrativo, em princípio, é formal. A inexistência da forma leva à própria inexistência do ato. Neste caso, podemos citar como exemplo uma aposentadoria concedida por ofício do governador, determinando ao diretor-presidente da unidade gestora que faça a implantação, quando cediço que a concessão de aposentadoria exige ato formal de decreto. A forma seria, portanto, o revestimento formal do ato.

Por sua vez, a **finalidade** é o fim desejado com a expedição do ato. É o objetivo a ser alcançado, o interesse público a ser atingido. Seja o ato discricionário ou regrado, o ato administrativo tem que atingir um fim público. O desvio de finalidade caracteriza desvio de poder.

Num ato de concessão de pensão, por exemplo, a finalidade a que se destina o ato é a reposição de renda de determinada pessoa, garantindo-lhe existência digna e, via de consequência, atingindo os anseios da própria coletividade.

O **motivo**, denominado por alguns doutrinadores como causa do ato, é a situação de direito ou de fato que determina a realização do ato administrativo. (MEIRELLES, 2007, p. 156).

A Lei n. 9.784, de 29 de janeiro de 1999, que regula o processo administrativo no âmbito da Administração Pública Federal, dispõe no caput do seu artigo 50 que "os atos administrativos deverão ser motivados, com indicação dos fatos e dos fundamentos jurídicos".

Assim, para a concessão do ato de aposentadoria devem ser expostos os fatos (indicativos de idade, tempo de serviço, tempo de contribuição, tempo de serviço público, carreira e cargo) que ensejaram a concessão, que culminaram no preenchimento dos requisitos para a aposentação. Com a exposição dos atos, tem-se a subsunção a normas legais. Os fundamentos jurídicos ainda podem contar com recursos como súmulas, jurisprudências, analogia, equidade, doutrina, ou outras fontes do direito.

Sem motivação, o ato pode ser inválido ou invalidável. Nos atos discricionários, o agente tem a liberdade de praticá-los sem motivação, mas uma vez motivado o ato, nessa circunstância, fica o agente adstrito à essa motivação. Exemplo clássico que permeia a doutrina é a exoneração ad nutum. Não há necessidade de motivação, posto que o ato é discricionário. Assim, o diretor-presidente de uma unidade gestora pode ser exonerado por ato da autoridade que o nomeou, sem necessidade de fundamentar sua decisão. Porém, se no ato de exoneração forem indicados os motivos, a autoridade que procedeu à exoneração deve comprová-los.

A Teoria dos Motivos Determinantes sustenta em linhas gerais que a validade do ato administrativo discricionário se vincula aos motivos indicados como seu fundamento de validade. Ou seja, quando a Administração Pública motivar o ato, mesmo que não seja obrigada a fazê-lo, a validade do mesmo depende da verdade dos motivos alegados. Se exposta a motivação, o ato não poderá ser desconstituído por mera liberalidade da autoridade competente, sendo imperiosa a exposição dos fundamentos da revogação e da correspondência destes em relação à realidade material. (TJ/MG, MS 10000130936420000, j 25-02-2015, Órgão Especial).

A Lei de Ação Popular – Lei n. 4.717, de 29 de junho de 1965, traz no bojo do seu artigo 2º expressamente os requisitos de validade do ato administrativo, bem como traz a conceituação dos mesmos, de forma negativada, no parágrafo único do citado dispositivo, *in verbis*:

> Art. 2º São nulos os atos lesivos ao patrimônio das entidades mencionadas no artigo anterior, nos casos de:
> a) incompetência;
> b) vício de forma;
> c) ilegalidade do objeto;
> d) inexistência dos motivos;
> e) desvio de finalidade.
> Parágrafo único. Para a conceituação dos casos de nulidade observar-se-ão as seguintes normas:
> a) a incompetência fica caracterizada quando o ato não se incluir nas atribuições legais do agente que o praticou;
> b) o vício de forma consiste na omissão ou na observância incompleta ou irregular de formalidades indispensáveis à existência ou seriedade do ato;
> c) a ilegalidade do objeto ocorre quando o resultado do ato importa em violação de lei, regulamento ou outro ato normativo;
> d) a inexistência dos motivos se verifica quando a matéria de fato ou de direito, em que se fundamenta o ato, é materialmente inexistente ou juridicamente inadequada ao resultado obtido;
> e) o desvio de finalidade se verifica quando o agente pratica o ato visando a fim diverso daquele previsto, explícita ou implicitamente, na regra de competência.

A conceituação dada pela Lei de Ação Popular é seguida pela doutrina e jurisprudência dominantes.

6.6.4. Atos discricionários e vinculados

Por atos discricionários entendemos ser aqueles que a Administração pode praticar com liberdade de escolha, ou seja, quando for oportuno e conveniente ao interesse público a sua expedição. Atos discricionários conferem ao agente público a possibilidade entre praticar ou não o ato, ou seja, escolher qual a melhor solução que atenda ao interesse público. A lei deixa margem para liberdade de escolha, dentre as alternativas postas ao crivo do agente. São os atos praticados por motivo de conveniência e oportunidade.

Contudo, a discricionariedade conferida à Administração não é absoluta, tem em vista que sofre limitação no princípio da legalidade. Se o ato discricionário é praticado nos limites da legalidade, não pode sofrer constrição judicial. Tem-se assim que o discricionário não deve ser confundido com ato arbitrário, tendo em vista que a este último falece legalidade, uma vez que é ato expedido contra legem (desvio de poder ou de finalidade) ou ultra legem (excesso de poder). O ato administrativo tem que ser praticado secundum legem (de acordo com a lei).

A possibilidade da expedição de atos administrativos discricionários foi claramente traduzida pelo ex-ministro da Justiça Seabra Fagundes, quando na função de desembargador do Estado do Rio Grande do Norte, ao apreciar um recurso de apelação:

> "A competência discricionária não se exerce acima ou além da lei, senão, como toda e qualquer atividade executória, com sujeição a ela. O que se distingue da competência vinculada é a maior mobilidade de que a lei enseja ao executor no exercício, e não na liberação da lei. Enquanto ao praticar o ato administrativo vinculado a autoridade está presa a lei em todos os seus elementos (competência, motivo, objeto, finalidade e forma), no praticar o ato discricionário é livre (dentro de opções que a própria lei prevê) quanto à escolha dos motivos (oportunidade e conveniência) e do objeto (conteúdo). Entre praticar o ato ou dele se abster, entre praticá-lo com este ou aquele conteúdo (por ex. advertir apenas ou proibir), ela é discricionária. Porém, no que concerne à competência, à finalidade e à forma, o ato discricionário está tão sujeito aos textos legais como qualquer outro. O ato que, encobrindo fins de interesse público, deixe à mostra finalidades pessoais poderá cair na apreciação do Poder Judiciário, não obstante originário do exercício de competência livre. O "fim legal" dos atos da Administração pode vir expresso ou apenas subentendido na lei. O direito, que resulta não da letra da lei, mas do seu espírito, exsurgindo implicitamente do texto, também pode apresentar a liquidez e certeza que se exigem para concessão do mandado de segurança. (TJRN, RDA 14/52)."

Já nos atos vinculados ou regrados, não existe possibilidade de escolha, a lei não deixa margem para a discricionariedade. Há um único caminho a ser trilhado. Não resta juízo de conveniência e oportunidade para a prática do ato. Neste sentido, entendimento exarado pelo Tribunal de Justiça do Estado do Paraná:

> RECURSO INOMINADO. AÇÃO DECLARATÓRIA C/C PEDIDO DE RESSARCIMENTO. SUBSÍDIOS. SERVIDOR PÚBLICO ESTADUAL. PAPILOSCOPISTA. IMPLEMENTAÇÃO SALARIAL CORRETAMENTE ADQUIRIDA. ATO VINCULADO DA ADMINISTRAÇÃO PÚBLICA QUE NÃO PODE SER AFASTADO POR ATO DISCRICIONÁRIO PAUTADO NAS CONDIÇÕES ORÇAMENTÁRIAS DO Estado. DIREITO ABSOLUTO. PROGRESSÃO. SENTENÇA MANTIDA POR SEUS PRÓPRIOS FUNDAMENTOS. (TJ/PR, RI 003719634201481601820, Rel. Des. Renata Ribeiro Bau, 1ª Turma Recursal, j. 24-06-2015 e p. 26-06-2015).

A anulação de ato administrativo dar-se-á por ser o ato contrário ao direito e aos princípios da Administração

Pública. Com a positivação dos princípios da Administração Pública, insculpidos no caput do artigo 37 da CF/88, nasceu o princípio da juridicidade. Referido princípio informa que não se persegue apenas a legalidade dos atos, mas o ideal de Justiça Social. A juridicidade abrange os princípios de direito previstos expressa e implicitamente na Constituição Federal.

Neste esteio, a Administração Pública estaria não apenas subjugada à estrita legalidade, mas tem o dever de atender aos princípios norteadores do Ordenamento Jurídico Administrativo, de forma a alcançar justiça social, que é o fim almejado pelo interesse público. Para Francisco Luiz Fernandes, Thallita Maria Moreeuw Fernandes, em excelente artigo publicado no Âmbito Jurídico:

> "O princípio da juridicidade nasce corroborado na atuação da atividade da Administração Pública no pressuposto emanado da Constituição, com ênfase nos direitos fundamentais e no regime democrático de direito, por serem estes ditames a base de todo o nosso ordenamento. O princípio da juridicidade, por ter uma proposta de bloco de legalidade, vai além da legalidade, vincula a atividade estatal ao conjunto de princípios e regras, valorizando a realização dos direitos do homem sobre a mera aplicação da lei administrativa, da qual este consagrado nos princípios gerais do direito[8]."

Assim é que os atos administrativos praticados pelo gestor de RPPS devem observar os princípios norteadores da Administração Pública e não apenas o princípio da legalidade em seu sentido estrito, pois nem sempre o que é legal, é moral e justo. O gestor deve ser subserviente ao princípio da legalidade em seu sentido amplo, que envolve parâmetros como a proporcionalidade e a boa-fé objetiva, que antes eram analisados como mérito da administração. Deve, portanto, atender ao Estado Democrático Social de Direito, notadamente quando lida com a administração previdenciária, que reclama justiça social.

6.6.5. Revogação, anulação e convalidação

Superados os conceitos que permeiam a conduta do administrador quando no exercício de suas funções como gestor do RPPS, passaremos a analisar as formas como os atos administrativos podem ser expurgados do mundo jurídico: I) pela revogação e II) pela invalidação.

O ato administrativo, como vimos, goza de presunção de legitimidade. Contudo, essa presunção é relativa (juris tantum), podendo ser assim, extirpado do mundo jurídico quando lhe faltar legitimidade para continuar existindo.

Pode ainda deixar de existir quando a própria Administração Pública resolve, por motivo de conveniência e oportunidade, revogá-lo. Desta forma, subtrai-se do mundo jurídico o ato administrativo através da revogação ou anulação.

Um ato pode ser revogado quando legítimo e eficaz, não atende ao interesse público e quando for ilegal (e ilegítimo) a via adequada será a da anulação. As duas hipóteses podem ser praticadas pela própria Administração Pública, que pode revogar ou anular seus atos, no seu poder de autotutela.

O Supremo Tribunal Federal há muito sumulou o poder de revogação e anulação de ato administrativo por parte da Administração Pública, conforme se subsume da leitura das súmulas 346 (A administração pública pode declarar a nulidade dos seus próprios atos) e 473 (A administração pode anular seus próprios atos, quando eivados de vícios que os tornam ilegais, porque deles não se originam direitos; ou revogá-los, por motivo de conveniência ou oportunidade, respeitados os direitos adquiridos, e ressalvada, em todos os casos, a apreciação judicial). Referidas súmulas foram publicadas em 13 de dezembro de 1963 e em 12 de dezembro de 1969, respectivamente.

No entanto, o artigo 53 da Lei n. 9.784/99 não diz ser faculdade a anulação e sim obrigação: "A Administração deve anular seus próprios atos, quando eivados de vício de legalidade, e pode revogá-los por motivo de conveniência ou oportunidade, respeitados os direitos adquiridos."

Entendemos que não se trata de mera liberalidade, mas sim de um poder-dever a anulação do ato quando eivado de vícios que o torne ilegal. Não teria, pois, a Administração, a discricionariedade para anulá-los, quando é subserviente ao princípio da legalidade. A discricionariedade diz respeito tão somente à revogação, por motivo de conveniência e oportunidade. Não faz sentido a Administração Pública manter no mundo jurídico um ato administrativo viciado, que o torne ilegal, uma vez que não podem produzir efeitos jurídicos.

Através do princípio da autotutela, tem-se o poder de controle que exerce a Administração Pública sobre seus próprios atos, tendo a possibilidade de anular os ilegais e de revogar os inoportunos.

Entretanto, no mundo jurídico dos atos administrativos existe a figura da convalidação. Se a Administração Pública pratica novo ato, que sana as irregularidades do anterior, estaremos diante do instituto da convalidação dos atos administrativos. Convalidar é tornar válido o ato jurídico no qual faltou (faltaram) certo(s) requisito(s) legal (s). É o ato de restabelecer a validade, ou seja, revalidar.

Para que possa haver convalidação, o ato tem que poder ser praticado validamente posteriormente. O vício do ato não pode ser de tamanha monta, a fim de impedir a sua reprodução válida. Desta forma, a convalidação só é possível quando o ato possa ser novamente produzido de forma legítima, obedecendo aos preceitos legais. Outro requisito é a possibilidade de retroação dos efeitos.

De acordo com as lições de Maria Sylvia Zanella de Pietro, a convalidação ou o saneamento "é o ato administrativo pelo qual é suprido o vício existente em um ato

---

(8) FERNANDES Francisco Luiz; FERNANDES, Thallita Maria Moreeuw. Princípio da juridicidade. Revista eletrônica Âmbito Jurídico. Disponível em <http://www.ambito-juridico.com.br/site/index.php/?n_link=revista_artigos_leitura&artigo_id=13405&revista_caderno=9>. Acesso em 11 de agosto de 2015.

ilegal, com efeitos retroativos à data em que este foi praticado."[9]

Destarte, somente podem ser convalidados os atos anuláveis, uma vez que os nulos afrontam a ordem jurídica pública. Contudo, mesmo no caso de ser o ato ilegal, pode ser convalidado quando decorrido prazo prescricional ou para resguardar a boa-fé, quando o ato se originaram direitos e a anulação seria mais prejudicial ao interesse público (ex.: um loteamento irregularmente edificado onde várias famílias de baixa renda edificaram e passaram a residir no local).

A Lei n. 9.784, de 29 de janeiro de 1999, que regula o processo administrativo no âmbito federal, prevê expressamente em seu artigo 55 a possibilidade de convalidação do ato administrativo: "Em decisão na qual se evidencie não acarretarem lesão ao interesse público nem prejuízo a terceiros, os atos que apresentarem defeitos sanáveis poderão ser convalidados pela própria administração."

À vista do dispositivo legal, nos filiamos à corrente doutrinária que permite a convalidação. Não há como negar a possibilidade de convalidação, tendo em vista a positivação legal do instituto no direito administrativo. Há que se acolher a tese da graduação de nulidade no que diz respeito aos vícios do ato administrativo, que podem ser anuláveis ou nulos.

A convalidação busca materializar os princípios da legalidade, da segurança jurídica, da boa-fé das relações com os administrados. Também reforça a presunção de validade e legitimidade dos atos administrativos. Como já mencionado, podem surgir situações em que a anulação do ato administrativo será mais prejudicial ao interesse público do que sua manutenção. Sobre a premissa, assim se manifestou o Superior Tribunal de Justiça:

"1. O poder-dever da Administração de invalidar seus próprios atos encontra limite temporal no princípio da segurança jurídica, pela evidente razão de que os administrados não podem ficar indefinidamente sujeitos à instabilidade originada do poder de autotutela do Estado, e na convalidação dos efeitos produzidos, quando, em razão de suas consequências jurídicas, a manutenção do ato atenderá mais ao interesse público do que sua invalidação.
2. A infringência à legalidade por um ato administrativo, sob o ponto de vista abstrato, sempre será prejudicial ao interesse público; por outro lado, quando analisada em face das circunstâncias do caso concreto, nem sempre a sua anulação será a melhor solução. Em face da dinâmica das relações jurídicas sociais, haverá casos em que o próprio interesse da coletividade será melhor atendido com a subsistência do ato nascido de forma irregular.
3. O poder da Administração, destarte, não é absoluto, na seara da invalidação de seus atos, de forma que a recomposição da ordem jurídica violada está condicionada primordialmente ao interesse público. O decurso do tempo ou a convalidação dos efeitos jurídicos, em certos casos, é capaz de tornar a anulação de um ato ilegal claramente prejudicial ao interesse público, finalidade precípua da atividade exercida pela Administração. (STJ, REsp 1.348.472-RS, Rel. Min. Humberto Martins, julgado em 21.5.2013)."

Para a convalidação há ainda a necessidade de que o ato viciado não tenha causado prejuízos a terceiros, ou seja, deve existir a possibilidade de serem preservadas situações de fato e de direito, sem a qual não há que se falar em reprodução do ato, que deve ser expurgado do mundo jurídico. Deve estar presente, portanto, a possibilidade de preservação dos efeitos gerados pela expedição do ato.

Em todas as hipóteses, convalidação ou impugnação do ato, o que se deve atentar é para o que melhor atenda ao interesse público. Na impugnação o ato deixa de existir e consequentemente seus efeitos jurídicos. Por isso a possibilidade de convalidação deve ser primeiro analisada, para só então, esgotadas as vias de possibilidade, se partir para a impugnação.

Não se pode olvidar que o ato administrativo é revestido de presunção de legitimidade, e sua retirada do mundo jurídico fere a segurança jurídica. Parte da doutrina entende que a convalidação, quando presentes os seus requisitos, é uma obrigação da administração e não mera faculdade.

Destarte, não há convalidação quando se trata de ato praticado à luz de norma declarada incompatível com a Constituição, por implicar em estimulo à edição de leis à margem da Carta da República. (STF, AI 762589 AgR/RJ, Relator Ministro Marco Aurélio, T1, 21-08-2012).

Assim, a Administração Pública somente tem o dever (e não faculdade) de anular os atos administrativos quando estes não são passíveis de convalidação.

De qualquer forma, para a anulação do ato administrativo, a Administração deve observar os princípios constitucionais do contraditório e da ampla defesa. Esse é o entendimento consagrado pelos nossos tribunais superiores, conforme se depreende do excerto a seguir colacionado:

PROCESSUAL CIVIL. AGRAVO REGIMENTAL. ANULAÇÃO DE ATO ADMINISTRATIVO. INOBSERVÂNCIA DOS PRINCÍPIOS CONSTITUCIONAIS. ILEGALIDADE. PRECEDENTES DO STJ.

"Administração Pública pode rever os seus próprios atos eivados de ilegalidade, anulá-los quando viciados, porém está sujeita às regras constitucionais e à observância dos princípios do devido processo legal, da ampla defesa e do contraditório (art. 5.º, incisos LIV e LV, da CF/88). Tendo a anulação do ato sido efetivada pela Administração sem a observância aos princípios constitucionais, resta configurada a arbitrariedade. Agravo regimental improvido. (STJ, AgRg no AREsp 71551 DF 2011/0255051-4, Relatora Ministra Marga Tessler - Juíza Federal convocada do TRF 4ª região, julgado pela Primeira Turma dem 26-05-2015 e DJe de 02-06-2015)."

A anulação de ato administrativo tanto pode ser feita pelo Poder Judiciário como pela Administração Pública, esta com fincas no seu poder de autotutela sobre os próprios atos, conforme enunciados da Súmula n.346 e Súmula 473 do STF.

---

(9) DI PIETRO, Maria Sylvia Zanella. *Direito Administrativo*. 21. ed. São Paulo: Atlas, 2007. p. 232.

Há que ser informado ainda que a revogação ou anulação de atos podem operar efeitos ex nunc (daí em diante) ou efeitos ex tunc (desde o seu nascedouro). A anulação, em geral, produz efeitos retroativos: reluz no plano do Direito que a anulação do Processo Administrativo implica na perda da eficácia de todos os seus atos e no desaparecimento de seus efeitos do mundo jurídico, o que resulta na inexistência do marco interruptivo do prazo prescricional (art. 142, § 3º da Lei 8.112/90), que terá como termo inicial, portanto, a data em que a Administração tomou conhecimento dos fatos. (STJ MS - 13242. Terceira Seção. Relator: Ministro Napoleão Nunes Maia Filho. DJe de 19-12-2008).

Para melhor clarificação da temática, tomemos como exemplo um ato de aposentadoria eivado de vícios (anulação). Analisando um caso concreto, a Turma Nacional de Uniformização, analisando um Pedido de Uniformização de Interpretação de Lei Federal (Pedilef), assim deixou consignado (parte da decisão):

> "A anulação do ato administrativo consiste na declaração de invalidade de um ato administrativo ilegítimo ou ilegal, feita pela própria Administração ou pelo Poder Judiciário. Opera com efeitos ex tunc, desfazendo todos os vínculos entre as partes e obrigando-as à reposição das coisas ao status quo ante, como se o ato nunca tivesse ocorrido. Desfaz todas as relações constituídas, apagando definitivamente a existência dos efeitos jurídicos passados. Na esteira desse raciocínio, se após concedido o benefício, vier a ser constatada, seja pela Administração, seja pelo Poder Judiciário, a ausência de um dos seus requisitos legais, impõe-se a declaração da nulidade do ato, com efeitos ex tunc, ou seja, como se ele nunca tivesse existido. Por consequência, não há de se cogitar v.g. da manutenção da qualidade de segurado ou da contagem do respectivo tempo para efeito de aposentadoria." (TNU, Pedilef 200933007013030, Relator Juiz Federal Paulo Ernane Moreira Barros, j. 12-03-2014 e p. 21-03-2014).

Já a revogação, geralmente, opera efeitos ex nunc, sem retroagir seus efeitos. O ato é retirado do mundo jurídico, mediante outro ato administrativo. Pode ser total (ab-rogação) ou parcial (derrogação). Pode ainda ser expressa (edição de outro ato revogando expressamente o ato anterior) ou tácita (edição de outro ato incompatível com o ato anterior). Contudo, o objeto da revogação será sempre o interesse público, tendo em vista que se opera quando o ato válido tornar inconveniente ou inoportuno.

A revogação é ato privativo da Administração Pública. Contudo, quando o Poder Judiciário e o Poder Legislativo estiverem exercendo funções legislativas, podem usar da prerrogativa de revogar seus atos de ofício.

6.7. GESTÃO FRAUDULENTA E GESTÃO TEMERÁRIA

A gestão fraudulenta é aquela proveniente de atos ilícitos, praticados com desvio de finalidade. Caracteriza-se por manobras ardilosas e criminosas com o intuito de desviar recursos públicos, seja na contratação de bens e serviços, seja na implantação e no pagamento de benefícios previdenciários, seja na má aplicação financeira, etc. É a gestão que ludibria, que tem por escopo servir a interesses privados em detrimento do interesse público. Envolve, assim, qualquer espécie de fraude, malícia, ardil, embuste, falcatrua, desfalque, peia ou suborno.

Age fraudulentamente não somente todo aquele que tem a vontade livre e consciente de praticar o ato, mas também todo aquele que, de certa forma, concorre para o seu resultado.

A gestão fraudulenta hoje, no Brasil, é resumida a uma só palavra: CORRUPÇÃO.

Por sua vez, a gestão temerária é aquela praticada com dolo eventual (seja como for, aconteça o que acontecer, eu faço assim mesmo), ou seja, com a vontade livre e consciente do agente de assumir os riscos. É a prática impetuosa, imponderada, afoita, açodada, irresponsável, capaz de gerar riscos excessivos para o patrimônio da instituição e consequentemente prejuízos a terceiros.

A princípio, os termos gestão fraudulenta e gestão temerária foram previstos na lei dos Crimes contra a Economia Popular - Lei n. 1.521, de 26 de dezembro de 1951, em art. 3º, inciso IX, *in verbis*:

> Art. 3º São também crimes desta natureza:
> [...]
> IX – gerir fraudulenta ou temerariamente bancos ou estabelecimentos bancários, ou de capitalização; sociedades de seguros, pecúlios, ou pensões vitalícias; sociedades para empréstimos ou financiamento de construções e de vendas de imóveis a prestações, com ou sem sorteio ou preferência por meio de pontos ou quotas; caixas econômicas; caixas Raiffeisen; caixas mútuas, de beneficência, socorros ou empréstimos; caixas de pecúlio, pensão e aposentadoria; caixas construtoras; cooperativas; sociedades de economia coletiva, levando-as à falência ou à insolvência, ou não cumprindo qualquer das cláusulas contratuais com prejuízo dos interessados. (Grifamos).

Hoje uma como outra são também crimes contra o Sistema Financeiro Nacional, conforme previsão do artigo 4º da Lei n.7.492, de 16 de junho de 1986:

> Artigo 4º - Gerir fraudulentamente instituição financeira.
> Pena – reclusão, de 3 (três) a 12 (doze) anos e multa.
> Parágrafo único. Se a gestão é temerária: Pena - reclusão, de 2 (dois) a 8 (oito) anos, e multa.

Gestão fraudulenta é a em que o administrador utiliza, continuada e habitualmente, na condução dos negócios sociais, artifícios, ardis ou estratagema para por em erro outros administradores da instituição ou seus clientes. Gestão temerária é a em que o administrador age imprudentemente, em transações perigosas, sem a prudência que deve presidir sua atuação. (TRF 3, HC 81133/SP, Rel. Oliveira Lima, j. 04-05-1999 e p. 15-06-1999).

Ao contrário da gestão fraudulenta, na gestão temerária o agente atua abertamente, sem a prudência devida, ou com demasiada confiança, assumindo riscos audaciosos. A concessão de empréstimos sem as garantias necessárias e em desacordo com as normas administrativas constitui, em tese, nos casos em que não há ardil nem qualquer expediente fraudulento, gestão temerária. (TRF 4, ACR 1118/PR, Rel. Victor Luiz dos Santos Laus, T7, j. 12-01-2010 e p. 18-03-2010).

Acerca da matéria, recentemente o Superior Tribunal de Justiça exarou uma decisão, da qual vale extrair parte de sua ementa:

"3. O conhecimento da operação fraudulenta por parte dos demais membros e administradores não serve como alegação apta a excluir a responsabilidade do ora insurgente, ex-diretor presidente da companhia, porquanto a eventual ciência das operações pelos demais sócios não tem o condão de transmudar a prática ilícita realizada e consequentemente ilidir a responsabilização do Sr. Álvaro, haja vista que, como ex-Diretor Presidente, tinha o dever de se preocupar com a legalidade dos procedimentos realizados, bem como pautar suas ações nos estritos limites da lei a fim de não só evitar quaisquer prejuízos à empresa, como também pautar pela licitude dos atos da pessoa jurídica que representava. Assim, como administrador principal da companhia tinha por obrigação implementar e fomentar boas práticas de governança corporativa, utilizando-se, para isso, de parâmetros/instrumentos legais e morais com vistas a aumentar o valor da sociedade, facilitar seu acesso ao capital e contribuir para a sua pereneidade, o que passa ao largo da hipótese ora em foco, na qual constatada a inadequação de procedimentos aptos a ensejar prejuízos à companhia, que inclusive sofreu penalização por parte da entidade de fiscalização (CVM).

4. Inocorrente, na espécie, a alegada exclusão de eventual ressarcimento que pode o ora recorrente pleitear em face de outros administradores/diretores, via ação regressiva. (STJ, REsp 1475706 SP, Rel. Min. Marco Buzzi, T4, j. 06-11-2014 e DJe 27-02-2015)."

Tem-se assim comprovada a importância do papel das resoluções do Conselho Monetário Nacional, no sentido de evitar práticas fraudulentas e temerárias, em espeque, nas unidades gestoras únicas de RPPS, da qual tratamos. Para maior aprofundamento no tema, sugere-se a leitura do item V da Ação Penal n. 470 – Mensalão.

CAPÍTULO 7 ▶ ÓRGÃOS DE CONTROLE

Dinheiro na mão é vendaval
É vendaval!
Na vida de um sonhador
De um sonhador!
Quanta gente aí se engana
E cai da cama
Com toda a ilusão que sonhou
E a grandeza se desfaz
Quando a solidão é mais
Alguém já falou...

Pecado Capital, Paulinho da Viola

7.1. INTRODUÇÃO

As unidades gestoras de RPPS são responsáveis pela gestão da segunda maior folha de pagamento do ente, ficando atrás apenas da folha de pagamento dos servidores ativos (por enquanto é assim). Legalmente têm que receber os repasses das contribuições previdenciárias de todos os Poderes e órgãos vinculados, conforme determina o § 20 do artigo 40 da CF/88 (regime próprio único e unidade gestora única), bem como subvenções advindas para cobrir eventuais insuficiências financeiras (Lei 9.717/98, art. 2ª, § 1º, na redação dada pela Lei n. 10.887, de 2004: "A União, os Estados, o Distrito Federal e os Municípios são responsáveis pela cobertura de eventuais insuficiências financeiras do respectivo regime próprio, decorrentes do pagamento de benefícios previdenciários.").

São também responsáveis pela gestão da taxa de administração, que segundo o artigo 6º, inciso VIII da Lei n. 9.717/98 c/c art. 15 da Portaria MPS n. 402/08, deve ser fixada em até dois pontos percentuais. Neste contexto, vale colacionar as disposições do aludido artigo 15 da Portaria MPS n. 402, de 10 de dezembro de 2008:

> Art. 15. Para cobertura das despesas do RPPS, poderá ser estabelecida, em lei, Taxa de Administração de até dois pontos percentuais do valor total das remunerações, proventos e pensões dos segurados vinculados ao RPPS, relativo ao exercício financeiro anterior, observando-se que:
>
> I - deve ser destinada exclusivamente ao custeio das despesas correntes e de capital necessárias à organização e ao funcionamento da unidade gestora do RPPS, inclusive para a conservação de seu patrimônio;
>
> II - as despesas decorrentes das aplicações de recursos em ativos financeiros não poderão ser custeadas com os recursos da Taxa de Administração, devendo ser suportadas com os próprios rendimentos das aplicações;
>
> III - o RPPS poderá constituir reserva com as sobras do custeio das despesas do exercício, cujos valores serão utilizados para os fins a que se destina a Taxa de Administração;
>
> **IV - para utilizar-se da faculdade prevista no inciso III, o percentual da Taxa de Administração deverá ser definido expressamente em texto legal;**
>
> V - a aquisição ou construção de bens imóveis com os recursos destinados à Taxa de Administração restringe-se aos destinados ao uso próprio da unidade gestora do RPPS;
>
> VI - é vedada a utilização dos bens adquiridos ou construídos para investimento ou uso por outro órgão público ou particular em atividades assistenciais ou quaisquer outros fins não previstos no inciso I. (Grifamos).

Em assim sendo, a taxa de administração deverá ser fixada em lei do ente federativo, com percentual fixo e determinado, não podendo ser fixada em percentual variante e nem deixar margens para mais ou para menos. É o valor cobrado para administração do fundo para pagamento de todos os serviços prestados pelo mesmo, ou seja, serviços de gestão e operacionalização do fundo. Sua destinação específica deve ser para cobrir as despesas necessárias para o cumprimento das obrigações, garantindo boas práticas de gestão. Quanto maior a taxa de administração, menor será o rendimento do fundo.

É a taxa de administração que remunera o gestor (que deve ser uma pessoa de profunda experiência), seus assessores e servidores da entidade. Daí a importância da unidade gestora ser uma autarquia especial, com ampla autonomia administrativa e financeira, lembrando que a mesma tem características de fundos de investimentos.

Com valores vultuosos, é necessário que a unidade gestora seja devidamente controlada (interna e externamente), tanto no que concerne aos pagamentos como aos investimentos a serem realizados.

Nesta linha de elucubração podemos dizer que o controle visa assegurar as ações predeterminadas, que estão sendo desenvolvidas no âmbito das unidades gestoras. Controlar é influenciar no comportamento com vistas a um resultado desejado, através de técnicas e mecanismos de gerenciamento.

Numa visão holística, a Administração Pública é um conjunto de regras e sistemas a serem cumpridos e coordenados por servidores públicos, agentes políticos ou não. E como a unidade gestora faz e deve fazer parte da Administração Pública, direta ou indireta, está sujeita aos mesmos sistemas de controle, de forma a garantir os objetivos operacionais e gerenciais. As ações executadas devem alcançar os fins almejados.

Controle, quando se trata de Administração Pública, é a faculdade de vigilância, orientação e correção que um Poder, órgão ou autoridade exerce sobre a conduta funcional do outro (MEIRELLES, 2007, p. 672).

Na Administração Direta (caso das unidades gestoras constituídas sob a forma de superintendências ou fundos) temos o controle decorrente da subordinação hierárquica. Já no caso da Administração Indireta (fundações, autarquias) o controle decorre da supervisão, ou vinculação a um órgão. Diz-se controle finalístico o controle exercido por uma Secretaria sob uma unidade gestora constituída sob a forma de fundação ou autarquia (autonomia administrativa).

O controle interno é realizado no âmbito da própria estrutura. Já o controle externo é aquele exercido por um Poder ou órgão sobre outro Poder ou órgão. De excelência é o controle exercido pelos Tribunais de Contas. Ou ainda podendo ser exercido pelo Poder Judiciário (p. ex., anulação de um ato administrativo) e também enfatizado pelo Ministério Público (instauração de inquérito civil).

A Lei n. 4.320, de 17 de março de 1964, que estatui normas gerais de Direito Financeiro para elaboração e controle dos orçamentos e balanços da União, dos Estados, dos Municípios e do Distrito Federal, em seu artigo 75, determinou que o controle da execução orçamentária compreenderá: I) a legalidade dos atos de que resultem a arrecadação da receita ou a realização da despesa, o nascimento ou a extinção de direitos e obrigações; II) a fidelidade funcional dos agentes da administração, responsáveis por bens e valores públicos; e III) o cumprimento do programa de trabalho expresso em termos monetários e em termos de realização de obras e prestação de serviços.

No artigo 76, determinou que o Poder Executivo exercerá os três tipos de controle, sem prejuízo das atribuições do Tribunal de Contas ou órgão equivalente, e no artigo 77, que a verificação da legalidade dos atos de execução orçamentária será prévia, concomitante e subsequente.

Ao tratar do controle externo, dispôs no artigo 81 que o controle da execução orçamentária, pelo Poder Legislativo, terá por objetivo verificar a probidade da administração, a guarda e o legal emprego dos dinheiros públicos e o cumprimento da Lei de Orçamento.

O artigo 82, por sua vez, cuidou de regulamentar a prestação de contas do Poder Executivo, nos seguintes termos:

> Art. 82. O Poder Executivo, anualmente, prestará contas ao Poder Legislativo, no prazo estabelecido nas Constituições ou nas Leis Orgânicas dos Municípios.
>
> § 1º As contas do Poder Executivo serão submetidas ao Poder Legislativo, com Parecer prévio do Tribunal de Contas ou órgão equivalente.
>
> § 2º Quando, no Município não houver Tribunal de Contas ou órgão equivalente, a Câmara de Vereadores poderá designar peritos contadores para verificarem as contas do prefeito e sôbre elas emitirem parecer.

O controle a ser exercido deve: I) estabelecer padrões de desempenho; II) avaliar a execução das atividades; III) comparar resultados; IV) implementar ações corretivas quando necessárias; e V) definir responsabilidades, quando da ocorrência de má gestão.

Deve objetivar, assim, o estabelecimento de políticas estratégicas para adequação da eficiência operacional. O planejamento estratégico é uma das grandes ferramentas para o sucesso de uma organização, quer seja de natureza privada, quer seja de natureza pública. A administração estratégica objetiva transformar a estratégia em decisões e ações. (ZACCARELLI, 2000)

É através da administração estratégica que mudanças prementes são visualizadas, permitindo que a organização seja bem posicionada no ambiente que atua, através de um conjunto de ações, decisões e compromissos (agenda). Neste contexto, vale salientar que as unidades gestoras devem ser pautadas por uma missão que define seus objetivos e seus caminhos a serem trilhados (sempre com vistas a longo prazo) e por uma visão que diretamente está relacionada ao futuro almejado pela entidade. Implementar política de missão/visão é de suma importância, posto que serão as diretrizes que orientarão os trabalhos da unidade gestora. Qual é a missão? Qual é a visão?

7.2. O CONTROLE INTERNO

O controle interno, como dito linhas atrás, é aquele exercido no âmbito do organismo institucional. No caso de uma unidade gestora única, é o controle exercido por seus próprios servidores, atuando em prol da verificação da legalidade da concessão de benefícios e da forma como os recursos são geridos.

Para o administrativista Hely Lopes Meirelles, controle interno:

"É todo aquele realizado pela entidade ou pelo órgão responsável pela atividade controlada, no âmbito da própria Administração. Assim, qualquer controle efetivado pelo Executivo sobre seus serviços ou agentes é considerado interno, como interno será também o controle do Legislativo ou do Judiciário, por seus órgãos de administração, sobre seu pessoal e os atos administrativos que pratique."[10]

Nas unidades gestoras de RPPS, podemos afirmar que o controle interno visa minimizar riscos. Para tal, devem ser adotadas metodologias de trabalho nas áreas de atuação, tanto no aspecto financeiro como na concessão de benefícios, e traçar diretrizes. Não se olvidando que um controle interno bem efetuado ainda tem o condão de adotar métodos que permitam agilidade na concessão, revisão e manutenção de benefícios, bem como eficaz monitoramento e avaliação dos processos (findos e em tramitação).

Tem previsão legal nos artigos 31, 70 e 74 da Constitucional Federal, no artigo 59 da Lei de Responsabilidade Fiscal e nos artigos 76 à 80 da Lei n. 4.320/1964.

Como veremos no Capítulo XI, a falta de controle interno gerou a necessidade de se auditar as folhas de pagamentos de servidores públicos, o que tem gerado contratações de consultorias que desconhecem as nuances relativas às carreiras dos servidores públicos. Com sistemas baseados em parametrização, oferecem verdadeiros "milagres econômicos", mostrando valores vultuosos a serem economizados pelos entes federativos, mas não resolvendo os problemas em suas origens.

7.3. FISCALIZAÇÃO EXERCIDA PELOS TRIBUNAIS DE CONTAS

O Brasil, desde a época em que era colônia de Portugal, tinha fiscalização nos seus recursos públicos. Em 1680 existiam as Juntas das Fazendas das Capitanias e a Junta da Fazenda do Rio de Janeiro. As juntas exerciam a função de controle das finanças públicas. Em 1880, juntamente com a criação do primeiro Banco do Brasil, que exercia funções de emissão de moeda, foi criado o primeiro Erário Público, que se denominava Erário Régio.

No mesmo ano, foi criado o Conselho da Fazenda, para fiscalizar a despesa pública. O Erário Régio foi transformado no Tesouro pela Constituição Política do Império do Brasil (Brazil, à época) de 1824, através do seu artigo 170:

"A Receita, e despeza da Fazenda Nacional será encarregada a um Tribunal, debaixo de nome de 'Thesouro Nacional" aonde em diversas Estações, devidamente estabelecidas por Lei, se regulará a sua administração, arrecadação e contabilidade, em reciproca correspondencia com as Thesourarias, e Autoridades das Provincias do Imperi."

O ministro de Estado da Fazenda era responsável por encaminhar à Câmara dos Deputados anualmente o balanço geral das receitas e despesas do Tesouro.

O Tribunal de Contas da União foi criado em 1890, através do Decreto n. 966-A, de iniciativa do então ministro da Fazenda Rui Barbosa, e constitucionalizado a partir da Constituição Federal de 1891. Dispunha o artigo 89 da novel Carta: "É instituído um Tribunal de Contas para liquidar as contas da receita e despesa e verificar a sua legalidade, antes de serem prestadas ao Congresso".

Na Constituição seguinte, de 1934, o Tribunal de Contas foi tratado no artigo 99 usque 102 e suas funções foram significativamente ampliadas, para acompanhar a execução orçamentária e julgar as contas dos responsáveis por dinheiros ou bens públicos.

As funções foram mantidas na Constituição Polaca, com exceção de parecer prévio sobre as contas presidenciais (ditadura).

Foi com a Constituição de 1946 que se passou a prever como competência do Tribunal de Contas o julgamento da legalidade das concessões de aposentadorias, reformas e pensões. De acordo com o artigo 77, era da competência da Corte de Contas: I - acompanhar e fiscalizar diretamente, ou por delegações criadas em lei, a execução do orçamento; II - julgar as contas dos responsáveis por dinheiros e outros bens públicos, e as dos administradores das entidades autárquicas; e III - julgar da legalidade dos contratos e das aposentadorias, reformas e pensões.

De acordo com o portal TCU:

"A Constituição de 1967, ratificada pela Emenda Constitucional n. 1, de 1969, retirou do Tribunal o exame e o julgamento prévio dos atos e dos contratos geradores de despesas, sem prejuízo da competência para apontar falhas e irregularidades que, se não sanadas, seriam, então, objeto de representação ao Congresso Nacional. Eliminou-se, também, o julgamento da legalidade de concessões de aposentadorias, reformas e pensões, ficando a cargo do Tribunal, tão-somente, a apreciação da legalidade para fins de registro. O processo de fiscalização financeira e orçamentária passou por completa reforma nessa etapa. Como inovação, deu-se incumbência ao Tribunal para o exercício de auditoria financeira e orçamentária sobre as contas das unidades dos três poderes da União, instituindo, desde então, os sistemas de controle externo, a cargo do Congresso Nacional, com auxílio da Corte de Contas, e de controle interno, este exercido pelo Poder Executivo e destinado a criar condições para um controle externo eficaz"[11].

A Constituição Federal de 1988, além de restabelecer as funções do Tribunal de Contas, as ampliou consideravelmente. Com a CF/88 o Congresso Nacional passou a ser responsável, com o auxílio do TCU pela fiscalização contábil, financeira, orçamentária, operacional e patrimonial da União e das entidades da administração direta e

---

(10) MEIRELLES, Hely Lopes. Direito Administrativo Brasileiro. 34. ed. São Paulo: Malheiros, 2008. p. 674.

(11) Tribunal de Contas da União. Disponível em <http://portal.tcu.gov.br/institucional/conheca-o-tcu/historia/historia.htm>. Acesso em 15 de agosto de 2015.

indireta, quanto à legalidade, legitimidade, economicidade, aplicação das subvenções e renúncia de receitas, será exercida pelo Congresso Nacional, mediante controle externo, e pelo sistema de controle interno de cada Poder.

A Emenda Constitucional n. 19/98 (Reforma Administrativa) deu nova redação ao parágrafo único do artigo 70 da CF/88, dispondo que qualquer pessoa física ou jurídica, pública ou privada, que utilize, arrecade, guarde, gerencie ou administre dinheiros, bens e valores públicos ou pelos quais a União responda, ou que, em nome desta, assuma obrigações de natureza pecuniária prestará contas.

O artigo 71 enumera as competências institucionais do TCU, dentre as quais, apreciar as contas prestadas anualmente pelo presidente da República; julgar as contas dos administradores e demais responsáveis por dinheiros, bens e valores públicos da administração direta e indireta, incluídas as fundações e sociedades instituídas e mantidas pelo Poder Público federal, e as contas daqueles que derem causa a perda, extravio ou outra irregularidade de que resulte prejuízo ao erário público; apreciar, para fins de registro, a legalidade dos atos de admissão de pessoal, a qualquer título, na administração direta e indireta, incluídas as fundações instituídas e mantidas pelo Poder Público, excetuadas as nomeações para cargo de provimento em comissão, bem como a das concessões de aposentadorias, reformas e pensões, ressalvadas as melhorias posteriores que não alterem o fundamento legal do ato concessório; fiscalizar a aplicação de quaisquer recursos repassados pela União mediante convênio, acordo, ajuste ou outros instrumentos congêneres, a Estado, ao Distrito Federal ou a Município; aplicar aos responsáveis, em caso de ilegalidade de despesa ou irregularidade de contas, as sanções previstas em lei, que estabelecerá, entre outras cominações, multa proporcional ao dano causado ao erário; assinar prazo para que o órgão ou entidade adote as providências necessárias ao exato cumprimento da lei, se verificada ilegalidade; representar ao Poder competente sobre irregularidades ou abusos apurados.

O dispositivo ainda prevê, em seu § 3º, que as decisões do Tribunal de que resulte imputação de débito ou multa terão eficácia de título executivo.

Tradicionalmente, as funções exercidas pelas Cortes de Contas são judicantes, mas não jurisdicionais, uma vez que a função jurisdicional é privativa do Poder Judiciário, conforme estabelecido pelo artigo 5º, XXXV, da Constituição: a lei não excluirá da apreciação do Poder Judiciário, lesão ou ameaça a direito. Contudo, modernamente, já é aceita a noção de que outros órgãos também exercem a função jurisdicional, desde que exista autorização constitucional. Um exemplo é a competência que foi dada ao Senado Federal para julgar o presidente da República em caso de crime de responsabilidade.

Neste sentido, ou seja, de que as Cortes de Contas não têm competências de jurisdição, atributo ínsito ao Poder Judiciário, podendo seus atos serem atacados via judicial, vale colacionar entendimento jurisprudencial.

"CONSTITUCIONAL. SERVIDOR PÚBLICO. VANTAGEM DEFERIDA POR SENTENÇA JUDICIAL TRANSITADA EM JULGADO. TRIBUNAL DE CONTAS. DETERMINAÇÃO NO SENTIDO DA EXCLUSÃO DA VANTAGEM. COISA JULGADA. OFENSA. CF, ART. 5º, XXXVI. I. - Vantagem pecuniária incorporada aos proventos de aposentadoria de servidor público, por força de decisão judicial transitada em julgado: não pode o Tribunal de Contas, em caso assim, determinar a supressão de tal vantagem, por isso que a situação jurídica coberta pela coisa julgada somente pode ser modificada pela via da ação rescisória. II. - Precedentes do Supremo Tribunal Federal. III. - Mandado de segurança deferido. (STF, MS 25460, Rel. Min. Carlos Velloso, Tribunal Pleno, 15-12-2005)".

A função judicante refere-se ao poder de julgamento das contas, com competência sancionatória quando as julgar irregulares, com aplicação de multas, com eficácia de título executivo. Os julgamentos devem ser realizados com independência, imparcialidade e com observância aos princípios do contraditório e da ampla defesa, consectários do devido processo legal.

As Cortes de Contas também verificam meritoriamente a legalidade dos atos passíveis de registro, ou seja, a subsunção do ato ao Ordenamento Jurídico, a base legal vigente ao tempo do ato. Neste contexto, o registro dos atos de aposentadoria pelos Tribunais de Contas não versa sobre análise dos procedimentos operacionais utilizados pela origem para fins de cálculo dos benefícios, tampouco cumpri-lhes a realização de novos cálculos.

Ademais, é prudente trazer à baila nova redação conferida ao art. 6º, § 2º da Resolução TCU 206/2007, pela Resolução TCU 237/2010, para informar que a legalidade do ato não é alterada em razão de pagamentos irregulares na atualidade, desde que o ato submetido ao TCU espelhe a situação real da época da concessão e tal situação esteja revestida de regularidade, conforme transcrição abaixo:

"§ 2º Os atos que estiverem dando ensejo, no momento de sua apreciação de mérito, a pagamentos irregulares, mas que não apresentem inconsistência ou irregularidade em sua versão submetida ao exame do Tribunal, serão considerados legais, para fins de registro, com determinação ao órgão ou à entidade de origem para que, no prazo de 15 (quinze) dias, adote as medidas cabíveis com vistas à regularização dos pagamentos indevidos constatados na ficha financeira do interessado."

As Cortes de Contas, em seu papel institucional, ainda expedem recomendações, com finalidade de se evitar demandas judiciais e uniformizar a aplicação da legislação, uma vez que Municípios de um determinado Estado, por exemplo, podem aplicar regras de concessão de benefícios, com base na Carta Republicana, de maneira diferenciada.

Destarte, entendemos que as recomendações somente serão possíveis quando se tratar de ato discricionário. Do contrário, deverão ser expedidas determinações. O Tribunal pode e deve determinar recomendar providências quando o ato do gestor for nitidamente contrário à lei, ao regulamento e/ou à decisão judicial. A determinação nada mais faz do que exteriorizar o comando existente nesses regramentos. O fundamento de validade da determinação seria, pois, o arcabouço legal, regulamentar ou jurisprudencial[12].

7.4. IMPORTÂNCIA DAS PROCURADORIAS ESPECIALIZADAS

O sistema previdenciário público é um sistema complexo de normas e lamentavelmente pouco conhecido. A grande maioria dos operadores do direito pensa no RPPS apenas pela parte dos benefícios, olvidando-se do plano de custeio e das demais filigranas que compõem o sistema como um todo.

O art. 132 da Constituição Federal dispõe que a representação judicial e a consultoria dos Estados serão exercidas pelas Procuradorias Estaduais. Entretanto as PGEs não contam com um órgão específico e especializado em matéria de previdência pública.

Contudo, a matéria é específica, com contornos ímpares. Na atual fase da previdência pública brasileira, e como exaustivamente defendido, não faz mais sentido tratar o direito previdenciário apenas como um apêndice do direito administrativo. O direito previdenciário tem contornos próprios e agrega, além do direito administrativo, direito tributário, direito econômico, direito financeiro, direito orçamentário, direito do trabalho, direito comercial, direito civil, direito penal e direito processual, não nos olvidando do direito constitucional, que é a base de interpretação de um regime próprio de previdência. Alguns autores, como Sérgio Pinto Martins (MARTINS, 2015), ainda destacam a relação da seguridade social com o direito internacional público (tratados e convenções internacionais sobre a matéria).

Nossa experiência nos mostrou que a defesa do Estado em demandas judiciais previdenciárias é muito bem elaborada quando se trata da parte técnico-jurídica, mas carece de elementos, de indicadores, do olhar atuarial e financeiro. Em muitas demandas, há uma enorme dificuldade de se demonstrar o impacto financeiro de uma decisão, o que muitas vezes faz que os processos tramitem sem esses elementos. É necessário, tendo em vista que a suportabilidade das decisões devem ser medidas pelo esforço financeiro do ente em suportá-las, através de seus próprios cronogramas de pagamentos, sem os quais as decisões ficam inócuas.

Não se está querendo ferir direitos dos servidores, mas alertar para o fato de que em matéria de previdência pública existe todo um arcabouço normativo para direcionar e dimensionar as demandas. Os aspectos em si conjugados levam ao binômio reconhecimento do direito e possibilidade de atendê-lo por parte do Estado. Além disso, a matéria é analisada de forma difusa, posto que encontra divergências em vários aspectos, notadamente em piso decisório.

Existem ações que tramitam, notadamente no âmbito do Supremo Tribunal Federal, que demandam ações conjuntas e convergentes, como por exemplo, a ADI 3297, proposta pela Associação dos Magistrados Brasileiros (AMB) na qual se discute a constitucionalidade do § 20 do art. 40 da CF/88. São ações que demandam articulação e convergência de teses, uma vez que apresentam elementos que podem reafirmar ou não a constitucionalidade da EC 41/2003. Ou ainda, como exemplo, o MS 31299, que trata da contagem de tempo anterior à EC n. 20/1998, com acréscimo de 17% (dezessete por cento) para certas regras de aposentadoria que contemplam magistrados e membros do Ministério Público, e que com certeza, o efeito multiplicador desta demanda pode alcançar a categoria do magistério, com um acréscimo de 20% em suas aposentadorias.

Urge assim a necessidade de ingresso como *amicus curiae* em várias ações que ora tramitam no STF. Tal medida, além de aprofundar as discussões, subsidia as teses, com elementos mais convincentes, ampliando os debates de forma a se angariar decisões equânimes que atendam aos entes federados.

No âmbito do Conaprev foi instituída comissão específica – Comissão Permanente de Acompanhamento de Ações Judiciais Relevantes (Copajure), que tem engendrado esforços no sentido de conscientizar as procuradorias acerca da necessidade de trabalhar em conjunto com as unidades gestoras. Sua essencial finalidade *é a promoção de* debates, troca de informações, ações e diretrizes acerca de temas judiciais considerados relevantes para os RPPS instituídos no Brasil, bem como a articulação entre os RPPS, os entes federativos, o Supremo Tribunal Federal e os Tribunais Superiores. Dentro de suas propostas, destaca-se a atuação perante o Supremo Tribunal Federal e os Tribunais Superiores, mediante ações conjuntas com entidades que atuam na defesa judicial dos interesses dos RPPS, visando à promoção de esclarecimentos, encaminhamento de documentação, apresentação de informações e argumentos jurídicos, financeiros e atuariais, dentre outros, aos ministros e a seus assessores.

---

(12) A Associação dos Membros dos Tribunais de Contas do Brasil (Atricon) ajuizou no Supremo Tribunal Federal (STF) a Arguição de Descumprimento de Preceito Fundamental (ADPF) 366, na qual questiona decretos da Assembleia Legislativa de Alagoas que aprovaram as contas do governo estadual referentes aos exercícios de 2010 a 2012. A entidade afirma que a aprovação ocorreu sem a manifestação prévia do Tribunal de Contas do Estado."O Poder Legislativo alagoano, em afronta ao texto constitucional, promoveu o julgamento das contas dos gestores nos exercícios fiscais pelos atos normativos mencionados, sem que antes houvesse a apreciação e obrigatória emissão de parecer prévio por parte do Tribunal de Contas do Estado de Alagoas a respeito", argumenta a associação. A entidade alega violação às regras previstas nos artigos 70, *caput*; 71, inciso I e 75, *caput*, da Constituição Federal, que tratam da competência dos tribunais de contas para análise das contas que devem ser obrigatoriamente prestadas por todo aquele que administre dinheiro, bens e valores públicos.

Dessa forma, a Atricon pede a concessão de medida liminar para suspender a eficácia dos Decretos 441/2012, 453/2014 e 454/2014, todos editados pela Assembleia Legislativa alagoana, que aprovaram as contas do chefe do Poder Executivo, relativas aos exercícios de 2010, 2012 e 2011, respectivamente. No mérito, pede a declaração de inconstitucionalidade das normas. O relator da ação é o ministro Gilmar Mendes.

Para tais finalidades, ficou deliberado que o atual Ministério do Trabalho e Previdência Social atuaria fazendo levantamentos junto às unidades gestoras, para coletar dados estatísticos e de impacto financeiro-atuarial, no sentido de integrarem e subsidiarem as defesas técnicas.

Ficou ventilado ainda, pela referida comissão, que os Estados, além do ingresso como *amicus curiae*, impetram Ações Diretas de Constitucionalidade (ADC), dos temas mais pertinentes no que dizem respeito à solvabilidade dos fundos previdenciários.

A troca de informações entre as unidades gestoras e as procuradorias é de suma importância, visto que estas últimas, não raras vezes, não dispõem de elementos significativos no que tange ao reflexo no equilíbrio financeiro e atuarial.

Outra questão de grande monta colocada foi a falta de seminários, informativos, periódicos, revistas e similares, de produção federal/estadual/municipal, no que diz respeito ao tema específico da previdência pública. As associações de entidades previdenciárias, como a Associação Brasileira de Institutos de Previdência Estaduais e Municipais – Abipem e a Associação Nacional de Entidades de Previdência dos Estados e Municípios – Aneprem, têm se esforçado no que diz respeito à capacitação dos atores envolvidos diretamente com a previdência pública.

Entretanto, não são promovidos debates complexos e nacionais direcionados exclusivamente às procuradorias, que detêm a competência institucional do controle da legalidade dos atos administrativos, onde se abarcam os princípios que regem a Administração Pública e a previdência pública. E para o exercício do seu mister institucional em matéria previdenciária, necessário se faz que atue nas áreas de direito envolvidas e já mencionadas. E a atuação deve se pautar pelos conceitos e diretrizes do moderno direito previdenciário, que, como dito, não é apenas um apêndice do direito administrativo, devendo ser visto como um direito autônomo, que busca, acima de tudo, garantia de direitos, através de soluções para os graves problemas enfrentados pelos fundos previdenciários. Infelizmente esta não é a visão das procuradorias. O que vemos é o direito previdenciário sendo tratado de forma difusa, dividido em órgãos operativos.

Não se pode olvidar que a segunda folha de pagamento de um ente federativo é a folha de pagamento de inativos e pensionistas. O controle dos pagamentos deve ser acompanhado de perto e diretamente pelas procuradorias, com total transparência das ações por parte dos governantes e gestores.

Nesta senda, não compete apenas às procuradorias a análise de pedidos de concessão de benefícios. Tem-se que a revisão dos mesmos é matéria espinhosa, e que só um corpo técnico-jurídico especializado é capaz de enfrentar com maestria. Além do mais, as ações que envolvam natureza financeira e de cumprimento dos orçamentos devem ser acompanhadas de perto, com decisão embasada na legitimidade dos atos.

O não acompanhamento efetivo tem dado azo à contratação de consultorias que na maioria das vezes sequer conhecem a evolução dos servidores em suas carreiras, atuando com interesses exclusivamente financeiros. O trabalho é árduo e os entes federativos simplesmente transferem a tarefa a terceiros. Neste aspecto, falta consciência das procuradorias acerca do seu papel institucional no campo securitário. Há de se ter interesse em solucionar problemas relacionados à solvabilidade dos fundos previdenciários. O déficit dos fundos é matéria que deve ser analisada acuradamente. Destarte, somente há posicionamento concreto quando se trata de cortes nos benefícios.

Uma folha de aposentados/pensionistas devidamente paga é um grande desafio a ser enfrentado. Para se ter ideia, simples ações como cruzamentos de dados são capazes de gerar economia de milhões ao menor dos Estados federados. Não adianta segregar massas e instituir previdência complementar se os problemas persistirem. E o caminho para a solvabilidade dos fundos deve ser acompanhado, *pari passu*, pelas procuradorias.

Entendemos, outrossim, que pela importância das procuradorias especializadas, as mesmas devem ter assento no Conaprev, juntamente com o representante das unidades gestoras. Os representantes das unidades gestoras, em sua maioria, são servidores comissionados e, entra governo, sai governo, são simplesmente "trocados" e toda a gama de conhecimento adquirido nas reuniões do conselho é perdida na individualidade. Os procuradores são servidores de carreira e devem atuar como agentes multiplicadores. E a sugestão vale para outros conselhos de tamanha monta, como o Conselho Nacional de Secretários de Estado da Administração (Consad), o Conselho Nacional de Política Fazendária (Confaz), dentre outros. Os governantes, gestores e servidores comissionados passam, mas procuradores são servidores públicos efetivos perenes.

A despeito das funções institucionais das procuradorias, vale registrar como se posicionou recentemente o STF, conforme digressão da ementa adiante colacionada:

"AÇÃO DIRETA DE INCONSTITUCIONALIDADE – LEI ESTADUAL N. 8.186/2007 (ALTERADA PELAS LEIS n.s 9.332/2011 e 9.350/2011) DO Estado DA PARAÍBA: ART. 3º, INCISO I, ALÍNEA "A" ("na elaboração de documentos jurídicos") E ANEXO IV, ITENS NS. 2 A 21 (NAS PARTES QUE CONCERNEM A CARGOS E A FUNÇÕES DE CONSULTORIA E DE ASSESSORAMENTO JURÍDICOS) – CARGO DE PROVIMENTO EM COMISSÃO – FUNÇÕES INERENTES AO CARGO DE PROCURADOR DO Estado – APARENTE USURPAÇÃO DE ATRIBUIÇÕES PRIVATIVAS RESERVADAS A PROCURADORES DO Estado E DO DISTRITO FEDERAL PELA PRÓPRIA CONSTITUIÇÃO DA REPÚBLICA (ART. 132) – PLAUSIBILIDADE JURÍDICA DA PRETENSÃO CAUTELAR – MANIFESTAÇÕES FAVORÁVEIS DO Advogado-geral DA UNIÃO E DO PROCURADOR-GERAL DA REPÚBLICA – DECISÃO CONCESSIVA DE SUSPENSÃO CAUTELAR DE EFICÁCIA DAS NORMAS IMPUGNADAS INTEIRAMENTE REFERENDADA, NOS TERMOS DO VOTO DO RELATOR, PREJUDI-

CADO O RECURSO INTERPOSTO. O SIGNIFICADO E O ALCANCE DA REGRA INSCRITA NO ART. 132 DA CONSTITUIÇÃO DA REPÚBLICA: EXCLUSIVIDADE E INTRANSFERIBILIDADE, A PESSOAS ESTRANHAS AO QUADRO DA ADVOCACIA DE Estado, DAS FUNÇÕES CONSTITUCIONAIS DE PROCURADOR DO Estado E DO DISTRITO FEDERAL. – É inconstitucional o diploma normativo editado pelo Estado-membro, ainda que se trate de emenda à Constituição estadual, que outorgue a exercente de cargo em comissão ou de função de confiança, estranho aos quadros da Advocacia de Estado, o exercício, no âmbito do Poder Executivo local, de atribuições inerentes à representação judicial e ao desempenho da atividade de consultoria e de assessoramento jurídicos, pois tais encargos traduzem prerrogativa institucional outorgada, em caráter de exclusividade, aos Procuradores do Estado pela própria Constituição da República. Precedentes do Supremo Tribunal Federal. Magistério da doutrina. – A extrema relevância das funções constitucionalmente reservadas ao Procurador do Estado (e do Distrito Federal, também), notadamente no plano das atividades de consultoria jurídica e de exame e fiscalização da legalidade interna dos atos da Administração Estadual, impõe que tais atribuições sejam exercidas por agente público investido, em caráter efetivo, na forma estabelecida pelo art. 132 da Lei Fundamental da República, em ordem a que possa agir com independência e sem temor de ser exonerado *ad libitum* pelo Chefe do Poder Executivo local pelo fato de haver exercido, legitimamente e com inteira correção, os encargos irrenunciáveis inerentes às suas altas funções institucionais [...]. (STF, ADI 4843 MC-ED-Ref/PB (Referendo nos Embargos Declaratórios na Medida Cautelar na Ação Direta de Inconstitucionalidade), em que fora Relator o ministro Celso de Mello, julgada pelo Tribunal Pleno em 11-12-2014 e DJe de 19-02-2015)."

Infelizmente e lamentavelmente o que vemos são procuradorias analisando processos que deveriam ser de implantação automática nos recursos humanos dos órgãos aos quais os servidores são vinculados, como por exemplo processos de implantação de quinquênios (para as categorias não remuneradas via subsídio – parcela única) e se esquivando de analisar processos de manutenção e revisão de benefícios previdenciários. A concessão dos benefícios é matéria que comporta mais fácil deslinde, tendo em vista as regras estatuídas pela Constituição Federal e normas legais. No tocante à manutenção e revisão dos benefícios, entra todo o histórico do servidor, seu posicionamento na carreira e sua evolução remuneratória. Ao que nos parece, estas demandas deveriam passar pelo crivo das procuradorias, como forma de se evitar entendimentos antagônicos com a doutrina e jurisprudência dominantes, e posterior pagamento indevido.

Mais uma vez reafirmamos a importância das procuradorias especializadas em matéria previdenciária, aptas a analisar as questões jurídicas sob o enfoque do moderno Direto Previdenciário Público. É o órgão da elite técnico-jurídica que deve cuidar da previdência dos servidores. *São os olhos do dono que engordam o rebanho.*

Às procuradorias deve ser dado o necessário apoio para se especializarem, se tornarem centros de produção de teses jurídicas, ou seja, centros acadêmicos em busca de soluções concretas que possam interferir no cenário fantasmagórico em que se encontra a previdência pública.

7.5. FISCALIZAÇÃO EXERCIDA PELO MPS

Aqui vamos analisar o Ministério da Previdência sem a fusão com o Ministério do Trabalho, uma vez que esta se deu recentemente e por isso não dispomos de elementos para analisar os dois Ministérios conjuntamente, sendo que o enfoque individual levará a uma maior clareza dos temas aqui abordados.

O Ministério da Previdência, órgão da administração federal direta, nos termos do artigo 1º, d o Decreto n. 6.417, de 31 de março de 2008, tem como área de competência as seguintes estruturas: I) previdência social e II) previdência complementar.

A previdência social compreende o Regime Geral de Previdência Social e os Regimes Próprios, lembrando que em 2015 existem no Brasil, 2.092 (dois mil e noventa e dois) regimes próprios, sendo 2.065 (dois mil e sessenta e cinco) municipais, 26 (vinte e seis) estaduais e um distrital.

Por meio do Parecer n. 7/2013/DECOR/CGU/AGU, de 3/10/2013, a Advocacia Geral da União entendeu que pelos critérios da especialidade, o órgão que detém competência para normatizar, com primazia, temas referentes à aposentadoria dos servidores públicos, onde se inclui o disciplinamento das formas de cálculo de proventos proporcionais, é o Ministério de Previdência Social, por meio de sua Secretaria de Políticas da Previdência Social.

A Lei n. 9.717, de 27 de novembro de 1998, uma lei nacional, de observância obrigatória por todos os entes federados, traça as orientações e diretrizes gerais para os regimes próprios. Já a Lei n. 10.887, de 18 de junho de 2004, regulamenta a EC n. 41/03 e altera alguns dispositivos da primeira.

Interessante deixar registrado que a Lei n. 10.887/04 tem caráter híbrido: ora é dirigida unicamente para a União (a contribuição social do servidor público ativo de qualquer dos Poderes da União, incluídas suas autarquias e fundações...), ora é direcionada a todos os entes federados (no cálculo dos proventos de aposentadoria dos servidores titulares de cargo efetivo de qualquer dos Poderes da União, dos Estados, do Distrito Federal e dos Municípios, incluídas suas autarquias e fundações...). A hibridez se justifica uma vez que não invade a competência atribuída aos Estados e Municípios. É portanto uma lei nacional e uma lei federal ao mesmo tempo.

E tem o Ministério atuado de forma efetiva, no que concerne à orientação tanto na seara jurídica como na financeira, proporcionando aos entes equacionar problemas e buscar soluções. Neste diapasão, basta acessar seu site, onde são disponibilizados pareceres, notas técnicas, instruções normativas e orientações normativas.

Entretanto, a maioria dos autores, no campo do Direito Previdenciário, ao se referir às normas expedidas pelo Ministério da Previdência Social, entende como intervenção abusiva nos regimes próprios de previdência social. Não acolhendo parte desses fundamentos, entendemos que o papel exercido pelo MPS é de suma importância para a preservação dos fundos com equilíbrio financeiro e atuarial.

7.5.1. Certificado de Regularidade Previdenciária - CRP

O Certificado de Regularidade Previdenciária - CRP é o documento que atesta a adequação do RPPS às disposições da Constituição Federal de 1988, da Lei n. 9.717, de 1998, da Lei n. 10.887, de 2004, da Portaria MPS n. 402, de 2008, e de acordo com os critérios definidos na Portaria MPS n. 204, de 2008.

Infira-se que os fundos previdenciários são pessoas jurídicas de direito público, e como tais, não podem abrir mão de suas receitas. Como pessoas jurídicas, não são regidas por autonomia de vontade, mas sim submetidas ao império da lei em sentido amplo.

O CRP encontra sua validade de existência no art. 24, XII c/c art. 87, II, da CF/88 e art. 9º da Lei 9717/98. Este último diploma assim dispõe:

> Art. 9º Compete à União, por intermédio do Ministério da Previdência e Assistência Social:
>
> I - a orientação, supervisão e o acompanhamento dos regimes próprios de previdência social dos servidores públicos e dos militares da União, dos Estados, do Distrito Federal e dos Municípios, e dos fundos a que se refere o art. 6º, para o fiel cumprimento dos dispositivos desta Lei;
>
> II - o estabelecimento e a publicação dos parâmetros e das diretrizes gerais previstos nesta Lei.
>
> III - a apuração de infrações, por servidor credenciado, e a aplicação de penalidades, por órgão próprio, nos casos previstos no art. 8º desta Lei. (Redação dada pela Medida Provisória n. 2.187-13, de 2001)
>
> Parágrafo único. A União, os Estados, o Distrito Federal e os Municípios prestarão ao Ministério da Previdência e Assistência Social, quando solicitados, informações sobre regime próprio de previdência social e fundo previdenciário previsto no art. 6º desta Lei. (Incluído pela Medida Provisória n. 2.187-13, de 2001)

Para a consecução dos fins legais, o Ministério da Previdência nada mais fez do que usar de uma "ferramenta" para que os entes federativos cumprissem as obrigações impostas legalmente. Sem um controle efetivo, as disposições contidas na Lei 9.717/98 não passam de textos mortos. Desta forma, instituiu o certificado através do Decreto n. 3.788, de 11 de abril de 2001, no sentido de atestar o cumprimento das exigências legalmente previstas.

Os atos dos RPPS sujeitos à acompanhamento e controle por parte do MPS são registrados no Sistema de Informações dos Regimes Próprios de Previdência Social (Cadprev), que é administrado pela Secretaria de Políticas de Previdência Social (SPPS). No sistema, consta o extrato previdenciário resumido e que é disponibilizado para consulta no site do MPS.

Segundo a Portaria MPS n. 204, de 10 de julho de 2008, e suas alterações posteriores, o CRP será fornecido pela Secretaria de Políticas de Previdência Social (SPS), aos órgãos ou entidades da Administração Pública direta e indireta da União, por sistema informatizado; conterá numeração única e terá validade de cento e oitenta dias a contar da data de sua emissão; será cancelado por reforma da decisão judicial que fundamentou sua emissão ou por emissão indevida e excepcionalmente a SPS poderá fornecer certificado específico para cumprimento de decisão judicial nos casos em que se determine a suspensão de irregularidades relacionadas à Lei n. 9.717, de 1998, ou a regularização da situação do ente federativo quanto ao regime próprio de previdência social nos cadastros da União.

Segundo o artigo 3º da portaria, para acompanhamento e supervisão dos regimes de previdência social da União, dos Estados, do Distrito Federal e dos Municípios, a SPS desenvolverá e manterá o Sistema de Informações dos Regimes Públicos de Previdência Social (CADPREV). Sendo que o parágrafo único traz a seguinte ressalva, com base na Portaria MPS n. 312/03: A SPPS poderá emitir o CRP quando o registro da situação de regularidade depender de adequação das funcionalidades do CADPREV, desde que o Estado, o Distrito Federal ou o Município tenha apresentado todos os documentos e informações aptos a comprovar o atendimento aos critérios e exigências estabelecidos nesta Portaria.

O artigo 4º enumera as hipóteses em que o CRP será exigido:

> Art. 4º O CRP será exigido nos seguintes casos:
>
> I - realização de transferências voluntárias de recursos pela União;
>
> II - celebração de acordos, contratos, convênios ou ajustes, bem como recebimento de empréstimos, financiamentos, avais e subvenções em geral de órgãos ou entidades da Administração direta e indireta da União;
>
> III - liberação de recursos de empréstimos e financiamentos por instituições financeiras federais; e
>
> IV - pagamento dos valores devidos pelo Regime Geral de o Previdência Social - RGPS, em razão do disposto na Lei n. 9.796, de 5 de maio de 1999.
>
> § 1º Aplica-se o disposto neste artigo aos requerimentos para realização de operações de crédito interno e externo dos Estados, do Distrito Federal e dos Municípios, nos termos do art. 21, inciso VIII, da Resolução n. 43, de 2001, do Senado Federal[13].
>
> § 2º Para fins de aplicação do inciso I, excetuam-se as transferências relativas às ações de educação, saúde e assistência social.
>
> § 3º O responsável pela realização de cada ato ou contrato previsto nos incisos do *caput* deverá juntar ao processo pertinente, ou atestar nos autos, a verificação da validade do CRP do ente da federação beneficiário ou contratante, no endereço eletrônico do Ministério da Previdência Social - MPS na rede mundial de computadores - Internet, mencionando seu número e data de emissão.
>
> § 4º O servidor público que praticar ato com a inobservância responderá civil, penal e administrativamente, nos do disposto no § 3º termos da lei.
>
> § 5º O CRP cancelado nos termos do art. 2º, § 2 , continuará disponível para consulta com a indicação do motivo de seu cancelamento.

O artigo 5º da portaria elenca os critérios e exigências para emissão do CRP: I) observância do caráter contributivo do RPPS (fixação, em

---

(13) Dispõe sobre as operações de crédito interno e externo dos Estados, do Distrito Federal e dos Municípios, inclusive concessão de garantias, seus limites e condições de autorização, e dá outras providências.

texto legal, de alíquotas de contribuição do ente, dos segurados ativos, dos segurados inativos e dos pensionistas; repasse integral dos valores das contribuições à unidade gestora do RPPS; retenção, pela unidade gestora do RPPS, dos valores devidos pelos segurados e pensionistas relativos aos benefícios e remunerações cujo pagamento esteja sob sua responsabilidade; e pagamentos à unidade gestora do RPPS dos valores relativos a débitos de contribuições parceladas mediante acordo); II) observância do equilíbrio financeiro e atuarial, correspondente à implementação, em lei, atendidos os parâmetros estabelecidos pelas Normas de Atuária aplicáveis aos RPPS (alíquotas de contribuição necessárias para a cobertura de seu plano de benefícios; e plano de amortização ou a segregação de massas para equacionamento de seu déficit atuarial); III) cobertura exclusiva a servidores públicos titulares de cargos efetivos e a militares e seus respectivos dependentes; IV) existência de apenas um RPPS e uma unidade gestora do respectivo regime em cada ente federativo; V) existência de colegiado ou instância de decisão em que seja garantida a representação dos segurados do RPPS; VI) utilização de recursos previdenciários apenas para o pagamento de benefícios e para a taxa de administração do RPPS; VII) não pagamento de benefícios mediante convênios, consórcios ou outra forma de associação entre Estados, entre Estados e Municípios e entre Municípios; VIII) pleno acesso dos segurados às informações relativas à gestão do RPPS; IX) não inclusão nos benefícios, para efeito de percepção destes, de parcelas remuneratórias pagas em decorrência de local de trabalho, de função de confiança ou de cargo em comissão e do abono de permanência de que tratam o § 19º do art. 40 da Constituição, o § 5º do art. 2º e o § 1º do art. 3º da Emenda Constitucional n. 41, de 19 de dezembro de 2003; X) manutenção de contas bancárias destinadas aos recursos financeiros do RPPS distintas das contas do tesouro do ente federativo; XI) concessão de benefícios de acordo com a Lei n. 9.717, de 1998 e Lei n. 10.887, 18 de junho de 2004: (devendo serem observados os requisitos e critérios definidos em ato normativo do MPS que estabeleça os parâmetros gerais para concessão, cálculo e reajustamento dos benefícios; a limitação de concessão apenas dos seguintes benefícios: aposentadorias previstas na Constituição, pensão por morte, auxílio-doença, salário-maternidade, auxílio-reclusão e salário-família; e limitação ao rol de dependentes previsto pelo RGPS); XII) atendimento, no prazo e na forma estipulados, de solicitação de documentos ou informações pelo MPS, em auditoria indireta, ou pelo Auditor Fiscal, em auditoria direta; XIII) elaboração de escrituração contábil de acordo com Plano de Contas definido por norma específica do MPS; XIV) observância dos limites de contribuição previdenciária: (contribuição dos servidores ativos, inativos e dos pensionistas em alíquota não inferior à prevista para os servidores titulares de cargos efetivos da União; contribuição sobre os proventos dos inativos e sobre as pensões, incidente sobre a parcela que ultrapassar o limite máximo estabelecido para os benefícios do RGPS, ou que ultrapassar o dobro desse limite, quando o beneficiário for portador de doença incapacitante, nas mesmas alíquotas aplicadas às remunerações dos servidores ativos do respectivo ente federativo; e contribuição do ente não inferior ao valor da contribuição do servidor ativo nem superior ao dobro desta, além da cobertura de eventuais insuficiências financeiras do respectivo RPPS decorrentes do pagamento de benefícios previdenciários); XV) aplicação dos recursos do RPPS no mercado financeiro e de capitais de acordo com as normas do Conselho Monetário Nacional; XVI) encaminhamento à SPS, dos seguintes documentos: legislação completa referente ao regime de previdência social, Demonstrativo de Resultado da Avaliação Atuarial – DRAA, Demonstrativo das Aplicações e Investimentos dos Recursos – DAIR, Demonstrativos Contábeis, Demonstrativo da Política de Investimentos – DPIN e Demonstrativo de Informações Previdenciárias e Repasses – DIPR. A Portaria ainda explica, de forma pormenorizada, como deverão ser encaminhados os demonstrativos nela referidos, bem como acerca do encaminhamento das legislações próprias.

O Cadprev conterá os seguintes registros: I) em análise, II) regular e III) irregular, depois de decorrido o prazo definido na notificação, acaso mantida a situação de descumprimento, causando impedimento à expedição do CRP. A situação do RPPS será registrada no Cadprev e divulgada em extrato previdenciário resumido disponível no endereço eletrônico do MPS na rede mundial de computadores – Internet.

As consequências da não certificação estão estabelecidas no artigo 7º da Lei 9.717/98 e no próprio decreto instituidor do CRP, a saber:

Art. 7º O descumprimento do disposto nesta Lei pelos Estados, Distrito Federal e Municípios e pelos respectivos fundos, implicará, a partir de 1º de julho de 1999:

I - suspensão das transferências voluntárias de recursos pela União;

II - impedimento para celebrar acordos, contratos, convênios ou ajustes, bem como receber empréstimos, financiamentos, avais e subvenções em geral de órgãos ou entidades da Administração direta e indireta da União;

III - suspensão de empréstimos e financiamentos por instituições financeiras federais.

IV - suspensão do pagamento dos valores devidos pelo Regime Geral de Previdência Social em razão da Lei nº 9.796, de 5 de maio de 1999.

A última previsão refere-se aos repasses de recursos obtidos via compensação previdenciária entre regimes. Assim, o certificado passou a ser exigido, dos Estados e Municípios, para realização de transferências, celebração de acordos, contratos, convênios ou ajustes, recebimento de empréstimos, financiamentos, avais e subvenções, empréstimos e financiamentos por parte de instituições financeiras federais e repasses dos valores da Comprev.

Contudo, a certificação é hoje uma das grandes preocupações do gestor previdenciário próprio. Quando não conseguem cumprir as metas determinadas pelo Ministério da Previdência Social e não sofrerem as penalidades impostas pela Lei n. 9.717/98, recorrem às instâncias judiciais, no sentido de obtenção do certificado de via judicial, na maior parte das vezes com pedido liminar.

O tema tem sido debatido nos tribunais superiores, notadamente no que tange ao entendimento, por parte da maioria, de que o certificado é inconstitucional, uma vez que extrapola as áreas de autonomia dos entes federados.

Destarte, instado a se pronunciar sobre a matéria, o Tribunal Federal da 5ª Região, proferiu a seguinte decisão:

"EMENTA. TRIBUTÁRIO. PREVIDÊNCIA SOCIAL. REGIME PRÓPRIO DOS Municípios. DESCUMPRIMENTO DA LEGISLAÇÃO GERAL DA PREVIDÊNCIA. CADPREV. CAUC. CERTIFICADO DE REGULARIDADE FISCAL. SUSPENSÃO DAS TRANSFERÊNCIAS VOLUNTÁRIAS DE RECURSOS PELA UNIÃO. DECRETO N. 3.788/2001. LEI N. 9.717/98. CONSTITUCIONALIDADE. LEGALIDADE. HONORÁRIOS ADVOCATÍCIOS. MAJORAÇÃO. 1. A Lei n. 9.717/98 foi editada com o objetivo de estabelecer as regras gerais para a organização e funcionamento dos regimes próprios de previdência social dos servidores públicos da União, dos Estados, do Distrito Federal e dos Municípios. 2. As diretrizes básicas estipuladas pela referida lei objetivam manter, com base no princípio da predominância do interesse, a unidade do sistema previdenciário, assentando no caráter contributivo, e garantir o equilíbrio financeiro e atuarial do regime próprio, não podendo ser taxadas de inconstitucionais, ao argumento de quebra do pacto federativo e ingerência na autonomia dos Municípios. 3. Nesse sentido, as sanções impostas pelo descumprimento das exigências legais, previstas no art. 7º da Lei n. 9.717/98, notadamente a suspensão das transferências voluntárias de recursos pela União, não afronta a autonomia dos entes federados, em especial os Municípios. Isso porque não tem caráter obrigatório, pois "não há empeço que seja a União coibida de encaminhar recursos, cuja transferência depende unicamente de sua vontade, a entes que não cumprem a legislação geral da previdência do servidor público, não se perpetrando ofensa à autonomia política ou financeira do Município." (TRF4. AC 200004011023650, Wellington Mendes de Almeida, - Primeira Turma, DJ 19/11/2003). De igual modo, inexiste qualquer vicio de inconstitucionalidade do art. 9º do mesmo diploma legal, porquanto editado nos limites estabelecidos pela Constituição Federal. 4. Portanto, havendo descumprimento das exigências legais no que tange aos Regimes Próprios de Previdência Social - RPPS, por parte do ente municipal, exatamente como ocorre na presente situação, impõe-se sua inscrição no CADPREV e CAUC a ensejar óbice à expedição do Certificado de Regularidade Fiscal - CRF e, consequentemente, impedir as transferências voluntárias de recursos pela União, nos termos da Lei n. 9.717/98. Por conseguinte, não se observa qualquer ilegalidade ou inconstitucionalidade dos arts. 1º e 2º do Decreto n. 3788/2001, que instituiu o CRF, documento destinado a atestar o cumprimento dos critérios e exigências previstos na aludida lei. 5. Por fim, ressalte-se que, nos termos do artigo 25, § 3º, da Lei Complementar 101/2000, a suspensão das transferências voluntárias pela União não abrange aquelas destinadas a ações de educação, saúde e assistência social, que continuam sendo repassadas à municipalidade. [...] 9. Apelação do Município improvida. Apelação da Fazenda Nacional parcialmente provida. ACÓRDÃO Vistos e relatados os presentes autos, DECIDE a Primeira Turma do Tribunal Regional Federal da 5ª Região, por unanimidade, negar provimento à apelação do Município autor e dar parcial provimento à apelação da Fazenda Nacional, nos termos do relatório e voto anexos, que passam a integrar o presente julgamento. (AC - 521741/PE - 0000695-55.2010.4.05.8300. Relator : Desembargador Federal Francisco Cavalcanti, julgado em 02 de agosto de 2012, Edição Judicial do dia 10-08-2012, p. 128).

Com razão, a Lei Complementar n. 101/00 – LRF resguarda as transferências relativas às ações de educação, saúde e assistência social, conforme seu artigo 25, § 3º: "Para fins da aplicação das sanções de suspensão de transferências voluntárias constantes desta Lei Complementar, excetuam-se aquelas relativas a ações de educação, saúde e assistência social." As exceções são observadas pela Portaria MPS n. 204/08, que dispõe sobre a emissão de CRP, conforme o § 2º do seu artigo 4º: "Para fins de aplicação do inciso I, excetuam-se as transferências relativas às ações de educação, saúde e assistência social." Desta forma, a não emissão de CRP não tem o condão de atingir áreas sensíveis da Administração Pública, sem as quais a máquina administrativa ficaria engessada e pararia suas atividades essenciais.

Não há que se falar na possibilidade de expedição do CRP quando o ente encontra-se totalmente desalinhado das diretrizes traçadas pela Lei n. 9.717/98, notadamente quando o argumento paira sobre a temporariedade do cumprimento das exigências. Ou se está cumprindo o determinado ou não se está cumprindo.

A Lei Geral de Previdência Pública ao fixar as regras gerais a que devem se submeter os RPPS, atribuiu ao Ministério da Previdência Social, com fulcro no artigo 24, XII, da CR/88, a competência para estabelecer os parâmetros e diretrizes a serem seguidas (competência concorrente).

Neste diapasão, entendemos que não há qualquer inconstitucionalidade/ilegalidade na exigência do CRF. O que fez o Decreto n. 3.788/01 foi regulamentar dispositivos da Lei n. 9.717/98, que fixou os parâmetros gerais dos sistemas previdenciários públicos, no sentido de que fosse alcançado o equilíbrio financeiro-atuarial, preconizado no artigo 40 da CF/88. Certamente, a lei haveria de prever sanções para o descumprimento de suas diretrizes, traçando, dessa forma, as consequências jurídicas.

Nesta linha de ilação, o Tribunal Regional da 1ª Região assim se posicionou:

"TRIBUTÁRIO. MANDADO DE SEGURANÇA. MUNICÍPIO. CERTIFICADO DE REGULARIDADE PREVIDENCIÁRIA-CRP. REQUISITOS. FALTA DE PROVA DOS REPASSES À PREVIDÊNCIA DOS VALORES DESCONTADOS DOS SERVIDORES E DA QUOTA-PARTE DO MUNICÍPIO.

1. A falta de comprovação pelo Município dos repasses dos valores descontados dos seus servidores ao Fundo de Previdência Municipal, bem assim do emprego dos recursos repassados na finalidade própria - pagamento de benefícios previdenciários -constitui impedimento à obtenção do Certificado de Regularidade Previdenicária - CRP.

2. Irregularidade configurada, não tendo sido os débitos, no caso, objeto de parcelamento.

3. Recurso do Impetrante improvido. (AMS 42132520074013400, Rel. Juiz Federal Convocada Lana Lígia Galati, julgado pela 8ª T, em 21/11/2014)."

É da competência exclusiva da União a supervisão e o acompanhamento dos regimes próprios de previdência, nos termos do artigo 24, XII, da CF/88 c/c artigo 9º da Lei n. 9.717/98. Este último não foi objeto de questionamento direto no que se refere a sua constitucionalidade, estando, pois, em plena vigência. O poder de supervisão do MPS manifesta-se por intermédio do CRP, conforme expressamente prevê o artigo 1º do Decreto n. 3.788/01:

Art. 1º O Ministério da Previdência e Assistência Social fornecerá aos órgãos ou entidades da Administração Pública direta e indireta da União Certificado de Regularidade Previdenciária - CRP, que atestará o cumprimento dos critérios e exigências estabelecidos na Lei 9.717, de 27 de novembro de 1998, pelos regimes próprios de Previdência Social dos Estados, do Distrito Federal e dos Municípios, [...].

Desta forma, o condicionamento de transferências, celebração de acordos, convênios, etc. decorre não apenas da Lei 9.717/98, mas também e inclusive da Lei Complementar n. 101/00, que em seu artigo 4º, I, "a" e § 2º, I e IV, "a" e "b", assim prescrevem, *in verbis*:

Art. 4º A lei de diretrizes orçamentárias atenderá o disposto no § 2º do art. 165 da Constituição e:

I - disporá também sobre:

equilíbrio entre receitas e despesas;

[...]

§ 2º O Anexo conterá, ainda:

I - avaliação do cumprimento das metas relativas ao ano anterior;

[...]

IV - **avaliação da situação financeira e atuarial:**

a) dos regimes geral de previdência social e próprio dos servidores públicos e do Fundo de Amparo ao Trabalhador;

b) dos demais fundos públicos e programas estatais de natureza atuarial;

[...]. (Grifamos).

Os conteúdos normativos contidos no artigo 4º da Lei de Responsabilidade Fiscal também não foram alvo de ação direta de inconstitucionalidade, estando, portanto, exigível o cumprimento das metas pelo mesmo estabelecidas. Sendo certo que esses dispositivos encerram obrigação de compatibilidade da Lei de Diretrizes Orçamentárias como condição prévia para empenho e licitação de serviços, fornecimento de bens ou execução de obras.

Não se pode olvidar ainda que a Lei n. 9.717/98, no *caput* de seu art. 1°, determina expressamente que os regimes próprios de previdência social dos entes da Federação se submetem às normas gerais de contabilidade (Os regimes próprios de previdência social dos servidores públicos da União, dos Estados, do Distrito Federal e dos Municípios, dos militares dos Estados e do Distrito Federal deverão ser organizados, baseados em normas gerais de contabilidade e atuária, de modo a garantir o seu equilíbrio financeiro e atuarial). No tocante ao balanço patrimonial, aplicam-se os dispositivos normativos que versam sobre o tema trazido pela Lei n. 4.320/64. É o que se depreende da leitura do art. 110 c/c art. 107 da lei sob comento. Assim sendo, segundo os comandos legais, os balanços patrimoniais dos fundos previdenciários devem demonstrar seus ativos financeiros.

O Supremo Tribunal Federal reconheceu a constitucionalidade dos artigos 7º e 9º da Lei 9.717/98, no julgamento do Agravo Regimental no Recurso Extraordinário 395.666-3/MG, Primeira Turma, Relator Ministro Eros Grau, julgado por unanimidade, em 25 de outubro de 2005, publicado no DJ, de 2 de dezembro de 2005, em que se reconheceu a constitucionalidade da Lei em cotejo com o princípio federativo. Também nesse sentido: Apelação Cível 2000.04.01.102365-0/SC, Tribunal Regional Federal da Quarta Região, Primeira Turma, Relator Desembargador Federal Wellington Mendes de Almeida, julgado por unanimidade, em 5 de novembro de 2003, publicado no DJ, de 19 de novembro de 2003.

No que tange à prerrogativa da União em expedir normas gerais, esse é o entendimento atual do Supremo Tribunal Federal, conforme se extrai de parte da ementa a seguir colacionada:

"No julgamento da Ação Direta de Inconstitucionalidade n. 2.024, Relator o Ministro Sepúlveda Pertence, este Supremo Tribunal decidiu: "4. A matéria da disposição discutida é previdenciária e, por sua natureza, comporta norma geral de âmbito nacional de validade, que à União se facultava editar, sem prejuízo da legislação estadual suplementar ou plena, na falta de lei federal (CF 88, arts. 24, XII, e 40, § 2º): se já o podia ter feito a lei federal, com base nos preceitos recordados do texto constitucional originário, obviamente não afeta ou, menos ainda, tende a abolir a autonomia dos Estados-membros que assim agora tenha prescrito diretamente a norma constitucional sobrevinda" (STF, RE 771994/PB, Rel. Min. Cármen Lúcia, Plenário, j. 1º-10-2013 e DJe 22-6-2007)".

O STF assentou ser restrita a autonomia do Município para organizar o regime previdenciário de seus servidores, que deve respeitar as regras da Lei n. 9.717/1998. Nestes termos, colacionamos as seguintes ementas proferidas em julgamentos diversos:

"AGRAVO REGIMENTAL NO RECURSO EXTRAORDINÁRIO. CONSTITUCIONAL E PREVIDENCIÁRIO. LEI N.9.717/1998. A AUTONOMIA MUNICIPAL PARA ORGANIZAÇÃO DO REGIME DE PREVIDÊNCIA DE SEUS SERVIDORES NÃO É IRRESTRITA. PRECEDENTES. AGRAVO REGIMENTAL AO QUAL SE NEGA PROVIMENTO" (STF, RE 356.328-AgR, Relatora Ministra Cármen Lúcia, Primeira Turma, DJe 25.2.2011).

AGRAVO REGIMENTAL NO RECURSO EXTRAORDINÁRIO. LEI N. 9.717/98. OFENSA AO PRINCÍPIO DA AUTONOMIA DOS ENTES FEDERADOS. INOCORRÊNCIA. Esta Corte já decidiu que: (i) **a Constituição do Brasil não confere às entidades da federação autonomia irrestrita para organizar o regime previdenciário de seus servidores; (ii) por se tratar de tema tributário, a matéria discutida nestes autos pode ser disciplinada por norma geral, editada pela União, sem prejuízo da legislação estadual, suplementar ou plena, na ausência de lei federal** (ADI n. 2.024, Relator o Ministro Sepúlveda Pertence, DJ de 22-06-2007). Agravo regimental a que se nega provimento" (RE 597.032-AgR, Relator o Ministro Eros Grau, Segunda Turma, DJe 9.10.2009). "Agravo regimental no recurso extraordinário. Servidor ocupante de cargo em comissão, cargo temporário ou emprego público. Lei n. 9.717/98. Regime geral da previdência (art. 40, § 13). Ausência de violação do princípio federativo ou da imunidade tributária recíproca. ADI n. 2.024. 1. **Esta Corte já decidiu que: (i) a Constituição do Brasil não confere às entidades da federação autonomia irrestrita para organizar o regime previdenciário de seus servidores; (ii) por se tratar de tema tributário, a matéria discutida nestes autos pode ser disciplinada por norma geral, editada pela União**, sem prejuízo da legislação estadual, suplementar ou plena, na ausência de Lei federal (ADI n. 2.024, Relator o Ministro Sepúlveda Pertence, DJ de 22/06/07). 2. É da jurisprudência do Supremo Tribunal que o princípio da imunidade tributária recíproca (CF, art. 150, inciso VI, alínea a)- ainda que se discuta a sua aplicabilidade a outros tributos que não os impostos - não pode ser invocado na hipótese de contribuições previdenciárias. 3. Agravo regimental não provido" (STF, RE 388.373-AgR, Relator o Ministro Dias Toffoli, Primeira Turma, DJe 24.10.2012). (Grifamos).

DIREITO CONSTITUCIONAL E TRIBUTÁRIO. SERVIDORES TEMPORÁRIOS E OCUPANTES EXCLUSIVAMENTE DE CARGO EM COMISSÃO. CONTRIBUIÇÃO PREVIDENCIÁRIA. VINCULAÇÃO AO REGIME GERAL DA PREVIDÊNCIA SOCIAL. CONSTITUCIONALIDADE DA LEI 9.717/98. PRECEDENTES. 1. **O Supremo Tribunal Federal entende que as disposições da Lei 9.717/98 não ofendem o princípio da autonomia dos entes federados, pois a Constituição Federal não confere às entidades da federação autonomia irrestrita para organizar o regime previdenciário** de seus servidores e que, por se tratar de tema tributário, a matéria pode ser disciplinada por norma geral, editada pela União, sem prejuízo da legislação estadual, suplementar ou plena, na ausência de lei federal. 2. Agravo regimental a que se nega provimento" (STF, RE 495.684-AgR, Relatora a Ministra Ellen Gracie, Segunda Turma, DJe 4.4.2011)."

(Todos os grifos são nossos).

Conforme o posicionamento do Supremo Tribunal, a CR/88 não confere às entidades da federação autonomia irrestrita para organizar o regime previdenciário de seus servidores; sendo a competência concorrente, nos termos do art. 24, XII. E já se mostrou favorável à exigência do CRP, conforme se depreende de parte da decisão proferida no julgamento do pedido de liminar proferido na AC 2.866, o qual foi indeferido:

"Também não socorre ao autor a tese de que a exigência de Certificado de Regularidade Previdenciária, decorrente do regime da Lei Federal n. 9.717/98, ao estabelecer normas gerais para os regimes próprios dos entes da Federação, teria incorrido em violação à autonomia federativa do Estado-membro. É que o conceito de autonomia tem de ser interpretado de acordo com as balizas impostas pelo próprio texto constitucional, inexistindo definição abstrata apriorística, mas apenas aquela resultante do espaço constitucionalmente atribuído a cada ente da federação no cenário de descentralização horizontal instituído pela Constituição de 1988. E, nesse ponto, a Constituição instituiu a competência da União para legislar sobre normas gerais sobre regimes próprios, conforme resulta da interpretação conjugada dos arts. 22, XXIII, e 24, II, do texto constitucional, de modo que inexiste autonomia irrestrita dos Estados-membros para organizarem o regime previdenciário de seus servidores (RE 495684 AgR, Relator(a): Min. ELLEN GRACIE, Segunda Turma, julgado em 15/03/2011; RE 356328 AgR, Relator(a): Min. CÁRMEN LÚCIA, Primeira Turma, julgado em 01/02/2011; e RE 597032 AgR, Relator(a): Min. EROS GRAU, Segunda Turma, julgado em 15/09/2009). Por conta disso, **não se mostra irrazoável ou ofensiva ao texto constitucional a exigência de Certificado de Regularidade Previdenciária – CRP, cuja expedição fica a cargo do Ministério da Previdência e Assistência Social nos termos do Decreto n. 3.788/01, após o exame da satisfação das normas gerais editadas pela própria União**. E veja-se que os efeitos que decorrem da negativa de expedição da referida Certidão se limitam a impedir a celebração, pelo ente menor, de acordos, empréstimos e transferências com o ente federal (Decreto n. 3.788/01, art. 1º, inc. I a IV), de modo que não ocorre invasão da esfera própria de autonomia dos demais entes federados." (STF, AC 2866, Relator Ministro Luiz Fux, julgado em 30-05-2011, DJe de 03-06-2011)."

Destarte, o ministro Luiz Fux, em 17 de novembro de 2011, reviu seu posicionamento anterior, para deferir a liminar, uma vez que o Estado-membro autor promoveu uma série de medidas no sentido de minimizar as pendências administrativas junto à União, protocolizando nova petição na Ação Cautelar 2866. Na peça postulatória, informou que requereu ao Ministério da Previdência a assinatura de Termo de Ajustamento de Conduta (TAC), com o objetivo de sanear as questões previdenciárias e instauração de Câmara de Conciliação no âmbito da Advocacia Geral da União, requerendo ao final a reconsideração do indeferimento da liminar, para que fosse determinado "a suspensão dos efeitos das inscrições constantes dos sistemas CAUC/SIAFI/CADIN e em todo e qualquer sistema utilizado pela União Federal, oriundas da verificação de adimplência para a contratação do Empréstimo do BNDES e as transferências de recursos federais." O Estado autor protocolou requerimentos junto à Câmara de Conciliação e Arbitragem da Administração Federal (CCAF), solicitando análise acerca da viabilidade de conciliação no âmbito administrativo, sustentando, portanto, que a situação recomenda suspensão do curso do processo, até ultimação das tratativas conciliatórias junto à CCAF. A par dos novos argumentos colacionados pelo Estado-membro autor, o ministro Luiz Fux assim decidiu:

"As providências administrativas realizadas pelo autor demonstram que houve substancial alteração do quadro fático subjacente à presente demanda. Como se infere das petições acima referidas, houve efetivo empenho, *na exata medida do alcance do autor*, em buscar o saneamento das irregularidades originalmente apontadas como óbice à celebração de acordos para transferência voluntária de recursos federais, no que se incluem as tentativas de submissão da controvérsia à Câmara de Conciliação e Arbitragem da Administração Federal (CCAF) e de celebração de Termo de Ajustamento de Conduta junto ao Ministério da Previdência. [...]*Ex positis*, reconsidero a decisão anterior e **defiro** a liminar requerida na presente ação cautelar, a fim de determinar a suspensão dos efeitos das inscrições do autor nos sistemas CAUC/SIAFI/CADIN e em todo e qualquer sistema utilizado pela União, que *guardem pertinência com os fatos apontados na presente demanda*, até que seja concluído o procedimento administrativo de conciliação na Câmara de Conciliação e Arbitragem da Administração Federal (CCAF). (STF, AC 2866, relator ministro Luiz Fux, Reconsideração de decisão em 13-10-2011 e DJe de 18-10-2011)."

Com efeito, o STF tem encaminhado as controvérsias judicializadas, no que diz respeito à exigências para expedição do CRP, para as Câmaras de Conciliação e Arbitragem da Administração Federal (CCAF), órgão da Consultoria-Geral da União, na Advocacia-Geral da União. As lides, propostas em face da União, visam ao repasse dos recursos advindos da compensação previdenciária e a abstenção das sanções previstas no artigo 7º da Lei 9.717/98.

O Pretório Excelso reiteradamente tem concedido liminares. Entretanto, vem se posicionando ultimamente que a liminar deve ser concedida tomando-se por base o esforço do ente em regularizar sua situação. Esta conclusão pode ser auferida na parte dispositiva da decisão proferida na AC 3794 MCDF, de relatoria do ministro Dias Toffoli, em 12 de março de 2015: *Concedo a medida cautelar requerida, para determinar à União que não restrinja a renovação do Certificado de Regularidade Previdenciária do Estado de Roraima, por força das irregularidades questionadas nestes autos, constantes do Extrato Externo dos Regimes Previdenciários como irregulares, enquanto pendente de análise, pelo Ministério da Previdência Social, os requerimentos protocolados pelo IPER.*

A tendência é de que o CRP venha a ser regulamentado

por lei, deixando de ser decreto, ganhando assim maior força normativa.

De acordo com a tabela a seguir, essa é a situação dos Estados em relação à situação de CRP. A data considerada foi da emissão do certificado. Ressalte-se que as informações não são sigilosas e podem ser adquiridas no portal do Ministério da Previdência, através do site www.mps.gov.br.

Estado	CRP ADMINISTRATIVO	CRP JUDICIAL
ACRE	SIM	
ALAGOAS		SIM – DESDE 13/12/2007
AMAPÁ		SIM – DESDE 23/04/2012
AMAZONAS	SIM	
BAHIA	SIM	
CEARÁ		SIM – DESDE 26/04/2004
DISTRITO FEDERAL	SIM	
ESPÍRITO SANTO	SIM	
GOIÁS	SIM	
MARANHÃO		SIM – DESDE 13/04/2009
MINAS GERAIS		SIM – DESDE 10/08/2004
MATO GROSSO	SIM	
MATO GROSSO DO SUL	SIM	
PARÁ	SIM	
PARAÍBA	SIM	
PARANÁ		SIM – DESDE 23/11/2006
PERNAMBUCO		SIM – DESDE 04/09/2012
PIAUÍ	SIM	
RIO DE JANEIRO	SIM	
RIO GRANDE DO NORTE		SIM – DESDE 15/06/2015
RIO GRANDE DO SUL	SIM	
RONDÔNIA	SIM	
RORAIMA		SIM – DESDE 18/07/2014
SANTA CATARINA	SIM	
SERGIPE	SIM	
SÃO PAULO		SIM – DESDE 19/03/2003
TOCANTINS		SIM – DESDE 11/03/2015

Obs.: O Estado do Rio Grande do Norte, desde 20/2/2002, possuía CRP Administrativo. Entretanto, a partir de 15/6/2015, passou a ter CRP Judicial. O Estado de Roraima, desde 10/8/2001 possuía CRP Administrativo, vindo a perdê-lo em 18/7/2014. O Estado de São Paulo no período compreendido entre 10/3/2013 a 6/9/2013, conseguiu CRP Administrativo. O Estado de Tocantins desde 23/7/2001, possuía CRP Administrativo, vindo a perdê-lo a partir de 11/03/2015.

No total temos 11 Estados com CRP adquirido por decisão judicial e 16 Estados com CRP adquirido administrativamente.

A situação das capitais é mais confortável, conforme podemos perceber no quadro demonstrativo abaixo:

CAPITAL	CRP ADMINISTRATIVO	CRP JUDICIAL
ARACAJU	SIM	
BELÉM	SIM	
BELO HORIZONTE	SIM	
BOA VISTA	SIM	
BRASÍLIA	X	X
CAMPO GRANDE		SIM - DESDE 13/07/2015
CUIABÁ	SIM	
CURITIBA	SIM	
FLORIANÓPOLIS	SIM	
FORTALEZA	SIM	

GOIÂNIA		SIM - DESDE 23/07/2007
JOÃO PESSOA	SIM	
MACAPÁ	SIM	
MACEIÓ		SIM - DESDE 28/01/2014
MANAUS	SIM	
NATAL	SIM	
PALMAS	SIM	
PORTO ALEGRE	SIM	
PORTO VELHO	SIM	
RECIFE	SIM	
RIO BRANCO	SIM	
RIO DE JANEIRO		SIM - DESDE 29/08/2004
SALVADOR		SIM - DESDE 05/10/2008
SÃO LUÍS	SIM	
SÃO PAULO	SIM	
TERESINA	SIM	

Obs.: Das 26, com CRP emitido, apenas 5 tem CRP Judicial.

As pesquisas que foram realizadas entre julho e agosto de 2015 nos induzem à ideia de que nas capitais a vontade política de se resolver os problemas com a previdência pública é maior.

De acordo com dados do MTPS, do total de 2.072 RPPS, 1.136 ou seja, 54,83%, têm CRP Administrativo, 258 (duzentos e cinquenta e oito), representando 12,45%, têm CRP Judicial, e 678, 32,72%, não têm CRP.

Em 2015, destaque-se, 127 RPPS se encontravam em extinção.

7.5.2. Diferença entre CRP e CND

Enquanto o Certificado de Regularidade Previdenciária atesta a regularidade dos regimes próprios de previdência, a Certidão Negativa de Débitos (CND), é um documento emitido pelo INSS, destinado a comprovar a regularidade em relação às contribuições previdenciárias, por parte das empresas em geral e equiparados. A CDN deve ser exigida em casos de licitações e contratações com o Poder Público.

A emissão de CND tem previsão no *caput* do artigo 205 do Código Tributário Nacional. E é tratada ainda nos 47 e 48 da Lei n. 8.212/91 – Plano de Custeio do Regime Geral de Previdência Social – e nos artigos 257 a 265 do Decreto n. 3.048/99 – Regulamento do Regime Geral de Previdência Social.

Se forem atestados débitos com a previdência social geral, a União pode reter recursos do Fundo de Participação dos Estados (FPE) e do Fundo de Participação dos Municípios (FPM), que ficam impedidos de efetuar qualquer tipo de contratação de recursos com órgãos federais. É a forma de Estados e Municípios regularizarem suas dependências com o Regime Geral de Previdência Social (RGPS).

7.5.3. Pró-Gestão

O Ministério da Previdência, com fulcro em estudos realizados no âmbito do Conaprev, formulados por intermédio de comissão instituída por dirigentes de RPPS e de pessoal próprio do MPS, editou em 14 de maio de 2015 (DOU de 15/05/2015), a Portaria n. 185, instituindo o Programa de Certificação Institucional e Modernização da Gestão dos Regimes Próprios de Previdência Social da União, dos Estados, do Distrito Federal e dos Municípios –"Pró-Gestão RPPS." Nos termos do Art. 2º, o programa tem por "objetivo incentivar os Regimes Próprios de Previdência Social (RPPS) a adotarem melhores práticas de gestão previdenciária, que proporcionem maior controle dos seus ativos e passivos e mais transparência no relacionamento com os segurados e a sociedade."

De adesão facultativa, o Pró-Gestão será concedido aos RPPS "que cumprirem ações nas dimensões de Controles Internos, Governança Corporativa e Educação Previdenciária, constará de quatro níveis de aderência e terá prazo de validade de 3 (três) anos."

Um dos requisitos para a emissão da certificação é que o RPPS tenha CRP, nos termos da Lei n. 9.717/98, e caso não mantiver CRP válido por mais de 90 dias, perderá a certificação institucional. Conforme o art. 6º, compete à Secretaria de Políticas de Previdência Social (SPPS):

> Art. 6º.....
> [...]
> I - divulgar, por meio do sítio do Ministério da Previdência Social na rede mundial de computadores - Internet, o Manual do Pró-Gestão RPPS, que conterá: a) o cronograma de implantação do Pró-Gestão RPPS; b) os parâmetros a serem observados para avaliação e habilitação das entidades certificadoras; c) os procedimentos para adesão ao Pró-Gestão RPPS; d) os procedimentos a serem observados para a renovação, suspensão ou cancelamento da certificação institucional; e) o conteúdo de cada uma das ações a serem observadas para obtenção da certificação institucional.
> II - avaliar as entidades interessadas em se habilitarem como certificadoras no Pró- Gestão RPPS e decidir sobre o seu credenciamento;
> III - adotar as demais providências necessárias à implantação do Pró-Gestão RPPS e dirimir os casos omissos nesta Portaria. Parágrafo

único. A SPPS poderá realizar consulta ou audiência pública para a definição dos parâmetros de que trata o inciso I, alínea "b."

Para a obtenção da Certificação Institucional, os RPPS estarão obrigados a desenvolver uma série de ações, conforme consta do Anexo da Portaria, dentre as quais podemos destacar: capacitação e certificação dos gestores e servidores das áreas de risco, política de segurança da informação; gestão e controle da base de dados cadastrais dos servidores públicos, aposentados e pensionistas; relatório de governança corporativa e de gestão atuarial; código de ética da instituição; políticas previdenciárias de saúde e segurança do servidor; política de investimentos, com o Comitê de Investimentos; atuar com transparência e fazer segregação das atividades; ter uma ouvidoria própria; qualificar os conselhos diretivo, fiscal e deliberativo; ter programa de Educação Previdenciária e promover ações de diálogo com segurados e sociedade.

Nos termos da Portaria n. 185, de 14 de maio de 2015 (DOU do dia seguinte), que instituiu o Programa de Certificação Institucional e Modernização da Gestão dos Regimes Próprios de Previdência Social da União, dos Estados, do Distrito Federal e dos Municípios – Pró-Gestão, o Ministério da Previdência traça uma série de diretrizes a serem seguidas pelos gestores de RPPS, com vistas a obtenção do certificado institucional. O MPS divide os parâmetros a serem seguidos em três grupos: I) Controle interno, que envolve mapeamento das atividades das áreas de atuação do RPPS; manualização das atividades das áreas de atuação do RPPS.; capacitação e certificação dos gestores e servidores das áreas de risco; estrutura de controle interno; política de segurança da informação; gestão e controle da base de dados cadastrais dos servidores públicos, aposentados e pensionistas; II) Governança Corporativa: relatório de governança corporativa; planejamento; relatório de gestão atuarial; código de ética da instituição; políticas previdenciárias de saúde e segurança do servidor; política de investimentos; Comitê de Investimentos; transparência; definição de limites de alçadas; segregação das atividades; ouvidoria; qualificação do órgão de direção; Conselho Fiscal; Conselho de Administração; mandato, representação e recondução; gestão de pessoas; e III) Educação Previdenciária, que deve definir um plano de ação de capacitação e ações de diálogo com os segurados e a sociedade.

O principal objetivo do Pró-Gestão é o de profissionalizar a gestão de recursos da previdência, fortalecendo as entidades gestoras. A ideia foi inicialmente ventilada pelos dirigentes da Rioprevidência em 2011 e desenvolvida no âmbito do Conaprev, por intermédio de uma comissão específica instituída para tratar da matéria. Será formulada uma cartilha explicando todo o processo de certificação institucional.

Em 3 de julho de 2015, foi editada a Portaria MPS n. 300 (DOU de 6/7/2015), alterando a Portaria MPS/GM n. 519, de 24 de agosto de 2011, que dispõe sobre as aplicações dos recursos financeiros dos RPPS instituídos pela União, pelos Estados, pelo Distrito Federal e pelos Municípios, para definir regras sobre classificação como investidor qualificado e investidor profissional e parâmetros sobre o credenciamento de instituições, e a Portaria MPS/GM n. 204, de 10 de julho de 2008, que dispõe sobre a emissão do CRP, para prorrogar o prazo de envio do DRAA, no exercício de 2015. A nova portaria passou a definir investidor qualificado, para os fins da normatização estabelecida pela Comissão de Valores Mobiliários, o RPPS que tenha CRP, possua recursos aplicados, comprove o efetivo funcionamento do seu Comitê de Investimentos, tenha aderido ao Pró-Gestão e obtido a certificação institucional.

Necessário se faz visualizar as advertências contidas na nova redação do art. 6º-C da Portaria 519/11:

> Art. 6º-C. A classificação do RPPS como investidor qualificado ou investidor profissional, na forma dos art. 6º-A e 6º-B, **não exime seus representantes legais, dirigentes, responsáveis pela gestão dos recursos e membros dos órgãos de deliberação colegiada da responsabilidade pela adoção de elevados padrões éticos e técnicos na governança e controle das operações e pela observância das condições de segurança, rentabilidade, solvência, liquidez e transparência na aplicação dos recursos, segundo o disposto em Resolução do CMN.**
>
> § 1º Constatado em procedimento administrativo o descumprimento do disposto no *caput*, a SPPS declarará a suspensão da condição de investidor qualificado ou investidor profissional, que perdurará até que:
>
> I - sejam superadas as condições que motivaram a suspensão;
>
> II - seja comprovado pelo RPPS que foram adotadas medidas para apuração de responsabilidades, em relação aos agentes que deram causa ao descumprimento dos preceitos definidos no *caput*.
>
> § 2º Durante o período da suspensão o RPPS ficará impedido de realizar novas alocações ou subscrições que exijam a condição de investidor qualificado ou investidor profissional.
>
> § 3º A SPPS divulgará a relação dos RPPS para os quais tenha sido declarada a suspensão da condição de investidor qualificado ou investidor profissional no endereço eletrônico do MPS na rede mundial de computadores - Internet. (Grifamos).

O Pró-Gestão, como vimos, constitui-se num verdadeiro programa de capacitação de gestores, com vistas à observância do princípio da eficiência.

Impende deixar registrado que o Manual do Pró-Gestão RPPS está em vias de acabamento, sendo o Ministério da Previdência (hoje MTPS) que o encaminhou para sugestões via consulta pública, uma forma de democratizar seu fundamento de existência. Com certeza, após a publicação definitiva do manual, contribuirá para a adoção de políticas saudáveis com vistas à solvabilidade dos fundos previdenciários.

7.5.4. O Conaprev

O Conselho Nacional dos Dirigentes de Regimes Próprios de Previdência Social (Conaprev), foi criado em 2001, e entre seus objetivos destacam-se o acompanhamento e a avaliação de políticas e diretrizes previdenciárias voltadas ao servidor público. Sua finalidade primordial é a integração dos Regimes Próprios, bem como promover a articulação entre o MPS e as unidades gestoras participantes.

Atualmente têm assento no Conaprev os 26 Estados e o Distrito Federal; representantes da Secretaria de Políticas de Previdência Social e de Previdência Complementar do MPS; representantes das principais associações nacionais – Associação Brasileira de Instituições de Previdência Estaduais e Municipais – Abipem e Associação Nacional de Entidades de Previdência dos Estados e Municípios – Aneprem, Confederação Nacional dos Municípios – CNM; representantes do Instituto Nacional do Seguro Social – INSS; representantes da Superintendência Nacional de Previdência Complementar – Previc/MPS; representantes da **Empresa de Tecnologia e Informações da Previdência Social – Dataprev;** representantes do Fórum Nacional das Secretarias Municipais de Administração das Capitais – FONAC; representantes do Conselho Nacional de Políticas Fazendárias – Confaz/Ministério da Fazenda; representantes da Fundação de Previdência Complementar do Estado do Rio de Janeiro – RJPREV; Fundação de Previdência Complementar do Estado de São Paulo – SP-Prevcom; representantes da Fundação Nacional de Previdência Complementar do Estado do Espírito Santo – Preves; representantes do Ministério do Planejamento, Orçamento e Gestão; representantes do Conselho Nacional de Secretários de Estado da Administração – Consad – e representantes dos Municípios que apresentam os maiores regimes próprios, em número de segurados, por região: Curitiba (região Sul), São Paulo (região Sudeste), Goiânia (região Centro-Oeste), Fortaleza (região Nordeste) e Manaus (região Norte).

O atual presidente do Conaprev é Benedito Adalberto Brunca, secretário de Políticas de Previdência Social do Ministério da Previdência e o vice-presidente é Gustavo de Oliveira Barbosa, diretor-presidente da Rioprevidência. As reuniões do Conselho são secretariadas por Silvana do Socorro Machado Rodrigues, Coordenadora de Diálogo Social do MPS.

Durante as reuniões do Conaprev, que segundo seu estatuto realizar-se-ão a cada trimestre (reuniões ordinárias) e por convocação do seu presidente ou por solicitação de um terço, pelo menos dos Conselheiros Titulares (reuniões extraordinárias), são discutidos todos os temas afetos aos RPPSs: plano de benefícios, plano de custeio, políticas de investimentos, etc. Entretanto, fora instituída comissão, em agosto de 2015, para cuidar de modificações no estatuto do Conaprev, sendo uma das sugestões apresentadas passar as reuniões ordinárias a ser quadrimestrais.

Infelizmente, por questões operacionais, não podem participar do Conaprev, de forma livre, todos os RPPSs existentes no Brasil, tendo em vista sua importância técnica, que tem ajudado na elaboração de normas (emendas constitucionais, leis nacionais). Tanto é verdade que, durante a fase preliminar de estudos da EC n. 41/03, o Conaprev foi instado a se manifestar, funcionando como órgão de consulta técnica.

Devido a suma importância do Conselho, o ideal era que pudesse realizar, ao menos uma vez por ano, reunião livre com todos os representantes de RPPSs, para informar sobre as diretrizes traçadas e a explanação dos principais temas abordados durante o ano. Os congressos realizados pelas associações nacionais não suprem essa demanda.

E a partir dessa grande reunião, pudesse ser extraída carta de intenções e diretrizes a serem seguidas, com transmissão através de canal aberto na internet. Entretanto o número de RPPS no Brasil não permite o ideal de participação, o que implicaria em acomodar um grande número de participantes, acabando por ser um congresso e não uma reunião, desfigurando assim o objeto do conselho.

Vale aqui registrar que as atas das reuniões do conselho se encontram disponibilizadas para conhecimento geral no site do Ministério da Previdência, bem como que o conselho está aberto para todas as discussões que envolvam matéria previdenciária pública.

7.5.5. O PLV n. 25/2015 da MP n. 696/2015

A Medida Provisória n. 696, de 2 de outubro de 2015, extinguiu e tranformou cargos públicos, alterando a Lei n. 10.683/2003[14], sendo responsável pela fusão do Ministério do Trabalho e Emprego com o Ministério da Previdência Social, passando o novo Ministério a ser denominado Ministério do Trabalho e Previdência Social.

À Medida foram oferecidas 60 emendas e a Comissão Mista do Senado Federal emitiu o Parecer n. 108, de 2015-CN, que concluiu pelo PLV n. 25, de 2015.

De acordo com os artigos 14, 15 e 16 do PLV n. 25/2015:

Art. 14. A Secretaria de Inspeção do Trabalho, unidade integrante da estrutura do extinto Ministério do Trabalho e Emprego, fica transformada em Secretaria de Inspeção do Trabalho e de Regimes Previdenciários de Servidores Públicos, cumprindo-lhe, além das competências atribuídas à Secretaria da Inspeção do Trabalho, o planejamento, a execução, o acompanhamento, a fiscalização e a avaliação de regimes previdenciários integrados por servidores públicos, inclusive os decorrentes do disposto nos §§ 14 a 16 do art. 40 da Constituição.

Art. 15. Fica transformada em Carreira de Auditoria-Fiscal do Trabalho e de Regimes Previdenciários de Servidores Públicos a Carreira de Auditoria-Fiscal do Trabalho, a que se referem os arts. 9º a 11-A da Lei n. 10.593, de 6 de dezembro de 2002.

§ 1º Em decorrência do disposto no *caput*, os cargos ocupados e vagos de Auditor-Fiscal do Trabalho ficam transformados em cargos de

---

(14) Que dispunha sobre a organização da Presidência da República e dos Ministérios.

Auditor-Fiscal do Trabalho e de Regimes Previdenciários de Servidores Públicos.

§ 2º Estende-se aos ocupantes do cargo referido no § 1º o disposto no art. 5º-A da Lei n. 10.593, de 2002.

§ 3º As competências do Ministério da Fazenda e da Secretaria da Receita Federal do Brasil previstas no art. 5ª-A da Lei n. 10.593, de 2002, serão exercidas, para os fins do disposto no § 2º, pelo Ministério do Trabalho e Previdência Social.

Art. 16. Além das competências privativas previstas no art. 11 da Lei n. 10.593, de 2002, incumbe aos ocupantes do cargo de Auditor-Fiscal do Trabalho e de Regimes Previdenciários de Servidores Públicos, igualmente em caráter privativo, assegurar, em todo o território nacional, o correto funcionamento de regimes previdenciários integrados por servidores públicos.

Da dicção dos dispositivos, temos que acaso aprovado o PLV em sua totalidade, produzirá alterações estruturais no atual Departamento dos Regimes de Previdência no Serviço Público(DRPSP), da Secretaria de Políticas de Previdência Social (SPPS), então ligados ao Ministério da Previdência.

Na 55ª Reunião do Conaprev, ocorrida em Brasília/DF, nos dias 10 e 11/2015, a propositura legislativa foi amplamentamente discutida, culminando com a Resolução Conaprev n. 05/2015, que pede apoio ao Destaque para Votação em Separado (DVS), no sentido de suprimir os dispositivos acima elencados.

Dentre as justificativas apresentadas para supressão dos dispositivos, destacam-se as atividades que vêm sendo desempenhadas há 17 anos pelo DRPSP, no sentido de dar cumprimento às normas estatuídas pela Lei n. 9.717/1998, em especial seu artigo 9º (a orientação, supervisão e o acompanhamento dos regimes próprios de previdência social dos servidores públicos e dos militares da União, dos Estados, do Distrito Federal e dos Municípios, e dos fundos previdenciários). Destacou-se que as atividades não se relacionam apenas à fiscalização/auditoria direta ou indireta dos RPPS das contribuições devidas pelo ente federativo. Diversos outros trabalhos são desenvolvidos pela SPPS, tais como: controle do equilíbrio financeiro e atuarial, normatização de custeio e benefícios, controle dos investimentos, verificação da aplicação das regras de contabilidade pública pertinentes, exame da legislação relativa à concessão de benefícios e definição de sistemas e bancos de dados para acompanhamento de todas as atividades. Por isso, até mesmo a auditoria direta/indireta não se restringe ao controle da arrecadação de contribuições como ocorre quanto à auditoria das contribuições devidas pelo RGPS. E nenhuma dessas atribuições são similares a qualquer das competências dos auditores fiscais do Trabalho que não estão capacitados a atuar na área dos RPPS porque os conhecimentos específicos da área não lhes foi exigido no concurso público que realizaram.

Ficou ainda consignado na justificativa apresentada que a intensificação da supervisão exercida pelos auditores-fiscais da Receia Federal do Brasil sobre os RPPS permitiu que os recursos financeiros, somados aos demais ativos incorporados aos fundos previdenciários, tenham experimentado expressivo crescimento nos últimos anos, saltando de 19,1 bilhões de reais em 2004 para cerca de 170 bilhões de reais em 2014, resultado da cobrança mais efetiva no repasse das contribuições e do combate aos desvios de recursos. É um fator determinante para a manutenção da auditoria dos RPPS no âmbito da SPPS (que abarca em sua estrutura também o INSS e o DRGPS) o fato de que as normas aplicáveis aos RPPS e ao RGPS estão cada vez mais próximas entre si no que concerne às regras de benefícios. São exemplos a aproximação de regras de aposentadorias dos RPPS aos do RGPS (iniciada pela EC 20/1998 e acentuada pela EC 41/2003), a realização de compensação financeira entre os entes federativos, manifestações em consultas e projetos de lei que envolvem matérias relativas aos RPPS e ao RGPS, aplicação obrigatória da norma do RGPS sobre aposentadoria especial aos servidores dos RPPS em razão da Súmula Vinculante 33 do STF.

Também na justificativa apresentada ao Pleno do Conaprev foi aventado que assim como ocorre com a SPPC, a SPPS está hoje vinculada à Secretaria Especial de Previdência. O DRPSP, em razão das atribuições que exerce de natureza essencialmente previdenciária, não deve ser afastado dessas Secretarias para se unir a outras cujas atividades se relacionam ao direito do trabalho, áreas do conhecimento que não têm correlação direta entre si, apenas pelo pretexto de unir dois cargos que não possuem afinidade de atribuições. Pelos mesmos motivos, não há justificativa plausível para que seja retirada da área de atuação da SPPC e da PREVIC a função de auditoria dos regimes de previdência complementar dos servidores titulares de cargo efetivo de que tratam os §§ 14, 15 e 16 do art. 40 da Constituição Federal. Da mesma forma que ocorre com os RPPS em relação ao RGPS, as atividades da União relativas a esses regimes devem ser desempenhadas pelo mesmo órgão, dada a sua identidade. Nesse caso, também não se justifica a alteração sequer pelo motivo de unificação de carreiras e cargos de fiscalização, pois continuarão a existir auditores fiscais da Receita Federal em atividade na SPPC e PREVIC, portanto, vinculados ao MTPS, ainda que sua lotação seja mantida na origem, para a fiscalização das entidades fechadas de previdência complementar dos trabalhadores da iniciativa privada e das empresas estatais. A pretexto de reforçar/unificar uma carreira de auditoria existente no âmbito do MTPS, o PLV causará uma desordem administrativa que, por descumprir o Princípio da Eficiência, atingirá o Princípio da Economicidade, ambos de natureza constitucional e que adotaram valor mais elevado na conjuntura atual do país e que motivou a edição da MP 696/2015. A permissão de que um servidor que ingressou em um cargo para a fiscalização do trabalho realize atribuições de auditoria de RPPS e entidades fechadas de previdência complementar configura burla ao princípio constitucional do concurso público, pois um servidor não está apto a desempenhar as atividades do outro que exigem conhecimento de temas não apurados na seleção para ingresso. Nas funções do AFT, não se observa qualquer relação com as atribuições desempenhadas pelo DRPSP e os locais de auditoria também são diferentes, o que reforça a desnecessidade e inconveniência para a Administração da junção desse grupo de profissionais numa única carreira, providência que não atenderia ao princípio constitucional da eficiência e da economicidade. É que as atividades de auditoria dos RPPS têm origem previdenciária e, portanto, tributária e também verificam questões relativas à organização e ao funcionamento dos RPPS, utilização e aplicação dos recursos previdenciários e concessão de benefícios, dentre outras, em nada se assemelhando às atribuições da auditoria do trabalho. Os arts. 14 a 16 do PLV desatendem aos três princípios fundamentadores da Medida Provisória n. 696/2015, conforme a Exposição de Motivos subscrita pelo ministro de Estado do Planejamento e anexada à Mensagem Presidencial: da especialização, pois retiram da SPPS e da PREVIC e dos auditores fiscais da Receita Federal do Brasil nelas em exercício atribuições de fiscalização dos RPPS e das EFPC dos servidores públicos, gerando evidentes prejuízos para a sua continuidade, além de serem ineficientes e antieconômicas, contrariando o princípio da razoabilidade. Enfim, as mudanças na estrutura do MTPS e em carreira de servidores desta Pasta, propostas por emenda parlamentar ao texto original da MP 696/2015, caminham na contramão da necessidade da busca de uma atuação mais racional e célere da Administração, orientada pelos princípios da eficiência, eficácia e economicidade no desempenho de suas atribuições legais, além de conterem vícios de inconstitucionalidade.

Com relação aos vícios formais do PLV, arguiu-se que os arts. 14, 15 e 16 do PLV afrontam a Constituição Federal por invadir competência da União para iniciar processo legislativo sobre a organização e o funcionamento da Administração Federal (art. 61, § 1º, II, a, b e e), conforme jurisprudência pacífica e reiterada do Supremo Tribunal Federal (STF). Houve afronta também ao art. 84, VI, da mesma Carta, dispositivo que atribui competência privativa ao Chefe do Poder Executivo para dispor, mediante decreto autônomo, sobre a organização e o funcionamento da Administração Pública, quando não houver aumento de despesas. Nesse caso, desde a EC 31/2001, o Poder Executivo tem a competência exclusiva não apenas de iniciar o processo legislativo (quando houver aumento de despesas e quanto às previsões amplas) mas de legislar autonomamente quanto à estrutura da Administração Pública. Esse é o entendimento da abalizada doutrina e da mansa jurisprudência do Supremo Tribunal Federal (STF) Por isso, em cumprimento ao art. 84 da CF/88, a Lei n. 10.683/2003, que define a estrutura de todo o Poder Executivo, assim como o texto vigente da MP 696/2015 que a alterou, apenas especificou o número máximo de Secretarias a serem criadas em cada Ministério e criou os cargos necessários para seu funcionamento. A definição das unidades e de suas atribuições será estabelecida mediante decreto autônomo do presidente da República como se tem procedido desde a Emenda Constitucional n. 32/2001. Outro vício observado é que não há pertinência temática do texto inicial – que trata da organização da Presidência da República e dos Ministérios e extingue/transforma apenas cargos públicos de ministros e secretários – com os dispositivos propostos no PLV – que visam mudar a atribuições de Secretaria, alterar sua denominação e também competências de carreiras e cargos de auditoria vinculados ao Ministério da Previdência Social e ao Ministério da Fazenda – órgão que sequer constava do projeto original da MP. Também comprovam a impertinência temática entre a MP e o PLV é que o art. 14 desse último pretende alterar, de forma oblíqua, o art. 9º da Lei n. 9.717/1998, norma geral sobre previdência dos servidores públicos, editada com fundamento no art. 24, XII, e parágrafos da Constituição Federal, lei que deve ser respeitada por todos os entes da federação. O art. 14 do PLV, que possui texto confuso, trata de dois temas distintos no mesmo dispositivo. Também não dispõe sobre a revogação ou manutenção da vigência de dispositivos do art. 9º da Lei n. 9.717/1998, embora trate do mesmo tema: competências gerais da União quanto aos RPPS. Por fim, observa-se que as previsões que foram inseridas parecem não representar os requisitos de urgência, cuja avaliação é privativa do Poder Executivo, conforme entende o STF. Segundo a Corte, não basta haver correlação geral das emendas com o projeto, pois a pertinência temática entre eles deve ser estrita e deve dizer respeito à matéria que não é privativa do chefe do Poder Executivo, como ocorre neste caso.

Vê-se assim que a aprovação do PLV n. 25/2015 pode significar uma importante alteração estrutural, bem como comportamental, no atual MTPS.

7.6. O PAPEL DAS INSTITUIÇÕES FINANCEIRAS

7.6.1. O porquê da fiscalização

Além das exigências para obtenção do CRP, o gestor do RPPS deve observar as normas exaradas pelo Sistema Financeiro Nacional (SFN), cuja principal função é a transferência de recursos; do Conselho Monetário Nacional (CMN), órgão máximo do SFN e que é responsável, dentre outras, pelo estabelecimento de medidas para prevenção e correção de desequilíbrios econômicos; do Banco Central (Bacen), que autoriza o funcionamento e fiscaliza as instituições; da Comissão de Valores Mobiliários (CVM), cuja diretriz é desenvolver o mercado de capitais; do Conselho de Controle de Atividades Financeiras (COAF), que tem como escopo identificar ocorrências suspeitas de atividades ilícitas relacionadas à lavagem de dinheiro e posterior aplicação de penas administrativas.

A Portaria MPS n. 519, de 24 de agosto de 2011, assim estabelece em seu artigo 1º:

Art. 1º A União, os Estados, o Distrito Federal e os Municípios, em relação a seus Regimes Próprios de Previdência Social - RPPS, comprovarão a elaboração da política anual de investimentos de que trata a Resolução do Conselho Monetário Nacional - CMN, que dispõe sobre a aplicação dos recursos dos RPPS, mediante o envio à Secretaria de Políticas de Previdência Social - SPPS, do Demonstrativo da Política de Investimentos - DPIN. (Redação dada pela Portaria MPS n. 170, de 25/04/2012).

Referida portaria enumera várias exigências para o encaminhamento do DPIN, além de orientar acerca dos investimentos. Com vistas a dirimir as diretrizes a serem traçadas pelos regimes próprios de previdência, o Banco Central baixou a Resolução n. 3.922, de 25 de novembro de 2010 (com as modificações dadas pela Resolução n. 4.392, de 19 de dezembro de 2014), que dispõe sobre as aplicações dos recursos dos regimes próprios de previdência social instituídos pela União, pelos Estados, pelo Distrito Federal e pelos Municípios. Em seu artigo 1º, assim determina:

Art. 1º Fica estabelecido que os recursos dos regimes próprios de previdência social instituídos pela União, Estados, Distrito Federal e Municípios, nos termos da Lei n. 9.717, de 27 de novembro de 1998, devem ser aplicados conforme as disposições desta Resolução, tendo presentes as condições de segurança, rentabilidade, solvência, liquidez e transparência.

A Resolução estabelece a obrigatoriedade dos regimes próprios, de definir previamente a política anual de aplicação dos recursos de forma a contemplar, no mínimo: I - o modelo de gestão a ser adotado e, se for o caso, os critérios para a contratação de pessoas jurídicas autorizadas nos termos da legislação em vigor para o exercício profissional de administração de carteiras; II - a estratégia de alocação dos recursos entre os diversos segmentos de aplicação e as respectivas carteiras de investimentos; III - os parâmetros de rentabilidade perseguidos, que deverão buscar compatibilidade com o perfil de suas obrigações, tendo em vista a necessidade de busca e manutenção do equilíbrio financeiro e atuarial e os limites de diversificação e concentração previstos nesta Resolução; e IV - os limites utilizados para investimentos em títulos e valores mobiliários de emissão ou coobrigação de uma mesma pessoa jurídica. Bem como que a política anual de investimentos dos recursos do regime próprio de previdência social e suas revisões deverão ser aprovadas pelo órgão superior competente, antes de sua implementação.

Daí a necessidade de manter no âmbito dos RPPS, um Comitê de Investimentos, com profissionais capacitados e que tenham certificação profissional para lidar com o mercado de capitais CPA 10 ou CPA 20 ou CEA.

Uma das exigências aos RPPS é que os mesmos consigam cumprir a meta atuarial estabelecida, ou seja, uma rentabilidade mínima nas aplicações financeiras, para garantia dos compromissos futuros. A meta atuarial bruta diz respeito à taxa de juros mais o índice inflacionário. Desta forma, os gestores devem ser capazes não somente de entender, mas de assumir os riscos financeiros relacionados à aplicação dos recursos.

A Resolução Bacen n. 3.992/10, assim considera gestão dos recursos dos RPPS, em seu artigo 15:

Art. 15. A gestão das aplicações dos recursos dos regimes próprios de previdência social poderá ser própria, por entidade autorizada e credenciada ou mista. § 1º Para fins desta Resolução, considera-se:

I - gestão própria, quando as aplicações são realizadas diretamente pelo órgão ou entidade gestora do regime próprio de previdência social;

II - gestão por entidade autorizada e credenciada, quando as aplicações são realizadas por intermédio de instituição financeira ou de outra instituição autorizada nos termos da legislação em vigor para o exercício profissional de administração de carteiras; e

III - gestão mista, quando as aplicações são realizadas, parte por gestão própria e parte por gestão por entidade autorizada e credenciada, observados os critérios definidos no inciso II.

Contudo, mesmo no caso de a gestão dos ativos ser confiadas a uma entidade diversa, conforme previsão no inciso II, cabe ao gestor do RPPS o acompanhamento das aplicações.

A Instrução CVM n. 409, de 18 de agosto de 2004, com as alterações introduzidas pelas instruções CVM n.s 411/04, 413/04, 450/07, 456/07, 465/08, 512/11, 522/12, 524/12, 536/13 e 549/14, que dispõe sobre a constituição, a administração, o funcionamento e a divulgação de informações dos fundos de investimento, diz em seu artigo 2º que "o fundo de investimento é uma comunhão de recursos, constituída sob a forma de condomínio, destinado à aplicação em ativos financeiros, observadas as disposições desta Instrução."

Referida instrução exarada pela Comissão de Valores Imobiliários traz uma série de diretrizes com vistas à liquidez dos fundos, bem como a forma como devem ser gerenciados. As operações dos fundos, assim, devem ser pautadas por suas orientações, com adoção de políticas econômicas.

7.6.2. CPA-10, CPA-20, CEA, CGA

A Associação Brasileira das Entidades dos Mercados Financeiros e de Capitais – Anbima –, é uma sociedade civil, sem fins lucrativos, que atua na representação das instituições que atuam no mercado de capitais, com vistas a promover o desenvolvimento econômico e social do país. É uma entidade autorreguladora voluntária que disponibiliza códigos de regulação e melhores práticas.

A Anbima é responsável pela Certificação Profissional Anbima série 10 – CPA 10, Certificação Profissional Anbima série 20 – CPA 20 e pela Certificação de Especialista em Investimentos Anbima (CEA). O objetivo da certificação é elevar o nível dos profissionais que atuam na área de investimentos. A Anbima ainda disponibiliza a Certificação de Gestores (CGA), que se destina a certificar Profissionais das Instituições Participantes que desempenham atividades de gestão profissional de recursos de terceiros, ou seja, aqueles que atuam na gestão de carteira de títulos e valores mobiliários e que têm alçada/poder discricionário de investimentos (compra e venda) dos ativos integrantes da carteira.

Acerca da certificação, assim estabelece o *caput* do artigo 2º da Portaria MPS n. 519/11:

Art. 2º A União, os Estados, o Distrito Federal e os Municípios deverão comprovar junto à SPS que **o responsável pela gestão dos**

recursos dos seus respectivos RPPS tenha sido aprovado em exame de certificação organizado por entidade autônoma de reconhecida capacidade técnica e difusão no mercado brasileiro de capitais, cujo conteúdo abrangerá, no mínimo, o contido no anexo a esta Portaria.

§ 1º A comprovação de que trata o *caput* será realizada na forma estipulada pela SPPS, conforme divulgado por meio do endereço eletrônico do MPS na rede mundial de computadores - Internet. (Nova redação dada pela Portaria MPS n. 440, de 09/10/2013).

Ou seja, ao menos o diretor-presidente e o diretor financeiro de uma unidade gestora de RPPS têm que possuir certificação profissional, no mínimo o CPA-10. O ideal é que todos os diretores e conselheiros a possuam. Os RPPS devem ser organizados com base em normas de contabilidade e atuarial, para preservação do equilíbrio financeiro-atuarial. Seus gestores devem ser capazes de entender, ponderar e assumir riscos financeiros relacionados à aplicação dos recursos. São três bases que compõem um RPPS: base normativa (rol de benefícios e critérios de elegibilidade – lei); base cadastral (características individuais dos segurados – cadastro); e base atuarial (hipóteses atuariais e mecanismos de projeção de valores futuros – NTA).

Com objetivo de autorregulamentar o mercado financeiro e de capitais, a Anbina editou o Código de Regulação e Melhores Práticas para o Programa de Certificação Continuada ("Código"), cujo objetivo é "estabelecer princípios e regras que deverão ser observados pelas Instituições que atuam nos mercados financeiros e de capitais, de maneira a buscar a permanente elevação da capacitação técnica de seus profissionais, bem como a observância de padrões de conduta no desempenho de suas respectivas atividades."

Segundo as disposições contidas no art. 8º do Código, devem ser observados os seguintes princípios e padrões de conduta:

Art. 8º - As Instituições Participantes devem observar os seguintes princípios e padrões de conduta:

I. Possuir código de ética e evidenciar a adesão de seus Profissionais ao mesmo;

II. Verificar se seus Profissionais possuem reputação ilibada;

III. Verificar se seus Profissionais não tenham (i) sido inabilitados para o exercício de cargo em instituições financeiras e demais entidades autorizadas a funcionar pelo Banco Central do Brasil ou pela Comissão de Valores Mobiliários (CVM), Superintendência Nacional de Previdência Complementar (Previc) ou Superintendência de Seguros Privados (Susep); e (ii) sofrido punição definitiva, nos últimos 5 (cinco) anos, em decorrência de sua atuação como administrador ou membro de conselho fiscal de entidade sujeita ao controle e fiscalização dos órgãos reguladores mencionados anteriormente;

IV. Empenhar-se permanentemente para o aperfeiçoamento profissional de seus Profissionais, com o fornecimento de constante atualização acerca das práticas de mercado, produtos disponíveis e regulamentação aplicável;

V. Manter elevados padrões éticos, adotar práticas transparentes nas negociações com o mercado e proibir práticas caracterizadoras de concorrência desleal e de condições não equitativas;

VI. Divulgar informações claras e inequívocas ao mercado acerca dos riscos e consequências que poderão advir dos produtos, instrumentos e modalidades operacionais disponíveis no mercado financeiro e de capitais;

VII. Preservar as informações reservadas ou privilegiadas que lhes tenham sido confiadas em virtude do exercício de suas atividades, excetuadas as hipóteses em que a sua divulgação seja exigida por lei ou tenha sido expressamente autorizada; e

VIII. Adotar procedimentos formais relacionados à obtenção e manutenção da certificação pertinente pelos profissionais que exerçam as atividades elegíveis, de acordo com diretrizes específicas elaboradas pelo Conselho de Regulação e Melhores Práticas.

A intenção, como pode ser absorvida pela simples leitura dos incisos, é promover melhores práticas de gestão, orientando o gestor em sua conduta ético/profissional. São medidas que, se adotadas no seio da unidade gestora, contribuirão para a solvabilidade dos fundos.

Para fins de informação sobre mercados financeiros e de capitais, ainda deve ser observada a Lei n. 10.303, de 31 de outubro de 2001 – nova Lei das Sociedades Anônimas – SA, que trouxe profundas modificações na Lei n. 6.404, de 15 de dezembro de 1976. E a Resolução CVM n. 3.792, de 24 de setembro de 2009, que dispõe sobre as diretrizes de aplicação dos recursos garantidores dos planos administrados pelas entidades fechadas de previdência complementar.

7.7. SISTEMAS DE INFORMAÇÕES

Pelo descumprimento da legislação geral sobre previdência pública, os entes federativos ainda podem ser inscritos em sistemas de cadastros públicos, com vistas à publicidade da situação jurídica em que se encontrem, como no Sistema de Informações dos Regimes Públicos de Previdência Social (Cadprev), no Cadastro Único de Convênios (CAUC), no Cadastro Informativo de Créditos não Quitados do Setor Público Federal (CADIN); no Sistema Integrado de Administração Financeira do Governo Federal (SIAFI) (registro, acompanhamento e controle da execução orçamentária) e no Sistema Integrado de Administração Financeira para Estados e Municipios (Siafem).

Todos os sistemas citados visam o controle da legalidade e regularidade dos atos administrativos.

7.7.1. Cadprev

O Sistema de Informações dos Regimes Públicos de Previdência Social (Cadprev), é um sistema desenvolvido no sentido de permitir que o ente federativo envie e consulte arquivos de Demonstrativos (Previdenciário e Comprovante de Repasses), o que pode ser feito por meio de um único documento denominado DIPR. Pelo do sistema, são encaminhadas as seguintes informações: remunerações, bases de cálculo e repasses por órgão ou entidade; informações individualizadas por plano, quando se tratar de RPPS com segregação de massas (previdenciário e financeiro); informação da data do repasse das contribuições, aportes, transferências e outros ingressos à Unidade Gestora e também da data dos pagamentos efetuados com benefícios e demais despesas com recursos previdenciários.

Ressalte-se que as informações encaminhadas ao Ministério da Previdência Social servirão de auxílio aos RPPS, na gestão do recebimento e da utilização de seus recursos. O demonstrativo é um documento obrigatório, previsto na alínea "h" do inciso XVI do artigo 5º da Portaria MPS n. 204/2008, na nova redação dada pela Portaria MPS n. 21/2013, destinado a informações gerais dos Regimes Próprios de Previdência Social (RPPS):

> Artigo 5º ...
> [...]
> XVI - *encaminhamento à SPPS, dos seguintes documentos:*
> a) legislação completa referente ao regime de previdência social;
> ...
> § 1º *A legislação referida no inciso XVI do caput, alínea «a» deverá ser encaminhada impressa, acompanhada de comprovante de sua publicidade, considerados como válidos para este fim os seguintes documentos:*
> I - publicação na imprensa oficial ou jornal de circulação local; ou
> II - declaração da data inicial da afixação no local competente.
> § 2º *Na hipótese do encaminhamento de cópias da legislação, estas deverão ser autenticadas em cartório ou por servidor público devidamente identificado por nome, cargo e matrícula.*
> § 3º *A legislação editada a partir da data de publicação desta Portaria deverá ser encaminhada também em arquivo magnético (disquete) ou ótico (CD ou DVD), ou eletrônico (correio eletrônico), ou por dispositivo de armazenamento portátil (pen drive).*
> § 4º *A disponibilização da legislação para consulta em página eletrônica na rede mundial de computadores - Internet suprirá a necessidade de autenticação, dispensará a apresentação e, caso conste expressamente, no documento disponibilizado, a data de sua publicação inicial, dispensará também o envio do comprovante de sua publicidade.*
> § 5º *Para aplicação do disposto no § 4º, o ente federativo deverá comunicar à SPPS, o endereço eletrônico em que a legislação poderá ser acessada.*

O DIPR deverá ser enviado até o último dia do mês seguinte ao encerramento de cada bimestre, e será acompanhado da Declaração de Veracidade, documento no qual os representantes legais do ente e da unidade gestora atestarão que as informações constantes do DIPR refletem a realidade e de que não houve a inserção de informações falsas ou omissão de informações.

Por meio do Cadprev ainda podem ser enviados o Demonstrativo de Avaliações Atuariais (DRAA); o Demonstrativo da Política de Investimentos (DPIN); o Demonstrativo de Aplicações e Investimentos dos Recursos (DAIR); o Demonstrativo de Informações Previdenciárias e Repasses (DIPR); bem como Acordo de Parcelamento.

7.7.2. CAUC e Cadin

O Serviço Auxiliar de Informações para Transferências Voluntárias (CAUC) registra informações disponíveis nos cadastros de adimplência ou sistemas de informações financeiras, contábeis e fiscais, conforme IN STN n. 02/2012 (Instrução Normativa da Secretaria do Tesouro Nacional), e expede certidões ou documentos válidos que demonstrem a pertinente regularidade fiscal, nos termos da legislação aplicável e Portaria Interministerial MP/MF/CGU no 507, de 24 de novembro de 2011.

As informações constantes no Cadastro Informativo de Créditos Não Quitados do Setor Público Federal (Cadin), dizem respeito a pendências para com o setor público federal, conforme disposto na Lei 10.522, de 2002. É regulamentado pela Portaria da Secretaria do Tesouro Nacional, Portaria STN n. 685, de 14-9-2006. A inscrição no Cadin de dívidas iguais ou superiores à 10 mil reais é obrigatória.

A consulta prévia ao Cadin é obrigatória pelos órgãos e entidades da Administração Pública Federal, direta e indireta, para: I - realização de operações de crédito que envolvam a utilização de recursos públicos; II - concessão de incentivos fiscais e financeiros; III - celebração de convênios, acordos, ajustes ou contratos que envolvam desembolso, a qualquer título, de recursos públicos, e respectivos aditamentos.

Alguns Estados possuem cadastros próprios, regulados por legislação estadual, os chamados "Cadins Estaduais." Nesses cadastros são registrados os nomes de pessoas físicas e de pessoas jurídicas com obrigações pecuniárias vencidas devidas aos respectivos Estados.

Qualquer informação relativa a Cadin Estadual deve ser solicitada diretamente à Secretaria de Fazenda do Estado pertinente.

7.7.3. Siafi e Siafem

O Sistema Integrado de Administração Financeira do Governo Federal (SIAFI), consiste no principal instrumento utilizado para registro, acompanhamento e controle da execução orçamentária, financeira e patrimonial do Governo Federal. Seu objetivo primário é a adequada gestão dos recursos públicos. Foi criado para facilitar o controle das disponibilidades financeiras e orçamentárias, tendo em vista a falta de informações gerenciais. Os dados passaram assim a ser mais consistentes e, com isso, evitar desvio de recursos públicos.

Com a criação da Secretaria do Tesouro Nacional (STN), em 10 de março de 1986, optou-se pelo desenvolvimento e pela implantação de um sistema informatizado, que integrasse os sistemas de programação financeira, de execução orçamentária e de controle interno do Poder Executivo e que pudesse fornecer informações gerenciais, confiáveis e precisas para todos os níveis da Administração[15].

Desta forma, a STN, em conjunto com o Sistema Integrada de Administração (Serpro), implantou o Siafi, em janeiro de 1987, que se constitui num instrumento de acompanhamento dos gastos públicos. Hoje o Governo Federal gera uma conta única, com registro de todas as saídas e do servidor que as efetivou.

Por sua vez, o Siafem, também desenvolvido pelo Serpro, é baseado no Siafi e visa simplificar e uniformizar a execução orçamentária, financeira e contábil dos Estados e Municípios de forma integrada com vistas à diminuição de custos e maior eficiência e eficácia na gestão dos recursos públicos. Como instrumento de informação, apoia as funções gerenciais de planejamento, tomada de decisão e controle operacional, abrangendo os órgãos da administração pública, sejam eles da administração direta ou indireta, como autarquias, fundações e empresas públicas, atendendo as leis 4320/64 e 6404/76[16].

O Serpro ainda desenvolve os seguintes sistemas: 1) Sistema Integrado de Planejamento e Orçamento para Estados e Municípios (Siplan) (área de administração orçamentária, financeira e contábil); 2) Sistema Integrado de Tributação e Administração Fiscal para Estados e Municípios (Sitafe) (área de administração tributária) e 3) Sistema Integrado de Administração de Serviços para Estados e Municípios (área de administração de serviços gerais).

Com relação à inscrição dos entes federativos, reafirme-se que o Supremo Tribunal Federal tem se posicionado favorável, conforme se extrai da ementa exarada no RE 771994 PB, de relatoria da ministra Cármen Lúcia, aqui já colacionada.

7.7.4. CNEP e CEIS

A Lei n. 12.846, de 1º de agosto de 2013, criou no âmbito do Poder Executivo federal o Cadastro Nacional de Empresas Punidas (CNEP), que reunirá e dará publicidade às sanções aplicadas pelos órgãos ou entidades dos Poderes Executivo, Legislativo e Judiciário de todas as esferas de governo com base na Lei.

Os órgãos e entidades referidos na lei deverão informar e manter atualizados, no CNEP, os dados relativos às sanções por eles aplicadas. O CNEP conterá, entre outras, as seguintes informações acerca das sanções aplicadas: I - razão social e número de inscrição da pessoa jurídica ou entidade no Cadastro Nacional da Pessoa Jurídica - CNPJ; II - tipo de sanção; e III - data de aplicação e data final da vigência do efeito limitador ou impeditivo da sanção, quando for o caso. Ficam assim os entes públicos responsáveis pelos registros das informações acerca das sanções administrativas aplicadas a licitantes e contratantes.

As autoridades competentes, para celebrarem acordos de leniência previstos na Lei, também deverão prestar e manter atualizadas no CNEP, após a efetivação do respectivo acordo, as informações acerca do acordo de leniência celebrado, salvo se esse procedimento vier a causar prejuízo às investigações e ao processo administrativo. Caso a pessoa jurídica não cumpra os termos do acordo de leniência, e as informações previstas na Lei, deverá ser incluída no CNEP referência ao respectivo descumprimento.

Pelo artigo 23 da Lei, os órgãos ou entidades dos Poderes Executivo, Legislativo e Judiciário de todas as esferas de governo deverão informar e manter atualizados, para fins de publicidade, no Cadastro Nacional de Empresas Inidôneas e Suspensas (CEIS), de caráter público, instituído no âmbito do Poder Executivo federal, os dados relativos às sanções por eles aplicadas, nos termos do disposto nos arts. 87 e 88 da Lei no 8.666, de 21 de junho de 1993.

O principal objetivo do sistema CEIS-CNEP é tornar público os dados das sanções nos cadastros, no Portal da Transparência. O acesso ao sistema é restrito aos entes públicos, no sentido de que seja preservada a fidedignidade dos dados registrados. Todos os entes públicos podem solicitar o cadastro no Sistema.

7.7.5. Bacen Jud

O Bacen Jud é um instrumento de comunicação eletrônica entre o Poder Judiciário e as instituições financeiras bancárias, com intermediação, gestão técnica e serviço de suporte a cargo do Banco Central. Por meio desse sistema, os magistrados protocolizam ordens judiciais de requisição de informações, bloqueio, desbloqueio e transferência de valores bloqueados, que são transmitidas às instituições bancárias para cumprimento e resposta.

O CCS é um sistema para registro de informações relativas a correntistas e clientes de instituições financeiras, e seus representantes legais ou procuradores. O cadastro contém dados de pessoas físicas e jurídicas com bens, direitos e valores vigentes em 1º/1/2001, e dos relacionamentos iniciados desde essa data. Não há, portanto, registro de contas que tenham sido encerradas antes de 1º/1/2001. O CCS informa a data do início e, se for o caso, a data do fim do relacionamento com a instituição, mas não contém dados de valor, de movimentação financeira ou de saldos de contas e aplicações. O principal objetivo do CCS é auxiliar nas investigações financeiras conduzidas por autoridades competentes, mediante requisição de informações pelo Poder Judiciário, por meio de ofícios eletrônicos, ou por outras autoridades, quando devidamente habilitadas. Pode ser útil também ao cidadão ou à empresa interessados em verificar a ocorrência de uso indevido de CPF ou CNPJ ou, ainda, na busca de relacionamentos bancários de pessoa falecida para fins de inventário[17].

---

(15) Fonte: Secretaria do Tesouro Nacional - STN - Ministério da Fazenda. Disponível em <http://www.tesouro.fazenda.gov.br/historia>. Acesso em 09 de julho de 2015.

(16) Serpro. Disponível em <http://www4.serpro.gov.br/negocios/areas_atuacao/Estados_municipios. Acesso em 09/07/2015>. Acesso em 27 de outubro de 2015

(17) Banco Central do Brasil. Disponível em <http://www.bcb.gov.br/?JUDINTRO>. Acesso em 13 de agosto de 2015

CAPÍTULO 8 ▶ CONTROLE DA GESTÃO PELO PODER JUDICIÁRIO

Apesar de você
Amanhã há de ser
Outro dia
...
Quando chegar o momento
Esse meu sofrimento
Vou cobrar com juros, juro
...
Como vai se explicar
Vendo o céu clarear

De repente, impunemente
Como vai abafar
Nosso coro a cantar
Na sua frente
Apesar de você
Amanhã há de ser
Outro dia
Você vai se dar mal
Etc. e ta

Apesar de Você, Chico Buarque

8.1. *RATIO QUAESTIO* DO CONTROLE

A lei maior de uma nação é sua Constituição Federal, no caso do Brasil, no título e no preâmbulo, é denominada Constituição da República Federativa do Brasil. Constituição é o conjunto de leis, normas e regras de um país; regula e organiza o funcionamento do Estado. É a lei máxima que limita poderes e define os direitos e deveres dos cidadãos.

República (do latim *res publica*, "coisa pública") é forma de governo na qual o povo é soberano, governando o Estado por meio de representantes investidos nas suas funções em poderes distintos. Na República, o chefe do Estado é eleito pelo povo ou por seus representantes, de forma temporal limitada, denominando-se geralmente presidente da República, cujo termo deriva do latim *prae sedere* ("assentos dianteiros", ou "sentar à frente").

Estado federado é aquele onde existe descentralização no exercício do poder político. É o conjunto de entidades políticas autônomas, mas com vínculo. Do conceito defere-se a autonomia dos entes federados (União, Estados, Distrito Federal e Municípios), para editarem suas próprias constituições ou leis orgânicas (caso dos Municípios e do DF), com auto-organização, autogoverno e autoadministração. Não há hierarquia entre eles, mas todos estão sujeitos à Constituição Federal. Pelo princípio da simetria, as constituições estaduais e as leis orgânicas não podem criar direitos e obrigações em confronto com a Carta Maior. Apesar da autonomia dos Municípios, eles não têm participação na vontade política nacional (não têm senadores e deputados).

Para entender como a gestão dos RPPS pode ser controlada pelo Poder Judiciário, de proêmio deve se focar a ideia de que vivemos num Estado Democrático de Direito: "A República Federativa do Brasil, formada pela união indissolúvel dos Estados e Municípios e do Distrito Federal, constitui-se em Estado Democrático de Direito" (Constituição Federal, *caput* do artigo 1º). É a primeira expressão da nossa Carta Maior. O Estado é a entidade com poder soberano para governar um povo dentro de uma área territorial delimitada. Democrático é o que é próprio da Democracia (governo do povo, pelo povo e para o povo), é o que se expressa de forma a coibir o autoritarismo, com prevalência de igualdade de todos perante a lei. Direito é o conjunto de normas jurídicas vigentes no país. Podemos assim resumir que vivemos sob o manto de um Governo Igualitário de Direitos. O governo é democrático e resguarda direitos.

Esse é o fundamento do controle. Sem controle, não haveria forma de resguardar direitos. É por meio do controle judicial que os atos administrativos são questionados pela sua legalidade, pela legitimidade de permanência no universo jurídico.

Como veremos, o Poder Judiciário tem adotado uma posição mais proativa, que para muitos é invasiva, na medida em que não se pode conceber um Estado sendo governado pela magistratura. Sem defesa ou crítica, tal fato vem acontecendo na medida em que o Poder Público se mostra inerte, negando direitos, não atendendo ao grau mínimo estabelecido na Constituição Federal de 1988.

8.1.1. Platão e a Politeia

A ideia de Estado democrático de direito não é nova, remonta à Grécia Antiga, quando foi cunhada a teoria do "Estado Ideal." Na República (em grego:

Πολιτεία, transliteração *Politeia*[18]), Platão, que foi o mais notável discípulo de Sócrates, ressalta a Constituição perfeita, com elevado grau de justiça, exprimindo a ideia do que seria o bem comum. No diálogo socrático[19], Platão ressalta o sonho de uma vida sem injustiças, que superasse o caos da realidade. A justiça, para o grande filósofo, para ter validade, teria que ser antes uma virtude, de forma a contribuir para a constituição do bem comum, ou seja, indispensável e indissociável à vida em comunidade, o que proporcionaria uma convivência harmônica e fraterna.

A justiça seria a viga mestra que permitiria a vida em comunidade ser harmoniosa, livrando-a da anarquia, da tirania e todas as formas de despotismo. Platão define o ato de governar como estar a serviço dos governados, como um médico curando os doentes. O primeiro cânone da justiça seria a solidariedade social, e o segundo, o desprendimento (dever consciente de prover o bem comum), como prova de que os governantes estariam mesmo a serviço dos seus governados. Daí surge a necessidade do surgimento de uma classe social completamente distinta das classes que exercem atividades econômicas: os guardiões, que poderiam ser homens ou mulheres, mantidos pelo Estado, mas sem direito à riqueza. Os governantes seriam uma classe especial de guardiões.

O mito da caverna, retratado por Platão, tem por escopo demonstrar que a verdade é atingida por meio do conhecimento. Somente o conhecimento (adquirido através da educação) é capaz de libertar da condição da escuridão para alcançar a luz (a verdade).

Platão debateu acerca da questão da ordem justa, sobre ser a justiça melhor forma que a injustiça ou se esta deveria prevalecer, tendo em vista que o homem injusto terá uma vida mais cheia de regalias do que o homem justo. Porém, acabou por concluir que a justiça é preferível à corrupção e por ser assim deve prevalecer. A justiça é conclusivamente superior à injustiça e é preferível sofrer a injustiça do que praticá-la. Onde se pratica injustiça, tem-se desunião e discórdia. Onde houver justiça, tem-se felicidade.

Ao seu tempo, ainda no século IV a.C., Platão preocupou-se com a virtude do ser humano. É uma virtude ser probo, ser íntegro, ser honesto. A conformidade com o bem, como a essência da moral, percorreu séculos e séculos, até chegar aos dias atuais, sendo cotidianamente questionada no Brasil, onde escândalos e mais escândalos de corrupção assolam o país. Trazendo essa ideia filosófica para os dias hodiernos, temos que quando o gestor está doente, ou desvirtuado de suas funções institucionais, deve sofrer controles, para que a patologia seja curada, ao menos amenizada em suas raízes malévolas.

Para se viver em harmonia, como bem pensou Platão, necessário que os atos dos governantes sejam passíveis de controle. O expoente grego rechaçava a incompetência, a ignorância, o egoísmo, fatores de discórdia e que impediam o desenvolvimento. A cidade ideal de Platão seria governada por homens competentes que serviriam a *res publica* e não dela se apossassem.

8.1.2. *Check and Balances*

Sem o atributo do Estado Democrático de Direito, necessário que se criem mecanismos de controle. A teoria política do absolutismo, onde o monarca imperava sobre todas as coisas, inclusive sobre a espiritualidade das pessoas (acreditava-se que o rei era a representação de Deus na Terra), foi duramente criticada durante a Revolução Francesa (1789-1799). A monarquia absolutista, que entrou em colapso, dando origem aos princípios de *Liberté, Égalité, Fraternité* (liberdade, igualdade e fraternidade). A França da época passava por uma intensa crise fiscal, e os que se opunham aos mandos e desmandos do monarca absoluto eram encaminhados para a temível Bastilha. Não existia controle algum sobre os atos do monarca.

Sem controle, o sistema de governo está fadado à tirania, ao autoritarismo. Ou então, sem mesmo controle regratório, onde o sistema direciona-se ao anarquismo, como bem preconizou o teórico político russo Mikhail Bakunin acerca do Estado Anárquico ("Não acredito nas constituições nem nas leis, a mais perfeita constituição não conseguiria satisfazer-me. Necessitamos de algo diferente: inspiração, vida, um mundo sem leis, portanto, livre.").

O exercício do poder, dentro de um território delimitado, muitas vezes tende a ultrapassar limites preestabelecidos legalmente. Uma vez ultrapassados, surge o abuso, a infringência às normas positivamente postas, o arbítrio. Exsurge da premissa a necessidade de: I) alternância de poder, e II) um sistema de freios e contrapesos ou *"Checks and Balances"*, como forma de neutralidade política. A passagem do Estado Absolutista para o Estado Liberal caracterizou-se justamente pela separação de Poderes, denominado Tripartição dos Poderes Políticos.

Como cediço, o poder estatal é uno, mas para que tal unicidade não incorra em práticas absolutistas ou anárquicas, é natural que se criem mecanismos de modo a se repartir o exercício desse poder, por intermédio de poderes harmônicos e independentes entre si: são Poderes da União, independentes e harmônicos entre si, o Legislativo, o Executivo e o Judiciário (CF/88, art. 2º). Através da exegese tem-se que um poder não pode agir sozinho sem que sofra alguma espécie de limitação por outro. E a separação dos poderes, com a Magna Carta de 1988, foi alçada

---

(18) Termo usado na Grécia Antiga para se referir às muitas cidades-Estado (pólis) que possuíam uma assembleia de cidadãos como parte de seu processo político.
(19) Diálogos socráticos buscam reproduzir as conversas que Sócrates tinha com outros cidadãos gregos, e por meio das quais exprimia suas ideias filosóficas.

à cláusula pétrea, conforme previsão do seu artigo 60, § 4º, não podendo sofrer qualquer imutabilidade.

Para fazer valer os direitos consagrados constitucionalmente, entra toda a estrutura administrativa, com seus poderes de atuação divididos entre Poder Legislativo, Poder Executivo e Poder Judiciário. Na clássica definição matriz e de uma maneira geral, o primeiro faz as leis, o segundo as executa e o terceiro fiscaliza, controla o cumprimento das leis. Essa conceituação tripartite, que herdamos do Barão de Montesquieu, permite que a tomada de decisões tenha controle efetivo, destoado de despotismo, tirania, ditadura ou simplesmente que não se tenha poder algum, não se tenha regras, sendo o Estado nulo e dispensável.

Assim, por exemplo, na reformulação de um sistema previdenciário em dado Estado Federativo, que criou cargos, definiu regras de ingresso, aumentou alíquota de contribuição. Considerando o princípio da Simetria Constitucional[20], serão de competência do governador do Estado, as leis que disponham sobre criação de cargos, funções ou empregos públicos na administração direta ou aumento de remuneração, organização administrativa, matéria tributária, serviços públicos, serviços públicos, estabilidade e aposentadoria (artigo 61, § 1º da CF/88).

Pois bem: o governador encaminha o projeto de lei à respectiva Assembleia Legislativa que pode modificá-lo por meio de emendas e o transforma em lei (controle do Legislativo sobre o Executivo). Entretanto, o governador não acata as emendas modificativas e, após vetá-las (controle do Executivo sobre o Legislativo), publica a lei. Entretanto, uma associação de classe de âmbito nacional aciona o Poder Judiciário questionando a inconstitucionalidade de alguns dispositivos da referida lei (controle a ser exercido pelo Poder Judiciário). Ao final, a lei é declarada inconstitucional e expurgada do ordenamento jurídico estadual.

Montesquieu ponderou: "[...] tudo estaria perdido se o mesmo homem ou o mesmo corpo dos principais ou dos nobres, ou do povo, exercesse esses três poderes: o de fazer leis, o de executar as resoluções públicas, e o de julgar os crimes ou as divergências dos indivíduos"[21]. Com efeito, a manutenção da ordem política exige que o governo seja dividido, com separação dos poderes, com funções específicas e identificáveis, não podendo a pessoa que exerce função em um poder também exercer em outro.

Vale aqui colacionar mandamento bíblico: "Ninguém pode servir a dois senhores; pois odiará um e amará o outro, ou se dedicará a um e desprezará o outro. Vocês não podem servir a Deus e ao Dinheiro." (Mateus 6:24).

8.2. CONTROLE JUDICIAL DA GESTÃO DOS RPPS

8.2.1. Posições doutrinárias

Em *A República*, Platão acreditava que, para o alcance do Estado Ideal, os gestores da coisa pública haveriam de ser pessoas dotadas de virtudes, agindo segundo as leis da justiça e da harmonia, combatendo com veemência a incompetência, a ignorância, o egoísmo e toda forma de indiferença que pudesse afetar a coisa pública e causar discórdia. A mesma ideologia pode ser sentida nos dias atuais, em que se esperam do homem público compromisso e comprometimento com as coisas do Estado. Entretanto, no mais das vezes não tem essa consciência o homem público, desviando-se de suas atividades institucionais, com excesso e abuso de poder. Para frear essas investidas abusas e contrárias ao ordenamento jurídico, entra o Poder Judiciário.

Alguns doutrinadores classificam o controle dos atos administrativos pelo Poder Judiciário dentre os princípios da Administração Pública. Bandeira de Mello assim procedeu, aduzindo que o Poder Judiciário detém a universalidade da jurisdição, "quer no que respeita à legalidade ou à consonância das condutas públicas com atos normativos infra legais, quer no que atina à constitucionalidade delas." Para o autor, a conduta do Poder Judiciário, além de anular atos inválidos, "imporá à Administração os comportamentos a que esteja de direito obrigada, como proferirá e imporá as condenações pecuniárias cabíveis"[22].

Carvalho Filho não o tem como princípio, mas como natural corolário do princípio da legalidade, uma vez que todos os atos administrativos submetem-se à apreciação judicial quanto à sua legalidade. Para o renomado administrativista, não resta dúvida em relação aos atos vinculados de que o controle terá muito mais efetividade, bastando o confronto do ato com a lei. Contudo, no que refere aos atos discricionários, que também podem sofrer controle judicial em relação aos elementos vinculados, nos adverte que:

"O controle judicial, entretanto, não pode ir ao extremo de admitir que o juiz se substitua ao administrador. Vale dizer: não pode o juiz entrar no terreno que a lei reservou aos agentes da Administração, perquirindo os critérios de conveniência e oportunidade que lhe inspiram a conduta. A razão é simples: se o juiz se atém ao exame da legalidade dos atos, não poderá questionar critérios que a própria lei defere ao administrador."[23]

---

(20) O princípio da Simetria Constitucional exige uma relação simétrica entre os institutos jurídicos da Constituição Federal e as Constituições dos Estados-Membros.
(21) MONTESQUIEU, Charles de Secondat Baron de. O Espírito das Leis. São Paulo: Marins Fontes, 1993. p. 181.
(22) MELLO, Celso Antônio Bandeira de. Curso de Direito Administrativo. 32. ed. São Paulo: Malheiros, 2015. p. 124-125.
(23) CARVALHO FILHO, José dos Santos. Manual de Direito Administrativo. 27. ed. São Paulo: Atlas, 2014. p. 54.

Helly Lopes insere-o dentro dos princípios norteadores da Administração Pública, mas tem como certo que qualquer que seja a procedência, a natureza e o objeto do ato, e desde que assente lesão a direito individual ou ao patrimônio público, "ficará sujeito à apreciação judicial, exatamente para que a justiça diga se foi ou não praticado com fidelidade à lei e se ofendeu direitos do indivíduo ou interesses da coletividade".[24]

Raquel Urbano faz uma análise contemporânea e interessante, definindo que o desafio maior do Poder Judiciário na atualidade é não se omitir e não exceder: "Atente-se para o remédio concebido para curar (o eficiente controle judicial da legalidade pública), quando administrado, não venha matar o doente (o interesse público primário)."[25]

8.2.2. Controle sobre os atos discricionários

A doutrina moderna tem buscado ampliar os poderes de jurisdição sobre os atos administrativos discricionários. Nos atos vinculados, o controle é nitidamente visível, tendo em vista que basta a infringência a alguma norma positivada para ingerência do Poder Judiciário. Quando se trata de ato discricionário, onde sobra margem de escolha para o administrador, a matéria se torna delicada.

Quando se fala em responsabilidade de gestor de RPPS, natural que se indique os caminhos jurídicos a serem perfilhados no combate a práticas que se encontram em desarmonia com o Ordenamento Jurídico Pátrio.

Vimos que o gestor de uma entidade previdenciária não pratica meros atos de gestão, mas verdadeiros atos administrativos. Pratica atos de gestão administrativa e de gestão econômica. Contudo, quando insiste na manutenção de um ato que contraria normas e/ou princípios jurídicos, o ato poderá ser fulminado por via judicial, uma vez que os atos administrativos estão sujeitos ao controle judicial. Ou, em outras palavras, quando assente vício de nulidade, pode o ato ser retirado do mundo jurídico, ou seja, pode o administrado se recorrer das vias judiciais para extermínio do ato eivado de vícios e que não atenda ao interesse público. São também passíveis de anulação os atos que não podem ser convalidados.

Cumpre destacar que o sistema brasileiro de jurisdição não prevê o contencioso administrativo, uma vez que consagrou ao Poder Judiciário a função jurisdicional. Jurisdição vem das palavras latinas, *jus* ou *juris* (direito) e *dictio* ou *dictionis* (ação de dizer). O poder de "dizer o direito" é atividade privativa do Poder Judiciário, de forma monopolizada (CF, art. 5º, XXXV: a lei não excluirá da apreciação do Poder Judiciário lesão ou ameaça a direito).

Cabe ao Judiciário o poder de decidir, no caso concreto, com força definitiva, a adequada aplicação do direito. Controla, portanto, *in concreto*, os atos dos administradores, anulando suas condutas contrárias ilegítimas, sem respaldo legal. Opera assim como um limitador dos atos da Administração Pública, que só pode agir conforme determinação legal. As ações ou omissões do Poder Público, acaso fossem livres, nos conduziria à tirania absoluta, ou em via transversa, ao modelo exponenciado por Mikhail Bakunin, o Estado anárquico, sem a figura do Estado ("Não acredito nas constituições nem nas leis, a mais perfeita constituição não conseguiria satisfazer-me. Necessitamos de algo diferente: inspiração, vida, um mundo sem leis, portanto, livre."). Ou seja, um Estado total ou a ausência deste Estado. E é para a existência saudável do Estado Democrático de Direito que existe o controle do Poder Judiciário.

Para adentrar no estudo desse controle, é de se indagar: poderá o ato discricionário ser anulado pelo Poder Judiciário? Como vimos, o ato administrativo tem cinco requisitos de validade: competência, forma, objeto, motivo e finalidade. Os três primeiros são sempre vinculados e os dois últimos são afetos ao poder discricionário, ou político do administrador. Nem sempre a escolha permitida abarca princípios como a razoabilidade e a proporcionalidade. Neste campo subjetivo de escolha, quando há excesso ou desvio de poder, entra a atuação judicial nos atos administrativos discricionários. A escolha é subjetiva, mas deve se pautar por princípios norteadores. Vejamos o seguinte exemplo, coletado da jurisprudência, que desacolheu a pena de demissão imposta a servidor público:

> "ADMINISTRATIVO. MANDADO DE SEGURANÇA. SERVIDOR PÚBLICO. OFICIAL DE JUSTIÇA. DESCUMPRIMENTO DE NORMAS LEGAIS E REGULAMENTARES. PENA DE DEMISSÃO. DESPROPORCIONALIDADE.
>
> 1. Ofende aos princípios da razoabilidade e da proporcionalidade a pena de demissão imposta a Servidor Público somente porque não cumpriu mandado prioritário no prazo estabelecido em diretrizes legais e regulamentares próprias do Oficial de Justiça, desconsiderando as circunstâncias atenuantes e os seus antecedentes funcionais (art. 128 da Lei 8.112/90).
>
> 2. Falta prevista no art. 116, inciso III, da Lei 8.112/90, é passível de penalidade previsto no art. 127, inciso II, c/c art. 130, ambos da Lei 8.112/90. (TRF4, MS O RS 0018665-66.2010.404.0000, Relator Des. Carlos Eduardo Thompson Flores Lenz, Corte Especial, julgado em 27-01-2011 e DE de 21-02-2011)."

Contudo, não pode o Poder Judiciário invadir a esfera administrativa e emitir juízo de mérito sobre os atos da Administração. O controle do Poder Judiciário cingir-se-á ao exame da legalidade (normas legais) e da legitimidade (princípios) dos atos administrativos. Neste sentido, o Supremo Tribunal Federal possui entendimento de que, se o ato impugnado em mandado de segurança decorre

---

(24) MEIRELLES, Hely Lopes. Direito Administrativo Brasileiro. 34. ed. São Paulo, Malheiros, 2008. p. 211.

(25) DE CARVALHO, RAQUEL MELO URBANO. Curso de Direito Administrativo: Parte Geral, Intervenção do Estado e Estrutura da Administração. 2. ed. Salvador: Jus Podiurm, 2009. p. 648.

de fatos apurados em processo administrativo, a competência do Poder Judiciário circunscreve-se ao exame da legalidade do ato coator, dos possíveis vícios de caráter formal ou dos que atentem contra os postulados constitucionais da ampla defesa e do *due process of law* (STF, RMS 24.347/DF, Rel. Min. Maurício Corrêa, Segunda Turma, DJ 04-04-2003). Nessas circunstâncias, não compete ao Poder Judiciário adentrar o mérito do ato administrativo, especialmente se, para isso, for necessário reexaminar provas (STF, RMS 27934 AgR/DF, Rel. Min. Teori Zavascki, Segunda Turma, DJ 23-06-2015).

8.2.3. Ativismo judicial

É oportuno trazer para reflexão o grau de atuação do Poder Judiciário quando se tratam de políticas públicas, cujo campo alguns autores têm classificado como politização da justiça, "segundo as quais se admite o que se tem denominado de ativismo judicial, proporcionando a intervenção do Judiciário em áreas típicas da gestão administrativa, em virtude da reconhecida ineficiência da Administração"[26].

Destarte, não existem (ainda) parâmetros objetivos no sentido de indicar até onde esse poder de ativismo (postura proativa do Poder Judiciário que interfere de maneira regular e significativa nas opções políticas dos demais poderes) possa ir dentro da esfera de atuação da Administração. Para parte da doutrina (FERRAZ, 2009), entende que o ativismo judicial deve ser rechaçado, na medida em que se configura verdadeiro "constitucionalismo da efetividade." No campo dos atos discricionários somente há reserva de atual do Poder Judiciário quando os princípios da proporcionalidade e razoabilidade são inobservados, destarte, com análise concreta.

O ativismo judicial tem sido notado nitidamente quando se trata de políticas públicas sociais, dado o princípio da inafastabilidade da prestação judicial, consagrado no inciso XXXV do artigo 5º da CF/88, bem como o comando normativo do artigo 5º, § 1º desta. O argumento é de que o Poder Público não pode, de forma indiscriminada, usar o argumento de que os recursos para efetivação de políticas públicas são escassos, bem como ilimitadamente invocar o princípio da separação dos poderes.

Por meio da técnica do ativismo judicial, defendida hodiernamente pelo Pretório Excelso, compete ao Judiciário exercer papel ativo, inovador na ordem jurídica e social, com decisões e efeitos de natureza marcadamente políticos, mas sem adentrar à esfera de outros poderes. (TJ/ES, AGR 100080001397, Tribunal Pleno, p. 30-10-2008).

Na decisão proferida na ADI 4277/DF, o STF deixou claro seu posicionamento em relação à aplicabilidade do princípio do ativismo judicial, no tocante ao controle das políticas públicas. Neste sentido:

"O Supremo Tribunal Federal, ao suprir omissões inconstitucionais dos órgãos estatais e ao adotar medidas que objetivem restaurar a Constituição violada pela inércia dos poderes do Estado, nada mais faz senão cumprir sua missão constitucional e demonstrar, com esse gesto, o respeito incondicional que tem pela autoridade da Lei Fundamental da República. Práticas de ativismo judicial, embora moderadamente desempenhadas pela Corte Suprema em momentos excepcionais, tornam-se uma necessidade institucional quando os órgãos do Poder Público se omitem ou retardam, excessivamente, o cumprimento de obrigações a que estão sujeitos, ainda mais se se tiver presente que o Poder Judiciário, tratando-se de comportamentos estatais ofensivos à Constituição, não pode se reduzir a uma posição de pura passividade. (STF, ADI 4277/DF, Relator Ministro Carlos Ayres Brito, Tribunal Pleno, DJe 14-10-2011)."

Firmou-se o entendimento de que a discricionariedade das medidas políticas não impede o controle judicial, desde que haja violação a direitos consagrados pela Constituição Federal. Inexistindo omissão ou recalcitrância da Administração, não há espaço para o ativismo judicial, que não pode ser aplicado de forma indiscriminada, sob pena de subverter a racionalidade das políticas públicas e do orçamento, causando mais dados que vantagens à efetivação de direitos fundamentais. Ou seja, a atuação jurisdicional proativa deve obedecer às limitações impostas pelo ordenamento jurídico vigente, sob pena de as decisões serem atacadas.

Em matéria de previdência, o ativismo judicial tem sido largamente utilizado, como no caso da desaposentação. O instituto não tem existência legal, porém o Poder Judiciário o tem concedido, desconsiderando o princípio da fonte de custeio (CF/88, artigo 194, § 5º) e do equilíbrio financeiro-atuarial na previdência pública (CF/88, *caput* do artigo 40). A desaposentação é uma criação judicial de um direito não previsto legalmente. Várias decisões já foram exaradas neste sentido, inclusive pelo Superior Tribunal de Justiça, que se posicionou favorável à desaposentação, sem devolução de valores. (STJ, Primeira Seção, REsp 1.334.488/SC, Relator Ministro Herman Benjamin, DJe 14-05-2013).

Destarte, o STJ não reconhece o direito ao despensionamento/despensão, por se tratar a desaposentação de direito personalíssimo, que somente poderia ter sido requerido pelo titular desse direito, falecendo legitimidade ativa do sucessor previdenciário. Neste sentido:

"PREVIDENCIÁRIO. DESAPOSENTAÇÃO. DIREITO PERSONALÍSSIMO. BENEFÍCIO NÃO REQUERIDO PELO TITULAR DO DIREITO. ILEGITIMIDADE ATIVA DE SUCESSOR PREVIDENCIÁRIO. CONFIGURAÇÃO. 1. A autora, titular do benefício de pensão por morte de seu marido, pretende renunciar à aposentadoria do *de cujus* e requerer outra mais vantajosa, computando-se o tempo em que o instituidor da

---

(26) CARVALHO FILHO, José dos Santos. Manual de Direito Administrativo. 27. ed. São Paulo: Atlas, 2014. p. 54.

pensão, embora aposentado, continuou a trabalhar. 2. A desaposentação constitui ato de desfazimento da aposentadoria, pela própria vontade do titular, para fins de aproveitamento do tempo de filiação para concessão de nova e mais vantajosa aposentadoria. 3. Trata-se de direito personalíssimo do segurado aposentado, porquanto não se vislumbra mera revisão do benefício de aposentadoria, mas, sim, de renúncia, para que novo e posterior benefício, mais vantajoso, seja-lhe concedido. 4. Os sucessores não têm legitimidade para pleitear direito personalíssimo, não exercido pelo instituidor da pensão (renúncia e concessão de outro benefício), o que difere da possibilidade de os herdeiros pleitearem diferenças pecuniárias de benefício já concedido em vida ao instituidor da pensão (art. 112 da Lei 8.213/91). Recurso especial improvido. (STJ, REsp, 1.515.929. Rel. Min. Humberto Martins, j. 19-05-2015 e p. 30-06-2015)".

Contudo, em matéria de desaposentação, ainda se encontram pendentes de julgamento no Supremo Tribunal Federal os Recursos Extraordinários n. 661.256 e 381.367 (com Repercussão Geral reconhecida), cujos julgamentos trarão a palavra final sobre a matéria.

Em 2008, o hoje ministro do STF Luís Roberto Barroso, ao discorrer sobre o ativismo judicial, deixou registrado:

"Uma nota final: o ativismo judicial, até aqui, tem sido parte da solução, e não do problema. Mas ele é um antibiótico poderoso, cujo uso deve ser eventual e controlado. Em dose excessiva, há risco de se morrer da cura. A expansão do Judiciário não deve desviar a atenção da real disfunção que aflige a democracia brasileira: a crise de representatividade, legitimidade e funcionalidade do Poder Legislativo. Precisamos de reforma política. E essa não pode ser feita por juízes."[27]

Hoje, por certo, o instrumento do ativismo judicial é uma importante ferramenta no que tange ao controle efetivo dos atos administrativos, em todas as suas esferas, nitidamente quando decorrente de omissão ou mora.

Contudo, tem recebido duras críticas, no sentido de que a ordem constitucional estaria sendo invertida, na medida em que passaríamos a ter um governo pelo Judiciário e não pelo Executivo. Sem querer advogar em prol das decisões judiciais que acabam refletindo diretamente nas políticas públicas, não se pode olvidar que em diversos momentos o Judiciário se imiscuiu nessa seara foi no sentido de dar garantia ao mínimo necessário, preservando o leitura da Constituição Federal de 1988.

8.2.4. Formas de controle

Quais seriam então os meios judiciais de que dispõem os administrados (a coletividade) para anular os atos administrativos provenientes da gestão dos RPPS? Considera-se a gestão, para fins de controle judicial, a gestão solidária que existe entre o chefe do Poder Executivo, o secretário de Estado (quando a entidade é vinculada a determinada pasta) e o diretor-presidente (ou superintendente). Como a Constituição Federal expressamente determina no seu artigo 40, § 20, que somente poderá haver uma unidade gestora em cada ente federado, e como cediço, vários Estados não têm uma única gestora, não nos ateremos a analisar os atos emanados de outros Poderes (Legislativo e Judiciário), uma vez que entendemos que os mesmos não podem ter regimes previdenciários distintos, nem gerir benefícios e recursos previdenciários.

O controle exercido pelo Poder Judiciário pode ser provado por diversas formas, com destaque para o controle exercido através dos remédios constitucionais e do controle da constitucionalidade das leis e dos atos normativos. Também é fundamental referendar o controle exercido através da Ação Civil Pública, bem como através da Ação de Improbidade Administrativa e a nova Ação de Extinção de Domínio. Invocamos as formas de se valer do direito constitucional de petição. Devido ao atual panorama brasileiro, de igual importância é o estudo acerca do controle judicial sobre atos de corrupção e atos de nepotismo, o que faremos a seguir.

8.3. CONTROLE EXERCIDO POR MEIO DOS REMÉDIOS CONSTITUCIONAIS

8.3.1. Considerações Iniciais

Quando esse homem referido por Platão não atende aos anseios da sociedade, quando não se presta a satisfazer o bem comum, quando se mostra "doente", surgem mecanismos de controle e defesa, aos quais denominamos "remédios constitucionais", quais são: 1) *Habeas Corpus*; 2) Mandado de Segurança Individual e Coletivo; 3) *Habeas Data*; 4) Mandado de Injunção; e 5) Ação Popular (atípico). Portanto, apenas os quatro primeiros podem ser considerados como *writs* constitucionais, que são verdadeiras ações mandamentais e com rito sumário (cognição restrita), com apresentação de provas pré-constituídas (não admitindo dilação probatória).

O *Habeas Corpus* esteve presente em todas as constituições republicanas; já o Mandado de Segurança Coletivo, o Mandado de Injunção e o *Habeas Data* são inovações da Carta Republicana de 1988.

Os remédios constitucionais, cuja expressão foi cunhada pela doutrina, são partes integrantes do elenco de direitos fundamentais dispostos no artigo 5º da Constituição Federal. São portanto meios postos à disposição da sociedade visando sanar ilegalidades ou abuso de poder, com o fulcro de garantir direitos fundamentais. Certo é que os remédios constitucionais se destinam a atacar uma ação, omissão ou proteção por parte do Estado.

---

(27) BARROSO, Luís Roberto. Judicialização, Ativismo Judicial e Legitimidade Democrática. Revista da OAB, 2008. Disponível em <http://www.oab.org.br/editora/revista/users/revista/1235066670174218181901.pdf>. Acesso em 12 de setembro de 2015.

São ações especiais, que tutelam direitos incontestáveis. *Writ* deve ser tomado no sentido de ordem a ser cumprida, ou seja, um mandado, expedido pela autoridade judiciária, de forma a dar garantia à liberdade e aos direitos dos cidadãos, quando ameaçados ou violados. São remédios que se materializam por meio do exercício à prestação jurisdicional (ação) e através do processo. Não importa a natureza da ação, o que importa é a obtenção do provimento mandamental, para que se faça ou que se deixe de fazer alguma coisa, por parte do impetrado.

8.3.2. Habeas Corpus

O remédio de *Habeas Corpus* (que tenhas o teu corpo) é tido como a primeira garantia de direitos fundamentais, tendo surgido na Magna Carta de 1215 (Inglaterra) e formalizado através do *Habeas Corpus Act*, em 1679.

No Brasil, surgiu através de um alvará exarado por Dom Pedro I (o Libertador), em 1821. Teve previsão expressa no Código Criminal do Império de 1830, mas somente foi alçado à figura constitucional com a Constituição de 1891 (primeira constituição republicana). A partir de então, fez parte de todas as constituições do Brasil, inclusive nas de 1837, 1967 e 1969 (regimes de exceção). Com relação à primeira Constituição Brasileira, a de 1824, apesar de não ter tido previsão expressa, o artigo 179, através dos incisos VI, VIII e IX, garantia expressamente a liberdade de locomoção.

Na atual Carta Federal, tem previsão expressa no artigo 5º, LXVIII, com a seguinte redação: "conceder-se-á *habeas corpus* sempre que alguém sofrer ou se achar ameaçado de sofrer violência ou coação em sua liberdade de locomoção, por ilegalidade ou abuso de poder."

Não se presta apenas para exercício do direito de ir, vir, ficar e estar, mas também para trancar ação penal ou inquérito policial (justa causa, quando o fato não constitui crime *in tese*; excesso de prazo; incompetência do coator; inadmissibilidade de fiança nos casos em que é permitida; nulidade do processo ou extinção da punibilidade). Pode ser impetrado de forma preventiva, quando alguém se sentir ameaçado de sofrer em sua violência ou coação de locomoção. Nessa situação, poderá ser emitido um salvo-conduto, para garantia do direito de locomoção.

A possibilidade de trancamento de ação penal interrompe prematuramente a persecução criminal quando ausentes as condições da ação ou as condições de procedibilidade. Porém, para ser pleiteada via *Habeas Corpus*, há necessidade de prova pré-constituída, uma vez que o remédio, como todos os outros *writs* constitucionais, não admite dilação probatória. Neste sentido, trazemos à tona o seguinte julgado:

> "RECURSO ORDINÁRIO EM *HABEAS CORPUS*. ESTELIONATO CONTRA A PREVIDÊNCIA SOCIAL E QUADRILHA. TRANCAMENTO DA AÇÃO PENAL. FALTA DE JUSTA CAUSA. AUSÊNCIA INDÍCIOS DA PARTICIPAÇÃO DO ACUSADO. NECESSIDADE DE REVOLVIMENTO DO CONJUNTO PROBATÓRIO. VIA INADEQUADA. ACÓRDÃO OBJURGADO EM CONSONÂNCIA COM A JURISPRUDÊNCIA DESTE SODALÍCIO. DESPROVIMENTO DO RECLAMO.
>
> 1. Toda denúncia é uma proposta de demonstração da ocorrência de fatos típicos e antijurídicos atribuídos a determinado acusado, sujeita, evidentemente, à comprovação e contrariedade, a qual somente deve ser repelida na via do habeas corpus diante da absoluta ausência de prova da ocorrência de crime ou de indícios de sua participação no evento criminoso noticiado, ou, ainda, quando se estiver diante de flagrante causa de exclusão da ilicitude ou da tipicidade, ou se encontrar extinta a punibilidade.
>
> 2. Estando a decisão impugnada em total consonância com o entendimento jurisprudencial firmado por este Sodalício, não há falar em trancamento da ação penal, pois não se vislumbra estarem presentes quaisquer das hipóteses que autorizam a interrupção prematura da persecução criminal por esta via, já que seria necessário o profundo estudo das provas, as quais deverão ser oportunamente valoradas pelo juízo competente. EXISTÊNCIA DE OUTRAS AÇÕES PENAIS VERSANDO SOBRE OS MESMOS FATOS. MATÉRIA NÃO APRECIADA PELA CORTE DE ORIGEM. SUPRESSÃO DE INSTÂNCIA. 1. Inviável a apreciação da alegada existência de outras ações penais versando sobre os mesmos fatos em apuração no feito em tela, tendo em vista que tal questão não foi analisada pelo Tribunal impetrado, circunstância que impede a manifestação desta Corte Superior de Justiça, sob pena de atuar em indevida supressão de instância. 2. Recurso parcialmente conhecido e, nessa extensão, desprovido. (STJ, RHC, Rel. Min. Jorge Mussi, T5, j. 24-02-2015 e p. 05-03-2015)."

O *Habeas Corpus* é utilizado pelo gestor, quando na impossibilidade de cumprimento de uma decisão judicial (previsto como crime praticado contra o cumprimento das decisões judiciárias, art. 12 da Lei n. 1.079, de 10 de abril de 1950 – Crimes de Responsabilidade), inclusive de forma preventiva.

Não cabe *Habeas Corpus* contra transgressões militares, conforme estatuído pelo artigo 142, § 2º da CRFB/88, também aplicado aos militares estaduais, por força do artigo 42, § 1º da CRFB/88, na redação dada pela EC n. 18/98.

8.3.3. Mandado de Segurança

O Mandado de Segurança foi introduzido no universo jurídico brasileiro pela Constituição de 1934, conforme seu artigo 113, item 33, redação original:

> "Dar-se-á mandado de segurança para defesa do direito, certo e incontestavel, ameaçado ou violado por acto manifestamente inconstitucional ou illegal de qualquer autoridade. O processo será o mesmo do *habeas corpus*, devendo ser sempre ouvida a pessoa de direito publico interessada. O mandado não prejudica as acções petitorias competentes."

O Remédio Constitucional, tal como o denominamos nos dias atuais, foi suprimido pela Constituição de 1937, sendo restabelecido na Constituição de 1946 e reafirmado na de 1967/1969. A Constituição de 1988, além de lhe garantir enfoque de princípio constitucional de resguardo a direito fundamental, ainda separou sistemicamente o Mandado de Segurança Individual e o Coletivo.

8.3.3.1. Mandado de Segurança Individual

O Mandado de Segurança Individual é previsto no artigo 5º, LXIX da Constituição Federal de 1988, *verbis*:

> Art. 5º...
> [...]
> LXIX - conceder-se-á mandado de segurança para proteger direito líquido e certo, não amparado por *habeas corpus* ou *habeas data*, quando o responsável pela ilegalidade ou abuso de poder for autoridade pública ou agente de pessoa jurídica no exercício de atribuições do Poder Público

Sua regulamentação atualmente é feita através da Lei n. 12.016, de 7 de agosto de 2009, que substituiu a Lei 1.533, de 31 de dezembro de 1951.

Mandado de Segurança, segundo o escólio de Diomar Ackel Filho, na categoria dos *writs* constitucionais "constitui direito instrumental sumário à tutela dos direitos subjetivos incontestáveis contra ilegalidade ou abuso de poder de autoridade pública ou agente de pessoa jurídica no exercício de atribuições do Poder Público"[28].

Sua principal função é resguardar direito líquido e certo, não amparado por *habeas corpus* (direito de locomoção) ou por *habeas data* (direito de informação). Trata-se de ação de natureza mandamental, com rito sumário e especial. Será concedido sempre que qualquer pessoa física ou jurídica sofrer violação ou houver justo receio de sofrê-la por parte de autoridade que esteja agindo de forma ilegal ou com abuso de poder.

Tem natureza residual, uma vez que dirige-se à tutela de direito individual ou coletivo (mandado de segurança coletivo), quando o direito reclamado não pode ser amparado por nenhum outro remédio constitucional.

Direito líquido e certo é o direito comprovado de plano, por meio documental. Neste contexto, o mandado de segurança não comporta prova testemunhal e nem outros meios de prova que demande perícia técnica. Direito líquido e o direito induvidoso, de existência clara. E direito certo é aquele sem condicionantes, ou seja, que pode ser exercido plenamente no momento da impetração do *writ mandamus*.

Autoridade, para fins de mandado de segurança, é a pessoa física investida de poder de decisão (ou no caso de mandado de segurança preventivo, quem poderia decidir e se omitiu) dentro da esfera de competência que lhe é atribuída pela norma legal. Deve ser a pessoa com poderes para correção do ato. No mandado de segurança, é parte passiva a pessoa jurídica de direito público que deve suportar os efeitos de decisão favorável à impetração (STF, AR 1699). O agente público que pratica apenas atos executórios, sem poder de decisão, não pode figurar no polo passivo do mandado de segurança como autoridade coatora, tendo em vista que apenas cumpre ordens hierárquicas. Incabível, portanto, contra autoridade que não disponha de competência para corrigir a ilegalidade impugnada. Nos termos da Súmula n. 510 do STF: "Praticado ato por autoridade, no exercício de competência delegada, contra ela cabe mandado de segurança ou a medida judicial."

De acordo com o § 1º do art. 1º da Lei n. 12.016/09, equiparam-se à autoridades, "os representantes ou órgãos de partidos políticos e os administradores de entidades autárquicas, bem como os dirigentes de pessoas jurídicas ou as pessoas naturais no exercício de atribuições do poder público, somente no que disser respeito a essas atribuições." Desta forma, é cabível o *mandamus* contra atos praticados pelo diretor-presidente de uma unidade gestora de RPPS. Acaso a unidade gestora for constituída sob a natureza jurídica de órgão diretamente ligado à uma secretaria, a competência passiva *ad causam* será do secretário estadual, municipal ou distrital, que detém competência para conceder, manter ou revisar benefício previdenciário. Neste sentido, vale colacionar entendimento exarado pelo Tribunal de Justiça do Estado de Minas Gerais:

> "MANDADO DE SEGURANÇA – CONCESSÃO DE APOSENTADORIA – TRANSPOSIÇÃO DE TEMPO DE SERVIÇO – CASO CONCRETO – ILEGITIMIDADE DO SUPERINTENDENTE REGIONAL DE ENSINO–RECONHECIMENTO –SENTENÇA REFORMADA. – Incabível a impetração contra autoridade que não disponha de competência para corrigir a ilegalidade impugnada. O ato administrativo complexo referente à aposentadoria dos servidores do magistério estadual é inicialmente processada pela Escola em que labora o servidor, encaminhada à Superintendência Regional de Ensino (SRE), e concluída pela Diretoria Central de Contagem de Tempo e Aposentadoria (DCCTA), da Secretaria de Estado de Planejamento e Gestão (SEPLAG/MG). Imperioso que se reconheça a ilegitimidade passiva do Superintendente Regional de Ensino para decidir acerca da concessão de aposentadoria, palavra final da DCCTA/SEPLAG, a quem compete "orientar, controlar e executar as atividades relativas à concessão, anulação, retificação, reversão e declaração de aposentadoria, para fins de direito." (TJ-MG - Ap Cível/Reex Necessário AC 10702110691764001 MG, data de publicação: 26/03/2013).

Com relação à autoridade, legitimada passiva, vale mencionar que autoridade é a pessoa jurídica de direito público que deve suportar os efeitos de decisão favorável à impetração (STF, AR 1699); a responsável pela coordenação e gestão do Sistema de Pessoal, que pratica atos relacionados à folha de pagamento dos servidores inativos e pensionistas (AgRg no MS 9964 / DF, DJe 31/05/2013); aquela a qual a lei atribui competência para

---

[28] ACKEL FILHO, Diomar. Writs Constitucionais (Habeas corpus, mandado de segurança, mandado de injunção, habeas data). São Paulo: Saraiva, 1988. p. 59.

a prática de ato concreto que possa sanar a ilegalidade apontada (AgRg no AREsp 144.062/PA, DJe 4/6/2012; REsp 1.199.702/DF, DJe 14/2/2012; MS 15.104/DF, DJe 14/5/2012) e o Instituto de Previdência, que é autarquia estadual dotada de personalidade jurídica própria, bem como autonomia administrativa e financeira, tendo por objetivo as operações de previdência e assistência, inclusive as atinentes à averbação de tempo de contribuição e modalidades de concessão de aposentadorias dos servidores (RMS 30925 / SC, DJe 19/12/2011)

Pode ser impetrado por pessoa jurídica de direito púbico (RMS 35018/MG, Relator Ministro Gurgel de Faria, T5, j. 04-08-2015 e DJe 20-08-2015).

Como se trata de uma ação civil de rito sumaríssimo, o mandado de segurança pode ser impetrado, em se tratando de caso de urgência, por telegrama, radiograma, fax ou outro meio eletrônico de autenticidade comprovada, devendo o texto original ser apresentado em até cinco dias úteis após a impetração. A notificação da autoridade coatora seguirá o mesmo rito célere.

A celeridade é característica do MS, e terá prioridade de tramitação sobre todos os atos judiciais, exceto *habeas corpus* (pela lógica, uma vez que este último tutela o direito à locomoção).

O Mandado de Segurança pode ser: i) preventivo e ii) repressivo. O primeiro destina-se a tutelar ameaça ao direito liquido e certo do impetrante, sendo que o ato ilegal ou abusivo deve representar ameaça concreta de que será realizado. Neste diapasão, vale colacionar parte de entendimento exarado pelo Superior Tribunal de Justiça:

"1. A natureza preventiva do mandado de segurança decorre da constatação da incidência da norma jurídica, uma vez ocorrente seu suporte fático, sendo o direito ameaçado por ato coator iminente.

2. O mandado de segurança preventivo exige efetiva ameaça decorrente de atos concretos ou preparatórios por parte da autoridade indigitada coatora, não bastando o risco de lesão a direito líquido e certo, baseado em conjecturas por parte do impetrante, que, subjetivamente, entende encontrar-se na iminência de sofrer o dano.

3. É cediço em abalizada sede doutrinária que: (i) **"Para ensejar a impetração preventiva, portanto, não é necessário esteja consumada a situação de fato sobre a qual incide a lei questionada. Basta que tal situação esteja acontecendo, vale dizer, tenha tido iniciada a sua efetiva formação. Ou pelo menos que estejam concretizados fatos dos quais logicamente decorre o fato gerador do direito cuja lesão é temida.**

[...]

Em síntese e em geral, o mandado de segurança é preventivo quando, já existente ou em vias de surgimento a situação de fato que ensejaria a prática do ato considerado ilegal, tal ato ainda não tenha sido praticado, existindo apenas o justo receio de que venha a ser praticado pela autoridade impetrada É preventivo porque destinado a evitar a lesão ao direito, já existente ou em vias de surgimento, mas pressupõe a existência da situação concreta na qual o impetrante afirma residir ou dela decorrer o seu direito cuja proteção, contra a ameaça de lesão, está a reclamar do Judiciário." (Hugo de Brito Machado, in "Mandado de Segurança em Matéria Tributária", Ed. Dialética, 6ª Ed., São Paulo, 2006, págs. 255/257). (STJ, RMS 19.217/PR, Rel. Min. Luiz Fux, T1, j. 03-03-2009 e DJe 26-03-2009). (Grifamos)."

Não é possível, entretanto, a impetração de Mandado de Segurança contra lei em tese (sem aplicação a caso concreto), nos termos da Súmula 266 do STF. Também não é cabível o remédio contra ato judicial passível de recurso ou correição (STF, Súmula 267). E ainda contra decisão judicial com trânsito em julgado (STF, Súmula 268). O Supremo ainda sumulou que o Mandado de Segurança não é substitutivo de ação de cobrança (STF, Súmula 269).

O Mandado de Segurança é repressivo quando a lesão já ocorreu, ou seja, quando já houver ocorrido a ilegalidade ou o abuso de poder, para que se corrija a ilicitude, de forma a garantir o direito do impetrante. Garante o direito contra uma decisão teratológica (absurda, contrária à lógica jurídica, ao bom senso, à moralidade), aquela decisão que contraria o interesse público primário.

Conforme a Súmula 625 do STF: "controvérsia sobre matéria de direito não impede concessão de mandado de segurança." Desta forma, a matéria a ser atacada pode ser de alta complexidade, controversa, que não impede a via do *mandamus*. Nesta linha elucubrativa, cumpre diferençar que direito líquido e certo não é aquele incontroverso ou indiscutível. É decorrente de fato incontroverso, certo. O fato, sobre o qual a norma incide, deve ser incontroverso para que o direito possa ser considerado líquido e certo. O direito, pois, não se confunde com o fato. Prevalece, portanto, o entendimento de que o direito líquido e certo não se confunde com o fundo de direito pleiteado no mandado de segurança, mas sim aquilo que o impetrante consegue demonstrar com os documentos juntados na inicial.

Para a impetração, a exordial, além dos requisitos exigíveis genericamente (legitimidade das partes, interesse de agir e pedido juridicamente possível), deve vir acompanhada de provas pré-constituídas, tendo em vista que o *writ* não admite dilação probatória, inclusive testemunhal, ressalvados os documentos que podem ser solicitados pelo magistrado que se encontrem em poder de alguma autoridade impetrada ou em alguma repartição pública.

O prazo decadencial para impetração é de até 120 dias da ciência do ato a ser impugnado (Súmula 632, STF: é constitucional lei que fixa o prazo de decadência para a impetração de mandado de segurança). Saliente-se, que conforme a Súmula 430 do STF, este prazo não se interrompe pela interposição de pedido de reconsideração. Eis o teor da citada súmula: "Pedido de reconsideração na via administrativa não interrompe o prazo para o mandado de segurança."

O artigo 5º da lei sob comento, Lei do Mandado de Segurança, cuida das hipóteses em que não se concederá o *writ*, quando se tratar: I - de ato do qual caiba recurso administrativo com efeito suspensivo, independentemente de caução; II - de decisão judicial da qual caiba recurso com efeito suspensivo; III - de decisão judicial transitada em julgado.

A sentença concessiva de mandado de segurança está sujeita ao duplo grau de jurisdição (reanálise do processo pela instância superior) e pode ser atacada via apelação (tanto pela parte autora como pela autoridade coatora).

A jurisprudência pátria pacificou o entendimento de que a desistência do mandado de segurança pode ser requerida a qualquer tempo, desde que efetuada em momento anterior à prolação da sentença. A renúncia ao direito é o ato unilateral com que o autor dispõe do direito subjetivo material que afirmara ter, importando a extinção da própria relação de direito material que dava causa à execução forçada, consubstanciando instituto bem mais amplo que a desistência da ação, que opera tão somente a extinção do processo sem resolução do mérito, permanecendo íntegro o direito material, que poderá ser objeto de nova ação a posteriori. (STF, EREsp 35.615/RS, Rel. Min. Luiz Fux, Primeira Seção, julgado em 22.4.2009, Dje 11.5.2009).

No que tange à competência para julgamento do MS, esta será definida de acordo com a autoridade coatora, e não em virtude da natureza do ato a ser impugnado. Os artigos 102 e 105 da CF/88 preveem a competência originária e recursal perante o STF e o STJ sucessivamente. E sobre a competência do STF, o Pretório Excelso editou a Súmula n. 623 com o seguinte texto: "Não gera por si só a competência originária do Supremo Tribunal Federal para conhecer do mandado de segurança com base no art. 102, I, n, da Constituição, dirigir-se o pedido contra deliberação administrativa do Tribunal de origem, da qual haja participado a maioria ou a totalidade de seus membros", e a Súmula n. 624: "Não compete ao Supremo Tribunal Federal conhecer originariamente de mandado de segurança contra atos de outros tribunais."

Impende destacar que as autoridades estaduais são aquelas definidas nas constituições estaduais. No que concerne às autoridades federais, estas vêm explicitadas no artigo 2º da LMS: "Considerar-se-á federal a autoridade coatora se as consequências de ordem patrimonial do ato contra o qual se requer o mandado houverem de ser suportadas pela União ou entidade por ela controlada."

E conforme o artigo 26 da LMS, constitui crime de desobediência, nos termos do art. 330 do Decreto-Lei nº 2.848, de 7 de dezembro de 1940 (Código Penal), o não cumprimento das decisões proferidas em mandado de segurança, sem prejuízo das sanções administrativas e da aplicação da Lei nº 1.079, de 10 de abril de 1950 (crimes de responsabilidade), quando cabíveis.

Impende registrar que "não cabe condenação em honorários de advogado na ação de mandado de segurança", conforme previsão estabelecida na Súmula n. 512 do STF.

Em recente decisão, o STF se manifestou que não cabe o *mandamus* contra veto, por se cuidar de ato político. Neste diapasão, vale colacionar o julgado:

"MANDADO DE SEGURANÇA. ESTATUTO DA PESSOA COM DEFICIÊNCIA. RESERVA DE VAGAS EM INSTITUIÇÕES DE ENSINO PÚBLICO E PRIVADO PARA ESTUDANTES COM DEFICIÊNCIA. VETO PRESIDENCIAL. ATO POLÍTICO SUJEITO AO EXAME DO CONGRESSO NACIONAL. DESCABIMENTO DA IMPETRAÇÃO. MANDADO DE SEGURANÇA INDEFERIDO (STF, MS 33.694/DF, Min. Cármen Lúcia, Decisão Monocrática, DJe, 14-08-2015)".

A relatora do feito, ministra Cármen Lúcia, destacou que vetos presidenciais não são suscetíveis de questionamento por meio de mandados de segurança, por se tratarem de atos políticos sujeitos ao exame de deputados e senadores. "O veto não constitui ato definitivo, tampouco conclui o processo legislativo, sendo suas razões remetidas ao Congresso Nacional, a quem incumbe deliberar sobre a validade ou não de seus motivos", afirmou a ministra em sua decisão, bem como que pretensões jurídicas dessa natureza são inviáveis não apenas por serem contra o exercício regular de prerrogativa constitucional atribuída ao chefe do Poder Executivo (artigo 84, inciso V, da Constituição Federal), mas pela natureza política do provimento (ato de governo), registrando que "o exercício da função legislativa não se encerra com o envio do projeto de lei à sanção presidencial, mas apenas com a apreciação de eventuais vetos apostos ao projeto."

Atualmente se encontram para julgamento no Supremo Tribunal Federal, dentre outros, dois importantes mandados de segurança: I) MS 31299, que trata da contagem de tempo anterior à EC 20/98 com acréscimo de 17% para quaisquer regras de aposentadoria dos magistrados, membros do Ministério Público e com reflexos inevitáveis aos professores; II) MS 32505, que discute a aplicação do teto de remuneração nos proventos e pensões.

8.3.3.2. Mandado de Segurança Coletivo

A abrangência do *writ* constitucional foi ampliada com a CF/88, que passou a proteger não apenas direito individual (MS individual), mas também coletivo (MS coletivo), conforme artigo 5º, inciso LXX, *in verbis*:

Art. 5º...

[...]

LXX - o mandado de segurança coletivo pode ser impetrado por:

a) partido político com representação no Congresso Nacional;

b) organização sindical, entidade de classe ou associação legalmente constituída e em funcionamento há pelo menos um ano, em defesa dos interesses de seus membros ou associados.

As regras de tramitação são idênticas ao Mandado de Segurança Coletivo, diferenciando-se no tocante à abrangência e legitimidade ativa. O MS Coletivo, observada a função primária de proteger direito líquido e certo, cuida-se da proteção desse direito de forma coletiva, abrangendo classes ou grupos de pessoas.

Em caso de mandado de segurança coletivo, a legitimidade para a impetração é extraordinária e caracterizada pela substituição processual. A maior consequência da afirmativa, ou seja, do reconhecimento da substituição processual, é a desnecessidade de autorização expressa e prévia por parte dos associados das entidades legitimadas para a impetração. Neste sentido, o Supremo Tribunal Federal acabou editando a Súmula n. 629, com o seguinte teor: "a impetração de mandado de segurança coletivo por entidade de classe em favor dos associados independe de autorização destes." E para melhor ilustrar, vale colacionar entendimento exarado pelo Superior Tribunal de Justiça:

"Esta Corte de Justiça, seguindo o posicionamento adotado pelo Supremo Tribunal Federal, firmou entendimento no sentido de que "(...) as entidades elencadas no inciso LXX, 'b', do art. 5º da Carta Magna, atuando na defesa de direito ou de interesses jurídicos de seus representados – substituição processual, ao impetrarem mandado de segurança coletivo, não necessitam de autorização expressa deles, nem tampouco de apresentarem relação nominativa nos autos" (STJ, REsp 220.556/DF, 5ª Turma, Rel. Min. José Arnaldo da Fonseca, DJ de 5.3.2001)."

No que concerne à impetração de mandado de segurança coletivo por entidades de classe, o Supremo Tribunal Federal também editou a Súmula n. 630: "a entidade de classe tem legitimação para o mandado de segurança ainda quando a pretensão veiculada interesse apenas a uma parte da respectiva categoria."

Merece destaque o requisito para impetração de estar a associação formada há pelo menos um ano. "A associação impetrante não faz prova pré-constituída de que está reunida há um ano com a finalidade social pertinente à pretensão deduzida judicialmente. Descumprimento do que dispõe o art. 21 da Lei 12.016/2009. Reconhecida a ilegitimidade ativa para a impetração de mandado de segurança coletivo." (STJ, RMS 34922 / GO)

Conforme a jurisprudência, o Ministério Público é parte legítima para impetração do mandado de segurança coletivo: "Hodiernamente, após a constatação da importância e dos inconvenientes da legitimação isolada do cidadão, não há mais lugar para o veto da legitimatio ad causam do MP para a Ação Popular, a Ação Civil Pública ou o Mandado de Segurança coletivo." (STJ, REsp 700206 / MG)

De acordo com o parágrafo único do artigo 21 da Lei 12.016/2009, os direitos protegidos pelo mandado de segurança coletivo podem ser: I - coletivos, assim entendidos, para efeito desta Lei, os transindividuais, de natureza indivisível, de que seja titular grupo ou categoria de pessoas ligadas entre si ou com a parte contrária por uma relação jurídica básica; e II - individuais homogêneos, assim entendidos, para efeito desta Lei, os decorrentes de origem comum e da atividade ou situação específica da totalidade ou de parte dos associados ou membros do impetrante.

8.3.3.3. Liminar em Mandado de Segurança

A concessão de medidas cautelares contra atos do Poder Público é disciplinada pela Lei n. 8.437, de 30 de junho de 1992. No caso de medida liminar em MS, é permitida, exceto para a compensação de créditos tributários, a entrega de mercadorias e bens provenientes do exterior, a reclassificação ou equiparação de servidores públicos e a concessão de aumento ou a extensão de vantagens ou pagamento de qualquer natureza, conforme expressamente dispõe o art. 7º, § 2º da LMS.

Ao apreciar o MS n. 33.656, o Supremo Tribunal Federal concedeu liminar no sentido de que fosse garantido a um agente de polícia lotado na Câmara dos Deputados o direito de permanência no serviço público após complementar 65 anos de idade, cujo limite temporal passou a ser previsto com Lei Complementar n. 51/85, na redação dada pela Lei Complementar n. 144/14. O remédio constitucional foi impetrado alegando a inconstitucionalidade da aposentadoria compulsória aquém do limite previsto no artigo 40, § 1º, II, da Constituição Federal de 1988, destacando que ainda se encontra pendente de julgamento a ADI 5129, que questiona a regra da aposentadoria compulsória regulada por lei complementar. O ministro Marco Aurélio, responsável pela concessão da liminar, destacou que a cláusula constitucional de acesso ao Judiciário assegura ao cidadão a tutela contra lesão ou ameaça de lesão a direito, e considerou pertinente a impetração do MS *quando a atuação estatal representa ameaça concreta ao administrado*. No caso, entendeu que a argumentação e os documentos que acompanham os autos permitem concluir, em entendimento *precário e efêmero* característico de decisão em liminar, pela existência de *real e iminente violação a direito líquido e certo do agente*. Segundo o ministro relator, a iniciativa parlamentar e a idade máxima prevista na lei em questão *sinalizam contrariedade aos parâmetros constitucionais vigentes*. Com base nesse quadro fático e de direito, deferiu a liminar para determinar ao presidente da Câmara que se abstenha de praticar qualquer ato que implique a aposentadoria compulsória do agente, sem a devida observância das balizas do artigo 40, parágrafo 1º, inciso II, da Constituição Federal.

As autoridades administrativas, no prazo de 48 horas da notificação da medida liminar, remeterão ao Ministério ou órgão a que se acham subordinadas e ao advogado-geral da União ou a quem tiver a representação judicial da União, do Estado, do Município ou da entidade apontada como coatora, cópia autenticada do mandado notificatório, assim como indicações e elementos outros necessários às providências a serem tomadas para a eventual suspensão da medida de defesa do ato apontado como ilegal ou abusivo de poder. Neste mister, é imprescindível que se remetam todas as informações necessárias, inclusive com as consequências financeiras e os efeitos multiplicativos que possam advir da concessão do mandado. É a unidade gestora responsável pelas informações técnicas, de natureza financeiras/atuariais que deverão acompanhar as informações.

8.3.3.4. Suspensão de Liminar e de Segurança

A Suspensão de Liminar (SL) tem por escopo sobrestar o cumprimento da liminar paralisando seus efeitos, desobrigando a Administração Pública do cumprimento da medida, e é largamente utilizada pelo Poder Público.

O incidente processual de SL (STJ, SLS 299/SC) é previsto de forma expressa: I) em Mandado de Segurança (art. 15 da LMS); II) em Ação Civil Pública (art. 12, § 1º, da Lei 7.347/85; III) em Ação Cautelar (art. 4º da Lei n. 8.437/92); e IV) em *Habeas Data* (art. 16 da Lei n. 9.507/97).

De acordo com o artigo 15 da LMS, a pessoa jurídica de direito público interessada ou o Ministério Público, para evitar grave lesão à ordem, à saúde, à segurança e à economia pública, poderão pleitear a suspensão da execução da liminar ou da sentença ao presidente do tribunal ao qual couber o conhecimento do respectivo recurso. Caso o pedido de suspensão seja indeferido, poderá ser renovado ao presidente do tribunal competente para conhecer de eventual recurso especial ou extraordinário.

A SL pode ser requerida pelo Ministério Público ou pela pessoa jurídica de direito público interessada, em caso de manifesto interesse público ou de flagrante ilegitimidade, e para evitar grave lesão à ordem, à saúde, à segurança e à economia públicas. Dito isso, temos que o incidente de suspensão não se presta a reformar ou anular a decisão, mas resguardar a incolumidade dos interesses públicos primários, qualificados: ordem, saúde, segurança e economia públicas. A suspensão de liminar e de sentença não tem natureza recursal, sendo, pois, defesa a sua utilização para reforma de decisão judicial que lhe fora desfavorável (STJ, SLS 1.045/SP).

O Supremo Tribunal Federal adota o verbete Suspensão de Segurança (SS) e Suspensão de Liminar (SL), tendo em vista a natureza jurídica diversa dos incidentes processuais.

Quando o pedido for feito diretamente à Corte, pelo procurador-geral de Justiça ou por pessoa de direito público interessada, no sentido de que seja cassada liminar ou decisão de outros tribunais, em única ou última instância, em mandado de segurança, a suspensão só poderá ser concedida por meio de despacho fundamentado, nos casos de lesão à ordem, à saúde, à segurança e à economia pública. A causa deve ser fundada em questão constitucional, caso contrário, a ação deve ser ajuizada no Superior Tribunal de Justiça.

Deferida a SS, a situação permanecerá em vigor enquanto o recurso do Mandado de Segurança ficar pendente. Contudo, se for indeferida a suspensão, mantendo-se a segurança concedida pelo tribunal de origem, a jurisprudência do STF informa que não pode haver recurso.

Recentemente o Estado do Rio Grande do Sul adotou como política remuneratória de seus servidores o fracionamento dos salários, devido à situação de escassez de recursos enfrentados pelo Estado. Contudo, e em busca de alcançar o interesse público primário, através da SL 883, o Supremo Tribunal Federal indeferiu liminar requerida pelo Estado do Rio Grande do Sul na qual buscava suspender decisões do Tribunal de Justiça local (TJ-RS) que garantem o pagamento dos servidores públicos estaduais até o último dia de cada mês, conforme previsto no artigo 35 da Constituição gaúcha. Várias entidades representativas de servidores públicos gaúchos ajuizaram mandados de segurança perante o TJ/RS, no sentido de que fosse garantido o pagamento dos salários de acordo com o que prescreve a Carta Estadual. O TJ concedeu liminares para obrigar o Estado a efetuar o pagamento nos termos requeridos, tendo, em um dos processos, fixado multa diária em caso de descumprimento.

Segundo noticia o Supremo, o governo gaúcho alegou a impossibilidade de realizar o pagamento integral dos salários na data prevista, uma vez que "a maior parte das receitas arrecadadas pelo Estado é consumida por despesas obrigatórias", e anunciou o parcelamento dos vencimentos que seriam pagos no último dia do mês de maio. Explicou ainda que o parcelamento só ocorrerá para aqueles que recebem salários líquidos acima de 5.100 reais.

Ao indeferir pedido de liminar, o ministro Ricardo Lewandowski destacou que "o salário do servidor público trata-se de verba de natureza alimentar, indispensável para a sua manutenção e de sua família" e que a Constituição do Estado do Rio Grande do Sul possui dispositivo que determina expressamente: "o pagamento da remuneração mensal dos servidores públicos do Estado e das autarquias será realizado até o último dia do mês do trabalho prestado."

O ministro afirmou também que, apesar das alegações do Estado de que está promovendo as medidas necessárias para regularizar as finanças públicas, "não é possível deixar de tratar os salários dos servidores como verba prioritária, inclusive ante determinação constitucional." Quanto ao parcelamento, o ministro destacou a necessidade de acordo entre o governo e os sindicatos para se cogitar tal possibilidade. "Do contrário, alegada impossibilidade de pagamento, por si só, não permite o parcelamento unilateral dos salários", concluiu[29].

Inconformado com a decisão, o Estado do Rio Grande do Sul interpôs Agravo Regimental, cujo julgamento, em data de 11 de setembro de 2015, encontra-se no Plenário da Corte para apreciação e conclusão definitiva.

8.3.4. Habeas Data

Habeas Data significa literalmente "tenha o dado". É um *writ* constitucional que tutela o acesso a informações. A criação brasileira foi cunhada pelo Professor. José Afonso

---

(29) STF. Mantida decisão que determina o pagamento de servidores em data prevista pela Constituição gaúcha. Disponível em <http://www.stf.jus.br/portal/cms/verNoticiaDetalhe.asp?idConteudo=292716>. Acesso em 11 de setembro de 2015

da Silva, a pedido do então presidente Tancredo Neves. A proposição na Assembleia Nacional Constituinte, que culminou com a edição da Carta Republicana de 1988, foi do então senador Mário Covas. Essa breve incursão no histórico do remédio constitucional nos aponta claramente a ingerência do *writ* no meio jurídico após a quebra do regime de exceção, em que informações relativas ao Estado das pessoas eram formuladas e guardadas, sem que houvesse acesso a essas informações. Como anota a professora Flávia Bahia, a criação do habeas data pelo constituinte de 1988:

> "Tem estreita relação com os 'anos de chumbo' vivenciados pelos brasileiros na época da ditadura militar. Como é fato notório, autoridades faziam uso da prática repugnável de colher informações sobre a vida das pessoas que se insurgiam contra o regime, numa completa violação ao direito fundamental à intimidade."[30]

Apesar de ter sido previsto em alguns países ainda na década de 70 (p. ex., França, Alemanha, Estados Unidos), o *writ* somente ingressou no Ordenamento Jurídico Brasileiro, ao lado do Mandado de Injunção, com a Constituição Federal de 1988. É, portanto, uma ação constitucional e visa garantir o pleno acesso de uma pessoa física ou jurídica, nacional ou estrangeira, a informações ou requerer a correção de dados que estejam incorretos (retificação), constantes em registros ou bancos de dados governamentais ou de caráter público.

Tem previsão no artigo 5º, LXXII, da CF/88:

Art. 5...
[...]
LXXII - conceder-se-á *habeas data*:
a) para assegurar o conhecimento de informações relativas à pessoa do impetrante, constantes de registros ou bancos de dados de entidades governamentais ou de caráter público;
b) para a retificação de dados, quando não se prefira fazê-lo por processo sigiloso, judicial ou administrativo.

O dispositivo é regulamentado pela Lei n. 9.507, de 12 de novembro de 1997, que regula o direito de acesso a informações e disciplina o rito processual do *habeas data*. O objetivo do remédio constitucional é preservar o direito à intimidade e à privacidade, garantindo o acesso a informações pessoais que somente pode sofrer restrições quando a divulgação da informação for perigosa para a segurança nacional. "A hipótese excepcional de sigilo subsiste por expressa previsão constitucional do inciso XXXIII." (TRF, HD n. 1, j. em 2.5.1989).

Nos termos do artigo 4º, III, da Lei de Acesso à Informação, Lei n. 12.527/11, considera-se informação sigilosa aquela submetida temporariamente à restrição de acesso público em razão de sua imprescindibilidade para a segurança da sociedade e do Estado. E segundo o § 4º do artigo 7º da mesma norma, a negativa de acesso às informações objeto de pedido formulado aos órgãos e entidades, quando não fundamentada, sujeitará o responsável a medidas disciplinares, que inclui, dentre outras, as sanções previstas na Lei n. 1.079, de 10 de abril de 1950 – Lei de Responsabilidade, na Lei n. 8.429, de 2 de junho de 1992 – Lei Geral de Improbidade Administrativa.

O Decreto n. 7.845, de 14 de novembro de 2012, regulamenta procedimentos para credenciamento de segurança e tratamento de informação classificada em qualquer grau de sigilo e dispõe sobre o Núcleo de Segurança e Credenciamento, instituído no âmbito do Gabinete de Segurança Institucional da Presidência da República.

O Supremo Tribunal Federal entende que *o habeas data* é um remédio jurídico-processual de natureza constitucional e que se destina a garantir, em favor da pessoa interessada, o exercício de pretensão jurídica discernível em seu tríplice aspecto: a) direito de acesso aos registros existentes; b) direito de retificação dos registros errôneos; e c) direito de complementação dos registros insuficientes ou incompletos.

Trata-se, assim, de relevante instrumento de ativação da jurisdição constitucional das liberdades, que representam, no plano institucional, a mais expressiva reação jurídica do Estado às situações que lesem, efetiva ou potencialmente, os direitos fundamentais da pessoa, quaisquer que sejam as dimensões em que estes se protejam. (STF, HD 75/DF, Rel. Min. Celso de Mello, informativo STF 446, de 1º/11/2006).

A ação constitucional de *Habeas Data* presta-se para esclarecer dados relativos à pessoa do impetrante que estejam arquivados em banco de dados públicos ou de entidades governamentais, bem como para ratificá-los, nos termos do art. 5º, LXXII, a e b, da Carta Magna; ou para a anotação nos assentamentos do interessado, de contestação ou explicação sobre dado verdadeiro, mas justificável e que esteja sob pendência judicial ou amigável, na forma do inciso III do art. 7º da Lei 9.507 (STF, HD 246/MG)

O *habeas data* assim possui: 1) finalidade informativa ou retificatória (art. 5º, LXXII, "a" e "b" da CF; e 2) finalidade contestatória ou explicativa (art. 7º, III, da Lei n. 9.507/97), constituindo-se em verdadeira ação de salvaguarda dos direitos da personalidade de seu impetrante.

Por ser ação de rito sumário, não permite a produção de provas; a atuação do órgão ministerial é obrigatória e não cabe condenação em honorários advocatícios. De acordo com a Súmula n. 2 do Superior Tribunal de Justiça: "Não cabe o *habeas data* se não houve recusa de informações por parte da autoridade administrativa."

Pode ser sujeito passivo do *habeas data* a pessoa jurídica de direito privado, desde que sua natureza seja de

---

(30) BAHIA, Flávia. OAB 2ª fase: Direito Constitucional. 2. ed. São Paulo: Jus Podium, 2015. p. 45.

caráter público, como os órgãos de proteção do crédito (SPC, SERASA). As informações a serem pleiteadas têm que ser abertas ao conhecimento público. Neste diapasão, assim se manifestou o Supremo Tribunal Federal:

"*Habeas Data*. Ilegitimidade passiva do Banco do Brasil S.A. para a revelação, à ex-empregada, do conteúdo de ficha funcional de pessoal, por não se tratar, no caso, de registro de caráter público, nem atuar o impetrado na condição de entidade governamental (Constituição, art. 5º, LXXII, a e art. 173, § 1º, texto original). (STF, RE 165.304/MG, Plenário, Rel. Min. Ocatvio Gallotti, julgado em 19-10-2000 e Dje de 15-12-2000)".

Não é via processual adequada ao atendimento de pretensão que via sustar publicidade em sítio eletrônico (STF, AgReg no HD 100/DF). Com base no entendimento do Supremo Tribunal, os dados relativos a pagamentos de segurados, por exemplo, não poderão ser sustados por meio de *Habeas Data*.

Não *cabe habeas* data para acesso sobre dados de terceiro. Destarte, é a via adequada para conhecimento de dados do segurado falecido, por parte do cônjuge supérstite. Neste sentido:

"HABEAS DATA – DADOS DE CÔNJUGE FALECIDO – LEGITIMIDADE DO SUPÉRSTITE.

Conforme alcance do artigo 5º, inciso LXXII, alínea""a""" da Constituição Federal, é assegurado ao cônjuge supérstite o conhecimento de informações relativas ao falecido, constantes de registros ou bancos de dados de entidades governamentais ou de caráter público. RECURSO EXTRAORDINÁRIO. MATÉRIA FÁTICA E LEGAL.O recurso extraordinário não é meio próprio ao revolvimento da prova, também não servindo à interpretação de normas estritamente legais. (STF, RE 589257 DF. Rel. Ministro Marco Aurélio, Primeira Turma, julgado em 05-08-2014 e DJe de 26-08-2014)".

Os processos de *habeas data* terão prioridade sobre todos os atos judiciais, exceto *habeas corpus* e mandado de segurança, sendo que a recusa às informações está sujeita ao controle judicial. O procedimento administrativo para acesso a informações e retificação de dados e para anotação de justificação é gratuito, bem como a ação de *habeas data*.

O requerimento será apresentado ao órgão ou entidade depositária do registro ou banco de dados e será deferido ou indeferido no prazo de 48 horas e a decisão será comunicada ao requerente em 24 horas.

8.3.5. Mandado de Injunção

O *writ of injunction* surgiu pela primeira vez no Ordenamento Jurídico Brasileiro com a Constituição Federal de 1988. O constituinte da época manifestou a preocupação com a omissão constitucional, o que fez com que se buscasse mecanismo eficaz para rechaçar inércia em regulamentar as normas constitucionais. O que estava "doente" era a inefetividade de normas constitucionais, como havia ocorrido em constituições pretéritas. A elaboração do remédio constitucional se deu nesse contexto de anseio da sociedade brasileira em se encontrar um remédio para coibir a omissão futura do legislador ordinário, o que acabaria por frustrar as expectativas geradas pelas promissoras normas da nova Constituição (Hage, 1999).

Desta forma, por meio do Mandado de Injunção, pleiteia-se a regulamentação de uma norma da Constituição, quando os Poderes competentes não o fizeram.

O fundamento legal para a impetração de Mandado de Injunção está contido no artigo 5º, inciso LXXI da CF/88, com o seguinte texto:

Art. 5º...
[...]
LXXI - conceder-se-á mandado de injunção sempre que a falta de norma regulamentadora torne inviável o exercício dos direitos e liberdades constitucionais e das prerrogativas inerentes à nacionalidade, à soberania e à cidadania.

Quando a omissão na elaboração da norma for do i) presidente da República; ii) do Congresso Nacional; iii) da Câmara dos Deputados; iv) do Senado Federal; v) da Mesa de uma dessas Casas legislativas; vi) Tribunal de Contas da União; e vii) de um dos Tribunais superiores, a competência para julgamento será do Supremo Tribunal Federal, conforme artigo 102, I, "q", da CF/88.

Com a edição da Emenda Constitucional n. 47/05, que deu nova redação ao *caput* do artigo 40, § 4º da CF/88 e acrescentou ao mesmo os incisos I, II e III, o Supremo Tribunal Federal ficou abarrotado de mandados de injunção. Eis o teor dos dispositivos retro mencionados:

Art. 40....
[...]
§ 4º É vedada a adoção de requisitos e critérios diferenciados para a concessão de aposentadoria aos abrangidos pelo regime de que trata este artigo, ressalvados, nos termos definidos em leis complementares, os casos de servidores: (Redação dada pela Emenda Constitucional n. 47, de 2005)

I- portadores de deficiência; (Incluído pela Emenda Constitucional n. 47, de 2005)

II- que exerçam atividades de risco; (Incluído pela Emenda Constitucional n. 47, de 2005)

III- cujas atividades sejam exercidas sob condições especiais que prejudiquem a saúde ou a integridade física. (Incluído pela Emenda Constitucional n. 47, de 2005)

Acontece que as leis complementares referidas no *caput* do dispositivo não foram editadas, razão pela qual foram impetrados os *writs*, culminando com a edição da Súmula Vinculante n. 33: "Aplicam-se ao servidor público, no que couber, as regras do regime geral da previdência social sobre aposentadoria especial de que trata o artigo 40, § 4º, inciso III da Constituição Federal, até a edição de lei complementar específica."

Efeito vinculante é aquele pelo qual a decisão tomada pelo tribunal em determinado processo passa a valer para os demais que discutam questão idêntica. Súmula vinculante, nos termos do *caput* do artigo 103, é editada após reiteradas decisões sobre matéria constitucional. A SV tem natureza constitucional, sendo bem mais ampla que a jurisprudência simples (que apenas orienta), uma vez que sua inobservância viola a própria Constituição Federal. Esta situação aproxima-a da norma positivada, sem contudo podendo haver confusão de tratamento entre ambas. A Súmula Vinculante não pode criar normas gerais e abstratas, sua função é confirmar e delimitar o alcance da norma editada pelo legislador. Contudo, é um verdadeiro ato jurisdicional normativo, na medida em que vincula todos os órgãos do Poder Judiciário e a Administração Pública, nas esferas federal, estadual e municipal.

Destaque-se que, a partir da edição da Súmula Vinculante n. 33, a Administração Pública é obrigada a analisar os pedidos de aposentadorias especiais, de servidores que exerçam atividades em condições especiais que prejudiquem a saúde ou a integridade física. Na orientação do Supremo, não foram alcançados os servidores portadores de deficiência e os que exercem atividades de risco. Neste sentido, vale destacar decisão exarada pelo Supremo Tribunal Federal, com a seguinte ementa:

"Agravo regimental no mandado de injunção. Aposentadoria especial. Súmula Vinculante n. 33. Perda superveniente de objeto. Agravo regimental ao qual se nega provimento. 1. No que tange ao regime próprio do servidor público, além dos servidores submetidos a condições especiais de trabalho que prejudiquem sua saúde ou sua integridade física e dos portadores de deficiência (art. 40, § 4º, incisos I e III, da CF/88) – à semelhança dos trabalhadores vinculados ao RGPS (§ 1º do art. 201 da CF/88) –, o legislador constituinte optou por destacar os servidores públicos 'que exerçam atividades de risco' (inciso II do § 4º do art. 40 da CF/88), tendo em vista a atividade policial (atualmente regulamentada pela LC n. 51/85). 2. No mandado de injunção, embora se faça alusão ao art. 40, § 4º, inciso II, da CF/88, se pretende aplicar, analogicamente, a Lei n. 8.213/91 na regulamentação do direito de servidor público à aposentadoria em regime especial. 3. Não se discute, no caso, se a regulamentação do art. 57 da Lei n. 8.213/91 compreende ou não a atividade ou a função do servidor público. A omissão perpetrada na peça autoral não resulta em provimento além do pedido formulado nos autos. 4. A edição da Súmula Vinculante n. 33 esvaziou o objeto da pretensão, porquanto tornou insubsistente o obstáculo ao exercício pelo servidor do direito de aposentar-se nos termos do art. 57 da Lei n. 8.213/91. 5. Agravo regimental não provido. (STF, MI 5873 AgR-AgR/DF, Rel. Min. Dias Toffoli, Tribunal Pleno, j.19-11-2014 e DJe 19-12-2014)".

No julgamento acima indicado, o STF deixou consignado que aplicam-se ao servidor público, no que couber, as regras do regime geral de previdência, sobre aposentadoria especial de que trata o artigo 40, § 4º, inciso III, da Constituição Federal, até a edição de lei complementar específica. Para o Supremo, o vácuo normativo não mais representa inviabilidade do gozo do direito à aposentadoria em regime especial pelos servidores públicos cujas atividades sejam exercidas em condições especiais que prejudiquem a sua saúde ou a sua integridade física. Na sessão plenária de 9-4-2014, na qual foi votada a PSV n. 45/DF (que deu origem à SV n. 33), deliberaram os ministros da Suprema Corte pela limitação do alcance do enunciado vinculante à hipótese do inciso II Ido § 4º do art. 40 da CF/88, uma vez que para os servidores portadores de deficiência (inciso I), ante a edição da LC n.142/13 – a qual regulamenta a aposentadoria da pessoa com deficiência segurada do Regime Geral de Previdência Social –, a jurisprudência do STF ainda não se encontrava consolidada sobre o tema, não se justificando, naquele momento, a aprovação de súmula vinculante respectiva. E para os servidores que exerçam atividades de risco, está vigente a LC n. 51/85, com a redação dada pela LC n. 144/14.

Com intuito de esclarecer sobre os efeitos da Súmula Vinculante n. 33 do STF, o MPS publicou a Instrução Normativa SPPS n. 3, de 23/05/2014, bem como editou a Nota Técnica n. 02/2014/CGNAL/DRPSP/SPPS/MPS.

Posteriormente à edição das orientações emanadas pelo MPS, no Supremo foi protocolada a Reclamação n. 18.868, na qual 31 associações representativas de servidores federais alegaram violação à Súmula Vinculante n. 33, no que concerne à I) vedação da conversão de tempo especial, a partir da Lei n. 8.112/90, para fins de contagem de tempo para cálculo de aposentadoria comum; II) vedação da utilização de prova já formalizada no âmbito administrativo quanto à exposição aos agentes nocivos; III) vedação da extensão da integralidade de proventos calculados a partir da última remuneração em atividade; e IV) vedação da garantia de paridade como forma de reajuste aos proventos originados da aposentadoria especial de servidores que ingressaram no serviço público antes da Emenda Constitucional 41.

Na Reclamação, o ministro relator Gilmar Mendes concluiu que os atos impugnados não afrontam o entendimento firmado na súmula, uma vez que a mesma não dispôs sobre contagem diferenciada para fins de cômputo de aposentadoria especial, meios de provas, referentes à exposição a agente nocivo, extensão de proventos e, ainda, paridade como forma de reajuste aos proventos originados da aposentadoria especial de servidores que ingressaram no serviço público antes da EC n. 41/03.

Neste contexto, vale colacionar entendimento exarado pelo Supremo Tribunal Federal, após a edição da SV n. 33 e com o seguinte teor:

"Agravo regimental no recurso extraordinário com agravo. Servidor público. Atividade insalubre. Contagem especial de tempo de serviço. Averbação para fins de pleito futuro de aposentadoria. Impossibilidade. Precedentes. 1. A jurisprudência do STF é no sentido da possibilidade da aplicação do art. 57 da Lei n. 8.213/91 para regular situações em que haja omissão legislativa referente às condições para a concessão da aposentadoria especial. 2. Esse entendimento não se aplica aos casos em que o servidor requer a conversão do tempo especial em comum para fins de averbação e pleito futuro de aposentadoria. 3. Agravo regimental não provido. (STF, ARE 841148 AgR/SP, Rel. Ministro Dias Toffoli, Segunda Turma, j. 07-04-2015, DJe de 30-04-2015).

A Corte Suprema apenas assentou, em caráter mandamental, o direito das partes impetrantes à contagem diferenciada do tempo de serviço em decorrência de atividades exercidas em trabalho especial, aplicando-se o regime da Lei n. 8.213/91, para fins da aposentadoria de que cogita o § 4º do artigo 40 da Constituição Federal, cabendo ao órgão a que integrado o exame do atendimento ao requisito "tempo de serviço." Remeteu, portanto, à análise dos pedidos às unidades gestoras de RPPS. Caso houvesse o cumprimento dos requisitos, a aposentadoria especial poderia então ser concedida.

O artigo 40, § 4º da CF/88, uma vez emendado, foi interpretado de várias maneiras, inclusive em alguns Estados entendeu-se que, por ter a Constituição feito referência às leis complementares, poderiam ser leis complementares estaduais. No entanto, através do RE 797.905, com Repercussão Geral, o Supremo deixou consignado que no caso da aposentadoria especial do servidor público, a competência concorrente para legislar sobre previdência social, conforme art. 24, XII, da Constituição, não afastaria a necessidade de edição de norma regulamentar uniforme de caráter nacional, pela União. Confirmou-se a linha de jurisprudência dominante da Corte até então proferida nos mandados de injunção em que não se admitia outro agente no polo passivo que não o presidente da República, notadamente quando se cuida na espécie de impetração contra falta de regulamentação de matérias versadas sobre previdência pública.

Desta forma, Estados, Distrito Federal e Municípios não podem, por lei local, disciplinar a aposentadoria especial antes que haja uma lei geral. A lei complementar deve ser nacional, de forma que as mesmas regras se apliquem a todos os servidores amparados pelo art. 40 da Constituição Federal.

Para ilustrar, podemos citar: i) MI 834: O impetrante pleiteou a aplicação do art. 1º, I e II, da Lei Complementar 51/1985 ou outra norma pertinente. O STF entendeu que deve ser aplicado o art. 57, § 1º, da Lei 8.213/91, reconhecendo o direito dos substituídos de terem os seus pleitos à aposentadoria especial analisados pela autoridade administrativa competente, à luz do art. 57 da Lei 8.213/91; ii) MI 1104: O STF reconheceu o direito dos servidores públicos representados pela impetrante de, ao submeter seus pedidos administrativos de aposentadoria especial às autoridades competentes, tê-los concretamente analisados com base nas normas dispostas no art. 57 da Lei Federal 8.213/91; iii) MI 1181: Foi reconhecida a mora legislativa para dar concretude ao art. 40, § 4º da Constituição Federal e concedeu parcialmente a ordem, para determinar que a autoridade administrativa competente proceda à análise da situação fática dos oficiais de justiça avaliadores, substituídos pela impetrante, para fins de aposentadoria especial, à luz do art. 57 da Lei 8.213/1991; e iv) MI 1508: O STF julgou parcialmente procedente o pedido para remover o obstáculo da falta de lei complementar disciplinadora das hipóteses arroladas nos três incisos do § 4º do art. 40 da Magna Carta. Destacando ainda que quanto à presença das demais condições, necessárias ao deferimento da almejada aposentadoria especial, é de ser aferida no bojo do respectivo processo administrativo e na forma da Lei n. 8.213/91.

Com relação aos Mandados de Injunção n. 833 e 844, onde os oficiais de justiça pleiteavam aposentadoria especial, com fundamento em atividade de risco, sob a alegação de que atividade desenvolvida envolve risco, o que justificaria a concessão da aposentadoria com a aplicação da Lei Complementar 51/1985, que regulamenta a aposentadoria especial para policiais, em sessão do dia 11 de junho de 2015, o Plenário do Supremo Tribunal Federal negou aos mesmos o direito à aposentadoria especial pelo exercício de atividade de risco, considerando não haver risco inerente à atividade de oficial de justiça e que o risco eventual não poderia ser equiparado ao risco permanente da atividade policial. Segundo o ministro Luiz Fux, a definição da atividade de risco deve ser definida pelo Legislativo, pois não há como o Judiciário estabelecer os requisitos que enquadrem determinada atividade profissional e permitam a análise de pedidos de aposentadoria. O Congresso Nacional teria instrumentos, inclusive, para efetuar análise atuarial sobre a capacidade do Estado de suportar novas aposentadorias com menor tempo de contribuição. Ele observou que tramita na Câmara dos Deputados projeto de lei que reconhece o risco profissional inerente e prevê aposentadoria especial para policiais e agentes penitenciários, mas não para oficiais de Justiça. Na conclusão do julgamento prevaleceu a tese defendida pelo ministro Barroso de que, diante do caráter aberto da expressão atividade de risco, constante do artigo 40, parágrafo 4, inciso II, da Constituição Federal, somente há omissão constitucional que justifique a concessão de aposentadoria especial por meio de mandado de injunção quando a periculosidade for inequivocamente inerente à atividade profissional[31].

Autoridade administrativa não necessita de decisão em mandado de injunção em favor de servidor público para simples verificação se ele preenche, ou não, os requisitos necessários para a aposentadoria especial (art. 57 da Lei 8.213/1991). (STF, MI 5.071-AgR, Rel. Min. Cármen Lúcia, julgamento em 8-5-2013, Plenário, DJE de 28-5-2013).

---

(31) Fonte: Notícias STF. Disponível em www.stf.jus.br. Acesso em 12 de junho de 2015.

Cabível é o mandado de injunção quando a autoridade administrativa se recusa a examinar requerimento de aposentadoria especial de servidor público, com fundamento na ausência da norma regulamentadora do art. 40, § 4º, da CR. (STF, MI 4.842-AgR, Rel. Min. Cármen Lúcia, julgamento em 6-3-2013, Plenário, *DJE* de 1º-4-2013.)

O art. 40, § 4º, da CR não dispõe sobre o suposto direito à revisão do ato de aposentadoria, tampouco exige a sua regulamentação. (...) Os ministros deste Supremo Tribunal têm negado seguimento a mandados de injunção impetrados por servidor público inativo com o propósito de obter a revisão de suas aposentadorias, por faltar a essas impetrações a demonstração da inviabilidade do exercício de direito constitucional, em razão da inexistência da norma que lhe dê eficácia plena. (STF, MI 3.319-AgR-segundo, voto da Rel. Min. Cármen Lúcia, julgamento em 7-12-2011, Plenário, *DJE* de 6-2-2012. No mesmo sentido: STF, MI 5.874-AgR, Rel. Min. Teori Zavascki, julgamento em 17-10-2013, Plenário, *DJE* de 18-11-2013).

8.3.6. Ação Popular

A ação popular remonta suas origens ao direito romano: *actiones populares*. No cenário jurídico brasileiro surgiu com a Constituição do Império de 1824, conforme texto do seu artigo 157: "Por suborno, peita, peculato e concussão haverá contra eles a ação popular, que poderá ser intentada dentro de ano e dia pelo próprio queixoso ou por qualquer do povo, guardada a ordem do processo estabelecido na lei."

Entretanto, somente veio a reaparecer no cenário jurídico com a edição da Constituição de 1934, ao lado do Mandado de Segurança. Ambos remédios constitucionais foram deliberadamente suprimidos na Constituição de 1937, tendo em vista suas feições fascistas e autoritárias. Contudo, retornou com a Constituição de 1946 e não mais foi suprimida dos textos constitucionais.

A ação popular tem assento no art. 5º, LXXIII, da Constituição Federal de 1988, com a seguinte redação:

Art. 5º...
[...]
LXXIII - qualquer cidadão é parte legítima para propor ação popular que vise a anular ato lesivo ao patrimônio público ou de entidade de que o Estado participe, à moralidade administrativa, ao meio ambiente e ao patrimônio histórico e cultural, ficando o autor, salvo comprovada má-fé, isento de custas judiciais e do ônus da sucumbência.

É regulamentada pela Lei n. 4.717, de 29 de junho de 1965, segundo o magistério de Hugo de Brito Machado:

"É um instrumento que a ordem jurídica oferece ao cidadão para a defesa do patrimônio público. [...] Prestando-se para o anulamento de qualquer ato lesivo ao patrimônio, pode ser utilizada para anular atos ilegais concessivos de favores. [...] A ilegalidade ensejadora da ação popular não é apenas a violação de dispositivo expresso. Também é ilegal o ato que, embora aparentemente obediente à lei, é praticado com desvio de finalidade. A ilegalidade é abrangente da imoralidade."[32]

Pode propô-la qualquer cidadão, desde que seja eleitor, ou seja, em gozo dos seus direitos políticos. As pessoas que não têm título de eleitor não podem ajuizar a ação, uma vez que o mesmo é *conditio sine qua non* para o ingresso em juízo. Qualquer eleitor, inclusive aquele com idade entre 16 e 18 anos, é parte legítima para ingressar com uma ação popular. O cidadão menor de 18 anos pode ingressar em juízo sem precisar de assistência, haja vista que se trata de um direito político previsto pela Constituição. Segundo o enunciado da Súmula 365 do STF, "pessoa jurídica não tem legitimidade para propor ação popular."

Não é um típico remédio constitucional, apesar de sua previsão expressa no corpo da Constituição Federal como direito fundamental. É um *writ* anômalo, posto que não tem caráter mandamental. Seu efeito pode ser declaratório, constitutivo ou condenatório, mas não mandamental. Também não é meio sumário, à medida que prevê dilação probatória, sendo, portanto, ação de cognição, bem mais ampla.

Neste sentido:

"Reclamação: usurpação e por omissão da competência do STF (CF, art. 102, I, *l*): ação popular que, pela causa de pedir e pelo pedido de provimento mandamental formulado, configura hipótese reservada à ação direta de inconstitucionalidade por omissão de medidas administrativas, de privativa competência originária do Supremo Tribunal: Procedência." (STF, Rcl 1.017, Rel. Min. Sepúlveda Pertence, julgamento em 7-4-2005, Plenário, *DJ* de 3-6-2005).

A ação popular, via processual eleita pelo autor, não pode ser utilizada como alternativa à não propositura de uma ação direta de inconstitucionalidade, sob pena de uma ampliação indevida do rol de legitimados previsto no art. 103 da Constituição da República. Tal instrumento processual tem como objetivo anular atos administrativos lesivos ao Estado, e não a anulação de atos normativos genéricos. (STF, AO 1.725-AgR, Rel. Min.Luiz Fux, julgamento em 24-2-2015, Primeira Turma, *DJE* de 11-3-2015)".

Configura-se num importante instrumento para anulação de atos ilegais (ou com desvio de finalidade) do Poder Público, para a defesa do patrimônio público, da moralidade administrativa, do meio ambiente e do patrimônio histórico-cultural. O remédio jurídico está assim diretamente umbicado com a base do sistema democrático brasileiro.

---

(32) MACHADO, Hugo de Brito. Curso de Direito Tributário. 35 ed. São Paulo: Malheiros, 2014. p. 495.

Para os fins da Lei n. 4.717/65, consideram-se patrimônio público os bens e direitos de valor econômico, artístico, estético, histórico ou turístico, conforme redação dada pela Lei n. 6.513/77, ao artigo 1º, § 1º. Já o artigo 6º diz quem são as pessoas que suportarão o ônus da ação: A ação será proposta contra as pessoas públicas ou privadas e as entidades referidas no art. 1º, contra as autoridades, funcionários ou administradores que houverem autorizado, aprovado, ratificado ou praticado o ato impugnado, ou que, por omissas, tiverem dado oportunidade à lesão, e contra os beneficiários diretos do mesmo.

O Ministério Público acompanhará a ação, cabendo-lhe apressar a produção da prova e promover a responsabilidade, civil ou criminal, dos que nela incidirem, sendo-lhe vedado, em qualquer hipótese, assumir a defesa do ato impugnado ou dos seus autores. Ou seja, de acordo com o art. 9º da Lei 4.717/65, se o autor desistir da ação ou der causa à absolvição da instância, ficará assegurado a qualquer cidadão, bem como ao Ministério Público, a possibilidade de prosseguir com a mesma.

É facultado a qualquer cidadão habilitar-se como litisconsorte ou assistente do autor da ação popular.

O procedimento para impugnação do ato (comissivo ou omissivo) é ordinário, contudo, admitindo tutela antecipada, nos termos do artigo 273 do CPC, desde que sejam comprovados: i) a verossimilhança das alegações e ii) o fundado receio de dano irreparável.

A ação popular é gratuita, mas se for proposta de má-fé, o impetrante deverá ser condenado em custas e honorários. Não há competência originária de órgão colegiado para apreciação da *actio* (PET. 2.018-SP). Não cabe ação popular contra atos de conteúdo jurisdicional (AO 672/DF). Os atos de conteúdo jurisdicional – precisamente por não se revestirem de caráter administrativo estão excluídos do âmbito de incidência da ação popular, notadamente porque se acham sujeitos a um sistema específico de impugnação, quer por via recursal, quer mediante utilização de ação rescisória. Tratando-se de ato de índole jurisdicional, cumpre considerar que este ou ainda não se tornou definitivo – podendo, em tal situação, ser contestado mediante utilização dos recursos previstos na legislação processual –, ou, então, já transitou em julgado, hipótese em que, havendo decisão sobre o mérito da causa, expor-se-á à possibilidade de rescisão, nos termos do art. 485 do CPC. (STF, Pet. 2018/SP-AgR, Segunda Turma, Relator o Ministro Celso de Mello, DJ de 16/2/2001).

A jurisprudência pátria afasta da possibilidade de ingresso da ação popular contra lei em tese. Se além de atacar lei em tese, o fundamento é, simplesmente, o da sua inconstitucionalidade, o descabimento da ação teria um motivo adicional: ela estaria substituindo a ação própria de controle concentrado de constitucionalidade[33].

A simples arguição de inconstitucionalidade de lei ou ato normativo, sem ser decorrente de atos administrativos concretamente praticados, não tem espaço para ser examinada em sede de ação popular. Para o Superior Tribunal de Justiça, a arguição de inconstitucionalidade de qualquer regra positiva de direito pode ser examinada em sede de ação popular, desde que *incidenter tantum*, portanto, pela via do controle difuso. (STJ, REsp 958.550, Rel. Min. José Delgado, T1, j. 08-04-2008)

8.4. CONTROLE DE CONSTITUCIONALIDADE

Referendados os remédios constitucionais, passaremos a analisar as formas de controle de constitucionalidade por parte do Poder Judiciário.

Controle de constitucionalidade é a verificação de compatibilidade ou adequação entre um ato jurídico qualquer (atos normativos e, entre eles, a lei) e a Constituição, no aspecto formal e material.

Referido controle pode se dar de forma difusa ou concentrada. O Brasil adota os dois tipos de controle – sistema híbrido ou misto.

8.4.1. Modulação dos efeitos

Referendados os remédios constitucionais, passaremos a analisar as formas de controle de constitucionalidade por parte do Poder Judiciário.

Os efeitos são geralmente *ex tunc*, retroagindo desde a edição do comando normativo impugnado. Contudo, a regra da retroatividade não é absoluta, podendo sofrer limitação temporal – modulação temporal dos efeitos que podem ser: I) *ex nunc* (desde agora, efeitos não retroagem, valendo somente a partir da data da decisão tomada), II) *pro futuro* (suspensão dos efeitos por algum tempo a ser fixado na decisão) e III) *pro praeterito* (efeitos para o passado, sem contudo alcançar a data de edição da norma), conforme detalharemos em momento oportuno. Pode ainda ter efeito repristinatório (voltar vigência de lei anterior). A modulação dos efeitos é permitida desde que existam fundadas razões de segurança jurídica que justifiquem que tal efeito seja conferido à decisão.

Acerca da modulação dos efeitos de declaração de inconstitucionalidade, podemos destacar:

Na ADI 3580, por maioria de votos, o Plenário modulou os efeitos da decisão proferida para fixar que os efeitos da declaração de inconstitucionalidade dos dispositivos atacados devem ser considerados a partir da data da concessão de liminar.

Na ADI 4171, o STF fixou que os efeitos da decisão de inconstitucionalidade dos dispositivos atacados ocorrerão seis meses após a publicação do acórdão, nos termos do voto da relatora, ministra Ellen Gracie (aposentada).

---

(33) ZAVASCKI, Teori Albino. Processo Coletivo. 1. ed. São Paulo: LTR, 2006. p. 255.

Na ADI 2904/PR (Relator Min. Menezes Direito, Trib. Pleno, j. 15-04-2009 e DJe de 25-09-2009), o Supremo deixou consignado: "aplicação ao caso do art. 27 da Lei n. 9.868/99 para dar eficácia ex-nunc à declaração de inconstitucionalidade do art. 1º da Lei Complementar/PR n. 93/02, de modo a preservar a situação jurídica de todos os servidores aposentados até a data da sessão deste julgamento."

Na ADI 3106, houve modulação dos efeitos da decisão em julgamento de embargos de declaração. No julgamento na questão de fundo, a Corte entendeu que o governo de Minas Gerais não poderia instituir contribuição compulsória de servidores para o financiamento de atendimento à saúde, contribuição que deve ser voluntária. Segundo o relator, ministro Luiz Fux, a decisão do STF não deve ter efeitos retroativos, uma vez que pode haver pedidos para devolução do dinheiro relativo a serviços que já foram prestados. Sua proposta atribui efeitos à declaração de inconstitucionalidade a partir da data de conclusão do julgamento de mérito, em 14 de abril de 2010. O voto foi acompanhado por unanimidade.

Já como exemplo de decisão com efeito pro futuro, podemos citar a ADI 113215 RN 2008.011321-5 (Tribunal Pleno, j. 04-08-2010), em que o TJ/RN se manifestou da seguinte forma: "procedência da ação, para declarar inconstitucional o referido dispositivo. Efeitos pro futuro, ou seja, a valer somente para as próximas eleições, mantendo-se, assim, o mandato dos atuais edis." Nesta ADI Estadual foi questionado o aumento do número de vereadores, de nove para onze, do município de João Câmara/RN.

Por seu turno, o efeito *pra praeterito* pode ser verificado na ADI 3660/MS (STF, Relator Min. Gilmar Mendes, Tribunal Pleno, j. 13-03-2008 e DJe de 09-05-2008), onde restou a procedência da ação, contudo, e tendo em vista razões de segurança jurídica e de excepcional interesse social, aplicou-se o art. 27 da Lei n. 9.868/99, para atribuir à declaração de inconstitucionalidade efeitos a partir da Emenda Constitucional n. 45, de 31.12.2004.

Também pode haver o chamado efeito repristinatório da declaração de inconstitucionalidade, também chamado de revigorador, que significa considerar que a norma inconstitucional é inválida para o fim de revogar normas anteriores. Com o efeito, as normas anteriores (desde que não apresentem inconstitucionalidades) retornam à vigência, inclusive durante o período de vigência da norma declarada inconstitucional.

Exemplificando: O Estado Brejo do Peculato editou nova lei (A) que modificou o sistema de previdência dos seus servidores revogando expressamente a lei anterior (B). Acontece que a lei A foi julgada em sua totalidade, inconstitucional pelo STF. Com a atribuição do efeito repristinatório, a Lei B voltou a ter vigência, uma vez que nunca foi revogada pela Lei A.

Com relação ao efeito repristinatório, assim se posicionou o STF:

"– A declaração de inconstitucionalidade de uma lei alcança, inclusive, os atos pretéritos com base nela praticados, eis que o reconhecimento desse supremo vício jurídico, que inquina de total nulidade os atos emanados do Poder Público, desampara as situações constituídas sob sua égide e inibe – ante a sua inaptidão para produzir efeitos jurídicos válidos – a possibilidade de invocação de qualquer direito.

– A declaração de inconstitucionalidade em tese encerra um juízo de exclusão, que, fundado numa competência de rejeição deferida ao Supremo Tribunal Federal, consiste em remover do ordenamento positivo a manifestação estatal inválida e desconforme ao modelo plasmado na Carta Política, com todas as conseqüências daí decorrentes, inclusive a plena restauração de eficácia das leis e das normas afetadas pelo ato declarado inconstitucional. Esse poder excepcional – que extrai a sua autoridade da própria Carta Política – converte o Supremo Tribunal Federal em verdadeiro legislador negativo (STF, ADI 2.215/PE, Rel. Min. Celso de Mello, j. 17-04-2001 e Dj de 26-04-2001)."

8.4.2. Controle difuso

Controle difuso ou controle incidental (concreto, descentralizado e aberto) é exercido no caso concreto (ocorrência fática), pode ser exercido por qualquer juiz ou tribunal, como forma de fiscalização da constitucionalidade das leis e dos atos normativos. Seus efeitos são *inter partes* e retroativos (*ex tunc*), ou seja, desde a edição da norma impugnada, podendo sofrer modulação.

O controle difuso não é a questão principal a ser analisada no caso concreto, é uma questão prejudicial (que deverá ser analisada antes do mérito do pedido).

Por exemplo: o Estado Seara da Corrupção, ao reformular seu sistema previdenciário, modificou os requisitos para aposentação, passando a determinar como exigência o cumprimento pelo homem de tempo mínimo de contribuição de 40 anos e idade mínima de 65 anos. Fulano de Tal, tendo cumprido todos os requisitos estabelecidos pela Constituição Federal (tempo mínimo de contribuição de 35 anos e idade de 60 anos) ingressa com mandado de segurança, ao argumento de que a exigência estabelecida pela lei estadual é incompatível com a Lei Maior ,e pede que o Judiciário lhe garanta o direito à aposentadoria. Desta forma, o órgão jurisdicional respectivo terá que analisar, através do controle difuso e primeiramente, a questão constitucional posta sob análise (inconstitucionalidade da norma) para depois dizer o direito do pedido principal: direito à aposentadoria.

É questão prejudicial porque, se a lei for declarada incidentalmente constitucional, o pedido principal resta prejudicado.

A finalidade da tutela é assegurar direitos subjetivos e concretos, sendo legitimados ativos para questionar a constitucionalidade via incidental, qualquer pessoa.

Destarte, para exercício do controle de constitucionalidade através da via incidental em Recurso Extraordinário, imprescindível que se faça o prequestionamento, sendo inadmissível o recurso extraordinário se a questão constitucional suscitada não tiver sido apreciada no acórdão recorrido. (STF, AI 700144-RJ, Relator Ministro Ricardo Lewandowsky, j. 30-06-2009 e p. 21-08-2009).

Em alguns tribunais (com mais de 25 julgadores), é constituído órgão especial, nos termos do artigo 93, XI c/c artigo 97 da CF/88, que assumirão as funções do Plenário. É a chamada cláusula de reserva de plenário. A despeito, assim se posicionou o Pretório Excelso:

"A **estrita** observância, pelos Tribunais em geral, **do postulado** da reserva de plenário, **inscrito** no art. 97 da Constituição, **atua como pressuposto** de validade **e** de eficácia jurídicas **da própria** declaração jurisdicional de inconstitucionalidade dos atos do Poder Público. **Doutrina**. **Jurisprudência**.

- **A inconstitucionalidade** de leis **ou** de outros atos estatais **somente** pode ser declarada, **quer** em sede de fiscalização abstrata (método concentrado), **quer** em sede de controle incidental (método difuso), pelo voto **da maioria absoluta** dos membros integrantes do Tribunal, **reunidos** em sessão plenária **ou**, onde houver, no respectivo órgão especial. **Precedentes**.

- **Nenhum órgão fracionário de qualquer Tribunal**, em consequência, **dispõe de competência**, no sistema jurídico brasileiro, **para declarar a inconstitucionalidade** de leis **ou** atos emanados do Poder Público. Essa magna prerrogativa jurisdicional foi atribuída, em grau de absoluta exclusividade, **ao Plenário** dos Tribunais **ou**, onde houver, **ao respectivo Órgão Especial**. Essa **extraordinária competência** dos Tribunais *é regida pelo* **princípio da reserva de plenário** inscrito **no artigo 97** da Constituição da República.

Suscitada a questão prejudicial de constitucionalidade **perante** órgão **meramente** fracionário de Tribunal (Câmaras, Grupos, Turmas ou Seções), **a este competirá**, em **acolhendo** a alegação, **submeter** a controvérsia jurídica ao Tribunal Pleno. (STF, AI 591.373-AgR, Relator Ministro Celso de Mello, j. 18-09-2007 e p. 11-10-2007). (Os destaques são da origem)."

De acordo com a Súmula Vinculante n. 10, "viola a cláusula de reserva de plenário (CF, artigo 97) a decisão de órgão fracionário de tribunal que, embora não declare expressamente a inconstitucionalidade de lei ou ato normativo do Poder Público, afasta sua incidência, no todo ou em parte."

O controle difuso pode ainda ser exercido pelo Senado Federal, de modo a ampliar os efeitos da decisão, passando a ser *erga omnes*, conforme artigo 52, X, da CF/88 ("Compete privativamente ao Senado Federal: suspender a execução, no todo ou em parte, de lei declarada inconstitucional por decisão definitiva do Supremo Tribunal Federal.").

8.4.3. Controle concentrado

Em linhas gerais, o controle concentrado abstrato de constitucionalidade visa à invalidação de atos normativos que estejam em desacordo com a Constituição Federal, através do Supremo Tribunal Federal, que é o seu guardião.

Pode se dar por meio da ação direta de inconstitucionalidade (ADI), ação declaratória de constitucionalidade (ADC), ação direta de inconstitucionalidade por omissão (ADO) e arguição de descumprimento de preceito fundamental, conforme previsão nos artigos 102, I, "a" (ADI e ADC) e § 1º (ADPF) e artigo 103, § 2º (ADO) todos da CF/88.

Para o exercício do controle concentrado, através de ADI e ADC, a Constituição Federal limita o rol dos legitimados ativos, conforme expressa previsão contida no seu artigo 103:

Art. 103. Podem propor a ação direta de inconstitucionalidade e a ação declaratória de constitucionalidade:

I - o Presidente da República;

II - a Mesa do Senado Federal;

III - a Mesa da Câmara dos Deputados;

IV - a Mesa de Assembléia Legislativa ou da Câmara Legislativa do Distrito Federal;

V - o Governador de Estado ou do Distrito Federal;

VI - o Procurador-Geral da República;

VII - o Conselho Federal da Ordem dos Advogados do Brasil;

VIII - partido político com representação no Congresso Nacional;

IX - confederação sindical ou entidade de classe de âmbito nacional.

Nas referidas ações não há lide, o que há é um questionamento direto acerca de lei ou ato normativo, e no STF, a decisão tomada em ADI ou ADC (artigo 102, § 2º da CF/88) tem efeito vinculante, ou seja, deve ser aplicada a todos os casos sobre o mesmo tema. As Súmulas Vinculantes aprovadas pela Corte também conferem à decisão o efeito vinculante, devendo todos os órgãos do Poder Judiciário e a Administração Pública atuar conforme o enunciado da súmula.

No controle concentrado não é admitida a intervenção de terceiros. Contudo, admite uma forma excepcional, nos termos do § 2º do art. 7º da Lei n. 9.868/99: "o relator, considerando a relevância da matéria e a representatividade dos postulantes, poderá, por despacho irrecorrível, admitir, observado o prazo fixado no parágrafo anterior, a manifestação de outros órgãos ou entidades."

Trata-se da figura do *amicus curiae* (Amigo da Corte), no plural, *amici curiae* (Amigos da Corte). A intervenção tem por finalidade ampliar a discussão, trazendo elementos que podem auxiliar na convicção para a decisão final.

De acordo com o STF, a intervenção do *amicus curiae* tem por objetivo essencial pluralizar o debate constitucional, permitindo, desse modo, que o Supremo Tribunal Federal venha a dispor de todos os elementos informativos possíveis e necessários à resolução da controvérsia. (STF, ADI MC 2321).

Admite-se inclusive a sustentação oral por parte do *amicus curiae* (RISTF, art. 131, § 3º). Contudo, o STF, em diversos momentos, tem se manifEstado pela exigência da pertinência temática para ingresso como *amicus curiae* (ADI 3931, ADI 4154 e ADPF 46), bem como não reconhece legitimidade recursal ao *amicus curiae* (ADI 3706), a menos que apresente recurso contra a decisão que indefere seu pedido de ingresso no feito (ADI 3.615).

O requerimento para ingresso na ação deve ser dirigido diretamente ao relator. Na ADI 4071/DF, o STF, por maioria, afirmou que a possibilidade de intervenção do *amicus curiae* está limitada à data da remessa dos autos à mesa para julgamento. Logicamente, sua participação não constitui direito subjetivo, ficando a critério do relator.

A decisão em ADI ou ADC somente pode ser tomada quando presentes na sessão de julgamento pelo menos oito dos onze ministros do STF.

Uma vez proclamada constitucionalidade em uma ADC, será julgada improcedente eventual Ação Direta de Inconstitucionalidade contra a mesma lei. Do mesmo modo, uma vez proclamada a inconstitucionalidade em ADI, será improcedente a Ação Declaratória de Constitucionalidade contra a mesma norma.

Contra decisão que declara a constitucionalidade ou inconstitucionalidade em ADC e ADI não cabe recurso de qualquer espécie, com a exceção de embargos declaratórios.

A Lei n. 9.868, de 10 de novembro de 1999, dispõe sobre o processo e o julgamento da ação direta de inconstitucionalidade (ADI) e da ação declaratória de constitucionalidade (ADC), perante o Supremo Tribunal Federal.

É incabível suspensão de liminar em ação de controle de constitucionalidade. Neste sentido, o STF negou seguimento à SL 807, com o argumento de que a suspensão de liminar é medida excepcional, que se aplica a casos concretos e não em ações de controle abstrato de constitucionalidade. A suspensão somente pode ser concedida para beneficiar o Poder Público, impedido de atuar ou deixar de atuar em situação concreta, o que inviabiliza o juízo de abstração necessário ao desempenho do controle concentrado de constitucionalidade.

8.4.4. Ação Direta de Inconstitucionalidade

Tem por finalidade declarar que uma lei ou parte dela é inconstitucional, ou seja, que contraria a Constituição Federal. É a principal ação do controle concentrado de constitucionalidade em sentido abstrato. Desta forma, se lei ou ato normativo federal ou estadual, contraria a CR/88, a competência para julgamento é do Supremo Tribunal Federal, nos termos do art. 102, I, "a", da CF/88 c/c Lei n. 9.868, de 10 de novembro de 1999 (Dispõe sobre o processo e julgamento da ação direta de inconstitucionalidade e da ação declaratória de constitucionalidade perante o Supremo Tribunal Federal).

Podem ser objeto de impugnação via ADI, dentre outros: i) emendas constitucionais; ii) leis (complementares, ordinárias, delegadas, medidas provisórias, decretos legislativos, etc). Não cabe ADI contra lei ou ato normativo anterior à atual Constituição Federal.

A princípio, não cabe ADI contra lei ou ato normativo municipal. Contudo, assim dispõe a CF/88 art. 125, § 2º: "Cabe aos Estados a instituição de representação de inconstitucionalidade de leis ou atos normativos estaduais ou municipais em face da Constituição Estadual, vedada a atribuição da legitimação para agir a um único órgão". Neste contexto, os Estados-membros poderão instituir a Ação Direta de Inconstitucionalidade genérica contra atos normativos municipais em face da Constituição Estadual. No Brasil, todas as Constituições estaduais, sem exceção, disciplinaram o instituto, com maior ou menor legitimação.

A ADI somente pode ser proposta: i) pelo presidente da República; ii) pela Mesa do Senado Federal; iii) pela Mesa da Câmara dos Deputados; iv) Pela Mesa da Assembleia Legislativa ou da Câmara Legislativa do Distrito Federal; v) pelo governador de Estado ou do Distrito Federal; vi) pelo procurador-geral da República; vii) pelo Conselho Federal da Ordem dos Advogados do Brasil; viii) por partido político com representação no Congresso Nacional; e xix) por confederação sindical ou entidade de classe no âmbito nacional.

São legitimados universais: i) presidente da República; ii) Mesa do Senado Federal; iii) Mesa da Câmara dos Deputados; iv) procurador-geral da República; v) Conselho Federal da Ordem dos Advogados do Brasil; e vi) partido político com representação no Congresso Nacional. São assim denominados porque dentre suas competências institucionais se encontra a defesa da ordem constitucional.

São legitimados especiais (interessados): i) Mesa da Assembleia Legislativa ou da Câmara Legislativa do Distrito Federal; ii) governador de Estado ou do Distrito Federal; e iii) confederação sindical ou entidade de classe no âmbito nacional. Os legitimados especiais devem comprovar pertinência temática, sob pena de a ação não ser conhecida por lhe faltar um dos requisitos para sua propositura, que é a legitimidade *ad causam*. Por pertinência temática podemos entender que a decisão a ser proferida numa discussão acerca da inconstitucionalidade de uma lei tenha liame direto com o interesse ou atividade desenvolvida pelo autor, ou seja, que o objeto da instituição guarde pertinência (relação) com o pedido da ação.

A legitimidade ativa da confederação sindical, entidade de classe de âmbito nacional, Mesas das Assembleias Legislativas e governadores, para a ação direta de inconstitucionalidade, vincula-se ao objeto da ação, pelo que deve haver pertinência da norma impugnada com os objetivos do autor da ação. Precedentes do STF: ADI 305/RN (*RTJ* 153/428); ADI 1.151/MG (*DJ* de 19-5-1995); ADI 1.096/RS (*Lex-JSTF*, 211/54); ADI 1.519/AL, julgamento em 6-11-1996; ADI 1.464/RJ, *DJ* de 13-12-1996. e ADI 1.507-MC-AgR, (Rel. Min. Carlos Velloso, julgamento em 3-2-1997, Plenário, *DJ* de 6-6-1997).

Impende registrar que governadores podem arguir a inconstitucionalidade de lei de outro Estado federativo, desde que comprove que a mesma, de alguma forma, vai de encontro aos interesses do Estado o qual governa (ADI 2.656, Rel. Min. Maurício Corrêa, julgamento em 8-5-2003, Plenário, DJ de 1º-8-2003.). Em qualquer caso, o governador, quando ingressa com ação direta de inconstitucionalidade, deve assinar a petição, juntamente com o procurador-geral do Estado.

Os conselhos de fiscalização profissional têm como função precípua o controle e a fiscalização do exercício das profissões regulamentadas, exercendo, portanto, poder de polícia, atividade típica de Estado, razão pela qual detêm personalidade jurídica de direito público, na forma de autarquias. Sendo assim, tais conselhos não se ajustam à noção de entidade de classe, expressão que designa tão somente aquelas entidades vocacionadas à defesa dos interesses dos membros da respectiva categoria ou classe de profissionais. (ADPF 264-AgR, Rel. Min. Dias Toffoli, julgamento em 18-12-2014, Plenário, DJE de 25-2-2015).

No tocante à entidade de classe, esta somente é considerada de âmbito nacional quanto estiver presente em pelo menos nove Estados da federação (um terço, contando com o Distrito Federal). Contudo, o STF afastou excepcionalmente a exigência, ao julgar a ADI 4.361-AgR, cuja relatoria coube ao ministro Luiz Fux. A Suprema Corte reconheceu a relevância nacional da atividade da Federação das Empresas de Transportes Rodoviários da Região Norte – Fetranorte.

Já os partidos políticos devem estar representados pelo Diretório Nacional. A jurisprudência do STF firmou o entendimento de que o partido político, para ajuizar ação direta de inconstitucionalidade perante a Corte, deve estar representado por seu Diretório Nacional, ainda que o ato impugnado tenha sua amplitude normativa limitada ao Estado ou Município do qual se originou. (STF, ADI 1.528-QO, Rel. Min. Ellen Gracie, julgamento em 24-5-2000, Plenário, DJ de 23-8-2002).

A Associação Nacional dos Magistrados Estaduais (Anamages) não tem legitimidade para propor ação direta de inconstitucionalidade contra norma de interesse de toda a magistratura. É legítima, todavia, para a propositura de ação direta contra norma de interesse da magistratura de determinado Estado-membro da Federação. (ADI 4.462-MC, Rel. Min. Cármen Lúcia, julgamento em 29-6-2011, Plenário, DJE de 16-11-2011).

O efeito das decisões em sede de ADI em relação às partes é *erga omnes*, ou seja, tem eficácia contra todos, indistintamente, em processo objetivo no qual inexistem partes em sentido material, uma vez que não há tutela de direitos próprios subjetivos, mas defesa da ordem constitucional. Exceção: artigo 27 da Lei n. 9.868/95:

Art. 27. Ao declarar a inconstitucionalidade de lei ou ato normativo, e tendo em vista razões de segurança jurídica ou de excepcional interesse social, poderá o Supremo Tribunal Federal, por maioria de dois terços de seus membros, restringir os efeitos daquela declaração ou decidir que ela só tenha eficácia a partir de seu trânsito em julgado ou de outro momento que venha a ser fixado.

A delimitação dos efeitos somente pode acontecer por razões de segurança jurídica ou de excepcional interesse social, conforme expressamente disposto na norma e nos termos já analisados.

São admitidos embargos de declaração para modulação dos efeitos, desde que conste do pedido inicial.

É possível a concessão de liminar em sede de ADI, nos termos do artigo 10, § 3º, da Lei n. 9.868/99: "em caso de excepcional urgência, o Tribunal poderá deferir a medida cautelar sem a audiência dos órgãos ou das autoridades das quais emanou a lei ou o ato normativo impugnado."

No julgamento da ADI 5187, o STF deixou consignado que a ação direita de inconstitucionalidade perde seu objeto quando a apreciação dos dispositivos legais nela impugnados já tiver ocorrido no julgamento de outra ADI. A referida ADI foi então extinta pelo ministro Luís Roberto Barroso, seu relator, que consignou, considerando que as decisões de mérito proferidas em ações diretas têm eficácia contra todos e efeito vinculante, "a existência de julgado declarando a inconstitucionalidade dos preceitos legais objeto desta ação leva, nesse ponto, à perda do objeto da ação."

É ainda permitido pedido de medida cautelar nas ações diretas, e quando houver o pedido, só poderá haver concessão pela maioria absoluta dos ministros que compõem o Tribunal, ou seja, por seis votos. Somente em casos de excepcional urgência a cautelar poderá ser deferida sem que sejam ouvidas as autoridades de quem emanou a lei.

O principal efeito da concessão da medida cautelar em ADI é suspender a eficácia do ato normativo impugnado, conforme o artigo 10 da Lei n. 9.868/99, "salvo no período de recesso, a medida cautelar na ação direta será concedida por decisão da maioria absoluta dos membros do Tribunal." E segundo o § 3º do mesmo dispositivo, "em caso de excepcional urgência, o Tribunal poderá deferir a medida cautelar sem a audiência dos órgãos ou das autoridades das quais emanou a lei ou o ato normativo impugnado."

Nos termos do § 1º do artigo 11, a medida cautelar, dotada de eficácia contra todos, será concedida com efeitos *ex nunc*, salvo se o Tribunal entender que deva conceder-lhe eficácia retroativa.

E o § 2º do mesmo artigo lhe atribui efeito repristinatório: "a concessão da medida cautelar torna aplicável a legislação anterior acaso existente, salvo expressa manifestação em sentido contrário."

Para a concessão de cautelar, hão de ser observados: I) plausibilidade jurídica do pedido (*fumus boni iuris*) e II) possibilidade de prejuízo decorrente do retardamento da decisão postulada (*periculum in mora*).

No STF se encontram em curso as seguintes ADIs, versando sobre a previdência pública: i) ADI 4912, que questiona a Lei Complementar 125/2012, do Estado de Minas Gerais, que alterou o regime próprio de previdência dos militares estaduais, e instituiu a contribuição previdenciária dos militares ativos e inativos, nos moldes da previdência dos servidores públicos; ii) ADI 2968, que versa sobre a inconstitucionalidade da vinculação dos servidores celetistas a estatuto por meio de lei (efetivação); iii) ADI 3184, acerca da inconstitucionalidade do art. 9º da EC 41/03: aplicação do teto de remunerações a benefícios; iv) ADI 4878 e ADI 5083, que discutem a inconstitucionalidade da exclusão do menor sob guarda do rol de dependentes do RGPS; v) ADI 4882, que invoca a inconstitucionalidade da cassação de aposentadoria como penalidade disciplinar; vi) ADI 3297, que cuida da inconstitucionalidade da aplicação da unidade gestora única (RPPS) de o teto do RGPS aos magistrados; vii) ADI 3308, onde se discute a inconstitucionalidade da unificação do regime previdenciário dos magistrados e fim da aposentadoria integral – EC 20 e EC 41 (com 3 apensos – ADI 3363, ADI 4802 e ADI 4803); vii) ADI 3310 que invoca a inconstitucionalidade da inclusão do Ministério Público na unidade gestora única; viii) ADI 3593, objetivando via declaração de inconstitucionalidade a inclusão dos magistrados na unidade gestora única; ix) ADI 3948, cujo tema central é instituição do RPPS para parlamentares; x) ADI 4601 que debate sobre o pagamento de pensão a ex-governadores, ex-vice-governadores, bem como seus dependentes; xi) ADI 4639 e ADI 4641, cujo cerne é a criação RPPS para titulares de serviços notariais e serviços públicos; xii) ADI 5111, que cuida da inconstitucionalidade da inclusão no RPPS de servidores estabilizados por resolução da Assembleia Legislativa; xiii) ADI 4912 e ADI 4967, que discutem a inconstitucionalidade da unificação do Regime Previdenciário dos Militares.

8.4.4.1. A Ação Penal 470 (Mensalão) e as ADIs que questionam a EC 41/03

Em setembro de 2012, sete parlamentares foram julgados e condenados na Ação Penal n. 470, conhecida como escândalo do Mensalão. Nos meses de novembro e dezembro do mesmo ano, foram impetradas quatro ações diretas de inconstitucionalidade, discutindo a constitucionalidade da EC n. 41/03. São as seguintes ADI's:

ADI	Data de protocolo	Requerente	Relator
4885	28.11.2012	Associação dos Magistrados do Brasil – AMB e Associação Nacional dos Magistrados da Justiça do Trabalho – Anamatra	Ministro Marco Aurélio
4887	03.12.2012	Associação dos Delegados de Polícia do Brasil - Adepol	Ministra Cármen Lúcia
4888	07.12.2012	Confederação Nacional dos Servidores Públicos do Brasil - CSPB	CSPB
4889	11.12.2012	Partido Socialista e Liberdade - PSOL	Ministra Cármen Lúcia

A Reforma da Previdência 2 tem sua constitucionalidade debatida, sob a argumentação de que a falta de decoro parlamentar teria violado os princípios que regem a moralidade pública, bem como os princípios que norteiam a representação popular. Alegam que houve mácula nas votações da emenda questionada, devido à compra de votos, o que invalidaria todo o processo legislativo.

Ressalte-se que a EC n. 41/03 já foi questionada anteriormente (ADI 3104 – regras de transição e ADI 3105 – taxação dos inativos e pensionistas), sendo que a constitucionalidade dos dispositivos atacados foi confirmada pelo STF.

A ministra Cármen Lúcia, nas ações diretas postas sob seu julgo, invocou o rito abreviado, previsto no artigo 12 da Lei n. 9.868/99, determinando que fossem requisitadas, com urgência e prioridade, informações do Congresso Nacional, no prazo máximo e improrrogável de dez dias e, na sequência, que fossem dadas vistas dos autos ao advogado–geral da União e ao procurador–geral da República para manifestações, na forma da legislação vigente pelo prazo máximo e igualmente improrrogável de cinco dias cada um.

A ADI proposta pela Confederação dos Servidores Públicos do Brasil (CSPB) tem por escopo que se declare a inconstitucionalidade dos arts. 1º a 4º da Emenda Constitucional n. 41/03. A autora sustenta que as normas impugnadas na presente ação direta contrariam o art. 55, § 1º, da Constituição da República. Argumentando que o STF "reconheceu a comprovação induvidosa da existência de crime contra a República Federativa do Brasil, crime de lesa-pátria alojado no lamentável fenômeno de quebra de decoro parlamentar à ocasião do processo legislativo de formação e votação da Emenda Constitucional n. 41, de 19 de dezembro de 2003." Salienta a Confederação que, com a EC n. 41/03, houve "redução de direitos previdenciários de servidores públicos e a privatização de parte do sistema político de seguridade."

Em suas manifestações, o PSOL afirma que os 108 parlamentares que votaram a favor da reforma o fizeram sob a orientação, à época, de líderes partidários (Valdemar Costa Neto – PL, Roberto Jefferson – PTB e Pedro Henry – PP). E que a existência de um esquema criminoso de compra de apoio político no Congresso Nacional teria influenciado diretamente a aprovação da matéria no Legislativo.

A Adepol ingressou com ADI com pedido de medida cautelar contra a EC n. 41/03, especificamente em relação ao art. 40, incisos I e II do § 7º, com a nova redação dada pelo art. 1º da EC n. 41/03 (cálculo das pensões), bem como a totalidade da Emenda Constitucional n. 47/05. A Requerente sustenta que as normas impugnadas teriam violado os artigos 1º, parágrafo único, 5º, *caput*, inc. XXXVI e LIV, e § 2º c/c os arts. 40, § 12, *caput*, 55, § 1º, 150, inc. II, 194, parágrafo único, inc. IV, 195, inc. II c/c o art. 60, § 4º, inc. I e IV, da Constituição da República. Aduz a Adepol que a PEC 40/03 que foi promulgada sob o n. 41/03, somente foi aprovada em razão de um conluio criminoso praticado por membros do Poder Executivo e do Poder Legislativo, conforme ficou demonstrado de forma clara na Ação Penal n. 470. E que a inconstitucionalidade formal estaria evidenciada "em razão da afronta ao princípio da moralidade (CF, art. 37, *caput*), tendo em conta que o processo legislativo foi, inequivocadamente, imoral e fraudado."

A Associação dos Magistrados Brasileiros (AMB), juntamente com a Associação Nacional dos Magistrados da Justiça do Trabalho (Anamatra), ingressou com ADI questionando a validade da Emenda Constitucional 41/2003 – Reforma da Previdência 2, que autorizou a instituição da previdência complementar privada dos servidores públicos, o Fundo de Pensão do Servidores Públicos Federais do Judiciário (Funpresp-Jud) — Lei 12.618/2012. O objeto da ADI é a declaração de inconstitucionalidade do § 15 do artigo 40 da CF/88, na redação dada pela EC n. 41/03 e pela Lei n. 12.618, de 2012, na parte que autoriza a criação de entidade fechada de previdência complementar para o servidor público.

Em seu site, o Supremo Tribunal Federal afirma que no julgamento ainda não concluído da AP 470, o Tribunal reconheceu e declarou ter ocorrido o crime de corrupção praticado por membros do Poder Executivo em face de membros do Poder Legislativo, que visou exatamente à obtenção da aprovação da Reforma da Previdência 2, promovida pela PEC 40/2003, que resultou na promulgação a EC 41/2003[34].

Segundo a revista eletrônica do Consultor Jurídico – Conjur, a ação tem como base o julgamento da Ação Penal 470, processo do Mensalão, no Supremo, que considerou que a aprovação da Emenda Constitucional é resultado de corrupção. Com isso, segundo as associações, a redação dada pela EC 41/2003 padece de vício de inconstitucionalidade formal, decorrente da violação ao artigo 1º, parágrafo único, porque não houve a efetiva expressão da vontade do povo por meio dos seus representantes na votação da PEC. Além disso, a ADI cita outros vícios, como a violação ao artigo 5º, LV, porque o processo legislativo, que integra o devido processo legal, foi fraudado por meio de conduta criminosa[35].

Na inicial, as associações deixaram registrado que dúvida não pode haver que a conduta ocorrida subsume-se à hipótese de um dos "crimes contra o livre exercício dos poderes constitucionais", previsto no art. 6º, item 2, da Lei 1.079 (usar de violência ou ameaça contra algum representante da Nação para afastá-lo da Câmara a que pertença ou para coagi-lo no modo de exercer o seu mandato bem como conseguir ou tentar conseguir o mesmo objetivo mediante suborno ou outras formas de corrupção), daí resultando a prova da inconstitucionalidade.

A ação direta de inconstitucionalidade não foi ainda definida, encontrando-se os autos conclusos ao relator desde 25 de março de 2014. Contudo, foi julgado pedido de liminar em 03-01-2013 (publicação no DJe de 05-02-2013), onde restou consignado que "a racionalidade própria ao Direito direciona no sentido de aguardar-se o julgamento definitivo." O relator também acionou o disposto no artigo 12 da Lei n. 9.868/99, requestando informações ao Congresso Nacional e a manifestações do advogado-geral da União e do procurador-geral da República.

Em suas manifestações, a AGU, se posicionou pela exclusão da Anamatra do polo ativo, bem como pela improcedência do pedido, devendo ser declarada a constitucionalidade do artigo 40, § 15, da Constituição Federal, com a redação conferida pela Emenda Constitucional n. 41, de 19 de dezembro de 2003, bem como da Lei federal n. 12.618, de 30 de abril de 2012, de cujo parecer colacionamos a ementa:

"Regime de previdência complementar dos servidores públicos. Alegação de inconstitucionalidade do artigo 40, § 15, da Constituição Federal, com a redação conferida pela Emenda Constitucional n. 41, de 19 de dezembro de 2003, bem como da Lei federal n. 12.618, de 30 de abril de 2012, na parte em que autorizou a criação de entidade fechada de previdência complementar destinada a alcançar membros da magistratura. Preliminar. Ilegitimidade de uma das associações requerentes. Exclusão do polo ativo da demanda. Mérito. Inexigível a edição de lei complementar especial para tratar do tema. Proibição da criação de mais de um regime próprio de previdência social para os servidores titulares de cargos efetivos, nos termos do artigo 40, § 20, da Constituição Federal e dos diplomas normativos nacionais que tratam da matéria. Manifestação pela improcedência do pedido. (AGU, Parecer da lavra do advogado-geral da União, Luís Inácio Lucena Adams, em 25 de fevereiro de 2013)."

Nas ADIs sob comento, foi apontado de, forma inédita, vicio no processo legislativo, proveniente de corrupção de parlamentares. Em tese apresentada frente à Universidade Federal de Santa Catarina, Ricardo Pereira assim deixou consignado:

"Portanto, visando à busca da justiça social, e considerando o clamor de uma nação, em especial dezenas

---

(34) STF. ADI questiona reforma e lei sobre previdência complementar. Notícias STF, 30 de novembro de 2012. Disponível em <http://www.stf.jus.br/portal/cms/verNoticiaDetalhe.asp?idConteudo=225340>. Acesso em 8 de setembro de 2015.

(35) Consultor Jurídico. Resultado da Corrupção: Juízes vão ao STF questionar reforma da previdência. Revista Eletrônica Consultor Jurídico. 2012. Disponível em <http://www.conjur.com.br/2012-nov-29/juizes-stf-questionar-reforma-previdencia-base-mensalao>. Acesso em 5 de setembro de 2015.

de sindicatos que estão se mobilizando em todo País buscando a invalidade desta reforma da previdência, a solução dentro do ideal de justiça social e dignidade da pessoa humana, que seja considerada a Emenda Constitucional n. 41/2003 inconstitucional por mácula ao processo legislativo que a originou, com efeitos a partir de qualquer momento escolhido pelo Supremo Tribunal Federal, num prazo ideal para que o Congresso Nacional legisle sobre uma nova reforma previdenciária. Com a adoção destes efeitos se preservará a segurança das relações jurídicas nestes últimos dez anos, além do caixa dos entes estatais."[36]

Coadunamos com o pensamento exarado acima, notadamente quando existe a possibilidade de modulação dos efeitos da decisão. O desfecho das referidas ADIs, com certeza, será um marco jurisprudencial para os rumos da previdência pública no Brasil. E como asseverou o Ministro Cezar Peluso, por ocasião do julgamento da ADI 3105 (taxação dos inativos e pensionistas): "Ao Tribunal Constitucional incumbe uma responsabilidade política na manutenção da ordem jurídico-estadual e da sua capacidade de funcionamento."

8.4.4.2. Reclamação

A Reclamação é um instrumento jurídico com *status* constitucional que visa preservar a competência do Supremo Tribunal Federal e garantir a autoridade de suas decisões. Originalmente, ela é fruto da construção jurisprudencial do STF, que, com o decorrer do tempo, foi incorporada ao texto constitucional, conforme previsão no artigo 102, inciso I, alínea "i", da CF/88: Compete ao Supremo Tribunal Federal, precipuamente, a guarda da Constituição, cabendo-lhe a reclamação para a preservação de sua competência e garantia da autoridade de suas decisões.

É regulamentada pelo artigo 13 da Lei 8.038/1990 e pelos artigos 156 e seguintes do Regimento Interno do Supremo Tribunal (RISTF). Deve ser ajuizada diretamente no Tribunal, a quem cabe analisar se o ato questionado na ação invadiu competência da Corte ou se contrariou alguma de suas decisões.

De acordo com o Supremo Tribunal Federal, em seu site, atualmente, tramitam aproximadamente três mil Reclamações no STF, número que tem crescido nos últimos anos. A possibilidade de uso desse instrumento foi ampliada pela emenda Constitucional 45/2004 (Reforma do Judiciário), para impugnar ato administrativo ou decisão judicial que contrarie ou aplique indevidamente súmula vinculante da Corte (artigo 103-A, parágrafo 3º).

Segundo o STF, deve ser indiciado o ato concreto passível de confronto com o enunciado vinculante do STF que possibilite a formação de um juízo de aderência estrita entre a decisão reclamada e o paradigma (STF, AgReg na Rcl 15451/RJ, p. 02-04-2014).

No tocante à natureza jurídica, a Corte Suprema tem se manifEstado de maneira diversa em momentos distintos. No julgamento da ADI 2212/CE, entendeu que era um consectário do direito de petição, nos seguintes termos: "a natureza jurídica da reclamação não é a de um recurso, de uma ação e nem de um incidente processual. Situa-se ela no âmbito do direito constitucional de petição previsto no artigo 5º, inciso XXXIV da Constituição Federal" (STF, ADI 2212/CE, Rel. Min. Octavio Gallotti, Plenário, j. 02-10-2003 e p. 10-10-2003).

A par da polêmica, assim se manifestou o ministro Celso de Mello:

"Como se sabe, a reclamação, qualquer que seja a natureza que se lhe atribua - ação (PONTES DE MIRANDA, "Comentários ao Código de Processo Civil", tomo V/384, Forense), recurso ou sucedâneo recursal (MOACYR AMARAL SANTOS, RTJ 56/546-548; ALCIDES DE MENDONÇA LIMA, "O Poder Judiciário e a Nova Constituição", p. 80, l989, Aide), remédio incomum (OROSIMBO NONATO, apud Cordeiro de Mello, "O processo no Supremo Tribunal Federal", vol. 1/280), incidente processual (MONIZ DE ARAGÃO, "A Correição Parcial", p. 110, 1969), medida de direito processual constitucional (JOSÉ FREDERICO MARQUES, "Manual de Direito Processual Civil", vol. 3º, 2ª parte, p. 199, item n. 653, 9ª ed., l987, Saraiva) ou medida processual de caráter excepcional (Min. DJACI FALCÃO, RTJ 112/518-522) - configura instrumento de extração constitucional, não obstante a origem pretoriana de sua criação (RTJ 112/504), destinado a viabilizar, na concretização de sua dupla função de ordem político-jurídica, a preservação da competência e a garantia da autoridade das decisões do Supremo Tribunal Federal (CF, art. 102, I, "l"), consoante tem enfatizado a jurisprudência desta Corte Suprema (RTJ 134/1033, Rel. Min. Celso de Mello)"

Contudo, mais recentemente, o ministro Gilmar Mendes se posicionou no sentido de ser a Reclamação verdadeira ação de rito sumário especial. Senão vejamos:

"A reclamação, tal como prevista no art. 102, I, l, da Constituição, e regulada nos artigos 13 a 18 da Lei n. 8.038/90, e nos artigos 156 a 162 do Regimento Interno do Supremo Tribunal Federal, constitui ação de rito essencialmente célere, cuja estrutura procedimental, bastante singela, coincide com o processo do mandado de segurança e de outras ações constitucionais de rito abreviado. A adoção de uma forma de procedimento sumário especial para a reclamação tem como razão a própria natureza desse tipo de ação constitucional, destinada à salvaguarda da competência e da autoridade das decisões do Tribunal,

---

(36) PEREIRA, Ricardo. A ação penal 470 (ação do mensalão) e a Emenda Constitucional n. 41 (reformadora da previdência social): aspectos controvertidos de uma nova espécie de inconstitucionalidade. Disponível em <https://repositorio.ufsc.br/bitstream/handle/123456789/104359/monografia%20do%20curso%20de%20direito%20da%20UFSC_RICARDO%20PEREIRA_VERS%C3%83O%20FINAL.pdf?sequence=2>. Acesso em 05 de setembro de 2015.

assim como da ordem constitucional como um todo (STF, Rcl 5470/PA, Rel. Min. Gilmar Mendes, decisão monocrática, j. 04-03-2008 e Dje 10-03-2008) "

Certo é que a Corte ultimamente a tem admitido como um instrumento reclamatório (STF, Rcl 14333 AgR/DF, Rel. Min. Celso de Mello, j. 10-03-2015 de DJe de 20-04-2015).

Extrai-se que a Reclamação exige provocação judicial pelas partes ou pelo MP, pode cassar a decisão, mas não invalidar ou reformar, exige capacidade postulatória, enseja coisa julgada, desafia recursos (agravo interno e embargos de declaração) e admite medida cautelar. Não há prazo estabelecido para seu ajuizamento.

Cabe Reclamação em fase de decisão que descumprir enunciado de súmula vinculante. O artigo 7º da Lei n. 11.417/06 é claro nesse sentido: "Da decisão judicial ou do ato administrativo que contrariar enunciado de súmula vinculante, negar-lhe vigência ou aplicá-lo indevidamente caberá reclamação ao Supremo Tribunal Federal, sem prejuízo dos recursos ou outros meios admissíveis de impugnação." No tocante às decisões administrativas, assim preleciona o § 1º do mesmo dispositivo legal: "contra omissão ou ato da administração pública, o uso da reclamação só será admitido após esgotamento das vias administrativas."

Segundo o enunciado da Súmula n. 734 do STF, "não cabe reclamação quando já houver transitado em julgado o ato judicial que se alega tenha desrespeitado decisão do Supremo Tribunal Federal." Contra súmula sem efeito vinculante não cabe a Reclamação. Nesse sentido, o ministro Carlos Ayres Britto negou seguimento à Rcl n. 11.235. O autor questionava violação da Súmula 380 do STF. Em sua decisão, o ministro explicou que a reclamação é a ferramenta processual de preservação da competência do STF e de garantia da autoridade de suas decisões. Mas as reclamações, disse o ministro, só podem ser manejadas com base em decisões proferidas pelo STF em ações destinadas ao controle abstrato de constitucionalidade, ou ainda em processo de índole subjetiva, desde que o eventual reclamante dela tenha participado. Ou ainda tendo por base súmulas vinculantes[37].

Podemos assim elencar as quatro hipóteses em que é cabível a Reclamação: i) preservação da competência do STF; ii) garantia da autoridade das decisões do STF; iii) descumprimento de súmula vinculante; e iv) contra omissão ou ato da administração pública, desde que esgotadas as vias administrativas.

Após o julgamento da ADI 2480 (j. 02-04-2007 e p. 15-06-2006), o Supremo reformou o entendimento até então firmado, admitindo a possibilidade da previsão da reclamação em âmbito estadual. Tal entendimento tem fundamento no princípio da simetria e da efetividade das decisões judiciais.

Na RCL 21008, o ministro Marco Aurélio, relator, julgou sua procedência para determinar que o Município de Paraguaçu (MG) analisasse levando em consideração as normas do regime geral de previdência social. O relator entendeu que, no caso, ficou evidenciada afronta à Súmula Vinculante 33 do STF. O núcleo da tese foi a argumentação de que o Executivo municipal não respeitou o enunciado da SV 33, que se resumiu em alegar falta de legislação que viabilizasse o atendimento do pedido.

Por fim e longe de exaurir a matéria, o novo Código de Processo Civil – nCPC, Lei n. 13.105, de 16 de março de 2015, que entra em vigor a partir de março de 2015, valorizou o instituto da Reclamação, previsto anteriormente para controle concentrado de constitucionalidade, conforme artigo 102, "l", da CF/88 (reclamação para a preservação de sua competência e garantia da autoridade de suas decisões) ou em face de edição, revisão ou cancelamento de súmula vinculante, nos termos do artigo 103-A, § 3º, da CF/88 (do ato administrativo ou decisão judicial que contrariar a súmula aplicável ou que indevidamente a aplicar, caberá reclamação ao Supremo Tribunal Federal). O artigo 988 do nCPC traz a nova previsão da reclamação, alargando sua propositura pelas demais esferas jurisdicionais, podendo ser proposta perante qualquer tribunal, e cujo julgamento competindo ao órgão jurisdicional cuja competência se busca preservar ou cuja autoridade se pretenda garantir.

8.4.5. Ação Direta de Constitucionalidade

Surgiu com a EC n. 03/93, com o propósito contrário à ADI. A ADC tem a nítida finalidade de obter do STF uma decisão de cunho declaratório, em relação à constitucionalidade de determinada lei ou ato normativo federal, nos termos do artigo 14, III, da Lei n. 9.868/99, afastando a insegurança jurídica gerada por decisões judiciais contraditórias.

A ADC é uma ação constitucional objetiva que, quando provocada, confirma a constitucionalidade de uma norma, ou seja, tornar certo judicialmente que uma dada norma federal é compatível com a Constituição, fazendo com que a constitucionalidade da lei não seja questionada por outras ações. Desta forma, podemos afirmar que se constitui em meio processual de garantia da constitucionalidade da lei ou do ato normativo federal, consubstanciada no controle concentrado via de ação direta. Apresentando, assim, efeitos vinculantes e *ex tunc*, confirmando a constitucionalidade da norma desde a sua edição.

Destarte, a própria constitucionalidade da ADC foi questionada por meio da ADC-QO 1 DF, de Relatoria do ministro Moreira Alves, julgada pelo Plenário em 27-10-1993, publicação em 16-06-1995.

A ADC que originou a Questão de Ordem (incidental) declarou a constitucionalidade da contribuição social instituída pela Lei Complementar n. 70/91 – Cofins.

---

(37) Supremo Tribunal Federal. Não cabe reclamação com base em súmula sem efeito vinculante. Notícias STF do dia 25 de abril de 2011. Disponível em <http://www.stf.jus.br/portal/cms/verNoticiaDetalhe.asp?idConteudo=177732>. Acesso em 27 de outubro de 2015.

A legitimidade ativa encontra-se estabelecida no artigo 103, § 4º, da CRFB/88, cabendo exclusivamente: i) ao presidente da República; ii) a Mesa do Senado Federal; iii) a Mesa da Câmara dos Deputados e ao procurador-geral da República. Vê-se portanto que a legitimidade para propositura de ADC é mais restritiva do que os legitimados para a ADI.

Somente normas editadas após a vigência da CF/88 podem ter a constitucionalidade discutida em sede de ADC. Uma vez proposta, não admite desistência.

A petição inicial deve ser instruída com cópia da lei ou do ato normativo (inclusive tratados e convenções internacionais) que está sendo questionado. Deve ser fundamentada, sob pena de não ser reconhecida *ab initio* pelo relator do processo, que deve pedir informações às autoridades autoras da lei, como presidente da República e Congresso Nacional, para estabelecer o contraditório, uma vez que as leis nascem com presunção de constitucionalidade.

É permitido o ingresso de outros órgãos ou entidades, como *amicus curiae*, considerando a relevância da matéria e a representatividade dos requerentes. Caso haja necessidade de esclarecimento da matéria, podem ser designados peritos para emitir pareceres sobre a questão ou chamadas pessoas com experiência e autoridade no assunto para opinar.

O advogado-geral da União e o procurador-geral da República devem se manifestar nos autos.

A concessão de liminares também é possível, nos termos do artigo 21 da Lei n. 9.868/99, todavia, quando houver pedido de medida cautelar, só poderá haver concessão pela maioria absoluta dos ministros que compõem o Tribunal, ou seja, por seis votos. Somente em casos de excepcional urgência a cautelar poderá ser deferida sem que sejam ouvidas as autoridades de quem emanou a lei. A decisão sobre a constitucionalidade ou inconstitucionalidade da lei somente será tomada se estiverem presentes na sessão de julgamento pelo menos oito ministros.

Uma vez proclamada constitucionalidade em uma ADC, será julgada improcedente eventual Ação Direta de Inconstitucionalidade contra a mesma lei. Do mesmo modo, uma vez proclamada inconstitucionalidade em ADI, será improcedente a Ação Declaratória de Constitucionalidade contra a mesma norma. Contra a decisão que declara a constitucionalidade ou inconstitucionalidade em ADC e ADI não cabe recurso de qualquer espécie, com a exceção de embargos declaratórios.

O artigo 1º da Lei n. 9.494, de 10 de setembro de 1997, que cuida da aplicação de tutela antecipada contra a Fazenda Pública, foi questionado em sede de ADC. No julgamento da ADC n. 4, o STF, tanto no exame liminar como no final, pacificou o entendimento de que o dispositivo atacado é constitucional. Com isso, não pode o juiz declarar, mediante controle difuso, a inconstitucionalidade do art. 1º da Lei 9.494/97. Caso venha a declarar, poderá ser impetrada Reclamação Constitucional.

A Confederação dos Servidores Públicos do Brasil (CSPB) ajuizou ação declaratória de constitucionalidade, a ADC 37, pedindo que o Supremo Tribunal Federal afirme que a Lei Complementar n. 144/14 – que alterou dispositivos da norma que dispõe sobre a aposentadoria do funcionário policial com o objetivo de regulamentar a aposentadoria das mulheres policiais – está em plena conformidade com a Constituição Federal, em seu inteiro teor. Em suas alegações, a CSPB sustenta que a Lei n. 51/85, que cuidava da matéria, fazia referência a dispositivos da Constituição que já foram revogados e não observava o direito fundamental que estabelece a isonomia entre homens e mulheres, introduzido pela Carta Magna de 1988, tendo sido imprescindível a edição de lei que corrigisse as divergências.

Saliente-se que tramitam no STF duas Ações Diretas de Inconstitucionalidade (ADI 5129 e ADI 5241) contra a mesma lei.

8.4.6. Ação Direta de Inconstitucionalidade por Omissão

Foi introduzida no Ordenamento Jurídico Brasileiro pela Constituição Federal de 1988 e cuida-se de uma modalidade abstrata de controle de omissão de órgão incumbido de elaboração normativa.

ADO é a ação cabível para tornar efetiva norma constitucional em razão de omissão de qualquer dos Poderes ou de órgão administrativo. Não é inconstitucional apenas a norma que contraria o texto da Constituição, mas também a inexistência da norma anunciada, que demanda lei regulamentadora. A falta desta faz com que dispositivo da CF se torne inócuo, uma vez que não se encontra apto a produzir efeitos.

A ADO, assim, tem o objetivo de provocar o Judiciário para que seja reconhecida a demora na produção da norma regulamentadora.

Tem previsão no artigo 103, § 2º da CR/88: "Declarada a inconstitucionalidade por omissão de medida para tornar efetiva norma constitucional, será dada ciência ao Poder competente para a adoção das providências necessárias e, em se tratando de órgão administrativo, para fazê-lo em trinta dias."

Neste sentido:

"O desrespeito à Constituição tanto pode ocorrer mediante ação estatal quanto mediante inércia governamental. A situação de inconstitucionalidade pode derivar de um comportamento ativo do Poder Público, que age ou edita normas em desacordo com o que dispõe a Constituição, ofendendo-lhe, assim, os preceitos e os princípios que nela se acham consignados. Essa conduta estatal, que importa em um *facere* (atuação positiva), gera a inconstitucionalidade por ação. Se o Estado deixar de adotar as medidas necessárias à realização concreta dos preceitos da Constituição, em ordem a torná-los efetivos, operantes e exequíveis, abstendo-se, em consequência, de cumprir o dever de prestação que a Constituição lhe impôs, incidirá em violação negativa do texto constitucional. Desse *non facere* ou *non praestare*, resultará a inconstitucionalidade por omissão, que pode ser total, quando é nenhuma a providência adotada, ou parcial, quando é insuficiente a medida efetivada pelo Poder Público. (ADI 1.458-MC, Rel. Min. Celso de Mello, julgamento em 23-5-1996, Plenário, *DJ* de 29-9-1996).

Os legitimados ativos para propositura estão elencados no artigo 103, incisos I a IX, da CF/88, sendo os mesmos previstos para a propositura de ADI. Ressalve-se contudo que não poderá propor a ação o legitimado que for responsável pela edição do ato a ser questionado.

Na ADO não se admite concessão de liminar, segundo entendimento consagrado no âmbito do Supremo Tribunal Federal, nem tampouco assiste ao Tribunal a prerrogativa de expedir provimentos normativos com o objetivo de suprir a inatividade do órgão legislativo inadimplente. Neste sentido, vale colacionar parte da ementa produzida na ADI 1.439/DF:

"DESRESPEITO À CONSTITUIÇÃO - MODALIDADES DE COMPORTAMENTOS INCONSTITUCIONAIS DO PODER PÚBLICO. - O desrespeito à Constituição tanto pode ocorrer mediante ação estatal quanto mediante inércia governamental. A situação de inconstitucionalidade pode derivar de um comportamento ativo do Poder Público, que age ou edita normas em desacordo com o que dispõe a Constituição, ofendendo-lhe, assim, os preceitos e os princípios que nela se acham consignados. Essa conduta estatal, que importa em um facere (atuação positiva), gera a inconstitucionalidade por ação. - Se o Estado deixar de adotar as medidas necessárias à realização concreta dos preceitos da Constituição, em ordem a torná-los efetivos, operantes e exequíveis, abstendo-se, em consequência, de cumprir o dever de prestação que a Constituição lhe impôs, incidirá em violação negativa do texto constitucional. Desse non facere ou non praestare, resultará a inconstitucionalidade por omissão, que pode ser total, quando é nenhuma a providência adotada, ou parcial, quando é insuficiente a medida efetivada pelo Poder Público. [...] INCONSTITUCIONALIDADE POR OMISSÃO - DESCABIMENTO DE MEDIDA CAUTELAR. - A jurisprudência do Supremo Tribunal Federal firmou-se no sentido de proclamar incabível a medida liminar nos casos de ação direta de inconstitucionalidade por omissão (RTJ 133/569, Rel. Min. MARCO AURÉLIO; ADIn 267-DF, Rel. Min. CELSO DE MELLO), eis que não se pode pretender que mero provimento cautelar antecipe efeitos positivos inalcançáveis pela própria decisão final emanada do STF. - A procedência da ação direta de inconstitucionalidade por omissão, importando em reconhecimento judicial do Estado de inércia do Poder Público, confere ao Supremo Tribunal Federal, unicamente, o poder de cientificar o legislador inadimplente, para que este adote as medidas necessárias à concretização do texto constitucional. - Não assiste ao Supremo Tribunal Federal, contudo, em face dos próprios limites fixados pela Carta Política em tema de inconstitucionalidade por omissão (CF, art. 103, § 2º), a prerrogativa de expedir provimentos normativos com o objetivo de suprir a inatividade do órgão legislativo inadimplente. (STF, ADI 1.439/DF, Plenário, Rel. Min. Celso de Mello, julgada em 22-05-1996, DJ de 30-05-2003).

Na mesma ADI o STF também se pronunciou sobre a impossibilidade de conversão da ADI, por violação positiva da Constituição, em ADO, por violação negativa da Constituição.

Há ainda Impossibilidade jurídica do pedido de conversão do mandado de injunção em ação direta de inconstitucionalidade por omissão. (STF, MI 395-QO, Rel. Min. Moreira Alves, j. 27-5-1992, Plenário, DJ de 11-9-1992.)

São, portanto, bastante limitados os poderes dos efeitos da ADO. O STF tem somente o poder de notificar (ou dar ciência) o legislador ou órgão administrativo que incorre em mora, para que sejam adotadas medidas no sentido de suprir a lacuna existente no corpo da Constituição Federal. O STF não pode produzir um comando normativo no sentido de dar eficácia à declaração de inconstitucionalidade por omissão. Com base no princípio da separação dos poderes, a Corte Suprema não pode atuar como legislador positivo. Não lhe assiste ainda o poder de fixar prazo para que a omissão seja suprida, com a edição da norma. Contudo, se a omissão tiver natureza administrativa (a ser suprida por um órgão administrativo), é possível ao STF determinar a elaboração da norma (decreto) em até 30 dias ou em outro prazo que entender razoável (CF/88, art. 103, § 2º: "declarada a inconstitucionalidade por omissão de medida para tornar efetiva norma constitucional, será dada ciência ao Poder competente para a adoção das providências necessárias e, em se tratando de órgão administrativo, para fazê-lo em trinta dias").

8.4.6.1. Diferença entre ADO e MI

Com efeito, ambas foram cunhadas pelo constituinte de 1988, para suprir omissão legislativa por parte do Poder Público, garantindo eficácia aos preceitos constitucionais ante à falta de normas regulamentadoras. A *ratio quaestio*, assim, é a mesma.

Entretanto, a ADO é cabível em qualquer caso, ao passo que o mandado de injunção somente é permitido nos casos elencados pelo artigo 5º, LXXI, da CRFB/88 (exercício dos direitos e das liberdades constitucionais e das prerrogativas inerentes à nacionalidade, à soberania e à cidadania).

A ADO é uma forma de controle concentrado, produzindo efeitos *erga omnes*, enquanto o MI é uma forma de controle difuso, produzindo efeitos *inter partes*. A primeira tem limitação de legitimidade ativa, conforme artigo 103 da CRFB/88, e o MI não sofre essa limitação, podendo ser proposto por qualquer pessoa.

8.4.7. Arguição de Descumprimento de Preceito Fundamental

A Arguição de Descumprimento de Preceito Fundamental (ADPF) foi instituída pela Constituição Federal de 1988, com previsão no § 1º do artigo 102 da Constituição Federal: "A arguição de descumprimento de preceito fundamental, decorrente desta Constituição, será apreciada pelo Supremo Tribunal Federal, na forma da lei." (Transformado em § 1º pela Emenda Constitucional n. 3, de 17/03/93).

A criação desse importante instrumento constitucional teve por escopo suprir a lacuna deixada pela ADI, uma vez que esta **não pode ser proposta contra lei ou atos normativos que entraram em vigor em data anterior à promulgação da** Constituição de 1988. O primeiro julgamento de mérito de uma ADPF ocorreu em dezembro de 2005.

A ADPF é regulamentada pela Lei Federal 9.882, de 3 de dezembro de 1999 (Dispõe sobre o processo e julgamento da arguição de descumprimento de preceito fundamental, nos termos do § 1º do art. 102 da Constituição Federal). Segundo o artigo 1º da Lei da ADPF, esta poderá ser proposta: i) para evitar ou reparar lesão a preceito fundamental, resultante de ato do Poder Público e II) quando for relevante o fundamento da controvérsia constitucional sobre lei ou ato normativo federal, estadual ou municipal, incluídos os anteriores à Constituição. Neste caso, diz-se que a ADPF é uma ação autônoma. Segundo o ministro Gilmar Mendes:

"As mudanças ocorridas com o controle de constitucionalidade brasileiro com o advento da nova Constituição não conseguiram suprir algumas lacunas ainda existentes quanto à análise: do direito pré-constitucional, da controvérsia constitucional sobre normas revogadas e ainda, sobre o controle de constitucionalidade do direito municipal face à Constituição Federal."[38]

Destarte, esse tipo de ação também pode ter natureza equivalente às ADIs, podendo questionar a constitucionalidade de uma norma perante a Constituição Federal, mas tal norma deve ser anterior à Constituição vigente (no caso, anterior à de 1988).

Por preceito fundamental entendem-se: I) direitos e garantias fundamentais; II) cláusulas pétreas; III) princípios constitucionais sensíveis; e IV) os que regem a Administração Pública.

Em conformidade com o disposto no art. 2º da Lei n. 9.882/99, a Jurisprudência do Supremo Tribunal Federal é unânime ao restringir a legitimidade para o ajuizamento da ADPF àqueles cuja legitimação se encontra prevista no rol taxativo do art. 103 da Constituição Federal. Desse modo, a despeito da admissão e do conhecimento da ADPF como instrumento válido ao controle de constitucionalidade concentrado dos atos municipais, o Supremo Tribunal Federal não atribui legitimidade aos prefeitos municipais, às mesas das Câmaras de Vereadores ou aos outros entes municipais para propositura da arguição. A ADI 2.231-8 (remetida ao gabinete do atual Relator Ministro Dias Toffoli, em 17-08-2015), questiona a Lei da ADPF, inclusive no que pertine ao pequeno rol de agentes legitimados para propor essa ação.

Destarte, conforme a atual jurisprudência do Supremo Tribunal Federal, quando não for cabível outra ação de controle concentrado de constitucionalidade, por se tratar, por exemplo, de atos normativos municipais, atos pré-constitucionais ou atos concretos do Poder Público, será admitida a ADPF. Ressalte-se que não é cabível ADPF quando existir outro tipo de ação que possa ser proposto (pressuposto da subsidiariedade).

Ao declarar a inconstitucionalidade de lei ou ato normativo, no processo de ADPF, e tendo em vista razões de segurança jurídica ou de excepcional interesse social, poderá o Supremo Tribunal Federal, por maioria de dois terços de seus membros, restringir os efeitos daquela declaração ou decidir que ela só tenha eficácia a partir de seu trânsito em julgado ou de outro momento que venha a ser fixado (modulação dos efeitos temporários).

A decisão que julgar procedente ou improcedente o pedido em arguição de descumprimento de preceito fundamental é irrecorrível, não podendo ser objeto de ação rescisória. Caberá reclamação contra o descumprimento da decisão proferida pelo Supremo Tribunal Federal, na forma do seu Regimento Interno.

O Estado da Paraíba protocolou no STF ADPF, que foi tombada sob o número 263 e que tem como relator o ministro Gilmar Mendes, objetivando: i) estancar a produção – e efeitos – de julgamentos no âmbito da Paraíba no sentido de afastar a competência administrativa, prevista em lei, da autarquia PBPrev, da gestão previdenciária e controle de pagamento de benefícios e ii) provocar o STF ao pronunciamento cautelar acerca da constitucionalidade dos dispositivos da Lei Estadual n. 7.517/2003, instituidora do RPPS na Paraíba.

Um dos núcleos da tese elaborada diz respeito à impossibilidade de existência de mais de um regime próprio de previdência no Estado da Paraíba.

Em 4 de setembro de 2012, o ministro Gilmar Mendes, considerando-se a relevância da matéria, adotou por analogia o rito do art. 12 da Lei n. 9.868, de 10 de novembro de 1999, determinando informações e remessa dos autos ao advogado-geral da União e ao procurador-geral da República, para manifestações.

---

(38) MENDES, Gilmar Ferreira. et all. Curso de Direito Constitucional. 5. ed. rev. e atual. São Paulo: Saraiva, 2010. p. 1.305.

Contudo, o pedido de concessão da medida cautelar ainda não foi apreciado.

O Conselho Federal da Ordem dos Advogados do Brasil propôs Ação Direta de Inconstitucionalidade, tombada sob o n. 2.231-8, alegando a inconstitucionalidade da íntegra da Lei n. 9.882/99, em 27 de junho de 2000, sem conclusão até o presente momento. Contudo, em 2001 foi deferida liminar para suspender o inciso I do parágrafo único do artigo 1º ("caberá também arguição de descumprimento de preceito fundamental: I - quando for relevante o fundamento da controvérsia constitucional sobre lei ou ato normativo federal, estadual ou municipal, incluídos os anteriores à Constituição"), suspendendo de sua aplicação controvérsia constitucional concretamente já posta em juízo e o § 3º do artigo 5º ("a liminar poderá consistir na determinação de que juízes e tribunais suspendam o andamento de processo ou os efeitos de decisões judiciais, ou de qualquer outra medida que apresente relação com a matéria objeto da arguição de descumprimento de preceito fundamental, salvo se decorrentes da coisa julgada") da referida norma legal, as decisões têm eficácia *ex nunc*.

No julgamento da ADPF 340, o STF, por meio do ministro Luis Roberto Barroso, relator do processo, julgou prejudicada ação ajuizada pelo diretório municipal do Partido dos Trabalhadores (PT) contra decisão do Tribunal de Justiça do Estado de São Paulo –TJ/SP. O relator aplicou jurisprudência da Corte no sentido da ilegitimidade de diretórios municipais para apresentar Arguição de Descumprimento de Preceito Fundamental (ADPF) perante a Corte, ressaltando que o artigo 2º, I, da Lei 9.882/1999 conferiu legitimidade ativa para propor a arguição de descumprimento de preceito fundamental a todos os legitimados para a ação direta de inconstitucionalidade, dentre os quais os partidos políticos com representação no Congresso Nacional (artigo 103, inciso VIII, CF), não estando o diretório municipal contido neste contexto. A legitimidade ativa se circunscreve ao diretório nacional do partido político, o que afasta a legitimidade ativa *ad causam* do órgão municipal da agremiação partidária. Neste mesmo sentido a Corte Suprema se manifestou nas ADPFs 343, 202, 184 e 136.

Na mesma ADPF, o ministro Barroso fez referência ao caráter ação. De acordo com ele, o artigo 4º, parágrafo 1º, da Lei 9.882/1999 dispõe que não será admitida a ADPF quando houver qualquer outro meio eficaz de sanar a lesividade, "em razão da subsidiariedade pela qual se rege este meio processual." Não sendo portanto cabível quando se configurar a existência de meios aptos e eficazes a oferecer a tutela pretendida no caso concreto.

A Associação dos Membros dos Tribunais de Contas do Brasil (Atricon), ajuizou no Supremo Tribunal Federal a ADPF 366, na qual questiona decretos da Assembleia Legislativa de Alagoas que aprovaram as contas do governo estadual referentes aos exercícios de 2010 a 2012. A entidade afirma que a aprovação ocorreu sem a manifestação prévia do Tribunal de Contas do Estado, violando os artigos 70, *caput*; 71, inciso I e 75, *caput*, da Constituição Federal, que tratam da competência dos tribunais de contas para análise das contas que devem ser obrigatoriamente prestadas por todo aquele que administre dinheiro, bens e valores públicos.

8.5. PRINCIPAIS ALTERAÇÕES DO NCPC

A Lei n. 13.105, de 16 de março de 2015, que instituiu o novo Código de Processo Civil e que entra em vigor a partir de março de 2015, trouxe profundas modificações no sistema processual civil brasileiro. Entretanto, cuidaremos aqui apenas de analisar parte dessas mudanças. O nCPC traz regras que criam mecanismos para a busca de conciliação entre as partes (em todas as ações que tratem de direitos dos quais as partes podem dispor, o juiz deverá realizar uma audiência de conciliação antes da apresentação de defesa pelo réu), simplifica a defesa do réu, com a abolição de incidentes processuais como os relativos à incompetência do juiz, ausência de imparcialidade, impugnação do valor da causa ou pedido contraposto, que poderão ser questionados na própria defesa e não em petições próprias.

O nCPC mudou a contagem dos prazos para as partes, que passam a ser contados em dias úteis, e a criação de ordem de julgamento dos processos, que deverão ser julgados por ordem de antiguidade, independente da complexidade da causa (com algumas exceções pontuais). Reduziu o número de recursos (extinguiu Embargos Infringentes e Agravo Retido) e unificou prazos recursais, que passam a ser de quinze dias para quase a totalidade dos recursos.

Com relação às tutelas de urgência, antecipação dos efeitos da tutela (verossimilhança da alegação e fundado receio de dano irreparável ao resultado útil do processo) e cautelar (*fumus boni iuris e periculum in mora*), o novo sistema processual adota regras bem mais simples, unificando o regime e estabelecendo os mesmos requisitos para a concessão da tutela cautelar e da tutela antecipada. O parágrafo único do art. 294 deixa claro que a tutela de urgência é gênero, o qual inclui as duas espécies (tutela cautelar e tutela antecipada). Já o art. 300 estabelece as mesmas exigências para concessão de ambas. Além da unificação, o nCPC prevê a dispensa de um processo cautelar autônomo, permitindo, assim, que as medidas provisórias possam ser pleiteadas e deferidas nos autos da ação principal. Com a nova sistemática, a tutela antecipada passa a poder ser estabilizada, sempre que não houver impugnação, ou seja, a decisão se estabiliza e autoriza a extinção do processo.

O incidente de resolução de demandas repetitivas (IRDR), é outra novidade do nCPC, que consiste na cisão cognitiva de demandas com o mesmo propósito. No incidente processual serão julgadas e decididas todas as questões relativas a casos similares, deixando a decisão de cada caso concreto para o juiz do processo originário. Segundo o artigo 976 do nCPC, é cabível quando houver simultaneamente: i) efetiva repetição de processos que contenham controvérsia sobre a mesma questão unicamente de direito; e ii) risco de ofensa à isonomia e à segurança jurídica.

Por sua vez, o incidente de assunção de competência (IAC), vem regulamentado no artigo 947 do nCPC, sendo admitida quando "o julgamento de recurso, de remessa necessária ou de processo de competência originária envolver relevante questão de direito, com grande repercussão social, sem repetição em múltiplos processos." E o § 3º do mesmo dispositivo reza que "O acórdão proferido em assunção de competência vinculará todos os juízes e órgãos fracionários, exceto se houver revisão de tese."

Com a linha de uniformização visível no nCPC, o relator poderá negar provimento a recurso que for manifestamente contrário às súmulas do STF ou STJ; acórdãos proferidos pelos mesmos em recursos repetitivos ou em IRDR e IAC.

Foram introduzidas ainda grandes mudanças no que tange à remessa necessária, que passa a ser prescindível, dentre outros, quando a sentença estiver fundada em súmula vinculante do próprio ente público, bem como a dispensa da remessa com base nos valores de condenação.

Por fim e longe de exaurir a matéria, o nCPC valorizou o instituto da Reclamação, previsto anteriormente para controle concentrado de constitucionalidade, conforme artigo 102, "l", da CF/88 (reclamação para a preservação de sua competência e garantia da autoridade de suas decisões) ou em face de edição, revisão ou cancelamento de súmula vinculante, nos termos do artigo 103-A, § 3º, da CF/88 (do ato administrativo ou decisão judicial que contrariar a súmula aplicável ou que indevidamente a aplicar, caberá reclamação ao Supremo Tribunal Federal). O artigo 988 do nCPC traz a nova previsão da reclamação, alargando sua propositura pelas demais esferas jurisdicionais, podendo ser proposta perante qualquer tribunal, e cujo julgamento competindo ao órgão jurisdicional cuja competência se busca preservar ou cuja autoridade se pretenda garantir.

8.6. IMPOSSIBILIDADE DE CUMPRIMENTO DE DECISÕES JUDICIAIS E O PRINCÍPIO DA RESERVA DO MÍNIMO POSSÍVEL

A Carta Magna de 1988 inovou em matéria de direitos fundamentais, alargando o tratamento até então dispensado. Com a elevação dos direitos fundamentais, em contramão, surgiu a falta de recursos do Poder Público para dar cumprimento a esses direitos. Surge então o fenômeno hoje conhecido como reserva do possível, que impõe limites ao cumprimento de decisões judiciais em matéria de direitos fundamentais.

É chamada também de reserva do financeiramente possível, o que traduz a possibilidade de atendimento por parte do Poder Público quando houver recursos financeiros para tal. O Estado somente pode arcar com o que estiver dentro de sua capacidade econômica/financeira.

A Constituição Federal de 1988 tem mais de 27 anos e até hoje não cumpre com seu papel na integralidade. Tem-se tornado cada vez mais frequente, por parte do Poder Público, a proteção de suas finanças sob o manto da reserva do possível, como forma de limitar sua responsabilidade.

Destarte, cumpre ao Estado arcar com o mínimo existencial, não podendo invocar o princípio para desvincular-se de promover o mínimo de que o cidadão precisa para ter uma existência compatível com a condição humana. O direito à vida é o principal postulado do mínimo existencial. A partir do momento em que o Estado não garanta o mínimo possível, não está cumprindo normas elementares. Neste contexto, e em matéria de previdência pública, entendemos que o Estado não pode invocar a reserva do mínimo possível quando da concessão de benefícios. A reserva do mínimo possível somente pode ser invocada quando da revisão e modificação de regras concessórias de benefícios. Nunca na fase inicial de concessão e implantação. A relativização de regras, como ocorre nas aposentadorias especiais, pode ser fundamento para a reserva do mínimo possível, mas não o direito fundamental à aposentação.

Tanto é assim que o Estado não pode ser irresponsável ilimitadamente. Eventuais limitações ou dificuldades orçamentárias não podem servir de pretexto para negar o direito à saúde e à vida, garantidos no dispositivo constitucional, não havendo que se cogitar, desse modo, da incidência do princípio da reserva do possível, dada a prevalência do direito em questão. (TJ/RS, Apelação Cível n. 70063026041, Oitava Câmara Cível, Relator Ricardo Moreira Lins Pastl, j. 05-03-2015).

O princípio da reserva do possível é uma releitura da responsabilidade estatal e não forma de desobrigar o Estado ao cumprimento do mínimo existencial. Em razão da proteção integral constitucionalmente assegurada à criança e ao adolescente, a condenação dos entes estatais ao atendimento do direito fundamental à educação não representa ofensa ao princípio da reserva do possível. (TJ/RS, AI 70065493462 Rel. José Pedro de Oliveira Eckert, Oitava Câmara Cível, j. 20-08-2015 e p. 25-08-2015).

De acordo com o Supremo Tribunal Federal, o Poder Judiciário não está inovando na ordem jurídica, mas apenas determinando que o Poder Executivo cumpra políticas públicas previamente estabelecidas. (STF, RE 642536, Rel. Min. Luiz Fux, T1, j. 05-02-2013 e DJe 27-02-2013).

À luz do disposto no artigo 196 da Constituição Federal, o Estado tem o dever de prestar assistência médica à população, razão pela qual a determinação judicial de fornecimento de medicamento não constitui violação ao princípio da legalidade e da isonomia. As limitações orçamentárias não podem servir de supedâneo para o Distrito Federal se eximir do dever de prestar assistência à saúde (fornecimento de medicamento) a pacientes sem condições financeiras. 3. Aplica-se o princípio da reserva do possível em situações excepcionais, desde que o ente público demonstre, de forma objetiva, a impossibilidade econômico-financeira de custear a medicação pleiteada. (TJ/DF, RMO 20130111639603. Rel. Nídia Corrêa Lima, 1ª Turma Cível, j. 16/09/2015, DJe 02-10-2015).

O princípio sofre influência do princípio da razoabilidade. Não é razoável que o Estado pague internação hospitalar em outro país quando há tratamento similar no Brasil. Não é razoável exigir certo tipo de medicamento, de certa indústria farmacêutica, quando o mesmo medicamento pode ser encontrado de forma genérica. O interesse público deve ser sempre considerado em primeiro plano.

Os recursos estatais são escassos e devem ser razoavelmente e proporcionalmente utilizados. É nesta seara que entra o Poder Judiciário, para dirimir o conflito entre o direito fundamental mínimo e a insuficiência orçamentária do Estado. Atividades prioritárias, como o direito à concessão de benefícios, não se traduzem em atividade discricionária do Poder Público. Noutro viés, a insuficiência de recursos deve ser cabalmente demonstrada, sob pena de a reserva do mínimo possível ser utilizada indiscriminadamente, como meio de fugir à responsabilidade por prover o mínimo de existência digna.

Não se mostra suficiente, portanto, para a aplicação da Teoria da Reserva do Possível a simples alegação de insuficiência de recursos, mas a comprovação de ausência deles, também denominada de exaustão orçamentária. (TJ/PE, AGV 3568930, Rel. Fernando Cerqueira, 1ª Câmara de Direito Público, j. 03-03-2015 e p. 11-03-2015).

Para o juiz federal George Marmelstein:

"Apesar de a reserva do possível ser uma limitação lógica à possibilidade de efetivação judicial dos direitos socioeconômicos, o que se observa é uma banalização no seu discurso por parte do Poder Público quando se defende em juízo, sem apresentar elementos concretos a respeito da impossibilidade material de se cumprir a decisão judicial. Por isso, as alegações de negativa de efetivação de um direito econômico, social e cultural com base no argumento da reserva do possível devem ser sempre analisadas com desconfiança. Não basta simplesmente alegar que não há possibilidades financeiras de se cumprir a ordem judicial; é preciso demonstrá-la. (...) Assim, o argumento da reserva do possível somente deve ser acolhido se o Poder Público demonstrar suficientemente que a decisão causará mais danos do que vantagens à efetivação de direitos fundamentais. Vale enfatizar: o ônus da prova de que não há recursos para realizar os direitos sociais é do Poder Público. É ele quem deve trazer para os autos os elementos orçamentários e financeiros capazes de justificar, eventualmente, a não-efetivação do direito fundamental."[39]

Certo é que não há direitos fundamentais absolutos, que não possam efetivamente sofrer limitação. A atuação do Poder Judiciário, nesta seara, é de suma importância, sobretudo quando o princípio em testilha é usado para ferir direitos sociais constitucionalmente assegurados. A desculpa insensata por parte do Poder Público, para se eximir de implementar políticas públicas, não pode merecer menosprezo por parte do Poder Judiciário. Práticas de retrocesso ultrapassam o reconhecimento dos direitos fundamentais. O princípio da reserva do possível somente pode ser admitido quando há absoluta falta de recursos, uma vez que nessa condição não é mesmo possível o cumprimento da Constituição Federal.

---

(39) MARMELSTEIN, George. Curso de Direitos Fundamentais. Ed. Atlas: São Paulo, 2008.

CAPÍTULO 9 ▶ LEGISLAÇÃO REPRESSIVA À MÁ GESTÃO

> Vim de longe, vou mais longe
> Quem tem fé vai me esperar
> Escrevendo numa conta
> Pra junto a gente cobrar
> No dia que já vem vindo
> Que esse mundo vai virar
> Noite e dia vem de longe
> Branco e preto a trabalhar
> E o dono senhor de tudo
> Sentado mandando dar
> E a gente fazendo conta
> Pro dia que vai chegar
>
> **Aroeira, Geraldo Vandré**

9.1. INTRODUÇÃO

A obrigação de responder pelas próprias ações é hoje um tema recorrente no cenário jurídico brasileiro. Contudo, leis de responsabilização pela má conduta, malversação do dinheiro público, não são novas.

A responsabilidade do gestor não se limita à esfera penal, pela prática de algum ilícito. Poderá haver sanções administrativas, cíveis e no âmbito dos tribunais de contas.

As sanções pela prática de condutas incompatíveis com o exercício do cargo têm características próprias e podem ser graduadas, de acordo com a irregularidade/ ilícito praticado.

Ao tomar ciência de falta praticada por servidor, deve a autoridade proceder a sua apuração, com abertura de procedimento específico para tal (sindicância contraditória ou processo administrativo disciplinar), onde devem ser assegurados os princípios inerentes ao devido processo legal: contraditório e ampla defesa.

No Regime Jurídico Único do servidor são previstas as seguintes penalidades: I - advertência; II - suspensão; III - demissão; IV - cassação de aposentadoria ou disponibilidade; V - destituição de cargo em comissão; ou VI - destituição de função comissionada.

A responsabilidade civil tem assento no artigo 37, § 6º da CF/88: *As pessoas jurídicas de direito público e as de direito privado prestadoras de serviços públicos responderão pelos danos que seus agentes, nessa qualidade, causarem a terceiros, assegurado o direito de regresso contra o responsável nos casos de dolo ou culpa.*

A responsabilidade pode ser tanto por ação como por omissão. Prolongar a vida de pagamentos indevidos é um bom exemplo de responsabilidade por omissão.

Desta forma, por ação ou omissão, o gestor pode ser instado a devolver valores para os cofres públicos. Age por culpa aquele que negligencia suas funções, não adotando medidas capazes ao menos de amenizar problemas. O gestor não deve ser omisso, deve atuar com habilidade, operacionalidade, competência, aptidão, capacidade técnica, propriedade, coragem, força, veemência, fé e probidade. Aquele gestor de dantes, que apenas verificava a concessão de benefícios, é coisa do passado. Hoje esse gestor tem que ser altivo e capaz de enfrentar problemas, bem como buscar soluções. Pessoas limitadas emocionalmente e racionalmente não podem e nem devem assumir função de tão grande relevância.

A responsabilidade da pessoa jurídica é objetiva. Entretanto, da pessoa física não. A responsabilidade civil do servidor público perante a Administração é subjetiva e depende: i) da prova da existência do dano; ii) do nexo de causalidade entre a ação; e iii) do dano e da culpa ou do dolo da sua conduta.

Cabe ressaltar que as instâncias não se comunicam. Entretanto, a responsabilidade administrativa é afastada nos casos de sentença penal absolutória que negue a existência do fato ou da autoria. De acordo com a

Súmula STF 18: *Pela falta residual não compreendida na absolvição pelo juízo criminal, é admissível a punição administrativa do servidor público.*

Neste diapasão, vale ilustrar com entendimento jurisprudencial:

"PAD. ABSOLVIÇÃO PENAL. Cinge-se a controvérsia à possibilidade de condenar servidor público na área administrativa, por infração disciplinar, após sua absolvição criminal pela imputação do mesmo fato. O entendimento do STJ é que, afastada a responsabilidade criminal do servidor por inexistência daquele fato ou de sua autoria, fica arredada também a responsabilidade administrativa, exceto se verificada falta disciplinar residual sancionável (outra irregularidade que constitua infração administrativa) não abarcada pela sentença penal absolutória (Súm. n. 18-STF). No entanto, a Turma não conheceu do recurso em face do óbice da Súm. n. 7-STJ. Precedentes citados: REsp 1.199.083-SP, DJe 8/9/2010; MS 13.599-DF, DJe 28.05.2010, e Rcl 611-DF, DJ 04.02.2002. (STJ, REsp 1.012.647-RJ. Rel. Min. Luiz Fux, j. 23.11.2010)".

Impende ainda trazer à baila o disposto no artigo 92, I, "a" e "b", do Código Penal Brasileiro:

Art. 92 - São também efeitos da condenação:

I - a perda de cargo, função pública ou mandato eletivo:

a) quando aplicada pena privativa de liberdade por tempo igual ou superior a um ano, nos crimes praticados com abuso de poder ou violação de dever para com a Administração Pública;

b) quando for aplicada pena privativa de liberdade por tempo superior a 4 (quatro) anos nos demais casos.

No que diz respeito à responsabilização frente aos tribunais de contas, vale registrar o entendimento exarado pela Advocacia-Geral da União, através do Parecer GQ-55/ AGU, de 30 de janeiro de 1995:

"Contraditório, ampla defesa, prescrição e conseqüências do julgamento da regularidade de contas pelo Tribunal de Contas da União no processo administrativo disciplinar. [...] 29. A decisão do TCU, adotada em vista de sua função institucional, repercute na ação disciplinar dos órgãos e entidades integrantes da Administração Pública na hipótese em que venha negar especialmente a existência do fato ou a autoria. 30. O julgamento da regularidade das contas, por si só, não indica a falta de tipificação de infração administrativa" [...].

Neste capítulo trataremos da responsabilidade do gestor, conforme as leis seguintes, que não criminalizam as condutas, contudo trazem sanções de natureza civil e administrativa, sendo o tema de extrema importância para nosso estudo.

9.2. LEI DE RESPONSABILIDADE FISCAL

A Lei Complementar n. 101, de 4 de maio de 2000 – Lei de Responsabilidade Fiscal – LRF, ingressou no Ordenamento Jurídico Brasileiro para coibir desmandos por parte de gestores da Administração Pública em todo o país, ou seja, impedir à apropriação do patrimônio público.

Ainda, a Lei de Responsabilidade Fiscal (Lei Complementar n. 101/2000) estabelece um conjunto de disposições no campo das finanças públicas que deve merecer especial atenção dos gestores públicos municipais. Se, por um lado, a chamada Lei de Responsabilidade Fiscal (LRF) é um estímulo para que o Prefeito busque aprimorar a gestão dos recursos públicos mediante o aperfeiçoamento dos processos de planejamento, execução e controle dos gastos governamentais, por outro, o seu descumprimento pode ensejar a aplicação de diversas penalidades não apenas para o ente público, mas também para a autoridade local responsável pela prática. Está previsto na LRF, dentre outras diretrizes, que o ente da Federação que mantiver ou vier a instituir RPPS para seus servidores deverá conferir-lhe caráter contributivo e organizá-lo com base em normas de contabilidade e atuária que preservem seu equilíbrio financeiro e atuarial

A LRF adota o modelo gerencial de gestão, em substituição ao modelo burocrático, conforme discorremos em outro capítulo, tendo por meta a eficiência dos serviços e o desenvolvimento econômico e social.

No seu art. 73, dispõe acerca das infrações cometidas com inobservância dos seus preceitos: as infrações dos dispositivos desta Lei Complementar serão punidas segundo o Decreto-Lei nº 2.848, de 7 de dezembro de 1940 (Código Penal); a Lei nº 1.079, de 10 de abril de 1950; o Decreto-Lei nº 201, de 27 de fevereiro de 1967; a Lei nº 8.429, de 2 de junho de 1992; e demais normas da legislação pertinente."

9.2.1. As Resoluções do Senado Federal

Questão que hoje atormenta a grande maioria dos governantes e gestores de RPPS diz respeito aos termos da Resolução do Senado Federal n. 40, de 2001, que dispõe sobre os limites globais para o montante da dívida pública consolidada e da dívida pública mobiliária dos Estados, do Distrito Federal e dos Municípios, em atendimento ao disposto no art. 52, VI e IX, da Constituição Federal.

O art. 3º estabeleceu um prazo para os Estados, o Distrito Federal e os Municípios se adequarem. Vejamos:

Art. 3º A dívida consolidada líquida dos Estados, do Distrito Federal e dos Municípios, ao final do décimo quinto exercício financeiro contado a partir do encerramento do ano de publicação desta Resolução, não poderá exceder, respectivamente, a:

I - no caso dos Estados e do Distrito Federal: 2 (duas) vezes a receita corrente líquida, definida na forma do art. 2; e

II - no caso dos Municípios: a 1,2 (um inteiro e dois décimos) vezes a receita corrente líquida, definida na forma do art. 2.

Parágrafo único. Após o prazo a que se refere o *caput*, a inobservância dos limites estabelecidos em seus incisos I e II sujeitará os entes da Federação às disposições do art. 31 da Lei Complementar n. 101, de 4 de maio de 2000.

E assim assevera o mencionado art. 31 da LC 101:

> Art. 31. Se a dívida consolidada de um ente da Federação ultrapassar o respectivo limite ao final de um quadrimestre, deverá ser a ele reconduzida até o término dos três subsequentes, reduzindo o excedente em pelo menos 25% (vinte e cinco por cento) no primeiro.
>
> § 1º Enquanto perdurar o excesso, o ente que nele houver incorrido:
>
> I - estará proibido de realizar operação de crédito interna ou externa, inclusive por antecipação de receita, ressalvado o refinanciamento do principal atualizado da dívida mobiliária;
>
> II - obterá resultado primário necessário à recondução da dívida ao limite, promovendo, entre outras medidas, limitação de empenho, na forma do art. 9º.
>
> § 2º Vencido o prazo para retorno da dívida ao limite, e enquanto perdurar o excesso, o ente ficará também impedido de receber transferências voluntárias da União ou do Estado.
>
> § 3º As restrições do § 1º aplicam-se imediatamente se o montante da dívida exceder o limite no primeiro quadrimestre do último ano do mandato do Chefe do Poder Executivo.
>
> § 4º O Ministério da Fazenda divulgará, mensalmente, a relação dos entes que tenham ultrapassado os limites das dívidas consolidada e mobiliária.
>
> § 5º As normas deste artigo serão observadas nos casos de descumprimento dos limites da dívida mobiliária e das operações de crédito internas e externas.

Ocorre que as operações de crédito interno e externo dos Estados, do Distrito Federal e dos Municípios estão sujeitas à observância e ao cumprimento das condições e exigências estipuladas pelas Resoluções n.s 40 e 43, de 2001, ambas do Senado Federal.

Referidas resoluções regulamentam o exercício do controle do processo de endividamento dos referidos entes federados, cuja competência é conferida ao Senado Federal, de forma privativa, pela Constituição Federal (cf. art. 52, incisos V a IX, CF), bem como o compatibilizam com as disposições contidas na Lei Complementar n. 101, de 4 de maio de 2000, a denominada Lei de Responsabilidade Fiscal (LRF).

O prazo estipulado na Resolução do Senado Federal n. 40, de 20 de dezembro de 2001, republicada em 9 de abril de 2002, está se escoando e, ao que nos parece, os entes federativos envolvidos estão adotando medidas para dar cumprimento ao estabelecido.

Uma das medidas é a estipulação de que as disponibilidades dos fundos especiais de previdência não integrem as deduções da dívida consolidada na base de cálculo que apura o cumprimento do art. 3º, II, da Resolução do Senado 40/01.

Solução mais amena seria migrar parte dos servidores que hoje se encontram no fundo financeiro para o fundo previdenciário. Entretanto, deve ser revista a projeção atuarial feita anteriormente. Com a nova massa de servidores no fundo capitalizado, este pode deixar de ser superavitário pelo prazo inicialmente estipulado. Entendemos que tal providência deve ser exaustivamente debatida entre as partes interessadas e envolvidas no sistema. Não nos afigura uma solução unilateral de governo.

Outra, a pior delas, é o ente que fez segregação de massas e que tem fundo capitalizado simplesmente pegar os valores deste para cobrir rombos e ainda por cima aumentar alíquotas de contribuição.

Como sempre, os governos usam de medidas imediatistas para "mostrar serviço", esquecendo-se de que a previdência deve ser vista a longo prazo. Medidas deste jaez, além de não resolver o problema da previdência, adiam a conta, a ser suportada no futuro.

Por meio da Resolução n. 11/2015, o Senado Federal modificou a Resolução n. 43/2001:

> O Senado Federal resolve:
>
> Artigo único. O art. 5º da Resolução do Senado Federal n. 43, de 2001, passa a vigorar com a seguinte redação:
>
> Art. 5º
>
> [...]
>
> VII - em relação aos créditos inscritos em dívida ativa:
>
> a) ceder o fluxo de recebimentos relativos a período posterior ao do mandato do chefe do Poder Executivo, exceto para capitalização de Fundos de Previdência ou para amortização extraordinária de dívidas com a União;
>
> b) dar em garantia ou captar recursos a título de adiantamento ou antecipação do fluxo de recebimentos cujas obrigações contratuais respectivas ultrapassem o mandato do chefe do Poder Executivo;
>
> c) cedê-los em caráter não definitivo ou quando implicar, direta ou indiretamente, qualquer compromisso de garantir o recebimento do valor do crédito cedido, em caso de inadimplemento por parte do devedor.
>
> [...]
>
> § 2º Qualquer receita proveniente da antecipação de receitas de royalties ou da antecipação do fluxo de recebimentos dos créditos inscritos em dívida ativa será destinada exclusivamente para capitalização de Fundos de Previdência ou para amortização extraordinária de dívidas com a União.
>
> § 3º Nas operações a que se referem os incisos VI e VII, serão observadas as normas e competências da Previdência Social relativas à formação de Fundos de Previdência Social. (NR)

Senado Federal, em 31 de agosto de 2015

Com a nova resolução, o fluxo futuro da dívida ativa, além do mandato do governante poderá ser efetivado, desde que vinculada para a capitalização da previdência ou para pagamento de dívidas junto à União.

Segundo Leonardo Rolim[40], em *post* na sua página do facebook, *isto acaba com a farra que alguns entes estava fazendo com esses ativos e cria um enorme espaço para minimizar a déficit atuarial e financeiro de vários RPPS. É o primeiro ponto da pauta do Conaprev de 2013 que se materializa.*

---

(40) Ex-secretário de Políticas de Previdência Social do Ministério da Previdência. É consultor de previdência na Câmara dos Deputados.

9.3. LEI DE IMPROBIDADE ADMINISTRATIVA

Os atos de improbidade administrativa eram apenados com sequestro de bens das pessoas indiciadas por crimes que resultam em prejuízo para a fazenda pública, nos termos do Decreto-Lei n. 3.240, de 8 de maio de 1941. Porém, referido decreto-lei era frágil, na medida em que não destacava com maiores minúcias os atos passíveis de responsabilização. Hoje a principal fonte normativa acerca dos atos de improbidade administrativa é o § 4º do artigo 37 da Constituição Federal: Os atos de improbidade administrativa importarão a suspensão dos direitos políticos, a perda da função pública, a indisponibilidade dos bens e o ressarcimento ao erário, na forma e gradação previstas em lei, sem prejuízo da ação penal cabível.

Para regulamentar o dispositivo foi editada a Lei n. 8.429, de 2 de junho de 1992, preenchendo a lacuna até então existente.

O professor Carvalho Filho assim conceitua a Ação de Improbidade Administrativa:

"É aquela em que se pretende o reconhecimento judicial de condutas de improbidade na Administração, perpetradas pro administradores públicos e terceiros, e a consequente aplicação das sanções legais, com o escopo de preservar o princípio da moralidade administrativa. Sem dúvida cuida-se de poderosos instrumento de controle judicial sobre atos que a lei caracteriza como de improbidade."[41]

Di Pietro faz uma distinção interessante entre os princípios da improbidade e imoralidade, apesar de terem o mesmo alcance quando se refere à prática de ato ilícito:

"Deixa de haver sinonímia entre as expressões improbidade e imoralidade, porque aquela tem um sentido muito mais amplo e muito mais preciso, que abrange não só os atos desonestos ou imorais, mas também e principalmente os atos ilegais. Na lei de improbidade administrativa (Lei n. 8.429, de 2-6-92), a lesão à moralidade administrativa é apenas uma das inúmeras hipóteses de atos de improbidade previstos em lei."[42]

A LIA define os atos de improbidade administrativa, praticados por qualquer agente público, e estipula três categorias de atos de improbidade administrativa: 1) – atos de improbidade administrativa que importam em enriquecimento ilícito; 2) – atos de improbidade administrativa que causam prejuízo ao erário; 3) – atos de improbidade administrativa que atentam contra os princípios da administração pública (arts. 9º, 10 e 11).

E ainda estabelece as seguintes penas no art. 12: 1) – perda de bens ou valores acrescidos ilicitamente ao patrimônio; 2) – ressarcimento integral do dano causado; 3) – perda da função pública; 4) – suspensão dos direitos e proibição de contratar com o Poder Público, receber benefícios, incentivos fiscais e creditícios, direta ou indiretamente, ainda por intermédio de pessoa jurídica da qual seja sócio majoritário.

O Superior Tribunal de Justiça, no julgamento do REsp n. 456649/MG, decidiu que os agentes políticos não estão sujeitos aos ditames da LGIA, uma vez que estão inseridos nas leis especiais (Lei n. 1.079/50 e Decreto-Lei 201/67). Na decisão, cujo acórdão foi relatado pelo ministro Luiz Fux (à época ministro do STJ), ficou consignado: "a doutrina, à luz do sistema, conduz à inexorável conclusão de que os agentes políticos, por estarem regidos por normas especiais de responsabilidade, não se submetem ao modelo de competência previsto no regime comum da lei de improbidade."

Entretanto, esse não é o posicionamento adotado hodiernamente, tendo em vista a clara distinção dos normativos legais, ou seja, entre a responsabilidade civil prevista na LIA e a responsabilidade penal prevista nas leis especiais. Neste sentido, vale colacionar parte do aresto exarado por ocasião do julgamento do REsp 1238301/MG e acerca das condutas praticadas por prefeito e gestor previdenciário quanto ao não repasse de contribuições previdenciárias ao fundo específico e descontadas dos servidores:

Já no que respeita ao Alcaide, consoante desponta do arcabouço fático delineado no acórdão, sobre o qual não há controvérsia, e diversamente da conclusão adotada pela instância recursal de origem, está claramente demonstrado o dolo desse recorrido, no mínimo genérico, **resultante da ausência de repasse ao Fundo Previdenciário dos Servidores Públicos do Município de verba a este pertencente por determinação legal, alusiva aos valores efetivamente descontados dos vencimentos dos servidores e também da contribuição devida pela Prefeitura Municipal. Tal conduta, atentatória ao princípio da legalidade, nos termos da jurisprudência desta Corte, é suficiente para configurar o ato de improbidade capitulado no art. 11,** *caput* **e II, da Lei n. 8.429/92**[43].

"4. Recurso especial parcialmente provido para assentar a extemporaneidade do recurso de apelação manejado

---

(41) CARVALHO FILHO, José dos Santos. Manual de Direito Administrativo. 27. ed. São Paulo: Atlas, 2014. p. 1088.

(42) DI PIETRO, Maria Sylvia Zanella. Direito Administrativo. 21. ed. São Paulo: Atlas, 2007. p. 672.

(43) Art. 11. Constitui ato de improbidade administrativa que atenta contra os princípios da administração pública qualquer ação ou omissão que viole os deveres de honestidade, imparcialidade, legalidade, e lealdade às instituições, e notadamente: I - praticar ato visando fim proibido em lei ou regulamento ou diverso daquele previsto, na regra de competência; II - retardar ou deixar de praticar, indevidamente, ato de ofício; III - revelar fato ou circunstância de que tem ciência em razão das atribuições e que deva permanecer em segredo; IV - negar publicidade aos atos oficiais; V - frustrar a licitude de concurso público; VI - deixar de prestar contas quando esteja obrigado a fazê-lo; VII - revelar ou permitir que chegue ao conhecimento de terceiro, antes da respectiva divulgação oficial, teor de medida política ou econômica capaz de afetar o preço de mercadoria, bem ou serviço.

pelo gestor do Fundo (inteligência, por analogia, da Súmula 418/STJ) e, num segundo momento, para reconhecer a conduta ímproba do então Prefeito como enquadrada no art. 11 da Lei n. 8429/92, quedando restabelecidas, para esses dois réus, as reprimendas já fixadas na sentença proferida em primeira instância. (STJ, REsp, 1238301, Relator Ministro Sérgio Kukina, T!, data do julgamento 19-03-2015 e DJe de 04-05-2015)."

Com efeito, é patente e não há discussão doutrinária no que tange à aplicabilidade da LIA aos agentes políticos, que, uma vez condenados por improbidade, podem responder penalmente, civilmente, administrativamente e politicamente pelos seus atos ímprobos. São, portanto, e também, sujeitos passivos da Lei de Improbidade Administrativa.

A LIA atinge todo o setor público, uma vez que o conceito que dá ao agente público é o mais abrangente possível, sendo todo aquele que exerce, ainda que transitoriamente ou sem remuneração, por eleição, nomeação, designação, contratação ou qualquer outra forma de investidura ou vínculo, mandato, cargo, emprego ou função.

A Lei Geral ainda invade a esfera penal quando destaca em seu artigo 19 que constitui crime a representação por ato de improbidade contra agente público ou terceiro beneficiário, quando o autor da denúncia o sabe inocente (espécie de denunciação caluniosa), apenando o ilícito com detenção de seis a dez meses e multa.

Com relação à perda da função pública e à suspensão dos direitos políticos, somente pode ocorrer após o trânsito em julgado da sentença condenatória. Contudo, a autoridade judicial ou administrativa competente poderá determinar o afastamento do agente público do exercício do cargo, do emprego ou da função, sem prejuízo da remuneração, quando a medida se fizer necessária à instrução processual.

Impende ainda registrar que a aplicação das sanções previstas na LIA independe: i) da efetiva ocorrência de dano ao patrimônio público, salvo quanto à pena de ressarcimento; e ii) da aprovação ou rejeiçao das contas pelo órgão de controle interno ou pelo Tribunal ou Conselho de Contas.

Os artigos 14 a 18 da LGIA tratam do procedimento judicial. O procedimento tem início quando qualquer pessoa representar à autoridade administrativa competente (Direito de Petição) para que seja instaurada investigação destinada a apurar a prática de ato de improbidade. A representação (que pode ser acolhida ou rejeitada *ab initio*, desde que o ato seja fundamentado, podendo ser renovada no MP) deve ser escrita ou reduzida a termo e assinada, conter a qualificação do representante, as informações sobre o fato e sua autoria e a indicação das provas de que tenha conhecimento. A autoridade determinará a imediata apuração dos fatos com instauração de Comissão Processante, que dará conhecimento ao Ministério Público e ao Tribunal ou Conselho de Contas da existência de procedimento administrativo para apurar a prática de ato de improbidade. Havendo fundados indícios de responsabilidade, a comissão representará ao Ministério Público ou à procuradoria do órgão para que requeira ao juízo competente a decretação do sequestro dos bens (no rito estabelecido pelo CPC) do agente ou terceiro que tenha enriquecido ilicitamente ou causado dano ao patrimônio público. Quando for o caso, o pedido incluirá a investigação, o exame e o bloqueio de bens, contas bancárias e aplicações financeiras mantidas pelo indiciado no exterior, nos termos da lei e dos tratados internacionais. A ação principal, que terá o rito ordinário, será proposta pelo Ministério Público ou pela pessoa jurídica interessada, dentro de trinta dias da efetivação da medida cautelar. É vedada a transação, o acordo ou a conciliação nas ações de que trata o *caput*. A Fazenda Pública, quando for o caso, promoverá as ações necessárias à complementação do ressarcimento do patrimônio público. O Ministério Público, se não intervir no processo como parte, atuará obrigatoriamente, como fiscal da lei, pena de nulidade. A propositura da ação prevenirá a jurisdição do juízo para todas as ações posteriormente intentadas que possuam a mesma causa de pedir ou o mesmo objeto. A ação será instruída com documentos ou justificação que contenham indícios suficientes da existência do ato de improbidade ou com razões fundamentadas da impossibilidade de apresentação de qualquer dessas provas, observada a legislação vigente, inclusive as disposições inscritas nos arts. 16 a 18 do Código de Processo Civil. Estando a inicial em devida forma, o juiz mandará autuá-la e ordenará a notificação do requerido, para oferecer manifestação por escrito, que poderá ser instruída com documentos e justificações, dentro do prazo de quinze dias. Recebida a manifestação, o juiz, no prazo de trinta dias, em decisão fundamentada, rejeitará a ação, se convencido da inexistência do ato de improbidade, da improcedência da ação ou da inadequação da via eleita. Recebida a petição inicial, será o réu citado para apresentar contestação. Da decisão que receber a petição inicial, caberá agravo de instrumento. Em qualquer fase do processo, reconhecida a inadequação da ação de improbidade, o juiz extinguirá o processo sem julgamento do mérito. A sentença que julgar procedente ação civil de reparação de dano ou decretar a perda dos bens havidos ilicitamente determinará o pagamento ou a reversão dos bens, conforme o caso, em favor da pessoa jurídica prejudicada pelo ilícito.

A ação assim deve observar o seguinte: 1) Representação por qualquer pessoa; 2) Encaminhamento à autoridade administrativa; 3) Instauração de Comissão Processante; 4) Conhecimento ao Ministério Público e ao Tribunal de Contas; 5) Ação Cautelar de sequestro de bens (que pode incluir investigação, exame e bloqueio de bens, contas bancárias e aplicações financeiras mantidas pelo indiciado no exterior); 6) Ação Principal que pode ser proposta pelo Ministério Público ou pela pessoa jurídica de direito público interessada; e 7) Sentença.

Por conta do procedimento (que entendemos frágil), parte da doutrina (Rogério Pacheco Alves, Maria Sylvia Zanella Di Pietro, Arlete Inês Aurelli) sustenta que trata-se de verdadeira ação civil pública.

O artigo 23 da LIA cuida da prescrição relativa às ações destinadas a levar a efeitos as sanções previstas na lei: até cinco anos após o término do exercício de mandato, de cargo em comissão ou de função de confiança ou dentro do prazo prescricional previsto em lei específica para faltas disciplinares puníveis com demissão a bem do serviço público, nos casos de exercício de cargo efetivo ou emprego.

Segundo as informações prestadas pelos Tribunais de Justiça do Brasil, até 31 de dezembro de 2011 havia no Poder Judiciário, um estoque de 43.773 ações de improbidade distribuídas e não julgadas, o que confirma a fragilidade da norma e adoção de medidas para torná-la mais eficaz.

9.4. LEIS COMPLEMENTARES 108 E 109

A Lei Complementar n. 108, de 29 de maio de 2001, dispõe sobre a relação entre a União, os Estados, o Distrito Federal e os Municípios, suas autarquias, fundações, sociedades de economia mista e outras entidades públicas e suas respectivas entidades fechadas de previdência complementar, e dá outras providências. Cuida, assim, das entidades de previdência complementar patrocinadas pelo Poder Público e suas empresas, ou das entidades fechadas de previdência complementar (EFPC).

Em seu artigo 28, faz a seguinte previsão:

> Art. 28. A infração de qualquer disposição desta Lei Complementar ou de seu regulamento, para a qual não haja penalidade expressamente cominada, sujeita a pessoa física ou jurídica responsável, conforme o caso e a gravidade da infração, às penalidades administrativas previstas na Lei Complementar que disciplina o *caput* do art. 202 da Constituição Federal.

A Lei a qual remete o artigo 202 da CF/88 é a Lei Complementar n. 109, de 29 de maio de 2001, dispõe sobre o Regime de Previdência Complementar e dá outras providências. Cuida das entidades abertas de previdência complementar – EPPC.

A sua aplicação vem estabelecida na Lei n. 9.717/98, que assim dispõe em seu artigo 8º:

> Art. 8º Os dirigentes do órgão ou da entidade gestora do regime próprio de previdência social dos entes estatais, bem como os membros dos conselhos administrativo e fiscal dos fundos de que trata o art. 6º, respondem diretamente por infração ao disposto nesta Lei, sujeitando-se, no que couber, ao regime repressivo da Lei nº 6.435, de 15 de julho de 1977, e alterações subseqüentes, conforme diretrizes gerais.
>
> Parágrafo único. As infrações serão apuradas mediante processo administrativo que tenha por base o auto, a representação ou a denúncia positiva dos fatos irregulares, em que se assegure ao acusado o contraditório e a ampla defesa, em conformidade com diretrizes gerais.

A Lei n. 6.435/77 foi revogada pela LC n. 109/01. A norma revogada dispunha sobre as entidades de previdência privada. Com a revogação, e tendo em vista a observação inserida no artigo 8º da Lei n. 9.717/98 (e alterações subsequentes), a LC n. 109/01 serve de parâmetro para responsabilização dos gestores de RPPS.

O artigo 63 da LC n. 109/01, indica quem são as pessoas responsáveis e que podem sofrer sanções de natureza civil:

> Art. 63. Os administradores de entidade, os procuradores com poderes de gestão, os membros de conselhos estatutários, o interventor e o liquidante responderão civilmente pelos danos ou prejuízos que causarem, por ação ou omissão, às entidades de previdência complementar.
>
> Parágrafo único. São também responsáveis, na forma do *caput*, os administradores dos patrocinadores ou instituidores, os atuários, os auditores independentes, os avaliadores de gestão e outros profissionais que prestem serviços técnicos à entidade, diretamente ou por intermédio de pessoa jurídica contratada.

As sanções são previstas em seu artigo 65, conforme se segue:

> Art. 65. A infração de qualquer disposição desta Lei Complementar ou de seu regulamento, para a qual não haja penalidade expressamente cominada, sujeita a pessoa física ou jurídica responsável, conforme o caso e a gravidade da infração, às seguintes penalidades administrativas, observado o disposto em regulamento:
>
> I - advertência;
>
> II - suspensão do exercício de atividades em entidades de previdência complementar pelo prazo de até cento e oitenta dias;
>
> III - inabilitação, pelo prazo de dois a dez anos, para o exercício de cargo ou função em entidades de previdência complementar, sociedades seguradoras, instituições financeiras e no serviço público; e
>
> IV - multa de dois mil reais a um milhão de reais, devendo esses valores, a partir da publicação desta Lei Complementar, ser reajustados de forma a preservar, em caráter permanente, seus valores reais.

O órgão fiscalizador competente, o Banco Central do Brasil, a Comissão de Valores Mobiliários ou a Secretaria da Receita Federal, constatando a existência de práticas irregulares ou indícios de crimes em entidades de previdência complementar, noticiará ao Ministério Público, enviando-lhe os documentos comprobatórios.

9.5. LEI 9.717/1998 E LEI 10.887/2004

A primeira é considerada como a lei geral de previdência pública e a segunda, a lei que regulamentou a EC 41/2003. Ambas trazem sanções ao gestor de RPPS, bem como à unidade federativa da qual é vinculada.

Nesta linha, os artigos 7º e 8º da Lei 9.717/1998 assim dispõem:

> Art. 7º-O descumprimento do disposto nesta Lei pelos Estados, Distrito Federal e Municípios e pelos respectivos fundos, implicará, a partir de 1º de julho de 1999:

I - suspensão das transferências voluntárias de recursos pela União;

II - impedimento para celebrar acordos, contratos, convênios ou ajustes, bem como receber empréstimos, financiamentos, avais e subvenções em geral de órgãos ou entidades da Administração direta e indireta da União;

III - suspensão de empréstimos e financiamentos por instituições financeiras federais.

IV - suspensão do pagamento dos valores devidos pelo Regime Geral de Previdência Social em razão da Lei no 9.796, de 5 de maio de 1999. (Redação dada pela Medida Provisória n. 2.187-13, de 2001)

Art. 8º Os dirigentes do órgão ou da entidade gestora do regime próprio de previdência social dos entes estatais, bem como os membros dos conselhos administrativo e fiscal dos fundos de que trata o art. 6º, respondem diretamente por infração ao disposto nesta Lei, sujeitando-se, no que couber, ao regime repressivo da Lei n. 6.435, de 15 de julho de 1977, e alterações subseqüentes, conforme diretrizes gerais.

Parágrafo único. As infrações serão apuradas mediante processo administrativo que tenha por base o auto, a representação ou a denúncia positiva dos fatos irregulares, em que se assegure ao acusado o contraditório e a ampla defesa, em conformidade com diretrizes gerais.

Por sua vez, assim dispõe o artigo 8º-A, da Lei 10.887/2004:

Art. 8º-A. A responsabilidade pela retenção e recolhimento das contribuições de que tratam os arts. 4º a 6º e 8º será do dirigente e do ordenador de despesa do órgão ou entidade que efetuar o pagamento da remuneração ou do benefício. (Incluído pela Lei n. 12.350, de 2010)

§ 1º O recolhimento das contribuições de que trata este artigo deve ser efetuado: (Incluído pela Lei n. 12.350, de 2010)

I – até o dia 15, no caso de pagamentos de remunerações ou benefícios efetuados no primeiro decêndio do mês; (Incluído pela Lei n. 12.350, de 2010)

II – até o dia 25, no caso de pagamentos de remunerações ou benefícios efetuados no segundo decêndio do mês; ou (Incluído pela Lei n. 12.350, de 2010)

III – até o dia 5 do mês posterior, no caso de pagamentos de remunerações ou benefícios efetuados no último decêndio do mês. (Incluído pela Lei n. 12.350, de 2010)

§ 2º O não recolhimento das contribuições nos prazos previstos no § 1º: (Incluído pela Lei n. 12.350, de 2010)

I – enseja a aplicação dos acréscimos de mora previstos para os tributos federais; e (Incluído pela Lei n. 12.350, de 2010)

II – sujeita o responsável às sanções penais e administrativas cabíveis. (Incluído pela Lei n. 12.350, de 2010)

§ 3o A não retenção das contribuições pelo órgão pagador sujeita o responsável às sanções penais e administrativas, cabendo a esse órgão apurar os valores não retidos e proceder ao desconto na folha de pagamento do servidor ativo, do aposentado e do pensionista, em rubrica e classificação contábil específicas, podendo essas contribuições ser parceladas na forma do art. 46 da Lei n. 8.112, de 11 de dezembro de 1990, observado o disposto no art. 56 da Lei no 9.784, de 29 de janeiro de 1999. (Incluído pela Lei n. 12.688, de 2012)

§ 4º Caso o órgão público não observe o disposto no § 3º, a Secretaria da Receita Federal do Brasil formalizará representações aos órgãos de controle e constituirá o crédito tributário relativo à parcela devida pelo servidor ativo, aposentado ou pensionista. (Incluído pela Lei n. 12.688, de 2012)

A Lei 9.717/1998 é uma lei nacional que deve em todo o seu contexto, ser observada por todos os entes federados. Já a Lei 10.887/2004 é uma lei híbrida, ora dirigida apenas para a União (lei federal), ora dirigida para todos os entes federativos (lei nacional). Ressalte-se que os dispositivos acima apontados devem ser observados por todos os entes da federação.

Ambas protegem a previdência pública contra ações irregulares e criminosas, impondo sérias sanções aos entes e gestores.

9.6. AÇÃO CIVIL PÚBLICA

A Ação Civil Pública surgiu para tutelar os direitos fundamentais de terceira geração – solidariedade e fraternidade, protegendo interesses de titularidade coletiva. Não se destina, portanto, a ACP a tutela de interesses individuais, mas sim direitos transindividuais. Em outras palavras, a ação civil pública não pode ser utilizada para a defesa de direitos e interesses puramente privados e disponíveis. Os direitos a serem tutelados devem ser difusos (grupos menos determinados de pessoas, em que não se observa vínculo jurídico ou fático, como por exemplo o direito ao ar puro, à preservação de espécies animais. São pessoas indeterminadas e indetermináveis) coletivos (pessoas indeterminadas, mas determináveis, com existência de um vínculo jurídico, como por exemplo membros de uma determinada categoria de servidores) ou individuais homogêneos (pessoas determinadas e determináveis, quando poderiam impetrar ações isoladamente, como por exemplo investidores da bolsa de valores que sofreram lesão em razão de alguma cobrança indevida – taxa indevida na compra de ações de determinada empresa).

Foi regulamentada por meio da Lei n. 7.347, de 24 de julho de 1984, que dispõe sobre sua disciplina e a responsabilidade por danos causados ao meio ambiente, ao consumidor, a bens e direitos de valor artístico, estético, histórico, turístico e paisagístico, a qualquer outro interesse difuso ou coletivo, por infração da ordem econômica ou à ordem urbanística, à honra e à dignidade de grupos raciais, étnicos ou religiosos e ao patrimônio público e social (art. 1º, da LACP). A Lei n. 8.078, de 11 de setembro de 1990 – Código de Defesa do Consumidor modificou vários artigos da Lei da ACP, além de ampliar substancialmente o rol de abrangência. A Lei n. 12.966/14 inseriu o inciso VII ao artigo 1º da LACP (tutela à honra e à dignidade de grupos raciais, étnicos ou religiosos) e por fim a Lei n. 13.004/14 incluiu o inciso VIII, passando a Ação Civil Pública tutelar o patrimônio público e social.

A ACP hodiernamente é acolhida como meio eficaz de promover a gestão participativa na *res* pública.

É ação privativa do Ministério Público, conforme previsão do artigo 129, I, da CRFB/88: "São funções institucionais do Ministério Público: I - promover, privativamente, a ação penal pública, na forma da lei." Mas não é exclusividade do Ministério Público. Entretanto, se não atuar no processo como parte, o Ministério Público obrigatoriamente intervirá no feito como fiscal da lei, podendo vir a assumir a titularidade ativa da ação caso haja desistência ou abandono da ação de forma infundada, por outro legitimado ativo.

A ação civil pública é, portanto, o instrumento processual, previsto na Constituição Federal e em leis infraconstitucionais, de que podem se valer o Ministério Público e outras entidades legitimadas para a defesa de interesses difusos, coletivos e individuais homogêneos.

Quais são os legitimados para propositura da ACP, além do Ministério Público? A resposta está contida no artigo 5º da LACP: i) Defensoria Pública; ii) a União, os Estados, o Distrito Federal e os Municípios (através de seus advogados públicos); iii) a autarquia, empresa pública, fundação ou sociedade de economia mista; iv) a associação que esteja constituída há pelo menos um ano nos termos da lei civil e que inclua, entre suas finalidades institucionais, a proteção ao patrimônio público e social, ao meio ambiente, ao consumidor, à ordem econômica, à livre concorrência, aos direitos de grupos raciais, étnicos ou religiosos ou ao patrimônio artístico, estético, histórico, turístico e paisagístico.

Com a ACP, tem-se um processo coletivo por meio do qual pessoas lesadas (milhares ou até milhões) encontram soluções sem necessidade de ter de ingressar com ações individuais, e com isso, evitam-se decisões divergentes. A sentença no processo coletivo beneficia a todo o grupo, com enorme economia processual.

O artigo 6º da LACP diz textualmente que "qualquer pessoa poderá e o servidor público deverá provocar a iniciativa do Ministério Público, ministrando-lhe informações sobre fatos que constituam objeto da ação civil e indicando-lhe os elementos de convicção." Nesse ínterim, temos que não é mera faculdade do gestor de RPPS provocar a instauração da ACP, é antes uma obrigação, da qual não pode se furtar para encobrir irregularidades (leia-se também fraudes e crimes) cometidas no âmbito da instituição. E quando, no exercício de suas funções, juízes e tribunais tiverem conhecimento de fatos que possam ensejar a propositura da ação civil, deverão remeter peças ao Ministério Público para as providências cabíveis.

A legitimidade passiva da ACP não se resume a práticas de atos comissivos, mas também de atos omissivos (aqueles que por omissão tenham dado azo à lesão aos cofres públicos). A fixação da competência é delimitada ao local do dano causado, ou seja, se for patrimônio da União, será competente a Justiça Federal e ser for estadual ou municipal, será da Justiça Estadual. O artigo 102, I, "n" e "f", da CF/88, dispõe sobre a competência originária do STF. Não há, contudo, prerrogativa de foro funcional.

A ACP pode ser preventiva (antes da ocorrência da lesão) e repressiva (quando a lesão já ocorreu). Comporta produção de provas, tendo em vista que se trata de ação de rito ordinário e tutela de urgência, conforme previsão no artigo 12 da Lei n. 7.347/85, que deve seguir a sistemática estabelecida no artigo 273 do CPC.

Diferentemente do Mandado de Segurança Coletivo, admite dilação probatória e condenação para reparação à lesão causada ao patrimônio público.

De acordo com o artigo 8º, § 1º, da LACP, o Ministério Público poderá instaurar, sob sua presidência, inquérito civil, ou requisitar, de qualquer organismo público ou particular, certidões, informações, exames ou perícias, no prazo que assinalar, o qual não poderá ser inferior a dez dias úteis. O Inquérito Civil também tem previsão constitucional, conforme artigo 129, III, da CF/88. É um procedimento administrativo investigatório, de caráter inquisitivo, instaurado, presidido e, se for o caso, arquivado pelo próprio Ministério Público.

A Primeira Seção do Superior Tribunal de Justiça firmou entendimento no sentido de que, quando a Ação Civil Pública ajuizada pelo Ministério Público for julgada procedente, descabe condenar a parte vencida em honorários advocatícios. (STJ, REsp 1038024/SP, Rel. Min. Herman Benjamin, Segunda Turma, j. 15.9.09).

Como exemplo de Ação Civil Pública para preservação da liquidez de fundos previdenciários, invocamos a seguinte decisão exarada pelo Superior Tribuna de Justiça:

"ADMINISTRATIVO E PROCESSUAL CIVIL. AGRAVO REGIMENTAL NO AGRAVO EM RECURSO ESPECIAL. AÇÃO CIVIL PÚBLICA. IMPROBIDADE ADMINISTRATIVA. VIOLAÇÃO DO ARTIGO 333, INCISOS I E II, DO CPCNÃO CARACTERIZADA. ARTIGO 10, INCISO X, DA LEI N. 8.429/1992. NÃO REPASSE DE CONTRIBUIÇÕES DEVIDAS AO FUNDO DE PREVIDÊNCIA SOCIAL DO MUNICÍPIO. APLICAÇÃO DO DINHEIRO EM OUTRAS ÁREAS DA ADMINISTRAÇÃO. AUSÊNCIA DE SUBSUNÇÃO DO ATO REPUTADO ÍMPROBO AO TIPO PREVISTO NO INDIGITADO DISPOSITIVO. PRETENSÃO RECURSAL QUE ENCONTRA ÓBICE NA SÚMULA N. 7 DO STJ.

1. Assentado pela Corte de origem que "diante das dificuldades financeiras que teve de enfrentar ao assumir a Prefeitura -"herança"das gestões pretéritas, não negada pelo Ministério Público -, outra alternativa não vislumbrou o recorrente senão valer-se do dinheiro daquele Fundo para socorrer outras áreas mais urgentes da Administração Pública Municipal, na esperança de que tal situação fosse regularizada posteriormente - o que de fato está acontecendo, conforme demonstrou o apelante por meio da certidão de fls. 3.874.", rever tal conclusão demandaria o reexame do conjunto fático-probatório dos autos, o que é vedado no âmbito do recurso especial, nos termos da Súmula n. 7 do STJ.

2. Agravo regimental não provido. (STJ, AgRg no AREsp 479390 GO, Rel. Min. Benedito Gonçalves, T1, j. 07-10-2014 e DJe de 15-10-2014)."

9.6.1. Ação Civil Pública de Extinção de Domínio

Com o bem acentuado por Alexandre Jésus de Queiroz Santiago, promotor de Justiça do Estado de Rondônia, em excelente artigo publicado no *Jus Navigandi*, intitulado Sobre a Ação Civil de Extinção do Domínio:

"O crime se profissionalizou, indiscutivelmente. Virou profissão, depois comércio, firma, empresa, indústria nacional e, hoje, multinacional. Em algum lugar perdido no tempo, o primeiro ladrão de animais viu que a atividade lhe era rentável e que o risco assumido poderia compensar com a reiteração de condutas impunes. Atualmente pode-se falar em megaempresários do tráfico de drogas, do contrabando de armas, da corrupção institucional, de crimes contra o sistema financeiro. Da arte e ciência de roubar galinhas (com licença à referência ao livro-crônica de João Ubaldo Ribeiro), o crime veio se estruturando até alcançar um nível de organização e complexidade estupenda, com criteriosa definição de papéis e funções especializadas, mais similar à dinamicidade de bem montadas empresas do que com a burocracia e entraves formais do Estado.

[...] É óbvio que o Brasil, nessa guerra contra o crime organizado, pode se servir de todas as alternativas dentro de todas as disciplinas jurídicas. Nesse embate, que se pretende planejado, estratégico, é que se insere o instituto da extinção do domínio, que é de direito privado, mas que pode servir como instrumento para asfixiar o crime organizado, dificultando o seu proveito econômico e o seu financiamento e refinanciamento"[44].

O objetivo primário da ação é retirar a capacidade financeira das organizações criminosas, com reversão dos valores para os cofres públicos. O dinheiro produto do roubo não tem amparo legal, não fere, portanto, o direito de propriedade assegurado pelo artigo 5º, incisos XXII e XXIII da CF/88, que diz textualmente que "a propriedade atenderá a sua função social."

O instituto da ação civil de extinção de domínio tem previsão em tratados internacionais e na legislação nacional de diversos países, como um importante mecanismo para o enfrentamento das organizações criminosas.

Em 2003, no Governo Lula, foi instituída, no âmbito do Ministério da Justiça e coordenada pela Secretaria Nacional de Justiça, a Estratégia Nacional de Combate à Corrupção e à Lavagem de Dinheiro – Enccla, com a finalidade de prevenir e combater os crimes de lavagem de dinheiro e corrupção em seu sentido alargado.

Com vistas ao combate efetivo à corrupção, o Ministério Público Federal elaborou dez medidas de propostas legislativas que estão disponíveis em seu sítio eletrônico: http://www.combateacorrupcao.mpf.mp.br/10-medidas. Dentre as quais, figuram medidas para recuperação do lucro derivado do crime: i) confisco alargado, cujo anteprojeto de lei acrescenta o art. 91-A ao Código Penal e ii) Ação de Extinção de Domínio, sobre bens de qualquer natureza ou valores que sejam produto ou proveito, direto ou indireto, de atividade ilícita ou com as quais estejam relacionados na forma como disposto no anteprojeto de lei e na sua transferência em favor da União, dos Estados ou do Distrito Federal, sem direito à indenização.

A ação proposta consiste na extinção do direito de posse e de propriedade, e de todos os demais direitos, reais ou pessoais, sobre bens de qualquer natureza, ou valores, que sejam produto ou proveito, direto ou indireto, de atividade ilícita, ou com as quais estejam relacionados na forma desta lei, e na sua transferência em favor da União, dos Estados ou do Distrito Federal, sem direito à indenização. A perda civil de bens abrange a propriedade ou a posse de coisas corpóreas e incorpóreas e outros direitos, reais ou pessoais, e seus frutos.

Desta forma, tem como objetivo reverter ao domínio público (a ação é de extinção de domínio privado para reversão ao domínio público) o produto dos seguintes crimes, dentre outros: peculato, enriquecimento ilícito, inserção de dados falsos em sistema de informações, concussão, corrupção passiva e ativa, tráfico de influência, exploração de prestígio.

Segundo justificativas apresentadas pela Enccla:

"A extinção civil do domínio, ou perda civil de bens, no direito estrangeiro, é conceituada como a privação do direito de propriedade sem qualquer compensação a seu titular, em razão de aquela ter sido usada de maneira contrária às determinações legais do ente soberano. Num contexto mundial de busca ao intensivo combate à prática de lavagem de dinheiro, os organismos internacionais recomendam a implementação, por parte das nações, de legislação que autorize a extinção civil de domínio in rem ou perda civil de bens. No Brasil, o fundamento constitucional que autoriza a expropriação sem indenização da propriedade ou posse, em razão do descumprimento de sua função social, encontra lastro no artigo 5º, inciso XXIII, da Constituição Federal de 1988, que reza: 'a propriedade atenderá a sua função social.' A natureza jurídica do instituto conforma-se com uma compensação, uma reparação devida pelo proprietário ao Estado, em razão de ter aquele usado ou permitido que se usasse o bem objeto de perdimento contrariamente ao que estabelece o ordenamento jurídico que, em última instância, autoriza, legitima e protege o próprio exercício do direito à propriedade. A perda civil da propriedade apresenta dupla finalidade: diminuir a capacidade de ação das organizações criminosas pela retirada de seus meios materiais de atuação e ampliar a capacidade material de combate aos males gerados por essa mesma atuação por via de transferência dos produtos da ação civil de perdimento *in rem* à pessoa jurídica de direito público afetada pelas práticas ilícitas".

A ação de extinção de domínio, com certeza, caso seja aprovado o projeto de lei formulado pelo Ministério Público Federal, será um grande avanço para o sistema repressivo brasileiro, uma vez que permitirá o perdimento de bens, que voltarão aos cofres públicos, independentemente da responsabilização penal dos autores dos ilícitos, que como bem observa o MPF, que pode

---

(44) SANTIAGO, Alexandre Jésus de Queiroz. Sobre a Ação Civil Pública de Extinção do Domínio. Jus Navigandi, 2010. Disponível em <http://jus.com.br/artigos/14373/sobre-a-acao-civil-publica-de-extincao-do-dominio#ixzz3kg3Ihlbb>. Acesso em 03 de setembro de 2015.

não ser punido por não ser descoberto, por falecer ou em decorrência de prescrição.

Encontra-se em tramitação o Projeto de Lei – PL 856/2015, apensando ao PL 246/2015, que disciplina a ação civil pública de extinção do direito de posse ou de propriedade proveniente de atividade criminosa, improbidade administrativa ou enriquecimento ilícito e que visa reaver recursos públicos desviados através de ações ilícitas.

Apesar de ter sido solicitada prioridade no regime de tramitação, o PL encontra-se sem qualquer tramitação desde abril de 2015, conforme consulta efetuada no sítio da Câmara Federal em 5 de novembro do mesmo ano.

9.7. DIREITO CONSTITUCIONAL DE PETIÇÃO

9.7.1. Direito de Petição e de Obtenção de Certidões

São remédios constitucionais de natureza administrativa, não jurisdicional. Entretanto, podem dar azo à impetração dos demais *writs* constitucionais, motivo pelo qual entendemos sua natureza indireta.

A Constituição Federal de 1988 assegura no art. 5º, XXXIV, alíneas "a" e "b", o direito de petição e o direito à obtenção de certidões, aos Poderes Públicos em defesa de direitos ou contra ilegalidade ou abuso de poder. Eis os textos dos dispositivos:

> Art. 5º...
> [...]
> XXXIV - são a todos assegurados, independentemente do pagamento de taxas:
> a) o direito de petição aos Poderes Públicos em defesa de direitos ou contra ilegalidade ou abuso de poder;
> b) a obtenção de certidões em repartições públicas, para defesa de direitos e esclarecimento de situações de interesse pessoal.

Os direitos foram alçados à categoria de direitos fundamentais com a CRFB/88. Entretanto, o direito de petição já era previsto na Lei n. 4.898, de 9 de dezembro de 1965, que regula o Direito de Representação e o processo de Responsabilidade Administrativa Civil e Penal, nos casos de abuso de autoridade.

O direito à obtenção de certidões foi regulamentado através da Lei n. 9.051, de 18 de maio de 1995, que dispõe sobre a expedição de certidões para a defesa de direitos e esclarecimentos de situações. A norma legal estabeleceu o prazo improrrogável de 15 (quinze) dias para atendimento do pedido.

O direito de petição se presta tanto à defesa de direitos individuais contra eventuais abusos como também para a defesa de interesses gerais e coletivos, sendo um instrumento de nítido exercício das prerrogativas democráticas. Além disso, dirigida a petição à autoridade competente (Legislativo, Executivo ou Judiciário), cabe à mesma o dever de rever ou eventualmente corrigir certa medida.

Pode ser exercido por qualquer pessoa que deseje fazer uma reivindicação ou queixa, obter uma informação ou emitir uma opinião que entender relevante. Não comporta formalismos, a única exigência é que se faça por meio de peça escrita (petição) e não oral, sendo vedado o anonimato. Por meio da petição, podem ser pleiteados interesses próprios ou coletivos e até mesmo em favor de terceiros. Não é necessário que se faça por meio de advogado (requerimento administrativo). Podem ser dirigidas às quaisquer autoridades, sejam de que natureza for (presidente da República, ministros, governadores, prefeitos, delegados, deputados, procuradores, desembargadores, juízes, promotores e procuradores de justiça, defensores públicos, gestores de RPPS, etc.).

É também meio hábil para denunciar qualquer forma de excesso ou abuso de poder, irregularidades, ilegalidades e crimes. Peticionar é o ato de requerer, de pedir alguma coisa. Não pode ser negado o seu recebimento nem o seu conhecimento. Se a autoridade não o receber e não se manifestar, estará desrespeitando direito assegurado constitucionalmente, podendo incorrer em sanções civis, penais e administrativas.

Não conhecido o direito de petição e negação de certidão requerida, pode ensejar a impetração de *writ* constitucional, notadamente Mandado de Segurança.

Saliente-se que esses direitos constitucionais têm sido reiteradamente negados (não cumprimento dos prazos estabelecidos e cobrança de taxas abusivas por parte dos órgãos públicos).

9.7.2. *Notitia Criminis*

Não é uma forma direta de controle judicial da gestão de RPPS, mas pode ter significância para instauração de ações com esse desiderato, notadamente a ação civil pública.

Caracteriza-se como uma das formas do direito constitucional de petição, dado que qualquer pessoa (sem qualificação de ser cidadão, como na ação popular) pode se valer do instituto para provocar a persecução criminal.

Notitia criminis ou notícia do crime consiste em se levar ao conhecimento da autoridade policial um fato aparentemente delituoso, dando ensejo a investigações. O artigo 5º, § 3º, do Código de Processo Penal diz expressamente: "Qualquer pessoa do povo que tiver conhecimento da existência de infração penal em que caiba ação pública poderá, verbalmente ou por escrito, comunicá-la à autoridade policial, e esta, verificada a procedência das informações, mandará instaurar inquérito."

A *notitia criminis* dita inqualificada prevê a delação apócrifa (ou denúncia anônima), que pode ensejar uma investigação preliminar por parte da autoridade policial, para só depois ser instaurado o inquérito policial, quando verificada a procedência das alegações. Via transversa, a *delatio criminis* é a comunicação feita por pessoa identificada.

Apócrifa ou subscrita a denúncia é um meio legal posto à disposição para que sejam adotadas medidas de combate ao crime, principalmente os crimes ocorridos no âmbito de unidades gestoras de RPPS.

Infelizmente o medo de represálias ainda é uma realidade no seio brasileiro. A denúncia hoje é largamente usada perante as unidades gestoras, para levar ao conhecimento pagamentos indevidos (pessoas que já faleceram, pessoas que são aposentadas por invalidez mas que estão laborando na iniciativa privada, pessoas que se casaram ou que vivem em união estável, perdendo assim a característica de dependente econômico). Infelizmente não é usada, da mesma forma e intensidade, para controlar gastos públicos.

CAPÍTULO 10 ▶ CRIMINOLOGIA

> Hei, Al Capone, vê se te emenda
> Já sabem do teu furo, nego
> No imposto de renda
> Hei, Al Capone, vê se te orienta
> Assim desta maneira, nego
> Chicago não aguenta
> Hei, Júlio César, vê se não vai ao Senado
> Já sabem do teu plano para controlar o Estado
> Hei, Lampião, dá no pé, desapareça
> Pois eles vão à feira exibir tua cabeça
>
> **Al Capone, Raul Seixas**

10.1. INTRODUÇÃO

Quando se fala em responsabilidade do gestor de RPPS, é de suma importância trazer ao conhecimento as diversas situações que podem ocorrer no âmbito da entidade, para que possam ser adotadas políticas eficazes de prevenção e combate aos crimes previdenciários próprios e aqueles que têm relação direta e indireta com a gestão.

Legislação específica com vistas à prevenção de crimes e a impedir que as pessoas façam justiça com as próprias mãos remonta a tempos imemoriáveis. O Código de Hamurabi (*Lex Talionis*), de 1780 a.C., é um bom exemplo. Os delitos contra o Estado, nas antigas leis persas, eram severamente punidos, geralmente com a pena de morte. E existiam punições horrendas, como mutilações, espancamentos, empalamentos, decapitações, açoitamentos ou ainda jogar a pessoa de um penhasco, afogá-la, obrigar a participação em competição como gladiador, exposição a feras, queimá-la e um monte de outras atrocidades. O açoitamento era uma punição prevista no tempo de Jesus Cristo, que foi submetido ao instrumento mais terrível: o *flagellum*, que consistia num cabo em que se fixavam diversas cordas ou tiras de couro. Estas tiras tinham presas nelas pedaços dentados de osso ou de metal, para tornar os golpes mais dolorosos e eficazes.

Mas, deixando tempos passados, hodiernamente, no Brasil, não existe pena de morte (salvo em caso de guerra declarada, nos termos do art. 84, XIX da CF/88), adotando-se as vigas mestras dos direitos humanos – leia-se dignidade da pessoa humana. *Não nos cabe aqui analisar o fracasso do sistema penal, mas sim levar ao conhecimento como os crimes previdenciários podem ocorrer no âmbito das unidades gestoras de RPPS, no sentido de se contribuir para uma menor incidência dos mesmos.*

O pensamento do legislador brasileiro é no sentido de que a lei penal deve prever o maior número possível de possibilidades. Isto explica o número elevado de normas que existem hoje no Brasil em matéria penal. Destarte, para o presente trabalho, vamos nos ater aos crimes previdenciários próprios e os crimes que diretamente estão ligados à conduta dos gestores e partes interessadas no processo (inclusive dependentes).

O Brasil, desde os tempos em que era colônia de Portugal, se preocupou em regulamentar atos de improbidade administrativa, notadamente quando praticados contra os recursos do Tesouro. Como exemplo, podemos citar a Lei de 15 de outubro de 1827 (Dá responsabilidade aos Ministros e Secretários de Estado), que, pelo seu valor histórico, merece seja colacionada, ao menos em parte, e com sua redação original:

Art 1º Os Ministros e Secretarios de Estado são responsaveis por traição:

§ 1º Attentando por tratados, convenções, e ajustes, dentro ou fôra do Imperio, ou por outros quaesquer actos do seu officio, ou prevalecendo-se delle com dolo manifesto:

1º Contra a fórma estabelecida do Governo.

2º Contra o livre exercicio dos poderes politicos reconhecidos pela Constituição do Imperio.

3º Contra a independencia, integridade, e defesa da nação.

4º Contra a pessoa ou vida do Imperador, da Imperatriz, ou de algum dos Principes, ou Princezas da imperial familia.

§ 2º Machinando a destuição da religião catholica apostolica romana.

§ 3º São applicaveis aos delictos especificados neste artigo as penas seguintes.

Maxima: morte natural.

Média: perda da confiança da nação, e de todas as honras; inhabilidade perpetua para ocupar empregos de confiança, e cinco annos de prisão.

Minina: perda da confiança na nação, inhabilidade perpetua, restricta ao emprego, em que é julgado, e cinco annos de suspensão do exercicios dos direitos politicos.

Art 2º São responsaveis por peita, suborno, ou concussão:

§ 1º Por peita, aceitando dadiva ou promessa, directa ou indirectamente, para se decidirem em qualquer acto do seu ministerio.

As penas para os delictos desgnados neste paragrapho são:

Maxima: inhabilidade perpetua para todos os empregos, e a multa do triplo do valor da peita.

Média: inhabilidade perpetua para emprego de Ministro e Secretario de Estado, inhabilidade por 10 annos para os outros empregos, e a multa do duplo do valor da peita.

Minima: perda do emprego, e multa do valor da peita.

§ 2º Por suborno, corrompendo por sua influencia, ou peditorio a alguem para obrar contra o que deve, no desempenho de suas funcções publicas; ou deixando-se corromper o que não devem, ou deixarem de obrar o que devem.

As penas para os delictos designados neste paragrapho são:

Maxima: suspensão do emprego por tres annos.

Média: por dous.

Minima: por um.

O réo incorre nestas penas, ainda quando se não verifique o effeito do suborno, assim como acontece na peita.

§ 3º Por concussão, extorquindo, ou exigindo o que não for devido, ainda que seja para a Fazenda Publica, ainda quando se não siga o effeito do recebimento.

As penas para os delictos designados neste paragrapho são:

Maxima: suspensão do emprego por seis annos.

Média: por quatro.

Minima: por dous.

§ 4º O réo, que, tendo commetido algum dos delictos especificados nos paragraphos antecedentes, os tiver levado a pleno effeito, e por meio delles abusado do poder, ou faltado á observancia da lei, soffrerá, além das penas declaradas nos ditos paragraphos, as que ao diante se declaram nos art. 3º e 4º.

Art 3º São responsaveis por abuso de poder:

§ 1º Usando mal da sua autoridade nos actos não especificados na lei, que tenham priduzidos prejuizo, ou damno provado ao Estado, ou a qualquer particular.

As penas para os delictos designados neste paragrapho são:

Maxima: tres annos de remoção para fóra da Côrte e seu termo.

Média: dous annos.

Minimo: um anno.

Além disso a reparação do damno á parte, havendo-a ou á Fazenda Publica, quando esta seja interessada, sem o que não voltará á Côrte.

§ 2º Usurpando qualquer das attribuiç~eos do poder legislativo, ou judiciario.

As penas para os delictos designados neste paragrapho são:

Maxima: inhabilidade perpetua para todos os empregos, e dous annos de prisão.

Média: inhabilidade por dez annos para todos os empregos.

Minima: perda do emprego.

Art 4º São responsaveis por falta de observancia da lei:

§ 1º Não cumprindo a lei, ou fazendo o contrario do que ella ordena.

§ 2º Não fazendo effectiva a responsabilidade dous seus subalternos.

As penas para os delictos designados neste artigo são as do art 3º § 1º, inclusive a reparação do damno.

Art 5º são responsaveis pelo que obrarem contra a liberdade, segurança, ou propriedade dos cidadãos:

§ 1º Obrando contra os direitos individuaes dos cidadãos, que tem por base a liberdade, segurança, ou propriedade, marcados na Constituição, art. 179.

Art 6º São responsaveis por dissipação dos bens publicos:

§ 1º Ordenando, ou concorrendo de qualquer modo para as despezas não autorizadas por lei, ou para se fazerem contra a fórma nella estabelecida, ou para se celebrarem contractos manifestamente lesivos.

§ 2º Não praticando todos os meios ao seu alcance para a arrecadação ou conservação dos bens moveis, ou immoveis, ou rendas da nação.

§ 3º Não pondo, ou não conservando em bom Estado a contabilidade da sua repartição.

As penas para os delictos designados nos arts. 5º e 6º são as mesmas applicadas aos que estão comprehendidos no § 1º do art. 3º, inclusive a reparação do damno.

Art 7º Os Conselheiros de Estado são responsaveis pelos conselhos que derem:

1º Sendo opposto ás leis.

2º Sendo contra os interesses do Estado, se forem manisfestamente dolosos.

Os Conselheiros de Estado por taes conselhos incorrem nas mesmas penas, em que os Ministros e Secretarios de Estado incorrem por factos analogos a este.

Quando porém ao conselho se não seguir effeito, soffrerão a pena no gráo médio, nunca menor, que a suspensão do emprego de um a dez annos.

Tem-se assim, que o Brasil sempre legislou em matéria de infrações penais no que tange à proteção de sua Fazenda Pública. Hoje, nos deparamos com uma gama de leis que têm esse desiderato e que serão a seguir abordadas, de forma superficial, perfunctória. Antes, porém, é interessante registrar que os crimes de peita e suborno ainda são tratados assim pela legislação atual, conforme se subtrai do art. 1.011, § 1º do Código Civil de 2002:

Art. 1.011...

[...]

§ 1º Não podem ser administradores, além das pessoas impedidas por lei especial, os condenados a pena que vede, ainda que temporariamente, o acesso a cargos públicos; ou por crime falimentar, de prevaricação, peita ou suborno, concussão, peculato; ou contra a economia popular, contra o sistema financeiro nacional, contra as normas de defesa da concorrência, contra as relações de consumo, a fé pública ou a propriedade, enquanto perdurarem os efeitos da condenação.

Lamentavelmente o que temos notícia, hoje, é da proliferação de crimes contra o sistema previdenciário, e fazendo uma análise acerca da questão, Maciel Filho assim se pronuncia:

> "Nessa ordem de ideias, induvidoso que o uso do Direito Penal para a punição dos crimes previdenciários, embora não seja muito recente, tem se mostrado como uma tentativa quase desesperada para se garantir a eficiência de um sistema previdenciário falido; tanto é assim que alguns países, pouco a pouco, vêm recrudescendo o tratamento penal do criminoso previdenciário, com leis cada vez mais duras, justamente porque não têm conseguido solucionar o problema de outra forma mais 'suave'. [...] Nessa categoria de delitos, o bem jurídico protegido, diferentemente do que ocorre na chamada 'criminalidade clássica', tem um caráter suprainidvidual, isto é, coletivo."[45]

Embora seja o tema extenso, com posicionamentos doutrinários e jurisprudenciais diversos, aqui nos ateremos a demonstrar os tipos penais e como podem ocorrer. Não nos aprofundaremos em discutir institutos típicos de direito penal, apenas elencando alguns conceitos que julgamos imprescindíveis ao conhecimento daqueles que direta e indiretamente lidam com os recursos dos fundos previdenciários.

10.1.1. Conceito de servidor público para fins penais

De proêmio, para iniciar um breve estudo acerca dos crimes previdenciários, cumpre trazer à colação o conceito de funcionário público, dado pela Lei 9.993, de 14 de julho de 2000, que deu nova redação ao § 1º do art. 327 do Código Penal. Referido dispositivo passou a vigorar com o seguinte texto:

> Art. 327 - Considera-se funcionário público, para os efeitos penais, quem, embora transitoriamente ou sem remuneração, exerce cargo, emprego ou função pública.
> § 1º - Equipara-se a funcionário público quem exerce cargo, emprego ou função em entidade paraestatal, e quem trabalha para empresa prestadora de serviço contratada ou conveniada para a execução de atividade típica da Administração Pública. (Incluído pela Lei n. 9.983, de 2000)
> § 2º - A pena será aumentada da terça parte quando os autores dos crimes previstos neste Capítulo forem ocupantes de cargos em comissão ou de função de direção ou assessoramento de órgão da administração direta, sociedade de economia mista, empresa pública ou fundação instituída pelo poder público. (Incluído pela Lei n. 6.799, de 1980)

Da dicção do dispositivo tem-se a amplidão do conceito de funcionário público, que contem até mesmo as funções temporárias e extensivas aos servidores da administração direta, indireta, paraestatal ou empresa conveniada para atividade típica da Administração Pública. A despeito do conceito, assim se posiciona o Supremo Tribunal Federal:

> "Ementa: PENAL E PROCESSUAL PENAL. RECURSO ORDINÁRIO EM *HABEAS CORPUS*. PECULATO. MODALIDADE DESVIO. ATIPICIDADE. INOCORRÊNCIA. DOLO ESPECÍFICO. FUNCIONÁRIO PÚBLICO. CONCEITO. 1. O peculato desvio caracteriza-se na hipótese em que terceiro recebe armas emprestadas pelo juiz, depositário fiel dos instrumentos do crime, acautelados ao magistrado para fins penais, enquadrando-se no conceito de funcionário público. 2. In casu, Juiz Federal detinha em seu poder duas pistolas apreendidas no curso do processo-crime em tramitação perante a Vara da qual era titular. Ao entregar os armamentos a policial federal desviou bem de que tinha posse em razão da função em proveito deste, emprestando-lhe finalidade diversa da pretendida ao assumir a função de depositário fiel. 3. O artigo 312 do Código Penal dispõe: "Art. 312 - Apropriar-se o funcionário público de dinheiro, valor ou qualquer outro bem móvel, público ou particular, de que tem a posse em razão do cargo, ou desviá-lo, em proveito próprio ou alheio: Pena - reclusão, de dois a doze anos, e multa." 4. É cediço que "o verbo núcleo desviar tem o significado, nesse dispositivo legal, de alterar o destino natural do objeto material ou dar-lhe outro encaminhamento, ou, em outros termos no peculato-desvio o funcionário público dá ao objeto material aplicação diversa da que lhe foi determinada, em benefício próprio ou de outrem. Nessa figura não há o propósito de apropriar-se, que é identificado como animus *rem sibi habendi*, podendo ser caracterizado o desvio proibido pelo tipo, com simples uso irregular da coisa pública, objeto material do peculato." (BITTENCOURT, Cezar. Tratado de direito penal. v. 5. Saraiva, São Paulo: 2013, 7ª Ed. p. 47). 3. É possível a atribuição do conceito de funcionário público contida no artigo 327 do Código Penal a Juiz Federal. É que a função jurisdicional é função pública, pois consiste atividade privativa do Estado-Juiz, sistematizada pela Constituição e normas processuais respectivas. Consequentemente, aquele que atua na prestação jurisdicional ou a pretexto de exercê-la é funcionário público para fins penais. Precedente: (RHC 110.432, Relator Min. Luiz Fux, Primeira Turma, julgado em 18/12/2012). 4. A via estreita do Habeas Corpus não se preza à discussão acerca da valoração da prova produzida em ação penal. É que, nos termos da Constituição esta ação se destina a afastar restrição à liberdade de locomoção por ilegalidade ou por abuso de poder. 5. Recurso desprovido. (RHC 103559 / SP - SÃO PAULO, Relator Min. LUIZ FUX, Julgamento: 19/08/2014, Órgão Julgador: Primeira Turma, Publicação DJe-190 DIVULG 29-09-2014 PUBLIC 30-09-2014)"

Vale destacar que "o agente público que exerce cargo em comissão também subsume-se ao conceito penal de funcionário público e expõe-se, em face dessa particular condição funcional, à causa especial de aumento de pena a que se refere o art. 327, § 2º, do Código penal." (HC 72.465, Primeira Turma, Relator o Ministro Celso de Mello, DJ de 24.11.1995)

A Lei Geral de Improbidade Administrativa (LIA), também toma o conceito de funcionário público de forma mais abrangente possível. Senão vejamos:

> Art. 1º Os atos de improbidade praticados por qualquer agente público, servidor ou não, contra a administração direta, indireta ou fundacional de qualquer dos Poderes da União, dos Estados, do Distrito Federal, dos Municípios, de Território, de empresa incorporada ao patrimônio público ou de entidade para cuja criação ou custeio o erário haja

---

(45) MACIEL FILHO, Euro Bento. Crimes Previdenciários: Análise Crítica dos Delitos Clássicos Contra a Previdência Social, à Luz da Lei n. 9.983, de 14.7.2000. 1. ed. São Paulo: Juarez de Oliveira, 2004. p. 4.

concorrido ou concorra com mais de cinqüenta por cento do patrimônio ou da receita anual, serão punidos na forma desta lei.

Parágrafo único. Estão também sujeitos às penalidades desta lei os atos de improbidade praticados contra o patrimônio de entidade que receba subvenção, benefício ou incentivo, fiscal ou creditício, de órgão público bem como daquelas para cuja criação ou custeio o erário haja concorrido ou concorra com menos de cinqüenta por cento do patrimônio ou da receita anual, limitando-se, nestes casos, a sanção patrimonial à repercussão do ilícito sobre a contribuição dos cofres públicos.

Art. 2º Reputa-se agente público, para os efeitos desta lei, todo aquele que exerce, ainda que transitoriamente ou sem remuneração, por eleição, nomeação, designação, contratação ou qualquer outra forma de investidura ou vínculo, mandato, cargo, emprego ou função nas entidades mencionadas no artigo anterior.

De acordo com a Súmula STF n. 703, "a extinção do mandato do prefeito não impede a instauração de processo pela prática dos crimes previstos no art. 1º do decreto-lei 201/1967." E nos termos da S 711, "a lei penal mais grave aplica-se ao crime continuado ou ao crime permanente, se a sua vigência é anterior à cessação da continuidade ou da permanência."

10.1.2. Conceito de crime

Feita a conceituação de funcionário público para fins penais, passaremos a analisar o conceito de crime, que nos é fornecido pelo art. 1º da Lei de Introdução ao Código Penal, Decreto-Lei n. 3.914, de 9 de dezembro de 1941. Referido decreto não faz diferença ontológica entre crime e contravenção. Senão vejamos:

> Art 1º Considera-se crime a infração penal que a lei comina pena de reclusão ou de detenção, quer isoladamente, quer alternativa ou cumulativamente com a pena de multa; contravenção, a infração penal a que a lei comina, isoladamente, pena de prisão simples ou de multa, ou ambas. alternativa ou cumulativamente.

Sob o aspecto formal, crime é a ação ou omissão proibida pela lei, sob ameaça de pena; já sob o aspecto material, crime é a violação de um bem penalmente protegido e sob o aspecto analítico, crime é o fato típico, ilícito e culpável.

Rogério Greco analisa o conceito de crime e de contravenção da seguinte forma:

> "... nosso sistema jurídico-penal, da mesma forma que o alemão e o italiano, v.g., fez a opção pelo critério bipartido, ou seja, entende, de um lado, os crimes e os delitos como expressões sinônimas, e, do outro, as contravenções penais.]

Quando quisermos nos referir indistintamente a qualquer dessas figuras, devemos utilizar a expressão infração penal. A infração penal, portanto, como gênero, refere-se de forma abrangente aos crimes/delitos e às contravenções penais".[46]

E para facilitar a compreensão da matéria, ousamos colacionar, de maneira sucinta, alguns conceitos ligados ao crimes previdenciários. Empresa Fantasma: é a empresa que não existe de direito e de fato. Geralmente consta de um endereço de uma caixa postal ou escritório de representantes. Já a Reserva monetária: representada por saldo em moedas estrangeiras, créditos internacionais ou ouro, existentes no Banco do Brasil. O Paraíso Fiscal: são Estados nacionais ou regiões autônomas onde a lei facilita a aplicação de capitais estrangeiros, oferecendo uma espécie de dumping fiscal, com alíquotas de tributação muito baixas ou nulas.

O *Dumping Fiscal* é a prática comercial que consiste em uma ou mais empresas de um país venderem seus produtos, mercadorias ou serviços por preços extraordinariamente abaixo de seu valor justo para outro país (preço que geralmente se considera menor do que se cobra pelo produto dentro do país exportador), por um tempo, visando prejudicar e eliminar os fabricantes de produtos similares concorrentes no local, passando então a dominar o mercado e impondo preços altos. É um termo usado em comércio internacional e é reprimido pelos governos nacionais, quando comprovado. Esta técnica é utilizada como forma de ganhar quotas de mercado[47].

Muito mencionado é o termo Laranja ou Testa de Ferro, que são pessoas usadas para se escapar do controle de fiscalização. São pessoas intermediárias de operações financeiras fraudulentas. Atuam emprestando seu nome, CPF, ou outros documentos e contas bancárias, com o intuito de ocultar a pessoa que realmente está fazendo a operação financeira fraudulenta. Conforme o Mundo Educação:

> "Atualmente é muito comum ouvir nos noticiários a respeito dos laranjas, que são pessoas que disponibilizam seu nome, conta bancária, para que outra, utilizando tais dados, faça negociações ilícitas sem expor sua identidade. Essa prática é muito usada por corruptos que encontram nos laranjas a escapatória para seus negócios irregulares, dinheiro sujo, licitações irregulares, e diversas outras transações comerciais. Por isso, o "laranja" está, muitas vezes, ligado a procedimentos ilegais. [...] No Brasil, infelizmente, há notícias de que essa prática existe e que é utilizada por grandes empresários, inclusive pelos grandes políticos, para páticas ilegais. Um bom exemplo disso é o mensalão, que utilizava dados de "laranjas" para encobrir o caixa dois de alguns partidos envolvidos no esquema de corrupção'[48].

---

(46) GRECO, Rogério. Curso de Direito Penal: Parte Geral. 13.ed. Niterói/RJ: Editora Impetus, 2011.
(47) Wikipédia, a enciclopédia livre. Disponível em <https://pt.wikipedia.org/wiki/Dumping>. Acesso em 25 de julho de 2015.
(48) Mundo Educação. Disponível em <http://www.mundoeducacao.com/curiosidades/os-laranjas-as-praticas-ilicitas.htm>. Acesso em 14 de julho de 2015.

Há também muita confusão de conceitos, no que concerne à fraude e evasão fiscal. Outrossim, a distinção é clara no excerto colacionado a seguir:

"FRAUDE E EVASÃO – CARACTERES DISTINTIVOS. Não se confundem a evasão fiscal e a fraude fiscal. Se os atos praticados pelo contribuinte, para evitar, retardar ou reduzir o pagamento de um tributo, foram praticados antes da ocorrência do respectivo fato gerador, trata-se de evasão; se praticados depois, ocorre fraude fiscal. E isto porque, se o contribuinte agiu antes de ocorrer o fato gerador, a obrigação tributária específica ainda não tinha surgido, e, por conseguinte, o fisco nada poderá objetar se um determinado contribuinte consegue, por meios lícitos, evitar a ocorrência de fato gerador. Ao contrário, se o contribuinte agiu depois da ocorrência do fato gerador, já tendo, portanto, surgido a obrigação tributária específica, qualquer atividade que desenvolva ainda que por meios lícitos só poderá visar à modificação ou ocultação de uma situação jurídica já concretizada a favor do fisco, que poderá então legitimamente objetar contra essa violação de seu direito adquirido, mesmo que a obrigação ainda não esteja individualizada contra o contribuinte pelo lançamento, de vez que este é meramente declaratório (TFR, Ac. da 2ª T., publ. Em 19-12-73, Ap. Cív. 32.774-SP, Rel. desig. Ministro Jarbas Nobre)".

A Ação Penal é o *jus persequendi* (direito subjetivo que confere ao Estado o poder de promover a perseguição do autor do delito. O Estado-Administração pede ao Estado-Juiz a realização do direito penal objetivo no caso concreto) ou *jus accusationis (direito do Estado de acusar)*. Ação Penal seria, portanto, a investidura do Estado no *direito de ação*, que significa a atuação correspondente ao exercício de um direito abstrato, qual seja, o direito à jurisdição. É o direito conferido ao cidadão de pedir ao Estado a aplicação da lei penal ao caso concreto, a fim de garantir a tutela efetiva de seus direitos penalmente protegidos.

Conforme estatuído pelo *caput* do art. 100 do Código Penal, toda ação penal, em princípio, é pública. A ação penal é pública, salvo quando a lei expressamente a declara privativa do ofendido.

É a legitimidade de interposição da ação que vai classificá-la entre pública incondicionada, pública condicionada ou privada. A primeira é de exclusividade do Ministério Público; a segunda depende de representação do ofendido ou de requisição do ministro da Justiça; e a terceira é de competência da vítima.

Os crimes previdenciários, entendidos como reprovação social, estão inseridos no corpo do Código Penal e em leis especiais. Certo é que alguns crimes são previdenciários típicos e outros são figuras delitivas que podem ser caracterizadas como crimes comuns.

O crime comum é aquele que não exige qualquer qualidade especial, seja do sujeito ativo ou passivo do crime. Exemplo clássico é o crime de homicídio, que pode ser praticado por qualquer pessoa contra qualquer pessoa. Por sua vez, o crime próprio exige uma qualidade especial do sujeito, por exemplo, o crime de peculato, que só pode ser praticado por funcionário público. Em se tratando de crimes próprios, admite-se a participação de um terceiro que não ostente a qualidade ou condição especial exigida no tipo. Já o crime de mão própria é aquele que só pode ser praticado pelo agente pessoalmente, como o crime de falso testemunho ou falsa perícia. E por sua vez, crime vago é aquele que tem como sujeito passivo uma entidade sem personalidade. O crime de ocultação de cadáver é um exemplo.

Destarte, o conceito de crime próprio assume no presente trabalho vital importância, uma vez que estaremos analisando as condutas praticadas por funcionários públicos no exercício de suas funções.

No tocante à duração do crime, estes podem ser instantâneos, permanentes e instantâneos de efeitos permanentes. Os primeiros são aqueles que, quando consumados, encerram-se. A consumação não se prolonga no tempo, como no homicídio. Já os permanentes são aqueles em que a consumação se prolonga no tempo, como no cárcere privado. Por último, os crimes instantâneos de efeitos permanentes, o efeito não depende do prolongamento da ação do agente, ou seja, quando consumada a infração em dado momento, os efeitos permanecem, independente da vontade do sujeito.

Interessa-nos também o conceito de crimes comissivos, comissivos por omissão e omissivos. Os primeiros são aqueles que necessitam de uma ação positiva do agente, como o homicídio, em que o criminoso precisa matar a vítima. Nos comissivos por omissão, ocorre uma transgressão do dever legal de impedir o resultado. Os crimes omissivos são aqueles que pressupõem uma conduta negativa, um "não fazer" o que a lei determina como o crime de omissão de socorro.

Por fim, vale invocar os conceitos de crimes materiais, formais e de mera conduta: o primeiro só se consuma com a produção do resultado naturalístico, como a morte no homicídio. O *crime formal*, por sua vez, não exige a produção do resultado para a consumação do crime, ainda que possível que ele ocorra. Exemplo de crime formal é a ameaça. Crime de mera conduta é aquele que apenas o comportamento do agente já produz um crime (Ex: invasão de domicílio). No crime de mera conduta o resultado naturalístico não só não precisa ocorrer para a consumação do delito, como ele é mesmo impossível. O STF entende o porte ilegal de arma de fogo de uso permitido, como crime de mera conduta e de perigo abstrato. "O objeto jurídico tutelado não é a incolumidade física, mas a segurança pública e a paz social, sendo irrelevante estar a arma de fogo desmuniciada." (STF, HC 117206/RJ, Rel. Min. Cármen Lúcia, julgado pela Segunda Turma em 05-11-2103 e DJe de 20-11-2013)

Aqui também serão abordados os conceitos de detenção e reclusão. Conforme preceitua o Código Penal (art. 33 e ss), as sanções privativas de liberdade, dividem-se em penas de reclusão e detenção. As primeiras são reservadas às sanções mais severas e desde seu início devem ser cumpridas em regime fechado, ou seja, em penitenciárias de segurança máxima ou média. O regime fechado é direcionado para os crimes de maior potencial ofensivo. Por seu turno, as penas de detenção serão aplicadas aos crimes de menor potencial ofensivo, são mais brandas. O início do cumprimento da pena pode se dar no regime semiaberto ou aberto. Ressalva-se, contudo, que há possibilidade de conversão (regressão) para o regime fechado, caso o condenado não cumpra com os requisitos do semiaberto (avaliação de seu comportamento na execução da pena). O regime semiaberto pode ser cumprido em colônias agrícolas, industriais ou similares, e o aberto em casas de albergados ou estabelecimentos similares.

Esse sistema de dualidade e progressivo foi adotado pelo Código Penal Brasileiro para privilegiar o condenado por crime de menor potencial efetivo e separar os condenados. Não faz sentido o condenado que roubou uma galinha porque estava com fome dividir uma cela com um *serial killer*, por exemplo.

Não nos cuidaremos apenas de discorrer sobre os crimes previdenciários típicos, mas de todos aqueles que podem ter correlação com a gestão de uma Unidade Gestora Única de RPPS.

Para facilitar a compreensão, fizemos a seguinte divisão de infrações penais direta ou indiretamente ligados com a gestão de um Regime Próprio de Previdência Social, ressaltando que nosso objetivo não é exaurir a relação legislativa, mas sim demonstrar a farta gama de leis existentes hoje no país, cujos crimes podem ser praticados por gestores quando do exercício de suas funções.

Crimes introduzidos pela Lei 9.983/2000, no Código Penal	Crimes originariamente previstos no Código Penal	Leis Especiais
1. Apropriação Indébita Previdenciária – art. 168-A do CPB	1. Estelionato Previdenciário – art. 171, §3º do CPB	1. Crimes de Responsabilidade - Lei n. 1.079, de 10 de abril de 1950.
2. Inserção de dados falsos – art. 313-A do CPB	2. Falsidade ideológica - art. 299 do CPB	2. Crimes de responsabilidade dos prefeitos - Decreto-Lei 201, de 27 de fevereiro de 1967
3. Modificação ou alteração não autorizada de sistemas de informação – art. 313-B do CPB	3. Peculato - art. 312 do CPB	3. Crimes contra a ordem tributária, econômica e contra as relações de consumo – Lei n. 8.137, de 27 de dezembro de 1990.
4. Sonegação de Contribuição Previdenciária – art. 337-A do CPB	4. Peculato mediante erro de outrem – art. 313 do CPB	4. Crimes contra o sistema financeiro nacional - Crimes do Colarinho Branco – Evasão de Divisas - Lei n. 7.492, de 16 de junho de 1986.
5. Divulgação de informações sigilosas ou reservadas – art. 153,§ 1º A e § 2º do CPB	5. Extravio, sonegação ou inutilização de livro ou documento – art. 314 do CPB	5. Lavagem de dinheiro – Lei nº 9.613, de 3 de março de 1998, com as alterações introduzidas pela Lei n. 12.683, de 9 de julho de 2012.
6. Falsificação de selo ou sinal – art. 296,§ 1º, III do CPB	6. Emprego irregular de verbas públicas – art. 315 do CPB	6. Organizações Criminosas – Lei n. 12.850, de 2 de agosto de 2013.
7. Falsificação de documento público – art. 297, §3º do CPB	7. Concussão – art. 316 do CPB	7. Crimes elencados na Lei Geral de Licitações – Lei n 8.666, de 21 de junho de 1993.
8. Violação de sigilo funcional – art. 325, § 1º, I, II e § 2º do CPB	8. Excesso de exação - art. 316, §§1º e 2º do CPB	
	9. Corrupção passiva – art. 317 do CPB e Corrupção ativa – art. 333 do CPB	
	10. Prevaricação – art. 319 do CPB	
	11. Condescendência criminosa – art. 320 do CPB	

	12. Advocacia administrativa – art. 321 do CPB	
	13. Violência arbitrária – art. 322 do CPB	
	14. Abandono de função – art. 323 do CPB	
	15. Exercício ilegalmente antecipado ou prolongado – art. 324 do CPB	
	16. Violação de sigilo de proposta de concorrência – art. 326 do CPB	

10.2. CRIMES INTRODUZIDOS PELA LEI 9.993/00

A Lei 9.993, de 14 de julho de 2000, alterou vários dispositivos do Código Penal Brasileiro, quando já havia sido promovida a primeira reforma previdenciária pós-Constituição Federal de 1988, com a EC n. 20/98. Vê-se que o legislador da época não apenas se preocupou em restringir direitos, mas também teve a preocupação de combater crimes na esfera previdenciária. Vale lembrar que o escândalo Jorgina Freitas, deflagrado na década de 80, chamou a atenção dos parlamentares, que buscaram novas maneiras de proteger os fundos previdenciários.

Embora já houvesse previsão expressa na Lei 3.807, de 26 de agosto de 1970, dos chamados crimes previdenciários, pode-se afirmar que o Direito Penal Previdenciário se estruturou a partir da Lei 9.983/2000, aproximando o Direito Penal do Direito Previdenciário. A lei nova tratou com mais rigor os crimes dessa espécie, na tentativa de punir gestores e agentes responsáveis pelo recolhimento e repasse das contribuições, por exemplo.

10.2.1. Apropriação Indébita Previdenciária - art. 168-A do CPB

O primeiro crime aqui a ser analisado e que tem tido atenção diferenciada por parte da doutrina é o crime de apropriação indébita previdenciária, denominação dada pela Lei 9.983/00, que acrescentou, ao corpo do CPB, o art. 168-A, com a seguinte redação:

> Art. 168-A. Deixar de repassar à previdência social as contribuições recolhidas dos contribuintes, no prazo e forma legal ou convencional:» (AC)
>
> Pena – reclusão, de 2 (dois) a 5 (cinco) anos, e multa." (AC)
>
> § 1º Nas mesmas penas incorre quem deixar de:» (AC)
>
> "I – recolher, no prazo legal, contribuição ou outra importância destinada à previdência social que tenha sido descontada de pagamento efetuado a segurados, a terceiros ou arrecadada do público;" (AC)
>
> "II – recolher contribuições devidas à previdência social que tenham integrado despesas contábeis ou custos relativos à venda de produtos ou à prestação de serviços;" (AC)
>
> "III - pagar benefício devido a segurado, quando as respectivas quotas ou valores já tiverem sido reembolsados à empresa pela previdência social." (AC)
>
> "§ 2º É extinta a punibilidade se o agente, espontaneamente, declara, confessa e efetua o pagamento das contribuições, importâncias ou valores e presta as informações devidas à previdência social, na forma definida em lei ou regulamento, antes do início da ação fiscal.» (AC)
>
> "§ 3º É facultado ao juiz deixar de aplicar a pena ou aplicar somente a de multa se o agente for primário e de bons antecedentes, desde que:» (AC)
>
> "I – tenha promovido, após o início da ação fiscal e antes de oferecida a denúncia, o pagamento da contribuição social previdenciária, inclusive acessórios; ou" (AC)
>
> "II – o valor das contribuições devidas, inclusive acessórios, seja igual ou inferior àquele estabelecido pela previdência social, administrativamente, como sendo o mínimo para o ajuizamento de suas execuções fiscais." (AC)

O dolo do crime de apropriação indébita previdenciária é a vontade livre e consciente de não se repassar à Previdência, dentro do prazo e na forma da lei, as contribuições recolhidas, não se exigindo para configuração do delito a comprovação de que o agente agiu com o fito de fraudar a previdência. Trata-se, portanto, de crime omissivo próprio, caracterizado pela simples conduta de não repassar aos cofres previdenciários as contribuições recolhidas.

A jurisprudência do Supremo Tribunal Federal se posicionou no sentido de que "para a configuração do delito de apropriação indébita previdenciária não é necessário um fim específico, ou seja, o *animus rem sibi habendi*, bastando para nesta incidir a vontade livre e consciente de não recolher as importâncias descontadas dos salários dos empregados da empresa pela qual responde o agente." (STF, HC 122766 AgR/SP, Rel. Min. Cármen Lúcia, 2ª T, 28-10=2014 e DJe de 13-11-2014).

Noutro viés, assim firmou entendimento a Sexta Turma do Superior Tribunal de Justiça:

> "CRIMINAL. APROPRIAÇÃO INDÉBITA. FALTA DE RECOLHIMENTO DE CONTRIBUIÇÃO PREVIDENCIÁRIA. PREFEITO MUNICIPAL. 1. Consoante reiterado entendimento desta Corte, a falta do recolhimento de contribuições previdenciárias não qualifica o Prefeito como sujeito ativo do crime de apropriação indébita . Precedentes. 2. Recurso conhecido e improvido. (STJ, REsp 286.832 – PE, Rel. Min. Fernando Guimarães, T 6, 01-10-2002, DJe 21-102002)".

Conforme o entendimento jurisprudencial, governantes e auxiliares não podem ser sujeitos ativos do crime, uma vez que, para caracterização da responsabilidade, há de ser provado o desvio da verba para proveito pessoal dos agentes políticos, ou seja, incorporação ao patrimônio particular. Os precedentes dizem respeito ao artigo 168-A do CP.

No entanto, quando há desvio de recursos previdenciários, para pagamentos diversos que não benefícios previdenciários, nos parece que a situação não é tão simples.

Os recursos previdenciários são indisponíveis, quaisquer que sejam suas origens, se obtidos por meio de empréstimos junto a organismos financeiros para custos de transição ou para capitalizar fundos, se obtidos através de novas fontes de receitas; se obtidos através de contribuições patronais e dos segurados. Também não importa como os mesmos são contabilizados, se aportados expressamente ou se através de escriturações contábeis maquiadas. Neste sentido, ressalte-se que a escrituração contábil deve atender aos princípios da contabilidade pública previstos na Lei 4.320/1964.

Fato é que a constituição dos recursos tem destinação específica, não podendo ser usados para outros fins que não pagar benefícios previdenciários ou cobrir taxas de administração das unidades gestoras.

Nesta linha de elucubração, vale colacionar posicionamento exarado pelo TRF-4, quando da análise de um Recurso Criminal em Sentido Estrito, do qual extraímos parte de sua ementa:

> "[...] 1.Determinado nos autos da ação civil pública o depósito em conta judicial de valor destinado à compra de medicamentos para o tratamento de saúde do requerido. A entrega de valor com destinação específica aproxima-se mais do conceito de posse e de detenção do que do conceito de propriedade, porquanto os requeridos não poderiam dispor da res conforme sua livre vontade, já que deveriam prestar contas do valor levantado.
>
> 2. Ainda que tal posse estivesse destinada ao consumo (aquisição de medicamentos), o estabelecimento da destinação específica e o dever de prestação contas tornam certo que os investigados não poderiam dar destino diverso aos valores sem incorrer na apropriação indevida prevista no art. 168 do Código Penal. (TRF-4, RCCR 50019876220144047205 SC, Rel. Des. Federal João Pedro Gebran Neto, Oitava Turma, j. 28-05-2014 e D.E. 30-05-2014)".

Para o STF, inclusive o desvio de recursos públicos para contratação, às expensas do erário, de funcionário sem qualificação ou fantasma, caracteriza ato criminoso. (STF, Inq 3006 RN, Rel. Min. Dias Toffoli, Primeira Turma, j. 24-06-2014 e DJe 19-09-2014).

Além disso, caracterizam crimes de responsabilidade, conforme nos debruçaremos em tópico próprio.

Qualquer ato que caracterize lesão ao erário, má gestão, gestão fraudulenta, é ato criminoso porque fere o patrimônio público e como tal deve ser severa e ostensivamente punido.

10.2.2. Inserção de dados falsos - art. 313-A do CPB

Também denominado assim pela própria lei de acréscimo, tem a seguinte redação:

> Art. 313-A. Inserir ou facilitar, o funcionário autorizado, a inserção de dados falsos, alterar ou excluir indevidamente dados corretos nos sistemas informatizados ou bancos de dados da Administração Pública com o fim de obter vantagem indevida para si ou para outrem ou para causar dano: (AC)
>
> Pena – reclusão, de 2 (dois) a 12 (doze) anos, e multa. (AC)

As folhas de pagamento de servidores ativos, inativos e pensionistas hoje são informatizadas, ou seja, não são feitos mais holerites (comprovantes de pagamentos) como antigamente. Antes esse tipo de operação era essencialmente manual. Com a chegada da informática, as folhas passaram a se constituir em sistemas de informação. Com isso, começaram a prosperar manobras fraudulentas nas folhas para pagamentos indevidos.

Tomemos como exemplo a operação "Lapa da Pedra", deflagrada pela Polícia Federal. A operação combateu duas frentes de fraudes: benefícios urbanos e rurais. Para desviar os recursos públicos, alguns servidores da Previdência Social inseriam dados falsos em sistemas previdenciários, concedendo benefícios a quem não tinha direito, informou a polícia[49].

Nos entes federativos que não têm controle sobre suas folhas de pagamento, o delito é de fácil ocorrência. Imaginemos uma unidade gestora onde no setor é requerido o benefício, em ouro é analisado, em outro é concedido, mas um outro, totalmente independente, faz a inserção no sistema do pagamento, sem qualquer retorno para os três primeiros. É nesse momento que podem haver inserções fraudulentas, posto que não existe forma de controle. O servidor responsável pela inserção dos dados tem que ser aquele que conhece os números, não do processo. Com o processo em mãos, pode fazer quaisquer modificações. Imaginemos a seguinte situação hipotética: um funcionário, responsável pela implantação no sistema de folha de pagamento, recebe um processo de pensão por morte (de uma pessoa conhecida). Ao analisá-lo, percebe que o benefício foi concedido sem paridade. Entretanto, sabe que o beneficiário pertence à uma categoria de servidores que está prestes a ter um aumento de subsídio considerável. De porte das informações, liga para o beneficiário e combina com o mesmo que vai simplesmente dar um clique no sistema e implantar o benefício com paridade, e que o lucro será dividido entre ambos. A pensão é concedida com paridade, não há controle, o sistema informatizado posteriormente e automaticamente aumenta o

---

(49) G1 - O portal de notícias da Globo. Disponível em <http://g1.globo.com/distrito-federal/noticia/2015/06/pf-cumpre-78-mandados-de-busca-para-combater-fraude-no-inss.html>. Acesso em 14 de julho de 2015.

benefício, com base no aumento da categoria e por ter sido implantado com paridade. Ninguém fica sabendo. Como é benefício de prestação continuada, o crime é permanente e se protrai no tempo.

No exemplo dado, houve vantagem pessoal do agente, do terceiro beneficiado e prejuízo para os cofres públicos.

Aqui o funcionário é aquele autorizado a manobrar o sistema. No delito seguinte, a figura é do funcionário sem autorização.

10.2.3. Modificação ou alteração não autorizada de sistemas de informação – art. 313-B do CPB

A Lei n. 9.983/00 acrescentou o art. 313-B ao corpo do Código Penal de 1940, com o seguinte texto:

"Art. 313-B. Modificar ou alterar, o funcionário, sistema de informações ou programa de informática sem autorização ou solicitação de autoridade competente:» (AC)

"Pena – detenção, de 3 (três) meses a 2 (dois) anos, e multa." (AC)

"Parágrafo único. As penas são aumentadas de um terço até a metade se da modificação ou alteração resulta dano para a Administração Pública ou para o administrado." (AC)

Aqui a Lei Penal protege os sistemas de softwares da Administração Pública. É um crime próprio, posto que somente pode ser praticado por funcionário público e em função do cargo que ocupa.

Em capítulo próprio veremos que são muitos os sistemas de programas desenvolvidos para facilitar o desenvolvimento dos trabalhos no âmbito do sistema previdenciário, inclusive para se evitar crimes.

Entende Alberto Silva Franco que inserir dados falsos, alterar ou excluir indevidamente dados corretos nos sistemas informatizados é o mesmo que falsificá-los[50].

10.2.4. Sonegação de Contribuição Previdenciária - art. 337-A do CPB

Uma das grandes inovações introduzidas pela Lei n. 9.983, de 2000, foi dispor, de forma especial, sobre o crime de sonegação de contribuição previdenciária.

Art. 337-A. Suprimir ou reduzir contribuição social previdenciária e qualquer acessório, mediante as seguintes condutas: (Incluído pela Lei n. 9.983, de 2000)

I – omitir de folha de pagamento da empresa ou de documento de informações previsto pela legislação previdenciária segurados empregado, empresário, trabalhador avulso ou trabalhador autônomo ou a este equiparado que lhe prestem serviços; (Incluído pela Lei n. 9.983, de 2000)

II – deixar de lançar mensalmente nos títulos próprios da contabilidade da empresa as quantias descontadas dos segurados ou as devidas pelo empregador ou pelo tomador de serviços; (Incluído pela Lei n. 9.983, de 2000)

III – omitir, total ou parcialmente, receitas ou lucros auferidos, remunerações pagas ou creditadas e demais fatos geradores de contribuições sociais previdenciárias: (Incluído pela Lei n. 9.983, de 2000)

A jurisprudência do STF é equânime no sentido de que, como no crime de apropriação indébita previdenciária, também no crime de sonegação previdenciária, "o elemento subjetivo animador da conduta típica do crime de sonegação de contribuição previdenciária é o dolo genérico, consistente na intenção de concretizar a evasão tributária." Para melhor digressão do tema, trazemos à baila parte do entendimento exarado no julgamento do HC 113418/PB, Rel. Min. Luiz Fux, 1ª T, data de julgamento: 24-09-2013 e DJe de 17-10-2013. Vejamos:

"Ementa: PENAL E PROCESSUAL PENAL. *HABEAS CORPUS*. APROPRIAÇÃO INDÉBITA PREVIDENCIÁRIA (ART. 168, § 1º, I, DO CP) ELEMENTO SUBJETIVO DO TIPO. DOLO ESPECÍFICO. NÃO EXIGÊNCIA. PRECÁRIA CONDIÇÃO FINANCEIRA DA EMPRESA. NÃO COMPROVAÇÃO. EXCLUDENTE DE CULPABILIDADE. INEXIGIBILIDADE DE CONDUTA DIVERSA. INAPLICABILIDADE. ORDEM DENEGADA. 1. O crime de apropriação indébita previdenciária exige apenas "a demonstração do dolo genérico, sendo dispensável um especial fim de agir, conhecido como animus rem sibi habendi (a intenção de ter a coisa para si). Assim como ocorre quanto ao delito de apropriação indébita previdenciária, o elemento subjetivo animador da conduta típica do crime de sonegação de contribuição previdenciária **é o dolo genérico, consistente na intenção** de concretizar a evasão tributária" (STF, AP 516, Plenário, Relator o Ministro Ayres Britto, DJe de 20.09.11)".

O crime de sonegação de contribuição previdenciária é crime material, exigindo que se prove o não pagamento ou pagamento reduzido. A conduta a ser tipificada é a conduta fraudulenta, caracterizada por meio da evasão fiscal. Esta determina o momento da consumação do crime, que se dá após expirado o prazo para o recolhimento das prestações.

Os crimes de apropriação indébita previdenciária e de contribuição previdenciária são cometidos pelas pessoas físicas que gerenciam as unidades gestoras de RPPS. .

Acerca da responsabilidade pela retenção das contribuições previdenciárias no âmbito das Unidades Gestoras de RPPS, assim dispõe o art. 8º da Lei n. 10.887/04:

Art. 8º-A. A responsabilidade pela retenção e recolhimento das contribuições de que tratam os arts. 4º a 6º e 8º será do dirigente e do ordenador de despesa do órgão ou entidade que efetuar o pagamento da remuneração ou do benefício. (Incluído pela Lei n. 12.350, de 2010)

§ 1º O recolhimento das contribuições de que trata este artigo deve ser efetuado: (Incluído pela Lei n. 12.350, de 2010)

I – até o dia 15, no caso de pagamentos de remunerações ou

---

(50) FRANCO, Alberto Silva; STOCO, Rui. Código Penal e sua Interpretação Jurisprudencial. 7. ed. São Paulo: Editora Revista dos Tribunais, 2002.

benefícios efetuados no primeiro decêndio do mês; (Incluído pela Lei n. 12.350, de 2010)

II – até o dia 25, no caso de pagamentos de remunerações ou benefícios efetuados no segundo decêndio do mês; ou (Incluído pela Lei n. 12.350, de 2010)

III – até o dia 5 do mês posterior, no caso de pagamentos de remunerações ou benefícios efetuados no último decêndio do mês. (Incluído pela Lei n. 12.350, de 2010)

§ 2º O não recolhimento das contribuições nos prazos previstos no § 1º: (Incluído pela Lei n. 12.350, de 2010)

I – enseja a aplicação dos acréscimos de mora previstos para os tributos federais; e (Incluído pela Lei n. 12.350, de 2010)

II – sujeita o responsável às sanções penais e administrativas cabíveis. (Incluído pela Lei n. 12.350, de 2010)

§ 3º A não retenção das contribuições pelo órgão pagador sujeita o responsável às sanções penais e administrativas, cabendo a esse órgão apurar os valores não retidos e proceder ao desconto na folha de pagamento do servidor ativo, do aposentado e do pensionista, em rubrica e classificação contábil específicas, podendo essas contribuições ser parceladas na forma do art. 46 da Lei nº 8.112, de 11 de dezembro de 1990, observado o disposto no art. 56 da Lei nº 9.784, de 29 de janeiro de 1999. (Incluído pela Lei n. 12.688, de 2012)

§ 4º Caso o órgão público não observe o disposto no § 3º, a Secretaria da Receita Federal do Brasil formalizará representações aos órgãos de controle e constituirá o crédito tributário relativo à parcela devida pelo servidor ativo, aposentado ou pensionista. (Incluído pela Lei n. 12.688, de 2012)

Não há que se confundir apropriação indébita previdenciária com a sonegação de contribuição previdenciária. No primeiro, há o recolhimento das contribuições e estas não são repassadas à Unidade Gestora, que é responsável pela gestão dos fundos previdenciários. A conduta criminalizada no art. 168-A, *caput*, do CP, descreve apenas uma ação em seu núcleo, que é "deixar de repassar à previdência social as contribuições recolhidas dos contribuintes, no prazo e forma legal ou convencional." Já no delito de sonegação fiscal, há o elemento caracterizador de fraude: "suprimir ou reduzir contribuição social previdenciária." Sendo que, pela fraude, o segundo crime é mais grave, apesar das penas de ambos serem as mesmas.

Todavia, em ambos, tutela-se a subsistência da previdência social.

10.2.5. Divulgação de informações sigilosas ou reservadas – art. 153, § 1º A e § 2º do CPB

O crime é especialmente tratado no art. 153 do CP:

Art. 153 - Divulgar alguém, sem justa causa, conteúdo de documento particular ou de correspondência confidencial, de que é destinatário ou detentor, e cuja divulgação possa produzir dano a outrem:

Pena - detenção, de um a seis meses, ou multa.

§ 1º Somente se procede mediante representação. (Parágrafo único renumerado pela Lei n. 9.983, de 2000)

§ 1º-A. Divulgar, sem justa causa, informações sigilosas ou reservadas, assim definidas em lei, contidas ou não nos sistemas de informações ou banco de dados da Administração Pública: (Incluído pela Lei n. 9.983, de 2000)

Pena – detenção, de 1 (um) a 4 (quatro) anos, e multa. (Incluído pela Lei n. 9.983, de 2000)

§ 2º Quando resultar prejuízo para a Administração Pública, a ação penal será incondicionada. (Incluído pela Lei n. 9.983, de 2000)

Como exemplo, podemos ilustrar com a conduta de um funcionário que divulga publicamente documentos em um processo de demissão de servidor público que esteja em curso. Ou ainda, sem estar aprovado, a divulgação de um parecer técnico-jurídico no intuito de fornecer elementos para a preparação de uma ação judicial.

Documentos aqui devem ser entendidos não apenas os documentos escritos, mas fita cassete, disquete, *pendrive*, CD– rom, HD externo, gravações etc.

Para os efeitos da Lei n. 12.527, de 18 de novembro de 2011, que regula o acesso a informações, considera-se: I) informação: dados, processados ou não, que podem ser utilizados para produção e transmissão de conhecimento, contidos em qualquer meio, suporte ou formato; II) documento: unidade de registro de informações, qualquer que seja o suporte ou formato; III) informação sigilosa: aquela submetida temporariamente à restrição de acesso público em razão de sua imprescindibilidade para a segurança da sociedade e do Estado; dentre outras definições contidas na norma.

A Lei de Acesso à Informação determina que é dever do Estado controlar o acesso e a divulgação de informações sigilosas, sendo que as mesmas devem ficar restritas as pessoas que tenham necessidade comprovada de conhecê-la e que sejam previamente credenciadas, bem como aos agentes públicos autorizados. Impõe ainda que a informação classificada como sigilosa cria a obrigação para aquele que a obteve de resguardar o sigilo e que as autoridades públicas adotarão as providências necessárias para que o pessoal a elas subordinado hierarquicamente conheça as normas e observe as medidas e os procedimentos de segurança para tratamento de informações sigilosas.

A LAI ainda classifica condutas ilícitas do agente que divulga ou permite a divulgação ou acessa ou permite acesso indevido à informação sigilosa ou informação pessoal; dispondo que as condutas serão repreendidas com: I - advertência; II - multa; III - rescisão do vínculo com o poder público; IV - suspensão temporária de participar em licitação e impedimento de contratar com a administração pública por prazo não superior a 2 (dois) anos; e V - declaração de inidoneidade para licitar ou contratar com a administração pública, até que seja promovida a reabilitação perante a própria autoridade que aplicou a penalidade.

Também prevê a responsabilidade objetiva da Administração Pública, ao prever em seu art. 34 que: Os órgãos e entidades públicas respondem diretamente pelos danos causados em decorrência da divulgação não autorizada ou utilização indevida de informações sigilosas ou informações pessoais, cabendo a apuração de responsabilidade funcional nos casos de dolo ou culpa, assegurado o respectivo direito de regresso.

10.2.6. Violação de sigilo funcional – art. 325, § 1º, I, II e § 2º do CPB

Além da preservação sigilosa de documentos, a lei penal também tutela segredos ditos de forma oral, ou outro meio similar, em razão da função ocupada. Assim entende-se que, em face do direito, o segredo que deve ser preservado é aquele que não deve ser revelado sem justa causa, para evitar dano a outrem, preservando seus interesses. Neste contexto é o disposto no art. 154 do CP:

> Art. 154 - Revelar alguém, sem justa causa, segredo, de que tem ciência em razão de função, ministério, ofício ou profissão, e cuja revelação possa produzir dano a outrem:
> Pena - detenção, de três meses a um ano, ou multa.
> Parágrafo único - Somente se procede mediante representação.

Entretanto, o crime, quando é cometido por funcionário público, assume outras feições e tem tratamento especial no artigo 325 do Estatuto Material Penal. Outrossim, a Lei n. 9.983/00 acrescentou o parágrafo primeiro e incisos ao dispositivo, ficando com o seguinte teor:

> Art. 325 - Revelar fato de que tem ciência em razão do cargo e que deva permanecer em segredo, ou facilitar-lhe a revelação:
> Pena - detenção, de seis meses a dois anos, ou multa, se o fato não constitui crime mais grave.
> § 1o Nas mesmas penas deste artigo incorre quem: (Incluído pela Lei n. 9.983, de 2000)
> I - permite ou facilita, mediante atribuição, fornecimento e empréstimo de senha ou qualquer outra forma, o acesso de pessoas não autorizadas a sistemas de informações ou banco de dados da Administração Pública; (Incluído pela Lei n. 9.983, de 2000)
> II - se utiliza, indevidamente, do acesso restrito. (Incluído pela Lei n. 9.983, de 2000)
> § 2o Se da ação ou omissão resulta dano à Administração Pública ou a outrem: (Incluído pela Lei n. 9.983, de 2000)
> Pena - reclusão, de 2 (dois) a 6 (seis) anos, e multa. (Incluído pela Lei n. 9.983, de 2000).

Apesar de constar da parte original do Código Penal de 1940, o dispositivo sofreu várias inclusões com a Lei 9.983/00, inclusive, instituindo pena de reclusão, de 2 a 6 anos e multa, se do crime resultar dano à Administração Pública.

O delito corre quando um funcionário revela fato de que tem ciência em razão do cargo e que deva permanecer em segredo, ou facilita a sua revelação. É um dos crimes mais praticados contra a Administração Pública.

Assim se manifestou o STJ, acerca do crime em testilha:

> "HABEAS CORPUS SUBSTITUTIVO DE RECURSO ORDINÁRIO. NÃO CABIMENTO. FORMAÇÃO DE QUADRILHA, CORRUPÇÃO ATIVA E VIOLAÇÃO DE SIGILO FUNCIONAL. FRAUDE NA CONCESSÃO DE BENEFÍCIOS PREVIDENCIÁRIOS. PRISÃO PREVENTIVA. FUGA. GARANTIA DE APLICAÇÃO DA LEI PENAL. ORGANIZAÇÃO CRIMINOSA. MODUS OPERANDI. GARANTIA DA ORDEM PÚBLICA. CONSTRANGIMENTO ILEGAL NÃO EVIDENCIADO. MEDIDAS CAUTELARES DISTINTAS DA PRISÃO. DESCABIMENTO. HABEAS CORPUS NÃO CONHECIDO. 1. Ressalvada pessoal compreensão diversa, o Superior Tribunal de Justiça, alinhando-se à nova orientação jurisprudencial do Supremo Tribunal Federal (HC 104.045/RJ, Rel. Ministra Rosa Weber, PRIMEIRA TURMA DJe de 06/09/2012), firmou o entendimento pela inadequação do writ para substituir recursos especial e ordinário ou revisão criminal, reafirmando que o remédio constitucional não pode ser utilizado indistintamente, sob pena de desvirtuamento do instituto e de subversão da lógica recursal. Possibilidade de impetração, contudo, em caso de flagrante ilegalidade, abuso de poder ou teratologia. 2. A jurisprudência deste Superior Tribunal de Justiça tem admitido a imposição da constrição cautelar para resguardar a aplicação da lei penal, com fundamento na comprovada evasão ou ocultação do réu, a fim de evitar a própria captura. 3. A garantia da ordem pública está devidamente fundamentada e mostra-se necessária, em face da atuação intensa e efetiva do paciente, revelada no *modus operandi* empregado para a prática criminosa de diversos delitos contra a Administração Pública, porquanto evidenciada sua posição de destaque na estruturada organização criminosa, composta por servidores públicos, intermediários, segurados e profissionais da área de saúde, montada com a finalidade de obter benefícios previdenciários fraudados para com INSS. 4. O não acolhimento às ordens de prisão demonstra como insuficientes medidas cautelares a ela alternativas. 5. *Habeas corpus* não conhecido. (STJ, HC 276566/SP, Rel. Ministro Nefi Cordeiro, julgado pela Sexta Turma, em 27-06-2014 e DJe de 05-08-2014)

É crime contra a Administração Pública quando um funcionário revela fato de que tem ciência em razão do cargo e que deva permanecer em segredo, ou facilita a sua revelação. A conduta caracteriza-se quando há quebra no sigilo funcional de forma intencional. Também é caracterizada a conduta de facilitar a divulgação do segredo, também denominada divulgação indireta. O delito não admite a forma culposa.

10.2.7. Falsificação de selo ou sinal – art. 296, § 1º, III, do CPB

Apesar de constar na redação original do CP, foi a Lei 9.9983/00 que introduziu o inciso III, no parágrafo III, ficando o dispositivo com a seguinte redação:

> Art. 296 - Falsificar, fabricando-os ou alterando-os:
> I - selo público destinado a autenticar atos oficiais da União, de Estado ou de Município;
> II - selo ou sinal atribuído por lei a entidade de direito público, ou a autoridade, ou sinal público de tabelião:
> Pena - reclusão, de dois a seis anos, e multa.
> § 1º - Incorre nas mesmas penas:
> I - quem faz uso do selo ou sinal falsificado;
> II - quem utiliza indevidamente o selo ou sinal verdadeiro em prejuízo de outrem ou em proveito próprio ou alheio.
> III - quem altera, falsifica ou faz uso indevido de marcas, logotipos, siglas ou quaisquer outros símbolos utilizados ou identificadores de órgãos ou entidades da Administração Pública. (Incluído pela Lei n. 9.983, de 2000)
> § 2º - Se o agente é funcionário público, e comete o crime prevalecendo-se do cargo, aumenta-se a pena de sexta parte.

O selo e o sinal público podem ser considerados um documento, uma vez que, quando deste fazem parte, garantem sua autenticidade. "A objetividade jurídica do delito de falsificação de documento público é a fé pública, ou seja, a credibilidade que todos depositam nos documentos." (TRF4 - Apelação Criminal: ACR 7623 SC 2006.72.02.007623-7).

O servidor que usa papel timbrado, com brasão do ente federativo, para fins particulares, por exemplo, pode ser incurso no tipo penal ora descrito.

10.2.8. Falsificação de documento público – art. 297, § 3º do CPB

O tipo penal descrito no art. 297 do CP surgiu da necessidade de se proteger o documento público, contra falsificações, no todo ou em parte, ou alterar documento público verdadeiro, cominando pena de reclusão de dois a seis anos e multa. Ressalve-se que se o agente causador do delito é funcionário público, e comete o crime prevalecendo-se do cargo, aumenta-se a pena de sexta parte.

Para efeitos penais, equiparam-se a documento público o emanado de entidade paraestatal, o título ao portador ou transmissível por endosso, as ações de sociedade comercial, os livros mercantis e o testamento particular.

A Lei n. 9.983 incluiu o § 3º ao dispositivo, bem como seus incisos, tutelando nitidamente a previdência social. Vejamos:

> Art. 297...
> [...]
> § 3º Nas mesmas penas incorre quem insere ou faz inserir: (Incluído pela Lei n. 9.983, de 2000)
> I – na folha de pagamento ou em documento de informações que seja destinado a fazer prova perante a previdência social, pessoa que não possua a qualidade de segurado obrigatório;(Incluído pela Lei n. 9.983, de 2000)
> II – na Carteira de Trabalho e Previdência Social do empregado ou em documento que deva produzir efeito perante a previdência social, declaração falsa ou diversa da que deveria ter sido escrita; (Incluído pela Lei n. 9.983, de 2000)
> III – em documento contábil ou em qualquer outro documento relacionado com as obrigações da empresa perante a previdência social, declaração falsa ou diversa da que deveria ter constado. (Incluído pela Lei n. 9.983, de 2000)
> § 4º Nas mesmas penas incorre quem omite, nos documentos mencionados no § 3º, nome do segurado e seus dados pessoais, a remuneração, a vigência do contrato de trabalho ou de prestação de serviços. (Incluído pela Lei n. 9.983, de 2000)

Cumpre ademais estabelecer uma diferenciação: a falsidade material de documento público (o art. 298 do CP dispõe sobre a falsidade de documento particular) ocorre quando alguém imita ou altera documento verdadeiro. Na falsidade ideológica (que será vista com mais detalhes adiante), ocorre quando alguém altera a verdade em documento público ou documento particular verdadeiro. Nesse sentido, está-se diante da falsidade ideológica toda vez que for inserido um dado falso em documento verdadeiro.

10.3. CRIMES DA REDAÇÃO ORIGINÁRIA DO CP

10.3.1. Estelionato Previdenciário – art. 171, §3º do CPB

O crime de estelionato está capitulado no Código Penal como crime contra o patrimônio. Com efeito, consiste em induzir alguém a uma falsa concepção de algo com o intuito de obter vantagem ilícita para si ou para outros. Esse "outro" pode ser a unidade gestora de RPPS. Neste caso, pode ser praticado por qualquer pessoa, inclusive por pensionistas. É um crime de resultado. O agente deve, imprescindivelmente, obter vantagem ilícita e também doloso, não comportando a figura culposa. Eis o teor do art. 171 do CP:

> Art. 171 - Obter, para si ou para outrem, vantagem ilícita, em prejuízo alheio, induzindo ou mantendo alguém em erro, mediante artifício, ardil, ou qualquer outro meio fraudulento:
> Pena - reclusão, de um a cinco anos, e multa, de quinhentos mil réis a dez contos de réis.
> § 1º - Se o criminoso é primário, e é de pequeno valor o prejuízo, o juiz pode aplicar a pena conforme o disposto no art. 155, § 2º.
> § 3º - A pena aumenta-se de um terço, se o crime é cometido em detrimento de entidade de direito público ou de instituto de economia popular, assistência social ou beneficência. (Destacamos).

O § 3º do dispositivo refere-se ao crime típico de estelionato previdenciário, ou seja, quando cometido em detrimento de entidade de direito público ou de instituto de economia popular, assistência social ou beneficência. As unidades gestoras estão, pois, sob o manto de proteção do dispositivo.

Muitas são as formas de se fraudar uma unidade gestora de RPPS, através do cometimento de estelionato. Uma delas diz respeito à falsificação de documentos para fins previdenciários, como certidões de casamento. Atento a essas investidas criminosas, o legislador, ao converter a Medida Provisória n. 664/2015, através da Lei n. 13.135, de 17 de junho de 2015[51], deu nova redação ao § 2º do art. 74 da Lei Geral de Benefícios, Lei n. 8.213/91, que passou a vigorar com a seguinte redação:

> Art. 74. ....
> [...]
> § 2º Perde o direito à pensão por morte o cônjuge, o companheiro ou a companheira se comprovada, a qualquer tempo, simulação ou

---

(51) Altera as Leis no 8.213, de 24 de julho de 1991, no 10.876, de 2 de junho de 2004, no 8.112, de 11 de dezembro de 1990, e no 10.666, de 8 de maio de 2003, e dá outras providências.

fraude no casamento ou na união estável, ou a formalização desses com o fim exclusivo de constituir benefício previdenciário, apuradas em processo judicial no qual será assegurado o direito ao contraditório e à ampla defesa." (NR)

O Pretório Excelso firmou o convencimento de que o estelionato previdenciário é crime permanente, uma vez que seus efeitos se protraem no tempo, como podemos verificar das ementas colacionadas a seguir.

"*HABEAS CORPUS* IMPETRADO CONTRA DECISÃO MONOCRÁTICA DE MINISTRO DO SUPERIOR TRIBUNAL DE JUSTIÇA. INADEQUAÇÃO DA VIA PROCESSUAL. 1. É pacífica a jurisprudência do Supremo Tribunal Federal no sentido de que o **"crime de estelionato previdenciário, quando praticado pelo próprio beneficiário das prestações, tem caráter permanente, cessando a atividade delitiva apenas com o fim da percepção das prestações"** (HC 107.385, Rel. Min. Rosa Weber). 2. No caso, sendo o paciente o próprio beneficiário das prestações, o termo inicial da contagem do prazo de prescrição é a data em que cessada a permanência do delito (art. 111, III, do CP). 3. Inocorrência da extinção da punibilidade pela prescrição (art. 109, III, c/c o art. 171, § 3º, do CP). 4. Habeas Corpus extinto sem resolução de mérito por inadequação da via processual, cassada a liminar deferida. (HC 99503 / CE – CEARÁ - *HABEAS CORPUS*, Relator Min. Roberto Barroso. Julgamento: 12/11/2013, Órgão Julgador 1ª Turma)

HABEAS CORPUS. FRAUDE PREVIDENCIÁRIA (ART. 171, § 3º, DO CP). PRESCRIÇÃO. PACIENTE BENEFICIÁRIO DAS PARCELAS PERCEBIDAS INDEVIDAMENTE. CRIME PERMANENTE, CUJA EXECUÇÃO SE PROTRAI NO TEMPO. TERMO INICIAL DA PRESCRIÇÃO. DATA DO ÚLTIMO RECEBIMENTO DA PARCELA INDEVIDA. PRECEDENTES. ORDEM DENEGADA. 1. **Paciente que é beneficiário das parcelas de aposentadoria percebidas mediante fraude (recebimento de auxílio-doença mediante a falsificação de laudos periciais) pratica crime permanente, previsto no art. 171, § 3º, do CP, cuja execução se protrai no tempo, renovando-se a cada parcela recebida.** Assim, o termo inicial do prazo prescricional deve ser contado a partir da cessação do pagamento do benefício indevido, e não do recebimento da primeira parcela remuneratória. 2. Ordem denegada. (HC 117168/ES-ESPÍRITO SANTO-HABEAS CORPUS. Relator Min. Teori Zavascki-Julgamento: 03/09/2013-Órgão Julgador: Segunda Turma).

O crime de estelionato previdenciário deve ser visto como um crime à economia, tendo em vista que os pagamentos indevidos, quando provenientes de insuficiências financeiras, poderiam ser revestidos para outras áreas sociais, como saúde, assistência e educação.

Conforme se extrai das ementas, o estelionato previdenciário é crime contra o sistema previdenciário e merece ser eficazmente repreendido. O crime permanente exige uma afetação ao bem jurídico de forma contínua. Sem solução de continuidade, tendo em vista que sua consumação se renova a cada recebimento mensal. Com isso, o prazo prescricional deve ser contado a partir do fim do recebimento do benefício irregular.

Ainda calha à fiveleta destacar que, para o crime de estelionato previdenciário, os tribunais superiores não têm dado aplicação ao Princípio da Insignificância, conforme se coleta da ementa exarada em julgamento proferido pelo TRF1, nos seguintes termos:

"PENAL. PROCESSO PENAL. ESTELIONATO EM FACE DO INSS (ART. 171,§ 3º, DO CÓDIGO PENAL). RECEBIMENTO INDEVIDO DE PENSÃO POR MORTE. NÃO APLICAÇÃO DO PRINCÍPIO DA INSIGNIFICÂNCIA. MATERIALIDADE E AUTORIA COMPROVADAS.

1. O delito de estelionato exige para sua configuração a vontade livre e consciente de induzir ou manter a vítima em erro, com o fim específico de obter vantagem ilícita. Assim, é necessária a presença do elemento subjetivo específico do tipo, consistente no dolo de obter lucro indevido, destinando-o para si ou para outrem.

2. Materialidade e autoria demonstradas pelos depoimentos prEstados na esfera policial e judicial, bem como pelos documentos acostados nos autos.

3. Não incidência do princípio da insignificância, pois a lesão ao bem jurídico protegido no crime de estelionato, praticado em face do sistema de previdência social, consistente no patrimônio da coletividade de trabalhadores, é imensurável, visto que não se protege apenas a integridade do erário, como nos crimes fiscais, mas a confiança mútua e o interesse público em impedir o emprego do logro que cause prejuízo à sociedade.

4. Em observância ao princípio da irretroatividade da lei penal mais severa (art.5º, XL, da CF/88), inviável a incidência do regramento do art. 387, IV, do CPP(que possui nítido caráter material), ao caso concreto, pois o fato delituoso ocorreu antes da entrada em vigor da Lei 11.719/2008, que deu nova redação ao mencionado artigo, conferindo a possibilidade de o julgador, na esfera criminal, fixar valor mínimo para reparação de danos, de modo que dito preceito não pode alcançar os processos em andamento. (TRF 1, da Ação Criminal ACR 18394/MT, Rel. Des. Federal Tourinho Neto, Terceira Turma, J. 25-03-2013, p. 12-04-2013)"

O estelionato previdenciário pode ocorrer através de várias ações: omissão de óbitos, invalidez forjada, uniões estáveis simuladas, omissão de dados cadastrais, tais como contração de núpcias, dentre outras. Tudo isso acarreta desigualdades no sistema, ineficiência na prestação dos serviços, descrédito e aumento das insuficiências financeiras.

Recentemente, em Bauru, interior de São Paulo, a polícia encontrou o corpo de uma senhora, morta há mais de quatro meses, escondido por sua filha, que ficou com o cartão bancário recebendo benefício. Durante os quatro meses, a filha ficou recebendo a aposentadoria da mãe, e ocultou o cadáver para que, uma vez não descoberto, o benefício ficaria sendo normalmente depositado.

Lamentavelmente crimes como esses, contra a previdência social, não são raros. Políticas sérias de prevenção devem ser adotadas. Na prevenção, pretende-se mudar a velha cultura previdenciária que ainda é arraigada, que confunde benefício previdenciário com herança; '*pra quem vou deixar minha aposentadoria?*' E é pensando dessa maneira que se acha 'natural' cometer crimes de estelionato previdenciário, falsificação de documentos, falsidade ideológica, dentre outros. A falta de cultura, assim, é uma forte aliada para perpetuação das fraudes.

10.3.2. Falsidade ideológica – art. 299 do CPB

O crime de falsidade ideológica tem previsão no art. 299 do CPB e dispõe que quem omite em documento público ou particular declaração que dele devia constar, ou nele inserir ou fazer inserir declaração falsa ou diversa da que devia ser escrita, com o fim de prejudicar direito, criar obrigação ou alterar a verdade sobre fato juridicamente relevante estará sujeito à pena de reclusão, de um a cinco anos, e multa, se o documento for público, e reclusão de um a três anos, e multa, se o documento for particular.

O dispositivo ainda prevê em seu parágrafo único que se o agente é funcionário público, e comete o crime prevalecendo-se do cargo, ou se a falsificação ou alteração é de assentamento de registro civil, aumenta-se a pena de sexta parte.

Podemos conceituar como sendo um tipo fraude criminosa que consiste na adulteração de documento, público ou particular, com o fito de obter vantagem – para si ou para outrem – ou mesmo para prejudicar terceiro, criar obrigação ou alterar a verdade sobre algum fato de relevância jurídica.

O documento original deve ser verdadeiro, no sentido de que a fraude venha a adulterá-lo, inserindo em seu conteúdo informações inverídicas. Neste sentido, assim se posicionou o Superior Tribunal de Justiça, adotando o posicionamento de classificar a conduta do contribuinte como crime contra a Ordem Tributária e não de falsidade ideológica. Assim, vale colacionar sua ementa:

> "RECURSO ESPECIAL. DIREITO PENAL. ADEQUAÇÃO TÍPICA. COMERCIALIZAÇÃO DE ATEstado MÉDICO FALSO. FALSIDADE IDEOLÓGICA.
>
> 1. **Enquanto a conduta do contribuinte que utiliza atEstado médico falso para suprimir ou reduzir tributo configura crime contra a ordem tributária, a conduta do médico consistente em emitir e comercializar os recibos ideologicamente falsos configura crime de falsidade ideológica.**
>
> 2. Recurso improvido. (STJ, REsp 1259101/DF, Rel. Min. Maria Thereza de Assis Moura, T6, j. 15-10-2013 e DJe de 24-10-2013)". (Grifamos).

O Tribunal de Justiça do Rio de Janeiro nos fornece uma explicação clara a despeito do crime de falsidade ideológica, conforme se depreende da exegese da ementa, a seguir colacionada:

> "EMENTA. APELAÇÃO. USO DE DOCUMENTO FALSO E FALSIDADE IDEOLÓGICA EM CÚMULO MATERIAL. ATIPICIDADE. TESES DE FALSIFICAÇÃO GROSSEIRA E DE DOCUMENTAÇÃO SUJEITA À VERIFICAÇÃO QUE SE AFASTA. PRINCÍPIO DA CONSUNÇÃO. NÃO APLICAÇÃO.
>
> 1. Foi atEstado por meio de laudo a falsidade da carteira de identidade apreendida para exame e sua capacidade de iludir terceiros como se idônea fosse. Réu que confessou ter pago a um elemento de vulgo ¿marreta¿ pela falsa identidade, o que fez no intuito de obter empréstimos fraudulentos, declaração que, coadunada com o laudo de exame em documento (contrato de abertura), atesta a materialidade e a autoria do delito de falsidade ideológica. **Este crime exige para sua configuração: 1) que a forma do documento seja verdadeira (contrato de abertura de conta corrente); 2) que a fraude esteja inserida no seu conteúdo (dados pessoais falsos); e 3) que a finalidade da declaração seja, entre outros, alterar a verdade sobre fato juridicamente relevante (impossibilitar a verificação de que o CPF do réu havia sido inserido no rol de devedores a fim de obter empréstimo), sendo de natureza formal, despicienda a posterior checagem ou mesmo, na hipótese vertente, o sucesso na obtenção do empréstimo.**
>
> 2. Há consunção quando o crime-meio é realizado como uma fase ou etapa do crime-fim, onde vai esgotar seu potencial ofensivo. No caso em comento é inviável o reconhecimento da aplicação do princípio da consunção, tendo em vista que a falsa carteira de identidade não esgotaria seu potencial ofensivo com a abertura da conta corrente, podendo dela valer-se o réu para prática de novos crimes. RECURSO DESPROVIDO. (TJ/RJ, Apelação APL 00144795720098190202, Rel. Des. João Ziraldo Maia, Quarta Câmara Criminal, j. 14-04-2014)". (Destaques nossos).

10.3.3. Peculato - art. 312 do CPB

O crime de peculato (*peculatus* – desvio de bens pertencentes ao Estado) pode ser dividido em: i) peculato-apropriação com previsto na primeira parte do *caput* do art. 312 do CP; ii) peculato-desvio, com previsão na segunda parte do dispositivo; iii) peculato-furto, previsto no § 1º do mesmo dispositivo; e iv) peculato-culposo, previsto no § 2º do mesmo dispositivo. Os dois primeiros são também chamados de peculato próprio e o terceiro de peculato impróprio.

No peculato, o bem jurídico protegido é o patrimônio da Administração Pública, ou de terceiro, quando seu patrimônio estiver sob sua guarda. É o crime que consiste na subtração ou desvio, por abuso de confiança, de dinheiro público ou de coisa móvel apreciável, para proveito próprio ou alheio, por funcionário público que os administra ou guarda; abuso de confiança pública.

Eis o teor do art. 312 do CP:

> Art. 312 - Apropriar-se o funcionário público de dinheiro, valor ou qualquer outro bem móvel, público ou particular, de que tem a posse em razão do cargo, ou desviá-lo, em proveito próprio ou alheio:
>
> Pena - reclusão, de dois a doze anos, e multa.
>
> § 1º - Aplica-se a mesma pena, se o funcionário público, embora não tendo a posse do dinheiro, valor ou bem, o subtrai, ou concorre para que seja subtraído, em proveito próprio ou alheio, valendo-se de facilidade que lhe proporciona a qualidade de funcionário.

É um crime próprio, que somente pode ser praticado por funcionário público, no que difere da apropriação indébita, que pode ser praticado por qualquer pessoa. Nessa condição, há incidência do aumento de pena conforme o art. 327 do CP. Interessante entendimento exarou o ministro Luiz Fux, levando em consideração o exercício do cargo de governador do Estado. Para ilustrar, invocamos ementa do julgado:

> "INQUÉRITO. PENAL. PROCESSUAL PENAL. CRIMES DE PECULATO E DISPENSA ILEGAL DE LICITAÇÃO. PRESCRIÇÃO DO DELITO DEFINIDO NO ART. 89 DA LEI 8.666/93. ART. 312 DO CÓDIGO PENAL. CRIME PRATICADO POR Governador DE Estado. CAUSA DE AUMENTO DO ART. 327, § 2º, DO CÓDIGO PENAL. INCIDÊNCIA. CHEFE DO PODER EXECUTIVO EXERCE FUNÇÃO DE DIREÇÃO. QUESTÃO PREJUDICIAL REJEITADA. DENÚNCIA. INDÍCIOS DE AUTORIA E MATERIALIDADE. SUPERFATURAMENTO DE PREÇOS DE EQUIPAMENTOS E MATERIAIS ADQUIRIDOS MEDIANTE DISPENSA DE LICITAÇÃO. LAUDO PERICIAL E RESULTADO DE AUDITORIA QUE INDICAM A EXISTÊNCIA DO PREJUÍZO.

DENÚNCIA RECEBIDA. 1. O Governador do Estado, nas hipóteses em que comete o delito de peculato, incide na causa de aumento de pena prevista no art. 327, §2º, do Código Penal, porquanto o Chefe do Poder Executivo, consoante a Constituição Federal, exerce o cargo de direção da Administração Pública, exegese que não configura analogia in malam partem, tampouco interpretação extensiva da norma penal, mas, antes, compreensiva do texto. 2. "A exclusão, do âmbito normativo da alusão da regra penal a 'função de direção', da chefia do Poder Executivo, briga com o próprio texto constitucional, quando nele, no art. 84, II, se atribui ao Presidente da República o exercício, com o auxílio dos Ministros de Estado, da direção superior da Administração Pública, que, obviamente, faz do exercício da Presidência da República e, portanto, do exercício do Poder Executivo dos Estados e dos Municípios, o desempenho de uma 'função de direção'" (INQ. 1.769/DF, Rel. Min. Carlos Velloso, Pleno, DJ 03.06.2005, excerto do voto proferido pelo Ministro Sepúlveda Pertence no leading case sobre a matéria). Consectariamente, não é possível excluir da expressão "função de direção de órgão da administração direta" o detentor do cargo de Governador do Estado, cuja função não é somente política, mas também executiva, de dirigir a administração pública estadual. 3. As expressões "cargo em comissão" e "função de direção ou assessoramento" são distintas, incluindo-se, nesta última expressão, todos os servidores públicos a cujo cargo seja atribuída a função de chefia como dever de ofício. 4. Os indícios materiais patentes nos autos, no sentido de que o denunciado, juntamente com outros acusados em relação aos quais o feito foi desmembrado, dispensou licitação referente a Convênio por ele celebrado com o Ministério da Saúde, praticando, em tese, crime de peculato, por meio do superfaturamento dos preços de equipamentos e materiais adquiridos, recomendam o recebimento da denúncia, posto apta a peça acusatória inicial. 5. Extinção da punibilidade do crime de dispensa ilegal de licitação (art. 89 da Lei 8.666/93), tendo em vista a prescrição. 6. Denúncia recebida quanto ao crime de peculato. (STF, Inq 2606/MT, Rel. Min. Luiz Fux, Tribunal Pleno, j. 04-09-2014 e DJe de 12-11-2014)".

10.3.4. Peculato mediante erro de outrem – art. 313 do CPB

Dispõe o art. 313 do CP:

Art. 313 - Apropriar-se de dinheiro ou qualquer utilidade que, no exercício do cargo, recebeu por erro de outrem:
Pena - reclusão, de um a quatro anos, e multa.

A doutrina denomina este tipo de peculato como peculato-estelionato. Aqui, o funcionário se aproveita do erro em que a vítima sozinha incidiu para apropriar-se do bem. Exemplificando, uma pessoa faz um pagamento a maior, e o servidor, sabendo do erro, se apropria do montante extra.

10.3.5. Extravio, sonegação ou inutilização de livro ou documento – art. 314 do CPB

O art. 314 do CP assim prevê:

Art. 314 - Extraviar livro oficial ou qualquer documento, de que tem a guarda em razão do cargo; sonegá-lo ou inutilizá-lo, total ou parcialmente:
Pena - reclusão, de um a quatro anos, se o fato não constitui crime mais grave.

Segundo o magistério de Fernando Capez, protege-se o regular desenvolvimento da atividade administrativa, o qual é colocado em risco no momento em que os livros oficiais ou outros documentos, confiados à guarda do funcionário público em razão do cargo, são por ele extraviados, sonegados ou inutilizados."[52] Trata-se de crime próprio, praticado por funcionário público que tem a guarda do livro ou documento. É também crime formal, conforme vem entendendo nossos tribunais. Neste sentido:

"APELAÇÃO CRIMINAL. CRIME DE EXTRAVIO, SONEGAÇÃO OU INUTILIZAÇÃO DE LIVRO OU DOCUMENTO. ALEGAÇÃO DE NULIDADE DO PROCESSO AFASTADA. ART. 514 DO CPP . PRELIMINAR REJEITADA. MÉRITO. MATERIALIDADE E AUTORIA COMPROVADAS. DOLO COMPROVADO. RÉU QUE EXERCEU O DELITO NO EXERCÍCIO DE SUA FUNÇÃO. MANUTENÇÃO DA CONDENAÇÃO. Estando a ação penal devidamente instruída com o inquérito policial, é dispensável a intimação prévia do réu para apresentação de defesa preliminar, nos termos do art. 514 do CPP . - Cediço é que não pode ser declarado nulo qualquer ato que não gere demonstrado prejuízo às partes. Nesse sentido, o art. 563 do Código de Processo Penal dispõe que "nenhum ato será declarado nulo, se da nulidade não resultar prejuízo para a acusação ou para a defesa." Demonstradas a autoria e a materialidade delitivas, a condenação do réu é medida que se impõe. Comprovado que o réu agiu de forma consciente e voluntária, não é cabível o acolhimento da tese que requer a absolvição, por ausência de dolo. - Por se tratar de crime formal, no qual o mero extravio já configura prejuízo ao bem jurídico, não importa a finalidade do apossamento dos receituários (TJMG, APR – Apelação Criminal 10518091847377001, Relator Des. Catta Preta, julgado pela 2ª Câmara Criminal em 12-03-2014 e publicação em 24-03-2014)"

10.3.6. Emprego irregular de verbas públicas – art. 315 do CPB

O delito vem disposto no art. 315 do CP:

Art. 315 - Dar às verbas ou rendas públicas aplicação diversa da estabelecida em lei:
Pena - detenção, de um a três meses, ou multa.

Nos termos do art. 1º, inciso III, da Lei Nacional n. 9.717/98:

"As contribuições e os recursos vinculados ao Fundo Previdenciário da União, dos Estados, do Distrito Federal e dos Municípios e as contribuições do pessoal civil e militar, ativo, inativo, e dos pensionistas, somente poderão ser utilizadas para pagamento de benefícios previdenciários dos respectivos regimes, ressalvadas as despesas administrativas estabelecidas no art. 6º, inciso VIII, desta Lei, observado os limites de gastos estabelecidos em parâmetros gerais; (Redação dada pela Medida Provisória n. 2.187-13, de 2001)".

Entretanto, ainda são pagos pelos entes federativos, com a permissão dos gestores, benefícios assistenciais ou indenizatórios, que muito se diferenciam dos benefícios previdenciários. São os casos de pensões estatutárias e

---

(52) CAPEZ. Fernando. Curso de Direito Penal: Parte Especial. 4ª. ed. São Paulo: Saraiva, 2006, p. 412.

especiais (natureza jurídica assistencial), promoções *post mortem* de militares (caráter indenizatório), dentre outros. No caso do segundo, vênia entendimentos contrários, são pagas quando o militar, ao falecer em atividade, a serviço do Estado, seus beneficiários recebem um *plus* pela perda. Tem caráter estritamente indenizatório: indenizar as famílias. E por ter natureza jurídica indenizatória, o *plus*, o que realmente não é benefício previdenciário, deve ser custeado pelo Tesouro e não pelos fundos previdenciários. Assim, um militar que faleceu em atividade, no posto de tenente-coronel, o beneficiário de sua pensão vai receber dos fundos previdenciários a pensão com base nos cálculos do soldo de tenente-coronel. Já a diferença entre o valor do posto de tenente-coronel e o de coronel deverá ser custeada pelo Tesouro.

10.3.7. Concussão – art. 316 do CPB

Segundo a doutrina mais abalizada, o termo concussão vem do latim *concutare*, que significa "sacudir uma árvore para fazer os seus frutos caírem." Trata-se de crime formal (não exige resultado naturalístico) e ocorre quando o agente exige a quantia, sendo irrelevante o aceite ou o recebimento do valor. É também crime próprio.

O CP o capitula no art. 316, adotando a seguinte redação:

> Art. 316 - Exigir, para si ou para outrem, direta ou indiretamente, ainda que fora da função ou antes de assumi-la, mas em razão dela, vantagem indevida:
>
> Pena - reclusão, de dois a oito anos, e multa.

Em 26 de junho de 2013, o Senado aprovou o Projeto de Lei – PL 5900/2013, que torna a Concussão, assim como outras formas de Corrupção, crime hediondo. O PL altera o art. 1º da Lei n. 8.072, de 25 de julho de 1990 (Lei dos Crimes Hediondos), para prever os delitos de peculato, concussão, excesso de exação, corrupção passiva e corrupção ativa, além de homicídio simples e suas formas qualificadas, como crimes hediondos; e altera os arts. 312, 316, 317 e 333 do Decreto-Lei n. 2.848, de 7 de dezembro de 1940 (Código Penal), para aumentar a pena dos delitos neles previstos.

Neste diapasão, vale diferençar os crimes de concussão e corrupção passiva, uma vez que são muito confundidos: na concussão, o servidor público **exige** dinheiro, um bem ou um favor para fazer ou deixar de fazer algo. Na corrupção passiva, o criminoso **pede** ou **recebe** o dinheiro (ou um bem, ou um favor) para fazer ou deixar de fazer algo contra a lei.

Para melhor visualização, vejamos entendimentos jurisprudenciais:

> "AGRAVO REGIMENTAL NO CONFLITO DE COMPETÊNCIA. CRIME DE CONCUSSÃO. COBRANÇA INDEVIDA A PARTICULAR DE SERVIÇOS MÉDICO–HOSPITALARES ATENDIDOS PELO SUS. OFENSA A BENS, SERVIÇOS OU INTERESSE DA UNIÃO. INOCORRÊNCIA. COMPETÊNCIA DA JUSTIÇA ESTADUAL. PRECEDENTES DO STJ. AGRAVO REGIMENTAL NÃO PROVIDO. 1. A cobrança indevida de serviços médico–hospitalares acobertados pelo SUS, embora possa caracterizar o crime de concussão, não implica prejuízo direito à União ou mesmo indireto via violação da "Política Nacional." 2. "Compete à Justiça Estadual processar e julgar o feito destinado a apurar crime de concussão consistente na cobrança de honorários médicos ou despesas hospitalares a paciente do SUS por se tratar de delito que acarreta prejuízo apenas ao particular, sem ofensa a bens, serviços ou interesse da União" (CC 36.081/RS, Rel. Min.ARNALDO ESTEVES LIMA, TERCEIRA SEÇÃO, DJ. 01/02/2005 p. 403) 3. Agravo regimental não provido. (STJ - AGRAVO REGIMENTAL NO CONFLITO DE COMPETÊNCIA AgRg no CC 115582 RS 2011/0014709-8, publicação em 01-08-2012).

> PROCESSO PENAL. RECURSO EM *HABEAS CORPUS*. OPERAÇÃO INSISTÊNCIA. CORRUPÇÃO PASSIVA MAJORADA. QUADRILHA ARMADA. MEDIDAS CAUTELARES PESSOAIS. AFASTAMENTO DO CARGO. PROIBIÇÃO DE ACESSO A LUGAR. MOTIVAÇÃO. EXISTÊNCIA. RECURSO IMPROVIDO. 1. As medidas cautelares pessoais diversas da prisão demandam o preenchimento de pressupostos e requisitos, a cristalizar a sua imprescindibilidade. **Na espécie, o recorrente é acusado de chefiar, na qualidade, de Delegado da Polícia Federal, esquema de cobrança de propina de comerciantes, sediados diversos importantes centros comerciais na Capital paulista**. Tendo-se amealhado elementos de convicção acerca de autoria e materialidade, e, havendo receio de renitência delitiva (já foram oferecidas duas denúncias em desfavor do recorrente), tendo havido o emprego da função pública para a obtenção de vantagem indevida, tem-se por justificado o afastamento do cargo público, bem como a proibição de frequentar o departamento da Polícia Federal, a bem da escorreita colheita da prova e da profilaxia da prática de novas infrações penais. 2. Recurso improvido. (STJ - RECURSO ORDINÁRIO EM *HABEAS CORPUS* RHC 43838 SP 2013/0415799-2, publicado em 29-10-2014)". (Grifos nossos)

Impede ainda diferençar a concussão da extorsão. Por exemplo, no primeiro temos o caso de militar que exige dinheiro da vítima para não prendê-la em flagrante delito. Já na extorsão (roubo) o policial exige vantagem indevida da vítima utilizando-se de violência, ou ameaçando-a gravemente de sequestrar seus filhos.

10.3.8. Excesso de exação – art. 316, §§ 1º e 2º do CPB

A Lei n. 8.137/90 – Crimes contra a Ordem Tributária (da qual nos ateremos mais adiante) deu nova redação ao § 1º do art. 316 do CP, ficando o dispositivo com a seguinte redação:

> Art. 316...
>
> [...]

§ 1º - Se o funcionário exige tributo ou contribuição social que sabe ou deveria saber indevido, ou, quando devido, emprega na cobrança meio vexatório ou gravoso, que a lei não autoriza: (Redação dada pela Lei n. 8.137, de 27.12.1990)

Pena - reclusão, de três a oito anos, e multa. (Redação dada pela Lei n. 8.137, de 27.12.1990)

§ 2º - Se o funcionário desvia, em proveito próprio ou de outrem, o que recebeu indevidamente para recolher aos cofres públicos:

Pena - reclusão, de dois a doze anos, e multa.

Exação é o ato legal de cobrança de tributos. O excesso de exação, como o próprio nome indica, é a extrapolação dos meios legais, quer seja financeiramente, quer seja empregando meios vexatórios e humilhantes na sua cobrança.

É um crime próprio, uma vez que somente pode ser praticado por servidor público. No entanto, se uma pessoa se faz passar por servidor e comete o ilícito, irá responder pelo mesmo, juntamente com o delito de falsidade ideológica.

10.3.9. Corrupção passiva – art. 317 do CPB e Corrupção ativa – art. 333 do CPB

Primeiramente urge fazer a diferenciação entre os dois tipos penais: i) Corrupção passiva ocorre quando o agente público pede uma propina ou qualquer outra coisa para fazer ou deixar de fazer algo e ii) Corrupção ativa ocorre quando alguém oferece alguma coisa (normalmente, mas não necessariamente, dinheiro ou um bem) para que um agente público faça ou deixe de fazer algo que não deveria.

O Código Penal Brasileiro, no presente caso, deixou de lado a teoria unitária para adotar a teoria pluralística, ao prever um tipo penal para o corruptor e outro para o corrompido. Pode haver concomitância entre os tipos: o funcionário público que recebe e o particular que oferece a vantagem.

Assim trata o CPB da corrupção passiva e da corrupção ativa, respectivamente e *in verbis*:

Art. 317 - Solicitar ou receber, para si ou para outrem, direta ou indiretamente, ainda que fora da função ou antes de assumi-la, mas em razão dela, vantagem indevida, ou aceitar promessa de tal vantagem:

Pena - reclusão, de 2 (dois) a 12 (doze) anos, e multa. (Redação dada pela Lei n. 10.763, de 12.11.2003)

§ 1º - A pena é aumentada de um terço, se, em conseqüência da vantagem ou promessa, o funcionário retarda ou deixa de praticar qualquer ato de ofício ou o pratica infringindo dever funcional.

§ 2º - Se o funcionário pratica, deixa de praticar ou retarda ato de ofício, com infração de dever funcional, cedendo a pedido ou influência de outrem:

Pena - detenção, de três meses a um ano, ou multa.

Art. 333 - Oferecer ou prometer vantagem indevida a funcionário público, para determiná-lo a praticar, omitir ou retardar ato de ofício:

Pena – reclusão, de 2 (dois) a 12 (doze) anos, e multa. (Redação dada pela Lei n. 10.763, de 12.11.2003)

Parágrafo único - A pena é aumentada de um terço, se, em razão da vantagem ou promessa, o funcionário retarda ou omite ato de ofício, ou o pratica infringindo dever funcional.

Tendo em vista o alargamento do conceito de corrupção, para designar qualquer ato ilícito no seio da Administração Pública, neste sentido assim usamos o termo no decorrer do presente trabalho, inclusive quando nos reportamos à ineficiência do servidor público como ato de corrupção. Aqui nos basta a diferenciação entre corrupção ativa e passiva, para esclarecimentos.

10.3.10. Prevaricação – art. 319 do CPB

É o crime cometido por funcionário público quando, indevidamente, este retarda ou deixa de praticar ato de ofício, ou pratica-o contra disposição legal expressa, visando satisfazer interesse pessoal. Assim, a redação do art. 319 do CPB:

Art. 319 - Retardar ou deixar de praticar, indevidamente, ato de ofício, ou praticá-lo contra disposição expressa de lei, para satisfazer interesse ou sentimento pessoal:

Pena - detenção, de três meses a um ano, e multa.

Para o Supremo Tribunal Federal, a configuração do crime de prevaricação requer a demonstração não só da vontade livre e consciente de deixar de praticar ato de ofício, como também do elemento subjetivo específico do tipo, qual seja, a vontade de satisfazer 'interesse' ou 'sentimento pessoal. (STF, Ação Penal AP 447 RS).

10.3.11. Condescendência criminosa – art. 320 do CPB

Conforme o Direito Net – DN, condescendência criminosa é crime contra a Administração Pública, praticado por funcionário público que, por clemência ou tolerância, deixa de tomar as providências a fim de responsabilizar subordinado que cometeu infração no exercício do cargo, ou deixa de levar o fato ao conhecimento da autoridade competente, quando lhe falte autoridade para punir o funcionário infrator[53].

Neste sentido, a leitura do art. 320 do CPB:

Art. 320 - Deixar o funcionário, por indulgência, de responsabilizar subordinado que cometeu infração no exercício do cargo ou, quando

---

(53) DireitoNet. Disponível em <http://www.direitonet.com.br/dicionario/exibir/1236/Condescendencia-criminosa>. Acesso em 14 de julho de 2015.

lhe falte competência, não levar o fato ao conhecimento da autoridade competente:

Pena - detenção, de quinze dias a um mês, ou multa.

Da exegese do dispositivo e consoante o art. 143 da Lei n. 8112/90, qualquer autoridade administrativa que tomar conhecimento de alguma irregularidade no serviço público deverá proceder à sua apuração ou comunicá-la à autoridade que tiver competência para promovê-la, sob pena de responder pelo delito de condescendência criminosa. (STJ, MS 11974/DF).

Nesse tipo penal, tutela-se o regular desenvolvimento da atividade administrativa, sendo um crime omissivo.

10.3.12. Advocacia administrativa – art. 321 do CPB

Para capitulação do crime, assim dispõe o art. 321 do CPB:

Art. 321 - Patrocinar, direta ou indiretamente, interesse privado perante a administração pública, valendo-se da qualidade de funcionário:
Pena - detenção, de um a três meses, ou multa.
Parágrafo único - Se o interesse é ilegítimo:
Pena - detenção, de três meses a um ano, além da multa.

Para o criminalista e professor Fernando Capez:

"Trata-se de crime em que o funcionário público se vale dessa condição, isto é, do fácil acesso aos colegas, pertencentes à mesma repartição ou não, para advogar, favorecer interesse alheio privado. Tal conduta, obviamente, afeta o normal desempenho do cargo público, o qual deve estar a serviço do Estado e não de interesses particulares. Tutela-se, dessa forma, o funcionamento regular da Administração Pública e a moralidade administrativa."[54]

Da análise do Recurso Ordinário em *Habeas Corpus* - RHC 48238/PE, o STJ deixou consignado que o crime de advocacia administrativa (de menor monta) é absorvido pelo delito de corrupção passiva.

10.3.13. Violência arbitrária – art. 322 do CPB

Capez nos adverte que o tipo penal foi tratado no art. 3º, I, da Lei 4.898/65 (Lei de Abuso de Autoridade), entendendo, portanto, que o art. 322 do CP foi revogado pela mencionada lei especial. Esse é, inclusive, o posicionamento que prevalece na doutrina, embora na jurisprudência haja corrente em sentido contrário[55].

10.3.14. Abandono de função – art. 323 do CPB

O bem jurídico tutelado é a própria Administração Pública e via direta, a própria sociedade, posto que a máquina administrativa não pode parar por desídia de servidor público que abandona sua função, de forma injustificada. Desta forma, o Código Penal prevê como crime abandono de função e capitulou no seu art. 323:

Art. 323 - Abandonar cargo público, fora dos casos permitidos em lei:
Pena - detenção, de quinze dias a um mês, ou multa.
§ 1º - Se do fato resulta prejuízo público:
Pena - detenção, de três meses a um ano, e multa.
§ 2º - Se o fato ocorre em lugar compreendido na faixa de fronteira:
Pena - detenção, de um a três anos, e multa.

Abandonar é afastar-se do cargo ou da função pública sem justificativa. É a desídia do servidor em simplesmente não comparecer ao trabalho. O abandono de cargo gera a pena de demissão. Para tal, deve ser caracterizado o *animus abandonandi*.

A Controladoria da União, por meio do seu Manual de Processo Administrativo Disciplinar, deixou consignado que no que tange à intencionalidade da conduta, cabe à comissão comprovar, além da ausência, a intenção de se ausentar (*animus abandonandi*), a qual pode ocorrer por dolo direto ou eventual, isto é, quando o servidor deseja se ausentar ou, não desejando, assume o risco de produzir o mesmo resultado[56].

O abandono de função é punido, frequentemente com medida administrativa, de demissão, após a conclusão de processo administrativo disciplinar (PAD), por meio do qual devem ser asseguradas ao acusado as garantias do contraditório de da ampla defesa. Como a pena é de detenção de apenas quinze dias a um mês, ou multa, para o abandono simples, e quando a remuneração é suspensa após a verificação das faltas, não acarretando prejuízo à Administração, as medidas adotadas ficam no âmbito administrativo.

10.3.15. Exercício ilegalmente antecipado ou prolongado – art. 324 do CPB

O crime vem exposto no art. 324 do CP, conforme texto abaixo:

Art. 324 - Entrar no exercício de função pública antes de satisfeitas as exigências legais, ou continuar a exercê-la, sem autorização, depois de saber oficialmente que foi exonerado, removido, substituído ou suspenso:
Pena - detenção, de quinze dias a um mês, ou multa.

Duas condutas são mencionadas no tipo penal. O primeiro é o caso do servidor que, sem a nomeação e

---

(54) CAPEZ. Fernando. Curso de Direito Penal: Parte Especial. 4ª. ed. São Paulo: Saraiva, 2006, p. 453
(55) CAPEZ. Fernando. Curso de Direito Penal: Parte Especial. 4ª. ed. São Paulo: Saraiva, 2006, p. 455
(56) Unifesp. Disponível em <http://www.unifesp.br/reitoria/cpp/images/CPP/documento/manual/manual-pad.pdf>. Acesso em 15 de julho de 2015. Pág. 225.

posse, começa a praticar atos inerentes à função, e o segundo é o caso do servidor que, exonerado, demitido ou aposentado, continua a praticar atos de ofício. Deve-se ter em mente que, para incursão no tipo penal, o servidor deve efetivamente praticar atos inerentes à função.

10.3.16. Violação de sigilo de proposta de concorrência – art. 326 do CPB

A maioria da doutrina criminal entende que o artigo 326 do CP foi implicitamente revogado no art. 94 da Lei n. 8.666/93, Lei Geral de Licitação, a qual nos ateremos adiante.

10.4. LEIS ESPECIAIS

10.4.1. Lei Geral de Licitações

A Lei 8.666, de 21 de junho de 1993, Lei Geral de Licitações descreve entre os arts. 89 a 98 os tipos penais que abrange. Todos constituem infrações penais contra a Administração Pública, por fraudes nos processos licitatórios, e têm como sujeitos ativos os licitantes, servidores públicos e pessoas a eles vinculadas. Todas as penas previstas são de detenção combinadas com penas de multa.

Como cediço, a licitação é um processo administrativo prévio a um contrato a ser celebrado pela Administração Pública. Esse processo é obrigatório toda vez em que a Administração deseja contratar obras, serviços (inclusive de publicidade), bem como fazer compras, locações e alienações. Apenas em dois casos a licitação não é realizada: na hipótese de ser dispensada e na hipótese de ser inexigível.

Para o administrativista Hely Lopes Meirelles, licitação *é o procedimento administrativo mediante o qual a Administração Pública seleciona a proposta mais vantajosa para o contrato de seu interesse*[57]. As licitações públicas têm assento no corpo da Constituição Federal, no inciso XXI, do art. 37.

O fim visado pela Lei Especial, na parte da criminalização, é coibir práticas fraudulentas no seio da Administração e, com isso, resguardar valores e bens públicos. Para tal, uma das penalidades previstas é a perda do cargo. Em seus artigos 82 e 83, diz textualmente que:

> Art. 82. Os agentes administrativos que praticarem atos em desacordo com os preceitos desta Lei ou visando a frustrar os objetivos da licitação sujeitam-se às sanções previstas nesta Lei e nos regulamentos próprios, sem prejuízo das responsabilidades civil e criminal que seu ato ensejar.
>
> Art. 83. Os crimes definidos nesta Lei, ainda que simplesmente tentados, sujeitam os seus autores, quando servidores públicos, além das sanções penais, à perda do cargo, emprego, função ou mandato eletivo.

No famoso caso das "Sanguessugas", também conhecido como máfia das ambulâncias, foi descoberta uma quadrilha que desviava dinheiro dos cofres públicos que seria destinado à compra de ambulâncias, através de fraudes em processos licitatórios. Segundo dados da Polícia Federal, a organização criminosa negociou a compra de mais de mil ambulâncias, e a movimentação financeira total do esquema seria de cerca de 110 milhões de reais. Na operação foram presos assessores de deputados, os ex-deputados Ronivon Santiago e Carlos Rodrigues, funcionários da Planam (empresa acusada de montar o esquema de superfaturamento e pagamento de propinas) e a ex-assessora do Ministério da Saúde Maria da Penha Lino.

10.4.2. Crimes de Responsabilidade

O primeiro presidente civil eleito por meio do voto popular (35 milhões de votos), pós–golpe militar de 1964, foi também o primeiro a sofrer impeachment (que numa tradução literal quer dizer impugnação de mandato), por crime de responsabilidade. Fernando Collor de Mello sofreu pena de suspensão dos seus direitos políticos pelo prazo de oito anos.

O crime de responsabilidade tem espeque no artigo 85 da Constituição Federal, combinado com a Lei n. 1.079, de 10 de abril de 1950, que define os crimes de responsabilidade e regula o respectivo processo de julgamento.

Fazemos referência à lei que dispõe sobre os Crimes de Responsabilidade, tendo em vista que a mesma, além de ser direcionada às condutas praticados pelo presidente da República, pelos ministros de Estado, ministros do STF e procurador-geral da república, também é dirigida aos governadores e secretários estaduais. A lei é de 1950, portanto, não existiam alguns órgãos, como o Superior Tribunal de Justiça, mas como os seus membros têm status de ministros entendemos que a lei também se aplica aos mesmos.

Os dispositivos da lei em comento cuidam de espécies de ilícitos que somente podem ser praticados por agentes políticos, sendo, portanto, crimes próprios, e fazem parte do sistema de responsabilização instituído pelo Ordenamento Jurídico Brasileiro. As infrações são de ordem político-administrativas.

Os crimes de responsabilidade contra a probidade da administração são capitulados no Capítulo V; os crimes contra a lei orçamentária, no Capítulo VI; os crimes contra a guarda e o legal emprego dos dinheiros públicos no Capítulo VII e contra o cumprimento das decisões judiciais no Capítulo VIII.

Os atos de improbidade administrativa são tipificados na lei aqui analisada, como crimes de responsabilidade, e se constituem em delitos de caráter político-administrativo. O sistema constitucional brasileiro distingue o regime de responsabilidade dos agentes políticos dos demais agentes públicos. A Constituição não admite a concorrência entre

---

(57) MEIRELLES, Hely Lopes. Direito Administrativo Brasileiro. 26a. ed. São Paulo: Malheiros, 2001. p. 256.

dois regimes de responsabilidade político-administrativa para os agentes políticos: o previsto no art. 37, § 4º (regulado pela Lei n. 8.429/1992) e o regime fixado no art. 102, I, c, (disciplinado pela Lei n. 1.079/1950). (STF, Rcl 2138/DF, Rel. Min. Nelson Jobim, Tribunal Pleno, 13-06-2007).

Da exegese, temos que não há como conjugar a Lei de Improbidade Administrativa com a Lei de Responsabilidade, para fins de penalização do agente. Agentes políticos, com previsão na Lei n. 1.079/50, são submetidos ao seu regime jurídico.

10.4.3. Crimes de Responsabilidade dos Prefeitos e Vereadores

A lei que trata com exclusividade sobre a responsabilidade dos prefeitos, é o Decreto-Lei n. 201, de 27 de fevereiro de 1967, retificado no DOU de 14-03-1967. Foi decretada no auge do período da ditadura militar, sob os auspícios da Constituição Federal de 1967, promulgada em 24 de fevereiro de 1967 (que teve sua razão de existência baseada no Ato Institucional n. 4, de 7 de dezembro de 1966).

Apesar de ter sido editado em um período conturbado, o Decreto-Lei 201/67 respeitou os princípios do contraditório e da ampla defesa, e o § 2º, do art. 1º, assim determina: "§ 2º A condenação definitiva em qualquer dos crimes definidos neste artigo, acarreta a perda de cargo e a inabilitação, pelo prazo de cinco anos, para o exercício de cargo ou função pública, eletivo ou de nomeação, sem prejuízo da reparação civil do dano causado ao patrimônio público ou particular", bem como estabelecem penas de reclusão para os crimes definidos no art. 1º, I e II, de dois a doze anos, e para os demais a pena de detenção de três meses a três anos. Os crimes apenados com reclusão são os seguintes: "I - apropriar-se de bens ou rendas públicas, ou desviá-los em proveito próprio ou alheio; II - utilizar-se, indevidamente, em proveito próprio ou alheio, de bens, rendas ou serviços públicos."

Ressalte-se que o Decreto-Lei 201 encontra-se vigente (cf. REsp 637259/RN, de 01-10-2010).

10.4.4. Crimes contra a ordem tributária, econômica e contra as relações de consumo

Os impostos são a maior fonte de receitas existente hoje no Brasil. Entretanto, grandes somas de tributos são sonegadas e consequentemente não ingressam nos cofres públicos. A Lei n. 8.137, de 27 de dezembro de 1990, visa tutelar essa fonte de arrecadação.

Para o presente estudo, interessa em especial as disposições contidas no art. 3º da lei sob comento, por se cuidar de crime funcional. Neste diapasão:

Art. 3º Constitui crime funcional contra a ordem tributária, além dos previstos no Decreto-Lei n. 2.848, de 7 de dezembro de 1940 - Código Penal (Título XI, Capítulo I):

I - extraviar livro oficial, processo fiscal ou qualquer documento, de que tenha a guarda em razão da função; sonegá-lo, ou inutilizá-lo, total ou parcialmente, acarretando pagamento indevido ou inexato de tributo ou contribuição social;

II - exigir, solicitar ou receber, para si ou para outrem, direta ou indiretamente, ainda que fora da função ou antes de iniciar seu exercício, mas em razão dela, vantagem indevida; ou aceitar promessa de tal vantagem, para deixar de lançar ou cobrar tributo ou contribuição social, ou cobrá-los parcialmente. Pena - reclusão, de 3 (três) a 8 (oito) anos, e multa.

III - patrocinar, direta ou indiretamente, interesse privado perante a administração fazendária, valendo-se da qualidade de funcionário público. Pena - reclusão, de 1 (um) a 4 (quatro) anos, e multa.

[...]

Art. 15. Os crimes previstos nesta lei são de ação penal pública, aplicando-se-lhes o disposto no art. 100 do Decreto-Lei n. 2.848, de 7 de dezembro de 1940 - Código Penal.

Para a ocorrência dos delitos previstos na lei, há de ser caracterizada a vontade livre e consciente do agente de diminuir ou eliminar a tributação a ser cobrada e repassada ao Fisco, ou seja, o dolo tem de ser específico. O crédito tributário, para os fins a que se destina a lei, deve ter sido efetivamente lançado. Neste sentido

"AÇÃO PENAL. Tributo. Crimes contra a ordem tributária, ou crimes tributários. Art. 1º , I e III, da Lei n. 8.137/90. Delitos materiais ou de resultado, que é o de suprimir ou reduzir tributo (caput do art. 1º). Procedimento administrativo não encerrado. Lançamento não definitivo. Delitos ainda não tipificados. Extinção do processo quanto à imputação correspondente. HC concedido, em parte, para esse fim. Crime material contra a ordem tributária não se tipifica antes do lançamento definitivo de tributo devido. (STF, HC 89739 / PB – PARAÍBA, Rel. Min. CEZAR PELUSO, 2ª T, 24/06/2008)".

10.4.5. Crimes contra o sistema financeiro nacional – Crimes do Colarinho Branco – Evasão de Divisas

A expressão *"white collar crimes"* surgiu pelo fato de os crimes serem praticados por altas autoridades, como p.ex. e para o presente trabalho, os dirigentes das Unidades Gestoras de RPPS. Suas principais características são o elevado ganho patrimonial, em operações financeiras fraudulentas, praticado por pessoa de privilegiada posição social e a relação direta de seu cargo com a atividade criminosa.

Por ocupar posição de destaque dentro da instituição (seja pública – Estado, seja privada – instituição financeira), é um crime praticado em detrimento da confiança depositada na pessoa que está no exercício do cargo.

Os ilícitos são, na sua grande maioria, decorrentes de complexas operações financeiras, envolvendo complicadas ferramentas tecnológicas, por isso acaba sendo de difícil comprovação.

Em artigo publicado no Portal Educação, Rinaldo da Silva Pinheiro nos adverte que:

"Os chamados crimes de colarinho branco são normalmente praticados sem violência, mas provocam estragos irreparáveis à sociedade e ao país. Os principais agentes ativos são pessoas das classes privilegiadas como executivos e políticos em geral e que, infelizmente de uma forma geral não são vistos como criminosos pela sociedade, pois não há uma ação direta, pessoal desses criminosos contra outra pessoa, mas o resultado indireto deste tipo de crime é devastador para toda a sociedade".[58]

Com razão, os crimes do "Colarinho Branco" são praticados por pessoas que detêm poder econômico e político e as cifras obtidas são devassadoras. Como exemplo, podemos citar a Operação Satiagraha e a do banqueiro Salvatore Cacciola, no escândalo do banco Marka.

A Operação Satiagraha, do sânscrito *Satya* (verdade) e *agraha* (firmeza), foi desencadeada pela Polícia Federal em 2008 e foi responsável pela prisão de banqueiros, presidentes de instituições financeiras e investidores.

A Lei dos Crimes do Colarinho Branco – Lei n. 7.492, de 16 de junho de 1986, está diretamente relacionada com possíveis praticados no âmbito dos RPPS, uma vez que a unidade gestora, para os fins da lei, é considerada uma instituição financeira, conforme dicção do seu art. 1º, I, com a seguinte redação:

> Art. 1º Considera-se instituição financeira, para efeito desta lei, a pessoa jurídica de direito público ou privado, que tenha como atividade principal ou acessória, cumulativamente ou não, a captação, intermediação ou aplicação de recursos financeiros (Vetado) de terceiros, em moeda nacional ou estrangeira, ou a custódia, emissão, distribuição, negociação, intermediação ou administração de valores mobiliários.
>
> Parágrafo único. Equipara-se à instituição financeira:
>
> I - a pessoa jurídica que capte ou administre seguros, câmbio, consórcio, capitalização ou qualquer tipo de poupança, ou recursos de terceiros.

Além do que, a unidade gestora de RPPS é investidora, uma vez que os recursos do fundo previdenciário, através da Política de Investimentos, devem ser inseridos no mercado de capitais. Neste contexto, o art. 1º da Portaria MPS n. 519, de 24 de agosto de 2011, que dispõe sobre as aplicações dos recursos financeiros dos Regimes Próprios de Previdência Social, instituídos pela União, pelos Estados, pelo Distrito Federal e pelos Municípios:

> Art. 1º A União, os Estados, o Distrito Federal e os Municípios, em relação a seus Regimes Próprios de Previdência Social - RPPS, comprovarão a elaboração da política anual de investimentos de que trata a Resolução do Conselho Monetário Nacional - CMN, que dispõe sobre a aplicação dos recursos dos RPPS, mediante o envio à Secretaria de Políticas de Previdência Social - SPPS, do Demonstrativo da Política de Investimentos - DPIN. (Nova redação dada pela Portaria MPS n. 170/2012).

Neste diapasão, a Associação Brasileira das Entidades dos Mercados Financeiros e de Capitais (Anbima), também reconhece os RPPS como instituições financeiras. A Anbima foi criada em 2009, resultante da fusão entre a Associação Nacional dos Bancos de Investimentos (Anbid), com a Associação Nacional das Instituições do Mercado Financeiro (Andima).

Os RPPS são considerados instituições financeiras uma vez que são submetidos à ação reguladora e fiscalizadora do Conselho Monetário Nacional (CMN), do Banco Central do Brasil (Bacen) e da Comissão de Valores Monetários (CVM). Desta forma, os gestores estão sujeitos às penalidades estabelecidas pela lei que cuida dos Crimes Contra o Sistema Financeiro Nacional.

O art. 2º *usque* art. 23, da Lei subcomento, elencam uma série de condutas, com respectivas penalidades, dentre as quais, gerir fraudulentamente instituição financeira, apropriar-se de dinheiro, título, valor ou qualquer outro bem móvel de que tem a posse, ou desviá-lo em proveito próprio ou alheio. Todas as condutas são passíveis de reclusão, com exceção do art. 21, por ser conduta de menor reprovação social: atribuir-se, ou atribuir a terceiro, falsa identidade, para realização de operação de câmbio.

O art. 22 da mencionada norma trata exclusivamente do crime de Evasão de Divisas ou Evasão Cambial, que é a perda de reservas monetárias, mediante transações ardilosas, fraudulentas, e traz a seguinte redação:

> Art. 22. Efetuar operação de câmbio não autorizada, com o fim de promover evasão de divisas do País:
>
> Pena - Reclusão, de 2 (dois) a 6 (seis) anos, e multa.
>
> Parágrafo único. Incorre na mesma pena quem, a qualquer título, promove, sem autorização legal, a saída de moeda ou divisa para o exterior, ou nele mantiver depósitos não declarados à repartição federal competente.

É o chamado "rombo nos cofres públicos." O delito ocorre quando as reservas são remetidas ao exterior (deixam o país de origem), geralmente para paraísos fiscais. O bem jurídico tutelado é a política econômica e cambial do país – Sistema Financeiro Nacional.

10.4.6. Lavagem de dinheiro

Money Laundering – Lavagem de Dinheiro – remonta suas origens nos Estados Unidos, no início do século XX, quando estava em vigor a Lei Seca. O dinheiro adquirido com a venda ilícita de bebidas alcoólicas deveria ser limpo, lavado.

Diz a lenda que Al Capone, famoso mafioso da época, teria comprado, em 1928, em Chicago, várias lavanderias que eram usadas como fachada, permitindo fazer depósitos bancários de baixo valor nominal, mas que na realidade eram adquiridos com as vendas de bebidas alcoólicas, bem como de outras atividades criminosas como a exploração da prostituição, jogo e extorsão.

A Lavagem de Dinheiro pode ser definida como a prática que tem por finalidade esconder a origem ilícita de

---

(58) PINHEIRO, Rinaldo da Silva. Crimes do Colarinho Branco contra o desenvolvimento do Brasil. Disponível em <http://www.portaleducacao.com.br/direito/artigos/49361/crimes-do-colarinho-branco-um-crime-contra-o-desenvolvimento-do-brasil#ixzz3fF0BC2KB>. Acesso em 07 de julho de 2015.

ativos financeiros. É a intenção deliberada de esconder a origem de dinheiro obtido de forma ilícita, dinheiro sujo.

Tal definição vem insculpida no art. 1º, *caput*, e §§ 1º e 2ª, da Lei n. 9.613, de 13 de março de 1998, que dispõe sobre os crimes de "lavagem" ou ocultação de bens, direitos e valores; a prevenção da utilização do sistema financeiro para os ilícitos previstos nesta Lei cria o Conselho de Controle de Atividades Financeiras (COAF), e dá outras providências, e na redação dada pela Lei n. 12.683/12:

> Art. 1º Ocultar ou dissimular a natureza, origem, localização, disposição, movimentação ou propriedade de bens, direitos ou valores provenientes, direta ou indiretamente, de infração penal. (Redação dada pela Lei n. 12.683, de 2012)
>
> Pena: reclusão, de 3 (três) a 10 (dez) anos, e multa. (Redação dada pela Lei n. 12.683, de 2012)
>
> § 1º Incorre na mesma pena quem, para ocultar ou dissimular a utilização de bens, direitos ou valores provenientes de infração penal: (Redação dada pela Lei n. 12.683, de 2012)
>
> I - os converte em ativos lícitos;
>
> II - os adquire, recebe, troca, negocia, dá ou recebe em garantia, guarda, tem em depósito, movimenta ou transfere;
>
> III - importa ou exporta bens com valores não correspondentes aos verdadeiros.
>
> § 2º Incorre, ainda, na mesma pena quem: (Redação dada pela Lei n. 12.683, de 2012)
>
> I - utiliza, na atividade econômica ou financeira, bens, direitos ou valores provenientes de infração penal; (Redação dada pela Lei n. 12.683, de 2012)
>
> II - participa de grupo, associação ou escritório tendo conhecimento de que sua atividade principal ou secundária é dirigida à prática de crimes previstos nesta Lei.

O artigo 9º da norma, precisamente em seu inciso XIV, enquadra os gestores de RPPS às suas cominações legais. Vale colacionar:

> Art. 9º Sujeitam-se às obrigações referidas nos arts. 10 e 11 as pessoas físicas e jurídicas que tenham, em caráter permanente ou eventual, como atividade principal ou acessória, cumulativamente ou não:(Redação dada pela Lei n. 12.683, de 2012)
>
> [...]
>
> XIV - as pessoas físicas ou jurídicas que prestem, mesmo que eventualmente, serviços de assessoria, consultoria, contadoria, auditoria, aconselhamento ou assistência, de qualquer natureza, em operações: (Incluído pela Lei n. 12.683, de 2012)
>
> [...]
>
> b) **de gestão de fundos**, valores mobiliários ou outros ativos; (Incluída pela Lei n. 12.683, de 2012) (Grifamos).

O STF tem se posicionado de maneira severa no que tange aos principais delitos contra a previdência, notadamente no que concerne à manutenção da ordem pública e quando há atuação de organizações criminosas e lavagem de dinheiro. Neste sentido, vale analisar o julgado adiante exposto.

"Ementa: Penal e Processo Penal. HC impetrado contra decisão que indeferiu liminar no bojo de idêntica ação constitucional. Estelionato, inserção de dados falsos em sistemas de informação, corrupção ativa e passiva, associação criminosa e lavagem de dinheiro. Prisão preventiva para garantia da ordem pública. Fundamentação idônea. Inexistência de teratologia no ato impugnado. Atuação *ex officio* do STF. Impossibilidade. Incidência da Súmula 691/STF. 1. A ausência de teratologia no ato impugnado faz incidir o óbice da Súmula 691/STF, in verbis: "Não compete ao Supremo Tribunal Federal conhecer de'habeas corpus' impetrado contra decisão do relator que, em '*habeas corpus*' requerido a tribunal superior, indefere a liminar." 2. *In casu*, o paciente foi responsabilizado pela prática dos crimes de estelionato, inserção de dados falsos em sistemas de informação, corrupção ativa e passiva, associação criminosa e lavagem de dinheiro proveniente defraudes contra o Instituto Nacional de Previdência Social – INSS, a evidenciar a necessidade de sua prisão preventiva a bem da ordem pública. 3. *Habeas corpus* não conhecido, com fundamento na Súmula 691/STF, restando revogada a liminar concedida. (STF, HC 126118/PE, Relator Min. Marco Aurélio e Relator p/ Acórdão Min. Luiz Fux, julgado pela Primeira Turma em 02-06-2015 e DJe de 24-06-2015)"

A Lavagem de Dinheiro, em sendo a ocultação de valores no exterior, foge à fiscalização dos órgãos oficiais de controle. Para o Pretório Excelso, as condutas objetivas expõem a utilização de subterfúgio com o objetivo de conferir aparência lícita a valores que, em tese, são provenientes de crime. Possuindo, assim, relevo para a esfera penal. (cf. STF, RHC 124313/SP, Rel. Min. Teori Zavascki, DJe de 15-05-2015).

10.4.7. Organizações Criminosas

O conceito de Organização Criminosa nos é fornecido pelo art. 1º, § 1º, da Lei n. 12.850, de 2 de agosto de 2013 (define organização criminosa e dispõe sobre a investigação criminal, os meios de obtenção da prova, infrações penais correlatas e o procedimento criminal; altera o Decreto-Lei nº 2.848, de 7 de dezembro de 1940 (Código Penal); revoga a Lei nº 9.034, de 3 de maio de 1995; e dá outras providências), nos seguintes termos:

> Art. 1º Esta Lei define organização criminosa e dispõe sobre a investigação criminal, os meios de obtenção da prova, infrações penais correlatas e o procedimento criminal a ser aplicado.
>
> § 1º *Considera-se organização criminosa a associação de* 4 (quatro) ou mais pessoas estruturalmente ordenada e caracterizada pela divisão de tarefas, ainda que informalmente, com objetivo de obter, direta ou indiretamente, vantagem de qualquer natureza, mediante a prática de infrações penais cujas penas máximas sejam superiores a 4 (quatro) anos, ou que sejam de caráter transnacional.

Marcelo Mendroni faz uma análise sistêmica acerca dos elementos de uma organização criminosa: i) estrutura hierárquico-piramidal; ii) divisão direcionada de tarefas; iii) membros restritos; iv) agentes públicos participantes ou envolvidos; v) orientação para a obtenção de dinheiro e de poder; e vi) domínio territorial. Sobre a participação ou o envolvimento de agentes públicos, assim discorre:

> Trata-se de característica bastante evidente no Brasil. Quando os agentes públicos não participam efetivamente do grupo, são corrompidos para viabilizar a execução das ações criminosas. Geralmente estão colocados em postos e locais estratégicos para poderem auxiliar, de qualquer forma, na execução das ações. As organizações criminosas que atingem um certo grau de desenvolvimento já não conseguem sobreviver sem o auxílio de agentes públicos. Existem incontáveis formas utilizadas para roubar o dinheiro público, um dos mais presentes na criminalidade brasileira: são exemplos clássicos as fraudes em licitação, permissões e concessões públicas, superfaturamentos de obras e serviços, alvarás, falsificações etc., que sempre acabam fazendo parte do esquema das suas benesses, pois rendem muito dinheiro.[59]

O autor ainda nos lembra da célere frase de Paul Catelano – antigo "capo" da família mafiosa Gambino de Nova York: "Eu não preciso mais de pistoleiros, agora quero deputados e senadores."

Pois é. Nunca na história do Brasil vimos tantos políticos envolvidos com o crime organizado. Logo essa classe, que tem o mister de trabalhar pelo povo e para o povo.

10.5. CONVENÇOES INTERNACIONAIS

10.5.1. Convenção das Nações Unidas contra a corrupção

Em 1996, a corrupção começou a ser tema de vários acordos internacionais, culminando com a Convenção das Nações Unidas contra à Corrupção, o principal instrumento internacional de combate à corrupção. Foi aprovada pela Assembleia Geral da Organização das Nações Unidas (ONU), em 2003 e entrou em vigor em 14 de dezembro de 2005. O documento, que é o primeiro instrumento jurídico anticorrupção que estabelece regras vinculantes aos países signatários, é um documento com o escopo de ser capaz de prevenir e combater a corrupção em todas as suas formas e é formado por 71 artigos, divididos em oito capítulos.

No dia 9 de dezembro de 2003 o Brasil e mais 111 países assinaram a Convenção das Nações Unidas contra a Corrupção. O dia ficou conhecido como Dia Internacional contra a Corrupção.

No âmbito internacional, a *United Nations Office on Drugs and Crimes* (UNODC) atua no sentido de promover a ratificação da convenção, prover assistência técnica, apoiar a realização de conferências dos Estados Partes, promover a implementação efetiva e eficiente da convenção, assistir os estados-partes no cumprimento integral da convenção e facilitar a ratificação universal da convenção.

Por iniciativa do UNODC, em novembro de 2009, mais de mil delegados de 125 países se reuniram em Doha, no Catar, para examinar a implementação da Convenção das Nações Unidas contra Corrupção. O principal resultado obtido foi a criação de um mecanismo de monitoramento da implementação da convenção. Pelo acordo, todos os Estados serão monitorados a cada cinco anos, com o intuito de se avaliar como estão cumprindo suas obrigações. Essa avaliação é feita por um software, que inclui um *checklist* sobre a aplicação da convenção. Os resultados dessas avaliações, baseadas em processos de autoavaliação e em visitas de especialistas internacionais, serão compilados em relatórios de revisão por país. Ou seja, a partir de agora, os Estados passarão a ser julgados pelo que estão efetivamente fazendo contra a corrupção e não apenas por suas promessas. Além disso, essa avaliação mostrará as lacunas existentes em cada país e, assim, guiará a atuação do UNODC em termos de cooperação técnica[60].

E segundo o UNODC:

> "No capítulo que trata sobre prevenção à corrupção, a convenção prevê que os estados-partes implementem políticas contra a corrupção efetivas que promovam a participação da sociedade e reflitam os princípios do Estado de Direito tais como a integridade, a transparência e a *accountability*, entre outros. Os estados-partes devem adotar sistemas de seleção e recrutamento com critérios objetivos de mérito. Também devem tomar medidas para aumentar a transparência no financiamento de campanhas de candidatos e partidos políticos. Devem desenvolver códigos de conduta que incluam medidas de estímulo a denúncias de corrupção por parte dos servidores, e de desestímulo ao recebimento de presentes, ou de qualquer ação que possa causar conflito de interesses. Os processos licitatórios devem propiciar a ampla participação e dispor de critérios preestabelecidos, justos e impessoais.
>
> Também devem adotar medidas para ampliar o acesso às contas públicas para os cidadãos e estimular a participação da sociedade nesse processo, além de adotar medidas preventivas à lavagem de dinheiro. Finalmente, sublinha que a independência do Poder Judiciário e do Ministério Público é fundamental para o combate à corrupção. A convenção contempla medidas de prevenção à corrupção não apenas no setor público, mas também no setor privado. Entre elas: desenvolver

---

(59) MENDRONI, Marcelo Batlouni. Crime Organizado: Aspectos Gerais e Mecanismos Legais. 5. ed. São Paulo: Atlas. p. 49.
(60) UNODC Brasil e Cone Sul. Disponível em <https://www.unodc.org/lpo-brazil/pt/corrupcao/convencao.html>. Acesso em 13 de junho de 2015.(61) UNO

padrões de auditoria e de contabilidade para as empresas; prover sanções civis, administrativas e criminais efetivas e que tenham um caráter inibidor para futuras ações; promover a cooperação entre os aplicadores da lei e as empresas privadas; prevenir o conflito de interesses; proibir a existência de 'caixa dois' nas empresas; e desestimular isenção ou redução de impostos a despesas consideradas como suborno ou outras condutas afins.

No capítulo sobre penalização e aplicação da lei, a convenção pede aos estados-partes que introduzam em seus ordenamentos jurídicos tipificações criminais que abranjam não apenas as formas básicas de corrupção, como o suborno e o desvio de recursos públicos, mas também atos que contribuem para a corrupção, tais como obstrução da justiça, tráfico de influência e lavagem de recursos provenientes da corrupção. A penalização à corrupção é condicionada pela existência de mecanismos que permitam ao sistema de justiça criminal realizar ações de detenção, processo, punição e reparação ao país. Os estados-partes devem obrigatoriamente tipificar como crime: o suborno a funcionários públicos, a corrupção ativa a oficiais estrangeiros, a fraude e a apropriação indébita, a lavagem de dinheiro e a obstrução da justiça. Também devem, na medida do possível, buscar tipificar as condutas de: corrupção passiva de oficiais estrangeiros, tráfico de influências, abuso de poder, enriquecimento ilícito, suborno no setor privado e desvios de recursos no setor privado".

A convenção orienta os estados-partes a considerar o suborno como crime e o define como a promessa, a oferta ou a entrega, direta ou indiretamente, a um servidor público ou outra pessoa ou entidade, de uma vantagem indevida, a fim de agir ou de não agir no exercício de suas funções oficiais. Da mesma forma, quem solicita ou aceita essas mesmas vantagens indevidas também comete o crime de suborno.

Os estados-partes devem estabelecer como crime, quando cometido intencionalmente, a fraude, a apropriação indébita ou qualquer outro desvio de recursos por parte de funcionário público, em seu benefício, ou em benefício de terceiros, de qualquer propriedade, fundos públicos ou privados ou qualquer outra coisa de valor a ele confiada em virtude de sua função. O mesmo se aplica aos atos de converter, transferir, ocultar ou dissimular produtos oriundos do crime, e também a quem adquire, possui ou se utiliza desses produtos.

Também conta com um artigo que aborda a obstrução da justiça: influenciar testemunhas em potencial em posição de prover evidências, por meio do uso da força, de ameaças ou intimidação; e interferir no exercício da função de oficiais ou membros da Justiça pelos mesmos meios.

O capítulo sobre cooperação internacional enfatiza que todos os aspectos dos esforços anticorrupção necessitam de cooperação internacional, tais como assistência legal mútua na coleta e transferência de evidências, nos processos de extradição, e ações conjuntas de investigação, rastreamento, congelamento de bens, apreensão e confisco de produtos da corrupção. A convenção inova em relação a tratados anteriores ao permitir assistência legal mútua mesmo na ausência de dupla incriminação, quando não envolver medidas coercitivas. O princípio da dupla incriminação prevê que um país não necessita extraditar pessoas que cometeram atos que não são considerados crimes em seu território. Mas, a partir da convenção, esses requisitos se tornam mais maleáveis, pois a convenção prevê que mesmo crimes que não são definidos com os mesmos termos ou na mesma categoria podem ser considerados como equivalentes, possibilitando a extradição.

A extradição deve ser garantida nos casos de crimes citados pela convenção, e quando os requisitos de dupla incriminação são preenchidos. Os estados-partes não devem considerar os crimes de corrupção como crimes políticos. E os Estados que condicionam a extradição à existência de acordos podem usar a convenção como base legal. Se um país não extradita nacionais, deve usar o pedido do outro país como fundamento para um processo interno. Além disso, a convenção prevê que os estados-partes busquem harmonizar suas leis nacionais aos tratados existentes.

Os estados-partes podem recusar o pedido de extradição se for observada perseguição por gênero, raça, religião, nacionalidade, etnia ou opiniões políticas. Em todo caso, ainda que não seja obrigatório, a convenção recomenda uma consulta ao país solicitante antes de uma recusa, a fim de possibilitar a apresentação de informações adicionais que possam levar a um resultado diferente.

A convenção prevê medidas mais amplas de assistência legal mútua em investigações, processo e procedimentos legais em relação a crimes previstos na própria convenção. Entre essas medidas, destacam-se a designação de uma autoridade central para receber, executar e transmitir pedidos de assistência legal mútua; a vedação à recusa de assistência legal mútua com base no sigilo bancário; e a possibilidade de a assistência legal mútua ser ofertada na ausência de dupla criminalização, desde que não haja medidas coercitivas. Os estados-partes deverão cooperar entre si para aumentar a eficácia da aplicação da lei e estabelecer canais de comunicação para assegurar o intercâmbio rápido de informações sobre todos os aspectos dos crimes abrangidos pela convenção. Também devem considerar a celebração de acordos bilaterais ou multilaterais que permitam a criação de órgãos mistos de investigação em relação às matérias que são objeto de investigações, processos ou ações judiciais em um ou mais Estados. Além disso, os Estados devem permitir a utilização de técnicas especiais de investigação, tais como a vigilância eletrônica e outras formas de operações sigilosas, além de permitir a admissibilidade das provas obtidas por meio dessas técnicas nos tribunais.

A recuperação de ativos é uma importante inovação e um princípio fundamental da convenção. Os estados-partes devem apoiar-se entre si com extensas medidas de cooperação e assistência neste campo, a fim de fazer valer os interesses das vítimas e dos donos legítimos desses recursos.

Os estados-partes devem solicitar suas instituições financeiras a: verificar a identidade de seus clientes; determinar a identidade de beneficiários de contas volumosas;

aplicar controle reforçado a contas mantidas por altos funcionários públicos; reportar transações suspeitas às autoridades competentes; e prevenir o estabelecimento de bancos sem presença física.

Um artigo sobre recuperação direta foca na possibilidade de os estados-partes terem um regime que permita a outro Estados-partes iniciar um processo civil para a recuperação de ativos ou para intervir ou agir no processo doméstico para reforçar seu pedido por compensação. Dessa forma, os estados-partes podem iniciar uma ação civil nas cortes de outra parte para estabelecer direito à propriedade de bens adquiridos por meio de corrupção. E os tribunais devem poder ordenar culpados por corrupção a ressarcir outro Estado Parte, e reconhecer, em decisões de confisco, pedido de outra parte como legítima dona dos bens. A vantagem do processo civil se mostra útil quando o processo criminal não é possível, pois a morte ou ausência do suspeito permite o estabelecimento de culpa com base nos padrões civis, com diferentes procedimentos processuais.

Os estados-partes devem permitir que suas autoridades cumpram uma ordem de confisco ou de congelamento por um tribunal de outro Estados-partes solicitante. Da mesma forma, devem considerar medidas que permitam o confisco, mesmo sem uma condenação no âmbito criminal, quando o acusado não pode ser mais processado por conta de sua morte ou ausência.

Como princípio geral, os estados-partes devem alienar os bens confiscados, devolvendo-os a seus legítimos donos, tanto no que se relaciona à fraude e ao desvio de recursos públicos quanto à lavagem de recursos obtidos ilegalmente. Para outros crimes de corrupção, os mesmo procedimentos devem ser adotados, quando for razoavelmente estabelecida a legitimidade do dono. Em todos os outros casos, será dada prioridade ao retorno dos bens confiscados à parte solicitante, o retorno dos bens aos legítimos donos, ou a utilização para a compensação das vítimas"[61].

10.5.2. Convenção das Nações Unidas contra o Crime Organizado Transnacional – Convenção de Palermo

Também conhecida como Convenção de Palermo, a Convenção das Nações Unidas contra o Crime Organizado Transnacional é o principal instrumento global de combate ao crime organizado transnacional. Aprovada pela Assembleia Geral da ONU em 15 de novembro de 2000, entrou em vigor em 29 de setembro de 2003.

Foi incorporada ao direito positivo brasileiro pelo Decreto n. 5.015, de 12-3-2004, e de acordo com o referido decreto, considera-se para efeitos da Convenção, "Grupo criminoso organizado – grupo estruturado de três ou mais pessoas, existente há algum tempo e atuando concertadamente com o propósito de cometer uma ou mais infrações graves ou enunciadas na presente Convenção, com a intenção de obter, direta ou indiretamente, um benefício econômico ou outro benefício material."

Através da Convenção, o Brasil, como país signatário, se obriga a adotar políticas voltadas para combater o crime organizado, incluindo a tipificação criminal na legislação nacional de atos como a participação em grupos criminosos organizados, lavagem de dinheiro, corrupção e obstrução da justiça. A convenção também prevê que os governos adotem medidas para facilitar processos de extradição, assistência legal mútua e cooperação policial. Adicionalmente, devem ser promovidas atividades de capacitação e aprimoramento de policiais e servidores públicos no sentido de reforçar a capacidade das autoridades nacionais de oferecer uma resposta eficaz ao crime organizado[62].

Para o Supremo Tribunal Federal, a Convenção de Palermo (Convenção das Nações Unidas contra o crime organizado transnacional):

É um tratado multilateral, de âmbito global, revestido de altíssimo significado, destinado a promover a cooperação para prevenir e reprimir, de modo mais eficaz, a macrodelinquência e as organizações criminosas de caráter transnacional. [...] Trata-se de relevantíssimo instrumento jurídico, de projeção e aplicabilidade globais, aprovado sob a égide das Nações Unidas (RODRIGO CARNEIRO GOMES, "O Crime Organizado na Visão da Convenção de Palermo", 2008, Del Rey), destinado a "promover a cooperação para prevenir e combater mais eficazmente a criminalidade organizada transnacional." Essa Convenção multilateral dispõe, em seu Artigo 11, que cada Estados-partes adotará, "em conformidade com seu direito interno, e tendo na devida conta os direitos da defesa", medidas apropriadas para que as autoridades competentes tenham presente a gravidade das infrações nela previstas, "quando considerarem a possibilidade de uma libertação antecipada" (n. 4), prescrevendo, ainda, que cada Estados-partes estabelecerá meios adequados para que "as condições a que estão sujeitas as decisões de aguardar julgamento em liberdade" não impeçam a presença do réu "em todo o processo penal ulterior" (n. 3). (STF, HC 94404 MC/SP, Rel. Min. Celso de Mello, j. 19-08-2008 e DJe 26-08-2008).

10.5.3. Convenção Interamericana contra a corrupção

Na esfera de atuação dos países–membros da Organização dos Estados Americanos (OEA), a Convenção Interamericana contra a Corrupção foi firmada em 29 de março de 1996, em Caracas, Venezuela. No Brasil, ela foi aprovada pelo Decreto Legislativo n. 152, de 25 de junho de 2002, e promulgada pelo Decreto Presidencial

---

(61) UNO DC Brasil e Cone Sul. Disponível em <https://www.unodc.org/lpo-brazil/pt/corrupcao/convencao.html>. Acesso em 13 de junho de 2015.
(62) UNODC Brasil e Cone Sul. Disponível em https://www.unodc.org/lpo-brazil/pt/crime/marco-legal.html. Acesso em 16 de julho de 2015.

n. 4.410, de 7 de outubro de 2002: "A Convenção Interamericana contra a Corrupção, adotada em Caracas, em 29 de março de 1996, apensa por cópia ao presente Decreto, será executada e cumprida tão inteiramente como nela se contém, com reserva para o art. XI, parágrafo 1º , inciso 'c'." (Redação dada pelo Decreto n. 4.534, de 19.12.2002).

E para os fins desta convenção, consideram-se: i) "Função pública" toda atividade, temporária ou permanente, remunerada ou honorária realizada por uma pessoa física em nome do Estado ou a serviço do Estado ou de suas entidades, em qualquer de seus níveis hierárquicos; ii) "Funcionário público", "funcionário de governo" ou "servidor público" qualquer funcionário ou empregado de um Estado ou de suas entidades, inclusive os que tenham sido selecionados, nomeados ou eleitos para desempenhar atividades ou funções em nome do Estado ou a serviço do Estado em qualquer de seus níveis hierárquicos; e iii) "Bens" os ativos de qualquer tipo, quer sejam móveis ou imóveis, tangíveis ou intangíveis, e os documentos e instrumentos legais que comprovem ou pretendam comprovar a propriedade ou outros direitos sobre estes ativos, ou que se refiram à propriedade ou a outros direitos.

10.6. SOLUÇÕES APRESENTADAS PARA O COMBATE À CORRUPÇÃO

10.6.1. Os números da corrupção

No Brasil escândalos de corrupção são frequentes, com destaque para: 1) Máfia dos fiscais, com rombo de 18 milhões de reais, entre 1998 e 2008, na Câmara dos vereadores e Servidores Públicos de São Paulo. Comerciantes e ambulantes (mesmos aqueles com licença para trabalhar) eram colocados contra a parede: se não pagassem propinas, sofriam ameaças, como ter as mercadorias apreendidas e projetos de obras embargados. O primeiro escândalo estourou em 1998, no governo de Celso Pitta. Dez anos mais tarde, uma nova denúncia deu origem à Operação Rapa. 2) Mensalão, com rombo de 55 milhões de reais, em 2005, na Câmara Federal. Segundo delatou o ex-deputado federal Roberto Jefferson, acusado de envolvimento em fraudes dos Correios, políticos aliados ao PT recebiam 30 mil reais mensais para votar de acordo com os interesses do governo Lula. Dos 40 envolvidos, apenas três deputados foram cassados. A conta final foi estimada em 55 milhões de reais, mas pode ter sido muito maior. 3) Sanguessuga, com rombo de 140 milhões de reais, em 2006, em Prefeituras e Congresso Nacional. Investigações apontaram que os donos da empresa Planam pagavam propina a parlamentares em troca de emendas destinadas à compra de ambulâncias, superfaturadas em até 260%. Membros do governo atuavam nas prefeituras para que empresas ligadas à Planam ganhassem as licitações. Nenhum dos três senadores e 70 deputados federais envolvidos no caso perdeu o mandato. 4) Caso Sudam, com rombo de 214 milhões de reais, entre 1998 e 1999, no Senado Federal e União. Dirigentes da Superintendência de Desenvolvimento da Amazônia desviavam dinheiro por meio de falsos documentos fiscais e contratos de bens e serviços. Dos 143 réus, apenas um foi condenado e recorre da sentença. Jader Barbalho, acusado de ser um dos pivôs do esquema, renunciou ao mandato de senador, mas foi reeleito em 2011. 5) Operação Navalha, com rombo de 610 milhões de reais, em 2007, em Prefeituras, Câmara dos Deputados e Ministério de Minas e Energia. Atuando em nove Estados e no Distrito Federal, empresários ligados à Construtora Gautama pagavam propina a servidores públicos para facilitar licitações de obras. Até projetos ligados ao Programa de Aceleração do Crescimento (PAC) e ao Programa Luz Para Todos foram fraudados. Todos os 46 presos pela Polícia Federal foram soltos. 6) Anões do orçamento, com rombo de 800 milhões de reais, de 1989 a 1992, no Congresso Nacional. Sete deputados (os tais "anões") da Comissão de Orçamento do Congresso faziam emendas de lei remetendo dinheiro a entidades filantrópicas ligadas a parentes e cobravam propinas de empreiteiras para a inclusão de verbas em grandes obras. Ficou famoso o método de lavagem do dinheiro ilegal: as sucessivas apostas na loteria do deputado João Alves. 7) TRT de São Paulo, com rombo de 923 milhões de reais, de 1992 a 1999, no Tribunal Regional do Trabalho de São Paulo. O Grupo OK, do ex-senador Luiz Estevão, perdeu a licitação para a construção do Fórum Trabalhista de São Paulo. A vencedora, Incal Alumínio, deu os direitos para o empresário Fabio Monteiro de Barros. Mas uma investigação mostrou que Fabio repassava milhões para o Grupo OK, com aval de Nicolau dos Santos Neto, o Lalau, ex-presidente do TRT-SP. 8) Banco Marka, com rombo de 1,8 bilhão de reais, em 1999, no Banco Central. Com acordos escusos, o Banco Marka, de Salvatore Cacciola, conseguiu comprar dólar do Banco Central por um valor mais barato que o ajustado. Uma CPI provou o prejuízo aos cofres públicos, além de acusar a cúpula do BC de tráfico de influência, entre outros crimes. Cacciola foi detido em 2000, fugiu para a Itália no mesmo ano e, preso em Mônaco em 2008, voltou ao Brasil deportado. 9) Vampiros da Saúde, com rombo de 2,4 bilhões de reais, de 1990 a 2004, no Ministério da Saúde. Empresários, funcionários e lobistas do Ministério da Saúde desviaram dinheiro público fraudando licitações para a compra de derivados do sangue usados no tratamento de hemofílicos. Propinas eram pagas para a Coordenadoria Geral de Recursos Logísiticos, que comandava as compras do Ministério, e os preços (bem acima dos valores de mercado) eram combinados antes. Todos os 17 presos já saíram da cadeia. 10) Caso Banestado, com rombo de 42 bilhões de reais, de 1996 a 2000, no Paraná. Durante quatro anos, cerca de 24 bilhões de reais foram remetidos ilegalmente do antigo Banestado (Banco do Estado do Paraná) para fora do país por meio de contas de residentes no exterior, as chamadas contas CC5. Uma investigação da Polícia Federal descobriu que as remessas fraudulentas eram feitas por meio de 91 contas–correntes comuns, abertas em nome de "laranjas." A fraude seria conhecida por gerentes e diretores do banco. Foram denunciados 684 funcionários, sendo que 97 foram condenados a penas de até quatro anos de prisão. O Estado obteve o retorno de arrecadação tributária de cerca de 20 bilhões de reais[63] Como se não bastasse, o Brasil agora se vê envolvido na Operação Lava Jato, que foi deflagrada em 17 de março de 2014 pela Polícia Federal, em um posto de gasolina, daí o seu nome. A operação investiga um grande esquema de lavagem e desvio de dinheiro, envolvendo a Petrobras, grandes empreiteiras e políticos brasileiros.

As investigações indicam a existência de um grupo brasileiro especializado no mercado ilegal de câmbio. No centro das investigações, estão funcionários do primeiro escalão da Petrobras, a maior empresa estatal do Brasil. A PF apontou o pagamento de propina envolvendo executivos de empresas, especialmente empreiteiras, que assinaram contratos com a companhia de petróleo e políticos. Entre os crimes cometidos, aponta a investigação, estão sonegação fiscal, movimentação ilegal de dinheiro, evasão de divisas, desvio de recursos públicos e corrupção de agentes públicos.[64] E com a Operação Zelotes, que visa desvendar o suposto esquema de corrupção no Conselho de Recursos Administrativos Fiscais (Carf), órgão que funciona como uma espécie de "Tribunal da Receita", em 2015.

A operação Zelotes, deflagrada em 26 de março de 2015, investiga 74 processos que somariam 19 bilhões de reais em fraudes contra o fisco. Segundo a PF, foram constatados prejuízos de, pelo menos, 6 bilhões de reais aos cofres públicos – valor três vezes maior do que o desviado da Petrobras por meio do esquema de corrupção investigado pela Operação Lava Jato (2,1 bilhões de reais). O Carf, órgão ligado ao Ministério da Fazenda, é responsável por julgar processos relacionados a autuações fiscais da Receita Federal.[65]

Com relação à previdência, no âmbito do INSS, os nomes das operações são muitos, dentre os quais podemos destacar: Operação Denário (AL/2008), Operação Quimera (MG e SP/2008), Operação Guararapes (PE e AL/2009), Operação Chacrinha e Sonho Encantado (RS/2009), Operação Branca de Neve e outras dezenas delas criadas para descobrir fraudes na Previdência Social. A Operação Fariseu (DF/Paraíba/PE, ES/PE/RS/RJ/2008), por exemplo, foi inspirada em um versículo bíblico. Mas a maior delas foi a quadrilha de 22 pessoas desvendada pela Polícia Federal no Rio de Janeiro, comandada pela advogada Georgina de Freitas Fernandes, ex-procuradora do INSS, que fraudou os cofres públicos, durante o governo de Fernando Collor, desviando cerca de 310 milhões de reais do INSS[66].

De acordo com a Memória Globo, este número chega a seiscentos milhões de dólares:

"Uma das maiores fraudes financeiras do Brasil, que desviou 600 milhões de dólares do INSS, ficou conhecida como "Escândalo da Previdência." A história começou em 1991, com a denúncia de aposentadorias milionárias no município de São Gonçalo, no Rio de Janeiro. As investigações, entretanto, mostraram que se tratava de um erro de cálculo do Dataprev, órgão responsável pela informática da Previdência. Mesmo assim, a Justiça Estadual resolveu investigar outras varas no Estado e descobriu, em São João de Meriti, uma quadrilha de 20 fraudadores, formada por advogados e até mesmo juízes.[67]

Em matéria de 19 de abril de 2015 e intitulada "Associados vão cobrir rombo de 43 fundos de pensão", o jornal Estadão deixou registrado que rombos em 43 fundos de pensão já resultaram em prejuízos de mais 31 bilhões de reais ao erário público – só na Caixa Econômica Federal, houve prejuízo de 5,5 bilhões de reais e seus funcionários serão prejudicados pois terão que pagar a conta em doze anos. Já os servidores dos Correios (ECT) terão um quarto dos seus salários descontados por quinze anos para cobrir o rombo no fundo Postalis (prejuízo de 5,6 bilhões de reais)[68] Com proeminência, rombos na previdência são constantes, sendo a mesma, como um todo (Regime Geral e Regimes Próprios), alvo de matérias jornalísticas constantes. Tanto Polícia Federal e polícias estaduais, como Ministério Público Federal e ministérios públicos estaduais estão trabalhando sem tréguas no combate à corrupção.

Os números são alarmantes, num país como o Brasil, que segundo dados do Instituto de Pesquisa Econômica Aplicada – Ipea, o total de pessoas que vivem na extrema pobreza passou de 10.081.225, em 2012, para 10.452.383 no ano passado. A proporção de extremamente pobres subiu de 5,29% para 5,50%, também a primeira alta desde 2003.[69]

De acordo com pesquisa realizada pela Gazeta do Povo, com base no Instituto Brasileiro de Planejamento Tributário, o Brasil vem perdendo posições no ranking nacional de nações menos corruptas. Em 2008, ocupava a octogésima posição, ao lado da Arábia Saudita, Burkina Fasso, Marrocos e Tailândia. Ainda segundo a pesquisa, 32% (trinta e dois por cento) dos impostos arrecadados no Brasil são desvia-

---

(63) Mundo Estranho. Disponível em <http://mundoestranho.abril.com.br/materia/os-maiores-escandalos-de-corrupcao-do-brasil>. Acesso em 14 de julho de 2015.

(64) Notícias do Último Segundo. .Disponível em <http://ultimosegundo.ig.com.br/politica/operacao-lava-jato/.> Acesso em 14 de julho de 2015.

(65) Brasil Post. Disponível em <http://www.brasilpost.com.br/2015/04/21/operacao-zelotes-emails_n_7106604.html>. Acesso em 14 de julho de 2015.

(66) Museu da Corrupção: MuCo. Disponível em <http://www.muco.com.br/index.php?option=com_content&view=article&id=285:escandalo=-do-inss&catid-34:sala-de-escandalos&Itemid=53>. Acesso em 14 de julho de 2015.

(67) Memória Globo. Disponível em <http://memoriaglobo.globo.com/programas/jornalismo/coberturas/escandalo-da-previdencia/a-historia.htm>. Acesso em 14 de julho de 2015.

(68) Estadão. Associados vão cobrir rombo de 43 fundos de pensão. 19-04-2-15. Disponível em <http://economia.estadao.com.br/noticias/geral,associados-vao--cobrir-rombo-de-43-fundos-de-pensao-imp-,1672512>. Acesso em 18 de agosto de 2015.

(69) EBC. Disponível em <http://www.ebc.com.br/noticias/economia/2014/11/numero-de-brasileiros-na-extrema-pobreza-aumenta-pela-primeira-vez-em--dez>. Acesso em 14 de julho de 2015.

dos pela corrupção, sendo que 41 % (quarenta e um por cento) dos recursos desviados são usados para pagamento de funcionários fantasmas ou com outras práticas como nepotismo. 34% (trinta e quatro por cento) são consumidos pelo superfaturamento de obras e 25% (vinte e cinco por cento) são roubados e deixam de gerar benefícios[70].

Ou seja, os bilhões desviados deixaram de ser investidos em áreas como educação, saúde, segurança, previdência e assistência do povo brasileiro, dentre outras.

Em nota técnica de apoio ao Projeto de Lei n. 5.900/2013, a Associação Nacional dos Procuradores da República consigna que, com base em dados do Programa das Nações Unidas para o Desenvolvimento, são desviados do Brasil ao menos 200 bilhões de reias por ano. Isso é quase duas vezes o total do orçamento federal da saúde de 2014, o que significa que a qualidade da saúde no Brasil (no que depende de verbas federais) poderia ser triplicada caso se fechassem as torneiras da corrupção. O valor é aproximadamente duas vezes e meia maior do que o orçamento federal da educação, o que poderia também, pelo menos, triplicar a qualidade da educação, no que depende de verbas federais. Já quanto ao investimento federal em ciência, tecnologia e inovação, poderia ser multiplicado por 30 vezes. Poderia ser duplicado o programa "Minha Casa, Minha Vida", que entregou aproximadamente 1,7 milhão de casas populares[71].

A corrupção, apesar de ser tema recorrente, não tem tido o tratamento merecido em congressos sobre previdência pública. O que é lastimável, pelo que vimos, a falta de conhecimento da matéria é uma das questões que permitem práticas escusas. O treinamento de servidores, como bem pontuou o Ministério Público Federal, com edição de cartilhas, notas explicativas, para que adotem posturas eficazes na prevenção e no combate aos crimes de ocorrência no âmbito das unidades gestoras, é uma medida que urge necessária e urgente.

Os servidores de RPPS, gestores, coordenadores, gerentes, funcionários meio e fim, devem ter o mínimo de conhecimento sobre as questões criminais, uma vez que somente se combate com eficácia o que se conhece. Como saber que um crime está sendo praticado se não se tem o conhecimento de ser a prática um crime e não mera irregularidade? Como atuar através da denúncia?

O medo de denunciar é um fator preponderante, que acaba acobertando práticas contrárias às leis. O temor reverencial, ou seja, o receio de desagradar certa pessoa de quem se é dependente psicológica, social ou economicamente dependente, ainda é uma constante. Por isso é fundamental que os servidores de uma unidade gestora sejam servidores de carreira, e não meras marionetes postas a serviço dos governantes e gestores. Ser servidor de carreira induz a ideia de imparcialidade, o mesmo não podendo se dizer de servidores comissionados.

10.6.2. Opinião de especialistas

O G1, por intermédio da jornalista Maria Angélica Oliveira, ouviu especialistas nas áreas de ciência política, administração pública, economia e representantes do poder público para saber o que é possível fazer, na prática, para combater fraudes em prefeituras e governos. Da pesquisa, foram elencadas dez propostas com vistas ao fim da corrupção: 1) Combater o 'caixa dois'; 2) acabar com o cabide de emprego. É a solução apontada pelo professor de Finanças Públicas da Universidade de Brasília (UnB) José Matias Pereira. De acordo com ele, a administração pública tem que ser conduzida por funcionários de carreira, que devem ser selecionados por vocação e cobrados por desempenho. "Quem é de carreira conhece o funcionamento da sua área e permanece na instituição quando termina o governo. [Se] a pessoa chega ao setor público de paraquedas, na hora que o padrinho dela sai, volta para sua região e nunca mais se ouve falar dela"; 3) Fortalecer partidos; 4) maior participação em conselhos. O economista Valdemir Pires, coordenador do curso de Administração Pública da Unesp, adverte que "muitos governos criam conselhos apenas para cumprir a lei; 5) simplificar processos. É nas entrelinhas de processos confusos, cheios de detalhes e exigências que se criam oportunidades para desvios, diz o professor da Universidade Federal de Minas Gerais (UFMG) Ivan Beck, doutor em Administração e pesquisador da área de gestão pública, que defende a desburocratização do setor público. "Em licitações onde há um processo seletivo muito complexo, exigente, é onde você facilita arranjos entre empresas que vão ganhar, que vão trocar. E não se controla posteriormente essas empresas, quem ganha e quem não ganha", aponta. 6) mais rigor para orçamentos e gastos; 7) fortalecer órgãos de controle. Tribunais de Contas são órgãos de controle externo dos gastos públicos, encarregados de analisar prestações de contas. Ivan Beck diz que esses órgãos precisam de mais funcionários e capacitação. Os servidores, segundo ele, devem conhecer a realidade de secretarias, prefeituras e governos para ter discernimento sobre o porquê de determinadas ações. "Alguns casos são de corrupção, outros casos são de total falta de alternativa de ação, que se confunde com desvio. [É preciso] evitar perda de tempo de ficar procurando gastos com café, com compra de pizza, e [não] deixar de lado outros desvios grandes que não são coibidos." 8) Reduzir número de recursos. "A gente não pode tratar um desvio de recursos públicos num montante expressivo como se fosse um roubo de um supermercado. Crime de corrupção deveria ter caráter mais ágil porque a sociedade está ficando desiludida", diz o secretário-geral do Tribunal de Contas da União (TCU) na Paraíba, Rainério Leite, que coordena o Fórum de Combate à Corrupção no Estado. Para combater impunidade e desilusão, ele defende encurtar o caminho percorrido pelos processos.

---

(70) GAZETA DO POVO. Vida Pública. Números da Corrupção. Disponível em <http://www.gazetadopovo.com.br/vida-publica/10-ideias-para-combater-a-corrupcao-bgnowijtfwi5vmgdxn5k2cdvy>. Acesso em 10 de agosto de 2015

(71) Portal de Combate à Corrupção. Disponível em <http://www.combateacorrupcao.mpf.mp.br/10-medidas/docs/medidas-anticorrupcao_versao-2015-06-25.pdf>. Acesso em 27 de outubro de 2015.

"Tem cinco ou seis recursos que podem ser interpostos ao longo de vários anos. A gente precisa reestudar a legislação para que a resposta do Estado nesses casos seja muito mais imediata."; 9) Agilizar cumprimento de pena; e 10) Alterar prazo de prescrição de crimes[72].

10.6.3. As dez medidas sugeridas pelo MPF de combate à corrupção

O Ministério Público Federal lançou, em 20 de março do ano corrente, uma série de propostas com vistas a combater a corrupção no país. As medidas sugeridas pelos procuradores da República tratam de mudanças na legislação, tornando o crime de corrupção um crime hediondo.

As dez medidas sugeridas são: 1) **Transparência e proteção à fonte de informação**. Testa a conduta moral do agente público e sua predisposição para combater a corrupção. Os testes são incentivados pela Transparência Internacional e pela ONU. Dentro dessa ideia estaria inserida a proposta de investimento de um percentual entre 10% e 20% dos recursos de publicidade da Administração Pública em ações e programas de marketing, voltadas a estabelecer uma cultura de intolerância à corrupção, com a conscientização da população dos danos sociais e individuais causados por ela. Além da conscientização, o MPF propõe medidas destinadas ao **treinamento reiterado de todos os funcionários públicos** no sentido de que adotem posturas e procedimentos contra a corrupção, com estabelecimentos de códigos de ética claros, adaptados para cada carreira e a realização de programas de conscientização e pesquisas em escolas e universidades. Propõe ainda a garantia de sigilo da fonte, com a ressalva de que ninguém pode ser condenado apenas com base na palavra de informante confidencial. Prevê-se ainda a possibilidade de ser revelada a identidade do informante se ele fizer denúncias falsas. Por fim, propõe-se a obrigação de o Judiciário e o Ministério Público prestarem contas da duração dos processos em seus escaninhos, formulando propostas quando seu trâmite demorar mais do que marcos propostos de duração razoável de processos (gatilho de eficiência); 2) **A criminalização do enriquecimento ilícito de agentes públicos**. A dificuldade de provar a corrupção garante a impunidade e incentiva o comportamento corrupto. A criminalização do enriquecimento ilícito garante que o agente não fique impune mesmo quando não for possível descobrir ou comprovar quais foram os atos específicos de corrupção praticados. A medida propõe a tipificação do enriquecimento ilícito, com penas de três a oito anos, mas passíveis de substituição no caso de delitos menos graves. O ônus de provar a existência de renda discrepante da fortuna acumulada é da acusação. Se a investigação ou o acusado forem capazes de suscitar dúvida razoável quanto à ilicitude da renda, será caso de absolvição; 3) **Aumento das penas e crime hediondo para corrupção de altos valores**. É extremamente difícil descobrir o crime de corrupção e, quando isso ocorre, é mais difícil ainda prová-lo. Mesmo quando há provas, pode não se conseguir uma condenação em virtude de questões processuais como nulidades. Ainda que se descubra, prove e alcance uma condenação, a chance de prescrição é real, o que pode ensejar absoluta impunidade. Por fim, quando a pena é aplicada, ela é normalmente inferior a quatro anos e é perdoada, por decreto anual de indulto, depois do cumprimento de apenas um quarto dela. A corrupção é hoje, portanto, um crime de alto benefício e baixo risco, o que pode incentivar sua prática. A medida transforma a corrupção em um crime de alto risco no tocante à quantidade da punição, aumentando também a probabilidade de aplicação da pena por diminuir a chance de prescrição. Com as alterações, as penas, que hoje são de 2 a 12 anos, passam a ser de 4 a 12 anos, lembrando que, no Brasil, as penas de réus de colarinho branco ficam próximas ao patamar mínimo. Com isso, a prática do crime passa a implicar, no mínimo, prisão em regime semiaberto. Esse aumento da pena também amplia o prazo prescricional que, quando a pena supera 4 anos, passa a ser de 12 anos. Além disso, a pena é escalonada segundo o valor envolvido na corrupção, podendo variar entre 12 e 25 anos, quando os valores desviados ultrapassam 8 milhões de reais. Essa pena é ainda inferior àquela do homicídio qualificado, mas é bem maior do que a atual. A corrupção mata, como decorrência do cerceamento de direitos essenciais, como segurança, saúde, educação e saneamento básico. Por isso, a referência punitiva da corrupção de altos valores passa a ser a pena do homicídio. Por fim, a corrupção envolvendo valores superiores a cem salários mínimos passa a ser considerada crime hediondo, não cabendo, dentre outros benefícios, o perdão da pena, integral ou parcial (indulto ou comutação); 4) **aumento da eficiência e da justiça dos recursos no processo penal.** É comum que processos envolvendo crimes graves e complexos, praticados por réus de colarinho branco, demorem mais de 15 anos em tribunais após a condenação, pois as defesas empregam estratégias protelatórias. Além de poder acarretar prescrição, essa demora cria um ambiente de impunidade, que estimula a prática de crimes. Com o objetivo de contribuir com a celeridade na tramitação de recursos sem prejudicar o direito de defesa, a medida 4 propõe 11 alterações pontuais do Código de Processo Penal (CPP) e uma emenda constitucional. Essas alterações incluem a possibilidade de execução imediata da condenação quando o tribunal reconhece abuso do direito de recorrer; a revogação dos embargos infringentes e de nulidade; a extinção da figura do revisor; a vedação dos embargos de declaração de embargos de declaração; a simultaneidade do julgamento dos recursos especiais e extraordinários; novas regras para *habeas corpus*; e a possibilidade de execução provisória da pena após julgamento de mérito

---

[72] G1. OLIVEIRA, Maria Angélica. Especialistas apontam dez passos para combater a corrupção. Disponível em <http://g1.globo.com/Noticias/Politica/0,,-MUL1408002-5601,00-ESPECIALISTAS+APONTAM+DEZ+PASSOS+PARA+COMBATER+A+CORRUPCAO.html>. Acesso em 10 de agosto de 2015.

do caso por tribunal de apelação, conforme acontece em inúmeros países; 5) **celeridade nas ações de improbidade administrativa.** A propõe três alterações na Lei n. 8.429/92, de 2 de junho de 1992. A fase inicial das ações de improbidade administrativa pode ser agilizada com a adoção de uma defesa inicial única (hoje ela é duplicada), após a qual o juiz poderá extinguir a ação caso seja infundada. Além disso, sugere-se a criação de varas, câmaras e turmas especializadas para julgar ações de improbidade administrativa e ações decorrentes da lei anticorrupção. Por fim, propõe-se que o MPF firme acordos de leniência, como já ocorre no âmbito penal (acordos de colaboração), para fins de investigação; 6) **reforma no sistema de prescrição penal** A promove alterações em artigos do Código Penal que regem o sistema prescricional, com o objetivo de corrigir distorções do sistema. As mudanças envolvem a ampliação dos prazos da prescrição da pretensão executória e a extinção da prescrição retroativa (instituto que só existe no Brasil e que estimula táticas protelatórias). O MPF propõe ainda que a contagem do prazo da prescrição da pretensão executória comece a contar do trânsito em julgado para todas as partes, e não apenas para a acusação, como é hoje. Além disso, são sugeridas alterações para evitar que o prazo para prescrição continue correndo enquanto há pendências de julgamento de recursos especiais e extraordinários. As prescrições também podem ser interrompidas por decisões posteriores à sentença e por recursos da acusação, solicitando prioridade ao caso; 7) **Ajustes nas nulidades penais.** A medida propõe uma série de alterações no capítulo de nulidades do Código de Processo Penal. Os objetivos são ampliar a preclusão de alegações de nulidade; condicionar a superação de preclusões à interrupção da prescrição a partir do momento em que a parte deveria ter alegado o defeito e se omitiu; estabelecer, como dever do juiz e das partes, o aproveitamento máximo dos atos processuais e exigir a demonstração, pelas partes, do prejuízo gerado por um defeito processual à luz de circunstâncias concretas. Além disso, sugere-se a inserção de novos parágrafos para acrescentar causas de exclusão de ilicitude previstas no Direito norte-americano, país de forte tradição democrática de onde foi importada nossa doutrina da exclusão da prova ilícita (*exclusionary rule*). Essas mudanças objetivam reservar os casos de anulação e exclusão da prova para quando houver uma violação real de direitos do réu e a exclusão cumprir seu fim, que é incentivar um comportamento correto da Administração Pública; 8) **responsabilização dos partidos políticos e criminalização do caixa 2.** A medida propõe a responsabilização objetiva dos partidos políticos em relação a práticas corruptas, a criminalização da contabilidade paralela (caixa 2) e a criminalização eleitoral da lavagem de dinheiro oriundo de infração penal, de fontes de recursos vedadas pela legislação eleitoral ou que não tenham sido contabilizados na forma exigida pela legislação; 9) **prisão preventiva para evitar a dissipação do dinheiro desviado.** A medida propõe a criação da hipótese de prisão extraordinária para "permitir a identificação e a localização ou assegurar a devolução do produto e proveito do crime ou seu equivalente, ou para evitar que sejam utilizados para financiar a fuga ou a defesa do investigado ou acusado, quando as medidas cautelares reais forem ineficazes ou insuficientes ou enquanto estiverem sendo implementadas." Além disso, a #medida 9 propõe mudanças para que o dinheiro sujo seja rastreado mais rapidamente, facilitando tanto as investigações como o bloqueio de bens obtidos ilicitamente; 10) **recuperação do lucro derivado do crime.** A medida traz duas inovações legislativas que fecham brechas na lei para evitar que o criminoso alcance vantagens indevidas. A primeira delas é a **criação do confisco alargado**, que permite que se dê perdimento à diferença entre o patrimônio de origem comprovadamente lícita e o patrimônio total da pessoa condenada definitivamente pela prática de crimes graves, como aqueles contra a Administração Pública e o tráfico de drogas. A segunda inovação é a **ação civil de extinção de domínio**, que possibilita dar perdimento a bens de origem ilícita independentemente da responsabilização do autor dos fatos ilícitos, que pode não ser punido por não ser descoberto, por falecer ou em decorrência de prescrição[73].

Podemos esquematizar as medidas propostas (antes pudéssemos usar o termo determinadas) pelo Ministério Público Federal da seguinte maneira:

1. INVESTIMENTO EM PREVENÇÃO	1. *Accountability*
	2. Teste de integridade dos agentes públicos
	3. Percentuais de publicidade para ações e programas,
	4. Sigilo da fonte
2. CRIMINALIZAÇÃO DO ENRIQUECIMENTO ILÍCITO DE AGENTES PÚBLICOS E PROTEÇÃO À FONTE DE INFORMAÇÃO	5. Enriquecimento ilícito
3. CORRUPÇÃO COM PENA MAIOR E COMO CRIME HEDIONDO SEGUNDO O VALOR	6. Corrupção como crime hediondo
4. APERFEIÇOAMENTO DO SISTEMA RECURSAL PENAL	7. Recurso manifestamente protelatório
	8. Pedido de vistas nos tribunais
	9. Revisão dos recursos no CPP
	10. Execução provisória da pena

---

(73) Portal de Combate à Corrupção. 10 Medidas Contra à Corrupção. Disponível em <http://www.combateacorrupcao.mpf.mp.br/10-medidas>. Acesso em 10 de agosto de 2015.

5. MAIOR EFICIÊNCIA DA AÇÃO DE IMPROBIDADE ADMINISTRATIVA	11. Procedimento para agilizar a tramitação da AIA
	12. Varas especializadas
	13. Acordo de leniência
6. AJUSTES NA PRESCRIÇÃO PENAL CONTRA A IMPUNIDADE E A CORRUPÇÃO	14. Prescrição penal
7. AJUSTES NAS NULIDADES PENAIS CONTRA A IMPUNIDADE E A CORRUPÇÃO	15. Ajustes nas nulidades
8. RESPONSABILIZAÇÃO DOS PARTIDOS POLÍTICOS E CRIMINALIZAÇÃO DO "CAIXA 2"	16. Responsabilização dos partidos políticos e criminalização do "Caixa 2"
9. PRISÃO PREVENTIVA PARA EVITAR A DISSIPAÇÃO DO DINHEIRO DESVIADO	17. Prisão preventiva
	18. Multa aos bancos por descumprimento de ordem judicial
10. MEDIDAS PARA RECUPERAÇÃO DO LUCRO DERIVADO DO CRIME	19. Confisco alargado
	20. Ação de extinção de domínio

10.7. FORÇAS-TAREFAS

No Brasil, em âmbito federal, as Forças-Tarefas instituídas no combate às fraudes, com esforços conjuntos da Polícia Federal, juntamente com o Ministério Público Federal e o Ministério da Previdência, com apoio da Dataprev, contam com serviços de inteligência e ferramentas tecnológicas, como meios concretos para busca de soluções. Ao se utilizar a aparelhagem policial, estar-se-á buscando dar objetividade e concretude, com processos investigatórios e repressivos. Sem a atividade policial, os trabalhos não sairiam da esfera administrativa e não haveria meios para reaver os valores, já que a autoria dos crimes não seria jamais revelada.

Na consecução de seus objetivos, as FT executam ações com a finalidade de combater todos os tipos de fraudes contra o sistema previdenciário (em todas as esferas de governo), desarticulando fraudadores do sistema, combatendo de maneira sistemática os crimes, garantindo assim uma melhoria das instituições. Consequentemente, no decorrer das investigações, poderão requisitar o cruzamento de dados e atualização de cadastros. A razão de suas existências consiste em prevenir, combater e punir nos termos da lei todos os tipos de fraude contra a Previdência, refletindo a economia do dinheiro público nos cofres da mesma.

Dentre as ações, podemos destacar a representação em Juízo para quebra de sigilo bancário e financeiro, dos beneficiários falecidos – para constatação da movimentação indevida em suas contas bancárias e de seus procuradores, busca e apreensão nos endereços listados e encaminhados à justiça para deferimento do pleito, com o objetivo de encontrar elementos de convicção caracterizadores de crimes previdenciários. E posteriormente, decretação de prisão temporária dos envolvidos, identificados como indivíduos que perpetuavam a prática do ilícito.

Registre-se que a instituição das FT tem em seu arcabouço a defesa do bem-estar social, laborando primariamente no sentido de coibir o recebimento indevido de benefícios previdenciários, almejando, dentre outros, o cumprimento do estatuído no *caput* do art. 40 da CF/88, ou seja, a garantia do equilíbrio financeiro e atuarial do sistema previdenciário. E assim o é porque pagamentos indevidos sobrecarregam os fundos previdenciários e distorcem os cálculos atuariais feitos.

Não se pode olvidar ainda que as FT visam ao combate à corrupção, seja ativa ou passiva. Necessário que se afaste desse meio qualquer interferência política (Política ≠ Previdência), especialmente aquelas que são deduzidas sem a mínima possibilidade de preenchimento de requisitos técnicos. Vale repetir que as escolhas de dirigentes das unidades gestoras devem levar em consideração não apenas o aspecto político, mas a competência técnica e a experiência comprovada dos responsáveis pela gestão dos fundos previdenciários.

Aqui merece destaque a falta de compromisso dos gestores, que abarrotam as unidades gestoras com cargos em comissão, ou funcionários contratados sem nenhum vínculo com o Estado. Tem unidade gestora estadual que sequer promoveu um único concurso, que sequer elaborou um plano de cargos e salários, que quase a sua totalidade de funcionários (contratos via CLT, dada a natureza privada da instituição) são provenientes da iniciativa privada sem qualquer experiência anterior em RPPS. E toda essa situação aos olhos do Ministério Público, uma das partes interessadas no processo.

Muito se tem a fazer. Estamos longe de alcançar o ideal. A semente fora plantada, entretanto, é necessário regá-la diuturnamente. A iniciativa das FT tem logrado êxito e recebido louros. Com certeza as ações continuarão surtindo efeitos positivos, seja de forma pedagógica, seja de forma corretiva. Pensar em previdência é pensar longo prazo, sem perfilhamentos outros que não sejam técnicos.

10.7.1. Núcleos especiais de prevenção e combate às fraudes previdenciárias

Forma efetiva na prevenção e combate aos crimes previdenciários, que vem ganhando contornos, é o cruzamento de dados, conforme ferramentas elencadas no item 11.6. Tem inclusive ganhado apoio substancial dos cartórios de registro de óbitos

Com a nova sistemática de cruzamento de dados, feita de forma informatizada, começou-se a conhecer os números de pagamentos indevidos, que acabaram por alarmar gestores. Pensou-se então numa maneira mais ostensiva de combater fraudes previdenciárias. Vários institutos de previdência pública acabaram por criar núcleos especiais de prevenção e combate às fraudes.

Para ilustrar com experiência exitosa, em Alagoas foi criado, através do Decreto n. 28.407, de 1º de outubro de 2013, o Núcleo de Prevenção e Combate à Fraude Previdenciária (NEFP), uma força-tarefa entre o Ministério Público Estadual, a Secretaria de Estado da Defesa Social, por intermédio das Polícias Civil e Militar e a AL Previdência, com atuação em todo o território estadual.

A ideia e a iniciativa de criação do NEPF (por nossa parte com ajuda do Dr. Márcio Chagas e do Dr. Mauro Marques) surgiram pela necessidade de se adotar ações concretas que visassem ao efetivo controle dos gastos públicos em matéria previdenciária, de forma a dar liquidez e mais transparência à folha de inativos e dependentes.

A criação de um núcleo especializado teve início quando o Estado de Alagoas efetivamente começou a cruzar dados de óbitos através do sistema SIPREV, instituído por meio do Decreto Estadual n. 26.617, de 7 de junho de 2013, que instituiu o Programa de Melhoria da Qualidade do Banco de Dados de Informações referentes aos Servidores Ativos, Inativos, seus Dependentes e Pensionistas de Alagoas. O Sistema Previdenciário de Gestão de Regimes Públicos de Previdência Social (SIPREV/Gestão de RPPS) é uma ferramenta oferecida gratuitamente pelo Ministério da Previdência Social (MPS) aos entes federativos com Regime Próprio de Previdência Social (RPPS).

Como resultado do cruzamento da folha de inativos, com o Sistema de dados de Óbitos – SisObi – criado pelo Governo Federal, para atender ao convênio firmado entre o Ministério da Previdência Social e os governos estaduais e municipais, para obterem mensalmente dados relativos aos óbitos ocorridos dois meses antes em todo o território nacional, foi possível a AL Previdência detectar e cancelar benefícios recebidos de forma irregular por familiares do titular.

Inicialmente foram detectados mais de 225 pagamentos indevidos a pessoas estranhas à relação jurídica beneficiário-benefício. Na maior parte das ocorrências, constatou-se que quando o legítimo beneficiário falecia, o óbito não era comunicado à previdência estadual, permitindo que um terceiro ficasse recebendo os valores, já que o benefício não era cancelado na folha de pagamento. Tal situação caracteriza estelionato previdenciário, que tem como vítima a coletividade, como já visto.

Com os cruzamentos efetuados com os bancos de dados, foi possível detectar fraudes diversas, sendo que a mais corriqueira era a de um terceiro receber no lugar de um beneficiário. Podemos exemplificar com os casos de filhos que ficavam com cartões bancários de genitores que tinham aposentadoria ou pensão e, com o seu falecimento, continuavam a sacar os valores, uma vez que o óbito não era comunicado.

A escolha dos participantes partiu da premissa de que a integração dos quatro órgãos possibilitaria a melhoria da comunicação e troca de experiências entre os envolvidos nas atividades; a celeridade na produção de provas e no julgamento dos processos; e substancial redução de passivos ocasionada pela sangria nos fundos previdenciários estaduais.

Para a consecução dos seus objetivos, foi promovida a conjugação de esforços, por meio de um trabalho harmônico e independente, de forma sincronizada e fluente, permitindo o estabelecimento de uma metodologia de produção de provas contra aqueles que praticam ilícitos contra a Previdência Estadual, com mais celeridade e efetividade, permitindo economia significativa aos cofres públicos.

O modelo adotado não é tão somente coercitivo, mas também preventivo e pedagógico, com ações voltadas para garantia ao servidor de uma previdência sustentável quando de sua aposentadoria ou garantia de reposição de renda, ao seu dependente, por meio de pensão por morte.

Foi apresentado durante a 8ª Reunião Extraordinária do Conaprev – Conselho Nacional dos Dirigentes de Previdência, realizada em Gramado/RS, nos dias 3 e 4/10/2013. Após a apresentação, vários Estados copiaram o modelo, uma vez constatada a efetividade da medida. O modelo ainda foi discutido na Argentina, com representantes do Cofepres – Consejo Federal de Previsión Social, em Mar del Plata, nos dias 28 a 30 de abril do ano em curso, o que ficou facilitado pela instituição no âmbito do Conaprev do Grupo de Trabalho CONAPREV/COFEPRES, com a finalidade de haver troca de experiências entre os países e aproveitamento das exitosas, sempre com vistas ao aperfeiçoamento do sistema previdenciário e cumprimento de metas atuariais.

Registre-se que a instituição do Núcleo Especial, que tem em seu arcabouço a defesa do bem-estar social, laborando primariamente no sentido de coibir o recebimento indevido de benefícios previdenciários, almejou, dentre outros, o cumprimento do estatuído no *caput* do art. 40 da CF/88, ou seja, a garantia do equilíbrio financeiro e atuarial do sistema previdenciário. E assim o é porque pagamentos indevidos sobrecarregam os fundos previdenciários e distorcem os cálculos atuariais feitos.

São atribuições do Núcleo, conforme seu decreto instituidor: I – controlar a atuação administrativa na Prevenção e Combate às Fraudes Contra a Previdência Estadual; II – participar do estudo, da formulação e deliberação da política de segurança previdenciária do Estado de Alagoas; III – promover a Conferência Estadual de Previdência Pública; IV – zelar pelo cumprimento das leis, podendo expedir atos regulamentares, no âmbito de sua competência, ou recomendar providências; V – representar ao Ministério Público, no caso de crime contra a administração Pública previdenciária; VI – elaborar relatório trimestral, propondo as providências que julgar necessárias sobre a situação dos órgãos de defesa social e as atividades do Conselho, o qual deve ser entregue ao governador do Estado; VII – realizar investigações fazendo uso de serviços de inteligência, como também da utilização dos bancos de dados da Secretaria de Estado da Defesa Social – SEDS, a exemplo do AFIS – Cadastro Civil e Criminal, SISPOL, SISGOL, ALCATRAZ, ID/NET, INFOSEG e dados da Junta Comercial; VIII – acompanhar inquéritos policiais; IX – instaurar procedimentos administrativos de investigação na área de sua atribuição, manifestando-se, por despacho fundamentado, o sigilo respectivo; X – expedir notificações para obter informações e esclarecimentos quanto ao objeto da investigação administrativa; XI – receber representações de qualquer pessoa ou entidade, assim como notícia de fato criminoso por meio de serviço "disque denúncia", instituído por órgãos públicos; XII – formar e manter banco de dados; XIII – requisitar, por intermédio do Poder Judiciário, informações e documentos necessários à consecução de suas atividades; XIV – dar conhecimento das supostas ilicitudes aos órgãos competentes, acompanhando-as até seu recebimento; XV – promover medidas cautelares preparatórias necessárias à persecução penal; XVI – realizar outras atividades necessárias à identificação de autoria e produção; XVII – realizar e processar diretamente investigações administrativas relativas a crimes contra a Previdência Estadual; XVIII – encaminhar documentações à Polícia Civil de Alagoas – PC/AL e ao Ministério Público Estadual de Alagoas – MPE/AL, para proceder às investigações em seu âmbito de atuação; XIX – provocar o Poder Judiciário, por meio dos órgãos integrantes deste "NEPF", para recuperação de recursos desviados, buscando a responsabilização administrativa, civil e penal dos envolvidos.

Atendendo ao disposto no inciso III, em 3 de dezembro de 2014, foi realizada a I Conferência Estadual de Previdência Pública. Na ocasião, foram palestrantes expoentes da previdência pública no Brasil gestores de RPPS que apresentaram resultados acerca da árdua tarefa de manter a higidez dos fundos previdenciários. A conferência conseguiu reunir número significativo de representantes de RPPS alagoanos, uma vez que o objetivo final da mesma era promover a consciência de que é preciso educar previdenciariamente para se obter resultados positivos.

Com a criação do NEFP, verificou-se que várias pessoas ficavam com os cartões magnéticos bancários de segurados que já haviam falecido, geralmente parentes próximos (filhos na maioria), e que por pensarem que benefício previdenciário é espécie de herança, continuavam sacando os valores que eram depositados uma vez que a unidade gestora desconhecia o óbito.

A par dos crimes, a Polícia Civil do Estado de Alagoas montou a "Operação Zumbi", que resultou em flagrantes e prisões que, além do efeito coercitivo, tiveram efeito pedagógico, uma vez que se levou ao conhecimento a ocorrência deste tipo de fraude.

Com as ações perpetradas em Alagoas, somente entre os meses de janeiro a junho de 2013, os cofres previdenciários festejaram uma economia de aproximadamente 2 milhões e meio de reais, que deixaram de ser pagos, na sua maioria, a criminosos previdenciários.

Do início dos cruzamentos de óbitos foram detectados 391 (trezentos e noventa e um) pagamentos indevidos, num total de R$ 5.892.562,57 (cinco milhões, oitocentos e noventa e dois mil, quinhentos e sessenta e dois reais e cinquenta e sete centavos), sendo que já foram recebidos, através de acordos administrativos, R$ 764.195,34 (setecentos e sessenta e quatro mil, cento e noventa e cinco reais e trinta e quatro centavos), restando R$ 5.128.367,23 (cinco milhões, cento e vinte e oito mil, trezentos e sessenta e sete reais e vinte e três centavos)[74].

Foram encaminhados à Polícia Civil, 95 *Notitias Criminis*, o que corresponde a R$ 1.795.073,40 (hum milhão, setecentos e noventa e cinco mil e setenta e três reais e quarenta centavos) e 33 ações de cobranças, o que significa a possibilidade de reverter aos cofres públicos o montante de R$ 1.020.561,70 (hum milhão, vinte mil, quinhentos e sessenta e um reais e setenta centavos), totalizando R$ 2.815.635,10 (dois milhões, oitocentos e quinze mil, seiscentos e trinta e cinco reais e dez centavos), de recursos a serem ressarcidos ao Estado por meio das ações engendradas.

10.8. RESPONSABILIDADE OBJETIVA POR ATOS DE CORRUPÇÃO

A responsabilidade civil estatal tem espeque no artigo 37, § 6º, da CF/88, que assim se traduz: *as pessoas jurídicas de direito público e as de direito privado prestadoras de serviços públicos responderão pelos danos que seus agentes, nessa qualidade, causarem a terceiros, assegurado o direito de regresso contra o responsável nos casos de dolo ou culpa.*

Sobre a questão, o Supremo Tribunal Federal se posicionou no sentido de que os elementos que compõem a estrutura e delineiam o perfil da responsabilidade civil objetiva do Poder Público compreendem (a) a alteridade do dano, (b) a causalidade material entre o *eventus damni* e o comportamento positivo (ação) ou negativo (omissão) do agente público, (c) a oficialidade da atividade causal e lesiva imputável a agente do Poder Público que tenha, nessa específica condição, incidido em conduta comissiva ou omissiva, independentemente da licitude, ou não, do comportamento funcional, e (d) a ausência de causa excludente da responsabilidade estatal. Precedentes. (STF, RE 603626 MS, Rel. Min. Celso de Mello, T2, j. 15-05-2012 e DJe 11-06-2012).

Ou seja, a ação ou a omissão do Poder Público, quando lesiva aos direitos de qualquer pessoa, induz à responsabilidade civil objetiva do Estado, desde que presentes os pressupostos primários que lhe determinam a obrigação de indenizar os prejuízos que os seus agentes, nessa condição, hajam causado a terceiros.

---

(74) Dados atualizados até dezembro de 2014.

A Lei n. 12.846, de 1º de agosto de 2013, dispõe sobre a responsabilização objetiva administrativa e civil de pessoas jurídicas pela prática de atos contra a administração pública, nacional ou estrangeira.

Pela novel lei, a responsabilização da pessoa jurídica não exclui a responsabilidade individual de seus dirigentes ou administradores ou de qualquer pessoa natural, autora, coautora ou partícipe do ato ilícito, sendo que a pessoa jurídica será responsabilizada independentemente da responsabilização individual das pessoas naturais e que os dirigentes ou administradores somente serão responsabilizados por atos ilícitos na medida da sua culpabilidade.

Por meio do seu artigo 5º, enumera os atos lesivos à administração pública, nacional ou estrangeira, que são todos aqueles praticados pelas pessoas jurídicas mencionadas e que atentem contra o patrimônio público nacional ou estrangeiro, contra princípios da administração pública ou contra os compromissos internacionais assumidos pelo Brasil, assim definidos: I - prometer, oferecer ou dar, direta ou indiretamente, vantagem indevida a agente público, ou a terceira pessoa a ele relacionada; II - comprovadamente, financiar, custear, patrocinar ou de qualquer modo subvencionar a prática dos atos ilícitos previstos nesta Lei; III - comprovadamente, utilizar-se de interposta pessoa física ou jurídica para ocultar ou dissimular seus reais interesses ou a identidade dos beneficiários dos atos praticados; IV - no tocante a licitações e contratos: a) frustrar ou fraudar, mediante ajuste, combinação ou qualquer outro expediente, o caráter competitivo de procedimento licitatório público; b) impedir, perturbar ou fraudar a realização de qualquer ato de procedimento licitatório público; c) afastar ou procurar afastar licitante, por meio de fraude ou oferecimento de vantagem de qualquer tipo; d) fraudar licitação pública ou contrato dela decorrente; e) criar, de modo fraudulento ou irregular, pessoa jurídica para participar de licitação pública ou celebrar contrato administrativo; f) obter vantagem ou benefício indevido, de modo fraudulento, de modificações ou prorrogações de contratos celebrados com a administração pública, sem autorização em lei, no ato convocatório da licitação pública ou nos respectivos instrumentos contratuais; ou g) manipular ou fraudar o equilíbrio econômico-financeiro dos contratos celebrados com a administração pública; V - dificultar atividade de investigação ou fiscalização de órgãos, entidades ou agentes públicos, ou intervir em sua atuação, inclusive no âmbito das agências reguladoras e dos órgãos de fiscalização do sistema financeiro nacional.

O artigo 6º da lei traz as sanções na esfera de responsabilidade administrativa: multas e publicação extraordinária da decisão condenatória. E o procedimento para apuração da responsabilidade consta do artigo 8º, dispondo que a instauração e o julgamento de processo administrativo para apuração da responsabilidade de pessoa jurídica cabem à autoridade máxima de cada órgão ou entidade dos Poderes Executivo, Legislativo e Judiciário, que agirá de ofício ou mediante provocação, observados o contraditório e a ampla defesa.

No âmbito do Poder Executivo federal, a Controladoria-Geral da União (CGU) terá competência concorrente para instaurar processos administrativos de responsabilização de pessoas jurídicas ou para avocar os processos instaurados com fundamento na Lei; para exame de sua regularidade ou para corrigir-lhes o andamento e o crédito havido pelo não pagamento, será inscrito em dívida ativa da fazenda pública.

Nos termos do artigo 14, a personalidade jurídica poderá ser desconsiderada sempre que utilizada com abuso do direito para facilitar, encobrir ou dissimular a prática dos atos ilícitos previstos na Lei ou para provocar confusão patrimonial, sendo estendidos todos os efeitos das sanções aplicadas à pessoa jurídica aos seus administradores e sócios com poderes de administração, observados o contraditório e a ampla defesa.

O acordo de leniência (tipo de ajuste que possibilita ao infrator fazer parte da investigação, com o intuito de prevenir ou restaurar um dano por ele cometido, recebendo, por isso, determinados benefícios) vem previsto no artigo 16, competindo à autoridade máxima de cada órgão ou entidade pública a celebração do acordo de leniência com as pessoas jurídicas responsáveis pela prática dos atos previstos na Lei que colaborem efetivamente com as investigações e o processo administrativo. Entretanto, o acordo de leniência não exime a pessoa jurídica da obrigação de reparar integralmente o dano causado. No âmbito federal, compete à CGU celebrar os acordos de leniência.

Na esfera judicial e em razão da prática de atos previstos na Lei, a União, os Estados, o Distrito Federal e os Municípios, por meio das respectivas Advocacias Públicas ou de órgãos de representação judicial, ou equivalentes, e o Ministério Público, poderão ajuizar ação com vistas à aplicação das seguintes sanções às pessoas jurídicas infratoras: I - perdimento dos bens, direitos ou valores que representem vantagem ou proveito direta ou indiretamente obtidos da infração, ressalvado o direito do lesado ou de terceiro de boa-fé; II - suspensão ou interdição parcial de suas atividades; III - dissolução compulsória da pessoa jurídica; IV - proibição de receber incentivos, subsídios, subvenções, doações ou empréstimos de órgãos ou entidades públicas e de instituições financeiras públicas ou controladas pelo poder público, pelo prazo mínimo de um e máximo de cinco anos. O Ministério Público ou a Advocacia Pública ou órgão de representação judicial, ou equivalente, do ente público poderá requerer a indisponibilidade de bens, direitos ou valores necessários à garantia do pagamento da multa ou da reparação integral do dano causado, conforme previsto no art. 7º, ressalvado o direito do terceiro de boa-fé.

No artigo 27, expressamente prevê que a autoridade competente que, tendo conhecimento das infrações previstas nesta Lei, não adotar providências para a apuração dos fatos será responsabilizada penal, civil e administrativamente nos termos da legislação específica aplicável.

10.8.1. Incomunicabilidade de instâncias

Um ilícito perpetrado por agente público pode ser caracterizado e punível nas esferas civil, administrativa e penal, cumulativamente. Nesse caso, não há violação do princípio do *no bis in idem*, que estabelece que ninguém poderá ser responsabilizado mais de uma vez pela prática de um determinado crime, pois as instâncias são em princípio independentes.

Se um servidor, por exemplo, cometer o crime de corrupção passiva, poderá perder o cargo (instância administrativa), sofrer ação cível para ressarcimento ao Erário (instância civil), ser condenado à pena de reclusão (instância penal). Vale ainda destacar que poderá perder seus direitos políticos (instância administrativa-política).

A responsabilidade civil impõe o dever de reparar o dano, de forma patrimonial, atingindo não apenas perdas e danos (lucros cessantes e danos emergentes), como também pode gerar o pagamento de multas, como vimos em vários dispositivos penais.

A responsabilidade administrativa impõe ônus segundo as regras da administração e as sanções administrativas são impostas pela própria Administração, mediante processo administrativo disciplinar interno por meio do qual sejam assegurados os princípios do contraditório e da ampla defesa. São exemplos de penas administrativas: advertência, suspensão, exoneração, demissão, cassação de aposentadoria, declaração de inidoneidade, proibição de contratar com o Poder Público, etc. Como exemplo de pena aplicada em responsabilidade administrativa-política podemos citar a suspensão dos direitos políticos.

Por sua vez, a responsabilidade penal é o dever de responder criminalmente pela ação delituosa. É, pois, a obrigação de responder perante a lei por um fato considerado como crime ou contravenção e que sujeita seu infrator a penas privativas de liberdade.

Em regra, as instâncias administrativa, civil e penal não se comunicam. A exceção é quando há absolvição penal por inexistência do fato ou negativa de autoria, nos termos do artigo 386, incisos I e IV, do Código de Processo Penal.

O princípio da incomunicabilidade de instâncias impõe como regra geral a não prejudicialidade entre as instâncias, ou seja, a decisão proferida em determinada seara não interfere na outra. Assim, por exemplo, se um acusado é absolvido na esfera penal por insuficiência de provas, pode ser penalizado na esfera administrativa. Para melhor ilustrar, vejamos decisão proferida no âmbito do STJ:

"RECURSO ORDINÁRIO EM MANDADO DE SEGURANÇA. POLICIAL CIVIL. PAD. DEMISSÃO. LEI N. 7.366/80 DO Estado DO RIO GRANDE DO SUL, ART. 81, INCISOS XXXVIII E XL. PECULATO. ABSOLVIÇÃO PENAL. INSUFICIÊNCIA DE PROVAS. INCOMUNICABILIDADE ENTRE INSTÂNCIAS. AUTORIDADE PROCESSANTE. ACERVO FÁTICO. VALORAÇÃO. ESFERA ADMINISTRATIVA. CONDENAÇÃO. POSSIBILIDADE. AMPLA DEFESA E CONTRADITÓRIO. OBSERVÂNCIA. PENALIDADE. RAZOABILIDADE E PROPORCIONALIDADE. APLICAÇÃO. VALIDADE.

I - A doutrina e jurisprudência pátrias são unânimes em reconhecer o princípio da incomunicabilidade entre as instâncias administrativa e penal, ressalvadas as hipóteses em que, nessa última, reste caracterizada a inexistência do fato ou a negativa de autoria – situação, porém, não vislumbrada na espécie.

II - *In casu*, a aplicação da penalidade de demissão do recorrente teve por base a valoração das provas produzidas no âmbito do processo administrativo disciplinar, que, observando os princípios da ampla defesa e do contraditório, não apresenta mácula capaz de levá-lo à nulidade.

III – Hipótese em que a cominação da pena pautou-se em critérios de razoabilidade e proporcionalidade, lastreados na gravidade dos atos praticados pelo recorrente, devidamente contemplados na motivação exarada pela autoridade administrativa. Recurso ordinário desprovido.

(STJ, RMS 30590 RS 2009/0190372-2, Relator Ministro Felix Fischer, julgado pela Quinta Turma em 20-05-2010 e DJe de 07-06-2010)"

Desta forma, não sendo o caso de absolvição criminal por não restar comprovada a autoria, ou o fato ser comprovadamente inexistente (crime impossível, não houve crime), o agente pode responder administrativamente (inclusive na seara política) e civilmente.

10.9. PARCELAMENTO DE DÉBITOS

O parcelamento dos débitos previdenciários é matéria de extinção da punibilidade do agente. Em vários Estados da federação, por anos a fio, a contribuição patronal deixou de ser recolhida aos cofres previdenciários. O simples perdão dessa dívida não é e não pode ser aceito.

Trata-se antes de qualquer outra assertiva, de crime fiscal, uma vez que, como vimos, as contribuições previdenciárias têm natureza tributária. Tamanho é o rombo nos cofres públicos que vários Estados se engendraram na solução imediatista de aumentar as alíquotas previdenciárias, olvidando-se de punir os responsáveis.

O professor e procurador da República Jefferson Aparecido Dias faz uma análise atual e bastante interessante acerca do desiderato:

"Nesse quadro surge a convicção de que as leis que estabelecem obrigações tributárias são injustas e, em razão disso, é lícito deixar de cumpri-las, numa postura que seria justificada como um desobediência civil lícita diante de leis injustas. Assim, um réu acusado de ter cometido um crime fiscal não se sente culpado por sua conduta e não é recriminado pela sociedade, que o considera apenas mais um vítima do injusto sistema de tributação vigente no país. O problema é que essa postura incentiva o réu a deixar de recolher os seus tributos e, mais que isso, que outros também não promovam o seu pagamento, obrigando o governo a aumentar a carga tributária a fim de garantir a arrecadação e criando um sistema no qual cada vez menos pessoas são obrigadas a recolher mais tributos, num círculo vicioso que, ao se exaurir, pode levar à falência de todo o sistema.

Infelizmente, porém, o governo brasileiro tem incentivado esse sentimento de baixa reprovação social dos crimes contra o Fisco, editando várias leis que beneficiam os autores desses crimes, [...], criando benefícios legais inexistentes para outros delinquentes."[75]

E é com base nesse pensamento, e desconsiderando a imposição contida no § 20 do art. 40 da CF/88, que muitos Poderes e Órgãos deixam de repassar aos cofres dos sistemas de previdência as parcelas que lhe competem, ou seja, não comprometendo seus duodécimos. Assim é que vários Estados e Municípios não conseguiram ainda ter uma unidade gestora única. Em alguns entes, por exemplo, somente se paga pensões oriundas do Legislativo e do Judiciário, não sendo as unidades gestoras responsáveis pela implantação, manutenção e pelo pagamento das aposentadorias.

Pegando emprestado o exemplo do citado professor, temos que uma pessoa que furta um rádio, vai ser condenada a pena que varia de um a quatro anos de reclusão. Se um gestor comete o crime de apropriação indébita previdenciária, vai estar sujeito à pena de reclusão de dois a cinco anos de reclusão. No entanto, poderá parcelar os débitos, ficando livre da persecução criminal.

E assim ficam os Poderes e Órgãos, numa discussão infindável sobre a responsabilidade acerca das insuficiências financeiras devidas aos fundos previdenciários, e como dito, não querendo comprometer seus duodécimos.

O parcelamento de débitos previdenciários é uma alternativa para o adimplemento da obrigação, através de prestações. De acordo com a Portaria MPS/GM n. 21, de 14 de janeiro de 2014 (DOU de 15/01/2014), que alterou a Portaria MPS/GM/N. 402, de 10 de dezembro de 2008, os Estados, o Distrito Federal e os Municípios poderão, mediante lei autorizativa, firmar termo de acordo de parcelamento das contribuições relativas às competências até outubro de 2012 (*caput* do art. 5-A).

O parcelamento das dívidas contraídas pelo ente federativo poderá ser feito em até 240 prestações mensais, iguais e sucessivas; e descontadas dos segurados ativos, aposentados e pensionistas, em até 60 prestações mensais, iguais e sucessivas.

A lei do ente e o respectivo termo de acordo de parcelamento ainda poderão autorizar a redução de multas, e deverão vincular à percentual do Fundo de Participação dos Estados (FPE) ou Fundo de Participação dos Municípios (FPM), para cumprimento das prestações acordadas.

Impende ainda destacar que nos termos da Portaria MPS n. 402, de 11 de dezembro de 2008, os débitos do ente com o RPPS, não decorrentes de contribuição previdenciária, poderão ser parcelados mediante lei e termos de acordos específicos, nos termos do seu artigo 5º, § 1º, I a IV e §§ 3º e 4º.

---

(75) DIAS, Jefferson Aparecido. Crime de Apropriação Indébita Previdenciária (CP, art. 168-A, § 1º, inc. I): Teoria e Prática. 2. ed. Curitiba/PR: Juruá, 2009. p. 22 - 23.

PARTE IV
A PREVIDÊNCIA PÚBLICA SUSTENTÁVEL

"Todas as crianças deveriam ter direito à escola, mas para aprender devem estar bem nutridas. Sem a preparação do ser humano, não há desenvolvimento. A violência é fruto da falta de educação."
Leonel Brizola

"As nações democráticas e de economia de mercado são as mais ricas e as mais fortes. São ricas por serem democráticas e não democráticas por serem ricas."
Ulysses Guimarães

"O problema fundamental é a impunidade que criou um tipo de cultura."
Mário Covas

"Queremos acabar com a impunidade, por isso devemos encorajar as instituições que combatem o crime dentro da lei."
José de Alencar

"O Brasil dos nossos dias não admite nem o exclusivismo do governo nem da oposição. Governo e oposição, acima dos seus objetivos políticos, têm deveres inalienáveis com o nosso povo."
Tancredo Neves

"Não vamos desistir do Brasil. É aqui onde nós vamos criar nossos filhos, é aqui onde nós temos que criar uma sociedade mais justa."
Eduardo Campos

CAPÍTULO 11 ▶ HIGIDEZ DA FOLHA DE PAGAMENTO

Brasil
Mostra a tua cara
Quero ver quem paga
Pra gente ficar assim
Brasil
Qual é o teu negócio?
O nome do teu sócio?
Confia em mim.
Brasil, Cazuza

11.1. INTRODUÇÃO

A previdência pública, como cediço, encontra-se doente, seu centro nevrálgico sofre com o inchaço de pagamentos indevidos, com erros no controle ou interpretações contrárias ao seu pensamento fulcral.

Como repetido, não é solução definitiva encontrar novas receitas, tampouco implantar a previdência complementar. A sociedade tem o direito, garantido constitucionalmente, de saber onde e como os recursos públicos são empregados.

Entramos na era tecnológica há algum tempo e, mesmo assim, ainda estamos longe de garantir a liquidez e higidez do sistema previdenciário público, fatores diretamente ligados à solvabilidade dos fundos previdenciários.

Fundo saudável é aquele que juridicamente cumpre com seu papel primário de pagar benefícios previdenciários, de forma devida, por meio de um sistema operacional transparente. Não há que se falar em higidez do sistema quando este se apresenta destoado da legislação regente à matéria.

Pagamentos indevidos, mas acobertados pelo manto da segurança jurídica (decadência), devem ter anotação própria, no sentido de servir de parâmetro para que os erros não ocorram novamente. O sistema deve guardar o histórico dos pagamentos, não apenas o controle da arrecadação. É o histórico das implantações que servirá de orientação no futuro, compilado por meio de relatórios circunstanciados, com indicação da legislação a ser seguida.

Neste contexto, é de suma importância que as unidades gestoras mantenham manuais explicativos, que contenham todo o fundamento legal para informar a licitude dos pagamentos e de forma a permitir a manutenção sadia destes, bem como orientar servidores responsáveis pelas implantações.

11.2. AUDITORIA

11.2.1. Conceito e importância

Podemos definir auditoria previdenciária como a análise minuciosa, feita através de exame sistemático de processos administrativos no âmbito da unidade gestora. O objetivo é detectar infringências às normas legais, seja no campo da concessão de benefícios, seja no campo de investimentos, seja no campo financeiro (demonstrações financeiras), seja no campo da gestão (o que envolve contratos de licitação), bem como irregularidades na implantação e ocorrências de fraudes.

Como veremos, uma das fases iniciais da auditoria é diagnosticar as folhas de pagamento, conhecer as áreas que primeiro devem ser atacadas, para só então ter início a análise percuciente dos problemas detectados. Neste contexto, afirme-se que o diagnóstico é alcançado através de método de parametrização, mas a auditoria séria e consciente não combina com parametrização pura e simples.

Da nossa experiência, vimos que os milhares de processos administrativos que compõem o sistema previdenciário próprio, apesar de guardarem semelhanças, têm nuances próprias. Cada servidor público guarda seu histórico, sua evolução na carreira, sua forma de ingresso no sistema, seu próprio tempo (prescrição e decadência), sua contagem de tempo de serviço e contribuição.

Temos ciência de que são contratados "auditores" e "consultores", pelos RPPS, na busca de sanar os problemas das folhas de pagamentos dos entes federativos. No entanto, auditorias parametrizadas em todas as suas etapas são uma fraude, não têm consistência. As decisões tomadas a partir de auditagem parametrizada são tomadas em blocos, e isso contribui para o aumento do volume de processos no Poder Judiciário, que hoje se encontra "inchado" de processos envolvendo matéria previdenciária.

No nosso entendimento, a parametrização e a separação em blocos, formam uma das fases da auditoria, mas não a concretude desta, na medida em que é um processo complexo.

As consultorias têm "vendido" o Certificado de Regularidade Previdenciária (CRP) e o Pró-Gestão, aproximando-se dos RPPS, através de marketing irresponsável, de forma a iludir gestores e governantes, apresentando soluções "milagrosas", com números elevados de economia para os entes federativos. Com efeito, qualquer auditagem feita em uma folha de pagamento vai apresentar economia para os cofres públicos, no entanto, se não for feita com responsabilidade, não vai sanar os problemas de forma permanente. Assim, de tempos em tempos o ente federativo terá que recontratar, num círculo vicioso que acaba gerando mais despesas do que receitas, se forem considerados os números conjuntamente.

Além disso, auditoria sem responsabilidade é causa de enriquecimento ilícito. Resolver o problema das folhas de pagamentos requer, acima de tudo, notável conhecimento na matéria e não apenas construir e saber operar um software. É muito mais do que isso, na medida em que requer pessoas especializadas que possam dar respostas a matérias complexas, aí compreendidas as que estudam a evolução das carreiras dos servidores, tanto na evolução das leis que compõem as carreiras como na evolução vencimental.

Neste contexto, podemos definir os objetivos básicos da auditoria: i) proporcionar segurança e eficiência à gestão; ii) coibir pagamentos indevidos; iii) dar transparência ao sistema; e iv) proporcionar a higidez e liquidez das folhas de pagamento.

Os problemas enfrentados hoje, notadamente no que tange ao combate aos crimes em geral, com ocorrência no âmbito das unidades gestoras, têm feito da auditoria um processo coadjuvante na detecção e constatação de pagamentos feitos de forma irregular e/ou ilícita.

Como cediço, antigamente não se fazia qualquer cruzamento de dados. Os processos eram concedidos, registrados e arquivados. Não se analisava de forma contundente a licitude de documentos. O *modus operandi* de implantação era falho, não existia revisão *ex officio*, na medida em que, uma vez implantados os benefícios, não eram revisados a não ser quando o próprio beneficiário invocava a revisão. Não é falacioso afirmar que os benefícios (aqui compreendidos concedidos, mantidos e/ou revisados), muita das vezes, serviam como troca de favores, como poder de moeda (o que infelizmente até hoje é uma triste realidade).

Menos falacioso ainda é afirmar, desde já e sempre, que não há resolução dos problemas sem a concomitante **capacitação de servidores públicos efetivos**, que estarão aptos a dar sequência aos trabalhos desenvolvidos.

Antes dos marcos regulatórios, era como se existisse um grande limbo entre a ilicitude e a licitude. Uma vez concedidos os benefícios, os processos simplesmente iam para esse limbo, de forma a serem esquecidos. Os tribunais de contas, e aqui vamos nos ater a falta de pessoal, não conseguiam (e ainda não conseguem) dar vazão à quantidade de processos, através do controle externo. Hoje se encontram com pilhas e pilhas de processos estocados, fator pelo qual estão engendrando esforços no sentido de sanar esse grave problema.

Com o marco regulatório trazido pela EC n. 20/98, começou a se pensar previdência pública de uma maneira diferenciada. A adaptação às novas realidades legais passou a ser uma preocupação do gestor. Entretanto, a falta de ferramentas (humanas e tecnológicas) fez com que o serviço passado fosse deixado de lado.

Passou então a auditoria a ser um recurso utilizado para se mensurar riscos e as possibilidades concretas de infração às normas. Não ter o custo do sistema devidamente auditado e regular traz insegurança e consequências drásticas não apenas para o segurado, mas para toda a sociedade, na medida em que pagamentos indevidos geram alocação de recursos públicos de forma irregular e que engessa a realização de políticas públicas.

O trabalho desenvolvido pela auditoria não deve se restringir a mera emissão de relatórios, com apontamento de irregularidades. Antes, consiste no levantamento objetivo de informações, na análise meritória e no apontamento de soluções. O exato controle dos dados é fundamental para a correção de problemas, gerando economias consubstanciais, de forma geométrica.

A análise deve levar em consideração os objetivos dos planos de custeio e de benefícios, de maneira conjunta. De uma forma primária, o sistema previdenciário próprio consiste no pagamento de benefícios previdenciários em longo prazo. Neste sentido, a auditoria deve ser responsável por estabelecer metas eficazes de conformação à consecução desse objetivo.

Ressalte-se que o trabalho desenvolvido pela equipe técnica deve fornecer material suficiente e devidamente fundamentado para: i) tranquilização dos gestores, no sentido de que possam exercer com segurança o processo decisório e ii) correção e prevenção dos riscos, que podem ser de natureza processual, legal, operacional, financeira, tecnológica (TI) e de recursos humanos.

Dos trabalhos da auditoria temos alterações imediatas em todo o sistema, atingindo de forma consubstancial os atores diretos (segurados e seus dependentes), os atores externos (*stakeholders*, ou partes interessadas) e a sociedade como um todo. As melhorias alcançadas são vistas imediatamente, posto que uma das principais consequências é a redução drástica dos custos.

A auditora se constitui, assim, numa ferramenta poderosa para "colocar a casa em ordem" e traçar diretrizes para o futuro. Neste contexto, vale repisar que não pode ser vista apenas como uma forma de revisar processos de forma parametrizada, mas antes deve ser vista como a possibilidade de controlar e sanar as inconsistências encontradas, além de dar suporte para práticas futuras, nitidamente no que tange à realização de políticas sociais.

Nesta linha de ilação, deve ser aquela responsável pelo planejamento do sistema, com elaboração de relatórios circunstanciados e individualizados, não apenas superficiais, baseados em métodos de parametrização. Deve ser capaz de definir o planejamento estratégico, as metas a serem alcançadas, os sistemas de custos e a fundamentação jurídica a incidir nos casos concretos. Sem entender a missão/visão dos valores da entidade, não pode alcançar os objetivos preestabelecidos.

Ao analisar os processos, deve ser capaz de julgar, de decidir, de definir parâmetros e paradigmas, de forma a proteger o patrimônio público. Suas conclusões devem ser marcadas pela fidedignidade das conclusões apresentadas, o que vai compor o plano de ações futuras. A descrição das inconsistências deve ser clara, de forma a ensejar o cumprimento das suas soluções.

E ainda selecionar e treinar os principais atores do RPPS envolvidos no sistema, de forma que a unidade gestora possa vir a caminhar independente, nas diferentes áreas de competência: gerencial, orçamentária, contábil, financeira, operacional, patrimonial e jurídica. Com eficiência operacional, a unidade gestora pode continuar sua trajetória, de maneira salutar, com transparência nos seus valores globais.

Desta forma, podemos afirmar que uma auditoria bem elaborada alcança os fundamentos do controle interno, uma vez que analisa minuciosamente e detalhadamente os processos, com sugestões de tomadas de decisão, de maneira fundamentada no ordenamento jurídico brasileiro. Auditagem, assim, proporciona o diagnóstico das dificuldades e dimensiona a solução dos problemas, orientando os responsáveis para ações a serem adotadas subsequencialmente.

Como é cediço, uma das principais dificuldades na Administração Pública é o recebimento de novos paradigmas, fator que atesta a quantidade de processos paralisados, sem solução, a evolução dos números oriundos das insuficiências financeiras e o estacionamento das políticas públicas. Muitos desses problemas são gerados por falta de conhecimento das regras modificativas do sistema e, ainda, resistência em dar-lhes aplicabilidade, tendo em vista que não são aceitas pelos segurados (benefícios) e governantes/gestores (aplicação dos recursos).

Lamentavelmente e contrariando os princípios da Administração Pública e da previdência pública, notadamente no que se refere ao princípio da eficiência, não é dada a devida importância à solução de problemas, que se acumulam e que acabam por interferir de maneira significativa na condução das políticas públicas, tendo em vista a evolução meteórica das dificuldades apresentadas pelas folhas de pagamento, que são e continuam sendo oneradas de maneira inconsistente e, muitas vezes, de maneira ilícita.

Com base nessas premissas apontadas, temos que auditorias não devem ser vistas somente pelo ângulo revisional, mas sim como uma ferramenta de prevenção, correção e orientação, de modo a evitar falhas, sejam de caráter involuntário (irregularidades), sejam de caráter voluntário (omissões, fraudes).

Como consequência lógica de todo o processo, deve ser elaborado manual específico para cada unidade gestora (após estudos da legislação local), de forma a traçar diretrizes para os trabalhos vindouros, com capacitação dos servidores (frise-se: servidores públicos efetivos) que estarão envolvidos nesses processos. Vista por esse prisma, a auditora, além de fazer uma "limpeza" na instituição, será responsável pela manutenção da higidez das folhas de pagamento.

Vale atentar que não se resolvem os problemas de uma unidade gestora com auditoria se os seus servidores não souberem dar seguimento aos propósitos e parâmetros estabelecidos. Deve assim a auditoria traçar as políticas administrativas e contábeis/financeiras a serem adotadas, atuando com visão orientativa, preventiva e corretiva.

A capacitação de servidores assume importância fulcral na medida em que os direciona para acompanhamento da evolução legislativa, tendências jurisprudenciais e do mercado financeiro. Sendo umas das principais pautas da agenda política do momento, a previdência pública requer atualização constante, consultas diárias às deliberações legislativas e jurisprudenciais, bem como da situação econômica.

Destaque-se que, dentro das medidas, se encontra a conscientização dos segurados sobre os novos rumos a serem trilhados. É dialogando com os segurados e com os atores envolvidos no processo que se consegue mudar paradigmas. Não se mudam paradigmas com imposições legislativas e pareceres técnicos de difícil compreensão para o homem médio.

Os benefícios que se podem coletar através de uma auditoria bem feita são incontáveis. Infelizmente, ela é vista sob o aspecto do custo (elevado), e não como meio eficaz de assegurar o correto emprego dos recursos previdenciários. Além disso, como dito, tem o condão de prevenir e combater fraudes, reduzindo gastos (desperdícios de recursos públicos), suspendendo benefícios pagos indevidamente.

O que se insere nas ilações é que não se faz um controle permanente. O planejamento sem controle da execução dificilmente logra êxito, bem como o controle sem padrões e objetivos previamente definidos não terá como atuar, por falta de objeto. (CHIAVENATO, 2000).

A *accountability* (obrigação de prestação de contas) não decorre de contrato, de bel alvedrio, de discricionariedade, mas da lei. É responsabilidade do gestor, que, como tal, deve ser responsabilizado por suas ações e omissões. A Lei de Transparência proclama o fomento ao desenvolvimento do controle efetivo da administração pública (Lei n. 12.527, de 18 de novembro de 2011). Contudo, esse controle social deve coincidir com a lisura dos processos. Além do mais, a Lei Geral da Previdência Pública – Lei n. 9.717/98, em seu artigo 1º, expressamente determina que os segurados tenham pleno acesso às informações relativas à gestão do regime. E o inciso IX do mesmo dispositivo diz que "os fundos previdenciários sujeitar-se-ão às inspeções e auditorias de natureza atuarial, contábil, financeira, orçamentária e patrimonial dos órgãos de controle interno e externo."

A Lei de Responsabilidade Fiscal traz ínsito em seu artigo 1º a atividade de governança que deve ser adotada pelos gestores quando estabelece normas de finanças públicas voltadas para a responsabilidade na gestão Fiscal:

Art. 1º...

[...]

§ 1º A responsabilidade na gestão fiscal pressupõe a ação planejada e transparente, em que se previnem riscos e corrigem desvios capazes de afetar o equilíbrio das contas públicas, mediante o cumprimento de metas de resultados entre receitas e despesas e a obediência a limites e condições no que tange a renúncia de receita, geração de despesas com pessoal, da seguridade social e outras, dívidas consolidada e mobiliária, operações de crédito, inclusive por antecipação de receita, concessão de garantia e inscrição em Restos a Pagar.

No mesmo sentido da LRF, a Lei n. 10.887/04, em seu artigo 3º, literalmente determina que para cumprimento do disposto no inciso XI, do artigo 37 da Constituição Federal, os entes federativos devem instituir sistema integrado de dados relativos às remunerações, aos proventos e pensões pagos aos respectivos servidores (ativos, inativos e pensionistas) e militares. Ou seja, deve ser observada a exigência de subsunção ao teto remuneratório.

E como atender às exigências legais? Com revisão dos processos, tomando-se como diretriz a organização, prevenção de riscos e correção dos problemas que estão diretamente relacionados à higidez das folhas de pagamentos e aplicação dos recursos. As unidades gestoras encontram-se obrigadas legalmente a promover ações preventivas e combativas a todo e qualquer tipo de pagamento irregular e/ou ilícito. E é nesse campo em particular que entra o trabalho da auditoria, quer seja interna ou externa (aqui compreendida a auditoria contratada).

Entrementes, o que vemos são consultorias totalmente despreparadas, que ganham valores astronômicos, que não conhecem regime próprio de previdência, que não conhecem a evolução das carreiras de servidores, que não se posicionam sobre a aplicação dos recursos e que simplesmente e superficialmente se arvoram na solução de problemas, mostrando fórmulas mágicas. No entanto, não existem fórmulas mágicas quando se trata de recursos públicos.

Não se pode conceber uma auditoria previdenciária sem histórico das leis dos servidores, a evolução de cada carreira, os direitos conquistados ao longo do tempo e os que foram ilegitimamente implantados. O servidor inativo de hoje foi o servidor ativo de ontem. E é nessa linha de elucubração que ganha destaque a análise histórica. Por sua vez, a pensão guarda estrita relação com todo o aparato evolutivo-normativo que serviu de base para sua concessão.

O número de participantes nos RPPS do Brasil é muito alto. Ao todo, são quase dez milhões de usuários, sendo que somente a União tem três milhões. Esses números assustam, afastando a ideia de ser possível manter um sistema saudável, sem máculas legais.

Conquanto seja um trabalho árduo, os fundos previdenciários não podem permanecer pagando benefícios indevidos. É de bom alvitre destacar que, a cada dia, a prescrição e a decadência caminham, favorecendo pagamentos a maior. E esse campo merece ser cuidadosamente considerado, uma vez que prejuízos para a Administração Pública podem ser derivados de má gestão.

Com o intuito de facilitar a visualização do que pode vir a ser um processo de auditoria e para melhor digressão da matéria, elencamos alguns temas que devem ser necessariamente considerados no que concerne à análise meritória e individual dos processos:

1- Dados pessoais do beneficiário: nome, inscrição no CPF, número de RG, nacionalidade/naturalidade, data de nascimento, sexo, número de matrícula, endereço completo e atual, dados da conta bancária informada para recebimento do benefício.

2- Elementos do processo: em qual regime de previdência se encontra inserido, data de ingresso no serviço público, inconsistências (por exemplo, número de páginas não confere).

3- Dados da carreira do servidor: posicionamento atual, evolução na carreira, nível de escolaridade (ensino fundamental, médio, superior incompleto, superior completo, especialização, mestrado, doutorado, pós-doutorado).

4- Posicionamento para enquadramento funcional: quadro, carreira e cargo, conforme disposto nas leis dos entes;

5- Dados do servidor quando de sua aposentação: outro tipo de benefício (Regime Geral ou outro regime próprio); abono de permanência; averbações e/ou averbação e utilização de tempo em outro(s) regime(s);

6- Definição da evolução da legislação aplicável: quando o RPPS foi instituído; quando o servidor passou de celetista para estatutário (leis e decretos); quando ingressou na carreira; quando sua carreira foi instituída; níveis de carreira e cargo.

7- Informações consistentes do tempo a serem consideradas: data em que o benefício foi requerido; data em que o benefício foi concedido (se entre esses tempos houver transcurso temporal superior a cinco anos, deve ser observada possibilidade de prescrição ou decadência); data de publicação do ato no Diário Oficial; data de homologação e registro no Tribunal de Contas respectivo; data de afastamento do servidor, se for o caso, para aguardar sua aposentadoria; tempo de serviço público, tempo de carreira, tempo de cargo.

8- Critérios legais auferíveis no que diz respeito aos vencimentos/subsídios atualmente recebidos, com análise da evolução na carreira, possibilitando verificar quando e como se deu a majoração dos mesmos. Para se chegar a um posicionamento concreto, é de suma importância que se faça a evolução histórica da carreira, no sentido de verificar se os vencimentos/subsídios/proventos estão de acordo com a legislação aplicável.

9- Verificação da Certidão de Tempo de Contribuição (CTC) que serviu de base para averbações: sua autenticidade, se não houve concomitância de tempos, se qualquer tempo constante da CTC não foi utilizado mais de uma vez. No caso de CTC exarada por RPPS, deve ser verificado se a mesma se encontra em consonância com as regras estabelecidas pela Portaria MPS n. 154, de 15 de maio de 2008.

10- Na análise dos processos de aposentadoria, devem ser apontados: a legalidade da regra aplicada; se o benefício goza de paridade; se foi concedido com base na última remuneração ou com base em média aritmética; se foi concedido de forma integral ou proporcional do tempo de serviço/contribuição; se foi concedido com base em regra de transição; se houve contagem de tempo com relação à licença especial ou licença–prêmio ou com férias não usufruídas e contadas em dobro; se o servidor aderiu ao Programa de Desligamento Voluntário (PDV) e depois retornou; se quando, da passagem para a inatividade, houve um *plus* (aumento vencimental), considerando que várias legislações passadas previam que, quando da passagem para a inatividade, o servidor era aposentado com padrão da classe imediatamente superior àquela em que se encontrava posicionado, quando ocupante da última classe de carreira, com a remuneração do padrão correspondente, acrescida da diferença, entre esse e o padrão da classe imediatamente anterior, quando ocupante de cargo isolado, com proventos aumentados em 20%, 10%); se a aposentadoria se deu com base em cargo em comissão; se há rubrica de complemento remuneratório (em muitos Estados chamado complemento constitucional).

11- Em todos os casos, ser estabelecida a data de ingresso do servidor no serviço público: antes da EC 20/98; entre a EC 20/98 e 41/2003; após a EC 41/2003.

12- Com relação à análise dos processos de pensão deve ser informado primeiramente: qual o tipo de pensão (se especial, estatutária ou previdenciária); se o óbito ocorreu antes ou após a edição da EC n. 41/03; se o ex-segurado faleceu em atividade ou inatividade; se a base de cálculo da pensão é feita sobre a pensão cheia (conforme vimos em capítulo próprio).

13- Se o óbito do ex-segurado se deu após a vigência da EC n. 41/03, deve ser atEstado se foi concedida com observância do § 7º do art. 40 da CF/88. Com relação ao pensionista, se tem comprovação de dependência econômica (se for o caso), se a legislação da época previa a hipótese, se não perdeu o vínculo (como por exemplo, novas núpcias).

14- Com relação à paridade e integralidade dos benefícios, definir a data a ser considerada: 1º de janeiro de 2004, 20 de fevereiro de 2004 ou ainda 1º de janeiro de 2004 para paridade e 20 de fevereiro para integralidade.

15- Verificar se os subsídios/vencimentos/proventos/pensões guardam relação de simetria com os tetos constitucionalmente estabelecidos e se estão fora do teto vantagens pessoais, como adicionais de tempo de serviço.

16- Definir as bases de cálculos das contribuições previdenciárias e quais são as rubricas que integram a mesma.

17- No caso de benefícios concedidos com base em decisões judiciais deve ser constatado se houve o trânsito em julgado das decisões; se foi concedida de forma temporária; se não contrariou legislação da época. Caso as ações estejam em tramitação, deve–se fazer o acompanhamento das mesmas.

18- Nas aposentadorias por invalidez devem ser avaliados a veracidade dos laudos médicos; a necessidade avaliação periódica (legal ou firmada em parecer médico) bem como realizar cruzamentos de dados no sentido de verificar se o servidor está em atividade.

19- Com relação aos cálculos de aposentadoria, verificar se foi concedida com base em regra que determina a aplicação da média aritmética (neste caso, verificar se cumpre as determinações do art. 1º da Lei n. 10.887/04 e orientações do MPS, confirmadas pelo TCU). Devem ser conferidos os índices que serviram de base para cálculo da média aritmética

20- Devem ser verificados os casos de isenção de contribuição previdenciária e imposto de renda.

21- Se houve concessão de abono de permanência, se o mesmo foi adequadamente concedido (adequação às regras), ou ainda as isenções de contribuições previdenciárias, previstas na EC n. 20/98.

22- Os institutos e a prescrição e a decadência devem ser meritoriamente analisados, levando-se em contas as orientações jurisprudenciais atuais.

23- Se a unidade gestora concede desaposentação, verificar a procedência da incidência do instituto.

24- Deve ser verificada a legislação no sentido de ser determinado quando o ente federativo legalmente começou a exigir as alíquotas de contribuição: se após a EC n. 20/98 ou antes da mesma. Se depois da EC n. 20/98 se não houve contribuição e/ou se foram admitidos tempos fictícios.

25- Deve ser estabelecida a base legal no que concerne aos índices aplicados para reajuste de benefícios (política remuneratória ou por categoria de servidor)

26- Nos relatórios devem constar informações sobre médicos peritos e classificação das doenças com base no CID.

27- No que toca aos sistemas operacionais, deve ser feito exame minucioso de arquivos, pastas, fichas financeiras e funcionais e mapeamentos de processos: digitalização (prévia preparação para conversão ao meio digital), indexação de documentos digitalizados, mineração de informações, software de gestão de documentos.

28- Deve ser feito e esquematizado mapeamento dos riscos previdenciários.

29- Também deve ser providenciado mapeamento dos processos para compensação previdenciária e detecção de irregularidades nos mesmos, antes de serem encaminhados para análise do INSS. Estabelecendo-se assim os possíveis de ser compensados entre os regimes instituidor e origem.

30- Ao final, além de relatórios fundamentados, a auditoria deve promover o desenvolvimento de manuais de procedimentos técnicos e éticos e a realização de cursos.

31- Deve ainda a unidade gestora providenciar auditoria na parte financeira e atuarial, o que deve ser feito separadamente. Devem ser analisados os conceitos atuariais aplicáveis, a progressão das situações de risco, as possibilidades que serviram de base para o modelo de financiamento adotado, conforme o Demonstrativo de Resultados da Avaliação Atuarial (DRAA), e aos demais demonstrativos exigidos pelo Ministério do Trabalho e Previdência Social. No que tange às finanças e aos investimentos previdenciários, devem ser analisadas a Política de Investimentos, as ações concretas desenvolvidas pelo Comitê de Investimentos e a forma como o RPPS está atuando no Sistema Financeiro Nacional.

A auditoria, desta forma, deve ser capaz de definir todo o arcabouço institucional, estrutural e organizacional do RPPS. Deve ter como missão transparecer e qualificar a gestão, assim como os servidores dos RPPS, não apenas de forma ilusória e milagrosa como amplamente se tem propagado.

Cônscio dessas dificuldades, o Ministério do Trabalho e Previdência Social tem feito acordos de cooperação técnica com tribunais de contas, no sentido de promover trocas de informações no campo da auditoria previdenciária, com vistas ao aprimoramento da orientação, acompanhamento, controle e à supervisão da gestão dos RPPS.

Segundo Narlon Gutierre Nogueira, diretor do Departamento dos Regimes de Previdência no Serviço Público - MTPS/SPPS/DRPS, podem ser assim elencadas as obrigações recíprocas e as obrigações específicas:

"OBRIGAÇÕES RECÍPROCAS: 1) Compartilhar informações sobre a situação previdenciária dos RPPS, nas dimensões normativa, fiscal, financeira, atuarial, contábil e patrimonial. 2) Promover conjuntamente palestras, seminários, treinamentos e workshops com os responsáveis pelo controle, orientação e supervisão dos RPPS e/ou gestores dos RPPS. OBRIGAÇÕES ESPECÍFICAS: 1) MTPS: disponibilizar relatórios e informações extraídos do CADPREV; comunicar o resultado das auditorias, por meio de decisões em Processo Administrativo Previdenciário; cooperar na capacitação do quadro técnico do Tribunal de Contas. 2) Tribunal de Contas: fornecer informações contábeis e financeiras sobre a situação dos RPPS; comunicar o resultado de suas decisões sobre prestações de contas e representar sobre irregularidades"[76].

Ainda segundo Narlon Gutierre, o planejamento para implementação dos acordos consiste em:

"As decisões dos Processos Administrativos Previdenciários passam a ser enviadas por arquivo eletrônico e apenas para os Tribunais de Contas que firmaram ACT.

Envio das Informações Técnicas para Ações Judiciais, também por arquivo eletrônico.

Envio trimestral dos seguintes dados: i)Relatório consolidado dos DRAA; ii) Relatório consolidado dos DAIR; iii) Relatório consolidado dos DIPR e iv) Relatório gerencial de parcelamentos.

Reuniões técnicas no primeiro semestre de 2016, para fortalecer cooperação."

O Ministério ainda disponibilizou o site cooperacaotc.rpps@previdencia.gov.br, para troca de informações.

Como se depreende, têm-se engendrados esforços para o controle dos dados atinentes aos RPPS, em todos os sentidos, buscando-se a higidez dos sistemas.

11.2.2. O auditor previdenciário

Como visto, uma auditoria de RPPS deve ter planejamento e organização. Deve ter o cuidado de fazer o levantamento prévio do universo de processos, com base em identificações, para depois fazer a sistematização (separação em lotes e/ou hipóteses), classificando corretamente os processos. Após a inicial, deve propiciar análise percuciente e consciente dos processos individualmente considerados.

---

[76] NOGUEIRA, Narlon Gutierre. SUPERVISÃO INTEGRADA DOS RPPS: MTPS E TRIBUNAIS DE CONTAS. 55ª Reunião ordinária do Conaprev. Brasília, 11 de dezembro de 2015.

Neste contexto, o auditor previdenciário deve ser um especialista, conhecedor profundo das áreas que envolvem a unidade gestora. Acima de tudo, deve ser uma pessoa comprovadamente proba, com ampla experiência tanto para interpretar como para aplicar textos normativos.

Os pré-requisitos são indispensáveis, na medida em que o trabalho da auditoria, a ser desenvolvido no âmbito da unidade gestora, aponta e corrige inconsistências, bem como prepara os técnicos do quadro permanente, para que possam atuar satisfatoriamente, de maneira eficaz, para o fiel cumprimento das normas que são impostas ao sistema como um todo.

No que concerne à obtenção e/ou manutenção da certificação de regularidade previdenciária (CRP) e certificação institucional – Pró-Gestão, exigências do Ministério do Trabalho e Previdência Social, não deve ser vista como poder de moeda. As certificações não foram instituídas para enriquecer consultores e auditores. A principal preocupação do Ministério foi com a solvabilidade dos fundos previdenciários, que demanda capacitação técnica e responsabilidade previdenciária. Como dito e redito, não existem fórmulas mágicas quando se trata da aplicação de recursos públicos.

Conforme exigências do próprio Ministério, a auditoria deve ser realizada concomitantemente com a avaliação financeira da entidade, ou seja, verificar se os recursos financeiros estão sendo aplicados conforme determinações do Conselho Monetário Nacional e com base nas normas e nos princípios que regem a Administração Pública e a previdência pública, notadamente os seus cânones basilares, insculpidos pelo *caput* do artigo 37 e *caput* do artigo 40, ambos da Constituição Federal de 1988. Não se olvidando de que o Ordenamento Jurídico Brasileiro impõe severas penas ao mau gestor, notadamente aquele responsável pela malversação dos recursos públicos.

Como mencionado, a auditoria deve ser realizada de modo que seja avaliada a situação da entidade como um todo, de forma, inclusive, a patrocinar assessoramento eficaz ao gestor. Num primeiro momento, devem ser avaliados os riscos da não auditagem, para depois serem analisados os recursos que serão despendidos com a mesma, com a definição dos parâmetros que serão utilizados e a extensão da demanda.

Com certeza não se trata de um trabalho barato, mas os resultados a serem obtidos serão incontroversamente sentidos não apenas pelos atores que atuam diretamente no sistema, mas por via indireta, para toda a sociedade. Aqui nos permitimos abrir um parêntese para afirmar categoricamente que uma auditoria não se faz apenas com contratação de uma empresa, mas também e principalmente com a participação de servidores públicos efetivos, que serão capacitados e que serão responsáveis pela manutenção das ações futuras. Além disso, a participação de servidores públicos efetivos torna-se de suma importância, na medida em que devem ser alocados para o trabalho aqueles que efetivamente conhecem o histórico dos servidores, seus quadros, suas carreiras e seus cargos, de forma a traduzir o correto posicionamento funcional e vencimental. Assim como servidores públicos efetivos que serão destinados à obtenção de CPA-10 (mínimo) e que serão responsáveis pela continuidade da política de investimentos.

Como se pode ver, uma unidade gestora de RPPS não sobrevive sem a participação de servidores públicos efetivos, devidamente capacitados para atuar na seara. O troca-troca de cargos comissionados tem sido uma das maiores dificuldades de se manter os sistemas previdenciários próprios, uma vez que não se capacitam os principais servidores de que dispõem as administrações públicas.

Sem participação conjunta, entre os profissionais contratados e os servidores efetivos que atuam e vão atuar diretamente na área, não há que se falar em auditoria, mas um engodo econômico, que traz alívio imediato para os cofres públicos, de forma a permitir o marketing midiático de governantes e gestores, mas não traz soluções a longo prazo, como requer a previdência pública.

O sucesso na implantação de mudanças de paradigmas, do equacionamento de déficits apurados através de pagamentos indevidos, a prevenção e o combate às fraudes, a gestão dos recursos, dentre outros, vão depender da forma como os trabalhos serão efetivamente realizados e conduzidos e de quem os realizarão. Vale negritar que o auditor deve ser um profissional especialista, com vasta experiência na área, e contar com uma equipe técnica de excelência. Com este perfil, será capaz de enfrentar as dificuldades pelas quais passam as unidades gestoras e a resistência dos gestores e segurados em mudar paradigmas.

Assume então o auditor previdenciário as tarefas de mostrar caminhos com fincas à solvabilidade dos fundos previdenciários e subsidiar os gestores nas tomadas de decisão, devendo saber dar enfoque sistêmico aos processos, com visão orientativa e preventiva, não apenas com foco em relatórios genéricos no intuito de justificar os dispêndios oriundos do contrato de consultoria. Ele deve ser cônscio dos riscos inerentes ao sistema, cooptar fraudes e erros, saber como funciona o sistema como um todo.

Auditar folhas de pagamento é um trabalho técnico, que não pode ser confundido com formas de "salvar" o gestor de responsabilidades. Isso se chama lobismo, uma atuação em proveito próprio, com interesses exclusivamente econômicos, sem preocupação com a guarda do patrimônio público.

Com base nessas premissas, o auditor previdenciário não é aquele lobista que encontra fórmulas mágicas para livrar gestores irresponsáveis (e desumanos) de processos judiciais (p. ex., ações civis públicas) e administrativos (p. ex., cassação de mandatos).

O verdadeiro auditor previdenciário atua em nome da coletividade, com o mister de proteger o patrimônio público das reveses ao ordenamento jurídico pátrio, dos desvios de recursos, enfim, de todas as formas de corrupção.

O verdadeiro auditor previdenciário deve ter como missão a proteção da *res publica* e não a proteção do mau gestor, enveredando-se por caminhos tortuosos em busca de lacunas na legislação, de forma a encontrar supedâneo legal de forma oblíqua que mascare ações delituosas. Deve assim ter como valor a ética, a probidade, a lisura e o discernimento em suas ações.

Infelizmente, o lucro puramente visado desassociado da responsabilidade para com a coisa pública é o que temos presenciado. Neste viés, é o Estado protegendo o empresário, sem o cuidado de proteger o patrimônio público de forma efetiva e contumaz. Ou seja, mais preocupado com a sua imagem, uma vez que a economia gerada transforma-o em um político de destaque. Todavia, como dito, gastam-se milhões com auditagem em folha de pagamento, que em pouco tempo apresenta novos problemas, demandando nova contratação de empresa especializada, num círculo vicioso eterno. Capacitar servidores efetivos, valorizando-os, é a única forma de acabar com essas contratações constantes.

Vale finalizar aqui frisando que um auditor/consultor previdenciário desfigurado dessas premissas postas é um "advogado do diabo" e não deve merecer a confiança e o respeito da coletividade. Por isso mesmo, contratos com lobistas devem ser declarados nulos e os responsáveis devem ser devidamente punidos, uma vez que atentam contra os princípios que regem a Administração Pública e os princípios que regem a previdência pública.

11.2.3. Auditoria e o favorecimento às políticas públicas

Fundada em 1953 e com assento no Conselho Econômico e Social das Nações Unidas (Ecosoc), a Organização Internacional de Entidades Fiscalizadoras Superiores (Intosai), não admite auditoria no seu conceito puramente fiscal, posto que alargou o conceito no sentido de que fossem alcançados os quatro Es, pilares da administração: eficiência (melhor rendimento com o mínimo de erros e/ou dispêndios), efetividade (alcance dos objetivos), eficácia (segurança dos resultados) e economicidade (redução dos custos).

Os pilares da administração são responsáveis pela lisura de pagamentos, o que favorece a implantação de políticas públicas.

Não é demais lembrar que os recursos previdenciários, pagos indevidamente, poderiam estar sendo investidos em outras áreas, como educação, saúde, segurança, assistência, infraestrutura, etc. É ainda de bom alvitre recordar que a maioria esmagadora das unidades gestoras depende de repasses para cobrir insuficiências financeiras.

O custo de um sistema previdenciário deve observar três aspectos: base cadastral, base normativa e base financeira-atuarial. Essas três bases devem constituir uma auditoria. E vários fatores devem ser levados em consideração quando se fala em auditar uma folha de pagamento.

Uma das principais missões da auditoria é a redução das despesas previdenciárias, o alcance do equilíbrio financeiro e atual com uma base cadastral aperfeiçoada, além de dar segurança às revisões (atuais e futuras), bem como identificar fraudes e impulsionar ações para preveni-las e combatê-las.

Conforme expressamente dispõe o artigo 1º, § 1º, da Lei de Responsabilidade Fiscal:

> Art. 1º...
> § 1º A responsabilidade na gestão fiscal pressupõe a ação planejada e transparente, em que se previnem riscos e corrigem desvios capazes de afetar o equilíbrio das contas públicas, mediante o cumprimento de metas de resultados entre receitas e despesas e a obediência a limites e condições no que tange a renúncia de receita, geração de despesas com pessoal, da seguridade social e outras, dívidas consolidada e mobiliária, operações de crédito, inclusive por antecipação de receita, concessão de garantia e inscrição em Restos a Pagar.

É na seara de prevenção dos riscos e correção de desvios que a auditoria ingressa como ferramenta de destaque, uma vez que, realizada com propósitos sérios, traz segurança financeira-jurídica para os gestores, redefinindo todo o sistema, adequando benefícios, investimentos e custeio à legislação vigente. E promove, como dito, economia substancial, permitindo folga no orçamento e nos limites prudenciais ditados pela LRF, o que permite ao ente federativo patrocinar investimentos em outras áreas sensíveis da administração.

Como já mencionado, a Constituição Federal de 1988 aumentou consideravelmente o rol dos direitos fundamentais, e o exercício destes direitos, ao menos em sua existência mínima, demanda recursos do Poder Público que não são infinitos.

Políticas públicas devem atender aos fins constitucionais, a partir das necessidades coletivas e não do puro alvedrio do governante. E para que o texto constitucional tenha eficácia, é necessário mudar o cenário, pagando-se o que é realmente devido. Não se pode olvidar que os gastos previdenciários são vinculados, somente podem efetuar-se com base legal. Tampouco que a previdência pública integra as leis orçamentárias, votadas pelo Parlamento, que devem ser cumpridas.

Como largamente cediço, os governos se veem às voltas com sérias restrições financeiras, o que dificulta o engajamento de suas políticas públicas, que devem ser atreladas à ideia de regras e modelos comportamentais.

O ajuste fiscal requer orçamentos equilibrados entre o que se arrecada e o que se gasta. Equacionar os gastos não é tarefa fácil, contudo, só se pode falar em equacionamento quando se sabe exatamente onde e como se gasta. É através do conhecimento que ele é alcançado. E quando se fala em conhecimento, não se está apenas direcionando-o para números, mas inclusive no que toca ao correto enquadramento legal dos gastos públicos. Com grande enfoque, deve-se ter em mente que políticas públicas, embora tenham impactos no curto prazo, é ao longo prazo que verdadeiramente serão sentidas.

Recursos limitados impedem a tomada de decisão, em detrimento da coletividade. Busca-se contudo, recursos com políticas de aumento de impostos, aumento de insumos. E especificamente, em matéria previdenciária, modificação nas regras de elegibilidade, com restrições ao ingresso e à permanência no sistema. Para todas as hipóteses, o que se busca efetivamente é o aumento do ingresso dos recursos com participação ativa da coletiva.

Via transversa, e não é novidade, sabe-se que as folhas de pagamento, tanto de ativos como de inativos, não refletem com exatidão a realidade normativa. É um universo incontável de beneficiários recebendo de forma indevida, com a conivência do Poder Público, que até mesmo assim procede porque "não quer mexer em colmeias para não deixar as abelhas furiosas." Mas existem muitas abelhas se fartando do mel que não lhes é devido.

Receber indevidamente o que não é legalmente assegurado é um dos maiores fatores que engessam o equilíbrio financeiro do sistema previdenciário, que é complexo. Como visto linhas atrás, existe uma numeração extensa no que concerne às possibilidades de economia ao sistema. E aqui se acentua que essa economia é altamente significativa.

Ao se pagar benefícios indevidos estar-se-á deixando de implantar políticas públicas voltadas para o bem-estar coletivo, que como referido no preâmbulo da Constituição Federal, é um valor supremo, indissociável do Estado Democrático de Direito.

Dinheiro público é dinheiro do povo, não pertence a uma minoria. E deve ser gasto naquilo que é efetivamente previsto em lei. Com o equacionamento fiscal, a relação custo-benefício é bem definida, os fundos previdenciários respiram e a sociedade agradece.

11.2.4. Auditoria e o favorecimento às políticas remuneratórias dos servidores públicos

No mesmo sentido, devem ser vistas as políticas remuneratórias de servidores públicos, que, adequadamente implantadas, trazem motivação e mais produtividade. Entretanto, o que vemos hoje são servidores insatisfeitos, não cumprindo a contento seus deveres institucionais, preocupados mais em cumprir tempos do que papéis.

De acordo com o *caput* do artigo 18 da Lei de Responsabilidade Fiscal, e para os fins da norma:

> Art. 18. Entende-se como despesa total com pessoal: o somatório dos gastos do ente da Federação com os ativos, os inativos e os pensionistas, relativos a mandatos eletivos, cargos, funções ou empregos, civis, militares e de membros de Poder, com quaisquer espécies remuneratórias, tais como vencimentos e vantagens, fixas e variáveis, subsídios, proventos da aposentadoria, reformas e pensões, inclusive adicionais, gratificações, horas extras e vantagens pessoais de qualquer natureza, bem como encargos sociais e contribuições recolhidas pelo ente às entidades de previdência.

A mesma lei complementar define os limites a serem gastos com pessoal, definindo os percentuais da receita corrente líquida que não poderão ser excedidos para essa finalidade (artigos 18 e 19 da LC 101/2000). Por sua vez, o artigo 21, II, diz textualmente ser nulo de pleno direito o ato que provoque aumento da despesa com pessoal e não atenda ao limite legal de comprometimento aplicado às despesas com pessoal inativo.

Como a despesa com servidor inativo e seus dependentes é computada no limite prudencial da Lei de Responsabilidade Fiscal, é também responsável pela paralisação das políticas remuneratórias.

De acordo com o artigo 19, § 1º, VI, "a" e "b", da LC 101/2000, na verificação dos limites prudenciais não serão consideradas as despesas com inativos, ainda que por intermédio de fundo específico, custeadas por recursos provenientes: a) da arrecadação de contribuições dos segurados; b) da compensação financeira de que trata o § 9º do art. 201 da Constituição.

Ou seja, o inativo que tiver ingressado no sistema de financiamento capitalizado e autônomo, no fundo previdenciário autossuficiente, que se mantiver exclusivamente por meio de contribuições previdenciárias e aporte inicial, não fará parte dos cálculos do limite prudencial. Não estão portanto, na contabilidade que engessa a política remuneratória dos servidores.

A Lei de Responsabilidade Fiscal foi formulada e editada no início do século XXI, ocasião em que se procurou frear os gastos públicos, no sentido de promover o ajuste fiscal.

E a própria lei se preocupou com o servidor público, que não poderia ficar ao alvedrio de gestores irresponsáveis. Procurou, assim, dar um alívio no montante a ser gasto com servidor, idealizando a folga no cálculo através do ingresso do servidor inativo num sistema à parte.

E é esse sistema capitalizado o maior responsável por "ajudar" o servidor público. Com a segregação de massas e a instituição do fundo capitalizado, o fundo financeiro (aquele que impacta os cálculos do limite prudencial) é um fundo em extinção, tendo em vista que com o passar dos anos, todos os servidores inativos tendem a fazer parte do fundo capitalizado. Ou seja, a Lei de Responsabilidade Fiscal previu que, no futuro, todos os aposentados não farão parte do limite prudencial, com a garantia de terem seus pagamentos por intermédio do fundo específico.

Não é à toa que vários Estados, após a realização de densos cálculos atuariais, promoveram a instituição dos seus fundos capitalizados, protegendo tanto os servidores ativos como os servidores inativos.

Contudo, o que temos notícia hoje é de governos imediatistas, irresponsáveis e inconscientes, fazendo manobras ardilosas para desviar os recursos dos fundos previdenciários, notadamente sob o argumento de "ter caixa para pagar ativos, inativos e dependentes." Via transversa, continuam com gastos exacerbados com propaganda, obras infundadas, passagens áreas, diárias, preenchimento de cargos em comissão com pessoas despreparadas (nepotismo e favoritismo), etc. Deixando o futuro do servidor público incerto.

O avanço em relação às políticas remuneratórias de servidores não depende, como visto, apenas do aumento da arrecadação. Depende da higidez das folhas de pagamento (pagar legalmente o que é devido), o que acarreta de imediato alívio nos limites prudenciais; bem como responsabilidade para manter o fundo previdenciário capitalizado, que na sua essência, será o responsável futuro por deixar de fora do limite prudencial servidores inativos e garantir o futuro previdenciário dos servidores. A previdência complementar é um grande alívio, com certeza, mas não retira por completo do limite prudencial os inativos.

Para concreção de políticas remuneratórias, a previdência complementar não age sozinha, tem que se aliar à capitalização. As duas conjugadas, bem empregadas, bem respeitadas, são a ideologia do sistema previdenciário saudável e justo.

11.3. OBRIGATORIEDADE DE SE DIAGNOSTICAR FOLHA DE PAGAMENTO

O trabalho de auditoria a ser realizado envolve as seguintes áreas, numa visão cronológica: 1) análise crítica da gestão da folha de pagamento com redefinição de fluxo de informações, regras de negócio e protocolos de segurança; 2) diagnóstico organizacional do banco de dados da folha; 3) revisão de ativos; 4) revisão de benefícios e 5) capacitação de servidores, com intuito de dar prosseguimento eficaz aos modelos e às soluções apresentadas.

Para o segundo item, é aplicado o sistema de *data mining* (ou mineração de dados), no qual são explorados dados à procura de padrões consistentes, com regras de associação ou sequências temporais, para detectar e organizar relacionamentos sistêmicos, agregando riscos e inconsistências relativas. A mineração de dados, com o suporte da tecnologia da informação, permite identificar inconsistências (irregularidades, ilicitudes) ocultas e aleatórias e relacioná-las em grupos, o que permite a tomada de decisões no campo estratégico, que traz vantagens consideráveis. Em termos mais simples, é feita uma garimpagem na folha de pagamento, destacando-se as áreas que deverão ser prioritariamente trabalhadas.

Num universo de milhares de processos, sem a *data mining* não há possibilidades reais de trabalho em tempo célere e com custo operacional relativamente baixo. A mineração permite, assim, melhor relação custo-benefício, onde se detectam prioridades, gerando maior economia em tempo hábil. Com a exploração de dados, é possível extrair e evidenciar padrões, o que efetivamente colabora para a aquisição do conhecimento dos problemas englobados na folha de pagamento, gerando as possíveis hipóteses para a tomada de decisões e consequente solução dos problemas apresentados.

Uma folha de pagamento (ativos e inativos e pensionistas) hígida e líquida, além de dar segurança ao gestor (que vai realizar os pagamentos sem máculas, sem estar cometendo ilícitos e irregularidades), facilita ao Estado promover suas políticas públicas, notadamente na área social e de remuneração dos seus servidores. Lisura em pagamentos quer dizer cumprimento dos princípios da efetividade, eficiência, eficácia e economicidade, transparecendo despesas.

Muito se tem falado que os Estados passam por sérios problemas econômicos-fiscais, mas pouco se tem feito no que concerne à concretude e objetividade de pagamentos relativos à remuneração de servidores. A adequação às normas jurídicas, principalmente estatutárias, significa um alívio consubstancial nas contas públicas.

Diagnosticar significa detectar, identificar problemas. Como cediço, antes da edição das emendas constitucionais reformadoras da administração e da previdência, os sistemas de folhas de pagamento eram usados para favoritismos, para concessão de aumentos indiretos e individuais de remuneração, para adoção de políticas salariais oblíquas. Tudo sem qualquer tipo de controle, seja interno ou externo.

Ao longo de décadas, as folhas de pagamentos de servidores foram acumulando problemas diversos, que culminaram em uma patologia visível e insuportável. As folhas passaram a apresentar problemas orgânicos e uma obesidade nítida, com claros desvios de finalidades. O que na raiz significa pagamento indevido de servidores e nas extremidades abarca ilicitudes e fraudes, que podem comprometer toda a saúde do sistema, bem como trazer responsabilização para os gestores.

Ações omissivas (deixar de fazer) também significam sérias consequências de ordem repressiva, conforme legislação presente no Ordenamento Jurídico Pátrio. A partir da edição da Carta Republicana de 1988, a obrigatoriedade de prestação de contas por parte dos gestores e ordenadores de despesas (*accountability*) é uma realidade indissociável da administração pública.

Para tal, é imperioso que se faça um exame minucioso nos processos, com análise sistemática que possibilite levantamento de informações, análise meritória e apontamento de soluções, com considerações objetivas acerca do arcabouço institucional, estrutural e organizacional de todo o sistema.

O objetivo do diagnóstico na busca de soluções é detectar infringências às normas legais, ou seja, pagamentos feitos de forma irregular ou ilícita, possibilitando, além da higidez dos processos, mudança de paradigmas. Este último somente é possível quando se demonstra as bases normativas que foram violadas e que representam um risco para a gestão. Desta forma, proporciona o cumprimento do princípio da eficiência, com correção e prevenção de riscos.

Ao se fazer um diagnóstico no sistema de folha de pagamento, estar-se-á, inequivocamente, permitindo um equilíbrio nos gastos públicos, limitando-os às possibilidades legais, com cobertura exclusiva para os destinatários do sistema que comprovadamente se subsumem aos comandos legais. Possibilita ainda lisura nos critérios e parâmetros adotados, por meio de demonstrativos em forma de gráficos, que informarão as áreas críticas, que devem ser primeiramente atacadas.

Com relatórios técnicos claros e objetivos, é possível um diagnóstico e consequentemente análise percuciente acerca dos métodos, da metodologia, dos processos e dos procedimentos adotados no acesso, parametrização e na movimentação dos sistemas de TI, ou seja, os critérios envolvidos na gestão da folha de pagamento e adotados pela Seplag. Nos relatórios têm-se as informações sobre receitas e despesas, critérios e parâmetros adotados.

Por meio do protocolo de segurança (conjunto de normas e procedimentos) é possível incluir, excluir e alterar o banco de dados da folha de pagamento. O protocolo detalhado dispõe sobre a estrutura e representação de dados, em que ponto específico pode ser usado para implementar as diretrizes a ser adotadas, com transporte seguro de dados, por meio de chave de segurança, devidamente autenticada. Ou seja, o transporte de dados é realizado com aplicativos de segurança.

Ao se diagnosticar uma folha de pagamento, estar-se-á automaticamente separando os problemas apresentados, quanto aos riscos na manutenção dos pagamentos e suas consequências econômicas, o que, de modo eficaz, permite a adoção de critérios e parâmetros para solução dos mesmos. Sem o diagnóstico prévio, antes da análise contundente dos processos, é fazer um trabalho aleatório, sem consistência técnica, o que atrasa e danifica o regular curso de todo o procedimento.

O relatório técnico oriundo do diagnóstico deverá contemplar todo o desenvolvimento de um protocolo de ações que permitam segurança de acesso aos sistemas informatizados envolvidos, com manual descritivo das regras e dos parâmetros adotados que deverão orientar a gestão dos sistemas de folha de pagamento.

A partir das informações coletadas no bojo do procedimento de diagnóstico, com incursão nas diversas áreas a serem trabalhadas (como, por exemplo, grupo de servidores inativos que não tiveram seus proventos calculados com base em média aritmética, quando deveriam ser por imposição constitucional e legal), é possível o alcance de melhor rendimento com o mínimo de erros e/ou dispêndios (eficiência), segurança nos resultados (eficácia), alcance dos objetivos (efetividade) e redução dos custos (economicidade). Com relação a este último, destacamos que é visível de forma imediata e apresenta uma elevação constante, posto que a economia é auferida de forma geométrica, aumentando mês a mês.

Além da segurança jurídica (correta interpretação legal, doutrinária e jurisprudencial), o diagnóstico é o primeiro caminho a ser trilhado no que tange ao equacionamento de déficits. Ele permite, outrossim, agilidade para alcance desse equacionamento, tendo em vista que as áreas de maior risco jurídico-econômico serão primeiramente atacadas e com suas inconsistências solucionadas.

Mister destacar a necessidade de formalização de relatório contendo diagnóstico organizacional da base de dados que compõe os sistemas de folhas de pagamentos geridos pela Seplag, relativamente aos servidores ativos e aos servidores inativos e pensionistas vinculados ao AL Previdência.

No que diz respeito ao suporte para ações futuras, temos que será indicativo para planejamento estratégico, atendendo as novas visões de governança pública, com especial destaque para a prevenção e o combate às fraudes, que desviam recursos públicos que poderiam estar sendo canalizados em ações nas áreas de saúde, educação, assistência, segurança e infraestrutura.

Saliente-se que o diagnóstico e a efetiva solução de problemas não advêm do poder discricionário do administrador público, posto que é cumprimento às normas hodiernamente vigentes. O § 1º do artigo 1º da Lei Complementar n. 101, de 4 de maio de 2000 – Lei de Responsabilidade Fiscal, expressamente determina:

Art. 1º...
§ 1º A responsabilidade na gestão fiscal pressupõe a ação planejada e transparente, em que se previnem riscos e corrigem desvios capazes de afetar o equilíbrio das contas públicas, mediante o cumprimento de metas de resultados entre receitas e despesas e a obediência a limites e condições no que tange a renúncia de receita, geração de despesas com pessoal, da seguridade social e outras, dívidas consolidada e mobiliária, operações de crédito, inclusive por antecipação de receita, concessão de garantia e inscrição em Restos a Pagar.

A LRF, que estabelece normas de finanças públicas voltadas para a responsabilidade na gestão fiscal, em diversos momentos determina ajustes nas contas públicas, com, inclusive, responsabilidade sobre a correção de pagamentos de remuneração de servidores ativos e inativos e pensionistas.

Não se pode olvidar ainda que várias normas ora vigentes responsabilizam gestores e membros de conselhos por infrações no que diz respeito a pagamentos incorretos, sendo que a concessão e a manutenção de pagamentos indevidos constituem ato de improbidade administrativa, ex vis Lei 8.429/92 – Lei Geral de Improbidade Administrativa.

Desta forma, pode-se afirmar que o não diagnóstico nas folhas significa, num rol apenas exemplificativo: 1) manutenção de descumprimento da legislação aplicável; 2) permanência de processos paralisados, sem solução; 3) evolução assombrosa dos números oriundos de insuficiências financeiras; 4) aumento do desequilíbrio financeiro-atuarial; 5) não observância do abate-teto; 6) estacionamento das políticas remuneratórias de servidores, uma vez que existe um freio a ser observado na LRF, o que gera servidores insatisfeitos, greves, paralisações, aquartelamentos, "operação tartaruga"; 7) desvio de recursos que poderiam ser aplicados na saúde, educação, assistência, infraestrutura e 8) continuidade delitiva, ou seja, permanência da ocorrência de crimes, o que pode implicar em sérias responsabilizações para os gestores na seara criminal.

Com o diagnóstico e a posterior análise das inconsistências apresentadas, o sistema mostrar-se-á apto a aplicar regras normativas de forma correta, com enquadramentos funcionais e evolução nas carreiras com observância das formalidades legais, proceder aos pagamentos no seu valor nominal correto e correção nas bases de cálculos de contribuições previdenciárias e imposto de renda.

O sistema, com base cadastral-normativa-financeira atualizada, diagnosticada e tratada, permite o equacionamento de déficits e traz fôlego para a realização de políticas públicas, desmistificando o fantasma da sua falência e possibilidade de penalização do servidor, via de consequência, de toda a sociedade, que depende da prestação dos serviços da máquina administrativa.

11.4. CENSO PREVIDENCIÁRIO

Censo previdenciário, como muitos pensam, não é apenas atualização de cadastros e prova de vida. A simples atualização é censo cadastral.

O censo previdenciário é uma das ferramentas mais importantes para a sustentabilidade dos fundos previdenciários. O objetivo é reafirmar a base de dados e, com isso, evitar pagamentos indevidos em todas as suas modalidades. Assim, destacam-se entre seus objetivos: atualizar cadastro e comprovar vida (prova de vida); facilitar pagamentos de benefícios; possibilitar a atualização da base de dados, gerando economia para a instituição; regularizar os dados dos beneficiários, indispensáveis à sua identificação única, visando à correta manutenção e cessação dos benefícios, seja por motivo de óbito, emancipação, maioridade, contração de casamento ou comprovação de união estável; atualizar os dados de endereço de todos os beneficiários, a fim de possibilitar o contato do INSS com cada um deles, detectar benefícios pagos indevidamente.

Vários são os motivos que podem gerar a necessidade da promoção de um censo previdenciário, com destaque para: ausência de informações confiáveis/precisas acerca da vida funcional dos servidores; ausência de interligação das informações funcionais (documentos e informações em locais distintos, dificultando a troca de informações entre os órgãos e a previdência; necessidade da preservação da memória funcional dos servidores (documentos acondicionados em locais impróprios que poderiam levar ao seu perecimento); necessidade de cruzamento de dados entre os Estados, os Municípios e a União; regularizar as informações relativas aos beneficiários; setores responsáveis pelos recursos humanos obsoletos (equipamentos, pessoal e procedimentos que necessitavam de reciclagem e atualização); manter atualizados os dados de todos os segurados da Previdência Estadual, independentemente da época de concessão dos benefícios; processos de concessão de benefícios e reconhecimento de direitos de servidores de longa duração em seu trâmite, causando prejuízos aos servidores e ao Estado.

Ao se fazer o censo previdenciário, podem ser detectadas várias inconsistências, que prejudicam o controle da correta manutenção dos benefícios, dentre as quais: os benefícios possuíam informações incompletas, como nome, data de nascimento e nome da mãe do beneficiário. Com isso, fica prejudicada a conferência e o cruzamento de dados; dados necessários para conferir direito ao benefício, como documento de identificação e CPF, além de informações desencontradas de instituidores das pensões e de representantes legais dos beneficiários.

Para a realização do correto censo previdenciário é necessária a conferência do banco de dados do servidor, que se encontra nos Diários Oficiais. Uma das principais iniciativas é a digitalização dos Diários Oficiais, com refinamento, para que a vida funcional do servidor seja disponibilizada para consulta de forma totalmente digital.

Com certeza, vários serão os problemas a ser enfrentados, como publicações com omissões, contrariando o ordenamento jurídico pátrio, com inconsistências (número de matrícula, número de CPF, nomes grafados erroneamente, etc.). Uma das maiores inconsistências diz respeito ao afastamento do servidor (Por quanto tempo? Qual o motivo? Qual o tipo de afastamento?) e sua progressão funcional, uma vez que as publicações mais antigas apenas faziam referências genéricas. As informações complementares se encontram dentro dos processos. Assim, o censo tem de necessariamente juntar e cruzar as informações coletadas nos Diários Oficiais e no bojo dos processos administrativos.

Um censo previdenciário bem elaborado e bem executado permite a padronização tanto das publicações como de consultas auxiliares. O mecanismo a ser adotado tem que filtrar a publicações fora do contexto (onde serão devidamente avaliadas por pessoal competente).

Outro grande aspecto a ser considerado, quando da realização do censo, é a possibilidade de os eventos funcionais se integrarem à folha de pagamento no momento da publicação. Assim, progressões na carreira, como mudanças de classe e níveis, reenquadramentos, quinquênios (para as categorias que não são remuneradas via subsídio), automaticamente gerariam efeitos patrimoniais. Isso torna o processo mais célere em prol do servidor público. Também deve ser considerado que assim a vida funcional do servidor passa a ser visualizada pelo mesmo e pelos setores de recursos humanos.

A mineração, termo técnico de melhoramento de dados em tecnologia da informação, uma funcionalidade que agrega e organiza os dados, encontrando padrões, associações, mudanças e anomalias relevantes, conhecido como *data mining*. Com a mineração, dá para identificar, inclusive, publicações referentes à alguma situação funcional sem que tenha havido processo e o inverso. Dá para recompor a vida funcional e permitir a comparação com processos físicos.

A partir da mineração é possível verificar a necessidade de censo cadastral, com atualização de dados pessoais.

Vale ainda salientar que uma folha de pagamento com todas as informações financeiras e funcionais do servidor e integradas ao Sistema Previdenciário de Gestão de Regimes Públicos de Previdência Social (IPREV/Gestão), permite a integração dos dados à base de dados do Ministério da Previdência, permitindo cruzamento de dados com o (INSS), os Estados e as Prefeituras, com o Cadastro Geral de Empregados e Desempregados (Caged) e com a Relação Anual de Informações Sociais (RAIS), com o Cadastro Nacional de Informações Sociais(CNIS) e com o Sistema de Controle de Óbitos (Sisobi).

11.5. IMPORTÂNCIA DA TECNOLOGIA DA INFORMAÇÃO – TI

A internet surgiu a partir de pesquisas militares no auge da Guerra Fria, no final da década de 1960. Na época, Estados Unidos e União Soviética brigavam pelo domínio do mundo, de forma ideológica antagônica. O primeiro, capitalista, e o segundo, socialista. Nessa disputa, um mecanismo eficaz e inovador de comunicação se fazia necessário. A internet surgiu ainda para proteger informações privilegiadas, uma vez que ficariam armazenadas.

Hoje a internet tem aproximadamente um bilhão e seiscentos milhões de usuários em todo o mundo.

A Tecnologia da Informação (TI), o conjunto das atividades e soluções providas por recursos de computação, tem empreendido grandes esforços no sentido da substituição de documentos em papel por documentos eletrônicos. A partir do advento da era da informação, praticamente toda a produção da informação, estruturada ou não, passou a ter como suporte o meio eletrônico.

A maioria das organizações tem um legado considerável de informações em papel, que transpostas para o meio eletrônico tornam os bancos de dados dos sistemas que dão suporte a essas atividades bem mais completos. O acervo de documentos em papel sofre a ação do tempo, tendendo à degeneração, além de ocupar inapropriadamente grandes espaços físicos. As informações podem se perder, ou a consulta se tornar cada vez mais difícil, o que pode acarretar prejuízo aos interessados e/ou ao Erário.

Há necessidade da adequada extração das informações da vida funcional contidas nos DOEs e compilação em um banco de dados único, simplificando assim o seu acesso, bem como garantir a produção eletrônica adequada e voltada para o controle da vida funcional, em relação a futuras ocorrências; necessidade fundamental de se recuperar as informações contidas nos documentos e a sua transposição para o meio digital, garantindo sua longevidade bem como sua compilação em um banco de dados único, o que garantirá rapidez, exatidão e eficiência no seu uso (como, por exemplo, nas concessões de benefícios previdenciários ou na emissão de certidões de tempo de serviço).

As medidas visam a proteção à administração pública de eventuais prejuízos, pois os lançamentos sobre a vida funcional dos servidores públicos, com obrigatoriedade de publicação para produzirem seus efeitos, têm impacto sobre direitos e obrigações dos mesmos, inclusive com reflexos financeiros sobre o erário, na maioria dos casos.

Para tal, deve-se proceder ao estudo do funcionamento de cada Órgão do Estado – legislação, estrutura, organograma, fluxo de processos, etc., levantamento dos servidores, levantamento do histórico da estrutura organizacional, levantamento do histórico dos quadros de cargos e carreiras, geração de registros da vida funcional a partir da publicação de atos normativos, levantamento de atos normativos que alteram o conteúdo de atos publicados anteriormente, tratamento de homônimos, tratamento de vínculos funcionais, conferência e análise dos registros em função do serviço de adequação, preparação dos documentos para conversão para meio digital.

O Reconhecimento Óptico de Caracteres (OCR), tem como objetivo o reconhecimento de texto a partir de uma imagem convertida para o meio digital, como, por exemplo, a conversão digital de uma página do processo ou de um livro técnico. Depois do reconhecimento efetuado, o texto fica disponível em formato editável por qualquer processador de texto e reconhecível por mecanismos de busca de informações.

Já a Mineração das Informações é a varredura de um determinado conjunto de arquivos texto, com o objetivo de se extrair termos ou conjunto de termos (registros) previamente cadastrados e carregá-los para uma tabela estruturada de resultados gerada no banco de dados do sistema, com a finalidade de extrair registros da vida funcional de forma automática.

Com um Software de Gestão Lógica de Documentos, através de fornecimento e implantação de licença de sistema para gestão de conteúdo, consegue-se módulos independentes e integrados entre si, com interface de utilização via web, tais como: i) Módulo de gestão lógica da vida funcional, ii) Módulo de gestão lógica do Diário Oficial e iii) Integração dos Sistemas de Recursos Humanos.

A implementação e o correto gerenciamento dos sistemas informatizados nos RPPSs, após a realização de uma auditoria séria, com profissionais competentes, podem ser responsáveis pela economia de milhões ao menor RPPS. O dinheiro para tais ações é gasto uma única vez, mas pode significar o futuro do fundo previdenciário. Aliam-se a isso as práticas de boa gestão, a *competência e idoneidade dos gestores, inclusive no que concerne a* mudanças de paradigmas e acompanhamento da evolução tecnológica.

11.6. FERRAMENTAS TECNOLÓGICAS DE CRUZAMENTO DE DADOS

11.6.1. Fundamento

Historicamente, o homem, a partir do momento em que descobriu sua racionalidade, começou a usar ferramentas – utensílios, para sobreviver às diversas intempéries – fome, variações de temperaturas, etc. Primitivamente o homem usava ferramentas rudimentares para caçar, pescar, ter o que vestir, ter como se proteger de tempestades, nevascas e de animais ferozes. O uso de ferramentas está assim ligado à possibilidade de realizar alguma tarefa.

Com a era atual, usamos as ferramentas tecnológicas para buscar resultados positivos. Os ambientes virtuais tornaram-se assim poderosos mecanismos para realização de tarefas anteriormente impensadas.

No que toca especificamente ao uso das ferramentas tecnológicas na previdência pública, o uso da tecnologia favorece a interação de comandos normativos, a pesquisa, a liquidez dos sistemas de folhas de pagamento e a possibilidade de ter um controle efetivo dos benefícios, combatendo os mais diversos tipos de fraude.

A formação de uma base de dados é fundamental nesse processo e somente pode ser viável com o uso da tecnologia, num universo de milhares de possibilidades e no que se refere à gestão dos recursos empregados, com vistas ao alcance do equilíbrio financeiro-atuarial do sistema como um todo.

A ausência de recursos tecnológicos inibe a execução de ações que empreendam, de forma contunde, essa busca do equilíbrio nos sistemas previdenciários públicos, com base normativa atual. Neste último aspecto vale lembrar que hoje a demanda previdenciária é uma das maiores nos tribunais, bem como que a legislação tem mudado consideravelmente e de forma rápida, o que demanda constante atualização e treinamento de servidores.

O uso das ferramentas tecnológicas permite o conhecimento das bases que compõem todo o sistema, além de permitir o cruzamento de dados, gerando maior conhecimento do universo de servidores e as várias possibilidades de redução de despesas (como acúmulo de cargos de forma indevida, benefícios sem média aritmética, pensões sem cálculos redutores, etc.).

Neste contexto, a parametrização de dados, que define as diretrizes necessárias a serem adotadas e ao final a serem empregadas no caso concreto, somente pode ser real quando patrocinada num sistema virtual, com emprego de várias nuances que ao homem comum não seria possível em tempo hábil.

Permite assim o emprego de um número menor de material humano, num espaço de tempo também menor. Para realizar um trabalho de auditoria num sistema próprio de previdência, sem o uso de ferramentas tecnológicas, seria necessário um batalhão de servidores para atender a uma demanda imediata, aumentando consideravelmente o tempo gasto, bem como gerando a possibilidade de maiores erros operacionais e divergências de interpretação.

Além disso, os gastos com viagens aumentam em demasia, tendo em vista que, sem cruzamento de dados, a única maneira de se afirmar a licitude de pagamento é através do processo investigativo, o que demanda um trabalho surreal, quando realizado unicamente pela pessoa física, sem a ajuda tecnológica. Tanto é verdade que alguns entes ainda necessitam de deslocar servidores para coletar a certeza de óbito de uma pessoa, a comprovação de dependência econômica, etc.

A complexidade de se alcançar objetivos almejados no serviço público alia-se às possibilidades de fracasso no modelo originariamente desenhado, sem conteúdo tecnológico. A natureza dos serviços é dinâmica, exige além do conteúdo científico (o que conhece), o conteúdo operacional (o que realiza). A concretização das ideias, ou seja, a passagem do mundo subjetivo para o mundo concreto, não demanda apenas o desejo, mas a maneira eficaz de produzir esse desejo de forma econômica.

Os detalhes técnicos e a base consistente das informações, que possibilitam a identificação de ambiguidades e contradições, são fatores preponderantes para o sucesso da realização de uma auditoria e, via de consequência, da maturidade e possibilidade de realização das políticas públicas anteriormente pensadas.

A potencialidade do trabalho desenvolvido com uso de ferramentas tecnológicas caminha em sentido diametralmente oposto ao trabalho puramente burocrático, com uso de gastos necessários (material e humano). São as ferramentas que permitem dar dinâmica ao trabalho, através de um centro capacitado de controle, coordenado por profissionais experientes e altamente capacitados, de forma multidisciplinar, que sejam capazes de, pelo trabalho desenvolvido, influenciar no resultado final.

As análises conspícuas, com a utilização das ferramentas tecnológicas, podem assim corrigir erros, propor reformulações e redesenhar todo o sistema, permitindo a redução significativa dos custos e, em última instância, dar ao governante a possibilidade real de pôr em prática suas políticas públicas traçadas, sem a necessidade de utilizar recursos de outras áreas.

11.6.2. Siprev/gestão

O Sistema Previdenciário de Gestão de Regimes Públicos de Previdência Social - SIPREV/Gestão de RPPS é uma ferramenta oferecida gratuitamente pelo Ministério da Previdência Social (hoje, Ministério do Trabalho e Previdência Social) aos entes federativos com Regime Próprio de Previdência Social. O maior de seus objetivos é viabilizar aos entes federativos a realização do censo previdenciário de todos os servidores, ativos e inativos e pensionistas.

Para tal, gera arquivos para serem encaminhados ao Cadastro Nacional de Informações Sociais – CNIS/RPPS. Desta forma, permite ao ente manter um banco de dados cadastrais, funcionais e financeiros de seus respectivos servidores, com dados pessoais, funcionais (carreira, cargo, órgão de lotação, jornada de trabalho, dados previdenciários e financeiros), além de cadastro de pensionistas.

O Sistema é responsável ainda por cadastros de tempos de contribuição do RGPS e de outro RPPS, movimentação funcional, contagem de tempo, simulação de benefícios (concessão, manutenção, revisão). Além de extração de dados para avaliação atuarial e gestão contábil.

O SRPPS compreende ações de definição, documentação, desenvolvimento e carregamento de banco de dados, com o objetivo de consolidar os dados cadastrais, funcionais, previdenciários e financeiros dos servidores públicos brasileiros. O SRPPS é composto das aplicações: Sistema Previdenciário de Gestão de Regimes Públicos de Previdência Social–SIPREV/Gestão (banco de dados de nível local), Cadastro Nacional de Informações Sociais de Regimes Públicos de Previdência Social–CNIS/RPPS – (banco de dados de nível nacional) e Informe/CNIS/RPPS (aplicativo de geração de relatórios).

O Sistema dos Regimes Próprios de Previdência Social–SRPPS–, tem o intuito de criar e unificar o cadastro dos servidores públicos brasileiros, a fim de oferecer aos gestores de Regimes Próprios de Previdência Social informações gerenciais que aumentem o nível de controle dos gastos públicos e a melhoria da qualidade da folha de pagamento, sob o gerenciamento do Ministério da Previdência Social em parceria com o Ministério do Planejamento, que visa à melhoria da qualidade da folha de pagamento.

São objetivos do SRPPS: dispor de documentos, informações e séries históricas de dados, para propiciar a elaboração de avaliação e reavaliações atuariais atualizadas, completas e consistentes, a fim de atender ao disposto no *caput* do artigo 40 da CF. Atender ao disposto no artigo 3º da Lei 10.887/04 e as seguintes necessidades dos gestores de Regime Próprio na gestão da previdência do servidor público: realização de censo previdenciário de dados cadastrais, funcionais, previdenciários e financeiros dos servidores ativos, dos dependentes, dos aposentados e dos pensionistas, com vistas a melhorar a qualidade real dos dados; proporcionar, a partir de dados cadastrais atualizados, de histórico de dados funcionais, previdenciários e financeiros a emissão de Certidão de Tempo de Contribuição (CTC) e a Simulação e Concessão de Benefícios; dispor de informações gerenciais relativas a tempo de contribuição, a remunerações e contribuições, a óbitos e benefícios nos dois regimes previdenciários (RPPS e RGPS) e a quantitativo de servidores, aposentados, pensionistas e dependentes com informações detalhadas por idade, sexo e outras variáveis necessárias a uma avaliação atuarial robusta. Suas ações são disponibilizadas na Comunidade Siprev do Portal de Software Público Brasileiro (PSP).

Destaque-se que o SRPPS está inserido no programa estabelecido pelo Governo Federal, que tem como objetivo a melhoria da qualidade dos dados dos funcionários públicos, e, devido a sua importância, vem se instalando nos entes federativos que têm acesso aos Regimes Próprios de Previdência Social. Tanto nos Estados como em outros Municípios brasileiros.

11.6.3. Proprev

O Programa de Apoio à Modernização da Gestão do Sistema de Previdência Social (Proprev), é mais uma ferramenta desenvolvida pelo Ministério da Previdência, e vários Estados e Municípios já assinaram termo de cooperação técnica com o MPS para desenvolvimento do programa, que tem por objetivo aprimorar os RPPS.

O Proprev é fruto de uma parceria entre o Governo Brasileiro e o Banco Interamericano de Desenvolvimento (BID), que prevê o financiamento de equipamentos de informática e treinamento para o aprimoramento da gestão dos RPPS (capacitação em finanças, atuária, legislação, contabilidade e informática). Para participarem do programa, os entes federativos devem promover suas inscrições e, a partir daí, formalizar acordos de cooperação.

O Distrito Federal, os Estados da Bahia, da Paraíba, do Piauí, do Rio Grande do Norte e Mato Grosso do Sul já participam do programa, que vai contribuir para que os regimes próprios atendam as suas finalidades legais e contribuir para uma previdência sustentável.

11.6.4. CAGED

O Cadastro Geral de Empregados e Desempregados (CAGED), é um registro administrativo instituído pela Lei n. 4.923 em dezembro de 1965, com o objetivo de acompanhar o processo de admissão e demissão dos empregados regidos pelo regime CLT e dar assistência aos desempregados.

A utilização do cadastro é de suma importância, uma vez que evita o pagamento de parcelas indevidas e fraudes ao sistema. Como exemplo, podemos lembrar os servidores que entram em licença e vão trabalhar na iniciativa privada.

Com o objetivo de disseminar as informações sobre o mercado de trabalho, o Ministério do Trabalho e Emprego (MTE), produziu o ISPER – Informações para o Sistema

Público de Emprego e Renda, de responsabilidade da Coordenação-Geral de Estatísticas do Trabalho (CGET), que contém um conjunto bem amplo de dados sobre os indicadores de mercado de trabalho, contemplando várias fontes de informações, além das produzidas pelo MTE.

11.6.5. RAIS

A gestão governamental do setor do trabalho conta com importante instrumento de coleta de dados denominado de Relação Anual de Informações Sociais (RAIS). Instituída pelo Decreto no 76.900, de 23/12/75, a RAIS tem por objetivo o suprimento às necessidades de controle da atividade trabalhista no país, e ainda, o provimento de dados para a elaboração de estatísticas do trabalho e a disponibilização de informações do mercado de trabalho às entidades governamentais. Os dados coletados pela RAIS constituem expressivos insumos para atendimento das necessidades: da legislação da nacionalização do trabalho; de controle dos registros do FGTS; dos Sistemas de Arrecadação e de Concessão e Benefícios Previdenciários; de estudos técnicos de natureza estatística e atuarial; de identificação do trabalhador com direito ao abono salarial PIS/PASEP.

11.6.6. CNIS

Projeto do Governo Federal, o Cadastro Nacional de Informações Sociais (CNIS) é um sistema responsável pelo controle das informações de todos os segurados e contribuintes da Previdência Social. Desde sua criação, em 1989, armazena as informações necessárias para garantir direitos trabalhistas e previdenciários aos cidadãos brasileiros.

Além de permitir o reconhecimento automático de direitos previdenciários, o CNIS dificulta a concessão de benefícios irregulares, permite melhor controle da arrecadação e serve de subsídio ao planejamento de políticas públicas.

Hospedado nos computadores da Dataprev, contém mais de 216 milhões de informações de pessoas físicas e jurídicas, 530 milhões de vínculos empregatícios, 14 bilhões de dados de remunerações e outros 2 bilhões de contribuições.

11.6.7. SIM

O Sistema de Informações sobre Mortalidade (SIM), foi criado pelo Departamento de Informática do Sistema Único de Saúde (Datasus), para a obtenção regular de dados sobre mortalidade no país. A partir da criação do SIM foi possível a captação de dados sobre mortalidade, de forma abrangente, para subsidiar as diversas esferas de gestão na saúde pública. Com base nessas informações é possível realizar análises de situação, planejamento e avaliação das ações e dos programas na área.

O SIM é responsável pela produção de estatísticas de mortalidade, declaração de óbito informatizada, controle de distribuição das declarações de nascimento (Municipal, Regional, Estadual e Federal), transmissão de dados automatizada utilizando a ferramenta Sisnet, gerando a tramitação dos dados, de forma ágil e segura entre os níveis municipal, estadual e federal, dentre outras.

O TCU determinou ao INSS que promova a fiscalização do cumprimento, pelos cartórios de registro civil de pessoas naturais, das disposições do art. 68 da Lei n. 8.212/1991, que trata da comunicação de óbitos ao INSS. Também se determinou ao Instituto a verificação da regularidade de benefícios ativos com indício de óbito de seus titulares. Nos casos em que se detectou a emissão de créditos após o óbito do segurado, a determinação teve o objetivo de buscar a apuração de responsabilidade por eventual prejuízo ao erário decorrente de pagamentos indevidos, bem como a adoção de providências visando ao ressarcimento dos valores. Foram propostas medidas para obtenção periódica dos dados do SIM e a implementação de rotinas de verificação prévia de dados e documentos no Sisobi. O controle de acesso ao Sisobi também foi objeto de determinações corretivas e recomendações do TCU. São necessários aperfeiçoamentos no quadro legal relativo ao registro de óbitos, à identificação civil dos cidadãos e ao acesso a informações bancárias de saldos de contas utilizadas para recebimento de benefícios, com vistas ao ressarcimento de valores pagos indevidamente. Nesse sentido, foram propostas recomendações para a realização de estudos visando às alterações da legislação pertinente. Os benefícios financeiros dessa auditoria são estimados em mais de dois bilhões de reais. DELIBERAÇÃO DO TCU. Acórdão n. 2.812/2009 – TCU – Plenário Relator: Ministro Augusto Nardes. Coordenação: Sefti Participação: 1ª DT da 5ª Secex (antiga 2ª DT da 4ª Secex).

11.6.8. Sisobi

O Sistema Informatizado de Controle de Óbitos (Sisobi), foi instituído por meio da Portaria do Ministério da Previdência Social n. 847/2001 e é responsável por colher as informações de óbitos dos cartórios de registro civil de pessoas naturais do Brasil. No âmbito do Instituto Nacional do Seguro Social (INSS), os dados do Sisobi são utilizados para cancelar benefícios por meio de cruzamentos com o Sistema Unificado de Benefícios (SUB). Os dados do Sisobi também são utilizados para o cruzamento com outras bases de dados da administração pública e de empresas privadas.

11.6.9. SUB

O Sistema Único de Benefícios (SUB) é uma ferramenta desenvolvida pelo Dataprev, com vistas a facilitar cruzamento de dados, para evitar fraudes e pagamentos indevidos. Por meio do arresto a seguir colacionado, pode-se perceber a importância do software:

"PREVIDENCIÁRIO. APOSENTADORIA POR IDADE. TRABALHADOR RURAL. SEGURADO CADASTRADO NO SISTEMA ÚNICO DE BENEFÍCIO(SUB) E NO CADASTRO NACIONAL DE INFORMAÇÕES SOCIAIS (CNIS) COMO EMPRESÁRIO. IMPROCEDÊNCIA DO PEDIDO.

1. Apesar de qualificado como lavrador, no registro civil e no registro imobiliário, o segurado está cadastrado no Sistema Único de Benefício (SUB) e no Cadastro Nacional de Informações Sociais (CNIS) como empresário, fato alegado e provado pelo réu, sem impugnação do autor.

2. Apelação e remessa oficial, tida por interposta, a que se dá provimento para julgar improcedente o pedido. (TRF1, AC 6791/GO, Rel. Des. Federal Antônio Sávio de Oliveira Chaves, data do julgamento 17-05-2006)".

Atualmente o Dataprev conta com dez sistemas principais de informações gerenciais. Muitas vezes, os programas são desenvolvidos exclusivamente para setores e órgãos específicos. A Diretoria de Benefícios (Dirben) do INSS, por exemplo, conta com o Sistema Único de Informações de Benefícios (Suibe) e com o Sistema Integrado de Tratamento Estatístico de Séries Estratégicas (Sintese). Já os gestores da Receita Federal utilizam o Sistema de Inteligência Fiscal e o Sistema de Informações Gerenciais de Arrecadação (Informar) para a tomada de decisões.

11.6.10. CADÚNICO

O Cadastro Único para Programas Sociais do Governo Federal (Cadúnico) é um instrumento de identificação socioeconômica das famílias brasileiras de baixa renda. Suas informações podem ser utilizadas pelos governos federal, estaduais e municipais. O Governo Federal, por meio de um sistema informatizado, consolida os dados coletados no Cadastro Único. A partir daí, o poder público pode formular e implementar políticas específicas, que contribuem para a redução das vulnerabilidades sociais a que essas famílias estão expostas. É também através do Cadúnico, que é coordenado pelo Ministério do Desenvolvimento Social e Combate à Fome (MDS), que são cadastrados os beneficiários do Programa Bolsa Família.

CAPÍTULO 12 ▶ EDUCAÇÃO PREVIDENCIÁRIA

Eu tô aqui pra quê?
Será que é pra aprender?
Ou será que é pra sentar, me acomodar e obedecer?
...
Quase tudo que aprendi, amanhã eu já esqueci
Decorei, copiei, memorizei, mas não entendi
....
Decoreba: esse é o método de ensino
Eles me tratam como ameba e assim eu não raciocino
Não aprendo as causas e consequências, só decoro os fatos
...
E sei que o estudo é uma coisa boa
O problema é que sem motivação a gente enjoa
O sistema bota um monte de abobrinha no programa
...

Eu gosto dos professores e eu preciso de um mestre
Mas eu prefiro que eles me ensinem alguma coisa que preste
- O que é corrupção? Pra que serve um deputado?
Não me diga que o Brasil foi descoberto por acaso!
...
Mas o ideal é que a escola me prepare pra vida
Discutindo e ensinando os problemas atuais
E não me dando as mesmas aulas que eles deram pros meus pais
Com matérias das quais eles não lembram mais nada
...
Vocês tratam a educação como um negócio onde a ganância, a exploração e a indiferença são sócios
Quem devia lucrar só é prejudicado.
Assim cês vão criar uma geração de revoltados...

Estudo Errado, Gabriel O Pensador

12.1. UM RIO CHAMADO PREVIDÊNCIA PÚBLICA

A principal dificuldade em se lidar com tema tão espinhoso como a previdência pública reside na forma como os diversos assuntos são tratados, com interpretações divergentes e principalmente pela falta de cultura na matéria, tendo em vista que a educação previdenciária não é eficazmente propagada e, muitas das vezes, é até rejeitada, vez que soluções imediatas e midiáticas são a grande preocupação de governantes e gestores.

Contudo, o tema gradativamente tem ganhado destaque em palestras e congressos, sob a perspectiva de que somente com educação previdenciária alcançaremos a cultura de que é necessário mudar o enfoque até então dado à matéria, de forma a conscientizar os servidores públicos/segurados do sistema, de que somente com poupança (o que envolve a obrigatoriedade de se manter um sistema contributivo) é possível manter a previdência pública. Assim como é necessária a conscientização de que se trata de um sistema solidário e, como tal, que compete ao universo de servidores acompanhar sua evolução, fiscalizando as ações dos governantes e gestores.

Lamentavelmente a cultura previdenciária que ainda impera na cabeça do servidor público/segurado é a de que o Estado é provedor, e como tal, a previdência é simplesmente um direito fundamental que não pode ser negado, em nenhum aspecto. O servidor ainda guarda em sua memória a relação puramente *pro labore* que tinha com o Estado.

Sob esse enfoque, temos que o servidor devidamente conscientizado, educado previdenciariamente, é o servidor que fundamentadamente pode exigir compromisso de governantes e gestores de RPPS, bem como exercer fiscalização de forma eficaz no que concerne à correta aplicabilidade dos vultuosos recursos públicos que são envolvidos para pagamento de benefícios.

Apesar de o olhar da primeira parte da Constituição Federal de 1988 ser baseado na ideologia do *Welfare State*, ao ampliar consideravelmente os direitos fundamentais e sociais, sabe-se hoje que o caminho é a preservação do mínimo existencial, o mínimo possível a uma existência digna, e não o paternalismo desenfreado, amplificativo, sem regras limitadoras.

A falência da previdência pública é algo que não pode ser negado do ponto de vista financeiro. Não há como manter um sistema que carregou em si, durante décadas, uma relação entre Estado e servidor sem caráter contributivo, sem o cuidado de se preservar financeiramente o sistema, de modo a garantir benefícios futuros. E após o marco regulatório introduzido pela EC n. 20/1998, continuou buscando formas de aplicar benefícios indevidos, por favoritismos e troca de votos.

O ser humano, ainda na sua acepção primitiva, sempre teve a preocupação com aqueles que, de alguma forma, não poderiam contribuir com trabalho ativo. Durante a história da humanidade, a previdência social sempre foi tida como um amparo, e quando finalmente o Estado tomou para si essa responsabilidade, não havia uma forma específica de se manter o sistema. No caso do servidor público, era apenas uma forma de o Estado prover a sua velhice, sua incapacidade, bem como de seus dependentes, numa relação puramente pró-labore.

Com o aumento da longevidade, a suportabilidade do sistema vem diminuindo de maneira significativa, tendo em vista que o ingresso de receitas está muito aquém da necessidade da despesa. É uma conta que não fecha. E pior, é uma conta que retira de outras áreas sensíveis da Administração Pública recursos que poderiam ser empregados em saúde, educação, infraestutura, segurança etc.

Somado a isso, ainda nos deparamos com governos irresponsáveis, que vira e mexe se apoderam dos recursos previdenciários para saldar débitos momentâneos, tais como pagar folhas de pagamentos, tanto de ativos como de inativos e pensionistas. Olvidam-se tais governos que a projeção dos recursos é de longo prazo, devendo ser protegidos para garantir o futuro dos segurados do sistema.

A previdência complementar tem sido uma grande aposta dos governos. Contudo, o servidor público em geral ainda não tem cultura de poupança e, por ser uma opção, uma faculdade em ingressar no sistema, não tem ganhado a adesão esperada (espera-se que, com a Lei 13.183/2015, que obriga a adesão, não se tenha desfiliação em massa). Somam-se a isso as críticas feitas por economistas de que a poupança em outras áreas, que não a previdência complementar, pode ser mais rentável.

Fato é que estamos envoltos numa crise sem precedentes, sendo a previdência pública uma das principais pautas da agenda política, em todos os níveis e todas as esferas de governo.

Conquanto há necessidade premente de ajuste fiscal, todas as medidas adotadas, nitidamente mais rígidas, tanto na forma de eleger novos critérios para ingresso no sistema e concessão de benefícios como novas fórmulas de cálculos, não são bem quistas, e os governos, mais preocupados com as urnas, se tornam inoperantes. A solução imediata é então usar de todas as reservas, de maneira indiscriminada, atendendo ao momento daquele governo, deixando a conta para os governos seguintes.

Essa prática é tão corriqueira que hoje não existe um governante que não se queixe da dívida passada, e com a fundamentação de saldá-la, acaba usando os mesmos métodos, muitas das vezes, de forma até mais inconsequente.

Não existe, de fato, interesse em se resolver o problema de forma duradoura e consciente. Buscam-se freneticamente outras fontes de receitas (o que acaba gerando mal-estar entre os Estados federados), como se as novas fontes de receita fossem definitivamente salvar o sistema. Essa busca não deixa de ser salutar, mas não pode ser tomada como a única solução a ser adotada. Criar novas fontes de receitas para manter o sistema por certo período não é forma de resolver perenemente o problema.

O sistema, como vimos, tem que ter liquidez e higidez, sem as quais não há que se falar em solvabilidade dos fundos previdenciários. As medidas para salvar os fundos têm que ser tomadas em conjunto e não de forma isolada.

Não há fórmulas mágicas quando se trata de recursos públicos. Ao contrário do que se pensou ao longo da história, os recursos públicos não são fontes inesgotáveis de receitas. Uma hora a fonte se esgota. E é essa fonte que está secando, é quase um filete de água num grande leito empoeirado. Essa fonte, que antes se pensava perene, hoje está sofrendo em demasia, inclusive com o lixão depositado em suas margens (irresponsabilidade), ao longo de décadas de existência.

Com certeza, criar novas fontes, dará um grande alivio ao volume de água. Mas se cada vez que se criarem novas fontes se obstruírem o curso das mesmas, desviando o caminho natural do rio principal, a solução adotada não atingirá o objetivo final.

Também não atingirá o objetivo final a limitação de pessoas que podem matar a sede no leito do rio. De fato, com a diminuição da procura, a oferta será maior. Mas essa também não é a única solução.

Para melhor compreensão da temática, vamos aqui usar de uma metáfora.

Imaginemos um rio de águas caldalosas que era responsável por matar a sede de sua população ribeirinha. Durante milênios, essa situação permaneceu. Entretanto, as pessoas começaram a viver mais, a ciência evoluiu no combate às doenças. As pessoas que eram responsáveis por captar as águas das chuvas (os trabalhadores ativos) foram diminuindo, uma vez que, além de prolongarem suas existências, as pessoas passaram a ter menos filhos. Os recursos das chuvas, assim, passaram a ser mais escassos. Mas a população continuava a aumentar, mesmo com a quebra na taxa de natalidade, tendo em vista que a população envelhecida aumentava consideravelmente.

Com esse aumento, na década de 60, o governante resolveu buscar recursos hídricos em rios próximos, construindo túneis para abastamento do rio principal. Criou-se assim um sistema hídrico. Para ilustrar, pensemos no Sistema Cantareira. Ele começou a ser criado na década de 60. Na época, o Governo do Estado de São Paulo se mostrou preocupado em abastecer a população do município de São Paulo e dos municípios vizinhos, que girava em torno de quase 5 milhões de habitantes e que crescia em escala vertiginosa. Foram então construídas diversas represas para captar água e garantir o abastecimento. Primeiramente foi usada apenas a bacia do Rio Piracicaba. Hoje o Sistema Cantareira é formado por seis represas e conta com a água de outros grandes rios.

Entretanto, passados 55 anos, a população da região metropolitana de São Paulo hoje gira em torno de 21 milhões de habitantes. E essa população, que sobrevive das águas do Cantareira, tende a aumentar. E a população de hoje, por muito mais tempo, vai precisar dessas águas, porque está mais longeva, está vivendo mais. Muito mais gente para beber a água.

O Estado de São Paulo conseguiu arrumar novas fontes de abastecimento. Mas, com o esgotamento dessas fontes, fica a dúvida: onde vai encontrar outras fontes para abastecer o Sistema Cantareira? A ciência ainda não descobriu como se fabricar água.

Pois bem. Voltemos à nossa ficção. Imaginemos agora que o governante tivesse a brilhante ideia de construir uma barragem artificial, num local onde as chuvas eram constantes. Para tal, precisou recorrer a financiamentos, para a compra de milhões de carros-pipas, que conseguiu junto a organismos internacionais. Para saber o montante de carros-pipas necessários, chamou um profissional chamado atuário, que depois de complicadíssimos cálculos, com projeção para o futuro, chegou à seguinte conclusão: para manter o sistema com a adequada contenção das águas das chuvas (que multiplicariam o volume de água originário), seriam necessários $X + Y$ carros-pipas.

Ainda com a ajuda do atuário, ao construir a barragem nova, o governante fez a seguinte separação: as pessoas que chegassem para beber água, a partir de certa data, seriam alocadas às margens da barragem, ou seja, somente poderiam beber daquela água, e não mais do sistema hídrico vigente até então.

Mas eis que o governante é substituído por outro, com novas ideias, com vontade de resolver problemas de gestão de forma imediata. Ao olhar para a barragem, teve a conclusão de que tinha água demais e que precisava regar lavouras no seu reinado. Então, tirou grande parte da água da barragem, que ficou bem rasinha. Com o passar do tempo, as pessoas que foram destinadas a matar sua sede na barragem voltaram a usar a água do sistema hídrico.

Ou seja, vendo o volume de água, o governante ficou deslumbrado e imediatamente editou normas no sentido de que a barragem não precisava daquele imenso volume de água e acabou usando a água para regar outras áreas. Acontece que essas áreas não tinham como conter o volume de água, apenas podiam consumi-lo, mas não multiplicá-lo, o que de fato aconteceu.

Adotou-se então um sistema político de contenção, com economia substancial. O governante disse aos cidadãos que a partir daquela data todos teriam direito a meio copo de água por dia para matar a sede. E aqui deve ser lembrado que para o governante o copo estaria sempre meio cheio, mas, para a população com sede, o copo estaria sempre meio vazio.

E ao adotar a medida de contenção, o governante disse aos cidadãos que aqueles que quisessem mais água teriam que buscar em outros lugares ou então pagassem uma quota adicional, de uma outra fonte recentemente construída, mas que fora deixada para ser administrada por um fundo financeiro privado.

Logicamente quem consome mais deve pagar mais. Se quisessem de fato usufruir da água com todo o conforto possível, poderiam procurar o recurso em outros lugares, como por exemplo comprar caminhões-pipas de maneira particular e individual.

Ao novo governo fictício, assim, ficou a competência de garantir o mínimo possível de abastecimento, não desamparando seus administrados, especialmente os mais necessitados. Entretanto, o que vier a extrapolar esse mínimo não é mais problema do governo, e sim da esfera individual de cada um. A lógica passou a ser o seguinte: se eu não me contento com o mínimo oferecido, vou ingressar também em outro sistema, que vai me dar garantia de conforto, tal como desejo, ou seja, um copo de água por dia.

E é bem assim que está acontecendo com a previdência pública. O rio está secando, o governo tem procurado desesperadamente por novas fontes de abastecimento (novas fontes de receitas), tem editado comandos normativos para economia do pouco que resta, tem limitado acessos, tudo em prol de manter a sobrevivência do rio.

Ainda com pensamento no sistema hídrico, imaginemos que durante toda a sua existência suas águas foram desviadas do curso normal para privilegiar alguns. E os desvios só foram aumentando com o passar do tempo. E com os desvios nas fontes continuando, de que adiantava a infusão de novas fontes no leito do rio se na origem eram desviadas e chegavam para abastecimento de forma mitigada? E ao chegarem, eram usadas apenas para abastecimento, sem qualquer preocupação com a contenção, de forma responsável? De que adiantava conseguir encher o rio se depois um desavisado utilizava da vazão para cobrir outras áreas que não a do próprio rio? Ou pior: vem um desumano e irresponsável que na calada da noite rouba as águas para abastecer sua própria piscina?

O desenho é a previdência pública. Hoje temos um rio de águas barrentas, quase sem o mínimo de água potável, há uma dificuldade enorme de encontrar novas fontes, não adianta (melhora) limitar o número de pessoas que bebem das águas, a população mesmo limitada está vivendo mais, o consumo é maior. Quando se desdobra uma represa em duas, deixando uma apenas reservada para o futuro, com correta contenção das águas da chuva, criada como reserva para abastecimento futuro, suas águas são utilizadas para abastecimento de outras áreas. É um círculo vicioso que faz com que as contas da previdência não fechem nunca. Em outras palavras, a água está sempre escoando pelo ralo.

E pior: o pesadelo de transferir a responsabilidade para a iniciativa privada assusta. Existirá responsabilidade na complementação do copo de água?

É neste contexto metafórico que entra a educação previdenciária. Somente ela é capaz de fazer chover no leito do rio e conter as águas da chuva. Somente com cultura previdenciária seremos capazes de ver as águas voltarem a serem caudalosas, límpidas e transparentes. E o melhor: um rio assim dá peixes que, além de matar a sede, mata a fome e produz riquezas.

12.2. O PAPEL DOS *STAKEHOLDERS*

E quem seriam os atores desse processo finalístico, os *stakeholders* (partes interessadas)?

A previdência pública envolve não apenas os segurados e seus dependentes, mas outros atores participam desse processo. São diretamente interessados na gestão do RPPS os servidores públicos e seus dependentes, como segurados; os governantes, profissionais, dirigentes e conselheiros do Instituto, como gestores; os servidores que atuam nas áreas de gestão de pessoas, planejamento e finanças públicas; os servidores que atuam nas áreas de controles e supervisão da administração pública e ainda os chamados *stakeholders* (partes interessadas) do RPPS: judiciário, mídia, sindicatos, associações, políticos e indiretamente, mas que sofre os reflexos da má gestão (em todos os seus aspectos), a sociedade.

Podemos definir os *Stakeholders* como os "componentes, oriundos do meio externo, interessados na empresa, ou seja, todos que são atingidos pelas ações que a organização vem a praticar ou atingem a organização, de forma positiva ou negativa"[77].

São, portanto, aqueles atingidos pelas ações que a unidade gestora venha a praticar e que definem o sucesso dos planos previdenciários. O conjunto desses atores é responsável pelas políticas públicas previdenciárias, em sua acepção ampla, como tomada de decisões. A unidade gestora, assim, não pode sonegar informações ao seu conjunto de atores, uma vez que são todos interessados pelos resultados a ser obtidos.

A importância dos *Stakeholders* reside assim na premissa de que são atores fundamentais para colocar em prática as estratégias formuladas para o plano previdenciário, de forma a tornar possíveis essas ações, com vistas à garantia do sistema.

12.3. COMO PROMOVER A EDUCAÇÃO PREVIDENCIÁRIA

Dom Pedro II nos deixou a célebre frase: "Se eu não fosse imperador, desejaria ser professor. Não conheço missão maior e mais nobre que a de dirigir as inteligências jovens e preparar os homens do futuro." Ainda no século XIX, o imperador já destacava a importância da educação, que tem o efeito de desenvolver uma nação.

A educação (ensinar a aprender) previdenciária representa o conjunto de ações estabelecidas por processos de ensino e aprendizagem que provê as pessoas de conhecimento, atitude e habilidades que apoiem, auxiliem e subsidiem as decisões que impactam na formação de benefícios de aposentadoria e pensão próprios e para a sociedade. Portanto, é o processo de tomada de conhecimento que permite as pessoas tomarem decisões e atuarem de forma adequada na construção de soluções previdenciárias para suas vidas, das organizações nas quais atuam para os grupos de sua relação, bem como para toda a sociedade, na qual se incluem.

O tema não é novo. Ainda na década de 60 mereceu tratamento destacado, conforme estabelecido pelo artigo 89, incisos XVI e XVII, da Lei n. 3.807, de 26 de agosto de 1960 – Lei Orgânica da Previdência Social (LOPS), na parte em que cuidou de regulamentar as funções do Departamento Nacional da Previdência Social – DNPS. Senão vejamos:

Art. 89. Ao DNPS, além de outras atribuições previstas nesta lei, compete:

[...]

XVI - elaborar e manter, devidamente atualizados, os estudos, informações técnicas e outros elementos relativos à administração da previdência social, divulgando-os para conhecimento geral;

XVII - promover e coordenar a divulgação sistemática e racional das atividades das instituições de previdência social, para orientação dos segurados e das empresas e esclarecimento do público em geral, bem como editar, com a participação daquelas, uma revista técnica.

Apesar de mais de meio século passado, a dificuldade hoje ainda é enorme. Servidores achando que previdência é um prêmio, que pecúlios têm que ser pagos, que o Estado é infalível e inquebrável. E que aposentadoria é simplesmente uma extensão da remuneração recebida em atividade, com todas as benesses. Para o inativo, o direito adquirido significa a incidência de regras anteriores, sem contudo tê-las preenchido a tempo. Para a sociedade, o servidor público é um peso nos ombros do Poder Público, o responsável principal e direto pela falta de recursos para a realização de políticas públicas.

Por isso, a educação previdenciária deve ser de toda a coletividade, não apenas do grupo restrito de dirigentes e servidores que lidam diretamente com a previdência. O filho deve ser educado no sentido de ser conscientizado de que a aposentadoria do seu pai tem limitação no tempo. O pai deve ser educado no sentido de mostrar ao filho que deve andar com as próprias pernas. É nesse sentido que fraudes e mais fraudes são cometidas, na desesperada maneira de manter o benefício (como no caso recente e aterrorizante da mulher que escondeu o corpo da própria mãe para continuar recebendo sua aposentadoria).

O Conselho de Gestão de Previdência Complementar (CGPC) recomendou que a Secretaria de Previdência Complementar (SPC) elaborasse um programa de Educação Previdenciária, de caráter plurianual, compreendendo ações e atividades desenvolvidas isoladamente ou em conjunto com outros órgãos governamentais (Recomendação CGPC n. 01 de 28/04/2008). O artigo 2º da Recomendação CGPC n. 01, de 28 de abril de 2008, assim dispõe:

Art. 2º Recomendar que as ações de educação previdenciária no âmbito do regime de previdência complementar operado pelas entidades fechadas de previdência complementar sejam desenvolvidas em três níveis de atuação, a saber:

I - informação: diz respeito ao fornecimento de fatos, dados e conhecimentos específicos;

---

(77) KANAANE, Roberto et al. Gestão Pública: Planejamento, Processos, Sistemas de Informação e Pessoas. 1. ed. São Paulo: Atlas, 2010. p. 40.

II - instrução: corresponde ao desenvolvimento das habilidades necessárias para a compreensão de termos e conceitos, mediante treinamentos; e

III - orientação: trata do provimento de orientações gerais e específicas para melhor uso das informações e instruções recebidas.

O Brasil tem participado de eventos internacionais com o intuito de conhecer experiências exitosas, notadamente no que tange a disseminação da educação e cultura previdenciárias (o que inclui educação financeira). Em 2008 foi realizada nos Estados Unidos uma Conferência Internacional sobre educação financeira, organizada pela Organização de Cooperação e de Desenvolvimento Econômico (OCDE), em que foi possível trocar experiências com outros países.

A disseminação da educação e das culturas previdenciárias é um tema que merece ser destacado. Há muitos meios que poderão ser postos à disposição: cartilhas, revistas especializadas, dicionário de termos técnicos, cursos, treinamentos, etc.

Destarte, é de estranhar que até o presente momento não exista no Brasil um curso específico de graduação em previdência social. O que temos hoje, tanto na área da previdência geral como em matéria de previdência pública, são cursos de especialização, com duração de trezentas e sessenta horas em geral. Entretanto, um curso especifico de graduação, entendemos, se faz necessário, notadamente para formar servidores efetivos.

Como já referido, o direito previdenciário não pode ser visto hodiernamente apenas como um apêndice do direito administrativo. Ele tem feições próprias e peculiares. O direito previdenciário é intimamente ligado aos direitos: constitucional, administrativo, tributário, econômico, financeiro, orçamentário, do trabalho, comercial, civil, penal, processual e internacional público.

Além do conteúdo da área jurídica, o acadêmico em previdência, notadamente quando a opção é por previdência pública, deve estudar sua evolução histórica, regimes de previdência – geral, público e complementar, contabilidade pública, finanças públicas, sociologia e ética, teoria da Administração Pública, administração pública contemporânea, administração de empresa, teoria comportamental da administração, servidor público, ciência política, os regimes de previdência, modelos de financiamento, planos de custeio e benefícios, economia, mercado financeiro e de capitais, organismos internacionais, matemática financeira, sistemas de informação (TI), orçamento público, economia empresarial, controladoria, planejamento estratégico, gestão pública, estatística econômica, ciência atuarial, funcionamento de um comitê de investimentos e de riscos, comunicação previdenciária, políticas públicas, compensação previdenciária, gestão de processos, de qualidade e custos, gestão financeira, gestão de pessoas, controles internos e externos, auditoria, português previdenciário, papel dos conselhos (diretor, de administração e fiscal), previdência complementar, certificação profissional Anbima – CPA 10 (mínimo), responsabilidade social, práticas de concessão e perícia, processo administrativo previdenciário (PAP), atuação junto ao idoso, dentre outras matérias correlatas.

O ideal de um curso de graduação direcionado à previdência social é que possa disponibilizar ao bacharelando a escolha, como ênfase, entre as áreas de previdência pública, previdência geral ou previdência privada (fundos de pensão abertos e fechados – aí inclusa a previdência complementar).

Um grande avanço para as unidades gestoras de RPPS é poderem, no futuro, contar com profissionais graduados em previdência, com ênfase em previdência pública, que ingressarão com noções importantes sobre a complexidade do sistema, com noções de direito público – o que implica na responsabilidade dos gastos públicos. O gestor do futuro não mais será aquele profissional formado em ciências econômicas, ou jurídicas ou contábeis, etc. O gestor e os servidores de RPPS do futuro têm de ser bacharéis em ciências previdenciárias e não em outras áreas afins, como hoje de fato acontece.

Para facilitar a visualização e a concretização da ideia, temos o ensino a distância, que nos dias atuais se constitui em uma ferramenta possante para capacitação, tendo em vista que pode ser disponibilizado para um número expressivo de entes, envolvendo um maior número de participantes.

Estudar e entender a previdência requer tempo, orientação e obstinação. Não se aprende previdência com um toque de uma varinha de condão. O profissional previdenciário é um profissional novo no mercado, vem se destacando, e um curso de bacharelado só irá contribuir para sua firmação.

Quando a Emenda Constitucional n. 20/98 trouxe a expressão equilíbrio financeiro e atuarial, a figura do atuário passou a assumir relevância. Entretanto, não foi em 1998 que ingressou no cenário previdenciário. O papel do atuário já era previsto desde a Lei n. 3.807, de 26 de agosto de 1960 – LOPS, conforme artigos 97 e 98[78]. Hoje, existem vários cursos de graduação na área.

---

(78) Lei 3.807/1960....
[...]

Art. 97. O Serviço Atuarial (S.At.), com a organização e as atribuições que lhe são conferidas por sua legislação própria, terá a assistência de um Conselho Atuarial (C.At.), órgão de deliberação coletiva presidido pelo Diretor do Serviço, e constituído de 4 (quatro) chefes do mesmo Serviço, do seu representante no Instituto de Resseguros do Brasil (IRB) de 3 (três) atuários dos Institutos de Aposentadoria e Pensões, de 1 (um) atuário do Instituto de Previdência e Assistência dos Servidores do Estado (IPASE) e de 1 (um) atuário do Instituto de Resseguros do Brasil (IRB).

Parágrafo único. Os representantes das instituições de previdência social serão designados dentre os seus chefes de serviço atuarial.

Art. 98. Compete, ainda, ao Serviço Atuarial, ouvido o Conselho Atuarial:

A iniciativa, não nos olvidando das ações já implementadas pelo Ministério do Trabalho e Previdência Social, vai contribuir para efetivação de medidas com o propósito de buscar soluções para a solvabilidade dos fundos previdenciários, que hoje se veem vítimas de decisões imediatistas que prejudicam diretamente o servidor-segurado, desviam recursos e via transversa prejudicam a própria sociedade.

Infelizmente, a cultura previdenciária está longe de alçar voos promissores. O que se vê hodiernamente são congressos abarrotados de servidores comissionados, passageiros, que mudando governos vão para a iniciativa privada, em nada mais contribuindo para o serviço público. E pior: acabam atuando em desfavor da entidade pública que outrora o acolheu e remunerou.

O que temos visto é uma resistência enorme das instituições públicas em patrocinar capacitação para os seus servidores efetivos, via transversa, vemos com igual intensidade secretários e dirigentes viajando a todo instante para participar de congressos e cursos, fazendo uso de diárias como se fossem segundos contracheques. Para o servidor público efetivo é necessário todo um processo burocrático, o que não acontece com os cargos comissionados. Lamentavelmente o que vemos, muitas vezes, são gestores e servidores participando de congressos, mas esvaziando os auditórios, apáticos, preferindo fazer turismo a sugar aprendizado. E tudo com dinheiro público!

A educação previdenciária é, assim, relegada aos servidores passageiros, o que faz com que servidores efetivos nunca adquiram o pressuposto da multidisciplinaridade, que vem sendo exigida para o comando de um regime próprio, em todos os seus níveis, inclusive os de maior destaque.

Consciência e responsabilidade previdenciárias são uns dos principais paradigmas a serem mudados na Administração Pública moderna, e o papel do gestor é de suma importância nesse processo. O gestor deve ser o responsável por levar informação. Deve ser transparente, um agente multiplicador, e não um agente concentrador de informações. Observamos, ao longo de nossa experiência, servidores guardando informações, com receio de perder cargos e posições, esquecendo-se de que o grupo atua muito melhor quando coeso e que o Interesse Público deve ser a viga mestra das ações públicas.

A gestão previdenciária somente pode ser fortalecida quando o gestor se cerca de pessoas competentes, de notável saber previdenciário, capazes de auxiliá-los com eficácia. Para tal, devem ser capacitados, com aulas, com prática, com participação ativa em grupos de estudos.

Os eventos têm de ser constantes, direcionados não apenas aos dirigentes, mas abertos aos servidores, os grandes beneficiados e comandantes desse processo. O servidor deve entender sua aposentadoria não somente buscando regras, mas como funciona esse complicado sistema. E é complicado porque falta disseminação da cultura, num canal aberto, claro, conciso e com linguagem simples e direta.

A educação previdenciária é uma ferramenta em potencial para permitir às gerações futuras os ajustes que tanto necessitam os regimes próprios. É, portanto, uma ação de longo prazo, não imediatista. Contudo, traz benefícios tanto para os administradores como para os administrados, uma vez que capacitação é algo que se protrai no tempo, funciona de forma multiplicadora.

Conquanto não seja uma ação de frutos imediatos, a verdadeira e eficaz educação previdenciária tem sido relegada. Não se adquire cultura previdenciária com participações esporádicas em congressos e similares. Como dito, o tema é de alta complexidade, demanda tempo de aprendizado, que deve ser realizado de forma sistêmica e não fracionada. Não se aprende previdência pública com análise isolada de temas, uma vez que é um plexo de matérias que devem ser consideradas em conjunto. Não existe cultura previdenciária se não se dialoga com suas diversas e complexas matérias.

Devemos nos atentar para o fato que previdência pública é um plexo de ações e um complexo de matérias. Dito isso, temos que a educação previdenciária deve abordar conteúdos históricos e da atual conjuntura econômica/financeira/política/normativa/jurisprudencial, e não temas isolados, que informam, mas não educam.

Educação vai muito além de apenas informar. A educação traça diretriz a ser perseguida, define áreas de atualização, capacita, induz à pesquisa, ao pensamento crítico e ao desenvolvimento intelectual constante.

Não é sem motivo que recentemente o Ministério da Previdência (hoje MTPS) lançou um plano completo de ações a ser seguido pelas unidades gestoras únicas de RPPS, através da Portaria n. 185, de 14 de maio de 2015 (DOU de 15-5-2015), o Pró-Gestão, ao qual nos referimos no item 7.4.3. deste trabalho. O anexo da referida portaria traz expressamente que a educação previdenciária envolve: 1 - Plano de ação de capacitação. 2 - Ações de diálogo com os segurados e a sociedade.

Dessarte, sustentamos que a disseminação da cultura da previdência está bem longe do mínimo desejado. Reforçamos a ideia de que é necessário curso específico, em nível de bacharelado, com conteúdo curricular

---

I - determinar a realização de pesquisas estatísticas de interesse atuarial pelas instituições de previdência social, expedindo normas para sua execução;

II - expedir normas para as avaliações atuariais das instituições de previdência social e controlar sua execução;

III - estudar, do ponto de vista atuarial, os orçamentos das instituições de previdência social, rever cálculos de custos de riscos e de reservas e propor taxas de despesas administrativas, relativamente a essas instituições;

IV - controlar, sob o ponto de vista atuarial, a execução orçamentária das instituições de previdência social, examinando os balanços e propondo normas para a distribuição do "Fundo Comum da Previdência Social.

diferenciado. A educação à distância (EaD), possibilita um aprendizado de maneira mais ampla e pode ser uma das principais parceiras nesse projeto. A educação previdenciária, que não pode ser desatrelada da financeira, requer um processo continuado, permanente, com a formação de disseminadores, para atuação junto aos *Stakeholders*. É, portanto, integrante do planejamento estratégico.

A previdência privada tem investido, de forma maciça, na educação previdenciária, basta consultar o site da Associação Brasileira das Entidades Fechadas de Previdência Complementar (Abrapp).

Enquanto isso, na previdência pública, o rio vai secando...

CAPÍTULO 13 ▶ A NOVA PREVIDÊNCIA PÚBLICA

Amanhã!
Está toda a esperança
Por menor que pareça
Existe e é prá vicejar
Amanhã!
Apesar de hoje
Será a estrada que surge
Pra se trilhar
Amanhã!
Mesmo que uns não queiram
Será de outros que esperam
Ver o dia raiar
Amanhã!

Amanhã, Guilherme Arantes

13.1. IRRESPONSABILIDADE PREVIDENCIÁRIA

O grande presidente estadunidense Abraham Lincoln pontificou que "você não consegue escapar da responsabilidade de amanhã esquivando-se dela hoje." Toda razão lhe assiste e é nesse ponto fulcral que demandamos discorrer sobre a irresponsabilidade previdenciária.

As experiências nos mostram (infelizmente) que os governantes, em todas as esferas de governo, não têm tido a responsabilidade previdenciária desejada. A uma porque não entendem a complexa matéria, a duas porque culturalmente os recursos previdenciários sempre serviram como alívio para as contas públicas, e a três porque simplesmente entendem que recurso previdenciário é recurso disponível.

No que concerne à ocorrência de crimes no âmbito das unidades gestoras, pode-se afirmar que não se dá por falta de legislação repressiva. Como visto, existe uma gama farta de leis que coíbem as infrações penais. Contudo, a repercussão criminal ainda se mostra falha, sendo que na maioria das vezes é dirigida ao beneficiário de alguma espécie de benefício previdenciário. Mas quando se trata do gestor, faltam políticas de repreensão e controle.

Cotidianamente nos deparamos com notícias de fraudes à previdência, sem, entretanto, serem ressarcidos os valores desviados aos cofres públicos. Os fundos previdenciários são a segunda folha de pagamento do ente federativo, só ficando abaixo da folha dos servidores ativos.

Quando o Ministério Público ou a Polícia Civil entram em campo, é porque o ilícito já foi praticado. As ações de combate aos crimes devem ser preventivas, mais do que repressivas.

A incidência de crimes agride a sociedade, notadamente quando o Poder Público perde com investimentos importantes, como os das áreas de saúde, educação, assistência, segurança e infraestrutura. Para uma ideia, somente na Petrobras as investigações da Operação Lava Jato estimam um rombo de 6 bilhões de reais, o que vem comprometendo seriamente o Programa de Responsabilidade Social lançado pela empresa petroleira, uma vez que a atual política é de cortar gastos.

Lidar, diuturnamente, com altos valores, com contratos de grande porte, pode gerar esse sentimento descrito acima. A vontade de tirar um mínimo proveito, quando se tem nas mãos a decisão, é algo que se tornou corriqueiro no seio da sociedade. As "gorduras" nos contratos, requerida pelos gestores e ofertada por consultores inescrupulosos, não é fato raro.

O gestor, ao receber uma denúncia, deve encaminhá-la imediatamente para um setor que a cadastre. A análise do conteúdo deve ser feita por profissionais habilitados, da área jurídica. Com indícios de algum ilícito penal, devem ser processadas todas as informações disponibilizadas – registro de óbitos, cruzamento de dados, dados do servidor, registro de implantações, etc. Após a análise e disponibilização de dados, deve ser elaborado relatório circunstanciado, dependendo do caso, com apoio do pessoal da TI, que servirá de base para formulação da *notitia criminis* a ser encaminhada à Polícia Civil ou ao Ministério Público.

A gestão fraudulenta, aquela que usa o cargo para receber e oferecer vantagens indevidas, que desvia dinheiro, usa tráfico de influência, faz uso indevido de verba pública, etc., não pode ser perpetuada. Se não há vontade política, se faltam recursos, a coragem para enfrentar desafios deve ser a maior arma do gestor previdenciário.

Fraudes contra a previdência não é tema novo. Muito se fala em combatê-las, mas muito pouco se faz efetivamente. Há algum tempo nos deparamos com noticiários, não raras vezes em forma de escândalos, envolvendo fraudes no sistema previdenciário brasileiro, principalmente no que concerne à concessão, revisão e manutenção de benefícios e **gestão irresponsável** dos fundos previdenciários.

Tais condutas são lesivas ao patrimônio público, atingindo o cânone maior da Administração Pública, que é o Interesse Público. Ao se pagar benefício indevido, o Estado, além de engessar suas políticas públicas, estará tendo aumento do passivo gerado por insuficiências financeiras, o que nos afigura inconcebível. Resta indiscutível que por melhor que seja o plano de benefícios e o plano de custeio, aliados à natureza jurídica consolidada da unidade gestora única, não se alcançará o sucesso do regime previdenciário sem a mínima segurança de estar se pagando o que é realmente devido.

Não há como fechar os olhos para essa realidade. Ações Civis Públicas, em defesa do patrimônio público, proliferam nos tribunais. São escândalos e mais escândalos envolvendo essa área tão sensível da Administração Pública que é a previdência do servidor. Não há cumprimento da legislação.

Por ação ou omissão (por exemplo prolongar a vida de pagamentos indevidos), o gestor deve ser instado a devolver valores para os cofres públicos. Age por culpa aquele que negligencia de suas funções, não adotando medidas capazes ao menos de amenizar problemas. O gestor não deve ser omisso, deve atuar com habilidade, operacionalidade, habilidade, competência, aptidão, capacidade técnica, propriedade, coragem, força, veemência, fé e probidade. Aquele gestor de dantes, que apenas verificava de forma superficial e inoperante a concessão de benefícios, é coisa do passado. Hoje esse gestor tem que ser altivo e capaz de enfrentar problemas e buscar soluções. Pessoas limitadas emocionalmente e racionalmente não podem assumir função de tão grande relevância. Nem muito menos pessoas subservientes, que não têm vontade própria.

O prejuízo pela manutenção de gestores nas unidades gestoras, sem perfil para a função, é como dito, redito, pisado e repisado, da própria sociedade, que deixa de ter serviços públicos de qualidade, tendo em vista que os pagamentos das insuficiências financeiras deslocam os valores que poderiam ser empregados em áreas sociais e de desenvolvimento econômico.

A irresponsabilidade previdenciária sempre permeou a cabeça do governante, com uso indevido dos recursos previdenciários. Não há consciência de futuro, e sim de dar cumprimento a projetos em curto prazo, coincidente com o tempo do mandato.

Conquanto as premissas guardem verossimilhança, essa irresponsabilidade previdenciária tem levado regimes próprios a mais completa falência. E aqui não há que se falar da irresponsabilidade apenas do gestor, mas também dos chefes de poderes que não repassam as contribuições de seus servidores. Ainda podemos citar as instituições que são corporativistas, inclusive aqueles que são constitucionalmente investidas no dever de resguardar o princípio da legalidade.

Não existe norma ou cláusula de irresponsabilidade quando se cuidam de recursos públicos. Acaso previstas e compactuadas, são nulas de pleno direito. Como vimos, a legislação não protege o gestor de desvio de recursos públicos previdenciários por desídia e irresponsabilidade na condução dos mesmos. Ao contrário, essas ações são taxativamente rechaçadas.

Parece mesmo que a era da impunidade tende a terminar. Não há como o administrado ficar entregue à falta de idoneidade do administrador. Isso tem que ser passado.

13.2. RESPONSABILIDADE PREVIDENCIÁRIA

O vencedor do Nobel de Literatura de 1998, o grande escritor José Saramago, nos advertiu que: "somos a memória que temos e a responsabilidade que assumimos. Sem memória não existimos, sem responsabilidade talvez não mereçamos existir."

Coadunando com o mestre, afirmamos que ser responsável previdenciário quer dizer, no topo da viga mestra do tema, ser conduzido pela moral, pela ética, pela legalidade irrestrita, com proficiência de seu mister voltado para o cumprimento dos valores constitucionais atinentes às políticas sociais.

A ideia de atuação com responsabilidade previdenciária induz a própria ideia de existência saudável dos fundos previdenciários. Não é responsável previdenciário aquele que atua com desídia, com fórmulas imediatistas, com olhos no presente e não no futuro. A previdência social tem um olhar nas gerações futuras, não apenas na geração que está no momento inserida no seu amparo. A previdência é muito mais do que isso.

O responsável previdenciário é aquele que cumpre com o dever de arrecadar contribuições, conforme manda o sistema. É também aquele que emprega legalmente os recursos previdenciários, seja no mercado de capitais, seja blindando os fundos previdenciários de forma que não possam sofrer ingerências políticas.

É todo aquele que conhece não de forma superficial, mas percucientemente, as nuances e filigranas do sistema. Ou seja, ter a ousadia e coragem de mergulhar nas águas desse imenso oceano. O conhecimento é assim: vamos nos aprofundando, e a cada novo mergulho, desvendamos mais segredos, além de ver com os próprios olhos o que nos foi mostrado de forma oblíqua.

Adotando um conceito, é aquele que está a serviço do sistema, com multidisciplinariedade, com consciência dos seus atos, sabendo o que está assinando e por que está assinando. É aquele que entende por que aquele ou aqueloutro benefício deve ser concedido, da mesma forma, onde e quando devem ser aplicados recursos previdenciários. A multidisciplinaridade não é uma exigência apenas, é antes um dever de lealdade.

Para o grande físico Albert Einstein, "temos de fazer o melhor que podemos. Esta é a nossa sagrada responsabilidade humana." E somente conseguimos alcançar o pensamento do exponencial físico a partir do momento em que nos engajamos em nossos projetos, com respeito aos dogmas que compõem o sistema.

Ocorre que a natureza humana nem sempre condiz com essa realidade. Antônio Cláudio Mariz de Oliveira faz um excelente comentário acerca da curva ascendente do crime, em artigo publicado na revista *Visão Jurídica* assim. Senão vejamos:

> "Ao lado de nossas características e peculiaridades, um fator decisivo a partir de algumas décadas passou a impulsionar a curva ascendente do crime. Trata-se da cobiça. A valorização do ter, como fator de prestígio e de respeito social de um lado e o modelo que superestima o econômico, o financeiro, em detrimento do desenvolvimento humano do outro tornam vulneráveis e frágeis as barreiras entre o bem e o mal, entre o certo e o errado, o justo e o injusto, o lícito e o ilícito. A tênue linha divisória entre a ética e a sua negação passou a ser transposta com grande agilidade em nome da felicidade momentânea e do prazer de fácil alcance."[79]

Ao assumir funções relevantes dentro do aparato administrativo, deve o servidor responsável pela *res publica* ser investigado em seu caráter, de ser incorruptível, pois corruptores estão a solta, como velociraptores famintos, não importando a caça, desde que ela lhe seja vulnerável. O corruptor é um vampiro capaz de sugar até a última gota de idoneidade moral, apresentando projetos factoides, com a promessa de que o sistema repressivo é falho. Da premissa advém a constatação de que ser responsável exige conduta interna de caráter, de não ser atraído por promessas que, no âmago, têm o condão de desviar recursos, em detrimento da sociedade.

Várias faces da responsabilidade previdenciária estão expressamente regulamentadas pela Lei n. 9.717/1998, na medida em que a normativa exige comportamentos a serem adotados por aqueles que conduzem o sistema previdenciário. Também consta do todo o sistema repressivo de ações caracterizadas como má gestão, como vimos minuciosamente na Parte III do presente trabalho.

A primeira ideia que se deve ter é a de que a Administração Pública somente pode fazer o que a lei determina (princípio da legalidade estrita). Suas ações não derivam de manifestação de vontade, como nas relações entre os particulares (contrato). A subsunção à lei refere-se à observância do Princípio da Legalidade, que é um dos pilares de existência da Administração Pública, que restringe a atuação do gestor aos limites legalmente instituídos, de forma a resguardar o interesse público.

Insculpido no *caput* do artigo 37 da CF/88, o Princípio da Legalidade representa uma garantia para os administrados, pois qualquer ato da Administração Pública somente terá validade se respaldado em lei, e coíbe decisões teratológicas e abuso de poder. Para Celso Antônio Bandeira de Mello (2014), é o princípio capital para a configuração do regime jurídico-administrativo, que qualifica o Estado de Direito.

Denota-se dos argumentos que o gestor público deve agir no estrito cumprimento do seu dever institucional. Ao revés, não pode agir como se fosse dono da *res publica*, não podendo fazer o que lhe pareça mais cômodo e mais rentável. Somente o que é autorizado por lei tem eficácia de validade.

Necessário e urgente se faz a adoção de políticas que aumentem os níveis de eficiência, eficácia, efetividade e economicidade no seio das unidades gestoras. Para cumprimento do asseverado, o gestor tem que ter sob seu comando pessoas de confiança, servidores públicos efetivos, combatendo ingerências políticas, que acabam ocasionando despesas necessárias indevidas. Nesta exegese, temos que muitos cargos comissionados são desnecessários, posto que se dois cargos preenchidos por pessoas inaptas forem substituídos por um cargo a ser preenchido por pessoa apta, temos uma economia real de pagamentos de salários. E essa é mais uma faceta que pode ser demonstrada na avaliação analítica da auditoria. Não nos olvidando que a auditoria séria também é responsável pela capacitação dos atores que vão atuar na continuidade dos trabalhos.

As funções finalísticas de uma unidade gestora, numa enumeração não taxativa, como gestão, orçamento, finanças, execução de projetos, análise e operacionalização de

---

(79) Revista Visão Jurídica. Disponível em <http://revistavisaojuridica.uol.com.br/advogados-leis-jurisprudencia/33/artigo128087-1.asp>. Acesso em 22 de julho de 2015.

sistemas, controle da legalidade dos atos administrativos, devem ser exercidas por profissionais responsáveis e competentes, cuja designação, quando discricionária (cargos comissionados), deve ser do próprio gestor. É ele o maior responsável pelo bom andamento dos trabalhos, é ele quem conhece as demandas.

Não se está aqui querendo invadir a seara de competência do governante para investidura dos cargos em comissão postos à sua disposição. O que se está querendo perquirir é a forma como esses cargos devem ser preenchidos. Entendemos que o principal condutor das unidades gestoras e seus assessores diretos devem ser sabatinados, em audiências públicas, ao menos abertas aos segurados e seus dependentes. Os gestores e seus ascetas devem, antes de tudo, trazer segurança aos atores envolvidos nos regimes próprios de previdência. Neste grupo, devem estar também conselheiros (administrativos e fiscais) e os representantes dos comitês de investimento.

As funções, que parecem ser tolas sob o olhar da maioria, são na realidade de alta complexidade, não se aprendendo da noite para o dia. O gestor pode então questionar: o Estado/município não dispõe de pessoal capacitado para a função e não dispõe de recursos financeiros para contratações fora do âmbito de sua circunscrição. Entretanto, se não promover capacitação efetiva (e não apenas participações aleatórias em congressos, workshops, seminários e similares), a conversa "fiada" vai permanecer *ad eternum*.

O câncer que se instalou na previdência do serviço público somente vai começar a ser curado (fatores externos que não dependem do aqui falado, são responsáveis pela cura total) a partir do momento em que os seus gestores sejam efetivamente pessoas responsáveis, que lutam pela correta aplicabilidade das normas constitucionais e infralegais, que tenham coragem e aptidão para enfrentar os desafios do sistema.

Gestores que pensam em favoritismos, inclusive pessoais, não são incomuns no seio do Brasil. As partes diretamente envolvidas e as partes interessadas têm que aprender a repreendê-los, de forma ostensiva, sempre com o propósito de buscar a solvabilidade dos fundos.

E somente se combate com eficiência o que de fato se conhece. A educação previdenciária deve assim, ser vista como instrumento de efetiva transformação e construção de uma cultura previdenciária sólida e equilibrada.

Ao gestor cabe responsabilidade pela incidência de crimes, quer sejam dos previdenciários clássicos, quer sejam dos crimes que poderão ser praticados por este e por funcionários no âmbito da unidade gestora.

Cabe-lhe também a responsabilidade pela condução dos trabalhos, pela correta aplicabilidade das leis e dos atos administrativos, pela constatação de desvio de finalidade, abuso de poder, pagamentos indevidos, malversação do dinheiro público a que lhe afeta, investimentos desastrosos, enfim, por toda a gama de situações irregulares, ilegítimas e criminosas que possam ocorrer no âmbito das unidades gestoras. Como mencionado, o gestor dos dias atuais não é uma simples figura de comando, ele deve ser informado e ser cônscio acerca de todas as condutas dentro da instituição.

Pelo exposto, nossa conclusão é simples: responsabilidade previdenciária é atributo de servidor público efetivo, detentor de cargo público, que não se rende apressões políticas porque sabe que somente pode perder seu cargo por meio de processo administrativo disciplinar, onde lhe deve ser assegurado contraditório e ampla defesa. Responsabilidade funcional vai na contramão com o medo de perder cargo comissionado.

13.3. CORRUPÇÃO: OPRESSÃO DE UM POVO

Cientistas políticos dos mais altos níveis têm pregado que a corrupção é inerente ao sistema econômico capitalista (meios de produção, decisões sobre oferta e procura e investimentos à cargo da iniciativa privada). Não coadunamos com essa ideia. A corrupção tem sido vista também em outros sistemas e formas de governo. Tem sido vista em governos ditatoriais (supremacia do poder executivo, em que se suprimem ou restringem os direitos individuais), socialistas (coletivização dos meios de produção e de distribuição, mediante a supressão da propriedade privada e das classes sociais), comunistas (propriedade coletiva dos meios de produção), etc.

A corrupção é intrínseca ao caráter da pessoa, é um mal, um câncer da sociedade. Tudo bem: sempre existiu. Mas a história tem nos mostrado que a corrupção estagna economias, oprime o povo, traz misérias, fome e desesperança.

O visionário escritor Aldous Huxley, que nos presenteou com seu *Admirável Mundo Novo*, nos advertiu que "talvez a maior lição da história seja que ninguém aprendeu as lições da história." Apesar da tristeza contida na frase, não lhe retiramos a razão.

A corrupção impede a adoção de políticas públicas saudáveis, impede o desenvolvimento econômico. No plano da previdência pública, impede o avanço de políticas salariais justas, traz desconfiança nos sistemas, não permite uma reposição de renda adequada. Afeta diretamente o bem-estar geral, diminui investimentos em áreas sensíveis, como educação, saúde, segurança pública, infraestrutura e a própria previdência.

O que temos hoje é um sistema de saúde falido, que afetou inclusive planos particulares, com hospitais sem medicamentos básicos, com falta de leitos, com pessoas morrendo em filas aguardando um tratamento; uma educação desastrosa, com escolas sucateadas e professores com salários que mal dão para sobrevivência mínima e digna; uma segurança pública que não evita crimes, que traz insegurança pública; paralisação de obras básicas e uma previdência preocupante e com discurso que não vai se sustentar em breve espaço de tempo.

Via transversa, nunca na história do país a busca por responsáveis foi tão aberta. Tem-se procurado formas mais eficazes de combatê-la, de expurgá-la, com a certeza de que afeta diretamente a vida da sociedade, na medida em que estagna investimentos, traz insegurança, incredulidade e fere de morte a ordem jurídica.

Não é um mal apenas de políticos, uma vez que tem se mostrado presente no Poder Executivo e no Poder Judiciário (vendas de sentenças, por exemplo). A corrupção alcança todos os níveis e tipos de pessoa, basta ver noticiários.

Para o economista e professor Robert Klitgaard, a corrupção é um crime de cálculo e não de paixão (KLITGAARD, 1994). De acordo com a teoria defendida por ele, a corrupção envolve principalmente três variáveis: a oportunidade para ocorrer o ato ilegal, a chance de a ação corrupta ser descoberta e a probabilidade de o autor ser punido.

Graciliano Ramos, o grande escritor alagoano, quando era prefeito do município de Palmeira dos Índios, proclamava: "há quem não compreenda que um ato administrativo seja isento de lucro pessoal." Com certeza o renomado escritor lia Platão e concordava com as ideias introduzidas pelo filósofo grego ao retratar o pensamento de seu mestre Sócrates. Infelizmente parece que os indivíduos de hoje têm preguiça de aprender com as lições da história, o que envolve as ideias básicas sobre administração pública.

Rui Barbosa foi outro grande defensor da administração pública ética: "de tanto ver triunfar as nulidades, de tanto ver prosperar a desonra, de tanto ver crescer a injustiça, de tanto ver agigantarem-se os poderes nas mãos dos maus, o homem chega a desanimar da virtude, a rir-se da honra, a ter vergonha de ser honesto."

George Sarmento acentuou as ideias, na medida em que entende ser "a corrupção nos setores públicos um dos males que assolam as nações contemporâneas, mas que no Brasil tem assumido conotações surpreendentes e desalentadoras"[80].

O tal do "jeitinho brasileiro", e da máxima proclamada do "rouba mais faz" não são senão formas oblíquas que buscam sustentar a corrupção no seio do serviço público, ou seja, como forma de maquiar o não cumprimento do ordenamento jurídico brasileiro, criando um total desrespeito aos princípios constitucionais. São formas oblíquas na medida em que se apoiam em interpretações que refogem ao âmbito da hermenêutica e que buscam "legalizar" o que não pode ser legalizado, por ser antiético e contrário ao interesse social.

A ministra Carmem Lúcia Antunes Rocha assevera que "os políticos brasileiros herdaram da colonização portuguesa, dentre outras coisas, esta sífilis política que é a voluntarização do seu desempenho no espaço governamental, a particularização do poder e a conversão dos palácios em suas casas, sem lei que não a do seu próprio interesse e a da sua própria vontade"[81].

Fato é que o Brasil não adotou como prática a impessoalidade no serviço público, o que fez com que o público e o privado se fundissem e se confundissem, transformando a corrupção numa prática escusável.

Conquanto o devaneio ainda permanece, fato é que se tem buscado, através de maneiras mais eficazes, o combate à corrupção. Mas as medidas repressivas não são bastante em si mesmas. Uma nação precisa educar seu povo. Somente um povo educado com ética, com respeito à coisa pública, com moral e bons costumes, é capaz de conduzir uma nação ao desenvolvimento.

13.4. INEFICIÊNCIA COMO ATO DE CORRUPÇÃO

A eficiência no serviço público é hoje um dos cânones norteadores da Administração Pública. Introduzido no corpo da Constituição Federal de 1988, pela EC 19/2003, o princípio da eficiência é hoje um dos fundamentos para a qualidade dos serviços públicos a serem prestados aos administrados.

Ser eficiente passou a ser um dever constitucional, um dever de probidade para com a *res publica*. O atual modelo de gerenciamento assim exige. A palavra de ordem é eficiência. As instituições devem ser menos burocráticas, atingindo suas metas de forma eficaz, respondendo, assim, aos anseios da sociedade atual.

Por muito tempo o conceito de gestor se confundiu com autoritarismo. Ser gestor simplesmente significava estar no topo da cadeia hierárquica. Hoje temos que o conceito de gestor é bem mais amplo, no sentido de ser a pessoa que age com fincas em quatro pilares: **planejamento, organização, liderança e controle**.

Vale destacar que previdência pública não deve ser vista apenas como tema de arrocho fiscal. Entram novos secretários da Fazenda e da gestão pública e lá vêm mudanças legislativas, capitaneadas pelo velho discurso de que a previdência é deficitária e que governo esse ou aqueloutro não conseguiram fechar as contas. Tudo bem, a razão está com eles mesmo. Mas, noutro raio de ações, os cargos comissionados são trocados, a entidade que começava a andar tem as pernas quebradas (e por que não dizer braços, costelas, enfim, toda a estrutura de sustentação?). Se aquele diretor, assessor ou coordenador não

---

(80) SARMENTO, George. Aspectos da investigação dos atos de improbidade administrativa. Revista do Ministério Público: Alagoas. n. 1, jan./jun. Maceió: MPE/AL, 1999. p. 91.

(81) ROCHA, Carmem Lúcia Antunes. O Ministério Público, os movimentos sociais e os poderes públicos na construção de uma sociedade democrática. Boletim de Direito Administrativo, n. 8, ago./1998. p. 499.

estava trabalhando a contento dentro da área específica, mas adquiriu experiência e conhecimento, é sumariamente substituído, sem que suas capacidades possam ser aproveitadas em outra área. É a rotatividade nefasta que é inimiga da eficiência.

Como disse o especialista em administração pública Denis Alcides Rezende, citado por nós no capítulo VI, "o investimento público é perdido duas vezes."

Não há como conceder uma unidade gestora com cada vez mais funcionários externos, temporários e com dedicação parcial. A própria Constituição Federal diz expressamente no inciso V do seu artigo 37, na redação dada pela EC n. 19/98, que "as funções de confiança, exercidas exclusivamente por servidores ocupantes de cargo efetivo, e os cargos em comissão, a serem preenchidos por servidores de carreira nos casos, condições e percentuais mínimos previstos em lei, destinam-se apenas às atribuições de direção, chefia e assessoramento."

Vê-se que o próprio legislador ordinário teve a preocupação com o preenchimento de cargos em comissão, que, conforme a redação do dispositivo mencionado, dá preferência à ocupação de cargos comissionados aos servidores efetivos.

Também preocupou-se o legislador ordinário em 1998 que "a União, os Estados e o Distrito Federal devem manter escolas de governo para a formação e o aperfeiçoamento dos servidores públicos, constituindo-se a participação nos cursos um dos requisitos para a promoção na carreira, facultada, para isso, a celebração de convênios ou contratos entre os entes federados." (CF, art. 39, § 2º, na redação dada pela EC n. 19/98).

Conjugando-se as duas premissas, temos que é totalmente cabível a tese aqui por nós defendida e que se encontra aliada aos novos conceitos de gestão pública. Os cargos em comissão, em sua quase totalidade, no âmbito das unidades gestoras de RPPS, devem ser preenchidos por servidores públicos, que têm a garantia constitucional de ter sua especialização e aperfeiçoamento.

Antes de se exonerar servidores públicos efetivos que estejam no exercício de cargos comissionados, porque os governantes não procedem à avaliação periódica de desempenho – APED? Pelo simples fato de que interessa mais investir em parentes, cabos eleitorais e indicativos políticos do que investir no servidor detentor de cargo público.

A APED é o instrumento utilizado periodicamente para a aferição dos resultados alcançados pela atuação do servidor público efetivo, no exercício de suas funções, segundo parâmetros de qualidade do exercício funcional. Apesar da sua importância, a APED não é usada, muitas das vezes, sequer conhecida.

A Constituição Federal prevê a APED em dois momentos: perda do cargo após a estabilidade ou como condição para a aquisição da estabilidade. (CF/88, art. 39, § 1º, III e § 4º). É a expressão da eficiência.

Não se está aqui querendo que cargos em comissão sejam eternizados. Não se trata disso. A rotatividade, quando feita de forma responsável, é salutar. O que se combate é a perda de talentos, é o dinheiro público que se gasta com capacitação e depois não é devidamente aproveitado.

Também não se está querendo discutir a liberdade do governante em nomear pessoas de sua estrita confiança. O que se deseja efetivamente mostrar é que essa liberdade tem limites, na medida em que primeiro deve ser atendido o interesse público, e atender ao interesse público quer dizer colocar as pessoas certas nos lugares certos. A perda de talentos é hoje um dos principais motivos que induzem o servidor público a busca uma aposentadoria precoce ou fazer outro concurso público.

Sobre a importância da APED, leciona Igor Caldas que "a avaliação periódica de desempenho, no plano ideal, caracteriza-se como uma importante ferramenta de aprimoramento dos recursos humanos da Administração Pública. Se efetivamente não existissem interesses obscuros quanto à institucionalização de tal procedimento, certamente, com uma outra abordagem, o serviço público sairia ganhando no pós-reforma administrativa de 1998, dando um salto na busca pela eficiência."[82] Ressalta o autor que um dos principais objetivos da avaliação é o levantamento de informações dos servidores, quanto à sua eficiência diante do serviço público. Infelizmente a EC n. 19/98 não cuidou da verificação do desempenho do servidor comissionado, o que deveria tê-lo feito. A avaliação de desempenho deve ser uma ferramenta a ser usada em todos os setores de recursos humanos na Administração Pública.

A afirmativa mais condizente com a realidade é de que o servidor público efetivo não é valorizado. Os diários oficiais (da União, dos Estados e do Municípios), cotidianamente publicam diárias, passagens aéreas, inscrição em congressos e similares para servidores temporários: que no futuro nenhum retorno darão à Administração Pública que os capacitou.

O ex-ministro Bresser Pereira, um dos protagonistas da reforma gerencial do Estado, deixou registrado que "existe em Brasília um verdadeiro mercado de DASs[83], por meio do qual os ministros e altos administradores públicos, que dispõem dos DASs, disputam com essa moeda os melhores funcionários brasileiros. Se for concretizado o plano, ainda em elaboração, de reservar de forma crescente os DASs para servidores públicos, o sistema de DAS, que hoje já é um fator importante para

---

(82) CALDAS, Igor Lúcio Dantas Araújo. A avaliação periódica de desempenho do servidor público estável. Efeitos do princípio da eficiência sobre o desempenho do servidor público. Disponível em <http://www.ambito-juridico.com.br/site/index.php?n_link=revista_artigos_leitura&artigo_id=9259>. Acesso em 31 de julho de 2015.

(83) Cargos de Direção e Assessoramento Superior – DAS.

o funcionamento da administração pública federal, transformar-se-á em um instrumento estratégico da administração pública gerencial."(84)

O doutor em Antropologia Social da Universidade Federal do Rio de Janeiro, especialista em Gestão de Políticas Públicas de Cultura pela Universidade de Brasileira, Marcelo Gruman, faz a seguinte análise crítica:

"A expressão 'cargo de confiança', porque 'confiança' diz respeito ao mundo da 'casa', do compadrio, das relações íntimas e pessoais, e a administração pública gerencial deve ser regida pelos princípios da eficácia, eficiência, imparcialidade, impessoalidade, objetividade e transparência. Pouco deveria importar se o funcionário que assessora este ou aquele diretor, coordenador, gerente ou presidente de instituição pública é seu conhecido, de seu círculo de amizades ou mesmo de seu círculo profissional. **Importa sim se é competente e, caso seja, se foi selecionado dentre outros tão capacitados quanto**. Quantas vezes ouvimos ocupantes de cargos públicos justificarem a contratação de parentes e amigos pelo critério da confiança? Confiança DELE, não necessariamente da sociedade, que lhes paga o salário.

Atrevo-me a dizer que os **'cargos de confiança' são antes um instrumento político que instrumento estratégico**, como gostaria que fosse o ex-ministro Bresser Pereira. E, por ser político, não são exclusividade deste ou daquele partido, desta ou daquela ideologia, deste ou daquele Ministério. **São um anacronismo, não condizente com o discurso modernizador do Estado gerencial, reprodução de práticas de uma época em que a população se revoltava contra a vacina. A sociedade brasileira precisa decidir que tipo de Estado quer: eficiente, universalista, cidadão ou patrimonialista, personalista, novecentista.**

A solução mais 'republicana', como virou moda dizer, é a realização de concursos públicos com salários atraentes e oferecimento permanente de cursos de especialização aos funcionários públicos de carreira que devem, numa administração gerencial, estar preparados para atender ao cidadão, seu público-alvo. E, claro, a extinção dos cargos de confiança."(85) (Sem os grifos no original).

Concordamos em gênero, número e grau com o especialista. Vale ainda colacionar a pesquisa trazida à baila por Gruman, exemplificando sua teoria: segundo a Pesquisa de Informações Básicas dos Estados publicada pelo IBGE, entre 2012 e 2013, enquanto o número geral de servidores nas administrações direta e indireta nas 27 unidades da Federação caiu 0,3% – totalizando pouco mais de 3,1 milhões em todo o país –, a soma de funcionários em comissão cresceu 9,9%. O levantamento levou em consideração apenas o Executivo estadual. Somente na administração direta houve aumento de 12,3% na quantidade de comissionados, enquanto na indireta, que considera autarquias, fundações, empresas públicas e sociedades de economia mista, o crescimento foi de 3,9%. Levando os dois tipos de administração em conta, os governos dos Estados criaram 10.386 cargos no período de um ano. Na média, cada governador nomeou uma pessoa por dia. No governo federal, ocorreu o mesmo fenômeno. Quando olhamos os dados do Portal da Transparência do Governo Federal, verificamos que o Poder Executivo federal, no ano de 2013, tinha 22.692 comissionados, contra 22.395 no ano anterior, o que representa um aumento de 1,32% em relação ao ano anterior, uma média de quase um funcionário por dia. A título de comparação: nos Estados Unidos, este número é de quatro mil; no Reino Unido, trezentos; na França e na Alemanha, quinhentos. (GRUMAN, 2014).

Para aqueles que têm uma mínima noção de previdência pública, por ela tem uma paixão acadêmica irrefreável e é segurado do sistema, como nós, são inadmissíveis práticas de nomeação nos cargos em comissão no âmbito das Unidades Gestoras, sem critérios objetivos. Como sugere Gruman, porque não é feita uma seleção, dentre aqueles que se apresentam capacitados para o mister? Por que o investimento não é para o servidor público efetivo?

O prejuízo pela manutenção de gestores e servidores nas unidades gestoras de regimes próprios de previdência, sem perfil para a função, é como dito, redito, pisado e repisado, da própria sociedade, que deixa de ter serviços públicos de qualidade, tendo em vista que os pagamentos suportados pelos tesouros, oriundos de insuficiências financeiras, deslocam recursos que poderiam ser empregados em áreas sociais e de desenvolvimento econômico.

Urge necessário e urgente a adoção de políticas que aumentem os níveis de eficiência, eficácia, efetividade e economicidade no seio das unidades gestoras. O gestor deve ter sob seu comando pessoas de confiança, mas comprovadamente capacitadas. A nomeação de pessoas alhures à complexidade da matéria acaba por ocasionar despesas desnecessárias, tendo em vista que a pessoa terá de ser capacitada, e capacitação exige dispêndio de recursos públicos.

Neste contexto, a dupla capacitação, com desperdício de recursos públicos, não pode ser vista senão como um ato de corrupção. E assim o é porque o governante estará usando dinheiro público para capacitar e promover um "aliado político", em detrimento do servidor público efetivo, o verdadeiro propulsor da máquina administrativa.

Também pratica ato de corrupção aquele servidor comissionado que tem ciência da sua limitação e aceita ser remunerado pelos cofres públicos, como se cargo em comissão fosse apenas um emprego temporário sem maiores exigências.

---

(84) BRESSER PEREIRA, Luiz Carlos. Da administração pública burocrática à gerencial. Revista do Serviço Público, janeiro-abril. Brasília: ENAP, 1996.
(85) GRUMAN, Marcelo. Cargos comissionados: até quando? Disponível em <http://www.brasil247.com/pt/247/artigos/151210/Cargos-comissionados-at%C3%A9-quando.htm>.Acesso em 31 de julho de 2015

A desídia funcional, ou seja, a indolência, a propensão à preguiça, à ociosidade, e a falta de atenção, de zelo para com a coisa pública, é um ato de negligência, seja por omissão ou por ação. O ineficiente é um desidioso e como tal deve ser tratado com um corrupto, na medida em que o dinheiro público está sendo desviado de seu propósito.

Não há espaço na Administração Pública moderna para servidores que não se empenham em cumprir suas funções. Nenhum espaço há para pessoas nomeadas, estranhas ao serviço público, que vão "figurar" nos quadros do serviço público sem contudo terem competência comprovada para tal.

Dando continuidade ao nosso assunto específico, temos que as funções finalísticas de uma unidade gestora devem ser exercidas por profissionais responsáveis e competentes, cuja designação, quando discricionária (cargos comissionados), deve atender a um mínimo de requisitos.

As funções são de alta complexidade, não se aprendendo da noite para o dia. O sistema previdenciário, como exaustivamente analisado, é um plexo de competências e ações que demanda tempo de aprendizado. E por assim ser, defendemos a necessidade de criação de um curso de graduação específico na área de seguridade social, envolvendo todas as matérias específicas, de maneira a proporcionar um grau mais elevado de segurança ao governante, quando de sua escolha discricionária. Ou seja, ao atender partidos políticos que se aliaram para elegê-lo, terá como linha de ação para nomeações o fato de existir no mercado pessoas que foram adequadamente capacitadas para o mister.

A tendência é essa. E é uma tendência a ser seguida em todos os setores da Administração Pública.

Frise-se que ineficiência é fruto de nepotismo, uma prática que entendemos como criminosa e da qual nos reportamos em tópico próprio.

13.4.1. Código Internacional de Conduta do Servidor Público

Entende Medina Osório que a Lei de Improbidade Administrativa é um verdadeiro Código Geral de Conduta, uma vez que a norma tipifica os atos de improbidade administrativa e comina sanções. Para o renomado autor, o combate aos corruptos e corruptores têm assumido facetas multifacetárias, com expansão veloz nos processos de corrupção, tendo relação direta com a inexperiência funcional. Segundo Medina:

"A corrupção se descreve, em geral, não só na literatura especializada – e aqui temos possibilidade de fazer referência global a um importante e sólido conjunto de doutrinas -, como também nos escritos do Banco Mundial e do Fundo Monetário Internacional, como toda aquela ação ou omissão do agente público que o leva a desviar-se dos deveres formais e materiais de seu cargo, com o objetivo de obter benefícios privados, que podem ser pecuniários, políticos ou de posição social, assim como qualquer utilização em benefício pessoal ou político de informação privilegiada, influências, atribuições públicas ou oportunidades. [...] É possível dizer, insista-se nisso, que a corrupção pública, por seu significado de alta podridão moral, não inclui a repressão a todos os atos de desonestidade dos servidores públicos ou dos cidadãos, nem sequer todos os atos de grave desonestidade funcional. [...] As relações entre corrupção pública e ineficiência funcional são muito estreitas e profundas, ao ver de grandes expertos italianos. [...] O reflexo negativo desse processo se percebe no enfraquecimento dos regimes de responsabilidades pessoais, consagrando-se, crescentemente, uma espécie de quase-anonimato no qual o sujeito se esconde atrás do Estado, que fica responsável – como numa estrutura paternalista – por todos os prejuízos."[86]

No entanto a eficiência, dada sua importância, mereceu tratamento globalizado. As Nações Unidas, por ocasião de sua Assembleia Geral em 2003, oportunidade em que foi promulgada a Convenção contra a Corrupção, dedicou capítulos para falar sobre as responsabilidades do servidor público, como também elaborou o Código Internacional de conduta do funcionário público.

O Brasil, internamente, promulgou a Convenção através do Decreto n. 5.687, de 31 de janeiro de 2006, considerando que o Congresso Nacional aprovou o texto da Convenção das Nações Unidas contra a Corrupção, por meio do Decreto Legislativo n: 348, de 18 de maio de 2005; que o governo brasileiro ratificou a citada Convenção em 15 de junho de 2005 e que a Convenção entrou em vigor internacional, bem como para o Brasil, em 14 de dezembro de 2005.

No Decreto de promulgação, ficou assentado, no seu artigo 1º, que:

A Convenção das Nações Unidas contra a Corrupção, adotada pela Assembléia-Geral das Nações Unidas em 31 de outubro de 2003 e assinada pelo Brasil em 9 de dezembro de 2003, apensa por cópia ao presente Decreto, será executada e cumprida tão inteiramente como nela se contém. E por sua vez, no artigo 2º, que são sujeitos à aprovação do Congresso Nacional quaisquer atos que possam resultar em revisão da referida Convenção ou que acarretem encargos ou compromissos gravosos ao patrimônio nacional, nos termos do art. 49, inciso I, da Constituição Federal.

Nos termos da convenção, entende-se por funcionário público: i) toda pessoa que ocupe um cargo legislativo, executivo, administrativo ou judicial de um estados-partes, já designado ou empossado, permanente ou temporário, remunerado ou honorário, seja qual for o tempo dessa pessoa no cargo; ii) toda pessoa que desempenhe uma função pública, inclusive em um organismo público ou

---

(86) OSÓRIO, Fábio Medina. Teoria da Improbidade Administrativa: Má gestão pública, Corrupção, Ineficiência. 3. ed. São Paulo: Atlas, 2013. p. 83.

numa empresa pública, ou que preste um serviço público, segundo definido na legislação interna do estados-partes e se aplique na esfera pertinente do ordenamento jurídico desse estados-partes; iii) toda pessoa definida como "funcionário público" na legislação interna de um estado– parte. Não obstante, aos efeitos de algumas medidas específicas incluídas no Capítulo II da presente Convenção poderá entender-se por "funcionário público" toda pessoa que desempenhe uma função pública ou preste um serviço público segundo definido na legislação interna do estados-partes e se aplique na esfera pertinente do ordenamento jurídico desse estado–parte.

A Convenção tem como valores essenciais promover e fortalecer as medidas para prevenir e combater mais eficaz e eficientemente a corrupção; promover, facilitar e apoiar a cooperação internacional e a assistência técnica na prevenção e na luta contra a corrupção, incluída a recuperação de ativos, e promover a integridade, a obrigação de render contas e a devida gestão dos assuntos e dos bens públicos.

O Código Internacional de Conduta para os Funcionários Públicos, incluso na Convenção, expressamente diz que o servidor público (de qualquer nível e hierarquia), tem a obrigação inconteste de atuar a favor do interesse público. No Código, o servidor público não deve responder apenas por suas ações e omissões, mas também por sua desídia, por ser ineficiente (logicamente respeitados os limites toleráveis da falibilidade humana). É uma mudança de paradigma, uma vez que não se pensava no servidor sendo responsabilizado por ineficiência.

Para melhor análise do conteúdo teórico, merece destaque os artigos 7 e 8, da Convenção, tendo sido o Código de conduta inserido no segundo dispositivo:

Artigo 7
Setor Público

1. Cada Estado Parte, quando for apropriado e de conformidade com os princípios fundamentais de seu ordenamento jurídico, procurará adotar sistemas de convocação, contratação, retenção, promoção e aposentadoria de funcionários públicos e, quando proceder, de outros funcionários públicos não empossados, ou manter e fortalecer tais sistemas. Estes:

a) Estarão baseados em princípios de eficiência e transparência e em critérios objetivos como o mérito, a eqüidade e a aptidão;

b) Incluirão procedimentos adequados de seleção e formação dos titulares de cargos públicos que se considerem especialmente vulneráveis à corrupção, assim como, quando proceder, a rotação dessas pessoas em outros cargos;

c) Fomentarão uma remuneração adequada e escalas de soldo eqüitativas, tendo em conta o nível de desenvolvimento econômico do Estado Parte;

d) Promoverão programas de formação e capacitação que lhes permitam cumprir os requisitos de desempenho correto, honroso e devido de suas funções e lhes proporcionem capacitação especializada e apropriada para que sejam mais conscientes dos riscos da corrupção inerentes ao desempenho de suas funções. Tais programas poderão fazer referência a códigos ou normas de conduta nas esferas pertinentes.

2. Cada Estado–parte considerará também a possibilidade de adotar medidas legislativas e administrativas apropriadas, em consonância com os objetivos da presente Convenção e de conformidade com os princípios fundamentais de sua legislação interna, a fim de estabelecer critérios para a candidatura e eleição a cargos públicos.

3. Cada Estado-parte considerará a possibilidade de adotar medidas legislativas e administrativas apropriadas, em consonância com os objetivos da presente Convenção e de conformidade com os princípios fundamentais de sua legislação interna, para aumentar a transparência relativa ao financiamento de candidaturas a cargos públicos eletivos e, quando proceder, relativa ao financiamento de partidos políticos.

4. Cada Estado Parte, em conformidade com os princípios de sua legislação interna, procurará adotar sistemas destinados a promover a transparência e a prevenir conflitos de interesses, ou a manter e fortalecer tais sistemas.

Artigo 8
Códigos de conduta para funcionários públicos

1. Com o objetivo de combater a corrupção, cada Estado Parte, em conformidade com os princípios fundamentais de seu ordenamento jurídico, promoverá, entre outras coisas, a integridade, a honestidade e a responsabilidade entre seus funcionários públicos.

2. Em particular, cada Estado-parte procurará aplicar, em seus próprios ordenamentos institucionais e jurídicos, códigos ou normas de conduta para o correto, honroso e devido cumprimento das funções públicas.

3. Com vistas a aplicar as disposições do presente Artigo, cada Estado Parte, quando proceder e em conformidade com os princípios fundamentais de seu ordenamento jurídico, tomará nota das iniciativas pertinentes das organizações regionais, interregionais e multilaterais, tais como o Código Internacional de Conduta para os titulares de cargos públicos, que figura no anexo da resolução 51/59 da Assembléia Geral de 12 de dezembro de 1996.

4. Cada Estado-parte também considerará, em conformidade com os princípios fundamentais de sua legislação interna, a possibilidade de estabelecer medidas e sistemas para facilitar que os funcionários públicos denunciem todo ato de corrupção às autoridade competentes quando tenham conhecimento deles no exercício de suas funções.

5. Cada Estado-parte procurará, quando proceder e em conformidade com os princípios fundamentais de sua legislação interna, estabelecer medidas e sistemas para exigir aos funcionários públicos que tenham declarações às autoridades competentes em relação, entre outras coisas, com suas atividades externas e com empregos, inversões, ativos e presentes ou benefícios importantes que possam das lugar a um conflito de interesses relativo a suas atribuições como funcionários públicos.

6. Cada Estado-parte considerará a possibilidade de adotar, em conformidade com os princípios fundamentais de sua legislação interna, medidas disciplinares ou de outra índole contra todo funcionário público que transgrida os códigos ou normas estabelecidos em conformidade com o presente Artigo.

Na Resolução da Assembleia Geral das Nações Unidas A/RES/51/57, de 12 de dezembro de 1996, por ocasião da 82ª reunião plenária da ONU, ficou registrado que:

"1. Um cargo público, como definido pela lei nacional, é um cargo de confiança, implicando um dever de atuar segundo o interesse público. Portanto, a lealdade fundamental dos funcionários públicos é para com o interesse público do seu país como expresso através das instituições democráticas de governo.

2. Os funcionários públicos deverão garantir que cumprem os seus deveres e funções de um modo eficiente, eficaz e com integridade, em conformidade com

a legislação ou com as políticas administrativas. Deverão procurar em todas as circunstâncias que os recursos públicos pelos quais são responsáveis sejam administrados da forma mais eficaz e eficiente possível.

3. Os funcionários públicos deverão ser atenciosos, justos e imparciais no desempenho das suas funções e particularmente nas suas relações com o público. Não deverão, em momento algum, conceder qualquer tratamento preferencial a qualquer grupo ou indivíduo ou discriminar impropriamente qualquer grupo ou indivíduo, ou de outro modo abusar do poder e autoridade em si investidos.

4. Os funcionários públicos não deverão utilizar a sua autoridade oficial para benefício indevido dos seus interesses ou dos interesses pessoais ou financeiros das suas famílias. Não participarão em qualquer transação, adquirirão qualquer cargo ou função ou terão qualquer interesse financeiro, comercial ou outro interesse comparável que seja incompatível com o cargo, funções e deveres ou com as obrigações decorrentes.

5. Os funcionários públicos, na medida exigida pelos seus cargos, deverão declarar, em conformidade com a legislação ou políticas administrativas, os seus interesses empresariais, comerciais e financeiros ou atividades realizadas para ganhos financeiros que possam constituir um possível conflito de interesses. Em situações de conflito de interesses possível ou de percepção da sua existência entre os deveres e os interesses privados dos funcionários públicos, os mesmos cumprirão as medidas estabelecidas para reduzir ou eliminar tal conflito de interesses.

6. Os funcionários não deverão, em momento algum, utilizar impropriamente dinheiros, propriedades, serviços ou informações adquiridas no cumprimento, ou como resultado, dos seus deveres oficiais para atividades não relacionadas com as suas funções oficiais.

7. Os funcionários públicos deverão cumprir com as medidas estabelecidas por lei ou pelas políticas administrativas de modo a que após abandonarem os seus cargos oficiais não venham a tirar partido indevido do seu cargo anterior.

8. Os funcionários públicos deverão, de acordo com os seus cargos e conforme permitido ou exigido legalmente e pelas políticas administrativas, cumprir com os requisitos de declarar ou divulgar os ativos e passivos pessoais, assim como, se possível, os dos seus cônjuges e/ou dependentes.

9. Os funcionários públicos não deverão solicitar ou receber directa ou indiretamente qualquer oferta ou outro favor que possa influenciar o exercício das suas funções, o cumprimento dos seus deveres ou o seu discernimento.

10. Assuntos de natureza confidencial na posse de funcionários públicos deverão ser mantidos como confidenciais a menos que a legislação nacional, o cumprimento do dever ou as necessidades de justiça exijam estritamente o contrário. Tais restrições também se deverão aplicar após saída da função pública.

11. A atividade política ou outra de funcionários públicos que se situe fora do âmbito dos seus cargos não deverá, em conformidade com a legislação e as políticas administrativas, ser tal que limite a confiança no cumprimento imparcial das suas funções e deveres."

O Conselho da Europa, por meio do Comitê de Ministros dos Estados-membros, anexou à Recomendação n. R 2000, o seu código de conduta a ser aplicado a todos os funcionários públicos. Pelo código europeu, considera-se funcionário público toda pessoa empregada por uma autoridade pública, bem que todas as disposições constantes no código também se poderão aplicar a pessoas empregadas em organizações privadas que desempenhem serviços públicos. O objetivo do código europeu é especificar as normas de integridade e conduta a observar pelos funcionários públicos, para os auxiliar a cumprir essas normas e para informar o público da conduta cujo cumprimento por parte dos funcionários públicos podem esperar. O funcionário público deverá cumprir os seus deveres em conformidade com a legislação e com as instruções e normas éticas legais que se relacionam com as suas funções. Deverá atuar de forma politicamente neutra e não deverá tentar frustrar as políticas, decisões ou ações legítimas das autoridades públicas. Vale destacar alguns artigos do código europeu:

Artigo 5º
1. O funcionário público tem o dever de servir lealmente a autoridade nacional, local ou regional legitimamente constituída.

2. Espera-se que o funcionário público seja honesto, imparcial e eficiente e que cumpra os seus deveres até ao máximo das suas capacidades com competência, justiça e compreensão, no respeito exclusivo pelo interesse público e pelas circunstâncias relevantes do caso.

3. O funcionário público deverá ser cortês tanto nas suas relações com os cidadãos que serve, como nas relações com os seus superiores, colegas e pessoal subordinado.

Artigo 6º No cumprimento dos seus deveres, o funcionário público não deverá agir arbitrariamente para detrimento de qualquer pessoa, grupo ou organismo e deverá apresentar o devido respeito pelos direitos, deveres e interesses próprios de todos os outros.

Artigo 7º Na tomada de decisões, o funcionário público deverá agir legitimamente e exercer os seus poderes discricionários de forma imparcial, tendo em conta apenas as questões relevantes.

Artigo 8º
1. O funcionário público não deverá permitir que os seus interesses privados entrem em conflito com o seu cargo público. É da sua responsabilidade evitar tais conflitos de interesses, quer sejam reais, potenciais ou aparentes.

2. O funcionário público nunca deverá tirar partido indevido do seu cargo para satisfação de interesses privados.

Artigo 9º O funcionário público tem o dever de se comportar, em todas as circunstâncias, de modo a que a confiança do público na integridade, imparcialidade e eficácia do serviço público seja preservada e aumentada.

Artigo 10º O funcionário público é responsável perante os seus superiores hierárquicos imediatos a menos que de outro modo obrigados por lei.

Artigo 11º Tendo em devida conta o direito de acesso a informações oficiais, o funcionário público tem o dever de tratar apropriadamente, com toda a confidencialidade necessária, toda a informação e todos os documentos adquiridos por si no decorrer, ou como resultado, das suas funções.

Artigo 12º Denúncias

1. O funcionário público que acreditar que lhe esteja a ser solicitada uma atuação que seja ilegítima, imprópria ou contrária à ética, que envolva má administração, ou que de outro modo seja inconsistente com este Código, deverá denunciar a questão em conformidade com a legislação.

2. O funcionário público deverá, em conformidade com a legislação, denunciar às autoridades competentes se tomar conhecimento de violações ao presente código por outros funcionários públicos.

3. O funcionário público que tiver denunciado qualquer dos supra referidos em conformidade com a legislação e acreditar que a resposta não vai de encontro à sua preocupação, poderá denunciar a questão por escrito ao diretor do serviço público.

4. Quando uma questão não puder ser solucionada pelos procedimentos e recursos definidos na legislação sobre o serviço público numa base aceitável para o funcionário público em questão, o funcionário público deverá executar as instruções legítimas que recebeu.

5. O funcionário público deverá denunciar às autoridades competentes qualquer evidência, alegação ou suspeita de atividade ilegítima ou criminal relativa ao serviço público que chegue ao seu conhecimento no decorrer, ou derivando, das suas funções. A investigação dos fatos denunciados deverá ser realizada pelas autoridades competentes.

6. A administração pública deverá garantir que não é causado nenhum prejuízo a um funcionário público que denuncie qualquer dos supra referidos com motivos razoáveis e de boa fé.

Artigo 13º Conflito de interesses

1. O conflito de interesses surge em situações em que o funcionário público tem um interesse privado que possa influenciar, ou aparentemente influenciar, o cumprimento imparcial e objetivo dos seus deveres oficiais.

2. O interesse privado do funcionário público inclui qualquer proveito para si próprio, para a sua família e para familiares próximos, para amigos e para pessoas ou organizações com as quais tenha tido relações comerciais ou políticas. Inclui qualquer passivo financeiro ou responsabilidade civil com eles relacionados.

3. Uma vez que o funcionário público é geralmente a única pessoa a saber se se encontra nessa situação, o funcionário público tem uma responsabilidade de: - estar alerta a qualquer conflito de interesses efetivo ou potencial; - dar passos para evitar tal conflito; - revelar ao seu supervisor qualquer conflito do gênero assim que tomar conhecimento do mesmo; - cumprir com qualquer decisão final para se afastar da situação ou para se privar da vantagem causadora do conflito.

4. Sempre que lhe for exigido, o funcionário público deverá declarar se tem ou não um conflito de interesses.

5. Qualquer conflito de interesses declarado por um candidato ao serviço público ou a um posto dentro do serviço público deverá ser resolvido antes da sua nomeação.

Artigo 14º Declaração de interesses

O funcionário público que ocupa uma posição na qual os seus interesses pessoais ou privados serão provavelmente afetados pelos seus deveres oficiais deverá, conforme legitimamente exigido, declará-los quando da nomeação, a intervalos regulares posteriormente e sempre que quaisquer alterações ocorrerem na natureza e extensão desses interesses.

Artigo 15º Interesses externos incompatíveis

1. O funcionário público não deverá participar em qualquer atividade ou transação ou adquirir qualquer posição ou função, remunerada ou não, que seja incompatível ou que prejudique o cumprimento adequado dos seus deveres na qualidade funcionário público. Quando não for claro se determinada atividade é compatível, o funcionário deverá procurar o aconselhamento do seu superior.

2. Sujeito às disposições legais, deverá ser exigido ao funcionário que avise e procure a aprovação do entidade patronal da função pública para realizar determinadas atividades, remuneradas ou não, ou aceitar alguns cargos ou funções para além do seu emprego de funcionário público.

3. O funcionário público deverá cumprir qualquer requisito legítimo e declarar a sua associação com organizações que possa prejudicar o seu cargo ou o cumprimento dos seus deveres na qualidade funcionário público.

Artigo 16º Atividade política ou pública

1. Sujeitando-se ao respeito pelos direitos fundamentais e constitucionais, o funcionário público deverá ter os cuidados necessários para que nenhuma das suas atividades políticas ou envolvimento em debates políticos ou públicos limite a confiança do público ou dos seus empregadores na sua capacidade de cumprir com os seus deveres de modo imparcial e leal.

2. No exercício dos seus deveres, o funcionário público não deverá permitir que o utilizem para fins político-partidários.

3. O funcionário público deverá cumprir com qualquer restrição à atividade política legitimamente imposta a determinadas categorias de funcionários públicos devido aos seus cargos ou à natureza dos seus deveres.

Artigo 17º Proteção da privacidade do funcionário público

Deverão encetar-se todos os passos necessários para garantir que a privacidade do funcionário público é adequadamente respeitada; do mesmo modo, as declarações previstas no presente código devem ser mantidas em confidencialidade a menos que de outro modo previstas na legislação.

Artigo 18º Ofertas

1. O funcionário público não deverá exigir ou aceitar ofertas, favores, hospitalidade ou qualquer outro benefício para si próprio ou para a sua família, familiares e amigos próximos, ou pessoas ou organizações com as quais tenha tido relações comerciais ou políticas que possam influenciar ou aparentemente influenciar a imparcialidade com a qual desempenha os seus deveres ou que possa ser ou aparente ser uma recompensa relacionada com os seus deveres. Tal não inclui a hospitalidade convencional ou ofertas menores.

2. Nas situações em que o funcionário público estiver em dúvida se pode ou não aceitar a oferta ou a hospitalidade, deverá procurar aconselhamento junto do seu superior. Artigo 19º Reação perante ofertas impróprias Se for oferecido ao funcionário público uma vantagem indevida, o funcionário deverá seguir os seguintes passos para se proteger: - recusar a vantagem indevida; não existe necessidade de a aceitar para ser utilizada como prova; - tentar identificar a pessoa que realizou a oferta; - evitar contactos alongados, mas saber a razão da oferta pode ser útil como prova; - se a oferta não puder ser recusada ou devolvida, deverá ser preservada, mas manuseada o mínimo possível; - arranjar testemunhas se possível, como colegas que estejam a trabalhar nas imediações; - preparar, assim que possível, um registo escrito da tentativa, preferencialmente num livro de registros oficial; - denunciar a tentativa tão breve quanto possível ao seu superior ou diretamente à autoridade de aplicação da lei apropriada; - continuar a trabalhar normalmente, particularmente no que diz respeito ao assunto com o qual se relacionava a vantagem indevida oferecida.

Artigo 20º Susceptibilidade à influência de outrem

O funcionário público não deverá permitir que o coloquem, ou que aparentemente o coloquem, numa posição de obrigação de retribuição de um favor a qualquer pessoa ou organismo. Nem deverá a sua conduta na sua capacidade oficial ou na sua vida privada torná-lo susceptível à influência imprópria de outrem.

Artigo 21º Utilização indevida de cargo oficial

1. O funcionário público não deverá oferecer ou dar qualquer vantagem de qualquer modo ligada à sua posição de funcionário público, a menos que autorizado por lei a fazê-lo. 2. O funcionário público não deverá procurar influenciar por motivos privados qualquer pessoa ou organismo, incluindo outros funcionários públicos, utilizando para o efeito o seu cargo oficial ou oferecendo vantagens pessoais.

Artigo 22º Informações na posse de autoridades públicas

1. Com o devido respeito pelo enquadramento fornecido pela legislação nacional relativamente ao acesso à informação detida pelas

autoridades públicas, um funcionário público só deverá divulgar informações em conformidades com as regras e requisitos que se apliquem à autoridade pela qual se encontra empregado.

2. O funcionário público deverá dar os passos apropriados para proteger a segurança e a confidencialidade da informação pela qual é responsável ou da qual toma conhecimento.

3. O funcionário público não deverá procurar aceder a informação inapropriada para si. O funcionário público não deverá fazer uso impróprio da informação que possa adquirir no decorrer, ou derivando, das suas funções.

4. Igualmente, o funcionário público tem o dever de não reter informação oficial que deva ser apropriadamente divulgada e um dever de não fornecer informações que por motivos razoáveis acredite serem falsas ou falaciosas.

Artigo 23º Recursos públicos e oficiais

No exercício dos seus poderes discricionários, o funcionário público deverá garantir que, por um lado, o pessoal, e, pelo outro, a propriedade pública, as instalações, serviços e recursos financeiros dos quais está encarregado são geridos e utilizados de um modo eficaz, eficiente e económico. Não deverão ser utilizados para fins privados a menos que seja dada uma permissão legal.

Artigo 24º Controlo de integridade

1. O funcionário público que tenha responsabilidades de recrutamento, promoção ou colocação deverá garantir que os controlos de integridade do candidato apropriados são realizados conforme exigido por lei.

2. Se o resultado de tal controle gerar incerteza acerca do modo de proceder, o funcionário deverá procurar aconselhamento apropriado.

Artigo 25º Responsabilização de supervisão

1. O funcionário público que realize supervisão ou gestão de funcionários públicos deverá fazê-lo em conformidade com as políticas e objetivos da autoridade pública para a qual trabalha. Deverá poder responder pelos seus atos ou omissões ou os do pessoal sob sua supervisão que não sejam consistentes com as políticas e objetivos se não tiver dado os passos razoáveis necessários por parte de uma pessoa com o seu cargo para prevenir tais atos ou omissões.

2. O funcionário público que realize supervisão ou gestão de outros funcionários públicos deverá dar passos razoáveis para evitar corrupção pelo pessoal sob sua supervisão. Estes passos poderão incluir a colocação de maior ênfase nas regras e regulamentos e assegurar o seu cumprimento, disponibilizar educação ou formação adequada, estando alerta para sinais de dificuldades financeiras, ou de outra ordem, do seu pessoal, e proporcionando um exemplo de probidade e integridade através da sua conduta pessoal.

Artigo 26º Abandonar a função pública

1. O funcionário público não deverá tirar partido impróprio do seu cargo para obter oportunidades de emprego fora da função pública.

2. O funcionário público não deverá permitir que a perspectiva de outro emprego lhe crie um conflito de interesses efetivo, potencial ou aparente. O funcionário deverá revelar imediatamente ao seu supervisor qualquer oferta concreta de emprego que possa criar um conflito de interesses. Deverá também revelar ao seu superior a sua aceitação de qualquer oferta de emprego. 3. Em conformidade com a lei, durante um período apropriado de tempo, um ex-funcionário público não deverá atuar para pessoa ou organismo algum relativamente a qualquer assunto no qual tenha atuado, ou aconselhado, para o serviço público e que resulte num benefício particular para a pessoa ou organismo.

4. O ex-funcionário público não deverá utilizar ou divulgar informação confidencial adquirida na qualidade de funcionário público a menos que legalmente autorizado a fazê-lo.

5. O funcionário público deverá cumprir com quaisquer regras legais que se apliquem a si relativamente à aceitação de nomeações ao deixar a função pública.

Artigo 27º Lidar com ex-funcionários públicos

O funcionário público não deverá dar tratamento preferencial ou acesso privilegiado ao serviço público a ex-funcionários públicos.

Artigo 28º Observação do presente código e sanções

1. O presente código é emitido sob a autoridade do ministro ou do diretor do serviço público. O funcionário público tem um dever de se comportar em conformidade com o presente código e, portanto, de se manter informado das suas disposições e de quaisquer alterações. Deverá procurar aconselhamento de uma fonte adequada quando não tiver a certeza acerca do modo de proceder.

2. Sujeito ao Artigo 2º, parágrafo 2, as disposições do presente código fazem parte dos termos de emprego do funcionário público A respectiva violação poderá resultar em acção disciplinar. 3. O funcionário público que negocie termos de emprego deverá incluir neles uma disposição relativamente ao efeito de que o presente código deve ser cumprido e faz parte de tais termos. 4. O funcionário público que supervisione ou proceda à gestão de outros funcionários públicos tem a responsabilidade de garantir que estes cumprem o presente código e de tomar ou propor ações disciplinares para quem o violar.

5. A administração pública reverá regularmente as disposições do presente código.

A eficiência tem, como visto, se tornado um valor global, com a ONU incentivando os Estados Signatários a desenvolver e promover a cooperação global, regional, sub-regional e bilateral entre autoridades judiciais, policiais e financeiras reguladoras, com vistas a combater todas as formas de corrupção, inclusive a lavagem de dinheiro. Estão estimulados ainda a adotar códigos de conduta para os funcionários públicos, tendo em vista que atuam diretamente na guarda e na preservação do patrimônio público.

No Brasil, a Controladoria Geral da União (CGU), elaborou um guia técnico com base na Convenção das Nações Unidas contra a Corrupção, de forma a orientar como os entes federativos devem elaborar seus códigos. O guia elaborado pela CGU, no capítulo dois, refere-se aos artigos 5 *usque* 14 da Convenção da ONU e pode ser encontrado no site http://www.cgu.gov.br/assuntos/articulacao-internacional/convencao-da-onu/arquivos/guia-das-medidas-preventivas.

Para a CGU, os funcionários públicos devem se pautar em princípios de eficiência, transparência e critérios objetivos tais como mérito, equidade e capacidade; que incluam procedimentos adequados para a seleção e capacitação de indivíduos para cargos públicos considerados especialmente vulneráveis à corrupção, e a alternância, quando pertinente, desses indivíduos em outros cargos; que promovam remuneração adequada e tabelas de vencimentos equitativas, tendo em conta o nível de desenvolvimento econômico do estado–parte; que promovam programas de formação e capacitação que lhes permitam atender aos requisitos para o exercício correto, honrado e apropriado de funções públicas e lhes propiciem capacitação especializada e apropriada que os tornem mais conscientes dos riscos da corrupção inerentes ao exercício de suas funções. Esses programas poderão fazer referência a códigos ou normas de conduta nas esferas pertinentes.

De acordo com a CGU, devem ser adotados sistemas eficientes, transparentes e objetivos relativos ao recrutamento, à contratação, à manutenção, à promoção e à aposentadoria de funcionários públicos. **A base para um Estado eficiente, transparente e eficaz, livre de corrupção, é um serviço público dotado de indivíduos do mais alto nível de aptidão e integridade, que trabalhem pelo interesse público.** Os estados–partes devem considerar a possibilidade de desenvolver um sistema para atrair e reter indivíduos. Os estados–partes deverão considerar a possibilidade de usar uma instituição, tal como uma comissão de serviços públicos, para lidar com ou oferecer orientação sobre procedimentos de recrutamento, emprego e promoção. Se a instituição será de natureza consultiva (caso em que os departamentos individuais administram sua própria contratação de pessoal) ou executiva (caso em que a própria instituição é responsável por questões relativas à contratação de pessoal), o importante é que os procedimentos sejam, na medida do possível, uniformes, transparentes e equitativos. Ao mesmo tempo, com uma série de estados–partes vendo nomeados políticos, assessores e consultores do setor privado assumir funções públicas ou cargos financiados pelo setor público, a instituição em pauta poderá, no mínimo, oferecer orientação sobre sistemas para assegurar a justificativa e transparência da contratação para esses cargos. Assim, os procedimentos deverão abranger a necessidade de planos empresariais para novos cargos, com declaração de requisitos e qualificações. Os cargos deverão ser anunciados abertamente e preenchidos em conformidade com procedimentos de recrutamento acordados, que variariam de procedimentos transparentes de seleção e critérios de nomeação, à confirmação de qualificações e referências para candidatos aprovados. As nomeações deverão conter termos e condições de serviço e remuneração, declarados, compatíveis com as atribuições e responsabilidades do cargo. A remuneração e quaisquer outros benefícios deverão ser adequados para recrutar e reter pessoal qualificado e habilitado. Os funcionários públicos deverão receber capacitação apropriada, inclusive em ética, e progressão funcional. Os procedimentos para promoção ou qualquer recompensa ou esquemas relacionados com o desempenho, devem seguir, tanto quanto possível, aqueles aplicáveis a novos cargos. Também deve haver avaliações de desempenho anuais de membros individuais do quadro de pessoal, para que se possa determinar a eficácia, as necessidades de capacitação e a progressão e promoção funcional. Os estados–partes deverão assegurar que todos os ministérios e departamentos mantenham registros precisos de pessoal para todos os casos de recrutamento, promoção, aposentadoria e demissão, bem como outras questões relativas a pessoal. Como a folha de pagamentos é geralmente um dos maiores itens do gasto governamental e suscetível a controle insuficiente e corrupção, os registros da folha de pagamentos devem ser corroborados por um banco de dados de pessoal centralizado ou institucional, com o qual serão cotejados a lista aprovada de estabelecimentos e os registros de pessoal individuais (ou arquivos de pessoal).

Ainda de acordo com o guia elaborado pela CGU, devem ser adotados procedimentos para seleção e capacitação para funções vulneráveis à corrupção. Embora se estabeleça uma abordagem comum para todo o serviço público, os estados–partes reconhecerão que determinados cargos ou atividades poderão ser mais suscetíveis à corrupção. Esses cargos exigirão um nível mais elevado de garantia contra o uso indevido, e é importante identificar vulnerabilidades e procedimentos que precisem ser abordados (algumas vezes, denominados "à prova de corrupção"). Uma Comissão de Serviços Públicos, ou instituição equivalente, possivelmente em conjunto com o órgão ou os órgãos identificados no artigo 6, deveria considerar a possibilidade de conduzir uma auditoria para: i) Determinar que funções ou atividades públicas são particularmente vulneráveis à corrupção; ii) Analisar setores vulneráveis; e iii) Elaborar um relatório abordando as avaliações e os riscos específicos em setores vulneráveis, com consequentes propostas para lidar com esses riscos. Recomendações ou medidas proativas podem incluir: uma seleção prévia à nomeação dos candidatos aprovados (assegurando que o nomeado potencial já tenha comprovado altos padrões de conduta); termos e condições de serviço, específicos para os candidatos aprovados; controles processuais, tais como *benchmarking* de desempenho ou a alternância de pessoal, como meios para limitar a persuasão e os efeitos da corrupção decorrentes de uma permanência prolongada no cargo. A gerência também deverá introduzir procedimentos específicos de apoio e supervisão para funcionários públicos em funções que sejam especialmente vulneráveis à corrupção, inclusive avaliações regulares, informações confidenciais, registro e declaração de interesses, bens, hospitalidade e presentes. Esses procedimentos deverão estabelecer, no âmbito de critérios predeterminados, quando possível e dependendo do grau de risco, um sistema de revisão e aprovação em vários níveis para determinadas questões, em vez de ter um único indivíduo com autoridade exclusiva sobre o processo decisório. Isso, por um lado, também tem como objetivo proteger o pessoal de influências indevidas e, por outro, introduzir um elemento independente no processo decisório. Também poderá ser necessário considerar a realização de uma avaliação dos estilos de vida de determinados funcionários após sua nomeação. Isso poderá incluir monitorar a natureza da moradia, o uso de carros e o gozo de férias, para assegurar que são coerentes com os níveis salariais conhecidos. Também poderá ser necessário monitorar as contas bancárias de indivíduos, desde que esse monitoramento seja aprovado pelos empregados em seus contratos. Nos órgãos vulneráveis à corrupção, esse escrutínio poderá ser considerado em caso de movimentos pós-demissão ou pós-aposentadoria, quando houver suspeitas de que o cargo que vier a ser ocupado após a demissão ou aposentadoria possa ser uma vantagem indevida ao funcionário público por – ou após – um contrato de compra, por exemplo.

A CGU ainda se posiciona no sentido de que uma grande área de preocupação, particularmente para estados–partes em desenvolvimento ou transitórios, é garantir uma remuneração adequada ao funcionarismo público. O nível e a certeza do pagamento podem incentivar uma série de condutas inaceitáveis, que vão da negligência com as responsabilidades oficiais para assumir um segundo emprego à suscetibilidade ao suborno. Embora seja prerrogativa dos estados–partes definir pagamentos e benefícios, bem como os termos e as condições de serviço que desejem considerar 'adequados' como medida preventiva, no sentido de que uma 'remuneração adequada' deveria permitir aos funcionários públicos dispor dos meios para cobrir custos de vida compatíveis com seu cargo, os estados–partes também deveriam assegurar que as tabelas de remuneração se baseiem em critérios como progressão funcional, qualificações e oportunidades de promoção. O método para definir remunerações no setor público e os critérios pelos quais estas são definidas devem ser públicos. Os estados–partes também deverão considerar o papel apropriado de associações de empregados e a necessidade de arbitragem independente, no caso de controvérsias.

Ainda buscou a CGU elaborar em seu manual, o tema ligado à capacitação de funcionários públicos em ética. Para a CGU, a conscientização de funcionários públicos em relação aos riscos da corrupção no desempenho de suas funções públicas, bem como formas para prevenir ou denunciar corrupção serão aprimoradas por meio de capacitação e da coleta regular de informações sobre corrupção. A capacitação deverá ser organizada anualmente. Assim, todos os funcionários públicos deverão se beneficiar de cursos adequados em ética profissional, não apenas quando do recrutamento, mas também como parte da capacitação em serviço e, especialmente, para os cargos mais expostos aos riscos de corrupção. A capacitação deverá incluir discussões sobre a resolução de exemplos práticos específicos e os meios apropriados para suscitar e comunicar preocupações. Destaca-se o fato de que informar o pessoal adequadamente de seus direitos e deveres, bem como dos riscos da corrupção ou de condutas indevidas associadas ao desempenho de suas funções, ajudará a enfatizar a importância da conduta ética esperada de todo funcionário público e a fomentar uma cultura de integridade. Nesse caso, envolver o pessoal em exames anuais de casos de corrupção os engajaria na conscientização. Os órgãos públicos deverão considerar incentivos para que os empregados proponham novas medidas preventivas. Por exemplo, um empregado que propusesse medidas preventivas eficazes poderia receber crédito por eficácia organizacional em uma avaliação de desempenho. Os critérios para promoção também poderiam incluir experiência com trabalhos de combate à corrupção. Os funcionários também seriam envolvidos na identificação de áreas de preocupação e eventuais medidas de prevenção. Da mesma forma, quando os funcionários públicos enfrentarem problemas pessoais ou circunstâncias de trabalho não éticas, os órgãos públicos poderão optar por considerar a criação de um centro de consulta, onde os funcionários poderão solicitar assistência para problemas de saúde ou familiares, ou outros dilemas morais. Como parte dos requisitos, a gerência de organizações públicas deveria considerar a elaboração de relatórios que abrangessem material obtido junto a: i) Empregados em funções com responsabilidade por atribuições de organização pública; ii) Diferentes fontes, inclusive: avaliações de gestão de riscos; gestão de funções de risco; auditorias internas e externas; pesquisas públicas sobre percepções da eficácia de medidas de combate à corrupção; pesquisas entre empregados sobre tópicos como: relevância da capacitação; riscos de ameaça 'de baixo para cima'; percepções da eficácia de medidas preventivas; e relatórios sobre a disposição do pessoal para denunciar suspeitas.

Infelizmente a boa prática por parte de servidores públicos no que concerne à efetivação das medidas no combate à corrupção destacadas no cenário mundial muitas das vezes não são incentivadas e valorizadas. Temos esse sentimento com base em experiência própria. Ousamos divulgar as propostas das Nações Unidas no que concerne à prevenção e ao combate às fraudes previdenciárias no âmbito do Estado de Alagoas. Entretanto, como resposta, fomos exonerados do cargo em comissão.

Importante destacar que ainda faz parte do guia os critérios para a candidatura e a eleição para cargos públicos. Ainda destaca a CGU que o órgão ou os órgãos devem realizar exames de prevenção da corrupção em órgãos públicos, com vistas a reduzir a complexidade dos sistemas e, assim, eliminar, na medida do possível, a corrupção sistêmica.

Registre-se que a CGU, no que se refere especificamente aos Códigos de conduta para funcionários públicos, os estados–partes são instados a promover ativamente padrões pessoais – integridade, honestidade e responsabilidade – e deveres profissionais – desempenho correto, imparcial, honrado e apropriado de funções públicas – entre todos os funcionários públicos. Para tanto, os estados–partes deverão oferecer orientação sobre como os funcionários públicos deverão se conduzir em relação aos referidos padrões e responsabilidades e como poderão ser responsabilizados por suas ações e decisões. Especificamente, o artigo indica que todos os estados–partes devem adotar legislação sobre denúncias, regras e procedimentos sobre conflito de interesses, um Código de Conduta, e requisitos disciplinares para funcionários públicos. A maioria dos estados–partes adota um código de conduta ou uma declaração pública equivalente. Essa iniciativa encerra vários propósitos. Estabelece claramente o que se espera de um funcionário público ou de um grupo de funcionários, ajudando, assim, a instilar padrões fundamentais de comportamento que coíbem a corrupção. Deve formar a base para a capacitação de empregados, garantindo, assim, que todos os funcionários públicos conheçam os padrões com base nos quais devem desempenhar suas funções oficiais. Os padrões devem incluir: justiça, imparcialidade, não discriminação, independência, honestidade e integridade, lealdade para com a organização, diligência, propriedade de conduta pessoal, transparência, prestação de contas, uso responsável de recursos organizacionais e conduta apropriada para com o público. O Código ou a declaração pública equivalente, junto com a capacitação, alerta para as consequências de atitudes antiéticas, fornecendo, assim, a base da ação disciplinar, inclusive demissão nos casos em que um empregado transgrida ou deixa de cumprir uma norma prescrita. Em muitos casos, os códigos incluem descrições de condutas esperadas ou proibidas, bem como regras de procedimento e punições para lidar com transgressões do código. Assim, os funcionários públicos não apenas estarão cientes das normas relevantes para suas atribuições oficiais, mas terão dificuldades, quando todas as normas, práticas e procedimentos aplicáveis estiverem reunidos em um código abrangente, de alegar ignorância do que se espera de ocupantes de cargos públicos. Da mesma maneira, os funcionários públicos têm o direito de conhecer, antecipadamente, as normas, e saber como devem se conduzir, tornando impossível que outros inventem ações disciplinares como forma de intimidá-los ou destituí-los impropriamente. A forma como os estado-parte apresentam um código de conduta ou uma declaração pública equivalente dependerá de seus ordenamentos institucionais e jurídicos específicos. Em alguns estados- partes, legislação específica é usada para definir normas aplicáveis a todos os funcionários públicos. O segundo meio é o uso de autoridade delegada. Nesse caso, o Legislativo pode desenvolver um código genérico, mas delega a outro órgão o poder para criar regras técnicas específicas, ou definir normas para categorias específicas de funcionários tais como promotores, membros do Legislativo ou funcionários responsáveis por contabilidade financeira ou aquisições. Finalmente, a lei de contratos e os termos e as condições empregatícios afins poderão definir os requisitos para o cumprimento de um código de conduta aplicável a um funcionário específico, como parte de seu contrato individual. Alternativamente, um órgão ou ministério pode definir normas gerais com as quais todos os empregados e empreiteiros devem concordar como condição para ser aceito no emprego. Em todos os aspectos relativos à concepção de um código, os estado-parte são convidados a observar as iniciativas relevantes de organizações regionais, inter-regionais e multilaterais, tais como o Código Internacional de Conduta para Funcionários Públicos contido no anexo da resolução da Assembleia Geral 51/59, de 12 de dezembro de 1996; a Recomendação do Conselho da Europa n. R (2000) sobre Códigos de Conduta para Funcionários Públicos, que contêm, como apêndice, um Código de Conduta Modelo para funcionários públicos; e a Recomendação do Conselho da OCDE sobre a Melhoria da Conduta Ética no Serviço Público, Incluindo os Princípios para a Gestão da Ética no Serviço Público.

Para a Controladoria Geral da União, com base nas diretrizes traçadas pela ONU, é fundamental que funcionários públicos mais antigos apoiem o código e deem o exemplo, criando mecanismo apoio para incentivar o uso do Código; bem como que este deve ser levado em conta na progressão funcional, etc.. Há necessidade de capacitação contínua no código de conduta (e conscientização geral a respeito da corrupção). Para tanto, as instituições devem promover continuamente sua cultura ética (um código de conduta é uma ferramenta importante, mas não a única para esse fim); que o Código seja aplicado por meio de ação disciplinar quando necessário; que seja regularmente revisto no que se refere à sua atualidade, relevância e acessibilidade; que seja concebido com um estilo e uma estrutura que atendam às necessidades específicas da organização; que possa haver mecanismos para confirmar a adesão ao Código (por exemplo, em relação a aspectos financeiros, por meio do exame de estilos de vida, transações financeiras pessoais e de outras naturezas, conforme necessário); que o Código se torne um aspecto preponderante para influenciar decisões, ações e atitudes no local de trabalho.

Questão ainda de destaque, para a CGU, é o modelo que deve ser usado para um código ou seu conteúdo. Não há uma única abordagem ou uma única fonte. O leque poderia incluir os seguintes tópicos: normas do cargo público e valores da organização; conflitos de interesses; presentes e benefícios; subornos; discriminação e assédio; justiça e equidade no tratamento com o público; tratamento de informações confidenciais; uso pessoal de recursos–instalações, equipamentos (inclusive e-mail, Internet, PC, fax, etc.); emprego secundário; envolvimento político; envolvimento em organizações comunitárias e trabalho voluntário; denúncia de conduta corrupta; má administração e desperdício grave; pós-emprego; e sanções. A quinta questão diz respeito ao contexto ou marco no qual os estado-parte elaboram um código. Redigir um código, apenas, não basta. Portanto, os estado-parte precisarão estudar formas para tornar o código eficaz em termos de seu status e impacto. Assim, os estado-parte poderão atribuir ao código legitimidade e autoridade gerais por meio de leis e regulamentos, e relevância individual condicionando as ofertas de emprego aos funcionários à sua aceitação do código (por ex, por meio de uma aceitação coletiva ou individual ou posse no cargo, ou de um acordo/contrato de emprego).

Ainda com base nos assentamentos da CGU, os estados-partes poderão determinar que a responsabilização pela implementação de um Código recaia sobre a gerência superior em departamentos individuais. Esses departamentos deverão elaborar seu próprio código e políticas mais detalhadas, com base no código geral, adaptados aos papéis e às funções que deverão desempenhar e adequados à suas necessidades e circunstâncias particulares. Isso dá aos valores e às normas maior relevância operacional e permite que sejam embutidas em sistemas de gestão. Os departamentos individuais deverão complementar um Código com políticas, regras, capacitação e procedimentos que definam, mais detalhadamente o que é esperado e o que é proibido. Esse processo irá requerer cláusulas específicas para funcionários em funções com um alto risco de corrupção. O cumprimento deverá ser apoiado pela facilidade de acesso para entender um Código. Requisitos específicos, tais como a declaração, deverão ser auxiliados por formulários de declaração de bens prontamente disponíveis. A gerência superior poderá considerar a possibilidade de avaliar o cumprimento de qualquer código como parte de sistemas de avaliação de pessoal e gestão de desempenho. Também é preciso assegurar que as consequências de violações, inclusive ações disciplinares e eventuais investigações criminais sejam conhecidas. Para o público em geral, os estado–parte deveriam publicar o código, de forma a informar claramente à mídia e à população os padrões esperados dos funcionários, para que conheçam as práticas aceitáveis e inaceitáveis para os funcionários públicos. Deve haver orientação sobre como e a quem a população pode denunciar violações, bem como liberdade para que a mídia denuncie, de boa-fé, quaisquer violações, sem medo de represália ou retaliação. Finalmente, um código de conduta deverá ter um forte compromisso e aprovação, bem como o apoio do chefe de governo ou do órgão governamental. Legitimar um código promulgando uma lei não garantirá, por si só, a implementação eficaz, exceto com a continuidade de uma forte pressão, orientação e bom exemplo de conduta por parte do chefe de estado e do governo. Os estados-partes também deverão assegurar a existência de um órgão de inspeção, para inspecionar e monitorar os papéis e a implementação de um código – inclusive exames regulares e pesquisas entre os funcionários públicos para apurar seu grau de conhecimento do código e de sua implementação, bem como os desafios e as pressões que estão enfrentando – e publicar relatórios anuais sobre se as entidades estão cumprindo suas obrigações em relação ao Código.

No que diz respeito às denúncias de atos de corrupção por funcionários públicos, a CGU destaca que um meio importante para romper o conluio e o silêncio que frequentemente cercam as violações de um código é a adoção de um sistema eficaz de denúncia de suspeitas de violações em geral, e de corrupção, em particular (geralmente conhecida como 'delação', mas também descrita como revelação no interesse público, denúncia pública ou denúncia de padrões profissionais). Os estados-partes são convidados a estabelecer regras e procedimentos adequados que facilitem essas denúncias por parte dos funcionários, com o objetivo de: incentivar um funcionário a denunciar, saber a quem denunciar e estar protegido de eventuais retaliações de empregados ou de processos nos tribunais. Parte da finalidade de um código é incutir nos funcionários públicos, por meio do código e de capacitação, as responsabilidades e a natureza profissional de seu trabalho e suas responsabilidades e, assim, seu dever de denunciar desvios ou violações dessas normas. As violações podem estar relacionadas com aqueles funcionários públicos que lidam com indivíduos e empresas envolvidos em transações comerciais nacionais e internacionais (ex.: aquisição pública, apoio oficial à concessão de crédito para exportação e autoridades da ODA), que tomam conhecimento de transações corruptas perpetradas pelo setor privado (ex.: suborno de funcionários públicos nacionais e estrangeiros). Assim, esta seção também deve abordar a obrigação dos funcionários públicos de denunciar, ao se depararem com situações como essas. Procedimentos específicos para a denúncia devem ser criados, como, por exemplo, instituindo 'pessoas de confiança' ou meios para denunciar com privacidade, utilizando, por exemplo, caixas de correio, linhas telefônicas especiais ou órgãos designados para esse fim. Deve-se ter especial atenção com a segurança e confidencialidade de qualquer denúncia, estabelecendo-se sistemas que assegurem proteção total àqueles que denunciarem de boa-fé suspeitas de corrupção e malversação, contra retaliações ostensivas ou dissimuladas. Estas, em particular, requerem maior proteção aos funcionários envolvidos, contra qualquer forma de discriminação e prejuízos 'dissimulados' às suas carreiras, a qualquer tempo no futuro, como resultado das alegações de corrupção ou de outras infrações cometidas na administração pública. [...] Os estados-partes, portanto, precisarão considerar a adoção de legislação e procedimentos destinados a esclarecer a quem as denúncias deverão ser apresentadas; em que formato (por exemplo, por escrito, ou anonimamente); por qual meio de comunicação (telefone, carta); com salvaguardas processuais para proteger a fonte; como as denúncias são investigadas; e meios para evitar retaliação ou represália. Os estado–parte precisarão analisar que requisitos legislativos, institucionais ou processuais são mais adequados para que essas intenções sejam cumpridas.

Especificamente, os requisitos sobre a declaração e o registro de bens e interesses deverão assegurar, nos termos das considerações da CGU, que: a declaração abranja todos os tipos substanciais de rendas e bens dos funcionários (todos os funcionários ou a partir de um determinado nível de nomeação ou setor e/ou seus familiares); os formulários de declaração permitam a comparação ano a ano dos bens do funcionário; os procedimentos para a declaração impeçam a ocultação dos bens do funcionário por outros meios ou, na medida do possível, a manutenção por aqueles aos quais um estado–parte poderá não ter acesso (tais como no exterior ou mantidos por não residentes); os órgãos de inspeção disponham de legislação ou outros meios para requerer e examinar informações relevantes, inclusive sobre renda e bens, bem como aquelas relativas a pessoas ou entidades associadas aos funcionários públicos; os funcionários tenham o dever incontestável de consubstanciar/comprovar suas fontes de renda; na medida do possível, os funcionários sejam impedidos de declarar bens não existentes, que posteriormente poderão ser usados como justificativa para enriquecimento que, de outra forma, seria inexplicável; os órgãos de inspeção disponham de recursos humanos, experiência, capacidade técnica e autoridade jurídica suficientes para a aplicação coercitiva de regras e procedimentos; haja punições intimidadoras para as violações desses requisitos. Ao conceber requisitos apropriados e relevantes para conflitos de interesses, os estado–parte deverão estar especialmente atentos ao seguintes fatores: que cargos ou atividades são considerados incompatíveis com um cargo público específico? Que interesses e bens as pessoas devem declarar (incluindo passivos e dívidas)? Diferentes cargos têm tipos de conflitos de requisitos de conflitos de interesses? Que nível e detalhamento de informação devem ser declarados (limiares)? Que formulário deve ser usado para a declaração? Quem verifica as informações declaradas? Quem deve ter acesso às informações? Qual deve ser o alcance dos registros de interesses indiretos (ex.: família)? Quem deve ter a obrigação de declarar (por exemplo, dependendo do risco de, ou da exposição a, corrupção; dependendo das capacidades institucionais para confirmar as declarações)? Em que medida e de que forma as declarações devem ser publicadas (com a devida consideração a questões de privacidade e capacidade institucional)? Como o cumprimento da obrigação de declarar será aplicado de forma coercitiva e por quem? Os registros de presentes e hospitalidade deverão incluir tanto as ofertas feitas como a hospitalidade e os presentes aceitos. Os funcionários públicos também deverão receber orientação sobre quando e como efetuar lançamentos no registro (dispor de um sistema formal e seguir a orientação também protege os funcionários públicos de denúncias maldosas). Diretrizes sobre boas práticas podem definir o que é e o que não é aceitável, bem como fixar um valor mínimo a partir do qual o funcionário deverá obter a aprovação prévia de um superior, antes de aceitar a oferta. A orientação também enfatizará que a declaração deverá ser feita imediatamente e definirá os procedimentos para o registro e seu monitoramento pela gerência superior e a auditoria interna.

Dentre outras, a CGU informa que todos os sistemas de pessoal e gestão dos órgãos públicos deverão, portanto, abordar procedimentos e punições para coibir, detectar e lidar com incidentes de má conduta profissional. O código deverá fornecer a base para um marco disciplinar e de denúncias unificado, para proteger a integridade do serviço e de cada funcionário público individual. O marco deverá fornecer um mecanismo crucial para coibir e lidar com incidentes de corrupção administrativa ou má conduta, definindo respostas e sanções claras e inequívocas. O marco de denúncias protegerá um funcionário público maliciosa ou falsamente acusado de corrupção, bem como de outras formas de má conduta. O marco também deverá definir procedimentos para as ações e a proteção de funcionários públicos que denunciarem práticas corruptas que estiverem ocorrendo ao seu redor [87].

Por todo o exposto, confirmamos nossa preposição ao afirmar que a ineficiência é, sim, um ato de corrupção, principalmente quando oriunda de nepotismo, que é crime contra a Administração Pública, conforme veremos a seguir.

13.5. O CONTROLE DO NEPOTISMO COMO FORMA DE MINIMIZAR OS EFEITOS DA CORRUPÇÃO

Tem o gestor público responsabilidades jurídicas (civis, administrativas, penais), sociais, políticas, financeiras e morais. Os atos de corrupção muitas vezes são maquiados, sob o manto da corrupção branca, que tem aparência legal, mas em sua existência esbarra no sistema jurídico. O nepotismo aí se enquadra, e uma das formas de minimizar os efeitos da corrupção é justamente acabando com essa prática.

O termo vem do latim *nepos* (neto ou descendente) e é utilizado para designar o favorecimento de parentes (ou amigos próximos) em detrimento de pessoas mais qualificadas, especialmente no que diz respeito à nomeação ou elevação de cargos, em total afronta ao Princípio da Impessoalidade, consagrado no *caput* do artigo 37 da Constituição Federal.

Com o nepotismo, as pessoas com maior qualificação para os cargos são preteridas por parentes e amigos próximos dos servidores do alto escalão da Administração Pública. A prática é costumeiramente percebida quando da mudança de governos.

A proibição ao nepotismo é prevista de forma expressa em nosso ordenamento jurídico desde a edição da Lei n. 1.079, de 10 de abril de 1950, conforme seu artigo 9º, item 5: "São crimes de responsabilidade contra a probidade na administração: [...] 5 - infringir no provimento dos cargos públicos, as normas legais."

Também é previsto como crime no Decreto-Lei n. 201, de 27 de fevereiro de 1967, conforme seu artigo 1º, inciso XIII: "São crimes de responsabilidade dos Prefeitos Municipal, sujeitos ao julgamento do Poder Judiciário, independentemente do pronunciamento da Câmara dos Vereadores: [...] XIII - Nomear, admitir ou designar servidor, contra expressa disposição de lei."

Por sua vez, o artigo 4º, I, da Lei n. 4.717, de 29 de junho de 1965 – que regula a Ação Popular, dispõe que "são também nulos os seguintes atos ou contratos, praticados ou celebrados por quaisquer das pessoas ou entidades referidas no art. 1º: I - A admissão ao serviço público remunerado, com desobediência, quanto às condições de habilitação, das normas legais, regulamentares ou constantes de instruções gerais."

Os dispositivos se encontram em plena vigência, mas parecem adormecidos em berço esplêndido. E de uma forma sistêmica dizem expressamente que **NEPOTISMO É ATO DE CORRUPÇÃO!** E como tal, deve ser banido do nosso seio político. A prática deve ser expulsa da Administração Pública contemporânea, que tem como um dos seus fundamentos a eficiência do servidor público.

Em âmbito Federal, o Decreto n. 7.203, de 4 de junho de 2010, regulamentou a vedação do nepotismo no âmbito da Administração Pública Federal. De acordo com o seu artigo 3º, são vedadas as nomeações, contratações ou designações de familiar:

---

(87) Para maior conhecimento, vale acessar os seguintes links: <http://www.cgu.gov.br/assuntos/articulacao-internacional/convencao-da-onu/arquivos/guia-das--medidas-preventivas>
<https://www.unodc.org/lpo-brazil/pt/corrupcao/publicacoes.html>
<http://www.cmi.no/publications/file/3311-introduction-to-public-sector-ethics.pdf>
<http://www.dhnet.org.br/direitos/sip/onu/ajus/prev18.htm>

Art. 3º No âmbito de cada órgão e de cada entidade, são vedadas as nomeações, contratações ou designações de familiar de Ministro de Estado, familiar da máxima autoridade administrativa correspondente ou, ainda, familiar de ocupante de cargo em comissão ou função de confiança de direção, chefia ou assessoramento, para:

I - cargo em comissão ou função de confiança;

II - atendimento a necessidade temporária de excepcional interesse público, salvo quando a contratação tiver sido precedida de regular processo seletivo; e

III - estágio, salvo se a contratação for precedida de processo seletivo que assegure o princípio da isonomia entre os concorrentes.

O artigo 5º do referido decreto é taxativo ao dispor que: "cabe aos titulares dos órgãos e entidades exonerar ou dispensar agente público em situação de nepotismo, de que tenham conhecimento, ou requerer igual providência à autoridade encarregada de nomear, designar ou contratar, sob pena de responsabilidade."

E o parágrafo único do mesmo dispositivo remete competência à Controladoria Geral da União para notificar os casos de nepotismo de que tomar conhecimento às autoridades competentes, sem prejuízo da responsabilidade permanente, assim como de apurar situações irregulares, de que tenham conhecimento, nos órgãos e entidades correspondentes.

O Plenário do Supremo Tribunal Federal decidiu que leis que tratam de vedação ao nepotismo não são de iniciativa exclusiva do chefe do Poder Executivo. Por maioria de votos, os ministros deram provimento ao Recurso Extraordinário 570.392, com repercussão geral, para reconhecer a legitimidade ativa partilhada entre o Legislativo e o chefe do Executivo na propositura de leis que tratam de nepotismo. (STF, RE 570392, Rel. Min. Cármen Lúcia, Plenário, julgamento com Repercussão Geral em 11/12/2014 e DJe de 06-02-2015).

Em Pernambuco, por iniciativa do então governador Eduardo Campos, foi editada a Lei Complementar/Pernambuco n. 97, de 1º de outubro de 2007, que dispõe sobre a contratação e o preenchimento de cargos em comissão e funções gratificadas, no âmbito do Poder Executivo Estadual, de parentes e afins das autoridades que menciona, e dá outras providências. De acordo com seu artigo 1º:

Art. 1º Fica vedado, no âmbito da Administração Pública Estadual, direta e indireta, o exercício de cargo em comissão ou de função gratificada, por cônjuge, companheiro ou parente, em linha reta e colateral, até o terceiro grau, inclusive, ou por afinidade, nos termos do Código Civil, do Governador, Vice-Governador, Secretários de Estado ou titulares de cargos que lhes sejam equiparados, dirigentes de autarquia, fundação instituída ou mantida pelo Poder Público, empresa pública ou sociedade de economia mista, ou titulares de cargos equivalentes.

Parágrafo único. Ficam excepcionadas as nomeações ou designações de servidores públicos ativos ou inativos, que exerçam ou exerceram cargos de provimento efetivo, no âmbito da Administração Pública federal, estadual ou municipal, observada a compatibilidade do grau de escolaridade exigido para o cargo de origem e a qualificação do servidor com a complexidade inerente ao cargo em comissão ou função a ser exercida, vedada em qualquer caso, a subordinação direta ao agente determinador da incompatibilidade.

Instado a se pronunciar em diversos momentos, o Supremo Tribunal Federal acabou editando a Súmula Vinculante n. 13, com o seguinte teor:

"A nomeação de cônjuge, companheiro ou parente em linha reta, colateral ou por afinidade, até o terceiro grau, inclusive, da autoridade nomeante ou de servidor da mesma pessoa jurídica, investido em cargo de direção, chefia ou assessoramento, para o exercício de cargo em comissão ou de confiança, ou, ainda, de função gratificada na Administração Pública direta e indireta, em qualquer dos Poderes da União, dos Estados, do Distrito Federal e dos Municípios, compreendido o ajuste mediante designações recíprocas, viola a Constituição Federal."

Súmula expedida por um tribunal é um enunciado que abarca de forma concisa a interpretação dada pelo mesmo a respeito de determinado tema, após ser instado por diversas vezes a decidir sobre a matéria. São desprovidas de eficácia cogente, postos serem orientativas. Súmula Vinculante tem comando normativo, à medida que obriga todos os órgãos da Administração Pública e do Poder Judiciário a cumprir os parâmetros nela estabelecidos.

De acordo com o artigo 103-A, da Constituição Federal de 1988, somente o Supremo Tribunal Federal é competente para edição de súmula vinculante. Senão vejamos:

Art. 103-A: O Supremo Tribunal Federal poderá, de ofício ou por provocação, mediante decisão de dois terços dos seus membros, após reiteradas decisões sobre matéria constitucional, aprovar súmula que, a partir de sua publicação na imprensa oficial, terá efeito vinculante em relação aos demais órgãos do Poder Judiciário e à administração pública direta e indireta, nas esferas federal, estadual e municipal, bem como proceder à sua revisão ou cancelamento, na forma estabelecida em lei.

Posteriormente o dispositivo foi expressamente regulamentado através da Lei n. 11.417, de 19 de dezembro de 2006, que disciplina a edição, a revisão e o cancelamento de enunciado de súmula vinculante pelo Supremo Tribunal Federal, e dá outras providências. O artigo 7º da norma em testilha reza que da decisão judicial ou do ato administrativo que contrariar enunciado de súmula vinculante, negar-lhe vigência ou aplicá-lo indevidamente caberá reclamação ao Supremo Tribunal Federal, sem prejuízo dos recursos ou de outros meios admissíveis de impugnação.

Contudo, a Colenda Corte excepciona os agentes políticos da vedação contida em sua SV 13, conforme abstração das seguintes decisões a seguir colacionadas:

"Reclamação - Constitucional e administrativo - Nepotismo - Súmula vinculante n. 13 - Distinção entre cargos políticos e administrativos - Procedência. 1. Os cargos políticos são caracterizados não apenas por serem de livre nomeação ou exoneração, fundadas na fidúcia, mas também por seus titulares serem detentores de um *munus* governamental decorrente da Constituição Federal, não estando os seus ocupantes enquadrados na classificação de agentes administrativos. 2. Em hipóteses que atinjam ocupantes de cargos políticos, a configuração do nepotismo deve ser analisada caso a caso, a fim de se verificar eventual 'troca de favores' ou fraude a lei. 3. Decisão judicial que anula ato de nomeação para cargo político apenas com fundamento na relação de parentesco estabelecida entre o nomeado e o chefe do Poder Executivo, em todas as esferas da federação, diverge do entendimento da Suprema Corte consubstanciado na Súmula Vinculante n. 13. (STF, Rcl 7590, Relator Ministro Dias Toffoli, Primeira Turma, julgamento em 30.9.2014, *DJe* de 14.11.2014).

> 1. A jurisprudência do STF preconiza que, ressalvada situação de fraude à lei, a nomeação de parentes para cargos públicos de natureza política não desrespeita o conteúdo normativo do enunciado da Súmula Vinculante 13. (STF, RE 825682 AgR, Relator Ministro Teori Zavascki, julgamento em 10.2.2015, *DJe* de 2.3.2015)."

Segundo o Supremo Tribunal, a redação do enunciado da Súmula Vinculante n. 13 não pretendeu esgotar todas as possibilidades de configuração de nepotismo na Administração Pública, uma vez que a tese constitucional nele consagrada consiste na proposição de que essa irregularidade decorre diretamente do *caput* do art. 37 da Constituição Federal, independentemente da edição de lei formal sobre o tema (STF, Rcl 15451, Relator Ministro Dias Toffoli, Tribunal Pleno, julgamento em 27.2.2014, *DJe* de 3.4.2014 e RE 579951 RG, Rel. Min. Ricardo Lewandowski, j. 20-08-2008 e DJe de 12-09-2008), bem como a contratação de parentes, além de subverter o intuito moralizador, ofende irremediavelmente a Constituição Federal (STF, ADI 3745, Relator Ministro Dias Toffoli, Tribunal Pleno, julgamento em 15.5.2013, *DJe* de 1.8.2013).

A Corte Suprema ainda decidiu que a análise da ocorrência ou não de nepotismo **é objetiva, sendo desnecessária a comprovação de efetiva influência familiar na nomeação de ocupante de cargo ou função pública em comissão** (STF, Rcl 19911 AgR / ES, Rel. Min. Roberto Barroso, T1, j. 19-05-2015 e DJe 02-06-2015). Em outra decisão, o STF explicitamente definiu os contornos da SV n. 13, devendo ser atingidos os seguintes critérios para caracterização do nepotismo: i) a relação de parentesco entre a pessoa nomeada e a autoridade nomeante ou o ocupante de cargo de direção, chefia ou assessoramento a quem estiver subordinada e ii) a relação de parentesco entre a pessoa nomeada e a autoridade que exerce ascendência hierárquica sobre a autoridade nomeante. (STF, Rcl 14223 AgR/GO, Rel. Min. Dias Toffoli, T1, j. 16-12-2014 e **DJe de 13-02-2015).**

Acerca do nepotismo cruzado, vale colacionar a decisão exarada pelo STF na Rcl 7590, cuja ementa extraída segue:

> "MANDADO DE SEGURANÇA. TRIBUNAL DE CONTAS DA UNIÃO. NEPOTISMO CRUZADO. ORDEM DENEGADA. Reconhecida a competência do Tribunal de Contas da União para a verificação da legalidade do ato praticado pelo impetrante, nos termos dos artigos 71, VIII e IX da Constituição Federal. Procedimento instaurado no TCU a partir de encaminhamento de autos de procedimento administrativo concluído pelo Ministério Público Federal no Estado do Espírito Santo. No mérito, configurada a prática de nepotismo cruzado, tendo em vista que a assessora nomeada pelo impetrante para exercer cargo em comissão no Tribunal Regional do Trabalho da 17ª Região, sediado em Vitória-ES, é nora do magistrado que nomeou a esposa do impetrante para cargo em comissão no Tribunal Regional do Trabalho da 1ª Região, sediado no Rio de Janeiro-RJ. A nomeação para o cargo de assessor do impetrante é ato formalmente lícito. Contudo, no momento em que é apurada a finalidade contrária ao interesse público, qual seja, uma troca de favores entre membros do Judiciário, o ato deve ser invalidado, por violação ao princípio da moralidade administrativa e por estar caracterizada a sua ilegalidade, por desvio de finalidade. Ordem denegada. Decisão unânime. (STF, Rcl 7590/PR, Rel. Min. Duas Toffoli, T1, j. 30-09-2014 e DJe de 14-11-2014)".

Na ADI 3.745, o Pretório Excelso, ao analisar o parágrafo único do artigo 1º da Lei Estadual/Goiás n. 13.145/1997, que expressamente dispõe sobre exceções ao princípio de vedação ao nepotismo, se manifestou no sentido de haver vício material, por ofensa aos princípios da impessoalidade, da eficiência, da igualdade e da moralidade, deixando registrado que a teor do assentado no julgamento da ADC n. 12/DF, em decorrência direta da aplicação dos princípios da impessoalidade, da eficiência, da igualdade e da moralidade, "a cláusula vedadora da prática de nepotismo no seio da Administração Pública, ou de qualquer dos Poderes da República, tem incidência verticalizada e imediata, independentemente de previsão expressa em diploma legislativo" (STF, ADI 3.745, Rel. Min. Dias Toffoli, Tribunal Pleno, j. 15-05-2013 e DJe 01-08-2013).

Fato é que, com ou sem regulamentação, a prática perniciosa persiste. O nepotismo engessa a Administração Pública, e seu extermínio é um importante meio para a preservação da moralidade administrativa, tendo em vista que valoriza a aptidão técnica de servidores concursados, assegurando a acessibilidade de cargos, empregos e funções públicas, nos termos do artigo 37, inciso II, da Constituição Federal.

O nepotismo privilegia o interesse individual em detrimento do interesse público, dando tratamento diferenciado aos administrados, comprometendo a isonomia. E quando a vedação é prevista legalmente, viola o princípio da legalidade, ensejando responsabilidade administrativa e penal.

O promotor de Justiça do Rio de Janeiro, Emerson Garcia, com base nos artigos 355, § 7º de 357, parágrafo único do Regimento Interno do STF, entende que:

> "É aconselhável que a norma dispense tratamento diferenciado àqueles parentes que, após regular aprovação em concurso público, sejam ocupantes de cargo efetivo. Em casos tais, a vedação deve restringir-se à impossibilidade de ocuparem cargos em que estejam diretamente subordinados ao agente com o qual mantenham o vínculo de parentesco.

Identificada a aparente ocorrência do nepotismo, prática de todo reprovável aos olhos da população, devem ser apuradas as causas da nomeação, as aptidões do nomeado, a razoabilidade da remuneração recebida e a consecução do interese público. A partir da aferição desses elementos, será possível identificar a inadequação do ato aos princípios da legalidade e da moralidade, bem como a presença do desvio de finalidade, o que será indício veemente da consubstanciação de ato de improbidade."[88]

Em outubro de 2008, a Câmara dos Deputados exonerou 102 servidores comissionados por serem parentes de parlamentares, em resposta à Súmula 13 do STF. Entretanto, passados mais de sete anos da referida súmula vinculante, a prática do nepotismo, com a contratação de parentes, amigos (incluindo correligionários), continua viva em todas as esferas de governo.

Infelizmente a prática no seio das unidades gestoras é visível e põe em risco a saúde dos fundos, uma vez que pessoas capacitadas, que poderiam estar na gestão, são colocadas de lado, dando espaço para pessoas sem compromisso e que sequer tiveram contato com a complexidade da matéria. Quando enfim começam a aprender como funciona o sistema, chega outro governante e o ciclo se repete, sem que os órgãos de controle freiem essas investidas nefastas.

Com a prática ominosa, pessoas com alta experiência, com alta capacitação são simplesmente postas à deriva do serviço público, porque não atendem aos anseios políticos e são capazes de se posicionarem contra pressões políticas.

Mas advirta-se! O nepotismo é a prática que escolhe pessoas para a assunção de cargos em comissão sem qualquer critério objetivo a não ser o grau de parentesco e a proximidade com o népota (aquele que pratica o nepotismo). Neste sentido, entendemos como lícitas as nomeações que não se baseiam unicamente nas relações de parentesco ou amizade, mas levam em consideração a comprovada capacidade técnica e experiência na área.

O népota, é então, aquele governante que usa a máquina administrativa para interesses escusos e pessoais, aí compreendidos o atendimento aos partidos que o ajudaram a eleger. É aquele governante que nomeia pessoas sem condições técnicas para o exercício de funções para as quais não têm competência para tal. É o governante que não valoriza o servidor público efetivo, que poderia ser investido nas funções. É o governante que abusa de seu poder em detrimento do interesse público. O népota é um verdadeiro déspota.

E quais seriam os cargos políticos que estariam excepcionados pela interpretação do Supremo Tribunal Federal, conforme decisões contidas na RCL 7590 e no RE 825682 AgR? Ou seja, quem seriam os agentes políticos que podem ser nomeados sem ferir a SV 13?

Para melhor digressão da matéria, mister entender-se o conceito de agente político. Segundo Hely Lopes Meirelles, "agentes políticos são os componentes do Governo nos seus primeiros escalões, investidos em cargos, funções, mandatos ou comissões. [...] Esses agentes atuam com plena liberdade funcional, desempenhando suas atribuições com prerrogativas e responsabilidades próprias, estabelecidas na Constituição e em leis especiais."[89]

E seriam os diretores das unidades gestoras, agentes políticos? Entendemos que não. Somente podem ser considerados agentes políticos os componentes do primeiro escalão do governo, ou seja, secretários de Estado e àqueles com status de secretários: procurador–geral do Estado e defensor público geral do Estado, por exemplo.

Os diretores-presidentes, os diretores, os assessores diretores, os coordenadores, etc., de uma unidade gestora não são agentes políticos e, assim, estão sujeitos às vedações da Súmula Vinculante n. 13 do STF.

A Súmula Vinculante n. 13 apenas restringe a contratação de parentes de autoridades investidas em cargos de direção, chefia ou assessoramento, para o exercício de cargos comissionados, função gratificada e de confiança. A investidura para cargos de natureza política não está limitada pela referida súmula vinculante. A nomeação para o cargo de diretor presidente ou superintendente de uma unidade gestora de RPPS deve observar a SV n. 13. São cargos diretivos, não são cargos políticos. Neste sentido, o Tribunal de Justiça do Rio Grande do Sul assim se posiciona:

"APELAÇÃO CÍVEL. DIREITO ADMINISTRATIVO. EXONERAÇÃO DE SECRETÁRIO MUNICIPAL EM RAZÃO DE NEPOTISMO. SÚMULA VINCULANTE 13 DO STF. POSSIBILIDADE, NO CASO.

Apesar de ainda existir divergência acerca da aplicação da Súmula Vinculante n. 13 do STF, a jurisprudência está pacificando o entendimento de que a vedação contida na referida súmula é aplicável, também, aos dirigentes superiores da Administração Pública. A Súmula Vinculante n. 13 do STF teve como base os princípios da impessoalidade e moralidade, modo pelo qual não há falar no seu afastamento para o caso em comento, eis que evidente o parentesco colateral de 3º grau entre o apelante e outro ocupante de cargo político - Secretário Municipal de Obras APELAÇÃO DESPROVIDA, POR MAIORIA, VENCIDA A VOGAL. (TJ/RS, Apelação Cível - AC n. 70056735103, Segunda Câmara Cível, Relator Desembargador João Barcelos de Souza Junior, j. 20-11-2013 e p. 22-11-2013)"

Impende registrar que práticas de nepotismo podem e devem ser eficazmente combatidas pela sociedade como um todo. Qualquer pessoa deve usar dos meios processuais dispostos no Ordenamento Jurídico Pátrio, para coibir essas práticas que atentam contra a moral administrativa. O que se deve ter em mente, em primeiro plano, é que o ato de nepotismo é um ato de improbidade administrativa. Neste diapasão, assim se manifestou o Tribunal de Justiça de São Paulo:

---

(88) GARCIA, Emerson. O Nepotismo. Disponível em <https://www2.mppa.mp.br/sistemas/gcsubsites/upload/40/o_nepotismo.pdf>. Acesso em 10 de agosto de 2015.
(89) MEIRELLES, Hely Lopes. Direito Administrativo Brasileiro. 26a. ed. São Paulo: Malheiros, 2001, p. 77.

"Administrativo - Improbidade administrativa - Artigo 11, *caput*, da Lei 8.429/92 - Nomeação de oito parentes do então Prefeito para exercerem cargos em comissão. Nepotismo. Ocorrência. - O objetivo da Lei de Improbidade Administrativa é punir o Administrador Público corrupto, desonesto, e não o inábil, despreparado, incompetente e desastrado. O desrespeito aos princípios constitucionais da administração, por si só, causa prejuízo ao erário. - Emprestar efeitos retroativos à Súmula Vinculante 13. Possibilidade. A criação do instituto da Súmula Vinculante, fundada pela Emenda Constitucional 45/04, conferiu às súmulas aprovadas pelo Supremo Tribunal Federal efeito vinculante em relação a todos os órgãos dos Poderes Judiciário, Legislativo e Executivo, bem como órgãos de autarquias direta e indireta, equiparando as súmulas à norma. - O Prefeito, no exercício de suas funções públicas, atentou contra os princípios retores da Administração Pública e em especial violentou a regra matriz da boa-fé e da moralidade. V - Em razão dessa conduta, deve pagar multa civil equivalente ao valor do determinado na sentença. - Recurso improvido. (TJ/SP, APL 53866020088260283 SP 0005386-60.2008.8.26.0283, Rel. Des. Guerrieri Rezende, 7ª Câmara de Direito Público, j. 07-02-2011 e p. 10-02-2011)".

O nepotismo pode ser rechaçado por diversas formas. Neste contexto, cumpre lembrar que súmula vinculante é um mecanismo com força normativa (como dito) que ingressou no sistema jurídico com a edição da EC n. 45/04, e que obriga juízes de todos os tribunais a seguirem o entendimento adotado pelo Supremo Tribunal Federal. Cria também vínculo para toda a administração pública, não podendo ser contrariada.

O meio natural de combate ao nepotismo, quando não proveniente de lei própria, é através da Reclamação Constitucional. Nesta linha de elucubração, cumpre trazer à colação julgamento proferido pelo Supremo Tribunal Federal, com a seguinte ementa:

"Reclamação. Súmula Vinculante n. 13. Nomeação de cônjuge de ocupante de cargo em comissão na Administração Direta, para exercer cargo de direção em órgão da Administração Indireta. Ofensa não configurada. Ausência de subordinação. Reclamação constitucional procedente.

1. Por atribuição constitucional, presta-se a reclamação para preservar a competência do STF e garantir a autoridade de suas decisões (art. 102, inciso I, alínea l, CF/88), bem como para resguardar a correta aplicação das súmulas vinculantes (art. 103-A, § 3º, CF/88).

2. O enunciado da Súmula Vinculante n. 13 não pretendeu esgotar todas as possibilidades de configuração de nepotismo na Administração Pública, uma vez que a tese constitucional nele consagrada consiste na proposição de que essa irregularidade decorre diretamente do *caput* do art. 37 da Constituição Federal, independentemente da edição de lei formal sobre o tema.

3. Cuidando-se de nomeação para pessoas jurídicas distintas e inexistindo relação de parentesco entre a autoridade nomeante e o nomeado, a configuração do nepotismo decorrente diretamente da Súmula Vinculante n. 13 exige a existência de subordinação da autoridade nomeante ao poder hierárquico da pessoa cuja relação de parentesco com o nomeado configura nepotismo a qual, no caso dos autos, não é possível ser concebida.

4. Reclamação julgada procedente. (STF, Rcl 9284/SP, Primeira Turma, Relator Min. Dias Toffoli, j. 30-09-2014 e DDe de 19-11-2014)".

Pelo descumprimento do enunciado vinculativo, contrariando-o ou aplicando-o indevidamente, o § 3º do artigo 103-A da CRFB/88 prevê que do ato administrativo ou da decisão judicial que contrariar a súmula aplicável ou que indevidamente a aplicar, caberá reclamação ao Supremo Tribunal Federal que, julgando-a procedente, anulará o ato administrativo ou cassará a decisão judicial reclamada, e determinará que outra seja proferida com ou sem a aplicação da súmula, conforme o caso. Desta forma, qualquer interessado ou prejudicado concretamente por decisão judicial ou administrativa pode fazer uso de reclamação junto ao Supremo Tribunal Federal, visando à anulação do ato administrativo ou à cassação da decisão judicial recalcitrante. (TJ/MA - AC 321542008).

Na RCL 18564, o Ministério Público do Estado de São Paulo questiona ato do Tribunal de Contas Municipal – TCM/SP, que nomeou como assessor de controle externo do Tribunal o sobrinho do chefe de gabinete de um dos conselheiros. O órgão ministerial alegou que a nomeação de pessoas com vínculo de parentesco para cargos de provimento em comissão, ainda que ausente relação de subordinação, funcional ou hierárquica, direta ou indireta, entre os servidores, nos termos da Súmula Vinculante (SV) 13, também caracteriza a prática de nepotismo. Em 2014 foi concedida liminar pelo relator ministro Gilmar Mendes, suspendendo a nomeação. Contudo, o TCM interpôs agravo regimental contra a decisão.

O desrespeito à Súmula Vinculante n. 13 também pode ser atacado via ação popular. Conforme o artigo 1º da Lei da Ação Popular, qualquer cidadão será parte legítima para pleitear a anulação ou a declaração de nulidade de atos lesivos ao patrimônio da União, do Distrito Federal, dos Estados, dos Municípios (incluídas autarquias, sociedades de economia mista, sociedades mútuas de seguros, empresas públicas, serviços sociais autônomos, quaisquer instituições para cuja criação ou custeio o tesouro público haja concorrido ou concorra com mais de cinquenta por cento do patrimônio ou da receita ânua, empresas incorporadas ao patrimônio da União, do Distrito Federal, dos Estados e dos Municípios, e de quaisquer pessoas jurídicas ou entidades subvencionadas pelos cofres públicos). No elenco, estão inseridas as unidades gestoras de RPPS, qualquer que seja sua natureza jurídica. O § 1º do mesmo dispositivo diz que consideram-se patrimônio público os bens e direitos de valor econômico, artístico, estético, histórico ou turístico.

E por sua vez, como já mencionado, o artigo 4º dispõe que são nulos os atos ou contratos, praticados ou celebrados acerca da admissão ao serviço público remunerado, com desobediência, quanto às condições de habilitação, das normas legais, regulamentares ou constantes de instruções gerais.

Para ilustrar a possibilidade de ingresso com ação popular, para garantir a decisão vinculante do STF, nós recorremos ao seguinte julgado:

"AÇÃO POPULAR. NATUREZA CONSTITUCIONAL. DEFESA DA MORALIDADE ADMINISTRATIVA E DOS PRINCÍPIOS DA IMPESSOALIDADE E EFICIÊNCIA. NOMEAÇÃO. CARGOS EM COMISSÃO, CARGOS DE DIREÇÃO E ASSESSORAMENTO. FUNÇÃO GRATIFICADA. LIVRE ESCOLHA. PARENTESCO. PRÁTICA DE

NEPOTISMO. IMPROFICIÊNCIA EVIDENTE. VIOLAÇÃO Á PRINCÍPIOS CONSTITUCIONAIS. SUBMISSÃO DOS PODERES À CONSTITUIÇÃO. PODER EXECUTIVO E LEGISLATIVO ESTADUAL. ATOS. NULIDADE. DEMANDA. PROCEDÊNCIA

- A Constituição Federal outorgou ao cidadão a prerrogativa de promover a defesa da moralidade administrativa pela via da ação popular (art. 5º, LXXIII – CF), de modo que, a prática do nepotismo, onde o superior hierárquico da Administração Pública nomeia parentes para assessorá-lo ou auxiliá-lo, apenas pelo critério da confiabilidade pessoal, para o provimento de cargos públicos, desprezando, assim, outros predicados, afigura-se à ideia de favoritismo que resulta na composição de "condomínios de contracheques", que afronta o princípio da moralidade administrativa, da impessoalidade e da eficiência, com reflexos negativos aos valores éticos e da decência. Ação procedente para a invalidação de todos os atos enquadrados nessa modalidade no âmbito dos Poderes Executivo e Legislativo do Estado da Paraíba. (TJ/PB, Processo n. 200.2006.002.099-3 – Ação Popular, Juiz Aluizio Bezerra Filho, j. 21-09-2006)".

Na ação referida, entendeu-se pela violação também do artigo 11 da Lei n. 8.429, de 2 de junho de 1992 - Lei Geral de Improbidade Administrativa: "Constitui ato de improbidade administrativa que atenta contra os princípios da administração pública qualquer ação ou omissão que viole os deveres de honestidade, imparcialidade, legalidade, e lealdade às instituições."

O nepotismo pode ainda ser fulminado via ação civil pública, conforme extraímos do seguinte excerto, exarado pelo Tribunal de Justiça de São Paulo:

"AÇÃO CIVIL PÚBLICA IMPROBIDADE ADMINISTRATIVA NOMEAÇÃO PELA CÂMARA MUNICIPAL DE SOROCABA DE PARENTES DE VEREADORES PARA CARGOS EM COMISSÃO NEPOTISMO POSSIBILIDADE DE CARACTERIZAÇÃO, INDEPENDENTEMENTE DE LEI ESPECÍFICA VEDANDO A PRÁTICA INICIAL REJEITADA RECURSO DO MINISTÉRIO PÚBLICO PARCIALMENTE PROVIDO. (TJ/SP, APL00278396720058260602 SP 0027839-67.2005.8.26.0602, Rel. Des. Ricardo Feitosa, 4ª Câmara de Direito Público, j. 23-09-2013 e p. 27-09-2013)".

Ao analisar a apelação, proveniente do município de Sorocaba, o desembargador Ricardo Feitosa, em apontamentos deixou consignado:

"É que o que está em causa não é o trabalho desempenhado por esses "servidores-parentes", mesmo porque a obrigação de bem trabalhar constitui dever de todos os ocupantes de cargos públicos, sejam eles concursados ou não. O que está em debate, com efeito, não é a qualidade do serviço por eles realizado, mas a forma do provimento dos cargos que ocupam, que se deu em detrimento de outros cidadãos igualmente ou mais capacitados para o exercício das mesmas funções, gerando a presunção de dano à sociedade como um todo.

E aqui surge mais um relevante aspecto a ser sublinhado, qual seja: o fato de que essa prática atenta não apenas contra o princípio da impessoalidade, como também o da eficiência, ambos inseridos no rol daqueles que devem nortear a ação dos agentes públicos. Por tudo quanto até aqui exposto, entendo que carece de plausibilidade a exegese segundo a qual o nepotismo seria permitido simplesmente porque não há lei que o proíba. (TJ/SP, APL00278396720058260602 SP 0027839-67.2005.8.26.0602, Rel. Des. Ricardo Feitosa, 4ª Câmara de Direito Público, j. 23-09-2013 e p. 27-09-2013)".

Pode também o nepotismo ser atacado ainda através do controle concentrado ou difuso de constitucionalidade. Neste sentido vale ilustrar com a seguinte decisão:

"AÇÃO DIRETA DE INCONSTITUCIONALIDADE. LEI QUE VEDA O NEPOTISMO. PROJETO ORIUNDO DA CÂMARA MUNICIPAL. POSSIBILIDADE. MERA EXPLICITAÇÃO DOS PRINCÍPIOS DA MORALIDADE E IMPESSOALIDADE.

1- As Leis Municipais oriundas de projeto de lei de iniciativa da Câmara Municipal que vedam o nepotismo são constitucionais, uma vez que explicitam os princípios da moralidade e eficiência previstos no 'caput' do artigo 37 da Constituição Federal de 1988, bem como no art. 13 da Constituição do Estado de Minas Gerais. 2- Representação julgada improcedente. (TJ/MG, Processo n. 10000110813888000, Rel. Des. Antônio Armando dos Anjos, Órgão Especial, j. 13-11-2013 e p. 13-12-2013)".

Noutra seara, a Corte Máxima deixou consignado que norma que impede nepotismo no serviço público não alcança servidores de provimento efetivo. A conclusão foi exarada na ADI 524, julgada pelo Plenário em 20.5.2015 (DJe de 5.6.2015), ao analisar dispositivo da Constituição Capixaba, e tomou como base interpretação conforme a Constituição Federal. O julgamento teve início em outubro de 2006, quando o relator do caso, ministro Sepúlveda Pertence (aposentado), votou no sentido de que "a proibição contida no dispositivo questionado, em certos casos, pode inibir a própria nomeação do candidato aprovado em concurso público, como limitação ao exercício em determinados segmentos mais restritos do serviço público estadual." Portanto, entendeu constitucional a norma quanto a cargos comissionados, mas propôs a interpretação conforme a Constituição para não aplicar a limitação aos servidores de provimento efetivo mediante concurso público.

Por fim e longe de encerrar o rol de possibilidades, o gestor que tiver conduta atentatória à moralidade administrativa, por desobediência aos princípios que regem a Administração Pública, notadamente ao princípio da impessoalidade, deve responder a processo administrativo disciplinar (PAD) e suportar as penas a serem aplicadas.

Neste sentido, vale colacionar decisão exarada pelo Superior Tribunal de Justiça, que manteve a pena de censura que foi aplicada a um juiz de direito, por prática de ato de nepotismo:

"PROCESSUAL CIVIL E ADMINISTRATIVO. PROCESSO ADMINISTRATIVO DISCIPLINAR. NEPOTISMO. PRINCÍPIO DA MORALIDADE ADMINISTRATIVA. PRINCÍPIO DA IMPESSOALIDADE. VIOLAÇÃO DOS PRINCÍPIOS DO CONTRADITÓRIO E DA AMPLA-DEFESA. INEXISTÊNCIA. MANUTENÇÃO DA PENA DE CENSURA APLICADA A JUIZ DE DIREITO POR NOMEAR O PAI DE SUA COMPANHEIRA PARA O MÚNUS DE PERITO. ART. 41 DA LOMAN. ART. 125, I E III DO CPC.

1. Hipótese em que Juiz de Direito impetrou, na origem, Mandado de Segurança, objetivando invalidar a pena de censura que lhe foi aplicada pelo Órgão Especial do Tribunal de Justiça do Estado de São Paulo, por ter nomeado o pai de sua companheira para oficiar em diversas perícias médicas em processos de sua responsabilidade, na Vara onde é Titular. 2. A sindicância administrativa prescinde da observância ampla dos princípios do contraditório e da ampla defesa, por se tratar de procedimento inquisitorial, anterior e preparatório à acusação e ao processo administrativo disciplinar, ainda sem a presença obrigatória do investigado. 3. Inexiste nulidade sem prejuízo. Se é assim no processo penal, com maior razão no âmbito administrativo. 4. Na argüição de nulidade, a parte deve indicar claramente o prejuízo que sofreu, bem como a vinculação entre o ato ou omissão impugnados e a ofensa à apuração da verdade substancial, daí decorrendo inequívoco reflexo na decisão da causa (CPP, art. 566). Além disso, cabe observar que, como regra geral, as nulidades consideram-se sanadas se não argüidas em tempo oportuno, por inércia do prejudicado. 5. Juízes auxiliares podem participar da fase instrutória, desde que norma do Tribunal preveja expressamente a possibilidade de o Relator ou o Presidente da Corte Julgadora (in casu, o Corregedor-Geral de Justiça) designar Magistrado de categoria igual ou superior à do interessado. 6. É certo que a Loman dispõe que o magistrado não pode ser punido ou prejudicado «pelo teor das decisões que proferir» (art. 41), mas implícita nessa norma está a exigência de que essas mesmas decisões não infrinjam os valores primordiais da ordem jurídica e os deveres de conduta impostos ao juiz com o desiderato de assegurar a sua imparcialidade. 7. A Loman não se presta a acobertar, legitimar ou proteger atos judiciais que violem o princípio da moralidade administrativa, o princípio da impessoalidade ou as regras de boa conduta que se esperam do juiz. 8. A independência dos juízes não pode transmudar-se em privilégio para a prática de atos imorais. A garantia é conferida ao Poder Judiciário como instituição, em favor da coletividade, e deve ser por ele mesmo fiscalizada. 9. O fato de os despachos saneadores que nomearam o pai da companheira do recorrente serem de natureza judicial e, na hipótese, não terem recebido impugnação por recurso, em nada impede a abertura de processo disciplinar e, ao final, a punição do infrator. 10. O nepotismo e o compadrio são práticas violadoras dos mais comezinhos fundamentos do Estado Democrático de Direito e, por isso mesmo, exigíveis não só do Executivo e do Legislativo, mas, com maior razão, também do Judiciário. 11. É aberrante a nomeação, pelo juiz, de parente, cônjuge, consanguíneo ou afim, bem como de amigo íntimo, como perito do juízo, comportamento esse que macula a imagem do Poder Judiciário, corrói a sua credibilidade social e viola frontalmente os deveres de "assegurar às partes igualdade de tratamento" e "prevenir ou reprimir qualquer ato contrário à dignidade da justiça" (CPC, art.125, I e III). 12. Nos termos da Constituição Federal, a união estável é reconhecida como unidade familiar (art. 226, § 3º). 13. Recurso Ordinário não provido. (STJ, RMS 15316 SP 2002/0109623-7, Rel. Min. Herman Benjamin,T2, j. 01-09-2009, DJe 30-09-2009)".

Por todo o exposto, temos que a corrupção tem uma de suas raízes na prática do nepotismo, e acabar com essa prática é uma questão que envolve a solvabilidade de fundos previdenciários. Acabar com o "cabide de emprego" minimiza os efeitos da corrupção, alivia contas públicas, ajuda a dar sustentabilidade para as receitas e oportuniza adoção de políticas públicas.

No âmbito federal, existem mais de 20 mil cargos em comissão, em detrimento do servidor público. A cada dia os concursos públicos estão se tornando mais e mais difíceis, a ponto de existir a profissão "concurseiro." Via de mão dupla, a cada dia leis e mais leis são editadas para aumentar números de cargos comissionados. E ainda tem o fato que machuca o brio e embaça o brilho do servidor público, de que não raras vezes tem como chefe uma pessoa vinda da iniciativa privada desprovido de mínimas noções de direito público.

Os milhares de cargos em comissão são providos por apadrinhados políticos, em total afronta ao princípio da eficiência, que exige competência técnica. As controladorias gerais, que são responsáveis pelo controle interno, não se pronunciam. As procuradorias gerais "entram na valsa" e não procuram engendrar ações positivas de combate à prática maléfica. Os tribunais de contas, bem, faz de conta que se importam.

A esperança vem da própria sociedade. Todos nós, sem dúvida, estamos financiando essa prática. É o dinheiro público que paga esse desmando, fruto do paternalismo brasileiro, que não permite um olhar diferenciado.

Acontece que o que se gasta com servidores ineficientes supera orçamentos de outras áreas sensíveis da Administração Pública, inclusive da área social.

Se o leitor tiver um mínimo de curiosidade, pode verificar, em pesquisas simples, que as unidades gestoras únicas de RPPS estão abarrotadas de parentes de governadores, de prefeitos, de servidores do alto escalão. O raciocínio é simples: oportunidades, favoritismos para parentes, amigos e correligionários.

Pensemos num servidor que por quatro anos consecutivos (tempo de mandato) frequentou reuniões, fez curso de especialização, viajou para participar de congressos e similares, teve participação ativa em grupos de trabalho e outros no âmbito do ente federativo do qual é vinculado, fez cursos, adquiriu experiência, TUDO COM DINHEIRO PÚBLICO. E de repente chega um governante que simplesmente não o pode manter no cargo comissionado porque tem de atender a pedidos políticos, com a desculpa esfarrapada de que o serviço público precisa de oxigenação. Data máxima vênia, esse governante é quem precisa ser oxigenado. O que precisa ser oxigenado é a forma de aproveitamento de servidores efetivos com capacitação técnica.

Como já dito, a previdência pública é um plexo de atividades e um complexo de matérias. É trabalhoso e demanda tempo entender suas vertentes. Infelizmente a grande maioria dos governantes (e aqui governante deve ser entendido como governadores e prefeitos) tem ainda em mente que a unidade gestora não passa de um braço das secretarias de gestão pública.

É muita eloquência e pouco discernimento para uma questão tão séria. Na iniciativa privada, apesar de não se ter concurso público, tal desiderato não acontece. As grandes empresas primam por seus funcionários, porque sabem que, se os perderem, os mesmos vão para a concorrência.

No serviço público é diferente. Pouco se liga se aquele funcionário, do qual damos exemplo acima, vai advogar (em todos os sentidos, advocacia, consultoria jurídica, financeira, contábil, etc.), contra os interesses da Fazenda Pública. Pouco importa se tudo o que aprendeu e viveu não vai mais ser em prol da Fazenda Pública que o especializou.

Quem perde com a falta? A própria sociedade, o interesse público. Parece até hilário uma situação tão trágica. Quem deve permanecer na condução de uma unidade gestora são primordialmente os servidores públicos efetivos detentores de cargos públicos, notadamente aqueles especialistas em previdência pública. Como segurado e como servidor, atos de corrupção tendem a ser minimizados, como entendeu o mundo por intermédio da ONU.

Ao se valorizar o servidor público efetivo, a Administração Pública está garantindo a continuidade dos trabalhos e impulsionando a máquina pública. Deixar a gestão para a iniciativa privada não é uma boa prática de gestão. Os valores gastos com a especialização de servidores têm de ser vertidos em prol do serviço público e não em prol da iniciativa privada. É o interesse público que reclama. E especialistas ao redor do mundo todo endossam a ideia. Parece que neste sentido o Brasil está numa redoma...

Para controlar as contratações no serviço público, foi apresentada a Proposta de Emenda Constitucional – PEC 110/2015, de autoria do senador Aécio Neves, com objetivo de restringir a quantidade de cargos em comissão na administração pública e estabelecer processo seletivo público. De acordo com a ementa, o artigo 37, II, da Constituição Federal é alterado para estabelecer que os cargos em comissão não poderão superar 1/10 dos cargos efetivos de cada órgão e que pelo menos a metade dos cargos em comissão caberá a ocupantes de cargo efetivo, ressalvado em ambos os casos o assessoramento direto a detentores de mandato eletivo, ministros de Estado, secretários de Estado e Secretários municipais. O provimento dos cargos em comissão e funções de confiança será precedido de processo seletivo público.

Caso aprovada, a PEC será um marco na moralização de contratação no serviço público, o que, com efeito, minizará o nepotismo e, via transversa, servirá como forma de diminuir a corrupção.

13.6. MUDANÇAS DE PARADIGMAS

Mudanças de paradigmas (padrões a serem seguidos) requerem reformulação de conceitos. A previdência requer essas mudanças. Os regimes próprios de previdência pública reclamam essas mudanças. É necessário se pensar e tomar decisões no que concerne à concessão de benefícios, gestão de recursos, adoção de modelos de financiamento, dentre outras hipóteses.

Paradigmas são regras que dirigem o comportamento das pessoas. Para Barker (1993, p. 31-32), os novos paradigmas exigem visão futurística para sua adesão. Um paradigma novo geralmente parece estranho às pessoas e, em seu estágio inicial, não oferece dados suficientes para que as pessoas decidam racionalmente se é melhor ou pior do que o anterior. Frise-se que a adesão a novos paradigmas envolve certos riscos e exige visão, coragem e fé.

Não há sistema previdenciário que se mantenha sem equilíbrio financeiro-atuarial. Buscam-se novas formas de financiamento, de captação de recursos, mas não se muda a maneira de pensar previdência. Esse é talvez o maior elemento de projeção futura. Mudança de pensamento induz mudança comportamental. Hão de ser adotadas novas práticas, novos encaminhamentos, novas decisões.

Reformas não têm efeitos imediatos. E o que se busca efetivamente são caminhos torpes, em busca de soluções rápidas. É preciso mudar para tirar a previdência pública da queda livre em que se encontra, rumo ao seu fim.

Um bom exemplo de mudanças de paradigmas nos é dado acerca da forma de ingresso no sistema e elegibilidade dos dependentes. A previdência não mais comporta conceitos ultrapassados de dependência econômica, com presunção absoluta em favor do cônjuge e companheiro. Como visto no capítulo atinente aos benefícios, a dependência econômica, no atual momento do serviço público, em que as mulheres têm os mesmos direitos e garantias dos homens (ingresso por concurso público é igual mesma remuneração), não faz qualquer sentido a não investigação de dependência econômica. Numa relação em que o homem é magistrado e a mulher é procuradora (por exemplo), não existe qualquer dependência econômica entre ambos. Benefício previdenciário não é fonte de manutenção de status, é reposição de renda.

Novos paradigmas reclamam novos modelos de gestão. Uma mudança de paradigma é essencialmente uma substituição de padrões a serem seguidos, com novos pressupostos a orientarem as ações a serem adotadas, resultando em um novo ciclo de decisões. A previdência requer mudanças em todas as suas áreas, inclusive na tecnológica. Num mundo onde a tecnologia da informação (TI), tem especial destaque, não se pode conceber práticas desatreladas aos sistemas informatizados, como por exemplo a importância do cruzamento de dados. Paradigmas estabelecem, pois, os limites no comportamento para alcance dos objetivos.

Matias-Pereira, analisando os comportamentos de rejeição à mudança de paradigmas (muito comum quando se fala em previdência pública), nos adverte que:

"Os paradigmas podem tornar-se doenças terminais da certeza. Eles podem tornar-se a única maneira de fazer algo, ou de pensar sobre algo, paralisando as pessoas e impedindo que elas visualizem outras e novas formas potencialmente melhores de fazer a mesma coisa. Nesse sentido, os paradigmas bitolam as pessoas e as mantêm amarradas em velhos hábitos ou maneiras de pensar e agir. [...] Mas a mudança de paradigmas não é fácil para certas pessoas, que se sentem presas à segurança e estabilidade dos paradigmas atuais, e temem ou relutam em alterar seus comportamentos através da aquisição de outros padrões diferentes." [90]

Para o citado autor, a adesão a novos paradigmas

---

(90) MATIAS-PEREIRA, José. Administração Pública Estratégica: Foco no Planejamento Estratégico. 1. ed. São Paulo: Atlas, 2011. p. 10.

requer visão, coragem e fé. Com efeito, a previdência pública, desde seu nascedouro, é vista como uma herança do ex-segurado a ser suportada pelo Estado. Certos conceitos, como caráter contributivo e solidário, equilíbrio financeiro-atuarial, não são compreendidos pelos segurados. Mudar esse pensamento arcaico requer ações concretas e positivas. O papel do gestor é fundamental nesse contexto. Cursos, palestras, workshops, cartilhas, enfim, toda a gama de recursos com vistas à educação previdenciária é de suma importância num momento em que se busca o equilíbrio nas contas previdenciárias.

Mudar paradigmas não é tarefa fácil. Culturalmente a previdência pública não é vista como reposição de renda, mas como um privilégio, ainda mais quando se fala de categorias corporativistas de servidores, recheadas de "coleguismos" e favoritismos.

A linha mestra de raciocínio que ainda paira no campo da Administração Pública é a de que não está sujeita à falência, e por assim ser, os trabalhos não correm o risco de descontinuidade. Ledo engano. A falência dos fundos de previdência pode levar à falência da própria nação, principalmente nesse momento histórico em que o envelhecimento da população assusta governantes e governados.

Outra grande falácia que deve ser combatida é que a gestão dos fundos não traz risco financeiro para os gestores. Eles são diretamente responsáveis pelos valores que transitam no âmbito das unidades gestoras. Uma coisa é se interpretar um direito, com fundamento legal, outra é saber que milhares de processos foram concebidos ilegalmente e irregularmente e fechar os olhos para essa realidade. Neste diapasão, vale referendar as disposições contidas no artigo 63 da Lei Complementar n. 109, de 29 de maio de 2001, que dispõe sobre o Regime de Previdência Complementar, *in litteris*:

> Art. 63. Os administradores de entidade, os procuradores com poderes de gestão, os membros de conselhos estatutários, o interventor e o liquidante responderão civilmente pelos danos ou prejuízos que causarem, por ação ou omissão, às entidades de previdência complementar.
>
> Parágrafo único. São também responsáveis, na forma do *caput*, os administradores dos patrocinadores ou instituidores, os atuários, os auditores independentes, os avaliadores de gestão e outros profissionais que prestem serviços técnicos à entidade, diretamente ou por intermédio de pessoa jurídica contratada.

A busca por soluções tem que ter nascimento, berço e desenvolvimento sustentável. Quem nunca ouviu a máxima "antes tarde do que nunca"? Pois então. Está mais do que na hora de o gestor se conscientizar de suas funções institucionais, com altivez e sem omissão de qualquer espécie. Sua atuação deve ser preventiva, orientadora e combativa, lembrando que deve engendrar todos os esforços possíveis para assegurar a eficiente arrecadação das receitas (o que inclui repasse dos órgãos e Poderes envolvidos), e o adequado emprego das mesmas, uma vez tratar-se de recursos públicos.

O gestor não é um ator secundário, que serve apenas como mero figurante. Ele é o ator principal nas tarefas de planejar, organizar, dirigir e executar. Unidades gestoras do passado, sem enfoque em planejamento estratégico, sem cumprimento de metas, vistas apenas como pagadoras de benefícios, não têm mais espaço no cenário político-financeiro-jurídico. Hoje qualquer unidade gestora deve ser pautada pela eficiência, e não apenas como centro de pagamento e cooptador de recursos.

Ou seja, o gestor de uma unidade gestora deve ser competente, ter experiência, ter visão multidisciplinar, ter coragem e fé. Sem esses ingredientes, não passa de uma marionete perdida nas mãos do governante e das altas autoridades.

O modelo patrimonialista de gestão pública, que entendia o Estado como patrimônio do rei, e que propiciava o nepotismo, foi substituído pelo modelo burocrático, com o fim primário de acabar com a corrupção. Baseava-se na hierarquia funcional e implantou a ideia de carreiras de Estado. Entretanto, esse último modelo se mostrou ineficaz, uma que vez que era lento e caro, além de ser uma administração concentrada. Hoje temos o modelo gerencial, conforme abordado, e tem como seu fundamento os quatro Es: eficiência, eficácia, efetividade e economicidade.

Como vimos na parte introdutória dessa obra, a humanidade sempre se preocupou com a proteção daqueles que por sufrágio, invalidez, idade avançada ou pouca idade não conseguem por expensas próprias custear a própria sobrevivência. Passamos por várias fases na previdência no mundo e no Brasil e hoje temos a certeza de que erros do passado têm de necessariamente não serem repetidos. Não basta ser o "bonzinho", tem de saber solucionar problemas.

O risco de "tornar-se a Grécia" é uma expressão que vem sendo ultimamente adotada por especialistas da área econômica. Noutro giro, propostas que comprometam o equilíbrio das contas públicas podem gerar dificuldades ainda maiores para a economia do país.

Para manter o equilíbrio financeiro, os países avançados criaram, durante os anos 80, vários procedimentos: a) aumento das contribuições sociais; b) maior participação dos usuários nas despesas com assistência médica; c) incentivo à complementação da aposentadoria através de entidades privadas; d) estreitamento da variação do valor da aposentadoria, reajustando aquelas com valores mais baixos em detrimento daquelas de níveis mais elevados (Marques e Médici, 1994).

Destarte, o que vemos hoje no Brasil são governos imediatistas que buscam soluções rápidas e milagrosas para seus fundos previdenciários, muitas das vezes deixando sobre os ombros dos segurados (com aumento de alíquotas, p. ex.) ou então utilizando-se dos recursos acumulados que têm por finalidade garantir solvabilidade futura dos fundos. Temos como exemplo as políticas públicas na área de segurança pública. Em vez de se estabelecer políticas sérias de inclusão social, promove-se concursos e mais concursos na área, para militares, como se a força ostensiva fosse a única capaz de acabar com a criminalidade. Entrementes, o aumento do número da delinquência é exponencial. Não vai ter força policial que suporte o seu combate. O problema não é tratado em sua raiz: educação e oportunidade de emprego.

As grandes reformas pelas quais passam o sistema brasileiro refletem o descaso de governantes irresponsáveis, que elegem gestores e servidores previdenciários pelo simples critério político, sem qualquer capacidade de assunção do cargo. Não bastasse o envelhecimento populacional, como fator de extrema preocupação ainda nos deparamos com essa seara que em muito contribui para a falência dos fundos. Ainda nos apetece o alto grau de corrupção visto no país. Em nenhum momento da história se viram tantos escândalos. Com certeza, desvios de verbas sempre existiram, mas, de uns tempos prá cá, políticos e gestores comprovadamente fazem da máquina pública uma forma de enriquecimento particular. Todavia, esse enriquecimento é ilícito!

A necessidade da mudança de paradigmas, no que concerne ao sistema previdenciário, é hoje tema da agenda política, em todos os níveis de governo, como vimos em detalhes. Para a realização dessa agenda, deve-se ter em mente que falta blindagem nos fundos, efetuada de forma eficaz. Faltam políticas conscientes. Falta cultura previdenciária. E disseminar cultura previdenciária de forma eficaz não é tarefa das mais fáceis. O que vemos hoje é proliferação de congressos, com inscrições caras, o que não permite à grande massa de servidores participar. Além disso, as palestras são complexas, com pouco tempo de exposição, o que limita a apresentação dos temas propostos e a compreensão dos ouvintes.

O sistema previdenciário público deve proteger o servidor público efetivo e os não governantes, gestores e classes privilegiadas de servidores. Essa é a principal linha de mudança paradigmática de que necessitamos.

13.7. UMA PREVIDÊNCIA PÚBLICA JUSTA E IGUALITÁRIA

Antes de concluirmos este trabalho, com apresentação de nosso entendimento final, queremos deixar registrado, de forma clara e objetiva, que somos cônscios da existência no Brasil de governantes e gestores da mais alta competência (técnica e moral) para administrar fundos previdenciários, que realmente se manifestam defensores e guardiões do patrimônio público, tanto em função do regime próprio como da previdência complementar. São pessoas que merecem admiração e respeito, que estão fora das críticas aqui produzidas, mas que necessárias quando se parte de uma análise geral, levando em consideração o panorama atual da previdência pública no Brasil.

Infelizmente o perfil acima traçado constitui-se em exceções, e o objetivo intencional do nosso trabalho é justamente contribuir para que essa situação fática possa ser invertida. Por isso mesmo escolhemos a abordagem da gestão dos RPPS sob o enfoque da prevenção e do combate à corrupção no âmbito das unidades gestoras, de forma a demonstrar que com responsabilidade e consciência a previdência do servidor público pode ser preservada, continuando a garantir os direitos sociais-previdenciários assegurados constitucionalmente e conquistados durante todo o seu período de existência.

Para finalizar nosso debate, vale lembrar que, no Brasil, a aposentadoria dos servidores públicos apareceu pela primeira vez na Constituição de 1891, que rezava em seu artigo 75: "A aposentadoria só poderá ser dada aos funcionários públicos em caso de invalidez no serviço da Nação." A proteção era demasiadamente limitada, numa época em que não se garantiam direitos trabalhistas e previdenciários (a CLT foi editada em 1943).

Ao longo de 124 anos, muita coisa mudou, os servidores públicos angariaram muitas conquistas no plano social previdenciário. Hoje o direito de se aposentar ganhou maiores contornos, passando a prever várias possibilidades de aposentadoria e é considerado um direito fundamental (CF/88, artigo 6º), devendo ser conservado e respeitado, logicamente com a conscientização e a ajuda de todos os seus destinatários, indiscriminadamente.

Vale novamente dizer que o mundo hoje, notadamente os países do Velho Continente, está preocupado com o futuro de sua população, que têm envelhecido cada vez mais. A longevidade, com uma expressiva massa de população não ativa economicamente, é um dos principais fatores que estão contribuindo para o desequilíbrio fiscal. É a famosa frase que ouvimos quase todos os dias: a conta não fecha! E não é diferente no Brasil.

A Europa se vê envolta com uma crise fiscal detonada pelo envelhecimento da população, atrelada à diminuição da taxa de natalidade (inversão da pirâmide etária). Várias medidas estão sendo adotadas para reversão desse quadro, como por exemplo políticas públicas para elevação da taxa de natalidade, aumento do auxílio-maternidade e do salário-família.

Em 2009, a Espanha anunciou a possível falência de sua Previdência. O jornal "El Pais", edição do final de outubro de 2009, trouxe a manchete: *"Uma geração sem aposentadoria."* Ou seja, o risco de a geração que hoje está na ativa não ter meios de ser mantida pela previdência quando incapacitada para o trabalho.

É de se considerar que parte da Europa promoveu ou está em vias de aproximar as regras entre homens e mulheres, bem como tem buscado novas fórmulas de cálculos, como no caso brasileiro, da fórmula 85/95 progressiva. França, Espanha, Alemanha, Suécia são bons exemplos.

O cenário na América Latina, em termos de preocupação com a previdência do setor público, não é diverso. Chile, México, Bolívia, El Salvador, por exemplo, substituíram o sistema anterior de repartição simples pelo modelo de financiamento capitalizado. Argentina,

Uruguai e Costa Rica preferiram instituir modelos de previdência complementar. Já Peru e Colômbia deixaram as duas formas de financiamento como opção, de forma concorrente. Todos almejando o equilíbrio nas contas.

O que se vê hoje é a busca de alguns países em rever os modelos anteriormente adotados e que não surtiram os efeitos desejados. Não é sem sentido que a Argentina buscou o Brasil para formalizar estudos conjuntos, o que culminou com a instituição da comissão Conaprev-Cofepres, que atua na busca de trocas de experiências exitosas e descartar as que não foram bem–sucedidas. Saliente-se que um dos objetivos fulcrais da comissão é buscar a integração com todos os países participantes da União de Nações Sul-Americanas –Unasul.

Nesse seguimento, a questão da Previdência Social não é um problema só do Brasil, mas o mundo inteiro está discutindo, tentando encontrar soluções para que seja possível às futuras gerações ser beneficiadas com aposentadorias e seus dependentes com pensões (os dois principais benefícios previdenciários).

Não há uma fórmula mágica a ser seguida. No entanto, o modelo que combina sistema com limitação de teto e previdência complementar tem sido tomado como o melhor a ser seguido. Neste tipo de modelo, o Estado figura como guardião da previdência mínima, e ao mesmo tempo proporciona que se efetive aumento de renda nos proventos, de forma complementar. Para muitos, é o sistema que garante maior igualdade social, quando criado com regras estáveis que possam efetivamente garantir equilíbrio financeiro e atuarial. É o modelo adotado por alguns países dos quais tomamos como exemplo Suíça e Holanda.

A previdência complementar não é uma criação doméstica. Os países citados por último cobrem benefícios até um teto limitador e, a partir daí, oferecem aos seus empregados planos complementares. A regra é simples: garantia de um sistema público cobrindo o mínimo necessário. Se a economia do país vai bem, aos servidores são garantidos melhores benefícios por meio do sistema capitalizado (da previdência complementar), à medida que representam um importante papel na poupança nacional (investimentos de longo prazo). Dessarte, o pacto de gerações não é extinto, o que somente é possível no sistema capitalizado único.

A nosso ver, o Estado é, sim, responsável pela previdência dos seus servidores, que não pode simplesmente ser direcionada para a iniciativa privada em sua totalidade. Ao Estado incumbe a política pública previdenciária ao menos do mínimo possível e sustentável, como um dos fundamentos do Estado Democrático de Direito e como um dos objetivos da República Federativa do Brasil.

Conquanto tenha sido considerada como alternativa para equacionar o déficit previdenciário, a previdência complementar tem apresentado problemas, sendo o principal a baixa cobertura do sistema (baixa adesão e agora podendo signficar alta desfliação), tendo em vista que, na realidade, a previdência complementar alcança apenas os servidores com maior capacidade contributiva.

Além do mais, os custos de transição são muito elevados, o que impacta as políticas fiscais, atrelados à variação das taxas de juros no mercado financeiro. Em alguns países, os títulos públicos são a única fonte de receitas, o que torna os sistemas dependentes dos governos. A capitalização, assim, hoje é vista como insuficiente, quando é a única forma de sistema de financiamento.

O sério risco de não atender ao seu propósito, com baixa adesão ou alta desfiliação, é baseado, principalmente, no fato de que o brasileiro culturalmente não é bom poupador e pode ver a previdência complementar realmente como opção e não como um dever de garantir um benefício com mais recurso financeiro. O dinheiro a ser poupado na previdência complementar pode ser simplesmente usado para satisfações imediatas.

Como vimos em tópico próprio, especialistas têm feito críticas severas à previdência complementar, não somente pelo fato de esta ter tido baixa cobertura, descumprindo assim seu propósito inicial, mas também pelo fato de investimentos em outras áreas se apresentarem na atual conjuntura monetária como mais rentáveis.

Seja como for, se para proporcionar maiores ganhos às instituições financeiras ou para dar sustentabilidade ao sistema, ou ainda a conjugação desses dois fatores, não pode ser negado que a previdência complementar é a concretização da leitura neoliberal que se faz da Constituição Federal de 1988, na medida em que retira das mãos do Estado–parte de suas obrigações, transferindo-as para a iniciativa privada. Conquanto prevista no governo neoliberalista que se encontrava presente em 1998 (ano de edição da EC 20/1998), tem ganhado força significativa no atual cenário político/sócio/econômico, que demanda uma série de ajustes fiscais.

Noutro prisma, em vários Estados, por questões políticas e históricas, não se consegue instituir uma unidade gestora única e um regime jurídico único de previdência pública. As resistências e pressões políticas são enormes. Em alguns entes, poderes outros que não o Executivo, insistem em ter suas próprias regras e, mais ainda, não se submetem a diagnosticar e tratar suas folhas de pagamentos. O que faz com que convivam com regimes próprios diversos e paralelos, em total afronta ao mandamento constitucional contido no § 20 do artigo 40 da CF/88, na redação dada pela EC n. 41/2003, que completou doze anos de existência.

Além disso, os tribunais de contas não conseguem homologar e registrar os processos de aposentadorias e pensões no tempo desejado, o que implica em insegurança para o servidor e para a Administração Pública, além de comprometer a compensação previdenciária entre regimes.

Como vimos, a Constituição Federal de 1988, a partir da primeira reforma previdenciária, ocorrida com a EC n. 20, de 1998, garante a todos (sem exceção) servidores públicos efetivos o direito de se aposentar segundo regras e critérios estabelecidos pelo regime próprio. No entanto, mais de 3.500 Municípios não instituíram seus regimes próprios, desatendendo aos comandos constitucionais, prejudicando e desvalorizando seus servidores, como vimos de forma detalhada no item 3.8. Ainda temos em 2015 um total de 127 RPPS em extinção, simplesmente porque não foram capazes de cumprir os comandos normativos.

Numa análise geral, de todos os RPPS hoje existentes, vários são os fatores que ocasionam injustiças e não colocam os servidores públicos-segurados em igualdade, dos quais podemos citar: 1) critérios diferenciados de elegibilidade de segurados e dependentes, ocasionados por legislação local e também por interpretações legais, doutrinárias e jurisprudenciais divergentes, como por exemplo desigualdade de critérios adotados para concessão de aposentadoria por invalidez, tendo em vista que é a própria lei do ente que elege o rol de doenças incapacitantes e incuráveis; 2) concessões de pensões benevolentes, com interpretações extensivas que contrariam a sistemática atual; 3) regras de elegibilidade de dependentes de forma diferenciada, como por exemplo alguns Estados e Municípios adotam como dependente o filho menor de dezoito anos e outros até a idade limítrofe de vinte e um anos, sem nos olvidar que alguns estendem o benefício de pensão por morte até a conclusão de nível superior; 4) não repasse de contribuições previdenciárias, o que, como debatido, gera desequilíbrio nas contas dos fundos previdenciários; 5) ausência de cruzamento de dados; 6) não separação entre as contas da previdência das contas da saúde e assistência; 7) dificuldade de alguns entes em buscar novas receitas, o que para outros, devido a vários fatores, como posição geográfica, acaba sendo mais propício; 8) custos de transição; 9) não realização de censo previdenciário, em absoluta inobservância do estatuído pelo artigo 9º, II, da Lei 10.887/04; 10) conselhos que não são paritários, ofendendo direitos de servidores assegurados pelo artigo 10 da Constituição Federal e que servem mais ao governante do que aos governados; 11) desigualdade de percentual de alíquota de contribuição, tendo em vista que em alguns entes é de 11% (onze por cento), em outros, de 13% (treze por cento), bem como desigualdade na base de cálculo das contribuições; 12) não realização de avaliação atuarial e demonstrativos financeiros; 13) dificuldades de alguns entes em implementar seus regimes próprios – base populacional e falta de recursos para instituição de entidade autônoma; 14) despreocupação dos governantes com a previdência de seus servidores, preferindo alocá-los no regime geral; 15) falta de conhecimento da legislação; 16) não adoção, por parte dos governantes, de políticas públicas com vistas à educação previdenciária, capacitação de servidores e de conscientização em geral; 17) falta de planejamento estratégico, aqui compreendida a condução dos processos por pessoas sem comprometimento com o futuro; 18) gestões deficientes e ineficientes, caracterizadas muitas vezes por absoluta falta de pessoal capacitado; 19) nepotismo e favoritismos, que colocam como gestores e assessores pessoas com o único critério de ser parente ou amigo do governante, sem atender ao critério da meritocracia; 20) falta de vontade política; 21) resistência para prevenir e combater fraudes, desvios de recursos e corrupção em todas as suas formas e níveis; e 22) falta de responsabilização de governantes e gestores.

Não há controle efetivo, o que dá azo à ocorrência de irregulares e fraudes. Do mencionado, vale relevar que nos deparamos com um cenário completamente desfavorável à saúde dos fundos previdenciários públicos, ocasionado inclusive pela corrupção em sua concepção ampla e que se instalou em todos os níveis e esferas de governos.

Vale registrar que, para a eficácia na prevenção e no combate aos crimes, o Governo Federal, criou, um sistema nacional através da Lei n. 12.681, de 4 de julho de 2012, o Sistema Nacional de Informações de Segurança Pública (Sinesp), uma ferramenta que tem por objeto coletar, analisar e atualizar as informações das forças de segurança.

Noutro viés temos que as leis, por si só, não previnem crimes tampouco levam à plena regularidade do sistema previdenciário. A proteção de direitos não depende da edição de novas leis, mas sim do resgate de valores. O corpo de servidores (aí incluso o gestor) deve se pautar pela ética e pela moral. Ações que visem à repulsa à ganância, ao individualismo, ao egoísmo e à insensibilidade necessitam ser perpetradas, mas o que temos é a inconfiabilidade no sistema e nos responsáveis pela sua condução. Neste sentido, o diretor-presidente de uma unidade gestora deve ter uma equipe confiável, competente e comprometida com o trabalho, nomeada sem interferência de népotas.

Há também que se deixar negritado que a falta de um banco de dados, com dados cadastrais atualizados, reforça a má condução de uma unidade gestora, que não pode sobreviver sem ele. Como visto, são vários os sistemas de informação e várias ferramentas tecnológicas de cruzamento de dados postas a serviço de uma unidade gestora, mas que muitas vezes não são usadas por: 1) falta de conhecimento da existência das mesmas; 2) falta de conhecimento técnico-operacional e; 3) falta de iniciativas para a concreção das ações.

Como não se consegue resolver os problemas na origem, bem como há necessidade, urgente, de equacionar os déficits apresentados, notadamente no que se refere ao serviço passado (fruto da relação *pro labore* entre o servidor e administração e as gestões irresponsáveis), o caminho que ganhou preferência foi acionar outras formas de financiamento, com o nítido propósito de extinguir fundos financeiros de repartição simples e, se mantidos, com a complementação de seus valores originais, limitados pelo Regime Geral.

Neste contexto e de forma geral, as experiências e a história nos mostram que não há cultura, consciência e responsabilidade previdenciária pelos quatro cantos do Brasil, apesar do esforço hercúleo que alguns segmentos (com destaque para o Ministério do Trabalho e

Previdência Social) têm feito para educar governantes, gestores e pessoas que lidam com os recursos públicos previdenciários, seja de forma direta ou indireta, não se olvidando aqui dos próprios segurados do sistema, em todos os níveis.

Entrementes, há um lado social que não se pode perder de vista e que parece não interessar muito aos governantes. Milhares de servidores inativos sustentam toda uma família, aí compreendidos filhos, noras, genros, netos e bisnetos. É arrepiante como certos contracheques estão recheados de descontos referentes a empréstimos. Não existem políticas sociais para reverter essa dura realidade.

Em lado oposto, estima-se que 40% dos dependentes que recebem pensão têm outra fonte de renda e que um entre cada três beneficiários que recebem pensão também recebem aposentadoria. E não há controle sobre a comprovação de dependência econômica, aliado ao fato de que os judiciários estaduais são ainda extremamente paternalistas e corporativistas. As procuradorias gerais, que institucionalmente devem avaliar esses benefícios, não dispõem de procuradorias especializadas. Os tribunais de contas seguem a mesma sistemática. Uns e outros são responsáveis pela concessão de benefícios irregulares, com interpretações flexíveis e generosas, com consequências futuras. A grande maioria dessas concessões não chega aos tribunais superiores. E quando chega, esbarra na quantidade de processos envolvendo a matéria, o que ocasiona a demora nos julgamentos.

Ocorre que benefícios pagos de forma irregular pressionam e sufocam o equilíbrio do sistema. Hodiernamente não há mais espaço para se manter o entendimento de que os tesouros tudo podem, que o Estado é uma entidade que não entra em falência, apesar de o contrário ainda perdurar no centro das ideias de muitos.

Infelizmente nos deparamos com servidores, de diversos níveis e carreiras, sem um mínimo de conhecimento do que seja previdência pública. O que lhes preocupa é simplesmente a melhor forma de tirar proveito do sistema, reclamando revisões descabidas nos benefícios e que muitas das vezes são concedidas de forma irresponsável, para atender as reivindicações de categorias. Para a maioria maciça dos servidores públicos a previdência não passa de uma poupança particular, que por assim ser, deve ser transformada em herança a ser custeada pelo Estado, tomado como provedor.

Noutro norte, a previdência pública não pode continuar seguindo como um caixa dois de governos. Deve, sim, seguir com sua função precípua para a qual é regulamentada, de pagar exclusivamente benefícios previdenciários. Também não pode seguir com desfalque nos fundos previdenciários com capitalização, sob alegação de se pagar benefícios de segurados alocados nos sistemas de financiamento ou ainda de cumprir com o pagamento de servidores ativos. O sonho da capitalização, com a devida reserva de contingência, está se desmoronando em muitos entes federados, por ações inconsequentes, imediatistas e sem preocupação alguma com o futuro do sistema.

Conquanto o conhecimento deve ser adotado como a principal ferramenta para garantia desses direitos e para promoção das políticas públicas, hoje estagnadas devido à falta de recursos, ocasionada no mais das vezes por pagamentos indevidos e irregulares, não se consegue propagar de forma efetiva a educação previdenciária. E não é somente pelo fato de ser o Brasil um país de dimensões continentais. O principal fator é cultural: resistência a mudanças de paradigmas e individualismo exacerbado.

Permanecem assim pagamentos indevidos que são responsáveis por desalocar recursos que poderiam estar sendo alocados em áreas sensíveis como saúde, assistência, segurança pública, educação e infraestrutura.

Hoje o planejamento estratégico tem como uma das suas principais metas o equacionamento da previdência pública, visando garantir a sustentabilidade do sistema, com equilíbrio financeiro-atuarial. O sistema equilibrado tem o seu ponto central na garantia de regras equânimes para todos os servidores públicos efetivos e afasta o fantasma da falta de projeções para o futuro, trazendo segurança jurídica/econômica/financeira. Entretanto, não há planejamento, não há controle.

Apesar de necessárias, novas regras de elegibilidade não são bem vistas e quistas. Alguns entes de imediato se prontificam a adotá-las, como podemos visivelmente enxergar com as novas regras de pensões introduzidas pela Lei 13.135/2015. Alguns Estados, a exemplo encaminharam projetos de lei para adequar à nova sistemática federal. Entretanto, outros nem ao menos cogitam da possibilidade, uma vez que se perdem votos com mudanças paradigmáticas consideradas puramente nefastas aos servidores públicos. Esquecem-se os governos que grande parte da problemática vivida hoje pela previdência é fruto de um passado irresponsável.

Além de tudo isso, os institutos de previdência não devem continuar sendo cabides de empregos, de trocas de favores, de acomodação de pessoas em troca de votos. A previdência pública tem a necessidade premente e urgente de ser vista com olhos sérios e responsáveis. Entristece-nos presenciar a rotatividade inconsequente a cada troca de governo, em flagrante desrespeito aos servidores públicos efetivos e à coisa pública. A meritocracia deve ser a maior vertente nas nomeações. E meritocracia é inimiga de nepotismo.

Via transversa, o que de fato acontece é o servidor público, que tem direito ao sistema previdenciário próprio, ser desvalorizado pelos governantes. Servidores capacitados e que poderiam ser incluídos no planejamento estratégico das políticas públicas são postos de lado para dar espaço a nomeações esdrúxulas, que não atendem ao interesse público primário, simplesmente porque o nepotismo não tem o tratamento criminal que deveria ter.

A despeito do tema, a presidente Dilma Rousseff, em seu discurso no dia 2 de outubro de 2015, ao anunciar mudanças em seu ministério, inclusive fundindo o Ministério do Trabalho com o Ministério da Previdência Social, disse com todas as letras e pontuações que: **"Todos** os países, todas as nações que atingiram desenvolvimento construíram Estados modernos. Esses Estados modernos são ágeis, eficientes, baseados no profissionalismo, na meritocracia e extremamente adequados ao processo de desenvolvimento que cada país estava trilhando. Nós também temos que ter esse objetivo."

Com certeza, o Brasil somente será um país melhor, desenvolvido, quando se livrar da corrupção, do nepotismo e partir para a educação e conscientização de seu povo. Por assim ser, há necessidade de se instaurar no Brasil uma política séria, que vise a dar sustentabilidade aos fundos previdenciários concomitantemente com informação e consciência de que a previdência é reposição de renda, não uma fonte de recursos inesgotável por parte do Estado.

E é nesse cenário sombrio, onde impera o desequilíbrio financeiro-atuarial, que está surgindo uma nova ideia, que tem ganhado adeptos e que tem sido bastante cogitada no meio acadêmico: a instituição de uma previdência única e universal.

No trabalho monográfico já por nós citado e intitulado Reforma da Previdência Social e Custo de Transição: Simulando um Sistema Universal para o Brasil, os autores demonstram como se poderia dar a simplificação do sistema previdenciário, com equilíbrio atuarial e justiça, com redução nas alíquotas de contribuição. Para os renomados autores, "o Sistema Universal, além de ser mais equitativo e estar, por hipótese, equilibrado, apresenta, também, a característica de reduzir o passivo previdenciário do país. Essa diminuição se dá tanto nos RGPS quanto nos RPPSs. Esse fato faz com que as necessidades de financiamento do setor público diminuam, reduzindo o esforço fiscal feito pelo país."[91] Para defender a tese, os autores ainda calcularam a alíquota de contribuição necessária a esse sistema e estimaram o passivo previdenciário, na situação atual e no sistema proposto, bem como o custo de transição entre os dois sistemas, demonstrando que os resultados do custo são elevados, embora estejam distribuídos e absorvido ao longo do tempo.

Com a mesma linha científica, de instituição de um sistema universal e único, o juiz federal Márcio Augusto Nascimento se posiciona no sentido de que "o principal fruto do novo sistema será a diminuição da desigualdade social, porém podemos citar que, para fins de aposentadoria por idade aos 65 anos (homem ou mulher), não haverá mais discussão administrativa ou judicial sobre: a) carência; b) perda da qualidade de segurado; c) comprovação de tempo de serviço rural ou urbano." Além da diminuição das demandas, prossegue em seu raciocínio afirmando que "os Poderes da República, as instituições e toda a população ganharão com menos gastos na máquina administrativa, haverá geração e criação de uma nova fonte de renda, circulação de riqueza (pedra fundamental do capitalismo) e o exercício efetivo da cidadania no Brasil."[92] Com certeza. A universalidade tende a diminuir gastos e trazer igualdade social, além de dar oxigenação aos tribunais judiciais, que se encontram sufocados com a grande quantidade de demandas envolvendo matéria previdenciária, aí consideradas todas as formas de regimes.

No entanto pedimos vênia, com respeito aos brilhantes e conscientes trabalhos desenvolvidos, para discordarmos, em parte, das propostas apresentadas. Não coadunamos com a ideia da possibilidade de instituição de uma previdência universal e única que seja capaz de abarcar regime próprio e regime geral. Os servidores públicos seguem seus próprios estatutos e não nos afigura juridicamente possível mesclar, num só regime, servidores públicos e trabalhadores da iniciativa privada, dada a diversidade de tratamento. A convergência de regras deve ser entre os servidores públicos e não entre estes e os servidores da iniciativa privada. Os servidores públicos lidam com a coisa pública, se submetem a concursos públicos, têm carreiras próprias. Não há como se fundir esses dois universos de trabalhadores, tampouco mudar toda uma sistemática constitucional, fundamentada na construção histórica do moderno Direito Previdenciário Público.

A ideia que abraçamos é a de uma previdência única e universal para todos os servidores públicos efetivos. Como anotamos e debatemos exaustivamente no decorrer do presente compêndio, muitas são as igualdades entre os segurados. Apesar de todo o esforço por parte do Governo Federal, notadamente pelos técnicos do Ministério da Previdência, hoje fundido com o Ministério do Trabalho, apesar das normatizações contidas na Lei n. 9.717/98 e na Lei n. 10.887/04, as interpretações dos seus conceitos são divergentes, ocasionando injustiças para uns e privilégios para outros.

Além disso, somam-se à má gestão dos sistemas a malversação dos recursos públicos e o processo lento de conscientização através da educação previdenciária. Hoje o que impera é a cultura de se apoderar dos recursos previdenciários, com as mais diversas ingerências políticas irresponsáveis no sistema. Governantes e gestores simplesmente desconsiderando cálculos atuariais como se a ciência atuária fosse desprezível.

Vale trazer à memória que, historicamente, a Lei n. 3.807, de 26 de agosto de 1960, que criou a Lei Orgânica de Previdência Social (LOPS), unificou a legislação referente aos Institutos de Aposentadorias e Pensões.

Apesar de a norma ter mais de 55 anos, a sistemática pela mesma estabelecida tem espectro atual. Foram criados, à época, órgãos de orientação e controle: Departamento

---

(91) ZYLBERSTAJN, Hélio; AFONSO, Luís Eduardo e SOUZA, André Portela. Reforma da Previdência Social e Custo de Transição: Simulando um Sistema Universal para o Brasil. Artigo originalmente apresentado no XXXIII Encontro Nacional de Economia (ANPEC), Natal-RN, dezembro -2005. Disponível em <http://www.fea.usp.br/feaecon/incs/download.php?i=162&file=../>. Acesso em 02 de outubro de 2015.
(92) NASCIMENTO, Márcio Augusto. Aposentadoria Pública Universal no Brasil: Proposta para diminuir as desigualdades sociais. São Paulo: LTr, 2010. p. 82/83.

Nacional da Previdência Social (DNPS); Conselho Superior da Providência Social (CSPS); Serviço Atuarial (SAt) e órgãos de administração.

Também vale recordar que o Brasil já teve um sistema de previdência pública universal com o IPASE, que sobreviveu por longo tempo, mas que foi substituído pelo regramento que possibilitou a cada ente federativo ser responsável por sua política relacionada ao servidor público, aí inclusos os inativos. Entretanto, a mudança se deu numa época em que não se cogitava contribuir para o sistema, sendo a aposentadoria um benefício estatutário e não um benefício previdenciário.

Hoje não há como manter os sistemas sem contribuições e sem responsabilidade previdenciária. E, como vimos, responsabilidade previdenciária requer capacitação, consciência e coragem. Vista sob esse prisma, a previdência pública única e universal tende a fortalecer servidores públicos efetivos e ajudar a aniquilar governos irresponsáveis e corruptos.

Nesta liça, o que se propõe é a gestão unificada dos RPPS, acabando com "elefantes–brancos" espalhados pelo Brasil, como também a universalização das regras (com hermenêutica convergente), tanto no que diz respeito ao plano de benefícios como no que se refere ao plano de custeio. A proposta visa a acabar com privilégios, bem como à proteção efetiva e real ao servidor público efetivo, o que deve suplantar a invocação da forma federativa.

A previdência pública complementar universal está trilhando seu caminho e tem encontrado adeptos. A PrevFederação é um projeto que, em pouco tempo, segundo cogitado, se tornará uma realidade. A sua idealização partiu justamente do pressuposto que a maioria dos entes federados não tem condições de gerir o sistema complementar, por falta de estrutura humana e material. A mesma coisa acontece com a maioria dos RPPS, que enfrentam problemas de toda ordem. E pior: mais de 3.500 Municípios não foram capazes de instituir o regime próprio para seus servidores, descumprindo o comando inserto no *caput* do artigo 40 da CF/88, em prejuízo de milhares de servidores públicos efetivos.

O que se propõe é um maior controle, tanto na concessão, manutenção e revisão de benefícios como na forma como os recursos são alocados e gastos. Um controle único que poderá ser capaz (ou se aproximar disso) de acabar com desigualdades e desvios de recursos públicos previdenciários.

Paradigmas têm que ser mudados. Analisando a atual conjuntura, concebemos a previdência pública única e universal pública, como uma necessidade. E se fundada nos pilares que regem a Administração Pública e a previdência pública, pode se tornar uma arma poderosíssima de proteção ao servidor público efetivo, hoje considerado um estorvo para os governos quando ingressam na inatividade ou quando deixam dependentes.

Convém mencionar que a Administração Pública da atualidade não é somente a administração governamental, mas também um processo de governança e administração de mudanças. E a responsabilidade dos gestores não é apenas de índole funcional, envolve feições jurídicas, sociais, políticas e morais.

Hodiernamente as questões que envolvem os regimes próprios têm saído do âmbito local para ser um assunto nacional. Neste contexto, uma previdência pública única e universal que atenda aos princípios constitucionais e bem administrada pode significar uma esperança na busca do equilíbrio financeiro e atuarial. Entretanto, se a opção for essa, por certo encontrará as mais severas e diversas formas de manifestações contrárias, inclusive das principais categorias de servidores, que temerão perder seus privilégios. Via transversa e com o mesmo grau de certeza, o projeto de viabilização encontrará respaldo no seio econômico, com base em estudos atuariais.

Encontrará da mesma forma resistência de governantes que por certo não irão querer abrir mão de recursos, inclusive no que concerne à compensação previdenciária. Contudo entendemos que não se trata de ferir o pacto federativo, até mesmo porque a previdência pública, conforme as experiências nos têm demonstrado, está se desatrelando das políticas públicas locais, passando a ser um problema de cunho nacional (ideia da PrevFederação). A previdência pública é hoje uma das principais questões de sobrevivência da Nação. Em nossa visão, não fere o pacto federativo porque os recursos previdenciários são indisponíveis, o que significa que não servem para cobrir outras áreas, inclusive sociais. São destinados única e exclusivamente ao pagamento de benefícios previdenciários – têm destinação específica.

Nesta linha de elucidação, vale frisar que o Supremo Tribunal Federal já firmou o entendimento de que "à vista do modelo ainda acentuadamente centralizado do federalismo adotado pela versão originária da Constituição de 1988, o preceito questionado da EC 20/98 nem tende a aboli-lo, nem sequer a afetá-lo." (STF, ADI 2024 / DF, Rel. Min. Sepúlveda Pertence, Tribunal Pleno, j. 03-05-2007 e DJe de 22-06-2007).

O que se propõe é um sistema universal e único mínimo, de repartição simples, com pagamento limitado a um teto, que pode ser diferenciado do limite máximo do regime geral de previdência social. Mas que haja um teto limitador, de forma a não se permitir privilégios. O que suplantar esse teto será coberto pela previdência complementar (com respeito à opção do servidor em qual instituição deseja se filiar – livre concorrência x dominação do mercado financeiro).

Infelizmente vários governos simplesmente acabaram com o sonho da capitalização em fundos previdenciários públicos. E o custo de transição, para a instituição de um sistema capitalizado, em vez de um sistema de repartição simples, é muito elevado, o que pode inviabilizar a instituição do sistema universal e único.

São os números da possível e provável falência da previdência pública que estão a demandar consciência e responsabilidade, por meio da unicidade da gestão e universalidade de regras e pagamentos, além de efetivar maior controle e transparência.

Até pouco tempo nos mostrávamos totalmente contrários à ideia de uma previdência pública única no Brasil. Entretanto, devido à escassez de recursos humanos com perfil para buscar soluções, a irresponsabilidade da gestão dos fundos, a falta de compromisso e a grande diferença hoje existente na concessão (manutenção e revisão) de benefícios, nos afigura como a melhor forma de fazer a previdência pública renascer de suas cinzas, como uma fênix.

Seja com a instituição de fundos apartados (por entes, por categorias de servidores), seja por modelos de financiamentos conjugados, em nosso entendimento, não há outra forma de se pensar em previdência pública, ou seja, não há outra saída, indubitavelmente. É a resposta que damos, partindo da premissa que responsabilidade previdenciária hoje no Brasil não é regra, é exceção. Os fatos têm nos mostrado que os recursos da previdência pública são confundidos com recursos disponíveis, lastimavelmente.

A corrupção não pode secar o rio. Sigamos caminhando e cantando o hino de Geraldo Vandré: *vem, vamos embora, que esperar não é saber, quem sabe faz a hora, não espera acontecer*. Deixemos, pois, as flores vencerem os canhões.

E parafraseando Raimundo Moreno[93] encerramos: a luta por uma previdência justa e igualitária não há de cessar jamais!

---

(93) MORENO, Raimundo do Serro. A luta pela Justiça não há de cessar jamais! Trecho do discurso de formatura da turma de direito da PUC/MG. Belo Horizonte, dezembro de 1978.

REFERÊNCIAS BIBLIOGRÁFICAS

AGÊNCIA EDUCABRASIL *Multidisciplinariedade.* Disponível em <http://www.educabrasil.com.br/eb/dic/dicionario.asp?id=90>. Acesso em 19 de outubro de 2015.

AMOROSO, Henrique Von Ancken Erdmann. *Da fraude patrimonial no casamento e na união estável – medidas jurídicas cabíveis.* Disponível em <http://www.migalhas.com.br/dePeso/16,MI146202,31047-Da+fraude+patrimonial+no+casamento+e+na+uniao+estavel+medidas>. Acesso em 04 de agosto de 2015.

BAHIA, Flávia. *OAB 2ª fase: Direito Constitucional.* 2. ed. São Paulo: Jus Podium, 2015.

BANCO CENTRAL DO BRASIL. *Introdução.* Disponível em <http://www.bcb.gov.br/?JUDINTRO>. Acesso em 13 de agosto de 2015.

BARAN, Katina. *Saída de Barbosa gera debate sobre perdas com aposentadorias 'precoces'.* Gazeta do Povo, 11 de julho de 2014. Disponível em http://www.gazetadopovo.com.br/vida-publica/saida-de-barbosa-gera-debate-sobre-perdas-com-aposentadorias-precoces-eas9eth9e5qnpte9gci2m2edq. Acesso em 11 de agosto de 2015.

BARROSO, Luis Roberto. *Interpretação e aplicação da constituição.* 6 ed., revista, atual. e ampl. São Paulo: Saraiva, 2006.

_____. *Judicialização, Ativismo Judicial e Legitimidade Democrática.* Revista da OAB, 2008. Disponível em <http://www.oab.org.br/editora/revista/users/revista/1235066670174218181901.pdf>. Acesso em 12 de setembro de 2015.

BATISTA, José de Anchieta. *Entrevista sobre déficit na previdência estadual.* Disponível em <http://www.acreprevidencia.ac.gov.br/eventos/2015/4_entrevista_anchieta_deficit_previdencia_estadual.php>. Acesso em 30 de julho de 2015.

BIANCO. Dânae Dal et al. *Previdência de Servidores Públicos.* São Paulo: Atlas, 2009.

BORGES, Mauro Ribeiro. *Previdência Funcional:* Teoria Geral e Critérios de Elegibilidade aos Benefícios Previdenciários à Luz das Reformas Constitucionais. 1. ed. Curitiba: Juruá, 2008.

BRASIL POST. *Com rombo três vezes maior que o da Lava Jato, Operação Zelotes vai analisar 230 mil e-mails.* Disponível em <http://www.brasilpost.com.br/2015/04/21/operacao-zelotes-emails_n_7106604.html>. Acesso em 14 de julho de 2015.

BRODER, Fábio. *Previdência Privada:* uma visão crítica. Portal do Sócio e da Sociedade. Disponível em <http://www.portaldosocioedasociedade.com.br/index.php/estudos/administrativos/100-previdencia-privada-uma-visao-critica>. Acesso em 25 de outubro de 2015.

CAETANO, Marcelo Abi-Ramia (coordenador). *A importância da entidade gestora única nos regimes próprios de previdência social: o caso dos Estados membros da federação.* Escola de Administração Fazendária – ESAF: Brasília, 2011. Disponível em <http://www.esaf.fazenda.gov.br/a_esaf/biblioteca/textos-para-dissertacao/arquivo.2013-04-17.1616666768>. Acesso em 30 de setembro de 2015.

CALDAS, Igor Lúcio Dantas Araújo. *A avaliação periódica de desempenho do servidor público estável. Efeitos do princípio da eficiência sobre o desempenho do servidor público.* Disponível em <http://www.ambito-juridico.com.br/site/index.php?n_link=revista_artigos_leitura&artigo_id=9259>. Acesso em 31 de julho de 2015.

CAMPOS, Marcelo Barroso de Lima Brito de. *Regime Próprio de Previdência Social dos Servidores Públicos.* 5. ed. Curitiba: Juruá, 2014.

CAPEZ. Fernando. *Curso de Direito Penal:* Parte Especial. 4ª. ed. São Paulo: Saraiva, 2006.

CARVALHO FILHO, José dos Santos. *Manual de direito administrativo.* 22. ed., Rio de Janeiro: Lumen Juris, 2009.

_____, José dos Santos. *Manual de Direito Administrativo.* 24. ed. Rio de Janeiro: Lumen Juris, 2011.

_____, José dos Santos. *Manual de Direito Administrativo.* 27.ed. São Paulo: Atlas, 2014.

CARVALHO, Raquel Melo Urbano de. *Curso de Direito Administrativo:* Parte Geral, Intervenção do Estado e Estrutura da Administração. 2. ed. Salvador: Jus Podiurm, 2009.

CASTRO, Carlos Alberto Pereira de; LAZZARI, João Batista. *Manual de Direito Previdenciário.* 8. ed. Florianópolis: Conceito Editorial, 2007.

CHAGAS, Antônio Henrique. *Desvios de Recursos na Previdência Brasileira:* Recursos previdenciários para construir Brasília, Transamazônica, ponte Rio-Niterói e outras obras. Disponível em <http://antoniohenriquechagas.blogspot.com.br/2012/11/desvios-de-recursos-na-previdencia.html>. Acesso em 29 de julho de 2015.

CONTANDO A HISTÓRIA. *O Brasil e o Mundo em 1979.* Disponível em <http://contandohistoria1977.blogspot.com.br/2013/07/o-brasil-e-o-mundo-em-1979-surge-um.html>. Acesso em 05 de janeiro de 2015.

CONTROLADORIA-GERAL DA UNIÃO, Secretaria de Prevenção da Corrupção e Informações Estratégicas. *Manual da Lei de Acesso à Informação para Estados e Municípios.* 1. ed. Brasília, 2013. p. 6. Disponível em <http://www.cgu.gov.br/Publicacoes/transparencia-publica/brasil-transparente/arquivos/manual_lai_Estadosmunicipios.pdf>. Acesso em 18 de agosto de 2015.

CORONATO, Marcos; IMÉRCIO, Aline. Revista Época: *O Brasil gasta demais com funcionários públicos.* Ed. 2 de outubro de 2014. Disponível em <http://epoca.globo.com/ideias/noticia/2014/10/brasil-gasta-demais-com-bfuncionarios-publicosb.html>. Acesso em 30 de setembro de 2015.

CUÉLLER, Leila. *Os Novos Serviços Sociais Autônomos:* Estudo de um caso. Disponível em <http://www.direitodoEstado.com/revista/RERE-14-JUNHO-2008-LEILA%20CUELLAR.PDF>. Acesso em 16 de agosto de 2015.

DATAPREV. Disponível em <http://www3.dataprev.gov.br/sislex/paginas/24/1941/..%5C1938%5C288.htm>. Acesso em 24 de outubro de 2015.

DATAPREV. *Lei.n.1.711-de28deoutubrode1952* Disponível em <http://www3.dataprev.gov.br/sislex/paginas/42/1990/..%5C1952%5C1711.htm>. Acesso em 24 de outubro de 2014.

DIAS, Jefferson Aparecido. *Crime de Apropriação Indébita Previdenciária* (CP, art. 168-A, § 1º, inc. I): Teoria e Prática. 2. ed. Curitiba/PR: Juruá, 2009.

DI PIETRO, Maria Sylvia Zanella. *Direito administrativo.* 21. ed. São Paulo: Atlas, 2007.

DIREITONET. *Condescendência Criminosa.* Disponível em <http://www.direitonet.com.br/dicionario/exibir/1236/Condescendencia-criminosa>. Acesso em 14 de julho de 2015.

EBC. *Número de brasileiros na extrema pobreza aumenta pela primeira vez em dez anos.* Disponível em <http://www.ebc.com.br/noticias/economia/2014/11/numero-de-brasileiros-na-extrema-pobreza-aumenta-pela-primeira-vez-em-dez>. Acesso em 14 de julho de 2015.

ESTADÃO. *Associados vão cobrir rombo de 43 fundos de pensão.* 19-04-2-15. Disponível em <http://economia.estadao.com.br/noticias/geral,associados-vao-cobrir-rombo-de-43-fundos-de-pensao-imp-,1672512>. Acesso em 18 de agosto de 2015.

FERNANDES Francisco Luiz; FERNANDES, Thallita Maria Moreeuw. *Princípio da juridicidade*. Revista eletrônica Âmbito Jurídico. Disponível em <http://www.ambito-juridico.com.br/site/index.php/?n_link=revista_artigos_leitura&artigo_id=13405&revista_caderno=9>. Acesso em 11 de agosto de 2015.

FILHO, Diomar Ackel. *Writs Constitucionais* (Habeas corpus, mandado de segurança, mandado de injunção, habeas data). São Paulo: Saraiva, 1988.

FILHO, Euro Bento Maciel. *Crimes Previdenciários*: Análise Crítica dos Delitos Clássicos Contra a Previdência Social, à Luz da Lei n.9.983, de 14.7.2000. 1. ed. São Paulo: Juarez de Oliveira, 2004.

FRANCO, Alberto Silva; STOCO, Rui. *Código Penal e sua Interpretação Jurisprudencial*. 7. ed. São Paulo: Editora Revista dos Tribunais, 2002.

GARCIA, Emerson. *O Nepotismo*. Disponível em <https://www2.mppa.mp.br/sistemas/gcsubsites/upload/40/o_nepotismo.pdf>. Acesso em 10 de agosto de 2015

GAZETA DO POVO. *Investigado pelo CNJ, Clayton Camargo é reconduzido ao Tribunal de Justiça do Paraná. Ex-presidente do TJ-PR é acusado de vender sentença, tráfico de influência e por evolução patrimonial incompatível com as funções de magistrado*. Disponível em <http://www.gazetadopovo.com.br/vida-publica/investigado-pelo-cnj-clayton-camargo-e-reconduzido-ao-tribunal-de-justica-do-parana-0tuvkr8x3f4iiu80pdrd5h73x>. Acesso em 05 de outubro de 2015.

GOMIDE, Raphael. Revista Época. *As filhas de servidores que ficam solteiras para ter direito a pensão do Estado*. Disponível em <http://epoca.globo.com/vida/noticia/2013/11/filhas-de-servidores-que-ficam-solteiras-para-ter-direito-bpensao-do-Estadob.html>. Acesso em 04 de agosto de 2015.

GRANEMANN, Sara. *Não há nenhuma razão para trabalhador algum entrar numa forma de investimento tão perigosa*. Associação dos Docentes da Universidade Federal de Pelotas (ADUFPel), 09-10-2015. Disponível em <http://adufpel.org.br/site/noticias/sara-granemann-no-h-nenhuma-razo-para-trabalhador-algum-entrar-numa-forma-de-investimento-to-perigosa>. Acesso em 25 de outubro de 2015.

GRECO, Rogério. *Curso de Direito Penal*: Parte Geral. 13.ed. Niterói/RJ: Editora Impetus, 2011.

GRUMAN, Marcelo. *Cargos comissionados: até quando?* Disponível em <http://www.brasil247.com/pt/247/artigos/151210/Cargos-comissionados-at%C3%A9-quando.htm>. Acesso em 31 de julho de 2015.

GUERSONI, Gilberto. *A Previdência dos Servidores Públicos*: A Questão Contributiva e os Institutos e Fundos de Pensão. Coleção Debates. São Paulo: Fundação Konrad Adenauer, 1999.

GUNTHER Luiz Eduardo; ZORNIG Cristina Maria Navarro. *Aspectos Essenciais Sobre o Aviso Prévio na Justiça do Trabalho*. Disponível em <http://webcache.googleusercontent.com/search?q=cache:-gJkJ4aNF308J:www.trt9.jus.br/internet_base/arquivo_download.do%3Fevento%3DBaixar%26idArquivoAnexadoPlc%3D1499485+&cd=1&hl=pt-BR&ct=clnk&gl=br>. Acesso em 07 de agosto de 2015.

GUSHIKEN, Luiz et all. *Regime Próprio de Previdência dos Servidores*: Como implementar? Uma Visão Prática e Teórica. Brasília, Ministério da Previdência Social. Coleção Previdência Social, Volume 17.

JÚNIOR, Dirley da Cunha *Curso de Direito Administrativo*. 7ª ed. São Paulo: Podium, 2009.

KANAANE, Roberto et all. *Gestão Pública*: Planejamento, Processos, Sistemas de Informação e Pessoas. 1. ed. São Paulo: Atlas, 2010.

KNOOW. *Biografia de Henri Fayol*. Disponível em <http://www.knoow.net/cienceconempr/gestao/fayolhenri.htm>. Acesso em 27 de outubro de 2015.

LENZA, Pedro. *Direito Constitucional Esquematizado*. 15. ed. São Paulo: Saraiva, 2011.

MACHADO, Hugo de Brito. *Curso de Direito Tributário*. 35 ed. São Paulo: Malheiros, 2014.

MARINELA, Fernanda. *Direito Administrativo*. São Paulo: Jus Podium, 2005.

MARMELSTEIN, George. *Curso de Direitos Fundamentais*. Ed. Atlas: São Paulo, 2008.

MARTINEZ, Wladimir Novaes. *Curso de Direito Previdenciário*. 5. ed. São Paulo: LTR, 2013.

MARTINS, Bruno Sá Freire; AGOSTINHO, Theodoro Vicente. *Regime Próprio*: Impactos da MP n. 664/2014: Aspectos Teóricos e Práticos. 1. ed. São Paulo: LTR, 2015.

MARTINS. Sérgio Pinto. *Direito da Seguridade Social*: Custeio da Seguridade Social, Benefícios, Acidente do Trabalho, Assistência Social, Saúde. 35 ed. São Paulo: Atlas, 2015.

MATIAS-PEREIRA, José. *Administração Pública Estratégica*: Foco no Planejamento Estratégico. 1. ed. São Paulo: Atlas, 2011.

_____. *Finanças Públicas*: Foco na Política Fiscal, no Planejamento e Orçamento Público. 6. ed. São Paulo: Atlas, 2012.

MEIRELLES, Hely Lopes. *Direito Administrativo Brasileiro*. 34. ed. São Paulo: Malheiros, 2008.

MELLO, Celso Antônio Bandeira de. *Curso de Direito Administrativo*. 32. ed. São Paulo: Malheiros, 2015.

MENDES, Gilmar Ferreira. *Curso de Direito Constitucional*. 2. ed. São Paulo: Saraiva. 2008.

_____. et all. *Curso de Direito Constitucional*. 5. ed. rev. e atual. São Paulo: Saraiva, 2010.

MENDRONI, Marcelo Batlouni. *Crime Organizado*: Aspectos Gerais e Mecanismos Legais. 5. ed. São Paulo: Atlas, 2015.

MINISTÉRIO DA PREVIDÊNCIA SOCIAL. *Acordos Internacionais*. Disponível em <http://www.previdencia.gov.br/a-previdencia/assuntos-internacionais/assuntos-internacionais-acordos-internacionais-portugues/>. Acesso em 16 de outubro de 2015.

_____*Nota técnica CGNAL/DRPSP/SPS n.01/2010*. Disponível em <http://www.previdencia.gov.br/arquivos/office/3_120604-175217-532.pdf>. Acesso em 26 de outubro de 2015.

_____. *Panorama da Previdência Social brasileira*. 2. ed. Brasília: MPS, SPS, SPC, ACS, 2007.

_____. *Regime Próprio – RPPS*. Disponível em <http://www.previdencia.gov.br/acesso-a-informacao-perguntas-frequentes-regime-proprio-matematicas-previdenciarias/>. Acesso em 26 de outubro de 2015.

MONGERAL AEGON SEGUROS E PREVIDÊNCIA. Disponível em <https://www.mongeralaegon.com.br/mongeral-aegon/mongeral-aegon/nossa-historia/>. Acesso em 24 de outubro de 2015.

MONTESQUIEU, Charles de Secondat Baron de. *O Espírito das Leis*. São Paulo: Marins Fontes, 1993.

MORENO, Raimundo do Serro. *A luta pela Justiça não há de cessar jamais*! Trecho do discurso de formatura da turma de direito da PUC/MG. Belo Horizonte, dezembro de1978.

MUNDO EDUCAÇÃO. *Os laranjas e as práticas ilícitas*. Disponível em <http://www.mundoeducacao.com/curiosidades/os-laranjas-as-praticas-ilicitas.htm>. Acesso em 14 de julho de 2015.

MUSEU DA CORRUPÇÃO – MuCo. *Escândalo do INSS*. Disponível em <http://www.muco.com.br/index.php?option=com_content&view=article&id=285:escandalo-do-inss&catid=34:sala-de-escandalos&Itemid=53>. Acesso em 14 de julho de 2015.

NASCIMENTO, Márcio Augusto. *Aposentadoria Pública Universal no Brasil*: Proposta para diminuir as desigualdades sociais. São Paulo: LTr, 2010.

OREIRO, José Luís. *Origem, causas e impacto da crise*. Disponível em <https://jlcoreiro.wordpress.com/2011/09/13/origem-causas-e-impacto-da-crise-valor-economico-13092011/>. Acesso em 24 de outubro de 2015.

OSÓRIO, Fábio Medina. *Teoria da Improbidade Administrativa*: Má gestão pública, Corrupção, Ineficiência. 3. ed. São Paulo: Atlas, 2013.

PACHECO FILHO, Calino; WINCKLER, Carlos Roberto. *Reforma da Previdência*: o ajuste no serviço público. Disponível em <http://revistas.fee.tche.br/index.php/indicadores/article/viewFile/1040/1355>. Acesso em 19 de junho de 2015.

PALÁCIO DO PLANALTO. *Constituição da República Federativa do Brasil de 1967* Disponível em <http://www.planalto.gov.br/ccivil_03/constituicao/constituicao67.htm#art189>. Acesso em 24 de outubro de 2015.

_____. *Constituição dos Estados Unidos do Brasil (de 10 de novembro de 1937)*. Disponível em <http://www.planalto.gov.br/ccivil_03/constituicao/constituicao37.htm>. Acesso em 24 de outubro de 2015.

_____. *Constituição Politica do Imperio do Brazil (de 25 de Março de 1824)*. Disponível em <http://www.planalto.gov.br/ccivil_03/constituicao/constituicao24.htm. >. Acesso em 15 de junho de 2015.

_____. *Decreto n.4.682, de 24 de janeiro de 1923*. Disponível em <http://www.planalto.gov.br/ccivil_03/decreto/Historicos/DPL/DPL4682.htm>. Acesso em 13 de junho de 2015.

_____. *Emenda Constitucional N.1, De 17 De Outubro De 1969* Disponível em <http://www.planalto.gov.br/ccivil_03/Constituicao/Emendas/Emc_anterior1988/emc01-69.htm>. Acesso em 24 de outubro de 2015.

PEREIRA, Luiz Carlos Bresser. *Da administração pública burocrática à gerencial*. Revista do Serviço Público, janeiro-abril. Brasília: ENAP, 1996.

PEREIRA, Ricardo. *A ação penal 470 (ação do mensalão) e a Emenda Constitucional n.41 (reformadora da previdência social)*: aspectos controvertidos de uma nova espécie de inconstitucionalidade. Disponível em <https://repositorio.ufsc.br/bitstream/handle/123456789/104359/monografia%20do%20curso%20de%20direito%20da%20UFSC_RICARDO%20PEREIRA_VERS%C3%83O%20FINAL.pdf?sequence=2>. Acesso em 05 de setembro de 2015.

PINHEIRO, Rinaldo da Silva. *Crimes do Colarinho Branco contra o desenvolvimento do Brasil*. Disponível em <http://www.portaleducacao.com.br/direito/artigos/49361/crimes-do-colarinho-branco-um-crime-contra o-desenvolvimento-do-brasil#ixzz3fF0BC2KB>. Acesso em 07 de julho de 2015.

PINHO, Rodrigo César Rebello. *Da Organização do Estado, dos Poderes e Histórico das Constituições* (Coleção Sinopses Jurídicas, volume 18). São Paulo: Saraiva, 2000.

PORTAL BRASIL. *Expectativa de vida dos brasileiros sobe para 74,9 anos, de acordo com IBGE*. Disponível em <http://www.brasil.gov.br/economia-e-emprego/2014/12/expectativa-de-vida-dos-brasileiros-sobe-para-74-9-anos-de-acordo-com-ibge>. Acesso em 26 de outubro de 2015.

PORTAL DA CÂMARA DOS DEPUTADOS. *Constituição de 1891*. Disponível em <http://www2.camara.leg.br/legin/fed/consti/1824-1899/constituicao-35081-24-fevereiro-1891-532699-publicacaooriginal-15017-pl.html>. Acesso em 16 de junho de 2015.

_____. *Constituição de 1934* Disponível em <http://www2.camara.leg.br/legin/fed/consti/1930-1939/constituicao-1934-16-julho-1934-365196-publicacaooriginal-1-pl.html>. Acesso em 24 de outubro de 2015.

_____. *Constituição de 1946*. Disponível em <http://www2.camara.leg.br/legin/fed/consti/1940-1949/constituicao-1946-18-julho-1946-365199-publicacaooriginal-1-pl.html>. Acesso em 24 de outubro de 2015.

_____. *Decreto n.3.724, de 15 de janeiro de 1919*. Disponível em <http://www2.camara.leg.br/legin/fed/decret/1910-1919/decreto-3724-15-janeiro-1919-571001-publicacaooriginal-94096-pl.html>. Acesso em 16 de junho de 2015.

_____. *Decreto n.9.912-a, de 26 de março de 1888*. Disponível em <http://www2.camara.leg.br/legin/fed/decret/1824-1899/decreto-9912-a-26-marco-1888-542383-publicacaooriginal-50955-pe.html>. Acesso em 10 de junho de 2015.

_____*Lei n.16, de 12 de agosto de 1834*. Disponível em: <http://www2.camara.leg.br/legin/fed/lei/1824-1899/lei-16-12-agosto-1834-532609-publicacaooriginal-14881-pl.html>. Acesso em 24 de outubro de 2015.

_____*Lei n.3.397, de 24 de novembro de 1888*. Disponível em <http://www2.camara.leg.br/legin/fed/lei/1824-1899/lei-3397-24-novembro-1888-542068-publicacaooriginal-49329-pl.html>. Acesso em 10 de junho de 2015.

PORTAL DE COMBATE À CORRUPÇÃO. *Medidas anticorrupção*. Disponível em <http://www.combateacorrupcao.mpf.mp.br/10-medidas/docs/medidas-anticorrupcao_versao-2015-06-25.pdf>. Acesso em 27 de outubro de 2015.

REVISTA VISÃO JURÍDICA. *A eficiente proteção de direitos não depende de novas leis, mas, sim, do resgate dos valores que dignificam o homem*. Disponível em <http://revistavisaojuridica.uol.com.br/advogados-leis-jurisprudencia/33/artigo128087-1.asp>. Acesso em 22 de julho de 2015.

RIBEIRO, Manuella Maia. *Lei de acesso à informação pública*: Um guia prático para políticos, autoridades e funcionários da Administração Pública. Disponível em <http://artigo19.org/wp-content/uploads/2013/04/LEI_DE_ACESSO_%C3%80_INFORMA%C3%87%C3%83O_P%C3%9ABLICA.pdf. Acesso em 15-10-2015>. Acesso em 24 de outubro de 2015.

ROCHA, Carmem Lúcia Antunes. *O Ministério Público, os movimentos sociais e os poderes públicos na construção de uma sociedade democrática*. Boletim de Direito Administrativo, n. 8, ago./1998.

SANTIAGO, Alexandre Jésus de Queiroz. *Sobre a Ação Civil Pública de Extinção do Domínio*. Jus Navigandi, 2010. Disponível em <http://jus.com.br/artigos/14373/sobre-a-acao-civil-publica-de-extincao-do-dominio#ixzz3kg3Ihlbb>. Acesso em 03 de setembro de 2015.

SARLET, Ingo Wolfgang. *Dignidade da Pessoa Humana e Direitos Fundamentais na Constituição Federal de 1988*. 8.ed. Porto Alegre: Livraria do Advogado Editora, 2010.

SARMENTO, George. *Aspectos da investigação dos atos de improbidade administrativa*. Revista do Ministério Público: Alagoas. n. 1, jan./jun. Maceió: MPE/AL, 1999.

SENADO FEDERAL. **A readaptação funcional dignifica o funcionalismo. Disponível em <http://www.senado.gov.br/senado/portaldoservidor/jornal/jornal105/qualivida_readapta%C3%A7ao.aspx>. Acesso em 25 de agosto de 2015.**

SERPRO. *Áreas de Atuação*. Disponível em <http://www4.serpro.gov.br/negocios/areas_atuacao/Estados_municipios>. Acesso em 09/07/2015>. Acesso em 27 de outubro de 2015.

SOUZA, Marcus Vinícius de. et all. *A importância da Entidade Gestora Única nos Regimes Próprios de Previdência Social*: o caso dos Estados membros da Federação. Brasília: Informe de Previdência Social, 2012.

SPPREV – São Paulo Previdência Disponível em <https://www.spprevcom.com.br>. Acesso em 26 de outubro de 2015.

STF – Supremo Tribunal Federal. *AMB ajuíza ação contra atual regime previdenciário dos magistrados*. Disponível em <http://www.stf.jus.br/portal/cms/verNoticiaDetalhe.asp?idConteudo=211056>. Acesso em 30 de setembro de 2015.

_____. *Mantida decisão que determina o pagamento de servidores em data prevista pela Constituição gaúcha*. Disponível em

<http://www.stf.jus.br/portal/cms/verNoticiaDetalhe.asp?idConteudo=292716>. Acesso em 11 de setembro de 2015.

_____. *Não cabe reclamação com base em súmula sem efeito vinculante*. Notícias STF do dia 25 de abril de 2011. Disponível em <http://www.stf.jus.br/portal/cms/verNoticiaDetalhe.asp?idConteudo=177732>. Acesso em 27 de outubro de 2015.

_____. *Partido questiona alterações nas regras de benefícios do fundo previdenciário do Paraná*. Disponível em <http://www.stf.jus.br/portal/cms/verNoticiaDetalhe.asp?idConteudo=293321>. Acesso em 25 de setembro de 2015.

TRIBUNAL DE CONTAS DO Estado DE RORAIMA. *Apresentação da prestação de contas do Tribunal de Contas do Estado de Roraima*. Disponível em: <www.tce.rr.gov.br>. Acesso em 18 de agosto de 2015.

TRIBUNAL DE JUSTIÇA DO RIO GRANDE DO SUL. *Sistema de Vitaliciamento de Juízes*. Disponível em <http://www.tjrs.jus.br/site/poder_judiciario/tribunal_de_justica/corregedoria_geral_da_justica/projetos/projetos/sistema_de_vitaliciamento_de_juizes.html>. Acesso em 30 de setembro de 2015.

UNESDOC Database. *Declaração Universal Dos Direitos Humanos* Disponível em <http://unesdoc.unesco.org/images/0013/001394/139423por.pdf>. Acesso em 24 de outubro de 2015.

UNIFESP. *Manual de Processo Administrativo Disciplinar*. Disponível em <http://www.unifesp.br/reitoria/cpp/images/CPP/documento/manual/manual-pad.pdf>. Acesso em 15 de julho de 2015.

UNODC BRASIL E CONE SUL. *Convenção das Nações Unidas contra a Corrupção*. Disponível em <https://www.unodc.org/lpo-brazil/pt/corrupcao/convencao.html>. Acesso em 13 de junho de 2015.

WIKIPÉDIA, A ENCICLOPÉDIA LIVRE. *Instituto Nacional de Previdência Social* Disponível em <https://pt.wikipedia.org/wiki/Instituto_Nacional_de_Previd%C3%AAncia_Social>. Acesso em 24 de outubro de 2015.

_____. *William Beveridge*. Disponível em <https://pt.wikipedia.org/wiki/William_Beveridge>. Acesso em 24 de outubro de 2015.

ZAVASCKI, Teori Albino. Processo Coletivo. 1. ed. São Paulo: LTR, 2006.

ZYLBERSTAJN, Hélio, et al. *Reforma da previdência social e custo de transição*: simulando um sistema universal para o Brasil. XXXIII Encontro Nacional de Economia (2005). Disponível em <http://www.anpec.org.br/encontro2005/artigos/A05A052.pdf>. Acesso em 27 de maio de 2015.

Produção Gráfica e Editoração Eletrônica: Pietra Diagramação
Projeto de capa: Fábio Giglio
Impressão: Paym Gráfica

Direito Material e Processual do Trabalho

Uma interlocução entre Brasil e Itália

Hugo Cavalcanti Melo Filho
Juiz do Trabalho Titular da 12ª Vara do Trabalho de Recife;
Professor adjunto de Direito do Trabalho da Universidade Federal de Pernambuco.

Fabio Petrucci
Professor adjunto da Universidade Luiss de Roma; Advogado; Doutor pela Universidade Tor Vergata, em Roma; Especialista em Direito do Trabalho e Segurança Social na Universidade Sapienza de Roma.

(Organizadores)

Direito Material e Processual do Trabalho

Uma interlocução entre Brasil e Itália

Dipartimento di Scienze Giuridiche
Sapienza Università di Roma

LTr 80

EDITORA LTDA.
© Todos os direitos reservados

Rua Jaguaribe, 571
CEP 01224-003
São Paulo, SP – Brasil
Fone (11) 2167-1101
www.ltr.com.br
Junho, 2016

Versão impressa: LTr 5592.4 — ISBN: 978-85-361-8909-3

Versão digital: LTr 8983.4 — ISBN: 978-85-361-8921-5

Dados Internacionais de Catalogação na Publicação (CIP)
(Câmara Brasileira do Livro, SP, Brasil)

Direito material e processual do trabalho : uma interlocução entre Brasil e Itália / Hugo Cavalcanti Melo Filho e Fabio Petrucci (organizadores). -- São Paulo : LTr, 2016.

Bibliografia.
1. Direito do trabalho 2. Direito do trabalho - Brasil 3. Direito do trabalho - Itália 4. Direito material 5. Direito material - Brasil 6. Direito processual do trabalho 7. Direito processual do trabalho - Brasil 8. Direito processual do trabalho - Itália I. Melo Filho, Hugo Cavalcanti.

16-03741   CDU-34:331(81)
                                                                  -34:331(450)

Índice para catálogo sistemático:
1. Brasil : Direito material e processual do
trabalho 34:331(81)
2. Itália : Direito material e processual do
trabalho 34:331(450)

Sumário

Apresentação
Hugo Cavalcanti Melo Filho e Fábio Petrucci 7

Prefácio
Everaldo Gaspar Lopes de Andrade 9

As diversas espécies da relação de trabalho subordinado no ordenamento jurídico italiano
Amelia Torrice 17

Previdência privada na Itália e o "Caso Inarcassa"
Fabio Petrucci e Alessandro De Rosa 31

Direito comunitário europeu e tutela jurídica da saúde e segurança no meio ambiente do trabalho
Francisco Milton Araújo Júnior e Guilherme Guimarães Feliciano 34

Uma experiência concreta de reestruturação na Itália
Giorgio Sandulli 47

O diálogo entre as Cortes Nacionais e Cortes Comunitárias. a Carta dos Direitos Fundamentais da União e a Convenção Européia dos Direitos do Homem. a sua incidência no campo social
Giuseppe Bronzino 51

Unificação europeia e precarização do trabalho: o caso italiano
Hugo Cavalcanti Melo Filho 59

O fenômeno da terceirização laboral – Exame comparativo dos casos brasileiro e italiano
Julianna Anjos Miró 78

DIREITO EXISTENCIAL DO TRABALHO: A DIGNIDADE HUMANA COMO MATRIZ DE AFIRMAÇÃO JUSLABORAL – UMA INTERLOCUÇÃO ENTRE OS PARADIGMAS DO POSITIVISMO ITALIANO E BRASILEIRO
    Konrad Saraiva Mota 88

O TERCEIRO PROTOCOLO FACULTATIVO À CONVENÇÃO SOBRE OS DIREITOS DA CRIANÇA
    Matteo Carbonelli... 97

GARANTIAS E TUTELAS DOS DIREITOS DOS TRABALHADORES
    Nicola De Marinis 105

NOVAS REGULAÇÕES DAS RELAÇÕES DE TRABALHO NO ORDENAMENTO ITALIANO E A CONFORMAÇÃO DE INTERESSES
    Prof. Pasquale Sandulli 109

O PROCESSO TRABALHISTA NA ITÁLIA E NO BRASIL: UMA COMPARAÇÃO
    Paulo Roberto Sifuentes Costa e João Paulo Ribeiro Sifuentes Costa... 120

A TERCEIRIZAÇÃO NO DIREITO BRASILEIRO – CONTROVÉRSIAS. BREVE TRAÇADO COM O DIREITO ITALIANO
    Raquel Hochmann de Freitas... 127

A CONVENÇÃO 158 DA ORGANIZAÇÃO INTERNACIONAL DO TRABALHO COMO NORMA IMPERATIVA DE DIREITO
    Sonia de Oliveira e Marco Antônio César Villatore 135

Apresentação

Em julho de 2015 realizou-se na Università degli studi di Roma I, "La Sapienza" o curso "Riregolazione dei rapporti di lavoro e del processo in Italia: dalle radici del Diritto Romano all'Ordinamento", destinado, precipuamente, a juízes do trabalho do Brasil. A eles se somaram servidores da Justiça do Trabalho, advogados brasileiros e italianos e acadêmicos de Direito. Tudo supervisionado pelo Prof. Pasquale Sandulli e coordenado pelo Prof. Fabio Petrucci.

O corpo docente foi criteriosamente escolhido para cumprimento de rica e instigante programação, composta por temas inovadores e de absoluta atualidade.

A qualidade das exposições e, especialmente, o elevado nível técnico-cientifico dos alunos que, de imediato, se revelou, suscitaram a ideia de produção de obra coletiva, reunindo trabalhos dos professores e dos alunos interessados.

A ideia se transformou em projeto, que agora se concretiza, com o lançamento deste livro. Aqui os leitores encontrarão catorze textos, sendo sete da lavra de professores e outros cinco produzidos por alunos do curso, envolvendo temas como a terceirização do trabalho, alterações no processo trabalhista italiano, meio ambiente de trabalho, unificação europeia e precarização do trabalho, previdência social na Itália, novas regulações do trabalho, direitos humanos no campo social, novas espécies de contrato subordinado, conciliação e arbitragem, direitos das crianças, que constroem um panorama atual do direito do trabalho e do processo na Itália, bem assim confrontações com o caso brasileiro.

Agradecemos aos autores por suas excelentes contribuições.

Em especial, agradecemos ao Professor Doutor Everaldo Gaspar Lopes de Andrade, pelo magnífico prefácio, e aos Professores Maria Rosaria Barbato, Rômulo Nei Barbosa de Freitas Filho, Konrad Saraiva Mota, Platon Teixeira Neto e Marco Antônio César Villatore pelo trabalho de tradução dos originais em italiano.

O projeto não se tornaria realidade sem o imediato apoio da LTr Editora, na pessoa do Diretor Armando Casimiro Costa Filho, a quem agradecemos, penhoradamente.

Recife e Roma, junho de 2016.

Hugo Cavalcanti Melo Filho
Fábio Petrucci
Organizadores

PREFÁCIO

Segundo Hannah Arendt (1993), existe uma diferença entre *labor* e *trabalho*, por intermédio da qual a aludida filósofa confirma a existência, em todas as etapas que precederam o aparecimento da moderna Sociedade de Trabalho, um claro desprezo pelo *labor*, quando comparado com as atividades políticas, artísticas, filosóficas etc. Esta visão começa a se alterar na fase pré-capitalista e segue até os dias atuais.

Logo, naquelas etapas históricas percorridas pela humanidade, e antes do advento da Sociedade Moderna, o trabalho distanciado da vida – sentido aristotélico de contemplatividade – sempre foi considerado como algo aviltante, degradante.

Estas as razões pelas quais o trabalho abstrato, agora considerado, contraditoriamente, livre/subordinado, foi uniformizado, universalizado e recepcionado pela teoria jurídico-trabalhista e seu corpo de doutrinas. Ou melhor: o trabalho livre/subordinado passou a ser considerado como objeto deste campo do conhecimento jurídico. As relações de trabalho subordinadas, ou a subordinação da força do trabalho ao capital, ou ainda a compra e a venda da força de trabalho passaram a se constituir como *lócus* privilegiado da sociabilidade e *a priori* das teorizações, no âmbito da sociologia clássica – Marx, Weber e Durkheim.

Mas é preciso deixar claro: não se trata de um fenômeno trans-histórico, pois, segundo Moishe Postone (2014) "a categoria do capital é essencialmente temporal. Ela delineia um processo historicamente dinâmico que distingue, de modo singular, o capitalismo como uma forma de vida social.[1] Embora não concorde com a análise que Hannah Arendt estabelece sobre a compreensão marxiana do trabalho, este tempo histórico foi por ela ressaltado, nos seguintes termos:

> a súbita e espetacular promoção do labor, da mais humilde e desprezível posição a mais alta categoria, como a mais estimada de todas as atividades humanas, começou quando Locke descobriu que o "labour" é a fonte de toda propriedade; prossegui quando Adam Smith afirmou que esse mesmo "labour" era a fonte de toda a riqueza; atingiu o seu clímax no "system of labor" de Marx, no qual o labor passou a ser a origem de toda produtividade e a expressão da própria humanidade do homem (*Idem*, p. 113).[2]

---

(1) POSTONE, Moishe. *Tempo, trabalho e dominação social*. São Paulo: Boitempo, 2014. O mesmo pode ser constatado por meio da leitura de um juslaboralista brasileiro, em que as relações de trabalho contraditoriamente livre/subordinadas aparecem como um fenômeno datado, típico das relações e conflitos forjados na sociedade moderna. MELHADO, Reginaldo. *Poder e Sujeição*. Os fundamentos da relação de poder entre capital e trabalho e o conceito de subordinação. São Paulo: LTr, 2003.

(2) ARENDT, Hannah. *A Condição Humana*. Rio de Janeiro: Forense Universitária, 1993.

Esta uniformização/universalização, tão cara aos estudos daqueles que estabeleceram a crítica da modernidade, especialmente aos que acolhem a *teoria social crítica* e as *teorias dos movimentos sociais*, deu origem a uma legislação específica destinada a disciplinar um tipo de relação jurídica especial – a do trabalho livre/subordinado – e a resolver os seus conflitos.

O Direito do Trabalho é, pois, um ramo do conhecimento jurídico que possui princípios e fundamentos próprios, um corpo de doutrinas, um arcabouço legislativo e uma autonomia didática que partem de um único objeto: o trabalho livre/subordinado/assalariado. Portanto, centrado no labor – na expressão de Arendt – com pretensões de expressar a própria humanidade do homem.

Mas é preciso enfrentar uma indispensável problematização: se toda ciência se apropria do seu objeto e não rima com dogmas, permanece válida ou se desqualifica por meio do binômio confirmação/refutabilidade, indaga-se: demarcado o momento histórico e as razões pelas quais o trabalho livre/subordinado passou a ser considerado o *lócus* privilegiado da convivência das pessoas em sociedade e o *a priori* das teorizações para diversos ramos dos chamadas ciências sociais; diante das evidências empíricas e analíticas presentes nos diversos estudos produzidos no âmbito da teoria social crítica, é possível considerar como válido este tipo de trabalho como objeto deste campo do direito? Por que, diante de tantas alternativas de trabalho e de tantas opções teóricas e filosóficas que desqualificam aquela opção, foi exatamente esta que se uniformizou, universalizou-se e possibilitou a construção de um sistema normativo-coercitivo específico que até hoje perdura?

Lamentavelmente, a doutrina jurídico-trabalhista tradicional, que se consolidou ao longo do tempo, sobretudo nos manuais, deixa de lado estas indagações e vem reproduzindo os mesmos argumentos.

Diz, em síntese, que, antigamente, havia trabalho escravo/servil; agora, trabalho livre/subordinado. Na tentativa de glorificar/evangelizar esta modalidade de trabalho, diz que este ramo do direito promoveu uma verdadeira revolução no campo do Direito Privado, especificamente, na esfera da autonomia da vontade. É que, ao contrário do Direito Privado – centrado na liberdade e na igualdade dos sujeitos da relação jurídica –, e ao reconhecer a existência de uma assimetria entre os sujeitos, no âmbito daquela relação jurídica especial – capital e trabalho, empregador e empregado –, o Direito do Trabalho passou a erigir fundamentos capazes de conceder superioridade jurídica àquele que aparece, nessa relação – o empregado –, na condição de inferioridade econômica – em relação à outra parte – o empregador. Daí foi possível elaborar um dos seus princípios nucleares: o *Princípio da Proteção*.

Tais princípios surgem, em Américo Plá Rodriguez "como algo mais geral do que uma norma, porque serve para inspirá-la, para entendê-la, para supri-la".[3] Quando se refere ao Princípio da Proteção afirma que "o motivo da proteção é a inferioridade do contratante amparado em face do outro, cuja superioridade que lhe permite, ou a um organismo que o represente, impor unilateralmente as cláusulas do contrato, que o primeiro não tem a possibilidade de discutir, cabendo-lhe aceitá-las ou recusá-las em bloco".[4] Salienta o grau de dependência do empregado, "porque em regra quase absoluta somente coloca a sua força de trabalho à disposição de outrem quem precisa do emprego para sobreviver com o salário que ele propicia, seu único e principal meio de subsistência" (*Idem*, p. 22).

Apesar de todo este esforço gnosiológico despendido por aquele extraordinário pensador uruguaio, fica outra indagação: o Direito do Trabalho e seus fundamentos desencadearam realmente uma revolução, no campo do Direito Privado, ou foi ele próprio indispensável para legitimar os modelos de Estado e de Sociedade que surgiram após a queda do Absolutismo Monárquico – em que os poderes se encontravam nas mãos do clero e da nobreza –, e permitir a ascensão da burguesia nascente ao poder e dar origem ao Estado Liberal – centrado no individualismo contratualista, na supremacia do trabalho vendido, comprado, separado da vida e no racionalismo instrumental a serviço da produção capitalista?

Esta mesma doutrina majoritária não consegue superar uma contradição que se encontra no centro de seus próprios argumentos: como eliminar a assimetria, a desigualdade entre aqueles dois sujeitos – empregador e empregado –, quando, de um lado, encontra-se aquele que admite, assalaria, dirige e disciplina a prestação pessoal de serviços – o empregador – e, do outro, aquele que fica jurídica, econômica e psicologicamente subordinado ao empregador – o empregado? Como eliminá-la se, em virtude dessa desigualdade, aparece uma coação

---

(3) RODRIGUEZ, Américo Pla. *Princípios de Direito do Trabalho*. São Paulo, LTr, 1996, p. 20.
(4) SILVA, Luiz de Pinho Pedreira da. *Principiologia do Direito do Trabalho*. Salvador, Gráfica Contraste, 1996, p. 19.

jurídica, econômica e psicológica subjacente e que existe em potência? É no centro deste mesmo argumento que se pode identificar também uma aporia: trabalho livre e, ao mesmo tempo, subordinado.[5]

Outra questão também relevante, diz respeito às relações coletivas ou sindicais. Se, de um lado, trata-se de um direito que surge da luta operária, uma versão interdisciplinar que reúne textos escritos por juslaboralistas, sociológicos, economistas, historiadores, geógrafos, assistentes sociais, cientistas políticos, adeptos da teoria organização crítica e filósofos, dentre outros, nos conduzem ao reconhecimento não de uma, mas de várias crises enfrentadas pelo sindicalismo contemporâneo. Crises que não podem ser explicadas pela versão jurídico-dogmática tradicional, porque implica colocar em relevo duas variáveis fundamentais: os novos movimentos sociais e as teorias dos movimentos sociais.[6]

Do ponto de vista de uma nova versão antropológica e mais especificamente de uma antropologia cultural, deve-se ultrapassar a visão binária de uma sociedade separada entre sociedade nômade e sociedade sedentária, para afirmar a nossa convicção de que, em meio às tecnologias da informação e da comunicação presentes, é possível ser, ao mesmo tempo, nômade e sedentário; sedentário e nômade, reacender os movimentos sociais e aplacar as injustiças do mundo que expõem as situações dos imigrantes e dos refugiados. Neste aspecto, o Direito do Trabalho clássico, centrado no trabalho livre/subordinado, nada pode fazer.

Se historicamente o capitalismo não veio para ser hegemônico num país ou numa região, mas para ser hegemônico do mundo; do mesmo modo que o Manifesto conclamava os operários de todos os países a se unirem, estabelece-se nesta obra, seguindo o itinerário de uma ramo do direito especial, insurgente, uma diálogo crítico, nas lonjuras, entre juslaboralistas brasileiros e italianos

Como presidente do Instituto Ítalo-brasileiro do Direito do Trabalho, que teve a felicidade de construir amizades sinceras e profundas com companheiros daquele belíssimo país, cuja história do Direito nos acompanha e, no bom sentido, nos persegue, este livro chega no momento certo. Num momento de incertezas e de perplexidades, diante das metamorfoses em curso.

Diz Ricardo Antunes, o sociólogo da UNICAMP, e referindo-se às evidências empíricas, presentes em várias pesquisas, que o mundo do trabalho sofreu, como resultados das transformações e metamorfoses em curso nas últimas décadas, um processo de desproletarização do trabalho industrial, fabril, que se traduz, de um lado, na diminuição da classe operária tradicional e, do outro, numa significativa subproletarização do trabalho, decorrente "das formas diversas de trabalho parcial, precário, terceirizado, subcontratado, vinculado à economia informal, ao setor de serviços, etc. Verificou-se uma "heterogenização, complexificação e fragmentação do trabalho". Para ele, há um múltiplo processo que envolve a desproletarização da classe-que-vive-do-trabalho e uma subproletarização do trabalho, convivendo, ambas, com o desemprego estrutural. [7]

A versão da teoria jurídico-trabalhista crítica não é diferente. Para Edoardo Ghera[8] estamos vivendo tempos de crise de identidade do contrato de trabalho diante da "pluralização das tipologias normativas"; ou, como diria Umberto Romagnoli,[9] da tendência à obesidade do Direito do Trabalho, a versão eurocontinental," voltou a pertencer mais aos praticantes do que aos estudiosos mais versáteis no uso das técnicas jurídicas, mas anglosaxão e "mais próximo ao reino da casuística". Para ele, "A verdade é que, desmassificando, deslocalizando e desarticulando as estruturas produtivas num cercado global, o progresso tecnológico favorece a difusão de formas de desenvolvimento das atividades de trabalho distantes anos-luz daquelas sobre as quais foi historicamente modelada a figura do contrato de trabalho subordinado" (*Idem*, p. 226).

Creio poder iniciar uma análise resumida dos preciosos textos que compõem esta obra marcante, a partir do Capítulo desenvolvido pelo professor e magistrado do trabalho Konrad Saraiva Mota intitulado: **Direito**

---

(5) Dentre as poucas obras que tratam especificamente sobre o assunto, registro aquela já mencionada e escrita por Reginaldo Melhado e D'ANGELO, Isabele de Moraes. *A Subordinação no Direto do Trabalho*. Para ampliar os cânones da proteção, a partir da economia social e solidária. São Paulo: LTr, 2014.

(6) A propósito, basta consultar: SANTOS, Boaventura de Souza. T*rabalhar o Mundo*. Os caminhos do novo internacionalismo operário. Petrópolis, Civilização Brasileira, 2005.

(7) ANTUNES, Ricardo. *Os Sentidos do Trabalho. Ensaio sobre a afirmação e a negação do trabalho*. Perdizes, SP: Boitempo, 2006, p. 209-211.

(8) GHERA, Edoardo. Perspectiva do Contrato de Trabalho. In: Brasília, DF: *Seminário Internacional Relações de Trabalho*. Anais. Ministério do Trabalho, 1998, pp. 183-201.

(9) ROMAGNOLI, Umberto. Estabilidade Versus Precariedade. In: Brasília, DF: *Seminário Internacional Relações de Trabalho*. Anais. Ministério do Trabalho, 1998, pp. 217-238.

existencial do trabalho: a dignidade humana como matriz de afirmação juslaboral – uma interlocução entre os paradigmas do positivismo italiano e brasileiro.

O autor deixa transparecer que o direito é um fenômeno histórico-cultural e muito mais: o Direito do Trabalho, que surge da luta operária. Luta que, também no contexto de um industrialismo tardio, afirmo, começou na última década do século XIX, com a fascinante experiência vivenciada pelo anarquismo sindical, e perdurou vigoroso até a década de vinte do século passado. Registra Konrad a presença do sistema corporativo, com o Advento do Estado Novo, e a maneira como a vivência doutrinal/dogmática deste ramo do conhecimento jurídico seguiu caminho, no rastro de sua influência maior: o juslaboralismo italiano.

O que aproxima ainda mais as duas vivências é a presença do positivismo jurídico-metodológico. Para, nós, nordestinos e com muito orgulho, por meio de um itinerário fascinante, que se inaugura com a famosa *Escola do Recife*, centrada nos estudos de Tobias Barreto – forjados no Século XIX –, e prossegue, na segunda metade do Século XX, com as paradigmáticas proposições de Lourival Vilanova, Souto Borges, Bernadete Pedrosa, Pinto Ferreira, dentre outros. Assim como o autor do capítulo ora comentado, também registrei uma análise específica sobre o positivismo[10] e me apropriei dos argumentos lançados pelo jusfilósofo pernambucano João Maurício Adeodato.[11]

É que não se pode compreender o Direito na Modernidade, os pressupostos sociais para a modernização do direito, sem uma análise específica sobre aquilo que João Maurício considerou como o Direito Dogmaticamente Organizado, enquanto experiência específica surgida naquele tempo histórico, do mesmo modo, a crise de legitimação que se desencadeia na pós-modernidade. Temas que envolvem o direito em geral, e o Direito do Trabalho, em particular, rumo às vertentes contemporâneas de uma hermenêutica constitucional voltada para o **Direito existencial do trabalho**, enquanto direito que assegura **a dignidade humana como matriz de afirmação juslaboral**. Não por acaso, o professor Konrad Saraiva Mota conclui afirmando:

> Somente com a repersonalização do Direito do Trabalho e a ênfase de seu conteúdo existencial, aproximando-se do novo Direito Constitucional, será permitido ao Direito Laboral ultrapassar o crescente processo de desconstrução a que é submetido, reavivando sua primordial tarefa de proteção e fomento da dignidade do ser humano trabalhador.

No segundo bloco, segundo a interpretação deste prefaciador e não necessariamente pela ordem dos capítulos, vêm os seguintes textos: **A terceirização no Direito brasileiro – controvérsias. Breve traçado com o direito italiano**, escrito por Raquel Hochmann de Freitas; **O fenômeno da terceirização laboral. Exame comparativo dos casos brasileiro e italiano** de Julianna Anjos Miró; **Experiência concreta de reestruturação na Itália**, de Giorgio Sandulli; e, por fim, **Unificação europeia e precarização do trabalho: o caso italiano**, de autoria do professor Hugo Cavalcanti Melo Filho.

Vistos em seu conjunto, os textos apontam para as metamorfoses que afetam o mundo do trabalho ou aquilo que os adeptos da teoria organizacional crítica consideram como a perda de referência da centralidade do trabalho contraditoriamente livre/subordinado ou da subordinação da força do trabalho ao capital.

A importância dos temas *reestruturação produtiva* e *terceirização* não deixam de acompanhar aquela metamorfose, ao ponto de, estabelecendo-se uma ponte entre dois textos escritos em tempos distintos, poder-se chegar às seguintes conclusões: a terceirização, segundo o magistrado e professor da UFMG Márcio Túlio Viana não apenas produz fraudes. É, em si, uma fraude. Uma visão que reflete a tendência flexibilizadora surgida na década de setenta do século passado e foi taxada por Umberto Romagnoli como uma droga. Cada vez que muitos empresários a experimentam "se acostumam com ela rapidamente, nunca têm o suficiente e querem doses cada vez maiores" (*Idem*, p. 227).

Daí o significado dos textos acima mencionados. Cada qual a sua maneira, identificando as hipóteses de degradação do trabalho, as dificuldades que este campo do direito está enfrentando e, sobretudo, como as experiências brasileira e italiana têm procurado enfrentá-las. Sabem os juristas italianos que a proposta lan-

---

(10) ANDRADE, Everaldo Gaspar Lopes de. *O Direito do Trabalho na Filosofia e na Teoria Social Crítica*. Os sentidos do trabalho subordinado na cultura e no poder das organizações. São Paulo: LTr, 2014. Neste livro, embora siga a corrette socialista, centrada na teoria social crítica, abro um capítulo intitulado: *Modernidade e Direito. O Direito Dogmático como Teoria do Direito Moderno. A visão de João Maurício Adeodato*.

(11) ADEODATO, João Maurício. *Ética & Retórica*. Para uma teoria da dogmática jurídica. São Paulo: Saraiva, 2012).

çada pelo Livro Verde – da flexissegurança –, enquanto alternativa para "modernizar" o Direito do Trabalho e enfrentar os desafios deste século, não tem qualquer possibilidade de êxito, sobretudo porque mantém sua crença numa ilusória harmonização que viria por meio de uma confluência: patrões, empregados e poderes instituídos, quando o Direito do Trabalho surge da luta operária, sendo esta a sua fonte primordial por excelência. Como diriam Boltanski e Chiapello,[12] a *Dualização do Assalariado* – expressão por eles utilizada para designar a terceirização, aponta para o *outsourcing* da mão de obra que, por sua vez

> Propicia assim a "coexistência num mesmo estabelecimento, de um mosaico de pessoas às quais se aplicam tantos estatutos quantas são as empresas representadas no local de trabalho"; isso ocorre a despeito da identidade de condições de trabalho, "a despeito da semelhança das qualificações profissionais e das tarefas executadas, bem como a despeito da unicidade do poder de direção" (de Maillard *et alii*, 1979) [...] "a terceirização em cascata leva à constituição de uma 'reserva' de trabalhadores fadados à precariedade constante, à má remuneração e a uma flexibilidade alucinante do emprego, que os obriga a correr de uma empresa para outra, de um canteiro de obras para outro, de morar em locais improvisados, em barracas próximas à empresa, em trailers, ECT" [...] o processo de discriminação social se soma ao de discriminação do emprego, aprisionando ainda mais esses trabalhadores na armadilha da pobreza" (Idem, p. 2565-256).

Logo, a terceirização, como denunciou David Harvey[13], surge de uma ruptura ou de uma transição que se estabeleceu entre os modelos fordista para o modelo de acumulação flexível ou, ainda, como deixa transparecer claramente Raquel Hochmann de Freitas, num dos texto que formam este importante bloco, "a terceirização é conceito que não se origina no ramo do Direito, e sim no da Administração."

No contexto daquelas narrativas vale mencionar as observações formuladas pelo professor Hugo Melo, sobretudo quando articula os temas **unificação europeia, crise econômica e desproteção social** com a **unificação europeia e alterações dos paradigmas de tutela dos trabalhadores na Itália** Segundo ele, a Europa não cuidou de ajustar a globalização à democracia, ao progresso econômico e ao bem-estar social. Preferiu caminhar em sentido contrário como é o caso da Itália.

> A legislação comunitária não é suficiente para delinear um sistema abrangente de tutela trabalhista. As medidas adotadas pela União Europeia se desdobram, sob o ponto de vista da eficácia, no âmbito dos Estados Membros. Com efeito, a existência de um ordenamento próprio da União Europeia que espraia seus efeitos em todos os Estados membros projeta numerosos problemas de articulação com os ordenamentos nacionais, gerando, em alguns momentos, conflitos entre as normas e princípios de um e outros, que tendem a ser resolvidas, na esfera dos direitos sociais, com a redução dos patamares de garantias já alcançados nos Estados membros para os níveis mínimos admitidos nas normas comunitárias.

No terceiro bloco argumentativo, entendo que é possível reunir os seguintes capítulos: A Convenção 158 da Organização Internacional do Trabalho como norma imperativa de Direito Internacional e o dever de adoção de seu conteúdo pelo Brasil, escrito por Sonia de Oliveira e Marco Antônio César Villatore; As diversas espécies de relação de trabalho subordinado no ordenamento jurídico italiano de autoria de Amelia Torrice; Garantias e tutelas dos direitos dos trabalhadores. As alternativas para o processo: conciliação e arbitragem, escrito por Nicola de Marinis; **O terceiro Protocolo Facultativo à Convenção sobre os Direitos da Criança**, de Matteo Carbonelli; **Novas regulações das relações de trabalho no ordenamento italiano e a conformação de interesses**, do Prof. Pasquale Sandulli; O diálogo entre as cortes nacionais e cortes comunitárias: a **carta dos direitos fundamentais da União e a Convenção Europeia dos Direitos do Homem e a sua incidência no campo social**, de Giuseppe Bronzini.

Os textos ali reunidos deixam transparecer, cada qual dentro de suas perspectivas teórico-dogmáticas, o Direito do Trabalho na categoria de Direito Humano Fundamental. Dialogam, desde a Convenção 158 da OIT à Carta do Direito Fundamental do Homem, dentro do contexto da Carta Europeia e de sua incidência no campo social e, em particular, à proteção dos direitos dos jovens ou adolescentes no mercado de trabalho. Embora o próprio conceito de supranacionalidade e seus impactos, no direito interno, ainda permitam discussões infindáveis. Para Giuseppe Bronzini, não há como deixar de enveredar por estes temas e dilemas. Ainda no texto es-

---

(12) BOLTANSKI, Luc; CHIAPELLO, Ève. *O Novo Espírito do Capitalismo*. São Paulo: Martins Fontes, 2009.

(13) HARVEY, David. *Condição Pós-moderna*. São Paulo: Loyola, 2012.

crito por Amelia Torrice é possível verificar a complexidade das relações de trabalho, diante das metamorfoses em curso, quando a mesma enfrenta a obsolescência da proposta trazida antes por meio da parassubordinação; depois pela flexissegurança e, finalmente, para aquilo que passou a considerar como organização empreendedorial e que a professora Isabele de Moraes d'Angelo, para uma compreensão estruturante, reuniu na obra já citada como as propostas da teoria jurídico-trabalhista clássica – parassubordinação e flexissegurança – e teoria organizacional conservadora – empreendorismo e empregabilidade.

Conforme deixam transparecer Sonia de Oliveira e Marco Antônio César Villatore a ideia *jus cogens* decorre de diversos eventos internacionais que contribuíram para a instituição da Carta das Nações Unidas, as Convenções de Genebra, a Convenção Europeia de Direitos Humanos, o Pacto Internacional de Direitos Civis e Políticos, dentre outras. Não por acaso, o artigo 53 da Convenção de Viena, dedicado ao Direito dos Tratados, define normas imperativas de Direito Internacional. A previsão contida naquele artigo tem o poder de anular qualquer Tratado, no âmbito internacional, cujo conteúdo viole norma *jus cogens*, positivada ou não, e seus efeitos retroagem ao momento da celebração (efeito *ex tunc*). Para os citados autores, a

> expressão "comunidade internacional dos Estados no seu conjunto" pode ser vista como "sinônimo da Humanidade em sentido jurídico", fazendo com que seja um verdadeiro sujeito de direito internacional. Ainda, a norma *jus cogens* "deve exprimir a conjugação dos valores de todas as diferentes visões da humanidade, ainda que esta não esteja representada na sua plenitude".

Esta tendência à universalização do Direito do Trabalho parte da sua própria natureza e do momento histórico em que o mesmo foi forjado. Se ele é produto de um modelo de sociedade que se institui no Estado Moderno, centrado numa forma de sociabilidade específica, não trans-histórica, ou seja, na subordinação da força do trabalho ao capital; se a burguesia não veio para ser hegemônica num determinado país ou numa determinada região, mas em todo o planeta, as lutas coletivas em suas respectivas dimensões – reformistas e emancipatórias – devem se dar nesses mesmos níveis – locais, regionais e globais. Se a fonte por excelência do Direito do Trabalho é a luta operária, a reconfiguração teórico-dogmática sobre ele depende, ao contrário do que pensa a doutrina clássica – centrada da perspectiva dos chamados poderes instituídos – da retomada dessas lutas, para fazer frente à globalização excludente e ao ultraliberalismo global responsáveis pela desagregação dos vínculos sociais que foram instituídos por meio daquelas mesmas lutas e que, agora, se veem fragilizadas, depauperadas. Creio que, no fundo, esta é também a preocupação dos textos que compõem este excepcional bloco. No fundo, preocupados com uma globalização de direitos, ou, como diria Donatella della Porta[14], com um movimento por uma nova globalização, rumo a uma globalização de direitos e por demandas de justiça social.

No quarto bloco aparecem os trabalhos **Previdência privada na Itália e o "Caso Inarcassa"**, de Fabio Petrucci Alessandro De Rosa e **Direito comunitário europeu e tutela jurídica da saúde e segurança no meio ambiente do trabalho**, de Francisco Milton Araújo Júnior Guilherme Guimarães Feliciano

O texto elaborado por Fabio Petrucci e Alessandro De Rosa procura contextualizar a contribuição obrigatória da parte do segurado, nos casos de previdência privada, como uma forma de financiamento público, ainda que indireto. Para eles,

> por causa do objetivo perseguido por estas entidades, nos termos do art. 38 da Constituição (assegurar meios adequados para as necessidades da vida dos trabalhadores, na presença de eventos, tais como idade avançada, doença ou acidente), e a supervisão subsequente de tais instituições pelos Ministérios do Trabalho, da Justiça e do Tesouro, e controle do Tribunal de Contas sobre a gestão contábil.

> A partir desta importante decisão, a jurisprudência nacional parece alinhar-se definitivamente com as diretrizes estabelecidas pelo Tribunal de Justiça Europeu que, sobre este ponto, há muito tem sido considerada integrada, pelas entidades de previdência privatizadas, os elementos constitutivos dos organismos de direito público, tais como a busca de necessidades de interesse geral sem caráter industrial ou comercial; influência pública dominante que, neste caso, assume a forma de financiamento indireto através de contribuições obrigatórias e controle público sobre gestão.

Peço licença para acrescentar um argumento lançado pela professora Juliana Teixeira Esteves[15], da Faculdade de Direito da Universidade Federal de Pernambuco. Segundo ela, diante, sobretudo, da precarização e

---
(14) PORTA, Donatella della. *O Movimento por uma nova Globalização*. São Paulo: Edições Loyola, 2007.

(15) ESTEVES, Juliana Teixeira. *O Direito da Seguridade Social e da Previdência Social*. A renda Universal Garantida, a Taxação dos Fluxos Financeiros Internacionais e na Nova Proteção Social. Recife: Editora da UFPE, 2055.

do desemprego estrutural, os sistemas público e privado de previdência e de seguridade social estão em crise e pelas mesmas razões: o desemprego estrutural e a supremacia do trabalho precário. Daí apontar, como saída, a Taxação dos Fluxos Financeiros Internacionais e das grandes fortunas para criar-se uma Renda Universal Garantida, para que todos possam viver com dignidade, com ou sem trabalho subordinado, oportunidade em que se poderia privilegiar o trabalho propriamente livre. Afinal, como diria Boaventura de Souza Santos[16]:

> as duzentas pessoas mais ricas do mundo aumentaram para mais do dobro a sua riqueza entre 1994 a 1998. Os valores dos três mais ricos bilionários do mundo excedem a soma do produto interno bruto de todos os países menos desenvolvidos onde vivem 600 milhões de pessoas.

Por fim, Paulo Roberto Sifuentes Costa e João Paulo Ribeiro Sifuentes Costa apresentam, no quinto bloco, o texto **O processo trabalhista na Itália e no Brail: uma comparação**.

Admitem os autores deste capítulo, de saída, a existência de muitas diferenças entre os ordenamentos jurídicos italiano e brasileiro,

> mas ainda assim percebemos inúmeras semelhanças na estrutura dos tribunais e ordem dos julgamentos (secretarias bem estruturadas, sustentações orais facultadas aos advogados, deliberações em colegiado), semelhanças estas que certamente merecem estudo ainda mais aprofundado em posterior artigo que tenha como foco a gestão da justiça do trabalho em ambos países. O processo trabalhista italiano é inspirado pelos ideais de simplicidade, pouca onerosidade e celeridade e apresenta quatro características marcantes: a oralidade, a imediatidade, a máxima concentração dos atos processuais e a ampliação dos poderes instrutórios do juiz. Severino Riva (RIVA, 2015, fl. 340)

Outro aspecto destacado pelo texto refere-se à facultatividade de tentativa de conciliação prévia, na Itália, quando, aqui, houve uma imposição expressa no art. 625-D da CLT, mas ainda carente de eficácia,

> em vista da propositura das ações diretas de inconstitucionalidade de ns. 2.139 e 2.160 propostas perante o Supremo Tribunal Federal, em 13.05.2009, decidiram os Ministros pela concessão de liminar para suspender a eficácia do artigo 625-D da CLT até que seja julgado o mérito das ações diretas de inconstitucionalidade mencionadas. Ou seja, tal artigo produziu efeitos somente de 2000 a 2009, e sendo assim, a exigência de tentativa de conciliação prévia passou a ser uma faculdade em nosso ordenamento jurídico trabalhista, tal como hoje ocorre na Itália.

Deixam transparecer a semelhança, quando se trata do sistema recursal. Embora admitam existir diferenças quanto aos pressupostos de admissibilidade e ao próprio processamento dos recursos, vislumbram, nas duas experiências,

> o acesso ao duplo grau de jurisdição é, em regra, plenamente garantido às partes (decisão/revisão da decisão por tribunal hierarquicamente superior), sendo ainda possível o acesso à Corte Superior nas hipóteses em que houve evidente lesão frontal à dispositivo de lei federal, à entendimento pacífico dos tribunais superiores ou afronta à Constituição. Em suma, ainda que de forma diversa, o conteúdo dos dois sistemas recursais em muito se assemelha.

Salientam finalmente que, por meio das aulas ministradas no curso desenvolvido na Universidade de Roma La Sapienza em julho de 2015 e, especialmente, nas exposições ministradas pelo professor Fabio Petrucci, aulas estas que inspiraram também a produção desta relevante obra coletiva, foi também possível estabelecer um paralelo entre os mais importantes aspectos do processo do trabalho existentes na Itália e no Brasil.

Um estudo comparado que se justifica e se sobressai, em tempos de crise e de precarização que atingem os dois países, que têm acelerado a busca pelo acesso à justiça. Para os aludidos juristas, o processo trabalhista deve privilegiar os mecanismos capazes de impor um modelo teórico-dogmático voltado para a justa resolução dos conflitos, com a obediência de prazos razoáveis e que visem "equilibrar a efetividade e necessidade de satisfação da pretensão deduzida em juízo em razão da natureza alimentar dos créditos trabalhistas, mas sempre que possível com a menor onerosidade para o devedor."

Esta prestigiada Editora, patrimônio da cultura jurídico-trabalhista brasileira, produz mais uma obra importante para o Direito do Trabalho. Apresenta, por meio de diversos ângulos e perspectivas, as experiências

---

(16) SANTOS, Boaventura de Souza. Capítulo 1. Os processos de globalização. In: SANTOS, Boaventura de Souza (Org.). A Globalização e as Ciências Sociais.Perdizes, SP: Cortez Editora, 2011, p. 34

doutrinais entre Brasil e Itália, ou melhor, entre Itália e Brasil, posto que, deste belo país, herdamos as experiências mais fascinantes do Direito, em todas as suas dimensões – jurisdicionais, dogmáticas e teórico-filosóficas. Herdamos também as lutas emancipatórias e contra-hegemônicas que inspiraram a nossa primeira experiência sindical – de raiz anarquista; sentimos e vivenciamos, por outro lado, os dramas, a opressão e a intolerância do fascismo, e aprendemos a resistir, a compreender os aparelhos do Estado, a maneira como ele nos controla e nos oprime, por meio do binômio ideologia/hegemonia.

Por fim, as minhas homenagens aos professores Hugo Melo e Fabio Petrucci, coordenadores desta obra. Imagino o esforço dos mesmos: a partir de uma das mais importantes universidades do mundo, produzirem uma obra desta magnitude.

O meu querido amigo Hugo Melo deixou, certo dia, os prognósticos do que vem acontecendo no presente e, também, palavras de resistência e de esperança. Diante das crises que afetam as relações de trabalho contemporâneas, afirmou que os conflitos são inerentes a estas mesmas relações. Logo, não é possível contorná-los, Os textos aqui reunidos seguem esta trilha de reconhecimento das crises e apontam os caminhos de saída. Em resumo, como diria este grande mestre da Universidade Federal do Pernambuco e magistrado do trabalho:

> "é preciso que acreditemos na formação de atores sociais autônomos, capazes de exercer influência sobre as decisões políticas, por uma ordem institucional eficaz, apoiada em reivindicações de igualdade e de solidariedade".

EVERALDO GASPAR LOPES DE ANDRADE

As diversas espécies da relação de trabalho subordinado no ordenamento jurídico italiano

Amelia Torrice[*][1]

1. INTRODUÇÃO

É árduo descrever as diversas espécies da relação de trabalho subordinado que o ordenamento jurídico italiano conhece e disciplina aos estudiosos e aos operadores do direito do trabalho que têm desenvolvido a sua experiência em contextos constitucionais, jurídicos, sociais e econômicos diferentes daquele italiano.

O consolidado intercâmbio cultural entre a Itália e o Brasil, promovido pela associação *Studim internazionale*, à qual a iniciativa científica que foi resumida na interessante publicação *Lineamenti di diritto del lavoro Italiano e Brasiliano – Elementos de direito do trabalho Italiano e Brasileiro*[2], tornará menos difícil realizar a tarefa solicitada.

Breves observações sobre os princípios da Constituição Italiana em matéria de tutela do trabalho e sobre as mais importantes iniciativas adotadas pela União Europeia em apoio ao emprego e sob tutela do trabalho facilitarão ao leitor compreender as razões que inspiraram o Decreto Legislativo n. 81, de 15 de junho de 2015[3], emitido na implementação da lei com a qual o Parlamento havia delegado o Governo a adotar um ou mais decretos legislativos sobre importantes e vastos ramos do direito do trabalho a fim de reforçar as oportunidades de ingresso no mundo do trabalho e de reordenar os contratos de trabalho vigentes para torná-los mais coerentes com as exigências atuais do contexto empregatício.

2. A TUTELA CONSTITUCIONAL DAS DIVERSAS ESPÉCIES DA RELAÇÃO DE TRABALHO

Ainda se notavelmente diferentes, as duas grandes espécies tradicionais do trabalho subordinado e do trabalho autônomo estão reunidas pela tutela assegurada pela Constituição Italiana[4].

---

[*] Na magistratura desde 1980, exerceu as funções de juíza especializada do trabalho de primeiro grau junto à Pretura de Roma, e de segundo grau junto à Corte de Apelação de Roma, onde exerceu também as funções de presidente de seção junto à seção de trabalho. Foi Diretora dos Sistemas de Informação automatizados para a justiça civil e responsável pelo Processo Civil Telemático junto ao Ministério da Justiça, componente da Comissão para a análise dos fluxos e das pendências junto à Corte de Apelação de Roma, colaborou com o Conselho Superior da Magistratura e com a Escola Superior da Magistratura para a atualização profissional dos magistrados. Hoje é Conselheira da Corte de Cassação.

[1] Tradução de Leonardo Domenico Nóbrega Bastos, jornalista graduado pela Universidade Federal de Pernambuco (UFPE) e tradutor público e intérprete comercial cadastrado na Junta Comercial do Estado de Pernambuco (Jucepe)".

[2] *Lineamenti di Diritto del lavoro italiano e brasiliano – Elementos de direito do trabalho Italiano e Brasileiro*, editado por P. Sandulli, A. Vallebona, F. Petrucci, Ermes Servizi Editoriali Integrati srl, por conta de Aracne Editrice srl de Roma, Novembro de 2013.

[3] <http://www.unive.it/pag/fileadmin/user_upload/ateneo/job/documenti/Stage_e_placement/D.Lgs._n.n.81_2015.pdf>.

[4] <https://www.senato.it/documenti/repository/istituzione/costituzione.pdf>.

Ela declara que a Itália é uma "República baseada no trabalho" (art. 1), reconhece à todos os cidadãos o direito ao trabalho, promove as condições que tornam efetivo esse direito e afirma que todo cidadão tem o dever de desempenhar, segundo as próprias possibilidades e a própria escolha, uma atividade ou uma função que concorra para o progresso material ou espiritual da sociedade (art. 4).

Tutela o trabalho em todas as suas formas e aplicações, também no que diz respeito à formação e à elevação profissional dos trabalhadores (art. 35); garante à mulher trabalhadora direitos iguais aos dos homens e promove a compatibilidade do trabalho da mulher com a sua *essencial função familiar*; tutela o trabalho dos menores (art. 37).

Reconhece o direito de todo cidadão incapaz de trabalhar e desprovido dos meios necessários para viver à manutenção e à assistência social (liberação do estado de necessidade) e o direito a ter os meios adequados às exigências de vida em caso de acidente, doença, invalidez, velhice e desemprego involuntário (art. 38).

Esses princípios não têm tido implementação plena na legislação ordinária e tem acontecido, em particular, que nos casos do trabalho autônomo prestado em condição de precariedade econômica a tutela tenha sido fraca e inferior em relação àquela assegurada ao trabalho subordinado.

3. O CONTEXTO EUROPEU

A abertura do mercado a um contexto global havia exposto as empresas europeias à concorrência daquelas situadas em países onde a força de trabalho tinha mais conteúdos; além disso, havia determinado a necessidade para as empresas de adequarem os próprios formulários produtivos a esquemas muito diversificados em função do mercado de referência e da clientela, e havia determinado o fenômeno de deslocalização das fábricas em países onde o custo do trabalho era mais baixo.

No mercado de trabalho, depois, estavam afirmando-se figuras de trabalhadores autônomos desconhecidas no passado, e também novos e diferentes modelos organizacionais, sociais e culturais, baseados também no desejo da reapropriação dos tempos de trabalho.

Por efeito dessas mudanças se obteve uma situação de desequilíbrio, de grande diferença entre a posição de quem, formalmente subordinado, gozava de tutelas bastante amplas, e aquela de quem, pelo contrário, não estando empregado, ou empregado em regime de trabalho autônomo caracterizado por forte dependência econômica, estava em condições de total falta de garantias.

Esse grave problema foi abordado pela Comissão Europeia no Livro Verde[5] sobre a modernização do trabalho de 2006[6]; por sua vez, o Parlamento europeu, em 29 de novembro de 2007[7], aprovou a Resolução sobre os princípios comuns de flexigurança.

A ideia de fundo da flexigurança era aquela de abandonar o esquema que assegurava uma tutela rígida dos trabalhadores no âmbito da relação de trabalho subordinado.

Diferentemente, propunha-se um sistema embasado sobre garantias idôneas e assegurar aos prestadores de trabalho, mediante uma formação continuada e efetuada também durante o emprego – em estreita colaboração entre empresas e órgãos públicos de instrução e formação profissional – uma capacidade profissional que podia atender imediatamente à demanda de trabalho proveniente das empresas. Naturalmente, era também necessário aumentar as prestações previdenciárias para o caso da perda de emprego.

Essa era a perspectiva, de alguma maneira o sonho da modernização dos direitos europeus do trabalho.

Para enfrentar a crise econômica verificada ao término do primo decênio do século atual, a Comissão Europeia, em 3 de março de 2010, propôs uma estratégia particular, intitulada "Europa 2020"[8], a qual representa a prossecução da Estratégia Decenal de Lisboa, e aponta para a colaboração entre União e Estados membros para a retomada da economia.

Em necessária sinergia entre ações nacionais e da União, foi previsto que deviam ser perseguidas: cres-

---

(5) Os livros Verdes <http://europa.eu/index_pt.htm> são documentos publicados pela Comissão Europeia para estimular a reflexão em nível europeu sobre um tema particular. Eles convidam as partes interessadas (entidades e indivíduos) a participar de um processo de consulta e de debate sobre a base das propostas apresentadas. Os Livros Verdes podem estar na origem de desenvolvimentos legislativos, que são posteriormente publicados.

(6) No livro Verde de 22 de novembro de 2006 <http://ec.europa.eu/transparency/regdoc/rep/1/2006/IT/1-2006-708-IT-F1-1.Pdf> foram postas na atenção do debate as questões relativas às transições profissionais, que comportam a passagem de um status a outro, à insegurança jurídica, ligada essencialmente às diversas formas de trabalho atípico, à ausência de clareza jurídica sobre a definição do status de trabalhador autônomo que pode, por exemplo, determinar lacunas na aplicação da legislação, à noção de "trabalho economicamente dependente", ao trabalho temporário através de agência que determina uma relação de trabalho "triangular" entre uma empresa utilizadora, um trabalhador dependente e uma agência, à duração do tempo de trabalho, à mobilidade dos trabalhadores defronte à variedade das definições dos trabalhadores, ao trabalho não declarado.

(7) <http://www.europarl.europa.eu/sides/getDoc.do?pubRef=-//EP//TEXT+TA+P6-TA-2007-574+0+DOC+XML+V0//IT>.

(8) <http://ec.europa.eu/europe2020/europe-2020-in-a-nutshell/flagship-initiatives/index_pt.htm>.

cimento inteligente, ou seja, do conhecimento, da inovação, da instrução; crescimento sustentável, direcionado a melhorar a produtividade de todo o continente; crescimento solidário, mediante a promoção da participação no trabalho e a luta contra a pobreza.

O Conselho Europeu, em 28 e 29 de junho de 2012, na implementação de tais políticas, aprovou o Pacto pelo crescimento e pelo emprego[9], que contém medidas gerais para o incremento do emprego.

4. AS REFORMAS DO DIREITO DO TRABALHO NA ITÁLIA. O *JOBS ACT*

No panorama econômico e social descrito acima o legislador italiano, na esperança de resolver por lei os graves problemas ocupacionais, modificou a disciplina das relações de trabalho de modo convulsivo e interveio, frequentemente de maneira contraditória, na matéria das relações por tempo determinado, da cedência de mão de obra, das demissões, das relações de trabalho autônomo e parassubordinado.

Também na Itália, na discussão política e naquela entre juristas e economistas, havia entrado o tema da flexigurança, mas, por uma série de razões que se devem essencialmente ao quadro de instabilidade política e social que caracteriza o nosso país, rompeu-se o paralelismo entre flexibilidade e segurança.

Com a consequência de que à flexibilização na entrada e na saída, no e do mercado de trabalho, não correspondeu a um regime de seguridade social e foram criadas grandes fileiras de trabalhadores não flexíveis, mas, simplesmente, temporários e privados de tutela no plano da seguridade.

Nesse contexto alarmante foi, finalmente, consolidada a ideia da necessidade de uma lei de reforma do trabalho, ideia que por último tomou corpo no *Jobs Act*.

Foi emitida a Lei n. 183[10], de 10 de dezembro de 2014, com a qual o Parlamento delegou o Governo no cargo a reformar organicamente os amortecedores sociais, a disciplina das relações de trabalho e a tutela e conciliação das exigências de vida com aquelas de trabalho.

O Decreto Legislativo n. 81[11], de 15 de junho de 2015, que contém a *disciplina orgânica dos contratos de trabalho* e a revisão da legislação sobre o tema de funções, foi emitido na implementação da lei delegada.

5. AS TIPOLOGIAS DO TRABALHO: O TRABALHO SUBORDINADO, O TRABALHO AUTÔNOMO, AS COLABORAÇÕES ORGANIZADAS PELO COMITENTE

O Código Civil, no art. 2222, define o contrato de trabalho autônomo (mais precisamente "contrato de obra") como o contrato com o qual "uma pessoa se obriga a executar, em relação a um correspectivo, uma obra ou um serviço, com trabalho predominantemente próprio e sem vínculo de subordinação em relação ao comitente".

O Código Civil não define o contrato de trabalho subordinado, mas no art. 2094 descreve a figura do prestador de trabalho subordinado, que é aquele que "se obriga mediante remuneração a colaborar na empresa, prestando o próprio trabalho intelectual ou manual nas dependências e sob a direção do empreendedor".

O elemento típico que distingue o segundo dos referidos tipos de relação é constituído pela subordinação, compreendida como disponibilidade do prestador em relação ao empregador, com sujeição do prestador ao poder organizacional, diretivo e disciplinar do empregador, e a partir da consequente inserção do trabalhador na organização empresarial com prestação das próprias energias laborais correpondentes à atividade de empresa.

Deve-se precisar que a existência do vínculo de subordinação deve ser concretamente avaliada com respeito à especificidade do trabalho conferido e às modalidades concretas de desenvolvimento da prestação laboral, com a explicação de que, segundo a orientação jurisprudencial da Corte de Cassação, o nome ou a qualificação dada pelas partes ao contrato de trabalho não determina se a qualificação ou a estipulação foi de fato superada pelas modalidades concretas de desenvolvimento da relação.

Justamente em relação às dificuldades que na realidade se encontram na distinção entre relação de trabalho autônomo e subordinado, a jurisprudência da Corte de Cassação estabeleceu que se pode recorrer a critérios distintivos subsidiários, como a presença de até mesmo uma mínima organização empreendedorial, a incidência do risco econômico, a observação de um horário, a forma de remuneração, a continuidade das prestações.

Trata-se de elementos que, mesmo não tendo valor decisivo para fins da qualificação da relação, po-

---

(9) <http://www.consilium.europa.eu/uedocs/cms_data/docs/pressdata/it/ec/131416.pdf>.
(10) <www.diritto24.ilsole24ore.com/.../2014.../jobs-act--riordino-forme-contr...>.
(11) <www.gazzettaufficiale.it/eli/id/2015/06/24/15G00095/sg>.

dem, todavia, ser avaliados globalmente, como indícios da subordinação mesma, todas as vezes que não for fácil a apreciação direta por causa de peculiaridades das funções, que incidem sobre o comportamento da relação.

Na dificuldade política encontrada de estabelecer uma nova disciplina do trabalho válida para as formas de trabalho realizado em regime de verdadeira e justa subordinação e para as formas de trabalho autônomo, o Decreto Legislativo n. 81, de 15 de junho de 2015, procedeu à reordenação dos contratos de trabalho vigentes para torná-los mais coerentes com as atuais exigências do contexto empregatício.

O legislador afirma, no art. 1, que a forma comum da relação de trabalho é o contrato de trabalho subordinado por tempo indeterminado.

Trata-se de uma disposição que tem mera valência programática, contestada, como se observará em seguida, por numerosas disposições contidas no mesmo decreto legislativo.

O art. 2, § 1, dispõe que a partir de 1º de janeiro de 2016 se aplica a disciplina da relação de trabalho subordinado também às relações de colaboração em que as prestações de trabalho são exclusivamente pessoais e continuadas e as modalidades de execução são organizadas pelo comitente também com referência aos tempos e ao local de trabalho.

A nova disposição não introduz uma nova forma de trabalho, distinta e diversa do trabalho autônomo e do trabalho subordinado.

Ela tem o objetivo, declarado no relatório ilustrativo do esquema do decreto legislativo, de estender as tutelas do trabalho subordinado a alguns tipos de colaboração afins ao trabalho subordinado e de suprimir o instituto do trabalho por projeto, o qual havia sido utilizado para esquivar-se da própria disciplina do trabalho subordinado.

A aplicação da disciplina da relação de trabalho se refere às colaborações individuais que se concretizam em prestações de trabalho e não de obras individuais, objeto essas da relação de trabalho autônomo verdadeiro e próprio.

Será, mais uma vez e inevitavelmente, tarefa da jurisprudência individualizar o novo conceito de "hetero-organização" também à luz da noção de "hetero-direção", até hoje definida na interpretação da Corte de Cassação, para distinguir o trabalho autônomo daquele subordinado.

Os juízes deverão verificar se os poderes organizacionais do comitente, também em ordem ao tempo e ao lugar de uma prestação de trabalho direcionada em maneira exclusivamente pessoal e continuada, tenham sido desenvolvidos em maneira mais intensa que a mera coordenação, própria do trabalho autônomo, mas não tão intensa a ponto de se manifestar no exercício de um verdadeiro e próprio poder diretivo, isto é, de heterodireção, em relação ao prestador de trabalho, próprio da subordinação.

Além disso, será necessário identificar quais são os institutos próprios do trabalho subordinado que são concretamente aplicáveis às formas de trabalho identificadas pelo art. 2, as quais são particularmente compatíveis com colaborações que apresentam uma margem de autonomia ao prestador de trabalho.

Por exemplo, seria possível se sustentar que é aplicável o regime da seguridade nos locais de trabalho e o regime previdenciário enquanto será difícil considerar aplicável a disciplina em tema de funções ou de transferência.

Algumas das exceções à aplicação da disciplina da relação de trabalho subordinado previstas pelo § 2 do art. 2 abrem espaço a fundamentadas dúvidas de conformidade ao princípio de igualdade afirmado no art. 3 da Constituição.

Mas além das dificuldades reconstrutivas, a reforma representa um passo importante em direção à perseguição do objetivo de eliminação da insegurança jurídica, ligada à variedade das definições dos trabalhadores e ao trabalho não declarado o mascarado, ao qual se referiu o livro Verde de 22 de novembro de 2006[12], ainda se permanece, infelizmente, o problema da falta de tutela das colaborações coordenadas e continuadas em que falta a hetero-organização.

Às administrações públicas (§ 4), às quais a disposição do § 1 não encontra aplicação até a completa reordenação da disciplina da utilização dos contratos de trabalho flexível, a partir de 1º de janeiro de 2017 impõe-se a proibição de estipular os contratos de colaboração hetero-organizada.

6. OS CONTRATOS DE TRABALHO SUBORDINADO ESPECIAIS

No âmbito do trabalho subordinado, o ordenamento jurídico italiano prevê e disciplina numerosas espécies de contratos de trabalho, os quais se diferenciam do tipo base do trabalho subordinado por tempo indeterminado ou sob o aspecto da duração (contrato por tempo determinado) o do ponto de vista quantitativo (tempo parcial), ou do ponto de vista qualitativo (contratos de aprendizado ou de inserção, políticas

---
(12) Cf. nota 1.

ativas contra o estado de desemprego), ou porque à subordinação se junta uma relação de tipo associativo, ou porque se realiza uma triangulação entre o utilizador das prestações de trabalho, o trabalhador e a agência que fornece as prestações de trabalho, ou, em relação ao lugar em que se desenvolve a prestação laboral, ou ainda porque o trabalho é prestado gratuitamente.

É oportuno evidenciar que a disciplina da relação de trabalho subordinado por tempo indeterminado se estende também a essas relações de trabalho particulares, enquanto compatível; ela, em outros termos, preenche eventuais lacunas normativas do regime das relações que são analisadas em seguida.

6.1. O contrato de trabalho a termo

O contrato de trabalho por tempo determinado é caracterizado pela previsão em antecedência da sua duração.

A sua disciplina mudou muito no curso do tempo e foi objeto de contínuas reformas, que às vezes não têm passado na prova da Corte Constitucional e da Corte de Justiça da União Europeia.

Atualmente, o contrato de trabalho a termo está disciplinado pelos arts. de 19 a 29 do Decreto Legislativo n. 81 de 2015.

Não é mais requerida nenhuma justificação ligada a exigências particulares do empreendedor para a estipulação dos contratos a termo, ao contrário do que está previsto pelas leis precedentes.

Foi imposta a forma escrita (art. 19, § 4), exceção feita para as contratações de duração não superior a 12 dias, e o empregador deve entregar ao trabalhador a cópia do contrato nos 5 dias sucessivos à contratação. Se não for estipulado por escrito, o contrato é considerado por tempo indeterminado.

O termo de duração não pode ser superior a trinta e seis meses (art. 19, § 1); o mesmo termo se aplica (art. 19, § 2), exceto por diversas previsões dos contratos coletivos, também nos casos de sucessão de contratos de trabalho a termo concluídos entre o mesmo empregador e o mesmo prestador de trabalho para o desenvolvimento de funções de mesmo nível e categoria legal e independentemente dos períodos de interrupção entre um contrato e outro.

Para fins de cálculo de tal período se leva em conta também tempos de deslocamento tidos como objeto de funções de mesmo nível e categoria legal desenvolvidas entre os mesmos sujeitos no âmbito de cedências de mão de obra por tempo determinado.

A lei consente (art. 19, § 3) a possibilidade de estipular mais um contrato por tempo determinado de duração máxima de 12 meses junto à direção territorial competente por território e, em caso de violação desse procedimento, o contrato se transforma em contrato de trabalho por tempo determinado a partir da data da estipulação.

É evidente que a referência à paridade de nível e à categoria legal, na identificação do limite dos 36 meses além dos quais as relações se "transformam" a tempo indeterminado por um lado delimita (paridade de nível) com mais clareza o âmbito dentro do qual se pode utilizar o mesmo trabalhador a termo, por outro amplia tal possibilidade (categoria legal). No âmbito do mesmo nível, de fato, pode acontecer que coexistam funções de categoria diversa.

Com a consequência de que o mesmo empregador poderia dispor, para superar o limite dos 36 meses, ainda em um mesmo nível, um trabalhador por tempo determinado confiando-lhe uma vez funções de categoria operária, em seguida empregatícia, e dispor, sucessivamente, o mesmo trabalhador a funções pertencentes a um outro nível.

A prorrogação é consentida (art. 21) por não mais de 5 vezes no arco dos 36 meses, ainda se as prorrogações se refiram a atividades diferentes daquela para a qual o contrato foi estipulado.

Nos casos em que foi superado o limite de trinta e seis meses, o número máximo das prorrogações, o período mínimo que deve transcorrer entre um contrato a termo e outro (art. 21, § 2), de violação do procedimento prevista para a contratação a termo pelo tempo de mais 12 meses, verifica-se a "transformação" do contrato a termo em contrato por tempo indeterminado com decorrência a partir da data de superação do termo máximo dos trinta e seis meses, ou a partir da data da sexta prorrogação, ou a partir da data da segunda recontratação.

A simples transformação, em lugar da conversão *ex tunc* (a partir do início) tem como efeito a perda da antiguidade de serviço conseguida durante o emprego a termo.

Essa circunstância é muito relevante para fins da aplicação das "tutelas crescentes", que aumentam, justamente com a antiguidade de serviço.

Estão previstas algumas proibições para a aposição do termo ao contrato de trabalho: não se admite a aposição do termo para substituir trabalhadores que exercem o direito de greve, junto às unidades produtivas nas quais nos seis meses precedentes foram efetuadas demissões coletivas que afetaram trabalhadores dispostos às mesmas funções às quais se refere o contrato a termo, exceto quando o contrato for concluído para substituir trabalhadores ausentes, para contratar trabalhadores inscritos nas listas de mobilidade ou tiver uma duração superior a três meses, nas empresas em que está funcionando a suspensão ou a redução do horário de trabalho em regime de caixa de compensação salarial que interessam a trabalhadores dispostos às funções às quais se refere o contrato por tempo determinado.

Além disso, não podem estipular contratos por tempo determinado os empregadores que não efetuaram a avaliação dos riscos em conformidade às normas de lei que tutelam a segurança e a saúde dos trabalhadores.

Também no caso de violação dessas proibições o contrato se transforma em contrato por tempo indeterminado.

Os trabalhadores empregados em atividades sazonais e nas hipóteses identificadas pelos contratos coletivos estão excluídos do âmbito de aplicação da disciplina dos intervalos mínimos entre um contrato e outro prevista pelo art. 21, § 2.

As "*empresas start-up inovadoras*" poderão não respeitar a disciplina das prorrogações e das renovações referidas no art. 21 (§§ 1 e 2) para o período máximo de 4 anos a partir da constituição da sociedade, art. 21, § 3.

Todo empregador, exceto que tenha nas suas dependências até cinco dependentes, pode contratar trabalhadores com contratos a termo no limite máximo de 20% do número de trabalhadores por tempo indeterminado em vigor no dia 1º de janeiro do ano de contratação, exceto por disposição diversa dos contratos coletivos (art. 23, § 1).

Estão previstas (art. 23, §§ 2 e 3) numerosas derrogações referentes ao início de novas atividades, às "*empresas start-up inovadoras*", às atividades sazonais, aos trabalhadores de mais de cinquenta anos, às substituições de trabalhadores ausentes, à realização de espetáculos específicos ou de programas radiofônicos e televisivos específicos, aos contratos a termo estipulados entre universidades privadas, institutos públicos de pesquisa ou entidades privadas de pesquisa e trabalhadores chamados para desenvolver atividades de ensino e pesquisa (de duração igual àquela do projeto de pesquisa), aos contratos estipulados para satisfazer exigências temporárias para a realização de mostras e eventos culturais...

A superação do limite percentual não comporta mais (art. 23, § 4) a "conversão" do contrato a termo em um por tempo indeterminado, mas somente a aplicação de sanções administrativas.

O contrato a termo pode ser impugnado (art. 28, § 1) nos 120 dias decorrentes da expiração do termo.

Em caso de transformação da relação de tempo determinado a tempo indeterminado, o trabalhador tem direito, art. 28, § 2, a uma indenização compreendida entre um mínimo de 2,5 e um máximo de 12 mensalidades do último salário.

Essa indenização restaura as consequências salariais e previdenciárias relativas ao período compreendido entre a expiração do termo e a pronúncia com a qual o juiz ordenou a reconstituição da relação, mas a indenização é reduzida pela metade em presença de contratos coletivos que prevejam a contratação também por tempo indeterminado de trabalhadores já empregados por tempo determinado no âmbito de classificações específicas.

A regulamentação dos contratos por tempo determinado, introduzida com o Decreto Legislativo n. 81, de 2015, não se aplica (art. 29) às contratações a termo que são reguladas por disciplinas específicas.

As exceções são numerosas e se referem aos trabalhadores em mobilidade, às relações de trabalho do setor da agricultura, do turismo e dos estabelecimentos públicos, as convocações para o serviço do pessoal voluntário do Corpo de Bombeiros, os dirigentes, as atividades de execução de serviços especiais de duração não superior a 3 dias, os contratos por tempo determinado estipulados com o pessoal docente para a conferência das suplências e com o pessoal sanitário também dirigente do serviço sanitário nacional.

6.2. O contrato de trabalho por tempo parcial (ou *part-time*)

A relação de trabalho por tempo parcial pode representar para muitos trabalhadores a oportunidade de conciliar exigências pessoais e familiares com a manutenção de um emprego que tende a ser estabilizado.

A essa exigência provê a disciplina do trabalho *part-time*, ou por tempo parcial, o qual é uma relação de trabalho subordinado, por tempo determinado ou indeterminado, que se caracteriza pelo fato de que o horário de trabalho concordado entre as partes é inferior em relação àquele normal previsto pela lei e pela contratação coletiva para os trabalhadores por tempo integral.

O Decreto Legislativo n. 81, de 2015, trouxe importantes modificações na regulamentação dessa tipologia de contratos, ampliou a plateia dos potenciais beneficiários e previu algumas facilitações.

Requer-se para a sua subscrição a forma escrita (art. 5, § 1) e o contrato deve indicar (art. 5, § 2), de maneira pontual, a duração da prestação laboral e a sua colocação temporal com referência ao dia, à semana, ao mês e ao ano.

Na relação de trabalho por tempo parcial, o empregador pode requerer (art. 6, § 1), dentro dos limites do horário de trabalho normal, a realização de prestações suplementares que são aquelas feitas além do horário de trabalho concordado mas, excetuando uma previsão diferente nos contratos coletivos, em medida não superior a 25% das horas semanais pactuadas.

É, além disso, consentido (art. 6, § 3), a realização de prestações de trabalho extraordinário, que é aquele prestado além do horário normal de trabalho de 40 horas semanais.

Em relação às previsões da contratação coletiva, as partes podem concordar, por escrito (art. 6, § 4), cláusulas "elásticas" relativas à variação da colocação temporal da prestação ou à variação em aumento da duração da prestação.

Ao trabalhador é reconhecido o direito ao aviso prévio de 2 dias úteis, exceção feita aos diversos entendimentos entre as partes, e a compensações específicas (na medida ou nas formas determinadas pelos contratos coletivos).

No passado, a efetuação de trabalho suplementar, quando não prevista e regulamentada pelo contrato coletivo, requeria "o consenso do trabalhador interessado", que podia sempre recusar. Hoje, pelo contrário, o trabalhador pode recusar-se a prestar o trabalho suplementar somente em caso de exigências de trabalho, familiares ou de formação profissional, com a consequência de que, em caso de recusa não justificada, a conduta do trabalhador poderia ser considerada inadimplente e, como tal, sancionada também com a aplicação de sanções disciplinares, mas não com a demissão por justificado motivo objetivo (art. 6, § 8).

Ao trabalhador por tempo parcial é reconhecido (art. 6, § 7) o direito de revogar o consenso à cláusula elástica somente na presença de situações particulares (trabalhador afetado por patologias oncológicas ou graves patologias crônico-degenerativas agravantes, com familiar afetado por tais patologias, necessidade de assistência continuada de uma pessoa convivente com total e permanente incapacidade para o trabalho com conotação de gravidade e que tem necessidade de assistência contínua porque não é autosuficiente, que tenha um filho convivente de idade não superior a 13 anos ou portador de deficiência, é reconhecido o direito de precedência na transformação do contrato de trabalho de tempo integral a tempo parcial (art. 8, §s 4 e 5).

Além disso, é previsto que o trabalhador genitor com filho convivente de idade não superior a 12 anos pode pedir (por uma única vez), em lugar da licença parental ou dentro dos limites da licença ainda devida, a transformação da relação de trabalho por tempo integral em um a *part-time*, desde que com uma redução de horário não superior a 50%: nesses casos o empregador deve dar início à transformação dentro de 15 dias da solicitação (art. 8, § 7).

Ao trabalhador que transformou a relação de trabalho por tempo integral em uma por tempo parcial é atribuído o direito de precedência nas contratações com contrato por tempo integral para a conclusão das mesmas funções ou de funções de mesmo nível e categoria legal em relação àquelas objeto da relação de trabalho por tempo parcial (art. 8, § 6). A norma garante somente uma prioridade, e não um direito real.

A falta de prova a respeito da estipulação por tempo parcial do contrato de trabalho determina a declaração de subsistência de uma relação de trabalho por tempo integral.

O trabalhador *part-time* não deve receber (art. 7, § 1) um tratamento menos favorável em relação ao trabalhador por tempo integral de mesmo enquadramento (ou comparável).

6.3. O trabalho intermitente

Nos termos do art. 13 do Decreto Legislativo n. 81, de 2015, o contrato de trabalho intermitente é o contrato, também por tempo determinado, com o qual um trabalhador se põe à disposição de um empregador que pode utilizar a sua prestação de modo descontínuo ou intermitente, segundo as exigências individualizadas nos contratos coletivos, também com referência à possibilidade de desenvolver as prestações em períodos predeterminados no arco da semana, do mês ou do ano. Pode ser concluído (art. 13, § 2) com sujeitos com menos de 24 anos de idade, mas as prestações laborais devem ser desenvolvidas até o 25º ano de idade, e com trabalhadores que tenham mais de 55 anos.

À exceção do setor do turismo, do espetáculo e dos estabelecimentos públicos, não pode ter duração superior a 400 dias de trabalho efetivo no arco de três anos solares (art. 13, § 3). Se esse limite for superado, a relação se transforma em relação de trabalho por tempo integral e indeterminado.

O recurso ao trabalho intermitente não requer nenhuma motivação e, portanto, é utilizável independentemente de qualquer razão produtiva ou organizacional.

Se o trabalhador se obrigou contratualmente a responder à chamada, a sua recusa não justificada de responder à própria chamada pode constituir um motivo de demissão e comportar a restituição da cota de indenização de disponibilidade referente ao período sucessivo à recusa não justificada (art. 16, § 5).

Para o trabalho intermitente operam (art. 14) as mesmas proibições previstas para as contratações por tempo determinado (substituição de trabalhadores em greve; empreendedores que nos seis meses precedentes efetuaram demissões coletivas dos trabalhadores dispostos às mesmas funções, ou em que são operantes a suspensão do trabalho ou a redução do horário em regime de caixa de compensação salarial que interessam a trabalhadores dispostos às mesmas funções; empregadores que não efetuaram a avaliação dos riscos).

No período em que a prestação de trabalho não é utilizada (art. 13, § 4), o trabalhador não tem direito a nenhum tratamento econômico e normativo, exceto se o trabalhador tiver garantido ao empregador a própria disponibilidade para responder às chamadas; nesse caso, cabe a indenização de disponibilidade na medida prevista pelos contratos coletivos e, na sua falta, fixada pelo Ministro do Trabalho, ouvidas as organizações sindicais comparativamente mais representativas no plano nacional.

O art. 15 dispõe que o contrato deve ser estipulado de forma escrita, mas somente para fins da prova, e deve indicar: a duração, as condições objetivas e subjetivas que consentem o recurso a essa forma especial de contrato; o local e a modalidade da disponibilidade eventualmente garantida pelo trabalhador; o aviso-prévio de chamada, que não pode ser inferior a um dia útil; o tratamento econômico; as formas e as modalidades com as quais o empregador é legitimado a requerer a execução da prestação e as modalidades de verificação da prestação; as medidas de segurança necessárias em relação ao tipo de atividade deduzida em contrato.

O empregador tem a obrigação de comunicar a duração do contrato à direção territorial do trabalho competente por território com aplicação, em caso de violação, de sanções administrativas para cada um dos trabalhadores em relação aos quais foi omitida a comunicação.

O § 5 do art. 15 veta às administrações públicas recorrer a essa forma de trabalho.

Também ao trabalho intermitente se aplica a proibição de discriminação entre trabalhadores.

6.4. O trabalho repartido (ou *job sharing*)

O contrato de trabalho repartido (*Jôb sharing*) era o contrato mediante o qual dois trabalhadores assumiam solidariamente o cumprimento de uma única e idêntica obrigação laboral. Falava-se também de trabalho em dupla, justamente porque a repartição do trabalho era consentida apenas entre dois prestadores.

Não teve muita sorte e, de todo modo, o recurso a tal instituto não é mais consentido.

Deu-se-lhe conta com a finalidade única de ilustrar a extrema fantasia do legislador italiano, que às vezes foi bem além da realidade factual.

6.5. O trabalho acessório (*voucher*)

A finalidade do instituto, introduzido no nosso ordenamento em 2003, era aquela de regulamentar as atividades laborais de natureza ocasional, de caráter esporádico e de breve duração desenvolvidas por sujeitos em risco de exclusão social ou, de qualquer forma, que ainda não entraram no mundo do trabalho, ou que estão na iminência de sair dele.

Era limitado a algumas atividades, entre as quais os pequenos trabalhos domésticos, o ensino privado suplementar, a jardinagem.

No curso dos anos, a disciplina legal foi objeto de numerosas intervenções, que modificaram notavelmente a própria natureza do instituto porque ampliaram a categoria dos sujeitos admitidos a desenvolver prestações de trabalho acessório e foi cada vez mais ampliado o âmbito das atividades que podiam ser desenvolvidas com essa modalidade de trabalho.

O Decreto Legislativo n. 81, de 2015, define (art. 48) as prestações de trabalho acessório como as atividades laborais que não dão lugar, com referência à totalidade dos comitentes, a remunerações superiores a 7 mil euros no curso de um ano civil, anualmente reavaliados com base na variação do índice ISTAT dos preços para o consumo para as famílias dos operários e dos empregados. Para os comitentes empreendedores comerciais e profissionais, o limite é de 2 mil euros para cada comitente individual, ficando estabelecido o limite total de 7 mil euros.

Para recorrer a prestações de trabalho acessório os comitentes adquirem, junto aos sujeitos concessionários individualizados pelo Minisro do Trabalho e exclusivamente por meio das modalidades telemáticas, um ou mais carnês de bons horários numerados progressivamente e datados; somente os comitentes não empreendedores ou profissionais podem adquirir os *vouchers*, também junto a revendedores autorizados (art. 49).

Em essência, o trabalhador apresenta o *voucher* entregue pelo comitente ao concessionário e o concessionário paga as contribuições aos Institutos de previdência e de seguro obrigatório e retém para si a quantia autorizada pelo Minstério a título de reembolso de despesas.

Uma novidade importante, em relação à disciplina previgente, diz respeito à introdução da proibição de recorrer ao trabalho acessório no âmbito da execução de concessões de obras ou de serviços. Todavia, prevê-se que possam ser previstas derrogações a tal proibição nas hipóteses identificadas por decreto específico do Ministro do Trabalho para se adotar, ouvidas as partes sociais, em até 6 meses da entrada em vigor do Decreto Legislativo n. 81, de 2015.

6.6. O fornecimento de trabalho

No fornecimento de trabalho, realiza-se uma separação entre o sujeito que contrata o trabalhador e o sujeito que utiliza as prestações de trabalho.

Articula-se sobre dois contratos: aquele de fornecimento, entre a agência de fornecimento autorizada e o utilizador, e aquele de trabalho subordinado, entre a agência e o trabalhador.

Em essência, a agência de fornecimento contrata os trabalhadores e os envia, em cumprimento e em execução do contrato de fornecimento, junto ao utilizador que se beneficia da atividade e exerce o poder diretivo e de controle.

Enquanto no passado a legislação italiana consentia o fornecimento por tempo indeterminado (*staff leasing*) somente em atividades específicas e determinadas, o Decreto Legislativo n. 81, de 2015, admite-o em todos os setores, exceto nas Administrações Públicas (porque para essas vale a regra do ingresso por concurso público).

O número de trabalhadores em deslocamento com contrato de fornecimento de trabalho por tempo indeterminado não pode exceder 20% do número dos trabalhadores por tempo indeterminado em força junto ao utilizador (art. 31, § 1).

O fornecimento de trabalho por tempo determinado (art. 31, § 2) é consentido nos limites quantitativos previstos pelos contratos coletivos aplicados pelo utilizador, mas não é sujeito a limites quantitativos o fornecimento por tempo determinado de trabalhadores em mobilidade, de sujeitos desempregados que desfrutam – de ao menos 6 meses – de tratamentos de desemprego (não agrícola) ou de amortecedores sociais, e de trabalhadores "desfavorecidos" ou "muito desfavorecidos" (desempregados de longa duração).

Somente os trabalhadores que a agência contratou por tempo indeterminado podem ser fornecidos por tempo indeterminado.

Como para o contrato por tempo determinado, também para o contrato de fornecimento de trabalho faltou a necessidade de justificar as razões do recurso ao fornecimento de trabalho.

Por toda a duração do deslocamento junto ao utilizador (art. 35, § 1 do Decreto Legislativo n. 81/15), os trabalhadores do fornecedor têm direito, em paridade de funções desenvolvidas, às condições econômicas e normativas ao todo não inferiores àquelas dos empregados de mesmo nivel do utilizador e o que se verifica é que, no seu total, o tratamento reservado ao trabalhador fornecido não seja inferior àquele desfrutado pelos empregados do utilizador comparáveis.

Será muito difícil identificar os tratamentos comparáveis nos casos nos quais a empresa utilizadora, mesmo tendo respeitado o limite quantitativo máximo de mão de obra fornecida, não ocupe em particulares setores ou departamentos seus próprios trabalhadores, mas apenas trabalhadores fornecidos.

O utilizador e a agência de fornecimento respondem de forma solidária, no sentido de que são coobrigados, pelo pagamento dos tratamentos salariais e do depósito das contribuições previdenciárias.

Aos trabalhadores fornecidos são garantidos (art. 36) os direitos sindicais previstos pelo Estatuto dos trabalhadores[13] e o direito de exercer junto ao utilizador por toda a duração do deslocamento os direitos de liberdade e de atividade sindical e a participar nas assembleias do pessoal empregado das empresas utilizadoras.

A falta da forma escrita do contrato de fornecimento torna nulo o contrato e os trabalhadores são considerados para todos os efeitos nas dependências do utilizador, e, nos casos de omissa indicação dos elementos que o contrato de fornecimento deve especificar, de superação dos limites quantitativos, de fornecimento proibido, o trabalhador pode pedir, também somente em relação ao utilizador, a constituição de uma relação de trabalho nas dependências desse último com efeito desde o início do fornecimento (art. 38, § 2) e tem direito à indenização compensatória na medida compreendida entre 2,5 e 12 mensalidades de salário (art. 39).

6.7. O teletrabalho

O teletrabalho é uma relação de trabalho subordinado caracterizado pela conexão funcional, realizada por meio de instrumentos telemáticos e informáticos de comunicação a distância, além de que pela autonomia operacional do prestador e pela flexibilidade da prestação.

Mesmo existindo estruturas utilizadas por muitas empresas (*telecottage*), a forma mais difusa de teletrabalho é aquela doméstica (*home office*).

---

(13)<www.normattiva.it/uri-res/N2Ls?urn:nir:stato:legge:1970-05...;300!vig=>.

No âmbito do trabalho prestado nas dependências das Administrações Públicas, o teletrabalho é disciplinado pela Lei n. 191[14], de 16 de junho de 1998, e pelo Decreto do Presidente da República n. 70[15], de 8 de março de 1999; ao contrário, no setor privado ele é disciplinado exclusivamente pelo acordo interconfederal rubricado na data de 9 de junho de 2004 por CGIL, CISL e UIL e todas as organizações dos empregadores.

O teletrabalho é fruto de uma livre escolha do empregador e do trabalhador interessados e a recusa do trabalhador em optar pelo teletrabalho não constitui, por si, motivo de resolução da relação de trabalho, nem de modificação das condições da relação de trabalho do trabalhador mesmo.

O teletrabalhador tem os mesmos direitos garantidos pela legislação e pelo contrato coletivo aplicado, previstos para um trabalhador comparável que desenvolve atividades nos locais da empresa; deve poder fruir das mesmas oportunidades de acesso à formação e ao desenvolvimento da carreira dos trabalhadores comparáveis que desenvolvem atividades nos locais da empresa e são submetidos aos mesmos critérios de avaliação de tais trabalhadores; tem os mesmos direitos sindicais dos trabalhadores que operam dentro da empresa; deve assegurar, mesmo gerindo em autonomia a organização do próprio tempo de trabalho, os níveis de prestação dos outros trabalhadores comparáveis.

Nos termos do art. 2 do Decreto Legislativo n. 80[16], de 15 de junho de 2015 (que estabelece medidas para a conciliação dos tempos de vida e trabalho), os empregadores que façam recurso ao teletrabalho beneficiam-se da exclusão dos trabalhadores interessados do cálculo dos limites numéricos previstos por leis ou contratos coletivos para a aplicação de leis e institutos.

6. 8. O trabalho em domicílio

Essa peculiar forma de trabalho subordinado é disciplinada pela Lei n. 877[17], de 18 de dezembro de 1973, que (art. 1, § 1) define o trabalhador em domicílio como o trabalhador que, com vínculo de subordinação, executa trabalho remunerado por conta de um ou mais empreendedores no próprio domicílio ou em um local de que tenha disponibilidade, também com a ajuda acessória de membros da sua família conviventes e a cargo, mas com exclusão de mão de obra assalariada e de aprendizes, utilizando matérias-primas ou acessórios e equipamentos próprios ou do mesmo empreendedor, ainda se fornecidos por terceiros.

O § 2 precisa que o vínculo de subordinação (em derrogação no art. 2094 do Código Civil) recorre quando o trabalhador em domicílio deve observar as diretrizes do empreendedor sobre as modalidades de execução da prestação, sobre as características e os requisitos do trabalho a desenvolver.

Ao trabalho em domicílio se aplicam as normas previstas para o trabalho subordinado.

O trabalho em domicílio, art. 2, é proibido para as atividades as quais comportem o emprego de substâncias ou materiais nocivos ou perigosos para a saúde ou a incolumidade do trabalhador e dos seus familiares.

Não podem recorrer ao trabalho em domicílio as empresas interessadas por programas de reestruturação, reorganização e de conversão que tenham comportado demissões ou suspensões do trabalho.

O fenômeno do caporalato [NT: sistema de contratação ilegal de trabalhadores que ocorre principalmente com agricultores no Sul da Itália] é objeto de previsão específica porque o art. 2, no § 3, proíbe os empregadores de se valerem da obra de mediadores ou intermediários não obstante denominados e prevê que esses são considerados para todos os efeitos, junto aos trabalhadores aos quais procuraram o trabalho em domicílio nas dependências do empregador por conta do qual desenvolveram a sua obra.

6.9. O trabalho doméstico

Trata-se de um trabalho subordinado que se desenvolve na casa do empregador para a satisfação das necessidades pessoais ou familiares desse último e que tem por objeto todas as prestações de atividade a vantagem de uma convivência, ou seja, de comunidade de tipo familiar, tais quais aquelas religiosas.

É disciplinado pelos arts. 2240-2246 do Código Civil, pela Lei n. 339[18], de 2 de abril de 1958, e pela contratação coletiva.

As derrogações mais importantes previstas pela legislação especial à disciplina geral do trabalho su-

---

(14) <www.normattiva.it/uri-res/N2Ls?urn:nir:stato:legge:1998...16;191!vig=>.
(15) <www.normattiva.it/uri-res/N2Ls?urn:nir:presidente...decreto:1999...;70>.
(16) <www.normattiva.it/uri-res/N2Ls?urn:nir...decreto-legislativo:2015...;80>.
(17) <www.normattiva.it/uri-res/N2Ls?urn:nir:stato:legge:1973;877>.
(18) <www.normattiva.it/uri-res/N2Ls?urn:nir:stato:legge:1958-04...;339~art6>.

bordinado são justificadas pela exigência de tutelar os interesses da comunidade familiar a favor da qual o trabalho é prestado e se referem essencialmente à disciplina da demissão, que pode ser intimada também em ausência de razões específicas. É, todavia, proibida demissão discriminatória.

6.10. O trabalho *au pair*

Do trabalho doméstico deve ser diferenciado o trabalho *au pair*, que consiste no intercâmbio de hospitalidade (comida e dormida) em troca de prestações de hospitalidade doméstica. O instituto é regulado pela Lei n. 304[19], de 18 de maio de 1973, com a qual foi dada execução no Acordo Europeu de Estrasburgo de 24 de dezembro de 1969.

6.11. O aprendizado

A formação profissional do trabalhador pode ser inserida no contrato de trabalho subordinado e, nesse caso, o contrato assume uma causa mista: além daquela típica do contrato de trabalho (ou seja, o intercâmbio entre prestação e remuneração) se põe a obrigação educacional, como finalidade nova e adicional do caso negocial.

O contrato de aprendizado é um contrato de trabalho por tempo indeterminado para a formação e para a contratação dos jovens.

A sua disciplina está contida no Decreto Legislativo n. 81, de 2015, o qual reforçou os instrumentos para favorecer a formação e a alternância entre escola e trabalho e ditou disposições específicas a respeito da forma, da duração, do número máximo de aprendizes contratados, do enquadramento e da remuneração (art. 42), das diversas tipologias de aprendizado (arts. 43, 44 e 45).

O grande limite da lei é constituído pelo fato de que ela não indica de maneira específica a entidade dos recursos econômicos a destinar à escola para o aprendizado de primeiro nível e pelo fato de que grande parte da intervenção reformadora é adiada para a adoção de disposições e intervenções posteriores das Regiões e das Províncias Autônomas de Trento e de Bolzano, e para protocolos com as Universidades, os Institutos técnicos superiores e as outras instituições educacionais ou de pesquisa.

A faculdade (arts. 43, § 7, e 45, § 3) concedida ao empregador de não remunerar nenhuma hora de formação externa e de remunerar com um desconto de 90% (aplicado à remuneração já subenquadrada ou percentualizada) as horas de formação interna, ameaça tornar o aprendizado um instrumento para empregar trabalhadores a baixo custo.

6.12. O contrato de formação e trabalho

Também esse contrato é caracterizado pelo fato de que à causa própria do contrato de trabalho se junta a obrigação do empregador de fornecer ao trabalhador formação útil para a inserção na empresa ao trabalhador. Hoje pode ser concluído somente pelas Administrações Públicas.

7. OS ESTÁGIOS FORMATIVOS E DE ORIENTAÇÃO

Os estágios foram introduzidos com a Lei n. 196[20], de 24 de junho de 1997, a fim de favorecer a inserção concreta dos jovens em organizações produtivas, para assegurar-lhes melhores formação e orientação.

No estágio falta um intercâmbio entre prestação de trabalho e remuneração, desde o momento em que toda a atividade desenvolvida pelo estagiário tem como único fim a formação e a orientação: o estágio não constitui uma forma de trabalho subordinado e o estagiário não pode ser chamado para substituir trabalhadores ausentes ou para integrar a força de trabalho nos períodos de picos produtivos.

Pode, ainda, ser estipulado somente pelas administrações públicas.

8. O TRABALHO NAS RELAÇÕES ASSOCIATIVAS

A característica fundamental das relações de trabalho até agora ilustradas foi dada pelo fato de que o objetivo principal das partes é o de executar ou o de obter uma prestação de trabalho em troca da compensação.

Mas a prestação de trabalho pode ser realizada também no âmbito de relações associativas, as quais se caracterizam pelo exercício em comum de uma atividade econômica, com assunção conexa do risco de empresa por parte de todos os associados.

Pode, portanto, acontecer de o trabalhador, além de realizar a prestação tendo em vista a remuneração, execute a própria atividade laboral em uma situação de cointeresse nos lucros produzidos pela atividade econômica.

---

(19) <www.asgi.it/wp-content/uploads/public/l.304.1973.pdf>.
(20) <www.normattiva.it/uri-res/N2Ls?urn:nir:stato:legge:1997;196>.

8.1. O sócio trabalhador nas cooperativas de produção e trabalho

Na hipótese de sócio trabalhador em cooperativa de produção e trabalho, o prestador executa a própria atividade laboral em cumprimento da obrigação assumida com o pacto social e se beneficia, por um lado, do objetivo mútuo da sociedade, que consiste na oferta de oportunidades de trabalho aos sócios, e, por outro, onde previsto, da repartição dos lucros.

A Lei n. 142[21], de 3 de abril de 2001, modificada pela Lei n. 30, de 14 de fevereiro de 2003, previu que, em caso de cooperativas nas quais a relação mútua tenha por objeto a prestação de atividades laborais por parte do sócio, ele deve instaurar também uma relação de trabalho em forma subordinada, ou autônoma, ou em qualquer outra forma, compreendidas as relações de colaboração coordenada não ocasional, ao lado e junto àquela associativa.

Em tal modo faltou a considerada incompatibilidade entre a qualidade (real e não simulada) de sócio de uma cooperativa de produção de trabalho e aquela de trabalhador subordinado ou autônomo com vínculo de parassubordinação.

No caso de recesso ou exclusão do sócio da cooperativa, extingue-se também a relação de trabalho e não encontra aplicação a disciplina em matéria de demissões.

Ao contrário, em caso de extinção da relação de trabalho não falta a relação associativa porque a lei atribui a proeminência à relação associativa.

8.2. A associação em participação

Com o contrato de associação, disciplinado pelo art. 2.549 do Código Civil, o associante atribui ao associado uma participação nos lucros da sua empresa ou de um ou mais negócios à consideração de um determinado aporte.

Posto que a conferência de trabalho na associação em participação tem representado uma forma de trabalho subordinado mascarado, isto é, uma oportunidade de exploração, o Decreto Legislativo n. 81, de 2015, excluiu que a conferência do associado pessoa física pode consistir em uma prestação de trabalho.

9. A EMPRESA FAMILIAR

O Código Civil, no art. 230 bis, disciplina a empresa familiar, para a qual colaboram o cônjuge, os parentes até o terceiro grau e os afins até o segundo grau.

Exceto se for configurável uma relação diferente, o familiar que presta de modo continuado a sua atividade de trabalho na família ou na empresa familiar tem direito à manutenção segundo a condição patrimonial da família e participa nos lucros da empresa familiar e nos bens adquiridos com eles, além dos incrementos da empresa, também a respeito da abertura, em proporção à quantidade e qualidade do trabalho prestado.

As decisões concernentes ao emprego dos lucros e dos incrementos, além daquelas inerentes à gestão extraordinária, aos endereços produtivos e à cessação da empresa são adotadas, na maioria, pelos familiares que participam da própria empresa. Os familiares participantes da empresa que não têm a plena capacidade de agir são representados no voto por quem exercita o poder por eles.

O trabalho da mulher é considerado equivalente àquele do homem.

10. O VOLUNTARIADO

A atividade de voluntariado, disciplinada pela lei quadro sobre o Voluntariado n. 266[22], de 11 de agosto de 1991, é aquela prestada de modo pessoal, espontâneo e gratuito, por meio da organização da qual o voluntário faz parte, sem fins de lucro também indireto e exclusivamente para fins de solidariedade. A atividade do voluntário é incompatível com qualquer forma de relação de trabalho subordinado ou autônomo e com toda outra relação de conteúdo patrimonial com a organização da qual faz parte e, por isso, não pode ser remunerada em nenhum modo, nem ao menos pelo beneficiário.

Ao voluntário podem ser somente reembolsadas pela organização de pertencimento as despesas efetivamente realizadas para a atividade prestada, dentro de limites preventivamente estabelecidos pelas próprias organizações.

11. POLÍTICAS ATIVAS PARA O TRABALHO

As políticas ativas do trabalho são as iniciativas adotadas pelas instituições nacionais e locais para promover a inserção laboral e visam a combater o desemprego através do melhoramento das capacidades dos indivíduos de inserirem-se no mercado de trabalho, na atualização dos conhecimentos individuais para torná-los compatíveis com as exigências do mercado de trabalho para desenvolver a qualidade e o es-

---

(21) <www.normattiva.it/uri-res/N2Ls?urn:nir:stato:legge:2001...;142!vig=>.
(22) <www.normattiva.it/uri-res/N2Ls?urn:nir:stato:legge:1991-08-11;266>.

pírito empreendedor e favorecer o autoemprego, para aumentar as taxas de emprego feminino.

11.1 O contrato de inserção

Esse contrato, que havia substituído, exceto para as administrações públicas, o contrato de formação e trabalho, visava a inserir (ou reinserir) no mercado de trabalho algumas categorias de pessoas, através de um projeto individual de adaptação das competências profissionais do indivíduo a um determinado contexto laboral. O momento central do contrato era a redação do plano de inserção laboral, que devia garantir a aquisição de competências profissionais por meio da formação *on the job*.

A Lei n. 92, de 28 de junho de 2012, revogou a disciplina inteira do contrato de inserção a partir de 1º de janeiro de 2013 a fim de valorizar o contrato de aprendizado como instrumento privilegiado de acesso ao mundo do trabalho para os jovens.

Deu-se-lhe conta para assinalar as contínuas intervenções reformadoras na matéria do trabalho do legislador italiano.

11.2. O contrato de recolocação

Em 2014 foi instituído um fundo para o financiamento e o incentivo das políticas ativas do trabalho e, em particular, da experimentação de uma regularização dos serviços para o emprego focado sobre um novo instituto jurídico: o contrato de recolocação.

Na realidade, o Estado se limita a disponibilizar para as Regiões, que têm a competência legislativa e administrativa em matéria de serviços para o emprego, a possibilidade de ativar o experimento, que então é remetido para as iniciativas das Regiões.

O sujeito em estado de desemprego tem direito a receber, dos serviços públicos para o trabalho ou dos sujeitos privados credenciados, um serviço de assistência intensiva na pesquisa do trabalho mediante a estipulação do contrato de recolocação, sob a condição de que o sujeito efetue o procedimento de definição do perfil pessoal de empregabilidade.

Em seguida à definição do perfil pessoal de empregabilidade é reconhecida uma soma denominada "dote individual de recolocação" gastável junto aos sujeitos credenciados.

O contrato de recolocação prevê o direito do sujeito a ter, por parte da entidade credenciada, uma assistência apropriada na pesquisa do novo emprego, programada, estruturada e gerida segundo as melhores técnicas do setor; o dever do sujeito de tornar-se parte ativa diante das iniciativas propostas pelo sujeito credenciado; o direito-dever do sujeito de participar das iniciativas de pesquisa, treinamento e requalificação profissional voltadas a oportunidades empregatícias coerentes com a necessidade expressa pelo mercado de trabalho, organizadas e predispostas pelo sujeito credenciado.

A quantia do dote individual é proporcionada em relação ao perfil pessoal de empregabilidade, e a entidade credenciada tem o direito de recebê-la somente com o resultado empregatício obtido.

A decadência do dote individual se verifica no caso de falta de participação nas iniciativas previstas ou no caso de recusa sem motivo justificado de uma oferta congruente de trabalho alcançada em seguida à atividade de acompanhamento ativo ao trabalho e em caso de perda do estado de desemprego.

12. CONSIDERAÇÕES FINAIS

A afirmação contida no art. 1 do Decreto Legislativo n. 81, de 2015, segundo a qual o contrato de trabalho subordinado por tempo indeterminado constitui a forma "comum" de relação de trabalho é desmentida pela nova disciplina dos contratos a termo, os quais não constituirão uma exceção à qual o empreendedor pode recorrer somente na presença de exigências organizacionais particulares.

Além do mais, o regime das prorrogações, descrito nas páginas precedentes, e a prevista transformação em lugar da conversão da relação a termo em relação por tempo indeterminado, em caso de termo aposto ilegitimamente, evidencia a capacidade precarizante das novidades introduzidas pelo Decreto Legislativo n. 81, de 2015.

O qual está em contraste com a Diretriz n. 1999/70/CE do Conselho, de 28 de junho de 1999[23], que proíbe o abuso do recurso aos contratos por tempo determinado.

Do mesmo modo, também o fornecimento de trabalho não representará mais uma exceção em relação ao ordinário contrato de trabalho subordinado por tempo indeterminado porque faltou a necessidade de justificar as razões do recurso ao fornecimento de trabalho.

Sob esse aspecto, a nova disciplina parece estar em contraste com a Diretriz comunitária 2008/104[24] porque o 15º "Considerando" reitera que "os contratos de trabalho por tempo indeterminado representam a forma comum da relação de trabalho".

---

(23) <http://eur-lex.europa.eu/legal-content/IT/TXT/?uri=CELEX:31999L0070>.

A substancial expansão do trabalho acessório torna concreto o perigo que as prestações de trabalho acessório serão utilizadas no lugar dos tradicionais contratos de trabalho, com expansão dos fenômenos evasivos das normas sobre o trabalho subordinado.

Enfim, a nova disciplina do aprendizado, que, como evidenciado nas páginas que precedem, requer grandes recursos econômicos ao estado inexistentes e procedimentos de execução, ameaça tornar esse instituto um instrumento para empregar trabalhadores a baixo custo porque a lei atribui a faculdade ao empregador de não remunerar nenhuma hora de formação externa e de remunerar com um desconto de 90% (aplicado à remuneração já subenquadrada ou percentualizada).

O legislador italiano, com o Decreto Legislativo n. 81, de 2015, perdeu uma importante oportunidade para dar um sinal de descontinuidade em relação à linha de desregulamentação e da flexibilidade, realizadas mais uma vez no interesse do empregador, apenas.

Perdeu, ademais, a oportunidade para predispor uma rede de proteções e de tutelas além do mundo da subordinação clássica e da contígua, redefinida, área da parassubordinação hetero-organizada.

Faltou oferecer às novas formas de trabalho que não se prestam a ser capturadas e engaioladas dentro de uma ou da outra das duas figuras tradicionais do trabalho, aquele autônomo e aquele subordinado, mesmo forçando-lhes a configuração originária, um sistema de chances e oportunidades "de base" ao lado de tutelas de amplitude diversa, de acordo com as características do trabalho.

---

(24) <www.eur-lex.europa.eu/.../LexUriServ.do?uri=OJ...2008...>.

Previdência privada na Itália e o "Caso Inarcassa"

Fabio Petrucci[*]
Alessandro De Rosa[**] [1]

1. A REFORMA DO SETOR PREVIDENCIÁRIO DOS PROFISSIONAIS ITALIANOS

Transcorreram mais de vinte anos desde a reforma do setor previdenciário dos profissionais italianos (advogados, médicos, engenheiros e arquitetos) e, em particular, da privatização das entidades de categoria, promovida por meio do Decreto Legislativo 509/94, mas ainda há dúvidas sobre o estatuto jurídico destas entidades.

Em particular, esta disciplina tem tido uma diversificada e contraditória evolução legislativa e jurisprudencial que traiu simbolicamente, em alguns aspectos, as intenções que inspiraram a reforma do setor, em meados dos anos 90.

O Decreto Legislativo n. 509/94 evidenciava a natureza de sociedades privadas para as entidades, as quais realizariam atividades em regime de direito privado e, portanto, foi previamente excluída a inserção na administração pública e, portanto, de imposições de natureza tributária, relativos a tais sujeitos.

Para recordar, a *ratio* fundante da privatização de tais entes previdenciários foi exatamente a de vetar a possibilidade de eles virem a se beneficiar de financiamento com recursos provenientes do orçamento do Estado.

A jurisprudência administrativa, no entanto, depois de pronunciamentos oscilantes, com a sentença do Conselho de Estado n. 6014/2012, qualificou a contribuição obrigatória da parte do segurado como uma forma de financiamento público, ainda que indireto, também por causa do objetivo perseguido por estas entidades, nos termos do art. 38 da Constituição (assegurar meios adequados para as necessidades da vida dos trabalhadores, na presença de eventos, tais como idade avançada, doença ou acidente), e a supervisão subsequente de tais instituições pelos Ministérios do Trabalho, da Justiça e do Tesouro, e controle do Tribunal de Contas sobre a gestão contábil.

A partir desta importante decisão, a jurisprudência nacional parece alinhar-se definitivamente com as diretrizes estabelecidas pelo Tribunal de Justiça Europeu

---

[*] Professor adjunto da Universidade Luiss de Roma, Advogado, Doutro pela Universidade Tor Vergata, em Roma, Especialista em Direito do Trabalho e Segurança Social na Universidade Sapienzade Roma.
[**] Graduado em Direito pela UniversidaRoma Três. Mestrando em Direito do Trabalho e Segurança Social pela Universidade La Sapienza de Roma.
[1] Tradução de Hugo Cavalcanti Melo Filho, Juiz do Trabalho Titular da 12.ª Vara do Trabalho do Recife; Professor Adjunto de Direito do Trabalho da Universidade Federal de Pernambuco; Mestre e Doutor em Ciência Política pela Universidade Federal de Pernambuco; Membro da Academia Pernambucana de Direito do Trabalho. Presidente da Associação Latino-americana de Juízes do Trabalho. Vice-Presidente do Instituto Ítalo-Brasileiro de Direito do Trabalho.

que, sobre este ponto, há muito tem sido considerada integrada, pelas entidades de previdência privatizadas, os elementos constitutivos dos organismos de direito público, tais como a busca de necessidades de interesse geral sem caráter industrial ou comercial; influência pública dominante que, neste caso, assume a forma de financiamento indireto por meio de contribuições obrigatórias e controle público sobre gestão.

Portanto, de acordo com o Conselho de Estado, a atração das entidades previdenciárias para a esfera privada, promovida pelo Decreto Legislativo n. 509/94, diz respeito apenas ao regime de personalidade jurídica, deixando as matrículas e contribuições obrigatórias para a empresa.

Além disso, a existência de financiamento a cargo da administração pública também seria deduzida do sistema de tributação das contribuições para a segurança social.

Estes elementos seriam suficientes para criar um "sistema de financiamento público, embora indireto e mediado por meio de recursos, contudo distorcida pela acumulação daqueles destinados a fins gerais", abalando fortemente a transformação operada pelo Decreto Legislativo n. 509/94, por uma inovação de caráter essencialmente organizacional e que não muda a natureza publicística da atividade institucional de previdência e assistência levada a cabo pelas entidades sob exame.

A assimilação das entidades privatizadas em conformidade com o Decreto Legislativo n. 509/94 implicou para os organismos de direito público, por conseguinte, a submissão dos mesmos à disciplina da publicidade, não só a nível nacional mas também europeu, na sequência da entrada em vigor da Diretiva Europeia n. 2.014/24 sobre a custódia de contratos nos setores ordinário e da Diretiva Europeia n. 2014/25 sobre procedimentos de contratação nos setores especiais.

As disposições em matéria de contratos, portanto, parecem ter alinhado em direção a uma assimilação das entidades previdenciárias de categoria por outros organismos de direito público que, por força do financiamento público de que usufrui, devem ser considerados incluídos na definição de entidade adjudicante.

2. O CASO INARCASSA

No âmbito das entidades de previdência relativas aos profissionais italianos se encontra o Banco Nacional de Seguridade Social de Arquitetos e Engenheiros Profissionais Leberais (Inarcassa), que adotou recentemente uma importante e complexa reforma, visando a sustentabilidade a longo prazo, que a situou, pela inovação legislativa introduzida, como um modelo de referência não só no âmbito das outras entidades de previdência de profissionais, mas também em resguardo da principal entidade previdenciária italiana, o Instituto Nacionale di Previdenza Sociale (Inps).

A Figura 1 (a e b) evidencia, em comparação com um fluxo substancialmente constante de contribuições, a forte contenção das saídas, como resultado do novo sistema de cálculo de pensões adotado pela Inarcassa.

Fig. 1 - Evolução Contribuição e Prestação (milhões de euros)

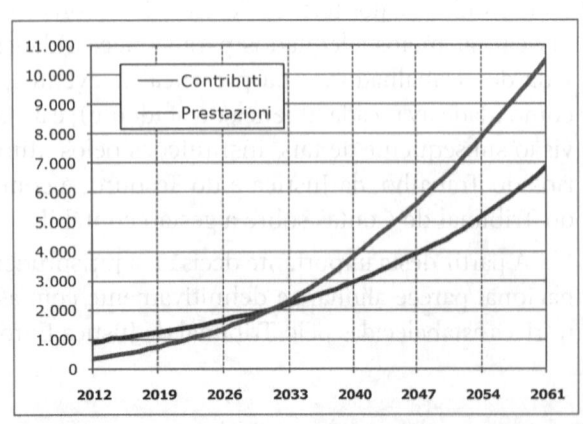

A) Antigo método retributivo

B) Novo método contributivo

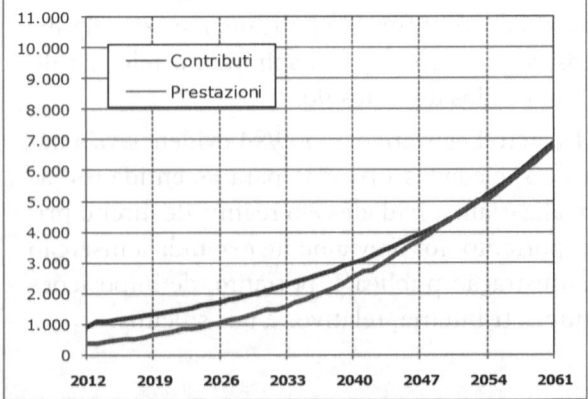

A transição para o método de cálculo contributivo das pensões determinará, então, em favor da sustentabilidade financeira de longo prazo, uma diminuição de promessas de futuras aposentadorias, especialmente daqueles da geração mais jovem.

Quando estiver plenamente operacional, a taxa de substituição (definida como a relação entre os rendimentos auferidos durante a "vida ativa" do membro e do *quantum* da sua pensão) deve permanecer em níveis de 31-34%, correspondentes a uma idade de aposentadoria de 70 e de um período de contribuição de 35 anos.

A escolha de Inarcassa teve por objetivo proteger os direitos adquiridos pelos membros e, ao mesmo tempo, dar atenção especial, nos limites dos recursos disponíveis, aos benefícios da geração mais jovem que, como no sistema público, receberão, no regime, valores de aposentadoria muito menores do que as gerações anteriores, embora perfeitamente proporcionais às contribuições pagas.

Esta escolha é consubstanciada na adoção de um método próprio de cálculo contributivo das aposentadorias, que por diversos aspectos se diferencia daquele definido pela Lei n. 335/1995 para o sistema público.

Desta forma, foi possível valorizar algumas especificidades da população de referência da Inarcassa e, consequentemente, ter em conta certas características do sistema previdenciário da Cassa.

A transição para o método de contribuição não altera o esquema de financiamento do sistema de aposentadorias, que permanece de repartição (*pay-as-you-go*) e, portanto, permite a adoção de formas de solidariedade.

Isso permite, em alguns casos, que são considerados dignos de intervenção e apoio, e em respeito à sustentabilidade financeira de longo prazo, "derrogar" o princípio da correspondência entre contribuições e benefícios típicos do método de contribuição.

Em particular, a escolha da Inarcassa, ao mesmo tempo protege os direitos adquiridos e atribui especial atenção, dentro dos limites dos recursos disponíveis, à intervenção em favor da equidade intergeracional e à adequação dos benefícios, especialmente aqueles da geração mais jovem (esta última, de fato, como mencionado anteriormente, receberão, no regime, valores de aposentadoria bem inferiores se comparado com as gerações anteriores).

Com esta finalidade, devem ser identificados como pontos-chave da disciplina previdenciária de Inarcassa, por exemplo, uma aposentadoria com valor mínimo, embora sujeita ao referido "teste de meios", para que possam beneficiar somente aqueles que estão em maior necessidade em termos de situação de renda.

Outro ponto-chave é a contribuição voluntária adicional, que o profissional pode usar para aumentar o montante da pensão prevista.

O segurado é chamado, portanto, a desempenhar um papel "ativo" sobre as próprias contribuições previdenciárias de forma muito mais relevante do que no método retributivo, conhecendo as "alavancas" que pode usar para conseguir coberturas mais elevadas.

A formação de escolhas vem da compreensão completa do método de contribuição e conscientização sobre o nível futuro das taxas de substituição.

Um exemplo de intervenção destinada a assegurar a equidade intergeracional foi a introdução de uma contribuição de solidariedade a cargo dos aposentados, com a qual se financiam benefícios assistenciais também de segurados mais jovens.

Apesar de o objetivo de equidade intergeracional da disciplina previdenciária de Inarcassa ser particularmente atenta ao respeito ao princípio do "*pro rata*", em relação à antiguidade já adquirida, observa-se, em qualquer caso, o princípio da progressividade.

A sua conformidade com o critério do gradualismo levou o legislador a considerar Inarcassa apropriado usar, especialmente para algumas instituições de pensão, o instrumento de disposições transitórias.

Espera-se assim, por exemplo, em termos de reforma (onde o elemento de contribuição é considerada prevalente do que sua idade), que seriam eliminados a partir de 1 de janeiro de 2013, mas que eles iriam continuar a manter o direito de apreciá-los aqueles na data de entrada em vigor da nova disciplina ganhou certa antiguidade pagamento.

3. REFERÊNCIAS

CALZOLAIO, Simone. *Le casse previdenziali private sono amministrazioni pubbliche (anche se non ce lo chiede l'Europa) (Consiglio di Stato, sezione quarta, 28 novembre 2012 n. 6014)*, Rivista del Diritto della Sicurezza Sociale, ed. Il Mulino, 2013.

DEI GIUDICI, Vincenzo. *Casse di Previdenza e gare pubbliche: le nuove direttive europee appalti e concessioni*, News Casse, ed. Mefop, 2014.

OLIVIERI, Gennaro; FERSINI, Paola; MELISI, Giuseppe; BRUSCO, Laura. *Il debito previdenziale pregresso delle Casse privatizzate*, News Casse, ed. Mefop, 2015.

PIZZILLI, Evelina. *La Cassa che dismette il proprio patrimonio immobiliare è soggetto di diritto privato*, News Casse, ed. Mefop, 2015.

SANDULLI, Pasquale. *La Consulta dichiara illegittimo il contributo di perequazione sulle pensioni d'oro*, Osservatorio Giuridico, n. 32, ed. Mefop, 2015.

_____. *Il Mef detta le regole sui mezzi patrimoniali dei fondi pensione: un'analisi dei profili giuridico-istituzionali del Dm 259/2012*, Osservatorio Giuridico, n. 32, ed. Mefop, 2013.

Direito comunitário europeu e tutela jurídica da saúde e segurança no meio ambiente do trabalho

Francisco Milton Araújo Júnior[*]
Guilherme Guimarães Feliciano[**]

"E todos os que criam estavam juntos, e tinham tudo em comum. E vendiam suas propriedades e bens, e repartiam com todos, segundo a necessidade de cada um. Diariamente, continuavam a reunir-se no pátio do templo. Partiam o pão em suas casas e juntos participavam das refeições, com alegria e sinceridade de coração". (Atos, Capítulo 2, v. 44-46)

"Não há nenhum bem ou mal em si, como não há nem "elixir da vida" nem "elixir da morte", nem veneno em si. Tudo está contido na única e mesma essência universal, dependendo os resultados do grau de sua diferenciação e de suas várias correlações. O seu lado de luz produz vida, saúde, bem-aventurança, paz divina etc.; o lado de trevas traz morte, doenças, tristezas e conflitos." (BLAVATSKY, H. P. A Doutrina Secreta. São Paulo: Pensamento, 1999. v. III. p. 489)

1. CONSIDERAÇÕES INICIAIS: FORMAÇÃO DA UNIÃO EUROPEIA E AS PRIMEIRAS NORMAS DE PROTEÇÃO COMUNITÁRIA DO MEIO AMBIENTE DO TRABALHO

As aspirações difusas de uma *Europa una* não radicam no século XX. Já em 1848, VICTOR HUGO vaticinava que,

[n]o século XX, existirá uma nação extraordinária. Ela será grande, o que não a impedirá de ser livre. Ela será ainda mais que uma nação: será uma civilização. Ela será ainda melhor que uma nação: será uma família [...]".

Nada obstante, a história política do mais estável e formidável arranjo político de soberanias[1] de que se tem notícia – a União Europeia – tem como ponto de partida o período imediatamente posterior ao tér-

---

[*] Juiz do Trabalho - Titular da 5ª Vara do Trabalho de Macapá/Ap. Doutorando em Segurança e Saúde Ocupacional pela Universidade do Porto, Portugal. Mestre em Direito do Trabalho pela Universidade Federal do Pará - UFPa. Especialista em Higiene Ocupacional pela Universidade de São Paulo – USP. Professor das disciplinas de Direito do Trabalho e Processo do Trabalho na Faculdade SEAMA/AP e colaborador da Escola Judicial do TRT DA 8ª REGIÃO – EJUD8.
[**] Juiz Titular da 1ª Vara do Trabalho de Taubaté/SP. Doutor em Direito Penal e Livre-Docente em Direito do Trabalho pela Faculdade de Direito da Universidade de São Paulo (FDUSP). Doutor em Direito Processual Civil pela Faculdade de Direito da Universidade de Lisboa (FDUL). Professor Associado do Departamento de Direito do Trabalho e da Segurança Social da Universidade de São Paulo. Membro do Conselho Editorial da Revista ANAMATRA de Direito e Processo do Trabalho (ANAMATRA / LTr). Ex-Presidente da Associação dos Magistrados da Justiça do Trabalho da 15ª Região (AMATRA XV) (gestão 2011-2013). Diretor de Prerrogativas da Associação Nacional dos Magistrados da Justiça do Trabalho (ANAMATRA) (gestão 2013-2015). Vice-presidente da Associação Nacional dos Magistrados da Justiça do Trabalho (ANAMATRA) (gestão 2015-2017).
(1) Algumas eram, até então, altamente beligerantes entre si, como era o caso da França e da Alemanha. Desconsiderados os conflitos menores, seus povos estiveram em guerra entre 1618 e 1648 (Guerra dos Trinta Anos), em 1740-1748 (Guerra da Sucessão Austríaca), em 1756-1763 (Guerra dos Sete Anos), em 1870m(Guerra Franco-Prussiana), em 1914-1919 (1ª Guerra Mundial) e em 1942-1945 (2ª Guerra Mundial).

mino da Segunda Guerra Mundial. Do cenário social, econômico e político que se instaura a partir de então, extraem-se importantes aspectos que marcaram profundamente a sociedade da época e que prosseguem gerando efeitos no reagrupamento geopolítico dos países europeus até os dias atuais.

Nesse período, o continente europeu, que havia sido palco de grande parte dos embates entre os países do Eixo(a reunir a Alemanha nazista, a Itália fascista e o império japonês) e os países aliados (em coalizão que incluía os Estados Unidos da América, a França, o Reino Unido e a União Soviética), estava com grande parte do seu território devastado pela guerra, englobando inclusive áreas industriais e comerciais; os danos humanitários na Europa também foram severos, avassaladores e indescritíveis; e as grandes potências europeias, especialmente a Alemanha, França e Inglaterra, haviam perdido o protagonismo na economia mundial, sendo esses espaços preenchidos pelos Estados Unidos e pela União Soviética, que passaram a liderar a divisão do território europeu em bloco capitalista (Europa Ocidental) e socialista (Europa Oriental), e, no plano global, proporcionaram a divisão do planeta entre as áreas de influência do capitalismo e do socialismo, o que originou foco de tensão política e bélica permanente entre as duas novas potências mundiais (a que se denominou "Guerra Fria").

Centralizando-se na análise da Europa Ocidental capitalista, que anos depois originaria, em grande parte, a União Europeia, verifica-se que o passo inicial de reconstrução da Europa Ocidental no pós Segunda Guerra Mundial ocorreu com a execução do Plano Marshall ("*European Recovery Program*"), firmado em dois de abril de 1948 pelos Estados Unidos, que consistia na concessão de auxílio econômico e financeiro norte-americano aos países europeus sob sua influência, como forma de reativar a atividade econômica (CAMPOS, 2014, p. 38).

Ainda na esfera econômica, foi firmado em 16 de abril de 1948 a Convenção de Paris, que criou a Organização Europeia de Cooperação Econômica (OECE), objetivando a ampla difusão de cooperação econômica entre os países da Europa Ocidental.

No plano político, ao mesmo tempo em que o período do segundo pós-guerra ainda não havia arrefecido as animosidades, especialmente entre França e Alemanha, surgiam manifestações de intelectuais e políticos, como do britânico Winston Churchill, do alemão Konrad Adenauer e do francês Jean Monnet, que propagavam a formação de uma Europa unida como forma de fazer frente às superpotências mundiais – os Estados Unidos e a União Soviéticas (União Europeia, 2013) – que protagonizavam uma recém--nascida nascida hegemonia bipolar.

Winston Churchill, no célebre pronunciamento proferido na Universidade de Zurique, em 1946, é enfático em firmar sua posição em defesa da Europa integrada para enfrentar os desafios vindouros do pós Segunda Guerra Mundial, ao afirmar: "é preciso criar os Estados Unidos da Europa" (CAMPOS, 2014, p. 32).

Konrad Adenauer, primeiro Chanceler da República Federal da Alemanha, mantendo-se à frente do novo Estado alemão no período de 1949 a 1963, contribuiu decisivamente para a integração europeia ao promover a reconciliação com a França. Na sua gestão à frente do governo alemão, manteve entendimentos com o Presidente francês Charles de Gaulle, viabilizando a assinatura, pelos respectivos chefes de governo, do Tratado de Amizade entre a República Federal da Alemanha e a França em 1963 (União Europeia, 2013).

Jean Monnet, consultor econômico e político francês, também teve papel decisivo não apenas como entusiasmado defensor da integração europeia, como também foi dele a proposição da Declaração Schumam firmada entre França e República Federal da Alemanha em 9 de maio de 1950, que fixou o controle bilateral da produção de matérias-primas fundamentais para o desenvolvimento econômico dos países envolvidos, de modo que a produção franco-alemã do carvão e do aço passou a ser realizada mediante o controle de uma autoridade comum entre os países (CAMPOS, 2014).

Sobre a importância da Declaração Schumam, João Mota Campos destaca que o teor da mencionada declaração pactuada entre França e Alemanha

> correspondia como grande oportunidade, clarividência e audácia, a três acutilantes questões com que a Europa se defrontava no início dos anos 50: a questão econômica – resultante da necessidade urgente de reorganizar a siderurgia europeia e, em geral, as indústrias de base; a questão política – vital para a paz da Europa, como Churchill lucidamente pusera em relevo no célebre discurso de Zurique, que consistia na necessidade imperiosa de regular em novas bases, adequadas a eliminar as causas de novos conflitos sangrentos, as relações franco-alemãs; e a questão mais ampla da unificação europeia, que exigia a superação de fórmulas tradicionais de simples cooperação, manifestamente incapazes de promover a integração da Europa Ocidental" (CAMPOS, 2014, p. 50).

A Declaração Schumam, portanto, lançou os pilares para a integração europeia, na medida em que conduziu para criação da Comunidade Europeia do

Carvão e do Aço (CECA), assinada em Paris em 18 de abril de 1951, com a participação da França, República Federal da Alemanha, Itália e os países integrantes do BENELUX (Bélgica, Holanda e Luxemburgo), entrando em vigor em 25 de julho de 1952, "com o objetivo último de criar, mediante a instauração de uma comunidade econômica, os primeiros fundamentos de uma comunidade mais larga e mais profunda (...) e lançar assim as bases de instituições capazes de orientar um destino doravante partilhado" (CAMPOS, 2014, p. 51).

Com o efetivo objetivo de viabilizar a ações embrionárias de integração europeia, a CECA foi estruturada a partir de 04 (quatro) órgãos institucionais (VINCI, 2015):

- Assembleia Comum: órgão político e consultivo da CECA, composto por membros designados pelo Parlamento dos Estados-Membros, possuindo poder de veto no confronto com a Alta Autoridade;
- Alta Autoridade: órgão executivo da CECA dotado de poder de decisão contra atos ou ações do Estado-Membro ou das empresas que atuam no mercado do carvão e do aço, sendo composto por 09 (nove) membros independentes escolhidos de comum acordo com os governos dos Estados-Membros;
- Conselho dos Ministros: órgão de controle e fiscalização da CECA, composto pelos representantes dos Estados-Membros com competência para emitir parecer vinculativo sobre a Alta Autoridade;
- Corte de Justiça: órgão jurisdicional composto por magistrados designados pelos Estados-Membros com a competência para controlar a legitimidade dos atos praticados pela Alta Autoridade e julgar as possíveis violações do Tratado da CECA.

Cabe destacar que a CECA, em 1957, também adotou as primeiras medidas de iniciativa comunitária em matéria de saúde, segurança e higiene no ambiente laboral, particularmente motivada pela comoção social suscitada pelo desastre na mina de carvão em Marcinelle (Bélgica), na qual 262 trabalhadores italianos perderam suas vidas como resultado de um incêndio na mina de carvão da empresa *Bois du Cazier* (ROCCELLA, 2012). Tal acidente, ocorrido no dia 8 de agosto de 1956, deveu-se à combustão de óleo sob alta pressão, pela súbita ação de uma faísca elétrica, em um ambiente no qual, por razões econômicas, os cuidados básicos de segurança haviam sido reduzidos ao mínimo necessário; assim, p.ex., quase toda a estrutura do interior dos poços era feita de madeira, apesar dos óbvios riscos que essa opção envolvia. Como o incêndio se iniciou nas proximidades do principal duto subterrâneo de ar, a fumaça terminou por asfixiar 262 dos 275 trabalhadores em atividade, quase todos *imigrandes italianos*, em razão do protocolo ítalo-belga assinado em 20.6.1946 (pelo qual, em troca de carvão, a Itália enviaria 50.000 trabalhadores para a Bélgica, pouco atingida pela 2ª Guerra). O fogo alcançou apenas dois poços, mas terminou por bloquear todas as saídas nas primeiras horas cruciais do evento, entre 9h e 12h. Ainda hoje, é o terceiro maior acidente com vítimas italianas fora da própria Itália. Por tudo o que representa, o sítio original do acidente compõe patrimônio histórico tombado pela UNESCO.

Após esse terrível incêndio, o Conselho dos Ministros da CECA instituiu o Órgão Permanente de Segurança nas Minas de Carvão, com composição tripartite, na qual passou a deter a competência para fixar normatividade preventiva relacionada à saúde e segurança dos trabalhadores nas minas de carvão, estando os Estados-Membros sujeitos ao respectivo cumprimento (ROCCELLA, 2012).

Os bons resultados integrativos da CECA impulsionaram os seus Estados-Membros a instituírem a Comunidade Econômica Europeia (CEE) e a Comunidade Europeia da Energia Atômica (CEEA, também denominada como EURATOM), o que se deu com a assinatura do Tratado de Roma[2], em 25 de março de 1957 (GAJA, 2014), fortalecendo-se a integração europeia que, no decorrer dos anos, passou a ter a ampliação dos seus membros[3] e o aprofundamento dos projetos de integração comunitária.

O Tratado de Roma, nos seus 248 artigos[4], fixou extenso regramento de integração comunitária, na qual, dentre os seus capítulos, houve o reconhecimen-

---

(2) A Comunidade Europeia do Carvão e do Aço (CECA), a Comunidade Econômica Europeia (CEE), a Comunidade Europeia da Energia Atômica (EURATOM) e, posteriormente, União Europeia organizam-se por meio de tratados aprovados voluntária e democraticamente pelos Estados-Membros, passando a ter força vinculativa entre os respectivos países. Nos Tratados estão consagrados os objetivos, a organização institucional, o processo de tomada de decisões e a relação entre a Comunidade ou a União Europeia e os países que a constituem.

(3) Aderiram à Comunidade Europeia: o Reino Unido, a Dinamarca e a Irlanda em 1973; Grécia em 1981; Espanha e Portugal em 1985; Áustria, Finlândia e Suécia em 1995; República Checa, Chipre, Eslováquia, Eslovênia, Estônia, Hungria, Letónia, Lituânia, Malta e Polônia em 2004; Bulgária, Romênia e Croácia em 2013 (CAMPOS, 2014). Segue em tratativas a adesão da Turquia.

(4) O texto integral dos tratados, da legislação, da jurisprudência e das propostas legislativas pode ser consultado na base de dados EUR-Lex <http://eur-lex.europa.eu/homepage.html?locale=pt - Acesso em 08.10.2015>.

to do direito à livre circulação dos cidadãos e a vedação da discriminação baseada na nacionalidade dos trabalhadores dos Estados-Membros da Comunidade Europeia (art. 48), como também o estabelecimento da necessidade de os Estados-Membros promoverem, de forma progressiva e uniforme, a melhoria dos sistemas sociais e das condições de trabalho por meio de disposições legislativas, administrativas e regulamentares (art. 117), havendo expressa referência a que a Comunidade Europeia, dentre os seus objetivos sociais, promoverá a "prevenção de acidentes de trabalho e de doenças profissionais" e a "higiene ocupacional" (art. 118).

Nessa temática, outro importante passo para tutelar o meio ambiente do trabalho comunitário foi a criação do Comitê Consultivo para a Segurança, a Higiene, a Proteção da Saúde no Local de Trabalho, em 27 de junho de 1974, que passou a ter a atribuição de preparar e executar atividades atinentes à matéria de segurança, saúde e higiene ocupacional, inclusive no que tange à definição dos critérios sobre riscos de acidente de trabalho, perigos à saúde e métodos de avaliação para melhoramento do nível de proteção dos trabalhadores.

O Tratado de Roma passou por profunda revisão com a edição do Ato Único Europeu[5], firmado em Luxemburgo, em 28 de fevereiro de 1986, que realçou os espaços sem fronteiras e ampliou as possibilidades de livre circulação de mercadorias, pessoas, serviços e capitais (PRADO, 2012).

Note-se que o Ato Único Europeu, no seu preâmbulo, registra como objetivo fundamental dos Estados-Membros da Comunidade Europeia a maior integração das relações sociais, econômicas e políticas, ao estabelecer como propósito "melhorar a situação econômica e social, pelo aprofundamento das políticas comuns e pela prossecução de novos objetivos, e garantir um melhor funcionamento das Comunidades, dando às Instituições a possibilidade de exercerem os seus poderes nas condições mais conformes ao interesse comunitário" (Preâmbulo do Ato Único Europeu).

Em 7 de fevereiro de 1992 foi assinado o Tratado de Maastricht, que ampliou o Ato Único Europeu, estatuindo a designação de *União Europeia* para compreender toda a comunidade, como também fixando 03 (três) importantes pilares organizacionais: o pilar comunitário, integrado pelas Comunidades Europeias (CECA, CEE e EURATOM); o pilar da política externa e de segurança comum; e o pilar cooperação policial e judiciária em matéria penal (PRADO, 2009).

Cabe destacar que, com o Tratado de Maastricht, a Comunidade Europeia passa a conviver com dois documentos basilares, ou seja, o Tratado da Comunidade Europeia, de 1957 (Tratado de Roma com as alterações e ampliações proporcionada pelo Ato único Europeu) e o Tratado da União Europeia, de 1992.

Em 2 de outubro de 1997 foi assinado o Tratado de Amsterdam, que proprocionou nova ampliação das competências da União Europeia por meio da criação de uma política comunitária de emprego e, bem assim, por meio da "comunitarização" de algumas matérias que eram anteriormente da competência do Poder Judiciário dos Estados-Membros, tudo como forma de aproximar a União Europeia dos seus cidadãos (VINCI, 2015).

O Tratado de Amsterdam provoca alterações no Tratado da Comunidade Europeia (TCE, Roma, 1957) e no Tratado da União Europeia (TUE, Maastricht,1992), inclusive com a renumeração dos artigos e a consolidação das alterações nos respectivos tratados.

Em 26 de janeiro de 2001 foi assinado o Tratado de Nice, que apresenta uma racionalização das funcionalidades das principais instituições da União Europeia (VINCI, 2015):

Parlamento: nova distribuição de lugares no Parlamento Europeu, de acordo com a densidade demográfica, numa proporcionalidade em que se considera o ingresso dos novos Estados-Membros;

Comissão Europeia: a nomeação passa a ser de um comissário por Estado-Membro, alargando-se os poderes do Presidente da Comissão na tomada de decisões, inclusive para escolha do Vice-Presidente e para a fixação de responsabilidades aos demais comissários;

Conselho: introdução do critério quantitativo de votos, de acordo com o quantitativo populacional representado, de modo a alterar os pesos dos votos em relação aos Estados-Membros, salvo em algumas matérias específicas.

Tribunal de Justiça: adoção de nova configuração do sistema judicial, com a criação do Tribunal de 1º. Grau e de Tribunais Especializados por matéria, em estratégia de otimização e auxílio para as funções regulares do Tribunal de Justiça da União Europeia.

Por último, em 13 de dezembro de 2007, foi assinado o Tratado de Lisboa, que implementou amplas

---

[5] As alterações dos Tratados objetiva adaptá-lo para o funcionamento mais eficaz e adequado às necessidades funcionais da Comunidade Europeia e, posteriormente, da União Europeia.

reformas organizacionais, procedendo a várias alterações no Tratado da União Europeia (TUE, Maastricht,1992) e no Tratado da Comunidade Europeia (TCE, Roma, 1957). O último passou a denominar-se "Tratado sobre o Funcionamento da União Europeia" (TFUE), inclusive com nova consolidação das alterações nos respectivos tratados.

Ressalta-se também que o Tratado de Lisboa ampliou os poderes do Parlamento, criou os cargos de Presidente permanente do Conselho Europeu e estabeleceu nova repartição das competências entre a União Europeia e os Estados-Membros, inclusive, nesse último aspecto, clarificando as matérias de competência exclusiva da União Europeia, as matérias de competência dos Estados-Membros e as competências partilhadas entre a União Europeia e os Estados-Membros.

Observa-se que as garantias de proteção do meio ambiente de trabalho originalmente estabelecidas pelo Tratado de Roma, em 1957, como a de vedação da discriminação baseada na nacionalidade dos trabalhadores dos Estados-Membros (art. 48) ou, ainda, o objetivo da Comunidade Europeia de promover a melhoria dos sistemas sociais e das condições de trabalho (art. 117), a higiene ocupacional e a prevenção de acidentes de trabalho e de doenças profissionais (art. 118), são todas *integralmente mantidas* pelo Ato Único Europeu e pelos Tratados de Maastricht, Amsterdam, de Nice e de Lisboa, com pequenos ajustes na numeração dos artigos, de modo que a atual redação vigente permanece vedando a discriminação baseada na nacionalidade dos trabalhadores dos Estados--Membros (art. 45, alínea 2, TFUE), como também segue compreendida, entre os objetivos da União Europeia, a promoção da melhoria do ambiente de trabalho a partir da proteção de saúde e segurança dos trabalhadores, das condições de trabalho e da proteção social (art. 153, alínea "a", "b" e "c", TFUE).

Cabe registrar, enfim, que o Tratado de Lisboa também fixa o entendimento comunitário de que a proteção à saúde, à segurança e à higiene no ambiente laboral deve ser uma busca contínua pela União Europeia e pelos Estados-Membros, de modo que, conforme estabelece a nova redação do art. 114, alínea "1", do TFUE, "em matéria de saúde, de segurança, de protecção do ambiente e de defesa dos consumidores, basear-se-á num nível de protecção elevado, tendo nomeadamente em conta qualquer nova evolução baseada em dados científicos. No âmbito das respectivas competências, o Parlamento Europeu e o Conselho procurarão igualmente alcançar esse objectivo". Positivou-se, no particular, o chamado *princípio da progressão contínua,* que obriga Estado e sociedade civil, em matéria ambiental (e, portanto, também no marco *labor-ambiental*), a se refinarem periodicamente, incorporando – no caso específico – tecnologias mais eficazes para a proteção psicossomática do trabalhador, conforme se tornem economicamente viáveis (i.e., Estado e sociedade civil estão obrigados a acompanhar, em sede ambiental, *a evolução do estado da técnica*).

A intensa produção normativa pela Comunidade Europeia, especialmente com a sistematização do direito comunitário em fontes de direito primário ou originário (Tratado da União Europeia, Tratado sobre o Funcionamento da União Europeia e, por força do art. 6º, alínea 1, do TFUE, a Carta dos Direitos Fundamentais da União Europeia) e em fontes de direito derivado (regulamentos, diretivas, decisões, recomendações e pareceres)[6] tornou complexa a sua estrutura normativa, inclusive no âmbito da tutela do ambiente laboral, conforme pode ser verificado no tópico seguinte. Passemos a isto.

2. TUTELA JURÍDICA DO MEIO AMBIENTE DO TRABALHO NA UNIÃO EUROPEIA

A tutela jurídica do meio ambiente laboral no direito comunitário europeu pode ser analisada a partir de uma perspectiva dual que se autocomplementa, ou seja, o ordenamento comunitário de proteção do ambiente laboral é formado por normas principiológicas gerais (fontes primárias) e por normas reguladoras especiais de caráter técnico (fontes derivadas), que se destinam à eliminação e/ou à redução dos riscos inerentes ao meio ambiente de trabalho com a adoção de medidas mais gerais ou mais específicas, conforme o caso.

Primeiramente, as fontes primárias comunitárias fixaram um conjunto de princípios e diretrizes que devem nortear as políticas econômicas e sociais dos organismos públicos e privados inseridos na União Europeia, entre os quais se inclui a proteção do ambiente do trabalho. Vejam-se, a propósito, o art. 153, alíneas "a", "b" e "c", do TFUE; e, mais recentemente, o art. 31, alínea 1, e art. 37, *caput*, da Carta dos Direitos Fundamentais da União Europeia.

Por essa via, a norma principiológica de promoção da melhoria do ambiente de trabalho a partir da proteção de saúde, segurança e dignidade dos trabalhadores, das condições de trabalho e da proteção so-

---

(6) Sobre a sistematização das fontes do direito comunitário europeu ver em PRADO, Pilar Mellado, GONZÁLEZ, Santiago Sánchez e LLANO, María Isabel Martín (2012). Fundamentos de Derecho de la Unión Europea. Madrid: Editorial Unisersitaria Ramón Areces.

cial, como também a diretriz de realização de políticas públicas que objetivem a elevação do nível de proteção do ambiente e a melhoria da qualidade de vida, em consonância com o princípio do desenvolvimento sustentável, passam a integrar o ordenamento jurídico interno de todos os Estados-Membros da União Europeia que, por conseguinte, devem assim orientar as respectivas políticas sociais e econômicas. Da mesma forma, as jurisdições nacionais devem guiar-se por tais vetores na resolução das lides judiciais.

Num segundo momento, a partir da base principiológica das fontes primárias, o direito comunitário europeu passou a estabelecer normas reguladoras especiais sobre a proteção do meio ambiente no trabalho, especialmente a partir da Decisão n. 74/325/CEE, do Conselho Europeu, que estabelece a criação do Comitê Consultivo para a Segurança, Higiene e Proteção da Saúde no Local de Trabalho, em 27 de junho de 1974.

A Decisão n. 74/325/CEE atribuiu ao Comitê Consultivo para a Segurança, Higiene e Proteção da Saúde no Local de Trabalho as seguintes competências: "assistir a Comissão na preparação e na execução de actividades nos domínios da segurança, da higiene e da protecção da saúde no local de trabalho" (art. 2º, caput); "proceder, com base nas informações postas à sua disposição, à troca de opiniões e de experiências relativas às regulamentações existentes ou previstas" (art. 2º, alínea "a"); "contribuir para a elaboração de um tratamento comum dos problemas que se levantam nos sectores da segurança, da higiene e da protecção da saúde no local de trabalho, assim como para a selecção das prioridades comunitárias e das medidas necessárias à sua realização" (art. 2º, alínea "b"); "chamar a atenção da Comissão para os sectores nos quais pareçam necessárias a aquisição de novos conhecimentos e a execução das acções adequadas de formação e de pesquisa" (art. 2º, alínea "c"); definir "os critérios e os objectivos da luta contra os riscos e acidentes de trabalho e os perigos para a saúde na empresa, e os métodos que permitam às empresas e ao seu pessoal avaliar e melhorar o nível de protecção" (art. 2º, alínea "d"); e "contribuir para a informação das administrações nacionais e das organizações de trabalhadores e empregadores sobre as acções comunitárias, a fim de facilitar a sua cooperação e encorajar as suas iniciativas tendo em vista a troca de experiências adquiridas e a definição de códigos de boa conduta" (art. 2º, alínea "e").

Nessa esteira, o Comitê Consultivo para a Segurança, Higiene e Proteção da Saúde no Local de Trabalho, dentro do seu amplo espectro de competências, passou a ser responsável pela formatação de normas de direito derivado em matéria pertinente à saúde e segurança no ambiente de trabalho na União Europeia – logo, normas reguladoras do *meio ambiente do trabalho* –, especialmente de Diretivas que, após seguir os requisitos legislativos comunitários, passam a ser juridicamente vinculativas e têm de ser transpostas para as legislações nacionais dos Estados-Membros.

As diretivas europeias em matéria de proteção ao ambiente laboral estabelecem, em linhas gerais, requisitos mínimos de segurança, higiene e saúde laboral para as atividades econômicas e/ou profissionais a que se destinam, sempre baseadas nos princípios fundamentais da norma comunitária primária, como, por exemplo, o princípio da prevenção; e, para mais, fixam responsabilidades das entidades patronais e aos trabalhadores.

Dentre as primeiras diretivas sobre saúde e segurança no trabalho, pode-se mencionar a Diretiva n. 76/579/EURATOM, de 01 de junho de 1976, sobre medidas de prevenção da saúde dos trabalhadores expostos às radiações ionizantes; a Diretiva n. 77/312/CE, de 29 de março de 1977, sobre medidas de prevenção da saúde dos trabalhadores expostos a possível intoxicação com chumbo; e a Diretiva n. 77/576/CE, de 25 de julho de 1977, sobre sinalização de segurança nos locais de trabalho.

Sob essa perspectiva dual de tutela jurídica do meio ambiente laboral, baseada em normas principiológicas gerais e normas reguladoras especiais de caráter técnico, encaminhou-se a construção de um direito ambiental laboral comunitário, que prossegue indefinidamente, em um processo contínuo de recriação, expansão e sistematização. Desde a fundação da Comunidade Europeia, com a assinatura do Tratado de Roma, em 25 de março de 1957 (GAJA, 2014), a integração europeia fixou, dentre os seus pilares, "o objetivo essencial de melhoria contínua condições de vida e de trabalho dos seus povos" (Preâmbulo do Tratado de Roma, 1957), objetivo este foi depois reproduzido pelo Ato Único Europeu e pelos Tratados de Maastricht, Amsterdam, de Nice e de Lisboa, e que também orienta a política da comunidade europeia de proteção do ambiente laboral. Do próprio art. 151, 1, "a" e "b", do TFUE – onde se estatui, como dever dos Estados-Membros, a "melhoria, principalmente, do ambiente de trabalho, a fim de proteger a saúde e a segurança dos trabalhadores" (art. 153, 1, "a", TFUE) – pode-se dessumir, por implícito, o *princípio do risco mínimo regressivo*[7] (tal como derivado, entre

---

(7) Sobre o *princípio do risco mínimo regressivo*, v. OLIVEIRA, Sebastião Geraldo de. Proteção Jurídica à Saúde do Trabalhador. 5. ed. rev. ampl. e atual. São Paulo: LTr, 2010, p. 124.

nós, do art. 7º, XII, da CRFB), daí decorrendo o dever comunicário de buscar constantemente a melhoria das condições de trabalho, notadamente por meio de normas especiais de caráter técnico, ou seja, "por meio de directivas, prescrições mínimas progressivamente aplicáveis, tendo em conta as condições e as regulamentações técnicas existentes em cada um dos Estados-Membros" (art. 153, 2, "b", TFUE). Noutras palavras, porque as diretivas comunitárias são expressamente definidas como *prescrições mínimas progressivamente aplicáveis,* parece claro que os Estados-Membros devem considerá-las tão-só como ponto inicial de proteção do ambiente laboral a se inserir no ordenamento nacional, que pode – e *deve* – ser ampliado pelas normas internas.

Cabe destacar que, embora a transposição das diretivas para as legislações nacionais seja obrigatória, pode ocorrer resistência dos Estados-Membros na sua aplicabilidade, como se deu, neste caso, com a Itália, a França e o Reino Unido da Grã-Bretanha e da Irlanda do Norte, que resistiram à transposição da Diretiva n. 93/104/CE (sobre aspectos da jornada de trabalho relacionados com a saúde e segurança dos trabalhadores). Como consequência, a matéria judicializou-se e tais países foram condenados pelo Tribunal de Justiça da Comunidade Europeia[8] a realizarem a transposição da Diretiva n. 93/104/CE para seus respectivos ordenamentos nacionais. No caso específico da Itália, tal transposição ainda encontraria imensa demora, a despeito da condenação[9]. A adoção obrigatória das diretivas editadas pela União Europeia possibilita o avanço de forma harmônica das políticas de saúde e segurança no trabalho por todos os Estados-Membros, na medida em que, consoante afirma Federico Navarro Nieto, *"avança a comunitarização dos direitos nacionais em matéria de segurança e saúde ocupacional mediante o processo de convergência que torna como referência a regulação comunitária"* (NAVARRO, 2011, p. 369).

Na tabela a seguir é possível verificar as principais diretivas editadas pela União Europeia sobre a temática da saúde e segurança no trabalho.

Diretivas	Matéria
Diretiva n. 89/391/CE	Diretiva-Quadro sobre saúde e segurança ocupacional relativa à aplicação de medidas destinadas a promover a melhoria da segurança e da saúde dos trabalhadores no trabalho.
Diretiva n. 90/269/CE	Diretiva sobre movimentação manual de cargas, relativa às prescrições mínimas de segurança e saúde sobre movimentação manual de cargas que comportem riscos, principalmente dorso-lombares para os trabalhadores.
Diretiva n. 90/270/CE	Diretiva sobre equipamentos dotados de visor, relativa às prescrições mínimas de segurança e de saúde respeitantes ao trabalho com equipamentos dotados de visor.
Diretiva n. 92/85/CE	Diretiva relativa à implementação de medidas destinadas a promover a melhoria da segurança e da saúde das trabalhadoras grávidas, puérperas ou lactantes no trabalho.
Diretiva n. 2000/43/CE	Diretiva sobre igualdade racial relativa à aplicação do princípio da igualdade de tratamento independentemente da origem racial ou étnica. Prevê a proteção contra a discriminação no emprego, abrangendo domínios como a educação, a proteção social, incluindo a segurança social e os cuidados médicos, os benefícios sociais e o acesso de bens e serviços.
Diretiva n. 2000/78/CE	Diretiva sobre igualdade no emprego e na atividade profissional, independentemente da religião ou convicções, deficiência, idade ou orientação sexual.
Diretiva n. 2000/79/CE	Diretiva sobre aviação civil (tempo de trabalho), relativo ao Acordo Europeu sobre a organização do tempo de trabalho do pessoal móvel da aviação civil.

---

(8) A Itália (Processo C-386/98) e a França (Processo C-46/99) foram condenadas pelo Tribunal de Justiça das Comunidades Europeias por não terem editado norma interna de transposição da Diretiva n. 93/104/CE. No caso do Reino Unido da Grã-Bretanha e da Irlanda do Norte (Processo C-84/94), o Tribunal de Justiça da Comunidade Europeia acolheu em parte do recurso do Estado-membro, para afastar apenas a segunda frase do art. 5º da Diretiva n. 93/104/CE, de modo que a Reino Unido da Grã-Bretanha e da Irlanda do Norte também foi obrigada a adotar na sua legislação interna os demais dispositivos da Diretiva n. 93/104/CE.

(9) V., por todos: *"In seguito al ricorso proposto alla Corte di Giustizia delle Comunità Europee l'Italia è stata condannata (assieme alla Francia) per insufficiente adozione delle disposizioni di applicazione della direttiva 93/104/CE concernente taluni aspetti dell'organizzazione dell'orario di lavoro (Causa C-386/98, Commissione contro Repubblica dell'Italia, sentenza del 9 marzo 2000). La Commissione europea ha avvertito che, non avendo ricevuto alcuna comunicazione delle misure adottate in esecuzione della sentenza della Corte, queste procedure di infrazione continuano in base all'art. 228 del trattato CE. Il Governo intende prontamente porre rimedio a questa persistente inottemperanza degli obblighi comunitari, soprattutto in considerazione del fatto che già il 12 novembre 1997 le parti sociali avevano raggiunto un'intesa che avrebbe dovuto favorire una tempestiva e completa trasposizione. La mancata trasposizione di questa direttiva europea sta, infatti, dando luogo a non pochi problemi interpretativi (si pensi alla questione della esistenza o meno nel nostro ordinamento di un unico limite settimanale alla durata normale dell'orario di lavoro ovvero di due limiti concorrenti, uno giornaliero e l'altro settimanale). L'implementazione della direttiva consentirebbe in particolare di superare definitivamente alcune interpretazioni, tese a sminuire la riforma dell'orario di lavoro delineata nell'art. 13 della Legge 196/1997, che ancora oggi vorrebbero subordinare la possibilità di modulare l'orario di lavoro su base settimanale, mensile o annuale al vincolo delle otto ore di lavoro giornaliere come orario di lavoro normale. Occorrerà pertanto procedere rapidamente a completare la trasposizione con riferimento alle disposizioni riguardanti il riposo giornaliero, la pausa giornaliera e le ferie annuali. Il Governo auspica di ricevere tempestivamente eventuali suggerimenti a riguardo, trattandosi di una materia fondamentale per realizzare una politica effettiva di qualità del lavoro per realizzare le pari opportunità."* (MINISTERO DEL LAVORO E DELLE POLITICHE SOCIAL, 2001, p.74).

Diretivas	Matéria
Diretiva n. 2002/15/CE	Diretiva sobre tempo de trabalho (atividades móveis de transporte rodoviário), relativa à organização do tempo de trabalho das pessoas que exercem atividades móveis de transporte rodoviário.
Diretiva n. 2003/88/CE	Diretiva sobre tempo de trabalho (trabalho em turnos e noturno), relativo à organização do tempo de trabalho, que fixa as prescrições mínimas de segurança e de saúde em matéria de organização do tempo de trabalho aplicáveis aos períodos de descanso diário, pausas, descanso semanal, tempo máximo de trabalho semanal, férias anuais e a certos aspectos do trabalho noturno, do trabalho por turnos e do ritmo de trabalho.
Diretiva n. 2004/113/CE	Diretiva sobre tratamento entre homens e mulheres, tratando genericamente sobre a matéria atinente ao assédio moral e assédio sexual.
Diretiva n. 2005/47/CE	Diretiva sobre trabalhadores móveis que prestam serviços de transporte ferroviário (condições de trabalho), relativo ao Acordo entre a Comunidade dos Caminhos de Ferro Europeus (CER) ea Federação Europeia dos Transportes (ETF).
Diretiva n. 2006/54/CE	Diretiva sobre a aplicação do princípio da igualdade de oportunidades e igualdade de tratamento entre homens e mulheres em domínios ligados ao emprego e à atividade profissional (alterada pela 2002/73/CE).
Diretiva n. 2007/30/CE	Diretiva sobre segurança e saúde em geral.

Tabela 1 – Principais Diretivas da EU em matéria de SST

Dentre as diretivas que tutelam a saúde e a segurança no trabalho, cabe ressaltar a Diretiva n. 89/391/CE, também denominada de *Diretiva-Quadro n. 89/391/CE*, que foi editada em 12 de junho de 1989 e se constitui em verdadeiro marco histórico na perspectiva da legislação comunitária. Essa diretiva institucionaliza, na órbita da União, a *cultura de prevenção* no ambiente laboral, como também sistematiza as garantias mínimas de saúde e segurança ocupacional em toda a UE, preordenando linhas-mestras para as futuras diretivas que vierem a ferir a matéria.

Dentre os principais conteúdos da Diretiva n. 89/391, podem-se mencionar os seguintes[10]:

- o termo "condições de trabalho" foi definido em conformidade com a Convenção n. 155 da Organização Internacional do Trabalho (OIT) e incorpora uma abordagem moderna, que tem em conta a segurança técnica e a prevenção geral dos problemas de saúde;
- a diretiva visa a estabelecer um nível de saúde e segurança igual para todos, que beneficie a generalidade dos trabalhadores (com exceção dos empregados domésticos e de determinados serviços públicos ou militares, pelas suas peculiaridades);
- a diretiva obriga as entidades patronais a tomarem medidas de prevenção adequadas, aptas a melhorar as condições de saúde e de segurança no trabalho; a diretiva introduz o *princípio da avaliação dos riscos laborais* e mapeia seus principais elementos de compreensão/concreção, como a identificação dos perigos labor-ambientais, a efetiva participação dos trabalhadores – que os jusambientalistas identificam como princípio autônomo, o da *cooperação* (MILARÉ, 2004, pp.138-151) –, a eliminação de riscos na fonte, a documentação e a reavaliação periódica dos perigos existentes no meio ambiente do trabalho, a adaptação do trabalho ao homem (e não o contrário) no que se refere à concepção dos postos de trabalho, à escolha dos equipamentos e à escolha dos métodos de produção, com especial atenção para a atenuação dos trabalhos monótonos e a racionalização dos ritmos de trabalho[11];
- a diretiva também estabelece a obrigação de se implementarem medidas de prevenção, no meio ambiente de trabalho, com foco na adoção de novas formas de gestão da saúde e da segurança laboral no quadro dos processos gerais de gestão.

Disto se conclui que a Diretiva n. 89/391 mudou a abordagem da saúde e da segurança no trabalho no âmbito da União Europeia, inaugurando um sistema integrado de gestão do meio ambiente de trabalho que incorpora a exigência de contínua melhoria das condições de higiene, saúde e segurança, como também a fixação de responsabilidades para o empregador e para o trabalhador.

O Relatório da Agência Europeia para Segurança e Saúde no Trabalho indica que a Diretiva n. 89/391/CE teve diferentes impactos nos países integrantes da União Europeia, ressaltando, a propósito, que muito ainda precisa ser feito quanto aos temas da organiza-

---

(10) Cf., por todos, <*https://osha.europa.eu/pt/legislation/directives/the-osh-framework-directive/the-osh-framework-directive-introduction*> (acesso em 21.1.2016).

(11) V. Art 6º, 2: "*The employer shall implement the measures referred to in the first subparagraph of paragraph 1 on the basis of the following general principles of prevention: (a) avoiding risks; (b) evaluating the risks which cannot be avoided: (c) combating the risks at source; (d) adapting the work to the individual, especially as regards the design of work places, the choice of work equipment and the choice of working and production methods, with a view, in particular, to alleviating monotonous work and work at a predetermined work-rate and to reducing their effect on health; (e) adapting to technical progress; (f) replacing the dangerous by the non-dangerous or the less dangerous; (g) developing a coherent overall prevention policy which covers technology, organization of work, working conditions, social relationships and the influence of factors related to the working environment; (h) giving collective protective measures priority over individual protective measures; (i) giving appropriate instructions to the workers*".

ção do trabalho, da prevenção do trabalho sob ritmo excessivamente intenso[12] e do trabalho repetitivo, como ainda no da prevenção dos riscos psicossociais (Leka et al., 2010). Leia-se:

Área de Impacto	Efeitos da Implementação
Impacto jurídico nos Estados membros da UE	- Na Grécia, Irlanda, Portugal, Espanha, Itália e Luxemburgo, a Diretiva 89/391/CE teve consequências jurídicas consideráveis, uma vez que esses países possuíam legislações sobre saúde e segurança no trabalho antigas e inadequadas quando a diretiva passou a ser adotada. - Na Áustria, França, Alemanha, Reino Unido, Holanda e Bélgica, a Diretiva 89/391 serviu para completar e/ou aperfeiçoar a legislação nacional existente. - Na Dinamarca, Finlândia e Suécia, a transposição da Diretiva 89/391/CE não exigiu grandes ajustamentos, uma vez que já havia legislação nacional semelhante aos termos da respetiva diretiva.
Efeitos positivos da implementação	- Diminuição do número de acidentes de trabalho. - Aumento da conscientização dos trabalhadores sobre a temática da saúde e da segurança laboral. - Ênfase na filosofia prevencionista. - Amplitude de escopo de abordagem do ambiente laboral, de modo que compatibilizar a prevenção de acidentes como base no comportamento dos indivíduos e nas estruturas organizacionais. - Fixação da obrigação patronal de realização de avaliações periódicas de risco e fornecimento de documentação pertinente. - Obrigação do empregador de informar aos trabalhadores a formar segura de realizar os serviços. - Enfatização dos direitos e das obrigações dos trabalhadores. - Consolidação e simplifica os regulamentos nacionais sobre saúde e segurança no trabalho
Principais dificuldades de implementação	- Recrudescimento das obrigações acessórias e das formalidades administrativas, dos encargos financeiros, do tempo necessário para preparar apropriadamente as medidas pertinentes e da efetiva participação dos trabalhadores nos processos de gestão da segurança laboral. - Ausência de critérios de avaliação para as inspeções do trabalho nacionais, bem como falta de um sistema unificado europeu de informação estatística sobre os acidentes e doenças profissionais. - Dificuldades de implementação em pequenas e médias empresas.
Impacto sobre os riscos psicossociais[13]	- A maioria das práticas de avaliação de risco possui foco em riscos superficiais e genéricos, excluindo fontes causais mais complexas. - Sobre implementação prática das disposições relacionadas à avaliação de riscos, não há nenhuma consideração sobre os fatores de risco psicossociais. - Conquanto se assegure ampla cobertura de caráter preventivo, há deficiências na área dos fatores psicossociais.

Tabela 2 – Avaliação do impacto da Diretiva-Quadro 89/391 em 15 Estados membros da União Europeia (Leka et al., 2010).

O olhar macroscópico sobre a tutela jurídica do meio ambiente laboral na União Europeia permite perceber que a diversidade social, econômica e cultural dos Estados-Membros, se por um lado determina diferentes impactos e velocidades na absorção das diretivas relativas à saúde, à higiene e à segurança no trabalho, por outro lado, em face dos pilares democráticos e de desenvolvimento sustentável em que se funda a União (arts. 2º e 3º do Tratado da Comunidade Europeia), permite o compartilhamento

---

(12) Preocupação que, no Brasil, identifica-se p.ex. no art. 17.6.2 da NR 17 (ergonomia): *"A organização do trabalho, para efeito desta NR, deve levar em consideração, no mínimo: a) as normas de produção; b) o modo operatório; c) a exigência de tempo; d) a determinação do conteúdo de tempo; e) o ritmo de trabalho; f) o conteúdo das tarefas"* (g.n.).

(13) Mas, nesse particular, também houve avanços dignos de nota, conquanto pontuais. Relatório da Organização Internacional do Trabalho registrava, em 2013, que *"[a]lguns países registaram progressos na prevenção de riscos psicossociais. Por exemplo, em abril de 2008, a Itália introduziu legislação em matéria de segurança e saúde no trabalho que refere explicitamente que o stresse relacionado com o trabalho deverá ser incluído em qualquer avaliação de risco. O Código do Trabalho da República Checa adotado em 2006 inclui igualmente disposições em matéria de stresse relacionado com o trabalho. O Comité dos Altos Responsáveis das Inspeções do Trabalho (CARIT) lançou uma campanha europeia sobre riscos psicossociais em 2012 e, em colaboração com a Agência Europeia para a Saúde e Segurança no Trabalho (EU-OSHA), produziu um conjunto de ferramentas de inspeção, disponível em 22 línguas"* (ORGANIZAÇÃO INTERNACIONAL DO TRABALHO, 2013 - g.n.). Aliás, o tema escolhido pela OIT para o *Dia Mundial da Segurança e Saúde do Trabalho* (28/4), para o ano de **2016**, foi justamente *"Workplace Stress: A collective challenge"* (cf. http://www.ilo.org/safework/events/safeday/lang--en/index.htm – acesso em 22.1.2016).

comunitário de conhecimentos, de informações e de políticas públicas, fluida e rapidamente, objetivando a disseminação da cultura da prevenção dos riscos ocupacionais. Tais políticas passaram a ser geridas, no plano europeu, pela *Agência Europeia para a Segurança e a Saúde no Trabalho*, instituída em de 18 de julho de 1994, com sede em Bilbal (v. Regulamento n. 2062/94/CE).

O número crescente das medidas de proteção à saúde e à segurança dos trabalhadores adotadas pela União Europeia, de acordo com os dados estatísticos, tem proporcionado uma significativa redução dos acidentes de trabalho nos Estados-Membros, embora em proporções diferentes.

Na Alemanha, por exemplo, em 1994 ocorreram 1.763.961 acidentes de trabalho de natureza grave e 1.325 acidentes do trabalho que provocaram o óbito do trabalhador. Já no ano de 2012, os acidentes de trabalho de natureza grave foram reduzidos para 854.665 e os acidentes de trabalho que provocaram o óbito do trabalhador foram reduzidos para 604, ou seja, houve uma redução equivalente, respectivamente, de 48,45% e 54,41%.

Observando o mesmo período e a mesma tipologia dos acidentes do trabalho, verifica-se que na França, em 1994, ocorreram 673.297 acidentes de trabalho de natureza grave e 928 acidentes do trabalho que provocaram o óbito do trabalhador. No ano de 2012, entretanto, os acidentes de trabalho de natureza grave foram reduzidos para 587.090 e os acidentes de trabalho que provocaram o óbito do trabalhador foram reduzidos para 576, ou seja, houve uma redução equivalente, respectivamente, de 12,81% e 37,93%.

Em termos mais gerais, de 2000 a 2004, a taxa de acidentes de trabalho letais entre os países da União Europeia diminuiu em 17% (dezessete por cento), enquanto a taxa de acidentes do trabalho com ausência superior a três dias diminuiu em 20% (vinte por cento). Por outro lado, a redução dos riscos profissionais nunca foi homogênea, nem entre os países europeus, nem entre as categorias profissionais e econômicas. Como se lê na Comunicação da Comissão das Comunidades Europeias para o Parlamento Europeu, o Conselho, o Comitê Econômico e Social e o Comitê das Regiões, de 21.2.2007, a primeira década deste século revelou disparidades notáveis. *In verbis*:

– Algunas categorías de trabajadores siguen estando demasiado expuestos a los riesgos profesionales (jóvenes trabajadores, trabajadores que tienen un empleo precario, trabajadores de más edad y trabajadores migrantes)

– Algunas categorías de empresas son más vulnerables (las PYME, en particular, tienen menos recursos para dotarse de sistemas complejos de protección de los trabajadores; sin embargo, algunas de ellas tienden a verse más afectadas por el impacto negativo de los problemas de salud y de seguridad).

– Algunos sectores de actividad siguen siendo particularmente peligrosos (construcción/obras públicas, agricultura, pesca, transportes, salud y servicios sociales).

Varios retos en materia de salud y seguridad, a los que ya se hizo referencia en el período anterior, son cada vez más importantes. Se trata, en particular, de los siguientes:

– la evolución demográfica y el envejecimiento de la población activa;

– las nuevas tendencias en el empleo, incluido el desarrollo del trabajo por cuenta propia, la subcontratación y el aumento del empleo en las PYME;

– nuevos flujos migratorios más importantes cuyo destino es Europa. (COMISIÓN DE LAS COMUNIDADES EUROPEAS, 2007).[14].

Mesmas distorções observam-se entre os países da UE. Os gráficos a seguir mostram, para os anos de 1994 e 2012, a evolução quantitativa dos dados sobre acidentes do trabalho de natureza grave e que provocaram o óbito do trabalhador em alguns Estados-Membros da União Europeia.

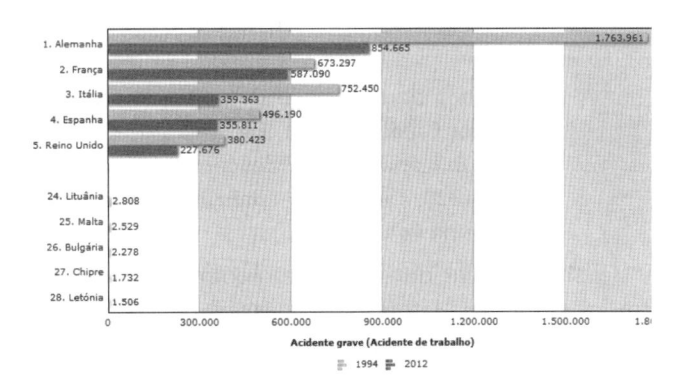

Figura 1 – Gráfico que indica o quantitativo de acidentes de trabalho graves em Estados-Membros da Europa nos anos de 1994 e 2012 - Fonte: <*http://www.pordata.pt/Europa/Acidentes+de+trabalho+graves+e+mortais-1355*> – Acesso em: 24.11.2015.

---

(14) "PYME", em castelhano, é a sigla para micro, pequenas e médias empresas (no original, *pequeñas y medianas empresas*).

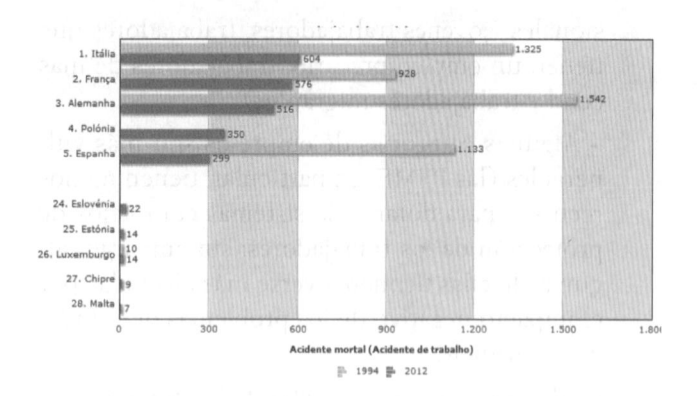

Figura 2 – Gráfio que indica o quantitativo de acidentes de trabalho mortais em Estados-Membros da Europa nos anos de 1994 e 2012 - Fonte: <http://www.pordata.pt/Europa/Acidentes+de+trabalho+graves+e+mortais-1355> – Acesso em: 24.11.2015.

No plano qualitativo, quanto à percepção subjetiva dos trabalhadores que desempenham suas atividades profissionais na União Europeia, o inquérito *Eurbarómetro*[15], aplicado nos 28 Estados-Membros, apresenta os seguintes resultados:

- mais de 80% dos inquiridos na Dinamarca, em Luxemburgo, na Finlândia e nos Países Baixos consideram serem boas as condições de trabalho no seu país. No que diz com trabalhadores individualmente considerados, a Dinamarca ocupa também o primeiro lugar, com 94% dos trabalhadores a declararem-se satisfeitos com as suas condições de trabalho. A Áustria e a Bélgica vêm depois, com nove entre dez trabalhadores satisfeitos, logo seguidas pela Finlândia (89%), pelo Reino Unido e pela Estônia (ambos com 88%);

- no lado oposto, a Grécia regista a taxa de satisfação mais baixa entre os países da UE (16%) e é o único país onde menos de metade dos inquiridos que trabalham está satisfeita com as suas condições atuais (38%);

- em menor grau, os níveis de satisfação são inferiores na Croácia (18%), Espanha (20%), Itália (25%), Bulgária (31%), Eslovénia, Portugal e Roménia (32% cada), mas também na Eslováquia (36%) e na Polónia (38%).

Cabe destacar que, de acordo com o *Eurbarómetro*, os principais fatores responsáveis pela divergência nos níveis de satisfação são, a uma, a conjuntura econômica e social, que afeta de forma diferenciada as populações dos Estados-Membros; e, a duas, as suas características estruturais em termos de diálogo social, políticas sociais e legislações laborais, que, mesmo no bloco da União Europeia, são heterogêneas e perfazem fatores determinantes para assegurar maior ou menor qualidade de vida para a população e os respectivos trabalhadores.

Frente aos indicadores quantitativos e qualitativos *supra*, não restam dúvidas de que os Estados-Membros da União Europeia, com base na implementação de legislações e políticas públicas com "*o objetivo essencial de melhoria contínua condições de vida e de trabalho dos seus povos*" (Preâmbulo do Tratado de Roma), têm avançado na busca do constante aperfeiçoamento das condições de trabalho como forma de ampliar as garantias de saúde, higiene e segurança ocupacional. Resta ainda demonstrado, de outra sorte, que muito ainda precisa ser feito para que o avanço na tutela protetiva do meio ambiente laboral e nas respectivas políticas públicas ocorram de forma mais uniforme entre os Estados-Membros, suplantando-se os visíveis desequilíbrios ainda existentes no plano quantitativo (quanto aos dados relativos de ocorrência de acidentes do trabalho graves e letais) e qualitativo (quanto à análise subjetiva da satisfação no trabalho), de modo que a sadia qualidade de vida no meio ambiente de trabalho seja uma realidade cada vez mais concreta e isonômica para todos os trabalhadores da União Europeia, conferindo substância e densidade à premissa de que "*a União respeita o princípio da igualdade dos seus cidadãos, que beneficiam de igual atenção por parte das suas instituições, órgãos e organismos*" (art. 9º do Tratado de Roma).

3. CONCLUSÕES

À guisa de conclusão, sem prejuízo do que mais esteja pontificado nos tópicos anteriores, releva pontuar o seguinte:

1. a tutela jurídica do meio ambiente laboral no direito comunitário europeu pode ser analisada a partir de uma perspectiva dual de autocomplementação, que passa por um arcabouço de normas principiológicas gerais (fontes primárias) e por um largo repositório de normas reguladores especiais de caráter técnico (fontes derivadas);

2. as diretivas comunitárias de proteção do meio ambiente do trabalho, como expressamente registra o art. 153, 2, alínea "b", TFUE, são "*prescrições mínimas progressivamente aplicáveis*", de modo que os Estados-Membros devem considerá-las como o **"minimum minimorum" tuitivo labor-ambiental**, i.e., como o necessário ponto de partida, nas legislações internas, para a estatuição dos níveis nacionais de proteção do

---

(15) Dados da pesquisa disponível em: *http://europa.eu/rapid/press-release_IP-14-467_pt.htm* . Acesso em: 24.11.2015.

meio ambiente de trabalho – a partir do qual haverá, como imperativo do *princípio da melhoria contínua* (FELICIANO, 2006, p. 132; ANTUNES, 2011, *passim*), uma expansão progressiva e sustentável;

3. a Diretiva 89/391/CE, ou Diretiva-Quadro 89/391/CE, configura um marco histórico no direito labor-ambiental europeu, porque, a uma, institucionaliza, na órbita comunitária, a cultura da prevenção no ambiente laboral, e, a duas, sistematiza as garantias mínimas de saúde e segurança ocupacional em toda a União Europeia;

4. a diversidade social, econômica e cultural dos Estados-Membros da União, ao mesmo tempo em que predispõe diferentes tempos e impactos na absorção das diretivas relativas à saúde, higiene e segurança no trabalho, também facilita e potencializa, em face dos pilares democráticos e de desenvolvimento sustentável sobre os quais se ergueu a União Europeia (arts. 2º e 3º do TCE), o compartilhamento permanente de conhecimentos, informações e modelos de políticas públicas voltados à prevenção dos riscos ocupacionais;

5. os indicadores quantitativos e qualitativos disponíveis demonstram que a implementação de políticas públicas baseadas em legislações que tutelam adequadamente a saúde, a segurança e higiene no ambiente de trabalho tem proporcionado o melhoramento das condições de trabalho em toda a União Europeia; mas também demonstram zonas de vulnerabilidade, reclamando, por um lado, o avanço da tutela protetiva labor-ambiental, especialmente nos novos nichos produtivos (*e.g.*, nanotecnologia e biotecnologia), e, por outro, um esforço de uniformização das políticas públicas labor-ambientais entre os Estados-Membros, de modo a se suplantar desequilíbrios existentes no plano quantitativo (dados efetivos de ocorrência de acidentes do trabalho) e qualitativo (análise subjetiva da satisfação no trabalho).

6. Em termos prospectivos, para o período de 2014 a 2020, a União Europeia traçou três grandes objetivos (que já estavam presentes, a rigor, na estratégia comunitária de 2007-2012): a uma, *otimizar a aplicação das normas vigentes em matéria de saúde e segurança no trabalho*, notadamente no que diz respeito às *pequenas e médias empresas*, fomentando estratégias eficazes e eficientes de prevenção do risco; a duas, *aprimorar a prevenção de enfermidades relacionadas ao trabalho sob riscos novos e emergentes* (p.ex., nanotecnologia e biotecnologias); e, a três, *desenhar políticas que levem em conta o envelhecimento da mão-de-obra na UE*. Tais metas, associadas a outras que vinham dos marcos estratégicos anteriores – como a de *fomentar mudanças de comportamento entre os trabalhadores* e *animar os empresarios a adotar enfoques gerenciais que favoreçam a saúde* –, sinalizam para os inauditos desafios do Direito Ambiental do Trabalho no século XXI e devem inspirar, a tantos quanto ainda amarguem recordes de letalidade no trabalho (como o Brasil[16]), esforços ingentes e sinceros para redesenhar a dinâmica das políticas prevencionistas no campo laboral.

4. BIBLIOGRAFIA

ANTUNES, Paulo de. *Direito Ambiental*, Rio de Janeiro: Lúmen Juris, 2011.

BÍBLIA SAGRADA. Trad. João Ferreira de Almeida. São Paulo: King's Cross Publicações, 2006.

BLAVATSKY, Helena Petrovna. *A Doutrina Secreta*. Trad. Raymundo Mendes Sobral. São Paulo: Pensamento, 1999. v. III.

CAMPOS, João Mota, CAMPOS, João Luís Mota, PEREIRA, António Pinto. *Manual de Direito Europeu*. 7ª. Ed. Coimbra: Coimbra Editora, 2014.

COMISIÓN DE LAS COMUNIDADES EUROPEAS. *Comunicación de la Comisión al Parlamento Europeo, al Consejo, al Comité Económico Y Social y al Comité de las Regiones. Mejorar la calidad y la productividad en el trabajo: estrategia comunitaria de salud y seguridad en el trabajo (2007-2012)*. Bruselas: CCE, 21.2.2007. Disponível em: http://eur-lex.europa.eu/LexUriServ/LexUriServ.do?uri=COM:2007:0062:FIN:ES:PDF (Acesso em: 22.1.2016).

FELICIANO, Guilherme Guimarães. *Tópicos avançados de direito material do trabalho: Atualidades forenses*. São Paulo: Damásio de Jesus, 2006. v. 1.

GAJA, Giorgio e ADINOLFI, Adelina. *Introduzione al Diritto dell'Unione Europea*. Bari: Editoti Laterza, 2014.

HOBSBAWM, Eric J. *A Era dos Extremos: O Breve Século XX (1914-1991)*. São Paulo: Companhia das Letras, 1995.

LEKA, S. JAIN, A. *Health Impact of Psychosocial Hazards at Work: An Overview*. World Health Organization: Geneva, 2010.

MINISTERO DEL LAVORO E DELLE POLITICHE SOCIALI. *Livro Bianco sul Mercato del Lavoro in Italia: Proposta per uma società ativa e per un lavoro di qualità*. Roma: [s.e.], ottobre 2001.

MILARÉ, Édis. *Direito do Ambiente*. São Paulo: Revista dos Tribunais, 2004.

---

(16) Em 1972, o Brasil foi o "campeão mundial" de acidentes de trabalho, entre todas as nações do mundo. Há pouco mais de dez anos, segundo dados da Organização Internacional do Trabalho, o país o *quarto lugar* em relação ao número de mortes no trabalho, com 2.503 óbitos em 2003. Perdia, de 2003 até o ano passado (2015), apenas para a China, os Estados Unidos da América e a Rússia, nessa ordem. Esteve sempre entre os quinze piores colocados, com números atuais equivalentes a cerca de três vezes a média europeia. V., entre outros, *A prevenção das doenças profissionais, cit*. Evidentemente, o fator populacional interfere com esse rendimento, já que o *ranking* da OIT considera números absolutos.

NIETO NAVARRO, Frederico. *Las Políticas y Normas en Materia de Seguridad y Salud de la UE*. In Manual de Derecho Social de la Unión Europea. Coordenador: COSTA REYES, Antonio. Madrid: J M Project, 2011.

ORGANIZAÇÃO INTERNACIONAL DO TRABALHO. *A prevenção das doenças profissionais. Dia Mundial da segurança e saúde no trabalho: 28 abril 2013*. Trad. Autoridade para as Condições de Trabalho. Genebra: OIT, 2013. Disponível em: <http://www.oitbrasil.org.br/sites/default/files/topic/gender/doc/safeday2013%20final_1012.pdf>. Acesso em: 22.1.2016.

PRADO, Pilar Mellado, PANIAGUA, Enrique Lide e FONSECA, María Gómez de Liaño *Instituciones de Derecho Comunitario*. Madrid: Editorial Colex, 2009.

PRADO, Pilar Mellado, GONZÁLEZ, Santiago Sánchez e LLANO, María Isabel Martín. *Fundamentos de Derecho de la Unión Europea*. Madrid: Editorial Unisersitaria Ramón Areces, 2012.

ROCCELLA, Massimo e TREU, Tiziano. *Diritto del Lavoro dell'Union Europea*. 6a. ed. Milão: CEDAM, 2012.

OLIVEIRA, Sebastião Geraldo de. *Proteção Jurídica à Saúde do Trabalhador*. 5. ed. rev. ampl. e atual. São Paulo: LTr, 2010.

UNIÃO EUROPEIA. *Compreender as políticas da União Europeia: Os pais fundadores da União Europeia*. Luxemburgo: Serviço das Publicações da União Europeia, 2013.

VINCI, Adele. *Compendio di Diritto Dell'Unione Europea*. Roma: Dike Giuridica Editrice, 2015.

Uma experiência concreta de reestruturação na Itália

Giorgio Sandulli[*] [**]

1. SÍNTESE DAS PREMISSAS

Desde 2000, a indústria europeia de produção de açúcar tem sofrido uma série de eventos regulatórios que levaram tanto à abertura progressiva do mercado interno às importações de açúcar proveniente de países não pertencentes à UE, países mais ou menos desenvolvidos e ex-colônias, mas também de grandes produtores mundiais[1]. Graças a menores custos de produção, em comparação com a maioria dos países da União Europeia (incluindo a Itália), essa concorrência vem redefinindo as margens operacionais da nossa indústria nacional.

Isto levou a uma sucessão de crises, intensificadas pela recente decisão de suprimir (a partir de 2017) as regras comunitárias que cuidaram deste negócio por meio século, por meio da atribuição de quotas-parte nacionais de produção substancialmente equivalente ao consumo e de modo a manter os níveis de produção em diferentes Estados-Membros da União Europeia.

O setor açucareiro europeu, bem como outros produtos "sensíveis"[2] tradicionalmente cobertos por regulamentos comunitários para controlar as importações e, portanto, apoiar os níveis de produção, tem sido, portanto, objeto de um processo articulado de liberalização, que tem induzido uma rápida reorganização das estruturas industriais com impactos significativos no emprego.

2. A CRISE DO SETOR AÇUCAREIRO: PRINCIPAIS NORMATIVAS DE REFERÊNCIA

Na Itália, estas aberturas de mercado determinaram – desde a primavera de 2006 – o fechamento de um total de 19 usinas de açúcar, distribuídas por todo o território nacional, primeiro de 13 unidades produtivas e, em seguida, mais uma fábrica em 2008 e outra em 2016, depois do que os níveis de produção caíram mais de 70% em relação a 2005, havendo preocupação quanto ao fechamento das últimas quatro usinas de açúcar ainda ativas.

(*) Advogado. Diretor de Relações Públicas COPROB – Itália Sugars (primeiro produtor nacional de açúcar) e ex-diretor de Unionzucchero (Associação Nacional da Indústria do Açúcar).

(**) Tradução de Hugo Cavalcanti Melo Filho, Juiz do Trabalho Titular da 12.ª Vara do Trabalho do Recife; Professor Adjunto de Direito do Trabalho da Universidade Federal de Pernambuco; Mestre e Doutor em Ciência Política pela Universidade Federal de Pernambuco; Membro da Academia Pernambucana de Direito do Trabalho. Presidente da Associação Latino-americana de Juízes do Trabalho. Vice-Presidente do Instituto Ítalo-Brasileiro de Direito do Trabalho.

(1) Como é sabido, o maior produtor e exportador de açúcar no mundo é o Brasil, cujas importações estão ainda sujeitas a tarifas e quotas, e que tem uma negociação em curso (juntamente com a área MERCOSUL) apenas para obter mais fluxos das importações.

(2) A natureza sensível de um produto é, de fato, relacionada com o impacto das correspondentes importações no mercado doméstico. Para esses produtos, os Estados estão autorizados a impor direitos aduaneiros no ingresso.

É digno de menção que os operadores açucareiros italianos, mesmo em face de dificuldades insuperáveis e não diretamente a ele imputáveis, têm procurado encontrar soluções que limitem o impacto nos empregos.

Em particular, tem havido uma utilização concertada[3] de todas as ferramentas disponíveis, da "Cassa Integrazione Guadagni Ordinaria" (CIGO[4]) à "Cassa Integrazione Guadagni Straordinaria" (CIGS[5]), da mobilidade ao *outplacement*, da reestruturação produtiva à mobilidade geográfica.

A ação das empresas industriais açucareiras italianas é determinada – bem como as regras gerais do ordenamento em termos de informação e consulta dos trabalhadores, de envolvimento das organizações sindicais e de proteção das relações de trabalho – por um marco regulatório específico que merece ser explicado, ainda que de forma sucinta.

As características do setor e os aspectos essenciais das regras para a sua reestruturação, em apertada síntese, são as seguintes. A produção de açúcar na Europa é regulada, desde 1968, por uma incisiva regulamentação comunitária enquadrada no contexto mais amplo da Política Agrícola Comunitária. Os níveis de comércio de cada empresa são direcionados pela atribuição de quotas de produção estabelecidas em nível comunitário. Tendo havido, no passado recente, significativo excedente de açúcar no mercado, devido à abertura acima mencionada às importações de produtos extracomunitários, a União Europeia mudou o quadro de regras e promoveu uma rápida redução da produção, em particular, nos países e empresas menos competitivos. A este fim, estão previstos incentivos para o fechamento de usinas de açúcar. A entrega desses incentivos tem estado, no entanto, estritamente condicionada ao respeito às normas ambientais e sociais, a ser definido segundo os procedimentos adequados de informação e consulta[6].

Empresas (não apenas italianas) iniciaram, portanto, um caminho complexo; por um lado facilitado por recursos financeiros adicionais, por outro lado, dificultado pela obrigação de seguir regras e procedimentos rigorosos, para além dos já presentes em nosso ordenamento.

Além disso, o legislador italiano[7] impôs requisitos adicionais e outros mecanismos de controle: do ponto de vista substantivo, de fato, as empresas italianas são obrigadas a apresentar um plano de reestruturação para cada uma das plantas industriais onde deixa de fabricar açúcar; do ponto de vista processual, além disso, foi instituído, junto à Presidência do Conselho de Ministros, um comitê interministerial[8] especial com competência para orientar e coordenar as ações locais.

O cumprimento destas regras é garantido pela supervisão do Ministério da Política Agrícola, Alimentar e Florestal.

O incentivo econômico para a cessação da atividade (destinado não apenas às empresas industriais, mas também para os agricultores e outros organismos públicos locais nos territórios em questão) foi, então, inserido em um contexto de regras "virtuosas", idealizadas para absorver e reduzir ao mínimo o impacto ocupacional, econômico e ambiental das alienações produtivas.

A combinação dessas regras comunitárias com a legislação nacional fez com que a busca por soluções compartilhadas entre as empresas e os trabalhadores, mesmo reconhecendo um papel "certificativo" e/ou "autorizativo" dos sindicatos e municípios, províncias e regiões, superior ao ordinariamente verificado, com o resultado do fato de retardar o início de alguns empreendimentos comerciais por causa de um "direito de veto" utilizado, por vezes, instrumentalmente.

---

(3) Com o termo "concertada" se entende que se deu por um caminho compartilhado entre a indústria, os sindicatos e os ministérios competentes, de informação, consulta e desenvolvimento comum de soluções adequadas.

(4) Trata-se de um instituto previsto em lei nacional, que permite a suspensão da atividade laboral (e, portanto, remuneração), quando a empresa está em condições de crise temporária; o Instituto Nacional de Previdência Social – INPS paga ao trabalhador uma quantia mensal em substituição do salário não pago. É uma espécie de seguro público, porque se baseia em contribuições pagas por todos os trabalhadores.

(5) Trata-se de um instituto previsto em lei nacional permite a suspensão da atividade laboral (e, portanto, remuneração), quando a empresa enfrenta uma crise estrutural que exige uma reorganização global; o Instituto Nacional de Previdência Social – INPS paga ao trabalhador uma quantia mensal em substituição do salário não pago. Este também é um espécie de seguro público, porque se baseia nas contribuições pagas por todos os trabalhadores.

(6) Reg. Ce n. 320/2006, de 20 de fevereiro de 2006 e CE Reg. No. 968/2006 de 27 de junho de 2006.

(7) Decreto-Lei n. 2, 10 de janeiro de 2006, cov. e mod. Da Lei. n. 81, de 11 de março de 2006 (art. 2).

(8) Art. 2, n. 1, L. n. 81/06: "composto pelo presidente do Conselho de Ministros, que preside, o Ministro da Agricultura e Florestas, com as funções de Vice-Presidente, o Ministro da Economia e Finanças, o Ministro das Atividades Produtivas, o Ministro Trabalho e Política Social, o Ministro para as Políticas Comunitárias e do Ministro para o Ambiente e a Protecção da Terra e três presidentes regionais nomeados pela Conferência Permanente para as Relações entre os Estados, as Regiões e Províncias Autônomas de Trento e Bolzano

3. A CRISE DO SETOR AÇUCAREIRO: O PAPEL E A AÇÃO DOS PARCEIROS SOCIAIS

Dito isto, a ação dos parceiros sociais[9] se destina a gerir a crise e o correspondente impacto sobre os empregos e seguiu um percurso realmente concertado, cujos pilares e etapas podem ser assim sintetizados:

- Um sério processo de informação e consulta a diferentes níveis (nacional, comunitário, local): resultado de uma prática e de uma confiança construída ao longo do tempo (por meio de comportamentos e /ou ferramentas adequadas, tais como comissões mistas, códigos de conduta, contato constante, tanto formal quanto informal, ...);
- Pesquisa e desenvolvimento de uma análise partilhada que já tinha permitido identificar problemas futuros e os prováveis cenários; para este fim tem sido particularmente útil o apoio das respectivas organizações comunitárias (o diálogo social setorial tem sido experimentado como um momento de debate sindical e social não conflituoso);
- Tentativa de localizar caminhos conjuntos incluindo a formulação de propostas inicialmente não compartilhadas; papel de mediação ou de verdadeira direção de instituições nacionais (através do desenvolvimento de um plano setorial que: define o quadro existente, identifica os problemas, indica algumas soluções, fornece também os instrumentos financeiros);
- Comparação de mérito preliminar e permanente, que acompanhou as negociações para a implementação das decisões de negócios (encerramento de atividades, reorganizações, uso de redes de segurança social, ações de formação, deslocalização de trabalho, início de novas atividades, ...);
- Realização de procedimentos sindicais previstas na lei e o início das consequentes práticas administrativas em estreito e permanente contato com os ministérios competentes;
- Sempre que não foi possível encontrar soluções compartilhadas ou onde a gestão material dos instrumentos houver produzido litígios, a gestão do conflito foi conduzida de forma unificada em nível setorial, através de um confronto aberto entre os diferentes modelos de gestão sindical e administrativa interna às empresas individuais (o contencioso individual foi reduzido a poucas unidades);
- Orientação e coordenação pela Unionzucchero[10], como uma associação nacional de toda a indústria açucareira italiana, em um clima de participação e colaboração entre empresas.

4. A CRISE DO SETOR AÇUCAREIRO: ALGUMAS INDICAÇÕES DECORRENTES DA EXPERIÊNCIA CONCRETA

A partir desta experiência, longe de terminar – visto que se antevê um risco real de encerramento no curso de 2016 – se pode obter algumas indicações.

4.1. A falta de reconhecimento de "dignidade jurídica" ao trabalho sazonal

Na experiência concreta do processo de reestruturação verificamos que faltava um instrumento realmente idôneo a proteger os trabalhadores que, embora não sendo contratados por tempo indeterminado, sejam vinculados à empresa por meio de relações de trabalho a termo e caracterizadas uma repetição sucessiva em várias safras de açúcar e, em assim, em um certo sentido, permanente.

Com referência ao trabalho sazonal, de fato, deve-se notar que este fenômeno na Itália nunca foi realmente e adequadamente tutelado. A tutela previdenciária tem sido concentrada, ao longo dos anos, na verdade, em benefício exclusivo dos trabalhadores contratados por tempo indeterminado, penalizando, ao mesmo tempo, o trabalho a termo em geral (principalmente por razões de preconceito ideológico). A sazonalidade não pode mesmo fazer as necessárias distinções.

No âmbito do mais amplo instituto do contrato de trabalho a termo (que também é necessário para expandir a base ocupacional e para permitir uma gestão coerente das várias fases de produção industrial), o trabalho sazonal tem um caráter absolutamente peculiar porque a relação de trabalho se repete ao longo do tempo, entre os mesmos sujeitos e nas mesmas funções, sem que isso possa ser, de alguma forma, atribuída à hipotética vontade discriminatória ou punitiva contra o trabalhador, cuja empresa não poderia oferecer uma relação de trabalho continuado e de duração indeterminada.

4.2. As redes de segurança social: a "Cassa Integrazione Guadagni"

Cumpre precisar um dado que pode parecer óbvio para um observador italiano: a Cassa Interazione Guadagni – CIG tem sido um instrumento essencial na gestão da crise. Além disso, dado que a CIG teve algumas condições de acesso rígidas e pré-determinadas, bem como não são facilmente encontrados na realidade, o legislador havia introduzido a chamada

---

(9) Representado por trabalhadores de sindicatos nacionais da indústria de agroalimentar (FAI – CISL, FLAI – CGIL, UILA – UIL) e pelas empresas da Unionzucchero.

(10) Associação Nacional da Indústria do Açúcar (N.T.).

CIG[11] não obstante haver na apreciação política um aspecto crítico a ser medido com cuidado (uma vez que a concessão deste apoio financeiro aos trabalhadores de empresas em crise não responde a critérios objetivos, mas sim à mera vontade do Ministério ou das regiões competentes). A avaliação do CIG é, portanto, particularmente positiva, pois é uma instituição particularmente eficaz, desde que as empresas que o utilizam o façam com uma abordagem construtiva e comportamento transparente.

Depois de fazer uso tão intenso e generalizado da CIG no nosso setor não ficou claro se esta instituição deve ser reformada[12] para melhorá-la, mesmo evitando o risco de limitar o tempo de duração também.

Certamente, a utilização da CIG por uma única empresa que se prolonga por anos (em alguns casos individuais do sector açucareiro por períodos superiores a 10 anos), corresponde à utilização distorcida em relação ao fim originalmente previsto, mas isso não deve levar a medidas draconianas de supressão de uma necessária medida de acompanhamento e solução da crise.

Para corrigir, na prática, este instituto e alterar as condições de acesso e duração, é preciso reconhecer, realisticamente, que uma verdadeira reestruturação produtiva (e, portanto, não uma mera e simples reorganização) pode levar vários anos após o efetivo início da crise. O lançamento de novas atividades industriais que substituam ou complementem a produção original, de modo a absorver uma parte significativa dos empregados, requer o envolvimento de uma série de organizações sociais (sindicato dos trabalhadores e outros órgãos representativos) e parceiros institucionais (Municípios, Províncias, Regiões e Ministérios), bem como a comparação com outros sujeitos de vários tipos (comissões) e com a opinião pública em várias formas organizada e, por fim, a participação de outras empresas parceiras.

Uma empresa que face à cessação da própria atividade deseja iniciar atividades novas ou de substituição precisa de tempo (na Itália provavelmente mais do que em qualquer outro lugar) e, nesse tempo, a empresa e os seus trabalhadores devem ser acompanhados e apoiados por redes de segurança social.

4.3 Tutela do trabalhador orientada à reocupação

Para os trabalhadores que sofrem os efeitos da crise, é necessário que as salvaguardas para a perda de renda não tendam a retirar-lhes a vontade e a necessidade de aproveitar as oportunidades de trabalho lhes que possam ser oferecidas concretamente.

Neste sentido, é necessária uma maior disponibilidade dos próprios trabalhadores (e do sindicato) à mobilidade territorial, a uma adaptação profissional às novas exigências produtivas e também para a definição de novos perímetros corporativos, respeitando os diversos Contratos Coletivos Nacionais de Trabalho vigentes, que permitam realmente passar de um setor a outro (sem gerar custos adicionais para as empresas envolvidas).

A este fim, para além da lei, que serve uma diferente abordagem prática; a mesma permanência na rede de segurança social por parte dos trabalhadores individuais é, na verdade, condicionada à sua disponibilidade para discutir todas as questões mencionadas (por exemplo: a mobilidade geográfica, redução de nível profissional, a mudança estrutura corporativa, a alteração do perímetro de negócios, passagem para outro Contrato Coletivo de Trabalho).

4.4. O papel e a responsabilidade das instituições locais

Finalmente, merece ser registrada uma rápida referência à atitude das autoridades locais (municípios, províncias[13] e regiões), visto que alguns deles devem mostrar, necessariamente, atitudes diversas em relação ao maior apoio ao emprego, favorecendo a criação de novas indústrias.

Muitas vezes, no curso de gestão de crises, nós nos encontramos diante de prefeitos e conselhos que condicionaram o estabelecimento de novas atividades industriais não ao devido respeito às normativas ambientais, urbanísticas, de transporte etc., e sim a escolhas discricionárias, nem sempre expressamente motivadas e realmente exigidas em face do mero risco de perder poio eleitoral. Trata-se de atitude demasiado frequente que, além de testemunhar uma abordagem anti-industrial, alonga culposamente o tempo de inserção no trabalho e gera custos adicionais que prejudicam a empresa interessada e o sistema produtivo como um todo.

---

(11) Introduzida de modo expresso desde 2001, à época para superar a crise induzida pela "vaca louca", que é uma doença do gado que exige o abate massivo, em face da entrada em crise imediata muitas fazendas (Decreto-lei n. 158/01, convertido pela Lei n. 248/01), permaneceu no ordenamento, prevista periodicamente por leis orçamentárias, sucessivas, com dotações significativas para fazer frente às crises que ocorreram na Itália nos vários setores produtivos.

(12) No curso de 2015, várias mudanças foram realmente feito na CIG, por meio do "Jobs Act", reduzindo, pelo menos em parte, a capacidade de acompanhamento ao longo do tempo, enquanto a intervenção de ajuda foi concentrada por períodos reduzidos e até mesmo com condições de acesso mais restritivas.

(13) Em relação à gestão da crise do setor açucreiro, entretanto, as províncias, como um ente local intermediário entre municípios e regiões, foram suprimidas.

O DIÁLOGO ENTRE AS CORTES NACIONAIS E CORTES COMUNITÁRIAS. A CARTA DOS DIREITOS FUNDAMENTAIS DA UNIÃO E A CONVENÇÃO EUROPÉIA DOS DIREITOS DO HOMEM. A SUA INCIDÊNCIA NO CAMPO SOCIAL

Giuseppe Bronzino[*][**]

1. PREMISSA

Gostaria nesta intervenção de sublinhar como se poderia desenvolver uma compartilhada "cultura dos direitos" também em uma esfera jurídica assim difícil e dos contornos ainda em grande parte indefinidos, como aqueles que a literatura jurídica europeia define "supranacional"[1], isto é, no contexto da União Europeia, organismo para o qual foram oferecidos, até hoje, centenas de definições, todas talvez impróprias (exceto aquela denominada *unidentified object*) para agarrar com precisão o caráter pós-nacional, mas não ainda de tipo federal (ao menos no sentido tradicional que vem atribuído a uma organização estatal federal como Índia, Estados Unidos, Alemanha ou Brasil. O instrumento desta difusão é representado por duas Cartas dos direitos da Europa, aquela provada em 1950, em Roma, A Convenção Europeia dos direitos do homem que tem como instrumento privilegiado a jurisprudência da Corte dos Direitos do Homem (a Corte se localiza em Estrasburgo) e a Carta dos direitos fundamentais da União europeia aprovada em Nice no ano de 2000, mas tornada obrigatória só com a entrada em vigor do Tratado de Lisboa de 01.12.2009[2]. Nesta intervenção se insistirá,

---

(*) Conselheiro da Seção Laboral da Corte de Cassação (Itália).

(**) Tradução de Maria Rosaria Barbato, Professora Doutor da UFMG e Romulo Nei Barbosa de Freitas Filho, Advogado, Professor da Faculdade Damas/Recife.

(1) De acordo com uma definição largamente aceita e de qualquer forma recepcionada também pela Corte de Justiça da União Europeia (que se encontra no Luxemburgo e é a apta a resolver todas as questões interpretativas do direito da União) o ordenamento instituído em 1957 com o Tratado de Roma se diferencia daquele internacional (cujos sujeitos são exclusivamente os Estados e cujas disposições – salvo casos excepcionais – têm como destinatários estes Estados) porque na própria esfera de competência realiza o ordenamento próprio dotado de características próprias e de outras específicas (o famoso quadrilátero institucional: Conselho, Comissão, Parlamento europeu, Corte de Justiça) que se distinguem nitidamente daquele dos países membros, cujas normas prevalecem sobre disposições internas e têm – em geral – uma eficácia direta na esfera jurídica dos Estados membros, em alguns casos vinculando sem adaptações ulteriores (como no caso dos Regulamentos) os cidadãos da União toda. Sintetizando, a supranacionalidade descreve uma situação intermediária entre os esquemas do Direito estatal de tipo federal e a internacional. Prevalentemente os estudiosos acham que muitas características típicas do constitucionalismo estatal ocidental tenham derivado da União Europeia que, então, parece conhecer um processo lento e gradual de constitucionalização em direção de uma federação parecida com uma realidade estadual, mesmo que mais complexa daquelas até hoje conhecidas. Veja-se a histórica decisão de 1963 *Van Gend & Loos* da Corte de Justiça: "a comunidade constitui um ordenamento jurídico de novo tipo no campo do Direito Internacional, a favor do qual os Estados têm renunciado, mesmo que em setores limitados, aos seus poderes; ordenamento que reconhece como sujeitos não somente os Estados, mas também os próprios cidadãos".

(2) A nova formulação do art. 6º do Tratado sobre a União afirma que as normas da Carta têm o mesmo *legal value* dos Tratados, como sugerido nas páginas de *Le Monde* e de *Financial Times* pelo professor Giuliano Amato. Apesar de não ter sido fisicamente incorporada na trama dos tratados,

mais do que qualquer outra coisa, sobre esta segunda Carta, por duas prevalentes razões; a primeira é que a Carta, mais conhecida como Carta de Nice, representa, segundo a prevalente literatura global, o mais completo elenco de direitos existentes em uma esfera não nacional, integrando prerrogativas individuais e coletivas pertencentes a múltiplas esferas, em particular aquela social, não expressamente abrangida pela Convenção de 1950. A segunda é que se trata de um instrumento de proteção da União Europeia, organismo bem mais equilibrado e integrado do que parece, também hoje, o Conselho de Europa (O sistema de 47 Estados, dentre quais Rússia e Ucrânia que atualmente combatem entre eles uma guerra "de baixa intensidade", a Turquia e os países do Cáucaso) que ao contrário não compartilham algum programa, nem sequer a longo prazo, de fusão constitucional e institucional, exceto o perfil da tutela "mínima" de alguns direitos humanos. Um breve esboço ainda será reservado a CEDH, já que esta teve, por meio da jurisprudência da Corte de Estrasburgo, que monitora a adesão, um significativo alívio também nos ordenamentos dos singulares Estados aderentes à União Europeia e também no ordenamento da União que de toda forma reconhece aos direitos da Convenção a natureza de princípios gerais do direito da União e se comprometia a aderir a Convenção (art. 6, TUE). A mesma Carta de Nice prevê (no seu art. 52), as conexões com a jurisprudência da Corte de Estrasburgo.

2. POR QUE UMA CARTA DE DIREITOS FUNDAMENTAIS É VÁLIDA PARA TODOS OS CIDADÃOS EUROPEUS?

O projeto de integração europeia constitui um histórico e inovador desafio continental, individualizado como a causa de duas guerras mundiais e do mais radical fenômeno de negação dos direitos elementares das pessoas realizado com a Schoach e a alienação sobre a base étnica ou política de milhões de pessoas. Para muitos autores as regras europeias têm a especificidade de ser um "direito pós Auscwhitz" (T.W. Adorno tinha, em 1945, sido advertido para não escrever poesias depois dos campos de extermínio) que visa tornar impraticável o mesmo terreno tradicional de competição entre os Estados europeus vinculando-os em um mercado único e disciplinado por regras comuns. Em uma minúscula ilha do Golfo de Nápoles em 1941, dois confinados antifascistas, Altiero Spinelli e Ernesto Rossi, quando ainda não era nem mesmo provável a vitória final das formas antifascistas, tinham com o "Manifesto de Ventotene" pré-figurado a fundação de um verdadeiro Estado federal sobre ruínas do velho continente, sobre uma onda emotiva da definitiva repulsa do nacionalismo estadista. Sabemos que assim não aconteceu, mas que o projeto de integração seguiu estradas mais longas e graduais focalizado sobre a fusão dos interesses econômicos dos cidadãos europeus que seguia a lição de um grande federalista americano James Madison "federalizamos suas carteiras, federalizamos seus corações". A política, em resumo, dos pequenos passos de Jean Monnet e dos outros *founders* da Comunidade econômica Europa (Cee); O mesmo Altiero Spinelli se tornou nos anos 70 um grande protagonista das políticas europeias, ao tentar promover escolhas relevantes em âmbito federal, primeiro com a batalha pela eleição direta do Parlamento Europeu (realizada em 1979) e depois com um projeto da Constituição Europeia de 1984, aprovada pelo órgão parlamentar supranacional mas em seguida deixado se decompor aos Estados membros. Esta estratégia que de toda forma busca uma "integração sempre mais estreita" (fórmula também aceita nos Tratados) *step by step* se fundava sobre um tácito compromisso: A comunidade prosseguia o seu caminho com o seu centro, a construção de um sistema econômico continental baseado sobre 4 liberdades consideradas comunitárias (liberdade de circulação de bens, pessoas, capital e serviços), mas os Estados com as suas Constituições internas (à época só seis, muito homogêneas do ponto de vista dos seus sistemas constitucionais) continuavam a ser as garantias dos *fundamental rights* dos seus cidadãos e também das providências do estado social. No tempo esta divisão de tarefas, com a intensificação da regulação comunitária um pouco em todos os setores exatamente porque uma disciplina comum do mercado e das concorrências necessariamente comportava penetrantes interventos nos campos jurídicos vizinhos (bastará pensar no setor de *welfare state*), se tornou problemática. Os mecanismos jurídicos internos da tutela dos indivíduos não eram sempre adequados a salvaguardar os direitos fundamentais também pelo princípio da prevalência (com efeito direto) do direito proveniente da Comunidade (mesmo sobre disposições internas de caráter constitucional) foi, então, a Corte de Justiça para assumir (com uma jurisprudência criativa) o dever da tutela dos direitos fundamentais (dos quais os Tratados não falavam nada, exceto

---

a Carta é por estes invocadas, especificando o seu valor jurídico, o mais alto que o texto jurídico possa ter nos territórios da União porque prevalente sobre qualquer disposição interna, também com caráter constitucional e sobre a normativa secundária (diretivas, regulamentos, decisões etc) da própria União.

por alguma menção da proibição de discriminação, sobretudo para nacionalidade) nos confrontos dos atos normativos da Comunidade e do direito nacional que desses atos era uma aplicação (por exemplo, uma lei que transpõe uma diretiva) A Corte, assim, começou a proteger um vasto campo de direitos (também de natureza social), mas a solução se revelou precária, colocando um problema muito sério de legitimação da Corte (que essencialmente operava mais pelo legislador que pelo juiz, ainda de que altíssimo grau) de certeza e visibilidade dos direitos sobre qual a proteção dos indivíduos podiam contar, devendo estas prerrogativas serem obtidas não de um texto unitário, mas de uma série de decisões relacionadas aos casos concretos. Além disso, eles foram logo levantar objeções sobre o método seguido pela Corte que tutelava alguns *fundamental rights* não em si ou por si, mas só para proteger os efeitos (principalmente de ordem econômica e funcionalista) da Comunidade privilegiando necessariamente a dimensão de mercado sobre aquela de garantia da proteção individual. Os direitos do *welfare*, por exemplo, vinham certamente protegidos, mas na perspectiva de evitar um *social dumping* entre Estados (uma concorrência para captar investimentos em detrimento da assistência social), a longo prazo destrutivo pelo mesmo mercado comum, enquanto para a grande parte das Constituições nacionais constituem em *primis* uma blindagem individual dos principais riscos do jogo econômico e social.

3. A DUPLA NATUREZA DA "CODIFICAÇÃO" DOS DIREITOS DA MATRIZ EUROPEIA

A decisão de 1999 de proceder com a criação de um *Bill of rights* continental reage em primeiro lugar à razão "técnico-institucional" que recordamos, mas com objetivos bem mais ambiciosos. Certamente com uma Carta solene de direitos vem conferido um forte mandato para a Corte de Justiça (e, como veremos, aos juízes ordinários) pela sua tutela. Além disso, os direitos tornam visíveis (e então conhecíveis facilmente) e de conteúdo definido. A carta do ponto de vista literário é um texto de escritura clara, sem tecnicismos inúteis, de forte capacidade evocativa e simbólica, e é admiravelmente arquitetada sobre 50 direitos, divididos por valores (dignidade, liberdade, igualdade, solidariedade, cidadania e justiça) e quatro cláusulas gerais que especificam o âmbito de aplicabilidade da Carta e o relacionamento entre esta e outros instrumentos de proteção dos *fundamental rights* internos e internacionais. O cidadão pode conhecê-la facilmente clicando na *internet* e agora a Carta figura nas premissas de grande parte dos códigos jurídicos nacionais europeus sobre as mais variadas matérias (geralmente os códigos relatam primeiro a Carta, depois a Constituição do Estado interessado e depois as disposições de um setor específico, mostrando assim a conexão profunda entre a regulação interna e a disciplina europeia). Contudo, a decisão de proceder-se a uma "codificação" tem razões mais profundas e radicais no intenso debate dos anos do fim do milênio sobre "futuro" da União. Depois do Ato único europeu de 1986, que resolve um grave impasse institucional, a Comunidade aprova respectivamente em 1992 em Maastricht e depois em 1997 em Amsterdam (mais secundário do que aquele de Nice de 2000, mas com alargamento dos poderes supranacionais) dois importantes Tratados que adicionam significativas competências bem além do âmbito econômico, a partir do lançamento de uma política monetária comum, (que depois teria levado ao euro, primeiro exemplo de "moeda sem estado") a definição de uma cidadania europeia, até a constituição de um capítulo social comunitário e de um espaço comum de liberdade, segurança e justiça e a prefiguração de uma política estrangeira comum. As prerrogativas de decisões dos órgãos de Bruxelas (sobretudo do parlamento europeu) vêm reforçadas com o redimensionamento do poder de veto dos Estados Unidos. Em resumo, a União (iniciada oficialmente em 1992) assume tratos mais parecidos àqueles estatais e parece verdadeiramente começar um processo de transformação de tipo federal (o considerado *federalizing process*), como advogou por Spinelli e Ventotene. Torna sempre mais urgente, então, definir com clareza quais eram os valores e princípios fundantes deste inédito *condiminium* entre Estados, qual era a legitimação substancial da mudança, e adquirir também o consenso de cidadãos para esta radical inovação voltada sobretudo às elites. Em resumo, uma exigência de "constitucionalização" do espaço público europeu de modo que pudesse absorver as clássicas exigências do constitucionalismo contemporâneo, sobretudo no tema de *accountability* das instruções de *governance* de Bruxelas e de proteção dos cidadãos do velho continente. O lançamento de uma Carta responde completamente a esta segunda exigência, visto que nas sociedades contemporâneas a legitimação das instruções políticas deriva não só do procedimento eletivo, de formação democrática de uma vontade geral, mas ao mesmo tempo de um eficaz sistema de salvaguarda dos direitos individuais e coletivos dos cidadãos e da capacidade de preservar uma "segurança de base", mediante modelos de *welfare state* pós guerra. A legitimação é então dúplice, mas com um caráter circular. Para resumir Jürgen Habermas, só o cidadão que goza da liberdade de base e de uma esfera de proteção social mínima (o *freedom from want* do qual falava o Presidente Roosevelt) é capaz de exprimir uma participação política livre de chantagem, um consenso que pode fazer pensar que a lei aprovada responda ao interesse comum e seja racionalmente derrogada. Em resumo, um relançamento em grande estilo da "integração por meio dos direitos", mostrando aos cidadãos do velho continente as vantagens concretas do vínculo comunitário[3], tranquilizando-os sobre poderes crescentes atribuídos aos órgãos de Bruxelas e, então, conquistando um consenso de base para uma constitucionalização mais geral da esfera pública europeia que depois foi tentada, mas sobre este aspecto não tenho tempo de me demorar, com o Projeto de tratado constitucional europeu elaborado por uma segunda Convenção, mas rejeitado nos dois referendos de 2005 na França e na Holanda (os aspectos mais relevantes de tal projeto ainda são depois ratificados com o Tratado de Lisboa).

4. A CARTA DE NICE COMO *LIVING* INSTRUMENT DA CIDADANIA EUROPEIA

A Carta explicitou, assim, os valores, os princípios e os direitos fundamentais reconhecidos pela União Europeia num elenco que constitui o Texto mais completo já aprovado em qualquer meio interno ou internacional. Não tem direito reconhecido na modernidade como fundamental que não possa ser reportado as formulações da Carta; as assim chamadas prerrogativas de primeira e segunda geração (direitos civis, de liberdade e direitos democráticos), próprios da tradição liberal-democrática (em geral, protegidos também pela Convenção Europeia dos Direitos dos Homens, mesmo que sem a a força e a autoridade do direito europeu propriamente entendido[4]) a Carta acrescenta os direitos de terceira geração (direitos socioeconômicos) e muitas outras prerrogativas de quarta geração, os direitos do futuro, como aquele a uma existência livre e digna (e consequentemente a uma renda mínima garantida), de receber e transmitir informações, o direito a privacidade ou a ser prontamente escutado pela administração pública e por aí.

Em 1992 o Tratado de Maastricht introduzira a noção de "cidadania europeia" para compensar o começo revolucionário de uma política monetária comum, as bases de uma moeda única, que porém ficava confinada em limites estreitos (pouco mais do que o direito de voto para as eleições ao Parlamento Europeu); de outro modo, com a Carta, o conceito se satura de conteúdos específicos e densos de significados. A princípio o cidadão da União é titular (junto com o sujeito extra-comunitário residente, estável e, em muitos casos, também "clandestino") de direitos que todos os Estados membros reconhecem como "fundamentais", prerrogativas das quais deve se salvaguardar pelo menos o conteúdo essencial. A "cidadania" se torna assim o "desdobramento" deste patrimônio compartilhado de aquisições comuns, que se tornam concretos poderes das pessoas, reflexo de uma "civilidade jurídica" que o Preâmbulo da Carta coloca ao coração da construção europeia.

Na Carta emergem com clareza os tratos salientes do "sonho europeu" do ponto de vista da cultura dos direitos e do respeito da dignidade essencial da pessoa; repúdio da pena de morte e proibição de tratamentos desumanos e degradantes, proibição das discriminações de qualquer natureza, a partir daquelas (particularmente odiosas fundadas sobre raça, gênero e a nacionalidade), reconhecimento do modelo social europeu e assim do princípio do acesso livre e gratuito a saúde, educação, serviços sociais e de acesso ao emprego, respeito do direito internacional[5]. A Europa deixa mais clara, visível e forte (pois fundado em precisas garantias jurídicas) a "sua trilha particular" na modernidade.

A escola do constitucionalismo europeu pôde, assim, reivindicar com orgulho que os europeus, mesmo que divididos pela língua e imersos em tradições culturais diferentes, não obstante a ausência de sindicatos e partidos realmente continentais e na falta (salvo jornais realmente lidos em nível europeu como o *Financial Times* e *LeMonde*) de *media comunes*, tem todavia um Codigo Único de *Fundamental Rights*, destinado a formar a experiência coletiva continental e a constituir laços "horizontais" entre cidadão porque reflexo de uma Carta de todos. O texto de Nice, como todas as Cartas de nível constitucional, é destinado a operar não somente como instrumento de garantia individual, mas também como conjunto de normas de orientação institucional da ação da União: será suficiente pensar

---

(3) Como afirma com grande clareza as conclusões do Conselho de Colônia de 1999 que lançou, como dito, a operação "Carta dos Direitos": "a tutela dos direitos fundamentais constitui um princípio fundamental da União Europeia e o pressuposto indispensável da sua legitimidade. A obrigação da União Europeia de respeitar os direitos fundamentais é confirmada e definida pela Corte de Justça europeia na sua jurisprudência. Nesse estado de desenvolvimento da União, é necessário elaborar uma Carta dos Direitos para fixar de forma visível a importância capital a abrangência para os cidadãos da União".

(4) A CEDH que pertence a um ordenamento particular, ou seja, ao Conselho da Europa, formado por 47 Estados do Velho Continente construído por volta da Corte de Strasburgo, que julga as violações à convenção. Apesar de as decisões da Corte serem em geral respeitadas e possam em alguns Países serem aplicadas diretamente pelos juízes internos, todavia este particular ordenamento se considera pertencente ainda ao Direito Internacional. Do ponto de vista político-institucional, os países aderentes do Conselho da Europa não visam a uma integração cada vez mais sólida, mas compartilha somente alguns valores, princípios e o respeito das decisões da Corte de Strasburgo.

(5) Cfr. E. Paciotti, *La Carta: i contenuti e gli autori*, in AAVV, *Riscrivere i diritti in Europa*, Il Mulino, 2001.

que os países que se tornaram membros da União a partir de 2000 (13; de 15 aos atuais 28) foram examinados pelo perfil do respeito (em nível interno) dos *fundamental rights* reconhecidos em Nice.

Ademais, a Carta foi pensada, e hoje plenamente opera, como um instrumento de tipo federal, como se – assim – a União fosse já um estado federal. Na verdade, ela se aplica ao direito da União e ao direito de cada Estado-membro que é aplicação do primeiro o que cai, mesmo que indiretamente, caia no cone de sombra do direito europeu (de acordo com a interpretação extensiva e *pro Charter* que ofereceu a Corte de Justiça por indicação da Comissão Europeia). Os cidadãos dos vários Estados assim não perdem todas as tutelas constitucionais nacionais que operam para os setores nos quais a União não interveio ainda com própria normativa sempre que não exista uma relação indireta (um link) com as disposições europeias. Por isso o campo de aplicação da Carta é vastíssimo, sobretudo se pensarmos que a União emanou nestes anos numerosas diretivas em matéria antidiscriminatória e que a sindicabilidade à luz da Carta das legislações internas em muitos setores, sob o perfil da igualdade de tratamento, se torna possível.

5. ÂMBITO DE APLICAÇÃO DA CARTA

A Carta de Direitos é um instrumento de tutela dos direitos fundamentais que vale, como dito, para o direito da União, mas que não suprime os outros instrumentos de proteção, sejam internos (as cortes nacionais), sejam internacionais. Assim, não tem o caráter universal, mas tem de respeitar os âmbitos de competência estabelecidos nos tratados, como especifica a própria Carta e o art. 6º do Tratado sobre a União. Esta especificação limita a sua operatividade porque não é suficiente que um direito seja reconhecido pela Carta como "fundamental", mas que a União tenha competência para discipliná-lo e que a mesma competência, em concreto, tenha sido efetivamente exercida. Se existem essas duas condições, o direito em questão, em via geral, tem o mesmo valor jurídico das normas dos tratados, obrigando, assim, a Corte de Justiça a interpretar diretivas e regulamentos de forma que respeitem o conteúdo essencial do *fundamental right* interessado e, eventualmente, a anular as normas europeias que não respeitem esse direito fundamental e também, se solicitado pelos juízes nacionais, com o reenvio prejudicial, a estabelecer quais são as normas nacionais que violam as disposições da Carta. Obriga também o juiz a operar de modo parecido com as leis nacionais, que constituem a aplicação do "Direito da União", por meio de uma assim definida "interpretação conforme" (se escolhe aquele significado da norma que seja respeitoso ao direito supranacional) ou, no caso, desaplicando a norma interna: no caso de dúvida, o juiz nacional tem que remeter à Corte de Justiça com o reenvio prejudicial. Em uma sentença muito recente (Corte de Justiça, 11/09/2014, Ac. B. e outros C-112/13), a Corte de Justiça lembrou que, com referência à Carta (art. 47) e onde a questão é de "direito europeu", como minuciaremos mais adiante, o juiz ordinário tem que ter liberdade de remeter à Corte de Justiça e, no caso, de desaplicar a norma interna, mesmo que o ordenamento interno preveja que possa remeter também à própria Corte Constitucional.

Em outros termos, o passo adiante no plano cultural e valorativo realizado pela Carta, com a atribuição de *status* de *fundamental rights* a todas as prerrogativas de ordem social reconhecidas em geral nas Constituições progressistas é imenso, mas as consequências práticas dessa reviravolta ainda não são previsíveis enquanto a Carta depende, para sua concreta aplicação, da ampliação das competências europeias em matéria social e da aprovação de uma legislação europeia. Hoje este processo, apesar de as competências exercitáveis pela União com base no art. 153 TFUE serem muito vastas, anda muito devagar.

Dito isso, o âmbito de aplicação da Carta depende muito da interpretação do art. 51 da própria Carta (posto que, em geral, são as normativas internas que se invocam no caso concreto à luz das normas da Carta) que dispõe «as disposições da presente Carta se aplicam às instituições e aos órgãos da União em respeito ao princípio da Subsidiariedade como também aos Estados Membros exclusivamente na aplicação do direito da União", em particular do termo "aplicação". É pacífico desde sempre que a Carta seja um parâmetro de legitimação constitucional das normas europeias que pode levar à anulação também de diretivas (como na sentença de 1º.3.2011 – *Association Belge des Consummateurs* (C-236/09) por violação da proibição de discriminação de gênero ou na paradigmática decisão sobre *data retention* de 8.4.2014 por violação do direito a *privacy*) ou à interpretação delas conforme a Carta (como na sentença de 22.11.2011 *Scarlet Extended S.A.* (C-70/2010) em matéria de Direito Autoral). Mas e quando o direito interno pode ser considerado aplicação interna do supranacional e ser examinado à luz dos direitos da Carta? Levantaram-se duas hipóteses: a primeira interpreta "applicazione" como atuação direta e necessária do Direito Europeu, como na hipótese clássica de uma lei que recepciona uma diretiva. A segunda hipótese (defendida desde 2010 pela Comissão Europeia) recepciona, por outro lado, um conceito mais genérico e amplo de "atuação" e avalia como suficiente que o caso examinado caia por algum aspecto no "cone de sombra" do Direito da União, mesmo que indiretamente (na linguagem da Comissão, que exista o *link* entre o caso e o direito supranacional). Pode-se dizer, sem dúvida, que com a sentença Fransson (C-617/2010) *Grande Sezione* de 26.10.2013) é a segunda opção que se tornou predominante. A Corte tem afirmado textualmente que "resulta de uma constante jurisprudência da Corte, de forma substancial, que os direitos fundamentais garantidos no ordenamento jurídico da União se aplicam a todas as situações disciplinadas pelo Direito da União, mas não fora dela". A esse propósito, a Corte já tem lembrado que ela, em relação à Carta, não pode avaliar uma normativa nacional que não se coloca no âmbito do Direito da União. Contrariamente, uma vez que esta normativa entra no âmbito de aplicação deste direito, a Corte, provocada em via prejudicial, deve fornecer todos os elementos de interpretação necessários para a validação, por parte do juiz nacional, da conformidade dessa normativa com os direitos fundamentais cujo respeito ela garante.

Tal definição do âmbito de aplicação dos direitos fundamentais da União é confirmada pelas explicações relativas ao art. 51 da Carta, as quais, conforme o art. 6º, §1º, terceira parte, TUE e ao art. 52, §7º, da Carta, devem ser levadas em consideração para sua interpretação. De acordo com essas explicações, "a obrigação de respeitar os direitos fundamentais no âmbito da União vale para os Estados-membros somente quando agem no âmbito de aplicação do Direito da União". Consequentemente, posto que os direitos fundamentais garantidos pela Carta devem ser respeitados quando uma normativa nacional entra no âmbito de aplicação do Direito da União, não podem existir casos sem que esses direitos fundamentais sejam aplicados. A aplicabilidade do Direito da União implica aquela dos direitos fundamentais garantidos pela Carta. Onde, contrariamente, uma situação jurídica não entra na esfera de aplicação do direito da União, a Corte não tem competência e as disposições da Carta eventualmente mencionadas não podem justificar, por si, esta competência. Agora, à parte as afirmações explícitas, o que mais conta é que, no caso examinado, a normativa interna sobre IVA não apresentava uma conexão direta ou indireta com aquela europeia e que a Corte entendeu suficiente uma existente competência da União Europeia na matéria. Naturalmente, não faltam decisões mais restritivas, segundo as quais "para estabelecer se uma medida nacional adentra na atuação do direito da União, conforme o art. 51, §1º, da Carta, é preciso verificar, *inter alia*, se a normativa nacional em questão tem o escopo de atuar uma disposição de direito da União, qual o seu caráter e se esta persegue objetivos diferentes dos contemplados pelo Direito da União, mesmo que tenha capacidade de afetar indiretamente este último, e também se existe uma normativa de direito da União que discipline especificamente a matéria ou que possa incidir sobre a mesma" (como no caso Siragusa de 6.3.2014 (C-206/2013) ou na decisão Sindicato dos Bancários do Norte (7.3/2013 (C-128/2012), no qual se entendeu que não foi demonstrado que as contestadas medidas de *austerity* portuguesas tivessem uma ligação com as normas europeias), mas a Fransson parece constituir o prevalente endereço e é, por isso, chamada em todas as decisões sobre aplicabilidade da Carta.

As linhas de expansão jurisprudencial até hoje verificáveis na Carta, além de uma competência unívoca e certa da União na matéria tratada, são pelo menos três: a) a não-discriminação, em vista da existência de diretivas de longo alcance que se encerram com o delinear de uma competência da União "quase geral" nessa área, um tipo de "princípio-ponte" que leva à aplicabilidade difusa da Carta (cfr. *Le decisioni*, Kükukdevici, 19 de janeiro de 2010, causa C-555/07, Hay contra *Crédit agricole mutuel de Charente-Maritime et des Deux-Sàvres*, (C-227/12), de 12 de dezembro de 2013); b) o princípio do devido processo previsto no art. 47 da Carta (por exemplo na sentença Fuss de 12 de outubro de 2010, causa C-243/09 e na *Gavieiro Gavieiro* de 22 de dezembro de 2010, causas C-444/09, C456/09[a] a violação do direito ao devido processo consentiu que a Corte interviesse também em matérias para as quais, em abstrato, não seria competente); c) a cooperação judiciária civil pela qual, se se requer a execução pela Europa de uma sentença nacional, essa poderá ser analisada sob o viés do respeito ao núcleo essencial dos direitos da Carta, mesmo se a questão não é de "direito europeu" (cfr. em matéria de família, a sentença JMcB da Corte de Justiça, de 5 de outubro de 2010, causa C-400/10 PPU).

A última grande questão ainda em aberto é a invocabilidade (horizontal) da Carta nas relações entre particulares (bem como em nível vertical nos confrontos dos Estados-Membros e dos entes públicos). Nesse ponto se recorda a recente decisão da Corte de Justiça (*Grande Sezione*) *Associacion de médiation sociale* de 15 de janeiro de 2014, de acordo com a qual as disposições da Carta (neste caso, o art. 27 sobre o direito à informação e à consulta no ambiente de trabalho), por também serem aplicadas em controvérsias entre particulares, devem esclarecer, precisa e incondicionalmente, e podem, aparenta ter dito a Corte, ser integradas com as disposições das diretivas (pacificamente aplicáveis no âmbito social em nível vertical, isto é, nos confrontos dos Estados e dos seus entes públicos) somente se o seu teor puder ser deduzido, de qualquer forma, pela formulação dos direitos na mesma Carta; resta ainda possível exigir o ressarcimento do dano no caso de inaplicabilidade horizontal da Carta e da diretiva respectiva no caso em que estas resultem violadas. A mesma sentença da Corte, muito discutida, reafirmou que a proibição de discriminação (art. 21 da Carta de direitos da União Europeia) opera diretamente nas relações entre particulares (como afirmado na decisão Kükukdevici (*Grande Sezione*) de 19 de janeiro de 2010 (causa C-555/07).

6. BREVES COMENTÁRIOS SOBRE A CEDH NO CAMPO SOCIAL

Com a sentença *Airey c. Irlanda* de 09 de outubro de 1979, n. 41, a Corte de Estrasburgo explicitou que, inobstante a Convenção não ofereça um elenco de direitos socioeconômicos comparável com aquele de muitos Estados membros, a tutela de muitos dos direitos civis e políticos (de primeira e segunda geração) oferecida pela Convenção tem implicações de ordem social que não devem ser deixadas de lado somente pela consideração do rol restrito do Texto 1950. A Corte afirmou tempestivamente aquele princípio de indivisibilidade entre direitos de cidadãos que hoje figuram no preâmbulo da Carta de Nice, apesar da carência de proteção direta dos direitos assim chamados de "terceira geração". A sentença constitui pressuposto para a evolução em caráter extensivo, que vimos nessas décadas, devido, sobretudo, à interpretação de múltipla perspectiva e evolutiva por parte da Corte dos Direitos do Homem (acompanhada talvez com maior radicalidade pela Corte Interamericana dos Direitos do Homem, corte gêmea daquela europeia) dos arts. 2º, 6º, 8º e 14 do Protocolo n. 1 da Convenção e à elaboração da Teoria das obrigações "positivas" em relação à tutela do núcleo essencial de tais prerrogativas.

Embora a CEDH não ofereça a proteção explícita, como dito, as principais prerrogativas do trabalho e da segurança social (ao contrário da Carta de Nice), a expansividade das suas exposições nos círculos sociais está se tornando significativa e não encontra os limites de "competência" da própria Corte dos Direitos da União Europeia. Precisa lembrar o *revirement in* em matéria sindical (com a subsunção dos direitos sindicais e de ação coletiva – inclusive a greve – na esfera de proteção do direito de associação do art. 11, solução anteriormente descartada pela Corte) com a sentença *Demir c. Turchia* de 12 novembro de 2008 que, além disso, utiliza a própria Carta de Nice da União Europeia, mas deve se lembrar das decisões em matéria de dispensa (em geral, nas "*assoziacioni di tendenza*", como nos dois casos *Obst. v. Alemanha RG 425/03* e *Schuth c. Alemanha* de 23 de setembro de 2010 RG 1620/2003), sobre o problema das sucessões de contratos coletivos no tempo (sentença *Aizpurua Ortiz v. Espanha* de 02 de fevereiro de 2010 RG 42430/05), até o caso das sanções disciplinares (*Sisman and Others v. Turkey* de 27 de setembro de 2011 RG 1305/05) e ainda a mais recente decisão *Dhahbi c. Itália* de 08 de abril de 2014 RG 17120/09 (com uma significativa intrusão no campo do Direito Comunitário), que coloca sob refletores a legitimação pelas Cortes de efetuar o reenvio prejudicial, cuja violação imotivada é, porém, sancionada com a atribuição de somas em juízo. Há tempo que a Corte de Direito do Homem tem reconhecido direitos sociais de natureza assistencial ou também retributiva sob o amparo do Protocolo n. 1, que tutela a "propriedade". Se esses direitos são consolidados e constituem legítimas expectativas (por exemplo, porque a jurisprudência de legitimidade já os reconheceu) o Estado pode regulamentá-los diferentemente reduzindo também o conteúdo, mas somente em relação ao interesse público e no limite do princípio de proporcionalidade. De qualquer forma, os dois vetores principais de irradiação da jurisprudência da Corte de Estrasburgo em campo social nos ordenamentos internos têm seguido duas principais diretrizes; a primeira é aquela de não-discriminação (respeito ao gozo de quaisquer dos direitos da Carta) e a outra é aquela da proibição de retroatividade da lei civil. A jurisprudência da Corte de Estrasburgo não afirma esta proibição em sentido absoluto, mas relacionando ao direito ao devido processo (art. 6º, CEDH), requer que exista para a adoção de uma medida retroativa um "motivo imperioso", ou seja, excepcional, de interesse público, sobretudo se incide em processos em curso cuja contraparte seja o Estado. Diferentemente, se violaria o princípio de "paridade de armas" (o Estado introduz uma lei retroativa que comporta automaticamente a sua vitória em Juízo). Em decorrência dessa orientação a Itália foi, recentemente, condenada mais vezes pela Corte de Estrasburgo.

É preciso destacar como a CEDH foi reproduzida como modelo e também como Texto na Convenção Interamericana dos Direitos do Homem (CADH) e mais tarde numa convenção africana.

O art. 52, §3º da Carta dos Direitos tenta conciliar diretamente a jurisprudência da Corte de Justiça e a da Corte Europeia de Direitos Humanos, na expectativa de que as relações entre os dois ordenamentos sejam novamente regulamentados com a prevista adesão da União à CEDH (art. 6º TUe). Dispõe de fato a norma: "Onde a presente Carta contemple direitos correspondentes àqueles garantidos pela Convenção Europeia pela proteção dos Direitos do Homem e das liberdades fundamentais, o significado e o alcance dos mesmos são iguais àqueles conferidos pela supracitada Convenção. A presente disposição não obsta que o direito da União conceda uma proteção mais ampla".

Portanto, a Corte de Justiça, ao estabelecer o conteúdo dos direitos em juízo, deveria considerar (dando relevo) a jurisprudência da Corte Europeia dos Direitos do Homem e, enquanto no campo penal ou civil essa ligação de regras ocorre com sucesso, no setor social, devemos registrar uma certa resistência da Corte de Justiça em se apropriar de algumas orientações da Corte de Estrasburgo (em particular sobre o tema da irretroatividade da lei civil e também sobre aquela da proibição da discriminação), mediante o que oferece uma proteção indireta a algumas prerrogativas de natureza social (cfr. as sentenças da Corte de Justiça de 12 de dezembro de 2013, causa C-368-12, *Carratù* e de 6 de setembro de 2011, causa C-108/10, *Scattolon*).

Na Itália, a Corte Constitucional entendeu que o contraste entre uma norma da CEDH (como interpretada pela Corte de Estrasburgo) e uma norma interna não possa levar a não-aplicação desta última por parte do juiz, mas que a questão deve ser submetida à própria Corte (solução todavia, em geral, não acatada nos outros países, que admitem que os direitos da CEDH possam ser aplicados pela magistratura).

7. DIÁLOGO ENTRE CORTES

Na literatura especializada, e não apenas, se propagou nos últimos anos o termo "diálogo entre Cortes" juntamente com a paralela expressão "tutela em vários níveis dos direitos fundamentais". O termo "diálogo" nascido com certeza em ambiente não impositivo, mas de livre exposição das ideias, tem que ter relação com a natureza funcional desta comunicação entre juízes num espaço judiciário que se tornou europeu e indica mais do que nunca uma série de deveres, seja das cortes europeias, seja dos juízes nacionais, aos quais, em conclusão, se faz referência superficialmente. Os deveres do juiz ordinário nacional são variados: eles, em primeiro lugar, tem que conhecer a jurisprudência europeia e interpretá-la corretamente (somente a Corte de Justiça está apta a interpretar o direito da União assim como aquela de Estrasburgo a explicitar o exato significado das normas da CEDH. Os juízes ordinários devem respeitar o princípio de supremacia do direito europeu, que implica a obrigação de interpretação conforme e eventualmente de inaplicação do direito interno em conflito, se existirem os pressupostos (uma disposição clara e *self-executing*) levando em consideração a já conclamada natureza de fonte do direito das decisões da Corte de Justiça; no caso em que seja pertinente uma orientação da Corte dos Direitos dos Homens, igualmente existe uma obrigação de interpretação conforme, mas, se esta não for suficiente para resolver uma controvérsia, necessariamente é preciso instar na Itália a Corte Constitucional para a eliminação da norma interna. Compete à Corte Constitucional verificar se a orientação da Corte de Estrasburgo é contrária a qualquer norma ou princípio constitucional, enquanto a inoperatividade de uma norma da União pode ser declarada pela Corte Constitucional somente se contrária aos princípios constitucionais supremos do ordenamento interno (de acordo com a assim chamada Teoria dos Contra-limites Constitucionais). Todavia esta última hipótese nunca se verificou até hoje (nem na Itália, nem nos outros países da União) enquanto a Corte Constitucional italiana num caso entendeu que uma decisão da Corte de Estrasburgo sobre a retroatividade da lei civil não deveria ter efeitos no ordenamento interno. Poder-se-ia prosseguir indicando obrigações e práticas que pesam para o juiz ordinário e para aquele constitucional interno à luz dos vínculos europeus com particular referência à matéria dos direitos fundamentais. Porém, também as duas cortes europeias têm reconhecido o dever de prestar atenção às constituições nacionais e também aos objetivos institucionais perseguidos pelos Estados. A Corte de Justiça deve ainda levar em conta o art. 4º do Tratado sobre a União que salvaguarda a entidade constitucional dos Estados-Membros (e o princípio de colaboração entre estados e União) e há tempo que elaborou uma complexa jurisprudência que considera a busca de alguns fins sociais como uma razão legítima para derrogar alguns princípios ou normas de direito da União. E ainda a jurisprudência da Corte dos Direitos do Homem sobre a "margem de apreciação" dos Estados leva em consideração uma certa discricionariedade interna em dar atuação aos preceitos da CEDH, levando em conta também a variedade constitucional dos 47 ordenamentos interessados.

Com certeza os conflitos não faltam nem faltarão, mas é absolutamente enganador torná-los maiores em se tratando de um processo gradual de confronto e aproximação constitucional mais simples e que com certeza já deu bons resultados na União Europeia, mas ainda bastante longe no que diz respeito ao Conselho da Europa. Somente a adesão da União à CEDH poderia talvez reduzir as distâncias entre as duas dimensões.

De qualquer forma, por trás dos "casos" e dos processos há pessoas que atuam na dimensão europeia dos direitos concretamente requerendo proteção à luz de Códigos comuns que têm que operar necessariamente sobre bases comuns. Porquanto seja complexa a jurisprudência "multinível" constitui portanto um pressuposto da convivência entre europeus e do definitivo e irreversível abandono das agressividades nacionais da primeira parte do século XX, um modelo ainda que, não obstante a atual crise da integração europeia, outros lugares do mundo estão acompanhando faz tempo, a começar pela América do Sul.

Unificação europeia e precarização do trabalho: o caso italiano[*]

Hugo Cavalcanti Melo Filho[**]

1. INTRODUÇÃO

A Europa experimenta um processo de integração há mais de 60 anos. Primeiro foram removidas barreiras aduaneiras, depois obstáculos à circulação de bens e pessoas e, por fim, foi promovida a união monetária. O entusiasmo marcou a superação de cada uma dessas etapas, uma vez que o propósito final declarado seria o fim das guerras internas, a ampliação da capacidade de competitividade europeia no cenário internacional e a elevação das condições de vida dos cidadãos.

Não foi o que aconteceu, entretanto. Não ocorreu a esperada alavancagem da Europa, seja quanto ao crescimento, seja quanto à competitividade, seja quanto ao bem-estar da população, o que cedeu espaço a incertezas e, mais recentemente, à desilusão.

Com efeito, desde a década de 1990 a Europa tem crescido vagarosamente e o PIB per *capita* corresponde a cerca de 66% do PIB *per capita* dos Estados Unidos[1]. O mais grave: as taxas de desemprego são elevadíssimas, a despeito das reformas precarizantes levadas a efeito, inclusive no campo previdenciário, em contraste com o envelhecimento da população.

A Itália, uma das quatro maiores nações da Europa Ocidental sofre de todos os problemas mencionados. Para exemplificar, em 2005, o crescimento italiano foi negativo, tendência que se manteve até 2014, e vem suportando enormes déficits orçamentários e em sua balança comercial, aumento da dívida e taxas de desemprego maiores do que a Europa, especialmente entre os jovens e as mulheres, circunstância ainda mais agravada no sul italiano. Milhares de imigrantes acorrem ao território italiano, notadamente oriundos da Albânia e do Norte da África. A produção industrial é prejudicada pela concorrência estrangeira[2].

Este trabalho procura explicar as razões pelas quais a unificação europeia, longe de promover os resultados econômicos e o bem-estar social almejado,

---

(*) Texto elaborado a partir de estudos realizados em estágio pós-doutoral na Università degli studi di Roma I, "La Sapienza", em julho de 2015.
(**) Juiz do Trabalho Titular da 12.ª Vara do Trabalho do Recife; Professor Adjunto de Direito do Trabalho da Universidade Federal de Pernambuco; Professor Titular de Direito do Trabalho da Escola Superior da Magistratura Trabalhista de Pernambuco; Coordenador dos Cursos de Pós-Graduação em Direito Público e em Direito do Trabalho, Processo do Trabalho e Direito Previdenciário promovidos pelo Instituto dos Magistrados do Nordeste; Especialista em Direito Constitucional pela Universidade de Salamanca (Espanha); Mestre e Doutor em Ciência Política pela Universidade Federal de Pernambuco; Membro da Academia Pernambucana de Direito do Trabalho; Presidente da Associação Latino-Americana de Juízes do Trabalho; Vice-presidente do Instituto Ítalo Brasileiro de Direito do Trabalho; Vice-presidente da Associação Luso-brasileira de Juristas do Trabalho.
(1) Dados disponíveis em <http://www.indexmundi.com/g/g.aspx?c=it&v=66&l=pt>. Vários acessos.
(2) Cf. Vietor (2008:272).

conduziu os Estados europeus a uma situação de fragilidade econômica e de desproteção social, com foco, especialmente, na situação italiana.

2. ANTECEDENTES E CONSOLIDAÇÃO DA UNIÃO EUROPEIA

Historicamente, a Comunidade Europeia surge como resposta às dificuldades que enfrentaram os países europeus, após a tragédia da Segunda Guerra Mundial, da qual emergiram duas potências mundiais, os Estados Unidos da América e a União das Repúblicas Socialistas Soviéticas. A fragilidade dos Estados europeus, desmantelados política e economicamente, vis-à-vis das novas potências, foi o que abriu ensanchas à reintrodução da ideia de unidade, baseada em uma nova ordem europeia.

Cumpre registrar que a renovação dessas ideias tinha por escopo a busca de poder político e econômico, especialmente o propósito de reconstrução da Europa e a necessidade de coordenação aduaneira, tudo confluindo para a integração regional. Portanto, naquele contexto, não foram consideradas questões sociais ou de bem-estar, aspecto que, por muito tempo, não foi levado em conta.

De qualquer modo, o ideal de unificação, considerados os horrores das Guerras Mundiais, não se podia mais fundar em projetos de conquista, pela força. Esforços diplomáticos haveriam de ser empreendidos nesse desiderato, os quais originaram, efetivamente, arranjos de cooperação e integração.

Ainda no curso da Guerra, em 1943, Bélgica, Luxemburgo e Holanda firmaram um acordo destinado ao fortalecimento e regulamentação das suas relações econômicas, de natureza basicamente monetária. Este acordo inicial ensejou a assinatura de um segundo acordo, agora com objetivo5s aduaneiros, para a criação do que foi denominado BENELUX, a rigor, uma comunidade tarifária que entrou em vigor no ano de 1948[3].

Em 1949, aos três países se somaram Alemanha, Itália e França para a criação do Conselho da Europa, que representou importante iniciativa na consolidação do propósito de cooperação entre aqueles Estados[4].

A partir das linhas gerais do Plano Schuman[5], os seis estados europeus firmaram, em Paris, no dia 18 de abril de 1951, o Tratado Constitutivo da primeira comunidade: a Comunidade Europeia do Carvão e do Aço, (CECA), segundo o qual as indústrias de carvão e aço passariam a produzir de acordo com uma só autoridade[6].

Posteriormente, em 25 de março de 1957, foram firmados em Roma os Tratados Constitutivos da Comunidade Econômica Europeia (CEE), que criou o mercado comum (livre circulação de pessoas, serviços e mercadorias) e da Comunidade Europeia de Energia Atômica (EURATOM)[7].

A partir de então, as Comunidades sofreram importantes modificações. Por uma parte, aos seis membros iniciais (Bélgica, França, Holanda, Itália, Luxemburgo e República Federal da Alemanha) se uniram outros nove Estados: Dinamarca, Irlanda e Gran Bretanha, em 1973; Grécia, em 1981, Portugal e Espanha em 1986[8]. Depois, o Tratado de Roma foi alterado algumas vezes. A primeira modificação se deu com o Ato Único Europeu, assinado em Luxemburgo, em vigor a partir de 1 de julho de 1986[9], que reintroduziu o voto majoritário no Conselho Europeu.

Em 7 de fevereiro de 1992 foi assinado o Tratado da União Europeia – TUE (Tratado de Maastricht – Holanda)[10]. O TUE entrou em vigor no dia 1º de novembro de 1993. Com ele, a Comunidade Europeia passou a fazer parte de uma rede institucional ainda mais complexa: a União Europeia. Esta acolhe em seu seio as Comunidades Europeias (primeiro pilar) e outros pilares que se configuram como instrumentos de cooperação entre os Estados Membros: um em matéria de política exterior e segurança comum (PESC), e outro de cooperação policial e judicial em matéria penal. Dos três pilares, apenas o das Comunidades Europeias observa o princípio da integração, posto que os outros, ainda que intimamente ligados

---

(3) Tratados BENELUX. Disponível em <http://www.benelux.int>. Vários acessos.
(4) Conselho da Europa. Dados disponíveis em <http://www.coe.int>. Vários acessos.
(5) Em 9 de maio de 1950, Robert Schuman, ministro francês dos Negócios Estrangeiros, apresenta o seu plano para uma cooperação aprofundada. A data passou a ser considerada o "Dia da Europa".
(6) Cf. Termo de vigência do Tratado CECA. Disponível em <http://europa.eu>. Vários acessos.
(7) Cf. Tratado que institui a Comunidade Europeia da Energia Atómica (Euratom). Disponível em <http://eur-lex.europa.eu/legal-content/PT/TXT/?uri=URISERV%3Axy0024>. Vários acessos.
(8) Em 1995, ingressaram na União Europeia Áustria, Finlândia e Suécia. Em 2004, República Checa, Chipre, Eslováquia, Eslovénia, Estónia, Hungria, Letónia, Lituânia, Malta e Polónia. Em 2007, Bulgária e Roménia. Cf. União Europeia. Disponível em <http://europa.eu/about-eu/countries/member-countries/index_pt.htm>. Vários acessos.
(9) Cf. Ato Único Europeu. Disponível em <http://europa.eu/eu-law/decision-making/treaties/index_pt.htm>. Vários acessos.
(10) Cf. Tratado da União Europeia. Disponível em <http://europa.eu/eu-law/decision-making/treaties/index_pt.htm>. Vários acessos.

a este, observam o princípio tradicional da cooperação entre os Etados. Além destes temas (estrutura de três pilares da política comunitária) o TUE fixou os parâmetros para unificação monetária europeia. É importante mencionar que o Tratado de Maastricht alterou a antiga denominação "Comunidade Econômica Europeia" pela designação "Comunidade Europeia". Assim, passaram a existir, concomitantemente, a Comunidade Europeia e a União Europeia[11].

A União Européia seguiu se modificando, intensificando o fato mesmo da integração mediante a assunção de novas competências e mediante sua ampliação a novos países. Prova disso foi a aprovação dos tratados de reforma: o Tratado de Amsterdã e o Tratado de Nice (2001), que pretendeu introduzir novas e profundas reformas, em especial no âmbito insitucional, e preparar a ampliação da União Europeia, cuja preparação correspodeu a uma "convenção" e deveria desembocar em um novo tratado, pelo qual seria instituída uma "Constituição Europeia"[12].

O propósito foi obstruído pela rejeição do Tratado estabelecendo uma Constituição para a Europa (Tratado de Roma – 2004), em referendos populares na França e na Holanda, em 2005.

O último Tratado europeu, o de Lisboa, de 13 de dezembro de 2007, adotado para superar a situação de incerteza determinada pela rejeição do Tratado constitucional por franceses e holandeses, buscou incorporar, em forma atenuada, o legado político institucional deste[13].

3. DIMENSÃO ORGÂNICA DA UNIÃO EUROPEIA

A União Europeia é composta por quatro órgãos principais: a Comissão Europeia, o Conselho de Ministro, o Parlamento Europeu e o Tribunal de Justiça. A Comissão exerce uma função executiva ou administrativa da União Europeia. Com o Tratado de Lisboa, a composição da Comissão foi reduzida, pois até então era formada por um membro por Estado-Membro e, a partir de 2014, passou a dois terços dos Estados-Membros. O Presidente é eleito pelos países membros, para um mandato de cinco anos, admitida uma reeleição. As competências centrais da Comissão são: dar início a todas as propostas da União, representar a União nas negociações de comércio internacional, administrar o orçamento, fiscalizar a aplicação das diretivas e investigar as infrações aos tratados da União Europeia.

O Conselho de Ministros é o principal organismo deliberativo da União Europeia. Embora não possa propor normas, tem poder para aprovar, emendar ou rejeitar as propostas da Comissão. É formado por ministros de cada governo nacional, mas não em caráter permanente, senão convocado para o trato de assuntos específicos. A depender do tema, formará o Conselho o ministro da pasta correspondente no Estado de origem. O presidente do Conselho tem competência para definir a agenda do órgão. Depois do Tratado de Lisboa, a Presidência rotativa do Conselho passou a ter o prazo de 18 meses, compartilhada por um trio dos Estados-membros[14], a fim de assegurar uma maior continuidade. À exceção do Conselho dos Negócios Estrangeiros, que passa a ser presidido pelo recém-criado cargo de Alto-Representante para a Política Externa e de Segurança.

O Parlamento Europeu era composto, originalmente, por 626 membros, composição que foi ampliada em 2004. Com o Tratado de Lisboa, o número de membros passou de 785 para 751[15], eleitos diretamente pelos cidadãos de cada país. As reuniões do Parlamento ocorrem em Bruxelas e Estrasburgo. Assim como o Conselho, o Parlamento tem competência para rejeitar as propostas orçamentárias da Comissão. Pode, inclusive, rejeitar a composição da Comissão, por voto de desconfiança. Desde 1992, toma decisões conjuntas com o Conselho, em determinadas matérias, como a livre circulação de trabalhadores, de produtos, entre outros. O Tratado de Lisboa ampliou a possibilidade de codecisões para novas áreas políticas[16].

O Tribunal de Justiça é composto por um juiz de cada país e tem por função a interpretação dos tratados e diretivas da União Europeia e uniformização da

---

(11) Idem. Ibidem.
(12) Cf. Tratado que estabelece uma Constituição para a Europa (projeto). Disponível em <http://eur-lex.europa.eu/collection/eu-law/treaties--other.html?locale=pt>. Vários acessos.
(13) Cf. Tratado de Lisboa. Disponível em <http://europa.eu/eu-law/decision-making/treaties/index_pt.htm>. Vários acessos. No mesmo sentido, Santoro-Passarelli (2013:2).
(14) Exceto o Conselho dos Negócios Estrangeiros, que passa a ser presidido pelo ocupante do cargo de Alto-Representante para a Política Externa e de Segurança. Cf. Tratado de Lisboa. Ibidem.
(15) Por exemplo, a Alemanha tem 96 cadeiras e a Itália 73. Cf. Parlamento Europeu. Composição. Disponível em <http://europa.eu/about-eu/institutions-bodies/european-parliament/index_pt.htm#goto_2>. Vários acessos.
(16) Cf. Tratado de Lisboa. Disponível em <http://europa.eu/eu-law/decision-making/treaties/index_pt.htm>. Vários acessos.

aplicação das normas comunitárias. As decisões do Tribunal prevalecem sobre as leis nacionais[17].

O Conselho Europeu de Chefes de Governo ou Chefes de Estado foi separado do Conselho da União Europeia, este formado pelos ministros de Estado da pasta correspondente ao tema em discussão. O presidente do Conselho Europeu será eleito por seus pares, para um mandato de dois anos, sem necessidade de aprovação pelo Parlamento.

4. O DIREITO COMUNITÁRIO: CONCEITO, FONTES, PRINCÍPIOS E CARACTERÍSTICAS

Conforme salienta Sandulli (2013:41), muitas normas de direito do trabalho provêm do direito internacional ou do direito comunitário.

Impõe-se, então, inicialmente, uma diferenciação entre o direito internacional e o direito comunitário, assinalando que enquanto o direito internacional é o direito típico da coexistência ou cooperação, o direito comunitário é o direito da integração.

Ainda na lição de Sandulli (*ibidem*:m.p.) "o primeiro [direito internacional] produz norma que só pode penetrar no ordenamento nacional através de lei de ratificação e de execução de tratado que a contêm; o segundo [direito comunitário], com base em uma limitação preliminar de soberania dos Estados Partes da União Europeia, também produz normas que atuam diretamente no ordenamento nacional, prevalecendo sobre o interno".

A União Europeia se constitui em um autêntico ordenamento jurídico que há de conviver e coordenar-se com os ordenamentos dos Estados Membros. O ordenamento comunitário, em primeiro lugar, está composto de uma variedade de fontes de alcance e natureza distintas. As normas básicas do ordenamento comunitário são, como é lógico, os Tratados Constitutivos (Tratado da União Europeia – TUE e Tratado de Funcionamento da União Europeia – TFUE, além da Carta de Direitos Fundamentais da União Europeia – Carta de Nice), que atuam como uma espécie de constituição da comunidade e que formam o núcleo do denominado "direito originário" ou "primário".

Abaixo desse se situa o "direito derivado", integrado por uma variedade de fontes, entre as quais se destacam dois instrumentos de ação normativa: diretivas e regulamentos. As diretivas comunitárias são normas de caráter geral que pretendem fixar as grandes linhas de regulação de uma matéria, assim como os objetivos que devem alcançar os Estados membros, que são responsáveis pela complementação dessa regulação. De acordo com o TFUE, "a diretiva obrigará o Estado membro destinatário quanto ao resultado que se deve conseguir, deixando, entretanto, às autoridades nacionais a escolha da forma e dos meios" (art. 288, antigo art. 249/TCE). Os regulamentos, que não devem ser confundidos com as normas internas de mesma denominação, tendem a esgotar a regulação de um assunto sem deixar margem de ação aos Estados, ou deixando a estes uma margem de discricionariedade mínima; segundo o art. 288 do TFUE (antigo art. 249/TCE), "o regulamento terá um alcance geral. Será obrigatório em todos os seus elementos e diretamente aplicável a cada Estado membro"[18].

Além dos tratados, diretivas e regulamentos existem outras fontes jurídicas, de caráter geral ou particular, emanadas dos órgãos comunitários: acordos internacionais, decisões, recomendações, atos atípicos, etc.

A existência de um ordenamento próprio da União Europeia e que, como tal, espraia seus efeitos em todos os Estados membros, projeta numerosos problemas de articulação com os ordenamentos nacionais, gerando, em alguns momentos, conflitos entre as normas e princípios de um e outros. Ambos os ordenamentos são ordenamentos autônomos, com campos de atuação próprios, como vêm decidindo os tribunais europeus.

Pietro Magno (2000:313) acrescenta a isso o problema da má qualidade da redação da legislação comunitária, derivada da necessidade de fixar compromissos comuns para os Estados membros que adotam distintas posturas normativas internas. Essa característica é considerada um importante problema pelo autor, porque dificulta o conhecimento da legislação pelos europeus. Para Magno, "isto é tanto mais evidente quando se tem em conta que os textos são tudo menos um modelo, com repetições, obscuridade, até mesmo contradições, bem como acréscimos e distinções com protocolos depois firmados" (*ibidem*).

Não é por outra razão que Foglia e Santoro Passarelli (2000:59) sustentam que um discurso sobre a relação entre as fontes do direito comunitário e do direito nacional não pode prescindir da análise das diretrizes da jurisprudência comunitária e soluções para os problemas relacionados à efetiva eficácia, especialmente, das diretivas, que impõem um prazo para que seja alcançado, por algum meio, discricionariamente eleito pelo legislador nacional, o que foi determinado na norma comunitária.

---

(17) Vietor (2008:275) informa que "em numerosos casos, as empresas e os Estados desconsideram as decisões do Tribunal".
(18) Cf. TFUE. Disponível em <http://noticias.juridicas.com/base_datos/Admin/ttce.p6t1.html>. Vários acessos.

Segundo os autores citados, não são incomuns diferentes apreciações feitas por Tribunais de Justiça a respeito do efeito direto de uma mesma disposição de diretiva, o que confirma as dificuldades – e, até, a contradição – do iter interpretativo dos Tribunais de Justiça, e alerta para a exigência de se garantir, nas leis dos Estados membros, a efetividade do direito comunitário (ibidem: 62).

Sobreleva, neste contexto, a importância dos princípios do Direito Comunitário, seja na função descritiva, seja na normativa. Dois são os grandes princípios que informam a articulação entre o ordenamento comunitário e o ordenamento do Estado membros: o princípio do efeito direto e o princípio da primazia do Direito Comunitário.

5. UNIFICAÇÃO EUROPEIA, CRISE ECONÔMICA E DESPROTEÇÃO SOCIAL

No livro Império, sob a sugestiva epígrafe *"Finis Europae"*, Hardt e Negri (2001:397-403), inspirados em Wittgenstein, analisam o desenvolvimento da crise da Europa e salientam que "toda teoria da crise do homem europeu e do declínio da ideia de Império europeu é, em certa medida, sintoma da nova força vital das massas, ou como preferimos dizer, do desejo da multidão". Após aprofundado exame do declínio europeu, a partir do final do século XIX, os autores indicam que, especialmente a partir do projeto New Deal, para superação da crise dos anos de 1930, "tão diferente dos projetos políticos e culturais europeus para responder à crise e tão mais liberal", "os europeus em crise deixaram-se enfeitiçar por esse canto da sereia de um novo Império", porque "a recusa da consciência europeia em reconhecer o declínio geralmente tomou a forma de projetar sua crise sobre a utopia americana". Acrescentam que, assim, "a hegemonia americana sobre a Europa, fundada em estruturas financeiras, econômicas e militares, ficou parecendo natural graças a uma série de operações culturais e ideológicas".

Em obra de 1957, Baran (apud MÉZÁROS, 2003:34) transcreveu matéria do *The Economist* de Londres, de 17.11.57, afirmando que "precisamos [Grã-Bretanha] aprender que já não somos iguais aos americanos, nem temos condições de sê-lo. Temos o direito de declarar nossos interesses nacionais mínimos e esperar que os americanos respeitem. Mas, uma vez isso feito, devemos seguir a liderança deles". A matéria dá a exata dimensão das condições em que o ideal de unificação europeia foi levado a efeito, a partir de então. Como registrou Baran (1957, *apud* MÉZÁROS, 2003:45) "os orgulhosos donos dos impérios coloniais foram reduzidos à condição de 'sócios minoritários' do imperialismo americano".

Mézáros (2003:46) resume a questão com maestria:

> Assim, dada a inexorabilidade do capital, era apenas uma questão de tempo até que o dinamismo do sistema atingisse, também no nível das relações entre os Estados, o estágio em que uma única potência hegemônica submetesse todas as menos poderosas, independentemente do tamanho, e afirmasse seu direito exclusivo – em última análise insustentável e extremamente perigoso para o conjunto da humanidade – de ser o Estado do sistema do capital por excelência.

Hardt e Negri (2001:285-310) obtemperam que, no período do pós-guerra, a administração capitalista do desenvolvimento industrial foi definida, quanto à forma e ao conteúdo, na conferência de Bretton Woods, em New Hampshire, em 1944. O sistema definido baseava-se em três elementos centrais: a hegemonia econômica dos Estados Unidos sobre todos os países não socialistas, garantida pela escolha de um modelo de desenvolvimento liberal, a partir de uma relativa liberdade de comércio e pela manutenção do ouro como garantia do poder do dólar[19]; depois, a exigência de acordo de estabilização monetária entre os Estados Unidos e os outros países capitalistas dominantes, especialmente os da Europa, o que permitiu que a reforma nos países capitalistas europeus fosse financiada pelo sistema monetário do dólar; em terceiro lugar, o estabelecimento der uma relação "quase imperialista" dos Estados Unidos com todos os países subordinados não socialistas, que gerou superlucros para os primeiros, os quais puderam garantir a estabilização e a reforma da Europa e do Japão, no pós-guerra. Após Bretton Woods, o controle dos sistemas monetários foi entregue a uma série de organizações governamentais e reguladoras, como o Fundo Monetário Internacional, o Banco Mundial e o Federal Reserve dos Estados Unidos.

Ocorre que o sistema acima explicitado entrou em crise, a partir do final da década de 1960, com a continuidade das lutas operárias e o consequente aumento dos custos da estabilização e do reformismo (nos EUA, na Europa e no Japão), bem como em face das lutas anti-imperialistas e anticapitalistas nos países periféricos (que impediram a manutenção do superlucro imperialista). Com isso, a balança comercial

---

[19] Os autores observam que, à época, os Estados Unidos possuíam cerca de um terço de todo o ouro do mundo.

dos Estados Unidos com a Europa e o Japão passou a favorecer a estes últimos. Foi então que, em 17 de agosto de 1971, o presidente Richard Nixon resolveu desvincular o dólar do padrão ouro e agregou uma sobretaxa de 10% a todas as importações da Europa para os Estados Unidos. Com isso, como registram Hardt e Negri (ibidem:m.pp.), "Todo o débito americano foi, efetivamente, levado para a Europa. Essa operação só foi possível graças ao poder econômico dos Estados Unidos, que assim fizeram lembrar aos europeus os termos iniciais do acordo, sua hegemonia como o ponto mais alto de exploração e comando capitalista".

Na mesma linha, István Mézáros (2009:42) registra que não se deve esquecer que o governo norte-americano descumpriu seu compromisso relativo à conversibilidade do dólar ao ouro "sem a menor atenção para com o interesse daqueles diretamente atingidos por tal decisão e, de fato, sem a mínima preocupação com as severas implicações de sua ação unilateral para o futuro do sistema monetário internacional".

A crise tornou-se estrutural na década de 1970 e trouxe em sua esteira o seu poder transformador. Como explicam Hardt e Negri (2001:287-290), no intuito de aplacar as lutas operárias e reassumir o comando, o capital trilhou dois caminhos, concomitantemente: a opção repressiva e a mudança da composição do proletariado. Pela primeira via, promoveu a desagregação do mercado de trabalho e o controle integral do ciclo de produção. Controlando a mobilidade e a fluidez sociais, o capital "privilegiou organizações que representavam um salário garantido para uma porção limitada da força de trabalho, fixando esse segmento da população dentro de suas estruturas e forçando a separação entre esses trabalhadores e as populações mais marginalizadas". Na segunda vertente, o capital promoveu uma transformação tecnológica, para integrar e dominar a nova composição do proletariado e obter lucros com suas novas práticas e formas. Como afirmam os autores citados, "uma mudança de paradigma era necessária para projetar o processo de reestruturação em conformidade com a mudança política e tecnológica. Em outras palavras, o capital teve de enfrentar a nova produção de subjetividade do proletariado e a ela reagir". Assim, novos mecanismos de reestruturação disciplinar foram criados.

Com efeito, com as transformações subjetivas da força de trabalho, nas décadas de 1960 e 1970, os trabalhadores ampliaram os poderes sociais do trabalho e aumentaram o valor da força de trabalho, delinearam novas demandas a serem atendidas pelo bem-estar social e pelo salário. Esses "novos circuitos de produção de subjetividade" despertaram a consciência capitalista para a necessidade de mudança do paradigma produtivo, uma "mobilização pós-moderna da nova força de trabalho" (idem, ibidem: 290).

Castells e Aoyama (1994:13, *apud* Hardt e Negri, 2001:307) apontaram dois modelos básicos de projetos de pós-modernização, a partir de 1970, nos países do G7: modelo de economia de serviço e modelo infoindustrial. O primeiro, adotado por Estados Unidos, Reino Unido e Canadá, corresponde a uma consistente e célere redução dos empregos na indústria e ampliação proporcional de postos de trabalho no setor de serviços. O segundo, levado a efeito por Japão e Alemanha, se caracteriza pela redução mais lenta dos postos de trabalho na indústria e pela informatização industrial. Os dois caminhos levam à informatização da economia e à redução dos empregos.

Mézáros (2003:22) esclarece que, após as décadas de ascensão contínua do sistema do pós-guerra, com o final da "Guerra Fria" a questão do desemprego foi alterada substancialmente, porque deixou de se limitar a um "exército de reserva", a ser ativado nos momentos de expansão produtiva do capital, para assumir um caráter crônico, o chamado "desemprego estrutural". Nesse quadro, não existe liberdade de escolha econômica. Ou bem o trabalhador se submete "às ordens emanadas dos imperativos expansionistas do sistema" ou bem ao desemprego. Daí não se poder falar em liberdade política, uma vez que esta se resume "à aceitação amargamente resignada das consequências de um consenso político que se estreita cada vez mais".

Em obra mais recente, Mézáros (2009:83) indica que, durante as décadas de 1980 e 1990, a crescente crise de dominação econômica dos Estados Unidos e suas consequências, como "a erupção de grandes contradições no interior da Comunidade Econômica Europeia, ameaçando-a de colapso", foi um dos desenvolvimentos que sublinharam a ação de forças que definem a crise estrutural do capital que se aprofunda.

Chomsky (2002:26) lembra que economistas eminentes alertaram "que esse processo conduziria a uma economia de baixo crescimento e baixos salários, sugerindo medidas bastante simples para evitá-los. Mas os grandes arquitetos do Consenso de Washington optaram pelos efeitos previsíveis, que incluem lucros elevadíssimos".

O Consenso de Washington é um conjunto de princípios orientados para o mercado, traçados pelo governo dos Estados Unidos e pelas instituições financeiras internacionais que eles controlam, em 1989, e por eles mesmos implementados de formas diversas, geralmente como rígidos programas de ajuste estrutural. Segundo Chomsky (ibidem:22), "Resumidamente, as suas regras básicas são: liberalização do mercado e do sistema financeiro, fixação dos preços pelo mercado ('ajuste de preços'), fim da inflação ('estabilidade macroeconômica') e privatização". Tudo isso, claro, com mínima intervenção estatal.

Chomsky (ibidem:m.p.) considera que "os grandes arquitetos do Consenso [neoliberal] de Washington são os senhores da economia privada, em geral empresas gigantescas que controlam a maior parte da economia internacional e têm meios de ditar a formulação de políticas e a estruturação do pensamento e da opinião".[20]

Para que se tenha ideia do resultado das políticas aplicadas, em 1971, antes de Nixon alterar todo o equilíbrio do sistema econômico global pós-guerra, "90 por cento das transações financeiras internacionais tinham alguma relação com a economia real [...] Em 1995, cerca de 95 por cento de um valor total imensamente maior era de natureza especulativa[...]" (Chomsky, 2002:26)

Os lucros continuavam elevadíssimos em 1996, "com um notável crescimento nas maiores empresas do mundo, apesar de haver 'uma área onde as companhias globais não estão se expandindo muito: as folhas de pagamento". Isso porque a "economia de força de trabalho foi substituída por trabalhadores temporários sem direitos nem garantias trabalhistas, ou seja, o comportamento que se poderia esperar de 'quinze anos de clara subjugação do trabalho pelo capital" (idem, ibidem: m.p.).

Foi, portanto, no contexto da evolução da economia no pós-guerra, sucintamente abordada nas linhas transatas, que se operou o fim da hegemonia europeia e se consolidou a crise no continente, ao tempo em que se constituía o que Mézáros (2003) denomina de imperialismo global hegemônico dos Estados Unidos, marcada por uma suposta igualdade democrática. Este foi o cenário no qual se processou a unificação da Europa.

Assim é que, depois de operar sem maiores transtornos durante uma década, os proponentes da unificação europeia deram um passo importante no sentido da integração, com a formação do Sistema Monetário Europeu, em 1979. O SME era de tipos de câmbios "fixos, mas ajustáveis" e se destinava exatamente a isolar o comércio intraeuropeu dos efeitos das bruscas flutuações nos tipos de câmbio, assim como promover uma maior convergência macroeconômica.

Durante a década de 1980, o SME parecia funcionar adequadamente, reduzindo a inflação na França e na Itália e minimizando os diferenciais de inflação entre os oito países membros de então. Até 1991, a inflação média dos oito países do SME havia caído a 3,6%, depois dos elevados 12,2% de 1981. (Vietor, 2008:276)

Em 1985, a Comissão das Comunidades Europeias publicou o "Livro Branco"[21] em que se definia um programa para completar a integração dos mercados europeus até 1993. Propunha 282 objetivos para integrar e harmonizar regras, serviços e pessoas, desregulamentação que deveria eliminar custos e fomentar a eficiência e a competitividades, para criar uma Europa mais forte e próspera.

Naquele momento, a Europa – como mencionado anteriormente – estava sob a pressão competitiva acentuada por parte do Japão e dos Estados Unidos. O PIB de ambos os países crescia com maior rapidez do que o da Europa. Tinham menor inflação e uma taxa de desemprego significativamente mais baixa (Vietor, ibidem:277).

O Ato Único Europeu, de 1985[22], modificou o Tratado de Roma original e estabeleceu como objetivo principal a criação de um mercado financeiro comum. Por outro lado, a Comissão das Comunidades Europeias acreditava que o estabelecimento de um mercado comum de serviços era uma das principais condições para a retomada da prosperidade econômica.

A integração dos mercados prevista para ser concluída em sete anos foi substancialmente mais lenta. Até o final de 1998, a Comissão havia emitido 1.374 diretivas e preparava mais outras tantas. Os estados membros se esforçaram para transpor as diretivas à ordem jurídica interna, com taxa de êxito que variava de 94,5% (Portugal) a 99,3% (Finlândia) (Vietor, ibidem:280).

A estandardização das diversas regulações e a harmonização por ela pretendida, em tese, obrigaria uma racionalização dos ativos ineficientes, para aumentar a competição e reduzir os custos, o que, por sua vez, levaria à restrição da dispersão dos preços dos produtos entre os países membros. A integração nos mercados de produtos ocorreu, porém mais lentamente do que previsto.

Paralelamente, ocorreu a integração dos mercados de capital. As Diretivas de Coordenação Ban-

---

(20) Relatório da ONG internacional Oxfam, divulgado em 18.1.16, revelou que o patrimônio do pequeno grupo de bilionários que compõem o 1% mais rico do mundo ultrapassou, em 2015, a riqueza de 99% da população mundial. Fonte <https://www.brasil247.com/pt/247/mundo/213656/Riqueza-dos-1-mais-ricos-supera-a-de-99-no-mundo.htm>.
(21) Livro Branco (1985). Disponível em <http://europa.eu/documents/comm/white_papers/pdf/com1985_0310_f_en.pdf>. Vários acessos.
(22) Cf. Ato Único Europeu. Disponível em <http://europa.eu/eu-law/decision-making/treaties/index_pt.htm>. Vários acessos.

cária de 1977 e 1986 buscaram a racionalização e a competitividade da banca, abolindo as restrições nos movimentos de capital entre pessoas residentes nos estados membros. Outras medidas foram adotadas até o início da década de 1990, com resultados positivos para os bancos.

Mas o progresso alcançado nos mercados de produtos e de capitais não foi acompanhado por avanços no mercado de trabalho. As baixas taxas de emprego e os níveis persistentemente altos de desemprego estrutural, especialmente entre mulheres e jovens, eram sintomas críticos. Do começo da década de 1970 até 1994, a taxa de emprego europeia havia caído de 66% a 60%. Durante a década de 1990, a taxa média de desemprego nos – então – quinze países membros da União Europeia fora de 10,5%. Some-se a isso importantes diferenças de níveis de salário mínimo e de benefício sociais entre os países membros (Vietor, ibidem:284-285).

Durante a década de 1990, com arrimo em diretivas, centenas de reformas laborais foram levadas a cabo nos diversos membros da União Europeia, sem efeitos positivos para os trabalhadores.

A união monetária, que seria conduzida a partir do Tratado de Maastricht, trouxe ainda mais dificuldades. O compromisso dos líderes políticos dos principais países europeus com a união monetária os levou a reduzir radicalmente os orçamentos. Alguns países não conseguiram manter a paridade de suas moedas na estreita faixa de flutuação de 2,25% prevista no tratado – sob pena de crescimento de taxas de juros e recessão –, o que determinou a ampliação da banda de flutuação para 15%, em 1995. A dívida pública continuou sendo um grande problema para a maioria dos países membros. Na Itália, a dívida pública era de 119% do PIB, em 1998, enquanto o tratado exigia a redução a 60% do PIB (Vietor, ibidem:286-288).

Depois de conseguir a União monetária, em 1999, a Europa alcançou um crescimento anual do PIB de 2,5%, naquele ano, e 3,5%, em 2000. Mas a partir de setembro de 2001, o euro se valorizou excessivamente. As exportações caíram e o crescimento baixou a 0,5% do PIB em 2003. O déficit orçamentário era realidade em diversos países, como na Itália que, por cima, estava em recessão. O desemprego havia subido de forma brusca, sobretudo na França e na Alemanha.

A surpresa e a indignação expressas no texto de Jacques Généreux (1998:15), a seguir transcrito, revela o espírito europeu com os caminhos da União, no limiar do século XXI:

Também éramos pró-europeus e agora chegamos a ponto de não suportar mais a Europa. É claro que, antes, víamos a construção europeia com olhos mais favoráveis, porque pouco afetava nossas vidas, pelo menos quando não se é agricultor, pescador ou exportador. Talvez estivéssemos apenas traumatizados pelos anos 40 e muito ávidos de amizade entre povos por tanto tempo fratricidas. (...) A ponto de ratificar, em quinze países, um tratado de Maastricht que não tínhamos lido, que não tínhamos compreendido, do qual ninguém nos havia falado antes de sua negociação e assinatura. (...) Só para não derrubar a construção europeia (...).

Mas a opinião pública e sua inclinação pró-europeia foram enganadas. Esperávamos que a Europa fosse o instrumento de crescimento, de emprego, de segurança externa, de um modelo social diferente do "modelo" americano. E eis que estamos entregues à Europa do arrocho, do desemprego, da impotência externa e da mínima proposta social.[23]

Viviane Forrester (1997:93), em uma das obras mais discutidas no final da década de 1990, procura explicar as razões para os rumos inesperados da Europa:

"O Banco Mundial vai direto ao fato, sem cerimônias nem circunlóquios: 'Uma flexibilidade aumentada do mercado de trabalho – a despeito de sua má reputação, já que a expressão é um eufemismo que remete a reduções de salário e a demissões – é essencial para todas as regiões que empreendem reformas em profundidade'. O FMI vai ainda mais longe: 'Os governos europeus não devem deixar que os temores suscitados pelas consequências de sua ação sobre a distribuição de renda os impeçam de lançar-se com audácia numa reforma profunda dos mercados de trabalho. A flexibilização destes últimos passa pelas mudanças do seguro-desemprego, do salário mínimo legal e das disposições que protegem o emprego'.

(...)

"Mas a OCDE sabe como lidar com essas pessoas que só trabalham pressionadas pela miséria. Seu relatório sobre o emprego e sobre as 'estratégias' preconizadas para obter 'a presteza dos trabalhadores', como já vimos, é dos mais explícitos. Ademais, 'muitos empregos novos são de baixa

---

(23) Na mesma linha, a observação de Viviane Forrester (1997:34): "(...) vejam, por exemplo, uma cidade de luxo, moderna, sofisticada, Paris, onde tantas pessoas, pobres antigos e pobres novos, dormem ao relento, almas e corpos arruinados pela falta de comida, de cuidados, de calor e também de presença, de respeito."

produtividade... Eles só são viáveis combinados com um salário muito baixo'. Mas isso atua sobre uma gama infinitamente mais ampla de empregos, portanto 'uma proporção importante de assalariados ficará sem emprego, a menos que os mercados de trabalho se tornem mais flexíveis, particularmente na Europa".

A crise financeira mundial, iniciada com colapso do banco estadunidense Lehman Brothers, atingiu o seu ponto culminante em setembro de 2008 e agravou os problemas dos países periféricos, do sul da Europa, denominados PIGS (Portugal, Irlanda, Grécia e Espanha) e, depois, GIPSI (com a inclusão da Itália).

A fim de reduzir os impactos da crise sobre as respectivas economias, os países mencionados promoveram ajuda financeira aos setores mais críticos, injetando bilhões de euros. A previsão era de que os pacotes de ajuda evitariam demissões de trabalhadores e mitigariam as drásticas consequências das turbulências no setor financeiro. Ocorre que essas ajudas determinaram a redução da arrecadação dos governos e a ampliação do déficit orçamentário que, nos GIPSI, é muito superior ao tolerado pelas regras da União Europeia (3% do PIB, como visto).

O caso da Grécia é o mais complicado, "porque o país já vinha apresentando, antes da crise financeira mundial, problemas fiscais e alto endividamento público. A dívida grega é maior do que o próprio PIB (Produto Interno Bruto, a soma de tudo que uma nação produz) do país"[24]. Com a crise mundial, o país sofreu com acentuada queda de arrecadação de impostos, decorrente da falência de empresas, aumento do desemprego e queda do consumo.

A União Europeia, como condição para aprovação de pacotes de socorro, suportados, especialmente, pela Alemanha, impõe a adoção de medidas austeras, nomeadamente aumento de impostos e reduções de salários.

Em maio de 2010, o Parlamento grego anunciou cortes orçamentários de 30 bilhões de euros, em três anos. A Itália anunciou um plano de austeridade, no valor de 24 bilhões de euros, para os próximos dois anos. Portugal e Espanha também adotaram pacotes com cortes no orçamento de 2 bilhões de euros e 15 bilhões de euros, respectivamente, em 2010 e 2011[25].

A gravidade da crise é acentuada pela taxa de desemprego, liderada pela Espanha, que beira os 30% da população sem trabalho. Logo após, estão Grécia, Portugal, Irlanda e Itália.

Vicenç Navarro[26], examinando o caso espanhol, sustenta que, como o Banco Central Europeu não empresta dinheiro aos Estados e não os protege frente à especulação dos mercados financeiros, os Estados periféricos da Zona do Euro ficam muito desprotegidos,

"pagando juros claramente abusivos, os quais deram origem à enorme bolha da dívida pública desses países. Isto não ocorre nos EUA. Lá, o FRB protege os estados. A Califórnia possui uma dívida pública tão preocupante quanto a da Grécia, mas isso não asfixia sua economia. A da Grécia, asfixia.

À luz desses dados, torna-se absurda a acusação de que os países periféricos, devido à sua falta de disciplina fiscal, foram os causadores da crise. Espanha e Irlanda mantiveram suas contas públicas superavitárias no decorrer de 2005 a 2007. (...) Na verdade, de 2002 a 2007 a Alemanha registrou déficits públicos maiores que os da supostamente indisciplinada Espanha.

Não foi, pois, a falta inexistente de disciplina, mas a falta de um Banco Central para sustentar sua dívida pública, que causou [na Espanha] o crescimento dos juros da dívida pública – serviços prestados por bancos alemães e outros, beneficiando-se de elevadas taxas de alto risco. O objetivo principal das medidas de corte nos gastos públicos, incluindo gastos sociais, é pagar juros à banca alemã, entre outras. O enorme sacrifício dos países GIPSI não tem nada a ver com a explicação encontrada na mídia e em outros fóruns de difusão do pensamento neoliberal – que atribuem os cortes à necessidade de corrigir os excessos desses países. Eles são para pagar uma banca que controla o BCE (o qual debilita os Estados, ao invés de protegê-los, para que paguem quantias maiores). As evidências são esmagadoras. O famoso resgate da banca espanhola é, em realidade, o resgate da banca europeia, incluindo a alemã, que já investiu mais de 200 milhões de euros em ativos financeiros espanhóis."

E arremata:

"(...) Como bem disse Marx, 'a história da humanidade é a história da luta de classes'. E as crises

---

(24) Cf. Entenda a crise na Europa. Disponível em <http://noticias.r7.com/economia/noticias/entenda-a-crise-na-europa-20100526.html>.
(25) Ibidem.
(26) Cf. NAVARRO Vicenç. Por trás da crise "financeira", a velha luta de classes. Disponível em <http://outraspalavras.net/posts/por-tras-da-crise-financeira-a-velha-luta-de-classes>. Vários acessos.

atuais (da financeira à econômica, passando pela social e política) são um claro exemplo disso.

(...)

Nos países periféricos deveriam ser implantadas, também, políticas de estímulo, revertendo as políticas de austeridade – que além de prejudicar as classes populares contribuem para a recessão. A estas políticas, porém, se oporão os agentes do capital, porque terão seus lucros reduzidos. Portanto, é bem claro. Marx, afinal, estava certo."

O caso italiano sugere uma espécie de inevitabilidade da crise e de suas dramáticas consequências. A análise das mudanças havidas na Itália, feitas especificamente por Hardt e Negri (2001:309), são esclarecedoras:

"Depois da Segunda Guerra Mundial, a Itália era uma sociedade de base predominantemente camponesa, mas nos anos 50 e 60 passou por um processo frenético, apesar de incompleto, de modernização e industrialização, um primeiro milagre econômico. Nos anos 70 e 80, quando os processos de industrialização ainda não estavam terminados, a economia italiana embarcou em outra transformação, um processo de pós--modernização, e conseguiu um segundo milagre econômico. Esses milagres italianos não foram saltos para frente; em vez disso, representaram mesclas de diferentes formas econômicas incompletas".

Os autores consideram que o caso italiano serve de modelo geral para as outras economias atrasadas, pois a questão central está em que "a economia italiana não completou um estágio (o da industrialização) antes de passar para o outro (o da informatização)".

Por todas as razões expostas, a Itália, que é uma das quatro maiores nações da Europa Ocidental, sofre os problemas da crise econômica e da desproteção social. Desde 2005, o crescimento italiano vem sendo negativo, tendência que se manteve até 2014. O país suporta enorme déficit orçamentário e em sua balança comercial, aumento da dívida e taxas de desemprego maiores do que a Europa, especialmente entre os jovens e as mulheres, circunstância ainda mais agravada no sul italiano.

Direitos trabalhistas foram reduzidos nos últimos anos, como, por exemplo, a eliminação das restrições para a despedida, a ampliação das possibilidades de trabalho a prazo e a autorização de terceirização de mão de obra, além da instituição de diversas modalidades de trabalho precário. Tudo isso a despeito de ser um dos Estados fundadores do ideal de unificação europeia e estar integrado, desde o princípio ao processo.

O problema, como salientam Roccella e Treu (2012:3), está em que as motivações, como as diretrizes fundamentais consagradas nos Tratados comunitários são econômicas e referem-se apenas indiretamente aos problemas trabalhistas.

Os autores mencionados, "embora não querendo acusar os pais fundadores da Europa de 'frieza social", afirmam que "certamente as suas preocupações sociais eram 'secundárias' em relação à questão central de promover um mercado unificado, fundado na concorrência [...], à medida em que se baseava a confiança na capacidade espontânea do mercado de promover a melhoria e a harmonização do sistema social, como afirmava textualmente o art. 117 do Tratado de Roma".

Mesmo hoje, afirma Bastos (2003):

"A ideia de integração, a criação de qualquer bloco regional, tem causas essencialmente econômicas que, no nascedouro, ignora a faceta social. Mesmo em projetos integracionistas de maior visão, como ocorre com a União Europeia, a finalidade primeira é sempre a de intensificar a economia e o comércio no bloco. Como a integração não pode prescindir do trabalho e da livre circulação de trabalhadores, os direitos sociais reconhecidos são, a rigor, efeitos colaterais dos objetivos econômicos".

6. UNIFICAÇÃO EUROPEIA E ALTERAÇÕES DOS PARADIGMAS DE TUTELA DOS TRABALHADORES NA ITÁLIA

Santoro-Passarelli (2013:2) chama a atenção para o fato de que, com o passar do tempo, a política comunitária modificou em parte a perspectiva originária do Tratado de Roma, de 1957. Para ele, o Tratado de Roma reconhecera às intervenções em matéria social uma "função instrumental quanto à realização do objetivo direto de garantir a livre circulação de bens e de pessoas e a concorrência entre as empresas". Somente depois, acrescenta, "o Ato único europeu e o Tratado de Maastricht e o Tratado de Amsterdã reconheceram à União Europeia uma competência crescente e autonomia em matéria de tutela do trabalho, e previram uma transferência crescente da parte social no processo de formação da norma comunitária".

Sob outra perspectiva, analisando a dinâmica das concertações sociais na Itália, ressurgidas na década de 1990 (que seriam pactos sociais de segunda geração), Tapia (2003) estabelece uma importante distinção em relação aos acordos neocorporativos dos anos 1980, uma vez que aqueles "surgiram em um quadro econômico e social bastante diverso (...), tendo se desenvolvido no bojo do processo de construção da união monetária europeia, simbolizada no Tratado de Maastricht de 1992".

Segundo o autor citado "o estudo da experiência italiana é particularmente instigante já que a Itália é considerada exemplo de uma 'desconcertante trajetória de macrocorporativismo' (Regini, 1996), porque depois do fracasso da proposta de concertação em 1984, passou a ser vista como um país onde não existiam as condições ou os pré-requisitos considerados necessários para experimentos neocorporativos bem-sucedidos[27]".

Mudança substancial, nessa seara, ocorreu na década de 1990, representada pelos acordos tripartites de 1992, 1993, 1996 e 1998, fundados nos seguintes aspectos centrais: controle da inflação, reorganização do sistema de negociações coletivas, reforma do Estado de bem-estar e geração de empregos.

Observa Tapia (2003) que "as concertações de segunda geração não chegam a reverter as tendências à descentralização e à introdução da flexibilidade" distinguindo-se dos anteriores "em função de vários *mix* entre coordenação centralizada e descentralização desregulada, entre flexibilidade descoordenada e flexibilidade seletiva".

O acordo tripartite de 1992 teve por conteúdo básico a extinção da escala móvel de salários e o congelamento das negociações salariais até dezembro de 1993 e não teve o condão de evitar a deterioração da situação econômica e política italiana (colapso financeiro e desvalorização da lira em 15%, por um lado, crise de legitimidade decorrente da Operação Mãos Limpas, de outro). Assim é que o chamado Protocolo de Julho de 1993, refletindo a "urgência da situação econômica, o consenso dos parceiros sociais e o empenho do governo em garantir a entrada da Itália na futura zona do euro definiram as prioridades da política de concertação até a entrada em vigor da união monetária" (idem, ibidem) teve por temas centrais a moderação das demandas salariais, a reforma da previdência social e a reforma da estrutura de negociação coletiva (que passou a ser desenvolvida em dois níveis), esta última a principal novidade.

Em 1996 foi assinado o Pacto pelo Trabalho, que tratou, basicamente, da questão do emprego, adotando medidas de flexibilização do mercado de trabalho (introdução das agências de intermediação de mão-de-obra temporária, reorganização e redução negociadas da jornada de trabalho e criação do banco de horas) e promoção de emprego para jovens (criação da "bolsa-trabalho", para pessoas entre 21 e 32 anos, desempregadas há pelo menos 30 meses, residentes em zonas com altas taxas de desemprego).[28]

O "Pacote Treu" (Lei n. 196/97)[29], para a reforma do mercado de trabalho italiano, legalizou as agências de trabalho temporário e terceirizado, bem como os contratos de prazo fixo e de meio período, sob inspiração das diretrizes europeias.

Em dezembro de 1998 foi assinado o chamado Pacto de Natal, última fase da concertação social[30], propunha uma mudança de prioridade, da estabilidade para o crescimento econômico e o emprego: os empresários aumentariam a taxa de investimento para melhorar os níveis de emprego e os sindicatos aceitariam maior flexibilização nas relações trabalhistas.

Após o período de concertação social que caracterizou a década de 1990, ainda mais profundas alterações foram promovidas no Direito do Trabalho italiano. Os documentos básicos que fundamentaram a reforma da legislação trabalhista da Itália foram o Decreto Legislativo n. 368/2001, a Lei Biagi (n. 30/2003), o Decreto Legislativo n. 276/2003, Reforma "Monti-Fornero" (Lei n. 92/2012), Lei n. 183/2014 e Decreto Legislativo n. 81/2015.

Em aplicação da Diretiva Europeia número 1999/70/CE foi promovida reforma em 2001 (Decreto Legislativo n. 368/2001), para admitir a inclusão de um termo final no contrato de trabalho subordinado, exclusivamente por razões de caráter técnico, produtivo, organizacional e de substituição de empregados, mesmo que referentes à atividade ordinária do empregador. A intenção do legislador de 2001 foi normatizar o uso do trabalho por tempo determinado, até então só admitido em face de razões excepcionais e de natureza temporária. Como resultado, o contrato por tempo indeterminado voltou a ser a regra e o contrato por tempo determinado a exceção, como estava previsto na Lei n. 230 de 1962 e, antes, no Código Civil de 1942.

Convém registrar que a Diretiva 1999/70 tem por base o art. 139º, n. 2, TCE[31] e foi adotada porque foi considerado adequado recorrer a uma medida co-

---

(27) Segundo Tapia (2003), a Itália historicamente exibiu como características marcantes um sistema de representação de interesses fragmentado e em permanente competição e um sistema de relações industriais pouco institucionalizado com forte tendência à descentralização das negociações.
(28) Assim, Tapia (2003).
(29) Cf. Lei n. 196/97. Disponível em <http://www.camera.it/parlam/leggi/97196l.htm>. Vários acessos.
(30) Abandonada pelo governo após a reação sindical à tentativa de alteração do art. 18 do Statuto dei Lavoratori, a partir de 2001. Cf. Tapia (2003).
(31) Tratado da Comunidade Econômica Eruopeia. Disponível <http://eur-lex.europa.eu/legal-content/IT/TXT/PDF/?uri=CELEX:11957E/TXT&from=PT>.

munitária juridicamente vinculativa, elaborada em estreita colaboração com os parceiros sociais representativos, pelo qual seria reconhecido que, "por um lado, os contratos por tempo indeterminado são e continuarão a ser a forma comum da relação laboral, uma vez que contribuem para a qualidade de vida dos trabalhadores em causa e para a melhoria do seu desempenho, mas que, por outro, os contratos a termo dão resposta, em determinadas circunstâncias, tanto às necessidades das entidades patronais como dos trabalhadores".

Na Itália, o resultado foi a revogação do art. 1º, ns. 1 a 4, da Lei n. 230, de 18 de abril de 1962, relativa à regulamentação dos contratos de trabalho a termo, que dispunha:

"Sem prejuízo das exceções a seguir referidas, o contrato de trabalho presume-se celebrado sem termo.

Pode ser fixado um termo à vigência do contrato: [...]

b) quando a contratação tiver lugar para substituir trabalhadores ausentes e para os quais subsiste o direito à manutenção do posto de trabalho, sempre que no contrato de trabalho a termo estiver indicado o nome do trabalhador substituído e a razão da sua substituição;

[...]

A fixação do termo é desprovida de efeitos se não constar por escrito.

O empregador deve entregar ao trabalhador uma cópia do contrato escrito.

[...]"[32]

Tais regras foram substituídas pelo art. 11º, n. 1, do Decreto Legislativo n. 368/2001, que revogou integralmente a Lei n. 230/1962 com efeitos a contar de 24 de Outubro de 2001, estando especificado que o Governo italiano legislou ao abrigo de uma lei de autorização legislativa para a adoção das disposições necessárias à transposição de atos de direito comunitário, tais como a Diretiva 1999/70[33].

O art. 1º, ns. 1 a 3, deste decreto legislativo, tem a seguinte redação:

"É permitida a fixação de um termo à duração do contrato de trabalho subordinado por razões técnicas, de produção, de organização ou de substituição de trabalhadores.

2. A fixação de um termo à duração do contrato de trabalho não produz efeitos se não estiver estipulada, direta ou indiretamente, num documento escrito que especifique as razões indicadas no n. 1.

3. O empregador deve entregar ao trabalhador uma cópia do contrato no prazo de cinco dias úteis a contar do início da atividade. [...]"[34].

A Lei n. 30/2003 (Lei Biagi), bem como o Decreto Legislativo n. 276/2003, que a sucedeu, são inspirados no denominado Libro Bianco[35], redigido por um grupo de trabalho coordenado por Maurizio Sacconi e Marco Biagi, que recomendou "a progressiva redução dos encargos sociais e contributivos que gravam o custo do trabalho e dificultam o incremento dos empregos", sugeriu "a reforma do sistema de previdência social de modo a ampliar a sua base contributiva" e, para a definição dos novos critérios de regulação do trabalho, considera como aspectos centrais o garantismo e a flexibilidade (Mascaro, 2011).

Segundo Mascaro (2011), a importância maior da Lei Biagi está em alterar a tipologia dos contratos individuais de trabalho acrescentando, como hipóteses novas, o trabalho coordenado, continuativo e de colaboração e o trabalho a projeto (e outros: o intermitente, o compartilhado, o contrato a tempo parcial, o contrato de aprendizagem profissional e o "contratto di inserimento", que equivaleria a um contrato de primeiro emprego). Ressalta, também, a importância conferida pela lei às convenções coletivas como fonte legítima para fundamentar tipos de contratos individuais que os próprios interlocutores sociais resolverem criar, ampliando, dessa forma, uma conjugação entre a autonomia individual e a autonomia coletiva.

A Lei n. 30, de 14 de fevereiro de 2003[36], delegou ao governo "matéria de ocupação e mercado de trabalho", prevendo a edição de diplomas de atuação dos princípios contidos na lei. Na sequência, foi promulgado o Decreto Legislativo n. 276, de 10 de setembro de 2003[37]. O conteúdo do decreto atraiu ácida crítica

---

(32) Lei n. 230, de 18 de abril de 1962. Disponível em <http://guide.supereva.it/diritto/interventi/2001/04/39024.shtml>. Vários acessos.

(33) Diretiva 70 de 1999 do Conselho da União Europeia. Disponível em <http://eur-lex.europa.eu/legal-content/PT/TXT/?uri=CELEX%3A31999L0070>. Vários acessos.

(34) Decreto Legislativo n. 368/2001. Disponível em <http://www.camera.it/parlam/leggi/deleghe/01368dl.htm>. Vários acessos.

(35) Não confundir com os Livros Brancos da Comissão Europeia. Cf. Ministério del Lavora e dele Politiche Sociali. Libro Bianco sul Mercato del Lavoro in Itália. Disponível em <http://www.kore.it/CAFFE/critica/LibroBianco.pdf>. Vários acessos.

(36) Lei n. 30/2003. <Disponível em <http://www.camera.it/parlam/leggi/03030l.htm>. Vários acessos.

(37) Decreto Legislativo n. 276/2003. <Disponível em http://www.camera.it/parlam/leggi/deleghe/03276dl.htm>. Vários acessos.

dos opositores da reforma do mercado de trabalho, que o acusaram de flexibilizar e mercantilizar o trabalho, ainda que, sem dúvida – e aí está a questão central – o decreto se harmoniza com as normativas da União Europeia.[38]

A legislação revogada (Lei n. 1369/1960) pelo Decreto Legislativo n. 276, proibia qualquer interposição de mão-de-obra, ao argumento do princípio da efetividade. Direcionava-se a lei referida, portanto, à definição de empregador para todo aquele que agisse como tal na realidade dos fatos, de modo a considerar verdadeira relação de trabalho.

A Reforma Biagi tem nítida inspiração flexibilizadora. Introduziu no ordenamento jurídico italiano o contrato de trabalho acessório (arts. 70 e ss. do Decreto Legislativo n. 276/2003), firmado por prazo não superior a 30 dias por ano e com remuneração não superior a 3.000 euros por ano. Na mesma linha, instituiu o contrato de trabalho a projeto, caracterizado pelo fato de o prestador de serviços receber pelo resultado do projeto, sem configuração de vínculo empregatício. Criou o denominado trabalho coordenado, continuativo e de colaboração, mas sem subordinação. Doutrinariamente, surge o tema da parassubordinação, uma categoria de trabalho intermediária entre o trabalho autônomo e o trabalho subordinado.

O Tratado de Lisboa, de 13 de dezembro de 2007, pretendeu superar a perplexidade gerada pela rejeição do Tratado Constitucional pelos referendos populares francês e holandês, incorporando, de forma atenuada, o legado político institucional daquela proposta.

Santoro-Passarelli (2013:3) ressalta que as incertezas geradas pela rejeição do tratado constitucional revelaram as diferenças na dimensão político-institucional da Comunidade Europeia e a ausência de um sistema global de regras do direito europeu do emprego. Além disso, sustenta que "devem ser acrescentadas as diferenças sobre o ajustamento técnico entre aqueles que favorecem a estrutura de uma Europa social fundada em um sistema de regras rígidas e vinculativas e aqueles que desejam reforçar os instrumentos de política e coordenação convencionalmente chamado *soft law*".

E adverte:

A este respeito, convém recordar o debate sobre a *flexisecurity*, levantada por iniciativa da Comissão e tomado com diferentes sotaques do Parlamento Europeu, através de ato normativo não vinculativo para direcionar e orientar as políticas de emprego dos Estados-Membros sobre a dificuldade de conjugar a exigência de flexibilidade das empresas com a necessidade de garantir a segurança de renda para os trabalhadores durante os períodos de desemprego (ibidem:m.p.).

Com efeito, no final do ano de 2006, foi lançado pela Comissão Europeia o Livro Verde, com o seguinte título "Modernizar o Direito Laboral para enfrentar os desafios do século XXI"[39].

É importante referir que os argumentos ali contidos foram inspirados nas experiências vividas com sucesso pelos dinamarqueses, precursores na adoção da flexissegurança, a partir das ideias de Poul Rasmussen, seu ex-primeiro-ministro.

A finalidade precípua, segundo seus autores, é promover uma reflexão em torno da seguinte indagação: como modernizar o Direito do Trabalho e promover o crescimento sustentável com mais e melhores empregos?

A tese levantada está respaldada em duas premissas: na primeira, o direito do trabalho seria um instrumento a serviço de uma ordem econômica ou do mercado. A segunda é o contraponto para configurar se o direito do trabalho é eficaz, no que concerne ao desenvolvimento econômico.

Aborda-se, ainda, com ênfase a falta de conexão entre as regras do direito e do contrato de trabalho tradicionais e as vicissitudes oriundas das intensas e contínuas mudanças tecnológicas, econômicas, demográficas e organizacionais da sociedade atual.

As ideias trazidas pelo Livro Verde foram muito criticadas por juristas que insistem na importância de não esquecer em que contexto histórico estas regras foram conquistadas pelos trabalhadores.

Outro aspecto atrativo de crítica é a ideia de que caberia ao Direito do Trabalho fazer crescer a economia e, ao mesmo tempo, gerar empregos, a busca simultânea por segurança e flexibilização no emprego. Para atingir tais objetivos, as medidas iriam desde o ajuste nos volumes dos empregos até a organização funcional da empresa e abrangeriam também a mobilidade geográfica, a remuneração e a ordenação do tempo de trabalho.

Não é difícil constatar, hoje, que os propósitos indicados no Livro Verde produziram, ao menos, três

---

(38) O preâmbulo da Lei Biagi (30/2003) indica, expressamente, o objetivo indicado no "orientamenti annuali dell'Unione europea in materia di occupabilità, i princìpi fondamentali in mat'eria di disciplina dei servizi per l'impiego, con particolare riferimento al sistema del collocamento, pubblico e privato, e di somministrazione di manodopera de 2003".

(39) Livro Verde. Disponível em <http://eur-lex.europa.eu/legal-content/PT/TXT/?uri=URISERV%3Ac10312>. Vários acessos. As considerações sobre o Livro Verde (propostas, críticas e efeitos) foram retiradas de trabalho anterior (Teixeira, D'Angelo e Melo Filho, 2013).

consequências importantes nos mercados da União Europeia: 1) segmentação do mercado de trabalho; 2) redução substancial da proteção do emprego para determinados tipos de trabalhadores; 3) banalização da gestão dos recursos humanos.

Ora, as leis laborais e as restrições para a despedida eram inflexíveis na Europa, graças a décadas de exitosa atividade sindical, fato que provocou dura crítica do economista liberal Richard Vietor (2008:285): "As despedidas eram quase impossíveis em alguns países, como Itália. E quando se podiam levar a cabo, precisavam de meses de negociações e anos de liquidação compensatória".

Não foi sem razão que vários autores condenaram as propostas do Livro Verde, sobretudo porque não davam ênfase às relações coletivas ou sindicais na sua capacidade de ser a expressão da luta coletiva organizada. Por fim, entendiam que não enfrentavam o problema central que envolve as crises políticas, econômicas e sociais contemporâneas e seus impactos nas relações de trabalho. É que, para eles, as crises decorrem do ultraliberalismo global que espalha injustiça e miséria por todo o planeta.

A crítica é absolutamente pertinente, mesmo à luz do Tratado da União Europeia. Como leciona Passarelli (2013:3), o art. 3. do TUE indica entre os seus objetivos a promoção de um elevado nível de ocupação e a realização de um desenvolvimento equilibrado e sustentável, enquanto o art. 146, § 2, no novo Título IX, dedicado à ocupação, considera esta uma questão de interesse comum entre os Estados-Membros. Por outro lado, o art. 151 indica como objetivos da política social da Comunidade: a melhoria das condições de vida e trabalho, a promoção do emprego, proteção social adequada, o diálogo social, desenvolvimento dos recursos humanos, com vistas à duração prolongada do emprego e a luta contra a exclusão. O art. 6º do TUE remete aos princípios consagrados na Carta dos Direitos Fundamentais da União Europeia, de 7 de Dezembro de 2000 (Carta de Nice) a quem foi concedido o mesmo valor jurídico dos tratados constitutivos, e que incluem o direito dos trabalhadores à negociação e à ação coletiva (art. 28), de acesso aos serviços de emprego (art. 29), proteção contra o despedimento injustificada (art. 30), condições de trabalho justas (art. 31), proibição do trabalho infantil e proteção dos jovens no trabalho (art. 32), à vida familiar e à vida profissional (art. 33), segurança e assistência social (art. 34).

Acontece que a legislação comunitária citada não é suficiente para delinear um sistema abrangente de tutela trabalhista. As medidas adotadas pela União Europeia se desdobram, sob o ponto de vista da eficácia, no âmbito dos Estados Membros.

Assim é que, sob a pressão das instituições centrais europeias, o governo liderado por Mario Monti promoveu uma substancial reforma do mercado de trabalho italiano, marcada pela intervenção no campo econômico e social. Antecedida por uma profunda reforma das regras previdenciárias, a Lei n. 92, de 28 de junho de 2012, foi anunciada como prioridade absoluta do Governo Monti. Na linha do discurso majoritário dos líderes europeus, tinha por pressuposto a ideia de que os elevados níveis de proteção do trabalho dependente são responsáveis pelas altas taxas de desemprego, sobretudo entre os mais jovens, assim como pelo constante aumento dos tipos de trabalho atípico e precário[40].

Exemplo eloquente desta posição foram as manifestações, à época, do Presidente do Banco Central Europeu, Mario Draghi, que, alegando preocupação com as futuras gerações, questionou a sustentabilidade do chamado "modelo social europeu" e propôs uma exemplar reforma dos direitos internos dos Estados membros da União Europeia, naquele momento de recessão, que favorecesse os trabalhadores já inseridos no mercado de trabalho, proposta que foi diligentemente acolhida pelo Governo Monti, que o fez se sentindo autorizada pelo Banco Central Europeu e por outras instituições comunitárias[41].

A chamada reforma Monti-Fornero[42] alterou profundamente os principais institutos do direito do trabalho peninsular, especialmente sobre as formas jurídicas de início e terminação do contrato de trabalho, e se desenvolveu a partir da conjugação de uma menor flexibilidade de entrada no mercado de trabalho e uma maior flexibilidade de saída, especialmente no que concerne às despedidas por razões econômicas no âmbito dos contratos de trabalho por tempo indeterminado.

Michele Tiraboschi (2013:37-38) aponta uma particularidade da Reforma Monti-Fornero: ela desagradou os juslaboralistas, os operadores do mercado de trabalho, as associações empresariais e sindicais, ainda que por razões opostas. Para os empresários, as restrições sobre o uso dos contratos atípicos e temporários são intoleráveis, especialmente para as pequenas empresas que não se beneficiaram com a maior flexibili-

---

(40) Lei n.92/2012. Disponível em <https://www.senato.it/service/PDF/PDFServer/BGT/00740142.pdf>.
(41) Tiraboschi (2013:2-3).
(42) Referência a Mario Monti e Elsa Fornero, então Ministra do Trabalho da Itália.

dade de saída concedida às empresas médias e grandes. Já para os sindicatos, é inaceitável a desregulamentação em matéria de despedida por motivos econômicos, nos casos de contratações por tempo indeterminado.

A possibilidade de reintegração do empregado ao posto de trabalho em caso de despedida ilegal foi limitada a alguns casos, ainda que se tenha previsto a pena de indenização no caso de dispensas levadas a efeito por empresas de maior porte. As entidades sindicais consideram que a mudança debilitaria ainda mais os trabalhadores, os quais, especialmente em tempos de crise econômica, seriam levados a aceitar postos de trabalho menos seguros e com salários mais baixos. (idem,ibidem:38)

Acusam-se de contraditórias as intervenções sobre os tipos contratuais, promovidas pela Reforma, vis-à-vis da pedra angular dela, que é a maior flexibilidade na saída e a menor flexibilidade na entrada. Seriam ideias inexequíveis, se o propósito for mesmo o de estabilizar os postos de trabalho, porque penalizam as empresas sérias e respeitadoras da lei e os trabalhadores precários que não sejam confirmados nos empregos antes do período máximo de 36 meses previsto para os contratos por tempo determinado. Tudo a ampliar o chamado trabalho "in nero" e a economia subterrânea, distante da estabilidade contratual, e a favorecer os processos de deslocalização e fuga até o trabalho não declarado.

Outra questão geradora de conflitos e insatisfações diz respeito ao art. 18 do Estatuto dos Trabalhadores (Lei n. 300/1970), norma chave do direito do trabalho italiano, que regulava a proteção em caso de dispensa injustificada, estabelecendo para as empresas com mais de 15 empregados a reintegração do trabalhador[43]. Há muito, buscava-se a alteração normativa, ao argumento de que, em todo o mundo, a solução para a dispensa injustificada corresponde a um ressarcimento.

O fato de a Reforma Monti-Fornero não haver agradado ninguém parece indicar que ela é conceitualmente errônea, porque baseada no equivocado propósito de buscar o equilíbrio entre a flexibilidade e a seguridade. Como afirma Tiraboschi (2013:43), a Reforma ficou "na metade do caminho, entre um perigoso retorno ao passado e um futuro ainda por construir. Uma solução intermediária que acaba por penalizar não apenas as empresas, senão aos próprios trabalhadores. Particularmente, os jovens e muitos trabalhadores excluídos do mercado de trabalho que, paradoxalmente, são vítimas sacrificáveis predestinadas da 'informalidade e da economia submergida". Com efeito, na Itália, em geral, os trabalhadores passaram a se sentir mais inseguros e precários.

Em janeiro de 2014, durante o governo Letta, o novo Secretário do Partido Democrata, Matteo Renzi, lançou a ideia de promover uma nova reforma do mercado de trabalho, com a introdução de um contrato único de tutela crescente, a criação de uma agência nacional para o emprego e de um seguro desemprego universal, bem como a simplificação das regras existentes e reforma da representação sindical.

Uma vez instalado o governo Renzi, o projeto foi implementado com a reforma conhecida por Jobs Act. A reforma se baseou em três medidas principais: o Decreto Legislativo n. 20, de março de 2014; o Decreto Legislativo n. 34 (Decreto Poletti[44]) e a Lei n. 183, de 10 de dezembro de 2014, esta contendo uma série de delegações ao governo para implementação de medidas ao longo do ano de 2015, que se materializaram pelos seguintes instrumentos normativos: Decretos Legislativos ns. 22 e 23, de 4 de março de 2015; Decretos legislativos ns. 80 e 81, de 15 de junho de 2015; Decretos legislativos ns. 148, 149, 150 e 151, de 14 de setembro de 2015[45].

A rigor, somente com a publicação na Gazzetta Ufficiale do Decreto Legislativo n. 81, de 15 de junho de 2015, entraram definitivamente em vigor as alterações à lei sobre os contratos de trabalho previstos pelas reformas do mercado de trabalho implementadas pelo governo Renzi, mais conhecida como a Jobs Act.

Como nota Monaci (2015), o contrato de tutela crescente não envolve um novo conceito jurídico. De reverso, trata-se do mesmo contrato por tempo indeterminado, com proteções reduzidas para os novos trabalhadores contratados. Portanto, não é correto falar em proteção crescente, senão de superação definitiva do art. 18 da Lei n. 300 de 1970, o Estatuto dos Trabalhadores, do conceito de reintegração e, finalmente, de indenização crescente.

Para o autor mencionado, a verdadeira novidade do contrato de tutela crescente é a substituição, para os novos empregados, da obrigação de reintegração em caso de despedimento ilícito, por uma compensação de natureza econômica, proporcional ao tempo de serviço, ou seja, sendo um mínimo de 4 e um máximo de 24

---

(43) Lei n. 300/1970. Disponível <http://www.unipd-org.it/rls/StatutoLavoratori.pdf>. Vários acessos.
(44) Referência ao Ministro do Trabalho Giuliano Poletti.
(45) Todas as normas mencionadas no parágrafo estão disponíveis em <http://www.camera.it/>. Vários acessos.

salários mensais (daí o uso da expressão tutela crescente), seja nos casos de despedida individual seja no de desligamentos coletivos. Esclareça-se que a obrigação de reintegração não desaparece por completo, uma vez que continuará existindo no caso de despedimento discriminatório (assim reconhecido em juízo).

Além dos aspectos centrais acima explicitados, o Jobs Act trouxe as seguintes alterações: abolição do contrato de trabalho de colaboração a projeto, no setor público, apenas a partir de 2017; reintrodução do contrato de colaboração pessoal coordenada e continuativa sem projeto. Este tipo de contrato, desde 1º de janeiro de 2016, é considerado relação de emprego se a colaboração tem conteúdo repetitivo e se as respectivas normas de execução são fixadas pelo tomador dos serviços, com algumas exceções; abolição do contrato de associação em participação com prestação de serviços de associado pessoa física; incentivo à aprendizagem, pois aas empresas poderão admitir aprendizes (inclusive mediante terceirização) até a proporção de 3 para 2, em relação aos empregados qualificados (esta relação não poderá exceder 100% para os empregadores que têm menos de 10 empregados; possibilidade de alteração in pejus do contrato de trabalho, quanto à função (esta é uma mudança substancial em relação ao que previa o Estatuto dos Trabalhadores, a Lei n. 300 de 1970, nomeadamente o art. 28: limitação do *ius variandi*); trabalho ocasional acessório: aumento do limite anual de uso para cada trabalhador de 5.000 a 7.000 euros.

Por fim, gize-se que a normas de referência do contrato de tutela crescente continuam sendo, além, além da Lei n. 183 de 2014 (a "Act Jobs") e decretos de aplicação, os Decretos Legislativos ns. 368/2001; 61/2000 e arts. 2096, 2118, 2119 e 2152 do Código Civil. Isto porque, como visto, o contrato de tutela crescente há de ser compreendido como um contrato por tempo indeterminado, aplicando-se a ele as normas a este pertinentes[46].

7. CONCLUSÕES

A unificação da Europa, levada a efeito nos últimos cinquenta anos, se deu no contexto da evolução da economia no pós-guerra, que consolidou a crise no continente, ao tempo em que se constituía o imperialismo global hegemônico dos Estados Unidos da América, a partir das linhas traçadas na Conferência de Bretton Woods e no denominado Consenso de Washington.

Se durante os chamados Trinta Gloriosos (1945-1975) os europeus experimentaram o crescimento econômico sem perda de direitos sociais, a partir da década de 1980 e especialmente nos anos 1990, o movimento de desregulamentação iniciado nos Estados Unidos de Reagan e na Inglaterra de Thatcher, a proposta de saída do Estado de bem-estar social, ditaram as mudanças econômicas, de corte liberal.

Como explica Piketty (2015:14), a divisão política da Europa e sua incapacidade de união fragilizam muito o continente diante da instabilidade e da opacidade do sistema financeiro. Para o autor, "o erro fundamental foi ter imaginado que poderia haver uma moeda sem Estado, um banco central sem governo e uma política monetária comum sem uma política fiscal comum [porque] uma moeda comum sem uma dívida comum não funciona" (ibidem:16).

Ao mesmo tempo em que a criação de uma moeda única elimina a especulação sobre as taxas de câmbio das moedas da zona do euro, estimula a especulação sobre as taxas de juros das dívidas públicas da zona do euro, o que é ainda mais deletério, porque inviabiliza as tentativas de reequilíbrio das finanças públicas[47].

O Banco Central Europeu não empresta dinheiro aos Estados e não os protege frente à especulação dos mercados financeiros. Assim, os Estados periféricos da Zona do Euro ficam muito desprotegidos e se veem na contingência de pagar juros elevados da dívida pública. Em tais circunstâncias, aos Estados membros, especialmente os mais frágeis economicamente, ao invés de políticas de estímulo foram impostas políticas de austeridade, com corte de gastos públicos – inclusive e, principalmente, gastos sociais – que prejudicam os trabalhadores e as classes populares e retroalimentam a crise econômica.

O discurso hegemônico das lideranças europeias parte do pressuposto de que elevados níveis de proteção do trabalho subordinado determinam altas taxas de desemprego, além de ampliar as modalidades de trabalho atípico e precário. E sob a pressão das instituições centrais europeias, os governos locais de países como Portugal, Espanha, Grécia e Itália promoveram substanciais alterações do mercado de trabalho, marcadas pela intervenção no campo econômico e social.

Este trabalho associou o processo de unificação europeia à redução da tutela social, como uma relação de causa e efeito. A explicação está em que o ordenamento jurídico comunitário, composto de uma varie-

---

(46) As normas mencionadas neste parágrafo estão disponíveis em <http://www.camera.it/>. Vários acessos.
(47) Neste sentido, Piketty (2015:16).

dade de fontes de alcance e natureza distintas, impõe inevitável harmonização com os ordenamentos dos Estados Membros.

Não que as normas constitutivas do ordenamento comunitário – Tratado da União Europeia – TUE, Tratado de Funcionamento da União Europeia – TFUE e Carta de Direitos Fundamentais da União Europeia – Carta de Nice – determinem ou admitam a regressividade dos direitos sociais. A rigor, as motivações das diretrizes fundamentais consagradas nos Tratados comunitários são econômicas e referem-se apenas indiretamente aos problemas trabalhistas. Então é o denominado "direito derivado" comunitário, no qual se destacam as diretivas como instrumentos de ação normativa, que obriga os Estados membros quanto ao resultado a ser alcançado.

A legislação comunitária não é suficiente para delinear um sistema abrangente de tutela trabalhista. As medidas adotadas pela União Europeia se desdobram, sob o ponto de vista da eficácia, no âmbito dos Estados Membros. Com efeito, a existência de um ordenamento próprio da União Europeia que espraia seus efeitos em todos os Estados membros projeta numerosos problemas de articulação com os ordenamentos nacionais, gerando, em alguns momentos, conflitos entre as normas e princípios de um e outros, que tendem a ser resolvidas, na esfera dos direitos sociais, com a redução dos patamares de garantias já alcançados nos Estados membros para os níveis mínimos admitidos nas normas comunitárias.

A Itália sofre os problemas da crise econômica e da desproteção social, suporta enorme déficit orçamentário e em sua balança comercial, aumento da dívida e taxas de desemprego maiores do que a Europa.

Após o período de concertação social que caracterizou a década de 1990, durante o qual, mal e mal, conservaram-se os níveis de proteção social, profundas alterações foram promovidas no Direito do Trabalho italiano, na esteira dos denominados Pacote Treu, Lei Biagi, Reforma Monti-Fornero e Jobs Act. As leis laborais e as restrições para a despedida, que eram inflexíveis, graças a décadas de exitosa atividade sindical, foram flexibilizadas nos últimos vinte anos.

As reformas legalizaram as agências de trabalho temporário e terceirizado, instituíram os contratos de meio período, admitiram a inclusão de um termo final nos contratos de trabalho subordinado, mesmo que referentes à atividade ordinária do empregador. Alteraram a tipologia dos contratos individuais de trabalho prevendo o trabalho coordenado, continuativo e de colaboração e o trabalho a projeto, o intermitente, o compartilhado, o contrato a tempo parcial, o contrato de aprendizagem profissional e o "contrato di inserimento", contrato de trabalho acessório. Modificaram os principais institutos do direito do trabalho italiano, especialmente sobre as formas jurídicas de início e terminação do contrato de trabalho, com maior flexibilidade para a dispensa, inclusive no caso de contratos de trabalho por tempo indeterminado. Limitaram a possibilidade de reintegração do empregado ao posto de trabalho em caso de despedida ilegal, substituindo-a por indenização no caso de dispensas levadas a efeito por empresas de maior porte, indenização que, depois, se tornou proporcional ao tempo de serviço. Enfim, flexibilizaram e mercantilizaram o trabalho. Tudo com respaldo em orientações, recomendações e normativas da União Europeia, especialmente a Diretiva 70 de 1999 do Conselho da União Europeia, o Livro Branco, o Livro Verde e a Orientação da União Europeia em matéria de ocupação, de 2003.

Nenhuma das reformas enfrentou o problema central que envolve as crises políticas, econômicas e sociais contemporâneas e seus impactos nas relações de trabalho: o ultraliberalismo global que espalha injustiça e miséria por todo o planeta.

Piketty (2015:17) afirma que "os Estados de bem-estar social europeus precisam de reformas, modernização e racionalização, não apenas para estabelecer o equilíbrio fiscal e garantir a continuidade financeira, mas antes de tudo para que possam assegurar um serviço público de maior qualidade, uma melhor resposta às situações individuais e direito mais bem garantidos".

Mas a Europa não cuidou de ajustar a globalização à democracia, ao progresso econômico e ao bem-estar social. Caminhou em sentido diametralmente oposto, como evidencia o caso italiano. Por isso, há de se reconhecer plena razão ao Professor Boaventura de Sousa Santos (2013:66-67):

> A relação íntima entre os diferentes tipos de direitos humanos, enquanto direitos de cidadania, pode ser ilustrada com dois casos recentes particularmente dramáticos. Por um lado, durante a primeira década do terceiro milênio da era crista, os governos progressistas da América Latina promoveram o respeito dos direitos cívicos e políticos (e o reforço da democracia que isso significa) ao ampliarem significativamente os direitos sociais e econômicos de vastas camadas das classes populares. Por outro, e em sentido contrário, a União Europeia, ao limitar dramaticamente os direitos econômicos e sociais dos cidadãos, aceita o sequestro da democracia pelo capital financeiro internacional, enquanto os cidadãos, atônitos ante a irrelevância dos seus direitos políticos sobre as instituições democrá-

ticas, descobrem na rua o único espaço público ainda não colonizado pelos mercados. Aí exercem esses direitos à beira do desespero e desprovidos de formulação política alternativa.

8. REFERÊNCIAS BIBLIOGRÁFICAS

BARAN, Paul. The Political Economy of Grouth. Monthly Review Press: Nova York, 1957. Apud MÉZÁROS, István. O século XXI: socialismo ou barbárie? Boitempo: São Paulo, 2003.

BARROS, Cássio Mesquita. DIREITO DO Trabalho na União Europeia e no Mercosul: estudo comparativo. Aula de Pós-graduação – FDUSP, 13.11.03. Disponível em http://<www.mesquitabarros.com.br/index.php?option=com_content&view=article&id=51%3Adireito-do-trabalho-na-uniao-europeia-e-no-mercosul&catid=7%3Aartigos&Itemid=3&lang=es>.

BENELUX. Tratados BENELUX. Disponível em <http://www.benelux.int>.

BLANPAIN, Roger e COLUCCI, Michele. Il Diritto Comunitario del lavoro ed il suo impatto sull'ordinamento giuridico italiano. CEDAM: Pádova, 2000.

CASTELLS, Manuel e AYOAMA, Yuko. Paths towards the Informational Socity; employment structure in G-7 countries, 1920-90. International Labor Review, 133, n. 1, (1994), 5-33;citação p. 13. Apud HARDT, Michael e NEGRI, Antonio. Imperio. Record: Rio de Janeiro, 2001.

CHOMSKY, Noam. As pessoas ou o lucro. Bertrand Brasil: São Paulo, 2002.

ESTEVES, Juliana, D'ANGELO, Isabelle e MELO FILHO, Hugo. A Desconstrução do trabalho livre/subordinado como objeto do Direito do Trabalho a partir das evidências empíricas e analíticas contemporâneas: a contribuição da teoria jurídico-trabalhista crítica. Prim@ Facie, v. 12, p. 1-38, 2013.

FOGLIA, Raffaele e SANTORO-PASSARELLI, Giuseppe. Profili di Diritto Comunitario del Lavoro. G. Giappichelli Editore: Torino, 2000.

FORRESTER, Viviane. O Horror Econômico. Unesp: São Paulo, 1997.

GALANTINO, Luisa. Diritto Comunitario del Lavoro. G. Giappichelli Editore: Torino, 2001.

GÉNÉREUX, Jacques. O Horror Político. Bertrand Brasil: Rio de janeiro, 1998.

HARDT, Michael e NEGRI, Antonio. Imperio. Record: Rio de Janeiro, 2001.

ITÁLIA. Codici Civili Italiani (1942). Disponível em <http://www.jus.unitn.it/cardozo/obiter_dictum/codciv/Codciv.htm>.

_____. Lei n. 230, de 18 de Abril de 1962. Disponível em <http://guide.supereva.it/diritto/interventi/2001/04/39024.shtml>.

_____. Lei n. 300/1970. Disponível em <http://www.unipd-org.it/rls/StatutoLavoratori.pdf>.

_____. Lei n. 196/97. Disponível em <http://www.camera.it/parlam/leggi/971961.htm>.

_____. Decreto Legislativo n. 61/2000. Disponível em <http://www.camera.it>.

_____. Ministério del Lavoro e dele Politiche Sociali. Libro Bianco sul Mercato del Lavoro in Itália (2001). Disponível em <http://www.kore.it/CAFFE/critica/LibroBianco.pdf>.

_____. Decreto Legislativo n. 368/2001. Disponível em <http://www.camera.it/parlam/leggi/deleghe/01368dl.htm>.

_____. Lei n. 30/2003. Disponível em <http://www.camera.it/parlam/leggi/030301.htm>.

_____. Decreto Legislativo n. 368/2001. Disponível em <http://www.camera.it/parlam/leggi/deleghe/01368dl.htm>.

_____. Decreto Legislativo n. 276/2003. Disponível em <http://www.camera.it/parlam/leggi/deleghe/03276dl.htm.>

_____. Lei n. 92/2012. Disponível em <https://www.senato.it/service/PDF/PDFServer/BGT/00740142.pdf>.

_____. Decreto Legislativo n. 20, de março de 2014. <Disponível em http://www.camera.it>.

_____. Decreto Legislativo n. 34/2014. Disponível em <http://www.camera.it>.

_____. Lei n. 183/2014. Disponível em <http://www.camera.it>.

_____. Decreto Legislativo n. 22/2015. Disponível em <http://www.camera.it>.

_____. Decreto Legislativo n. 23/2015. Disponível em <http://www.camera.it>.

_____. Decreto Legislativo n. 80/2015. Disponível em <http://www.camera.it>.

_____. Decreto Legislativo n. 81/2015. Disponível em <http://www.camera.it>.

_____. Decreto Legislativo n. 148/2015. Disponível em <http://www.camera.it>.

_____. Decreto Legislativo n. 149/2015. Disponível em <http://www.camera.it>.

_____. Decreto Legislativo n. 150/2015. Disponível em <http://www.camera.it>.

_____. Decreto Legislativo n. 151/2015. Disponível em <http://www.camera.it>.

Entenda a crise na Europa. Disponível em http://noticias.r7.com/economia/noticias/entenda-a-crise-na-europa-20100526.html

LA TERZA, Maura. Diritto comunitário del lavoro. Pirola Editore S.p.A: Milano, 1992.

MAGNO, Pietro. La tutela del lavoro nel Diritto Comunitario. CEDAM: Pádova, 2000.

MÉZÁROS, István. O século XXI: socialismo ou barbárie? Boitempo: São Paulo, 2003.

_____. A crise estrutural do capital. Boitempo: São Paulo, 2009.

MONACI, Andrea. Il contratto a tutele crescenti: cosa prevede, quando entrerà in vigore. Publicado em 3.3.2015.

Disponível em <http://www.lavoroecarriere.it/lavoro-news/il-contratto-a-tutele-crescenti-cosa-prevede-quando-entrera-in-vigore>.

NASCIMENTO, Amauri Mascaro. História e Teoria Geral do Direito do Trabalho: relações individuais e coletivas do trabalho. São Paulo: Saraiva, 26ª edição, 2011.

NAVARRO, Vicenç. Por trás da crise "financeira", a velha luta de classes. Disponível em

http://outraspalavras.net/posts/por-tras-da-crise-financeira-a-velha-luta-de-classes.

PIKETTY, Thomas. É possível salvar a Europa? Editora Intrínseca: Rio de Janeiro, 2015.

ROCCELLA, Massimo, CIVALE, Giuseppe e IZZI, Daniela. Diritto Comunitario del Lavoro Casi e Materiali. G. Giappichelli Editore: Torino, 1994.

ROCCELLA, Massimo e TREU, Tiziano. Diritto del Lavoro dela Comunità Europea. CEDAM: Padova, 2012.

SANDULLI, Pasquale et ali. (coord). Lineamenti di Diritto del Lavoro Italiano e Brasiliano. Aracne: Roma, 2013.

SANTOS, Boaventura de Sousa e Chauí, Marilena. Direitos Humanos, democracia e desenvolvimento. Contez Editora: São Paulo, 2013.

SOARES FILHO, José. Elementos da Ordem Jurídica Internacional e Comunitária. Juruá: Curitiba, 2003.

TAPIA, Jorge R. B. Concertação social, negociações coletivas e flexibilidade: o caso italiano (1992-2002). Dados, vol.46, n. 2, Rio de Janeiro, 2003.

TIRABOSCHI, Michele. El derecho del trabajo italiano después dela ley n. 92/2012: la reforma "Monti-Fornero". Revista Internacional y Comparada de Relaciones Laborales y Derecho del Empleo, Volumen 1, núm. 1, enero-marzo de 2013. *Escuela Internacional de Alta Formación en Relaciones Laborales y de Trabajo de ADAPT.*

UNIÃO EUROPEIA. Tratado da Comunidade Econômica Eruopeia. Disponível http://eur-lex.europa.eu/legal-content/IT/TXT/PDF/?uri=CELEX:11957E/TXT&from=PT.

_____. Conselho da Europa. Dados disponíveis em <http://www.coe.int>.

_____. Termo de vigência do Tratado CECA. Disponível em http://europa.eu.

_____. Tratado que instituia Comunidade Europeia da Energia Atómica (Euratom). Disponível em <http://eur-lex.europa.eu/legal-content/PT/TXT/?uri=URISERV%3Axy0024>.

_____. Livro Branco. Disponível em <http://europa.eu/documents/comm/white_papers/pdf/com1985_0310_f_en.pdf>. Vários acessos.

_____. Ato Único Europeu. Disponível em <http://europa.eu/eu-law/decision-making/treaties/index_pt.htm>.

_____. Tratado da União Europeia. Disponível em <http://europa.eu/eu-law/decision-making/treaties/index_pt.htm>.

_____. Diretiva70 de 1999 do Conselho da União Europeia. Disponível em <http://eur-lex.europa.eu/legal-content/PT/TXT/?uri=CELEX%3A31999L0070>.

_____. "Orientamenti annuali dell'Unione europea in materia di occupabilità, i princìpi fondamentali in mat'eria di disciplina dei servizi per l'impiego, con particolare riferimento al sistema del collocamento, pubblico e privato, e di somministrazione di manodopera de 2003".

_____. Tratado que estabelece uma Constituição para a Europa (projeto). Disponível em <http://eur-lex.europa.eu/collection/eu-law/treaties-other.html?locale=pt>.

_____. Livro Verde. Disponível em <http://eur-lex.europa.eu/legal-content/PT/TXT/?uri=URISERV%3Ac10312>.

_____. Tratado de Lisboa. Disponível em <http://europa.eu/eu-law/decision-making/treaties/index_pt.htm>.

VIETOR, Richard H. K. Cómo Compitem los países. Deusto: Barcelona, 2008.

O FENÔMENO DA TERCEIRIZAÇÃO LABORAL – EXAME COMPARATIVO DOS CASOS BRASILEIRO E ITALIANO

Julianna Anjos Miró[*]

1. INTRODUÇÃO

As transformações ocorridas na sociedade capitalista nos últimos quarenta anos, a globalização econômica e a reestruturação produtiva fizeram com que o contrato clássico de trabalho desse lugar à flexibilização das relações de trabalho.

Tudo isso pode ser explicado pela crise do Estado desenvolvimentista[1]. Com efeito, a partir dos anos 1970 se instalou, primeiramente na Europa e depois nos países latino-americanos, a chamada crise de financiamento do Estado de bem-estar social. Na esteira da queda de produtividade e diminuição das taxas de lucro, o capitalismo de matriz fordista-keynesiana entra em crise.

A subordinação clássica, como objeto do Direito do Trabalho, foi criada para atender às demandas do modo de produção taylorista-fordista. Àquela época, tal construção jurídica atendia satisfatoriamente às necessidades sociais. A produção encontrava-se organizada a partir da ideia de empresa vertical, que demandava grande contingente de trabalhadores a ela formalmente vinculados, segundo critérios de subordinação. Com efeito, o modelo fordista de desenvolvimento se baseava na produção massiva e no consumo em massa e os efeitos que aquele figurino produzia nas relações de produção são bastante claros. No período em que foi predominante, desenvolveram-se grandes concentrações obreiras com interesses similares e com figuras profissionais hegemônicas[2]. Nesse esquema, a relação de emprego ocupava lugar central, não apenas no aspecto jurídico, mas, também sob a ótica sócio-econômica[3], limitando o espaço das demais modalidades de relação de trabalho.

Ocorre que aquele paradigma produtivo, que serviu de fundamento ao modelo de desenvolvimento do capitalismo ocidental, especialmente no pós-guerra, entrou em crise, dando lugar a um novo sistema de produção baseado na especialização flexível, na descentralização. Nesse novo contexto, a relação de emprego vai perdendo, paulatinamente,

---

(*) Graduanda em Direito pela Universidade Positivo (Curitiba/PR). Participante do Curso "RIREGOLAZIONE DEI RAPPORTI DI LAVORO E DEL PROCESSO IN ITALIA: DALLE RADICI DEL DIRITTO ROMANO ALL' ORDINAMENTO EUROPEO", em julho de 2015, na Università degli studi di Roma I, "La Sapienza".
(1) No mesmo sentido, MACHADO, André et MELO FILHO, Hugo (2011).
(2) Assim, BIHR (1999:116).
(3) No mesmo sentido, DELGADO (2001:271).

a centralidade no processo produtivo, porquanto serão estimuladas novas modalidades laborais, como a terceirização.

Não é objetivo deste trabalho analisar vantagens e desvantagens da terceirização, seja no Brasil, seja na Itália. Pretende-se, aqui, realizar uma análise comparativa do processo de surgimento da terceirização, sua evolução e os limites de sua utilização nos dois países.

2. TERCEIRIZAÇÃO

Para melhor compreensão do fenômeno terceirização, é necessário abordar o seu contexto histórico e estabelecer uma ligação com o seu surgimento e a aplicação nos dias atuais nas relações de trabalho.

Como já foi explicitado, o paradigma produtivo taylorista-fordista, que serviu de fundamento ao modelo de desenvolvimento do capitalismo ocidental, especialmente no pós-guerra, deu lugar a um novo sistema de produção baseado na especialização flexível, na descentralização.

Do modelo de produção fordista ou taylorista, que centralizava sob a responsabilidade da empresa todas as atividades relacionadas ao seu funcionamento, sob seu comando direto, passou-se ao modelo dito toyotista. O modelo de produção toyotista foi desenvolvido no Japão, pelo engenheiro Ohno, por volta de 1945[4], e implementado na empresa Toyota. Suas principais características são a flexibilização da produção vinculada à demanda, ao contrário da produção em massa do modelo fordista; a automatização; o just time, melhor aproveitamento do tempo de produção; estoques mínimos; trabalho operário em equipe, orientado por um líder com o intuito de ganhar tempo e, por fim, um padrão horizontal de produção, ou seja, a contratação de empresas especializadas a prestarem serviços para a empresa principal, que passou a se dedicar apenas ao seu negócio principal, com o objetivo de propiciar maior especialização, competitividade e lucratividade. Foi por meio da consecução do modelo toyotista que as empresas buscaram a terceirização.

A terceirização, entretanto, provoca uma quebra na estrutura organizacional clássica, que reconhecia a empresa como uma entidade autossuficiente, que tinha sob seu controle todas, ou quase todas, as fases do processo produtivo. Ao contrário disso, a terceirização provoca uma descentralização produtiva, sendo que seus fornecimentos são obtidos externamente, ou seja, em mãos de terceiros[5].

Como leciona Delgado (2016:487), o termo "terceirização" é neologismo advindo da palavra terceiro, entendido como intermediário, interveniente. Porém, não o terceiro no sentido jurídico da palavra, entendido como aquele que é estranho às relações jurídicas entre duas ou mais partes, mas o terceiro ligado à atividade empresarial. Este neologismo não surgiu na doutrina jurídica e sim na área de administração de empresas, para nominar a estratégia de descentralização das atividades empresariais para outrem. Na órbita jurídica, a terceirização é definida pela possibilidade de uma empresa contratar, visando à prestação de serviços ligados a algumas de suas atividades, uma pessoa jurídica ou física, que os prestará por intermédio de seus empregados, que, teoricamente, receberão desta última pessoa ordens e salários. Ou seja, há uma relação jurídica trilateral entre tomador de serviços, empresa intermediária e trabalhador. Na terceirização há uma dissociação entre a relação econômica de trabalho e a relação justrabalhista correlata. Por ela, o trabalhador se insere no processo produtivo da empresa tomadora de serviços, sem que, em tese, haja nenhuma relação trabalhista, a qual manterá com a empresa intermediadora. O interesse do tomador é, portanto, confiar a terceiros, parte de suas atividades, possibilidade tomada como uma ferramenta de gestão empresarial. Entre a tomadora de serviços e a empresa intermitente há um contrato de natureza civil e entre a empresa intermitente e o trabalhador há uma relação jurídica trabalhista. O modelo trilateral de relação socioeconômica e jurídica que nasce com o processo terceirizante é distinto do modelo clássico empregatício, que ainda segundo Delgado (ibidem:m.p.) se funda em uma relação bilateral.

3. EVOLUÇÃO DA TERCEIRIZAÇÃO NA ORDEM JURÍDICA BRASILEIRA

A despeito de a terceirização ter sido introduzida como prática produtiva pelas empresas multinacionais que aqui se instalaram em meados dos anos 1950, no processo de descentralização flexível, somente a partir do final da década de 1960 é que a terceirização merecerá tratamento específico a ordem jurídica brasileira.

Nesse sentido a observação de Maurício Godinho Delgado (2016:488), segundo a qual a terceirização é relativamente nova no cenário Direito do Trabalho brasileiro, atingiu clareza estrutural e amplitude de

---

(4) Sua Pesquisa.com. Toyotismo. Disponível em <http://www.suapesquisa.com/economia/toyotismo.htm>. Vários acessos.
(5) Cf. Robortella (1999:33).

dimensão somente nas últimas três décadas do século XX. Com efeito, a CLT (Consolidação das Leis do Trabalho), Decreto Lei vigente, que regulamenta as relações de trabalho, aprovada em 1º de maio de 1943, não possuí previsão alguma com relação à terceirização, uma vez que, como visto, naquela época este fenômeno jurídico não possuía a abrangência que assumiu nos últimos trinta anos do segundo milênio.

A CLT, no seu art. 455, faz menção a apenas duas figuras, que podem ser entendidas como algo próximo ao conceito de terceirização, que seriam a subcontratação de mão de obra, englobando também a pequena empreitada, prevista no art. 652 "a", III, da CLT.

Com efeito, a escalada do processo de terceirização, até alcaçar o estágio exponencial de hoje, tem início na Administração Pública. O Decreto Lei n. 200/67, que promoveu a Reforma Administrativa durante o Regime Militar foi a primeira norma brasileira a prescrever a possibilidade de transferência de certas funções materiais subalternas no âmbito do serviço público.

Ocorre que o referido Decreto-Lei n. não indicou, expressamente, as atividades que poderiam ser exercidas por meio do trabalho terceirizado. Foi a Lei n. 5.645/70 que, em seu art. 3.º, apontou as atividades de transporte, conservação, custódia, operação de elevadores, limpeza e outras assemelhadas como aquelas que, preferencialmente, deveriam ser executadas mediante contrato com empresas prestadoras desses serviços

Na esfera privada, foi a Lei n. 6.019/74 que estatuiu o chamado contrato de trabalho temporário, modalidade de terceirização de serviços. Mas a prestação de serviços nesta modalidade somente é admitida para as situações específicas de aumento de demanda ou substituição temporária de empregado permanente, e, ainda assim, pelo prazo de três meses, limitações que impediram o avanço da terceirização, naquele momento, com fundamento na norma em referência.

O avanço dessa forma de prestação de trabalho teve início na década de 1980, com a previsão de terceirização dos serviços de vigilância bancária, a partir da edição da Lei n. 7.102/83, que tratava da terceirização do trabalho de vigilância, apenas no segmento bancário. Em seguida, o legislação ampliou esta possibilidade de contratação de serviços de vigilância patrimonial e pessoal, além de transporte de valores, para todos os segmentos, nos termos da Lei n. 8.863/94.

Outras normas tangenciaram a questão da terceirização, como, por exemplo, a previsão de não responsabilização da Administração Pública pelas dívidas trabalhistas das empresas por ela contratadas (Lei n. 8.666/93) e a possibilidade de terceirização de atividade-fim das empresas de telecomunicações (Lei n. 9.472/97), além do alargamento da terceirização no segmento bancário.

Num primeiro momento, o Tribunal Superior do Trabalho buscou coibir a prática da terceirização, lançando súmula jurisprudencial que indicava a ilicitude da terceirização e a formação direta do contrato de trabalho entre o trabalhador e o tomador dos serviços, nos termos da Súmula n. 256, de 1986. Depois, entretanto, com o lançamento da Súmula n. 331, o Tribunal passou a admitir a terceirização nas atividades de conservação e limpeza e nas chamadas atividades-meio das empresas.

Em 2015, a Câmara dos Deputados aprovou o Projeto de Lei n. 4.330/04, que amplia as possibilidades de terceirização para todas as atividades empresariais. A matéria se encontra pendente de apreciação pelo Senado Federal (PLC 30/2015).

Para além das alterações na legislação e na jurisprudência do Tribunal Superior do Trabalho, decisões recentes do Supremo Tribunal Federal vêm alargado as possibilidades de adoção da terceirização.

4. EVOLUÇÃO DA TERCEIRIZAÇÃO NA ORDEM JURÍDICA ITALIANA

Historicamente, a ordem jurídica italiana proibiu a terceirização (Lei n. 264/49). A Lei n. 1.369/60, em seu art. 3º, estabelecia que: "os empresários arrendatários de obras ou serviços, inclusive os trabalhos de porte, limpeza ou conservação normal das instalações, que tenham que ser executados no interior de sua propriedade sob organização e gestão do arrendador, serão solidários a este no pagamento dos trabalhadores que deste dependam, de um salário mínimo não inferior ao que percebem os trabalhadores que daqueles dependam, bem como lhes assegurarão condições de trabalho não inferiores às que desfrutem esses seus trabalhadores" (Martins, 1995:29-37).

A Lei n. 30, de 14 de fevereiro de 2003, que "delega ao governo matéria de ocupação e mercado de trabalho" trouxe a previsão de que, com um ou mais provimentos normativos, fossem editados diplomas de atuação dos princípios contidos naquela lei, também conhecida como "Lei n. Biagi". Para tal finalidade, foi promulgado o Decreto legislativo n. 276, de 10 de setembro de 2003, em vigor desde de 24 de outubro de 2003[6]. É importante ressaltar que o de-

---

(6) Disponível em <www.cirejus.berardo.com.br/wp-content/uploads/2014/11/reforma_direito_italia.pdf>.

creto mencionado está em harmonia com o Direito Comunitário Europeu.

O objetivo declarado do Decreto foi o de "propiciar o desenvolvimento do mercado de trabalho italiano nas próximas décadas". A verdade é que a alteração legislativa promoveu a inclusão, no direito italiano, de elementos flexibilizantes, com a relativização da tutela ao trabalhador. Com efeito, a legislação revogada (Lei n. 1.369/1960) proibia qualquer interposição de mão de obra, ao definir como empregador todo aquele que se apropriasse da força de trabalho dos empregados, de modo que a relação de emprego se firmava entre estes dois sujeitos.

A rigor, como informa Guilherme Mastrichi Basso[7], as empresas multinacionais italianas há muito se utilizavam de mão de obra terceirizada, "sendo exemplo típico as famosas indústrias de confecção e acessórios, que se utilizam de faccionistas no Brasil, na China, na Índia, na Indonésia e em tantos outros países do mundo. Acresça-se a situação das montadoras de automóveis, que há muito deixaram de ser fábricas e, para sobreviverem, adotaram o modelo toyotista de produção, que compreende a terceirização na fabricação de componentes, inclusive com pré-montagem de partes dos veículos, embora seja a tomadora a dona das patentes e a responsável pela supervisão dos produtos em fase final de montagem, formando o que chamo de encadeamento produtivo".

Basso também refere à prática antiga da terceirização na área da gestão administrativa, especialmente nas áreas de cultura, educação e saúde, que ostentam alto grau de estatização na Itália. Antes mesmo da Reforma Biagi, houve exemplos de terceirização de atividades administrativas na Itália, como, por exemplo, aqueles promovidos por atos do Banco Central Italiano, "baixados para regular a terceirização no controle das moedas em circulação, e o relativo aos Call Centers, pela Comunicação nº 2073042, de 07.11.02, que estabelece normas para a externalização desse serviço de atendimento às instituições bancárias e financiárias do país" (idem, ibidem).

O contrato de *somministrazione* de trabalho (terceirização), instituído pela LD 30/03, nos arts. 20 a 28, admite que a empresa, denominada utilizadora, demande de outra empresa, denominada somministradora (agência de trabalho), regularmente autorizada pelo Ministério do Trabalho e da Política Social, o aluguel de trabalhador. O trabalhador prestará a atividade no interesse e sob a direção e controle do tomador dos serviços (utilizador).

Evidentemente, nessa modalidade há, na verdade, dois contratos: um entre o somministrador e utilizador e outro entre o somministrador e o trabalhador. Portanto, o trabalhador somente obterá colocação por intermédio da agência de trabalho. Exige-se que os contratos sejam escritos, mas poderá ser por tempo indeterminado (*staff leasing*), em quinze hipóteses indicadas pelo decreto, como, por exemplo, trabalho de limpeza, call-center e transporte, ou a termo. Estes somente são permitidos quando presente razão de ordem técnica, de produção determinada, organizacional e recolocação.

"O fornecimento de trabalho (*somministrazione*) se apoia na empreitada de obras e serviços, quando o objeto do contrato não seja constituído pelo fornecimento de mão de obra mas pelo contrário, de execução de uma obra ou serviço com autônoma organização de meios e de capitais, risco de empresa e exercício de poder organizativo e diretivo relativo aos trabalhadores utilizados na empreitada (art 29 DL 276). A falta de tais requisitos importa na ilicitude do fornecimento com punição prevista no art 18, §5º bis do DL"[8].

De qualquer modo, Márcio Pochmann chama a atenção para um aspecto importante da terceirização na Itália: "A empresa italiana que precisar terceirizar por motivo de elevação de produtividade tem permissão, mas não pode ser por redução de custo. E os terceirizados devem ter condições de trabalho iguais aos trabalhadores contratados"[9].

Em 2011 foi inserido o art. 603bis no Código Penal Italiano, tipificando o crime de intermediação ilícita e exploração de trabalho, punido com reclusão de cinco a oito anos e multa de 1.000 a 2.000 euros por cada trabalhador recrutado.

No contexto italiano, cumpre fazer referência ao Direito Comunitário, advindo do desenvolvimento da União Europeia, decorrente de tratados específicos, e que não se confundem com os tratados internacionais considerado por Segundo Mario Lucio Quintão Soares (2008:300) como sendo resultado da

> gradativa transferência de competências ou políticas comunitárias pertinentes à consecução dos objetivos da União Europeia, ainda submetidas ao marco governamental, para o âmbito dos tra-

---

(7) Cf. Basso (2008:89-116).
(8) <http://www.cirejus.berardo.com.br/wp-content/uploads/2014/11/reforma_direito_italia.pdf>.
(9) <http://www.redebrasilatual.com.br/economia/2015/04/terceirizacao-e-um-retrocesso-economico-para-o-pais2019-afirma-economista-2441.html>.

tados comunitários e de seus procedimentos, ao consolidar o espaço comunitário europeu. Mediante todo este processo de evolução completamente ligado a questão de suprenacionalidade, orientado por órgãos cujos Estados pertencentes cedem parte de seus poderes. Esses acordos coletivos diferenciam-se dos internacionais por possuírem ligação com seus cidadãos e há prevalência acima das normas de direitos internos. Aqui entra à tona o princípio do primado ou da primazia do Direito Comunitário, ou seja, quando uma disposição comunitária for contraria a uma norma nacional, se aplica a disposição daquela.

Ocorre que, como já referido, as crises do capitalismo levaram o Estado do Bem-Estar Social à inviabilidade. A decadência do Estado do Bem-Estar Social se deu por meio do crescimento das empresas multinacionais, aumento de privatizações, aumento do custo da força de trabalho, com queda das taxas de lucros e etc.

As falhas na estrutura social, econômica e jurídica fazem aumentar a taxa de desemprego dos países que se envolveram nessas condições e a concorrência empresarial por redução de custos foi a razão para a descentralização das atividades empresariais, o que permitiu o rompimento da cadeia produtiva e a manifestação de novas relações de trabalho, como por exemplo a terceirização.

5. CARACTERÍSTICAS DA TERCEIRIZAÇÃO NO BRASIL

Nas últimas décadas, a terceirização assumiu um papel importante no contexto das relações de trabalho. No ordenamento jurídico brasileiro, a terceirização é prevista em situações pontuais, como o contrato de trabalho temporário e a atividade de vigilância.

A rigor, as empresas fundamentam a utilização dos serviços terceirizados em autorização jurisprudencial. A Súmula n. 331 do Tribunal Superior do Trabalho foi aprovada pela Resolução Administrativa 23/93, de 17 de dezembro de 1993, e publicada no Diário da Justiça da União em 21 de dezembro de 1993, conforme orientação do órgão Especial do Tribunal Superior do Trabalho. Este verbete sumular veio para rever o texto da Súmula n. 256 do TST, que também tratava de terceirização, porém de modo especialmente restritivo.

O verbete de Súmula n. 256 do TST considerava ilícitas todas as hipóteses de terceirização e indicava a formação do vínculo trabalhista com o tomador de serviços, salvo nos casos previstos nas Leis 6.019/74 e 7.102/83. Segundo Maurício Godinho Delgado (2016:499), "alguns dos tópicos orientadores da Súmula n. 256 manter-se-iam firmemente incrustados na cultura jurídica posterior. É o que se passa com a ideia de terceirização como processo excetivo, preservando-se a fórmula celetista como a básica regra de pactuação de relações de produção no país. É o que ocorre também com a determinação de instituição do vínculo empregatício com o tomador de serviços caso configurada a ilicitude trabalhista na terceirização perpetrada".

A Súmula n. 331 do TST[10], assim está ementada:

CONTRATO DE PRESTAÇÃO DE SERVIÇOS. LEGALIDADE (nova redação do item IV e inseridos os itens V e VI à redação) - Res. 174/2011, DEJT divulgado em 27, 30 e 31.05.2011 I - A contratação de trabalhadores por empresa interposta é ilegal, formando-se o vínculo diretamente com o tomador dos serviços, salvo no caso de trabalho temporário (Lei n. 6.019, de 03.01.1974). II - A contratação irregular de trabalhador, mediante empresa interposta, não gera vínculo de emprego com os órgãos da Administração Pública direta, indireta ou fundacional (art. 37, II, da CF/1988). III - Não forma vínculo de emprego com o tomador a contratação de serviços de vigilância (Lei n. 7.102, de 20.06.1983) e de conservação e limpeza, bem como a de serviços especializados ligados à atividade-meio do tomador, desde que inexistente a pessoalidade e a subordinação direta. IV - O inadimplemento das obrigações trabalhistas, por parte do empregador, implica a responsabilidade subsidiária do tomador dos serviços quanto àquelas obrigações, desde que haja participado da relação processual e conste também do título executivo judicial. V - Os entes integrantes da Administração Pública direta e indireta respondem subsidiariamente, nas mesmas condições do item IV, caso evidenciada a sua conduta culposa no cumprimento das obrigações da Lei n. 8.666, de 21.06.1993, especialmente na fiscalização do cumprimento das obrigações contratuais e legais da prestadora de serviço como empregadora. A aludida responsabilidade não decorre de mero inadimplemento das obrigações trabalhistas assumidas pela empresa regularmente contratada. VI – A responsabilidade subsidiária do tomador de serviços abrange todas as verbas decorrentes da condenação referentes ao período da prestação laboral".

Da leitura do verbete sumular acima transcrito, verifica-se que a Súmula n. 331 do TST incorporou as hipóteses de terceirização na hipótese de trabalho

---

(10) BRASIL. Súmulas do TST. Vade Mecum Saraiva. 19ª ed.São Paulo: Saraiva, 2015.

temporário (nos casos de acréscimo extraordinário de serviço na empresa tomadora ou da necessidade de substituição de empregado regular ou permanente de forma transitória, nos termos da Lei n. 6.019/74); atividades de vigilância (regidas pela Lei n. 7.102/83); contratação de serviços de conservação e limpeza e atividade-meio; recepcionou a vedação constitucional de contratação de servidos sem a formalidade do concurso público; buscou elucidar o fundamental contraponto entre a terceirização lícita e a ilícita; e por fim explicou a natureza e a extensão da responsabilidade advindas da terceirização[11].

Segundo Delgado (2016:501), "(...) uma das mais significativas foi a referência à distinção entre atividades-meio e atividades-fim do tomador de serviços..." sendo que atividades-fim podem ser conceituadas como as funções e tarefas empresariais e laborais que se ajustam ao núcleo da dinâmica empresarial do tomador dos serviços, compondo a essência dessa dinâmica e contribuindo inclusive para a definição de seu posicionamento e classificação no contesto empresarial e econômico. São, portanto, atividades nucleares e definitórias da essência da dinâmica empresarial do tomador dos serviços. Por outro lado, atividades-meio são aquelas funções e tarefas empresariais e laborais que não se ajustam ao núcleo da dinâmica empresarial do tomador dos serviços, nem compõem a essência dessa dinâmica ou contribuem para a definição de seu posicionamento no contexto empresarial e econômico mais amplo. São, portanto, atividades periféricas à essência da dinâmica empresarial do tomador dos serviços".

De qualquer modo, ainda que se trate de atividade-meio, não poderão estar presentes pessoalidade ou subordinação no fornecimento de mão de obra, o que configuraria a formação da relação de emprego com a empresa tomadora de serviços, nos moldes do Art. 3º da CLT.

É claro que, também aqui, haverá de imperar o princípio da primazia da realidade, prevalecendo a realidade sobre a forma do contrato, de modo que, configurada a subordinação direta e a pessoalidade, haverá a formação de vínculo empregatício diretamente com o tomador de serviços.

Ainda de acordo com a Súmula n. 331 do TST, todas as demais hipóteses de terceirização seriam ilícitas, formando-se o vínculo diretamente com o tomador dos serviços.

A despeito de haver, na prática, uma ampliação impressionante dos casos de terceirização de serviços, as limitações fixadas no âmbito da jurisprudência do TST são consideradas demasiadas pelos setores empresariais. Assim, em 2004, foi apresentado pelo deputado Sandro Mabel (PL-GO), projeto de Lei n. à Câmara dos Deputados, que tomou o número 4.330/2004, que dispõe sobre os contratos de terceirização e as relações de trabalho deles decorrentes.

Após anos de trâmite, o projeto de Lei n. foi incluído na Câmara dos Deputados. No dia 22 de abril de 2015, o Plenário da Câmara dos Deputados concluiu a votação do projeto de lei. Os parlamentaristas aprovaram uma emenda que constitui a principal mudança na Lei trabalhista: as empresas poderão contratar terceirizados para qualquer área, atividades-meio e atividades-fim, o que hoje não se concebe, como visto.

De acordo com o texto aprovado, poderão atuar como prestadores de serviços terceirizados as associações, as fundações e as empresas individuais. Além disso, o produtor rural pessoa física e o profissional liberal poderão figurar como contratante.

O texto base previa o período de 24 meses de quarentena que a contratante, diga-se, empresa tomadora, precisaria cumprir para contratar como pessoa jurídica um ex-empregado. Mas o texto aprovado prevê prazo de apenas 12 meses. Por outro lado, permite a subcontratação por parte da contratada, empresa intermediária ("quarteirização").

O texto aprovado na Câmara prevê a responsabilidade solidária do tomador de serviços pelos créditos do trabalhador terceirizado (no TST, o entendimento atual é o de que a responsabilidade é subsidiária). Mas a empresa tomadora, além de estar obrigada a exigir da contratada, mensalmente, a comprovação do cumprimento das obrigações relacionadas aos empregados dela, que efetivamente participem da execução dos serviços terceirizados, durante o período e nos limites da execução dos serviços contratados (art. 16), também poderá reter parte dos valores devidos mês a mês, para fazer frente a eventual condenação em pagamento de créditos trabalhista destes mesmos empregados.

Atualmente a filiação sindical é livre, mas a Justiça do Trabalho tem submetido o contrato de trabalho do empregado, aos benefícios dos acordos e convenções coletivas de trabalho com o sindicato da atividade preponderante da tomadora de serviços, se a terceirização for considerada irregular ou ilegal. Caso o texto aprovado na Câmara dos Deputados vier a ser aprovado no Senado, a nova Lei não garantirá

---

(11) Cf. Delgado (2016:501).

a filiação dos terceirizados no sindicato da atividade preponderante da contratante, salvo se contratante e contratada forem da mesma categoria econômica.

Segundo entendimento de Fábio Goulart Vilella[12], "o momento deveria ser o de consolidação das conquistas e de ampliação dos mecanismos de satisfação dos direitos da classe obreira, buscando a instituição de um patamar normativo que confira ao trabalhador terceirizado um tratamento isonômico ao atribuído ao empregado efetivo da empresa tomadora". A terceirização também é criticada pelos sindicalistas com o argumento de que fragilizará a organização dos trabalhadores e, consequentemente, sua força de negociação com as empresas.

Em pronunciamento por vídeo, que circulou nos principais meios de comunicação no dia 1.5.2015, a Presidente Dilma Roussef manifestou opinião a favor da regulamentação do trabalho terceirizado no Brasil, para que os trabalhadores tenham a garantia de emprego, direitos trabalhistas e previdenciários (posição, aliás, compartilhada por todas as Centrais Sindicais), destacou que a regulamentação do trabalho terceirizado precisa manter a diferenciação entre atividade-meio e atividade-fim, pois precisa proteger a previdência social das perdas de recursos e manter os direitos e garantias dos trabalhadores.

Alguns opositores consideram que o projeto de Lei n. aprovado fere as Convenções 100 e 111 da Organização Internacional do Trabalho, que asseguram a igualdade de remuneração, a proibição de discriminação de trabalho além de igualdade entre os trabalhadores.

O projeto de Lei tomou o número 30/15 e tramita no Senado Federal.

6. CARACTERÍSTICAS DA TERCEIRIZAÇÃO (SOMMINISTRAZIONE DI LAVORO) NA ITÁLIA

De acordo com a lição do professor Pasquale Sandulli[13], a terceirização na Itália (somministrazione di lavoro) se caracteriza pela existência de dois contratos. O primeiro é firmado entre a agência de emprego e o tomador de serviço, e o outro entre a agência e o trabalhador. A agência de emprego firma contratos com trabalhadores e, em seguida, os envia, para a execução do contrato de fornecimento de trabalho, ao tomador de serviços, que se beneficia de suas atividades e exerce o poder de direção e controle final.

O trabalhador, portanto, tem a obrigação de trabalhar não na empresa do empregador, mas em outra, a do tomador dos serviços.

Quando se trata de trabalho dependente, a disciplina prevista é aquela do trabalho subordinado a tempo indeterminado ou a prazo, salvo quanto às adaptações necessárias à dissociação subjetiva.

A terceirização só pode ser promovida por agência autorizada, supervisionada pelo Ministério do Trabalho e inscrita no registro das agências de emprego, após a verificação do preenchimento dos rigorosos requisitos jurídicos e financeiros prescritos, a fim de garantir a confiabilidade e solvência. Por outro lado, é proibido às agencias exigir ou receber, direta ou indiretamente, compensações do trabalhador pela contratação ou a transferência ao tomador de serviços, mas as convenções coletivas podem ignorar esta proibição para os trabalhadores altamente qualificados ou para serviços específicos.

A legislação considera nula qualquer disposição pretendendo restringir a possibilidade de o usuário contratar o trabalhador diretamente ao final da prestação de serviços terceirizados, a menos que o empregado tenha recebido uma indenização adequada, estabelecida em acordo coletivo.

A terceirização por prazo determinado é aceita na Itália, entretanto somente quando se tratar de razoes de caráter técnico, produtivo, organizativo ou substitutivo, de forma idêntica àquela que definisse a justificação do contrato de trabalho a prazo. Entretanto, a fixação de prazo e a intermitência não são permitidos nos casos de substituição do trabalhador legitimamente em greve; em unidade produtiva na qual houve férias coletivas nos seis meses precedentes ou suspensão com o mesmo tratamento para trabalhadores diretos e terceirizados, exceto acordo sindical; em empresas que fizeram essa avaliação de risco, etc. Além do mais, deve ser estipulado por escrito.

Ainda de acordo com Sandulli, os contratos de trabalho por tempo indeterminado "estão sujeitos às regras gerais das relações de trabalho no âmbito do Código Civil e leis especiais". Além do mais, nos casos de admissão por prazo indeterminado, as agências devem pagar ao trabalhador um subsídio de disponibilidade, durante períodos em que ele aguarda a atribuição de trabalho.

Seja na hipótese de contrato a prazo, seja na de duração indeterminada, as agências têm obrigação de

---

(12) Cf. Vilella (2014:69-73).

(13) As considerações sobre a terceirização na Itália se baseiam no excelente texto do Professor Pasquale Sandulli, inserto na obra coletiva Elementos de Direito do Trabalho Italiano e Brasileiro.

comunicar ao trabalhador, por escrito, no momento do envio ao tomador do serviço, todas as já mencionadas informações contidas no contrato de trabalho terceirizado, bem como a data de início e a duração prevista da prestação de serviços ao tomador.

No modelo italiano, o trabalhador executa a própria atividade sob a direção e controle do tomador dos serviços, enquanto o poder disciplinar é exercido pela agência. O tomador de serviços deve cumprir todas as obrigações de segurança em face do trabalhador terceirizado como se fosse um de seus empregados. Além do mais, o tomador de serviços responde pelos danos provocados a terceiros pelo trabalhador terceirizado, no desempenho de suas funções.

O tomador dos serviços é solidariamente responsável com a agência apenas pelo pagamento dos salários devido aos trabalhadores terceirizados e pelos recolhimentos previdenciários. Entretanto, no caso de atribuição de tarefas superiores ou inferiores àquelas estabelecidas no contrato, sem prévia comunicação por escrito à agência, o tomador de serviços será exclusiva e diretamente responsável pelas diferenças salariais e eventual ressarcimento de danos.

Muito importante ressaltar que, na Itália, o trabalhador terceirizado pode exercer, junto ao tomador de serviços, o direito de liberdade e atividade sindical e participar das assembleias dos empregados do tomador.

Em hipóteses de causa de suspensão da relação de trabalho, por doença, acidente, maternidade, por exemplo, aplicam-se as salvaguardas gerais na relação entre a agência e o trabalhador. Nessas condições, a agência italiana deve pagar aos fundos especiais nacionais bilaterais de categoria uma contribuição de quatro por cento dos salários pagos aos trabalhadores terceirizados, com a alocação de recursos separado (cursos de qualificação, integração de renda), dependendo da proveniência de contratos a prazo ou contratos por tempo determinado.

Por fim, é imperioso ressaltar que o trabalhador terceirizado italiano é considerado dependente do tomador de serviços, desde o início da prestação, seja em caso de terceirização irregular por violação dos limites e das condições legais, tais como agência autorizada, justificação, limite quantitativo, proibições, número de trabalhadores abrangidos pelo contrato de terceirização, início e duração da administração indicada no contrato etc.

Além das consequências civis, a legislação prevê uma série de sanções penais, para os ilícitos praticados no âmbito da terceirização de mão de obra.

7. COMPARAÇÕES E CONCLUSÕES

O cotejo dos modelos brasileiro e italiano nos oferece interessantes elementos para as conclusões que se seguem.

Em primeiro lugar, observa-se que, originalmente, as normas trabalhistas no Brasil e na Itália não admitiam a terceirização de mão de obra, conforme, respectivamente, arts. 2º e 3º da CLT e Leis 264/49 e 1.369/60. A legislação italiana, a rigor, proibia qualquer interposição de mão de obra, ao definir como empregador todo aquele que se apropriasse da força de trabalho dos empregados, de modo que a relação de emprego se firmava entre estes dois sujeitos. No Brasil, a despeito de não haver disposição legal expressa nesse sentido, esta também era a interpretação prevalecente, conforme restou evidenciado com o lançamento do então Enunciado 296 do Tribunal Superior do Trabalho.

Como visto, a partir da década de 1970 (Lei n. 6.019/74), a ordem jurídica passa a admitir, em caráter absolutamente excepcional, a intermediação, nos casos de contrato de trabalho temporário e de vigilância bancária (Lei n. 7.102/83), excepcionalidade reafirmada no já mencionado Enunciado 296 do TST.

Ocorre que, no Brasil, a jurisprudência passou a admitir a intermediação de mão de obra na atividade-meio empresarial, desde que ausentes a subordinação jurídica e a pessoalidade, conforme a Súmula n. 331 do TST.

A Itália seguiu vedando a prática até 2003, quando, com fulcro no Direito Comunitário, a legislação foi alterada para, expressamente, admitir a terceirização. Com efeito, a Lei n. 30, de 14 de fevereiro de 2003 delegou ao governo a regulamentação de matéria envolvendo a ocupação de Mao de obra e mercado de trabalho. Nessa esteira, foi promulgado o Decreto Legislativo n. 276, de 10 de setembro de 2003.

A ordem jurídica italiana autoriza a terceirização e a regulamenta. Admite-se a intermediação de mão de obra em qualquer hipótese, o mesmo que se pretende faze no Brasil, conforme texto aprovado pela Câmara dos Deputados em 2015, na apreciação do Projeto de Lei n. 4.330/04.

A exemplo do que ocorre no Brasil, segundo autorizado pela jurisprudência (nos casos da considerada terceirização lícita), no modelo italiano a relação de emprego se forma com o intermediário, que terá com o tomador de serviços vínculo jurídico de natureza civil. Registre-se que, na Itália, o intermediário será, necessariamente, com uma agência autorizada, supervisionada pelo Ministério do Trabalho e inscrita no registro das agências de emprego, após a verificação do preenchimento dos rigorosos requisitos jurídicos e financeiros prescritos, a fim de garantir a confiabilidade e solvência. Aqui, a terceirização pode, atualmente, sem levada a efeito por intermédio de qualquer empresa e, como aprovado pela Câmara dos Deputados, poderá vir a ser, inclusive, com pessoas físicas.

A agência pode contratar o trabalhador a prazo, salvo exceções como a substituição de trabalhadores em greve, entre outras. Por outro lado, quando contratados por tempo indeterminado, os empregados, nos momentos em que não esteja prestando serviços a algum tomador, receberão das agências um subsídio de disponibilidade, durante períodos em que ele aguarda a atribuição de trabalho. No Brasil, as empresas intermediárias admitem os trabalhadores para prazo certo ou por tempo indeterminado.

No modelo italiano, o trabalhador atua sob a direção e controle do tomador dos serviços, enquanto o poder disciplinar é exercido pela agência. Diferente do balizamento jurisprudencial brasileiro, que indica a inexistência de subordinação direta como condição para a terceirização lícita, como indicado na Súmula n. 331 do TST.

A Lei italiana exige que o tomador de serviços cumpra todas as obrigações de segurança em face do trabalhador terceirizado como se fosse um de seus empregados. Ele também será solidariamente responsável com a agência pelo pagamento dos salários e pelos recolhimentos previdenciários, e, no caso de descumprimento do contrato quanto às atividades atribuídas ao trabalhador, será exclusiva e diretamente responsável pelas diferenças salariais e eventual ressarcimento de danos. No Brasil, a regra é a da responsabilização meramente subsidiária, na linha do entendimento sumulado do TST. Quanto às questões de segurança, a terceirização tem se mostrado especialmente problemática, pois amplia, exponencialmente, os casos de acidentes de trabalho e mortes. Como registrado anteriormente, o projeto de Lei n. que tramita no Senado aponta em sentido coincidente com a norma italiana, quando a estes aspectos.

Uma diferença relevante: enquanto na Itália o trabalhador terceirizado pode exercer, junto ao tomador de serviços, o direito de liberdade e atividade sindical e participar das assembleias dos empregados do tomador, no Brasil, os trabalhadores terceirizados não se beneficiam das conquistas dos trabalhadores diretamente vinculados, no âmbito da autonomia privada coletiva, problema que, a prevalecer o texto aprovado na Câmara dos Deputados, não será superado.

8. REFERÊNCIAS BIBLIOGRÁFICAS

ANDRADE, Dino. Especialistas falam de mudanças propostas pelo projeto da terceirização aprovado pela Câmara. 2015. Disponível em: <www.senado.gov.br/noticias/tv/plenarioComissoes2.asp?IND_ACESSO=S&cod_midia=400895&cod_video=403600&pagina=14>. Acesso em: 05.mai.2015.

BASSO. Guilherme Mastrichi. Terceirização e mundo globalizado, Rev. TST, Brasília, vol. 74, no 4, out/dez 2008, pp.89-116.

BIHR, Alain. *Da grande noite à alternativa*. São Paulo: Boitempo, 1999.

BOBBIO, Norberto. Dicionário de Política. Brasília: Ed. UNB, 1995, p. 287.

BRASIL. Decreto Lei n. 200/1967. Dispõe sobre a organização da Administração Federal, estabelece diretrizes para a reforma Administrativa e dá outras providencias. Disponível em: <www.planalto.org.br> Acesso em: 02. mai. 2015.

BRASIL. Lei n. 5.645/70. Estabelece diretrizes para a classificação de cargos do Serviço Civil da União e das autarquias federais, e dá outras providências. Disponível em: <www.planalto.org.br> Acesso em: 02. mai. 2015.

BRASIL. Súmulas do TST. Vade Mecum da Saraiva. 19ª ed.São Paulo: Saraiva, 2015.

COUTINHO, Grijalbo et MELO FILHO, Hugo. O ativismo judicial do TST como fator de flexibilização do Direito do Trabalho no Brasil. In COUTINHO, Grijalbo, MELO FILHO, Hugo et al. (Coord). O Mundo do Trabalho, v.1, São Paulo: LTr, 2009.

DELGADO, Gabriela Neves. Terceirização - Paradoxo do Direito do Trabalho Contemporâneo. São Paulo. LTr, 2003.

DELGADO, Maurício Godinho. Curso de direito do trabalho. 4.ª ed. São Paulo: LTr, 2005.

DELGADO, Maurício Godinho. Curso de Direito do Trabalho. 15ª ed. São Paulo: LTr, 2016.

FERRAZ, Fábio. Evolução histórica do direito do trabalho. Disponível em: <http://www.advogado.adv.br/estudantesdireito/anhembimorumbi/fabioferraz/evolucaohistorica.htm>. Acesso em: 10.mai.2015.

GÓIS. Ancelmo César Lins de. A flexibilização das normas trabalhistas frente a globalização. Disponível em <www.jus.com.br>. Acesso em 03.jul.2015.

GOMES Neto, Indalécio. Aspectos Jurídicos da Terceirização. Consulex: revista jurídica. Brasília, v. 14, n. 359, jan.2012. p.19-54.

GRUNWALD. Astried Brettas. Terceirização: a flexibilidade em prol do desenvolvimento jurídico-social. Disponível em: <www.jus.com.br>. Acesso em 17.mar. 2015.

LOYOLA, Aline Oliveira Aguiar de. A responsabilidade pelos encargos trabalhistas nos contratos de terceirização. In: direito constitucional do trabalho em temas/coordenadores. Grijalbo Fernades Coutinho, João Amílcar Silva e Souza

MACHADO, André et MELO FILHO, Hugo. Competência da Justiça do Trabalho: por uma hermenêutica de compromisso. In COUTINHO, Grijalbo e FAVA, Marcos (Coord). O que estão fazendo da nova competência da Justiça do Trabalho? São Paulo: LTr, 2011.

MARCANTE. Carolina Pereira. A responsabilidade subsidiária do Estado pelos encargos trabalhistas decorrentes da contratação de serviços terceirizados. Disponível em: <www.jus.com.br>. Acesso em: 24.jan.2015.

MARTINS FILHO, Ives Gandra. O Fenômeno da terceirização e suas implicações jurídicas.Revista Temas de Direito e Processo do Trabalho. Organizador: Cínthia Machado de Oliveira. Porto Alegre: Verbo Jurídico, 2012, p.65.

MARTINS. Sérgio Pinto. A Terceirização e o direito do trabalho. Ed. Malheiros. São Paulo. 1995.

MARTINS, Sergio Pinto. A terceirização e o Direito do Trabalho. São Paulo: Atlas, 2007.

MARTINS, Sérgio Pinto. Curso de Direito do Trabalho, 5ª ed. São Paulo: Dialética, 2009.

NOVAES, Emerson Gomes. O que é Taylorismo. RAGO, Luzia Margareth;

OLIVEIRA. Marcelo Augusto Souto de. Terceirização: avanço ou retrocesso? Disponível em: <www.ibcbrasil.com.br>. Acesso em: 17 de março de 2005.

PEREIRA. Paulo Henrique Borges. A eficácia e os limites da terceirização no Brasil. Disponível em: <http://www.direitonet.com.br/artigos/exibir/8931/A-eficacia-e-os-limites-da-terceirizacao-no-Brasil>. Acesso em: 02. mai. 2015.

PIOVESAN, Eduardo. Câmara aprova projeto que permite terceirização da atividade-fim de empresa. Disponível em: <www2.camara.leg.br/camaranoticias/

notícias/TRABALHO-E-PREVIDENCIA>. Acesso em: 04.mai.2015.

POLONIO. Wilson Alves. Terceirização – Aspectos legais, trabalhistas e tributários. Ed. Atlas. São Paulo. 2000.

RBA. Redação. Terceirização é um retrocesso econômico para o país. Publicado 16/04/2015 15:12. Disponível em: <http://www.redebrasilatual.com.br/economia/2015/04/terceirizacao-e-um-retrocesso-economico-para-o--pais2019-afirma-economista-2441.html>. Acesso em 22jul.2015.

REFORMA do direito do trabalho na Itália. Disponível em: <http://www.cirejus.berardo.com.br/wp-content/uploads/2014/11/reforma_direito_

italia.pdf. Acesso em: 23.abr.2015.

REIS, Jair Teixeira dos. A terceirização vista pela auditoria fiscal do trabalho.

ROBORTELLA. Luiz Carlos Amorim. Terceirização. Tendência em doutrina e jurisprudência. Revista Jurídica n. 21. Trabalho & Doutrina. Ed. Saraiva. São Paulo. Junho de 1999. p. 33.

SANDULLI. Pasquale. Elementos de Direito do Trabalho Italiano e Brasileiro. Juruá. PR. 2013.

SOARES, Mario Lúcio Quintão. Teoria do Estado: novos paradigmas em face da globalização. 3ª ed. São Paulo: Atlas, 2008, p. 300.

SUSSEKIND. Arnaldo. Instituições de Direito do Trabalho. Ed. LTr. São Paulo. 2004. Vol. I. p. 324.

TERCEIRIZAÇÃO no direito do trabalho. Disponível em: <http://www.professornilson.com.br/Downloads/TERCEIRIZA%C3%87%C3%83O%20NO%20DIREITO%20DO%20TRABALHO.pdf>. Acesso em: 20.mai.2015.

TOYOTISMO: O que é o Toyotismo, características, sistema de produção, origem no Japão, economia. Disponível em: <http://www.suapesquisa.com/economia/toyotismo.htm>. Acesso em: 02. mai. 2015.

VILLELA, Fabio Goulart. A regulamentação da terceirização de serviços: Aspectos críticos. Revista Eletrônica Tribunal Regional do Trabalho do Paraná. Curitiba, v. 4, n.35, p. 69-73, nov. 2014.

DIREITO EXISTENCIAL DO TRABALHO: A DIGNIDADE HUMANA COMO MATRIZ DE AFIRMAÇÃO JUSLABORAL – UMA INTERLOCUÇÃO ENTRE OS PARADIGMAS DO POSITIVISMO ITALIANO E BRASILEIRO

Konrad Saraiva Mota[*]

1. POSITIVISMO E DIREITO: DA SOCIOLOGIA COMTEANA AO POSITIVISMO LUHMANNIANO

Não foi tarefa fácil para a Sociologia ser assimilada enquanto ciência dentro dos parâmetros metodológicos prevalentes no final do século XIX e início do século XX. Por estudar o homem em sociedade, com toda sua complexidade, a Sociologia não conseguia se amoldar nas estruturas das leis gerais criadas pelas ciências exatas e naturais. Os processos científicos de experimentação e confirmação não encontravam no homem a sua justa medida.

A primeira matriz teórica que tentou afastar qualquer aspecto metafísico da Sociologia foi o positivismo de Augusto Comte (1798-1857). Em linhas gerais, o positivismo comteano preconizava que a Sociologia somente seria considerada ciência se atingisse a mesma positividade das ciências exatas e naturais, como a matemática, a física, a química e a biologia. Para tanto, teria que se valer da experimentação, classificação e comparação como métodos. Somente assim, seria possível a criação de leis gerais sociológicas.

Outro momento relevante na tentativa de avaloração da Sociologia se deu com o movimento intelectual europeu conhecido como Círculo de Viena (1922-1936), no qual professores da Universidade de Viena reuniram-se para conceber o que denominaram de empirismo lógico, a partir de uma perspectiva reducionista de que os fenômenos sociais deveriam ser observados e testados por mecanismos estritamente racionais, de modo que a atividade científica construiria indutivamente as teorias.

O empirismo lógico prescrevia que todos os enunciados e conceitos referentes a um dado fenômeno deveriam ser traduzidos em termos observáveis (objetivos) e testados empiricamente para verificar se eram falsos ou verdadeiros. A observação estava, ao mesmo tempo, na origem e na verificação da veracidade do conhecimento, utilizando-se a lógica e a matemática como um instrumental *a priori* que estabelecia as regras da linguagem. Assim, a atividade científica ia construindo indutivamente as teorias, isto é, transformando progressivamente as hipóteses, depois

---

[*] Graduado em Direito (2003), Pós-graduado em Direito (Pós-graduação Lato Senso 2004 e 2012), Mestre em Direito (Pós-graduação Stricto Senso 2012), Doutorando em Direito do Trabalho (PUC/MINAS – 2014), Juiz do Trabalho junto ao TRT 7ª Região (desde 2006); Ex-Juiz do Trabalho junto ao TRT da 14ª Região (2004-2006); Coordenador Pedagógico da Escola Judicial do Tribunal Regional do Trabalho da 7ª Região (2015), Professor de Direito do Trabalho e Direito Processual do Trabalho da Universidade de Fortaleza – UNIFOR desde 2007 (graduação e pós--graduação); Professor Colaborador da Escola da Magistratura do Trabalho da 7ª Região; Sócio idealizador do Instituto Intellegens.

de exaustivamente verificadas e confirmadas pela observação, em leis gerais e as organizando em teorias, as quais se propunham a explicar, prever e controlar um conjunto ainda mais amplo de fenômenos[1].

No campo do Direito, a assunção do posto de ciência social aplicada também dependia de um esforço teórico voltado ao afastamento de componentes políticos e morais, considerados não científicos. Exsurge, nesse ambiente, o positivismo jurídico: exegético e legalista, tendo como maior expoente o jurista austríaco Hans Kelsen (1881-1973) e sua Teoria Pura do Direito (1934). Para Kelsen, o campo de estudo da ciência do direito teria que se limitar a norma jurídica, desvinculando-se de toda e qualquer influência metafísica.

> A Teoria Pura do Direito é uma teoria do direito positivo [...]. Quando se intitula Teoria "Pura" do Direito é porque se orienta apenas para o conhecimento do direito e porque deseja excluir tudo o que não pertence a esse exato objeto jurídico. Isso quer dizer: ela expurgará a ciência do direito de todos os elementos estranhos[2].

Seguindo a mesma pretensão do positivismo sociológico de Augusto Comte e do empirismo lógico do Círculo de Viena, o principal desiderato do positivismo jurídico era tornar o Direito uma ciência estritamente normativa, objetivando-o a ponto de afastar de si todo e qualquer componente valorativo.

> O positivismo jurídico nasce do esforço de transformar o estudo do direito numa verdadeira e adequada ciência que tivesse as mesmas características das ciências físico-matemáticas, naturais e sociais. Ora, a característica fundamental da ciência consiste em sua avaloratividade, isto é, na distinção entre juízos de fato e juízos de valor e na rigorosa exclusão desses últimos do campo científico: a ciência consiste somente em juízos de fato[3].

É bem verdade que, com o amadurecimento das reflexões sobre a proposta do positivismo jurídico excludente, novas teorias foram nascendo, inclusive amenizando a pretendida neutralidade preconizada pelo purismo kelseniano. É o caso, por exemplo, do intitulado positivismo jurídico inclusivo, admitindo, em certa medida, que as determinações do Direito pudessem existir em função de considerações morais. A moral seria um dos critérios da regra de reconhecimento, que poderia ser convencionalmente utilizada, a depender do sistema jurídico particular[4].

Atualmente, as críticas ao positivismo jurídico, seja ele exclusivo ou inclusivo, encontram cada vez mais amparo na Filosofia do Direito, tanto pela constatação de componentes não normativos do Direito, como pelas consequências perniciosas que a ausência do conteúdo ético nas normas jurídicas ensejou, legitimando ordenamentos totalitários e atrocidades sociais. No fundo, "[...] todo direito positivo tende na direção de um direito ideal, não positivado, produto da consciência valorativa do homem, sobre a qual se irradiam os valores, que ali estão independentemente de qualquer percepção[5]".

Por outro lado, não se pode ignorar a importância do positivismo jurídico para a afirmação do Direito enquanto ciência, dentro dos postulados metodológicos da época, viabilizando sua autonomia e a construção das teorias que fazem do Direito contemporâneo um dos mais ressoantes segmentos científicos.

Neste particular, a sociologia jurídica de Niklas Luhmann[6], partindo de uma sofisticada teoria das expectativas, demonstra a importância da institucionalização e, por conseguinte, da positivação do Direito. Para Luhmann, o homem vive em um mundo constituído sensorialmente. O mundo apresenta ao homem uma multiplicidade de possíveis experiências e ações, em contraposição ao seu limitado potencial.

As possibilidades apresentadas são, ao mesmo tempo, complexas e continentes. Complexas porque sempre existem mais possibilidades do que se possa realizar. Continentes porque as possibilidades apresentadas podem apontar para experiências inesperadas. Em termos práticos, a complexidade impõe uma seleção forçada de possibilidades e a continência significa o perigo de descontentamento. Alie-se a isso a convivência com outros homens, alcançando um aumento na seletividade imediata das percepções.

---

(1) ALVES-MAZZOTTI, Alda Judith; GEWANDSZNAJDER, Fernando. *O método nas ciências naturais e sociais: pesquisa quantitativa e qualitativa*. São Paulo: Pioneira Thompson Learning, 2002, p. 111.
(2) KELSEN, Hans. *Teoria pura do direito: introdução à problemática científica do direito*. 4ª Ed. São Paulo: Revista dos tribunais, 2006, p. 52.
(3) BOBBIO, Norberto. *O positivismo jurídico: lições de filosofia do direito*. São Paulo: Ícone, 2006, p. 135.
(4) DUARTE, Écio Oto Ramos; POZZOLO, Suzana. *Neoconstitucionalismo e positivismo jurídico*: as faces da teoria do direito em tempos de interpretação moral da constituição. São Paulo: Landy Editora, 2006, p. 42-51.
(5) ADEODATO, João Mauricio. *Filosofia do direito*: uma crítica à verdade na ética e na ciência (através de um exame da ontologia de Nicolai Hartman). São Paulo: Saraiva, 1996, p. 135-136.
(6) LUHMANN, Niklas. *Sociologia do direito I*. Tradução de Gustavo Bayer. Rio de Janeiro: Edições Tempo Brasileiro LTDA, 1983, p. 42-93.

O direito permite ao indivíduo, através da norma, que se tenha expectativa na expectativa do outro e, assim, abrir um acesso mais rico de possibilidades ao seu mundo circundante e viver mais livre de descontentamentos. As normas, para Luhmann, são expectativas de comportamento estabilizadas em termos contrafáticos. Seu sentido implica na incondicionalidade de sua vigência na medida em que a vigência é experimentada, e, portanto, também institucionalizada, independentemente da satisfação fática ou não da norma.

Toda sociedade, conforme sua própria complexidade, precisa prever um volume suficiente de diversidade de expectativas normativas e possibilitá-las estruturalmente. As expectativas normativas tem que ser direcionadas, de forma a poderem ser bem sucedidas. É justamente por meio da institucionalização de expectativas comportamentais que se pretende delinear o grau que as expectativas podem estar apoiadas sobre expectativas de expectativas supostas em terceiros.

Desse emaranhado de expectativas, surgem o que Luhmann denomina de sistemas sociais abertos. Para o autor, "o desenho dos sistemas abertos trabalha com um conceito indeterminado de meio e não distingue a relação geral entre sistema e meio da relação mais específica entre sistema e sistemas-no-meio[7]". Surgem, assim, os sistemas sociais parciais, cujos problemas colocados modificam-se no tempo e precisam de soluções que são apuradas no próprio desenvolvimento da sociedade.

A questão é que, quando essas perspectivas funcionais dos sistemas parciais se dinamizam na sociedade, ascende-se uma indesejada perspectiva de modificação futura das expectativas que já foram consolidadas, nascendo, destarte, o princípio da abstração que guarda estrita relação com a inevitável positivação do direito.

Quer-se dizer que, seja sob a perspectiva do afastamento dos componentes morais do direito, para torná-lo científico; seja pela necessidade de estabilização abstrata das expectativas nos sistemas parciais de Luhmann, o direito tende a se tornar inevitavelmente positivo, o que não implica afirmar que disso decorrerá sua estagnação.

2. A QUESTÃO SOCIAL E O SURGIMENTO DO DIREITO DO TRABALHO NO MUNDO OCIDENTAL: AS BASES ÉTICAS DE SUA INSTITUCIONALIZAÇÃO

A vida social sob as premissas do liberalismo, pautada na ideia de que o não intervencionismo estatal e a autorregulação econômica proporcionariam melhores condições para todos, não suportou o contraponto com a realidade, especialmente no início do século XX.

> Este pressuposto liberal falhou em virtude de vários fatores: processo técnico; aumento da dimensão das empresas; concentração do capital; fortalecimento do movimento operário (no plano sindical e no plano político) e agravamento da luta de classes; aparecimento das ideologias negadoras do capitalismo, que começaram a afirmar-se como alternativas a ele[8].

Destarte, a partir do aprofundamento dos conflitos sociais, viu-se a necessidade de um compromisso do Estado com os menos favorecidos, criando uma espécie de responsabilidade social coletiva. Sem dúvida, esse compromisso do Estado com o social foi uma medida necessária à própria viabilidade do capitalismo. De acordo com Nunes[9], "as primeiras manifestações do estado social poderão assinalar-se no período imediatamente posterior a 1ª Guerra Mundial, marcado por uma profunda crise econômica, por violentos conflitos de classe, pela subversão do estado de direito liberal e dos princípios da democracia".

É nesse ambiente que os direitos sociais passam a ser reconhecidos como direitos fundamentais, inclusive com *status* constitucional, já que introduzidos na Constituição Mexicana (1917) e na Constituição de Weimar (1919).

Não se ignora que o Direito do Trabalho, enquanto direito de classes, já existia fora do Estado. Contudo, em termos oficiais, parece isento de dúvidas que o Direito do Trabalho foi propulsionado tanto pelo aspecto político do Estado Social, como pelo componente moral de salvaguarda dos menos favorecidos, em especial a classe-que-vive-do-trabalho. A dignidade do ser humano trabalhador marcava sua presença no substrato axiológico do Direito do Trabalho em formação.

---

(7) LUHMANN, Niklas. Introdução à teoria dos sistemas. Tradução Ana Cristina Arantes /nasser. 3. ed, Petrópolis: Vozes, 2011, p. 63.
(8) NUNES, António José Avelãs. *As voltas que o mundo dá...*: reflexões a propósito das aventuras e desventuras do estado social. Rio de Janeiro: Lumen Juris, 2011, p. 29.
(9) NUNES, António José Avelãs. *Op cit*, p. 31.

Havia o reconhecimento político de que o Estado deveria intervir para conter os abusos decorrentes do desequilíbrio social, bem como a constatação moral de que o trabalhador merecia ter uma vida mais digna. Contudo, era preciso que esses postulados políticos e morais se institucionalizassem através de um sistema normativo. Era necessário, pois, criar normas que disciplinassem a prestação do trabalho humano alienado.

Afinal, é a institucionalização do Direito que permite a segurança e a interação interpessoal dentro de sistemas sociais destinados à contenção de expectativas contrárias ao desiderato ético politicamente reconhecido. Como assinala Luhmann[10], "toda sociedade, conforme sua própria complexidade, precisa prever um volume suficiente de diversidade de expectativas normativas, e possibilitá-la estruturalmente, por exemplo, por meio da diferenciação de papéis".

Ressalte-se que o processo de institucionalização do Direito do Trabalho, mormente com o reconhecimento de sua fundamentalidade, apesar de necessário, não se reduziu ao ordenamento normativo, eis que a dignidade é um fator irredutível à norma, dado seu caráter existencial[11]. Todavia, a criação de um sistema normativo trabalhista foi imprescindível para que o compromisso político-moral proposto pelo Estado Social se tornasse realidade.

A positivação do Direito do Trabalho no mundo ocidental não se fez, contudo, dentro do mesmo substrato fático. Isto porque, enquanto em alguns países europeus, como no caso da Itália, o Direito do Trabalho nasceu a partir dos movimentos coletivos organizados, pautando-se, em sua origem, muito mais pela negociação do que pela legislação; no Brasil houve uma claríssima opção pelo Direito do Trabalho positivado através de fontes heterônomas, sobretudo legislativas.

3. A FORMAÇÃO DO DIREITO DO TRABALHO: UMA INTERLOCUÇÃO ENTRE OS PARADIGMAS ITALIANO E BRASILEIRO

Não resta dúvida de que o Direito do Trabalho não emergiu da mesma forma em países ocidentais como Itália e Brasil. No primeiro, o Direito do Trabalho nasceu a partir de fontes autônomas, provenientes dos conflitos de classe travados entre os detentores dos meios de produção e os fornecedores da força de trabalho. Já no Brasil, o Direito do Trabalho surgiu muito mais a partir de uma decisão política estatal do que pelos movimentos sociais organizados. Basta lembrar que, no início dos anos 40, época em que fora editada a Consolidação das Leis do Trabalho (CLT)[12], a economia brasileira era predominantemente rural e não se via, ainda, movimentos sindicais suficientemente organizados para auferir tamanha quantidade de direitos, conforme elencados pela CLT.

A compreensão de como o Direito do Trabalho surge na Itália e no Brasil dão o tom de como o positivismo atual pode ser construtivo ou desconstrutivo. Cabe, portanto, um breve esboço da evolução histórica do Direito do Trabalho na Itália e no Brasil para, ao final, poder-se acenar uma conclusão mais consistente sobre o tipo de positivismo que ambos os países se deparam em tempos de alta modernidade.

3.1. Evolução Histórica do Direito do Trabalho Italiano: positivismo que pode destruir[13]

Ao contrário de outros países europeus, como Inglaterra e França, a Itália chega de modo muito tardio na Revolução Industrial. É bem verdade que, na Itália, também houve um compilado legislativo bastante semelhante ao Código Napoleônico. Porém, foi a partir dos contratos coletivos de trabalho que o Direito do Trabalho se formou em terras italianas. Contrato coletivo de trabalho que, nas palavras da Giungi e Bellerdi, nada mais é do que

> [...] o êxito da contratação coletiva, insto é daquele processo através do qual os sindicatos de empregados e as associações de empregadores (ou um simples empregador diretamente), recorrendo aos meios de pressão de que dispõem [...], definem conjuntamente a regulamentação dos contratos, individuais e coletivos[14]. (tradução nossa)

Acontece que, como não poderia ser diferente, os movimentos de pressão social voltados ao estabelecimento das condições individuais e coletivas de trabalho nos contratos coletivos italianos acabavam gerando inúmeros conflitos. Destarte, entre os anos de 1893 e 1922 forma-se uma Corte Arbitral em matéria

---

(10) LUHMANN, Niklas. *Sociologia do direito I*. Tradução de Gustavo Bayer. Rio de Janeiro: Edições tempo brasileiro, 1983, p. 77.
(11) WANDELLI, Leonardo Vieira. *O direito humano e fundamental ao trabalho*: fundamentação e exigibilidade. São Paulo: LTr, 2012, p. 73-77.
(12) Decreto-Lei n. 5.452, de 1º de maio de 1943
(13) Tópico escrito com base na aula ministrada pelo Professor Raffaele Del Vecchio, no *Dipartimento di Scienze Giuridiche della Facoltà di Giurisprudenza dellUniversità Sapienza di Roma*, sobre o tema *il contrato coletivo*, em julho de 2015.
(14) GIUGNI, Gino; BELLARDI, L. *Diritto Sindacale*. Bari: Cacucci Editore, 2014, p. 165. No original: *[...] l'esito della contrattazione coletiva, cioè di quel processo atraversso il quale i sindacati dei lavoratori e le associazioni dei datori di lavoro (o i singoli datori diretamente), ricorendo ai mezzi di pressioni di cui dispongono [...], definiscono congiuntamente la regolamentazione dei rapporti, individoale e collettivi, di lavoro.*

de trabalho, cujas decisões regulamentaram as relações no período. Tanto é verdade que "uma das primeiras leis votadas pelo Parlamento a favor da classe trabalhadora foi aquela de junho de 1893 [...] com o escopo de dirimir as controvérsias entre operários e empreendedores[15]" (tradução nossa).

Foi, portanto, a partir da jurisprudência (conjunto de decisões reiteradas), provenientes das referidas Cortes Arbitrais, que o Direito do Trabalho italiano foi sendo aos poucos construído. Merece destaque o primeiro contrato coletivo que se aperfeiçoou, em 1906, na indústria automobilística, em que todos os empregados eram obrigados a se sindicalizar mediante uma cláusula coletiva denominada *closed shop*, o que, igualmente, ensejou enorme controvérsia.

Tanto que, em 1907, passou-se a debater os temas da abrangência da contratação coletiva (se poderia ser aplicada nacionalmente ou não), bem como seu conteúdo. Os contratos coletivos nacionais foram reconhecidos, e passaram a estabelecer condições mínimas de proteção e trabalho, sobremodo no campo salarial, aos trabalhadores de uma determinada categoria.

Ocorre que, por conta a 1ª grande guerra mundial, a indústria bélica foi aquecida e a Itália precisou organizar melhor a execução do trabalho. Para tanto, houve o primeiro grande contrato coletivo de trabalho, com a participação de empregados, empregadores e do próprio Estado, maior interessado nos produtos a serem produzidos por aquele segmento industrial. Com efeito, além de questões meramente salariais, prevalentes até então, outras cláusulas tidas por sociais passaram a sem contempladas, e com a chancela do Estado.

É bem verdade que, no início, os contratos coletivos nacionais eram voltados, com primazia, ao estabelecimento de condições favoráveis aos trabalhadores. Acontece que, após as duas grandes guerras, a indústria sofreu um desaquecimento, que somente foi reavivado no final dos anos 50 e início dos anos 60 do século passado.

Não se pode ignorar, todavia, que no governo fascista surge a célebre "carta del lavoro", que alguns doutrinadores brasileiros dizem ser o espelho da CLT. Contudo, a referida carta, datada do ano de 1927, foi muito mais simbólica, pois as relações de trabalho italianas estavam sendo de fato regidas pelos contratos coletivos e, residualmente, pelo Código Civil de 1942.

Até o ano de 1943, os contratos coletivos, apesar de nacionais, eram setoriais, ou seja, cuidavam apenas de determinado segmento econômico. Porém, a partir de 1947, ganharam maior amplitude. Hoje, o nível de complexidade é tamanho, que muitos empregados sequer conseguem compreender suas cláusulas e, por consequência, seus próprios direitos.

Em 1948, entra em vigor a Constituição Italiana que, dentre outras coisas, cria o direito de greve, estabelece a liberdade sindical, bem como regula a formação dos contratos coletivos com eficácia *erga omnes*, os quais, infelizmente, se tornam difíceis de serem implementados por conta da falta de consenso quanto à representação dos trabalhadores.

Atualmente, a despeito dos contratos coletivos de trabalho ainda exercerem forte influência como fonte do Direito do Trabalho italiano, vive-se uma verdadeira "onda" de flexibilização, impulsionada pelo direito comunitário e pelas diretrizes econômicas estabelecidas pela União Europeia.

O mais curioso é que essa flexibilização precarizante do Direito do Trabalho italiano não nasce a partir do negociado, mas do legislado. Ou seja, é o legislador, tanto nacional como comunitário, que, por meio do positivismo destrutivo, elimina conquistas seculares dos trabalhadores italianos.

O exemplo mais emblemático dessa precarização legislativa está no chamado *jobs act* italiano que consiste numa série de mudanças legislativas, fortemente impulsionadas pela União Europeia que, além de reconhecer a validade de uma série de contratos de trabalho atípicos e por prazo determinado, compromete a estabilidade no emprego, tão cara ao Direito do Trabalho da Itália.

Como se percebe, o Direito do Trabalho italiano, nascido nos contratos coletivos de trabalho, através das reivindicações sindicais organizadas e que expressava a mais legítima manifestação de vontade da classe trabalhadora, vem aos poucos sendo destruído por um positivismo heterônomo desconstrutivo, alicerçado no falacioso argumento de que a economia da Itália não cresce por conta da rigidez do Direito Laboral, quando já se assinalou, inclusive no campo econômico, não haver qualquer relação direta consistente entre um Direito do Trabalho mais ou menos rígido e o crescimento econômico de um dado país.

3.2. Evolução histótica do Direito do Trabalho brasileiro: positivismo que pode construir[16]

É inegável que o Direito do Trabalho brasileiro não nasce da mesma forma que o italiano. Este, como

---

(15) RIGOLA, R. Manualetto di técnica sindacale. Firenze: Ristampa Anastatica, 1986, p. 64. No original: *Una dele prime leggi vatate dal Parlamento a favore della classe lavoratrice è stata quella di giugno 1893 [...] cui lo socopo è quello di dirimere le controversie fra operari e imprenditori*.
(16) Tópico escrito com base em DELGADO, Maurício Godinho. *Curso de direito do trabalho*. 5. ed. São Paulo: LTr, 2006, p. 105-135.

visto, emerge a partir da legítima reivindicação dos movimentos sindicais organizados, sobremodo mediante os contratos coletivos de trabalho. Já o Direito do Trabalho no Brasil já foi concebido como direito estatal posto.

Entre os anos de 1888 e 1930, o Brasil viveu um período de manifestações legislativas incipientes ou esparsas, notadamente por conta de sua economia agrícola e pela forte descentralização política-regional, de índole oligárquica e influenciada pelo liberalismo não intervencionista, de modo que não existia uma preocupação política real com a questão social.

No período compreendido entre 1930 e 1945, com a derrocada da economia agrícola, ocorre uma maior centralização política, com a exacerbação do nacionalismo getulista, de modo que o Estado passa a atrair para si a regulação das relações trabalhistas. Nessa fase de institucionalização do Direito do Trabalho, o Estado passa a atuar na área governamental, com a criação do Ministério do Trabalho, Indústria e Comércio, bem como do Departamento Nacional do Trabalho.

Em âmbito sindical, cria-se uma estrutura oficial, baseada na regra do enquadramento e da unicidade sindical, sendo as agremiações submetidas ao reconhecimento do Estado e este compreendido como órgão colaborador daquelas. No campo judicial, estrutura-se um sistema de solução de conflitos, primordialmente pelas Comissões Mistas de Conciliação e Julgamento e, mais adiante, com a Justiça do Trabalho. Finalmente, na seara legislativa, edita-se o Decreto-lei n. 5.452 de 1943, mais conhecido como Consolidação das Leis do Trabalho.

Na verdade, o Estado Getulista, ao contrário do Italiano – que, bem ou mal, teve que conviver com os movimentos sindicais de trabalhadores, que fomentaram um Direito do Trabalho essencialmente legitimado nas reivindicações de massa – adotou uma postura repressiva, com a criação de posturas político-sociais voltadas a sufocar manifestações operárias contrárias ao modelo corporativista-autocrático implementado, incentivando o sindicalismo oficial e reprimindo as condutas autonomistas, bem com a normatização autônoma.

Godinho destaca que não houve amadurecimento natural da sociedade no sentido de fomentar a institucionalização do Direito do Trabalho no seio do Estado, mas sim uma verdadeira imposição política de um modelo corporativo autoritário. A evolução política brasileira, portanto, não permitiu que o Direito do Trabalho passasse por uma fase de sistematização e consolidação. O referido autor, inclusive, evidencia o parâmetro estatal-subordinado de gestão trabalhista do modelo tradicional do Direito do Trabalho no Brasil[17].

O modelo corporativo autocrático fechado, tal como estabelecido nos idos das décadas de 30 e 40, persistiu até 1988, tendo, neste interstício, pequena evolução. Essa evolução apenas se deu, substancialmente, no modelo previdenciário, com o fim do sistema previdenciário corporativo.

Foi justamente essa ausência de amadurecimento quanto à questão social, com a extrema intervenção estatal imposta na primeira metade do século XX, que gerou a fragilidade de alguns institutos trabalhistas presentes em países de democracia mais consolidada, engendrando o aparecimento de verdadeiras contradições no sistema constitucional brasileiro vigente.

Todavia, a Constituição Federal de 1988 trouxe relevante impulso na evolução jurídica laboral brasileira, com a criação de um modelo mais democrático de administração dos conflitos sociais. Ocorreram valorizações nas formas autônomas de exercício do poder, mediante mecanismos de produção autônoma do Direito, sobretudo por meio dos instrumentos de negociação coletiva (acordo e convenção coletiva de trabalho), uma visão coletiva em sobreposição a uma visão individualista do Direito do Trabalho, além de um maior impulso à atuação sindical e de posturas isonômicas, com ampla margem de direitos sociais extensíveis aos mais diferentes segmentos de trabalhadores.

Ocorre que, apesar dos avanços trazidos pela Constituição de 1988, o Direito do Trabalho brasileiro vem sendo alvo de políticas desconstrutivas, sob o signo da flexibilização, sobretudo na década de 90. São exemplos de flexibilização trabalhista: o banco de horas (art. 59, §2º, CLT), o trabalho em regime de tempo parcial (art. 58-A, CLT), a suspensão do trabalho para qualificação profissional (art. 476-A, CLT), o contrato de trabalho provisório (Lei 9.601/98), a terceirização (súm 331, TST), entre outros.

O curioso é que a maioria dessas práticas flexibilizatórias, a despeito de sua autorização legal, dependem de negociação coletiva. Ou seja, no Brasil – ao revés do que ocorre da Itália – a política de desconstrução do Direito do Trabalho vem através do negociado, e não do legislado. Na verdade, para o Direito Laboral brasileiro, talvez o caminho de sobrevida seja o direito posto.

---

(17) DELGADO, Maurício Godinho, Op. cit, p. 118.

O positivismo no Brasil, mormente aquele disposto na Constituição Federal de 1988, de matriz personalista e alicerçado da dignidade humana e no valor social do trabalho, traça o rumo para uma reconstrução do Direito do Trabalho, demonstrando que o positivismo pode ser também construtivo.

4. POR UMA REPERSONALIZAÇÃO[18] DO DIREITO DO TRABALHO

Conforme visto anteriormente, o Direito do Trabalho foi institucionalizado em meio a um ambiente político-social de reação contra as consequências danosas geradas pelo paradigma econômico traçado no liberalismo. Tais consequências tiveram como alvo o ser humano trabalhador, não apenas no seu aspecto individual, mas, sobretudo, no coletivo, irradiando-se para além do local de trabalho (alcançando as famílias e a sociedade como um todo). Por certo, a postura pouco comprometida com a dignidade do trabalhador, tal como empreendida no modelo liberal, foi fator significativo para o surgimento dos direitos sociais trabalhistas e, principalmente, para sua institucionalização estatal e sistematização normativo-constitucional.

Todavia, esse mesmo Direito do Trabalho, cuja origem teve a marca de uma moralidade existencial, precisou assimilar institutos patrimonialistas do Direito Civil para ser reconhecido como Direito, dentro dos parâmetros científicos de uma determinada época. Não se pode dizer que tal assimilação foi indesejada naquela ocasião, tampouco que foi intencional. Porém, é impossível ignorar que ela aconteceu, sendo certo que os próprios estudiosos do Direito do Trabalho a potencializaram, muitas vezes sustentando que esse conjunto especializado de normas foi o único caminho para a viabilidade do capitalismo, como se a razão de existência do Direito Laboral fosse, de fato, justificar aludido sistema econômico hegemônico.

Hoje, a sociedade vivencia um mundo completamente diferente daquele no qual o Direito do Trabalho se institucionalizou. A própria relação entre capital e trabalho se modificou. O consumo supérfluo, a globalização econômica, as inovações tecnológicas e outros sem número de variáveis dão o tom de uma sociedade plural. O capitalismo tornou-se flexível e mundializado, reproduzindo-se a partir de estratégias especulativas. O capital está mais volátil e despersonalizado, não raro afastando completamente de si o trabalho e a produção dele decorrente.

Também não se pode ignorar que o trabalhador se modificou. Sua subjetividade, embora ainda fortemente influenciada pelo trabalho, passou a refletir um novo estilo de vida, com vínculos fragmentados e de curta duração, consumo exacerbado e acesso instantâneo à informação. Cada vez mais o ser humano é avaliado pelo que tem e não pelo que faz, de modo que a ética do século XXI está umbilicalmente atrelada aos anseios de satisfação imediata, o que se reproduz na família, na religião e, obviamente, no ambiente de trabalho. Muitos trabalhadores, principalmente os mais jovens, se mostram demasiadamente ambiciosos e individualizados, frequentemente rejeitando o suporte social dado pelo Direito do Trabalho, sob o argumento de que isso os imobiliza e impede sua ascensão profissional em um mercado tão competitivo.

O Direito do Trabalho, pensado a partir das premissas do Estado Social e institucionalizado com a nódoa do positivismo exegético, sofre "ataques" por todos os lados e de todos os tipos. Economistas o apontam como entrave ao crescimento econômico. Juristas o colocam como um sistema normativo ontológica e axiologicamente ultrapassado. Sociólogos dizem que ele não tem mais espaço em tempos de capitalismo flexível. Até algumas vozes filosóficas o compreendem como alicerçado em uma moralidade obsoleta. De fato, tem sido extremamente difícil para o Direito do Trabalho (e para aqueles que reconhecem a sua importância), justificá-lo a partir de argumentos estritamente econômicos e patrimonialistas.

É preciso, pois, que o Direito do Trabalho reencontre sua matriz existencial, edificada a partir de uma moralidade antropológica e personalista, perfilhando um sistema normativo ciente de que não tem outra gênese senão a promoção da dignidade do trabalhador. Se o Direito do Trabalho afeta a economia, ajudando a justificar o capitalismo, o faz como consequência e não como causa. Somente a aproximação do Direito do Trabalho com seu núcleo elementar (o ser humano trabalhador) o tornará infenso ao processo de desconstrução que tem se expandido em sua direção.

Um dos bons caminhos a ser seguido para uma repersonalização do Direito do Trabalho é sua aproximação com o novel Direito Constitucional contemporâneo (por alguns denominado neoconstitucionalismo), democrático e includente, que possui na dignidade humana seu ponto de inflexão. Duarte e Pozzolo[19] apontam algumas características do modelo neoconstitucional: a) pragmatismo, constituindo

---

(18) O termo "repersonalização" foi cunhado pela Profa. Dra. Maria Cecília Máximo Teodoro, em palestra ministrada no III Congresso Latinoamericano de Direito Material e Processual do Trabalho, proferida em Belo Horizonte/MG, no dia 18jun2015.

(19) DUARTE, Écio Oto Ramos; POZZOLO, Suzana. *Op cit.* p. 64-73.

um sistema jurídico orientado para a prática; b) sincretismo metodológico, pautando-se por um método hermenêutico analítico e organizado; c) principialismo, com reconhecimento dos princípios fundamentais e da carga axiológica que eles conduzem; d) judicialismo ético-jurídico, exigindo dos operadores jurídicos a elaboração de juízos de adequação e de justificação cada vez mais éticos e menos subsuntivos; e) interpretativismo moral-constitucional, entendendo a importância dos juízos de valor na hermenêutica constitucional; f) juízo de ponderação, conferindo aos juízes, sobretudo diante dos casos difíceis, a tarefa de harmonização dos princípios mediante o uso da proporcionalização; g) conceito não-positivista de Direito, compreendendo que este não se limita à norma posta, aproximando-se de uma moralidade ideal que melhor viabilize o implemento dos direitos fundamentais.

Ganha substância uma nova teoria constitucional, que confere ao texto um caráter inegavelmente normativo[20] e dirigente[21]. A dignidade da pessoa humana é alçada a elemento nuclear das constituições, compondo a gênese dos direitos fundamentais. A própria técnica legislativa modifica-se, adaptando-se ao pluralismo social através de cláusulas gerais e conceitos indeterminados, fazendo nascer, como consequência, um espaço ponderativo (não arbitrário) no exercício da função jurisdicional.

O próprio Direito Civil parece já ter percebido que a aproximação com o Direito Constitucional é a melhor opção ao Direito Privado contemporâneo, criando no Brasil, sob a influência do que já vinha ocorrendo na Itália, o denominado Direito Civil--Constitucional. Tepedino[22], ao tratar das premissas metodológicas para a constitucionalização do Direito Civil, sustenta que o civilista não pode mais ignorar a função dos princípios constitucionais na interpretação do Direito Civil, tampouco relegá-los a meros programas políticos. Perligieri[23], por sua vez, ratifica que respeitar a constituição "[...] implica não somente a observância de certos procedimentos para emanar a norma (infraconstitucional), mas, também, a necessidade que o seu conteúdo atenda aos valores presentes (e organizados) na própria Constituição".

Até mesmo no campo do Direito Comunitário, como ocorre fortemente na Itália e demais países que compõem a União Europeia, a personificação do direito se faz imprescindível. Como denota Rodotà[24], "os direitos fundamentais em tal modo transformam o tramite de uma outra conexão possível, e pela qual se deve politicamente trabalhar, reclusa na fórmula 'globalização por meio dos direitos e não dos mercados'." (tradução nossa). Como destaca o autor, a tutela dos direitos fundamentais constitui princípio fundante da União Europeia e pressuposto indispensável de sua legitimidade.

Somente com a repersonalização do Direito do Trabalho e a ênfase de seu conteúdo existencial, aproximando-se do novo Direito Constitucional, será permitido ao Direito Laboral ultrapassar o crescente processo de desconstrução a que é submetido, reavivando sua primordial tarefa de proteção e fomento da dignidade do ser humano trabalhador.

5. CONCLUSÃO

O presente trabalho teve por objetivo levar o leitor a uma reflexão sobre como o positivismo pode ser utilizado tanto para desconstruir o Direito do Trabalho como pode ser o caminho de sua reconstrução. Como já disse em outra oportunidade, na pós-modernidade "os laços se fragilizam. A velocidade daquilo que vem e vai é tamanha que quase não se percebe. Trocas promissoras são o 'prato do dia'. O mercado exige um trabalhador competitivo. O individualismo o perpetra dócil e volátil[25]".

Sempre que o Direito do Trabalho se vale de argumentos econômicos para sua institucionalização positiva, a tendência é de desconstrução. Em contrapartida, quando a matriz de sustentação do Direito Laboral é personalista, há uma clara inclinação para a reconstrução desse ramo especializado do direito.

O Direito do Trabalho foi edificado em prol do ser humano trabalhador. Não é o trabalho que

---

(20) Sobre o caráter normativo da constituição ver HESSE, Konrad. *A força normativa da Constituição*. Porto Alegre: S. A. Fabris, 1991.
(21) Sobre a constituição dirigente ver COUTINHO, Jacinto Nelson de Miranda (Org.). *Canotilho e a constituição dirigente*. Rio de Janeiro; São Paulo: Renovar, 2003.
(22) TEPEDINO, Gustavo. *Temas de direito civil*. 4 ed. rev. e ampl. Rio de Janeiro: Renovar, 2008, p. 1-23
(23) PERLINGIERI, Pietro. *Perfis do direito civil*: introdução ao direito civil constitucional. 3 ed. Rio de Janeiro: Renovar, 2007, p. 10.
(24) RODOTÀ, Stefano. *Il diritto di avere diritti*. Bari: Editori Laterza, 2015, p. 14. No original: *I diritti fondamentali in tal modo diventano il tramite di um'altra connessione possibile, e per la quale si deve politicamente lavorare, racchiusa nella formula 'globalizzazione attraverso i diritti, non attraverso i mercati'*
Op. cit. p. 29
(25) MOTA, Konrad Saraiva. Capitalismo, trabalho e consumo: a reconstrução do sólido em tempos de fluidez. In TEODORO, Maria Cecília Máximo; MELLO, Roberta Dantas. Tópicos contemporâneos de direito do trabalho: reflexões e críticas, volume I. São Paulo: LTr, 2015, p. 31

compõe o núcleo moral do Direito do Trabalho, mas o trabalhador. Até porque o trabalhador não aliena um objeto apartado de si, mas contido si. O trabalho é o próprio trabalhador em movimento. O Direito do Trabalho é um direito humano da sociedade moderna, que tem no trabalho livre uma fonte de subsistência e, principalmente, de afirmação e reconhecimento. A norma é um mero instrumento para sua operacionalização[26].

Apenas quando o Direito do Trabalho positivado se pauta por uma matriz respaldada na dignidade humana, pode-se ostentar a condição de construtivo. Do contrário, quando os fundamentos legiferantes são meramente econômicos, como ocorre na Itália hodierna, haverá sempre uma indesejada disposição à desconstrução.

6. REFERÊNCIAS

ADEODATO, João Mauricio. *Filosofia do direito*: uma crítica à verdade na ética e na ciência (através de um exame da ontologia de Nicolai Hartman). São Paulo: Saraiva, 1996

ALVES-MAZZOTTI, Alda Judith; GEWANDSZNAJDER, Fernando. *O método nas ciências naturais e sociais: pesquisa quantitativa e qualitativa*. São Paulo: Pioneira Thompson Learning, 2002

BOBBIO, Norberto. *O positivismo jurídico: lições de filosofia do direito*. São Paulo: Ícone, 2006

COUTINHO, Jacinto Nelson de Miranda (Org.). *Canotilho e a constituição dirigente*. Rio de Janeiro; São Paulo: Renovar, 2003

DELGADO, Mauricio Godinho. *Curso de direito do trabalho*. 5. ed. São Paulo: LTr, 2006

DEL VECCHIO, Raffaele, aula expositiva sobre o tema *il contrato coletivo*. Dipartimento di Scienze Giuridiche della Facoltà di Giurisprudenza dellUniversitá Sapienza di Roma, Roma: não editado, julho de 2015

DUARTE, Écio Oto Ramos; POZZOLO, Suzana. *Neoconstitucionalismo e positivismo jurídico:* as faces da teoria do direito em tempos de interpretação moral da constituição. São Paulo: Landy Editora, 2006

GIUGNI, Gino; BELLARDI, L. *Diritto Sindacale*. Bari: Cacucci Editore, 2014

HESSE, Konrad. *A força normativa da Constituição*. Porto Alegre: S. A. Fabris, 1991

KELSEN, Hans. *Teoria pura do direito: introdução à problemática científica do direito*. 4ª Ed. São Paulo: Revista dos tribunais, 2006

LUHMANN, Niklas. *Sociologia do direito I*. Tradução de Gustavo Bayer. Rio de Janeiro: Edições Tempo Brasileiro LTDA, 1983

_____. *Introdução à teoria dos sistemas*. Tradução Ana Cristina Arantes Nasser. 3. ed, Petrópolis: Vozes, 2011

MOTA, Konrad Saraiva. Capitalismo, trabalho e consumo: a reconstrução do sólido em tempos de fluidez. In TEODORO, Maria Cecília Máximo; MELLO, Roberta Dantas. Tópicos contemporâneos de direito do trabalho: reflexões e críticas, volume I. São Paulo: LTr, 2015

MOTA, Konrad Saraiva; ALVES, Fernando Fraga. *Direito do trabalho humanizado: a dignidade humana como matriz de afirmação juslaboral*. In BALESTERO, Gabriela Soares [et al.] (organizadores). Direito constitucional e processual democrático. Birigui: Boreal Editora, 2015

NUNES, António José Avelãs. *As voltas que o mundo dá...: reflexões a propósito das aventuras e desventuras do estado social*. Rio de Janeiro: Lumen Juris, 2011

PERLINGIERI, Pietro. *Perfis do direito civil*: introdução ao direito civil constitucional. 3 ed. Rio de Janeiro: Renovar, 2007

RIGOLA, R. Manualetto di técnica sindacale. Firenze: Ristampa Anastatica, 1986

RODOTÀ, Stefano. *Il diritto de avere dirriti*. Bari: Editori Laterza, 2015

TEPEDINO, Gustavo. *Temas de direito civil*. 4 ed. rev. e ampl. Rio de Janeiro: Renovar, 2008

WANDELLI, Leonardo Vieira. *O direito humano e fundamental ao trabalho*: fundamentação e exigibilidade. São Paulo: LTr, 2012

---

(26) MOTA, Konrad Saraiva; ALVES, Fernando Fraga. Direito do trabalho humanizado: a dignidade humana como matriz de afirmação juslaboral. In BALESTERO, Gabriela Soares [et al.] (organizadores). Direito constitucional e processual democrático. Birigui: Boreal Editora, 2015. p 187-188

O TERCEIRO PROTOCOLO FACULTATIVO À CONVENÇÃO SOBRE OS DIREITOS DA CRIANÇA

Matteo Carbonelli[*][**]

1. GÊNESE, FINALIDADE E CARACTERÍSTICAS DO PROTOCOLO

O quadro da proteção dos direitos das crianças foi reforçado com um novo instrumento, a partir da aprovação do terceiro Protocolo Facultativo à Convenção sobre os Direitos da Criança (*Optional Protocol to the Convention on the Rights of the Child on a communications procedure*), que vai complementar e reforçar para aquela particular categoria de sujeitos vulneráveis os instrumentos existentes no plano internacional.

O Protocolo, que foi adotado em 19 de dezembro de 2011 e entrou em vigor 14 de abril de 2014, consentirá aos menores, pela primeira vez em mais de vinte anos do reconhecimento oficial de seus direitos, a possibilidade de fazer valê-los em nível internacional, trazendo perante um órgão adequado as violações dos direitos estabelecidos na referida Convenção, bem como nos dois Protocolos facultativos anteriores. Entre as violações incluem-se, por exemplo, a exploração de crianças em situação de trabalho ou exploração sexual, negação do ensino primário, discriminação por pertencer a uma minoria étnica ou possuir deficiência física, tráfico de crianças e todas as formas de violência física ou psicológica, bem como envolvimento de crianças em conflitos armados e venda de crianças, prostituição infantil e pornografia infantil, que são previstos pelos dois primeiros Protocolos.

A Convenção sobre os Direitos da Criança (entendendo-se como criança o indivíduo com idade inferior a 18 anos) foi, de fato, adotada pela Assembleia Geral em 20 de novembro de 1989 (data recordada a cada ano com a celebração do Dia Internacional dos Direitos da Infância e da Adolescência), e foi depois ratificada por todos os Estados-membros, com exceção dos Estados Unidos. O Brasil a ratificou em 24 de setembro de 1990, implementado-a por meio do Decreto n. 99.710, de 21 de novembro de 1990. Os outros dois protocolos foram adotados em 6 de setembro de 2000, vindo o primeiro a ser ratificado por um total de 159 membros e o segundo por 169 membros. O Brasil também os ratificou, respectivamente, em 27 e 29 de janeiro de 2004, implementando-os pelos Decretos ns. 5006 e 5007, de 8 de março de 2004.

(*) Professor na Universidade de Viterbo; Advogado; Vice-presidente da União Forense pela Proteção de Direitos Humanos; Diretor Responsável pela Revista "O Direito do Homem"; ex-Juiz honorário junto ao Tribunal de Roma.

(**) Tradução de Konrad Saraiva Mota, Mestre em Direito (Pós-graduação Stricto Senso 2012), Doutorando em Direito do Trabalho (PUC/MINAS – 2014), Juiz do Trabalho junto ao TRT 7ª Região (desde 2006); Professor de Direito do Trabalho e Direito Processual do Trabalho da Universidade de Fortaleza – UNIFOR; Professor Colaborador da Escola da Magistratura do Trabalho da 7ª Região.

Porém, diferentemente dos sistemas criados por outras convenções em matéria de direitos humanos, a Convenção sobre os Direitos da Criança não previa nenhum mecanismo de controle, a não ser o exame de relatórios periódicos que, nos termos do art. 44 da referida Convenção, os Estados signatários são obrigados a apresentar a cada cinco anos para o Comitê competente, composto por 18 especialistas independentes; de modo que esse Comitê permaneceu, entre os órgãos de monitoramento criados pelas convenções internacionais sobre direitos humanos no âmbito da ONU, como o único a não ser dotado da competência de examinar casos de violação mediante um procedimento do tipo parajudicial.

O Protocolo em análise veio a preencher esta lacuna, introduzindo – paralelamente ao exame dos relatórios periódicos dos Estados – um mecanismo de denúncia relativo aos casos específicos de violações dos direitos dos menores. Com isso, reconheceu às crianças, da mesma forma que aos adultos, a igualdade de acesso a um organismo internacional, e também atribuiu ao Comitê dos Direitos da Criança o poder de avaliar as comunicações, desenvolver investigações e formular comentários ou recomendações.

As razões essenciais que conduziram à adoção do Protocolo podem, portanto, se situar na necessidade de abordar o fato de que a Convenção sobre os Direitos da Criança foi a única entre as *core conventions* de direitos humanos que não previu um procedimento contencioso, juntamente com a necessidade de ter em conta os caracteres de especialidade que as normas sobre direitos dos menores apresentam em comparação a outras normas de direitos humanos em geral.

Para garantir os direitos das crianças, levando em consideração as características particulares de seus titulares, que são pessoas em idade evolutiva, geralmente em condição de dependência ou de parcial autonomia, e mais vulneráveis do que os adultos, pode de fato não ser suficiente a tutela oferecida pelos procedimentos perante outros comitês ou perante os tribunais como a Corte Interamericana de Direitos Humanos, que, seja pelo conteúdo substancial das convenções que se referem, seja pelas suas regras procedimentais, não são voltadas para as demandas específicas neste domínio.

As dúvidas sobre o risco de duplicação dos mecanismos existentes foram, por esta razão, superadas pela presença dos chamados *unique rights* ou direitos específicos da categoria dos menores, pelos quais foi afirmado o princípio do "superior interesse" ou o direito de ser ouvido, definido como *a unique provision in a human rights treaty*.

Os procedimentos introduzidos pelo terceiro Protocolo com as novas competências atribuídas ao Comitê sobre os Direitos da Criança são, por si só, *child-oriented*, uma vez que refletem as condições mínimas que devem ser respeitadas para consubstanciarem, em observância àqueles princípios, "a medida das crianças". Isso materializa a concepção, que é a base da Convenção de 1989 e dos outros dois Protocolos adicionais, de que a criança é sujeito de direitos e não apenas objeto de proteção, conferindo-lhe os meios para reivindicar o respeito pleno e, com isso, equiparando-a a outras pessoas tuteladas por diversas convenções.

O Protocolo em análise, portanto, também faz justiça, pela pretensa "não-judicialização" de muitos direitos dos menores, como já se havia feito em relação aos direitos econômicos, sociais e culturais por meio do Protocolo adotado em 2008; bem como faz justiça pela ideia que procedimentos quase-judiciais constituem um modo ocidental de intervir em matéria de direitos humanos, depois que a Carta africana pelos direitos e bem-estar das crianças, de 1990, havia permitido o endereçamento de comunicações a um comitê competente.

Os trabalhos que conduziram à adoção do Protocolo começaram em 2009, quando – após uma campanha de mobilização ativa realizada desde 2006 por uma coalizão de ONGs para resolver a anomalia da Convenção de 1989, relativa a direitos da criança, que, apesar de ser amplamente ratificada, permaneceu privada, como se viu, de um mecanismo de garantia do tipo quase-judicial – o Conselho de Direitos Humanos, na sua XI sessão, instituiu com a Resolução 11/1 um grupo de trabalho de composição aberta, confiando-lhe a elaboração de um Protocolo adicional à presente Convenção. Com um procedimento de notável rapidez, o texto produzido pelo Grupo de Trabalho foi apresentado em junho de 2011 à Assembleia Geral das Nações Unidas pelo Conselho de Direitos Humanos e tem sido adotado por *consensus*, após tratativas na Terceira Comissão, desde 19 de dezembro no mesmo ano com a Resolução n. 66/138.

Com uma cerimônia realizada no Palácio das Nações, em Genebra, por ocasião da XIX sessão do Conselho dos Direitos Humanos, o novo Protocolo Facultativo à Convenção sobre os Direitos da Criança foi aberto à assinatura em 28 de fevereiro de 2012, recebendo, no mesmo dia, as assinaturas de vinte Estados, dentre os quais também o Brasil, que deflagrou o processo de ratificação e execução.

De acordo com o art. 18 do protocolo, a este poderão aderir todos os Estados signatários da Convenção sobre os Direitos da Criança ou de um dos outros dois Protocolos Facultativos. O Protocolo entrou em vigor, como dito, em 14 de abril de 2014, ou seja, três meses depois de atingir a décima ratificação, tal como previsto em seu art. 19, recebendo, em 10 de outubro de 2015, 20 ratificações e 50 assinaturas, apesar da aposição de algumas ressalvas.

O Protocolo, conforme se infere da sua denominação, não contém disposições materiais e não adiciona, do ponto de vista substancial, novos direitos aos já contidos na Convenção e nos outros dois Protocolos; mas introduz um mecanismo de comunicações individuais e interestatais juntamente com um procedimento de averiguação por violações de direitos contidos em tais acordos, seguindo o modelo dos mecanismos instituídos nas outras convenções de direitos humanos.

Os procedimentos, que visam reforçar e complementar os mecanismos nacionais e regionais, são caracterizados por um espírito não sancionatório, mas de colaboração com os Estados; concluindo com a aprovação de pareceres e recomendações por parte do Comitê, que em si não possuem caráter vinculante, porém permitem às crianças obter uma indenização por danos ou um reconhecimento da violação de seus direitos.

O Protocolo é dividido em um preâmbulo e quatro partes, sendo composto de 24 artigos. No preâmbulo, além da invocação de princípios proclamados na Carta das Nações Unidas, há expressa referência aos princípios da Convenção sobre os Direitos da Criança, destacando-se, em particular, a obrigação dos Estados de garantir a sua aplicação, sem qualquer discriminação "a cada criança sujeita à sua jurisdição" (portanto, também fora do território do Estado, alcançando menores imigrantes durante as operações de salvamento no mar, a bordo de aeronaves ou em embarcações de bandeira nacional, ou qualquer território sujeito a um controle efetivo do Estado). Reafirma-se, ainda no preâmbulo, o princípio do superior interesse do menor, que deve sempre prevalecer, além da necessidade de os procedimentos serem "child-sensitive". Por fim, os Estados são incentivados a instituir mecanismos nacionais adequados aos menores, a fim de facilitar o seu acesso a remédios jurídicos efetivos, reconhecendo o importante papel das instituições nacionais, em relação às quais se afirma uma complementaridade ou subsidiariedade.

2. AS DISPOSIÇÕES GERAIS

Na primeira parte, que traz disposições de caráter geral, o Protocolo introduz, no art. 1º, a nova competência do Comitê sobre os Direitos da Criança, somente podendo receber comunicações relativas a um Estado que seja parte do Protocolo e em relação às violações dos direitos estabelecidos no instrumento internacional do qual seja parte. Ademais, o Protocolo reafirma expressamente, no art. 2º, o princípio do "*best interest of the child*", que guiará o Comitê no desempenho das suas atividades; e que contém uma concreta atuação no direito de escuta da criança, dispondo que o Comitê deve levar em consideração os seus direitos e as suas opiniões, aos quais conferirá o justo peso de acordo com a idade e o grau de maturidade do menor.

Tendo isto em conta, o Comitê, tal como exigido pelo art. 3, já adotou em 2013, considerando a entrada em vigor do Protocolo, algumas regras de procedimento adequadas para crianças, que estabelecem, entre outras coisas, que as decisões do Comitê devem ser redigidas em uma linguagem compreensível para os menores interessados. Tais regras de procedimento também prevêem, como é exigido pelo Protocolo, medidas de garantia voltadas a prevenir a manipulação da criança por aqueles que agem em seu nome, juntamente com a possibilidade de o Comitê recusar o exame de uma comunicação que não considere elaborada visando ao melhor interesse do menor.

Por seu turno, o Estado terá a obrigação (art. 4º) de adotar todas as medidas necessárias para assegurar que as pessoas que se dirigem ao Comitê não sejam, por consequência disso, alvo de violações dos direitos humanos, maus tratos ou intimidação. Para este fim – como já previsto no Protocolo Facultativo à Convenção sobre a Eliminação de Todas as Formas de Discriminação contra as Mulheres e do Protocolo Facultativo ao Pacto Internacional sobre os Direitos Econômicos, Sociais e Culturais – é disposta a regra de proteção da confidencialidade das partes interessadas, estabelecendo que suas respectivas identidades não sejam divulgadas, a menos que tenham dado consentimento expresso para tanto.

Em particular, segundo a regra do art. 19, eventuais audiências do Comitê devem ocorrer a "portas fechadas", respeitando, em cada caso, a sensibilidade e a vulnerabilidade da criança, sem a presença de representantes do Estado, a não ser que isso seja solicitado pelo próprio menor, sempre objetivando os seus superiores interesses. De modo mais geral, a análise das comunicações pelo Comitê, em conformidade com o art. 10 do mesmo Protocolo, deve ocorrer em sigilo, e analogicamente ao procedimento de investigação, de acordo com art. 13, deve desenvolver-se com um caráter de confidencialidade.

3. O PROCEDIMENTO DE COMUNICAÇÕES INDIVIDUAIS

A segunda parte do Protocolo é dedicada à apresentação do processo de comunicações, como formas de compensação "para-judicial" voltadas à denúncia e verificação de violações dos direitos enunciados na Convenção sobre os Direitos da Criança ou um dos outros dois Protocolos. As comunicações podem ser de dois tipos: comunicações individuais e comunicações interestatais.

As comunicações individuais, que compõem o perfil de maior interesse do Protocolo, podem ser apresentadas, nos termos do art. 5, por indivíduos ou grupos de indivíduos que se considerem vítimas das violações acima mencionadas, quer diretamente, quer por meio de um representante que aja em seu nome. Tais comunicações podem ser apresentadas pelos próprios menores (e este é o particular aspecto de novidade e relevância do Protocolo), prescindindo-se da existência de capacidade de agir segundo o direito interno, e também podem ser apresentados por adultos por fatos que lhes digam respeito pessoalmente, ocorridos antes de haver completado seu décimo oitavo ano de idade. No caso, porém, de as comunicações serem apresentadas por outro sujeito (que também pode ser uma ONG) em nome dos menores, é necessário o consentimento destes, a menos que o apresentante possa fornecer uma justificativa idônea.

Na versão final, no entanto, não foi adotada a hipótese de recurso coletivo, que figurava nas versões anteriores de 2010 e 2011, e que era inspirado pelo Protocolo Facultativo de 1995 sobre reclamações coletivas, conforme previsto na Carta Social Européia e também na Carta Africana sobre os direitos e bem-estar das crianças. Essa hipótese, que permitiu que as ONGs qualificadas e a instituições nacionais para os direitos das crianças pudessem apresentar comunicações relativas a um número indeterminado de menores, falhou porque foi considerada desnecessária, dado o poder de investigação atribuído ao Comitê, relativamente à análise que faz dos relatórios dos Estados (e "contrarelatórios" das ONGs). Trata-se, com isso, de um instrumento pouco útil para examinar tempestivamente fenômenos mais ou menos extensos, permitindo um aumento no papel internacional dos órgãos institucionais ou da sociedade civil.

Desde o recebimento da notificação até a decisão de mérito, o Comitê, nos termos do art. 6, pode a qualquer momento, em circunstâncias excepcionais, instar o Estado interessado à adoção de todas as medidas cautelares necessárias para evitar danos irreparáveis à vítima. A isso, contudo, não há uma correspondente obrigação por parte do Estado, que só fará uma "urgente apreciação", embora o art. 7 do regulamento procedimental preveja uma postura de monitoramento por parte do Comitê acerca da adoção das medidas requestadas, oportunidade em que também poderá requerer o processo de investigação.

Ainda em relação às medidas cautelares, o art. 10 prevê que o procedimento de exame das comunicações seja conduzido com particular celeridade, evidentemente levando em consideração a maior gravidade e urgência do caso; desde que, porém, tal como disposto no art. 6, a adoção das medidas não prejudique a decisão do Comitê sobre a admissibilidade ou mérito da comunicação.

4. AS CONDIÇÕES DE ADMISSIBILIDADE

As condições de admissibilidade previstas no art. 7º são diferentes e têm um carácter cumulativo, no sentido de que se deve fazer tudo para que a comunicação seja examinada. Tal procedimento recorda aquele geralmente previsto em procedimentos judiciais ou quase-judiciais para tutela de direitos humanos, embora alguns tenham dado conotações mais críticas por se referir a questões que envolvem menores.

Em particular, exige-se antes de tudo que a comunicação não seja anônima. Isso ocorre porque o Comitê precisa saber dos fatos para evitar explorações, sendo assegurada a confidencialidade durante o procedimento.

Requer-se, porém, que a comunicação seja apresentada por escrito. Esta formalidade não é expressamente exigida em certos procedimentos trazidos por outras convenções (tais como a Convenção sobre a Eliminação da Discriminação Racial, a Convenção sobre os Desaparecimentos Forçados, a Convenção sobre os Direitos das Pessoas com Deficiência e a Convenção sobre os Direitos dos Trabalhadores Migrantes). Tal condição, sobretudo quando se trata de menores, pode levantar algumas dificuldades; tendo sido, todavia, abrandada pela regra do art. 16, § 3º, letra "d", do regulamento procedimental, que admite a possibilidade de anexar à comunicação material não escrito, como desenhos, vídeos e outros.

A comunicação não deve, pois, constituir-se em abuso do direito de apresentar comunicações ou ser incompatível com os direitos garantidos na Convenção e seus Protocolos; entende-se por comunicações abusivas, por exemplo, aquela deliberadamente fundada sobre fatos inventados ou falsamente descritos ou com finalidade provocatória. Deve, ademais, traduzir a sua compatibilidade com os direitos consagrados nos instrumentos que o Protocolo incide, essencialmente, de um ponto de vista processual, na competência do Comitê *ratione materiae*, bem como *ratione personae, temporis* e *loci*.

A comunicação também não deve ser manifestamente infundada ou insuficientemente fundamentada. Trata-se de uma condição de admissibilidade que de alguma forma vai adentrar no mérito da questão, porque requer a existência de *fumus boni juris*, mas sem prejuízo de ulterior decisão, uma vez que visa apenas excluir aquelas comunicações que já sob um preliminar e sumário exame *ictu oculi* não mostram nenhuma aparência de violação dos direitos garantidos.

Outra condição de admissibilidade é que a questão não tenha sido previamente decidida pelo Comitê ou não tenha sido objeto de exmame por outra instância internacional, como, por exemplo, a Corte Interamericana de Direitos Humanos ou outra comissão; em atenção ao princípio geral do *non bis in idem* e aos princípios que regulam a litispendência.

De acordo com outro princípio geral que normalmente é encontrado nos procedimentos internacionais, destaca-se o princípio do prévio esgotamento dos recursos internos, que exige o exaurimento de todos os recursos que o ordenamento do Estado coloque à disposição, a menos que tais recursos tenham uma exagerada duração, excedendo um tempo razoável, ou quando seja pouco provável que os mesmos possam conduzir a remédios efetivos. Trata-se não somente de uma consequência do caráter de subsidiariedade dos procedimentos internacionais, mas da vedação à conclusão do fato ilícito no plano internacional antes que tenham sido possíveis todos os recursos internos, ressalvadas as hitóteses de uma duração não razoável ou diante da impossibilidade de um recurso efetivo para combater a denegação de justiça.

Por outro lado, é previsto um termo de decadência de doze meses a partir do esgotamento dos recursos internos, salvo se o indivíduo demonstrar a impossibilidade de apresentar a comunicação dentro deste período. Tal termo não é previsto em uma convenção como aquela sobre eliminação de discriminações contra as mulheres, o que para alguns até pareceu, por mais inoportuno que tenha sido o estabelecido neste Protocolo que resguarda os menores.

Finalmente, é exigida como condição de admissibilidade da comunicação que os fatos a que se refere sejam posteriores à data de entrada em vigor do Protocolo para o Estado interessado, ou, quando iniciados anteriormente, tenham continuado a ocorrer também depois da respectiva vigência. Isto está em conformidade com o regramento geral estabelecido no art. 20, segundo o qual a competência do Comitê refere-se exclusivamente a violação de direitos previstos na Convenção ou em um dos dois primeiros Protocolos, cometida por um Estado após a entrada em vigor para o mesmo do presente Protocolo.

5. DESENVOLVIMENTO E RESULTADO DO PROCEDIMENTO

Se o Comitê não declarar a comunicação inadmissível, nos termos do art. 8, deverá enviá-la de modo reservado ao Estado interessado, que responderá por escrito, o mais rapidamente possível dentro de, no máximo, seis meses, apresentando as suas observações e indicando eventuais medidas a serem adotadas.

Também é previsto, no art. 9, que o Comitê colocará à disposição das partes os seus bons ofícios a fim de alcançar uma solução amigável para o caso, com vistas ao respeito das obrigações enunciadas na Convenção e em seus Protocolos, eventualmente confiando esta tarefa a um ou mais componentes do Comitê. Esta possibilidade não foi prevista anteriormente em procedimentos de outros comitês, a não ser naquele trazido pelo Protocolo ao Pacto Internacional sobre os Direitos Econômicos, Sociais e Culturais.

No entanto, o Protocolo prevê, no art. 10, que o Comitê examinará a comunicação o mais rapidamente possível, com base em toda a documentação que foi apresentada, e que também deve ser transmitida às partes interessadas. Não são previstas audiências, tendo o Comitê que realizar suas sessões – como mencionado anteriormente – a portas fechadas. Mas é possível, de acordo com o que lembra o Regulamento procedimental, a oitiva da vítima, do seu representante ou do Estado interessado. A fim de obter os elementos úteis, o Comitê também pode consultar e receber documentação de diversos sujeitos, incluindo os organismos internacionais, ONGs, instituições nacionais e qualquer outra pessoa capaz de fornecer informações sobre o caso.

Como mencionado, o exame deve ser mais rápido nos casos em que o Comitê pede ao Estado que adote medidas cautelares. Além disso, em se tratando de violação aos direitos econômicos, sociais e culturais, o Comitê deve ter em conta as especificidades dessa categoria de direitos e avaliar a "razoabilidade das medidas" de proteção tomadas pelo Estado, nos termos do art. 4, considerando o fato de que, neste campo, pode ser adotada uma série de medidas de caráter geral. Esta diferenciação parece, em verdade, contrariar os princípios da indivisibilidade e da interdependência dos direitos humanos, mencionados no preâmbulo, e a afirmação, contida em vários instrumentos, que todas as categorias direitos humanos estão no mesmo plano.

Concluído o exame da comunicação, o Comitê transmitirá às partes interessadas as suas observações, juntamente com eventuais recomendações dirigidas ao Estado, se considerá-lo responsável pelas violações. Estas recomendações, como exemplificado no art. 27, podem estar relacionadas com a reparação da ofensa, a garantia de não repetição, indenização por danos, a reabilitação da vítima, a punição dos autores do ato, e podem também compreender a adoção de medidas gerais, legislativas ou institucionais, para evitar violações semelhantes. As decisões do Comitê, de acordo com as partes, podem ser tornadas públicas, transmitidas a terceiros, ou incluídas no resumo das suas atividades que, em consonância com o art. 16, o Comitê deve descrever nos relatórios apresentados a cada dois anos à Assembleia Geral.

No tocante à decisão, é disciplinado pelo art. 11 um mecanismo de *follow-up*, pelo qual o Estado, que está incumbido de dar a "devida consideração" às observações e recomendações do Comitê, é obrigado a apresentar, dentro de seis meses, uma resposta escrita, contendo informações sobre as medidas adotadas ou previstas no sentido de implementar as decisões do Comitê ou, ainda, o acordo de solução amigável porventura entabulado. O Comitê poderá solicitar ao Estado informações adicionais, inclusive mediante relatórios periódicos subsequentes relativos à Convenção sobre os Direitos da Criança e os dois primeiros Protocolos. Outras informações também podem ser solicitadas ao Comitê pela vítima, pelo autor da comunicação ou qualquer outro sujeito interessado, valendo-se de um relator especial ou de um grupo de trabalho, além de conferir publicidade às suas atividades de controle com considerações nos relatórios à Assembleia Geral.

6. O PROCEDIMENTO DE COMUNICAÇÕES INTERESTATAIS

Em relação ao procedimento das comunicações interestaduais, ou comunicações com o Comitê de um Estado em confronto com outro Estado por uma alegada violação da Convenção ou de um dos dois primeiros Protocolos – procedimento este, no entanto, nunca ou raramente utilizado na prática em outros sistemas de proteção dos direitos humanos – o art. 12 previu um mecanismo *opiting in*, mediante o qual é necessário que ambos os Estados tenham aceitado a competência do Comitê para receber esse tipo de comunicação através de uma declaração especial, que pode ser feita a qualquer momento e depositada junto ao Secretário-Geral da ONU. Além disso, essa declaração pode ser revogada a qualquer momento, mas sem prejuízo do exame de comunicações já apresentadas e com efeito obstativo apenas para futuras comunicações, a menos que seja dada uma nova declaração de aceitação.

Também neste procedimento é previsto que o Comitê, ao examinar o caso, torne disponíveis aos Estados os seus bons ofícios em busca de uma solução amigável, sempre em conformidade com as obrigações decorrentes da Convenção de seus Protocolos. O Comitê, para tal fim, pode instituir uma comissão de conciliação, conforme previsto no regulamento procedimental. Assim é disciplinado – de forma não inteiramente satisfatória – o resultado de uma comunicação interestatal, do qual o Protocolo não trata especificamente, estabelecendo que o Comitê pode informar aos Estados interessados, confidencialmente, as suas opiniões, apondo em um relatório a solução amigável porventura entabulada ou o desenvolvimento dos fatos.

7. O PROCEDIMENTO DE INVESTIGAÇÃO

A terceira parte do Protocolo disciplina o último procedimento de controle nele previsto. Trata-se do procedimento de investigação, que também está presente em outras convenções da ONU em matéria de direitos humanos. Tal procedimento, nos termos do art. 13, é ativado pelo próprio Comitê, o qual, no caso de receber informações fidedignas sobre violações graves ou sistemáticas dos direitos consagrados na Convenção e nos Protocolos, realizadas por um Estado, o convida a cooperar no exame das informações recebidas e, para este fim, a apresentar sem demora as suas observações sobre o mérito. Com base nestas observações, bem como em quaisquer outras informações relevantes que possam ser requeridas a outros sujeitos internacionais ou estatais, compreendidas as ONGs, o Comitê pode nomear um ou mais de seus membros para conduzir uma investigação, que, se necessário, também pode comportar uma visita ao território do Estado, com a possibilidade, neste caso, de audiências, desde que haja consentimento do próprio Estado.

Toda a investigação deve desenvolver-se de maneira reservada e sempre buscando a cooperação do Estado; que, após o recebimento dos resultados com as observações e as recomendações do Comitê, tem seis meses para apresentar suas considerações. Ao término do procedimento, o Comitê poderá decidir, mediante consulta do Estado interessado, no sentido de incluir uma descrição concisa acerca das suas atividades no relatório apresentado a cada dois anos perante Assembléia Geral, de acordo com o art. 44, paragrafo 5, da Convenção.

Ademais, é prevista uma cláusula de *opting out*, segundo a qual os Estados Partes do Protocolo poderão declarar, no momento da assinatura ou ratificação daquele (declaração também sempre revogável), sua não aceitação à competência do Comitê para conduzir investigações. De tal modo, é possível que os

Estados eximam-se desse processo, seja por um mecanismo inverso ao procedimento das comunicações interestatais, seja simplesmente não depositando (ou revogando) a necessária declaração de aceitação.

Para o procedimento de inquérito também é previsto, no art. 14, um mecanismo de *follow up*, analogamente àquele trazido pelo procedimento de comunicações individuais: o Comitê poderá solicitar ulteriores informações ao Estado interessado, bem como a outros atores internacionais e estatais, incluindo as ONGs, convidando também os Estados, se necessário, a incluir as informações nos relatórios periódicos estatuídos pela Convenção e os dois primeiros Protocolos.

8. AS DISPOSIÇÕES FINAIS

No que se refere a quarta e última parte do protocolo, que contém as disposições finais, destacam-se previsões que se dedicam, como de costume, à assinatura, ratificação e adesão, entrada em vigor, alterações, notificações e denúncia do Protocolo (com efeito um ano após a notificação). Merece ênfase, ainda, a possibilidade, prevista pelo art. 15, de o Comitê, com o consentimento do Estado interessado, poder transmitir aos institutos especializados, ou fundos e programas de órgãos competentes, as suas conclusões e recomendações relacionadas com os casos investigados, juntamente com todos os elementos que podem evidenciar a necessidade de fornecer assistência técnica e cooperação para que o Estado possa implementar melhor os direitos reconhecidos na Convenção e em seus Protocolos.

Esta previsão confirma o espírito que inspirou todo o protocolo com os seus diferentes procedimentos, no sentido de favorecer o respeito aos direitos dos menores, principalmente pela via da colaboração com os Estados. Privilegia-se sempre que possível uma resolução amigável dos problemas, cercando-se ao máximo de meios voltados a evitar conflitos com os Estados, dando-lhes toda a ajuda, mas lhes recordando o compromisso de cumprir as suas obrigações. Baseie-se mais na vontade (ou interesse) de evitar os efeitos negativos que possam derivar das constatações feitas pelo Comitê, em seus relatórios, acerca de violações aos direitos protegidos, do que em decisões vinculativas, como ocorre em instâncias judiciais, ou mesmo sanções, que os Estados certamente ficariam relutantes em se submeter.

A tudo isso se associe o empenho previsto no art. 17 no sentido de tornar o Protocolo conhecido no âmbito interno de cada um dos Estados Partes, com vistas a facilitar a divulgação de informações sobre as observações e recomendações feitas pelo Comitê, em particular aquelas relativas ao próprio Estado, por meios idôneos e de forma acessível tanto aos adultos como às crianças, compreendidos aqueles com deficiência. Em verdade, o conhecimento dos direitos é uma condição prévia para que sejam implementados e a difusão de tais informações a todos os níveis pode contribuir para o desenvolvimento de *best practices* capazes de assegurar uma melhor atuação na proteção dos direitos dos menores nos diferentes ordenamentos nacionais.

9. OBSERVAÇÕES CONCLUSIVAS

Apesar de algumas deficiências, tendo em conta a dificuldade de atingir um nível de proteção global mais avançado na presença de diferenças, arraigadas e também relevantes, entre os diferentes Estados, o Protocolo ainda é um sucesso. Constitui um notável passo em busca do reforço da tutela dos direitos das crianças, com a afirmação concreta do princípio do superior interesse da criança e do seu direito de ser ouvida.

O Protocolo abre novas possibilidades, alargando a competência do Comitê com um mecanismo do tipo quase-judicial, que é complementar para o controle mediante o processo de *reporting*, além de estabelecer que, para utilizar esse mecanismo, os menores não precisam estar necessariamente acompanhados de seus representantes legais: o menor pode apresentar uma "denúncia" ao Comitê, bem como outros sujeitos, incluindo ONGs ou associações, podem ajudá-lo a apresentar a "denúncia", ou apresentá-la em seu nome, ou ainda denunciar violações sistemáticas dos direitos das crianças.

O Protocolo tem evidenciado, como geralmente acontece com os procedimentos internacionais, um caráter complementar e subsidiário em relação às instituições nacionais – e cujo papel se intende valorizar – para garantir uma melhor proteção aos direitos das crianças, estimulando os Estados a reformar seus próprios procedimentos, com vistas a garantir "a medida das crianças", as quais devem não apenas ouvir, mas também responder.

Pode-se recordar, por exemplo, no que diz respeito à Itália, que a Lei n. 112, de 12 de julho de 2011, já instituiu a autoridade protetora da infância e da adolescência, prescrevendo, entre suas competências, a possibilidade de examinar, de ofício, casos individuais ou situações gerais de violação ou risco de violação aos direitos dos menores, adotando os remédios necessários.

A eficácia do Protocolo dependerá também da pressão que a opinião pública será capaz de fazer para que o mesmo seja ratificado pelo maior número possível de Estados e para receber uma implementação concreta visando uma ampla proteção dos direitos das crianças.

10. REFERÊNCIAS BIBLIOGRÁFICAS

AMERICO, Giovanni. Il terzo Protocollo opzionale alla Convenzione delle Nazioni Unite sui diritti del fanciullo: per un rafforzamento della tutela dell'infanzia e dell'adolescenza tramite il meccanismo delle comunicazioni. In: *Ordine internazionale e diritti umani, Osservatorio del Consiglio dei diritti umani*, n. 3/2014, p. 67 ss.;

BOVA, Maja. Il Comitato sui diritti dell'infanzia e dell'adolescenza e gli altri organismi del sistema onusiano: una comparazione in senso operativo. In: *Bova, Carletti, Furia, Lefevre Cervini, Zambrano, Promozione, protezione e attuazione dei diritti dei minori*, Torino, 2009, Giappichelli editore;

BUCK, Trevor. *International Child Law*, 2014 III ed. Routledge;

_____; WABWILE, Michael – The Potential and Promise of Communications Procedures under the Third Protocol to the Convention on the Rights of the Child. In: *International Human Rights Law Review*, 2/2013, p. 205 ss;

DE BECO, Gauthier. The Optional Protocol to the Convention on the Rights of the Child on a Communications Procedure: Good News? In: *International Human Rights Law Review*, 3/2013, p. 367 ss.;

DE STEFANI, Paolo. Il terzo Protocollo opzionale alla Convenzione sui diritti del bambino. In: *Archivio Pace Diritti Umani*, Padova, 1/2012, p. 7 ss.;

EGAN, Suzanne. The New Complaints Mechanism for the Convention on the Rights of the Child. A Mini Step FORWARD for Children? In: *The International Journal of Children's Rights*, 1/2014, p. 205 ss.;

FOCARELLI, Carlo. La Convenzione di New York sui diritti del fanciullo e il concetto di best interest of the child. In: *Rivista di Diritto Internazionale*, 4/2010, p. 987 ss.;

INGRAVALLO, Ivan. La tutela internazionale dei minori dopo l'entrata in vigore del terzo Protocollo opzionale alla Convenzione del 1989. In: *La Comunità Internazionale*, 3/2014, Editoriale Scientifica, p. 341 ss.;

MAFFEI, Maria Clara. La tutela internazionale dei diritti del bambino. In: *Pineschi Laura (a cura di), La tutela internazionale dei diritti umani*: norme, garanzie, prassi, Milano, 2006, Giuffré, p. 232 ss.;

SMITH, Rhona. The Third Optional Protocol to the UN Convention on the Rights of the Child. Challenges Arising Transforming the Rethoric into Reality. In: *The International Journal of Children's Rights*, 2/2013, p. 305 ss.;

VANNUCCINI, Sabrina. La protezione dei minori di età nella prassi della Corte interamericana dei diritti dell'uomo. In: *La Comunità Internazionale*, 1/2013, Editoriale Scientifica, p. 109 ss.;

ZERMATTEN, Jean. I diritti del fanciullo. Un primo bilancio, vent'anni dopo. In: *Minorigiustizia*, 4/2013, p. 36 ss.

Garantias e tutelas dos direitos dos trabalhadores. As alternativas para o processo: conciliação e arbitragem(*)

Nicola De Marinis(**)

1. A CONCILIAÇÃO. DISCIPLINA GERAL

O objetivo da deflação do contencioso trabalhista, de recente variadamente perseguido pelo legislador, no âmbito de um complexo projeto de reforma do processo civil, com especial destaque para a ativação de filtros de admissibilidade limitativas de acesso aos meios de impugnações, do recurso ao seguinte Grau de jurisdição, mas, também, com medidas destinadas à justiça do trabalho, da extensão e do reforço do regime da decadência da ação de impugnação do despedimento, para a onerosidade do processo, ao reforço das regras sobre atribuição de custas judiciais, encontra a sua mais evidente expressão na promoção do recurso a instrumentos de resolução extrajudicial do litígio ainda essencialmente identificadas na conciliação e na arbitragem.

Ajudado por uma desconfiança ideológica das forças políticas e sociais em relação à arbitragem, também de matriz sindical, reguardado, em seu lugar qual forma de justiça colocada para a vontade dos indivíduos privados, como meio de compromisso do sistema legal dos direitos do trabalhador, em origem amplamente assistido da garantia da inderrogabilidade, a conciliação tem como vantagem uma mais ressaltada e consolidada tradição.

Prevista em geral pela Lei n. 533/1973, que redesenha, de acordo com um critério de especialidade em relação ao processo civil ordinário, o rito do trabalho, a conciliação supera o alcance do Juízo, no qual, no entanto, encontra espaço, por ser o Magistrado obrigado a fazer uma tentativa de composição do litígio preliminarmente antes da ação, para agir como um remédio extrajudicial colocado à vontade das partes, mas reforçado pela prerrogativa de inpugnabilidade dos acordos eventualmente finalizados na sede, administrativa, antes dos conselhos e comissões criados nas Direções provinciais do Trabalho, e sindicais, legislativamente individualizados.

A instância de conciliação vinha conectada ao efeito da interrupção da prescrição e da suspensão de

---

(*) Tradução de Fabio Petrucci, Advogado na Itália, Coordenador de cursos de pós-graduação na *Università degli studi di Roma I*, "*La Sapienza*" e Pós-Doutor pela *UNIROMA II*, "*Tor Vergata*" e de Marco Antônio César Villatore, Advogado no Brasil, Coordenador de Pós-Graduação em Curitiba e em Roma. Pós-Doutor pela *UNIROMA II*, "*Tor Vergata*". Professor Titular do Doutorado em Direito da PUCPR, Adjunto II da UFSC e Professor do UNINTER.

(**) Nascido em Reggio Emilia em 26 de março de 1956, já professor associado de Direito do Trabalho no Departamento de Economia da Universidade de Molise é agora Magistrado, com o posto de Conselheiro junto à Suprema Corte de Cassação atribuído à Divisão de Trabalho. É autor de três monografias (sobre temas de despedimento disciplinar, de representação sindical e de emprego atípico na Lei Biagi) e de numerosos ensaios sobre a matéria. Parte inferior do formulário

cada termo decadencial enquanto sua conclusão era marcada no entanto pela assinatura entre as partes de um relatório de conciliação que, em caso de resultado positivo, sujeito a depósito prévio à secretaria do tribunal e promulgação de decreto declaratório de sua executividade da parte do Magistrado, deve determinar o valor formal, assumia validade de um título executivo. Em caso contrário, em vez disso, devia recarregar a indicação de falta de acordo para que o Magistrado pudesse, então, levá-lo em consideração durante o julgamento para fins de liquidação das despesas.

O impulso para a definição conciliativa do contencioso do trabalhor vêm do legislador, em significativa consonância com a devolução ao magistrado ordinário de competência para conhecer dos litígios relativos à função pública, anteriormente sob a jurisdição do magistrado administrativo, com a previsão, no Decreto Legislativo n. 80/1998, a obrigatoriedade da tentativa de conciliação em sede administrativa, sob pena de improcedência da sucessiva ação judicial – a partir do qual fluiu no sentido de que, quando a petição foi arquivada sem a sua experiência prévia ou antes de expirado o prazo de sessenta dias após a sua solicitação, desde que para fins de sua exaustão comc consequente cumprimento do encargo, o magistrado dispunha a suspensão do julgamento, dando um prazo de sessenta dias para promovê-lo, após o que poderia reassumir o julgamento – não surtia o êxito desejado, não afetando a mediação do órgão administrativo sobre preconstituída predisposição das partes à composição do litígio, assim para assumir os contornos de um mero exercício burocrático destinado apenas para prolongar os tempos de definição dos processos.

Oportunamente, por conseguinte, a sucessiva Lei n. 183/2010 (denominado Trabalho Conectado) sancionava o retorno à característica facultativa da experiência conciliatória em relação a todos os conflitos laborais, públicos e privados, com a única exceção para os litígios relativos aos contratos de trabalho que, como para as suas qualificações ou execuções como contratos atípicos em relação ao modelo padrão do contrato de trabalho subordinado por tempo indeterminado ou até mesmo para determinado modelo de regulação, ao contrário daquele legal, onde a vontade das partes tinha a intenção de se conformar, eles são validados por comissões de certificação estabelecidos nos termos do art. 76 do Decreto Legislativo n. 276/2003 (Lei Biagi) e assim na clara intenção de consolidar, através da estabilização por meio transativo do regulamento negocial, os efeitos da certificação, impunes de resistência em confronto do sindicato judicial.

O processo de conciliação corresponde essencialmente a precedente com a relevante novidade dada pela atribuição à comissão, em complementação à ordinária função de assistência, de um papel propositivo, pois isso é necessário, na ausência de acordo entre as partes, a formular uma própria hipótese de definição amigável do litígio, da qual, em caso de rejeição das partes, deverá ser definido no relatório negativo para ser depois avaliada aos fins do sucessivo Juízo.

Um análogo poder de proposta é atribuído da mesma Lei n. 183/2010, com a disposição do art. 31, § 4º, que intervem a historiar o art. 420, § 1º, do CPC, ao Magistrado, que, em julgar, na primeira audiência, a prevista tentativa de conciliação projetada poderá agora fazer a sua própria proposta de transação, cuja recusa, oposta pelas partes sem justificativa, constituirá um comportamento avaliável para fins do juízo.

2. A CONCILIAÇÃO DAS CONTROVÉRSIAS EM MATÉRIA DE DISPENSA

Um regime especial vige para uma só matéria de dispensa, originalmente, a partir da entrada em vigor da Lei n. 108/1990, caracterizado pela obrigatoriedade de tentativa de conciliação, qualificada como condição de admissibilidade da ação e limitada aos casos de retirada do empregador nas empresas com menos de quinze empregados, para os quais, no caso de acertada ilegalidade por defeito de justa causa ou de justificável motivo, vigeva uma tutela de tipo meramente indenizatório e agora ampliado e articulado em diferentes formas, em consonância significativa com a progressiva erosão da área de aplicação da reintegração do posto de trabalho em favor da sanção indenizatória, identificado como remédio geral contra o despedimento abusivo, mesmo em empresas com equipe de mais de quinze empregados, como resultado de sucessivas e subsequentes interventos de reforma do art. 18 da Lei n. 300/1970 (Estatuto dos Trabalhadores).

A homogeneização das proteções inerentes à idêntica natureza econômica da restauração obtida do trabalhador tanto em sede conciliativa que judiciária, é de fato a base da opção escolhida pelo legislador no sentido de promoção de solução conciliatória da disputa, primeiro com a Lei n. 92/2012 (Lei Fornero) e, posteriormente, com o Decreto Legislativo n. 23/2015, que disciplina a Lei delegada n. 183/2014 / Jobs Act).

O primeiro, historicamente, ao art. 1º, n. 40, as disposições do art. 7º da Lei n. 604/1966, limitadamente à hipótese de que uma empresa, ter requisitos de tamanho supracitados, pretende proceder a uma dispensa por justificado motivo objetivo, derivante, isto é, de razões relacionadas com a atividade produtiva, à organização do trabalho e ao regular funcionamento do mesmo, esboça uma tentativa de conciliação, a cuja obrigatoriedade deriva da previsão que impõe ao empregador de comunicar à Direção territorial do trabalho competente e para obter informações para o trabalhador interessado ao entendimento acima, especificando o motivo da retirada e possíveis medidas de assistência à recolocação do trabalhador e do órgão administrativo de convocar as partes antes do termo final peremptório de sete dias a partir do recebimento da referida comunicação perante a comissão de conciliação a fim de prosseguir com o procedimento relacionado, destinada a desaparecer em vinte dias, salvo a suspensão por um máximo de quinze dias em caso de legítimo e documentado impedimento do empregado para participar ao encontro ou a extensão que deve permitir às partes, de comum aviso, tendo em vista para alcançar um acordo.

O resultado positivo prenuncia, normalmente, a rescisão consensual da relação, oportunamente incencitava sobre paradigma do ressarcimento previsto da notícia para a hipótese de sentença que declara a ilegalitimidade do recesso compreendido entre os doze e os vinte e quatro meses da última retribuição global de fato que se adere, por disposição expressa de lei, o acesso a medidas de apoio ao rendimento previsto da disciplina em matéria de segurança social para o uso (ASPI), substitutiva dos subsídios de desemprego preexistentes e a capacidade de confiar a uma 'Agência autorizada à intermediação entre oferta e procura de emprego nos termos do art. 4º do Decreto Legislativo n. 276/2003 de modo a facilitar a recolocação profissional.

Na ausência de acordo entre as partes, cujo comportamento, também com referência à rejeição do acordo proposto que o Conselho é habilitada a formular, deverá resultar do relatório aos fins da sucessiva avaliação em sede judicial, o decurso inutilmente o prazo de vinte dias, a empregador pode dar início à dispensa com decorrência da data da comunicação inicial, sem prejuízo do direito do empregado de aviso-prévio ou à relativa indenização substitutiva e fato salva, em qualquer caso, os efeitos suspensivos da eficácia do recesso resultante da disciplina a tutela da maternidade e paternidade ou do impedimento consequente a um acidente de trabalho.

Por seu lado, o Decreto Legislativo n. 23, art. 6º, com referência a qualquer noção de despedimento para os trabalhadores contratados sob o novo regime de negociação do contrato de trabalho por um aumento de salvaguardas introduzidas pelo Decreto e fez a operar exclusivamente a partir da data da sua entrada em vigor em 07 de março de 2015 e, por causa da revogação do art. 18 da Lei n. 300/1970, subtraídos, exceto nos casos de despedimento discriminatório, da dispensa intimada em forma oral e da dispensa disciplinar declarada ilegítima para insubsistência do fato material contestado, à aplicação da tutela real do posto de trabalho, para ser associado a um regime sancionatório que prevê, no que se relaciona da ilegitimidade da dispensa, o reconhecimento de uma compensação proporcional a dois meses da última retribuição de referência para o cálculo do tratamento de fim de relação de emprego para cada ano de serviço, em medida não inferior a quatro, não superior a vinte e quatro meses, preparando-se, para além de quaisquer outros métodos de conciliação previstas pela Lei, uma ferramenta adicional conciliatória de natureza facultativa.

A história proporciona, de fato, que, a fim de evitar o julgamento, os empregadores, onde pretendem usá-los, estão autorizados, nos termos de impugnação extrajudicial da dispensa, fixados em sessenta dias a contar da sua intimação e em locais protegidos, ou nas comissões de conciliação ou de certificação, a uma "oferta de conciliação", que está consagrada na proposta de disposição, sendo de cada recibo fiscal e contributivo, de valor semelhante a uma mensalidade da última retribuição de referência para o cálculo de tratamento de fim de relação de emprego para cada ano de serviço, em medida não inferior a dois e não superior de doze mensalidades, e a qual, em caso de aceitação, se resolva o efeito extintivo da relação com decorrência da data da dispensa e aquele abdicativo do direito à impugnação da dispensa mesmo se já proposta.

3. ARBITRAGEM

A devolução aos árbitros das disputas trabalhistas, mesmo contemplada, como conciliação, na lei de reforma do processo do trabalho n. 533/1973, foi delineada, não só em termos de especialidade em comparação com a disciplina ordinária do instituto colocado do Código de Rito, mas também, como já mencionado, ao longo das linhas de política do direito que traem amplamente prejudicial desconfiança do legislador a recorrer à justiça privada em matéria de trabalho e que nesse sentido marcou a evolução subsequente do instituto, confirmando no tempo a sua não apetibilidade sobre o plano da aplicação prática.

Concedida, como constitucionalmente imposta, a não obrigatoriedade da arbitragem, o art. 5º da Lei n. 533/1973 vai além, desnaturando o caráter de "determinação contratual" do juízo arbitral inversamente ligada à sua configuração como arbitragem informal.

Vem limitado o acesso apenas aos casos previstos em lei e nos contratos coletivos, vem sancionada a impugnabilidade do laudo por violação de normas imperativas de lei e de contratos e acordos coletivos, a fim de vincular os árbitros a uma pronuncia segundo direito e, portanto, conforme aquela obtida na ordinária sede judiciária, vindo admitido, enfim, o trabalhador para frustrar os efeitos do laudo mediante a sua impugnação extrajudicial segundo o regime operante com o art. 2.113 do Código Civil para a renúncia e a transação, bem como configurando como meramente voluntária a sua executividade.

Nem essa estrutura muda substancialmente para efeito da revisão da disciplina seguida à promulgação do Decreto Legislativo n. 80/1998, enquanto que teve como objetivo aliviar a carga dos Magistrados ordinários, agora sobrecarregada com a jurisdição em matéria do serviço público.

Uma rigorosa interpretação do art. 412, inciso IV, § 9º, do Código de Processo Civil, que devolveu em um único grau ao Tribunal em função de Juiz do Trabalho do lugar onde há sede a arbitragem as controvérsias advindas a objeto a validade do laudo arbitral irregular e, especialmente, o monopólio repetido sindical da arbitragem irritual amplamente exercitada através da puntual regulamentação coletiva do instituto, aplicam-se a restaurar a impugnabilidade do laudo por violação de normas inderrogáveis de lei e de contrato coletivo formalmente revogados.

É apenas para efeito da reforma do Código de Processo Civil de cujo Decreto Legislativo n. 40/2006, que marca o retorno da arbitragem em matéria de trabalho dentro da disciplina ordinária do instituto, que, em razão da distinção clara aí delineada entre arbitragem ritual e irritual, que é para ser colocado claramente este último no horizonte das determinações negociais, emerge a inadmissibilidade de sua impugnação por violação de normas inderrogáveis de lei e de contrato coletivo, em aderência aos casos de nulidade expressamente previstas pelo art. 808, § 2º, do Código de Processo Civil.

A partir desta arbitragem básica em matéria de trabalho chegou agora a um acordo definitivo após a vigência da Lei n. 183/2010 que, ao art. 31 é novamente intervenido a regulamentar expressamente a matéria.

A arbitragem é agora admitida quando, com base no compromisso adequado, as partes de uma relação de trabalho, seja ele privado ou público, escolhido livremente, ao longo do tempo, com referência à disputa específica surgida entre si, de invocar, assim acrescentando à anterior forma prevista da lei, daquela de fornte coletiva, que em questões administrativas, para ser experimentado antes dos órgãos de certificação.

Esta é uma arbitragem irritual, dada a arte de referência legislativa expressa no art. 808, inciso III, como o laudo produz os efeitos contratuais próprios do tipo plenamente equiparado àqueles da transação assistida do art. 2.113, § 4º, do Código Civil, também no que diz respeito à declaração judicial de executoriedade como evidenciado pela referência ao art. 411 do Código de Processo Civil.

A impugnação do laudo é expressamente prevista no art. 808, inciso III, resultando, portanto, exclusa a sua impugnabilidade por violação de normas imperativas de direito e de contrato coletivo, que os árbitros não estão vinculados, podendo definir um caso com base na livre determinação do contrato, sem prejuízo do direito das partes de exigir, como condição de validade do laudo, suscetível, em caso de inobservância, de sucessivo anulamento, uma decisão segundo equidade, no respeito dos princípios gerais do ordenamento e dos princípios reguladores da matéria também decorrente de obrigações comunitárias.

O instituto assim disciplinado, uma vez que se baseia na liberdade de escolha das partes manifestada em relação a cada controvérsia, se subtrai a cada dúvida sob o perfil da legitimidade constitucional.

Maior cautela, no entanto, justamente em torno da admissibilidade da cláusula compromissória inserida no contrato de trabalho, investindo esta em diverso problema de oportunidade e de legitimidade constitucional da vontade do trabalhador expressa uma vez por todas para não recorrer ao Magistrado para disputas futuras.

Trata-se em particular, da certificação da cláusula com eventual assistência de um advogado ou de um sindicalista; sua estipulação depois de passar o período de experiência ou, na sua ausência, depois de pelo menos trinta dias a contar da celebração do contrato; da exclusão de controvérsias sobre rescisão do contrato, garantia, no entanto, inserida após a solicitação ao Parlamento pelo Presidente da República com a mensagem de 31 de Março de 2010; de sua previsão por acordos confederais ou contratos coletivos estipulados das organizações comparativamente mais representativas e, apenas a título subsidiário, por decreto ministerial.

Novas regulações das relações de trabalho no ordenamento italiano e a conformação de interesses[*]

Prof. Pasquale Sandulli[**][***]

1. PREMISSA

Ao propor – em coordenação com outros ensaios desta coletânea – estas reflexões de ordem geral sobre a evolução do ordenamento juslaboralístico italiano, não posso esconder as preocupações de política econômica pela complexidade do caso da Itália, também colocado no contexto europeu, e do risco de caducidade das soluções jurídicas, em vista da velocidade de transformação da sociedade e da situação econômica. Mas confio na curiosidade científica e na atividade especulativa daqueles aos quais são endereçadas estas páginas, em cuja redação busco seguir um método expositivo essencial, que leva em conta as diversas posições geográficas e as peculiares condições profissionais dos meus leitores.

Considerarei também o diverso contexto, seja de ordenamento jurídico seja social, entre a Itália e o Brasil, ciente da criticidade induzida pela diversidade das dimensões geográficas, da densidade habitacional e demográfica, das situações econômicas, que representam um sulco profundo numa lógica de comparação, confiando, ao invés, sua utilidade na consolidada troca cultural entre os dois países, além da compartilhada experiência de participação entre ambos, mesmo sendo profundamente diversas as fórmulas de mercado econômico comuns em relação aos países vizinhos.

O objetivo deste ensaio é, assim, oferecer um quadro, também crítico, das linhas de tendência, mas antes disso, do quase inteiramente renovado ordenamento italiano em tema de regulação das relações de trabalho, entendidos como células do mercado de trabalho, não somente com referência aos modelos contratuais aceitos pelo ordenamento jurídico, mas também pela diversa modalidade de desenvolvimento da relação. Como isso deriva da experiência de cinco anos, no total, com a magistratura brasileira, considero útil deixar algumas linhas de forma geral, reenviando aos ensaios específicos aqui reunidos, salvo alguns pontos que julgo merecedores de maior aprofundamento e que destacarei adequadamente.

(*) Este ensaio reproduz, com alguma adaptação formal e atualização dos dados legislativos, a exposição feita no Congresso da ANAMATRA em Roma no dia 9 de fevereiro de 2015, levando também em conta o desenvolvimento de curso em convênio com a ANAMATRA, de fevereiro de 2011 a maio/junho de 2012, assim como o recente (julho/2015) curso para juslaboralistas brasileiros.

(*) Ex-professor de Direito do Trabalho na Universidade de Roma La Sapienza. Professor de Direito do Trabalho na Universidade Europeia de Roma. Professor de Direito Previdencários e de Direito Constitucional na Universidade Luiss, em Roma.

(***) Tradução de Platon Teixeira de Azevedo Neto. Juiz do Trabalho da 18ª Região, Doutorando em Direito pela UFMG, Mestre em Direitos Humanos pela UFGO, Membro do Instituto Ítalo-brasileiro de Direito do Trabalho.

Por isto as minhas reflexões, todas centrais – com várias angulações – sobre o "Jobs Act" (Lei de 10 de dezembro de 2014, número 183, cujo complexo desenho regulativo foi concluído pela publicação de 8 Decretos-leis, emanados no período de fevereiro a setembro de 2015) [1] serão articuladas com referência: *i)* ao contexto institucional, extrapolando o contexto econômico-social; *ii)* ao exame sintético dos pontos qualificadores de várias medidas judiciais; *iii)* à valoração, embora sumária, das soluções acolhidas ao cabo do exame da correção das escolhas efetuadas, na dúplice perspectiva do respeito ao princípio da igualdade e da valoração do critério de conformação dos interesses em jogo: uma conformação que, apesar de notoriamente variável no tempo, deve estar entre o binário do equilíbrio e da garantia dos valores essenciais.

2. A SIMPLIFICAÇÃO REGULATIVA

Sobre o contexto socioeconômico nada direi: as elevadas taxas de desemprego, especialmente entre os jovens, falam por si, não obstante alguns recentes sinais de inversão da tendência. Aqui pretendo chamar a atenção para o perfil institucional de relevo geral: vão cerca de 20 anos (da Lei n. 196/97, conhecida como Treu), que em vista da promoção do emprego se acumulam normas, que passam pela Lei n. 30/03 e pelo Decreto-lei n. 276/03 (conhecida como lei Biagi), sofrendo forte aceleração nos últimos dois ou três anos (Lei n. 92/12: segunda Lei Fornero), destinadas a moldar de forma variada o contrato de trabalho e os conexos perfis previdenciários: neste quadro se coloca o "Jobs Act", inicialmente dedicado apenas aos contratos por prazo determinado (Decreto-lei n. 34 e Lei n. 78/14) e depois estendido para toda seara juslaboralística. Portanto, agora, deixando de lado os variáveis conteúdos técnicos, esta preocupante normatividade frenética deve levar em conta o sério empenho internacional, assumido pela OCDE (Organização para Cooperação e Desenvolvimento Econômico), com a recomendação de 1995 sobre a exigência de racionalização das mudanças legislativas, em geral, e sobre a adequação da regulação legislativa e administrativa, também no campo da regulação dos mercados (incluído o do trabalho) e dos mesmos sistemas de proteção social [2].

Nesta trilha, no dia 28 de janeiro de 2015, foi celebrada uma importante convenção internacional sobre a simplificação regulativa, com o patrocínio do Departamento de Assuntos Jurídicos e Legislativos do Governo italiano. Todavia, é fundado o temor que o próprio "Jobs Act", com seu único artigo, não responda às promessas derivadas deste empenho, pois faltam passagens importantes (§§ 5º e 6º), destinados a regular e individualizar modalidades organizativas e gerências dos ofícios centrais e periféricos do trabalho que consintam em desenvolver exclusivamente em via telemática todas as obrigações de caráter administrativo conexos com a constituição, gestão e cessação da relação de trabalho. Destaca-se, contudo, neste cenário, a ideia que o processo de racionalização possa cumprir-se diretamente simplificando com instrumentos interpretativos *ex lege* ou realmente revogando *tout court* aquelas normas que deram origem a contrastes interpretativos seja no plano jurisprudencial, seja no administrativo. Assim se delineia a ideia de um primado absoluto da lei, através de uma tentativa de redimensionamento da função jurisdicional, impondo o instrumento da cessação da matéria contenciosa (Lei n. 183/14, art. 1º, § 6º, alínea *b*).

3. AS INOVAÇÕES PRINCIPAIS

O "Jobs Act", por meio de mecanismos de delegação legislativa difusa concedida ao Governo, aponta para uma profunda revisão do aparato normativo em matéria de relação de trabalho. Além de alguns aprofundamentos presentes noutros ensaios desta coleção, quatro são as articulações essenciais do intervento da declarada liberalização fruto do processo de racionalização desenhado pelo Governo e feito na realidade pelo Parlamento.

---

(1) Para um primeiro e geral aprofundamento, conferir a coletânea *Commentario breve alla riforma del "Jobs act"*, aos cuidados de **Zilio Grandi e Biasi**, Cedam, 2015.

(2) Por sua vez, o Conselho da União Europeia aprovou, em 4 de dezembro de 2014, as suas conclusões sobre a "Smart. Regulation", necessária para garantir que a União Europeia alcance seus objetivos políticos, entre os quais o bom funcionamento do mercado único. A normativa europeia deverá ser transparente e simples: além disso, deverá comportar custos mínimos e uma carga normativa reduzida, a fim de promover a competitividade, o crescimento econômico e o emprego, e sempre tendo em vista a proteção do consumidor, da saúde, do meio ambiente e dos trabalhadores. É fundamental promover instrumentos, regulatórios ou não, mais eficazes, como, por exemplo, a harmonização e o mútuo reconhecimento, com o objetivo de evitar que as empresas e os consumidores devam enfrentar os custos da existência de 28 mercados nacionais. A legislação europeia deverá ser necessariamente mais compreensível e fácil para os cidadãos, para a Administração Pública em todos os níveis e para as empresas; a Comissão, portanto, é convidada a levar adiante as iniciativas de simplificação, também através do programa "REFIT", utilizado propriamente para o controle da adequação e da eficácia da regulamentação da UE; em particular, os Estados-membros e as partes interessadas deverão dar as suas contribuições ativas a este programa. Todas as instituições da União Europeia deverão aplicar rigorosamente o princípio "Pensar primeiro no pequeno", na aprovação de instrumentos de regulamentação inteligente e no teste de valoração do impacto destas sobre as pequenas e médias empresas, a fim de considerar as necessidades concretas e os vínculos destas.

3.1. Revisões das tipologias contratuais e das relações de trabalho: em particular, a hetero-organização entre a subordinação e a autonomia

Aqui o raciocínio se move das parcas disposições ditadas pelo legislador ao Governo per delegação, concretizadas no Decreto-lei n. 81/15.

O principal critério de delegação é reconhecido (§ 7º, alínea *a*) na valoração da "efetiva coerência com o tecido ocupacional e com o contexto produtivo nacional e internacional". O Decreto-lei n. 81/15, ao revogar todas as normas precedentes na matéria (art. 55), regulou de forma clara *ex novo* os vários modelos contratuais, do trabalho em regime de tempo parcial, ao trabalho intermitente ou de sobreaviso (arts. 13-118), à terceirização (arts. 30-40), ao aprendizado nas suas várias configurações (arts. 41-47), ao trabalho acessório desenvolvendo a utilização também através da redefinição dos bons trabalhos (em função do fisco e da previdência: arts. 48-50), chegando a corrigir a disciplina somente dos contratos por prazo determinado (arts. 19-29): pelo exame relativo reenviado à reconstrução merecida dos vários modelos contratuais nos textos nominados, efetuadas nesta coleção por Amelia Torrice[3].

3.2. A hetero-organização

Merece uma reflexão particular a superação da forma de colaboração continuativa por projeto (tarefa) (arts. 52-54) – em seu tempo introduzida com muita perplexidade, prenunciado um amargo debate doutrinário – em razão do Decreto-lei n. 276/03, do qual se estabelece o seu fim, impondo-se a conversão em relação de trabalho subordinado. Em face disso agora (art. 2) se configura a hipótese de hetero-organização, com tal expressão definindo-se "*as relações de colaboração que se concretizam em prestações de trabalho exclusivamente pessoais, continuativas e cujas modalidades de execução são organizadas pelo tomador dos serviços com relação ao tempo e ao local de trabalho*".

No tocante à esta hipótese, coloca-se como central a questão: se essa resulta distinta seja do trabalho subordinado seja do coordenado, que continua a subsistir segundo o modelo originário do art. 409, § 3º, do Código de Processo Civil (Lei n. 533/73): então, o debate se renova e se aguça sobre os limites do trabalho subordinado, e isso explica a difundida atenção aqui dedicada a esse novo fato regulado pelo direito.

A distinção proposta entre essa situação e o trabalho subordinado não deixa satisfeito aquele que, pela combinação entre o citado art. 2º, § 1º e o art. 52 (à parte os arts. 53 e 54) do Decreto-lei n. 81/15, deduz a absorção da hetero-organização no trabalho subordinado, com uma substancial simplificação de ordem tipológica da atividade laborativa desenvolvida "para os outros", nisso provavelmente influenciado pela lei delegada que fala de simplificação (art. 1º, § 7º, *incipit*). Neste debate entra em cena de forma significativa a ideia de uma alternativa rígida entre o trabalho subordinado e o trabalho autônomo, consolidados no aparato codicístico binominal dos arts. 2.094 e 2.222 do Código Civil italiano, com a consequente repulsa definitiva do assim dito *tertium genus*. Disso derivaria uma compreensão das várias hipóteses de troca, do trabalho em si ou do seu resultado, num ou outro modelo, dentro dos quais se identifica uma série de gradações do elemento "subordinação" ou mesmo da "autonomia". De forma hipotética, na seara do trabalho subordinado, pode ocorrer uma forma de subordinação abrandada, por exemplo, no caso dos dirigentes, mas também nos profissionais enquanto dependentes (públicos ou privados, como for o caso).

As várias soluções que se perfilam a respeito da indagação ora exposta, todas mais ou menos plausíveis em razão da sutileza dos tormentosos limites resultantes da valorização do perfil da hetero-organização, requerem a implantação concreta daqueles elementos que se proponham como indicadores razoáveis, capazes de concorrer à subsunção qualificatória do novo modelo contratual: pensando, no âmbito dos profissionais de categoria média/alta, – especialmente aqueles que trabalham com informática ou espetáculos, não compreendidos no art. 2º, § 2º, alínea b – ao desenvolvimento de uma fase laborativa em contínua sucessão, remetidas à realização de escolhas do trabalhador, e todavia sujeitas ao poder diretivo do empregador, seja na fase inicial seja na fase de desenrolar das atividades laborais[4].

Não me parece, porém, que a lei delegada tenha dado o passo definitivo, qualificando a hetero-organização como subordinação *tout court*, enquanto essa se limita apenas e ao contrário a dispor sobre a aplicação da disciplina da relação de trabalho subordinado. De

---

(3) *Le diverse specie del rapporto di lavoro subordinato nell'ordinamento giuridico italiano.*
(4) **Amelia Torrice**, *op. cit.* § 5, chama atenção para o seguinte: "Será, ainda uma vez e de forma inevitável, tarefa da jurisprudência individualizar o novo conceito de 'hetero-organização' também à luz da noção de 'heterodireção', atualmente definida na interpretação da Corte de Cassação, para distinguir o trabalho autônomo do subordinado. Os juízes deverão verificar se os poderes organizativos do tomador de serviços, também em

fato, é razoável considerar que a escolha do legislador de estender tais hipóteses da relação de trabalho subordinado pressuponha propriamente que o fato contemplado pelo art. 2º, § 1º, não se afigura como "trabalho subordinado", uma vez que se este tivesse essa qualificação não teria sido razoável declarar a aplicação da "disciplina da relação de trabalho subordinado **também** às relações" de que se trata.

De outra parte, apenas a reclamada aplicação da *disciplina da relação* de trabalho subordinado, sem correspondente qualificação, comporta efeitos expansivos de modo a incidir de forma determinante sobre a autonomia regulativa das partes graças à imposição *tout court* da *disciplina da relação* de trabalho subordinado; assim a originária escolha da hetero-organização vem integrada (cf. art. 1374, código civil italiano) da reinserção *ope legis* no novo modelo (à parte a exceção do § 2[5]) das "situações" e regras endocontratuais próprias do trabalho subordinado, devendo, então, excluir aquelas que, não obstante o regramento legislativo, resultem ser pontuais e exclusiva expressão da verdade e também do poder diretivo. Isso encontra eco na aplicação: *i)* do art. 2.104 do Código Civil (diligência do trabalhador), cujo primeiro parágrafo é de integral aplicação, enquanto o segundo se aplicará à modalidade organizativa definida pelo empregador; *ii)* do recém renovado art. 2.103 do Código Civil, que trata das alterações de funções em relação à hetero-organização que é dada extrair das modalidades de prestação, além dos esquemas de organização do trabalho na empresa em termos de categoria, qualificação, níveis; *iii)* integral será ao contrário a aplicação do art. 2.105 em tema de obrigação de fidelidade; *iv)* total, por sua vez, a inclusão do art. 2.106, sobre poder disciplinar, que é notoriamente a outra face do poder diretivo em sentido estrito (salvo os ordinários instrumentos de reação ao inadimplemento); *v)* a aplicação das normas sobre jornada será coerente com o modelo organizativo dos tempos desejados pelas partes; *vi)* os acontecimentos circulatórios da empresa (art. 2.112 do Código Civil) resultarão das máximas irrelevantes ao prosseguimento e extinção da relação de colaboração; *vii)* as normas sobre licenças encontrarão aplicação com a definição temporal da duração da relação de trabalho hetero-organizada, fisiologicamente, mas não necessariamente, delimitada. Em suma, também à luz das sentenças da Corte Constitucional número n. 76/15 e dos precedentes sobre a disponibilidade da espécie de "trabalho subordinado", as previsões de aplicação da disciplina de relação de trabalho subordinado a uma relação que, se repete, subordinada continua a não ser, nem se consegue fazer entrar pela janela (legislativa) que as partes pretendiam evitar.

O resultado final da operação é que o legislador consente às partes de querer um modelo diversamente autônomo, não subordinado, talvez muito próximo da subordinação, porém o regula – o quanto possível – como um modelo subordinado, assim fazendo pesar a balança em direção à segunda das teses expostas ao início, sem, todavia, alcançar o seu efeito qualificatório.

As soluções, como segundo se extrai do legislador – cientes ou não quando da redação do texto – deixam aberta uma questão colateral de enorme importância relativa à disciplina previdenciária, pensionística, o que não implica aplicar todo o regime aos sujeitos hetero-organizados. A meu ver, continua a se colocar no regime conhecido como de quarta gestão (art. 3, § 26, Lei n. 335/95); e obviamente se renova com relação às outras tutelas previdenciárias [proteção do salário (como no Decreto-lei n. 22/15 se projetado no art. 15, § 15, eventualmente também no Decreto-lei n. 148/15), *doença*, *maternidade*].

Esta observação não impede que ao trabalho hetero-organizado se apliquem as poucas normas do Código Civil sobre previdência (arts. 2.114, 2.115, 2.116 e – obviamente – o art. 2.117 do Código Civil, enquanto operante no segundo nível do *Welfare*). Merece também ser assinalado que o direito estabelecido no art. 2.116 do Código Civil encontra aplicação à hetero-organização pelo critério de automaticidade das prestações, segundo uma linha antecipada. Veja o caso do art. 1º, § 9º, alínea *b*, da Lei n. 183/14 com referência às mães ativas enquanto parassubordinadas (confira também o art. 13 do Decreto-lei n. 80/15).

---

relação ao tempo e ao local da prestação de trabalho se desenvolve de maneira exclusivamente pessoal e continuada, se se distinguem de maneira mais forte da mera coordenação, própria do trabalho autônomo, porém nem tão intensa a ponto de se manifestar no exercício de um verdadeiro poder diretivo, próprio da heterodireção, nos limites da prestação de serviços, conforme as características da subordinação. Além disso, caberá individualizar quais são os institutos próprios do trabalho subordinado que são na prática aplicáveis às formas de trabalho específicas do art. 2, que, em particular, sejam compatíveis com a colaboração que apresentam uma margem de autonomia do prestador de serviços. Por exemplo poder-se-ia sustentar ser-lhes aplicável o regime de segurança no local de trabalho e o regime previdenciário, enquanto, por outro lado, torna-se difícil defender a aplicação das normas em matéria de funções ou transferência".

(5) À autonomia coletiva o § 2, alínea 'a' consente em excluir da aplicação das normas da relação de trabalho subordinado situações de hetero-organização individualizadas sobre as bases de peculiares exigências; a alínea 'b' exclui toda a área dos inscritos em associações profissionais; a alínea 'c' afasta os componentes do corpo societário; a alínea 'd' exclui todo o mundo do trabalho desportivo amador.

A escolha do legislador sobre a "hetero-organização" se reflete residualmente no campo das regulações jurídicas laborais que costuma reconduzir-se à ideia de trabalho economicamente dependente, e que continua a não conseguir emergir como substrato fático juridicamente merecedor de consideração. O inteiro art. 409 (circunscrito ao § 3º) é expressamente salvaguardado[6], e então é destinado a continuar a operar, embora na ausência de qualquer previsão normativa das situações possíveis e assim reconduzíveis, como era antes descoberto no Decreto-lei n. 276/03. Mas não há qualquer dúvida sobre a experiência sofrida pela espécie suprimida do trabalho por tarefa, e as ruínas ainda fumegantes relativas a ela (segunda parte do art. 52), o que impede possa de novo de forma selvagem desenvolver toda a casuística registrada no período compreendido entre 1973 e 2003.

3.3. O reforço dos poderes organizativos do tomador de serviços

A nova disciplina das funções vai neste sentido (art. 2103 do CC, *sub* art. 13 da Lei n. 300/70 e o agora *sub* art. 3 do Decreto-lei n. 81/15), cujo título originário *"Funções do trabalhador"* é de forma sintomática alterado para *"Prestações de trabalho"*. A nova norma completa um percurso de progressiva atenuação da rigidez disposta na de 1970, que era destinada a impedir qualquer retrocesso das funções adquiridas pelo trabalhador também com o simples comportamento conclusivo sobre a atribuição por pelo menos três meses de função superior (exceto a hipótese do trabalhador consentir com o direito à conservação do posto): uma rigidez destinada, segundo aquela concessão a configurar um verdadeiro direito à posição na empresa e na carreira. As passagens de atenuação da rigidez estão relacionadas: *i)* à elaboração jurisprudencial da despedida modificativa (com base na experiência germânica do *Aenderungskundigung*), *ii)* à diversificação do regime por categoria de executivos e gerentes (art. 6, Lei n. 190/85, agora suprimida); *iii)* a flexibilidade negativa das funções *"também pela revogação do art. 2103 do Código Civil"* como alternativa para conter as despedidas em massa (Lei n. 223/91, art. 4, § 11). A nova disciplina, com o pressuposto *"de modificar as ordens organizativas empresariais que incide sobre a posição do trabalhador"*, necessita de ato escrito sob pena de nulidade, "a atribuição (entendida como ato de exercício de um poder unilateral) *de funções pertencentes a nível de enquadramento inferior"*, desde que se mantenham na mesma categoria legal, segundo a classificação do qual o art. 2095 do Código Civil (executivos, gerentes, funcionários e operários): se encaixa assim um possível controle jurisdicional sobre a ligação funcional entre a modificação organizativa e o rebaixamento de função, que também pode estar disposta nas ulteriores hipóteses definidas pelo contrato coletivo, e de qualquer forma com o resguardo do patamar remuneratório. O rebaixamento de função pode ser também decorrente de interesse bilateral ou individual, acoberta pela proteção dada ao trabalhador e sempre que existam situação críticas para ele (risco de despedida, exigência de melhor capacitação, melhoria das condições de vida). É bem evidente que a recuperação de uma significativa (mas não absoluta) flexibilidade organizativa do empregador (ainda que não empresário) se delineia também nos termos de maior duração do exercício de funções superiores, destinadas a consolidar-se depois de seis meses, e não mais depois de três meses.

Na mesma perspectiva de acentuação dos poderes empresariais está também a revisão da disciplina do controle a distância (Lei n.183/15, § 7, alínea f, e art. 23 do Decreto-lei n. 151/15), decorrente também de um processo de maturação de tormentosas experiências jurisprudenciais de conformação entre as exigências de vigilância e controle do empregado e o respeito à privacidade (*privacy*). A confirmação substancial dos fortes limites à utilização contra o trabalhador dos resultados dos controles efetuados por meio de equipamentos audiovisuais e outras modalidades de controle à distância, se acompanha dos usos diretos dos dados relevantes para efeito da inseparabilidade da prestação laborativa do uso de equipamentos de informática. A conformação com as exigências de privacidade se concentra na obrigação para o tomador de serviços de deixar o trabalhador informado sobre o uso dos instrumentos e sobre a realização dos controles; em geral, contudo, também sobre a correlação com a racionalização da atividade de inspeção (lei delegada, § 7º, alínea 'l' e Decreto-lei n. 149/15).

3.4. Ulteriores limitações dos remédios reais para as dispensas não justificadas de forma adequada

A imponente produção normativa derivada da Lei n. 183/14 teve como ponta de lança a revisão do art.

---

[6] Porém pressiona por um esboço de desenho de decreto-lei sobre trabalho autônomo, que introduziria um adendo ao art. 409, §3º, do CPC, nestes termos: "A colaboração se entende coordenada quando, em relação às modalidades de coordenação estabelecidas de comum acordo pelas partes, o colaborador organiza de forma autônoma a própria atividade laborativa". O decreto-lei fixaria um mínimo de proteção, menor do que aquela suprimida pelo art. 52 do Decreto-lei n. 81/15 e introduziria uma ulterior articulação do trabalho subordinado, embora mais leve, o trabalho *ágil*, como variante avançada, mas distinta do teletrabalho.

18 do Estatuto dos Trabalhadores (conhecida por ter introduzido em 1970 o mecanismo da tutela real em termos de reintegração), que, contudo, já tinha sido amplamente redimensionado em seu âmbito de aplicação, substancial e processual, da Lei n. 92/12, uma das principais reformas do Governo Monti/Fornero[7].

Antes de entrar em qualquer dos detalhes mais significativos da renovada disciplina vale recordar que o debate sobre o redimensionamento do instrumento de proteção "real" da reintegração está em curso há algum tempo. Concebido como momento de máxima rigidez na proteção contra a dispensa arbitrária, isso não se encontra constitucionalizado (conforme decisão da Corte Constitucional n. 45/65), sendo, ao contrário, afirmada a ideia que é essencial para a conformidade aos valores constitucionais de proteção do trabalhador a subtração do mesmo a toda forma de arbitrariedade na despedida, considerando-se, assim essencial o respeito às normas constitucionais em relação à regra pela qual a dispensa deve ser justificada, porém não necessariamente garantida por uma tutela real. Neste quadro elástico de tutela constitucional, explicam-se as oscilações legislativas que, em cada época, disponham sobre diversas tutelas. A opção em si, então, do "Jobs Act" não parece destinada a resultar ilegítima (são já numerosas, de fato, as principais questões levantadas em relação à inadmissibilidade constitucional de uma redução das tutelas). Na disciplina do "Jobs Act" (Decreto-lei n. 23/15), além da eliminação de quaisquer distorções processuais da lei (como no caso do rito Fornero: concentração temática, aceleração), a questão não é, então, de diverso instrumental qualitativo, meramente indenizatório em princípio, para proteção contra a despedida arbitrária dos trabalhadores depois da entrada em vigor da nova norma. O que se evidencia é a ambiguidade da fórmula utilizada pela lei delegada: tutelas crescentes, que, a respeito dos projetos políticos de direita do governo precedente, estava inclinada não mais para uma progressiva evolução qualitativa da tutela, porém – mediante a integral exclusão das novas assunções de um remédio real – mediante a adoção de um mecanismo ressarcitório, este sim crescente até o limite máximo (24 remunerações mensais). À parte esta consideração propriamente de política legislativa, a lei delegada, como depois formulada, no art. 1º da Lei n. 183/14, § 7º, alínea c, dispõe acerca das "*previsões, para novas assunções, do contrato por tempo indeterminado das tutelas crescentes em relação à antiguidade no serviço, excluindo para as dispensas por razões econômicas a possibilidade de reintegração do trabalhador no posto de trabalho, prevendo uma indenização econômica certa e crescente relacionada ao tempo de serviço e limitando o direito à reintegração à despedida nula e discriminatória e aos casos específicos de despedida disciplinar injustificada, também prevendo prazos certos para a 'impugnação da dispensa'*", o que encontrou plena aplicação no Decreto-lei n. 23/15.

O quadro das intervenções em tema de rescisões do contrato de trabalho se completa com a previsão de um regime específico de convalidação das demissões do trabalho ou das resoluções consensuais, direcionadas a evitar o risco de pressões por parte do empregador, voltadas para coagir a vontade do trabalhador (art. 26, Decreto-lei n. 151/15).

4. O PAPEL DA AUTONOMIA COLETIVA

Uma inovação realmente profunda nas regras do contrato de trabalho, assim também no mercado de trabalho, reflete-se inevitavelmente sobre os instrumentos do direito sindical, e, sobretudo, sobre os atos de autonomia coletiva, segundo uma linha de impacto, para a qual deve se dar ao menos um sentido.

4.1. A contratação pela proximidade em revogação

O ponto é que já sobre o impulso autonomístico de grandes empresas – em primeiro lugar, a Fiat – orientada pela pesquisa acerca de uma regulação coletiva mais favorável às próprias exigências e consolidada nas tradicionais dispensas promovidas pelas organizações empresariais e que depois fluiu para as chamadas contratações separadas, o legislador em 2011 tinha dado um espaço particular à contratação de proximidade (seja empresarial, seja territorial) com o art. 8º da Lei n. 148/11.

Segundo tal norma, a "contratação de proximidade" pode, em certas condições, revogar normas "superiores", de lei ou norma coletiva, em vista de uma mais flexível organização do trabalho, com evidentes reflexos também sobre o desenvolvimento das relações de trabalho. O art. 8º coloca em discussão profundamente o sistema das fontes, porque no momento mesmo no qual se admite um percurso de revogabilidade, a norma revogada – ou também somente suscetível de sê-la – é rebaixada, por ter uma terminologia muito comum na técnica de valoração das economias em crise. Se se desqualifica a norma na ideal escala hierárquica

---

[7] Apontamentos sobre questões processuais em matéria de dispensa confira: **De Marinis**, *Garanzie e tutele dei diritti dei lavoratori. Le alternative al processo: conciliazione e arbitrato*.

do sistema das fontes, essa, mesmo porque revogável, acaba por ceder na ordem de prioridade em respeito ao instrumento normativo que tem capacidade derrogatória, assim como nas disposições que dela derivam. Vêm, portanto, menos, ou ao menos resultam seriamente comprometidas, as várias referências presentes no sistema precedente, do art. 2.077 do Código Civil, ao art. 5º da Lei n. 747/59 ao novo art. 2.113 do mesmo diploma legal; e a mesma relativamente consolidada jurisprudência sobre normas coletivas de diversos níveis, que, por certo aspecto, é precursora do art. 8º, assumindo diversas configurações.

Além do impacto deste modelo contratual sobre o sistema das relações industriais, a capacidade derrogatória da contratação coletiva de proximidade registra o indelével condicionamento derivante (parágrafo 2bis) da necessidade de "respeito à Constituição, e também dos preceitos derivados da norma comunitária e das convenções internacionais do trabalho", além das quais "a específica compreensão da qual o § 1º opera também na revogação às disposições das leis que disciplinam as matérias tratadas pelo § 2º e as relativas às regulamentações contidas nos contratos coletivos nacionais de trabalho". Neste parágrafo adicional se explicita aquela intenção derrogatória subjacente à eficácia global dos contratos coletivos estipulados conforme o procedimento previsto nos §§ 1º e 2º do mesmo art. 8º, limitadamente àqueles relativamente ao conteúdo indicado no elenco[8], certamente mais amplo, mas não exaustivo à respeito da inteira matéria de direito do trabalho, dada a técnica delimitatória utilizada: uma delimitação primária, resultante "das matérias inerentes à organização do trabalho e da produção": a partir do qual, para esclarecer imediatamente, a inadmissibilidade da revogação das normas previdenciárias e fiscais.

4.2. Os pressupostos da contratação de proximidade

O art. 8º invoca importantes questões em relação à legitimidade dos agentes contratuais, e à representatividade deles, aos perfis profissionais e às relações com as autoridades públicas interessadas, mas nesta questão a atenção se concentra, no objeto da contratação, assim também aquele individualizado, também e especialmente sobre a finalidade perseguida através do apoio legislativo a esta linha de negociação particular. Refiro-me ao perfil teleológico desta radical inovação do sistema das fontes, que se justifica um tanto quanto através do novo modelo contratual coletivo, quando se perseguem aqueles objetivos merecedores de proteção em vista do "progresso material e espiritual", fórmula que compreende a sequela das metas estipuladas, no final do primeiro parágrafo do inovador instrumento contratual coletivo. O ponto é extremamente delicado, e coloca a usual problemática de todas as hipóteses de atribuição dos poderes funcionais a determinados resultados, devendo interrogar sobre quais são – e como podem operar –, eventuais instrumentos e limites de controle.

A generalidade dos objetivos indicados induz a colocar em dúvida sobre o que possa razoavelmente servir como hipótese para um controle severo em relação ao interesse efetivamente perseguido pelas partes no negociado, para que se descreva uma série de linhas de crédito com as partes sociais, que poderão se limitar a levar em conta, quanto menos a enunciando, a conformidade da intenção relativas aos objetivos do art. 8º, também porque um mínimo de coerência entre os objetivos enunciados e as soluções adotadas de forma negocial poderiam fazer luz sobre a genuinidade das cláusulas contratuais. A clareza dos comportamentos deveria induzir as partes quanto menos a uma sintética reconstrução do contexto ao qual se consuma o fato derrogatório e assim reforça a credibilidade da iniciativa também em respeito aos destinatários de eventuais sacrifícios. Infelizmente, de imediato, as perspectivas de uma verificação séria sobre a existência de um ou mais objetivos indicados pelo legislador são poucas, sobretudo a verificabilidade somente *ex ante* (seguindo orientação que são consolidados, em sede administrativa e judiciária, os programas de restruturação e reconversão aos objetivos da admissão às prestações CIGO/CIGS); concordo que, embora com cautela, as hipóteses formuladas[9] cause riscos pre-

---

(8) Trata-se das temáticas referidas: a) aos equipamentos audiovisuais e à introdução de novas tecnologias;

b) às funções do trabalhador, à classificação e enquadramento de pessoal;

c) aos contratos por prazo determinado, aos contratos de tempo reduzido, modulado ou flexível, ao regime de solidariedade nos contratos e nos casos de recurso à terceirização; d) à disciplina da jornada de trabalho; e) às modalidades de assunção e regulação da relação de trabalho, compreendida a colaboração coordenada e continuativa por tarefa e as regras de impostos sobre valor agregado, à transformação e conversão do contrato de trabalho e às consequências da despedida na relação de trabalho, exceção feita à dispensa discriminatória, a dispensa da trabalhadora concomitante ao matrimônio, à despedida da trabalhadora no início do período de gravidez até o término do período estabilitário, assim também até a criança completar um ano, à dispensa causada por reclamação ou pela fruição da licença paternidade ou doença do filho de trabalhadora ou do trabalhador e à dispensa em caso de adoção.

(9) Neste sentido, parece-me haver pronunciado – na ocasião da famosa "Conferenza Nazionale della vigilanza in materia di lavoro" –, Danilo Papa quando falou sobre: *Il ruolo della vigilanza in materia di lavoro e legislazione sociale nel nuovo contesto normativo delle relazioni industriali*, no quadro

sumidos ou a real impossibilidade de valoração dos pressupostos de contratação empresarial derrogatória. Nesse momento, dever-se-ia interrogar se o acordo coletivo empresarial é verdadeiramente concluído com vistas à uma maior ocupação, à qualidade dos contratos de trabalho, à adoção de formas de participação dos trabalhadores, e se a finalidade pela qual, no parágrafo primeiro, o legislador permite que haja revogação do acordo coletivo e que seja idônea a se realizar através da escolha empresarial. Há também ligação com o compromisso empresarial subjacente à negociação patronal que coloca em dúvida a imparcialidade da extensão da função derrogatória à negociação territorial, seja em âmbito mais restrito, mas sempre – pelo lado patronal – negociação de vértice, como tais menos diretamente relacionadas aos seus objetivos.

4.3. *Jobs Act* e o redimensionamento dos níveis contratuais

O "Jobs Act" não coloca em discussão o art. 8º da Lei n. 148/2011, que – como agora observado – foi bruscamente utilizado, limitando-se em várias passagens a valorizar a função integrativa e aperfeiçoadora da disciplina legal a regular os contratos coletivos: sintomática é a lei (183/14, art. 1º, § 7º, alínea e), já considerada a possibilidade (art. 3º do Decreto-lei n. 81) de ampliar as hipóteses de alteração de função. A integração da norma do art. 2.103 do Código Civil e o Decreto-lei n. 81/15 também disseminaram as remessas à contratação coletiva, que encontraram o seu momento de síntese na fórmula do art. 51, quando o legislador adotou um critério de substancial equivalência entre os vários níveis de contratação coletiva afirmando que *"salvo previsão diversa, para os fins do presente decreto, entendem-se por contratos coletivos"* seja aqueles nacionais seja aqueles territoriais ou empresariais, quando também estipulados pela representação sindical empresarial ou também pela representação sindical unitária, desde que se relacionem com os sindicatos mais representativos a nível nacional. Disso resulta um reforço implícito de contratação coletiva de proximidade, ainda mais em consideração à ausência detectada de instrumento administrativo de evidência dos pressupostos sobre os quais se fundam as intenções derrogatórias do contrato, a exemplo do citado art. 8º.

Este parágrafo de ordem normativa *ex lege* acerca da contratação coletiva merece ser integrado com um breve aceno aos recentes acontecimentos no campo da negociação coletiva no serviço público. O bloco desta, disposto no Decreto-lei n. 78/10 e no Decreto-lei n. 98/11, diversas vezes prorrogado, para efeito dos quais resultava sacrificada a liberdade de acesso à contratação coletiva, tinham fixados rígidos limites ao desenvolvimento da remuneração no serviço público, o que foi ratificado pela Corte Constitucional na sentença n. 178/15, que confirmou a admissibilidade somente em via transitória. Decretando o fim, a Corte assumiu o critério do equilíbrio da balança, tendo o art. 81 da Constituição como suporte sim, mas só temporariamente no processo de compreensão de outros valores constitucionais, ínsitos no art. 36, § 1º (remuneração) e no art. 39, também da Constituição.

A chave de leitura da sentença é a da inconstitucionalidade superveniente – categoria bem conhecida da jurisprudência constitucional – deduzida precisamente da questão temporária, no caso, do equilíbrio orçamentário. Uma decisão que, além das implicações concretas sobre o tratamento econômico dos empregados públicos, individualiza, também para o serviço público, a contratação coletiva como instrumento de liberdade econômica, destinado todavia a uma razoável conformação com as exigências de equilíbrio da Administração Pública.

5. AS CRÍTICAS

Como antes mencionado, este ensaio pretende propor ao leitor – juntamente como os outros desta coletânea, especialmente os de De Marinis e Torrice – uma visão geral das novas regras de trabalho, prescindindo apenas do vasto campo previdenciário. Se o objetivo for alcançado, não quero me esquivar de um último esforço de reflexão de uma ordem de valores que vem emergindo. Apesar disso, numa fase inicial, o quadro normativo delegado já está completo.

Ressalvando que o "Jobs Act", considerado de forma geral, está exposto aos ataques sobre o pálio de alguma inconstitucionalidade pelas suas escolhas fundamentais, a começar pela técnica normativa adotada pela delegação difusa e ampla (que induz alguns doutrinadores a falar em cheque em branco[10]), para prosseguir com a perspectiva de uma série de per-

---

de uma análise perspicaz do impacto do art. 8º sobre a atividade da Fiscalização do Trabalho. Não resultam significativas – antes, sintomáticas de uma linha de extrema simplicidade – as experiências realizadas até agora em tema de desoneração e de benefícios fiscais, com a finalidade do aumento de produtividade: cfr Pasquale Sandulli, La retribuzione utile ai fini fiscali ed ai fini previdenziali, in *Trattato di Diritto del lavoro*, diretto da Carinci e Persiani, vol. IV, Padova, 2011.

(10) Nesse sentido confira: **Maria Vittoria Ballestrero**, *Jobs act a rischio di incostituzionalità*, in **Italianieuropei**, n. 3/15.

fis de desigualdade, em particular referência à regulamentação diversa dos remédios contra despedida, dependendo da data de admissão, que corre o risco de engessar a mobilidade laboral por um longo período de tempo[11], ou seja, deve-se perquirir quais são os limites, e o sentido de uma geral redução das tutelas. Uma resposta já foi dada no tema das medidas contra a despedida arbitrária, quando se evidencia a orientação da Corte Constitucional italiana, que – em sintonia com as escolhas de outros ordenamentos europeus – estatuiu que não se deve considerar nos dispositivos constitucionais a previsão de remédios reais, sendo, ao contrário, essencial a presença do princípio da justificação e da não abusividade da dispensa. O ponto é que a alternância democrática, concretizada no rodízio de governos com ideologias diversas, implica uma inevitável oscilação dos níveis de tutela, que devem, porém, estar assegurados no interior dos valores constitucionais ou de nível internacional e europeu, mesmo podendo admitir-se linhas de conformação entre os valores essenciais da sociedade civil: para compreender esta passagem, recordo que foi exemplar a escolha do tema de greve nos serviços públicos essenciais. Assim como, para abrir e imediatamente fechar uma janela sobre a questão previdenciária, vale lembrar o debate que trouxe a sentença da Corte Constitucional n. 70/15 em matéria de limites à equalização, onde o limite se desenvolveu entre o direito fundamental à adequação das prestações previdenciárias (art. 38, §2º, da Constituição) e a compatibilidade econômica (art. 81 da Constituição)[12].

Contudo, não é contraditório invocar o princípio da igualdade da nossa regulamentação, no conhecimento que notoriamente o direito do trabalho define como desigual, isso podendo mudar em razão das dimensões da empresa, do setor produtivo, das categorias e qualificações, do lugar, nos limites das competências regionais atualmente em discussão com a reforma da segunda parte da Constituição. Um direito do trabalho diferenciado em razão da regra *tempus regit actum* pode estar, se voltado para uma aplicação exagerada da igualdade, comprometido com outra série de valores como, por exemplo, o da ocupação (sub art. 4º da Constituição, em matéria de direito do trabalho).

Será que um perfil de ilegitimidade constitucional superveniente pode fracassar no alcance dos resultados? Não seria tecnicamente correto colocar o problema em termos de sucesso, ou falência, das escolhas efetivadas, porém só sobre o plano político com óbvias consequências e responsabilidade em termos de apreciação da iniciativa eleitoral.

6. DIREITO DO TRABALHO E CONFORMAÇÃO DOS INTERESSES

A exagerada – por evidente enquanto razões prementes de concorrência internacional – atenção às implicações econômicas da reforma, segundo uma concepção prevalentemente orientada à consecução da aprovação do mercado financeiro, deve fazer refletir sobre o risco e sobre o âmbito de afirmação de uma visão somente mercantilista do trabalho, como também para atenuar seriamente o contexto de valor da alteridade do trabalho e da relativa disciplina.

Em frente a esta preocupação, se se pergunta contra qual seria o sentido de se atribuir à formula do direito do trabalho como direito unilateral, isto é voltado à proteção (prevalente) de uma só parte, num mundo profissional subdividido entre trabalhadores típicos e atípicos, protegidos e menos protegidos, estáveis e precários.

Quanto mais esta questão é colocada, mais surge uma série de conjunturas políticas – concretizadas no biênio 2010/2011 e que culminou em dezembro de 2011 com o fim de um governo técnico de linha econômica – determinando-se quase um choque conceitual entre a aproximação prevalentemente economicística entre a matéria do trabalho e uma aproximação institucional. Vale trazer a lume, nesse ponto, o debate sobre o primado da economia (do trabalho) em relação ao direito (do trabalho), o que levou o Primeiro-Ministro Monti a exclamar: *muito direito do trabalho e pouco trabalho!*

Surge, então, a necessidade de se enquadrar a ação legislativa do governo no seu âmbito axiológico, para verificar qual seria hoje o ponto de evolução/involução do direito do trabalho na Itália, também à luz dos levantes normativos de questões dos primeiros anos do segundo decênio, nem tanto em termos de permanente operatividade do critério de tutela unilateral do direito do trabalho (vide arts. 1, 3, 4, 35 *et seq*), mas de primazia do valor trabalho sobre outros de nível social ou econômico presentes na Constituição.

Que o trabalho (aquele bem econômico e de especial valor espiritual, como sistematicamente reforçado

---

(11) Vide **Stefano Giubboni**, *Profili costituzionali del contratto di lavoro a tutele crescenti*, in **Centre for the study of european labour law "Massimo D'Antona"** – Working papers 246/15, http://csdle.lex.unict.it.

(12) Confira no meu comentário: **Dal monito alla caducazione delle norme sul blocco della perequazione automatica**, in *Giurispudenza costituzionale, n. 2/15*.

nas mais recentes Encíclicas Papais) deva continuar a se confrontar com valores "outros" da nossa sociedade civil, que são referidos nos textos fundamentais, de nível constitucional e de origem internacional e comunitária, parece-me que possa constituir uma linha válida de pesquisa, diacrônica.

A emersão nessa linha de pesquisa, sobretudo, encaixa-se bem no contexto de um programa mais intenso de intercâmbio cultural com a ANAMATRA.

Quero, por isso, encerrar essas minhas reflexões com uma consideração acerca do significado de se atribuir à enfática afirmação com a qual se abre e prossegue a Constituição italiana, que, num momento de amplo e gravemente persistente desemprego, assume quase o sentido de um escárnio. Como é imaginável que a linha de tendência de favor absoluto ao trabalhador sofra assim uma importante inversão?

Preciso esclarecer logo que essa questão nada tem a ver com a cláusula, própria do direito europeu, do *não regresso*, que assume valor de vínculo no processo de adequação da lei nacional às diretivas europeias: o respeito dessa regra no confronto entre as normas comunitárias e as normas nacionais não impede que o resultado da significativa redução do nível de proteção nacional possa ser assumido como objetivo de uma política legislativa de um simples Estado-membro: justamente o caso da Itália no momento.

O ponto é que o desenvolvimento da legislação econômica do trabalho pode seguir um andamento sinuoso, conquanto tenha que se manter no espaço definido de duas linhas paralelas, de tutela mínima (constitucionalmente garantida, ou fruto do consolidado instrumental internacional e comunitário como chave para a proteção do trabalho decente).

Por certo, não se coloca em dúvida a linha consolidada da proteção da pessoa do trabalhador: física (prevenção e segurança, Decreto-lei n. 81/08, até à proteção do estresse; racionalização das licenças (Decreto-lei n. 119/11, art. 7º, sobre os inválidos) ou dos aspectos morais (proteção contra a discriminação: Decretos-leis ns. 215 e 216/03) ou familiares (paridade entre os genitores Decreto-lei n. 151/01); assim como a mesma habilitação da contratação de proximidade a normatizar a revogação (art. 8, lei n. 148/11, *cit.*) encontra os seus limites na sacralidade dos princípios e valores fundamentais de tutela da pessoa em si. Em discussão entra também essencialmente o perfil econômico, referido, antes de tudo à relação remuneração *versus* prestação, e, do mesmo modo, a questões de ordem organizativa.

Num olhar mais atento, este andamento tortuoso da regulação econômica do trabalho não contrasta com a fórmula "coesão econômico-social" que caracteriza em particular a escolha da União Europeia a partir do Ato Único Europeu (1986/1987) e também com os ordenamentos nacionais que se encontram sobre o território europeu, que são importantes instâncias de ordem normativa do trabalho. Isso se constitui na convicção que haja uma constante no desenvolvimento das relações de trabalho, em torno das quais, de tempos em tempos, vêm agregar-se outras dimensões de valores no processo econômico.

Deve-se considerar ainda que, em nosso ordenamento constitucional, o trabalho (e seus derivados: sindicato, greve), constitui elemento fundante do sistema democrático, do qual é um valor primário, mas não exclusivo, chamado a confrontar-se com o elenco de outros valores essenciais. Bastam a tal fim as indicações do art. 1º, Lei n. 146/90, sobre a greve nos serviços públicos essenciais, toda fundada sobre a lógica da conformação, que se propõe como procedimento lógico jurídico fundante de ordem flexível dos valores em jogo, segundo o ensinamento que se extraía da conhecida sentença da Corte de Cassação n. 711/80, que condiciona o direito de greve à garantia do trabalho, quando a greve coloca em risco a produtividade e não simplesmente à eventualidade que se determinem somente um dano à produção.

O direito do trabalho da era republicana/democrática traz em si, e seja como for se desenvolve, uma orientação constantemente inspirada na lógica da conformação de interesses, e na mesma valorização do papel do contrato coletivo no regime privatístico, de liberdade de negociação (art. 1.325 do Código Civil). Isso é sintomático dessa linha de pensamento, que está na base da escolha da solução livre do conflito. Os traços residuais de um ordenamento autoritário, característico do regimento corporativo, foram eliminados – para além da intervenção expressa do legislador – do trabalho meticuloso de adaptação e limpeza da jurisprudência, que acabou por deixar a sua marca no direito vivente.

Sobre esta base, deve-se proceder à identificação de uma série de valores com os quais o bem/valor trabalho deve se confrontar, para identificar também, de forma diacrônica, as soluções normativas que se sucedem em termos de conformação axiológica, até o ponto de se transformar uma obrigação contratual em obrigação administrativa (injunção), quando essencial para assegurar bem/valores superiores (a saúde). Com a advertência que o elenco da Lei n. 146/90, mesmo sendo significativo, não exaure a área dos valores com os quais o direito de greve é chamado a confrontar-se: basta pensar nas circunstâncias que – por motivos óbvios – fora da questão específica está o valor da iniciativa privada, mas também fora estão, ao menos em tese, os valores comportamentais da solidariedade, da liberdade de expressão e de opinião.

O interesse nesta linha de pesquisa, em si, está na tentativa de classificar os fenômenos que agitam a cena do direito do trabalho segundo parâmetros axiológicos, capazes de distinguir aqueles que resultam intrinsecamente corretos à pessoa do trabalhador, para subtraí-lo do modelo de relativismo e também da lógica mercantil, na ciência de que, noutros elementos, o valor de troca seja determinante.

Uma anotação final concerne ao capítulo da previdência/segurança social, que ficou intencionalmente de fora da análise panorâmica do percurso italiano de revisão legislativa, que também está fortemente envolvido neste segmento de nosso ordenamento, inspirado na proteção social. Limito-me aqui a destacar que a lógica da conformação dos interesses, que preside o perfil do mercado de trabalho, envolve diretamente, no sistema previdenciário, os confrontos entre direitos fundamentais e a sustentabilidade (ou também compatibilidade) econômica, em razão das questões orçamentárias à luz da fórmula do art. 81 da Constituição, inspirado na exigência de equilíbrio financeiro do Estado: aqui vale lembrar a supramencionada sentença da Corte Constitucional n. 70/15.

O processo trabalhista na Itália e no Brasil: uma comparação

Paulo Roberto Sifuentes Costa(*)
João Paulo Ribeiro Sifuentes Costa(**)

1. INTRODUÇÃO

Seria por demais pretensioso querer comparar as disposições processuais trabalhistas existentes no Brasil e na Itália em um único artigo, tendo em vista a grande quantidade de princípios e regras a serem abordados. Assim, inspirados pelas belíssimas exposições ministradas durante o curso coordenado pelo amigo e Professor Fabio Petrucci na Universidade de Roma La Sapienza em julho de 2015, aulas estas que inspiraram também a produção desta relevante obra coletiva, é que nos surgiu a ideia de tentar estabelecer um paralelo entre os mais importantes aspectos do processo do trabalho existentes na Itália e no Brasil, tentando ainda demonstrar que, com salutar diálogo entre os doutrinadores brasileiros e italianos, tornar-se-á possível conceber uma tutela processual trabalhista ainda mais efetiva e principalmente garantidora da justa resolução dos conflitos porventura existentes entre empregados e empregadores.

2. BREVE EVOLUÇÃO HISTÓRICA SOBRE A DISCIPLINA PROCESSUAL RELACIONADA À RESOLUÇÃO DOS CONFLITOS TRABALHISTAS NA ITÁLIA E NO BRASIL

Na Itália moderna, sempre se concebeu a existência de regras processuais próprias para a resolução de conflitos trabalhistas. Disciplinar de maneira específica as controvérsias existentes entre empregados e empregadores consistia em preocupação comum de doutrinadores e legisladores. Na solução dos conflitos trabalhistas, seria necessário implementar regras e mecanismos que pudessem imprimir maior celeridade e efetividade à tutela em razão da existência de parte economicamente mais frágil, qual seja o empregado.

Um marco na legislação trabalhista italiana se deu com o advento da Lei n. 295 de 15.6.1893, que introduziu no ordenamento jurídico o instituto do *collegio dei proibiviri* (em tradução livre, colégio de árbitros)[1], sendo tal órgão composto de forma paritária por representantes indicados pelos industriários e pelos operá-

---

(*) Graduado em Direito pela Universidade Federal de Minas Gerais. Especialista em Direito do Trabalho pela Pontifícia Universidade Católica do Estado de Minas Gerais. Professor da Pontifícia Universidade Católica do Estado de Minas Gerais. Desembargador aposentado do Tribunal Regional do Trabalho da 3ª Região.

(**) Graduado em Direito pela Pontifícia Universidade Católica do Estado de Minas Gerais. Pós-graduando em Direito Processual Civil pela Pontifícia Universidade Católica do Estado de Minas Gerais. Professor da FEAD – Belo Horizonte/MG. Oficial de Registro Civil das Pessoas Naturais com atribuição notarial de Tiradentes/MG.

(1) Importante destacar que tal colégio de árbitros existia desde 1878. No entanto, a competência de tal conselho para resolução de conflitos trabalhistas estava limitada a alguns poucos setores, como o de produção da seda, por exemplo.

rios. A ideia seria estabelecer a competência de tais órgãos paritários para resolução dos conflitos trabalhistas da época e foi implementada em momento histórico de franca evolução da indústria italiana. O procedimento para solução de tais controvérsias pelo colégio de árbitros pautava-se por certa informalidade e pela simplicidade, não sendo sequer exigida a presença obrigatória de defensor constituído. Com o advento do regime fascista, as comissões paritárias foram extintas e as controvérsias voltaram a ser solucionadas por um magistrado.

Em sessão realizada em 6.10.1925, o Grande Conselho Nacional do Fascismo (Gran Consiglio Nazionale del Fascismo) deliberou pela necessidade da estruturação da magistratura do trabalho italiana[2]. Com a promulgação da Lei n. 563 de 3.4.1926, restou instituída a magistratura do trabalho, sendo atribuída aos magistrados trabalhistas a competência para processar e julgar todas as controvérsias relativas à disciplinas das relações coletivas do trabalho. O art. 13 da Lei n. 563 de 1926 estabelecia o seguinte: *"as controvérsias relativas à disciplina das relações coletivas de trabalho, concernentes quer à aplicação dos contratos coletivos quer à estipulação das novas condições de trabalho, são da competência dos tribunais de apelação atuando como justiça do trabalho. Antes da decisão, é obrigatória a tentativa de conciliação por parte do presidente do tribunal (tradução livre)"*. Com a publicação do *Regio Decreto* n. 471 de 26.2.1928, a jurisdição foi estendida às controvérsias individuais.

Os dissídios coletivos eram da competência da magistratura *del lavoro*, sendo constituída por seção especial do Tribunal de Apelação e composta por três membros, assistidos por dois peritos em questões de produção e trabalho, sendo tais peritos nomeados pelo primeiro presidente, nos termos da Lei 563 de 1926. Os dissídios individuais eram de competência do pretor ou tribunal, com a assistência de dois cidadãos peritos em questões do trabalho, um pertencente à categoria dos empregadores e o outro à categoria dos empregados, tal como disciplinado na Lei n. 76 de 22.1.1934. (MARTINS, 2015, fl. 7)

Posteriormente, a disciplina relativa às regras processuais trabalhistas veio definida como um "rito speciale" no próprio Código de Processo Civil Italiano de 1942. Os dissídios individuais são de competência de juízes togados. No entanto, tais regras próprias ainda traziam consigo os mesmos e indesejáveis atrasos processuais relacionados aos feitos judiciais de natureza cível. Tal morosidade gerava prejuízos aos trabalhadores relativamente à observância dos direitos trabalhistas quando pleiteados pela via jurisdicional.

Com o tempo, percebendo que tais normas seriam ineficientes para resolução rápida e efetiva dos conflitos trabalhistas, foram promovidas algumas alterações legislativas na tentativa de introduzir os mecanismos processuais de aceleração exigidos para resolução dos feitos trabalhistas. Como exemplo, citamos a inovação trazida pela Lei n. 300 de 20.5.1970 (Statuto dei Lavoratori) que, em seu art. 28, introduziu específico e célere procedimento para defesa dos direitos do empregado quando seu empregador praticar condutas antissindicais.[3]

No entanto, momento marcante do processo do trabalho italiano foi a promulgação da Lei n. 533 de 11.8.1973, lei esta que introduziu diversas alterações no Código de Processo Civil Italiano para possibilitar um tramitação mais célere dos feitos trabalhistas.

As atuais regras relativas ao processo do trabalho na Itália estão previstas nos arts. 409 a 473 do Código de Processo Civil Italiano. Hoje, no primeiro grau, há o juiz (esclarece o autor Severino Riva que *"in primo grado, del Tribunale in funzione di giudice del lavoro che decide in composizione monocratica"* (RIVA, 2015, fl. 341); no segundo grau há o Tribunal Comum de Apelação (novamente, esclarece Severino Riva que *"in secondo grado, della Corte di apelo in funzione di giudice del lavoro che*

---

(2) MARTINS transcreveu a deliberação de tal Conselho: "O Grande Conselho entende também que o tempo está maduro para fazer dirimir os conflitos do trabalho por um órgão jurisdictional estatal, que represente os interesses gerais da Nação: A Magistratura del Lavoro, forma mais aperfeiçoada do que a simples arbitragem obrigatória e que, portanto, é oportuno introduzir na nova legislação a justiça do trabalho. (MARTINS, Sérgio Pinto. Direito Processual do Trabalho. São Paulo. Editora Atlas, 2015, fls. 6 e 7)

(3) Art. 28 – Statuto dei Lavoratori - Repressione della condotta antisindacale.
Qualora il datore di lavoro ponga in essere comportamenti diretti ad impedire o limitare l'esercizio della libertà e della attività sindacale nonché del diritto di sciopero, su ricorso degli organismi locali delle associazioni sindacali nazionali che vi abbiano interesse, il pretore del luogo ove è posto in essere il comportamento denunziato, nei due giorni successivi, convocate le parti ed assunte sommarie informazioni, qualora ritenga sussistente la violazione di cui al presente comma, ordina al datore di lavoro, con decreto motivato ed immediatamente esecutivo, la cessazione del comportamento illegittimo e la rimozione degli effetti. L'efficacia esecutiva del decreto non può essere revocata fino alla sentenza con cui il pretore in funzione di giudice del lavoro definisce il giudizio instaurato a norma del comma successivo.
Contro il decreto che decide sul ricorso è ammessa, entro 15 giorni dalla comunicazione del decreto alle parti, opposizione davanti al pretore in funzione di giudice del lavoro che decide con sentenza immediatamente esecutiva. Si osservano le disposizioni degli articoli 413 e seguenti del codice di procedura civile.
Il datore di lavoro che non ottempera al decreto, di cui al primo comma, o alla sentenza pronunciata nel giudizio di opposizione è punito ai sensi dell'articolo 650 del codice penale.
L'autorità giudiziaria ordina la pubblicazione della sentenza penale di condanna nei modi stabiliti dall'articolo 36 del codice penale.

decide in composizione collegiale (RIVA, 2015, fl. 341); e acima a Corte "di Cassazione" e o Tribunal Constitucional. Durante o curso mencionado na introdução, tivemos a oportunidade de visitar e assistir sessões do Tribunal de Apelação e da Corte de Cassação, ambos em Roma. Evidentemente, existem muitas diferenças entre os ordenamentos jurídicos italiano e brasileiro, mas ainda assim percebemos inúmeras semelhanças na estrutura dos tribunais e ordem dos julgamentos (secretarias bem estruturadas, sustentações orais facultadas aos advogados, deliberações em colegiado), semelhanças estas que certamente merecem estudo ainda mais aprofundado em posterior artigo que tenha como foco a gestão da justiça do trabalho em ambos países.

Falemos agora sobre o Brasil. Inicialmente, cumpre ressaltar que a Itália foi a inspiração para a estruturação da Justiça do Trabalho no Brasil.

A primeira notícia de que se tem em nosso ordenamento jurídico sobre resolução de conflitos entre empregador e empregado veio com o Regulamento 737 de 1850, ou seja, ainda no período imperial (tal período coincide com o início do denominado apogeu do segundo império). Tal Regulamento mencionava que as ações sobre os contratos de trabalho seriam apreciadas pelos juízes comuns, sendo aplicável o rito sumário para resolução das eventuais controvérsias.

Outro fato marcante se deu em 1922, com a criação dos denominados Tribunais Rurais em São Paulo. Tais tribunais eram compostos pelo juiz de direito da comarca e de outros dois membros, sendo um deles designado pelo empregado e outro designado pelo empregador.

Em 1932, foram criadas as denominadas Juntas de Conciliação e Julgamento, juntas estas que eram compostas por um juiz presidente (preferencialmente um advogado estranho aos interesses das partes) e dois vogais, um representando o empregado e o outro o empregador. Tais juízes presidentes eram nomeados pelo Presidente da República, deveriam ter formação jurídica (bacharelado em Direito), idoneidade moral e teriam um mandato de 2 (dois) anos. As questões aqui eram resolvidas em órgão administrativo, não dotados de autonomia. Como era possível a "demissão" destes juízes independentemente de qualquer justificativa, não se garantia a necessária independência funcional aos magistrados. No entanto, tal como apontado por MARTINS (2015, fl. 14), a maioria da doutrina da época entendia que os referidos órgãos tinham natureza judiciária. "As (...) decisões tinha natureza de título executivo, sendo executadas no cível, mediante procedimento de execução de sentença, em que a parte poderia apenas apelas nulidade, pagamento ou prescrição da dívida" (MARTINS, 2015, fl. 14).

Existem outros inúmeros dispositivos constitucionais, legais e regulamentares acerca da organização, competência e procedimento no âmbito da Justiça do Trabalho, dispositivos estes em que se percebeu a clara tendência de organização da justiça do trabalho autônoma, como ramo do poder Judiciário, como órgão capaz de responder de maneira célere e efetiva às questões trabalhistas que lhes fosse submetidas. Assim, em 1º de Maio de 1943, durante o governo do Presidente Getúlio Vargas, foi aprovada a denominada Consolidação das Leis Trabalhistas (CLT/1943), carta que reuniu e consolidou as principais regras trabalhistas esparsas existentes na época.

Até 1999, havia a representação classista em todas as instâncias trabalhistas, o que significa dizer que os julgamentos dos feitos trabalhistas eram presididos por um juiz togado, pertencente ao Poder Judiciário da União (federal) e acompanhados por juízes classistas, representantes das classes dos empregados e dos empregadores. Com a Emenda Constitucional n. 24 de 1999, extingue-se a representação classista em todas as instâncias, transformando assim as denominadas Juntas de Conciliação e Julgamento em Varas do Trabalho.

As principais regras relativas ao processo do trabalho no Brasil estão previstas nos arts. 409 a 473 do Consolidação das Leis do Trabalho (CLT/1943). Hoje, no primeiro grau, há o juiz do trabalho; no segundo grau, há o Tribunal Regional do Trabalho; acima, há o Tribunal Superior do Trabalho, que, em sede de competência recursal, não reaprecia os fatos, somente aprecia questões de direito; seu principal objetivo é o de uniformizar a interpretação da lei trabalhista em um país com 200 milhões de habitantes, 24 Tribunais Regionais do Trabalho com competência para julgar os feitos oriundos dos diversos municípios espalhados pelos 26 Estados e um Distrito Federal de nossa República Federativa; por fim, caso haja violação direta a dispositivo constitucional, pode-se recorrer ainda ao Supremo Tribunal Federal.

Feita a breve explanação acerca da origem histórica do processo do trabalho na Itália e no Brasil, passaremos a analisar as características do processo trabalhista nos referidos países.

3. CARACTERÍSTICAS DO PROCESSO TRABALHISTA NO BRASIL E NA ITÁLIA

O processo trabalhista italiano é inspirado pelos ideais de simplicidade, pouca onerosidade[4] e cele-

---

(4) Severino Riva destaca que, por muito tempo, a gratuidade consistia em característica marcante do processo do trabalho e era a todos estendida. Posteriormente, foi estabelecida regra pela qual pessoas com maior poder aquisitivo deveriam pagar custas processuais (art. 37, co. 6, DL. 6-7-

ridade e apresenta quatro características marcantes: a oralidade, a imediatidade, a máxima concentração dos atos processuais e a ampliação dos poderes instrutórios do juiz. Severino Riva (RIVA, 2015, fl. 340) aponta as quatro características, fazendo breve análise acerca de cada uma delas: 1- a oralidade é vista constantemente no processo do trabalho italiano, muito embora os atos introdutivos (reclamação trabalhista no Brasil, *ricorso* na Itália) e a eventual peça processual exigida pelo magistrado em alguns casos mais complexos sejam necessariamente escritas, por exemplo[5]; 2 – a imediatidade – entre o ajuizamento da reclamação trabalhista (*deposito del ricorso*) e a audiência *di discussizione* (equivalente à nossa audiência de instrução e julgamento), não se pode admitir prazo superior a 60 (sessenta) dias, por exemplo; 3 – máxima concentração: a máxima concentração dos atos processuais configura-se evidente quando por exemplo, ao final dos debates orais, o juiz já pronuncia sua sentença, lendo ali mesmo as razões de fato e de direito da decisão); por fim, 4 – a ampliação dos poderes instrutórios do magistrado, que pode, de ofício, admitir a produção de qualquer meio de prova.

Dito isto, percebe-se que há muita semelhança entre o processo trabalhista italiano e brasileiro neste particular.

Assim como na Itália, o processo trabalhista brasileiro privilegia sobremaneira a oralidade, especialmente quando comparado com o processo civil comum. Inúmeras possibilidades de debates orais entre as partes e o magistrado subsistem em nosso ordenamento jurídico. Na audiência de conciliação, as partes tentam chegar a um acordo, na presença do magistrado, que atua praticamente como um mediador. Restando impossibilitado o acordo, as partes informam diretamente ao magistrado se pretendem ou não produzir prova pericial, por exemplo. Na audiência de instrução e julgamento, novo momento para debates orais entre as partes, agora especialmente relacionados à prova que deveria ser produzida para esclarecimento das questões apresentadas. Tal como no direito italiano, não há radicalização da oralidade, e inúmeras peças processuais e manifestações devem necessariamente ser apresentadas em sua forma escrita (os quesitos periciais, o recurso de revista, o recurso ordinário, a reclamação trabalhista – ainda que a parte compareça desacompanhada de advogado, como se admite no Brasil, suas razões para demandar determinados direitos trabalhistas serão reduzidas a termo, por escrito, por funcionário destacado para tanto; é o que se chama de atermação)

No Brasil, há também evidentes mecanismos de aceleração de resolução das demandas trabalhistas. Cita-se como exemplo o procedimento sumaríssimo[6], introduzido em nossa CLT pela Lei Federal n. 9.957/2000. O art. 852-C da CLT, estabelece que "*As demandas sujeitas a rito sumaríssimo serão instruídas e julgadas em audiência única, sob a direção de juiz presidente ou substituto, que poderá ser convocado para atuar simultaneamente com o titular*". Ou seja, em única audiência, o juiz indaga as partes sobre a possibilidade de acordo. Não sendo feito o acordo, recebe a peça de defesa da parte contrária (contestação) e inicia imediatamente a instrução do feito, ouvindo as partes e as testemunhas ali presentes.

Quanto à ampliação dos poderes instrutórios do magistrado trabalhista, percebe-se que inúmeras prerrogativas foram atribuídas ao magistrado, citando a título de exemplo o que consta do art. 852-D da CLT (*Art. 852-D. O juiz dirigirá o processo com liberdade para determinar as provas a serem produzidas, considerado o ônus probatório de cada litigante, podendo limitar ou excluir as que considerar excessivas, impertinentes ou protelatórias, bem como para apreciá-las e dar especial valor às regras de experiência comum ou técnica*).[7]

2011, n. 98 conv. In L. 15-7-2011, n. 111). Permanece, em todo caso, em vigor a regra que possibilita aos trabalhadores menos abastados o direito à assistência judiciária gratuita. (RIVA, 2015, fl. 340).

(5) Codice di Procedura Civile - Art. 429 (Pronuncia della sentenza)

Nell'udienza il giudice, esaurita la discussione orale e udite le conclusioni delle parti, pronuncia sentenza con cui definisce il giudizio dando lettura del dispositivo e della esposizione delle ragioni di fatto e di diritto della decisione. In caso di particolare complessità della controversia, il giudice fissa nel dispositivo un termine, non superiore a sessanta giorni, per il deposito della sentenza.

Se il giudice lo ritiene necessario, su richiesta delle parti, concede alle stesse un termine non superiore a dieci giorni per il deposito di note difensive, rinviando la causa all'udienza immediatamente successiva alla scadenza del termine suddetto, per la discussione e la pronuncia della sentenza.

(6) Hipóteses em que os feitos trabalhistas serão resolvidos pelo procedimento sumaríssimo: Art. 852-A da CLT . *Os dissídios individuais cujo valor não exceda a quarenta vezes o salário mínimo vigente na data do ajuizamento da reclamação ficam submetidos ao procedimento sumaríssimo.*

(7) Neste particular, destacamos que é consenso entre os doutrinadores trabalhistas brasileiros sobre a aplicação do princípio da primazia da realidade, tal como preconizado pelo jurista Américo Plá Rodriguez ("*o princípio da primazia da realidade significa que, em caso de discordância entre o que ocorre na prática e o que emerge de documentos ou acordos, deve-se dar preferência ao primeiro, isto é, ao que sucede no terreno dos fatos*" (RODRIGUEZ, 2002, p. 339). O juiz trabalhista jamais pode atuar como mero espectador, devendo assumir papel ativo no condução de desenvolvimento processual, sempre tentando obter a verdade real. Concordamos com Carlos Alberto Reis de Paula ao distinguir dois momentos da produção probatória: "a) *o da fixação dos fatos a provar; b) o da produção das provas*" e, nesse particular de averiguação das provas, veriguação ou produção das provas, "*o juiz não está adstrito à vontade dos litigantes, tendo legitimidade para intervir no processo em sua fase instrutória*" (PAULA, 2001, p.95),

Assim, pelo pouco que foi dito, já foi possível constatar que o processo trabalhista italiano e o processo trabalhista em muito se assemelham quando abordadas as principais características e algumas regras de processamento a eles inerentes.

Passamos a analisar questões processuais e procedimentais polêmicas e inerentes à comparação proposta neste artigo.

4. DA QUESTÃO RELATIVA À PRÉVIA TENTATIVA DE CONCILIAÇÃO ENTRE AS PARTES NO PROCESSO DO TRABALHO ITALIANO E NO PROCESSO DO TRABALHO BRASILEIRO

Durante o curso ministrado na Universidade La Sapienza, chamou a atenção questão apresentada em um dos painéis acerca da necessidade de tentativa de conciliação prévia entre as partes antes do ajuizamento da reclamação trabalhista.

Vigorava, no *Codice di Procedura Civile*, a regra relativa à obrigatória tentativa de conciliação prévia entre empregado e empregador antes do ajuizamento da reclamação trabalhista[8]. Tal tentativa de conciliação prévia constava do art. 410 do CPC italiano e consistia assim em condição de procedibilidade. No entanto, com a promulgação da Lei n. 183 de 2010, foi alterado o dispositivo legal acima mencionado, e a tentativa de conciliação prévia passou a ser facultativa, não mais sendo dever dos possíveis e futuros litigantes uma tentativa de acordo anteriormente ao ajuizamento da ação.[9] O que antes era um dever passou a ser uma faculdade.

No Brasil, em 2010, mais especificamente com a promulgação da Lei Federal n. 9.958/2000, foi introduzido em nossa CLT o Art. 625-D, que estabelece que *"qualquer demanda de natureza trabalhista será submetida à Comissão de Conciliação Prévia se, na localidade da prestação de serviços, houver sido instituída a Comissão no âmbito da empresa ou do sindicato da categoria"*. A prevalecer tal redação, a tentativa de conciliação prévia nas chamadas CCP seria condição de procedibilidade na Justiça Trabalhista.

Entretanto, tal artigo foi severamente criticado por inúmeras autoridades e por vários doutrinadores trabalhistas brasileiros, especialmente em razão do disposto no art. 5º, Inciso XXXV de nossa Constituição Federal de 1988, que estabelece que *"a lei não excluirá da apreciação do Poder Judiciário lesão ou ameaça a direito"*. Assim, tendo em vista a propositura das ações diretas de inconstitucionalidade de n. 2.139 e 2.160 propostas perante o Supremo Tribunal Federal, em 13.5.2009, decidiram os Ministros pela concessão de liminar para suspender a eficácia do Art. 625-D da CLT até que seja julgado o mérito das ações diretas de inconstitucionalidade mencionadas. Ou seja, tal artigo produziu efeitos somente de 2000 a 2009, e sendo assim, a exigência de tentativa de conciliação prévia passou a ser uma faculdade em nosso ordenamento jurídico trabalhista, tal como hoje ocorre na Itália.

5. RECURSOS, PRAZO RECURSAL E COMPETÊNCIA RECURSAL

No Brasil, proferida a sentença trabalhista nos ritos ordinário ou sumaríssimo, restará assegurada às partes a possibilidade de interposição do recurso ordinário, desde que presentes os pressupostos recursais intrínsecos e extrínsecos.[10]

O recurso ordinário deverá ser interposto contra a sentença do juiz trabalhista de primeiro grau dentro do prazo de 8 (oito) dias contados da intimação da sentença. A parte contrária terá o mesmo prazo para apresentação de sua resposta. Após a interposição do recurso e da apresentação da resposta, serão os autos remetidos para o Tribunal Regional do Trabalho competente, para que seja julgado em colegiado. É o que estabelece o art. 895 da CLT.[11] Caso haja alguma violação frontal a dispositivo de lei trabalhista ou seja

---

(8) Redação original do *Art. 410 do Codice di Procedura Civile. Tentativo obbligatorio di conciliazione. Chi intende proporre in giudizio una domanda relativa ai rapporti previsti dall'articolo 409, e non ritiene di avvalersi delle procedure di conciliazione previste dai contratti e accordi collettivi deve promuovere, anche tramite l'associazione sindacale alla quale aderisce o conferisca mandato, il tentativo di conciliazione presso la commissione di conciliazione individuata secondo i criteri di cui all'articolo 413 (...)*

(9) Redação atual e vigente do Artigo 410 do Codice di Procedura Civile: **Chi intende propone in giudizio una domanda** relativa ai rapporti previsti dall'articolo 409 **può promuovere**, anche tramite l'associazione sindacale alla quale aderisce o conferisce mandato, **un previo tentativo di conciliazione presso la commissione di conciliazione individuata** secondo i criteri di cui all'articolo 413.
La comunicazione della richiesta di espletamento del tentativo di conciliazione interrompe la prescrizione e sospende, per la durata del tentativo di conciliazione e per i venti giorni successivi alla sua conclusione, il decorso di ogni termine di decadenza (...).

(10) Nos feitos cujo procedimento é o sumário (causas em que o valor não supere 2 salários mínimos (em valor atual, R$ 1.576,00, algo em torno de 390 euros), somente se admite recurso de revista ao Tribunal Superior do Trabalho, e mesmo assim somente se versar sobre violação constitucional, tal como consta do art. 2º da Lei Federal n. 5.584/1970

(11) Artigo 895 da CLT – Cabe recurso ordinário para a instância superior: I - I - das decisões definitivas ou terminativas das Varas e Juízos, no prazo de 8 (oito) dias.

proferida decisão contrária a entendimento sedimentado pelo Tribunal Superior do Trabalho, será cabível o recurso de revista, de competência do referido tribunal superior.

Já no Direito Processual Trabalhista italiano, o recurso contra a sentença do juiz de primeiro grau será interposto dentro do prazo de 30 (trinta) dias contados da intimação da sentença. No Juízo de Segundo Grau, o recurso será julgado em colegiado. Deverão ser apresentadas as razões recursais por escrito. Tais regras foram resumidas do que consta dos arts. 433 e 434 do CPC Italiano.[12] Nas hipóteses em que houver lesão frontal a dispositivo de lei trabalhista italiana ou confronto com a Constituição Italiana, será permitido o acesso às cortes superiores.

Percebe-se assim também nítida semelhança entre o sistema recursal italiano e o sistema recursal brasileiro. Por mais que existam diferenças entre os pressupostos de admissibilidade e relativamente ao processamento dos recursos, constata-se que em ambos o acesso ao duplo grau de jurisdição é, em regra, plenamente garantido às partes (decisão/revisão da decisão por tribunal hierarquicamente superior), sendo ainda possível o acesso à Corte Superior nas hipóteses em que houve evidente lesão frontal à dispositivo de lei federal, à entendimento pacífico dos tribunais superiores ou afronta à Constituição. Em suma, ainda que de forma diversa, o conteúdo do dois sistemas recursais em muito se assemelha.

6. CONCLUSÕES

Por todo o exposto, constata-se que, de fato, há nítida semelhança entre o direito processual trabalhista italiano e o direito processual trabalhista brasileiro. Como dito acima, o processo trabalhista italiano serviu de grande inspiração para elaboração e consolidação das normas trabalhistas, daí porque se justifica tamanha semelhança.

O que se propõe no presente artigo é que continuemos a analisar as disposições processuais de cada um dos países, analisar as vantagens e desvantagens de cada uma das normas processuais trabalhistas existentes e promover um diálogo para viabilizar a existência de um ordenamento processual trabalhista capaz de responder aos anseios populacionais relativos à rápida, efetiva e justa resolução das demandas trabalhistas.

O ponto principal das aulas ministradas no curso mencionado na introdução é a possível (ou até mesmo evidente) precarização do direito trabalhista em tempos de crise. Os dois países encontram-se, claro, cada um à sua maneira, em crise econômica. Em tempos de crise e de precarização, configura-se possível o aumento da quantidade das demandas trabalhistas. Neste contexto, fundamental que o processo trabalhista consista em mecanismo relevante de fazer prevalecer a justa resolução dos litígios trabalhistas dentro do prazo razoável, visando equilibrar a efetividade e necessidade de satisfação da pretensão de-

---

(12) DELLE IMPUGNAZIONI

Art. 433.

(Giudice d'appello)

L'appello contro le sentenze pronunciate nei processi relativi alle controversie previste nell'articolo 409 deve essere proposto con ricorso davanti alla corte di appello (1) territorialmente competente in funzione di giudice del lavoro.

Ove l'esecuzione sia iniziata, prima della notificazione della sentenza, l'appello può essere proposto con riserva dei motivi che dovranno essere presentati nel termine di cui all'articolo 434.

(1) Le parole "al tribunale" sono state sostituite dalle parole "alla corte di appello" dal D.Lgs. 19 febbraio 1998, n. 51.

Cfr. la formula "Ricorso in appello avverso sentenza del Tribunale in funzione di giudice del lavoro", tratta da FormularioCivile.it.

Art. 434.

(Deposito del ricorso in appello)

Il ricorso deve contenere le indicazioni prescritte dall'articolo 414. L'appello deve essere motivato. La motivazione dell'appello deve contenere, a pena di inammissibilità:

1) l'indicazione delle parti del provvedimento che si intende appellare e delle modifiche che vengono richieste alla ricostruzione del fatto compiuta dal giudice di primo grado;

2) l'indicazione delle circostanze da cui deriva la violazione della legge e della loro rilevanza ai fini della decisione impugnata. (1)

Il ricorso deve essere depositato nella cancelleria della corte di appello (2) entro trenta giorni dalla notificazione della sentenza, oppure entro quaranta giorni nel caso in cui la notificazione abbia dovuto effettuarsi all'estero.

(1) Il comma che recitava: "Il ricorso deve contenere l'esposizione sommaria dei fatti e i motivi specifici dell'impugnazione, nonché le indicazioni prescritte dall'articolo 414." è stato così sostituito dall'art. 54, D.L. 22 giugno 2012, n. 83, convertito con L. 7 agosto 2012, n. 134. Ai sensi dell'art. 54 cit., co. 2, le disposizioni del presente articolo si applicano ai giudizi di appello introdotti con ricorso depositato o con citazione di cui sia stata richiesta la notificazione dal trentesimo giorno successivo a quello di entrata in vigore della legge di conversione del presente decreto.

(2) Le parole "del tribunale" sono state sostituite dalle parole "della corte di appello" dal D.Lgs. 19 febbraio 1998, n. 51.

duzida em juízo em razão da natureza alimentar dos créditos trabalhistas, mas sempre que possível com a menor onerosidade para o devedor.

As partes e o magistrado, no Brasil ou na Itália, e dentro de uma perspectiva processual democrática devem atuar de forma cooperativa, de forma a viabilizar a melhor solução possível para o caso concreto, satisfazendo assim empregado e empregador, permitindo ainda o desejado equilíbrio econômico.

Queremos que o artigo acima possa estreitar os estudos comparativos entre o processo trabalhista brasileiro e o italiano, pois, como dito acima, seria impossível abordar, em reduzido espaço, uma comparação mais detalhada entre os dois ordenamentos. Assim, será possível estimular o crescimento e desenvolvimento comum dos ordenamentos em questão.

7. BIBLIOGRAFIA

MARTINS, Sérgio Pinto. Direito Processual do Trabalho. 2015. 36. ed. Editora Atlas. São Paulo/SP

PAULA, Carlos Alberto Reis de. A especificidade do ônus da prova no processo do trabalho. São Paulo: LTr, 2001.

RODRIGUEZ, Américo Plá. Princípios de Direito do Trabalho. 3. ed. São Paulo: LTr, 2002

RIVA, Severino. Compendio di Diritto del Lavoro. 2015. XX Edizione. Edizioni Giuridiche Simone. Napoli, Italia.

A Terceirização no direito brasileiro – controvérsias. Breve traçado com o direito italiano

Raquel Hochmann de Freitas[*]

1. INTRODUÇÃO

A terceirização é conceito que não se origina no ramo do Direito, e sim no da Administração. Tem em seu âmago a ideia de terceiro, assim entendido não como aquele estranho à relação jurídica, mas como um verdadeiro intermediário, o qual será responsável pela dissociação da relação de emprego[1]. Em outas palavras, a relação de emprego, enquanto espécie do gênero relação de trabalho, detém natureza contratual e tem por objeto o trabalho subordinado, não eventual e assalariado. Além disso, vincula especialmente a pessoa física do trabalhador, acarretando ao tomador do trabalho os riscos da atividade econômica que desenvolve[2].

O art. 3º da CLT estabelece como objeto da relação de emprego os serviços não eventuais, conceito no qual se incluem tanto os serviços essenciais quanto os de apoio, já que ambos são necessários e permanentes[3] à atividade empresarial. A terceirização representa, em uma breve síntese, a flexibilização do conceito de não-eventualidade, já que separa o conceito de serviços essenciais, diretamente ligados à realização do objeto da empresa, dos serviços de apoio, que são serviços acessórios. Vincula-se, igualmente, o conceito, à ideia de descentralização das empresas.

Em termos históricos, no Brasil, pode-se afirmar que o Projeto de Lei n. 4.330/2004[4] não representa a primeira proposta legislativa acerca do tema, uma vez que a Lei n. 6.019/74[5], relativamente ao trabalho temporário, e a Lei n. 7.102/83, vinculada à terceirização do trabalho de vigilância bancária, são exemplos da evolução legislativa do instituto no país. Pode-se afirmar, assim, que o Brasil nunca esteve totalmente fechado à ideia, nem mesmo pela CLT, porquanto o próprio art. 455 do diploma trabalhista prevê uma espécie de flexibilização, no que tange ao contrato de empreitada e subempreitada, por exemplo.

(*) Juíza do Trabalho do Tribunal Regional do Trabalho da 4ª Região. Especialista em Direitos Fundamentais e Constitucionalização do Direito pela Pontifícia Universidade Católica do Rio Grande do Sul. Mestre em Direito Público pela Pontifícia Universidade Católica do Rio Grande do Sul.
(1) DELGADO, Maurício Godinho. *Curso de Direito do Trabalho*. São Paulo: LTr, 2003, p. 424.
(2) CAMINO, Carmen. *Direito Individual do Trabalho*. 4. ed. Porto Alegre: Síntese, 2004, p. 234.
(3) Idem, p. 236.
(4) Dispõe sobre o contrato de prestação de serviço a terceiros e as relações de trabalho dele decorrentes. Disponível, na íntegra, através do sítio www.camara.gov.br.
(5) Importante referir, no aspecto, que referida legislação autoriza a terceirização em atividade-fim, não se podendo falar, portanto, ser esta a principal problemática do projeto de Lei n. 4.330/2004.

Em outros países, a exemplo da Itália, as relações de trabalho são reguladas pelo código civil, inexistindo diploma próprio, como no Brasil. O art. 1866 do Código Civil Italiano trata do instituto da empreitada.

A experiência italiana, pela similitude dos passos seguidos pelo nosso ordenamento jurídico em relação àquele, merece especial atenção no presente estudo, inclusive porque é o direito comparado que nos permite uma melhor avaliação do tema. O Direito Italiano proíbe a terceirização, através da Lei n. 264/49 e da Lei n. 1.369/60, ainda que admita diversas formas de flexibilização das relações trabalhistas.

O fenômeno da especialização e modernização das empresas italianas passou a ocorrer a partir dos anos 80, em relação às pequenas empresas, que se uniram com o objetivo de facilitar a concorrência[6]. Num primeiro momento, tal circunstância permitiu a ampliação das vagas de emprego, ou seja, a união em pequenas empresas passou a se tornar uma alternativa de emprego[7]. A aparente autonomia, contudo, não sobreviveu ao reaparelhamento das grandes empresas, com o uso de novas tecnologias e modernização dos equipamentos, o que levou a uma relação quase hierárquica entre empresas, orbitando as menores em torno das maiores[8].

Luciano Gallino, ao tratar das muitas faces da flexibilidade no Direito Italiano, e de seu crescimento atual na comunidade europeia, menciona que:

> Nel nostro paese come in altri dell´Unione Europea, Francia e Germania in testa, organizzazioni e personaggi autorevoli chiedono ogni giorno, ormai da alcuni lustri, che sai accresciuta la "flessibilità del lavoro". La richiesta si presenta in ogni contesto immaginabile. [...].[9]

E prossegue:

> In Italia come in altri paesi europei il diritto del lavoro e la legislazioni sul lavoro sono stati le mura dela cittadella che, a partire dal 1945, ha accolto milioni di contadini, di braccianti, di lavoranti a giornata, di artigiani, di operai "sotto padrone" e li ha transformati in cittadini a pieno titolo, coscienti del loro ruolo in una società democratica e della dignità che spetta a ogni persona, indipendentemente dal censo e dalla professione. Al presente questa cittadella è vista come un ostacolo ala competitività, poichè questa presuppone – si afferma o si sottintende – che le imprese possano modificare di loro iniziativa orari, retribuzioni, distribuzione dei giorni di lavoro nell´anno e, soprattutto, porssano assumere e licenziare senza i vincoli rappresentati dal diritto del lavoro.[10]

Nesse contexto, impende destacar que o fenômeno da terceirização atinge amplitude global, razão pela qual se torna relevante a discussão a respeito da necessidade ou não de existência de regramento jurídico próprio, capaz de atender tanto às necessidades aparentes do mercado quanto à necessidade de preservação dos direitos fundamentais dos trabalhadores, de modo a evitar discrepâncias que acarretem a sonegação dos mais elementares direitos, tendo-se sempre em mente a natureza alimentar das verbas trabalhistas.

O tema provoca certamente paixões, mas deve ser examinado nos estritos termos da norma fundamental de um país, consubstanciada na sua Constituição, porque é ela que estabelece os princípios norteadores e os limites de toda a norma infraconstitucional. Ao operador do direito cabe procurar a solução que esteja em acordo com os ditames constitucionais, procurando sempre a interpretação e aplicação conforme a Carta Magna.

Terceirização, flexibilização e descentralização são conceitos que parecem estar diretamente ligados à sonegação de direitos. Tais definições envolvem diversos dispositivos, legais e constitucionais, os quais, num primeiro momento, parecem conflitar, deixando a cargo do intérprete realizar a melhor adequação da norma à realidade fática que envolve o contrato de emprego e suas peculiaridades, de modo a observar e preservar o princípio constitucional de hierarquia superior, consubstanciado tanto no princípio fundamental dos valores sociais do trabalho e da livre iniciativa (art. 1º, IV, da CF/88), como na observância dos direitos sociais insculpidos no art. 7º da CF/88, a fim de garantir sua efetivação no Estado Democrático de Direito[11].

---

(6) VIANA, Marco Túlio. Terceirização e Sindicato: Um Enfoque para além do Direito. Revista da Faculdade de Direito da Universidade Federal de Minas Gerais. Disponível em: <http://www.direito.ufmg.br/revista/index.php/revista/article/viewFile/1295/1227>. Acesso em: 21.11.2015.

(7) Idem.

(8) Idem. Um bom exemplo são as fábricas de tecido e o caso da Benetton.

(9) GALLINO, Luciano. *Il Lavoro non è una merce*. Ed. Laterza: 2011, p. 3.

(10) Idem, p. 57.

(11) Preleciona Canotilho que o princípio básico do Estado de direito é o da eliminação do arbítrio no exercício dos poderes públicos com a conseqüente garantia de direitos dos indivíduos perante esses poderes (...) . Prossegue o renomado autor aduzindo que: Estado de direito é um Estado

Releva notar a evidente antinomia que se verifica a partir do momento em que, de um lado, a Carta Magna garante, em seu art. 1º e também no art. 7º, o valor social do trabalho, como forma inegável de perfectibilizar o princípio constitucional da dignidade da pessoa humana; enquanto também prevê a proteção da livre iniciativa, cuja perfectibilização parece autorizar o surgimento de diversas situações para as quais a normatização infraconstitucional surge como aparente limitador do direito fundamental de proteção do trabalho e do próprio trabalhador.

Não se pode olvidar que as relações trabalhistas são dotadas de características próprias, cuja similitude pode ser encontrada nas relações consumeristas, com o leque de proteção à figura do consumidor. Nesse sentido, leciona Márcio Túlio Viana que:

> (...) em última análise, ambos [Direito do Trabalho e do Consumidor] socorrem as mesmas pessoas, em face das mesmas pessoas. Em outras palavras, protegem o trabalhador em suas duas versões — a do homem que (se) vende e a do homem que compra, sempre por não ter alternativa. Atuam nos dois momentos de sua existência diária, ou mais precisamente dentro e fora da fábrica. Sob esse aspecto, pelo menos, a tão falada antinomia entre o princípio da proteção ao empregado (no Direito do Trabalho) e o princípio da proteção ao consumidor (no Código do Consumidor) é mais aparente do que real.[12]

Nesse contexto, torna-se importante reexaminar o efetivo papel que detém o legislador não apenas na busca da ampliação dos direitos legalmente previstos, mas também diante da real possibilidade de atender ao direito fundamental de dignidade do indivíduo-trabalhador como tal considerado, numa verdadeira interpretação sistemática do direito[13]. O verdadeiro alcance de tal princípio pode ser questionado especialmente quando o sentido da norma protetiva, ligada à defesa completa e integral dos direitos do trabalhador mostra-se pouco efetiva na realidade das contratações terceirizadas, mormente considerando a quantidade de demandas que chegam ao Judiciário dando conta da adoção de procedimento ilícito. A legislação sobre o tema deve coibir a prática irregular da terceirização. Note-se que a terceirização é fato em nossa sociedade e uma legislação que apenas a proibisse estaria fechando os olhos para a realidade social.

De notar que o princípio que norteia a divisão dos poderes, e o efetivo exercício dos freios e contrapesos, não autoriza o Judiciário a legislar, devendo este ocupar sua atribuição fundamental de verificar o efetivo cumprimento da Constituição Federal. Assim, ainda que a Súmula n. 331 do TST[14] represente uma diretriz nas decisões envolvendo contratações sob a modalidade da terceirização e as consequências desta quando não preenchidos determinados requisitos, é imprescindível a regulação estatal do tema. É importante considerar que apesar da imensa gama de processos tratando da questão que chegam ao Judiciário, milhares de situações irregulares permanecem sonegando direitos elementares, porque a ausência de regulamentação acarreta a impossibilidade de fiscalização efetiva.

---

ou uma forma de organização político-estadual cuja actividade é determinada e limitada pelo direito (...). CANOTILHO, José Joaquim Gomes. Estado de Direito. Cadernos Democráticos – Coleção Fundação Mário Soares. Lisboa: Edição Gradiva, 1999, p. 13. Menciona Rogério Gesta Leal que: (...), Luño insiste no fato de que a única forma democrática de se justificar o Estado de Direito contemporâneo é a partir de elementos e conceitos explicativos que busquem prescrever como devem ser empregadas, para tanto, as categorias discursivas e axiológicas conformadoras deste instituto. Tal emprego, por certo, significa uma luta contra todas as formas de arbitrariedade política, violação das prerrogativas sociais, Direitos Humanos e Fundamentais e pelo controle do Estado por um direito também qualificado por seus conteúdos políticos e filosóficos recém-indicados. Com tal mister, destarte, é preciso reconhecer, com o autor, a existência de uma tensão permanente entre as garantias formais que integram e estão definidas pelos Direitos Humanos e Direitos Fundamentais do Estado de Direito e as exigências materiais que se impõem aos poderes instituídos, e, em especial, à jurisdição estatal, para efeitos de legitimação e mesmo fundamentação do poder que possui. Assim é que os dados normativos do Estado de Direito contemporâneo devem estar associados, inevitavelmente, às ações estatais e materiais que se destinam à implementação/garantia daqueles direitos, sob pena da fragilização do princípio da legalidade deste Estado. LEAL, Rogério Gesta. *Perspectivas Hermenêuticas dos Direitos Humanos e Fundamentais no Brasil*. Porto Alegre. Livraria do Advogado, 2000, p. 83.

Gustavo Zagrebelsky destaca que L´espressione Stato di diritto è certamente una la tra le piú fortunate della scienza giuridica contemporanea. Il suo contenuto, però, è una nozione generale e iniziale, anche se non, come è stato detto per denunciare un certo suo abuso, un concetto vuoto o una formula magica. Lo Stato di diritto indica un valore e accenna solo a una direzione di sviluppo dell´organizzazione dello Stato, ma non contiene in sé precise implicazioni. Il valore è l´eliminazione dell´arbitrio nell´ambito delle attività facenti capo allo Stato e incidenti sulle posizione dei cittadini. La direzione è l´inversione del rapporto tra il potere e il diritto che costituiva la quintessenza del *Machtsstaat* e del *Polzeistaat*: non piú *rex facit legem*, ma *lex facit regem*". ZAGREBELSKY, Gustavo. *Il Diritto Mitte*. Torino: Einaudi, 1992, p. 20.

(12) VIANA, Márcio Túlio. *Relações de Trabalho e Competência: esboço de alguns critérios*. Revista LTr, n.69-06. São Paulo: LTr, 2005, p. 690.

(13) Na sempre oportuna lição de Juarez Freitas, "a interpretação sistemática deve ser entendida como uma operação que consiste em atribuir, topicamente, a melhor significação, dentre várias possíveis, aos princípios, às normas estritas (ou regras) e aos valores jurídicos, hierarquizáveis num todo aberto, fixando-lhes o alcance e superando antinomias em sentido amplo, tendo em vista bem solucionar os casos sob apreciação". In *A Interpretação Sistemática do Direito*. 5. ed. São Paulo: Malheiros Editores, 2010, p. 82.

(14) Nos termos da referida Súmula, "**CONTRATO DE PRESTAÇÃO DE SERVIÇOS. LEGALIDADE (nova redação do item IV e inseridos os itens V e VI à redação) – Res. n. 174/2011, DEJT divulgado em 27, 30 e 31.05.2011:**

É nesse contexto que a atribuição do Judiciário, enquanto garantidor da preservação do ordenamento jurídico e do próprio Estado de Direito, deve ser repensada, tanto por suas responsabilidades, que o impedem de substituir competência de poder distinto, quanto pelo fato de que uma normatização séria e em consonância com os ditames constitucionais garantirá ao empregado a observância e efetivação de seus direitos fundamentais mais básicos.

Nesse cenário, deve-se perquirir se de fato os princípios constitucionais do valor social do trabalho e da livre iniciativa[15] estão sendo atendidos na forma como vista a terceirização na nossa realidade social, ou mesmo se a existência de uma legislação regulando referido fato social se apresenta apta o suficiente para garantir a dignidade humana da pessoa do trabalhador, numa época em que as demandas trabalhistas se multiplicam em complexidade, exigindo respostas efetivas.

2. DOS DIREITOS FUNDAMENTAIS. DIGNIDADE DA PESSOA HUMANA

Os direitos fundamentais[16] são o conjunto de direitos do ser humano institucionalmente reconhecidos e positivados no âmbito do direito constitucional positivo de um Estado.[17]

O conjunto dos Direitos Humanos Fundamentais[18] tem por objetivo assegurar ao ser humano o respeito ao seu direito à vida, à liberdade, à igualdade, à dignidade e ao pleno desenvolvimento da sua personalidade. Referidos direitos garantem a não-intervenção do Estado na esfera individual, consagrando o princípio da dignidade humana. Por essa razão, sua proteção deve ser reconhecida positivamente pelos ordenamentos jurídicos nacionais[19] e internacionais. O Estado está no polo passivo dos direitos fundamentais, o que não exclui a obrigação de todo cidadão

---

– A contratação de trabalhadores por empresa interposta é ilegal, formando-se o vínculo diretamente com o tomador dos serviços, salvo no caso de trabalho temporário (Lei n. 6.019, de 03.01.1974).

II – A contratação irregular de trabalhador, mediante empresa interposta, não gera vínculo de emprego com os órgãos da Administração Pública direta, indireta ou fundacional (art. 37, II, da CF/1988).

III – Não forma vínculo de emprego com o tomador a contratação de serviços de vigilância (Lei n. 7.102, de 20.06.1983) e de conservação e limpeza, bem como a de serviços especializados ligados à atividade-meio do tomador, desde que inexistente a pessoalidade e a subordinação direta.

IV – O inadimplemento das obrigações trabalhistas, por parte do empregador, implica a responsabilidade subsidiária do tomador dos serviços quanto àquelas obrigações, desde que haja participado da relação processual e conste também do título executivo judicial.

V – Os entes integrantes da Administração Pública direta e indireta respondem subsidiariamente, nas mesmas condições do item IV, caso evidenciada a sua conduta culposa no cumprimento das obrigações da Lei n.º 8.666, de 21.06.1993, especialmente na fiscalização do cumprimento das obrigações contratuais e legais da prestadora de serviço como empregadora. A aludida responsabilidade não decorre de mero inadimplemento das obrigações trabalhistas assumidas pela empresa regularmente contratada.

VI – A responsabilidade subsidiária do tomador de serviços abrange todas as verbas decorrentes da condenação referentes ao período da prestação laboral". Disponível em <www.tst.jus.br>. Consulta realizada em 25.11.2015.

(15) No dizer de José Luiz Quadros de Magalhães, O princípio acima exposto, de respeito aos valores sociais do trabalho e da livre iniciativa, caracterizam, ao lado de vários outros dispositivos constitucionais, nossa Constituição como uma Constituição Social. Este princípio expressa a ideia de uma ordem social e econômica em que trabalho e iniciativa privada tenham a mesma importância, e em que estes dois elementos se realizam com a finalidade única do bem-estar social. O trabalho e a iniciativa privada, como valores sociais, não podem ser compreendidos fora da lógica sistêmica de proteção e construção do bem-estar para toda a sociedade. Logo, trabalho e iniciativa privada não são valores em si mesmos, mas sempre protegidos e condicionados pela realização do bem-estar social . In *Comentários à Constituição Federal de 1988*. BONAVIDES, Paulo. MIRANDA, Jorge. AGRA, Walber de Moura (coord). Rio de Janeiro: Forense, 2009, p.24.

(16) Segundo Alexy, os direitos fundamentais são aqueles oriundos dos *enunciados normativos* de direito fundamental inseridos no texto constitucional vigente. In ALEXY, Robert. *Teoría de los Derechos Fundamentales*. Tradução Carlos Bernal Pulido. 2. ed. Madrid: Centro de Estudios Políticos e Constitucionales, 2007, p. 45.

(17) Ainda, e segundo a clássica doutrina, os direitos fundamentais podem ser vistos como o resultado de inúmeros eventos e ideologias influenciados tanto pelas idéias de liberdade quanto de dignidade humana. BONAVIDES, Paulo. *Curso de direito constitucional*. 14. ed. São Paulo: Malheiros, 2004, p. 562.

(18) Luigi Ferrajoli propõe una definición *teórica*, puramente *formal* o *estructural*, de 'derechos fundamentales': son 'derechos fundamentales' todos aquellos derechos subjetivos que corresponden universalmente a 'todos' los seres humanos en cuanto dotados Del *status* de personas, de ciudadanos o personas con capacidad de obrar; entendiendo por derecho subjetivo cualquier expectativa positiva (de prestaciones) o negativa (de no sufrir lesiones) adscrita a um sujeto por una norma jurídica; y por *status'* la condición de um sujeto, prevista asimismo por uma norma jurídica positiva, como presupuesto de su idoneidad para ser titular de situaciones jurídicas y/o autor de los actos que son ejercicio de éstas . FERRAJOLI, Luigi. *Derechos y Garantias*. Madrid: Editorial Trotta, 1999, p. 37.

(19) Flávia Piovesan ressalta que Dentre os fundamentos que alicerçam o Estado brasileiro, nos expressos termos do art. 1º, II e III, da Constituição, destacam-se a cidadania e a dignidade da pessoa humana. Vê-se aqui o encontro do princípio do Estado Democrático de Direito e dos direitos fundamentais, fazendo-se claro que os direitos fundamentais são um elemento básico para a realização do princípio democrático, tendo em vista que exercem uma função democratizadora. Como afirma Jorge Miranda, A Constituição confere uma unidade de sentido, de valor e de concordância prática ao sistema dos direitos fundamentais. E ela repousa na dignidade da pessoa humana, ou seja, na concepção que faz a pessoa fundamento e fim da sociedade e do Estado. PIOVESAN, Flávia. *Proteção Judicial contra Omissões Legislativas*. 2. ed. São Paulo: Revista dos Tribunais, 2003, p. 41.

respeitá-los, já que tais direitos são indispensáveis para uma vida digna.[20]

Segundo Konrad Hesse,

> Los derechos fundamentales deben crear y mantener las condiciones elementales para asegurar una vida en libertad y La dignidad humana. Ello solo se consigue cuando la libertad de la vida en sociedad resulta garantizada en igual medida que la libertad individual. Ambas se encuentram inseparablemente relacionadas. La libertad del individuo sólo puede darse en uma comunidad libre; y viceversa, esta libertad presupone seres humanos y ciudadanos con capacidad y voluntad para decidir por sí mismos sobre sus propios asuntos y para colaborar responsablemente en la de la sociedad públicamente constituída como comunidad.[21]

É importante frisar, sempre, que toda legislação ordinária é uma forma de desenvolvimento e aperfeiçoamento do exercício dos direitos fundamentais, inclusive para não justificar meros discursos de retórica[22], motivo pelo qual é preciso cautela para não confundir as mais variadas interpretações que podem vir a ser dadas a um determinado instituto no intuito de justificar o não-respeito ao seu alcance, de modo a atingir, em última análise, a existência, a validade e a eficácia da própria essência do Estado de Direito.

Do mesmo modo, quando se fala em direitos fundamentais, surge a questão relativa ao princípio da dignidade da pessoa humana[23] e sua relevância na condição de valor e, na verdade, de fonte de todos os demais, o qual, em razão de tal característica, não admitiria relativização, o que o tornaria um princípio absoluto.[24]

É evidente, contudo, e considerando que na atualidade a dignidade da pessoa humana tem sido amplamente utilizada nas mais diversas situações e a justificar as mais variadas circunstâncias, que não se pode perder o foco da importância de tal princípio. No dizer de Luis Roberto Barroso:

> *O princípio da dignidade da pessoa humana* identifica um espaço de integridade moral a ser assegurado a todas as pessoas por sua só existência no mundo. É um respeito à criação, independentemente da crença que se professe quanto à sua origem. A dignidade relaciona-se tanto com a liberdade e valores do espírito como com as condições materiais de subsistência. Não tem sido singelo, todavia, o esforço para permitir que o princípio transite de uma dimensão ética e abstrata para as motivações racionais e fundamentadas das decisões judiciais. Partindo da premissa (...) de que os princípios, a despeito de sua indeterminação a partir de um certo ponto, possuem um núcleo no qual operam como regras, tem-se sustentado que no tocante ao princípio da dignidade da pessoa humana esse núcleo é representado pelo mínimo existencial.[25]

Para Stefano Rodotà,

> Bisogna chiedersi, a questo punto, se la dignità non sia um fondamento tropo fragile per reggere tante sfide, indebolita dalla sua stessa posemia, da intime ambiguità, da indeterminatezza.

---

(20) FERREIRA FILHO, Manoel Gonçalves. *Curso de Direito Constitucional*. 18.ed. São Paulo: Saraiva, 1990, p. 3. Sinala Ingo Wolfgang Sarlet que "A despeito de algumas críticas encontradas na literatura e sem prejuízo de outros critérios distintivos, a Constituição brasileira de 1988 também traça a distinção, de modo expresso, entre direitos humanos (aqui considerados como posições jurídicas de qualquer pessoa humana, reconhecidas e tuteladas pelo direito positivo internacional) e direitos fundamentais (estes como positivados "expressa ou implicitamente no âmbito do direito constitucional). Isto, todavia, não leva à exclusão dos direitos humanos contidos nos tratados internacionais, visto que, uma vez incorporados corretamente (de acordo com os parâmetros constitucionais) à ordem jurídica interna, nesta também alcançam vigência e eficácia, a teor do que dispõe o art. 5º, § 2º, da Constituição, de acordo com o qual os direitos e garantias expressos na Constituição não excluem outros decorrentes do regime e dos princípios e dos tratados internacionais de que o Brasil for parte (...). SARLET, Ingo Wolfgang. Neoconstitucionalismo e influência dos direitos fundamentais no direito privado: algumas notas sobre a evolução brasileira. In SARLET, Ingo Wolfgang (Org). *Constituição, Direitos Fundamentais e Direito Privado*. 3. ed. Porto Alegre: Livraria do Advogado, 2010, p. 17.

(21) HESSE, Konrad. Significado de los Derechos Fundamentales. In Benda, Maihofer, Vogel, Hesse, Heyde. *Manual de Derecho Consttitucional*. 2. ed. Madrid: Marcial Pons, 2001, p. 89-90.

(22) Neil MacCormick refere que sem prejuízo da restrição quanto ao que seja racionalmente defensável como argumento, a própria idéia do Direito como algo baseado na argumentação nos leva imediatamente a considerar o caráter retórico da argumentação jurídica. Onde quer que exista um processo público de argumentação, lá estará a retórica. A redescoberta moderna da retórica como uma disciplina juridicamente relevante deve muito às reflexões sobre a argumentação jurídica. Theodor Viehweg, baseando-se em Aristóteles, chamou a atenção à importância dos *topoi*, ou lugares-comuns nos argumentos retóricos. Um argumento a favor de uma regra ou proposição em particular pode ser apoiado na referência a algum *topos* aceito, e os argumentos progridem ao se desenvolverem em direção, ou a partir desses lugares-comuns. MACCORMICK, Neil. *Retórica e o Estado de Direito*. Rio de Janeiro: Elsevier, 2008, p. 24.

(23) Nesse sentido, ver SEGADO, Francisco Fernández. Constitución y valores: la dignidad de la persona como valor supremo del ordenamiento jurídico. In *Temas polêmicos do constitucionalismo contemporâneo*. SCHÄFER, Jairo (org.). Florianópolis: Conceito Editorial, 2007, p. 86.

(24) Nesse sentido, Jorge Miranda, Werner Goldschmidt, Ingo Müch, Lautaro Ríos Álvarez entre outros.

(25) BARROSO, Luis Roberto. *Interpretação e Aplicação da Constituição*. 6. ed. São Paulo: Saraiva, 2004, p. 383.

Quest'ultima è la più antica dele critiche, che coinvolge la normazione per principi, i concetti "elastici", le clausole generali. Tutte techniche sulle quali pesa un vecchio pregiudizio, fondato appunto sulla loro indeterminatezza e che rivela uma persistente arretratezza culturale, mentre esse si sono diffuse e consolidate, hanno trovato piena legittimazione soprattutto grazie al rilievo assunto dalla dimensione costituzionale e dalla applicazione direta dei suou principi.[26]

Feitas tais considerações, releva contextualizar os direitos sociais e da livre iniciativa enquanto direitos fundamentais e a perspectiva de ambos na seara do próprio direito internacional.

Segundo Flávia Piovesan,

[...] em face da indivisibilidade dos direitos humanos, há de ser definitivamente afastada a equivocada noção de que uma classe de direitos (a dos direitos civis e políticos) merece inteiro reconhecimento e respeito, enquanto outra classe de direitos (a dos direitos sociais, econômicos e culturais), ao revés, não merece qualquer observância. Sob a ótica normativa internacional, está definitivamente superada a concepção de que os direitos sociais, econômicos e culturais não são direitos legais. A ideia de não acionabilidade dos direitos sociais é meramente ideológica, e não científica. São eles autênticos e verdadeiros direitos fundamentais, acionáveis, exigíveis e demandam séria e responsável observância. Por isso, devem ser reivindicados como direitos e não como caridade, generosidade ou compaixão.

[...] A compreensão dos direitos econômicos, sociais e culturais demanda ainda que se recorra ao direito ao desenvolvimento.[27]

E é dentro do contexto do direito ao desenvolvimento que a terceirização deve ser compreendida como exceção à regra na contratação direta do tomador com o prestador de serviços e, por isso, exige uma postura séria tanto do legislador quanto do operador do direito e da própria sociedade.

3. TERCEIRIZAÇÃO E A PROBLEMÁTICA DA ATIVIDADE-FIM

É inegável que a manutenção da terceirização nos moldes hoje existentes no Brasil repercute na posição ocupada pelo Juiz na relação processual. Na verdade, a quantidade de demandas em que é questionada a regularidade da terceirização se eleva a cada ano. O que deveria ser uma exceção na realidade laboral transformou-se em regra. O real tomador dos serviços, seja ele o particular ou o próprio Estado (o qual deveria ser o primeiro a zelar pela proteção do trabalhador) busca sempre eximir-se de qualquer responsabilidade pelos créditos trabalhistas não adimplidos a contento durante a precária relação mantida.

A atividade-fim de uma empresa é, na prática, aquela definida no objeto de seu contrato social, é a atividade precípua para a qual é desenvolvido o trabalho e direcionados os esforços do empreendedor. Assim, em uma breve síntese, toda vez que o trabalhador direcionar sua força de trabalho na contribuição para a concreção do objeto social da empresa, estará prestando serviços vinculados à atividade-fim.

Em contrapartida, será atividade-meio aquela dispensável à concreção de seu objetivo social, ainda que relevante. É o caso dos serviços de segurança ou limpeza de uma metalúrgica, por exemplo. Na hipótese da Spumula n. 331 do TST, prestando o terceirizado serviço diretamente vinculado à atividade-fim, será a terceirização irregular e o vínculo do empregado, então, diretamente reconhecido com o tomador dos serviços.

Procura-se, de tal forma, fundamentalmente, respeitar a isonomia salarial, com a igualdade de condições e vantagens para empregados que desempenham as mesmas atribuições, evitando-se o esfacelamento de categorias, já que nada justifica que dois profissionais recebam remuneração distinta quando prestando serviços idênticos e que servem à atividade-fim de uma empresa, apenas porque um é empregado direto do tomador e outro terceirizado.

Nada obsta, contudo, que uma legislação de tal envergadura seja amplamente discutida e trabalhada de modo a garantir a observância do ordenamento jurídico pátrio, inclusive a partir da jurisprudência já existente.

De notar que a terceirização pode ser desmistificada com a valoração dos pontos positivos que apresenta, a exemplo da especialização dos serviços empresariais, aumentando a qualidade desses. Se por um lado traz em seu bojo a redução de custos, esta deve ser examinada de modo a não acarretar a supressão de direitos trabalhistas fundamentais. Aliás, a supressão de tais direitos ocorre precipuamente porque inexistente norma reguladora.

---

(26) RODOTÀ. Stefano. *Il Diritto de Avere Diritti*. Roma: Laterza Ed, 2012, p. 191.
(27) PIOVESAN, Flávia. Direito ao Trabalho e a Proteção dos Direitos Sociais nos Planos Internacional e Constitucional. In *Direitos Humanos e Direito do Trabalho*. Coordenadores: Flávia Piovesan e Luciana Paula Vaz de Carvalho. São Paulo: Atlas, 2010, p. 11.

Já está mais do que na hora de compreender que, quando a Carta Magna coloca a livre iniciativa e o valor social do trabalho no mesmo *status* constitucional, não nos cabe dizer quem está no lado do bem e quem está no lado do mal, porque ambos devem trabalhar unidos visando ao bem estar social.

4. CONSIDERAÇÕES FINAIS

A realidade social costuma sobrepor-se à normatização. O operador do direito, diante do dinamismo com que os fatos sociais se sucedem, vê-se hodiernamente buscando soluções jurídicas para situações muitas vezes já consolidadas. Esta é, sem dúvida, uma das belezas do Direito e também uma de suas maiores angústias.

A terceirização de serviços, na nossa realidade social, é um fato que clama por um tratamento legal adequado, ou seja, um tratamento legal que estabeleça critérios – rígidos, definidos, claros e, fundamentalmente, em consonância com a Constituição Federal. Somente assim será possível coibir abusos e preservar direitos.

Quando a Constituição de um país é forte e realmente estrutural, a sociedade não teme leis ordinárias que ameacem suprimir direitos, porque nenhuma legislação infraconstitucional pode fazê-lo, ainda que tente. Até porque, o papel de um Judiciário igualmente forte é fazer com que a Constituição se cumpra e a interpretação que faz da lei deve ser sempre conforme a Carta Magna. E é ela que nos dá suporte, nos dá os meios necessários de fazê-la cumprir.

Não se pode negar, como destaca Eugênio Facchini Neto[28], que o "juiz não é mais somente 'intérprete da lei', mas intérprete e resolutor direto dos conflitos e mediador de interesses". Tal função, contudo, não se confunde com a necessidade de intervir no processo legislativo de maneira a suprir uma condição que não detém, sob pena de desvirtuar sua condição de julgador.

Cumpridor da Constituição que é, não pode permitir que suas paixões, por mais louváveis que sejam, desvirtuem a essência da atividade que desempenha. Não lhe cabe decidir por um lado quando existem dois lados e ele tudo observa de frente. Não se pode olvidar que o princípio da proteção, tão caro à justiça laboral, e analisado sempre conjuntamente com a celeridade e simplicidade do processo trabalhista, exige a concentração de esforços de todos os poderes para sua efetivação, a fim de que não deixe margem à insuficiência de proteção.

Não existe razão para que não se discuta, talvez não tão imbuídos de tantas paixões, a concretização de uma legislação séria, capaz de definir as circunstâncias em que regular a terceirização e as consequências nas demais hipóteses. Se a sociedade organizada é capaz de se unir e repudiar uma proposta eivada de vícios, também o é para ver concretizada uma proposta efetiva, que lhe traga segurança e que represente um verdadeiro avanço social. O que não podemos permitir é que nossas paixões nos impeçam de ver além de suas limitações, fazendo de nossos princípios meros discursos de retórica.

5. REFERÊNCIAS

ALEXY, Robert. *Teoría de los Derechos Fundamentales*. Tradução Carlos Bernal Pulido. 2. ed. Madrid: Centro de Estudios Políticos e Constitucionales, 2007.

BARROSO, Luís Roberto. *Interpretação e Aplicação da Constituição*. 6. ed. São Paulo: Saraiva, 2004.

BASTOS, Celso. *Curso de Direito Constitucional*. São Paulo: Celso Bastos Editor, 2002.

BONAVIDES, Paulo. *Curso de direito constitucional*. 14. ed. São Paulo: Malheiros, 2004.

CAMINO, Carmen. *Direito Individual do Trabalho*. 4. ed. Porto Alegre: Síntese, 2004.

CANOTILHO, José Joaquim Gomes. *Estado de Direito*. Cadernos Democráticos – Coleção Fundação Mário Soares. Lisboa: Edição Gradiva, 1999.

_____. *Direito Constitucional e Teoria da Constituição*. 7. ed. Coimbra: Almedina, 2003.

DELGADO, Maurício Godinho. *Curso de Direito do Trabalho*. São Paulo: LTR, 2003.

FERREIRA FILHO, Manoel Gonçalves. *Curso de Direito Constitucional*. 18. ed. São Paulo: Saraiva, 1990.

FERRAJOLI, Luigi. *Derechos y Garantias*. Madrid: Editorial Trotta, 1999.

_____. *Direito e Razão: teoria do garantismo penal*. 2. ed. rev. ampl. São Paulo: Revista dos Tribunais, 2006.

FREITAS, Juarez. *A Interpretação Sistemática do Direito*. 5. ed. São Paulo: Malheiros Editores, 2010.

FREITAS, Luiz Fernando Calil de. *Direitos Fundamentais. Limites e restrições*. Porto Alegre: livraria do Advogado, 2007.

GALLINO, Luciano. *Il Lavoro non è una merce*. Ed. Laterza: 2011.

HESSE, Konrad. Significado de los Derechos Fundamentales. In Benda, Maihofer, Vogel, Hesse, Heyde –. *Manual de Derecho Constitucional*. 2. ed. Madrid: Marcial Pons, 2001.

---

(28) NETO, Eugênio Facchini. O Judiciário no Mundo Contemporâneo. In MOLINARO, Carlos Alberto. MILHORANZA, Mariângela Guerreiro e PORTO, Sérgio Gilberto (org). *Constituição, jurisdição e processo*. Sapucaia do Sul: Nota Dez, 2007, p. 323.

MACCORMICK, Neil. *Retórica e o Estado de Direito*. Rio de Janeiro: Elsevier, 2008.

MACHADO, Renato. *Temas Jurídico-Trabalhistas*. São Paulo: LTr, 1974.

MAGALHÃES. José Luiz Quadros de. *Comentários à Constituição Federal de 1988*. BONAVIDES, Paulo. MIRANDA, Jorge. AGRA, Walber de Moura (coord). Rio de Janeiro: Forense, 2009.

NASCIMENTO, Amauri Mascaro. *Curso de Direito Processual do Trabalho*. 18 ed. São Paulo: Saraiva, 1998.

NETO, Eugênio Facchini. O Judiciário no Mundo Contemporâneo. In MOLINARO, Carlos Alberto; MILHORANZA, Mariângela Guerreiro; PORTO, Sérgio Gilberto (org). *Constituição, jurisdição e processo*. Sapucaia do Sul: Nota Dez, 2007.

PIOVESAN, Flávia. *Proteção Judicial contra Omissões Legislativas*. 2. ed. São Paulo: Revista dos Tribunais, 2003.

PIOVESAN, Flávia; CARVALHO, Luciana Paula Vaz de. Direito ao Trabalho e a Proteção dos Direitos Sociais nos Planos Internacional e Constitucional. In *Direitos Humanos e Direito do Trabalho*. São Paulo: Atlas, 2010.

RODOTÀ. Stefano. *Il Diritto de Avere Diritti*. Roma: Laterza Ed., 2012.

SARLET, Ingo Wolfgang. *A eficácia dos direitos fundamentais*, 10. ed. Porto Alegre: Livraria do Advogado, 2010.

_____. Neoconstitucionalismo e influência dos direitos fundamentais no direito privado: algumas notas sobre a evolução brasileira. In *Constituição, Direitos Fundamentais e Direito Privado*. 3. ed. Porto Alegre: Livraria do Advogado, 2010.

SARLET, Ingo Wolfgang; SARMENTO, Daniel (coord.). Notas sobre a dignidade da pessoa humana na jurisprudência do Supremo Tribunal Federal. In *Direitos Fundamentais no Supremo Tribunal Federal: balanço e crítica*. Rio de Janeiro: Lúmen Juris, 2011.

SEGADO, Francisco Fernández. Constitución y valores: la dignidad de la persona como valor supremo del ordenamiento jurídico. In *Temas polêmicos do constitucionalismo contemporâneo*. SCHÄFER, Jairo (org.). Florianópolis: Conceito Editorial, 2007.

VIANA, Márcio Túlio. *Relações de Trabalho e Competência: esboço de alguns critérios*. Revista LTr, n. 69-06. São Paulo: LTR, 2005.

_____. *Terceirização e Sindicato*: Um Enfoque para além do Direito. Revista da Faculdade de Direito da Universidade Federal de Minas Gerais. Disponível em: <http://www.direito.ufmg.br/revista/index.php/revista/article/viewFile/1295/1227>. Acesso em: 21.11.2015.

ZAGREBELSKY, Gustavo. *Il Diritto Mitte*. Torino: Einaudi, 1992.

A Convenção 158 da Organização Internacional do Trabalho como norma imperativa de direito internacional e o dever de adoção de seu conteúdo pelo Brasil[*]

Sonia de Oliveira[**]
Marco Antônio César Villatore[***]

1. INTRODUÇÃO

A Convenção 158 da Organização Internacional do Trabalho (OIT) tem sido objeto de constantes análises doutrinárias ante a relevância de seu conteúdo. O texto da convenção determina aos empregadores dos países que a ratificaram justifiquem as dispensas de seus empregados. Em razão do impacto de tal previsão aos empregadores do país, esta convenção foi denunciada e, atualmente, não é aplicada.

Diante de tantas controvérsias sobre o tema, este artigo tem o objetivo de analisar os principais elementos das normas imperativas de direito internacional (*jus cogens*) para, em seguida, demonstrar que o texto da Convenção 158 da OIT tem esta natureza imperativa e, portanto, seu texto deve ser aplicado pela comunidade internacional independentemente de aceitação interna da norma.

Por fim, demonstra-se a possibilidade de aplicação da Convenção no Brasil e a ausência de motivos reais para que os empregadores se neguem ou temam a ratificação desta Convenção pelo país.

2. NORMAS IMPERATIVAS DE DIREITO INTERNACIONAL – JUS COGENS E AS CONVENÇÕES DA ORGANIZAÇÃO INTERNACIONAL DO TRABALHO – OIT

Diversos eventos internacionais contribuíram para a instituição da ideia de *jus cogens*, dentre eles a Carta das Nações Unidas, as Convenções de Genebra, a Convenção Europeia de Direitos Humanos, o Pacto Internacional de Direitos Civis e Políticos, dentre outras.

O art. 53 da Convenção de Viena sobre Direito dos Tratados define normas imperativas de Direito Internacional, *in verbis*:

---

[*] A base do presente artigo foi exposta no seminário "A Convenção 158 da OIT e a Ordem Jurídica Brasileira", 2014. Convenção 158 da OIT e o marco normativo da despedida no Brasil, entre 20.3.2014 a 21.3.2014; da mesma forma exposta no Núcleo de Estudos Avançados de Direito Internacional e Desenvolvimento Sustentável, 2014. Convenção 158 da Organização Internacional do Trabalho no II Seminário de Nucleação dos Programas de Pós-Graduação em Direito de Curitiba – EJ-AMATRA-UFPR-UNIBRASIL-PUCPR-UNICURITIBA, também no dia 20.03.2014.

[**] Mestre em Direito na PUC/PR, Linha de Pesquisa: Estado, Atividade Econômica e Desenvolvimento Sustentável, Especialista em Direito Criminal pelo UNICURITIBA, Especialista em Direito do Trabalho pelo UNINTER. Professora orientadora e avaliadora de trabalho de conclusão de curso na pós-graduação em Direito do Grupo Educacional UNINTER. Membro do Grupo de Pesquisa NEATES – Núcleo de Estudos Avançados de Direito do Trabalho e Socioeconômico da Pontifícia Universidade Católica do Paraná. Advogada.

[***] Pós-Doutor em Direito Econômico pela Universidade de Roma II, "Tor Vergata", Doutor pela Universidade de Roma I, "La Sapienza"/UFSC e Mestre pela PUC/SP. Professor Adjunto II da UFSC e do Grupo Educacional UNINTER. Professor Titular do Curso de Mestrado e do Doutorado em Direito da Pontifícia Universidade Católica do Paraná. Líder do Grupo de Pesquisa "Desregulamentação do Direito, do Estado e Atividade Econômica: Enfoque Laboral". Advogado.

Art. 53 – Tratado em conflito com uma norma imperativa de direito internacional geral (*jus cogens*). É nulo o tratado que, no momento de sua conclusão, conflita com uma norma imperativa de direito internacional geral. Para fins da presente Convenção, uma norma imperativa de direito internacional geral é uma norma aceita e reconhecida pela comunidade internacional dos Estados no seu conjunto, como norma da qual nenhuma derrogação é permitida e que só pode ser modificada por norma de direito internacional geral da mesma natureza. (destaque nosso)

A previsão contida no artigo antes transcrito tem o poder de anular qualquer Tratado no âmbito internacional cujo conteúdo viole norma *jus cogens*, positivada ou não, e seus efeitos retroagem ao momento da celebração (efeito *ex tunc*).

A expressão "comunidade internacional dos Estados no seu conjunto" pode ser vista como "sinônimo da Humanidade em sentido jurídico", fazendo com que seja um verdadeiro sujeito de direito internacional. Ainda, a norma *jus cogens* "deve exprimir a conjugação dos valores de todas as diferentes visões da humanidade, ainda que esta não esteja representada na sua plenitude".[1]

Miguel F. Canessa Montejo, em artigo que analisa a existência de normas trabalhistas como garantidoras de direitos humanos, define *jus cogens* como sendo "normas imperativas e inderoglabes del Derecho internacional general, aceptadas y reconocidas por la comunidad internacional en su conjunto. Estas son identificadas por la jurisprudencia y por la práctica de los Estados".[2] São normas inderrogáveis por toda convenção particular instituída cujo conteúdo seja contrário às normas consideradas *jus cogens*.

"Desse modo, no que tange à hierarquia das normas *jus cogens* no âmbito do direito estatal, elas encontram-se em nível constitucional (...) ou até mesmo supranacional. Desse modo, assim como as cláusulas pétreas não podem ser abolidas, tais normas não admitem reservas".[3]

As normas consideradas *jus cogens* não são criadas ou sequer têm origem em alguma outra fonte além daquelas que o direito internacional já conhece. "Há controvérsias quanto a poderem ser estas normas de origem convencional ou costumeira apenas. Como qualquer que seja a origem, a consolidação do *status* de imperatividade depende daquilo que é constitutivo da fonte costumeira: a prática generalizada e a *opnio juris*"[4]. Assim, a norma para ser considerada *jus cogens* não basta que seja aceita pela comunidade geral, mas requer que ela não admita nenhum tipo de derrogação.

No caso da OIT a elaboração de normas de conteúdo rígido de direitos se aplica exclusivamente às normas internacionais que versam sobre o trabalho e aos instrumentos internacionais de direitos humanos laborais. Na Declaração de 1998 a OIT estabeleceu que são quatro os direitos fundamentais do trabalho: a liberdade de associação e a liberdade sindical e o direito de negociação coletiva, a eliminação do trabalho forçado ou obrigatório, a abolição do trabalho infantil e a eliminação da discriminação em matéria de emprego e ocupação. Contudo, não se pode esquecer que os direitos fundamentais estão instituídos na Constituição da OIT e na Declaração da Filadélfia, razão pela qual os instrumentos internacionais que reconhecem os direitos do trabalho não se limitam somente a estes quatro anteriormente citados e previstos na Declaração da OIT de 1998.[5]

> La importancia del *jus cogens* laboral reside en que cualquier tratado internacional o acto unilateral de los Estados sería nulo si estuviera en conflicto con los derechos humanos laborales recogidos en las normas imperativas del Derecho internacional general. Así, el *jus cogens* laboral gozaría de un carácter imperativo tanto ante el ordenamiento internacional como ante los nacionales.[6]

Portanto, é possível instituir como norma imperativa aplicada ao direito do trabalho toda e qualquer norma cujo conteúdo objetive a proteção de direito fundamental do trabalhador, dentre as quais se pode citar as normas atinentes à segurança e medicina do trabalho, meio ambiente laboral, a continuidade da relação de emprego, dentre outras.

---

(1) FRIEDRICH, Tatyana Sheila. *As normas imperativas de direito internacional público – jus cogens*. Belo Horizonte: Fórum, 2004, p. 33-34.
(2) "normas imperativas inderrogáveis do Direito internacional geral, aceitas e reconhecidas pela comunidade internacional em seu conjunto". (tradução livre). CANESSA MONTEJO, Miguel F. Los derechos humanos laborales en el Derecho internacional. In: *Revista de la Facultad de Derecho – Derecho PUCP*, nov. 2009, n. 63, p. 369.
(3) MOREIRA, Thiago Oliveira. O direito internacional e as normas *jus cogens*: uma questão filosófica. In: *Revista de Filosofia do Direito, do Estado e da Sociedade – FIDES*. v. 3, n. 1, jan/jun 2012, p. 33.
(4) NASSER, Salem H. *Jus cogens* ainda esse desconhecido. In: *Revista Direito GV*, v. 1, n. 21, p. 167.
(5) CANESSA MONTEJO, Miguel F. *Op. cit.*, p. 371.
(6) "A importância do *jus cogens* laboral reside em qualquer tratado internacional ou ato unilateral dos Estados seria nulo se estiverem em conflito com os direitos humanos laborais reconhecidos pelas normas imperativas de Direito internacional geral. Assim, o *jus cogens* laboral gozaria de um caráter imperativo tanto ante ao ordenamento jurídico internacional como ante aos nacionais." *Ibidem*, p. 373.

Cristina Mangarelli afirma que há uma tendência atual de universalização dos direitos laborais, sob a ideia de que determinados direitos devem ser respeitados e aplicados em todo o mundo.[7]

Entende Miguel F. Canessa Monjeto que se podem identificar três singularidades dos direitos humanos do trabalho: em primeiro lugar têm como titular a pessoa humana e a sua extensão na qualidade de trabalhador, que pode ser nacional, estrangeiro, trabalhadores subordinados, trabalhadores semiautônomos ou autônomos, inclusive os empregadores são titulares de direitos laborais; em segundo lugar as normas que protegem os direitos humanos laborais impõem obrigações internacionais aos Estados e estes estão sujeitos a determinados procedimentos de controle estipulados em instrumentos internacionais; por fim, em terceiro lugar, os direitos humanos laborais são estipulados a partir de princípios, fixam conteúdo essencial e permitem que as legislações dos Estados se adequem em seu âmbito normativo[8]

> La Carta de las Naciones Unidas establece entre sus fines la promoción del respeto universal de los derechos humanos y las libertades fundamentales de las personas, sin hacer distinción por motivo de raza, sexo, idioma o religión. Sin embargo, no establece un listado de los derechos humanos y las libertades fundamentales recogidos por la Carta; al margen de ello, en el caso de los derechos laborales, **existe uma referencia a promover el trabajo permanente para todos (artículo 55, inciso a)** y, em términos generales, a la prohibición de la discriminación (artículo 55, inciso c).[9] (destaque nosso)

A Carta das Nações Unidas foi promulgada no Brasil por meio do Decreto n. 19.841 de 1945 e são as previsões contidas no art. 55, incisos "a" e "c" mencionado no texto antes transcrito:

> Artigo 55. Com o fim de criar condições de estabilidade e bem estar, necessárias às relações pacíficas e amistosas entre as Nações, baseadas no respeito ao princípio da igualdade de direitos e da autodeterminação dos povos, as Nações Unidas favorecerão:
>
> a) níveis mais altos de vida, **trabalho efetivo** e condições de progresso e desenvolvimento econômico e social;
>
> (...)
>
> c) o respeito universal e efetivo dos direitos humanos e das liberdades fundamentais para todos, sem distinção de raça, sexo, língua ou religião. (destaque nosso)

É neste contexto que se pode afirmar com segurança que as Convenções e Recomendações editadas pela OIT são normas imperativas de direito internacional, pois têm o objetivo de promover e proteger o trabalho, respeitando direitos humanos dos trabalhadores de forma universal, cabendo aos Estados membros criar meios para as ratifica sem que haja conflito com suas normas internas de direitos humanos do trabalho.

3. A CONVENÇÃO 158 DA OIT COMO NORMA IMPERATIVA DE DIREITO INTERNACIONAL

O texto da Convenção 158 da OIT trata do término da relação de emprego por iniciativa do empregador e foi aprovada na 68ª reunião da Conferência Internacional do Trabalho realizada em Genebra no ano de 1982, mas seu texto somente entrou em vigor no plano internacional em 23 de novembro de 1985.

Sobre a necessidade de motivação para dispensa do trabalhador cujo contrato de trabalho vigente seja por tempo indeterminado dispõe o art. 4º da Convenção: "não se dará término à relação de trabalho de um trabalhador a menos que exista para isso uma <u>causa justificada</u> relacionada com sua capacidade ou seu comportamento ou baseada nas necessidades de funcionamento da empresa, estabelecimento ou serviço".[10]

A Convenção determina expressamente que a motivação da dispensa não poderá se fundar no fato de o empregado se filiar a sindicato ou de participar nas atividades sindicais fora do horário de trabalho ou, durante ele, com a autorização do empregador; ser candidato a representante dos trabalhadores ou atuar nesta qualidade; apresentar queixa ou compor comissão de qualquer procedimento contra empregador que tenha violado leis ou regulamentos ou que recorra às entidades administrativas; por motivos de raça, cor, sexo, estado civil,

---

(7) MANGARELLI, Cristina. Tendencias del derecho del trabajo. In.: *Revista Gaceta Laboral*, v. 15, n. 1, 2009, Universidad del Zulia (LUZ), p. 90.

(8) CANESSA MONTEJO, Miguel F. *Op. cit.*, p. 354-355.

(9) A Carta das Nações Unidas estabelece entre seus fins a promoção do respeito universal dos direitos humanos e das liberdades fundamentais das pessoas, sem fazer distinção por motivos de raça, sexo, idioma ou religião. Contudo, não se estabelece uma lista de direitos humanos e liberdades fundamentais reconhecidos pela Carta; a margem dela, no caso dos direitos laborais, <u>existe uma referência em promover o trabalho permanente a todos (art. 55, inciso a)</u> e, em termos gerais, a proibição da discriminação (art. 55, alínea "c"). (destaque nosso) CANESSA MONTEJO, Miguel F. *Op. cit.*, p. 356.

(10) ORGANIZAÇÃO INTERNACIONAL DO TRABALHO. Convenção 158. Término da relação de trabalho pelo empregador. Disponível em <http://www.oitbrasil.org.br/content/t%C3%A9rmino-da-rela%C3%A7%C3%A3o-de-trabalho-por-iniciativa-do-empregador>, acesso em 18.10.2015.

responsabilidades familiares, gravidez, religião, opinião política, ascendência nacional ou origem social e ausência no trabalho durante a licença-maternidade ou por motivo de acidente ou doença do trabalho.

Neste contexto se faz obrigatória a menção do princípio da estabilidade, um dos mais importantes do direito do trabalho. Nancy Parelló Gomez e Guimar Rivero Peralta definem este princípio como sendo:

> (...) uno de los más importantes del Derecho del Trabajo. El mismo consiste, en sencillas palabras, en garantizar la permanencia y continuidad del empleo. Dicho principio tiene como objetivo velar porque las relaciones de trabajo sean por tiempo indeterminado y que sólo por vía de excepción se pueda contratar por tiempo determinado. Así, en los casos en que exista duda con respecto a la continuidad del contrato y su duración, debe considerarse que el vínculo fue concebido por tiempo indefinido.[11]

A continuidade da relação de emprego se trata de uma prerrogativa própria do princípio da estabilidade laboral, a qual foi objeto de atenção pela OIT por meio da Convenção 158, a qual é complementada pela Regulamentação 119 da OIT sobre o término do contrato de trabalho. O subitem "2.1" da Recomendação aduz que "no debería procederse a la terminación de la relación de trabajo a menos que exista una causa justificada relacionada con la capacidad o la conducta del trabajador o basada en las necesidades del funcionamiento de la empresa, del establecimiento o del servicio".[12]

> A Convenção 158 da OIT procurou estender a proteção ao trabalhador na relação empregatícia o que representa a genuína consagração dos princípios próprios do Direito do Trabalho brasileiro, em destaque: Proteção e Continuidade da Relação de Emprego. Se assinalar que muitos juristas defendem que a Convenção 158 da OIT, entendida como um Tratado Internacional de proteção aos direitos humanos, uma vez incorporada à legislação nacional (art. 5º, § 2º, da CRFB), assume hierarquia constitucional, como dispõe o art. 5º., porém, para isso, há que se submeter ao rito especial.[13]

A Declaração Universal dos Direitos Humanos e o Protocolo Adicional à Convenção Americana sobre Direitos Humanos em matéria de Direitos Econômicos, Sociais e Culturais (Protocolo de são Salvador), por exemplo, os quais serão adiante analisados, pois ratificados pelo Brasil, preveem como direitos humanos do trabalhador à proteção do trabalho, no que se inclui, evidentemente a garantia do emprego e a impossibilidade de dispensa arbitrária pelo empregador.

A proteção internacional que se dispensa à garantia de emprego tem como objetivo garantir a vida digna das pessoas, pois é por meio do emprego/trabalho que os trabalhadores adquirem renda para aquisição do mínimo necessário para manutenção da sua vida do e de sua família. Interesses econômicos globais das empresas não podem se sobrepor a estes direitos básicos do trabalhador, razão pela qual a motivação da dispensa é medida que se impõe.

Como estudado no item anterior todas as convenções e recomendações editadas pela OIT têm caráter de norma *jus cogens*, e esta previsão não é diferente quanto a Convenção 158 da Organização Internacional do Trabalho, pois a dispensa imotivada afronta norma imperativa de direito internacional ao emprego e à sua manutenção, bem como da possibilidade de existência digna da pessoa humana.

4. A POSSIBILIDADE DE O BRASIL ADOTAR COMO NORMA INTERNA A IMPOSSIBILIDADE DE DISPENSA IMOTIVADA DOS TRABALHADORES

O Brasil ratificou a Convenção 158 da OIT por meio do Decreto Legislativo n. 68/1992, contudo seu conteúdo foi denunciado em 1996 por meio do Decreto n. 2.100. Esta denúncia contraria o disposto no art. 17 da Convenção 158 da OIT, cujo conteúdo afirma que os países que a ratificaram somente a poderia denunciar depois de 10 anos desta ratificação.

A Declaração Universal dos Direitos Humanos, proclamada pela Resolução n. 217 A (III) da Assembleia Geral das Nações Unidas, em 10 de dezembro de 1948, e assinada pelo Brasil na mesma data, aduz expressamente que o trabalho é direito de toda pessoa,

---

(11) "(...) um dos mais importante do Direito do Trabalho. O mesmo consiste, em simples palavras, em garantir a permanência e continuidade do emprego. Este princípio visa garantir que as relações de trabalho sejam por tempo indeterminado e somente excepcionalmente sejam por tempo determinado. Assim, nos casos em que exista dúvida com relação à continuidade do contrato de trabalho e de sua duração, se deve considerar que o vínculo foi concebido por tempo indefinido." GOMEZ, Nancy Perelló; PERALTA, Guimar Rivero. El proyeto de ley Orgánica de Estabilidad en el Trabajo a la luz del Derecho del Trabajo Contemporáneo ¿avance o retroceso? *In: Revista Gaceta Laboral*, vol 14, n. 3, dec. 2008, p. 428.

(12) "Não deve proceder à cessação da relação de emprego a menos que haja uma razão válida relacionada com a capacidade ou conduta do trabalhador ou baseada nas necessidades de funcionamento da empresa, estabelecimento ou serviço."

(13) VILLATORE, Marco Antônio César; ARAÚJO, Filipe Augusto Barolo L. Aspectos sociais e econômicos envolvendo a convenção 158 da Organização Internacional do Trabalho. *In:* ALVARENGA, Rúbia Zanotelli. COLNAGO, Lorena de Mello Rezende (Coord.). *Direito internacional do trabalho e convenções internacionais da OIT comentadas*. São Paulo: LTr, p. 119-127, 2014, p. 124.

bem como a proteção ao desemprego, conforme redação do art. XXII, item 1: "1. Toda pessoa tem **direito ao trabalho**, à livre escolha de emprego, a condições justas e favoráveis de trabalho e à **proteção contra o desemprego**". (destaque nosso)

O Brasil também é signatário do Protocolo Adicional à Convenção Americana sobre Direitos Humanos em Matéria de Direitos Econômicos, Sociais e Culturais "Protocolo de São Salvador", o qual foi promulgado pelo Decreto n. 3.321/1999. Este protocolo prevê no art. 7º, alínea "d" como sendo direito do trabalhador: "estabilidade dos trabalhadores em seus empregos, de acordo com as características das indústrias e profissões e com as causas de justa dispensa. Nos casos de dispensa injustificada, o trabalhador terá direito a indenização ou a readmissão no emprego, ou a quaisquer outros benefícios previstos pela legislação nacional".

Diante de tal previsão expressa não há dúvidas de que o direito ao trabalho, à sua garantia e a proteção contra o desemprego são direitos humanos universais dos trabalhadores. Neste sentido, a Convenção 158 da OIT, ao prever a necessidade de justificação para dispensa do empregado, nada mais está fazendo do que proteger direitos humanos, ou seja, positivando norma imperativa de direito.

Em nosso ordenamento jurídico interno a Constituição de 1988 prevê como fundamentos da República Federativa do Brasil os valores sociais do trabalho e da livre iniciativa (art. 1º, inciso IV) e o art. 7º, inciso I, da Constituição de 1988 aduz expressamente ser direito dos trabalhadores urbanos e rurais "a relação de emprego protegida contra despedida arbitrária ou sem justa causa, nos termos de lei complementar". Contudo, esta lei complementar ainda não foi editada pelo legislador, carecendo, portanto, de efetividade a previsão constitucional e, neste sentido, a Convenção 158 da OIT pode ser um instrumento importantíssimo para edição da complementação legal.

Contudo, ainda que o Brasil tenha denunciado a Convenção 158 da OIT é possível se estabelecer a necessidade de motivação para dispensa do empregado e por dois motivos: a) as normas imperativas de direito internacional (*jus cogens*) têm aplicação universal e devem ser aceitas pelos Estados independentemente de seu consentimento, fazendo com que determinada norma seja aplicada em diferentes sociedades com diferentes culturas; b) o Brasil é signatário de outras Convenções Internacionais que igualmente protegem o trabalho e o direito dos trabalhadores à estabilidade em seus empregos, como no caso do Protocolo Adicional à Convenção Americana sobre Direitos Humanos em Matéria de Direitos Econômicos, Sociais e Culturais «Protocolo de São Salvador"; e c) a Constituição de 1988 prevê expressamente no art. 7º, inciso I, a proteção do trabalhador contra despedida arbitrária.

Destaque-se, ainda, que a análise e a necessidade de vigência da Convenção 158 da OIT é assunto de relevância acentuada, pois a sua repercussão não se dá apenas no campo jurídico, mas incide também sobre toda a sociedade, "percebe-se uma realidade em que há a banalização da dispensa injusta".[14]

Os vícios decorrentes da denúncia da convenção já poderiam ter sido sanados pelo legislador caso houvesse interesse na aplicação do texto da Convenção. Deve-se lembrar que o trabalho é direito fundamental, não se pode admitir que o trabalhador seja tratado como um produto defeituoso do mercado, ignorando o seu papel na sociedade e no seio familiar, "o que determina o excesso e a rotatividade de empregados, a multiplicação de contratações precárias, a ausência de formalidade na prestação do serviço pelo trabalhador e, ainda como perverso subproduto, o desemprego".[15]

Ainda que o artigo da Constituição de 1988 antes mencionado careça de regulamentação, parece viável que as normas internacionais já ratificadas pelo Brasil possam servir de fundamento para sua criação, no que se inclui a própria Convenção 158 da OIT, desde que sua denúncia (realizada de forma irregular) seja afastada.

3.1. Resistência Empresarial Imotivada para não Ratificação da Convenção 158 da OIT

Em notícia veiculada na página eletrônica da Confederação Nacional das Indústrias no dia 12/08/2011 há a seguinte afirmação do órgão ao analisar o trâmite legislativo sobre a ratificação ou não da Convenção 158 da OIT: "mesmo tendo sido rejeitada na Comissão do Trabalho, a Mensagem 59 seguirá para a Comissão de Constituição e Justiça da Câmara dos Deputados, onde será analisada. A CNI continuará trabalhando pela rejeição da matéria nessa Comissão".[16] (destaque nosso)

Esta notícia demonstra o quanto as empresas rechaçam a ratificação da Convenção 158 da OIT pelo país, pois tendem a considerar que com isso haverá entraves ao exercício da atividade empresarial, já que a convenção "está em descompasso com as práticas do mundo globalizado, que requer liberdade para buscar os profissionais mais adequados para fazer frente às inovações nas tecnologias e nos modos de produzir".[17]

---

(14) VILLATORE, Marco Antônio César; ARAÚJO, Filipe Augusto Barolo L. *Op. cit.*, p. 126.
(15) *Ibidem*.
(16) CONFEDERAÇÃO NACIONAL DA INDÚSTRIA. *Convenção 158 da OIT é rejeitada na comissão do trabalho da câmara dos deputados*. Publicado em 12.8.2011. Disponível em <http://www.cni.org.br/portal/data/pages/FF808081272B58C0012730BE5CEF7DE4.htm>. Acesso em 18.10.2015.
(17) *Ibidem*.

Parece haver um evidente engano no entendimento empresarial, pois a Convenção 158 da OIT não impede a dispensa de empregados e a contratação de outros mediante análise do mercado de trabalho, mas somente determina a necessidade de motivação da dispensa, a qual sempre existe, mas quase nunca é informada ao trabalhador.

Bem verdade que as empresas não querem passar pelo constrangimento de ter de justificar ao empregado as razões pelas quais o está dispensado, mas parece que tal medida se impõe até mesmo para que o trabalhador possa evoluir em sua conduta ao buscar nova oportunidade de emprego.

Inclusive, a Convenção 158 da OIT aduz que a dispensa motivada poderá se dar em razão da capacidade de trabalho do empregado ou de seu comportamento, baseado nas necessidades da empresa. Ora, parece-nos que a previsão genérica do art. 4º da Convenção 158 da OIT permite diversas justificativas para dispensa motivada do empregado, as quais, inclusive, não são tão diversas das que hoje se verifica na prática, portanto, não há razão para temer a ratificação desta convenção.

Diferente seria se a Convenção 158 da OIT dispusesse expressamente as hipóteses em que a dispensa motivada do empregado poderia se dar, hipótese em que se poderia verificar a intervenção do texto convencional na atividade econômica. Mas esta situação não existe!

Inclusive, ao motivar a dispensa a empresa também estará cumprindo com sua função social, pois mais do que justificar a dispensa ao empregado, a estará justificando à sociedade, a qual, a partir de regras de nosso ordenamento jurídico, têm o dever de financiar a previdência social, de modo que o pagamento de seguro-desemprego reflete em todos.

4. CONSIDERAÇÕES FINAIS

A defesa pela aplicação do conteúdo da Convenção 158 da OIT no país ainda pode não contar com muitos adeptos, mas isso não pode servir de incentivo para calar as vozes que pretendem ver o texto aplicado e vigente no Brasil.

Até que o ordenamento jurídico esteja maduro para recepcionar e aplicar a Convenção 158 da OIT deve se buscar outros meios de fazer com que os empregados tenha motivadas suas dispensas, ceifando com a incerteza que paira em tais casos.

Como forma de colaborar com esta medida o presente artigo fundamentou pela ideia de que o texto contido na convenção estudada trata-se de norma imperativa de direito (*jus cogens*), as quais são reconhecidas pelos Estados internacionais, ainda que nem todos as reconheçam, não podendo ser derrogadas por qualquer outra norma.

Demonstrou-se que outras normas internacionais ratificadas pelo Brasil (Declaração Universal dos Direitos Humanos e o Protocolo Adicional à Convenção Americana sobre Direitos Humanos em Matéria de Direitos Econômicos, Sociais e Culturais "Protocolo de São Salvador") permitem a adoção, em nosso país, da obrigatoriedade de motivação da dispensa dos trabalhadores, ainda que a Convenção n. 158 da OIT não esteja vigente.

A ação de proteger o trabalho e o trabalhador está intimamente ligada à garantia de direitos humanos fundamentais e assim considerando foi que o constituinte originário previu a proteção do trabalhador contra dispensa arbitrária no art. 7º, inciso I, da Constituição de 1988. Portanto, cabe a toda sociedade buscar meios para a efetivação dos direitos sociais dos trabalhadores, dentre eles a possibilidade de conhecer as razões pelas quais estão sendo dispensado pelo empregador.

Inclusive, não se pode esquecer que a motivação das dispensas dos empregados fará diminuir os abusos cometidos por empregadores, que muitas vezes agem de forma arbitrária na extinção do contrato de trabalho, sem se importar com as necessidades do trabalhador.

5. REFERÊNCIAS BIBLIOGRÁFICAS

CANESSA MONTEJO, Miguel F. Los derechos humanos laborales en el Derecho internacional. In: *Revista de La Facultad de Derecho – Derecho PUCP*, 2009, n. 63, p. 349-373.

CONFEDERAÇÃO NACIONAL DA INDÚSTRIA. *Convenção 158 da OIT é rejeitada na comissão do trabalho da câmara dos deputados*. Publicado em 12.8.2011. Disponível em <http://www.cni.org.br/portal/data/pages/FF808081272B-58C0012730BE5CEF7DE4.htm. Acesso em 18.10.2015>.

FRIEDRICH, Tatyana Sheila. *As normas imperativas de direito internacional público – jus cogens*. Belo Horizonte: Fórum, 2004.

GOMEZ, Nancy Perelló; PERALTA, Guimar Rivero. El proyeto de ley Orgánica de Estabilidad en el Trabajo a la luz del Derecho del Trabajo Contemporáneo ¿avance o retroceso? In: *Revista Gaceta Laboral*, vol 14, n. 3, dec. 2008, p. 426-445.

MANGARELLI, Cristina. Tendencias del derecho del trabajo. In: *Revista Gaceta Laboral*, v. 15, n. 1, 2009, Universidad del Zulia (LUZ), p. 87-100.

MOREIRA, Thiago Oliveira. O direito internacional e as normas *jus cogens*: uma questão filosófica. In: *Revista de Filosofia do Direito, do Estado e da Sociedade – FIDES*. v. 3, n. 1, jan/jun 2012, p. 24-42.

NASSER, Salem H. *Jus cogens* ainda esse desconhecido. In: *Revista Direito GV*, v. 1, n. 21, p. 161-178.

ORGANIZAÇÃO INTERNACIONAL DO TRABALHO. Convenção 158. Término da relação de trabalho pelo empregador. Disponível em <http://www.oitbrasil.org.br/content/t%C3%A9rmino-da-rela%C3%A7%C3%A3o-de-trabalho-por-iniciativa-do-empregador>, acesso em 18.10.2015.

VILLATORE, Marco Antônio César; ARAÚJO, Filipe Augusto Barolo L. Aspectos sociais e econômicos envolvendo a convenção 158 da Organização Internacional do Trabalho. *In:* ALVARENGA, Rúbia Zanotelli. COLNAGO, Lorena de Mello Rezende. (Coord.). *Direito internacional do trabalho e convenções internacionais da OIT comentadas*. São Paulo: LTr, 2014, p. 119-127.

Produção Gráfica e Editoração Eletrônica: Linotec
Projeto de Capa: Fabio Giglio
Impressão: Gráfica Paym

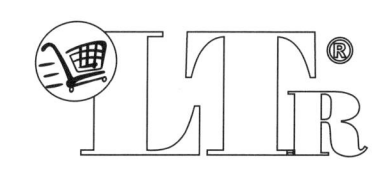

LOJA VIRTUAL
www.ltr.com.br

E-BOOKS
www.ltr.com.br